天津市

津南区志

（1979—2010）

天津市津南区地方志编修委员会　编纂

方志出版社
Publishing House of Local Records

图书在版编目（CIP）数据

天津市津南区志：1979-2010/ 天津市津南区地方志编修委员会编，——北京：方志出版社，2018.05
ISBN 978-7-5144-3063-9

Ⅰ.①天… Ⅱ.①天… Ⅲ.①区（城市）—地方志—天津—1979—2010 Ⅳ.①K292.14

中国版本图书馆 CIP 数据核字（2018）第090916号

天津市津南区志（1979-2010）

编　　者：天津市津南区地方志编修委员会
责任编辑：冯　松

出 版 人：冀祥德
出 版 者：方志出版社
地址　北京市朝阳区潘家园东里9号（国家方志馆4号）
邮编　100021
网址　http：//www.fzph.org
发　　行：方志出版社发行中心
电话（010）67110500
经　　销：各地新华书店
印　　刷：天津午阳印刷有限公司

开　　本：889×1194　1/16
印　　张：60.5
字　　数：1673千
版　　次：2018年5月第1版　2018年5月第1次印刷
印　　数：0001～3000册

ISBN　978-7-5144-3063-9　定价：380.00元

天津市津南区位置图

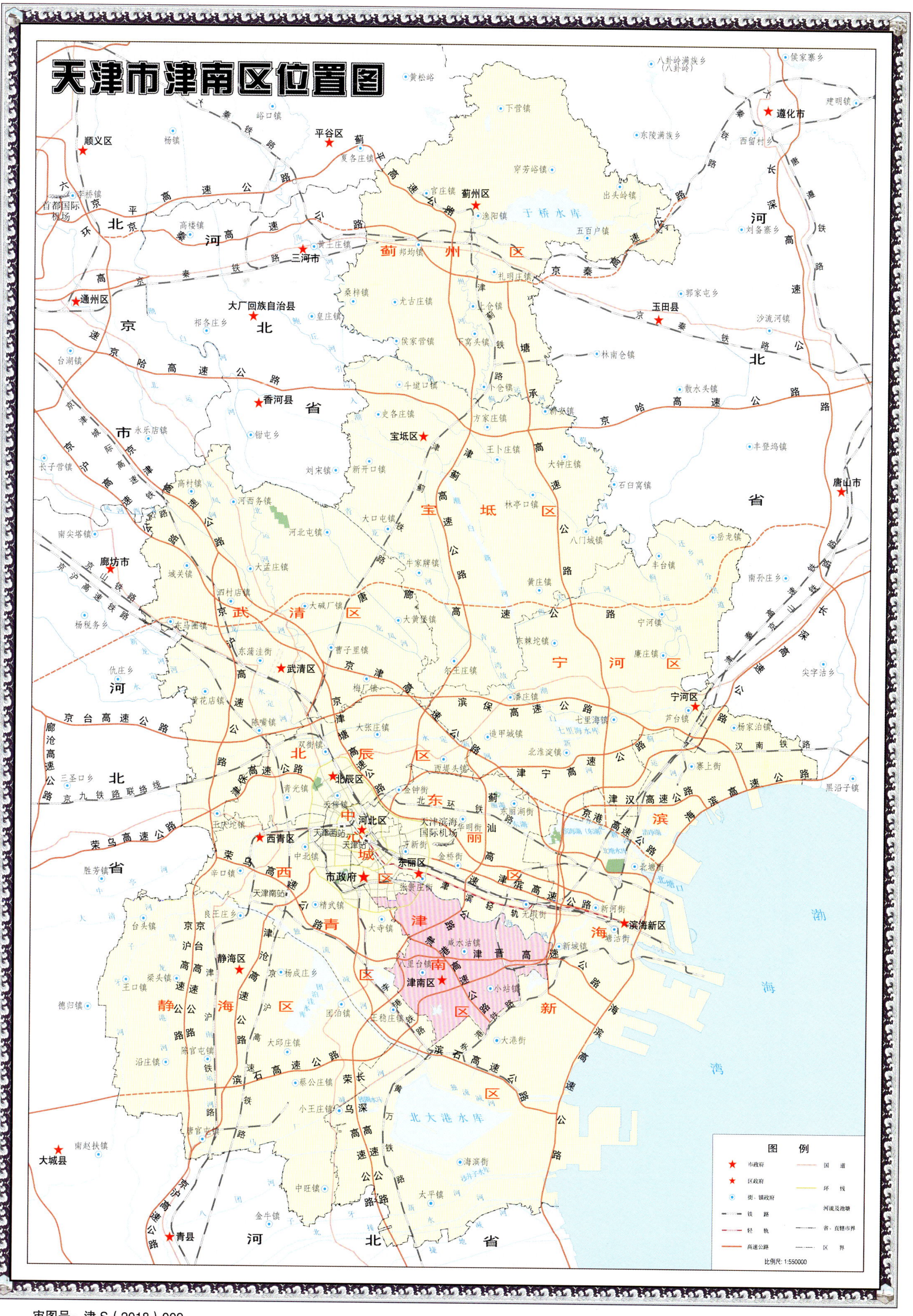

审图号：津S（2018）009

行政界线仅供参考，不作法律依据

审图号：津 S（2018）009

行政界线仅供参考，不作法律依据

美丽津南

城乡建设

2010 年　辛庄镇上小汀村新居

2010 年　双桥河镇还迁小区

2008 年　咸水沽镇益华里小区

2010 年　津南新城

2009 年　小站镇新貌

2010 年　葛沽镇大滩村新居

2010 年　北闸口镇仁字营村新居

2009 年　八里台镇八里台村新居

2009 年　建设中的咸水沽镇沽上江南小区

2009 年　八里台镇中信公园城

2010 年　星耀五洲立交桥

2007 年　津南区月坛商厦过街天桥

经济建设

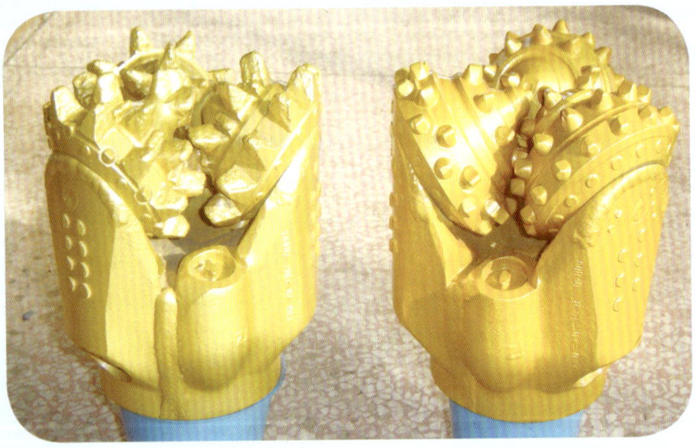

2009 年　立林集团生产的钻头

2009 年　坐落在八里台镇工业园区的自行车生产车间

2010 年　天津立林机械集团有限公司

2010 年　天津中蓝泵业产品

2010 年　宝成集团生产的中国首台万吨海水淡化设备

农业经济

2008 年　葛沽北园萝卜

2004 年　辛庄镇种植的津南辣椒

2010 年　天津津南国家农业科技园区智能温室

2005 年　双港镇种植的津南西芹

2005 年　八里台镇种植的棉花

2004 年　咸水沽镇庆达养猪场温室养猪

2009 年　辛庄镇连栋温室蔬菜

2008 年　北闸口镇虾池收获南美白对虾

2009 年　天津津南国家农业科技园区内的智能温室花卉

2004 年　津南小站稻

社会事业

2010 年　天津市南洋工业学校

2008 年　津南区第一幼儿园

2009 年　咸水沽第一中学

2010 年　海天小学师生课外活动

2010 年　双桥河第一小学长卷绘画比赛

2009 年　区政协委员庆“五一”文艺演出

2010 年　首届津南区“小站练兵园杯”太极拳展演

2010 年　天山·米立方开工奠基仪式

2009 年　小站镇还迁新区农民文化活动

2010 年　咸水沽镇红星里社区庆祝中国共产党成立 89 周年文艺演出

2010 年　葛沽体育馆举行天津首届国际拳击表演赛暨洲际拳王赛（WBO）

2007 年　唱响新津南歌舞表演

2009 年　宝成博物苑木化石林

2009 年　松江乡村俱乐部赛马场

2010 年　小站练兵园展厅

2009 年　小站练兵园

2010 年　区水务公司水质化验室

2010 年　八里台镇小黄庄村农家书屋

2010 年　辛庄镇中辛庄村还迁居民选房现场

2010 年　津南区培智学校篮球队获第五届全国特奥会“体育道德风尚奖”

2009 年　海下同善文武高跷队

2010 年　北闸口镇翟家甸村评剧团演出

李平凡版画《我们要和平》

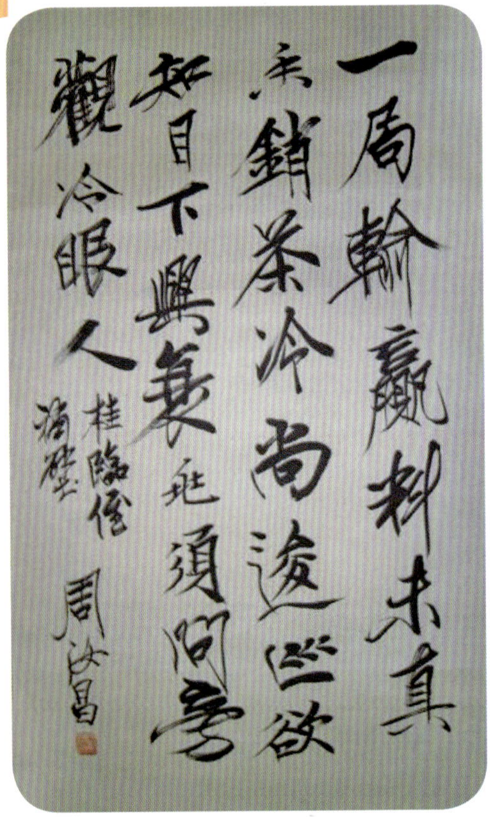

周汝昌书

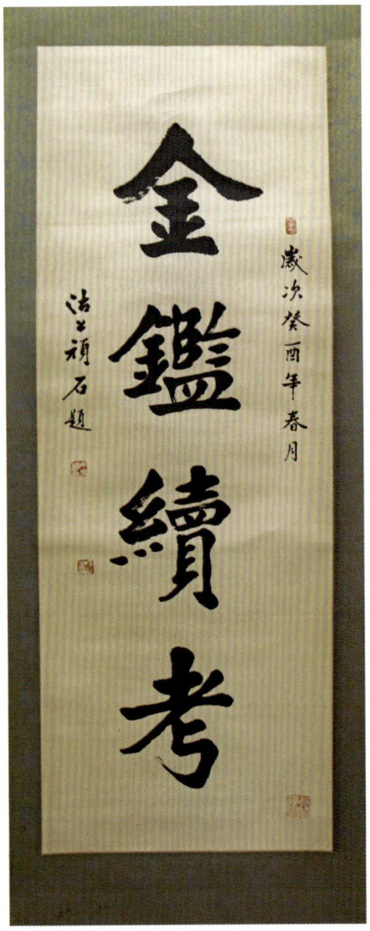

朱振周为区志办书

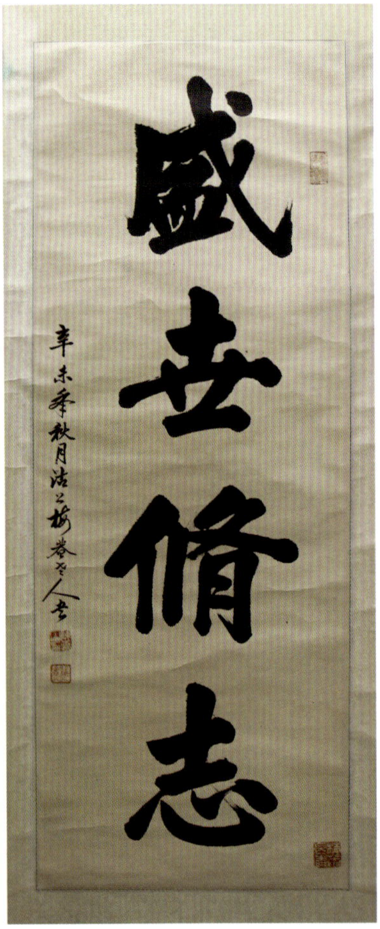

陈雪山为区志办书

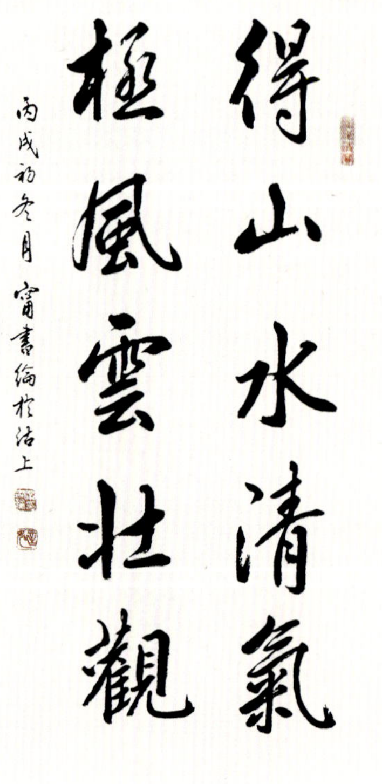

宁书伦书

孟恩远书

津南区地方志编修委员会

2009年6月22日

主　任： 李广文

副主任： 杨劲松　吴炳喜　刘恒志　龚伯生

委　员： 赵铁林　赵厚信　于永泽　肖　刚　郑思芹　刘金祥

么俊东　马明扬　冯国扬　孟祥凯　陈　斌　刘凤禄

王文德　李从田　杨俊明　陈家琪　张凤祥　王福敏

潘志平　韩永群　孟繁兰　刘子明　魏瑞荣　张金海

韩凤敏　李　庆　赵　绩　张玉兰　刘维庆　刘　军

刘太民　赵燕城　韩志达　杜玉林　张利生　贾荣福

尚　春　刘吉元　张贤海　吴少波　王国林　王录城

马金华　贾志杰　刘金来　陈世忠　孙汝贵　孟宝成

刘子虹　李德成　王　溟　尹学福　王砚臣　张　伟

戴丛栋　韩志秋　郝树民　马起茂　张金华　李树元

李洪文　朱士田　王印财　高文才　胡志成　金建国

吕仲江　赵怡本　张庆治　耿学和　赵作辰　赵柏承

朱树义　朱志强　张立波　常　春　李宝华　高林有

任尚凯　刘刚林　陈景山　赵华国　孙恩福　李　明

于全发　吕效荣　宋兴良　陈广璐　刘庆良　翟宝海

办公室主任： 郑思芹（兼）

津南区地方志编修委员会

2018年8月10日

名誉主任： 刘　惠

主　　任： 贺亦农

副 主 任： 李　庆　赵铁林　胡桂斌　马春连

委　　员： 崔　健　曹孔承　周　勇　刘竞东　张孝义　韩志达

吕　强　郭富志　杨俊明　赵玉洁　杜全胜　刘宝国

王兴民　孙兆彬　刘凤春　孟祥凯　刘金祥　周淑芳

赵士信　王文德　伊学平　张聪颖　肖　刚　戴丛栋

魏瑞荣　殷慧蔷　李华水　郭长宽　潘维军　郑生宝

王玉清　李得翔　刘太民　张志华　程俊敏　孟庆龙

李　晖　齐　杰　孙厚东　张广山　曹广仁　张　强

孟祥福　李光利　张梦怀　齐　勇　张占凌　刘德香

王金燕　刘树信　郝印来　张　毅　王春生　刘　伟

王国勇　王小军　葛荣岐　李彦青　陈子苓　张树生

魏志忠　付鹏起　苔和通　高文才　刘东华　马云波

李晨光　李成群　曹　磊　余　杰　李国年　张　斌

周向东　陈　宏　陈　震　赵克诚　张立新　庄连龙

张学江　吴加庆　傅春有　李金禄　曹景柱

办公室主任： 杨俊明（兼）

《津南区志(1979-2010)》编修人员

主　　修：贺亦农

主　　任：杨俊明

主　　编：李绍虎　　刘艳玲

执行主编：陈淑香　　蒋玉秋

副 主 编：李仁会

分　　纂：（按姓氏笔画为序）

李仁会　　何瑞章　　张合德　　靳云璋

编　　辑：（按姓氏笔画为序）

王　欢　　何　然　　何瑞章　　张天娟　　张合德　　靳云璋

天津市地方志编修委员会区县志审定验收组

主　　审：关树锋

副 主 审：邹积浩

编　　审：杨宝红　韦　恬

序

地方志是我国特有的文化瑰宝。中华民族有着编修地方志的优良传统。《天津市津南区志（1979—2010）》（简称《津南区志（1979—2010）》）自2009年启动，九易寒暑，终编纂成140余万字之巨制，此乃津南区文化建设的一件大事，可喜可贺。

津南区历史久远，人杰地灵，文化丰厚。据考证，西周时期先人就开始在此地繁衍生息。春秋战国时期，已是村落棋布，居民相处，炊烟相望，鸡犬相闻的景象。隋朝时期，咸水沽（时称豆子𣆶）人刘霸道和格谦，为反抗杨广欺压百姓的暴行，揭竿而起，率领民众举行起义。宋朝时期，朝廷在津南地区尝试种植水稻，成功改变了域内种植传统。起源于宋朝，形成于明朝，以宝辇为核心的葛沽民间花会，成为华北地区民间花会的奇葩。元初期，域内建富国盐场、兴国盐场、丰财盐场、厚财盐场（时天津地区共有6个盐场），成为中国北方重要的盐业基地。清末因小站练兵开挖了既有排灌又有航运功能的140华里的马厂减河，成功培育享誉国内外的名稻——小站稻，改变了古代旧军队建制，建成中国第一支近代化陆军。抗日战争和解放战争时期，在中国共产党领导下，津南人民发扬不怕牺牲的革命精神，为民族、为祖国的解放作出巨大贡献。中华人民共和国成立后，在党的领导下，津南区人民奋发图强建设社会主义新家园。中共十一届三中全会的召开，更为津南区插上了腾飞的翅膀。1978年生产总值为1.05亿元，1992年突破10亿元大关，达到10.22亿元。2010年生产总值达287.49亿元。2016年生产总值达806.70亿元，是1978年的768倍。在城镇化建设方面，坚持高起点规划、高标准建设、高效能管理，城乡一体化建设走在了全市前列。建成农民新居1100多万平方米，广大村民喜迁新居。各个领域也都取得丰硕成果，积累了丰富经验。可以说，区志见证了津南区发展，承载了津南区的人脉与文脉。

《津南区志（1979—2010）》以马克思列宁主义、毛泽东思想、邓小平理论、“三个代表”重要思想、科学发展观、习近平新时代中国特色社会主义思想为指导，坚持辩证唯物主义和历史唯物主义的立场、观点和方法，既反映了30年来的成功业绩，又总结了不足与经验，把全局与局部、历史与现实完美统一起来，体现了解放思想，实事求是的精神。《津南区志（1979—2010）》共33编140余万字，图表252张，照片443幅。内容翔实，语言简练，全面客观地记述了津南自然、政治、经济、文化和社会历史现状，体现出津南区的经验和特色，展示了津南区现代化发展的成果，是一部以文带图、图文并重的存史之册，是通观全局、文约事丰的资治之书，必将充分发挥其存世、资政、教化、育人之作用，为社会主义现代化新津南建设服务。

《津南区志（1979—2010）》在编纂中，中国地方志指导小组（以下简称中指组）专家多次莅临津南区进行指导。市志办领导、专家经常来区进行现场指导帮助，提出具体修改意见。在编目设置上，进行了6次调整，使志书的编目更加科学、合理。修志人员几易其稿，使志书的整体水平不断提高。在2017年7月市志办进行的终审会上，区志得到与会领导和专家的一致肯定和好评。在此，我们对中指组和市志办以及各位专家的大力支持，表示衷心感谢。

“立志欲坚不欲锐，成功在久不在速”。《津南区志（1979—2010）》在编纂过程中，编纂人员克服了经验、知识不足等困难，团结一致，努力创新，争创一流，圆满完成了编纂任务。由于本志书时间跨度大，涉及知识广，缺点错误在所难免，敬请读者批评指正。

志载盛世，读史励志。《津南区志（1979—2010）》编著已成，即将付梓，贡献给广大读者。让我们更加紧密地团结在以习近平同志为核心的党中央周围，高举习近平新时代中国特色社会主义思想的伟大旗帜，不忘初心、牢记使命，维护核心、埋头苦干，为决胜全面建成高质量小康社会，建设社会主义现代化新津南而努力奋斗。

中共天津市津南区委书记　刘　惠

天津市津南区人民政府区长　贺亦农

2018年5月

凡　例

一、本志书名依据《中国地方志指导小组关于第二轮地方志书编纂的若干意见》及《天津市地方志书编修行文规范》定名《天津市津南区志（1979—2010）》（简称《津南区志（1979—2010）》）。

二、本志以马克思列宁主义、毛泽东思想、邓小平理论、“三个代表”重要思想、科学发展观、习近平新时代中国特色社会主义思想为指导，坚持辩证唯物主义和历史唯物主义的立场、观点和方法，力求全面、客观、系统地记述津南区域自然、政治、经济、文化、社会各个方面的发展变化和改革开放成果。

三、本志记述范围为2010年津南区行政区域。

四、本志依天津市第二轮志书编修工作规范要求，上限为1979年，下限至2010年，为记述完整，个别事物作必要上溯下延。

五、本志采用横排门类，纵述史实，按类立编。编下设章、节、目，部分设细目。编、章均设无题序，除志后附录外，部分章节根据需要也设有附录。

六、本志采用现代语体文、记述体，坚持述而不论的原则。采用述、记、志、传、图、表、录诸体，以志为主，除书前彩页外，图表随文。

七、本志人物编收录本籍和客籍对津南区有重大影响或重大贡献的人物。人物传遵循“生不立传”原则，对前志记述的人物或有补充。人物排列以出生年月为序。人物称谓，一般直书其名，必要时在姓名前冠其职务或名后缀以职称。

八、本志1979—1995年内容是与前志交叉部分，依取前志之精、补前志之缺、纠前志之误的原则略写。

九、本志纪年，中华民国成立前用朝代年号书写，括注公元纪年；中华民国成立后用公元纪年；未注明世纪的年代，均指20世纪某某年代。

十、本志使用缩略语，所记党派、机构、企业、会议及各种运动、活动等名称，首次出现时使用全称，同时括注规范的简称，之后使用简称。

十一、本志区域名1962—1992年称天津市南郊区（简称南郊区），1992年3月6日后改称天津市津南区（简称津南区）。本志所用地名以天津市地名办公室公布的标准名称为准。

十二、本志的数字用法采用《出版物上数字用法》(GB/T15835—2011)、计量单位用法遵循国务院1984年2月发布的《中华人民共和国法定计量单位》、标点符号用法按《标点符号用法》(GB/T15834—2011)。

十三、本志资料、照片由各承编单位核实提供，所用数据以区统计局公布的为准，其他专业数据以主管部门提供为准。

目录

CONTENTS

第三编　人　口

第四编　城镇建设

第五编　交通　通信

第六编　水　利

第七编　农　业

第八编　工　业

第九编　园　区

第十编　建筑业　房地产业

第十一编　商　业

第十二编　服务业

第十三编　金融　保险

第十四编　财政　税务

第十五编　综合经济管理

第十六编　中国共产党

第十七编　人民代表大会

第十八编　人民政府

第十九编　政治协商会议

第二十编　民主党派　人民团体

第二十一编　政　法

第二十二编　军　事

第二十三编　民　政

第二十四编　人　事

第二十五编　劳动与社会保障

第二十六编　教　育

第二十七编　科学技术

第二十八编　文　化

第二十九编　卫　生

第三十编　体　育

第三十一编　旅　游

第三十二编　社会生活

第三十三编　人　物

附　录

Contents

Part I Administrative Zone

Part II Natural Environment

Party III Demography

Part IV Urban Construction

Part V Transport and Communication

Part VI Water Conservancy

Part VII Agriculture

Part VIII Industry

Part IX Parks

Part X Construction and Real Estate Industry

Part XI Commerce

Part XII Service Industry

Part XIII Finance and Insurance

Part XIV Financial and Tax Affairs

Part XV Comprehensive Economic Management

Part XVI Chinese Communist Party

Part XVII People's Congress

Part XVIII People's Government

Part XIX Political Consultative Conference

Part XX Democratic Parties and People's Organizations

Part XXI Politics and Law

Part XXII Military Affairs

Part XXIII Civil Administration

Part XXIV Staffing

Part XXV Labor and Social Security

Part XXVI Education

Part XXVII Science and Technology

Part XXVIII Culture

Part XXIX Healthcare

Part XXX Sports

Part XXXI Travel

Part XXXII Social Life

Part XXXIII Figures

Appendix

津南区志
（1979—2010）

总　述

津南区位于天津市东南部、海河下游南岸，东与滨海新区塘沽接壤，西与河西区和西青区相连，南与滨海新区大港毗邻，北与东丽区隔海河相望。地处北纬38°50′02″~39°04′32″，东经117°14′32″~117°33′10″，南北最长26千米，东西最宽25千米，境内属暖温带半湿润季风型气候，四季分明，日照较长，季风显著，雨热同期，年平均气温12.6℃，年平均降水量521.4毫米，无霜期206天。地势坦荡平缓，起伏很小，从西南向东北微微倾斜。海拔最高处6米，最低处2.07米，绝大部分地区3~4米。2010年，区域总面积387.84平方千米，辖咸水沽、小站、葛沽、双港、辛庄、双桥河、八里台、北闸口8个镇及长青办事处，有165个村民委员会、8个管委会、29个居民委员会，全区14.63万户41.29万人，其中农业人口28.99万人。辖区内住着汉族、回族、朝鲜族、蒙古族、满族等41个民族。

中共十一届三中全会后，中共津南区委、区政府推动津南区经济发展和社会进步，确定“服务城市、富裕农民、繁荣农村”“东进西连南生态北提升”发展战略，“一年有突破、三年要变样、五年超百亿”“聚焦先进、追赶跨越、提前一年超百亿”阶段目标稳固实现。津南政通人和，百业俱兴；城乡大变样，处处是新颜；镇镇起高楼，农民喜乔迁；路路街宽畅，街区似花园……辉煌成绩取得绝非易事。区委、区政府带领全区人民克服重重困难，艰苦创业，改革图新。聚精会神搞建设，一心一意谋发展，众志成城齐奋进，推动了津南区的经济、政治、文化、社会快速发展。

天津津南国家农业科技园区

二

中共十一届三中全会后，津南区拉开农村经济改革的序幕。1979年，全区普遍将实行多年的工分制改为“包工到组，联产计酬”的生产责任制。1980年，区委、区政府鼓励和支持社员经营自留地和家庭副业，建立700多个不同形式的生产责任制。1983年后，农村经营形式主要为“双层经营”“承包经营”“合伙经营”“股份经营”等。1986年，全区有农业专业户1496户，经济联合体组织形式达到1528个。1989年后，进一步完善农村家庭联产承包责任制，调整农业产业结构，农、林、牧、渔全面发展。1997年，在第一轮土地承包即将到期之前，区委、区政府根据中央的精神，确定了土地承包再延长30年的决定。科技兴农，发展生态农业，是区委、区政府做出的又一发展农村经济的重大战略决策。1999年，区委、区政府决定在全区进行高标准农田建设，提高全区农业集约化、规范化、产业化水平。至2004年，区完成高标准农田建设5195.07公顷，投资8459.01万元，推动了农村经济的快速发展。农民专业合作社为广大农民自愿建立起来的从事农产品生产、经营活动的专业合作经济组织，是实现农业产业化重要途径，是农村改革的主要成果。2001年，津南区创建首个农民专业合作社，至2010年，在工商局登记注册的专业合作社56个，注册资金累计7328万元。设施农业园区建设是津南区农业生态环境建设的重要组成部分。2001年，区委、区政府根据设施农业发展趋势及津南区的实际情况，按照“统一规划、分步实施、突出重点、滚动发展”的原则，提出在不同区域分别建设、完善6种类型（科技示范型、出口创汇型、集约高效型、经济高效型、持续生态型和观光休闲型）设施农业园区15个。其中，1个园区达到国家级农业园区标准，5个达到市级园区标准。2010年，全区农业总产值10.03亿元。津南区以园区农业、科技农业、休闲农业为特色的农业格局初步形成，农村城市化面貌焕然一新，农民生活水平大幅提高，农民人均纯收入12921元。

改革开放三十多年，津南区乡镇企业异军突起，企业规模从小到大，从弱到强，从简单的加工业到科技含量较高的制造业。从村村有企业，建设乡镇工业集中地，到一座座标准化车间，再到一片片现代化的工业园区，是津南区乡镇企业发展变化的真实写照。改革开放三十多年，津南区乡镇企业的发展，主要经历了：由简单内向到内外结合，由封闭自守到联合开发，由产权模糊到产权清晰，由村村办企业到实现镇、区工业园区。同时，深化企业内部改革工作的步伐从未停止，企业管理不断提高，实现了企业一个又一个辉煌业绩。1979年，根据国民经济的发展要求，境内对乡镇工业进行调整，压缩了机电、五金、医疗器械等38种产品。重点发展轻纺产品和外贸出口产品，以及适销对路产品。80年代后，全区实施乡（镇）办、村办、工农联办、联合体、个体办，“五个轮子”一起转，大中小并举的发展战略，以机械工业为主，以轻纺、化工业、食品工业为辅。1998年，全区进行企业产权制度改革，提出“平稳调整、突出特色、把握重点、全面优化”的方针。2003年，全区逐步形成环保、电子、机械制造、冶金、金属制品、交通运输工具、服装、化工等八大支柱行业，工业总产值112.16亿元，占全区工业总量的75.6%。津南区按照“科技创新和高新技术产业聚集区、电子信息产业基地、生物医药产业基地和民营经济基地”的发展定位，充分发挥“双城双港，相向拓展”的区位优势，重点规划电子信息、物联网、楼宇经济、高端装备制造等产业集群。工业总产值从1978年的1.78亿元，增长到2010年的710亿元。全区拥有各类工业园区16个。其中，津南经济开发区是1992年7月经天津市人民政府批准建立的以引进工业项目为主、商贸物流类项目为辅的综合性市级经济开发区；天津滨海民营经济成长示范基地是2009年被天津市政府批准的科技创新、循环经济、体制创新、生态环保等方面发展示范作用的示范经济园区；双港工业区、海河工业区、八里台工业区、小站工业区2009年被天津市认定为市级示范工业区。三十多年来，区内工业的发展，不仅使农民富裕，农村发展，加快了新农村的建设步伐，而且结束了农民依靠种地为生，告别面朝黄土背朝天的传统劳作方式，解决了大批农村剩余劳动力的历史性难题，农村的男女青壮年基本上都在工厂上班，成为离土不离乡的新型工人。

民营企业是改革开放出现的新生事物，也是津南区经济发展的重要组成部分。80年代初，个体工商业经营活动得到恢复和发展，出现了一些具有私人性质的“个人联合体”。1983年出现第一家注册登记的私营企业。1995年后，区出台《关于加快发展个体私营经济的若干意见》《关于进一步加快个体私营经济发展的若干规定》等支持、鼓励民营经济发展的政策和措施，使全区的民营经济始终走在全市各区县的前列。2001年，全区民营工业企业累计2501家，实现销售收入17.43亿元，拥有市级企业集团7家，有6家企业获得天津市百强私营企业称号。2010年，民营经济单位全年新增注册5356户，新增注册资金111.5亿元，民营经济单位总量达到22970户，注册资金508.7亿元，完成税收41.7亿元。

80年代，区内服务业发展以商饮业为主导。1989年，全区服务业单位（含个体工商户）1.8万个，从业人员3.2万人，服务业增加值2.4亿元，服务业固定资产投资0.8亿元，社会消费品零售额2.2亿元。90年代，服务业全面发展，逐步健全完善。商饮、运输业发展壮大，旅游业方兴未艾，房地产业开始起步，超市、中介、物业、家政、会计审计、娱乐等新兴行业悄然兴起。2000年后，服务业向规模化、现代化迅猛发展。商饮业改造提升，现代物流业崭露头角，房地产业茁壮成长，楼宇经济后来居上，商务服务、居民服务业健全完善。2010年，全区服务业单位（含个体工商户）4.1万个，从业人员9.8万人，服务业增加值117.1亿元，服务业固定资产投资70.5亿元，社会消费品零售额111.1亿元。

津南区旅游资源丰富。有世界罕见的自然历史遗产巨葛庄、邓岑子贝壳堤，被国内外专家誉为“陆地上的海洋博物馆”。改革开放后，经济、文化快速发展，又增添了多处旅游新景区，有坐落在历史名镇的小站练兵园、以奇石而闻名全国的宝成博物苑和中华石园、津南国家农业科技园观光区、小站天山·米立方，以及休闲农业游示范点、乡村旅游特色点等，津南区旅游业蓬勃发展。2010年，实现旅游收入3694.5万元。

图述—1　2010年，双港镇新貌

1982年，津南区政府开始制定和执行村镇建设规划。1985—1995年，全区翻建旧房242.7万平方米，建筑新房111.7万平方米。到2010年，楼房面积325.73万平方米，是1995年前的楼房总面积的28倍。全区城镇化建设步伐进一步加快，一片片高层住宅小区拔地而起，多数农民告别了乡村简陋平房的历史，搬进了舒适、明亮、暖和的楼房。改革开放前，津南区仅有国道津沽路、津歧路是沥青路面，其他道路基本都是土路。1992年，李港铁路津南支线工程竣工，结束了津南区没有铁路的历史。到2007年，国、省道、区、镇三级公路网总长度594.2千米，初步形成了以国、省道为主骨架，以重要县乡公路为次骨架，村村通公路的公路网。2010年，境内主要有津晋高速、丹拉高速、津港高速、天津大道和拓宽改造的津沽公路、津歧公路、葛万公路、汉港公路等，出行便捷。到“十五”期间，加大绿化资金投入，抓好公路绿化、城镇绿化、村庄绿化、生活小区绿化，先后建成生态经济观光园、津沽休闲园、普明园，新建月牙河风景带、海河故道公园等一大批绿地公园。美化了环境，为广大市民提供更多更好的休闲活动场所。

改革开放使津南区经济实现大发展、大提高，经济总量持续增长，产业结构不断优化升级，创造了区域经济发展的伟大奇迹。1979年，区预算内财政收入0.31亿元。1992年，地区生产总值10.22亿元。2010年，全区实现地区生产总值287.49亿元，三级财政收入92.63亿元。国民经济的快速发展，经济实力的迅速提升，有力地推动津南区各项事业的发展。

二

1979年，恢复人民代表大会制度后，1980年4月，津南区成立人大常委会，政治生活开始回到民主法治轨道，为人民行使当家作主的民主权利提供了可靠的组织保障。为了使民主决策与民主监督向下延伸，1992年后，各乡（镇）开始设人大主席团，为各级政府了解民意、体察民情，解决好社会关注的热点、难点问题，发挥了不可替代的作用，全区民主法治建设取得重要成果。2006年，全区创建平安示范村7个，平安村62个，平安社区居委会12个，平安小区3个，平安示范单位1个，平安单位63个。2009年，咸水沽镇赵北村获国家级民主法治示范村称号。1984年9月，召开津南区政治协商第一届第一次会议，至2010年，先后召开七届28次会议。三十多年来，在津南区政治民主化进程的稳步推进过程中，区政协通过建议和批评，充分发挥民主监督作用，第四至七届委员会五次会议期间收到政协委员提案2166件。各民主党派、工商联以及人民群众参政议政的通道更加畅通，民意主张越来越多地被采纳，有力地推进津南区的经济建设和政治民主建设。农村管理体制实现新突破，建立起“村务公开，民主管理”为主要内容的村民自治管理新机制。1986年起至2010年底，全区进行9次村民委员会换届选举，逐步改变了村级领导班子的年龄结构、文化结构、知识结构。一大批德才兼备、年富力强、有群众基础的农村优秀人才进入村委会领导班子，带领广大人民群众共同致富奔小康。但也不可否认的是，由于少数村民的民主法治观念相对淡薄，不珍惜自己的民主权利，存在滥用选举权及贿选现象。

加强社会治安管理，严厉打击刑事犯罪，是加强社会主义法制建设，大力推进依法治区的一项重要任务。1983—1986年，津南区开展三年“严打战役”，破获刑事案件1177起、摧毁犯罪团伙388个，打击处理人犯1287人，全区社会治安秩序明显好转。1990—2010年，又先后开展“双打斗争”“严厉打击毒品违法犯罪活动”“打黑除恶”斗争、“两抢一盗”斗争、“禁赌”“扫黄”“网上追逃”等专项活动，严厉打击各类犯罪行为和犯罪分子，破获了一大批大案、要案，建立健全警防、民防、技防三张网，为全区的经济建设、政治安定、社会稳定保驾护航。大力查处职务经济犯罪，严厉惩治腐败现象。1980—1996年，立案查处313件。破获的1989年9月26日发生在后营村“绑票”案和天津港田集团2002年11月10日凌晨特大抢劫杀人案，在全区引起强烈反响。民间矛盾纠纷问题进一步列入各级政府和政法部门重要议事日程，全区逐步建立和完善“四横四纵预警机制”和“矛盾纠纷排查调处”等机制。校园、居民社区、工业园区等重点地区构成警防、民防、技防三网联动，打防管控四位一体治安防范新模式。1986—2010年，全区“一五”至“五五”普法活动和“平安津南”建设深入开展，公民法律意识逐渐增强，社会治安综合治理卓有成效，有力地推进依法治区的进程。2009—2010年，津南区连续两年获市综合治理优秀达标地区称号，并在政法系统涌现出一大批天津市乃至全国先进集体和先进个人。

图述—2　2008年5月，开展平安志愿者启动仪式

三

津南区历史悠久，文化底蕴丰厚。改革开放以来，全区政治、社会、经济迅猛发展，推动津南文化实现繁荣发展，文化载体建设成效显著。1993年，建成平凡友好画院。2000年，建成新图书

馆。2004年，建成周汝昌红楼梦学术馆。2005年5月，兴建津南文化艺术中心（电影城），建筑总面积10060.19平方米。2009年，葛沽镇、小站镇、北闸口镇都建成占地超过1万平方米的新型文体中心，其他镇已将文体中心建设纳入"十二五"建设计划之中。

改革开放后，津南区的民间艺术之花盛开，先后出现剪纸艺人尔联美、麦秸画艺人王天庆、面塑艺人宋彦艳等。还有一大批在全国各条战线做出重大贡献的人物。文学活动十分活跃，先后出版《中国民间文化集成·天津卷·南郊册》《古镇稗史》《千年古镇葛沽》《近代史上的小站》《清末天津小站练兵》《海下风情》（第一至四卷）等图书，《天津小站练兵图集》和一些小说、诗歌、散文刊发在《田野》《海河柳》等期刊。农村电影"2131工程"的深入开展，构成深受群众欢迎的文化景观。

葛沽民间花会，是津南区一张历史文化名片，始于宋元时期，随妈祖文化的传播，明朝万历年间（1573—1620年）形成以宝辇为核心的民间花会体系，至今相传数百年，是一份珍贵历史文化遗产。2003年，葛沽镇被文化部命名为"中国民间艺术之乡"。海下文武高跷已有100余年历史，逐渐形成文武兼备的自身特色。2007—2009年，津南区"葛沽宝辇""海下文武高跷"和"海下同善文武高跷"被列入天津市第一批市级非物质文化遗产名录。津南区精品战略的实施，使津南文学、艺术在全国乃至国际上产生一定影响。如今，津南传统文化和现代文化的交汇、融合，已形成具有地方特色的津南文化。2006年1月，津南区被市委、市政府授予"天津市社区文化先进区"称号。2009年，津南区被文化部命名为"文化先进区"。

图述—3　2009年9月，津南区举办中华人民共和国成立60周年文艺晚会

改革开放后，津南区教育进入全面发展新阶段。区财政加大对教育经费的投入，教育事业出现了前所未有的新局面。1980年，全区教育经费为1400.5万元。2007年，区预算内教育事业费投入24743万元，是1992年（2143万元）的11.55倍。2010年，区财政教育支出8.38亿元。1984年，区集资283万元，翻新改建校舍68所。1997年，加大学校布局调整力度，改善办学条件。先后撤并中学5所、小学中心校5所及小学分校教学点76所。2006—2009年，新建小学校舍7所，建筑面积61000平方米；幼儿园2所，建筑面积7500平方米。1981—1991年，投入633.8万元进一步改善全区教学设备。2001—2010年，投入1亿余元为全区中小学配备各类仪器，全部达到部颁新标准。逐步推进全员聘任制、岗位责任制和结构工资制为主要内容的人事制度改革。建立激励与制约相结合、竞争与效能相结合的人事劳动分配制度，增加教师工资待遇。不断深化教育改革，为津南区教育持续稳定发展提供生机和活力，津南区教育事业实现质的飞跃。

改革开放后，津南区不同群体的体育活动越来越广泛。特别是老年人体育、妇女幼儿体育、少数民族体育、残疾人体育、俱乐部体育和学校体育，成为津南区体育工作的一个亮点。自1987年举办首届农民运动会，至2010年举办6届；津南区"三八健康杯"从1982年始至2010年连续举办29届；区幼儿运动会从1976年始至2007年举办22届；1977年始至2010年，津南区每年都举行中小学田径运动会和篮球、乒乓球的比赛。通过广泛开展群众性体育竞赛、中小学体育竞赛活动和参加市、全国体育比赛，全民参与体育健身意识日益增强，人民体质状况不断改善。辛庄镇、咸水沽镇、双港镇、葛沽镇、北闸口镇等镇被评为"全国亿万健身活动先进乡镇"。津南区群众体育活动保持全市领先水平，并为国家培养一大批优秀体育人才，多名津南籍运动员获得奥运会奖牌和亚运会、全运会金牌，为祖国、家乡争得荣誉，为社会全面进步做出贡献。

改革开放后，津南区卫生事业得到快速发展，极大改善群众就医环境，提高全区整体医疗技术水平。80年代，每年财政医疗卫生拨款100余万元，到2007年达4375万元。全区八个镇都有新建的设施齐全、设备先进、高标准卫生院，村村有卫生所和社区卫生服务站。2005年，全面推广新型农村合作医疗，减轻了农民看病负担，有效地缓解农民因病致贫、因病返贫的问题。卫生专业人才的引进，高职称队伍的建设，为提高全区医疗水平打下坚实基础。加强食品药品安全管理，增强了应对突发事件能力，在抗击“非典”、控制禽流感、预防甲型流感及各类传染病防治上取得显著成效。

80年代，开展农业技术成果的推广应用和新品种的引进示范，推动农业科技工作的开展。1986年后，随着区乡镇企业的发展，先后实施星火计划、火炬计划、科技创新计划，取得了一系列丰硕成果。同时，不断推动科技体制改革，加强企事业单位的科技创新，奖励在推动津南区科技进步做出贡献的单位和个人。科技周、科普活动日、科普展、科普百日下乡活动，推动了科学知识的普及和科学技术的推广。津南区的南美白对虾淡水养殖技术、“津椒三号”辣椒新品、津南“实芹一号”等科技成果获天津市和国家各项奖励。天津津南国家农业科技园是国家科技部首批批准的高科技园区，也是天津市唯一的国家级科技园区，已成为农业技术的组装集成和科技成果转化基地。

四

中共十一届三中全会后，区委、区政府落实国家各项惠农政策，把解决“三农”问题列为经济发展的重要任务，农民收入实现较快增长，生活消费水平逐年提高。改革开放的第一个十年，农民人均纯收入跃上千元大关，广大农民摆脱贫困走向富裕。改革开放第二个十年，农民人均纯收入由1988年的1216元增长到1998年的4375元，农民生活处于小康水平。改革开放的第三个十年，农民人均纯收入跃上万元台阶，农民生活更加富裕。2010年，全区城乡储蓄款余额387.2亿元。其中，居民储蓄198.78亿元。农民人均收入12920.58元，农村居民生活消费支出8046.6元。物质生活的丰富，也在促使着人们追求更高的精神生活。琴棋书画、说拉弹唱、集邮收藏等成为人们的兴趣爱好，公园广场晨练晚练活动和各种健身舞健身操，成为一道靓丽的风景线。

改革开放和经济的发展，使社会保障制度不断建立和完善。改革过去一切由国家负责的制度，坚持以人为本，关心民生，在劳动就业、劳动工资、养老保险、医疗保险等方面深入进行改革。1991年，开始尝试性的社会养老保险结构改革实践，探索建立国家基本养老保险、企业补充养老保险和个人储蓄性养老保险相结合的多层次养老保险体系。1998年，启动最低生活保障制度。2002年，开始实施城镇职工基本医疗保险。2004年始，推动新型农村合作医疗，当年全区4.8万人参保。2006年，建立农村低保标准自然增长机制。2007年，农村低保实现社会化发放。

富裕起来的津南人，深入开展改陋俗、树新风活动。1981年，全区开展第一个文明礼貌月活动。2000年，开展创建文明城镇活动。2001年后，八里台镇坚持开展“为好儿媳娘家挂匾”活动，在全区引起强烈反响。此项活动的做法和经验被多家报刊登载和在中央电视台的《新闻联播》节目中播出后，在全市乃至全国引起强烈反响，进一步推动了农村精神文明活动的开展。2008年，津南区在全区范围内开展“同在一方热土，共建美好津南”活动。2009年，开展“津南新风尚”全民素质提升工程，以及坚持多年的“激情津南”广场舞、文艺演出，“欢乐行”体育健身展示、民间花会、秧歌、高跷展演、歌曲大家唱等一系列活动，极大地丰富了人民群众的精

图述—4　2010年4月，津南区开展“新风尚大学堂”领导干部法制讲座

神生活，宣传了积极向上的正能量，推动全区精神文明建设。但是，不可否认的是，在有些地方、有些村庄，仍然存在婚丧嫁娶大操大办、铺张浪费的现象，赌博之风屡见不鲜，甚至封建迷信活动时有抬头。这些问题，必将随着经济进一步发展，社会进步，人们思想觉悟的提高，逐步得到解决。

津南区改革开放三十多年，经济快速发展，城乡巨变，人民生活安定富裕，高楼林立，交通便利。在这三十多年中，津南人民亲身经历了这场历史大变革。社会在变，人们的思想在变，津南人民在大变革的实践中创造了无数的物质财富和精神财富，积累了许多宝贵的经验和教训，都将被载入津南的历史史册。展望未来，前景美好，任重而道远。津南人民一定会团结一致，凝心聚力，继往开来，建设一个富强、民主、文明、和谐、美丽的新津南。

大事记

2008年，坐落于津南区葛沽镇西关村境内横跨海河的滨海大桥

1979年

2月3—17日　区委召开四级干部会议。中心内容是：认真学习中共十一届三中全会公报，把工作重点转移到社会主义现代化建设上来。

是月　南郊区恢复咸水沽镇、小站镇、葛沽镇3处贸易点。

3月28日　天津市中级人民法院无罪释放1965年被定为反革命分子、判处有期徒刑15年的姜德玉。

8月27日　建立区纪律检查委员会筹备组。

9月15日　南郊区在全国第四届全运会上获“全国体育先进集体”称号。

是年　全区为1044名地主分子、富农分子、反革命分子、坏分子（简称“四类分子”）摘帽。对18名错定分子给予平反。

是年　全区农村普遍实行“包工到组，联产计酬”责任制。

1980年

2月1日　南郊区图书馆对外开放。

4月26—30日　区第八届人民代表大会第一次会议召开。会议决定撤销区革命委员会（简称革委会），恢复区人民政府，设立区人民代表大会常务委员会。

9月1日　上午11时至下午1时30分，连续3次降大雨和冰雹，受灾面积1.26万公顷。

1981年

1月20日　区委根据中发〔1980〕83号文件精神，总结“农业学大寨”的经验教训。

6月　区内1163个生产队建立不同类型的责任制，并出现第一个对社员实行以“口粮田制”为内容的包产到户生产大队——小站公社南付营生产大队。

8月1日　全区公费医疗管理开始实行“经费包干”。

是年　境内旱情持续270天，受灾面积1.59万公顷，夏粮亩产均仅29千克。

1982年

1月　区供销社开始逐步恢复集体所有制性质，即合作商业。

2月25日　北闸口信用社袁国栋、刘俊清为保卫金库与歹徒进行英勇搏斗，受到中国农业银行天津市分行嘉奖。

7月1日　第三次人口普查于零时开始（1990年、2000年、2010年分别进行第四次、第五次、第六次人口普查）。

8月4日　市农委在南洋公社进行改变人民公社“政社合一”体制试点。

12月27日　区委确定今后农业发展的方向：“服务城市，发展出口，城乡互助，劳动致富”。

1983年

4月　各公社革委会陆续撤销，至9月底，建立10个乡。乡建立党委、政府和人民公社管理委员会，生产大队改建为村民委员会。

是月　白塘口乡继泰村5.6公顷水稻进行暗管排咸试验，当年亩产由150千克增至580千克。

10月18日　刘声出席中华全国总工会第十次代表大会。

是年　大旱，受灾面积1.01万公顷，绝收0.13万公顷。夏粮减产1300万千克。

是年　北闸口镇翟家甸村首次试验化肥养鱼，在全市推广应用。

1984年

3月20日　境内遭受大风、雨雪侵袭，保护地蔬菜受灾面积265公顷，经济损失130万元。

8月2日　海河二道闸工程动工，1985年12月竣工。

9月17—20日　区政协首届委员会第一次会议召开。

是日　区第九届人民代表大会第一次会议召开。

11月4日　国务院副总理李鹏率水电部副部长杨振怀、交通部副部长王辰意到津南区二道闸工地视察。

是年　区新建沼气池526个，名列全市第一。

1985年

4月28日　区首届农民运动会在南郊区体育场举行。

5月12日　农牧渔业部在湖南长沙召开优质稻米座谈会，小站稻被列为名特产品。

5月25日　区第一届独生子女运动会召开。

6月30日　天津市首届农民致富杯田径运动会结束，南郊区队获团体总分第一名。

9月10日　区首届教师节庆祝大会召开。

12月7日　市长李瑞环和市政府顾问毛昌五到咸水沽市场考察。

是月　南郊区实验小学获“全国优秀体育传统项目学校”称号，是华北地区唯一获“霍英东体育基金会”奖金的学校。

1986年

1月　何庄子蔬菜批发交易市场建成，该市场为华北地区最大的蔬菜批发交易市场。

3月上旬　水利电力部颁发奖状和荣誉证书，表彰南郊区在暗管排咸应用试验中做出的贡献。其后，美国、荷兰等国专家和国内13个省市的科技人员到南郊区参观考察暗管排咸工程。

5月5日　区武装部由部队移交地方。

7月28—31日　中共南郊区第四次代表大会召开。

12月16日　天津市第一个乡办电话站——辛庄乡自动电话站建成。

12月31日　引滦入咸工程竣工。

1987年

2月21日　南洋乡成立天津市第一个乡级计划生育协会。

2月24—28日　区政协二届委员会第一次会议召开。

是日　区第十届人民代表大会第一次会议召开。

3月5日　中顾委委员江一真、农牧渔业部副部长肖鹏、农牧渔业部乡镇企业局局长马杰三、民政部司长吴俊伟等到区调研乡镇企业。

4月17日　南斯拉夫公使兼参赞鲁基齐、美国科技参赞裴乐、捷克斯洛伐克一等秘书瓦利切克、加拿大一等秘书孙凯东等4国驻华使馆官员，在国家科委合作局吴贻康陪同下，到南郊喷漆厂参观静电喷涂流水线。

6月23日　联合国粮食计划署驻华代表处官员黄仲到区检查联合国提供的无息贷款发展奶牛生产项目。

8月26日　境内普降大雨。园田、旱田、果园受灾面积6800公顷，民房倒塌52间。

是月　区首次平房改造——咸水沽耀华新里一期工程启动。至1989年，三期工程竣工，拆除平房242间，建6层楼房3幢1.2万平方米。

9月13—15日　区首届全民运动会在南郊区体育场举行。

是年　北闸口乡吕坨子村建成太阳能取暖房，填补天津市空白。

1988年

5月1日　区广播站有线广播专线传送改为有线广播无线传送。

5月中旬　境内出现严重旱情，全区2800公顷麦田和春播作物受灾，1533.33公顷白地欠墒，无法播种。

8月20日　区档案馆第一批满30年的历史档案对外开放。

8月30日　市长李瑞环考察咸水沽镇容镇貌。

是月　“津南实芹1号”获国家发明三等奖。

9月　国家教委、国家计委、财政部、劳动部授予区政府“开展勤工俭学先进集体”称号。

11月17日　全国郊县第一个青联——天津市南郊区青年联合会成立。

是日　市人大常委会主任吴振考察养猪专业户李克俭的全封闭养猪场。

是年　境内开始安装个人住宅电话。

1989年

1月8日　全国第一家乡办旅游企业——天津长青旅游公司成立。

5月7日　筹资800万元改造中小学校舍，10名乡（镇）长分别与区政府签订抢修、翻建责任书。

9月14日　区残疾人联合会第一届第一次代表大会召开。

10月　预备役四团被评为“全国民兵预备役工作先进单位”。

12月17—19日　中共南郊区第五次代表大会召开。

是年　通风除尘设备厂生产的XZD/G Ⅱ型旋风除尘器被评为“国家优质产品”称号，填补天津市乡镇企业空白。

是年　大站集团公司总经理王孝杰获“全国少数民族企业家”称号，李楼村陈武成获“全国劳动模范”称号。

1990年

1月9日　天津市第一家乡镇企业环保设备检测站在区内建成。

2月19—22日　区政协三届委员会第一次会议召开。

2月25—28日　区第十一届人民代表大会第一次会议召开。

4月28日　天津市郊县首所智障儿童学校——南郊区培智学校在咸水沽镇落成并开学。

7月22日　中央、天津两电视台国际部拍摄传字营村生态农业专题片，作为国际交流节目。

8月21日　市委书记谭绍文到区检查工作。

8月23日　市人大常委会主任吴振到区考察稻菇鱼立体种养和机械化网箱养鱼。

11月22日　津港公路南郊路段工程开工。1991年8月28日竣工。

是年　南郊区被评为“全国体育先进县”“全国田径之乡”“全国地震工作先进集体”“全国计划生育协会先进集体”称号。

1991年

2月2日　市人大常委会主任吴振到区考察秸秆氨化炉。

3月8日　经市民委等部门批准，咸水沽镇东张庄村，葛沽镇西关村、杨惠庄村、南辛房村，小站镇四道沟村为民族村。

3月20日　南郊区被国家计委确定为“八五”期间农村能源工程100个综合试点县之一，为天津市唯一的试点区县。

4月30日　区首届伤残人田径运动会在南郊区体育场举行。

5月16日　南郊区地方志第一次工作会议召开，修志工作在全区展开。

6月21日　天津市首例企业破产案——津南纺织厂破产案审结。

7月5日　市长聂璧初检查区海河防汛工程。

9月8日　全区6666.7公顷水稻发生稻飞虱，重灾面积2066.7公顷，其中800公顷绝收。12日，区召开除治稻飞虱紧急会议。

10月1日　月牙河公园建成并向游人开放。

1992年

1月27日　建设李港铁路南郊支线签字仪式在天津地方铁路局举行。7月1日建成并通车。

3月6日　经国务院批准，南郊区更名为津南区。

5月26日　市委、市政府决定，在东丽、西青、津南、北辰新4区和蓟县、宝坻、武清、宁河、静海5县，以及塘沽、汉沽、大港3个区，各划出2平方千米的建设经济开发小区，作为改革开放的试验性区域。7月始建津南经济开发区。

9月28日　小站稻被农业部批准为绿色食品。

12月31日　经市政府批准，八里台、双港两乡撤乡建镇。

是年　津南区成为全国250个农村初级卫生保健试点中的第一个达标区。

1993年

1月19—21日　中共津南区第六次代表大会召开。

2月22—26日　区召开政协四届委员会第一次会议。

2月23—27日　区召开第十二届人民代表大会第一次会议。

是月　津南区被评为“全国推行广播体操先进单位”。

3月1日　区第一所民办中学——南华中学成立。

10月25日　咸水沽三中青年教师赵志芳在天津市首届十大杰出青年评选活动中，获天津市杰出青年称号，并获得天津市人民政府颁发的杰出青年奖。

11月13日　区委、区人大、区政府、区政协和区纪检委五大机关的领导出席区推动股份合作制企业动员大会。

12月29日　天津市郊县首家私营企业工会组织在宝成暖通设备有限公司成立。

1994年

2月27日　市委书记高德占到津南区调研春耕生产准备情况。

4月9日　区商会正式成立。

5月28日　西关小学在市民族中学举办的天津市第二届少数民族传统体育运动会中获狩猎（小学女子组）比赛第一名、混合接力竞赛第一名。

6月25日　境内持续干旱53天，造成旱田作物出苗不全。

6月28日　天津市环保产业基地在双桥河乡建立，国家环保协会副会长于峰、市人大常委会副主任苏宝琮出席成立大会。

8月1日　天津市税务局津南区分局分设为天津市津南区国家税务局和天津市地方税务局津南区分局，开始对外挂牌办公。

8月6日　境内一周来连续降雨，同日降大暴雨，为确保市区安全，津南区坚持不向海河排水，经济损失5560万元。11日，市长张立昌到区考察灾情。

11月　在天津市第八届全民运动会上，津南区运动员参加12个项目中的7项比赛，共获得4枚金牌、11枚银牌、4枚铜牌。

12月4日　位于北闸口镇北闸口村的津南天主教堂建成启用。

1995年

4月27日　区在小站镇周公祠举办纪念小站镇建镇暨小站稻开发120周年活动。

5月28日　津南区摔跤队在天津市第三届农民运动会上获得团体总分第一名。

6月　津南区被市委、市政府授予天津市青少年科技活动先进区。

8月2日　津南区咸水沽医院经天津市卫生局组织的爱婴专家评审团检查评估，被评选为省市级爱婴医院。

8月26日　市委书记高德占考察位于葛沽镇的渤海冶金工业公司，并慰问工地干部职工。

9月17日　参加联合国第四次世界妇女大会的马里共和国政府代表团迪亚基特·法杜马塔·恩迪亚耶部长一行5人，由全国妇联、天津市妇联负责人陪同，到津南区访问。

12月20日　津南区代表队在天津市举办的第五届乡镇企业青工技术比武中，获团体第一名。

是月　天龙热能设备公司研制的RLG型高效热管节能多用锅炉，被农业部环保能源公司评为“中国第二届农业博览会优秀产品”。

1996年

1月22—25日　区政协第四届委员会第四次会议在机关礼堂召开。

1月23—26日　区第十二届人民代表大会第六次会议在机关礼堂召开。

2月　副市长朱连康到津南区调研筹建水库工作。

3月6日　市委副书记李建国到津南区调研精神文明建设工作。

4月11日　市长张立昌、副市长朱连康到津南区双港镇调研农业科技工作。

4月17日　国家防汛抗旱总指挥部办公室副主任赵春明到津南区检查防汛工作，查看海河干流葛沽段治理工程和海河二道闸。

5月22日　津南区在国家计委、国家经贸委、国家科委、财政部、农业部、林业部、水利部、电力部八部委共同组织的“八五”全国百县农村能源综合建设评比中，被授予“全国农村能源综合建设先进县”称号。

是月　副市长朱连康到津南区考察水稻抛秧技术推广情况。

6月24日　市委副书记、常务副市长、市防汛抗旱指挥部副总指挥李盛霖到津南区检查防汛准备工作。

10月　咸水沽镇在全国亿万农民健身活动先进乡镇表彰会上被授予“全国体育先进乡镇”称号。

11月22日　区委、区政府在海河湾村召开创建文明村镇现场会。市委副书记李建国，市政协主席刘晋峰，市人大常委会副主任鲁学政、潘义清、黄其兴，市政协副主席李长兴等参加会议。

1997年

1月10日　小站镇盛字营村私营企业恒裕化工有限公司发生火灾，3名在职女工被烧伤，车间内机器设备及部分厂房被烧毁。

3月3—6日　区政协第四届委员会第五次会议在机关礼堂召开。

3月4—7日　区第十二届人民代表大会第八次会议在机关礼堂召开。

4月7日　全国政协副主席杨汝岱一行，在市政协主席刘晋峰等陪同下到港田集团公司视察。

4月12日　全国人大常委会委员张再旺视察葛沽镇三合村。

4月13日　市委常委、副市长曲维枝到双港镇考察港田蔬菜工厂化科技示范田工程。

4月27日　全国妇联书记处书记华福周、城乡部部长张世萍，视察女职工占97%的天津西装厂。

5月1日　葛沽一中举行建校50周年纪念庆典。

5月2日　市人大常委会副主任钱其璈调研津南区卫生防病工作。

5月17日　市委副书记房凤友等到津南区对农村基层组织建设情况及新时期如何当好农村干部进行调研。

是月　市人大常委会副主任张毓环到南洋镇和双桥河乡检查指导农村基层党建工作。

7月　公安津南分局双闸派出所民警宋国祥被公安部授予“全国优秀人民警察”称号。

9月3日　津南区运动员周长明、吴娜获全国青少年射击比赛男子青年组小口径60发卧射（588环）冠军和女子少年组40发（372环）气手枪比赛冠军。

10月8日　市委书记、市长张立昌，市委常委、市委秘书长罗远鹏，副市长朱连康考察津南区正在建设中的港田工厂化农业示范区、津南水库和翟家甸倒虹吸工程。

10月28日　市领导张立昌、罗远鹏、朱文棨、张好生、夏宝龙及市有关部门负责人到宝成集团，考察调研私营企业发展情况。

是月　津南区日思牌小站稻和东仪牌氧气表在全国第三届农业博览会上，被农业部命名为全国名牌产品。

是月　辛庄镇农民体育协会获“全国群众体育先进集体”称号。

12月5日　副市长庄公惠为海河湾村港田幼儿园适龄幼儿免费投服脊髓灰质炎疫苗糖丸。

12月16—18日　中共津南区第七次代表大会在机关礼堂召开。

12月24日　全国教育工会副主席龚乐进在天津市教育工会主席邹克良的陪同下，到咸水沽三中视察。

是月　全国少工委副主任、团中央少年部部长孙寿山在团市委副书记薛新立的陪同下，到津南区实验小学考察。

1998年

1月10日　交通部副部长李居昌到津南区公路管理所八里台管理站慰问干部职工。

1月18—22日　区政协第五届一次会议在区机关礼堂召开。

1月19—23日　区第十三届人民代表大会第一次会议在区机关礼堂召开。

2月9日　天津市地方志办公室在津南区金谷宾馆召开《津南区志》评审会。市政协副主席黄炎智，中国地方志协会副秘书长、市地方志编修委员会秘书长、市地方志办公室主任郭凤岐，市地方志编修委员会顾问、著名地方志专家、南开大学教授来新夏，市社联副主席潘镇贵，区委书记何荣林，区长郭天保，区政协副主席杨家环，区人大顾问许惠定，以及修志界的专家学者、各区县地方志办公室的负责人共70人参加会议。

2月13日　《人民日报》发表长篇通讯——《眼光·胸怀·志向》，全面介绍津南区双港镇海河湾村党委书记龚世权的先进事迹。

2月17日　市委副书记、常务副市长李盛霖，市政协主席刘晋峰到津南区双港镇港田集团公司，考察农业科技示范田智能型温室。

3月　区法院审结首起发生在津南区的贩卖海洛因的毒品犯罪大案，收缴海洛因40余克，犯罪分子被处以重刑。

5月19日　津南区举办社会主义市场经济法律知识讲座，特邀请中国社会科学院法学研究所民法博士、《法学研究》杂志社社长张新宝担任主讲。区五大机关领导出席。

是月　蒙古国中央省省长巴图宝立刀率团到天龙热能设备公司进行考察。

6月15日　市教育局在津南区召开现场会，推广津南区学校体育活动创建经验。

6月29日　国家地震局副局长汤泉在市地震局领导陪同下，到津南区检查防震减灾工作。

7月3日　津南区召开乡镇企业产权制度改革动员大会。

8月17日　津南区召开抗洪救灾捐赠活动大会。至25日，全区累计捐款210万元，物资折价150万元。

8月21日　津南水库变电站举行通电仪式。

9月7日　津南经济开发区自建区以来最大一宗土地出让合同在区政府签订。台湾中宏实业有限公司经理陈贤民和区规划局土地管理局局长许香玉分别在土地出让合同文本上签字。

9月23日　常务副市长杨新成一行到港田集团港田发动机有限公司和东方暖通设备制造公司调研。

是月　市人大常委会副主任张毓环带领市人大农村委员会主任赵万里，常委王武敬、郑树阳等，到津南区就贯彻落实《乡镇企业法》情况进行调研。

10月2日　津南水库正式开闸蓄水。1999年5月30日，周边节水工程竣工通水。

10月18日　市人大常委会副主任王鸿江、副市长俞海潮率队到津南区就深化教育改革情况进行调研。

12月12日　天津市和铁道部共同投资10亿元建设的天津港1000万吨煤炭下海铁路工程在津南区海河二道闸正式开工，天津蓟港铁路有限公司宣告成立。

1999年

1月25—27日　区政协第五届委员会第二次会议在机关礼堂召开。

1月26—28日　区第十三届人民代表大会第三次会议在机关礼堂召开。

1月26日　市长李盛霖，副市长王德惠、孙海麟等到津南区调研海河干流治理工程。

2月　舍尔特冰酒在津南区酿造成功，在天津市技术监督局开展的酒类评比中获金牌。

3月11日　津南区与黑龙江省巴彦县举行缔结友好区县签字仪式。

3月24日　津南区首家股民联谊场所——“牛市股票沙龙”在咸水沽镇成立。

3月26日　津南区粮油贸易有限公司成立。

6月3日　津南区小站镇东大站村获“津城电话第一村”称号。

6月9日　“康好杯”中国乒乓球俱乐部甲级联赛在津南区举办。17个省市级乒乓球俱乐部的123名运动员参加。

6月26日　全国部分省市的50余位宣传部部长到津南区宝成集团、港田集团调研，并就企业发展问题进行座谈。

是日　北京军区副司令员、中将陈希滔到津南区人民武装部检查正规化建设情况。

7月6日　18个区县领导莅临津南区观摩指导人民武装部工作和民兵建设。天津市警备区司令员滑兵来，市委常委、副市长夏宝龙参加。

7月16日　区召开“三讲”教育动员大会。区委书记何荣林进行总体部署，市委巡视组组长张仁毅作讲话。9月26日，区召开“三讲”教育总结大会。

8月6日　电视剧《小站稻情缘》在津南区开机。2000年5月26日，在津南区有线电视台首播。

8月8日　津南区供电分公司小站供电所正式挂牌营业，标志着“两改一同价”工作在津南区全面展开。

8月31日　津南区农电体制改革基本完成，农村低电压网改造工作于9月1日在全区10个镇同时展开。

是日　津南区与韩国光山区签订互派人员学习考察协议、花卉进出口协议与合作种植经营花卉意向书。

9月13日　津南区区长热线电话开通。

10月18日　民革津南区支部获“全国先进支部”称号。

10月23日　《人民日报》刊发区委书记何荣林署名文章《大力发展环保产业》。

10月30日　津南籍运动员高静获全国射击系列赛决赛、全国射击冠军赛运动步枪3×20项目金牌、女子汽步枪40发比赛银牌。

12月8日　希腊国家经济研究所所长尼克到津南区考察经济情况。

12月31日　港田集团成为国内北方最大摩托车生产基地，产销量居全国第十位，年产量25万辆，创产值7.8亿元。

2000年

1月14—17日　区政协五届三次会议在机关礼堂召开。

1月15—18日　区十三届人民代表大会第四次会议在机关礼堂召开。

1月28日　在马来西亚吉隆坡举行的亚洲射击锦标赛上，津南籍射击运动员高静获得女子10米气步枪金牌。

是月　津南建安总公司经长城（天津）质量保证中心现场审核，顺利通过GB/T 19002–1994–ISO 9002–1994标准质量体系认证，成为津南区首家建筑企业利用该体系标准控制工程质量的施工单位。

2月25日　科技部副部长邓楠在副市长梁肃陪同下，到港田工厂化农业科技示范区调研。

是日　葛沽镇长城服装集团公司成立跨国公司，在蒙古国投资500万元兴办服装生产企业，在中国香港地区和美国成立销售服务机构。

是月　八里台镇团委获“全国五四红旗团委创建单位”称号。

是月　天津甘泉集团公司下属的水泵厂和电机厂改制成功，改制后均按有限责任公司的方式运作，并成为津南区首家由全体村民持股的企业，该村也成为津南区唯一一家股民村。

是月　津南区政府投资兴建的天津市津南信息网一期工程全面开通，该信息网属天津政务网的组成部分。

3月14日　全国政协常委、市政协副主席周绍熹率政协教育专家到津南区示范校咸水沽一中和民办校新农中学视察。

3月29日　公安津南分局被授予“全国优秀公安局”称号。

4月5日　双港开发区及周边工业群被农业部批准为首批全国乡镇科技园区。

4月6日　区境遭受沙尘暴袭击，大气总悬浮颗粒物达每立方米3.174毫克，超出国家规定环境空气质量标准9倍，经综合评价大气污染水平处于重污染状态。

4月30日　市重点工程之一的津沽路拓宽工程正式动工。拓建路段由柳林桥至西大桥，全长11.57千米，总投资2.5亿元，按国家一级线型标准设计，10月15日竣工。

5月15日　柬埔寨王国驻中国大使馆大使凯·西索达到港田集团公司考察。

5月25日　天津市首家残疾人养护院在咸水沽镇建成，首批9名丧失劳动能力的残疾人入住该院。

是月　全国男子举重锦标赛在江苏省苏州市举行，津南区选手李树志在105公斤级的比赛中，以202.5公斤夺取金牌。

8月18日　双港镇被国家体改委批准为“全国综合改革试点”，并进行城郊型小城镇示范区试验。

8月24日　天津市乡镇企业发展推动会，在津南区召开。副市长孙海麟对津南区“三个一”发展战略和“六个五”工程建设予以高度评价，称之为“津南模式”。

是月　经市教育局批准，永正集团出资兴办的民办高中——天华中学在津南区建成，9月正式运营。

9月7日　双港镇被天津市电信公司授予“津门电话第一镇”称号。

9月16日　津南籍运动员高静在第27届奥运会女子10米气步枪比赛中，以497.2环的成绩获得铜牌，是中国体育代表团在该届奥运会上的第一块奖牌。

9月22日　市人大常委会副主任张毓环率人大农村委员会委员到津南区调研《中华人民共和国农业技术推广法》贯彻落实情况。

9月27日　由市慈善协会与天津日报社联合推出的“慈善助学”活动捐赠仪式在津南区举行，中华慈善总会副会长、市慈善协会会长陆焕生出席捐赠仪式。

10月16日　市委副书记刘峰岩到津南区考察港田摩托车有限公司、全红桥音乐喷泉广场等地。

是月　宝成集团与陕西华夏石油开发有限公司合作开采的第一眼油井出油。

是月　津南区被市政府命名为“天津环保产业基地”和“中国北方环保产业基地津南密集区”。

11月4日　天津警备区司令员滑兵来到津南区兵检站考察工作。

11月6日　市委书记张立昌到津南区调研。在考察南洋镇淡水养殖场、八里台镇高标准农田建设和津南水库后，就编制好“十五”计划作重要讲话。

11月17日　电大津南分校成立。

11月23日　区委、区政府邀请加拿大著名规划设计专家卡尔·彼得林到区考察，并聘请他为津南区村镇规划与建筑设计顾问。

2001年

1月3日　津南区农业技术推广服务中心获得由国家工商总局颁发的“小站稻商标注册证书”，成为“小站稻”注册商标的唯一合法持有者。

1月4—7日　区政协第五届第四次会议在机关礼堂召开。

1月5—8日　区第十三届人民代表大会第五次会议在机关礼堂召开。

2月23日　津南区委召开“三个代表”重要思想学习教育活动动员会。活动于8月结束。

是日　国家档案局局长毛福民到津南区检查指导工作。充分肯定区档案工作在促进党建和“两个文明”建设中取得的成绩，对今后工作给予指导。

是月　丹拉支线及津晋两条高速公路津南境内工程开始施工。2002年2月土方工程完工。

3月2日　津南区引黄济津完善配套工程全面动工。工程包括新挖排水渠道18条25610米，土方39.74万立方米，清淤渠道9万立方米，新建涵闸13座，涵洞43座，渡槽1座，改管1处50米，农用桥3座，新建排水临时泵点6座。工程于4月底完工，总造价59.3万元。

3月21日　副市长孙海麟考察津南区农业结构调整工作，分别考察农业高新技术园区、特种水产苗种培育基地、咸水沽镇现代观光农业园等地。

4月　滨海大桥开工建设。该桥是丹拉支线高速公路天津南段的一座特大型斜拉桥，坐落于津南区西关村境内，横跨海河。该桥由主桥和南、北引桥三部分组成，主桥为双塔双索面预应力混凝土斜拉桥，全长2838米，主桥跨度364米，南、北引桥跨各为152米。主塔采用宝瓶型结构，高140米，从两座主塔中横梁和上横梁之间的H形塔柱上各放射出25对共104根斜拉钢索，组成4个扇形。桥面宽27.5米，为双向6车道。主桥桥下能双向通行5000吨级客货轮。该桥于2003年底建成通车。

5月30日　市长李盛霖一行到津南区考察抗旱工作，并走访慰问吃水困难的农户家庭。

8月23日　津南区信息化工程正式启动。首批14个试点单位与区科委就计算机使用及各自承担的任务签订协议书。

8月28日　津南区首次成功引进全国乳品行业第一家上市公司——内蒙古伊利实业集团股份有限公司，并与津南区康业冷冻食品股份有限公司正式签约，共同组建天津市伊利康业冷冻食品有限公司。

9月3日　津南区农业科技园区被国家科技部正式命名为“天津津南国家农业科技园区”。该园区的核心区位于津南区八里台镇八里台村，占地800公顷。

10月8日　根据天津市城市总体规划，津南区撤销南洋、双闸两镇的现行建置，分别并入咸水沽镇、八里台镇。

11月28日　咸水沽医院门诊楼、急救中心工程竣工。该工程于2000年11月18日动工，面积7000平方米，为6层（局部7层）框架结构，总投资1300万元。

12月14日　副市长孙海麟到津南区调研，听取津南区关于2001年工作基本情况汇报和2002年工作的初步安排。

12月26日　副市长俞海潮考察津南区教育、卫生、文化等工作。

是月　全区25个社区居委会换届选举，选举出新一届社区居委会成员95名，其中主任23名、副主任18名、委员54名，平均年龄44.7岁，初中以上文化程度占80%。

2002年

1月8—9日　全国乒乓球工作会议在宝成会议中心召开，国际乒联原主席徐寅生、副市长孙海麟出席会议，徐寅生为津南体育题词："津南体育，大有可为"。

1月14—16日　区政协五届五次会议在机关礼堂召开。

1月15—17日　区第十三届人民代表大会第六次会议在机关礼堂召开。

是月　甘泉集团中标酒泉卫星发射中心远距离供水工程项目。

3月1日　新华社、《人民日报》、中央人民广播电台、中央电视台等13家新闻媒体记者莅临八里台镇，对八里台镇连续11年"评选好儿媳"并为好儿媳娘家挂匾活动进行专题采访。

是月　天津市大站阀门总厂厂长王富来、天津立林机械集团有限公司总裁王树林、天津市渤海阀门厂厂长赵树海获第四届"全国乡镇企业家"称号。

4月22日　津南籍运动员高静在世界杯射击系列赛上海站比赛中，破女子气步枪比赛的世界纪录并获冠军，成为天津市首位赢得2004年雅典奥运会入场券的运动员。

是日　葛沽镇刘庄村村民吴国祥培育的特早熟葡萄新品种津南早红（6-12）通过天津市科委验收。填补了天津市该葡萄品种的空白，在国内处领先水平。

4月29日　天津市华夏未来津南特殊艺术教育基地在津南区培智学校正式揭牌成立。天津市委副书记刘峰岩为基地揭牌，天津市委常委、市教卫工委书记邢元敏，市人大常委会副主任王鸿江代表华夏基金会将14台电子琴捐赠给基地。

5月10日　公安津南分局刑侦支队与双桥河派出所联手，在海河二道闸附近将正在进行易制毒化学品交易的安徽籍犯罪嫌疑人何某某抓获，当场收缴麻黄素31千克，后在其塘沽区暂住地搜查起获麻黄素66千克。

5月24日　津沽路派出所会同刑侦三大队在北闸口镇附近津港公路抓获安徽籍贩毒犯罪嫌疑人茅某，当场缴获海洛因20克。

是月　南华中学初三年级学生刘广林、刘玉伟在第十一届全国初中应用物理知识竞赛中分别获得一等奖和二等奖，其指导教师陈德荣获优秀指导教师奖。

是月　团区委被团中央授予"全国团建设先进县（市）"称号。

6月4日　离休老中医房育民到区公证处公证，自愿身后将遗体捐赠给天津医院，成为津南区第一位志愿捐献遗体者。

7月8日　津南籍选手高静在第48届世界射击锦标赛上，与队友河北选手赵颖慧、山东选手杜丽合作，为中国队摘取女子10米气步枪团体金牌并打破世界纪录。

是月　津南区选手孙晓娟在山东潍坊举行的"鲁能杯"全国少儿乒乓球比赛中夺得单打冠军。

9月3日　市委书记张立昌、市长李盛霖等到区考察复兴河改造工程并慰问参建人员。

9月9日　津南区培智学校学生李淑育在西安举行的全国第三届特殊奥林匹克运动会上，在男子篮球个人技术比赛中夺得M5组冠军。

是月　北闸口镇翟家甸村妇女冯桂英因大面积种植冬枣，获全国十大绿化女状元提名奖。

10月11日　世界500强企业之一的德国鲁尔集团，投资850万美元在津南开发区建立柯梅令（天津）高分子型材有限公司，生产新型建筑材料。这是世界500强企业首次在津南投资。

是月　津南籍运动员高静、潘玉庆、任瑞红参加第十四届亚运会，取得1金2银2铜。

11月5—7日　中共津南区第八次代表大会在机关礼堂召开。

11月28日　副市长俞海潮到区调研农村卫生工作。

12月8—11日　区政协六届一次会议在机关礼堂召开。

12月9—12日　区第十四届人民代表大会第一次会议在机关礼堂召开。

是月　在中华全国工商业联合会、全国民营企业科技实业家协会、科技日报社联合举办的中国优秀民营科技企业评选活动中，津南区宝成集团公司柴宝成、立林集团公司王树林、东方暖通公司张文利均获得“中国优秀民营科技企业家”称号。

是年　八里台镇小黄庄村獭兔养殖示范户吉庆华获“世界妇女基金会高峰会农村生活妇女创造奖”，成为2002年由国际评审委员会评出的32位获奖者之一。

2003年

1月3日　副市长孙海麟到津南区为生殖健康服务中心剪彩。

1月8日　津南区最大平改工程同泽园小区竣工，首批420户平改户领到住房钥匙。小区建筑面积10万平方米，总投资8000万元，建成住宅楼18栋。

2月28日　天津荣程联合钢铁集团有限公司（简称荣程集团）588立方米二号高炉成功点火，标志着该公司年生产能力将达近百万吨，成为全国钢铁行业中的中型企业。

3月24日　副市长张俊芳到津南区调研农村卫生工作。

是月　葛沽镇入选“中国民间艺术之乡”。

4月25日　区内发现首例“非典”病人，防病站接收被武警指挥学院确定为“非典”疑似病人的赵某某（男42岁），将其转入咸水沽医院“非典”隔离区。

是月　津南区实验小学学生王瑞娟的书法和绘画作品，分获全国中小学优秀美术书法作品大赛金奖和银奖。

6月8日　世界卫生组织和卫生部专家到津南区检查区“非典”防治工作。

7月4日　市人大常委会副主任梁肃到津南区，就贯彻落实农村土地承包法进行调研。

7月5日　国务院预防“非典”督察组到海河医院检查工作。

7月16日　全国政协人口资源环境委员会副主任江泽慧率考察团一行10人考察津南区“危险废物处理处置中心”。

是日　区红十字会在抗击“非典”中，接受社会各界捐款10.52万元。

是月　咸水沽医院副主任医师张玉洪在抗击“非典”工作中表现出色，被卫生部授予全国卫生系统抗击“非典”先进个人称号，被天津市委、市政府授予抗击“非典”先进个人、优秀共产党员称号。

8月16日　中国工程院院士、著名水稻专家袁隆平到津南国家农业科技园区考察，并出席农业科技园区与国家杂交水稻工程技术研究中心天津分中心鉴定的6.67公顷试验田、1.47公顷研发中心建设用地意向出让仪式。

8月25日　区运动员潘玉庆在韩国大邱举行的第22届世界大学生运动会上夺取女子柔道78公斤级银牌，成为津南区在该赛事中夺取奖牌的第一人。

9月9日　全国政协副主席、全国工商联主席黄孟复到津南区调研。

10月2日　坐落在葛沽镇三合村的津南区恒源工贸有限公司一名职工在一个卧罐阀门口取样时不慎坠入油罐，另3名职工在救助时，亦滑入油罐，4人经抢救无效死亡。

10月10—12日　从10日上午10时到12日上午8时，津南区普降大到暴雨，降水量达155.7毫米，创该区有气象资料记载27年间10月降水量之最。

10月18—20日　区召开首届房地产交易会，现场意向成交商品房64套，售房面积3681.73平方米，成交金额515.2万元。

11月21日　在广东顺德举行的全国女子柔道冠军赛中，区运动员潘玉庆获得女子78公斤级冠军，李登运获得女子70公斤级第三名。

11月27日　区卫生局新建公共卫生应急疾病控制中心竣工，占地2.67公顷，建筑面积8292平方米，总投资1400万元。

2004年

2月7日　津南区辛庄镇柴家圈村一养殖场发生高致病性禽流感疫情，津南区政府立即启动重大动物疫情应急预案，划定发生疫点、疫区和受威胁区，并于当夜下达封锁令。区政府组织力量对禽流感疫区3千米范围内所有禽类进行扑杀，扑杀禽类28.8万只；对受威胁区内的禽类实施强制免疫。于3月3日16时起，解除对高致病禽流感疫区的封锁。

是月　区统计局被国家统计局授予“全国依法统计先进单位”称号。

是月　津南区麦秸画艺术名人王天庆的事迹及麦秸画艺术被载入《天津600年纪念》一书，此书为纪念天津设卫建城600周年，由天津市地方志编修委员会编辑。

3月13日　总投资1683万元的津南区抄表到户改造工程正式启动。此项工程共改造水表2.6万具。其中，咸水沽镇1.7万具、葛沽镇0.4万具、小站镇0.4万具、双港镇0.1万具。

是月　天津立林机械集团有限公司、天津甘泉集团有限公司获国家农业部2003年度全国“诚信守法乡镇企业”称号。

是月　津南区物价局在第六次全国省际间价格认证工作经验交流会上，被国家发展和改革委员会价格认证中心评为“全国价格认证规范化建设先进单位”称号。

是月　国家杂交水稻工程技术研究中心天津分中心落户津南区国家农业科技园区，副市长孙海麟，中国工程院院士、著名水稻专家袁隆平，出席中心科技楼奠基仪式。

是月　葛沽镇长城服装集团在越南海洋省建成一个现代化工厂，建厂期间越南人民电视台三次制作新闻在越南全国播放。

4月1日　市长戴相龙、市委副书记邢元敏、副市长张俊芳到葛沽镇大滩村考察农村居民健康查体工作。

4月5日　天津市南洋职业技术学校被认定为首批国家级重点中等职业校。

5月22日　津南区首届中韩友好体育运动会在咸水沽一中举行，运动会共设篮球、足球、羽毛球、乒乓球、射击、拔河6个项目比赛，津南区获得5个项目冠军。

5月27日　科技部、农业部在津南国家农业科技园区举办国家农业科技园区建设与“三农”发展论坛，来自全国36个国家级农业科技园区有关负责人、专家参加，市人大常委会副主任梁肃出席。

6月23日　以柬埔寨国民议会主席钱叶为团长的东盟议会代表团一行41人到津南国家农业科技园区参观考察。

7月30日　区首次实施国有土地使用权出让拍卖。此次拍卖的地块以2160万元的价格由天津市顺益达实业开发有限公司竞买成功，每亩折合人民币58.9万元。

9月18日　津南区运动员李维、王昭军在全国场地自行车冠军赛中获男子场地4千米团体追逐赛冠军，实现了天津自行车项目的历史性突破。

9月21日　周汝昌红楼梦学术馆在咸水沽镇普明园开馆。

9月　津南区被中国科协命名为“全国科普示范区”。

12月8日　水利部部长翟浩辉到津南区调研，参观考察大孙庄灌区和津南国家农业科技园区。

是月　大站集团公司的“力”字牌阀门商标被国家工商总局认定为驰名商标。

2005年

1月5日　天津宝成集团董事长柴宝成被中共中央统战部、国家发展和改革委员会、人事部、国家工商总局和全国工商联授予“优秀中国特色社会主义事业建设者”称号。

2月4日　津南区保持共产党员先进性教育活动启动，2006年4月13日结束。

4月1日　津南区文化艺术中心动工。该中心投资3500万元，占地1公顷，建筑面积1.4万平方米。

是月　国内生产无公害纳米缓释、控释肥料的基地在津南国家农业园区落成投产。

5月　区妇联李彦青被评为全国“双合格”先进工作者。

6月9日　津南区运动员郭玺艳在韩国举行的世界举重锦标赛上获得女子63公斤级亚军。

是月　由中央纪委宣教室和中央纪委电教中心举办的首届全国反腐倡廉公益广告大赛评选结果揭晓，津南区纪委与广电局共同创作的电视公益广告作品《为官三问》和《轨道》分获电视银奖和电视优秀奖，是天津市电视广告作品在全国获得的最高奖。

7月21日　津南区举重代表队代表天津参加在江西奉新县举行的全国“天波杯”少年举重比赛，获得男子3金3银5铜，女子4金4银4铜。

7月27日　津南区统计局靳春梅被评为“全国实施妇女儿童发展纲要先进个人”。

8月6日　天津宝成集团设计制造的亚洲最大管壳式余热锅炉竣工，长9.56米，直径5米，重130吨，选用不锈钢复合板制成。9月，由天津宝成集团独立研制的UZL3型70MW大型环保燃煤锅炉，被国家科委、商务部、国家质量监督检验检疫总局、国家环保总局授予国家重点新产品桂冠，此为天津市锅炉行业首家。

8月17日　市委常委、副市长孙海麟到津南区督察保持共产党员先进性教育活动，市委督查组组长杨凯及市先进性教育指导小组有关负责人陪同督察。

是月　天津津南国家农业科技园区信息化基地被国家科学技术部星火计划办公室评为国家星火计划农村信息化基地。

9月13日　天津华润超级市场有限公司与津南区合作项目暨月坛超市转让签字仪式在月坛宾馆举行。副市长只升华、华润公司首席执行长官陈朗出席。

9月28日　津南区房屋安全鉴定中心挂牌成立。

11月10日　津南区双桥河镇国林公司引进的天津市首条塑钢瓦生产线试车成功。该生产线是国内自动化程度最高、生产能力最强的塑钢瓦生产线。

12月17日　津南电视台“351”农民培训教育电视栏目《农村新天地》开播。

12月21日　津南区运动员郑璐璐在印度举行的亚洲青年自行车锦标赛上，获得200米追逐赛冠军。

是月　宝成集团被中央精神文明建设指导委员会授予“全国精神文明建设工作先进单位”称号。

2006年

1月4日　区政协第六届委员会第四次会议在机关礼堂召开。

1月5日　区第十四届人民代表大会第四次会议在机关礼堂召开。

1月9日　咸水沽镇头道沟村24岁青年志愿者梁斌成功捐献造血干细胞，受助者是广西一名34岁女性白血病患者，成为津南区第一例造血干细胞捐献者。

1月27日　天津津南国家农业科技园区取得国家AAA级旅游景区证书。

2月22日　市长戴相龙到津南区考察，听取小站镇总体规划、小站练兵园规划及拆迁安置工作汇报，并深入迎新村新广场、东大站村大站集团、大站阀门二厂等地实地考察。

是月　津南区被列为农业部保护性耕作项目新建示范县，示范面积667公顷。项目示范区分别选在葛沽镇和小站镇，其中葛沽镇示范面积400公顷，小站镇示范面积267公顷。

3月5日　津南区获“全国十五期间残疾人工作先进区”称号。

3月25日　跨度40米、主梁长66米、起重80吨的全市最大的双主梁龙门起重机在荣程集团安装成功。

4月11日　中国红十字会副会长苏菊香一行到津南区就红十字会工作进行调研。

5月1日　区畜牧水产局水产技术站站长张福芸获全国“五一劳动奖章”。

5月12日　区人民政府“8890”家庭服务网络中心开通。

是月　副市长张俊芳率领市督查组到津南区，对妇儿工委及承担主要指标的成员单位贯彻实施《妇女儿童发展规划》情况进行督导检查。

6月19日　津南区运动员李维和郑璐璐参加在辽宁沈阳举行的全国场地自行车冠军赛第二站比赛，分获场地4千米和女子500米追逐赛金牌。

是月　全国人大常委会委员、全国人大财经委员会主任委员傅志寰率全国人大常委会执法检查组到津南区对宝成集团贯彻实施节约能源法的情况进行执法检查。

7月2日　民盟天津市委会组织教育、水产、园林、卫生等方面盟内外专家学者29人，在津南区开展“智力服务津南”活动。市人大常委会副主任、民盟市委会主委俞海潮出席活动。

7月13—17日　津南区选手许乐会在江苏淮安举行的全国少年田径锦标赛上，获铅球和素质比赛2项冠军。

8月7日　津南区咸水沽镇宜坤精细化工有限公司发生重大爆炸事故，造成9死1伤。

8月8日　中共中央政治局委员、市委书记张立昌到津南区视察。区领导汇报全区上半年经济工作和宜坤精细化工有限公司爆炸事故善后处理情况。

是月　津南籍运动员郑璐璐在2006年全国场地自行车锦标赛上夺得女子场地凯林赛冠军。

9月2日　荣程集团名列中国企业500强第202位，名列中国制造业企业500强第98位。

9月4日　区下岗工人崔燕林在弥留之际签署眼角膜捐献志愿书，并用停药节省的1.5万元资助2名贫困生完成9年学业。

9月19日　市人大常委会副主任邢军、王德惠、俞海潮、陈洪江、左明、张元龙，全国人大常委会委员庄公惠等到津南区就小站镇村镇建设情况进行视察。

9月24日　津南区实验小学被命名为国家级奥林匹克教育示范校，咸水沽一中、双港中学被命名为市级奥林匹克教育示范校。

10月23日　宝成博物苑取得国家AAAA级旅游景区证书。

11月7日　市委副书记、市纪委书记邢元敏到津南区就贯彻中央十六届六中全会和市委八届十次全会精神情况进行调研。

12月8—10日　中共津南区第九次代表大会在区文化艺术中心召开。

2007年

1月8—11日　区政协第七届委员会第一次会议在区文化艺术中心召开。

1月9—12日　区第十五届人民代表大会第一次会议在区文化艺术中心召开。

2月6日　高层建筑景明大厦开槽动工。该工程总投资1.7亿元，建筑面积5.6万平方米，主体31层，局部32层，可容纳400户居民入住。

2月26日　小站镇36万平方米还迁楼建设工程开槽。

3月7日　津南区富凯集团公司被市建委评为首届“天津市优秀诚信施工企业”。

3月22日　津南区实验小学被授予“全国和谐校园之星”称号。

3月31日　津南区天邦购物乐园开工建设。

是月　津南区被授予“全国计划生育优质服务先进区”称号。

是月　津南区葛沽镇长城服装集团的下属企业红方圆服装厂获“国家级巾帼文明示范岗”称号。

是月　天津宝成机械集团有限公司被中国企业联合会和中国企业协会评为“2006年度中国最佳诚信企业”称号。

4月1日　津南区八里台镇小黄庄村建成全市最大的君子兰培养基地。

4月2日　津南区双桥河镇青年魏强被团中央、农业部授予“全国农村青年创业致富带头人”称号，咸水沽镇青年刘志安被授予“全国农村青年创业致富带头人标兵”称号。

4月22日　市委书记张高丽深入津南国家农业科技园区和宝成集团调研。

4月26日　副市长只升华在津南国家农业科技园区主持召开会议，听取津南区今后5年特别是近期现代农业、小城镇和新农村建设，第二、第三产业及民营经济发展的想法和打算。

是月　津南区津起起重设备有限公司、联发机电设备安装工程有限公司、津重重工机器设备有限公司，被评为2006年度全国“诚信守法”乡镇企业。

5月8日　津南区聘任南开大学百名博士任“村官”签约仪式在南开大学伯苓楼举行，该项活动为期一年。

6月8日　津南区“葛沽宝辇”“海下文武高跷”被列入天津市第一批非物质文化遗产名录。

是月　津南区春季动物疫病防控工作在市重大动物疫病考核评比中获全市第一。

8月3日　在文化部社图司、天津市文化局、和平区人民政府等单位联合举办的首届“和平杯”中国京剧小票友大赛上，津南区刘大庆名列全国京剧“十小名票”。

8月30日　国家工商总局副局长钟攸平率国务院安委会督查组到津南区，对安全生产隐患排查治理工作进行督导检查。

是月　津南区小海鸥艺术团在北京参加蒲公英第七届（2007）青少年优秀艺术新人选拔赛中，夺得团体和个人两项金奖。

9月26日　副市长只升华到津南区调研城乡一体化建设。

是日　京津沪渝4个直辖市人大常委会领导到津南区调研人大内务法工作，并深入宝成集团和国家农业科技园区，实地察看宝成奇石园、宝成博物苑、蝴蝶兰生产基地和松江马场，听取有关部门的工作报告。

是月　天津市津南区康泰塑料包装有限公司成功通过QS专家组的审核、验收，成为天津市第一家通过验收的尼龙肠衣生产企业。

11月1日　巴西索罗加巴市政府代表团访问津南区，双方签订友好合作备忘录。

11月12日　津南区颐养院开始接待入住。全区8个镇的133名农村五保和城镇孤老全部入住。

11月22日　市委副书记邢元敏带领市有关部门负责人到津南区就学习贯彻中共十七大精神进行调研。

是月　津南区农林局对全区野生植物物种资源的实际分布情况进行踏查，发现野大豆、金鱼藻、柽柳、枸杞、狭叶香蒲、荆三棱6种国家级农业野生保护植物。

2008年

1月12日　市政协副主席曹秀荣率市政协文化产业调研组成员就文化产业区选址工作到津南区调研。

2月2日　国家计生委党组书记李斌一行到津南区调研计划生育工作。

2月7日　副市长李文喜率市农委、市发改委、市乡镇企业局有关负责人到荣程集团、津南国家农业科技园区调研。

是月　津南区获全国科普示范区称号。全区共创科普示范村37个、科普示范基地37个、科普示范户358个，328人被评为科技种养能手。

3月18日　市人大常委会副主任兼市发改委主任李亚力出席在荣程集团召开的津南区重大项目现场推动会，滨海新区、市发改委等20个部门负责人出席。

3月25日　副市长熊建平带领市相关部门负责人到津南区调研城镇建设工作。

3月29日　津南籍运动员郑璐璐在英国曼彻斯特举行的世界自行车锦标赛团体竞速赛上获得第二名。

4月10—13日　在日本举行的亚洲自行车锦标赛上，津南籍运动员李维夺得男子4千米团体追逐赛冠军。郑璐璐夺得女子争先赛、凯琳赛、竞速赛3项冠军。

4月16日　津南区与西部矿业集团天津大通铜业有限公司举行合作协议书签字仪式。

4月18日　由天津市人民政府主办，天津市工商联、津南区人民政府承办的"产业集群战略与民营经济发展"论坛在津南区举行。全国政协副主席、全国工商联主席黄孟复，天津市委常委、副市长崔津渡，市人大常委会副主任、市工商联会长张元龙，市政协副主席、市委统战部部长刘长喜等参加。

4月26—27日　津南籍运动员潘玉庆在韩国举行的亚洲柔道锦标赛上获得72公斤级冠军。

5月18日　在中央宣传部等部委联合举办的"爱的奉献"——2008抗震救灾大型募捐晚会上，荣程集团董事长张祥青捐款3000万元。当主持人现场采访时他表示，作为1100万天津人民的代表，再捐款7000万元，帮助灾区人民重建家园，建"震不垮的学校"。在此前的13日，张祥青将1000万元捐款送到市红十字会，累计向灾区捐款1.1亿元人民币。

5月22日　津南区首批三位赴川救灾卫生防疫人员田桂健、梁广忠、李岩随天津市救灾防疫队奔赴救灾第一线——四川省松潘县，于6月9日返津。

6月3日　天津市咸水沽一中免费接收2名四川地震灾区的学生就读。自5月27日以来，学校共接收4名灾区学生。

6月4日　区领导接待台湾农业考察团。

6月13日　市委常委、市委教卫工委书记陈超英，副市长张俊芳到津南区南洋工业学校考察。

是月　消防津南支队从南京警犬研究所和沈阳消防支队引进4只消防搜救犬，结束了津南区没有消防搜救犬的历史。

7月2日　市委书记张高丽与参加市委理论学习中心组读书会暨深入贯彻落实科学发展观现场交流推动会的各区县主要负责人到津南区国家农业科技园区考察。

7月11日　全国工商联副主席沈建国一行到津南区开展"工商联参与三方协商机制状况"专题调研。市人大常委会副主任、市工商联会长张元龙，市工商联党组书记马文举、副主席谷强陪同调研。

7月20日　副市长熊建平、李文喜率市建委与市水利局等相关部门负责人到津南区检查大沽排污河防汛工作。

7月24日　云南省副省长和段琪率领政府代表团到津南区天嘉湖"星耀五洲"项目建设工地参观考

察，副市长任学锋陪同。

7月27日　中央纪委、中央组织部第五巡视组组长张德邻、副组长管雷等到津南区进行巡视。

是月　由津南区15名中老年妇女组成的“飞”组合赴香港参加庆祝香港回归“今夕年华中老年邀请赛”艺术展演。

是月　市委书记张高丽到津南区对全区经济社会发展、生态环境建设、社会和谐稳定、改善民计民生等方面情况进行全面考察。

8月11日　葛沽镇被联合国开发计划署和国家发改委分别授予“联合国开发计划署试点城镇”和“全国发展改革试点小城镇”称号，国家发改委副主任李铁等有关领导出席授牌仪式。

8月14日　市人大常委会副主任、市总工会主席邢明军带领市总工会相关领导到津南区调研。

8月25日　在河南省开封市举行的全国女子举重分龄赛中，津南籍运动员李鸽获得+75公斤级抓举、挺举、总成绩3枚金牌；张迎旭获得63公斤级抓举、挺举、总成绩3枚银牌。

8月27日　副市长熊建平率市有关部门负责人到津南区考察天津大道和高职学院规划建设情况。

8月29日　副市长李文喜率市农委、市发改委、市乡镇企业局的负责人到津南区天津福臻工业装备有限公司、天津市先达精密压铸有限公司及立林集团检查指导工作。

9月18日　津南区第一家农机合作社在八里台镇巨葛庄村挂牌成立。

9月28日　小站练兵园开园庆典，副市长李文喜出席，应邀嘉宾200余位，津南区各界代表600余人参加。

是月　区文化馆老年枫叶合唱团代表津南区赴京参加全国“夕阳红”老年合唱大赛并获金奖。

10月19日　葛沽镇被中国社会工作协会乡镇工作委员会授予2008年度“中国乡镇综合实力500强”和“中国乡镇投资潜力500强”称号。

是月　荣程集团董事长张祥青，获“全国抗震救灾模范”称号。

11月4日　市政协副主席俞海潮率市政协文史资料委员会部分委员，就博物馆建设、工业遗存的保护与利用，对津南区小站练兵园进行考察调研。

11月5日　副市长王治平到津南区调研市重大工业项目建设进展情况。

11月27日　市政协副主席、市委统战部部长刘长喜到荣程集团调研民营企业。

11月30日　津南区召开天津大道建设动员会。12月19日全线开工建设。

是月　津南区成为全市首个全国食品安全示范区。

是月　葛沽镇红十字会被中国红十字会总会评为“十佳百优千星·优秀乡镇（街道）红十字组织”。

是月　总投资3000万元，占地2公顷，建筑面积2.5平方千米，主营肉蛋禽类、水产类、粮油产品的大型农贸综合全封闭市场，咸水沽镇紫江路市场投入运营。

12月19日　大沽排污河治理工程开工仪式在津南区举行。大沽排污河流经南开、河西、西青、津南、塘沽5区，全长80.5千米，承担着市区咸阳路、纪庄子、双林3个排水系统和沿河雨污水排放任务。

是月　津南区葛沽镇被文化部命名为“中国民间文化艺术之乡”称号。

2009年

1月5—6日　区政协七届三次会议在机关礼堂召开。

1月6—7日　区十五届人民代表大会四次会议在机关礼堂召开。

1月8日　市委副书记、市政协主席邢元敏，副市长李文喜带领市委办公厅、市政府办公厅、市委组织部、市委宣传部、市委政法委，以及农口区县主要负责人，出席在天津津南国家农业科技园区举行的天津市社会主义新农村建设领导小组会议。

1月24日　副市长熊建平到津南区考察天津大道、大沽排污河两个市级重点工程。

2月16日　副市长李文喜率市农委相关负责人到津南区神农种业有限公司调研。

3月4日　副市长王治平率市政府办公厅、市经委、市统计局和国家开发银行天津分行主要负责人到荣程集团调研。

3月12日　国内最大的辣椒碱提纯生产基地在津南国家农业科技园区建成，填补了该领域的国内市场空白。

4月10日　市人大常委会主任刘胜玉到津南区考察大沽排污河治理工程。

4月15日　副市长李文喜带领市发改委、农委等部门及相关区县主要负责人考察津南区小站、八里台示范小城镇建设。

4月18日　天津市八极拳研究会津南分会培训基地在小站镇营盘圈村揭牌，成为全市首家八极拳培训基地。

4月23日　市人大常委会主任刘胜玉率市人大常委会组成人员、部分人大代表到津南区，就小城镇建设情况进行调研。

4月29日　小站稻被国家工商行政管理局商标局认定为中国驰名商标。

5月1日　市委书记张高丽，市委常委、市委秘书长段春华，副市长只升华、熊建平、王治平到津南区天津大道施工现场，慰问节日坚守在生产一线的干部职工。

5月2日　“历史、文化、生态”走进小站练兵园旅游线路启动仪式在津南区小站练兵园举行，副市长任学锋参加启动仪式。

5月13日　副市长王治平率市经委、市国土房管局、市环保局负责人到津南区考察西部矿业项目。6月8日，项目奠基。

6月4日　市政协副主席俞海潮率部分市政协常委、委员和相关部门负责人到津南区颐养院参观调研养老机构建设情况。

6月13—14日　津南区运动员李维在2009年全国自行车场地锦标赛暨全国青年锦标赛中，夺得男子4千米团体赛和男子4千米个人追逐赛两项冠军。

6月28—29日　2009年全国职业院校技能大赛中职组电工电子技术技能比赛在津南区南洋工业学校举行。南洋工业学校刘树通、吴进国分获制冷与空调设备组装与调试比赛二等奖，袁成、周石磊分获单片机控制装置安装与调试比赛三等奖。

6月30日　天津海河教育园区一期工程开工仪式在津南区举行。市委书记张高丽宣布开工。全国政协副主席张榕明，教育部副部长鲁昕，全国人大常委、教科文卫委员会副主任李树文出席开工仪式。

是月　津南区文化馆老年枫叶合唱团到中央电视台“星光大道”栏目录制节目。

是月　津南双港开发区的天津市经纬电材有限公司自主研发的扁形换位铝导线，在“晋东南—南洋—荆门”特高压电网中成功运行，填补了国内800千伏特高压产品领域空白。

7月15日　市委理论学习中心组读书会暨“保增长渡难关上水平”活动现场交流推动会在津南区召开。市委书记张高丽出席。

7月31日　全国政协常委、中央巡回检查组副组长、中央宣传部原副部长高俊良一行到津南区，检查指导学习实践科学发展观活动开展情况。

8月2日　天津市委副书记、滨海新区管委会主任何立峰到位于津南区葛沽镇的天津滨海民营经济成长示范基地和荣程集团调研。

8月26日　区政府召开第二轮《津南区志（1979—2010）》编修启动会。区委常委、区委办公室主任杨劲松主持会议，区长李广文就二轮修志工作作动员报告，部署相关事宜。市地方志办公室主任何志英讲话。区档案局局长郑思芹部署修志工作安排意见。全区100多个单位200余人参加会议。

9月17日　市政协副主席何荣林到津南区就加快经济发展进行调研。

10月4日　市委常委、市委教育工委书记苟利军，副市长李文喜一行到津南区考察示范工业园区、设施农业项目建设情况。

10月20日　津南区后三合村刘仁旺代表北京队参加第十一届全运会柔道比赛68公斤级决赛获冠军，韩城桥村汤森代表广东队参加男子棒球决赛获冠军。

10月26日　天津市人民政府和世界拳击组织（WBO）委托方签署世界拳击亚洲比赛中心项目落户津南区协议。

10月27日　副市长熊建平带领市建设交通委、市规划局、城投集团负责人察看天津大道实验段绿化工程及道路建设情况。

11月19日　中央巡回检查组组长，全国政协常委、人口资源环境委员会主任张维庆一行，在副市长李文喜陪同下，到津南区检查指导第三批学习实践科学发展观活动。

11月26日　副市长李文喜在津南区主持召开天津市第三批示范小城镇建设现场推动会。

是月　津南区获全国文化先进单位称号，成为全市18个区县唯一获此殊荣区。

12月14日　市委常委、市委教育工委书记苟利军，副市长李文喜率领市有关部门负责人到津南区，察看海河教育园区、津港公路绿化现场和泽酩观赏鱼项目现场。

是年　津南区咸水沽镇赵北村被评为2009年全国民主法治示范村。

2010年

1月1日　市委常委、市委教育工委书记苟利军，副市长张俊芳到海河教育园区建设现场慰问参建职工。

是日　副市长王治平带领市经信委、市建交委等相关单位负责人到津南区辛庄示范镇建设工地和朝日科工贸有限公司检查安全生产工作。

1月5日　食品药品监督管理局津南分局被卫生部、国家食品药品监管局、国家中医药局授予“全国医药卫生系统先进集体”称号。

1月26日　WBO世界拳击中心落户津南区签约仪式在津南区举行。WBO主席佛朗西斯科·瓦尔卡塞尔授予天津世界职业拳击系列赛事十年承办权，津南区将成为亚洲首个世界拳击赛事中心。

是月　津南区南华中学获“全国优秀民办中小学”称号。

3月20日　2010年天津市中等职业学校“天煌杯”技能大赛暨“全国职业院校技能大赛选拔赛”电工电子项目在南洋工业学校举行。

3月25日　市人大常委会副主任左明率市人大代表视察津南区综合治理工作。

3月27—28日　区政协七届四次会议在区建委后二楼会议室召开。

3月27—28日　区十五届人民代表大会第五次会议在建委后二楼会议室召开。

4月8日　中共中央政治局委员、市委书记张高丽到津南区调研基层党组织建设和重点工程进展情况。

4月22日　中共中央政治局委员、市委书记张高丽到津南国家农业科技园区对整体规划建设和苗木基地情况进行调研。

4月27日　宝成集团董事长、全国政协委员、区政协副主席柴宝成和小站镇迎新村党支部书记曹体君被授予“全国劳动模范”称号。

是月　津南区获“中国绿色名区”称号。

5月29日　津南区将“5·29”定为区计划生育协会会员节。

6月1日　市人大常委会副主任李亚力率市人大常委会执法检查组到津南区检查安全生产工作，实地考察荣程集团重点安全生产部位。

6月12日　中国跳水运动员郭晶晶及中国旅游协会、市旅游局等负责人到天山·米立方参加奠基仪式。

6月19日　电视剧《小站风云》在津南区星耀五洲尼斯酒店举办新闻发布会。

6月25—26日　2010年全国职业院校技能大赛中职组电工电子项目技术技能比赛在南洋工业学校举行，是该校继2008年和2009年后第三次承办全国大赛，并获得1个一等奖、2个二等奖的历史最好成绩。

6月29日　首届中国·小站文化研讨会第一次会议在小站镇举行，广电部原副部长同向荣、中国国风书画研究院副院长张德宽、中国艺术文化普及促进会秘书长方建文参加。8月22日，第二次会议特邀国务院稽查特派员、中国国情调查研究中心主任刘吉，中国文联原秘书长、中国文化艺术普及促进会会长孟伟哉参加。10月17日，第三次会议中共中央宣传部原常委副部长龚心瀚，故宫博物院院长吕济民，中国国情调查研究中心主任刘吉，中国动漫集团党委书记李扬参加。

7月1日　首届世界热带鱼科普展在天津滨海观赏鱼科技园开幕，历时10天。来自新加坡、日本、巴西、德国等13个国家和台湾地区的34家社团携近400种珍稀热带鱼参展。

7月5日　中共中央候补委员、海尔集团董事局主席兼首席执行官张瑞敏到津南区考察。

7月13日　副市长只升华率市容园林委、市指挥部区县组负责人到津南区检查市容环境整治情况。

7月24日　副市长任学锋到津南区天山·米立方、星耀五洲旅游度假区等重点服务业项目建设现场，实地察看工程项目进度情况。

是月　津南区在全国人大会议中心举行的中国城市科学发展高层论坛暨人民满意城市颁典仪式上获“人民满意城市（中小城市）”称号。

8月13日　津南区与北京邮电大学签署北京邮电大学国家大学科技园天津分园建设合作协议。副市长王治平，北京邮电大学书记王亚杰出席。

9月17日　天津市经纬电材股份有限公司首次公开发行2200万股经伟电材，募集资金净额4.31亿元，并在创业板上市，实现津南区上市公司零突破。

是月　天津荣钢篮球俱乐部与葛沽镇签订合作协议，葛沽体育馆成为2010—2011赛季中国男子篮球职业联赛（CBA）天津赛区主场。12月12日，2010—2011赛季CBA联赛天津赛区首站比赛在葛沽体育馆举行，天津荣钢队以128:104胜上海队。

10月10日　主题为“自然、文化、友谊、和谐”的天津（宝成杯）国际盆景赏石文化旅游博览会暨观赏石之乡联谊会在宝成奇石园开幕。国际盆栽赏石协会（BCI）20余个成员和地区140余名国际友人、全国各地200余家参展商参加。

10月13日　中国（滨海）首届世界水族宠物及用品博览会在天津滨海观赏鱼科技园区展示交易中心开幕。副市长李文喜、国家动植物监管司司长黄冠胜出席。

11月5日　市政协主席邢元敏、副主席何荣林到津南区推动政协委员进乡镇活动。

11月10日　津南区首个农村气象信息服务站在小站镇建成。

11月15日　中共中央政治局常委、国务院副总理李克强到津南考察粮食储备库工作，中共中央政治局委员、天津市委书记张高丽陪同。

11月20日　水利部部长陈雷、天津警备区司令董泽平、副市长崔津渡一行20人到津南区小站练兵园等地参观。

12月1日　“关爱生命，远离艾滋，尊重你我，共享健康”预防艾滋病大型公益活动在津南区北闸口镇举办。中国预防艾滋病基金会会长李超林参加。

12月3—5日　天津首届国际拳击表演赛暨洲际拳王赛（WBO）在葛沽体育馆举行。

12月8日　华盛寺大雄宝殿奠基仪式在双桥河镇举行。

12月14日　副市长王治平率市安监局、质监局、消防局等相关单位负责人到津南区检查安全生产情况。

12月15日　天津市津港高速公路正式通车运行，其中津南区境内22.4千米，二八公路翟家甸设收费站。

12月24日　海尔（天津）市场创新产业园落户津南签约仪式在市迎宾馆举行。中共天津市委常委、市教育工委书记苟利军、副市长李文喜会见海尔集团董事局副主席武克松一行。

津南区志
（1979-2010）

第一编

政　区

津南区地处天津市区东南部，海河南岸，中心城区与滨海新区之间，为环城四区之一，隶属天津市。1953年5月15日建区，称津南郊区。1955年改称南郊区，1958年撤区，并入河西区。1962年恢复建置。1970年1月，北大港区撤销，并入南郊区。1979年11月，大港区析出。1992年南郊区更名为津南区。2010年4月，区政府由咸水沽镇津沽路186号迁址八里台镇津港公路与天嘉湖路交口处借址办公。

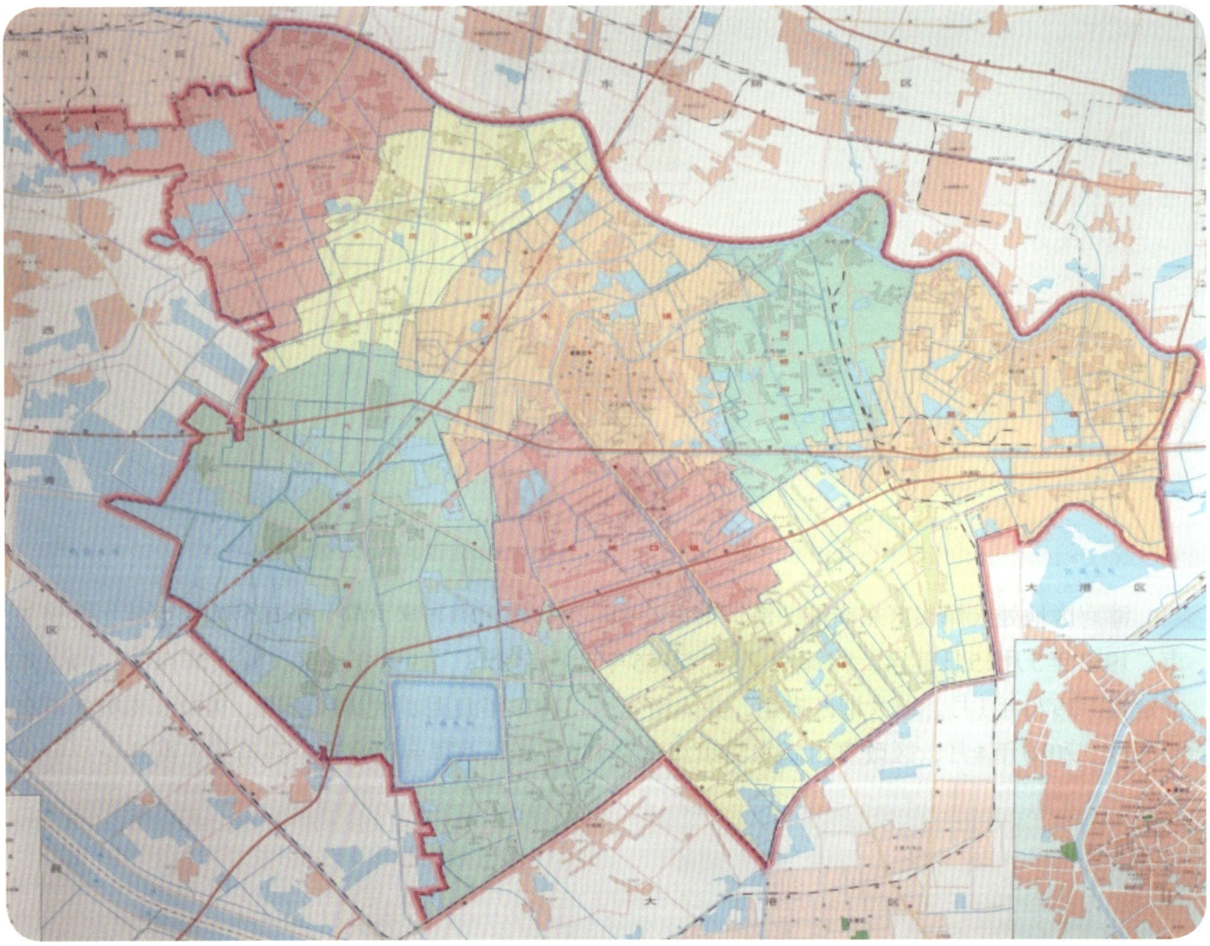

2003年9月，津南区行政区划示意图

第一章　政区设置

1997年1月17日至2001年12月30日，津南区完成了与河西、塘沽、大港、东丽、西青的相邻边界线和五个交会点的勘定。津南区与相邻五区边界线总长为125.19千米，河西津南线10.19千米，塘沽津南线7.95千米，东丽津南线28.47千米，西青津南线47.98千米，大港津南线30.6千米。

第一节　政区位置

一　地理位置

津南区位于天津市东南部，海河中下游南岸。东与滨海新区塘沽接壤，西与河西区和西青区相连，南与滨海新区大港毗邻，北与东丽区隔海河相望。1996年，区政府迁至津沽路186号。2010年4月，迁至八里台镇津港公路与天嘉湖路交口处借址办公。

二　数理位置

地处北纬38°50′02″~39°04′32″、东经117°14′32″~117°33′10″之间。境内地势平坦，全区东西最宽25千米，南北最长26千米，面积387.84平方千米。2010年常住人口593063人，户籍人口412895人。辖咸水沽镇、葛沽镇、小站镇、双港镇、八里台镇、辛庄镇、北闸口镇、双桥河镇和区人民政府长青办事处，有165个行政村，8个管委会，29个居民委员会。

区政府所在地咸水沽镇距天津市中心城区11千米，距天津滨海国际机场12千米，距天津港22千米；距西青区政府42千米，距滨海新区大港胜利街20千米，距东丽区张贵庄14千米。

第二节　边界勘定

一　确定“三交点”

1997年9月5日，河西、东丽、津南定：三区三交点代号为03.10.12X，三交点位于双林河（中心线延伸线）和海河（中心线）交会处。坐标以实际测绘数据为准。交会处三区边界线的大体走向，由交会点起，河西、东丽两区界以海河中心线为界，河西、津南两区界以双林河中心线为界向南延伸，东丽、津南两区界以海河中心线为界向东延伸。

图1-1　1997年，位于双林河和海河交会处的津南、东丽、河西三区交界碑

1997年10月13日，塘沽、东丽、津南定：三区三交点代号07.10.12X，位于塘沽区三川桥村南鱼池旁土路西角线与海河中心线的交点处，在北大道砖厂南1.1千米处，在一疙瘩村东南角西500米处，在三川桥村南海河边果园中心南偏西南300米处。坐标为：北纬39°0′17″，东经117°31′11″。交会处三区边界线大体走向：由交会点起，塘沽、津南线向东偏南沿海河中心线延伸，塘沽、东丽线向北沿三川桥村南果园南鱼池南土埂西角线向北延伸，东丽、津南线向西沿海河中心线

延伸。

1997年11月12日，塘沽、大港、津南定：三区三交点代号为07.09.12X，位于大港、津南边界线，沿马厂减河中心线160米至交会处，图上坐标为X:4314060、Y:20547080。交会处三区边界线基本走向是：向北偏东北沿马厂减河中心线延伸为塘沽、津南边界线，向西偏西南沿马厂减河中心线延伸为大港、津南边界线；向南偏东南沿干渠中心线延伸为塘沽、大港边界线。因三交点交会处在马厂减河中心，故界桩埋设在马厂减河南岸，距三交点约15米。

1998年2月17日，河西、西青、津南定：三区三交点代号为03.11.12X，位于潭江道铺建前，按市政府文件所指的以沥青加工厂南围墙及其延伸线与卫津河东堤外坡下角交会处（注：待潭江道建成后，沿南侧便道下沿向西至紫金山路西侧便道下沿相交处为三区交会点）。

2001年12月29日，大港、西青、津南三区边界线交会点，津南与西青区边界（暂定点、线）定:（1）大港、西青、津南三区边界线交会点定于马厂减河中心线与西青、津南两区土地权属界线交会处。（2）西青、津南线协议如下：从大港、西青、津南三区交会点起，以西青、津南两区土地权属界，自南向北确定两区行政区域界线。

二　勘定区域界线

1997年10月10日，东丽区人民政府和津南区人民政府勘定两区行政区域界线定：两区界线走向为：从河西、东丽、津南三区三交点（双林河中心线延伸线与海河中心线交会处代号为03.10.12X，以实际测绘数据为准）起，沿海河中心线自然走向向东延伸至塘沽、东丽、津南三交点（塘沽区三川桥村南鱼池旁土路西角线与海河中心线交会处，代号07.10.12X，以实际测绘数据为准）止，全长28.47千米。其中，二道闸一段，以1984年建闸前原海河中心线为界。

1997年10月15日，塘沽区人民政府和津南区人民政府联合勘定的行政区域界线定两区界线为：从塘沽、东丽、津南三交点（07.10.12X）界桩起，向东偏南沿海河中心线行至3.85千米处，转向南偏东沿马厂减河中心线行350米，转向南偏西沿马厂减河中心线900米，转向西沿马厂减河中心线150米，转向南偏西沿马厂减河中心线行至塘沽、东丽、津南三交点（07.09.12X）止，边界线全程7.95千米。

1997年12月15日，河西区人民政府、津南区人民政府勘定两区行政区域边界定两区边界线走向为：东起海河与双林河中心线交汇处，即河西、东丽、津南边界线交会处（03.10.12X），沿双林河中心线向南，至三十间房北小水渠与新先锋河中心线交汇处，后向西沿水渠自然走向，至双林路东侧便道下沿，后南折沿双林路东侧下沿，至三水道南侧便道下沿，西折沿三水道南侧便道下沿，至微山路东侧便道下沿，后南折沿微山路东侧便道下沿，至浯水道南侧便道下沿，后转向西沿浯水道南侧便道下沿至洞庭路西侧便道下沿，后北折沿洞庭路西侧便道下沿，至拟建的潭江道南侧便道下沿，西折后沿潭江道南侧便道下沿向西，至卫津河东坡外坡下角，及河西、西青、津南三区边界交会处（03.11.12X），边界线全长约10.19千米。

图1-2　1998年，津南区、河西区联合勘定边界线签字仪式

2001年12月30日，大港区与津南区人民政府联合勘定行政区域界线定两区的边界线大体走向为：西起大港、津南、西青交会点，马厂减河中心线交会处为起点，坐标：X:4301120、Y:39528845向东北，沿马厂减河约7800米，折向东南，沿十米河中心线约4020米，折向东北

沿八米河中心线约8400米，折向西偏西北西排干中心线3920米，折向东偏东北沿沟渠1165米，折向南450米，折向东北沿沟渠北上口200米，折向东偏东南，沿沟渠北上口3000米，转向北2400米，至大港、津南、塘沽三区交会点。

2001年12月30日，西青区与津南区人民政府联合勘定行政区域界线确定了两区边界线走向：自河西、西青、津南三区边界线交会点向南偏东沿卫津河1230米，折向东偏北沿鱼池堤400米，折向南沿解放南路中心线430米，折向东沿警备区仓库征地线550米，折向北沿沟80米，折向东沿沟220米，折向南沿沟160米，折向东沿石膏板厂征地线1360米，折向南偏东沿渤海无线电厂征地线420米，折向东偏北沿沟及四边仓库和地毯厂征地线560米，折向南偏东沿鱼池堤上坡角380米，折向南偏西沿鱼池堤上坡角310米，折向北偏西沿沟75米，折向西偏南390米，折向南偏东140米，折向南偏西320米，折向南偏东110米，折向南偏西180米，折向南偏东200米，折向西偏南180米，折向南偏东680米，折向西偏北670米，折向南偏西300米，在向东偏南570米，折向西偏北沿道380米，折向南偏东沿道170米，折向东偏北沿沟40米，折向南偏东沿苇场西边线330米，折向东偏北沿梨双公路北100米，折向东偏南沿田埂及鱼池下坡角1020米，折向西偏南沿沟100米，折向南偏东沿水渠1000米，折向西偏南沿赤龙河东400米，折向东偏北沿秃尾巴河南780米，折向南偏东沿排水河东堤及鱼池堤中心线580米，折向西偏南沿道中心线580米，在向东偏南沿道中心线680米，折向西偏南沿河南620米，折向南偏东沿扬水站南小路370米，折向南偏西沿鱼池堤下沟1100米，折向南沿道中心线1270米，折向西沿沟中心线250米，折向北沿道400米，折向西沿沟中心线220米，折向北偏东沿道中心线170米，折向西偏北沿鱼池排水沟750米，折向南偏西沿沟840米，折向东偏南沿渠东600米，折向南偏西沿道西970米，折向东偏南沿道中心线75米，折向南偏西沿鱼池堤下沟及污水河500米，折向西偏北沿污水河1440米，折向东偏南沿鸭淀水库下坡角2380米，折向南偏西沿赤龙河东1150米，折向东沿河中心线240米，折向东偏南沿鱼池堤中心线680米，折向南偏西沿鱼池堤下坡角540米，折向南偏东沿东咸河东4780米，折向北沿公路东140米，折向西沿路中心线100米，折向南沿沟210米，折向东沿沟1550米，折向南偏东沿路中心线420米，折向南沿白万河西920米，折向东偏北沿水渠北边沟400米，折向南偏东沿沟700米，折向东沿鱼池堤北220米，折向南偏东沿鱼池堤东480米，折向西沿鱼池堤南320米，折向南沿鱼池堤东470米，折向东沿鱼池堤北360米，折向南偏东沿鱼池堤东340米，折向西偏北沿鱼池堤南120米，折向南偏东沿鱼池堤东880米，折向西沿苇坑东480米，折向南沿鱼池堤西120米，折向西沿鱼池堤南330米，折向南偏东沿排水沟东边楞780米至大港、西青、津南三区边界线交会点X:4301120、Y:39528845。

第二章　区域划分

1979年，区辖11个人民公社，咸水沽、葛沽2个街办事处和小站镇。1983年人民公社改乡，长青人民公社改为长青农工商联合总公司。1992年开始撤乡建镇，1997年结束（1992年长青农工商联合总公司改为区人民政府长青办事处）。2001年并镇，南洋、双闸分别并入咸水沽、八里台镇。至2010年，区辖8个镇1个办事处，165个村民委员会，8个管委会，29个居民委员会。

第一节　区划变动

一　隶属

1979年时称南郊区，隶属天津市。1992年3月6日，改称津南区，隶属未变。至2010年，隶属天津市，仍称津南区。

二 变更

1979年11月6日，从南郊区中析置大港区。南郊区辖小站、西小站、北闸口、八里台、咸水沽、西泥沽、葛沽、南洋、白塘口、双港、长青11个人民公社，咸水沽、葛沽2个街办事处及小站镇。

1983年4月，公社改为乡镇建置，至9月建立10个乡。是年，长青人民公社改为长青农工商联合总公司；咸水沽街改为咸水沽镇；葛沽街改为葛沽镇。

1984年7月，白塘口乡改称辛庄乡，西泥沽乡改称双桥河乡，西小站乡改称双闸乡。1985年6月，撤销咸水沽乡、小站乡、葛沽乡，分别并入咸水沽镇、小站镇、葛沽镇。区辖3个镇、7个乡、1个农工商联合总公司，即咸水沽镇、小站镇、葛沽镇、双港乡、辛庄乡、南洋乡、双桥河乡、八里台乡、北闸口乡、双闸乡、长青农工商联合总公司。

1992年11月，设区人民政府长青办事处，为行政机构。长青农工商联合总公司继续保留，改为经济实体。12月31日，双港乡、八里台乡撤乡建镇。1995年12月，双闸乡、南洋乡撤乡建镇。区辖7镇3乡1个办事处，共173个行政村（含长青办事处8个管委会，下同）。1997年3月，辛庄乡撤乡建镇。是年12月，双桥河乡、北闸口乡撤乡建镇。至此，撤乡建镇结束，区辖10镇1个办事处。

2001年10月8日，南洋镇、双闸镇撤镇，分别并入咸水沽镇和八里台镇。2008年，将原隶属北闸口镇的周庄房村，划入小站镇管辖。2010年，全区辖咸水沽、小站、葛沽、双港、辛庄、双桥河、八里台、北闸口8个镇及长青办事处，有165个村民委员会，8个管委会，29个居民委员会。

2010年津南区镇、村、居委会情况表

表1-1

镇	所辖村委会	所辖居委会
咸水沽镇	裕民、同济、惠丰、耀华、胜利、新兴、东张庄、吴家稻地、池家稻地、刘家码头、王家场、北头道沟、周辛庄、秦庄子、上刘庄、下郭庄、四里沽、李庄子、潘庄子、韩城桥、二道桥、五登房、田嘴、苑庄子、南洋、北洋、赵北	新丰里、金石里、益华里、永安里、新业里、红星里、解放里、红旗楼、众合里、惠苑里、光明楼、祥福里、育才里
小站镇	盛字营、传字营、西花园、幸福、南北河、北湖、东花园、西沟、东大站、营盘圈、黄营、新开路、四道沟、南付营、南头道沟、二道沟、拐子沟、东闸、坨子地、东西庄房、东风、会馆、操场河、黄台、迎新、前营、周庄房	中山路、得胜道、和平路、红旗路、减河南
葛沽镇	葛一、葛二、葛三、官房、殷庄、刘庄、杨惠庄、西关、南辛房、三合、石闸、九道沟、杨岑子、辛庄子、邓岑子、大滩、小高庄、高一、高二、十间房、盘沽、新房、北园、曾庄、东埂	富华里、金鸵里、盛华里、东风里、荣华里、金龙里
八里台镇	八里台、巨葛庄、大孙庄、大韩庄、团洼、中义心庄、小黄庄、西小站、北中塘、毛家沟、和顺地、南义心庄、刘家沟、双闸、潘家洼	新春
双港镇	何庄子、宋庄子、黄庄子、芦庄子、李楼、小辛庄、桃源沽、双港、海河湾、南马集、北马集、先锋、郭黄庄、前三合、后三合、西三合	海天、朝阳
辛庄镇	白塘口、上小汀、唐庄子、前辛庄、中辛庄、后辛庄、下小汀、张满庄、生产圈、邢庄子、高庄子、上王庄、张家嘴、上郭庄、柴辛庄、继泰、柴家圈、新桥、清和、建明	–
双桥河镇	东嘴、东泥沽、小韩庄、西泥沽、西官房、东周庄、西周庄、王庄、南房子、李家圈、刘家圈、阎家圈、韩家圈、小营盘、柴庄子、孙庄子	–
北闸口镇	翟家甸、光明、建新、北义心庄、西右营、老左营、北闸口、高庄房、吕坨子、前进、月桥、义和庄、正营、后营、裕盛、仁字营、东右营、三道沟、大芦庄	政安里、建新

附：

1979年前津南区隶属

春秋战国时期，先属齐国。齐桓公二十三年（前663年），属燕国。秦时，属广阳郡。汉高祖五年

（前202年）至东晋，属渤海郡、章武郡东平舒县。南北朝北魏时期，属沧州浮阳郡章武县。隋唐时，属瀛州、沧州鲁城县。北宋时，属河北路（后称高阳关路）沧州清池县。金明昌四年（1193年），属河北东路清州靖海县。元至元二年（1265年），属中书省河间路清州靖海县。明时，属河间府静海县。清雍正三年（1725年），咸水沽一带属静海县，葛沽、小站一带属沧州。雍正九年（1731年），咸水沽、葛沽、小站分别从静海、沧州划归天津县。民国期间无大变化。

1945年5月，抗日武装建立津南县，隶属冀中行政公署（简称行署）第九专署。1946年9月，津南县从冀中区划归渤海区，属渤海行署第一专署。1948年8月，津南县从渤海区划归冀中区，属冀中行署第八专署。12月，撤销津南县，建立天津县，咸水沽为县治，下设3个市、5个区，地处咸水沽、葛沽、小站市和二、三、四区，隶属关系未变。1949年8月，撤销3个市，改为3个镇，与区合并，隶属关系未变。1949年10月，属河北省天津专署。1953年5月15日，建立津南郊区，隶属天津市。1955年6月17日，改称南郊区。1958年9月13日，撤销南郊区，并入天津市河西区。1962年2月1日，南郊区与河西区分置。

1953年建区至1970年津南区区划变更

1953年5月，津南郊区划32个乡，3个镇。32个乡为：下郭庄、新兴、王家场、头道沟、韩城桥、四里沽、东周庄、东泥沽、盘沽、新房、大高庄、邓岑子、三合、杨惠庄、小殷庄、新城、黄家圈、闫家圈、北闸口、后营、西右营、老左营、三道沟、东花园、东闸、新开路、会馆、盛字营、西小站、大安、中塘、南义心庄。3个镇为：咸水沽、小站、葛沽。

1955年6月17日，津南郊区更名为南郊区，区划未变。

1958年3月，全区划分13个乡，3个镇。13个乡为：新城、小殷庄、东泥沽、北闸口、三道沟、老左营、南义心庄、中塘、黄营、后营、四里沽、王家场、大高庄。3个镇为：咸水沽、小站、葛沽。是年8月，东郊区的南洋码头、高庄子、白塘口、黄庄子等4个乡，西郊区的马集、八里台、新桥等3个乡划入。南郊区的葛沽镇和大高庄、小殷庄、新城3个乡划归塘沽区。9月，撤销南郊区，把17个乡，2个镇划分为小站、美满、先锋3个人民公社，并入河西区。

1962年2月1日，南郊区从河西区析出，恢复原制，辖小站、西小站、北闸口、八里台、咸水沽、西泥沽、南洋、白塘口、双港9个人民公社。10月，建立长青人民公社。

1963年1月，塘沽区的葛沽、小殷庄人民公社划入。4月，合并为葛沽人民公社。

1964年6月，从小站人民公社中析置小站镇。

1965年12月，板桥农场的上古林公社划入。

1969年12月，从咸水沽人民公社中析置咸水沽街办事处。

1970年1月1日，原北大港区的太平村、沙井子、徐庄子、小王庄、赵连庄5个人民公社划入。

1970年3月，从葛沽人民公社中析置葛沽街办事处。5月，建立“五七”人民公社。

第二节　镇　办事处

一　咸水沽镇

（一）镇域建置

咸水沽镇位于津南区境北部，海河下游南侧，大沽排水河以北，辛庄镇以东，双桥河镇以西。是津南区政治、经济、文化、金融、交通、信息中心，区政府所在地。咸水沽因古时盐业发达而得名，为旧天津府八大名镇之一。

隋称豆子𩽾，明始有咸水沽记载。1961年，成立咸水沽人民公社，1966年称永红镇，1969年撤镇建街，1983年复称咸水沽镇。1985年咸水沽乡并入。2001年南洋镇并入咸水沽镇。

2010年，镇域面积55平方千米，耕地面积2128公顷。辖27个行政村、13个居委会，人口3.83万户10.08万人，其中农业人口4.47万人。是年，全镇地区生产总值35.49亿元，税收6.79亿元，固定资产投入20.8亿元，内资到位额60.56亿元，工业总产值33.1亿元。

（二）经济情况

1983年，咸水沽镇全面落实联产承包责任制，土地承包形式呈多样性。在19个村中建立各种形式作业组46个。当年粮食总产量404.85万千克，平均亩产316千克，人均收入339元。1984年后，建立以家庭承包经营为基础，统分结合的双层经营体制。1987年，水稻种植462公顷，蔬菜亩产值1114元比1980年的230元增长近4倍。全镇种植大户33户，养殖大户155户。1990年，粮食产量400.35万千克，人均收入1142元。1999年，落实中央土地承包再延长30年的政策。全镇农业人口26000人，农户9200户。有延包耕地面积687.33公顷。镇确认有耕地农户8300户，其中参加土地延包的4300户，占总户数52%。

2003年，咸水沽镇加快农业设施化、产业化发展步伐，建成北洋黑子食品有限公司、北洋益斗宝鑫食品有限公司、庆达猪场、万达猪场、亮发顺猪场、宝鑫养鸡场、志来花卉中心、南洋村畜牧养殖小区等一批涉农龙头企业和餐饮垂钓采摘为一体的农家院8个，2010年产值达670万元。由于城镇、工业及海河教育园区建设，粮食播种面积由1979年的1188.87公顷降低到2010年227.87公顷。

改革开放后，镇工业经济发展迅速，产品涉及纸业、人造纤维、印刷、化工、电子等领域。1979年，镇村企业只有5家。1987年，有企业77家，其中镇办7家，村办70家，总产值1.08亿元。1995年达85家，工业产值1.23亿元。2010年，镇工业达236家。固定资产投入11.5亿元，工业总产值33.1亿元，税收6500万元，实现就业7079人。

1996年，咸水沽镇对61家村办企业进行不同形式的企业产权改革。2009年，完成142家镇、村办企业的改革，改制形式以民营、股份制企业为主。2010年，注册企业175家，注册资本6.6亿元。

1979—1985年，各村出现一批剩余劳动力走上个体工商户的道路，“北洋的鸡、南洋的蛋，二道桥的条篝满街转”就是对当时个体经济的真实描写。1985—1990年，个体经济不断壮大，逐渐脱离小作坊式生产，向工厂化过渡。1990年后，通过自我滚动、兼并重组、联合发展，企业规模不断发展壮大，逐渐形成产业化、集团化。2009年，有民营企业660家，产品涉及机械制造、电子、金属制品、纸制品、轻工等各个行业，年销售额18.42亿元。2010年，广聚源纸业、津重重工、玖丰重工等企业由一般民营企业向产业集群化发展。私营企业在镇工业总量上占到85%，产值、销售收入和利税占到80%以上，成为镇经济总量的重要支撑。

1985年，镇内有商业饮食服务业29家。1990年，个体饮食服务业发展到320家。

镇内建有供销商厦、月坛商厦、咸水沽市场、耀华市场、紫江路市场、华润超市、月坛超市、津工超市、月坛酒店、聚合酒店、盛华海鲜百饺园等现代化的大型商场、超市和酒店，其他服务性企业有616家，包含医疗、教育、运输、信息咨询、休闲洗浴、美容美发、房屋中介、广告复印等。

镇内有大小餐饮企业189家，还有上岛咖啡、肯德基、必胜客等快餐业。月牙河西岸已形成一条颇具规模的特色餐饮带，拥有各式餐饮企业67家。2010年，服务业完成增加值23.22亿元，在全镇国内生产总值中比重达65.42%。

（三）社会事业

1981年，镇内有咸水沽幼儿园（现名津南区第一幼儿园）。至1990年，有托幼班28个；入托入园儿童793人，保教人员80人。2010年，镇内有国办幼儿园4所、集体幼儿园和个体托幼园所15所；7所小学、6所中学和天津市南洋工业学校。咸水沽镇界内中小学有教职工616人。镇内拥有津南区最大的一所二级甲等综合性医院咸水沽医院、疾病预防控制中心、妇幼保健院、中医医院等区级医疗机构。

80年代后，民间花会活动逐步活跃，民间爱好者自发组建高跷队、秧歌队等。镇内有老年、少儿、名家书画为基础的书画队伍，以麦秸画、剪纸、泥塑、葫芦烫等形式为特点的民间工艺队伍，100余人的文学创作队伍，以振华国剧社、惠苑京剧团等组成的戏剧队伍，22支广场舞和秧歌队伍，艺术团5支，高跷、花会队伍6支。其中，北洋海下文武高跷、海下同善文武高跷已被列入市级非物质文化遗产名录；王天庆的麦秸画被上海大世界收入世界吉尼斯大全，其被《中国财富论坛》收入艺术名人卷。2006年，镇获得“全国人口文化工作先进单位”称号；2008年被文化部评为“全国文化资源共享工程先进镇”；2009年获得“第二届全国文明村镇”。2010年，镇文化站综合面积350平方米，9个村设有文化信息共享电子阅览室，13个村建立农村书屋。镇内每年都举办歌咏、舞蹈、消夏晚会等文化娱乐活动。2001—2010年，组织各类重大节日文化活动55场，文艺团队、文化活动之多居全区之首。

咸水沽镇拥有农民体育协会、镇太极拳协会、八极拳武术训练中心，各村有篮球、乒乓球、象棋等俱乐部。有广场舞、太极（拳、剑）等镇级体育骨干队伍18支，各类体育指导员300余人。村级建有舞龙队、秧歌队等自发性的群众体育组织。2001—2010年，全镇建成固定文体活动场所55个，大小体育活动点200余处，另在10个社区、27个村建立体育活动室。每年组织“迎新春”镇综合运动会、“三八健康杯”系列体育竞赛、广场舞会演、手扑球大赛，至2010年已举办88次。2004年、2008年成功举办镇全民运动会。在区第五届（2003年）、第六届（2007年）全运会上，获乡镇组第一名；在2008年市农民运动会上，镇象棋队和秧歌队均名列前茅。镇多次被区政府评为群众体育工作先进镇。

1998年，咸水沽镇开始实施城乡生活最低保障制度，按照政策为贫困户办理低保，实现应保尽保。2010年，农业低保调至230元、非农业低保调至450元。2009年9月，建立实施城乡居民基本医疗保险制度。2010年，27个村及13个社区居民参加医疗保险，农业参合人数为32476人，非农业参合人数3023人，参合率99.68%。

（四）村（居委会）

1985年，咸水沽乡、镇合并后，辖19个村、17个街道居委会。19个村为：上刘庄、下郭庄、四里沽、潘庄子、李庄子、王家场、北头道沟、周辛庄、耀华、新兴、胜利、裕民（三街）、同济（四街）、惠丰（七街）、东张庄、吴家稻地、池家稻地、刘家码头、秦庄子；17个街道居委会为：新建里（第一）、两益里（第二）、红星里（第三）、新兴路（第四）、大胡同（第五）、解放里（第六）、团结路（第七）、众祥里（第八）、光明楼、育才里（第九）、红旗楼、众合里（第十）、丰收里（第十一）、兴业里（十二）、新村、桥西、南洋居委会。

2001年10月8日，撤销南洋镇，整建置并入咸水沽镇。并镇后，咸水沽镇有27个行政村。按照区提出的1500~2000户为一个居委会的原则，居委会调整为13个。至2010年未有增减。

2010年咸水沽镇行政村一览表

表1-2

名称	简介
裕民	原名三街大队，1961年建村。由于该村规划拆迁，全村已基本住进惠苑、惠裕、景明等住宅小区。2010年，283户605人，人均纯收入11686元
同济	原名四街大队，1961年建立，位于镇西部，是咸水沽镇最早整合的村，全村村民已住进同发里、祥福里、同泽园小区。2010年，366户882人，人均纯收入10998元
惠丰	原名七街大队，1961年建立，位于镇中东部，建有村工业园区，已引进多家企业。2010年，236户558人，人均纯收入12796元
耀华	位于镇中部，1961年建立，由建国大街两侧的二、六街组成，是咸水沽最繁华地段。村内有镇最大的“耀华市场”“耀华新天地”成为镇一大亮点。2010年，693户1560人，人均纯收入13192元

续表

名称	简介
胜利	原名一街大队，位于镇东部，在建国大街与津沽大街夹带之中，是咸水沽镇最早的居民聚集区之一。2009年在镇平改建设中拆迁整合。2010年，596户1426人，人均纯收入10771元
新兴	位于镇南部，津沽路以南，东到池家稻地，西到西大桥。村内有企业多家。随着城镇建设，大多数村民已搬入新兴东里、普红馨苑、红霞里等小区。2010年，1260户3215人，人均纯收入10541元
东张庄	明永乐年间，张姓来此居住，形成村庄时称张家庄，又称张家洼。因位于咸水沽东，1946年更名东张庄。位于镇中东部，东与双桥河镇相连。回族居民较多，是有名的民族村，村里建有清真寺。2008年土地整合拆迁。2010年，712户1789人，人均纯收入11571元
吴家稻地	明永乐年间，有吴姓来此开荒种稻，后住户增多，形成村庄，故名吴家稻地。位于镇东南部，该村36%的土地已被工业园区占用，被列入镇区平改规划。2010年，331户806人，人均纯收入13065元
池家稻地	明永乐年间，池万享迁来居住，因地势较洼，宜种水稻，住户逐渐增多，形成池家稻地村。位于镇南部，距镇政府1.9千米。2010年3月在镇示范镇建设中拆迁整合。2010年，384户1019人，人均纯收入11835元
刘家码头	明永乐年间，刘姓来此居住，开荒种地，后住户增多，形成村庄。时有住户以打柴草为生，村旁有秋汉港引河，由此起运柴草，形成柴草码头，故名刘家码头。位于镇中南部，南环路两侧，距镇政府0.6千米。2010年，321户851人，人均纯收入12338元
王家场	清道光六年（1826年）王姓兄弟来此居住，以打短工，拾柴为生。为存柴草占了一个大柴禾场，后住户逐渐增多，发展成村，故名王家场村。位于镇东南端，距镇政府1.6千米。2008年在镇示范镇建设中土地整合拆迁。2010年，1180户2885人，人均纯收入10988元
北头道沟	1984年，因与小站镇头道沟重名，故以方位更北头道沟村名。位于镇西南部，距镇政府1.5千米。2010年，820户2170人，人均纯收入12101元
周辛庄	清光绪二年（1876年），为咸水沽周姓庄园，以周姓商号“同合号”命名为“同合小庄”。1966年改为星火村。1968年更为此名。位于镇域南部，距镇政府1.9千米。2010年，448户1330人，人均纯收入13977元
秦庄子	明永乐七年（1409年）秦姓从山东迁来，后逐渐发展成村，因秦姓住户占多数，故名秦庄子。位于镇中部，距镇政府3.1千米。2009年因海河教育园建设该村拆迁整合。2010年，360户842人，人均纯收入11876元
上刘庄	明永乐年间，刘茹兄弟三人来此开荒种地，因地处海河沿岸，年长日久淤成嘴状河滩地，称刘家嘴，后形成村庄，因与葛沽刘庄同名，故名上刘庄，以示区别。位于镇中部，距镇政府2.1千米。2007年全村土地整合，2010年8月，村民在紫江馨苑还迁。2010年，412户830人，人均纯收入11096元
下郭庄	明永乐四年（1406年）郭姓兄弟二人沿海河居两处，成村后分别名上郭庄，下郭庄。位于镇中东部，距镇政府2.8千米。2007年全村土地整合，2010年8月，村民在紫江馨苑还迁。2010年，650户1530人，人均纯收入11078元
四里沽	明永乐年间，刘、陈、李、景四姓人家在此开荒种地，因靠沽水海河称“四立沽”。后因村子距离咸水沽，柴庄子，赵北庄各四里地，故称四里沽。位于镇域东北部，距镇政府4千米。2010年，510户1550人，人均纯收入11097元
李庄子	明永乐年间，江苏人李周随燕王扫北在此定居，后住户增多逐渐成村，故名李庄子。位于镇东北部，距镇政府5千米。2010年，178户460人，人均纯收入8739元
潘庄子	明永乐年间，潘姓来此雇人开荒种地，后佃户增多形成村庄，故名潘庄子。位于镇东北端，距镇政府5.4千米。2010年，236户623人，人均纯收入9615元
韩城桥	始建于清朝中叶，1961年建村，位于镇域中部，距镇政府3.3千米。2009年因海河教育园建设全村拆迁整合。2010年，998户3037人，人均纯收入13273元
二道桥	因进村需经过月牙河桥、赤龙河桥两座桥而得名。建村已有120多年历史，位于镇西南部，距镇政府2.3千米。2009年因海河教育园建设工程该村拆迁整合。2010年，1238户3318人，人均纯收入13611元
五登房	1961年建立，位于镇域西部，距镇政府5千米。2009年因海河教育园建设工程该村一二区拆迁整合。2010年，815户2754人，人均纯收入12458元
田嘴	明初燕王扫北，一田氏家族随迁此地。因村北村西被海河故道环抱，构成湾嘴码头，故得田家嘴村村名。位于镇中北部，距镇政府4.5千米。2009年因海河教育园建设工程全村拆迁整合。2010年，733户1748人，人均纯收入11407元
苑庄子	位于镇北部，距镇政府4.7千米。2009年因海河教育园建设工程全村拆迁整合。2010年，378户1045人，人均纯收入10335元
南洋	旧时俗称“海下洋码（读母）头”系退海盐滩地和草荒地。位于镇北部，距镇政府4.6千米，津沽公路穿村而过。2009年因海河教育园建设全村拆迁整合。2010年，1800户4700人，人均纯收入11000元
北洋	也称北洋码头村，明朝以前就有渔户40余家，以打鱼，熬盐，运盐，种地为主。位于镇域最北部，距镇政府4.8千米。2010年，1500户4010人，人均纯收入12347元
赵北	位于镇北部，距镇政府6千米。2010年因示范镇复垦建设工程赵北村全村迁入宝业鑫苑小区。2010年，387户1132人，人均纯收入10521元

二　小站镇

（一）镇域建置

小站镇位于天津市津南区东南部，距市区25千米。东与葛沽镇毗邻，西与八里台镇相连。南与滨海新区大港界相交，北与北闸口镇和双桥河镇接壤，镇区在马厂减河与津歧公路的交叉部位。小站镇因小站稻而兴旺，因小站练兵而闻名，是中国近代史上有重要影响的历史文化名镇，是津南区老三镇(咸水沽镇、葛沽镇、小站镇)之一。

1983年，小站人民公社改为小站乡。1985年6月，小站乡与小站镇合并，辖26个行政村，10个街道居委会。2001年，镇政府设正式行政编制，成立街道办事处，改10个街道居委会为5个。分别是：中山路、得胜道、和平路、红旗路、减河南。2006年，被列为天津市首批示范镇。2008年，将原隶属北闸口镇的周庄房村，划入小站镇管辖。

2010年，全镇总面积56.72平方千米，耕地2326.6公顷。辖27个行政村5个居民委员会，22073户58766人。地区生产总值27.07亿元，财政收入3.72亿元，固定资产投入19.3亿元。是年，建成2个功能区、4条商业街，以及特色商贸区及集贸市场为中心的商贸、餐饮服务区，形成徽派建筑特色的建筑群及军旅特色旅游区、万亩农业园区，以独具特色的津徽文化风格，跻身于全国魅力小城镇行列。

(二)经济情况

1979年，小站公社开始实行小段包工、定额计酬和联系生产量计算报酬。1981年6月，全公社196个生产小队普遍建立不同类型的责任制，出现全区第一个对社员实行以“口粮”制为内容的包产到户大队——南付营大队。1984年，实行承包、合伙、股份等经营方式，出现专业户、联合体等。1991年，25个村实行土地承包有偿使用、有偿服务。1997年后，实行稳定土地承包30年不变的政策。

2003年后，进行农业结构调整。以枣粮间作为主线，发展棉花、苜蓿等经济作物。枣粮间作完成600公顷，种植紫花苜蓿80.67公顷，投资200万元建一座苜蓿加工厂，形成产销一体化。种植棉花333.33公顷。新建肉牛育肥、鹅鱼混养、肉鸡养殖、水产养殖、生猪养殖的畜牧养殖小区5个。2009年，粮食播种面积1329.27公顷，总产量6194吨。造林71公顷，累计林地面积527.48公顷。生猪、牛、羊存栏10093头，出栏12421头，家禽存栏35300只，出栏25650只，淡水养殖面积364公顷，产量2675吨。2010年，土地复耕169.6公顷。

改革开放后，镇内工业迅速发展。1982年，有企业49家，工业总产值4551.83万元。1992年，企业591家，其中镇办11个，新兴集体办5个，工农联办8个，村办151个，联合体办114个，个体办302个，年产值7.05亿元，占全镇总产值的84.1%，创利6984万元。1994年，有10家外资企业落户境内。1998年，实行企业产权制度改革。镇集体工业企业129家，改制79家，占61%。至2003年，全镇集体企业基本改完。2009年，镇内资企业564家，其中村控股企业只剩6家，镇、村办企业退出历史舞台。有外资企业52家。

2010年，全镇有各类企业648家。工业实现税收1.90亿元，其中纳税千万元以上企业3家。工业总产值45.1亿元，销售收入43.4亿元。内资引资到位额18.6亿元，实际利用外资额2400万美元。引进投资千万元以上重点项目17个，其中投资亿元以上的项目4个。

改革开放后，小站镇依据地理优势大力发展商贸服务业。1979年3月，建文化北路农贸市场。1984年，建成小站镇第一家大型商场——小站百货商场。1990年，摊位达800余个，日人流3万~4万人次，年市场贸易额990余万元。1994年，建成利民道农贸市场、水产品市场，建筑面积6000平方米，摊位400个。1997年，在马厂减河南建立集贸市场，占地2.67公顷，门脸5排，摊位1144个。同时建成占地2万平方米的木材市场及水果批发市场和建材、家具市场。1996年，东大站村建集贸市场，营盘圈村早市形成规模。1998年，迎新农副产品早市开业。2000年，各类集贸市场年成交额3813.2万元。2008年，土地整合形成还迁新镇区，新建幸福农贸市场、旭日园农贸市场，主要经营粮油、蔬菜、肉类、水产、花卉、厨具、观赏鱼、农具等。2009年，在旭日园农贸市场外形成新的集贸市场。2010年，农贸市场年总成交额约1.5亿元。有较大型商场6家。

1979年，镇内有饮食业50多家，从业人员百余人。1984年发展到210户，1990年270户，从业人员454人，营业额1256.38万元。2000年，饮食业137家，从业人员280人。2010年，饮食业223家，饭店菜系多为鲁菜、川菜、粤菜等。另有浴池、美发、汽车修理、洗车、家政服务、房屋中介等100余家。是年，小站镇服务业完成增加值14.83亿元，固定资产投入9.4亿元。天山·米立方、泉圣阁文化艺术展、小站练兵园，成为小站文化旅游产业发展的一张新名片。

（三）社会事业

1979年，小站镇各村有6所联校，镇街内小站小学1所，其下设4个分校。1987年，小站镇街建立第二小学。1992年，原小站一小建成新校舍，境内有8所完全小学。

1980年，境内中学有小站一中和北湖中学。1981年建成小站二中，1992年建成小站三中，1994年又成立民办新农中学。1995年，镇内有中学5所，小学9所，幼儿园31所（国办1所），教师620人，学生8854人，托幼儿在园1013人。有1所综合性医院——小站镇医院（面积4000平方米，住院病床100张）和镇第一卫生院、第二卫生院，另有4家个体诊所。2010年，镇内有中学3所，小学6所，幼儿园54所（国办1所），教师598人，学生7376人，托幼儿在园1500人。有1所综合性医院——小站医院（面积8000平方米，住院病床150张）和镇卫生院，下设4个卫生服务站和22家村卫生所，另有9家个体诊所。

1987年，被天津市评为“体育之乡”。1993年，建成2140平方米的小站文化活动中心。2008年9月，建成小站练兵园正式对游人开放。2010年，投资10亿元建设全国最大的室内恒温水上健身娱乐项目——天山·米立方。镇建有8个文化广场。小站镇业余京剧团坚持活动数十年，票友陈金强获全国京剧票友大赛十佳票友称号，曾在中央电视台戏曲频道“过把瘾”节目夺魁。

图1-3　2008年，津南区颐养院99岁老人张善述参加北京奥运火炬传递活动

1994年，国家、集体、个人三方集资300万元，建成占地7870平方米、建筑面积3700平方米的高标准公寓式小站敬老院。2009年，由民政部门扶持的个体经营的天同医养院在小站开业，是一所养老、伤残康复医疗单位。个体药店有50余家。天津市津南区颐养院，是国家投资兴建的大型养老院，占地4公顷，总建筑面积31200平方米，拥有1000张床位，其中300张床位作为农村五保户和城镇孤老户集中供养，700张床位面向社会自费入住。2008年，99岁老人张善述参加北京奥运会火炬传递。2009年，中共天津市委书记张高丽到院视察。2010年入住老人616人。

2005年，镇成立劳动保障中心，完成劳动力安置、就业培训、农村城镇居民医疗保险、失地农民养老保险等工作。2010年，完成岗前培训500人，农村富余劳动力转移培训1083人，安置劳动力就业2299人。是年，开展以“助医、助学、助困、助老、助残、助孤”为主题的慈善救助，发放救助金395.48万元。

（四）村（居委会）

1985年6月，小站乡与小站镇合并，称小站镇，辖26个行政村，10个街道居委会（中山路、东西巷、和平路、兴隆街、东风里、红旗路、大有桥、减河南路、德胜道、新建里）。2001年，镇政府成立街道办事处，改10个街道居委会为5个：中山路、得胜道、和平路、红旗路、减河南。2008年，周庄房村从北闸口镇划入小站镇管辖。2010年，小站镇辖27个行政村，5个居民委员会。

2010年小站镇行政村一览表

表1-3

名称	简介
盛字营	清光绪元年(1875年)提督周盛传率淮军盛字军小站屯垦，在此设营盘，并以周盛传的“盛”字命名为盛字营。光绪二十一年(1895年)，袁世凯在此练兵时，百姓与退伍军人在此落户，逐渐形成村庄，仍沿用盛字营称谓。2010年，1115户3745人，人均纯收入10846元
传字营	建于清光绪元年(1875年)，当时老盛军在此建营盘，以周盛传的“传”字命名。后来逐渐形成村落，名为传字营村。2010年，1144户3070人，人均纯收入13120元
幸福	原名小营盘，清光绪元年(1875年)形成。初为盛字军亲军营，营盘东有靶档北有操场，为清军演习的场地。1895年，袁世凯编练新建陆军，在此设立讲武堂。解放后小站粮库、小站中学均在此地。1956年改为幸福村。2010年，559户1797人，人均纯收入11035元
东花园	清光绪年间，老盛军在北湖南侧种养花卉，俗称花园。因此村位于花园以东，故名为东花园村。2010年，826户2689人，人均纯收入13941元
北湖	清光绪年间，此地是一片苇湖，因位于马厂减河北侧，逐渐发展成村，故名为北湖村。2010年，968户2670人，人均纯收入12000元
西花园	清光绪年间，盛军在小站地区屯田种稻，有一李姓军官在此种花，因此得名“花园”。解放后又分成东、西花园，因位置居西故称西花园。2010年，378户1347人，人均纯收入13750元
西沟	清光绪年间，此地是老盛军营盘，在营盘周围挖河沟几条，即东、西、北沟，后来黄骅县的康玉文迁来居住在西沟旁，从此住户日增形成村庄故名西沟村。2010年，370户1024人，人均纯收入10000元
东大站	清光绪年间形成，是“马新大道”(马厂—新城)上的一个大驿站，屯田由民人领种后，逐渐发展成村。因位于小站东故称东大站村。2010年，456户1378人，人均纯收入11000元
新开路	原为退海贝壳堤，堤上有多年踩踏形成的羊肠小路，后经拓宽，称新开路，因有路而渐成村落，村以路命名。2010年，760户2360人，人均纯收入10466元
营盘圈	光绪二十一年(1895年)曹克忠部津郡团练30营遗址之一。2010年，601户1901人，人均纯收入12041元
南北河	原名花园，建于光绪元年(1875年)，当时为老盛军的“花地”，人们惯称花园，因村东有一条南北走向的河，1963年将花园改为南北河村。2010年，268户694人，人均纯收入10605元
黄营	清光绪元年(1875年)，周盛传率兵到小站地区开垦稻田，命其部下“帮带”黄士忠在此地驻扎，称为黄营。村落相沿，名黄营村。2010年，390户1188人，人均纯收入12000元
四道沟	建于清光绪元年(1875年)，是按老盛军在此屯田开渠序数得名，后来逐渐发展成村落，故称四道沟村。2010年，1095户2896人，人均纯收入9714元
东闸	清光绪四年(1878年)，盛军屯田开凿马厂减河后，在小站东部马厂减河上修筑一座大闸，当时称汇新闸，简称“东闸”，内河船户近闸居住，渐成村落，名东闸村。2010年，340户986人，人均纯收入8600元
前营	建于清光绪元年(1875年)，盛军在此屯田，设中前营、前右营、前左营，演变成前营，后成村落，名前营村。2010年，621户1735人，人均纯收入10402元
二道沟	清光绪元年(1875年)盛军开挖的沟渠，从东闸向东排列为第二道沟。约在1930年后逐渐迁来人家在此定居形成村庄，以沟渠名命名为二道沟村。2010年，480户1420人，人均纯收入10628元
南头道沟	清光绪元年(1875年)，盛军在减河南东闸开挖排灌沟渠数条，此地为头道沟。民国初年在沟渠两侧形成村落，故名头道沟村。因与咸水沽镇的头道沟村重名。1979年更名为南头道沟村。2010年，384户980人，人均纯收入14571元
拐子沟	因河沟弯曲故得名，盛军曾在此建立军营，解放后居住人家逐渐增多，与头道沟村分开，命名为拐子沟村。2010年，220户540人，人均纯收入11055元
南付营	清光绪二十一年(1895年)曹克忠奉命督办津郡团练，招募30营驻南天门一带，被风暴潮淹没溃散，南付营即其遗址之一。2010年，580户1639人，人均纯收入9000元
坨子地	于1922年形成，此地是当时苏家洼内的一个坨子(地势较高)称坨子地。后来这里居住的人逐渐增多形成村庄，故名坨子地村。2010年，327户889人，人均纯收入10850元
东西庄房	民国初年此地称恒庄稻地和小南湖(因苇湖得名)。解放后从山东、河北省迁居此地的人家分居东、西两个庄房，后由于居住条件的变化两个庄房连在一起，1966年命名为东西庄房村。2010年，405户1043人，人均纯收入10400元
会馆	原称小马队子，初为盛军集会的场所，称作会馆，村居相沿称会馆村。村东建有周公祠，是纪念淮军将领周盛传兄弟的专祠。2010年，437户1166人，人均纯收入9151元
操场河	于清光绪元年(1875年)形成。是当年盛军操练人马的操场。稻农傍河为村，故名操场河村。2010年，403户1064人，人均纯收入9257元
东风	清光绪年间形成。当时姓石的人家较多故名石家庄房村，1967年更名为东风村。2010年，410户1260人，人均纯收入11320元
迎新	此地系1953年由3个自然村(张庄房、袁庄房、焦庄房)组成，1956年更名为幸福之路村，1965年更名为迎新村。2010年，602户1620人，人均纯收入11713元
黄台	清光绪元年(1875年)盛军在小站屯田，有一姓黄的官吏在高台处建住宅安居，故名黄家台。2010年，680户1704人，人均纯收入12000元

续表

名称	简介
周庄房	清光绪二十一年（1895年）新建陆军大营盘驻地，当年该地有砖房一处，因名周家砖房，后讹音衍化为周庄房。2010年，418户1173人，人均纯收入10426元

三　葛沽镇

（一）镇域建置

葛沽镇位于津南区东南端，地处海河中下游。东部与塘沽区新城镇一桥相连，西部与双桥河为邻，南端与小站镇的东大站村、官港森林公园连接，北至海河与东丽区隔河相望。是津南区唯一一个全部镇域坐落在滨海新区的镇级单位。

葛沽在1948年12月后称葛沽市。1949年10月，葛沽市改为葛沽镇。1958年，葛沽划归塘沽区，称塘沽区河南公社。1963年1月，葛沽公社归南郊区管辖，葛沽公社与小股庄公社合并成葛沽公社，辖25个行政村和5个居委会。1983年，葛沽乡人民政府成立，葛沽人民公社建置撤销。1985年6月，葛沽镇人民政府与葛沽乡人民政府合并称葛沽镇人民政府。2007年，滨海新区管理委员会批准葛沽镇为滨海新区综合配套改革试验示范镇。

2010年，镇总面积为43.48平方千米，耕地1754.87公顷。辖25个行政村、6个居委会，19253户54861人。其中，农业人口40278人。劳动力30000余人。工业以现代冶金、机械制造、服装、餐具为四大支柱。2010年，地方生产总值82.84亿元，三级财政收入7.6亿元。

（二）经济情况

1983年，葛沽镇全面落实联产承包责任制，第一个实行联产承包责任制的行政村是官房村，其他村也随后完成。1992年，施行农大108玉米品种模式并大面积推广，获津南区科技进步一等奖。1994年，培育成功保护地葡萄与蔬菜立体栽培技术，该技术居全国领先水平。葛沽镇大搞科技兴农。1999年，培养成功特早熟葡萄新品种“津南早红”获天津市科技进步三等奖。是年，落实中央土地承包再延长30年的政策，全镇共签订延包合同13000余份。2010年，镇有粮田1296.6公顷，菜田458.27公顷。

1980年，镇工业总产值9888万元，利税1019万元，固定资产投资777万元。当时分为村办企业和乡（镇）办企业。镇办企业有葛沽服装厂、汽车配件厂、葛沽日化厂、长城服装厂、天津西装厂、津南包装用品厂、津南化肥厂等（特别突出的是天津西装厂、葛沽服装厂的出口服装很有名气，产品畅销）。村办企业以机械加工、压力容器、铸造等为主。主要有大滩锅炉、三合电泵、石闸餐具加工等。1995年，镇工业总产值7.06亿元，利税7276万元，固定资产投资5544万元。1997年，工业开始进行产权制度改革。葛沽镇成立体制改革委员会，领导镇办企业及村办企业的改制。

2004年，葛沽镇已是津南区的工业大镇。企业职工占津南区17.3%；工业总产值占全区27.0%；工业利税总额占全区19.9%；工业利润总额占全区27.3%。2005年，镇工业总产值90.61亿元，利税9.34亿元，固定资产投资7.12亿元。是年，服装行业达120余家，服装出口产值1.66亿元，并在越南开办企业。2005年改制镇办企业12家，村办企业18家，主要形式为股份制和民营企业。

图1-4　2010年，天津滨海（津南）创意中心

2010年，葛沽镇有工业企业257家，其中内资企业238家，外资企业19家。以冶金、机械制造、机械加工、服装、餐具、铸造、化工等为主要行业。以荣程集团现代冶金、天津立林集团现代机械制造、天津甘泉集团泵业最有名气。葛沽镇工业企业从1995年的产值5.6亿元、销售收入5.3亿元、增加值1.8亿元、利税

0.5亿元到2010年实现产值303亿元、销售收入243亿元、增加值63.8亿元、利税7.7亿元，经济实现新跨越。

80年代，葛沽镇餐饮、五金百货、水产聚集在葛沽解放道、南大街和东大街上。90年代末，葛沽集贸市场迁到葛沽二村界内津沽公路以北。随着镇内政治经济文化中心的南移，1998年后，以集贸市场和葛沽隆海批发市场为龙头带动传统商贸业稳步发展，物流业、科技研发、规划设计、电子商务等服务企业迅速发展，营业额年均递增18%以上。2006年，服务业有1293家。2008年达1583家。其中，运输业16家、批发和零售业1098家、住宿餐饮业121家、居民服务业183家、租赁和商务服务业16家、旅游业1家、房地产业12家、其他行业136家。2010年，服务业累计达2083家，完成增加值16亿元。

（三）社会事业

1979年，葛沽镇有中学2所，小学6所。1980—2000年，新建、迁建葛沽三中、西关小学、邓岑子联合小学、葛沽一小、葛沽荣程幼儿园（津南九幼）、民办汇龙学校等。2010年，葛沽镇有小学7所，中学2所，幼儿园14所。

1983年，葛沽乡文化站率先办起文艺工厂——葛沽文化印刷厂，吸收本地区10多名文艺骨干。90年代初，文化站举办各种类型的文化艺术培训班。1997—2006年，先后成立葛沽书画协会、太极拳协会、秧歌协会，巩固发展花会协会、象棋协会等。2000年后，各村自发组织成立秧歌队，2010年发展到13个。2010年6月5日起，以每个社区为单位，每周六组织社区居民文艺团体举办文艺演出，地点设在葛龙湾公园。

葛沽是华北地区“八大古镇”之一，历史文化悠久。始建于明清时期的宝辇及花会，在“文化大革命”中被停演。1978年春节期间，葛沽地区恢复3道花会，为“安乐旱船”“清平竹马”和传统古装的“长胜高跷”。1985年，镇修复宝辇。1986年农历正月，修复后的第一架宝辇在葛沽街头亮相。1988年，葛沽宝辇、竹马参加了天津市第一届津沽花会大奖赛，宝辇获继承奖。1989年，宝辇参加北京龙潭杯民间艺术比赛。是年，葛沽的“八辇二亭”全部修复并展示出来。1990年后，葛沽花会进入鼎盛时期。每年的大型民间祭祀活动及正月十六都有花会表演，盛况空前，吸引数万群众前往观看。葛沽镇2003年、2007年两次被国家文化部命名为“中国民间艺术之乡”。2007年6月，“葛沽宝辇出会”被列入天津市第一批非物质文化遗产名录，并申报了国家级非物质文化遗产名录。

葛沽素有“体育之乡”的称号。70年代末，葛沽镇篮球运动陷入低谷。80年代末，篮球运动走出低谷，先后组织十几个篮球队，每年组织1次联赛。2010年5月，建立葛沽体育馆，拥有近3000个座位，比赛设施完全采用国际一流标准。5月21日，天津荣钢男篮与立陶宛一俱乐部在体育馆举办落成后第一次比赛。是年，葛沽镇政府与天津荣钢男篮签订协议，将2010—2011年度中国男子篮球职业联赛天津主场设在葛沽体育馆。

1984年7月，葛沽镇重建敬老院，院址在邓岑子村界内平房。工作人员5名。有十几位老人入院，政府投入资金购置必需的生活用品及文化娱乐用品，如彩电、收音机等，丰富老年人的文化生活。分散在各村的五保老人有32户37人，由各村集体负担老人的一切需求。1988年底，敬老院迁入原镇政府办公大院（平房），生活设施等较以前有了大的改进。2008年9月，全区五保老人集中赡养，时迁走老人37名。

2006年，开始办理困难群体灵活就业保险补贴，2010年，累计办理171人；累计办理失业保险236人；累计老年人生活补助发放17886人；累计办理就失业证704人。是年，医疗保险参保村居100%，实际参保31070人。1683人办理城乡基本养老保险，社保卡累计领取18199人。全镇有五保户51户，每人每季度发放1150元。

2004年起，镇开展就业招聘会工作。2004—2010年，举办招聘会174次，参加招聘企业350家。

2010年，有各级各类医疗机构33家，其中有镇级卫生院1家、乡村卫生所25个、街道社区卫生室1个、个体诊所6个，有医务人员61人。

（四）村（居委会）

1983年12月，葛沽乡人民政府管辖25个村5个街道居委会。2010年，葛沽镇管辖25个行政村，即：葛一村、葛二村、葛三村、官房村、殷庄村、刘庄村、杨惠庄村、西关村、南辛房村、三合村、石闸村、九道沟村、杨岑子村、辛庄子村、邓岑子村、大滩村、小高庄村、高一村、高二村、十间房村、盘沽村、新房村、北园村、曾庄村、东埂村。6个社区居委会，即富华里、金鸵里、盛华里、东风里、荣华里、金龙里。

2010年葛沽镇行政村一览表

表1-4

名称	简介
葛一	1958年葛沽人民公社建立。是年，葛沽第一生产大队成立。下设生产小队。1983年10月，葛沽第一生产大队由葛沽一村村委会取代，生产小队取消。1984—1985年经历了乡镇分、合，葛沽一村同时挂牌成立了与之并列的葛沽泰东农工商联合总公司，主管村经济发展。后到90年代，公司名存实亡，村委会独立取代管理全村各项工作职能。与之同域居住的是一、二街道的居民。2010年，861户2402人，人均纯收入10117元
葛二	1958年葛沽第二生产大队成立至90年代，村委会独立管理全村各项工作，职能都与葛一村同。与之同域居住的是三、四街道居民。2010年，1135户3261人，人均纯收入11319元
葛三	1958年葛沽第三生产大队成立至90年代，村委会独立管理全村各项工作，职能都与葛一村同。与之同域居住的是四、五街道的居民。2010年，982户2870人，人均纯收入11071元
官房	葛沽赵府在清朝顺治年间任黄河道台，康熙年间在葛沽镇拥有大片土地，为管理土地及雇工歇脚、存放东西在此处建房，俗称黄河道，后来逐渐形成小村，有官家房子的含义习惯上称为“官房”。2010年，567户1713人，人均纯收入10722元
殷庄	明朝永乐年间，殷姓兄弟二人随燕王扫北来此定居，当时是一片荒地，他们以开垦种地为生。殷姓至今延续十几代，故名殷庄。2010年，595户1849人，人均纯收入9411元
刘庄	清朝末年，大户刘氏家族来此居住，形成村落后刘姓居多，习惯上称小刘庄。2010年，531户1679人，人均纯收入8577元
杨惠庄	明朝嘉靖三十五年（1556年）山东临清县杨各庄杨姓回民来此居住。在河边种植大片洋槐树，后来生活富裕人家逐渐增多（回民较多），又以杨姓居多，故称“杨回庄”。后杨的妻弟寻找姐姐在此相会，妻弟提议，“姐夫姓杨，又姐弟相会于此就把‘回’改成‘会’吧”从此叫“杨会庄”，又经多年延续发展到现在的“杨惠庄”。据清朝《天津县志》记载“杨回庄有渡口，后不知何故将‘回’字改为‘惠’字。”2010年，739户2376人，人均纯收入10513元
西关	明朝永乐年间，回族廉家来此居住。清朝督军周盛传重修城堡，（后来城西门倒塌），在西门外形成的村落，称为西关。2010年，703户2655人，人均纯收入9773元
南辛房	明朝永乐年间，苏家随燕王朱棣北上论功分地，在此地开荒建新房给管理土地之人居住。当时称新房。后来逐渐形成村落。在此南一里地有“巡房村”，称“南巡房”（后改南辛房）。2010年，501户1558人，人均纯收入11120元
三合	解放前是由官地、四车地、八车地、小港子4个自然村组成，俗称“三不管”。解放后改称三合。2010年，742户2483人，人均纯收入12914元
石闸	清朝光绪年间，周盛传带兵屯田练兵开挖马厂减河，在此处用石料修闸。后来，农民在此建房居住形成村落，故名石闸。2010年，556户1992人，人均纯收入10611元
九道沟	周盛传在此练兵屯田时，由青县马厂至葛沽西关开挖马厂减河开垦荒地。从小站往东挖了九条排灌沟渠，在第九道沟畔有了村落称九道沟。2010年，603户2192人，人均纯收入10591元
杨岑子	系周定王五年（前602年），黄河从泥沽入海前形成的旧海岸线（贝壳堤）高于平地故叫“岑子”。首居此地的只是几家，他们以治鱼、煮盐为生。因为都为杨姓，称为“杨岑子”。2010年，282户962人，人均纯收入9977元
辛庄子	明朝永乐年间有一潘姓移民于此，逐渐形成村落，由于此村晚于杨、邓二岑子，取其“新”的谐音，故名辛庄子。2010年，668户2007人，人均纯收入9805元
邓岑子	原为海边贝壳残骸堆积的砂岑子。明朝永乐年间，邓姓首居于此，以捕鱼为生，后形成村庄称邓家岑，后称邓岑子。2010年，671户2366人，人均纯收入9187元
大滩	福建泉州府同安县（今厦门）苏姓迁家金陵（今南京）。明朝永乐十九年（1421年）苏可道官居指挥，从龙（皇帝朱棣）北上论功分地到葛沽，在葛沽西南有大片土地招佃开荒，因土地盐碱不宜耕种即造滩制盐，后来滩废逐渐形成村落，故称“大滩”。2010年，410户1341人，人均纯收入12787元
小高庄	明朝末年，高守仁置田于此，为便于农耕建庄房，后来高姓的佃户聚集于此，成为高庄村，与西北面的高庄区别叫小高庄。2010年，486户1581人，人均纯收入10600元
高一	高一村和高二村原属大高庄管理区。和小高庄比较，都是高守田在明朝末年置田于此形成的村庄。1956年成立大高庄合作社，后来居住人群愈多，分为高一、高二两个行政村。截至2010年，293户916人，人均纯收入9695元
高二	同上。2010年，346户1161人，人均纯收入9589元

续表

名称	简介
十间房	原有长河、六里沟、赵家圈三个自然点形成村落。清朝光绪年间，此处是苏家六号的园地，为便于管理建十间土房，后来形成村落称为十间房。2010年，268户901人，人均纯收入9507元
盘沽	明朝永乐年间，从山西洪洞县移民迁居于此，后形成村庄。据《清道光津门保甲图说》记载："在盘沽之上曰'中盘沽'，昔有积水，今则淹淤成壤，森林茂美，河流自其村外曲折东下归海，呈盘曲状流过，故名为盘沽。"是天津域内七十二沽之一。2010年，623户1767人，人均纯收入10364元
新房	原为盐巡房、南台、大院三个自然点形成的村落。清朝咸丰年间，白、郭、赵、丁等移民与此租葛沽富户苏家、郭家的地种。苏家盖了十九间土木结构的房屋赁给佃户住，故名新房。2010年，332户1027人，人均纯收入9929元
北园	明朝永乐年间，苏可道指挥随燕王扫北论功封地于葛沽。苏氏当时有东西南北四个菜园。此处为北菜园，后来人口增多形成村落，称为北园。2010年，450户1457人，人均纯收入9028元
曾庄	明朝末年，此处为曾家的田地，并将此地租给穷人耕种。后来人口逐渐增多，就以曾姓为名叫曾庄。2010年，552户1859人，人均纯收入9930元
东埂	清朝光绪年间，此处是"庆元号"马家西边的菜园子，后来逐渐形成小村，称为"小西园"。2010年，373户1294人，人均纯收入10495元

四 八里台镇

（一）镇域建置

八里台镇位于天津市中南部，津南区西部。东接小站镇、北闸口镇，西邻西青区，南邻大港区，北至辛庄镇和西青区大寺镇。处于天津市中心城区与滨海新区之间，地理位置优越。1979—1983年，为南郊区八里台人民公社，办公地点在八里台村。1983—1991年，为八里台乡，办公地点在大韩庄村。1992年12月，更名为津南区八里台镇，办公地点在大韩庄村。2001年10月，按区建置规划双闸镇并入八里台镇。

2010年，八里台镇总面积105.96平方千米，耕地面积2534.75公顷，水域面积2896公顷。镇辖15个行政村和1个居委会，总人口5.03万人，总户数16450户。2010年，全镇地区生产总值26.8亿元，固定资产投入30.88亿元，财政收入5.78亿元。

（二）经济情况

1979年，工分制改为"包工到组，联产计酬"的生产责任制。1980年，鼓励支持社员经营自留地和家庭副业。大孙庄村每人分得口粮田0.09公顷。1983年6月，实行"承包经营""合伙经营""股份经营"统分结合的双层经营形式。西小站村率先引进科技人员兴建专业养鸡场，年产鸡蛋400万枚。1986年，全乡有各类农业专业户263个，经济联合体283个。1989年，变土地无偿使用改为有偿使用，每亩口粮田费用每年15~20元，责任田40元。1995年后，推行有偿承包，有偿服务，土地适度规模经营，种养大户快速发展。八里台镇农业主要种植水稻、小麦、高粱、玉米等。2002年后，主要种植棉花。团洼村率先引进种植冬枣13.33公顷，2001年，在各村推广枣粮间种，枣类产量610吨，占全镇果品产量的78%，成为重要产枣区。2010年，投资8100万元，打造具有地域特色的三个生态农业示范园即锦堂农业科技生态园、元旭君子兰花卉基地、博汇旭源生猪养殖基地，逐步走向科技兴农的道路。

图1-5　2010年，八里台镇新区的龙跃商业街

改革开放后，八里台镇工业发展呈现高潮。1980年，镇村集体企业34家，产值1873万元。1992年底，全镇拥有镇村企业103家，其中三资企业8家，个体私营企业80余家，涉及五金制造、建筑材料、机电、服装、食品加工、印刷、木器

加工、汽车配件、拔丝制钉等20余个行业，产值4.01亿元。1993年，集体企业108家。2004年，开始企业产权制度改革，主要采取"先售后股"、竞价拍卖的方式。2006年，镇最后7家集体企业全部改制完毕，由集体所有制形式改为民营责任公司。2010年，拥有各类性质企业614家，工业产值33.28亿元，固定资产投入11.58亿元，利税收入3.13亿元。其中，内资企业577家，工业产值26.25亿元，固定资产投资10.01亿元，利税收入2.74亿元；港澳台商及外资企业37家，实现销售收入7.03亿元，实现利税收入3934万元。

改革开放后，八里台、大孙庄、大韩庄、巨葛庄、团洼、双闸、刘家沟等村逐步形成小商品交易市场。1998年，双闸集市成立。1999年，八里台村组建八里台集市，集市日定为农历每逢一、四、七。2000年，刘家沟村自发形成买卖交易的集市。是年，八里台镇建成第一家超市——顺发超市，经营商品有日用百货，服装、副食、果品、蔬菜等，年纳税2.5万元。2009年，在八里台金角二手车交易市场旁建金角农贸市场。2010年，全镇共有服务业工商户2479家，税收3.1亿元。餐饮业108家，其中汇鑫源商务酒店、文武娱乐美食城、泰和大酒店等都属于大型酒店。全镇服务业完成生产总值14.37亿元，占全镇国内生产总值中的55.05%。

（三）社会事业

1984年，全镇对各学校危漏房屋进行检查维修。1986年，按照国家投资1/3、乡镇政府投资1/3、村集体组织投资1/3的原则，对全镇各村中小学校舍进行大规模翻建、新建。至1991年，全镇15所小学2所中学建设完成，有国办教师180人、合同制教师47人、民办教师17人。90年代初，原双闸镇建起镇中心幼儿园，由妇联管理。2005年8月，镇建津南八幼，这是八里台镇第一所国办幼儿园。建筑面积1600平方米，有16名教师，200名学生按年龄编为11个教学班。2007年9月，该幼儿园晋升为天津市一级幼儿园，是当时市一级幼儿园中唯一的一所农村幼儿园。2010年，八里台镇有幼儿园21所，小学6所，中学2所，成校1所。

1983年，镇域内有双闸、八里台两个镇级卫生院，村卫生所15个，乡医22人。1997年，归镇卫生院统一领导。2008年，实行农村合作医疗，全镇参保人数达95%以上。2010年，全镇村民办理医疗保障卡。

1977年，八里台镇建有文化站。1980年后，各村相继办起青年之家文化活动室、文化俱乐部，增设村级图书借阅室。各村青年之家每年举办群众自娱自乐、自编自演的"消夏纳凉"联欢晚会。1990年，镇文化活动中心设有图书室、排练室、棋类活动室、文化资源共享室、演出小剧场、电影放映厅等。村级建起老年之家娱乐场所。2005年，大孙庄村获津南区新农村、新风采、新农民农村剧团文艺调演一等奖。2007年12月，八里台镇被评为天津市民间文化艺术之乡。2010年，和顺地村建起文体活动中心。镇文化活动内容广泛，群众热情高。成功举办全镇农村业余剧团文艺调演和"青年卡拉OK狂歌劲舞大奖赛"。

改革开放后，群众体育活动兴起。1985年，在新建八里台中学体育场举办区首届青年足球联赛，八里台镇队获团体第一名。1987年，八里台镇被评为天津市体育之乡。1986—1991年，连续举办6届"迎春杯"镇足球比赛。1989年，举办第一届镇武术表演。1981—1991年，连续举办10届镇中国象棋大赛。1990年，举办首届青年迪斯科霹雳舞大赛。1995—2005年，镇属企业天津农具厂连续举办10届职工篮球邀请赛。2000年后，村级开展的活动有"大韩庄杯""团洼村杯"足球邀请赛，"团洼、南义杯"乒乓球邀请赛，"星耀杯""碧桂园杯"大秧歌展演、乒乓球比赛等。2004—2008年，连续举办5届镇大秧歌闹新春展演活动。2005—2010年，连续举办5届"三八"健康杯妇女趣味运动会。2010年9月9日，镇成立第一支太极拳表演队伍。是年，镇有学校足球场5个、篮球场25个，各村都建有乒乓球活动室，棋类活动室、健身房等。

1985年，八里台镇建敬老院有床位35张，五保老人入院率98%。1996年，被评为全国模范敬老院，连续两年被评为天津市民政系统文明窗口单位。八里台镇对农村务工、务农、经商等各业人员实行社会保险一体化，为下岗、企业倒闭的职工通过转业训练、职业介绍等手段实现就业创造条件。2008年，累计办理500余人，平均每年约60人参保。2010年，救助各类困难人群8199人，发放救助款130万元。21929人参加城乡居民医疗保险，保险率99.8%。

（四）村（居委会）

1979年，八里台人民公社，辖八里台、贾家洼、巨葛庄、田家场、大孙庄、大韩庄、团洼7个村、1个新春居委会。1983年，改为八里台乡。1992年，更名为津南区八里台镇，辖八里台、巨葛庄、大孙庄、大韩庄、团洼村5个村、1个新春居委会。2001年，津南区将双闸镇并入八里台镇，合并后八里台镇辖15个村1个新春居委会。

2010年八里台镇行政村一览表

表1-5

名称	简介
中义心庄	当年由于居住的分散，为了生活有照应，取名叫"义心庄"，取谐音"一心庄"之意。根据北义"卡子房"、中义五丈河、南义中沟三个相对集中点，命名为南义心庄、中义心庄、北义心庄。经过上级批准定名"中义心庄"已经更名为中义村。2010年，689户2028人，人均纯收入10381元
团洼	1916年张勋雇佣佃户在此垦荒种稻。后来佃农增多，逐渐发展成村。由于原地段呈现团圆，亦取村名团结之意，故名团洼村。2010年，269户737人，人均纯收入12514元
小黄庄	地处马厂减河北岸，由于历史上马厂减河需要经常清淤，逐步将马厂减河河套一带囤积成陆，也改良土壤。一些外地佃农为生计也纷纷加入围垦行列，随即在河岸处建造简易住房定居下来，逐步形成村落。由于黄姓人家最早到此，故名小黄庄。2010年，539户1822人，人均纯收入11339元
西小站	早年是马新大道上的驿站，南近马厂减河农耕用水便利，东近四丈河农耕用水乃至取水饮用便捷，后佃农纷纷涌入，逐步聚成村落。由于村落居小站之西，故得名西小站。2010年，460户1276人，人均纯收入12378元
大孙庄	明朝永乐二年（1404年）有孙姓退役军官来此定居，后又有崔家、门家、万家投奔。从此人、户越衍越多，形成村落。因孙姓来此最早，故名大孙庄。2010年，1883户5777人，人均纯收入13468元
大韩庄	明永乐年间，从山东乐陵迁来一韩姓退役军官定居，后来人家逐渐增多发展成村。因韩姓来这里最早，故名大韩庄。2010年，1898户5698人，人均纯收入12600元
北中塘	远在唐代中塘村规模就较大，至盛军小站屯田、开挖马厂碱河农耕开始，始将中塘村一分为二，始名为"河北台"。最早落户北中塘村村民，俗称"张五爷"系从现今沧州小泊头，因做护卫迁居到此。之后，由于屯垦萎缩，大户无力耕种，需广招佃农。形成不少居民居河岸之势搭建简易住房，逐步繁衍形成村落。由于隶属于中塘，故名北中塘。2010年，637户1908人，人均纯收入12450元
毛家沟	位于八里台镇南部。民国时期，八里台村毛家在此地有耕地，后来纪姓、于姓、许姓也在此开荒种地，以种植水稻为主，由于住房都在水沟旁盖建，后来随着住户增多，逐渐成村，起名毛家沟村。2010年，499户1574人，人均纯收入10769元
和顺地	相传清朝年间，该地域因兄弟分家发生争执，互不相让告到县衙，双方因打官司造成经济支付不起，遂将此地给了天津海光寺，故得名和尚地。解放初期更名为和顺地。2010年，675户2112人，人均纯收入9401元
八里台	明朝永乐二年（1404年）有四姓，即王、张、何、吕人家来此定居，后来人家增多，发展成村。因该与大韩庄、大孙庄、巨葛庄各约8里路，又因为该村地势较高，故名八里台子，后演变成为八里台村。2010年，3127户9294人，人均纯收入14697元
南义心庄	根据原北义"卡子房"、中义五丈河、南义中沟三个相对集中点，命名为南义心庄、中义心庄、北义心庄。2010年，975户2906人，人均纯收入7377元
刘家沟	相传一刘姓人家由于耕种需要，出资在五丈河毛家沟开口处另开一渠，沿现今刘家沟村柴家房子南侧蜿蜒向西引水至现今的刘家沟居落，称为刘家沟。解放后，根据管理需要将"柴家房子""李家踅""张家踅"合并进刘家沟，统称刘家沟。2010年，841户2610人，人均纯收入10254元
巨葛庄	建于东汉年间，相传东汉光武年间有一武将名巨母霸，家住此处，又传唐代发现一聚宝盆，曾得名聚宝庄，后来有葛氏兄弟五人系巨之亲属，巨家无人，投奔此村，后起名巨葛庄。2010年，2451户7295人，人均纯收入10596元
双闸	解放前在马厂减河两岸（今双闸泵站）建有两个对面水闸，故此得名，沿用至今。2010年，442户1336人，人均纯收入14243元
潘家洼	解放前，八里台一潘姓人家在此开荒种田，慢慢形成村落，因此前是草洼，所以取名潘家洼。2010年，560户1534人，人均纯收入10007元

五　双港镇

（一）镇域建置

双港镇位于海河中下游南岸，北靠海河与东丽区隔河相望；东南与辛庄镇相接，紧邻天津海河教育园区；西临西青区大寺镇；西北与市区接壤。源于境内老海河与赤龙河形成的港叉而得名。素有“双港古寨、海门要津”之称。镇域南北最宽6.1千米，东西最长9.3千米，总面积30.16平方千米。双港镇辖16个行政村和2个社区居委会，常住总人口5.36万人，流动人口4.9万人。

1980年7月，南郊区双港人民公社革命委员会撤销，改为南郊区双港人民公社管理委员会。1983年6月，建立南郊区双港乡人民政府，原双港乡人民公社体制仍保留。1984年8月，人民公社体制全部废除，建立双港农工商联合总公司。1986年4月，撤销双港农工商联合总公司，仍然保留双港乡人民政府建置。1992年12月31日，双港乡更名为双港镇，辖16个行政村。

2010年，全镇实现地区生产总值23.68亿元，税收6.96亿元。固定资产投资19.51亿元。城市化率由2005年的33%上升到70%。

（二）经济情况

双港镇农业以蔬菜种植为主。1979年，实行联产承包责任制。1983年，第一轮家庭经营承包制在全乡陆续铺开。部分土地承包到户，村民与村委会签订15年土地经营承包合同。1998年3月，镇按照“大稳定、小调整”的原则，开始与村民签订二轮承包合同。2006年8月，本着村民自愿原则，在统一政策、全民公决的前提下，进行大面积土地整合。到2008年初，双港镇16个行政村的土地整合阶段性工作结束。农业生产以双港农科站为基地，转为良种研发、培育、开发和经营，形成土地整合新时期农业发展的转型跨越。

双港农科站是津南区农业科技的排头兵。1981—1990年，双港农科站以培育增产、抗病和适应性强的蔬菜品种为发展方向，致力于新品种的选育工作，先后研发津南实芹一号、津南青韭、津南冬芹、津南夏芹、双港西芹、双港速生西芹、津南粉红西红柿和双港四季葱等蔬菜新品种并获得成功，使蔬菜品种增加到50多种。1998年，引进南特菜，种植面积366.67公顷，特色菜品种80多个。2004年3月，国家科委芹菜新品种转化基金项目和速生西芹新品种研发完成并通过验收，分别达到国内领先水平。2006年，开始土地整合，由蔬菜种植转向蔬菜良种开发和经营。2010年，累计开发经营蔬菜品种50余个，选育蔬菜新品种11个，产品畅销上海、江苏、新疆、西藏等30多个省市和地区，吸引美国、韩国等国家前来订购良种，良种总收入达750万元。双港农科站被《中国科技日报》誉为“全国乡镇农科第一站”。

中共十一届三中全会后，双港工业开始出现快速发展的新局面。1980年，双港公社集体工业发展到32家，其中社办企业4家，队办企业28家，从业职工4730人，工业总产值2820.5万元。1986年，双港乡集体办企业53家，从业人员4257人，工业总产值4527.9万元。1990年，乡村联工业93家，从业职工5657人，工业总产值1.31亿元。个体和民营工业64家，从业人员1160人，工业总产值6454.5万元。1997年，双港镇乡镇工业131家，其中乡村联工业66家，个体企业65家，企业职工5678人。工业增加值1.26亿元。

1998年5月，双港镇企业改制工作全面铺开，4家镇办企业以租赁拍卖形式率先完成改制。到1999年初，全镇68家镇村办、联办集体企业基本完成产权制度改革。其中，停产半停产及小微亏企业实行租壳卖瓤和个人承包的54家、实行转让拍卖6家、实行股份合作经营的企业4家、转为合资和独资的企业4家。全镇工业从单一集体投资、集体所有、集体经营转向租赁、个体承包、股份合作、外商投资、个体经营等多种经营形式。

1978年，全社会工业和副业收入1048.5万元，占总收入的54.9%。1997年，双港镇乡镇工业131家，其中乡村联工业66家，个体企业65家，企业职工5678人。工业增加值1.26亿元。2005年底，全镇有集体工业2家，内外资企业237家，从业人员15600人。销售收入12.4亿元，吸引内资到位额9.08亿元，实际利用外资额1126.59万美元。

2000年后，双港镇加快以发展园区经济、楼宇经济为重点的工业转型升级。2001—2008年，先后开发创办双港工业园区、科工贸产业园区和科技产业园区。2009年，完成工业增加值7.39亿元，实现地区生产总值15.38亿元，税收4.64亿元，固定资产投资14.98亿元。

图1-6　2009年，双港镇园区企业下村招聘会

2010年，全镇内外资企业264家，工业增加值11.3亿元，实现税收7.02亿元。基本形成了以工业和第三产业为主导，发展和壮大园区经济为重点的经济发展新格局。

70年代，双港地区服务业开始增多。80年代中期后，镇第三产业进入快速发展阶段。1984年，商业服务、餐饮业户数发展到170户，运输户188户。2005年，全镇有商业企业155户，个体经营户2110户，第三产业增加值4.78亿元。从业人员6641人。双港镇第三产业占全镇经济比重由2001年的35%增加到2005年的48%。2010年，全镇有第三产业2534户，从业人员15204人，增加值11.8亿元，销货额26.9亿元，全年固定资产投入9.4亿元，实现增加值11.8亿元，税收6724.96万元，占全镇经济比重49%以上。

（三）社会事业

1981年，全社集体和个体托儿所18家，收托幼儿418名。2003年8月，双港镇建立津南区第六幼儿园。2009年，双港小学迁建，校舍交由第六幼儿园使用，并进行改造；建筑面积3300平方米，有12个幼儿班240名幼儿。2010年，镇有托幼园所（班）21个，收托学龄前幼儿1300名。

1990年，实现普及九年义务教育达标乡。是年，小学在校生3045人，中学在校生1381人。1998年，双港镇有何庄子小学、马集小学、双港小学、港田小学4所联校9所分校，有94个教学班3071名学生。2010年，双港镇有何庄子小学、双港实验小学、马集小学、海天小学4所小学，73个班级2486名学生，教职工207人。有区重点高中双港中学，全校有教学班42个，在校学生1713人，在校教职员工180人。先后被评为市级行为规范示范校、中小学体育后备人才学校。2000—2010年，连续10年获得津南区高考同类校第一名。

70年代中期，境内16个村的红医站改名为卫生所。1988年，南马集村闫学森开办牙科私营诊所，是双港镇最早开办的个体诊所。1993年1月，双港乡卫生院更名为双港镇卫生院。2005年，新建双港卫生院，总占地面积3000平方米，建筑面积2340平方米，设床位30张；拥有先进齐全的影像、全数字超声诊断系统、全自动生化分析仪等设备。2010年，辖区内共有镇卫生院、村级卫生所及驻镇单位和个体诊所35个。其中，海河医院是以治疗呼吸系统疾病为主的集医疗、教学、科研为一体的三级医院，是天津市突发公共卫生事件的定点医院。

1980年9月，双港人民公社投资80余万元建设双港影剧院，剧院规划建筑面积2200平方米，设计座位1000个。1982年，公社16个大队建立了青年之家，成为全社农村青年学习、交流、娱乐休闲于一体的活动平台。1983年撤社建乡后，青年之家改为青年民兵之家。1988年，双港乡投资2万余元建100余平方米的文化活动室。1998年3月，双港镇广播电视站成立。2001年4月，双港联谊剧社成立。2010年，全镇13个村成立秧歌队和腰鼓队，8个村成立足球队和篮球队，组建文化社团58个，建村级文化活动室8个，农家书屋10个，老年活动中心6个。2008—2010年，举办各类较大文艺活动40余场。

各村规划建设文化广场、灯光球场和健身广场，开展丰富多彩的文体活动，文化和体育工作跨入市级文化先进乡镇和体育先进乡镇的行列。

1984—1992年，双港乡对困难户发放临时救济资金50余万元。2001年，发放农村低保救助金21.1万元。2010年，农村低保户238户529人，城镇低保户47户125人，全年累计发放低保救济金117.72万元，优抚金82万元。

1988年，为改善农村五保群体的生活状况，双港镇建立敬老院，占地800余平方米，建筑面积约200平方米（10间平房）。是年，有11名农村五保老人进住。1994年，镇政府投资重建敬老院，总占地2000余平方米，建筑面积约1700余平方米，为一所三层楼砖混结构敬老院。2000年8月，双港卫生院投资11万元对敬老院进行装修与改建，初步形成集医疗保健、康复健身、颐养休闲、饮食娱乐为一体的养老机构。后改为老年公寓。

2004年2月，双港镇启动新型农村合作医疗试点，16个村28364名村民参加新型农村合作医疗，参合率90.63%，医疗报销755人次，报销医药费172万元。2009年9月，启动城乡居民基本医疗保险参保缴费工作。2010年，双港镇16个村27277人参保，参保率100%，全年报销住院及门诊费139.34万元。

进入21世纪，面对城市化进程中出现的失地农民就业安置的新问题，双港镇按照劳动者自主择业、市场调节就业和政府促进就业思路，多渠道创造就业岗位，增加就业能力。2007年，创岗安置劳动力1621人，其中失地农民1575人。2007—2010年，创岗安置11556人。

2007年，双港镇为保证土地整合后失地农民基本生活需要，建立覆盖全镇的社会养老保险制度。2009年1月，双港镇建立覆盖16个村老年人生活费补贴制度，3014人享受老年人补助。2010年，享受城乡养老退休1256人，享受老年人补助累计3054人。

（四）村（居委会）

双港镇所辖的行政村中大部分形成于明朝永乐年间。1955年后，这16个行政村（包括先锋村）经历了东郊区和西郊区的黄庄子乡、双港乡、马集乡、三合乡，河西区先锋人民公社、双港人民公社，南郊区双港人民公社、双港乡，津南区双港乡、双港镇的归属变化。2010年，双港镇辖16个行政村。

2010年双港镇行政村一览表

表1-6

名称	简介
何庄子	明永乐年间有何氏家族在海河边搭建的简陋小屋中生活，并与一头牤牛相依为命，人们称此地为“牤牛窝”。后来因北靠老海河，改称为“河庄子”。解放后，更名何庄子。1966年曾用名红旗村。2010年，1166户2451人，人均纯收入15774元
宋庄子	明永乐年间，镇国将军宁从道在双港地区受封领地，后将土地转拨给他的部下姓宋的官员所有，佃户租种土地并在此居住。后来人口逐渐增多，形成村落，称为宋庄子。1966年曾用名永建村。2010年，1104户2378人，人均纯收入11877元
黄庄子	明永乐年间，镇国将军宁从道落户双港寨，将附近桃园沽等地赐予苏姓部下。佃户中有一黄姓人家联络当时村中翟姓、高姓等18户人家，组织全村的佃户，集资买下了整个村子，佃户们按出资多少分得土地，当时黄姓佃户得地最多，成了村里的地主，黄庄子因此得名。1966年曾用名永革村。2010年，814户1665人，人均纯收入12713元
芦庄子	明永乐年间，有芦姓官员持明成祖朱棣皇帝赐给的龙票移居此地，占地开荒。佃户租用芦家的土地耕种，称为芦家庄，后改称芦庄子。1966年曾用名工农兵村。2010年，719户1723人，人均纯收入14390元
李楼	明永乐年间，有李氏家族移居此地，建一华丽小楼，除种田外，还在小楼宅院内制做和经营金银首饰，称为李家楼，后形成村落，人们改称为李楼。1966年曾用名红星村。2010年，940户2187人，人均纯收入14400元
小辛庄	明永乐二年（1404年），此地是天津李善人的土地。清末李善人在此修建了李家祠堂，称为“小鬼庄”，佃户给李家守墓并租种部分土地，生活极为艰辛，人们把“小鬼庄”改为“小辛庄”。1966年曾用名永卫村。2010年，437户1086人，人均纯收入11222元
桃源沽	据说明朝末年，有王氏兄弟在此落户。以晒盐为业，起名为王家滩。因水源充足，人口增多，以种桃树为主，改名为桃园沽。清末改为“桃源沽”。1966年曾用名立新村。2010年，1042户2624人，人均纯收入11889元
双港	北宋时期，双港地处老海河沿线的宋辽交兵分界线上，此地有驻军和少数渔民，已形成村落。明永乐十九年（1421年），镇国将军宁从道为光禄寺大夫，并赐以龙票，在此占地，当时此地以东为老海河，南临赤龙河，两条河在村东南形成小港汊，故称为双港。1966年曾用名红寨村。2010年，1438户2340人，人均纯收入11698元

续表

名称	简介
海河湾	明朝末年有傅姓移居此地，称傅家村。清光绪年间，提督周盛传在小站地区驻军屯垦时，老海河从此流过，在此设营盘派兵驻守。因驻军士兵多为安徽人，操南方口音，当地人听不懂，称这些士兵为“蛮子”，故称其营盘为蛮子营。1982年更名为海河湾村。1966年曾用名红卫村。2010年，1311户1615人，人均纯收入13547元
南马集	明永乐年间。张江、赵会二人迁此居住，后形成村落。相传燕王朱棣扫北马队在此拴马停留，也曾在此进行马匹交易，形成马市，此马市在北马集以南，故称南马集。1966年曾用名长征村。2010年，852户2164人，人均纯收入12580元
北马集	明初年，何族来此居住，后又有何的表亲吕姓迁入此地，逐渐形成村落，因此地在南马集以北，而且燕王朱棣扫北时的马队在此停留并进行马匹交易，故称北马集。1966年曾用名红升村。2010年，1758户2975人，人均纯收入13168元
先锋	民国初年，此地为李善人家的一块荒地，后来租给佃户开荒种棉花，因此地在北马集以西，人们称为西棉花地，为北马集管辖。1964年与北马集分开，起名先锋村。2010年，238户524人，人均纯收入12834元
郭黄庄	明永乐年间，山西洪洞有郭氏三兄弟居此地，以种田为生，逐渐形成村落。据说郭氏三兄弟与当朝皇帝有亲缘关系，并持有龙旗，故为郭皇庄，后来把“皇”字改为“黄”字，称为郭黄庄村。1966年曾用名东风村。2010年，738户1699人，人均纯收入13017元
前三合	明永乐末年，刘氏家族移居此地占地，后商氏家族来此买地耕种，逐渐形成村落，历史上此村落曾称三个庄、三股庄、西刘庄，后称三合庄。因形成村在先，称为前三合。1966年曾用名东升村。2010年，725户1909人，人均纯收入11633元
后三合	明永乐末年，刘氏家族移居此地占地，后商氏家族来此买地耕种，逐渐形成村落，历史上此村落曾称三个庄、三股庄、后称三合庄。因建于前三合之后，称为后三合。1966年曾用名永红村。2010年，1112户2804人，人均纯收入10849元
西三合	明永乐末年，刘氏家族移居此地占地，后商氏家族来此买地耕种，逐渐形成村落，历史上此村落曾称三个庄、三股庄、西刘庄，后称三合庄。因坐落前三合西侧，称为西三合。1966年曾用名永清村。2010年，552户1540人，人均纯收入10491元

六　辛庄镇

（一）镇域建置

辛庄镇位于天津市区东南部，津南区境内西北部，东与海河教育园区相连，西邻双港镇，南至卫津河与八里台镇接壤，北依海河与东丽区为界，镇域面积29.12平方千米，辖20个行政村。津沽公路、天津大道、白万公路贯穿全镇。

1968年，恢复白塘口人民公社。1983年，改为白塘口乡。1985年6月，白塘口乡改为辛庄乡。1997年3月26日，撤乡建镇，辛庄镇正式成立。

2010年，全镇总户数10967户，总人口30524人，其中农业人口26957人。全镇有耕地1340.73公顷。地区生产总值18亿元，同比增长55.45%；完成税收4.56亿元，同比增长41%；固定资产投资12.89亿元。

（二）经济情况

1979年后，辛庄乡打破农村以队为基础的管理体制，在人民公社、生产大队、生产小队三级所有制体制不变的原则下，首先把生产队划分成若干作业组（片），土地、劳动力固定到组，各组根据秋后产量、产值，确定社员收入分配。1982年，实行土地联产承包，公社有20个村116个生产小队，其中6个村22个生产小队将土地经营权承包到组，5个村5个生产小队将土地全部承包到户。1984年，全公社20个村全部实行土地承包到户。1998年，辛庄镇开展土地延包30年工作。到1999年3月底，全镇签发土地承包合同7870份；土地延包面积1015.6公顷；签发弃包合同1329份；签发土地承包经营权证书6467份，合同、证书的签发率100%。

辛庄镇有种植蔬菜的传统。1981年，全镇菜田面积680公顷，20个村都成为菜田村。1983年后，菜田面积稳定在4530.33公顷左右。由于水源及城镇化发展，到2010年全镇菜田面积仅为218.8公顷。

1980年后，辛庄镇畜牧水产养殖业快速发展，成为农民致富的重要来源。2008年，鸡存栏量25万只，生猪存栏量1万头。2009年，开始土地整合，各村养殖户逐年减少。2010年，鸡存栏量12万只，生猪存栏量6000余头，各类肉产量1600吨，蛋奶产量500吨。

2003年，全镇水产养殖面积93.33公顷，有鲢鱼、鳙鱼、鲫鱼、草鱼、罗非鱼、武昌鱼、甲鱼、河蟹、南美白对虾等品种，经济效益逐年提高。2009年，由于工业园建设和示范镇建设，池塘面积逐年减少。2010年，水产养殖166.67公顷，总产量1100吨，总产值1200万元。是年，镇农业总产值1.31亿元。

1981年，全乡有各类企业60家，工业总产值2.91亿元，全年固定资产投资3000万元，实现税收137万元。1985年1月，辛庄乡与天津探矿机械总厂共同投资兴办全区第一家联营企业——天津探矿机械分厂，影响和带动了全区联营企业的发展。

1988年，高庄子村建立津南区第一个村级工业集中地，统一建设基础设施，招商引资，壮大集体经济实力。至2004年，工业集中地占地近40公顷，进驻企业18家，形成以工艺铸造、工艺陶瓷、电子、轻工、服装、食品、自行车等行业为主的企业群体，外资企业10家，产品销往世界各地100多个国家，解决就业2000多人。

1998年10月，辛庄镇村办企业改制23家，其中兼并企业3家，股份制企业改造3家，有限公司企业4家，对外租赁企业2家，变私营企业11家。2002年，完成对85家镇、村办集体企业向股份制和个人所有制产权制度的改革，由集体制改为股份制和个人所有制。2010年，辛庄镇拥有各类企业399家，工业固定资产投入8.7亿元，实现工业总产值39.34亿元，税收2.75亿元。外资企业40家，销售收入8.9亿元。

改革开放后，辛庄镇餐饮业在全区率先起步。1979年，津沽路两侧首先开办多家饭店，时主要经营贴饽饽熬小鱼、香酥泥鳅、鱼头、饺子、面条、羊蝎子等。1990年后，饭店达30家，如利鑫、大众、大发、宴春园、四海春、老熟人羊馆、四合居、老仕鱼头、福禧、凤鸣、前辛庄饭店、红塔餐厅、月瀛饭店等。1998年2月，坐落在津沽路与白万路交口处的瑞皇台大酒店开业纳客。2002年6月，建成百利恒大酒店，2009年，投资1.4亿元重新扩建，建成设施先进、环境服务一流的星级酒店。

改革开放后，服务业发展最快的是集市贸易，其数量和规模不断扩大，流动、固定摊位遍布辛庄镇每个村落。1990年，较大的集贸市场有5个，即白塘口村市场、前辛庄村市场、高庄子村市场、新桥村市场、上小汀村市场，经营户308户，年贸易额5000万元。前辛庄村市场、上小汀村市场，由于2009年土地整合已拆迁。2010年，辛庄镇集市贸易市场新增3个，经营户401户，从业人员622人。

其他服务业如照相馆、洗染店、轻便摩托车、自行车修理、浴室等扩展到美容美发、机动车修理、干洗店、电器修理、五金建材经销、洗浴业、鲜花店、信息服务、物流业、租赁业、洗车等业态。2010年，其他服务业累计475家，营业额15.5亿元。集特色餐饮、金融超市、精品店、娱乐等业态为一体的鑫盛商业街建成。是年，与3家金融机构及30家商户签订入驻协议。镇第三产业在经济总量中的比重进一步增加，服务业实现增加值9.87亿元，同比增长54%。

（三）社会事业

高庄子小学2002年被评为市级科技教育示范校，2005年被评为市教学改革先进单位，2006年被评为市级体育“双达标”先进校、市级绿色学校，2009年被评为天津市师德建设先进单位。辛庄小学于2005年被评为全国教育科学“十五”科研课题重点实验校。白塘口小学学生于2010年获得天津市少年儿童精神文明建设好孩子奖。2005年，辛庄中学获得全国物理竞赛区团体二等奖。2006年，获全国物理竞赛区团体三等奖、全国语文竞赛区团体第四名。2010年，获得全国信息竞赛区团体成绩一等奖。2010年，镇有中学1所，即辛庄中学。小学3所，即高庄子联合小学、白塘口联合小学、辛庄联合小学。在职教师233名，在校学生2712名。

图1-7　2010年，辛庄镇慈善演出

另有津南区第十一幼儿园1所。

1979年，境内有白塘口卫生院。1985年，改为辛庄乡卫生院，1997年，改为辛庄镇卫生院。2010年，重建后的辛庄镇卫生院建筑面积2000平方米，设14个科室，在职28人。20个自然村均建有村级卫生所，从医人员37人。

80年代，镇文体活动活跃。辛庄地区逐渐兴起乒乓球热。1986年，在南郊区乒乓球比赛中，高庄子村蒋志强取得个人单打全区第二名。1990—2002年，足球运动在辛庄地区较为普及，在津南区举办的各项足球联赛中，高庄子足球队曾连续三年夺得全区冠军。其间，辛庄镇还成立羽毛球队、健身球队、秧歌队、舞蹈队、民乐演唱队等多支文体组织，经常开展丰富多彩的活动。2009年，土地整合前，各村成立老年活动中心，活动内容主要以棋牌娱乐为主。是年，镇投资69万元，建全民健身房，建筑面积400平方米。室外灯光彩色篮球场一处。镇有"秧歌队"16支，"民乐队"4支。佛乐是辛庄镇流传最长的音乐，明朝时期寺庙佛乐传入乡间，现已整理出34道完整的佛乐曲目，如《行道章》《金镏锁套十番》《倒提金灯》等。白塘口村有老年书法协会。有镇级篮球、足球队各1支，村级篮球队6支，室外篮球场8处，健身广场22处。有"同乐高跷队"。2009年12月，白塘口村成立少年武术队，经常参加市、区比赛，曾获2块金牌、1块银牌、1块铜牌。2010年，高庄子村、继泰村等建起"农家书屋"。

2003年，镇成立劳动保障办公室。2010年，镇搭建就业平台，全年举办各类创业就业培训11场，培训900余人，召开7场招聘会，共安置农村富余劳动力1961人，实现自主创业和自谋职业的191人。20个村成立劳动保障服务工作站。2009年、2010年，获得天津市促进就业工作先进单位。

2006年1月，辛庄镇开始农村医疗保险工作。2010年，累计办理社保卡24934张，21715人参保。社会养老保障参保人数6863人，城镇居民医疗保险参保率100%。2000—2010年，为农村低保户1210户、城镇低保户321户、农村特困待遇户88户发放生活补助金1358万元。

（四）村（居委会）

1979年，白塘口人民公社辖20个行政村。即白塘口、上小汀、唐庄子、前辛庄、中辛庄、后辛庄、下小汀、张满庄、邢庄子、高庄子、上王庄、张家嘴、上郭庄、柴辛庄、继泰、柴家圈、新桥、清和、建明、生产圈等村。2010年底，中辛庄村、张满庄村、上小汀村、下小汀村、高庄子村、邢庄子村、生产圈村、前辛庄村、后辛庄村、上郭庄村进行土地整合，原村舍全部拆除。村民逐步还迁入住鑫旺里小区、仁嘉花园小区、鑫庭花园小区、鑫喆花园小区、鑫昱花园小区，共113栋，建筑面积89.2万平方米。

2010年辛庄镇行政村一览表

表1-7

名称	简介
白塘口	明万历二十六年（1598年），朝廷派官兵开发此地农业，其中建有"白塘口围"。1930年白塘口建镇。解放后，建立白塘口村。1966年曾用名为永革大队。2010年，1800户4585人，人均纯收入11143元
上小汀	明万历二十七年（1599年）前后，此地因四面环水，海河在此拐弯，杂草丛生，渔民常在此歇息，故为"汀"，因下游还有一处相同地方，所以起名为上小汀。1966年曾用名为长虹大队。2010年，642户1710人，人均纯收入9327元
唐庄子	明燕王时期，随迁民先后来此地定居的赵家和唐家，后因唐家人丁兴旺，改名唐庄子。1966年曾用名为四新大队。2010年，238户605人，人均纯收入7669元
前辛庄	明万历二十六年（1598年），朝廷开发海河农业，在此建辛庄围。因坐落在海河上游，故为前辛庄。1966年曾用名为前进大队。2010年，1200户3150人，人均纯收入8257元
中辛庄	此地原属前辛庄的天后宫所在地，后来人逐渐增多，单独建庄，因上有前辛庄，下有后辛庄，故起名为中辛庄。1966年曾用名为革命新树大队。2010年，335户762人，人均纯收入10499元
后辛庄	该村历史上和前、中辛庄同属一地，后行政建置，因坐落在海河下游故称后辛庄。1966年曾用名为永红大队。2010年，463户1065人，人均纯收入5681元
下小汀	该村历史与上小汀相同，因上游还有一处相同地方，所以起名为下小汀。2010年，384户997人，人均纯收入9448元

续表

名称	简介
张满庄	明永乐年间，一姓张人家来此定居，生子叫张满，后来人口增多，形成村庄，故名张满庄。1966年曾用名为永胜大队。2010年，320户814人，人均纯收入9115元
生产圈	该村历史上是高庄子李家的农场所在地，起名李家圈。解放后土地分给了当地雇农，1951年改名生产圈。1961年前属高庄子村管辖，1962年体制改革时成立独立的村政权，即生产圈村。1966年曾用名为文革大队。2010年，239户618人，人均纯收入9595元
邢庄子	明永乐六年(1408年)，侯姓在此定居，称侯家坨子，后来姓邢的也来此定居，又称邢家沽道，此地人家逐渐增多，形成村庄。清乾隆三年(1738年)改为邢庄子村。2010年，501户1325人，人均纯收入8038元
高庄子	明永乐二年(1404年)，江苏南京人李海，御林军供总官职，由南京应天府扫北到此，赐地直隶天津城东四十里，地名草莱营，在此定居，后万姓同聚居，形成村庄，因村西地势较高，故名高家庄，后演变成高庄子。1966年曾用名为先锋大队。2010年，1030户2529人，人均纯收入10028元
上王庄	清时期，有一个绰号叫鸭子王的人来此定居，后来人家增多，形成村庄，因位于海河上游，故名为上王庄。2010年，167户447人，人均纯收入7315元
张家嘴	明永乐二年(1404年)，张楼来此定居屯田，后来人家逐渐增多，发展成村，因位于海河旁处并呈嘴状，故名张家嘴村。1966年曾用名为卫东大队。2010年，327户857人，人均纯收入6954元
柴辛庄	此地原为邢家庄园，道光三十年(1850年)邢家女儿嫁到柴家，并陪嫁土地60亩，故名柴邢庄，后来演变成柴辛庄。2010年，305户728人，人均纯收入8544元
上郭庄	明永乐元年(1403年)随着朝廷开发沿海河农业的实施，有郭姓首先来此地定居，后来人家逐渐增多，形成村庄，因位于海河上游，故名上郭庄。2010年，730户1897人，人均纯收入8766元
继泰	此地人是长泰农场的佃户(现河西区梅江小区界内)，日本投降后就地安家种地。1954年底集体迁移到现津南区辛庄镇界内，在此建村，命名继泰村。2010年，236户679人，人均纯收入11193元
柴家圈	此地历史上属白塘口菩萨庙地，也是天津大悲禅院和尚的墓地。清光绪三十二年(1906年)，庙地改为校地，由柴兰周承包，后前来谋生的人逐年增多，形成自然村，起名柴家圈。1952年初成立独立行政村，即柴家圈村。2010年，425户1375人，人均纯收入7418元
新桥	清光绪二十九年(1903年)，天津振记银行老板何振清买下了此地，建坟地盖官房，招四周散住十几户居民给地种，何振清出资修旧桥成新桥，从此新桥成了村名。2010年，257户794人，人均纯收入10239元
清和	民国时期，此地是双港高家园子高义金家的土地，1922年有十几户人家前来租种土地谋生，称高家园子。1940年日本在此建立“卫津河电话农司组合”，将此地划为五区，故改为五区。1964年四清运动中改为清和村。2010年，202户536人，人均纯收入9627元
建明	此村历史上是巨葛庄宋彦善家的庄园。清光绪三十一年(1905年)杨玉起等6户来此给宋家种地，并安家落户，称宋家小庄。日本人在此地办农场时，人家逐渐增多，形成村庄。1944年成立农会，解放后成立村政权，成为行政村，即建明村。2010年，355户1193人，人均纯收入9455元

七　双桥河镇

（一）镇域建置

双桥河镇位于津南区东北部，海河中下游右岸。东邻葛沽镇，西接咸水沽镇，南连北闸口、小站镇，北隔海河与东丽区相望。1983年7月，撤销西泥沽人民公社建置，成立西泥沽乡人民政府。1984年西泥沽乡改为双桥河乡。1997年12月，撤乡建镇。

2010年，总面积30.76平方千米，耕地1143.2公顷。居住汉、回、满、蒙、朝鲜、土家、苗等7个民族，10667户29513人。是年，实现地区生产总值12.77亿元，税收3.19亿元，吸引内资14.41亿元，实际利用外资2102万美元，固定资产投资11.78亿元。

（二）经济情况

1979年，全乡由大寨式工分制改为“包工到组，联产计酬”的生产责任制。1980年9月，社员经营自留地和搞家庭副业，建立不同形式的生产责任制。1982年，各村采取“包干到户”形式的占76.6%。1984年，土地实行专业户和联合体承包。1986年，建立农业社会化服务组织20余个，实现产前、产中、产后全方位服务。1995年，稳定和完善家庭联产承包责任制和统分结合的双层经营体制，推行有偿承包、有偿服务，土地向种养大户手中集中，实行土地适度规模经营。1999年1月，全镇开始第二轮土地延包(30年)工作。至2003年底，全镇7571户领取土地承包证书，承包土地560公顷，土地延包工作全部完成。

1979年，胡麻种植得到推广，被区政府确定为“油料作物生产基地”。1980年，开始较大面积种植向日葵、胡麻、油菜等。1984年，种植面积550.67公顷。80年代末，以水稻种植为主，兼种玉米和高粱。后随着水源不足，水稻种植逐年减少，2000年后，因水源再度枯竭，种植业彻底改旱，开始大面积的种植棉花。为摆脱农业生产困境，双桥河镇利用靠近海河优势突出发展水产养殖，主要品种有鲤鱼、草鱼、白鲳鱼、罗非鱼、大青虾、草虾、基围虾、罗氏沼虾、南美白对虾、中华毛蟹等。2009年，水产养殖191.33公顷，产量1001万千克。

1979年9月，西泥沽人民公社与天津市丝织六厂联合组建成津南丝织厂。中共十一届三中全会以后，队办企业（1983年改称为村办企业）迅速崛起，行业门类不断拓宽。1981年，队办企业已有31个，职工3117人，工业总产值1169.1万元，销售收入944.1万元，实现利润107.3万元，上缴税金35万元。1989年，村办企业发展到83个，职工5027人，固定资产2780.5万元，流动资金2105.7万元，完成工业总产值5867.8万元，销售收入5415万元，实现利润439.8万元，上缴税金344.2万元。是年，乡镇企业推广股份制形式。1993年，股份制企业发展到8家，吸收股金1600万元。1994年达20家。1998年10月，集体企业进行产权制度改革。1999年，完成改制企业48家，主要形式有股份合作制、有限责任公司、整体租赁、拍卖、租壳卖瓤等。2009年，全镇集体企业仅有柴庄子北方锅炉厂和东泥沽纸制品仓库仍为集体性质，其余企业全部改制。

双桥河工业发展起步较早。1980年，由津南通风机厂改建的天津市通风除尘设备厂，发展规模较大。改革开放后，镇党委政府坚持乡办、村办、联户办、个体办四轮驱动，坚持“一环两钢”（一环为环保产业；两钢为不锈钢产业和玻璃钢产业）为龙头的发展道路。90年代末，重点发展环保产业。1998年，园区工业发展迅速，为企业搭建一个新的平台。2010年，双桥河镇工业企业发展到274家，工业总产值22.03亿元，销售收入21.2亿元，上缴税金2.13亿元。

1984年，东泥沽村自然形成集贸市场，有固定摊位30余个，地摊100余个。主要经营服饰、饮料、干鲜果品、肉类、禽蛋、蔬菜、水产品等。日客流量500~1000人次，年营业额100万元以上。2005年，固定店铺增至60余个。逢集市日地摊位数超300个。2010年，双桥河镇有东泥沽集贸市场、柴庄子摊群市场、西泥沽农贸小区、欣达居民区农贸市场4个，年贸易额2000万元。

改革开放后，餐饮行业快速发展。1980年，东泥沽、西泥沽村出现个体早点部，经营果子、油饼、炸糕、大饼、豆浆等。1982年，西泥沽人民公社建“知青饭店”，为境内第一家集体性质的饭店，职工8名。2002年，境内各类经营性质的饭店66家。2010年，镇有饭店74家，经营规模较大的饭店有宝成海鲜城、宝德福酒家、汇鲜美酒家、全德福酒家、鑫龙饭店。是年，服务业完成增加值6.49亿元，在全镇国内生产总值中的比重达50%。

（三）社会事业

中共十一届三中全会后，境内教育事业进入一个崭新时期。1986年，双桥河乡成立教育委员会，2所中学、4所小学全部由乡政府管理。1988年，成为区首批“普九”达标乡。1995年，双桥河镇有2所中学，4所小学中心校。2010年，全镇有中学1所（双桥中学），小学3所（双桥河第一小学，双桥河第二小学，双桥河第三小学），幼儿园1所（津南第七幼儿园）。总占地面积50972.9平方米，建筑面积18788.58平方米。全镇中小学教师243人。

改革开放后，境内医疗卫生事业发展较快。1984年，西泥沽乡卫生院改称双桥河乡卫生院。1988年，乡卫生院13名卫生技术人员均有技术职称。农村卫生所有乡村医生46人，卫生员4人。镇卫生院1所于1995年、1997年、1999年、2001年，在传染病防治考核评比中，均获全区第一名。2010年，16个村都建有卫生所。村卫生所医务人员30人，其中执业助理医师2人，乡村医生28人。医用房屋56间，设备103台套。村民全部实现合作医疗。

1979年，西泥沽公社组建一支文艺演出队。1981—1990年，为村民演出达60余场。1989—1993

年，乡5次举办"田野艺术节"，包括文艺会演、书法比赛、卡拉OK大赛、京剧演唱、民间花会等形式。每年春节，镇都举办大型联欢会。2010年6月，开展少儿歌手比赛、青年歌手比赛和老年歌手比赛，60余名选手参加区"激情津南"歌手大赛，获多个奖项。建有文化站，各村建有文化室和图书室，图书量在5000余册。镇内活跃着15个文艺群体，包括音乐、书法、绘画等，活动形式多样。

镇内有AAAA级旅游景区宝成奇石园，2010年10月，国际盆景赏石文化旅游博览会暨观赏石之乡联谊会在宝成博物苑举行，全国20多个省、市、自治区近200家客商参展。是年，标志着北方石林园正式启动的华盛寺大雄宝殿奠基仪式举行。项目占地面积229.26公顷，总建筑面积200万平方米。

图1-8　2010年，社区文化活动

镇群众体育活动活跃。活动项目有篮球、民间武术、摔跤、乒乓球、羽毛球、足球、田径、棋类、手扑球等。80年代，不少村组建足球队。1979—1990年，陆续建成篮球场12个(灯光场地3个)。1991年，东泥沽村举办"文明杯"篮球友谊赛。1992—2001年，宝成集团共举办9届"宝成杯"农民篮球赛。1995年，东周庄村篮球队获天津市农民"致富杯"男子篮球赛第三名。1999—2000年该村连续两年被天津市评为农村体育工作优秀单位。2001年，建成中小学体育运动小区4处，李家圈村建摔跤训练场地一处。2005年，手扑球运动悄然兴起，很快就被群众接受。2007年，津南区第六届农民运动会，双桥河镇手扑球队获男女两项冠军。2008—2010年，双桥河镇手扑球队代表津南区参加天津市农民手扑球比赛，均获男女前二名的好成绩。随着部分村庄拆迁，运动场地有所减少，2010年全镇有篮球场地10处，乒乓球活动室10个，晨练点6处。

1987—2010年，双桥河镇发放抚恤金93万余元。1998—2010年，双桥河镇最低生活保障金发放1135.9万元。2003—2010年，共完成岗前、创业、技能等培训4666人，促进创业、就业工作。2009年，农村实行土地整合，镇政府开始为整合村60岁以上的老人办理社会养老保险。2010年，全镇参保人数16164人，城乡基本医疗保险实现覆盖。

(四)村(居委会)

1961年4月，成立西泥沽人民公社，辖14个行政村，即东嘴、东泥沽、小韩庄、西泥沽、西官房、东周庄、西周庄、王庄、南房子、李家圈、刘家圈、阎家圈、韩家圈、小营盘等村。1962年4月，柴庄子村、孙庄子村由咸水沽人民公社划归西泥沽人民公社。2010年，双桥河镇辖16个行政村。

2010年双桥河镇行政村一览表

表1-8

名称	简介
东嘴	清道光年间，王、张、林等几户人家分别从山东、河北到此开荒种地。清光绪年间、人口大量增加，逐渐形成村落，因坐落海河弯道中，其状似嘴，故称泥沽嘴，后改称东嘴。1984年海河第七次截弯后，形成四面环水的小岛。曾用名东风村。2010年，803户1984人，人均纯收入12706元
东泥沽	为战国遗址。宋代设泥沽砦。明永乐年间分为东、中、西泥沽，清乾隆年间名泥沽东庄，至嘉庆年间，正式得名东泥沽。曾用名向阳红村。2010年，1920户4930人，人均纯收入12070元
小韩庄	明永乐二年(1404年)，韩姓来此居住，招雇佃农，开荒屯垦，逐渐形成村落。曾用名东方红村。2010年，759户2106人，人均纯收入10340元

续表

名称	简介
西官房	清道光年间，有朝廷郎中在此建护院和大片住宅，并制造火药。后郎中病故，家中无继承人，将此房收为官有，后得名官房。曾用名先锋村。2010年，631户1701人，人均纯收入10880元
西泥沽	该村为战国遗址，宋代称泥沽砦，明永乐年间为东、中、西泥沽，乾隆年间称泥沽西庄，嘉庆年间更名为西泥沽。曾用名立新村。2010年，936户2558人，人均纯收入11688元
柴庄子	明永乐二年(1404年)，柴姓来此定居，时名柴家庄园，后于、王、高、黄诸姓来此定居，逐渐成村落，得今名。曾用名红旗村。2010年，493户1338人，人均纯收入13128元
孙庄子	明永乐二年(1404年)，孙天佐，孙天佑，孙天邦兄弟三人随燕王朱棣扫北，在此定居开荒，逐渐形成村庄，以姓得名。曾用名红五星村。2010年，313户832人，人均纯收入10105元
东周庄	清乾隆十五年(1750年)，西泥沽村周姓在此招工开荒种地，佃户在此定居，逐渐成村，时名周家庄。因村西亦有周家庄，为区别两村，以方位命名东周庄。曾用名红卫村。2010年，882户2643人，人均纯收入11330元
王庄	清道光十二年(1832年)，此地有少数人居住。咸丰元年(1851年)，随人口增加成村。因住户王姓较多得名。曾用名永红村。2010年，668户1823人，人均纯收入12200元
西周庄	清乾隆年间，西泥沽周姓来此招工开荒种地，佃户在此安家落户，逐渐形成村庄，时称周家庄。为避同名，以方位命今名。曾用名红卫村。2010年，345户947人，人均纯收入13180元
南房子	清光绪元年(1875年)，只有几户人家，自周姓在西周庄形成村落后，外姓人陆续迁此，由于户数较少，又坐落在西周庄南侧，故名。曾用名永革村。2010年，370户1022人，人均纯收入12080元
李家圈	清光绪十三年(1887年)，葛沽小柴庄李德堂在此买下草洼子，雇工开荒种地，后佃户逐渐增多形成村庄，1925年得今名。曾用名永新村。2010年，528户1395人，人均纯收入12850元
刘家圈	清同治元年(1862年)，葛沽刘富箴来此招工开荒种地，后佃户逐渐增多形成村庄，1925年命今名，曾用名永新庄。2010年，376户1063人，人均纯收入11960元
闾家圈	清光绪年间，王姓持龙票占此地，称王家土宅子。光绪十八年(1892年)，王姓将此地卖给咸水沽闫瑞五，闫在此招工开荒种地，逐渐成村，成村后改今名。曾用名红立村。2010年，809户2388人，人均纯收入11788元
韩家圈	清光绪三十二年(1907年)，韩子寿来此雇工开荒种地，佃户日渐增多，形成村落，故名韩家圈。曾用名红光村。2010年，194户552人，人均纯收入12056元
小营盘	清光绪元年(1875年)，周盛传率兵在小站地区屯兵开荒种地，在此驻扎军队较少，故名。曾用名红星村。2010年，708户2043人，人均纯收入12260元

八　北闸口镇

(一)镇域建置

北闸口镇东临双桥河镇，西连八里台镇，南接小站镇，北依咸水沽镇。镇域面积38.32平方千米，东西长约7千米，南北宽约6千米。

1983年4月，撤销北闸口人民公社建置，改称北闸口乡。1997年12月，撤乡建镇。2009年4月，被市政府批准为天津市第三批示范小城镇。2010年，北闸口镇辖19个行政村，2个社区居委会。镇域面积38.32平方千米，耕地面积2064.4公顷。全镇总人口3.46万人，1.28万户，流动人口约2万人。是年，全镇生产总值12.63亿元，税收3.83亿元，固定资产投入12.5亿元，内资到位额12.6亿元，工业总产值21.84亿元。

(二)经济情况

1981年，生产队实行“三包一奖”生产责任制，即在固定劳力、土地、农具前提下，实行包产量、包工分、包成本，并根据实际产量实行超产奖励，亏产受罚，调动农民积极性。1984年，包干到户6443户1858.87公顷；联产到组123户21.73公顷；联产到劳230户80.13公顷；统一分配227户65.2公顷。形成一批专业户和新型经济联合体，有各类专业户862户，新经济联合体185个。1986年，20个村194个农业生产小队全部撤销。1991年，各村累计签订承包合同6466份。1999年完成土地延包任务。2008年，因实行土地整合，土地延包中止。

1994年，水源持续紧张，部分村陆续由水稻改种高粱、玉米、大豆。1998年，水稻种植面积只有100公顷。2000年，开始大面积种植经济作物，如冬枣、玉米、花卉、苜蓿等。2003年，棉花种植面积大幅提高。2003—2010年，平均每年棉花承包种植面积为845.02公顷，占总耕地面积的40.94%。

2010年，北闸口镇农业总产值3480万元。

1980年后，乡办和社队办集体企业快速发展。1984年，有各类企业212个，其中工农联办厂1个，乡办厂4个，村办厂57个，生产队办厂83个，联合体52个，个体经营15户，从业人员9638人。1986年，企业落实生产承包责任制，签订经济承包合同308份。1991年，乡农村工业总产值2.96亿元，其中村办企业创产值1.29亿元，利润823.1万元。1993年，企业产值超过1000万元的企业有12家，其中地毯十五厂、塘沽阀门一分厂和天津市工业搪瓷厂分别超过2000万元。1995年，北闸口镇兴建工业园区，这也是津南区第一个乡镇级工业园区，工业经济总量实现快速增长。2001年，镇工业营业收入14.5亿元，利税总额1.3亿元，税收3600余万元。2010年，实现工业总产值26亿元，同比增长40%。销售收入23.4亿元，同比增长40%，利税总额2.34亿元，同比增长27%。

1996年5月，乡开始企业产权制度改革。对28个农村集体经济组织和98家集体企业进行资产清理登记。1999年，改制企业达83家，占全镇应改企业的72%，盘活集体固定资产3600万元。2000—2001年，38家村办企业改制，15家年产值超500万元。集体企业改制实行“一村一策，一厂一制”策略，累计改制企业94家，盘活资产2.8亿元，核销债务4370万元。2003—2005年，北闸口建筑公司、渤海毛巾厂、津南钢管厂、永益钢材制品厂等镇重点企业实行改制，核销企业债务1000余万元。累计103家集体企业进行产权制度改革，核销不良资产3.1亿元，盘活资产9487万元。

90年代初，镇内有国营供销社系统的商店7个。1993年，在北闸口村南，东右营桥以北的津歧公路两侧建立农贸市场，容纳70余家个体经商户。1997年，集贸市场迁至镇中心通安道，建商门面房30余家，建筑面积1440平方米，设临时摊位30余个。1996年，第三产业增加值4372万元，同比增长56.09%，占国内生产总值15%，从业人员1994人。2000年，第三产业实现增加值9800万元，在国内生产总值所占比重提高到24%。商饮服务从业人数824人，个体商店238个，总资产354万元；规模饭店3家，浴池3家，家电维修、照相、美容美发、汽车修配等服务型商业36家，总资产687万元。流动商户100余户。全年商业营业额4500万元。2010年，服务业固定资产投入3.8亿元，同比增长90%；完成社会增加值5.48亿元，同比增长54%，比1995年的2810万元增加了5.2亿元，增长18.5倍，平均年递增123%。

（三）社会事业

1979年，境内有北闸口、三道沟、西右营、后营、老左营5所联校。1983年，北闸口公社翟家甸大队成立第一个幼儿园，有保育员1人，入园儿童23人。1988年，北闸口乡有9所幼儿园20个班658人。1990年，北闸口乡共有小学教职工308人，小学生3038人。1995年，有北闸口、后营中学2所，小学中心校5所。2010年，北闸口镇有中学1所，即北闸口中学，在校学生1085人，在校教职员工108人。小学3所，即北闸口小学、北闸口二小、三道沟小学，在校教职工217人，在校生2423人。幼儿园1所，即津南十幼。各类民办个体幼儿园20所，入园幼儿478人。

80年代，境内逐步健全卫生防疫、食品卫生、儿童保健、妇幼保健等组织。1995年，有北闸口卫生院1所，村村均有卫生所。2010年，镇区内有各级各类医疗机构33所，其中镇卫生院1所，保健站2所，村卫生所27所，民营医院3家（新华医院、安济医院、旭盛医院）。北义社区卫生服务站是津南区唯一的一所天津市乡医一体化管理试点站，应诊面积200多平方米。

图1-9　2010年，津南区第十幼儿园

1979年，乡文化站组织和举办各种群众文化娱乐活动。至1990年，组织活动250次，观众15900人。1998—2010年，组织开展激情广场大家唱活动，每年近百名群众参加演出，观众近万人，影响广泛。1999年，北闸口镇获津南区全民素质提升工程示范镇称号。三道沟村获市级全民素质提升工程示范村称号。2001年，北闸口镇三道沟村成立乡情剧社，主要演唱评剧、河北梆子。2005年后，镇每年举办北闸口镇文化艺术节，开展送文化进社区活动，在重大纪念日活动举办歌咏、舞蹈、书法、知识竞赛等各类比赛。2009年，镇秧歌队在津南区秧歌比赛中获二等奖。2010年，镇拥有文化培训室90平方米，多功能厅800平方米，综合活动室70平方米，电子阅览室45平方米。建有文化广场、镇文化艺术中心，面积5500平方米，有可容纳500人的多功能剧场、2个可容纳200人的影厅、1个设施完备的综合活动室、5家网吧。多数村建立农家书屋，配设阅览桌椅250套，充实各类图书2.5万册。

90年代，全镇兴起健身体育活动的热潮，有体育小区11处，近4万平方米，健身体育设施11套。村民自发组织的群众晨练点发展到13个。各村建立乒乓球、篮球、足球、摔跤、武术、秧歌等锻炼队伍，北闸口村太极拳队有60人。每年3月底举办镇机关春季运动会。2005年，北闸口镇获“全国亿万农民健身活动先进乡镇”称号。2010年，获国家体育总局颁发“全国亿万农民健身活动先进单位”。

1998年，镇执行农村最低生活保障制度，补贴标准为年人均1000元，2009年达到年人均2760元。2001年3月，镇开始实行城镇最低生活保障制度，标准为每月241元，2009年为400元。1998—2010年，镇为低保户共支出1367.3万元。

2005年3月，启动农村合作医疗，筹资标准为每人每年55元。当年参加合作医疗人数21993人，占全镇农业总人口的73%。2010年，北闸口镇用于卫生医疗保障资金628.87万元，同比增长104.3%。新型农村合作医疗参合率达到99.96%。

（四）村（居委会）

1961年，成立北闸口人民公社，辖18个村，1984年4月，北闸口乡辖20个行政村。2010年，北闸口镇辖19个行政村，2个社区居委会。19个行政村即翟家甸村、光明村、建新村、北义村、西右营村、老左营村、北闸口村、高庄房村、吕坨子村、前进村、月桥村、义和庄村、正营村、后营村、裕盛村、仁字营村、东右营村、三道沟村、大芦庄村。2个社区居委会是政安里居委会、建新居委会。

2010年北闸口镇行政村一览表

表1-9

名称	简介
前进	原系义和庄一自然村，因位于六道沟上游，俗称六道沟上头。1972年从义和庄分出为独立行政村。村名“前进”象征着发展与进步。2010年，291户873人，人均纯收入7698元
光明	原系义和庄一自然村，因位于七道沟上游，俗称七道沟上头。1972年从义和庄分出为独立行政村。村名“光明”象征美好前景。2010年，340户1034人，人均纯收入14120元
月桥	原系义和庄一自然村，1972年分出为独立行政村，取名胜利村。1982年改名月桥村。2010年，286户876人，人均纯收入9578元
义和庄	清光绪元年，盛军在小站屯田，后由黄骅盐山等地迁来十几户人家居住此地，因团结和睦，称为义和庄。2010年，425户1144人，人均纯收入13295元
老左营	清光绪元年，盛军小站屯田，在此建立营盘左营，后清兵退伍与佃户在此定居，形成村庄，称老左营村。2010年，863户2332人，人均纯收入10720元
正营	清光绪元年盛军在小站屯田，在此建立营盘新正营、右正营，后清兵退伍与佃户在此定居，形成村庄正营村。2010年，950户3400人，人均纯收入11962元
吕坨子	清朝年间，黄骅一吕姓人家迁居此地定居，因吕氏为首家，此地地势又较高，故称吕家坨子村。2010年，690户1906人，人均纯收入12817元
后营	清光绪元年，盛军小站屯田，在此建立营盘后中营，后退伍兵卒与当地农民就此定居，逐渐形成村庄，称后营村。2010年，520户1345人，人均纯收入13249元
高庄房	清光绪年间，督军孟思远之婿高士斌在此定居并雇工屯田，随人口增多形成村庄，称高家房子村，后演变为高庄房村。2010年，440户1405人，人均纯收入14299元

续表

名称	简介
裕盛	本村历史上居于此地的韩姓地主号裕盛。因其田地全部种植水稻，称裕盛稻地。1964年四清运动时改名四清村。1984年恢复原名裕盛村。2010年，864户1222人，人均纯收入8159元
仁字营	清光绪元年盛军在小站屯田，在此建立营盘左仁营、右仁营，后来清兵退役与当地农民就此定居，逐渐形成村庄，取名仁字营村。2010年，440户1304人，人均纯收入8428元
建新	清朝年间，一名为白凤明的人来此定居，后逐渐形成村庄，因白氏首先来村定居，又因村落较小，故称小白庄村。1964年改村名为"建新"，意在重新建设新村庄。1982年恢复小白庄村名，1983年，重新定名建新村。2010年，450户1091人，人均纯收入10797元
北闸口	清光绪元年盛军在小站屯田，并在引河（今月牙河）上建闸，名为宣惠闸。后在此定居人口逐渐增多形成村庄，因位于小站以北宣惠闸附近，故取名北闸口村。北闸口村系镇政府所在地，为镇经济文化中心。2010年，840户2350人，人均纯收入13774元
东右营	清光绪元年，盛军小站屯田在此驻14营，称东半营和西半营，俗称东西右营。后逐渐形成村落，称右营村。解放后分为东右营和西右营两个村。2010年，737户2278人，人均纯收入11479元
西右营	历史沿革同东右营。2010年，558户1680人，人均纯收入11837元
北义心庄	清朝年间，由塘沽至岐口一线海防设72联营，此地设卡哨，得名卡子房。1926年改名宁家圈。1934年天津县以义气一心之意命名为义心庄。解放后命名为北义心庄。2010年，866户2333人，人均纯收入13155元
三道沟	清乾隆年间，此地名为管家圈，后居住人家逐渐增多，并在此开挖三条大沟，故称三道沟村。村北与咸水沽镇二道桥村为邻，南与大芦庄相接，东靠月牙河，西至翟家甸村。2010年，747户2141人，人均纯收入15156元
大芦庄	清末至民国期间，村名曾为西合小庄，后因村南芦苇甸颇具规模，长势旺盛，依环境特征取名大芦庄村。2010年，380户1376人，人均纯收入13467元
翟家甸	解放前，这里曾是一片荒草甸子，后逐渐发展成为村庄，称之为复兴村或宰牛甸。后演变为翟家甸。2010年，670户2025人，人均纯收入13220元

九　长青办事处

（一）办事处建置

图1-10　2008年，长青办事处办公楼

长青办事处地处市区与津南区交接处，东起灰堆，西至八里台，南至外环线以南的双港开发区，微山南路同梨双公路交口，北至东楼、西楼下瓦房一带，毗邻河西区、南开区、西青区。1979年，时为长青人民公社。1983年10月，撤销长青人民公社行政建置，不再建立乡人民政府，成立长青农工商联合总公司。1988年12月，长青农工商联合总公司更名为天津市南郊区长青农工商总公司。1992年11月18日，设立津南区人民政府长青办事处。

办事处辖灰堆、向阳、星光、万年红、东方红、挂甲寺、黑牛城、西楼8个管委会。办事处直属企业：翠泉物业、青龙公司、天元宾馆、温泉宾馆、科工贸园区、汇川房地产开发、长青物业、消闲岛娱乐有限公司、长达房地产开发公司（合资）、博雅时尚（合作）。2001年，组建长青集团有限公司。

长青办事处将长青人口称为职工。1962年，成立长青人民公社时的农业区划人口逐渐转成为市区居民。1990年，总人口9660人。1993年在册职工3929人，2010年降至2259人。人员减少的原因主要有占地转非转工、买断资产与劳动人事关系、自然死亡及1986年不再招收"新社员"和新职工。长青另一部分职工是由长青办事处机关干部职工和直属企业在册职工构成。

2010年，长青办事处实现国内生产总值11.37亿元，财政税收7.01亿元。职工人均收入由1993年的2000~5000元增加到2010年的15325元。

（二）经济情况

改革开放后，天津城区建设快速发展，辖区内各管委会的耕地、厂房、商业设施等被征用，城区内农业人口逐步转为非农业人口，变为市区居民，管委会大量的职工从农业、工业、运输业退下来，人员的就业、养老、住房、工资待遇等资金均自行解决。1993年后，办事处调整经济结构，第一、二产业相继退出，第三产业、房地产业及不动产租赁业兴起。用原始积累和征地补偿费建造商品房、商业网点及厂房车间，实行股份合作制、买断一次性补偿等形式，解决劳动与资产关系，增加职工收入，推进管委会职工参加社会养老保险、医疗保险。1999年，实现生产总值1.73亿元，完成税收1580.7万元。

90年代，长青发挥自身优势，先后开发兴建天元宾馆翠泉别墅公寓，科工贸园区厂房，办公用房、写字楼等，集团和各管委会建设一批住宅商品房（纯真里、小海地、纯雅里、友谊东里、气象里、科艺里、清秀园、秀芳里、博雅名邸等）。合作项目有博雅时尚、咸水沽谷星新里、津南开发区科研楼、厂房、创意产业中心，实现走出长青、跳出长青，寻求新发展的战略措施。1993—2010年，各个管委会和长青集团有限公司房地产开发建筑总面积104.45万平方米。2010年，直属企业营业收入20.32亿元，税收7554.98万元。

1992年，办事处进行农业体制改革，主要内容是实行"有偿承办，有偿服务"，不断完善统分结合的双层经营体制；健全生产、科技、经营、流通、信息五大社会化服务体系；发展"二高一优"（高产、高效、品质优良）的农产品，引进、种植日本、美国、英国、荷兰等国的蔬菜，如生菜、玉冠西兰花、苋菜等20多个品种，为水晶宫等市内十几家酒店、宾馆提供蔬菜，年亩产值25375元。1990—1995年，长青淡水养殖场首先采用先进的科学养鱼方法——网箱养鱼，养殖场11.4公顷，亩产量比池塘养鱼增加10倍以上。1992年后，城市规划不断扩大，长青办事处农业种植面积逐年减少。1994年，园田面积115.67公顷，鱼池141.73公顷。2001年，园田只剩20公顷，鱼池55公顷。市政府对长青办事处所有各类土地资源，实行统一规划。2002年，农业生产退出。

1992年，长青农工商总公司推行"厂长负责制"。1998年3月，长青39个工业企业进行改制，截至11月底经区验收合格31个，剩8个企业暂缓改制。工业主要以食品糖果、再生胶产品和汽车维修三大行业为主。代表性企业有天津长青食品厂、天津益康食品厂、天津再生胶厂、天津进口汽车维修中心、天津长青进口汽修厂等。1993年后，长青的工业随着市场的变化，先后出现滑坡。1994年，长青办事处开始对亏损企业实行关闭和资产重组，华美食品厂、长青食品厂为代表的企业相继关闭撤销。2005年，长青工业企业仅剩下灰堆管委会所属的益康食品厂、泉汇食品有限公司，集体工业生产基本退出。

1998年，成立天津市津南区长青科工贸园区管理委员会并开始招商引资。2010年，大力发展园区经济，先后兴建科技园、创业园、电子园、工业园，园区注册企业达1100余家。税收由1998年19.7万元增长到2010年5.6亿元。

酒店餐饮业是长青经济发展的重要成分。1994年8月，长青总公司与韩国客商签订合作协议20年，由韩方投资人民币3000万元，按照三星级标准对温泉宾馆进行改造。1995年6月18日正式开业，成为天津市集商住、餐饮为一体的涉外旅游饭店，累计上缴税金2925万元。1992年、1998年，先后建起天元宾馆和消闲岛，长青的餐饮娱乐业具有一定的规模。1998年4月，天津体育学院和天津长青总公司合作，成立天津消闲岛健身娱乐有限公司。公司总建筑10200平方米，注册资金人民币100万元。开设保龄球、壁球、射箭、餐饮等，至2010年，累计上缴利税3531万元。

80年代初，长青农工商联合总公司成立长青运输队，运输车辆30多部，运输队于1997年撤销。80年代各管委会分别成立运输队，曾是各管委会的支柱产业，2005年各管委会的运输队先后撤销。天津长青集团汽车运输有限公司成立于2003年。2003—2010年，累计税收4685万元。

物业租赁业起步于1995年。1998年完成企业结构调整，先后对不景气商业网点，实行关、停、并、转，与19个单位签订承包合同，当年收取承包费1031万元。2001年收取承包费1393万元。2010年，有物业租赁业企业3个，即翠泉水上物业企业、长青物业管理服务中心、天津长青资产经营管理有限公司。收取承包租赁费1415万元。

（三）社会事业

1993—2010年，与双拥共建单位举办军警民游泳比赛、射箭比赛、台球比赛等多项赛事，在各大节日期间举办职工健身赛、乒乓球比赛、台球比赛和“三八健康杯”通讯赛。1996年，长青办事处被命名为“天津市优秀体育乡镇”，获“天津市普及广播体操先进单位”称号。

1996年，建立职工之家。利用重大节日举办书法、卡拉OK大赛等各种文化活动。2000—2010年，每年为残疾人免费查体，用于助残助困费用30余万元。2005年，长青办事处被区政府评为“创建残疾人工作示范城市先进单位”。1994—2010年，为灾区募集衣被18683件，资金66.38万元。每季度向享受低保户发放低保金。2008—2010年，向低保户发放低保金99895元。

（四）管委会

1962年12月，南郊区长青人民公社建立灰堆、万年红、东方红、黑牛城、西楼、星光、向阳、挂甲寺8个生产大队。1983年12月，原有生产大队改称分公司。2001年8月22日，分公司更名为管理委员会。

2010年长青办事处下属管委会一览表

表1-10

名称	简介
灰堆	1958年更名为灰堆人民公社。1962年更名为灰堆生产大队。1984年更名为南郊区长青农工商联合总公司灰堆分公司。1992年更名津南区长青办事处灰堆管理委员会。2010年，422户340人，总收入3292万元
万年红	万年红管委会由1956年的初级合作社演变而来，2010年有职工191人。2010年，171户192人，总收入332.67万元
东方红	1956年建立高级农业社，隶属于天津市河西区陈塘庄人民公社。1962年更名为南郊区长青人民公社东方红生产大队。1984年更名为长青农工商联合总公司直属分公司，1990年东方红分公司恢复独立核算，自主经营权的管理体制。2001年更名为津南区长青办事处东方红管理委员会。2010年，245户371人，总收入827万元
黑牛城	黑牛城管委会地处河西区友谊路与黑牛城道交接处，毗邻津南区与西青区，2010年有职工974人。2010年，469户1045人，总收入1385万元
西楼	1956年，西楼成立西楼满天红农业初级合作社。1958年西楼满天红农业社隶属于东楼人民公社。1962年更名为南郊区长青人民公社西楼生产大队。1984年更名为长青农工商联合总公司直属分公司。1992年更名为津南区长青办事处西楼管理委员会。2010年，116户260人，总收入298万元
星光	坐落在河西区陈塘庄工业区，2010年有职工72人。经济收入主要来源于运输业、物业租赁业及国家征地补偿资金。2010年，79户83人，总收入294万元
向阳	位于大沽南路以南，南围堤河以东，长泰河以东，东江道以北，微山路以西，在陈塘庄工业区范围内。1984年，更名为长青农工商联合总公司直属分公司。1993年由向阳直属分公司恢复原分公司建置。1996年更名为长青人民政府办事处向阳管理委员会。2010年，117户167人，总收入413万元
挂甲寺	1955年成立初级社，1956年升为高级社，称为董存瑞农业合作社。1958年由东楼、西楼、挂甲寺、杨庄子合并称为东楼人民公社。1960年东楼人民公社解散，1962年挂甲寺农业大队隶属长青人民公社，有社员226人。1992年挂甲寺分公司改为天津市津南区长青办事处挂甲寺管委会。2010年，40户71人，总收入103.01万元

津南区志
（1979-2010）

第二编

自然环境

津南区地下岩石基底断裂构造复杂。地表坦荡低平，有浅碟形洼地、贝壳堤、古河道、微高地等地貌类型，由古黄河、海河携带泥沙与古渤海潮汐、风浪搬运海底物质共同堆积而成。除马厂减河、洪泥河等河大堤高于海拔5米之外，绝大部分地区为3~4米，地面起伏小。属暖温带半湿润季风型气候，季风显著，四季分明，自然资源丰富。

2010年，天津古海岸与湿地国家级自然保护区核心区巨葛庄、邓岑子贝壳堤

第一章　地质　地貌

津南区境内地下分布着元古界、古生界、中生界、新生界的地层。位于新华夏构造体系华北沉降带内次一级构造的沧县隆起和黄骅拗陷两大构造带的北部。地面起伏小，从西向东，从南至北微微倾斜，坡度为1/10000~1/6000。地表沉积物以黏土为主。

第一节　地　质

一　地层

据地质探测资料，津南区境内地下分布着元古界、古生界、中生界、新生界的地层。

距今8.5亿~14亿年时期，在华北古海洋中沉积的海相地层，主要是碳酸盐类的石灰岩和白云岩，其次为砂岩、页岩等。分布在境内双林农场及葛沽镇西北海河沿线。

距今5亿~6亿年时期，在华北浅海中形成的海相沉积岩层。主要是碳酸盐类的石灰岩、白云岩及部分页岩、砂岩。主要分布在咸水沽镇、原南洋镇的沿海河地区。

距今4亿~5亿年时期，在华北浅海中形成的海相地层。主要是石灰岩、竹叶状灰岩、白云质灰岩和白云岩。该地层在津南区大面积分布，包括咸水沽镇、双桥河镇、原双闸镇、北闸口镇的大部及葛沽镇西部。

距今2.25亿~3.5亿年时期，在华北古陆滨海环境中形成的海陆交互相含煤系地层，岩性为砾岩、砂岩、页岩等。主要分布在辛庄镇、原南洋镇、八里台镇、北闸口镇及葛沽镇东沿海河一带。

距今1.35亿~1.8亿年时期，形成的陆相碎屑岩系，主要是砾岩、砂岩，其中含有煤层。分布在双林农场、双港镇、辛庄镇、八里台镇。

距今0.7亿~1.35亿年时期，在陆地环境中形成的陆相碎屑岩层，主要是砂岩、砾岩。分布在葛沽镇、小站镇的大部地区及原双闸镇的北部。

距今300万~7000万年时期，主要是砂岩、页岩、泥岩及油页岩，为含油气岩层。分布在全区各乡镇。

距今300万年以来，沉积的河湖相及海陆交互相地层。为一套细砂、粉砂质和黏质土层。地层厚度达数百米。

二　构造

津南区位于新华夏构造体系华北沉降带内次一级构造的沧县隆起和黄骅拗陷两大构造带的北部。全区是一个被深厚新生代松散沉积物覆盖的平原地区，地表坦荡低平，地下的岩石基底断裂构造则比较复杂。

根据石油与地质部门勘探调查发现，分布在区内的断裂带有两组，一组是北北东向断裂带，另一组是北西西向断裂带。北北东向断裂带主要有：沧东断裂、小营盘断裂、马房断裂、白塘口东断裂、白塘口断裂等。北西西向断裂带主要有：海河断裂。1976年，唐山地震，该断裂带有活动。这些断裂带的存在，控制着境内的地层分布、矿产形成、地震活动及地面沉降等。海河断裂：西起郭黄庄，向东经白塘口北部、赵北庄、东泥沽、盘沽，至塘沽区东沽。沧东断裂：为沧县隆起与黄骅拗陷的界线，南起大港区的增福台断裂，经万家码头东部、双闸，沿马厂减河左岸至西关，北与海河断裂相接。小营盘断裂：南起增福台断裂，经万家码头、北闸口、茶棚、盘沽，北与海河断裂相接。马房断裂：南起西青区小金庄，经八里台、咸水沽，北与海河断裂相接。白塘口东断裂：西起西青区鸭淀水库南部，经巨葛庄西部、白塘口西部，北与海河断裂相接。白塘口断裂：南起西青区鸭淀水库北部，经南里八口，至李楼，北与海河断裂相接。

第二节 地 貌

一 地貌特征

境内为华北冲积平原一部分，广袤的平地、浅碟形洼地、贝壳堤、古河道、微高地等，构成津南区主要地貌类型。

区境地势平坦，除马厂减河、洪泥河等河大堤高于5米之外，均在5米以下，绝大部分地区为3~4米，地面起伏小，从西向东，从南至北微微倾斜，坡度为1/10000~1/6000。

津南区地势低洼，河流、渠道纵横交错，自然堤和人工堤之间形成大小不等、形态各异、星罗棋布的众多洼淀。已被重新开挖利用。

津南区境内有两道古海岸遗迹——贝壳堤，南北延伸，平行排列。一条北起辛庄镇建明村到八里台镇巨葛庄村止，宽35米左右，厚2米上下。另一条北起双桥河镇西泥沽村，经邓岑子、新开路，横穿津南与大港区贝壳堤相连，最宽处70~80米，厚度不一,一般为1.5米左右。一般高出地面1~2米，宽50~60米，由海生贝类动物的遗骸贝壳及其碎屑所组成，厚2~3米，层理分明。两道贝壳堤的明显存在，是津南区地貌一大特色，当地群众称其“岑子”，也是天津滨海平原上的奇观。经现代科学方法测定，巨葛庄——八里台贝壳堤形成于3400年前；东泥沽——邓岑子贝壳堤形成于2500年前。据此可知，整个津南区的陆地是从距今4000年左右至1000年左右，从西部到东部逐渐形成的，是中国最年轻的陆地之一。

二 地貌区

津南地貌是4000年以来，在古渤海湾滩涂及水下岸坡区，由古黄河、海河携带泥沙与古渤海潮汐、风浪搬运海底物质共同堆积而成。

地貌岩石基底构造轮廓奠定于中生代燕山运动时期，为新华夏向华北沉降带的沧县隆起和黄骅拗陷的北段。在此基础上，沉积了厚层的新生代第三系河湖相和第四系海陆交互相松散物质，填平了原来的岩石基底高差，改造了津南区古地貌形态。境内地表沉积物以黏土为主，土壤有严重的盐渍化现象。

第二章 气 候

津南区四季分明。春季多风少雨，冷暖多变；夏季高温高湿，雨热同季；秋季天高云淡，偶有寒潮；冬季多西北风，寒冷干燥。年平均无霜期206天，年平均日照时数为2538.6小时。

第一节 四季特征

津南区属暖温带半湿润季风型气候，季风显著，四季分明。春季多风，且干旱少雨，冷暖多变；夏季受西北太平洋副热带高压西侧影响，多偏南风，且高温高湿，雨热同季；秋季天高云淡，风和日丽，但深秋常有寒潮侵袭；冬季受蒙古冷高压控制，盛行西北风，天气寒冷干燥。

境内晴天较多，阴雨天较少，光照充足，降水分布不均。年平均气温12.6℃，1月最冷，7月最热。年平均降水量521.4毫米，年平均日照时数2538.6小时，年平均蒸发量1662.1毫米，年平均雷暴日数27.5天，年平均相对湿度63%，年平均最多风向为南西南，年平均风速2.8米/秒，年平均无霜期206天。

第二节　气候要素

一　日照

1981—2010年，全区年平均日照时数为2538.6小时。日照有明显的季节变化，其中5月日照时数最长，12月日照时数最短。年平均日照百分率为58%，其中10月最高，7月为最低。

1981—2010年津南区各月平均日照时数和日照百分率情况表

表2-1

月份 平均值	1	2	3	4	5	6	7	8	9	10	11	12
日照时数(小时)	178.70	180.50	223.20	243.40	263.30	245.20	216.50	216.90	220.50	210.80	174.30	165.30
日照百分率(%)	59.00	59.00	60.00	61.00	59.00	55.00	48.00	52.00	60.00	62.00	59.00	57.00

二　气温、无霜期

（一）气温

1981—2010年，全区年平均气温为12.6℃。最暖年份为1989年，平均气温12.8℃；最冷年为1985年，平均气温11.1℃。气温年内各季变化较大，夏季（6、7、8月）气温最高，平均气温25.5℃；春季（3、4、5月）平均气温13.3℃；秋季（9、10、11月）平均气温13.3℃；冬季（12、1、2月）气温最低，平均气温-1.8℃。年极端最高气温41.3℃，出现在2000年7月1日；年极端最低气温-21.7℃，出现在1985年1月7日。

最热月与最冷月的气温年较差多年平均为30.2℃，多年平均日较差为9.8℃，日较差在一年中以4、5月最大，7、8月最小。

1981—2010年津南区各月平均气温情况表

表2-2　　单位：℃

月份 平均值	1	2	3	4	5	6	7	8	9	10	11	12
气温	-3.70	-0.50	5.90	14.20	20.00	24.40	26.50	25.70	21.00	13.90	5.10	-1.30
日较差	9.30	10.10	10.50	11.60	11.40	10.00	8.10	8.30	10.10	10.70	9.60	8.60

（二）无霜期

1981—2010年，年平均无霜期206天，最长248天（2006年），最短187天（1988年）。初霜日期最早为1981年10月9日，最晚为2006年11月11日；终霜最早为2006年3月7日，最晚为1995年4月19日。

三　地温

（一）地表温度

除11月、12月、1月地面温度低于气温外，其余各月地面温度均高于气温。年平均地面温度为

14.4℃，其中7月最高，为29.8℃，1月最低，为-4.4℃。地面极端最高温度为66.0℃，出现在1997年7月25日；地面极端最低温度为-27.7℃，出现在1985年1月7日。

（二）地中温度

境内地中温度的年变化比较稳定。3—8月，地中温度从0厘米至20厘米深度递减；9月至翌年2月地中温度从0厘米至20厘米深度递增。5、10、15、20厘米深度不同月份温度不同。

1981—2010年津南区月平均地中温度情况表

表2-3　　　　单位：℃、厘米

深度＼温度＼月份	1	2	3	4	5	6	7	8	9	10	11	12
5	-3.00	-0.20	6.60	15.20	21.80	26.50	28.20	27.20	22.30	14.30	5.10	-1.20
10	-2.20	-0.10	6.30	14.30	20.60	25.30	27.30	26.60	22.20	14.80	6.10	-0.20
15	-1.50	0.20	6.40	14.20	20.30	25.00	27.00	26.60	22.60	15.60	7.10	0.70
20	-1.00	0.30	6.10	13.60	19.60	24.30	26.50	26.30	22.50	15.80	7.70	1.40

四　降水、相对湿度、蒸发

（一）降水

降水量、降水日与降水雨季分配　津南区境内年际间降雨量分配极不均匀，各季节降雨不均衡。1981—2010年，全区年平均降水量521.4毫米。其中，年最大降水量747.0毫米，出现在1987年，年最小降水量244.5毫米，出现在1989年。年最大日降水量136.4毫米，出现在1984年8月10日。年平均降水日65.6天，年均暴雨日（日降水量大于或等于50毫米）1.7天。年降水量季节分配不均，雨季（6、7、8月）占全年降水量的67%以上。频率为75%的枯水年降水量为380.49毫米，出现在2006年；频率为50%的平水年降水量为478.55毫米，出现在2000年；频率为25%的丰水年降水量为582.76毫米，出现在2009年。

降雪和积雪　冬季降雪期一般从11月下旬起到翌年3月中旬止，年平均降雪日11.1天。最早初雪日在11月1日，出现在2009年；最晚终雪日在3月30日，出现在1987年。积雪一般从12月中旬起到翌年3月上旬，年平均积雪日14.2天，最多年可达33天。最大积雪深度16厘米，出现在1981年12月18日。

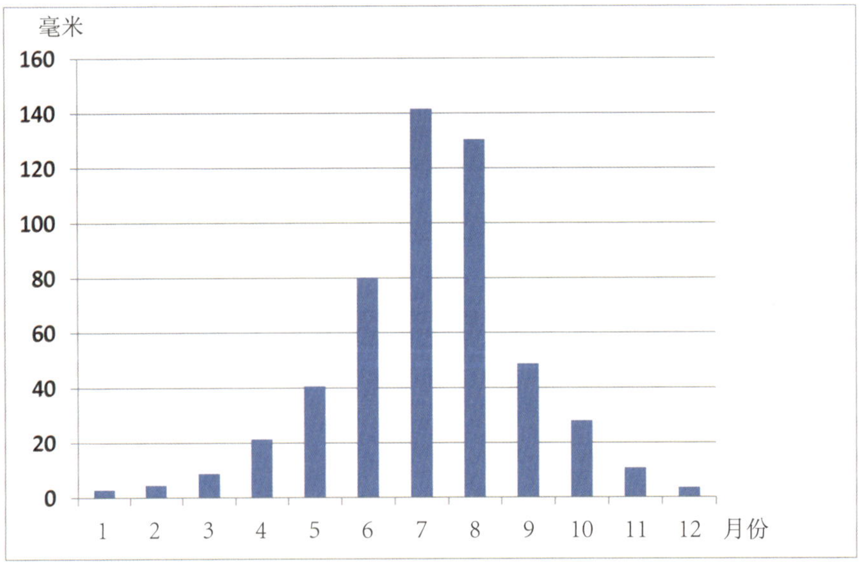

图2-1　1981—2010年津南区各月平均降水量示意图

（二）相对湿度

全区年平均相对湿度63%，夏季相对湿度大，冬春季节各月平均都在60%以下，是全年空气最干燥的季节。其中，8月最大，4月最小。

（三）蒸发

1981—2010年，全区年平均蒸发量1662.1毫米，年内变化趋势以春夏最多，秋冬较少。各月分布不均，以5月最大，1月最小。1991年区内年蒸发量为1555.2毫米，2010年区内年蒸发量为1511.2毫米。

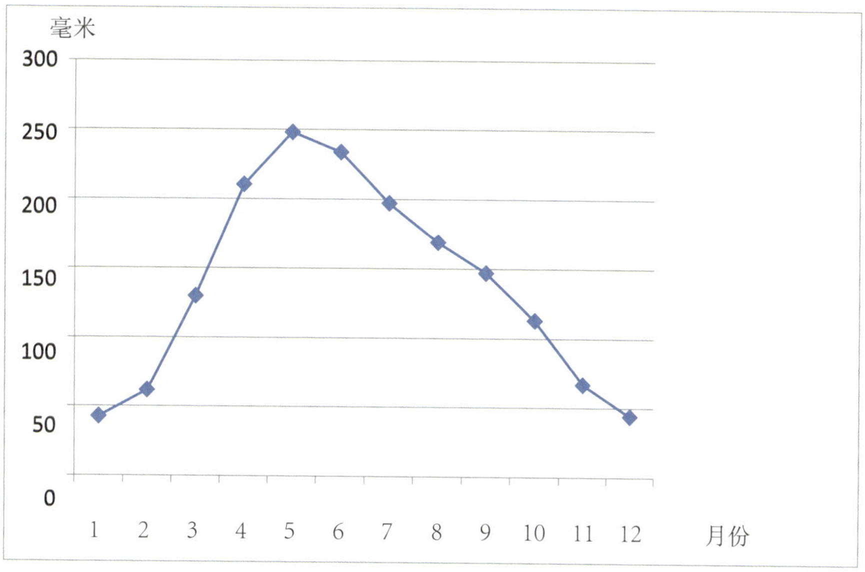

图2-2　1981—2010年津南区月平均蒸发量情况图

五　风

（一）风向

年平均最多风向为南西南风，冬季高压中心位于蒙古西部，气压梯度由大陆指向海洋，盛行北西北风；夏季高压中心位于西太平洋，气压梯度由海洋直冲大陆，多吹东东南风；春秋两季是冬夏季风转换季节，以南西南风最多。

（二）风速

年平均风速2.8米/秒，春季风速较大，最大为4月，平均风速3.8米/秒；夏秋风速较小，最小为8月，平均风速2.1米/秒。

六　能见度

全区年能见度小于1千米出现频率为2%，年能见度小于10千米出现频率为35%，年平均雾出现日数为21.1日。

第三章　自然资源

1983年，南郊区土地总面积41344.65公顷。2010年末，土地总面积为38784.33公顷。地势平坦，土壤含盐量高，河道纵横，坑塘密布，至2010年，区管二级河道16条，总长度185.3千米。二级河道总蓄水能力约为1000万立方米。地下水补给与赋存条件较差，浅层地下水矿化度较高。野生动、植物有300余种，其中野大豆、金鱼藻、柽柳、枸杞、狭叶香蒲、荆三棱是国家级农业野生保护植物。

第一节　土地资源

一　土地总量、构成

1983年，区土地总面积41334.65公顷，其中区内土地38613.32公顷，区外土地2721.33公顷；农业占地26865.27公顷，非农业占地14469.38公顷；同时区内有外单位（包括双林农场、西青、东丽区）土地790.38公顷，不计入土地面积。版图面积39403.7公顷（区内土地面积与该区内外单位土地之和）；理论控制土地面积42125.03公顷（版图面积与区外土地之和）。1991年，土地利用现状调查表明，津南区土地总面积为38571.16公顷。其中，耕地17976.87公顷、园田327.19公顷、林地39.31公顷、未利用土地1568.63公顷、居民点及工矿用地6429.81公顷、水域11154.94公顷（包括河流、水库、坑塘、苇地等）、交通用地1074.41公顷。

1995年，农业生产主要用地为17547.49公顷，占全区土地总面积的45.49%。按照利用状况，可划分为耕地、果园用地、林地、养殖用地4种土地类型。其中，耕地15026.67公顷，占全区土地总面积的38.96%；果园用地688.70公顷，占全区土地总面积的1.78%；有防护林232.79公顷，占全区土地总面积的0.6%；养殖用地1599.33公顷，占全区土地总面积的4.15%。

2010年末，津南区土地总面积为38784.33公顷。农业生产主要用地按利用状况，可分为耕地、果园用地、林地、养殖用地4种用地类型。其中，耕地13740.27公顷，占全区土地总面积35.43%。分布状况是，小站镇有耕地2326.6公顷、八里台镇2677.87公顷、北闸口镇2064.33公顷、葛沽镇1754.87公顷、双桥河镇1143.2公顷、咸水沽镇2128.4公顷、辛庄镇1340.73公顷、双港镇304.27公顷。果园用地1350公顷，占土地总面积的3.48%。年末实有结果面积1180公顷。主要品种有苹果4公顷、葡萄5.33公顷、桃2公顷、梨1.13公顷。实有林地面积4793公顷，占土地总面积的12.36%。其中，当年造林434.6公顷，育苗46.6公顷。林地面积较大的有葛沽、咸水沽、小站、八里台、北闸口5个镇，分别拥有林地面积460.77公顷、710.71公顷、563.68公顷、1518.69公顷、433.89公顷。全区淡水养殖用地3236.4公顷，占全区土地总面积的8.34%。其中，八里台镇1289.8公顷、小站镇190.27公顷、咸水沽镇429.33公顷、双桥河镇191.33公顷等。

二　土壤类型、分布

境内土壤系海积与河流冲积而成，历史上经黄河淤积成陆地，形成平整而广阔的洼地，又经多次温水和静水沉积，堆积了大量黏质沉积物，加之退海地，土壤含盐量高，土质盐碱，地势平坦，地貌单一，西高东低，向东北倾斜。1980年，全国第二次土壤普查，区土壤普查确立盐化浅色草甸土，黏化水稻性沼泽土，经多年的开发利用和改造，逐渐沼泽化土向潮土方向发展。2009年，全区耕层养分监测平均值：有机质为3.17%，全氮含量0.164%，碱解氮86.5PPM，速效磷47.8PPM，速效钾112.3PPM，含盐0.32%，pH8.03。津南区土壤总的趋势，有机质较高，但各作物区的增减幅度不一，由多到少排列顺序为园田、稻改旱、旱田、果园，普遍磷缺乏，钾也有不同程度缺乏。

潮土类主要分布在区境北部的双港、辛庄、咸水沽、双桥河、葛沽镇。此地带地势平坦、土层厚、土质肥沃，土壤有机质含量在2.5%以上。氮砼丰富，土壤熟化程度高，保水保肥力强，地下水位稳定在1米左右，无潜育化现象，适宜种植蔬菜、瓜果和粮食作物，是津南区蔬菜生产基地。

水稻土面积3333.33余公顷，分布于全区各镇，属北方水稻土亚类。是在以种稻为主的农田利用条件下形成的一种土壤类型，它是在长期种稻、水耕耙及施肥等农业措施影响下，特别是在渍水灌溉下所形成的一种独特的土壤类型。但水稻土特征不像南方水稻土那样典型。

南部粮田，在长期种稻，水耕水耙、渍水灌溉条件下，形成了独特的北方水稻土类型，其特点是：土质黏重，排水不畅、地下水位高，矿化度大，土壤有机质含量较低，一般在1.5%~2.5%之间，适宜种稻。

第二节　水资源

一　地表水

（一）径流

津南区境内年内降水量最大时期为汛期，主要集中在7月、8月，开始产生径流。而其他时期由于降雨量少，无径流产生。1991—2010年，区境内年均径流量为1.30亿立方米，折径流深为311.2毫米。频率为75%的枯水年径流量为9722.16万立方米，折径流深为233.1毫米，出现在1993年；频率为50%的平水年年径流量为1.28亿立方米，折径流深为306.2毫米，出现在2010年；频率为25%的丰水年年径流量为1.60亿立方米，折径流深为383.8毫米，出现在2005年。从年降雨量和年径流量可以看出，区境内自产地上水资源并不丰富，且分配不均。

（二）存蓄

区内有一级市管河道5条：海河、大沽排水河、双巨排污河、上游排咸河、外环河，长87.89千米。境内地表存蓄水能力较弱，没有大型的水利工程设施来存蓄地表水，只能依靠现有的二级河道、中型水库和坑塘来存蓄地表水资源。1991年，有区管二级河道14条，总长度为174.33千米。后随经济的发展，水利工程建设不断实施，2010年，津南区有区管二级河道16条：马厂减河、洪泥河、月牙河、双桥河、双白引河、卫津河、十米河、幸福河、幸福横河、四丈河、咸排河、石柱子河、跃进河、八米河、胜利河、海河故道，总长度185.3千米。二级河道总蓄水能力约为1000万立方米，津南水库改造后可蓄水量为2019万立方米，22座坑塘蓄水量180万立方米，上述水利工程可蓄水量共计3199万立方米。

二　地下水

津南区地下水主要取自平原第三、四系沉积物下的岩溶裂水和松散沉积物中的孔隙水。区境处在海积冲积平原上，地下水补给与赋存条件较差，浅层地下水矿化度较高，为咸水，深层地下水储量也不丰富。全区地下水平均侧向补给量838.52万立方米，侧向排泄量183.55万立方米，纯补给量654.97万立方米。静储量8724万立方米，年可开采量1360万立方米。2010年，地下水压采171.3万立方米。

第三节　动植物资源

一　野生植物

野生灌木与半灌木植物主要有野酸枣、小叶鼠李、柽柳（俗名红荆，又名荆条墩）、罗布麻、地梢瓜、白刺、枸杞、紫穗槐、杜梨。草甸植物有白茅（又名白茅草、白茅根）、狗尾草（俗名谷莠子）、虎尾草、娃娃花、蓬蒿（俗名青蒿、油蒿）等82种。稻田植物有水蓼、两栖蓼、回回蒜、轮叶狐尾藻、聚草、珍珠菜、通泉草、浮叶眼子菜等31种。盐生植物有盐地碱蓬棵、盐角草、矶松、獐毛草、中亚滨藜、二色补血草、碱茅、西伯利亚蓼、马绊草。

水生植物常见有芦苇、香蒲（俗名蒲棒）、水葱、藨草、水稗子、狐尾藻、苦菜、马来眼子菜、茨藻菜、角果藻、金鱼藻、黑藻、茳草（俗名水蓬棵）、三棱草、荸荠（俗名水地栗）。

2007年11月，区农林局对全区野生植物物种资源的实际分布情况进行踏查中发现：野大豆（*Glycine soja*）俗名野毛豆、鹿藿、饿马黄、柴豆、野黄豆、野毛扁旦、马料豆；金鱼藻（*Ceratophyllum demersum*）俗名细草、鱼草、软草；柽柳（*Tamarix chinensis*）俗名垂丝柳、西河树、西湖柳、红柳、阴柳；枸杞（*Lycium chinenser*）俗名枸杞菜、红珠仔刺、牛吉力、狗牙根、狗奶子；水烛（*Typha angustifolia*）俗名狭叶香蒲、水蒲、水菖蒲；荆三棱（*Bolboschoenus yagara*）俗名荆三棱，6种国家级农业野生保护植物。

二　野生动物

1979—2010年，区境内野生动物种类没有大的变化。

哺乳类有14种，即豹猫（俗名野狸子）、獾、狐狸、野兔、黄鼬（俗名黄鼠狼）、刺猬、鼹鼠、大仓鼠（俗名大应贼）、中华鼢鼠、棕色田鼠（俗名仓鬼）、小家鼠、褐家鼠、田姬鼠、蝙蝠。

两栖类有泽蛙、金线蛙、北方狭口蛙、青蛙（俗名黑斑蛙、田鸡）、中华蟾蜍（俗名癞蛤蟆）、花背蟾蜍、鳖（俗名甲鱼、圆鱼、王八）。

爬行类有黄脊游蛇、棕锦蛇、虎斑游蛇、华北蝮蛇、麻蜥、黄石龙子、北滑蜥、华北壁虎。

鸟类有大喜鹊、灰喜鹊（又名山喜鹊）、大杜鹃、啄木鸟（俗名凿凿木）、交嘴雀（俗名青红交嘴）、蓝歌鸲（俗名蓝靛、青长脚）等70种。

鱼类有鲤鱼、鲫鱼、麦穗鱼、泥鳅、黑鱼、鲶鱼、餐条、鳜鱼、翘嘴红鲌、乌鳢、黄颡鱼、鳝鱼等28种。

软体动物有中国圆田螺、无胃狭口螺、椭圆萝干螺、纹治螺、蜗牛、河蚬（扁螺、俗名蚬蛏）、剑状矛蚌、三角帆蚌、河蚌、螺蛤（分青、白二种）。

昆虫有蜻蜓、螳螂、七星瓢虫、蜜蜂、马蜂、土蜂、蝎子、蜈蚣等71种。

第四节　矿产资源

一　地下热水

境内地热资源丰富，分布面积广。大部分镇处在万家码头地热异常区内，地温梯度值为4~8.8摄氏度每100米，大于3.5摄氏度每100米地热梯度等值线圈定的地热异常区面积为262平方千米。万家码头地热异常区内包括第三系孔隙热水和基岩岩溶裂隙热水两个热储类型。

万家码头地热异常区第三系孔隙热水，热储层顶板埋深390~420米，热水储存量0.79×10^{10}立方米，热水天然可采量0.71×10^{9}立方米，地热储存量1.32×10^{15}千卡，地热天然可采量1.78×10^{13}千卡。

基岩岩溶裂隙热水，热储层顶板埋深1000~2000米，热水储量2.44×10^{9}立方米，热水天然可采量2.44×10^{8}立方米，地热储存量3.14×10^{15}千卡，地热天然可采量1.34×10^{13}千卡。

二　石油、天然气

石油部门勘探发现，南起小站镇，北至咸水沽镇，西起八里台镇，东至葛沽镇的范围内，埋藏着含油气岩层，蕴藏有石油、天然气矿产资源。

三 煤和煤成气

地质钻探资料表明，区内中新生代地层下面，分布着古生代石炭——二迭纪含煤、煤成气的煤系地层，顶板埋深1000~1500米。分布海河以南，西泥沽——西右营一线以西，团洼——双港一线以东，向西南延伸至西青区、静海县、大港区交界地区。煤和煤成气矿属于天津西南部地区深埋煤田的一部分。含煤层厚5~42米，平均厚21米左右。

第四章 自然灾害

随着防灾意识的不断增强，防灾设施、设备的不断更新换代，防灾队伍日益知识化、专业化，加之农业使用的无保护农田面积日益减少，使自然灾害发生率和因灾损失越来越小。1979—2010年，有记录的灾情共21起，其中水灾7起、旱灾4起、风灾2起、雹灾5起、虫灾3起。

第一节 水灾 旱灾

一 水灾

1984年8月9日，夜晚受台风影响，降200~300毫米暴雨，11日又降50~80毫米暴雨，菜田受淹。1987年8月18日，普降大暴雨，雨量60.72~121毫米，影响秋菜生产。26日，又降大雨，园田、旱田、果园受灾6800公顷；鱼池跑鱼面积194.2公顷；损坏砖坯998万块；民房倒塌52间。

1994年8月6日，降大暴雨，平均雨量108毫米，双闸乡高达135毫米。为保市城区安全，津南不向海河排水，淹泡粮田5200公顷；园田积水1066.67公顷；渔业、果园、乡镇企业、学校、公建设施、民房遭受不同程度灾害。

1995年，汛期降雨偏多，6—8月津南区平均降雨464.3毫米，大沽排污河也因上游排泄量骤增，水位高达3.5米，比1994年高出20厘米。翟家甸、大芦庄、小营盘等堤埝出现漫溢。周辛庄泵站路面积水15厘米，大韩庄段水面比耕地高出2.5米，津南辖段全线告急。严重沥涝使719.4公顷耕地不同程度淹泡，2666.67公顷农田减产。

2003年10月10—12日，天津市发生历史上罕见的大暴雨，津南区平均降雨119毫米，最大降雨达155毫米。由于降雨时间长强度大，造成全区农田大范围受灾，积水深在10~50厘米的农田有5740公顷。全区14条二级河道出现持续高水位，特别是大沽排污河，由于受渤海高潮位的顶托，造成八里台镇大韩庄村、团洼村、北闸口镇翟家甸村、三道沟村以及葛沽镇灶立庙桥段堤埝污水漫溢、渗漏和管涌。最为严重的是八里台镇大韩庄、团洼段，大沽排污河水位比外边高近4米，而且多处发生管涌现象。全区农田受灾面积5740公顷，成灾面积3540公顷。

2005年8月8—9日，受第九号台风“麦莎”影响，天津市普降中到大雨，沿海地区出现强风暴潮。津南区从8月7日8时至9日8时，平均降雨量96.8毫米，最大降雨量达156.5毫米。由于连日降雨，大沽排污河持续高水位，造成多处堤段出现险情。8月16—17日，天津市经历了近55年来罕见的强降雨过程，最大降雨量达208.6毫米，津南区最大降雨量达到85.3毫米，平均降雨量为69.8毫米。各河水位持续升高，特别是大沽排污河水位持续上涨，到8月17日下午2时30分水位达3.29米，严重超过警戒水位。

2007年8月26日凌晨，津南区普降大到暴雨，个别地区出现大暴雨，全区平均降雨86.5毫米，最大降雨量为127毫米，出现在双月泵站地区；最小降雨量为28.6毫米，出现在津南水库地区。全区累计积水面积达到2108.07公顷，此次强降雨过程造成双港、辛庄、咸水沽、双桥河、葛沽、小站等6个镇的农田严重积水。此次降雨也造成咸水沽、葛沽镇区部分街道短时积水，最大积水深度约60~80厘米。

2008年6月25—26日，连续遭遇暴雨侵袭，降雨量达207.5毫米，局部地区还出现冰雹等恶劣天气，作物受灾面积达6485.8公顷。是年7月4—5日和7月14—15日，津南区经历两次强降雨过程，致使沿河6处堤埝出现漫溢，部分险段面临决口的危险。

二　旱灾

1981年，旱情持续270天。二级河道仅存水500万立方米，且含盐量均在千分之二以上。旱情严重，受灾面积15866.67公顷，夏粮亩产仅29千克。1983年，大旱。5月份始，持续高温少雨，燥热。受灾面积10053.33公顷，成灾面积5733.33公顷，绝收1333.33公顷，夏粮减产1300万千克。

1992年，持续大旱年。1—5月，津南区降雨仅50多毫米，受引滦明渠护砌工程影响，海河水位很低，全区小麦、春播及水稻育苗插秧面临严重水源短缺。由于旱情特别严重，当年11073.33公顷农田受灾，成灾2000公顷。粮食作物减产3~5成的1346.67公顷，5~8成的260公顷，8成以上的713.33公顷。1993年1—5月，降雨仅18毫米。因1992年大旱，天津市各水库蓄水量仅为1992年的52%，北大港水库蓄水为零。津南区无自备水源，水价上调使用水形势更为严峻，农业生产遭遇少有的困境。全区2159.73公顷农田受灾，1259.73公顷成灾，814.27公顷粮食作物减产3~5成。1994年，先旱后涝是双灾并重年。1—5月，降雨仅43毫米，海河水位低，曾多次出现水源告急，津南区农业生产面临空前困难。严重干旱造成2267.4公顷土地受灾，1621.33公顷粮食作物减收。

1996年，津南区遭受35年来罕见特大干旱。冬、春、夏三季少雨连旱。7月，入汛后仍无有效降雨，二级河道水质咸化。受灾面积达到1666.67公顷。1997年7月上旬，高温低湿天气持续一周以上，是天津市55年来所罕见的，严重的“卡脖旱”使小站、双闸等部分地块旱田作物遭受严重损失。严重干旱造成7559.6公顷农作物受灾，6704.4公顷成灾。

1999年，严重的旱情使全区2929.6公顷农作物受灾，成灾1884.6公顷，粮食减产4244吨。2000年，干旱使引滦水源枯竭，全市生活用水出现困难。津南为严重缺水区，给农业生产用水造成极大影响，秧苗枯死现象严重，部分农村人畜饮水出现困难。造成全区7058.87公顷农田受灾，其中5505.53公顷成灾。4981.8公顷粮食作物灾情严重，减收18489吨。2001年，由于上一年全区降水偏少，农业蓄水严重不足，加之入春以来，持续干旱，气温回升迅速，而且大风扬沙天气时有发生。到5月上旬，全区平均降水仅为1.3毫米，旱情极为严重，部分地块干土层达30厘米。全区6666.67公顷大田普遍失墒，农作物难以按时播种，秧苗死苗严重，人畜饮水出现困难。干旱造成全区6326.4公顷农田受灾，其中成灾4522.47公顷。2002年，由于降水较少，农业蓄水严重不足，土壤失欠墒严重，部分地块干土层深达40毫米，河道水源匮乏，水质恶劣，春季农业生产受到严重影响，全区6666.67公顷大田不能按时播种。干旱造成全区8463.67公顷农田受灾，其中成灾6409.13公顷。

第二节　风灾　雹灾

一　风灾

1980年5月31日，雨后六级大风，气温骤然升至32℃。蔬菜生产在干热的天气下，普遍发生大面积死苗及枯死现象。是年6月2日，灰堆、何庄子、黄庄子受大风袭击。大棚63个（6.4公顷），温室350间（0.91公顷）所覆薄膜17吨，被风扯碎，种植黄瓜、豆角、辣子等受到损失。1981年5月2日大风，刮坏蔬菜大棚0.17公顷，小棚9.13公顷。1985年3月27日夜与28日晨，7~8级大风，阵风9级。大棚、地膜、阳畦及不加温温室风障受到不同程度损失。

2009年7月22—24日，连遇大风降雨及局部地区冰雹天气袭击，阵风达8级，累计降雨140毫米，局部地区达170毫米，致使部分镇的蔬菜保护地、设施果树、陆地瓜类和其他粮食作物及棉花作物等都遭受了不同程度的损失。

二 雹灾

津南区属轻雹区，冰雹出现频率和成灾次数都不多，降雹持续时间一般在10分钟以内，以6月最多，其他月份出现的机率较少。但也发生过严重的雹灾。

1980年9月1日，全区普遍降雹，受灾面积1.26万公顷。1987年6月29日晨，大面积降雹，时间持续1~3分钟。每平方米降雹300粒，大如玻璃球，小如玉米粒。

1991年6月24日17时40分至53分，区辛庄乡遭受雹灾。冰雹最大直径10毫米，一般直径5毫米，最大密度每平方米1000粒（2寸厚）。受灾面积533.33公顷，成灾225.1公顷，减产5~8成。是日，17时43—58分，双港乡7个村降雹，最大直径10毫米，一般5毫米，最大密度每平方米1000粒，一般每平方米700~800粒，受灾面积266.67公顷。是年9月1日20时02—22分，葛沽乡596.2公顷白菜、萝卜、粮食及其他蔬菜作物遭雹灾。冰雹最大直径10毫米，一般直径5毫米，密度每平方米1000粒左右。造成521.87公顷农作物减产3~5成。

1995年6月22日18时17分至19时10分，津南区自西向东8个乡镇先后降雹。津沽公路北侧严重，南侧较轻。双桥河乡持续降雹时间最长，为23分钟，葛沽乡持续时间最短，3~4分钟，一般为10~15分钟。最大雹径70~80毫米，田嘴村发现一个大的冰雹重达1.8千克。冰雹一般直径40毫米，最大密度每平方米400粒，一般每平方米200~300粒。2688公顷农作物受灾，房屋损坏2.8万间。其中，长青、双港、辛庄、南洋、咸水沽五乡灾情严重。

1997年6月19日12时50分至13时，西小站、潘家洼、传字营、中义辛庄等村降雹。最大雹径10毫米，一般直径2~3毫米。降雹范围东西长4千米，南北宽1千米，致使玉米、高粱倒伏，叶片成条，西瓜破裂。双闸乡3个村受灾176公顷。北闸口村、传字营村受灾86.67公顷。

1998年5月20日3时10分，津南区小站、双闸、北闸口三个镇降雹，其中双闸镇损失较重。冰雹最大直径8~10毫米，每平方米30~40粒。23.33公顷大豆损失3成，5.07公顷西瓜损失7成以上。因降雹伴有阵雨大风，近26.67公顷小麦出现倒伏。是年6月16日，部分镇发生雹涝灾害，913.33公顷农田受到不同程度的损失，部分地块造成绝收。6月17日零时30分至1时10分，葛沽镇降雹，持续40分钟，密度每平方米350粒，同时降雨90毫米。农作物雹灾受灾面积1666.67公顷。

第三节 虫 灾

1980年11月，境内榆树金花虫害成灾，有关部门组织除治，在金花虫化蛹期收购虫蛹。1981年9月26日，榆兰金花虫、榆尺蠖、柳毒蛾、榆毒蛾、榆跳象等食叶害虫，天牛、木蠹蛾等蛀干害虫，相当严重，致大量榆树枯死。1985年9月4日，在夏秋发生夏秋蝗。1985年后，每年发生稻飞虱面积333.33~533.33公顷。1991年9月，4713.33公顷水稻普遍发生稻飞虱，减产30%以上，为历史罕见。

1996年，稻水象甲、美国白蛾、美国斑潜蝇等虫害相继出现。1998年，网幕毛虫的发生使许多树木整株树冠被吃光，虫情十分严峻，并被市列为网幕毛虫重灾区。2003年，“非典”疫情影响美国白蛾一代疫情的防治工作，发生程度较往年严重。

2008年6月中旬，二代玉米螟在八里台镇和双桥河镇等地发生，面积0.17万公顷次。7月初，稻水象甲在双桥河镇等地发生，重发面积20公顷次。7月中旬，棉花伏蚜爆发，发生0.43万公顷次，8月初，草地螟随气流传播在津南区爆发，玉米、草坪等受害严重，经努力防治，未造成重大损失。8月下旬，北闸口镇和小站镇等地水稻白背飞虱爆发，发生面积40公顷次，局部地块最高密度达百穴有虫6000头。9月底，玉米红蜘蛛在八里台镇等地爆发，发生面积0.19万公顷次。

第五章　环境保护

1979年，南郊区建有三废办公室。1980年，更名为环保办公室。1982年，建立环保监测站。1985年6月，成立南郊区环境保护局，内设：办公室、综合管理科、防治污染科、排污征收监理科、监测科研科。2010年3月，内设：办公室、法制宣教科、开发管理科、污染控制科、生态科。

第一节　环境质量与监测

一　大气环境质量

（一）空气环境质量监测

1984年，设7个大气常规监测点：环境监测站、天津市板纸厂、新新冷食厂、八里台村、双港影院、小站镇、葛沽镇。大气常规监测频率为：二氧化硫、氮氧化物、总悬浮微粒、一氧化碳为季度监测；硫酸盐化速率和自然降尘为月监测；小站、葛沽2镇在取暖期和非取暖期监测，每次连续3天，每天采样4次。1993年，改设常规大气监测点位4个。1995年，获大气常规监测数据：二氧化硫368个，氮氧化物368个，总悬浮微粒344个，一氧化碳320个，自然降尘48个，硫酸盐化速率48个。对全区大气污染源进行定期抽测，全年浓度法监测锅炉污染状况206台（次），其他气态污染源30家（次）。

2001年，设大气常规监测点四个：区环境监测站（居民文教区）；天津市板纸厂（工业区）；区八里台镇（农村对照区）；双港影院（对照区）。对全区大气污染源（主要包括全区各工业企业排放废气）进行定期抽测。全年浓度法监测锅（窖）炉214台（次），其他气态污染源25厂（次）。

2004年，市环境监测中心在区建委设立环境空气自动监测站，对全区环境空气进行24小时连续监测。监测项目为：二氧化硫（SO_2）、氮氧化物（NOx）、可吸入颗粒物（PM10），实现空气质量的连续监测。

2010年，环境空气自动监测站监测有效天数为352天，其中达到和优于二级的天数为303天，较2009年持平，优于二级天数占有效天数的86.1%。二氧化硫平均值为0.044毫克/立方米，二氧化氮平均值为0.048毫克/立方米，可吸入颗粒物平均值为0.098毫克/立方米。大气常规监测：TSP24小时连续监测103次，硫酸盐化速率和降尘4个点位监测9次；完成国控、市控和区控重点污染源监测570余厂次。

（二）空气环境质量评价

1985—1995年，执行《大气环境质量标准》（GB3095-82）中相应的二级标准。1996—2010年，执行《环境空气质量标准》（GB3095-1996）中相应的二级标准。从空气质量日报数据分析看，2010年，可吸入颗粒物有303天为影响空气质量首要污染物，占全年有效天数的86.1%；二氧化硫有46天为影响空气质量首要污染物，占全年有效天数的13%，但基本都出现在采暖期；二氧化氮有3天为影响空气质量首要污染物，占全年有效天数的0.9%。

（三）主要污染物

由于津南区长期受以煤烟型为主要能源结构的影响，空气污染的主要特征是以颗粒物（包括总悬浮颗粒物TSP、可吸入颗粒物PM10、细颗粒物PM2.5）和二氧化硫为主的煤烟型污染。随着区内经济高速发展和汽车保有量的增加，城市空气质量在煤烟型污染尚未根治的同时，又面临空气污染类型的转变，细粒子灰霾、氧化性污染的复合性，区域性污染的问题（工业生产排放、农业面源污染及生活污染）等。

二　水环境质量

（一）地表水监测

80年代，区内6条主要河道设常规监测点位13个。1995年，6条主要河道有17个监测点位。对咸水沽自来水厂饮用水质14项指标监测。为掌握水体污染源排污情况，同时对区主要水污染源实施例行监测。是年，共监测126家（次）。2002年，调整为18条主要河道常规监测点位25个。主要景观断面（海河、外环河、月牙河）、农用断面（马厂减河、洪泥河）及区控河道点位逢单月采样监测，年内共监测6次；大沽排污河及先锋排污河每月采样。各河道监测项目4~15项，每年获得有效数据918个左右。区内主要水体污染源也同时进行监测，每年共计监测500余厂次。2010年，境内主要河道共设置常规监测点位22个。海河、马厂减河、洪泥河、外环河逢单月采样监测，年内监测6次；月牙河5月、9月监测；其他区控河道点位单月采样监测。监测126次断面，获有效数据900余个。

（二）评价标准

海河杨惠庄断面采用国家《地面水环境质量标准》Ⅳ类标准；洪泥河、外环河、月牙河采用Ⅴ类标准；大沽排污河采用《城镇污水处理厂污染物排放标准》（GB18918-2002）。

（三）主要污染源

境内工业废水与城市生活污水是水体最主要的污染源。80年代，乡镇企业迅速发展，造纸、化工、纺织成为工业主要行业，但也严重影响水环境。同时境内缺水导致河道排蓄功能不强，形成封闭状态，污染物不能迁移转化，丧失自净、稀释能力，水质不断恶化，呈现有水皆污、无水则枯的严重局面。1990年，全区工业废水排放量1169.1万吨。工业废水排放和化肥的使用，给境内主要6条河道造成不同程度污染。2001年，月牙河两侧工业废水直接或间接排入河中，造成月牙河水质污染比较严重。双桥河、月牙河河水虽来自海河二道闸上游，但没有摆脱海水上溯造成的影响，农业上大量使用化肥、农药，污水河沿岸农田广泛采用污灌，使得汛期农田沥水汇入河流，是有机污染、毒污染的来源，进一步恶化了水环境。排污单位废水治理设施运行不稳定，甚至未经处理直接偷排废水，也是造成河道污染的重要原因之一。2010年，工业污水和城镇生活污水排放量分别为205.48万吨、1752.87万吨，每天上万吨的居民生活污水直接就近排入河道中。

三　声环境质量

（一）噪声监测

1985年，开始环境噪声监测。1994年，咸水沽镇建成区以200米×200米划成152个网格。1995年5月监测，采用ND2声级计，每点采样100个，采样间隔5秒钟，获监测统计数据150个。2001年，对咸水沽镇建成区以200米×200米划成152个网格，在每个网格中心监测区域环境噪声情况。交通噪声在津沽路上设三个监测点位。功能

图2-3　2009年，工作人员进行噪声监测

区噪声监测设四个点位：津南监测站（1类标准适用区）、三星毛纺厂（2类标准适用区）、造纸十厂（3类标准适用区）、人造纤维厂（4类标准适用区）。全年获环境噪声监测统计数据：区域环境噪声408个，交通噪声12个，功能区噪声1584个。2003年，重新对咸水沽镇建成区以274米×274米划成102个网格。在每个网格中心监测区域环境噪声情况。2009年，对《津南区环境噪声区域划分方案》进行调整，调整到不小于1平方千米的建制镇，共划分区域格37个，对区内18条主要干道设置19个交通噪声监测。2010年，功能区噪声监测设三个点位，每季度第二个月10日前后连续监测24小时。全年获环境噪声监测统计数据：区域环境噪声408个，交通噪声80个，功能区噪声1536个。

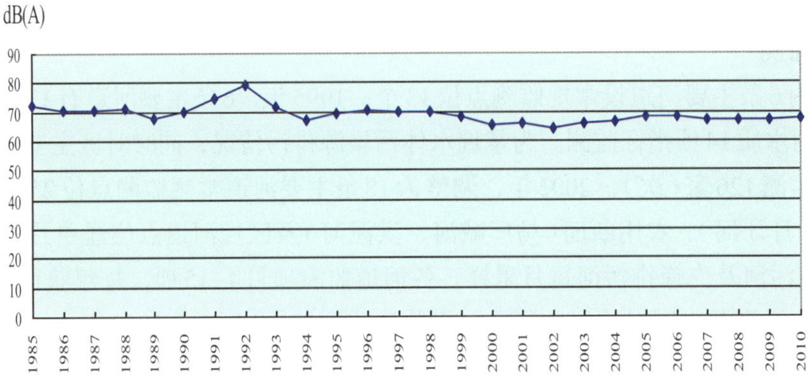

图2-4　1985—2010年津南区声环境状况图

（二）**评价标准**

1982年后，分别执行《城市区域噪声标准》（GB3096-82）《城市区域环境噪声标准》（GB3096-93）。2008年10月1日起，执行《声环境质量标准》（GB3096-2008）。

（三）**主要污染源**

区内噪声污染主要是社会噪声、交通噪声、建筑噪声和工业噪声。1991年，咸水沽区域内交通噪声占48.4%，社会噪声占29%，工业噪声占16.1%，其他噪声占6.5%。1995年，社会噪声占39.5%，交通噪声占31.6%，建筑噪声占15.8%，工业噪声占5.3%，其他噪声占7.8%。2001年，咸水沽镇主要噪声源中，社会噪声排在第一位，为55.9%，比2000年上升3%，交通噪声占30.4%，比2000年上升3.9%，工业噪声和建筑施工噪声分别占11.8%和2%，分别比2000年下降了1.9%和4.9%。津南区主要交通干线是津歧公路、津港公路、津沽公路三条公路，2010年，车流量从原来1000多辆/小时上升到2000多辆/小时。

第二节　污染防治

一　环境污染综合治理

（一）**水污染防治**

90年代，区工业化进程加快，每年工业废水排放量在1500万吨左右，其中仅40%~50%的废水量经过不同程度的处理，排放达标单位仅为20%~30%左右。至1995年，年污水处理能力566.8万吨，工业废水处理率98.96%，处理达标率99.1%。1997—1999年，水污染物限期治理，主要水污染物虽基本做到达标排放，但受治理技术、治理资金投入不足、管理不善等因素影响，一些企业不能做到稳定达标排放污染物。2009年，完成大沽排污河等4条二级河道的综合治理，改造后大沽排污河水质明显改善。至2010年，全区完成3座大型污水处理厂建设。其中，津南环兴污水处理厂，2004年1月投入运营，日处理能力3万吨；荣钢污水处理厂，2008年建成，日处理能力4.8万吨；双桥污水处理厂，2010年建成，日处理能力1.5万吨。

（二）大气污染防治

80—90年代，抓重点大户气态污染源的防治。加强对津沽、津港公路和外环线及咸水沽、小站、葛沽3镇区域内气态污染源的防治，重点抓耗能高、污染严重的工业锅炉的改造和漆雾、酸雾、粉尘排放。至1995年，全区累计投资1026万元，改造工业锅炉和治理各类锅炉927台，削减烟尘排放1.53万吨。治理工业废气污染点60处，削减污染物排放628.3万吨。2000年，烟煤型大气污染控制得到加强，创建咸水沽镇无燃煤区工作取得进展。对区内28家责任单位下达改燃计划通知书，基本建成咸水沽镇1.1平方千米的“无燃煤区”创建工作。脱硫、除尘双重治理稳步开展，2吨/时以上的锅炉，全区改用低硫、除尘双重治理完成36台。针对区工业窑炉冒黑烟较重的现实，通过引进煤气发生炉改造技术，在小站钢绞线、聚兴泡花碱等厂取得成功经验的基础上，适时召开技术推广会，为工业炉烟尘污染治理和加强大气污染控制提供可靠技术途径和经验。2010年，完成鑫北供热站锅炉拆除并网工程。经过治理，大气质量明显改善。是年，空气质量达到和优于二级天数297天，占有效测量天数的87%。

图2-5　2010年，环保执法人员查处违法排污企业

（三）噪声污染防治

为控制环境噪声污染，津南区采取6项措施：通过城镇规划，使城镇布局更加合理化；医院、机关、学校、住宅等敏感建筑物远离交通干线或采取相应的隔音降噪措施；控制商业噪声，限制商业噪声的强度及其工作时间和活动范围；对餐饮、娱乐场所定期检查，在抓好固定声源管理的同时，开展环境噪声达标区建设，实施综合管理；合理安排夜间进镇运输车辆行驶路线，避免其穿行居民密集区域，以保证居民良好的休息环境；加强交通“禁鸣”管制及交通管理，提高整车质量，降低道路交通噪声，在道路两旁建绿化隔离带，对道路两侧的住宅楼采用隔音声屏障措施；加强对建筑施工噪声的管理。2010年，道路交通噪声平均声级为67.3分贝，区域环境噪声平均声级为54.3分贝，道路交通噪声和区域环境噪声平均声级保持在“好”和“较好”等级。

二　基本无燃煤区建设

2001年，津南区相继建成咸水沽镇4.6平方千米“基本无燃煤区”。2002年，咸水沽镇6.08平方千米全部建成“基本无燃煤区”、烟尘控制区覆盖率达100%。2003年，相继建成8个大型集中供热站：咸水沽新兴供热站争取市蓝天工程贴息贷款3700万元；由民营企业投资5800万元建成津南开发区（西区）鑫北供热站和八里台工业园区供热站；天津燃气集团投资1250万元完成津南开发区（东区）天然气入区工程；全区共有123台10蒸吨/小时以下燃煤锅炉实现了改燃清洁能源或并入集中供热网；159台燃煤茶炉、180眼燃煤大灶改用清洁能源。津南区“基本无燃煤区”创建面积达12.6平方千米。

图2-6　90年代，治理违规小沥青厂

三　污染期限治理

1990—1995年，全区累计投资2218.95万元，完成358个污染源点的治理和改造。1996年8月，分三批对176项超标污染项目（共涉及146家企业）进行三年限制治理达标。三年共依法关停、取缔39家小电镀、小铸造等15个小企业。海河乳品工业有限公司等4家企业被责令停产治理。区投资3720万元，完成52项废水治理项目、73项烟尘治理项目、7项噪声治理项目、26项工艺废气、粉尘治理项目和4项固体废弃物治理项目。2000年底，基本实现全区主要工业污染物排放总量控制、工业污染源排放和功能区环境质量达标的阶段性目标。全区176项限期治理项目通过验收。

四　主要污染物总量减排

2004年，泰达环保公司（垃圾发电厂）、大韩庄垃圾填埋厂建成运营，生活垃圾无害化处理率达80%。2005年，区供热办投资1200余万元建成的储量5万吨的封闭式储煤库，在全市尚属首例。2006年，根据国家节能减排列为政府约束性指示精神，确定主要污染物为二氧化硫和化学需氧量（COD）。区政府同市政府签订《天津市津南区"十一五"二氧化硫总量削减目标责任书》和《天津市津南区"十一五"化学需氧量总量削减目标责任书》。2006—2010年，津南区累计完成燃煤锅炉脱硫治理项目15个，共计24台605蒸吨，削减二氧化硫1009.24吨；累计完成荣钢污水处理厂等水主要污染物减排项目6个，削减化学需氧量（COD）1111.32吨。

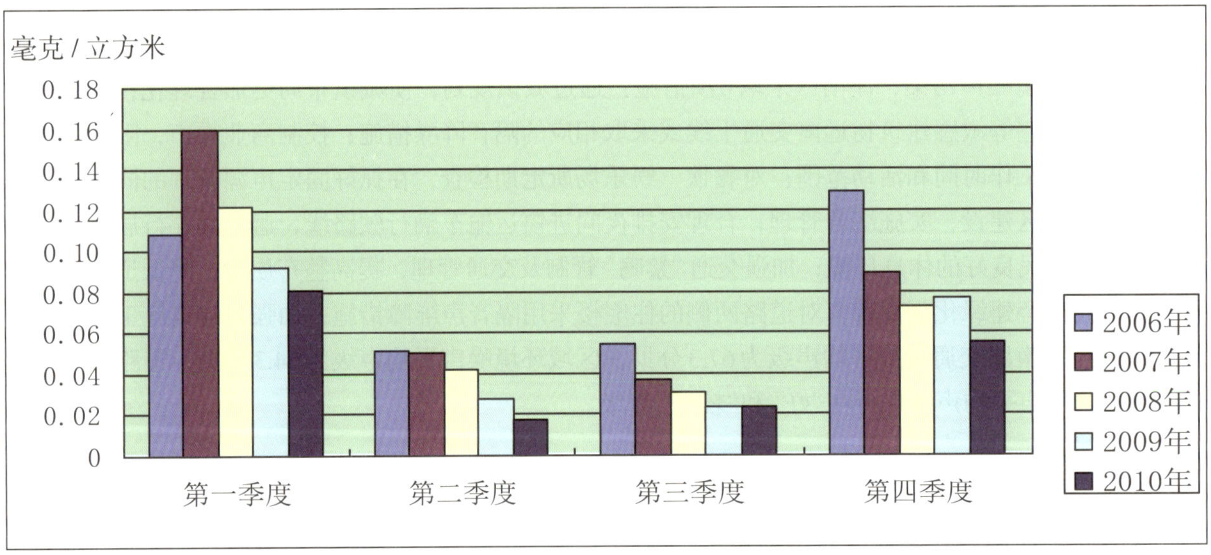

图2-7　2006—2010年二氧化硫季度监测图

第三节　监督管理

一　建设项目管理

（一）"三同时"制度

1980年，国家环境保护部门制定"三同时"（要求建设项目中防治污染的设施必须与主体工程同时设计、同时施工、同时进行）制度。1995年后，区"三同时"制度进入规范化轨道。环保局对审批建设项目严格实施"三同时"管理，对符合要求的规范验收。"三同时"执行率除1997年在80%左右，其余年均保持在100%。1980—2010年，共审批项目1150项。2000—2010年，全区环境保护投资8亿元。

通过"三同时"制度，境内逐步减少老污染，控制新污染，环境质量保持稳定并逐渐好转。

（二）建设项目行政许可

2004年7月1日，国务院颁布《中华人民共和国行政许可法》，环保总局印发《环境保护法律、法规设定的由国家环保总局实施的行政许可项目及依据目录》。区环保局开发管理科进驻津南区行政许可服务中心，从建设项目环保审批到验收实施全程管理服务。按照天津市实施建设项目环境影响分级审批制度，区环保局审批权限为内资投资3000万元和外资投资3000万美元以下的一般性行业的报告表项目。2009年3月，津南区《建设项目环境影响评价文件分级审批规定》实施，是区环保局第一次具备报告书审批权，第一份报告书为津南第一家七星级酒店星耀五洲酒店项目。至2010年，审批新、扩、改建设项目284项。其中，环境影响报告书项目12项，环境影响报告表项目151项，环境影响登记表项目121项。

二　行政执法

（一）征收排污费

1985年，落实《污染源排放污染物申报登记制度》，建立排污申报微机档案库，使用"排污费征收管理系统"，实现排污收费微机化、程序化管理。2003年7月，实现排污收费由超标收费向排污收费转变，由单一浓度收费向浓度与总量相结合的收费转变，由单因子收费向多因子收费转变，由低收费标准向高于治理成本的收费转变。1985—1989年，征收436万元。1990—2010年，征收8359万元。

（二）排污许可证制度

2008年，津南区实行排污许可证制度。在年度排污申报的基础上，核准企业单位能源消耗、排放状况、处理设施等情况。至2010年，发放排污许可证50份。

三　污染源普查

2007年11月，津南区制定《关于成立津南区第一次全区污染源普查领导小组的通知》和《津南区第一次全国污染源普查实施方案》，开展第一次污染源普查工作。区普查办制作发放污染源普查宣传册，选聘213名普查员、30名普查指导员，进行污染源普查员培训。普查员深入村镇、企业，指导工作。至2010年，清查单位5511家。其中，工业源2567家、生活源1187家、集中式污染治理设施5家、农业源1752家。第一次建立污染源数据库，掌握全区各污染物的总量排放及污染治理设施的建设和使用情况。

四　环保宣传

（一）主题宣传教育

1989年始，结合每年的"6・5"世界环境日、"3・22"世界水日、"4・22"世界地球日、"9・16"国际臭氧层保护日等环保节日组织开展环保进学校、进社区、进村户等主题环保宣传活动。以环保进学校为重点，通过组织师生开展环保绘画、征文、环保时装秀表演赛等一系列的校园环保活动，提升中小学生的环保意识。以环保下乡为契机，走进村户宣传环保知识，打破以往重城镇、轻农村的宣传模式，做到环保宣传到边到沿，环保扫盲无死角。在居民区设生态公益宣传栏，调

图2-8　2009年，津南区"6・5"世界环境日宣传现场

动社区居民参与环保的积极性，让环保理念通过宣传栏进入每个家庭。

2010年，组织开展以“低碳减排·绿色生活”为主题的环保宣传活动。现场发放宣传画报800余张、环保手册2000余册、环保手袋1000余个。召开“津南区——松下公司环境教育推动会”，通过集中教育培训、参观见学等形式，4000名学生接受环保教育。

（二）创建国家环保模范城市

1996年，成立区环境综合治理领导小组。区各行政执法部门、经济部门及各镇政府，签订环境保护目标责任书。2001年后，城市环境综合整治定量考核（简称城考）成绩逐年提高。2002年，开展“蓝天、碧水、安静”等六大环保工程。2002—2004年，全区投资11.75亿元，完成市政、绿化、集中供热、污水处理、天然气等基础工程建设，全区环境状况得到根本改善，实现创建国家环保模范城市既定目标。2005年，通过国家组织的三次城市环境综合整治定量考核检查验收。2007年12月，完成《津南区生态区建设规划》编制，开展生态村、生态学校创建活动。2009年，“城考”工作名列全市第二。2010年，按照国家生态区建设新的考核指标体系，8个镇启动生态镇创建工作。先后创建1个国家级绿色幼儿园，2个市级绿色幼儿园，4个市级绿色社区，10个市级绿色学校。

津南区志

（1979—2010）

第三编
人　口

改革开放后，随着津南区经济的快速发展，外来人口日益增多且人口流动性强。计生工作在宣传教育的同时，加大奖励和处罚力度，严格审批二胎，杜绝多胎，人口增长趋势减缓。1989年，《天津市计划生育条例》公布实施后，推行优生优育政策。“九五”期间（1996—2000年），区内人口发展速度明显逐年下降，呈缓慢发展趋势。“十五”期间（2001—2005年），人口出生率继续下降，人口素质不断提高。“十一五”期末，人口素质显著提高，出生性别比偏高势头得到有效遏制。至2010年，全区有41个民族，常住人口593063人，户籍人口412895人。其中，65岁及以上人口35153人（百岁及以上4人），占总人口的5.93%。低生育水平连年保持稳定，全区政策生育率在98%以上。全区78933名育龄妇女中，有9608人批准生育二孩的独生子女户主动退掉二孩生育指标。

2010年，计划生育流动服务车为贫困母亲查体

第一章 人口规模

通过1982年第三次人口普查、1990年第四次人口普查、2000年第五次人口普查和2010年第六次人口普查，显示人口随着经济的发展而逐年增长，仅2000—2010年，区内增加人口166920人，增长率39.17%。

第一节 人口总量

1982年，第三次人口普查，全区总户数81041户，比1964年第二次人口普查增加34069户，增加72.5%。常住人口337309人（男性168617人，女性168692人）。1990年，第四次人口普查，区内总户数102991户，常住人口359569人（男性180305人，女性179264人）。2000年，第五次人口普查，区内常住户数128000户，常住人口426143人。2010年第六次人口普查结果，津南区总户数162561户593063人，家庭户150048户，占全区总户数92.3%，家庭户人口443346人，占全区总人口的74.76%。平均每个家庭户规模为2.95人，比第五次人口普查的3.21人减少0.26人。集体户12531户，占全区总户数7.7%，集体户人口149717人，占全区总人口25.24%。津南区农业户口442868人（男性256895人，女性185973人）。非农业户口145898人（男性76848人，女性69050人），占总人口比重24.78%。

第六次人口普查结果显示，2000—2010年，津南区共增加166920人，增长39.17%。

1996—2010年津南区户籍户数、户籍人口统计表

表3-1　　单位：户、人

年份	户籍户数	户籍人口	年份	户籍户数	户籍人口
1996	110059	362859	2004	134587	375415
1997	114133	362424	2005	137813	380748
1998	116556	362117	2006	143262	390551
1999	117420	365958	2007	146800	398427
2000	117992	366516	2008	147433	405026
2001	118963	370112	2009	146322	411650
2002	120546	371599	2010	146590	412895
2003	122416	373252	–	–	–

说明：数据来源于公安津南分局

第二节 密度 分布

一 人口密度

1982年，第三次人口普查人口密度为786人，比1964年增加243人。1990年，第四次人口普查为855人，2000年，第五次人口普查为1013人，2010年，第六次人口普查为1529人。境域内人口分布不均匀，以第六次人口普查数据为例，咸水沽镇是全区的政治经济文化中心，土地面积仅占全区面积的11.9%，而常住人口占到全区的25.1%，达到148602人，人口密度每平方千米3221人，是全区人口最多，人口密度最大的镇。八里台镇地广人稀，常住人口60009人，人口密度每平方千米565人，是津南区人口密度最小的镇。

二　人口分布

1982年后，区内经济发展迅速，经商务工的外来人口大量增加，津南区人口呈上升趋势。其中，双港镇（含十八局、技术师范学院）、咸水沽镇、八里台镇是全区人口增长较快的地区。2000年第五次人口普查，全区人口426143人。其中，咸水沽镇76472人、葛沽镇54008人、小站镇62461人、双港镇51522人、辛庄镇32024人、南洋镇27465人、双桥河镇29165人、八里台镇28579人、北闸口镇34483人、双闸镇19081人、双林地区10883人。

2010年，第六次人口普查数据，全区常住人口593063人。各镇人口为：咸水沽镇148602人，占25.06%；葛沽镇69023人，占11.64%；小站镇82582人，占13.92%；双港镇109339人，占18.44%；辛庄镇38666人，占6.52%；双桥河镇39101人，占6.59%；八里台镇60009人，占10.12%；北闸口镇45741人，占7.71%。

第二章　人口变动

70年代末至80年代初，区内外来人口较少，人口自然增长率较高，多维持在10%以上。80年代以后，随着津南区经济快速发展，大批外省人口流入津南区。至2010年，居住在区而住户登记地在天津市外的人口有183123人，占全区普查登记人口的30.88%。与2000年“五普”结果相比，人数增加2.67倍。

第一节　自然变动

1982年，第三次人口普查，全区总户数81041户，总人口337309人。比1964年增加104347人，净增44.8%，年平均增长率为2.08%。1990年，第四次人口普查，全区总户数102991户，总人口359569人。比1982年净增6.6%，年平均增长率为0.82%。2000年，第五次人口普查，全区总户数128000户，总人口426143人。比1990年增66574人，净增18.51%，平均每年增加6445人，年平均增长率1.66%。

2010年，第六次人口普查，全区总户数162561户，总人口593063人。比2000年净增39.2%，平均每年增加16692人，年平均增长率3.36%。2010年（六普）时，全区总人口是1949年的4.4倍，61年来增加458463人，净增340.6%，平均每年增加7516人，年平均增长率2.46%。

第六次人口普查统计，2009年11月至2010年10月，津南区出生4652人，死亡2365人。出生率11.29‰；死亡率5.54‰；人口自然增长率5.75‰，与2000年第五次人口普查相比，出生率上升1.29个千分点，死亡率上升0.53个千分点，自然增长率上升0.76个千分点。

1979—2010年津南区人口自然变动表

表3-2

年份	人口总数（人）	出生率（‰）	自然增长率（‰）	年份	人口总数（人）	出生率（‰）	自然增长率（‰）
1979	346280	16.72	13.56	1995	362281	11.75	7.18
1980	330839	13.18	7.43	1996	362859	11.18	5.64
1981	332147	17.90	12.50	1997	363767	10.74	5.89
1982	336079	20.60	15.40	1998	364831	10.63	5.85
1983	335713	16.00	10.00	1999	364218	10.30	5.88
1984	339225	13.47	9.24	2000	366325	10.33	6.06

续表

年份	人口总数(人)	出生率(‰)	自然增长率(‰)	年份	人口总数(人)	出生率(‰)	自然增长率(‰)
1985	340572	12.94	7.24	2001	378204	9.42	5.12
1986	346509	15.86	10.30	2002	372086	8.90	5.27
1987	349659	18.71	14.47	2003	373206	7.44	2.68
1988	351708	16.05	11.68	2004	394238	7.91	3.26
1989	354090	14.45	9.93	2005	400165	8.45	5.52
1990	356521	14.60	7.90	2006	408815	7.67	4.14
1991	357470	13.73	9.71	2007	403955	8.27	5.58
1992	359343	14.63	10.39	2008	413714	7.43	3.94
1993	361445	14.24	10.14	2009	420057	8.63	4.86
1994	360794	12.65	5.15	2010	428860	9.30	4.89

第二节　社会变动

随着津南区经济快速发展，大批外省人口流入津南区。至2000年，第五次人口普查时，津南区总人口426143人，居住在津南区而户口登记地在天津市外的人口73248人(男性39166人，女性34082人)，占人口总数的17.19%。其中，该市市区类22365人，省其他县(市)、市区类1050人，省外49833人。居住在津南区而户口登记地在省外的人口49833人，占全区普查登记人口的11.69%。

第六次人口普查时，居住在津南区而户口登记地在天津市外的人口有183123人(男性130952人，女性52171人)，占全区普查登记人口的30.88%。与2000年“五普”时的49833人相比，人数增加2.67倍，占总人口的比重上升19.18个百分点。其中，户籍在河北省的39593人，占其人口总数的21.62%。其次是山东省籍32027人，占17.49%。河南省籍的28388人，占15.5%。黑龙江省籍11906人，占6.5%。安徽省籍10791人，占5.89%。四川省籍10437人，占5.7%。以上六省籍人数都超过了1万人。在流入津南区的外省人口中，务工经商的占82.7%，随迁家属占5.83%。

第三章　人口构成

1982年，第三次人口普查，人口性别比为99.96。2010年，第六次人口普查，人口性别比130.71；1982年，全区有6个民族，至2010年，有41个民族。2010年，少数民族人口为13224人，占全区总人口的2.23%；2000年第五次人口普查统计中，长表抽样数据统计全区商业、服务人员3134人，2010年，第六次人口普查中，达到6473人；1982年第三次人口普查，显示津南区处于成年型向老年型过渡期。2010年，区65岁及以上人口与0~14岁人口比为51.99%，属不完全老年型人口。

第一节　性别　年龄

一　性别

1982年，第三次人口普查，津南区人口为337309人。其中，男性168617人，女性168692人，人口性别比为99.96。1990年，第四次人口普查，全区人口为359569人，其中男性180305人，女性179264人，人口性别比为100.58。2000年，第五次人口普查，全区常住人口42.61万人，其中男性21.77万人，女性20.84万人，人口性别比为104.46。

2010年，第六次人口普查，全区常住人口593063人。其中，男性336006人，女性257057人，人口性别比为130.71。

2010年津南区镇户数、人口数和性别比情况统计表

表3-3　　　　单位：户、人

地区名	户数			人口数			性别比
	合计	家庭户	集体户	合计	男	女	
咸水沽镇	40667	38778	1889	148602	86641	61961	139.83
葛沽镇	18350	16875	1475	69023	38977	30046	129.72
小站镇	24656	23549	1107	82582	44748	37834	118.27
双港镇	28079	24399	3680	109339	63525	45814	138.66
辛庄镇	10078	8721	1357	38666	22594	16072	140.58
双桥河镇	11342	10258	1084	39101	22428	16673	134.52
八里台镇	16666	15979	687	60009	32884	27125	121.23
北闸口镇	12723	11489	1234	45741	24209	21532	112.43
总计	162561	150048	12513	593063	336006	257057	130.71

二　年龄构成

1982年，第三次人口普查，全区人口337309人，0~14岁人口为107344人，占31.82%；15~64岁人口为215711人，占63.95%；65岁及以上人口为14254人，占4.23%。1990年，第四次人口普查全区人口为359569人。0~14岁人口为83102人，占23.11%；15~64岁人口258570人，占71.91%；65岁及以上人口为17897人，占4.98%。2000年，第五次人口普查，全区人口为426143人，与以前相比较，0~14岁人口占总人口的比重下降到18.5%，65岁及以上人口比重上升到5.6%。65岁及以上人口与0~14岁人口比为30.5%，因有两项标准处于老年型标准内，说明津南区处于成年型向老年型过渡期。

2010年，津南区常住人口593063人。其中，0~14岁人口67659人，占11.41%；15~64岁人口为490251人，占82.66%；65岁及以上人口为35153人，占5.93%。同2000年第五次人口普查相比，0~14岁人口比重下降7.06个百分点，15~64岁人口比重上升6.76个百分点，增长迅速。65岁及以上人口的比重上升0.3个百分点，比重在逐渐上升。津南区65岁及以上人口与0~14岁人口比为51.99%，属不完全老年型人口。

第二节　民族构成

1982年，第三次人口普查时，全区有6个民族（汉、回、蒙、壮、满和朝鲜族）。1990年，第四次人口普查，全区民族增至23个。2000年，第五次人口普查，全区27个民族。除汉族417858人外，有蒙古族257人，回族5882人，藏族3人，维吾尔族12人，苗族131人，彝族29人，壮族57人，布依族12人，朝鲜族821人，满族570人，侗族17人，瑶族4人，白族15人，土家族429人，哈尼族3人，黎族4人，佤族6人，畲族1人，水族1人，纳西族1人，景颇族1人，达斡尔族4人，仫佬族2人，仡佬族4人，锡伯族11人，鄂温克族7人，外国人加入中国籍1人，共8285人，占全区总人口的1.94%。

2010年，津南区第六次人口普查显示，全区有41个民族，比2000年的第五次普查的27个民族增加了14个。汉族人口最多，为579839人，占总人口的97.77%；40个少数民族人口为13224人，占总人口的2.23%，少数民族人口比重比2000年增加了0.29个百分点。少数民族人口中，回族人口6709人，是境内人口最多的少数民族，占全区少数民族人口的（下同）50.73%，主要分布在葛沽镇、小站

镇、咸水沽镇；朝鲜族1952人，占14.76%，满族1864人，占14.1%，蒙古族850人，占6.43%，土家族587人，占4.44%，壮族322人，占2.43%，苗族283人，占2.14%，彝族169人，占1.28%，布依族47人，侗族41人，白族40人，维吾尔族36人，黎族34人，仡佬族34人，瑶族32人，达斡尔族25人，哈尼族23人，藏族21人，锡伯族20人，傣族19人，畲族14人，鄂温克族13人，傈僳族、佤族各11人，土族9人，东乡族、布朗族、阿昌族各6人，拉祜族、羌族、鄂伦春族各5人，景颇族、撒拉族各4人，纳西族3人，哈萨克族、水族、柯尔克孜族、仫佬族、乌孜别克族各2人，普米族1人，以及其他未识别的民族3人。

第三节 职业 行业

一 职业构成

1982年第三次、1990年第四次人口普查，已对各职业构成进行统计。2000年，第五次人口普查统计（10%长表抽样数据），全区有15岁及其以上劳动力32876人，就业人口为19752人，占劳动力资源总人数的60.08%。在就业人口中，男性12553人，女性7199人。就业人口的职业分布：国家机关、党群组织、企业、事业单位负责人730人，专业技术人员1382人，办事人员和有关人员1080人，商业、服务人员3134人，农、林、牧、渔、水利业生产人员3925人，生产、运输设备操作人员及有关人员9497人，不便分类的其他从业人员4人。

第六次人口普查中有10%长表抽样数据显示，津南区16岁及以上人口为44239人，其中在业人口为25974人，占16岁及以上人口的58.71%。不在业人口18265人，占其总人口的41.29%。在不在业人口中，在校学生占17.13%，料理家务的占34.24%，离退休的占17.04%，丧失劳工作能力的占9.99%，毕业后未工作的占2.58%，因单位原因失去工作的占1.34%，因本人原因失去工作的占2.32%，承包土地被征用的占2.46%，其他原因未工作的占12.89%。

在调查的全部在业人口中，国家机关、党群组织、企业、事业单位负责人1001人，占3.85%。专业技术人员2546人，占9.8%。办事人员和有关人员1160人，占4.47%。商业、服务业人员6473人，占24.92%。农、林、牧、渔、水利业生产人员870人，占3.35%。生产、运输设备操作人员及有关人员13749人，占52.93%。不便分类的其他从业人员175人，占0.67%。

二 行业构成

2000年，第五次人口普查统计就业人口19752人。农、林、牧、渔业从业人员3934人，采掘业从业人员6人，制造业从业人员8057人，电力、燃气及水的生产和供应业从业人员74人，建筑业从业人员1538人，地质勘查业从业人员36人，交通运输、仓储及邮电通信业从业人员936人，批发和零售贸易、餐饮业从业人员2608人，金融、保险业从业人员130人，房地产业从业人员41人，社会服务业从业人员935人，卫生、体育和社会福利业从业人员230人，教育、文化艺术及广播电影电视业从业人员519人，科学研究和综合技术服务业从业人员10人，国家机关、党政机关和社会团体654人，其他行业从业人员44人。

2010年，第六次人口普查中，从国民经济行业门类构成来看：农、林、牧、副、渔691人，占2.66%。采矿业、制造业、电力燃气及水的生产和供应业9862人，占37.97%。建筑业5587人，占21.51%。交通运输、仓储和邮政业2225人，占8.57%。批发和零售业2793人，占10.75%。住宿和餐饮业677人，占2.61%。信息传输、计算机服务和软件业、金融业、房地产业、租赁和商务服务业、科研、技术服务和地质勘探业、水利、环境和公共设施管理业、居民服务和其他服务业、教育、卫生、社会保障和社会福利业、文化、体育和娱乐、公共管理和社会组织、国际组织4139人，占15.94%。

第四节　家庭　婚姻

一　家庭结构

由于经济发展和人口城镇化水平的提高、人口流动率加大、离婚率和婚龄人口未婚率的增加、独生子女生育政策的实施等因素影响，津南区家庭户均人口规模在逐渐变小。1982年，第三次人口普查，家庭户均人口为4.15人，比1964年家庭户规模缩小了16.33%。1990年，第四次人口普查家庭户均人口为3.46人，比“三普”缩小了16.23%。2000年，第五次人口普查家庭户均人口为3.21人，比“四普”又缩小7.23%。2010年，第六次人口普查家庭户均人口为2.95人，比第五次人口减少0.26人。

三人户家庭基本是由一对夫妇和一个子女组成。“四普”时，三人户家庭占家庭户总户数的36.89%，“五普”时，占47.12%。“六普”时，三人户家庭占36.38%。第四次人口普查，两代户家庭为72904户，三代户家庭为11121户。第五次人口普查，二代户家庭78534户，三代户家庭19376户，而四代户及其以上户只有382户。第六次人口普查，二代户家庭78097户，三代户家庭21809户，四代户家庭有405户，四代户以上户为零。数字表明，家庭户结构正在发生深刻变化，传统的几世同堂的家庭户越来越少，正走向以夫妇加子女的二代家庭户为主体的家庭格局。

二　婚姻构成

1982年，第三次人口普查，全区有15岁及其以上人口229965人，未婚占30.69%；有配偶的占63.5%；丧偶的占5.49%；离婚的占0.032%。

1990年，第四次人口普查，全区有15岁及其以上人口276467人，其中男性137571人，女性138896人；未婚占23.18%；有配偶的占71.49%；丧偶的占4.95%；离婚的占0.038%。

2000年，第五次人口普查，全区有15岁及其以上人口347442人，其中男性177261人，女性170181人；未婚63304人，占15岁及其以上人口总数的18.22%；有配偶的265828人，占76.51%；丧偶的15461人，占4.45%；离婚的2849人，占0.082%。

2010年，第六次人口普查，全区有15岁及其以上人口525404人，其中男性300847人，女性224557人。据10%人口调查数据显示，15岁及以上人口44724人，其中男性24122人，女性20602人。未婚的9166人，其中男性5199人，女性3967人。有配偶的33360人，其中男性18189人，女性15171人。离婚的514人，其中男性236人，女性278人。丧偶的1684人，其中男性498人，女性1186人。

2010年津南区按年龄分组的婚姻状况统计表

表3-4　　　　单位：人

项目	总数	15~19岁	20~24岁	25~29岁	30~39岁	40~49岁	50岁以上
未　婚	9166	3507	4338	850	316	96	59
有配偶	33360	44	1551	3695	8299	9415	10356
丧　偶	1684	0	0	3	20	105	1556
离　婚	514	0	19	59	178	170	88

第四章 人口素质

1982年第三次人口普查中，大学毕业885人。2010年，第六次人口普查中，具有大专及以上文化程度的60705人，占至总人数的10.8%。2000年、2005年、2010年，国家对津南区进行三次国民体质监测，结果显示成年人身体机能和素质指标基本符合标准数值，但由于个人锻炼程度和生活习惯不同，心肺功能呈逐年减退趋势，身体形态有逐年向肥胖发展的趋势。

第一节 文化素质

1982年，第三次人口普查中，全区6岁及以上人口为302900人，其中大学毕业885人，大学肄业或在校358人，高中16546人，初中87562人，小学133023人，文盲、半文盲64526人（其中6~11岁11890人）。1990年，第四次人口普查文化构成，全区6岁及以上人口326162人，其中大学本科1149人，大学专科2463人，中专5138人，高中19398人，初中119426人，小学131395人，文盲、半文盲47193人。

2000年，津南区第五次人口普查统计，全区6岁及以上人口数399493人，具有各种文化的363428人，占全区人口总数的85.28%。其中，大专以上文化15332人，是1990年“四普”时的4.24倍；高中和中专文化43442人，是1990年“四普”时的1.77倍；初中文化169543人，是1990年“四普”时的1.42倍。15岁以上文盲32338人，占全区总人口的7.59%，比“四普”降低了3.36个百分点。

2010年，津南区第六次人口普查中，6岁及以上人口562142人，具有各种文化程度的人口539951人。其中，具有大专及以上文化程度的60705人，占其总人数的10.8%；具有高中（含中专）程度的67671人，占12.04%；具有初中程度的289644人，占51.52%；具有小学程度的121931人，占21.69%。

津南区每1万人口中，大专及以上文化程度的有1024人，比2000年增加664人。同第五次人口普查相比，2010年具有大专及以上文化程度的人口比重比2000年上升6.96个百分点。具有高中文化程度的，上升1.71个百分点。具有初中文化程度的，上升9.08个百分点。具有小学文化程度的，比2000年下降11.43个百分点。全区人口中，15岁及以上人口为525404人，其中文盲19369人。文盲率（文盲人口占15岁及以上人口的比重）为3.69%。比2000年（五普）下降5.62个百分点。

第二节 身体素质

一 国民体质监测

2000年、2005年、2010年，国家在三次国民体质监测中，将津南区列为国家乡镇测试重点区县，为全国、天津市国民体质监测提供数据，建立津南区国民体质数据库，根据测试的各种数据进行统计、分析，为津南区全民健身活动提供科学的依据和指导。监测对象：国民3~69岁，幼儿3~6岁，青少年7~19岁，成年人20~59岁，老年人60~69岁四个年龄段。样本量：幼儿每一岁为一组，每组35人，总样本量280人；成年人每五岁为一组，每年龄各测5人，总样本量560人；老年人每五岁一组，每组各测40人，总样本量160人。受测单位：津南区各乡镇，津南区一、二、三幼儿园，青少年由津南区教育局统一安排。

2010年，国民体质监测现状：津南区3~6岁的幼儿身高、体重均值较2005年有大幅度提高，3岁女童身高提高1.7厘米，下肢超过躯干的增长，身高的增长在国家合格范围内，胸围与身高的生长速度基本相符，体质水平较高。但3岁女童胸围的均值（51.65厘米）明显高于2005年胸围（48.7厘米）的均值，造成肥胖儿较多。脉搏随年龄的增长，逐渐趋于减慢，坐位体前屈的指数随年龄增长保持不变或减少，柔韧性较好，而6岁男童坐位体前屈的指数明显下降应引起重视。素质部分的网球掷远、立定跳远、10米折返跑、连续跳、走平衡木的均值随年龄的增长而增长，素质有明显提高。

平均身高男子172.2厘米，女子159.1厘米，高出2000年天津市平均水平1.2厘米（男）、2.1厘米（女）；体重除40~49岁、50~59岁外，其他各年龄段的体重平均值比2005年要高，尤其是女子体重增加更明显；肺活量的均值明显低于体重的均值，在体重增加明显的同时，肺活量的增长变慢。反映心血管系统机能水平的台阶试验，进入中年以后呈缓慢下降的趋势。随着身高、体重、胸围指标不断增加的同时，肺活量和台阶试验的指数在下降。

身体素质部分的握力是随着年龄增加有所增加，到50岁后呈下降趋势，坐位体前屈比2005年的均值有所下降，幅度较大，50~59岁的男子下降幅度达到7.6厘米，闭眼单腿站立，随年龄增长呈下降趋势，男子比女子均值要高一些，选择反应时的水平是衡量人衰老程度的指标，均值男子0.52秒，女子0.54秒，多动脑可以得改善。总的趋势是身体形态正逐年向肥胖发展，而心肺功能是逐年减退趋势。

2005年津南区国民体质监测（20~69岁）综合评定表

表3-5　　　　单位：人

人数		优秀		良好		及格		不及格		合格率 %
总数	性别	人数	优秀率 %	人数	良好率 %	人数	及格率 %	人数	不及格率 %	
800	男400	62	15.50	95	23.75	170	42.50	73	18.25	81.75
	女400	37	9.25	70	17.50	208	52.00	85	21.25	78.75
总计	800	99	12.38	165	20.63	378	47.25	158	19.75	80.25

二　人口死因顺位

1979年，全区死亡2644人，按死因顺位占死亡人口总数的比重依次为：循环系统疾病55.26%，肿瘤15.51%，呼吸系统疾病占4.78%，其他疾病4.34%，传染病3.58%，其他意外死亡3.47%，消化系统疾病3.21%，外伤2.99%，中毒、新生儿疾病各占1.68%。占全区死亡人口总数的96.5%。

1980年，全区死亡1891人，其中死因排前十位的各占死亡人口总数的比重依次为：心脏病35.14%，脑血管病26.25%，肿瘤9.92%，意外死亡8.01%，呼吸系统6.51%，消化系统3.46%，其他疾病3.31%，传染病2.69%，新生儿1.71%，泌尿系统0.72%。10种原因造成的死亡人数占死亡人口总数的97.72%。

1991年，主要死因顺位有所变化，全区死亡1359人，其中死因排前十位的各占死亡人口总数的比重依次为：脑血管病26.75%，肺心病18.73%，恶性肿瘤18.46%，冠心病7.21%，损伤和中毒6.87%，支气管哮喘6.27%，新生儿疾病2.76%，风湿性心脏病1.62%，高血压性心脏病1.54%，肝炎1.35%。10种原因造成的死亡人数占死亡人口总数的91.56%。

2001年，全区死亡1472人，其中死因排前十位的各占死亡人口总数的比重依次为：循环系统疾病48.56%，呼吸系统疾病20.66%，恶性肿瘤16.3%，损伤和中毒外部原因7.18%，新生儿疾病1.48%，先天畸形、变性和染色体异常占1.34%，泌尿生殖系统疾病1.14%，消化系统疾病1.07%，传染病和寄生虫病0.54%，其他疾病0.47%。10种原因造成的死亡人数占死亡人口总数的98.74%。

2010年，全区死亡2458人，其中死因排前十位的各占死亡人口总数的比重依次为：循环系统疾病60.51%，恶性肿瘤21.62%，损伤和中毒外部原因5.38%，呼吸系统疾病4.66%，内分泌、营养和代谢的其他疾病1.65%，消化系统、诊断不明疾病各占1.25%，神经系统疾病1.12%，泌尿生殖系统疾病

0.84%，其他疾病0.48%。10种原因造成的死亡人数占死亡人口总数的98.76%。

第五章　人口控制

1979年后，区计生工作在宣传教育的同时，加强婚育管理，提倡晚婚晚育，使人口控制工作逐步走上规范化、法治化。“九五”“十五”期间，贯彻国家生育政策，落实配套奖励政策，做好技术服务工作，使人口出生率持续下降。2001年，国家颁布《中华人民共和国人口与计划生育法》后，区按有关规定执行生育第二个子女政策，奖励优生优育，提高人口素质。“十一五”期末，区出生率9.3‰，自然增产率4.89‰。

第一节　机　构

1979年，区革委会计划生育领导小组主管全区计划生育工作。1980年，更名区计划生育办公室。1987年，更名为区计划生育委员会。2001年，更名为区人口和计划生育委员会，内设：办公室、政策法规科（加挂行政审批科牌子）、宣传科、科学技术科、流动人口管理科、规划统计科等6个职能科室，下属生殖健康服务中心和计划生育药具站2个正科级事业单位。2006年12月20日，津南区被评为“全国计划生育优质服务先进区”。

1979年以后，全区基层计划生育工作机构逐步建立健全。截至2010年，全区8个镇和长青办事处全部单独设置计划生育办公室，8个镇分别设置计划生育技术服务站。194个村（居）民委员会成立计划生育领导小组，下设办公室，按育龄妇女300:1配备计生专干342人。在2000户以上的大型社区配备计生协管员10名，在流动人口聚集地配备协管员58名。91个区属委、办、局机关设分管领导和兼职工作人员。

第二节　政策法规

一　计划生育政策

（一）晚婚晚育

1979年，实施“晚、稀、少”生育政策，提倡晚婚晚育。在农村男25周岁、女23周岁以上为晚婚，城市男女均25周岁以上，或男女一方28周岁以上，另一方24周岁以上。残疾人或确有其他实际困难者，结婚年龄可适当放宽。在校学生不准结婚，违者按校规处理，学徒工除年龄过大者不准结婚，违者延长学徒1年。提倡一对夫妇生育子女数最好1个，最多2个。生育第二胎，两胎间隔4年以上。严格控制三胎及三胎以上生育。1980年，大力提倡一对夫妇只生1个孩子，严格控制二胎生育，坚决杜绝多胎生育。

1989年1月1日以后，津南区正式把计划生育工作纳入法制管理轨道。《条例》规定：人口生育必须按计划进行。鼓励晚婚、晚育、少生、优生。男女双方按照法定结婚年龄推迟3年以上结婚为晚婚。已婚妇女24周岁以上生育第一个子女为晚育。一对夫妻只生育1个子女。符合相关规定的可生育第二个子女。

2002年9月1日，国家施行《中华人民共和国人口与计划生育法》。2003年9月1日，颁布实施《天津市人口与计划生育条例》。为依法管理计划生育提供了具体法律依据。

（二）二孩审批政策

1981年、1983年、1984年、1988年，天津市人民政府先后出台《关于生育第二个子女的规定》，1989年1月1日，《天津市计划生育条例》公布实施，对生育第二个子女作出规定，津南区依此执行。

2003年9月1日以后，津南区规定：具备下列情形之一的居民，可以要求安排生育第2个子女：一是第一个子女为残疾儿，不能成长为正常劳动力，医学上认为夫妻可以再生育的；二是再婚夫妻（含一方再婚，一方初婚），原有一个子女的；三是婚后5年以上不孕（育），依法收养1个子女后又怀孕的；四是夫妻双方均系归国华侨或者香港、澳门、台湾同胞，回国或者回内地定居不满六年的；五是夫妻双方均系独生子女的；六是从外地迁入天津市的少数民族居民，迁入前经当地县级以上人口和计划生育行政部门批准，允许生育第2个子女并已怀孕的；七是市计划生育行政部门批准的其他特殊情况。夫妻双方或者女方为农村居民，有下列情形之一的，也可以要求安排生育第2个子女：一是夫妻一方因伤残全部或者大部分丧失劳动能力或者是二等乙级以上伤残军人的；二是夫妻一方为独生子女的；三是男方到有女无儿家结婚落户，并负责赡养女方父母的；四是劳动力缺乏的山区、半山区的农民，只有1个女孩的；五是同胞兄弟中1人婚后没有生育能力或者因特殊原因不能结婚，其他人各生1个子女的，经协商一致，准许其中1人再生1个。按照第1个子女为残疾儿和夫妻一方因伤残全部或者大部分或者是二等乙级以上伤残军人条例申请生育第2个子女的，应当按照有关规定进行残疾医学鉴定。同时规定审批生育第2个子女应当与生育第1个子女间隔四年以上，但女方年满28周岁、再婚夫妻女方系初育者、依法收养子女后又怀孕的情况除外。外省市居民与天津市居民结婚，在市居住1年以上的，适用对天津市居民的生育规定。

二　奖励扶助政策

（一）独生子女父母奖励费

1981年，境内对自愿终身只生育1个孩子的育龄夫妇发给独生子女证，独生子女可享受优先入托、医疗、住院等优待，国家干部及企事业单位职工每月由女方所在单位发给儿童保健费每月5元，农村由女社员所在生产队每月给记儿童保健补贴工分30分，儿童保健费或保健补贴工分发至孩子14周岁为止。1989年《天津市计划生育条例》公布实施，将每月发放独生子女保健费纳入法规，本区规定由夫妻双方所在单位各负担百分之五十，发至子女年满14周岁止。农村确有困难不能发放独生子女保健费的，可减免其义务工、统筹款，或者优先招收其到乡（镇）、村企业工作。

2003年7月11日以后，依据天津市有关规定，津南区将独生子女保健费改为独生子女父母奖励费，标准由以前的每月5元提高为10元。2004年，津南区制定《津南区人民政府关于计划生育奖励扶助实施办法》，规定自愿终身只生育1个子女并领取独生子女父母光荣证的育龄夫妻，自领证之月起至独生子女14周岁，每月发给10元独生子女父母奖励费。2006年5月，制定《津南区落实独生子女父母奖励费暂行办法》，进一步规范独生子女父母奖励费发放范围、资金来源、资金兑现方式等，对子女未满14周岁并领取独生子女父母光荣证、持津南区非农业和农业户籍的夫妻，分别由区财政和镇财政比例担负发放。下岗待业和农业户籍的夫妻独生子女父母奖励费由各镇、长青办事处每年6月份集中兑现一次，对于已享受独生子女父母奖励费却又申请生育第二胎的，审批前应将独生子女父母奖励费退回。

（二）独生子女父母养老保险奖励

1990年，区政府决定对当年退二孩指标的家庭实行养老保险奖励政策，按照3:2:3:2的比例，由区、乡、村、本人筹款，为每户一次性投保1000元。1994年，扩大投保范围，将农村中母亲年龄在32~34周岁的终身只要一个女孩、采取长效节育措施的夫妇纳入养老保险投保范围，并将投保比例调整为5:1:2:2，为每户一次性投保1000元，一工一农户500元。1995年，投保比例调整为7:1:1:1。1997年，对女方在35周岁以下的一孩结扎农业户和女方在40周岁以下当年退二胎指标农业户，一次性投保金额提高为3000元，对历年退二胎农业户和一工一农退二胎指标户、女方年龄在41~45周岁的，投保金额为1500元。所需资金由区财政统一支付。1998年，区政府《关于将计划生育养老保险变更为简易人身保险的通知》规定：将计划生育养老保险变更为简易人身保险，自1997年12月1日起，对28~34周岁的夫妻一次性投保3000元，待夫妻双方50周岁一次领取本息8910元；35~40周岁的一次性投保3000元，待夫妻双方50周岁一次领取本息6690元。

2002年，区政府《关于停止投计划生育简易人身保险和对当年退二胎指标户实行一次性奖励的通知》规定：对符合生育二胎条件当年退二胎指标、终身只要1个孩子的农业户给予一次性奖励，农业户奖励一次性2000元，一工一农户一次性奖励1000元，按照5:3:2的比例，由区、镇、村分别担负。在保证奖励资金按时足额到位的基础上，鼓励镇、村根据本地区实际情况，加大对退二孩指标户的奖励力度。截至2010年底，全区累计9608个批准生育二孩的独生子女家庭主动退掉了二孩生育指标。

（三）农村部分计划生育家庭奖励扶助政策

2006年，津南区实施农村部分计划生育家庭奖励扶助制度，对夫妻双方均为农村地区农业户口的独生子女家庭，在夫妻年满60周岁后，由市、区政府安排专项资金，每人每年发给600元的奖励扶助金，2008年调整标准为每人每年720元，直到亡故为止。

图3-1　2006年，津南区农村部分计划生育家庭奖励扶助金首发仪式

（四）城镇独生子女父母年老奖励办法

2010年，津南区制定《津南区城镇独生子女父母年老奖励办法》，对区非农业户籍人员（包括小城镇户籍人员、一非一农户籍人员）年满60周岁，现有1个子女的符合条件人员，每人每年给予720元奖励，直至亡故，与农村奖扶政策对接，实现对独生子女父母年老奖励全覆盖。是年底，确认全区非农业户籍符合条件享受人员1033人。

（五）土地整合涉及计划生育的重大利益导向政策

2007年，津南区制定《关于解决农村土地整合及征地补偿费用分配中涉及计划生育问题的指导意见》，要求各镇、村在土地整合及土地补偿费用发放中，对独生子女家庭给予奖励和优待，对违法生育户进行利益限制。

（六）独生子女伤残死亡扶助政策

2004年，《津南区人民政府关于计划生育奖励扶助实施办法》规定：独生子女发生意外伤残、死亡的，不再生育和收养子女的夫妻，符合救助标准的，分别给予一次性救助。死亡救助标准以上年度全区人均纯收入的2倍为准，伤残救助标准以上年度全区人均纯收入为准。2005年，区政府制定《津南区关于独生子女意外死亡对其父母的救助办法》，对独生子女意外死亡未再生育和收养子女的夫妻给予一次性救助，救助标准为上年全区农民人均纯收入的2倍。2008年，区政府制定《关于独生子女伤残死亡家庭扶助办法》，同时废止《津南区关于独生子女意外死亡对其父母的救助办法》。对全区独生子女死亡或伤病残后未再生育或收养子女家庭的夫妻，女方年满49周岁，给予长期救助。独生子女死亡给予夫妻每人每月400元的扶助金，直至亡故为止；独生子女伤、病残由政府给予夫妻每人每月

300元的扶助金，直至亡故或子女康复为止。同时对女方年满40周岁尚未达到49周岁的家庭，由政府以上年全区农民人均纯收入的3倍为标准，给予一次性扶助金。

（七）其他奖励扶助政策

各镇、村在独生子女户生产、生活和生育方面给予奖励与服务，如升学奖励、招工优先、退伍安置加分等优待。区、镇劳动保障部门对拟在本区就业的独生子女家庭中的劳动者，优先安排免费岗前培训、优先推荐就业岗位。区民政局对符合最低生活标准的独生子女家庭优先入保，对符合最低生活保障标准的适当提高最低生活保证金，并给予助学、救济扶持；对符合安置条件的独生子女退伍军人增加安置分数0.5分。农村独生子女家庭享有优先解决承包土地、安排就业，在申请小额贷款时享受优惠条件，并且各村在按人口发放各种费用、补贴、福利等款项时，独生子女父母每人再享受不低于人口费20%的奖励。

第三节　宣传服务

一　80年代计生宣传

1980年9月，中共中央《公开信》发表后，中共南郊区委出台文件要求全区共产党员、共青团员带头执行晚婚晚育政策，在全区广泛开展“只生一个好”宣传。1982年，中共十二大将“计划生育”确定为基本国策之后，境内通过张贴海报、标语、广播、宣传车、播放计划生育题材电影、电视、文艺专场演出等形式，广泛宣传基本国情、计划生育基本国策，开展社会主义生育观教育和宣传。1984年，开展“计划生育宣传月”活动，在全区开展青春期、新婚期、孕产期、育儿期和中老年期的“五期”教育和优生、优教、优育的“三优”教育宣传。1989年“十一亿人口日”，在全区开展《天津市计划生育条例》和区计划生育规定宣讲。

二　90年代计生宣传

90年代，境内利用津南电视台、津南广播电台、津南报开展计划生育宣传，在津南报开设“人口与计划生育专栏”，在津南电视台开设“生殖与健康”专题节目，宣传先进人物和典型事迹。1995年，全区召开“计划生育系统典型案例教育会”，长青总公司计生办主任俞芃善的事迹在中央电视台播出。各镇、村在人口密集地和重要街道建立“计划生育宣传一条街”，加强宣传阵地建设。利用科技下乡活动、科技周、世界人口日、《公开信》发表纪念日、文化艺术节、计生协纪念日等重大节日，集中开展计划生育宣传活动。1999年，全区开展“婚育新风进万家”活动，大力宣传“晚婚晚育、少生优生、生男生女都一样，女儿也是传后人、计划生育丈夫有责”和“少生快富奔小康”等新的婚育观念和社会风尚。区、镇、村组织计生干部进村入户，将新的观念、婚育知识和信息服务传播到千家万户。编制宣传材料6万余份下发到育龄群众手中；利用人口学校等镇、村计划生育宣传阵地，组织育龄妇女学习、观看生殖健康书籍和知识宣传片。印发“避孕节育知情选择”宣传折页25万份下发到各镇、村。通过人口学校开展人口与计划生育基础知识教育，传播生产、生活知识，帮助农民勤劳致富奔小康，引导群众自觉实行计划生育。

三　21世纪初宣传教育

（一）主题宣传

2000年后，津南区创新宣传形式，先后在全区开展“人口文化周”“幸福工程”项目、“生育关怀行动”“婚育新风进万家”、示范典型“五星”评比活动及“人口计生杯”计生专干业务技能竞赛等活动。

2010年，津南区创办“计划生育协会会员节”，以文艺形式组织群众、宣传群众、服务群众、联系群众。是年，区两级中心组邀请市、区领导和区两级中心组成员、计生系统干部600余人参加了人口和计划生育形势任务政策法规专题报告会。

（二）青春期教育

2003年，津南区正式启动“青春健康教育项目”试点工作，举办第一期青春健康教育项目师资培训班。2004年，此举被国家计生协确定为青春健康教育项目、预防艾滋病项目拓展点。是年，培训9962人，区计生协会被评为国家级先进拓展点。2006年，区计生协、区教育局、小站一中被评为“天津市青春健康教育项目先进单位”，8名师资人员被评为“天津市青春健康教育项目先进个人”。2010年，完成8300名在校生、620名社会青年和600名流动人口青少年青春健康知识教育。

图3-2　2000年，津南区人口文化周文艺演出

第四节　技术服务

一　机构与队伍

（一）区计生技术服务机构

1979年，区卫生局已建立计划生育技术指导组。1983年，区计生办设立药具技术指导站，配备3名专兼职人员，指导全区乡（镇）计划生育技术服务站开展工作。1987年，区委组织部核准成立区计划生育技术服务站。1996年，区计划生育技术服务站手术室完成改造，调入中级技术服务人员，服务设施进一步完备。2002年，成立区生殖健康服务中心。2004年，区生殖健康服务中心加挂津南区计划生育服务站牌子。负责实施技术服务、优生指导、宣传教育、信息咨询、药具发放、人员培训、随访服务、生殖保健八项服务；开展计划生育手术并发症和药具不良反应诊治；对全区计划生育技术人员培训。

截至2010年底，全区计生系统卫生专业技术人才31人，区级计划生育技术服务机构卫生技术人员14人，其中副主任医师3人，主治（管）医（药、护）师6人，医师2人，医（护）士3人。镇级计划生育机构卫生专业技术人才17人，其中主治医（护）师5人，医师5人，医（护）士7人。

（二）镇、村计生服务机构

1979年，各乡镇卫生院已建立计划生育手术室。双港、小站两乡镇计划生育办公室建立计划生育服务站，并开展计划生育手术。1992年，从卫生系统储备人员中为各镇（含长青办事处）计生部门调配具有医学背景计生工作人员各1人。为落实天津市“2004—2006年三年分三批对乡（镇）计划生育服务站实施改扩建为生殖健康服务分中心”工作要求，津南区成立区、镇两级生殖健康服务分中心建设领导小组和推动组，区政府制定《津南区村级计划生育服务室设置标准》，从2004年开始村（居）计划生育服务室开展标准化建设。至2007年，全区各镇服务站完成改扩建。镇生殖健康服务分中心改扩建后，达到国家统一建设标准，总使用面积246平方米，配备18万元技术服务设备，负责实施技术服务、优生指导、宣传教育、信息咨询、药具发放、随访服务、生殖保健7项技术服务。2010年，实施新一轮村居服务室规范化建设，以适应城乡一体化快速推进的新形势。截至年底，全区建成150个标准服务室，主要负责计划生育技术咨询、指导药具发放、生殖健康3项查体及回访4项职能，自此形成区、镇、村三级计划生育技术服务网络。

二　服务管理

1983年，区政府制定《关于育龄夫妇实行长效避孕措施的试行意见》，明确育龄夫妇实行长效节育措施，全区长效避孕率达70%以上。1987年，在全区开展孕前型服务管理。拟定《生殖健康全程教育与服务实施方案》和《服务流程》，通过宣传引导和指导育龄夫妇自觉采取避孕措施，把避孕措施落实在孕前。1996年始，全区统一育龄妇女查体工作制度，实施试纸取代试剂，集中查体取代入户查验，B超、妇科、乳腺3项查体取代孕检检查，并作统一要求：对采取短效措施的育龄妇女一个月检查1次，对采取长效节育措施的育龄妇女每两个月检查1次，妇科检查一年2次，寓管理于服务中，在服务的同时做好孕检，减少意外妊娠，保护妇女身心健康。定期开展随访服务，把术后指导避孕作为定期随访重点。自2003年始，区生殖健康服务中心每年春、秋两季开展育龄妇女B超、妇科、乳腺3项生殖健康查体服务，并建立健康电子档案，实施信息化服务管理。2010年，全区长效避孕率52.42%。

图3-3　2007年，咸水沽卫生院为育龄妇女查体

三　优生优育

1996年始，全区统一育龄妇女查体工作制度，在服务的同时做好孕检，减少意外妊娠，保护妇女身心健康，定期随访服务。2005年，全区统一开展弓形虫、风疹病毒、巨细胞病毒、单纯疱疹病毒“四毒筛查”，对政策内审批人员全部进行筛查，降低出生发生风险。2008年，制定《津南区关于加强计划生育术后随访工作的规定》，规范计划生育术后随访，定期健康检查。开展春秋两季育龄妇女B超、妇科、乳腺3项免费查体服务。建立健康电子档案，实施信息化服务管理。2010年，投资20万元，购置优生检测设备，建立免费优生筛查实验室，启动孕前优生健康检查项目。

四　药具供应及管理

1979年，区内避孕药具由区供销合作社下属批发站按供应范围免费发放。1981年后，药具供应改为由区计生办按计划直接向市医药公司进货。1986年后，改由市计生委药具管理供应站供应。乡(镇)设立药具库或药具专柜，村设药具专柜、专管人员和发放人员，建立药具发放进销账和随访卡，形成区、镇、村药具供应发放管理网络。

2007年，区生殖健康服务中心联合区卫生局防病站，开展预防性病和艾滋病知识和计划生育药具社会营销知识的培训讲座，倡导在公共场所安装自动售套机并在宾馆客房配备社会营销安全套。是年7月，成立区计划生育药具管理站。

2010年3月，津南区实现计划生育免费药具的区、镇、村发放批号管理，全区药具管理人员全部实现持证上岗。是年，发放药具87.4万元。

第五节 计划生育成果

“八五”期间(1991—1995年),津南区逐年完成市政府下达的计划生育率、一孩率、多孩率三项指令性指标任务,有效控制人口增长,至“八五”期末,“三率”峰值出现平稳下降趋势。全区实际总人口为362281人,年平均出生4818人,人口出生率11.75‰,人口自然增长率7.18‰,育龄妇女总和生育率为1.27。

“九五”期间(1996—2000年),区内人口发展速度呈逐年下降趋势。同时受人口老龄结构及生育政策影响,出现了一孩率下降,二孩率上升趋势。“九五”期末,全区实际总人口366325人,年平均出生3858人,人口出生率10.33‰,自然增长率为6.06‰,育龄妇女总和生育率降为1.24。

“十五”期间(2001—2005年),由于年龄结构的影响,全区人口死亡率继续缓慢上升,人口出生率继续下降,人口素质不断提高。区内第一批独生子女陆续进入婚育期,且逐年增加,生育政策出现自然调整,一孩出生逐年减少,二孩出生逐年增加。“十五”期末全区常住人口400165人,人口出生率8.45‰,自然增长率5.52‰。

“十一五”期间(2006—2010年),低生育水平连年保持稳定,全区政策生育率在98%以上,人口素质显著提高,由于深入开展综合治理,出生性别比偏高势头得到有效遏制,流动人口计划生育服务管理进一步深化,人口发展规划指标全面完成。“十一五”期末,全区常住人口428860人,出生率9.3‰,自然增长率4.89‰。

第六节 计划生育管理

一 计划生育管理体制

(一)计划生育目标责任制

1981年始,南郊区实行人口与经济百分考核目标管理责任制挂钩,之后不断完善目标责任制考核。1988年,区政府建立科学考评机制。每年根据工作重点设置指标权重,制定考核细则,主要考核效果指标、工作质量指标,还要考核工作保证指标和统计质量指标。对各镇党委政府、计划生育部门和计划生育综合治理部门下达目标管理责任制考核指标,对党政领导重点考核重视程度、人财物投入、人口计划完成和政策法规执行等情况,对计划生育部门重点考核人口计生各项业务工作情况,对综合治理成员单位重点考核综合治理职责落实情况。完善考核评估办法,坚持每年开展半年检查、召开半年人口形势分析会,年终进行考核评估。同时将考评结果与平时工作相结合,听取汇报与入村入户调查相结合,推进考评结果的客观、公正。干部的提拔任用重点考察计划生育工作政绩。2001年,津南区改革计划生育考核评估办法,建立领导保障体系、人口指标、工作质量三A分线考核机制,半年检查改为督导调研,在督导的基础上分析研究,召开半年人口形势分析会,发现问题及时解决,年底对各镇、委办局计划生育工作进行年终考核评估。对党委政府、计划生育部门和计划生育综合治理部门实行三线考核机制。

(二)计划生育合格村创建

1993年,津南区开展创建计划生育合格村活动。计划生育合格村的标准是“两无六好”,即领导重视,无计划外生育、无多胎生育,队伍建设好,政策落实好,宣传教育好,技术服务好,制度建设好,干群关系好。截至1997年,全区建成158个合格村。1998年始,在全区开始开展计划生育“村级自治”创建活动。

（三）计划生育村民自治

图3-4 2006年，辛庄镇生育关怀志愿者队伍启动仪式

根据农村计划生育工作要实现“依法管理、村级自治、优质服务”要求，1998年，津南区开展计划生育“村级自治”活动。制定“村级自治”标准，发挥村级自治组织的作用，组织群众开展计划生育自我教育、自我服务、自我管理。通过实行村务公开，制定村规民约、社区行为规范，运用导向机制，提供多种服务，构建“区指导、镇负责、村为主”的计划生育工作机制，承担起计划生育工作责任。至1999年底，全区村级自治率95%以上。津南区制定《津南区村民自治条件》和章程，白塘口村创造了以协会为主体推进“村民自治”的管理经验，以协会为载体，按照居住相近、活动方便的原则，设立村民自治小组，形成党支部、村委会、计生专干、计生协组织三位一体的管理服务体系，并在全区推广。2001年9月，市计生协在白塘口村召开现场会，推广白塘口村服务管理经验。以协会为主体推进村民自治工作机制一直延续。至2010年底，全区实行计划生育基层群众自治村164个，自治合格率95%。

（四）“三为主”“三结合”工作机制

1982年，落实“宣传教育为主，避孕节育为主，经常性工作为主”方针，在关注群众生育的同时，关心群众生产、生活，实施计生工作与发展农村经济相结合、与帮助群众勤劳致富奔小康相结合、与建设文明幸福家庭相结合的“三结合”工作机制。1994年4月，全市郊区县参加了在津南区传字营村召开的“坚持三为主，推进三结合”现场经验交流会。1996年，津南区制定《关于深化计划生育三结合工作的意见》，区委、区政府与各部门签订综合治理计划生育合同，全面推进计划生育“三结合”工作机制。1997年，津南区确定推进“三结合”工作的5个切入点，即在政治推动、物质奖励、生产扶助、生活保障、健康保健5个方面规范利益导向政策，进一步深化计划生育“三结合”，为全面实现“三为主”提供物质基础和保障。1998年，全区加大基层基础规范化管理力度，规范基层基础帐、卡、单、册，落实“三为主”工作机制。区投资8万元更新区、镇电脑等相关设备，将电子化录入、运转生殖健康服务信息纳入制度规范，并按照不同婚育期规范建立新婚、孕产、哺乳、流产四种人健康档案。1999年，全区统一实行“村级计划生育工作手册”，内容涵盖育龄妇女基本情况统计、基层宣传、管理、服务等工作规范，操作简便，综合性强，进一步简明了工作程序，提高了工作效率。此工作机制一直沿用。

（五）现居住地管理机制

2001年2月，津南区制定以现居住地为主实施计划生育管理的基本要求及操作规范，管理对象是在辖区内居住的已婚育龄妇女以及户籍在辖区，人已流出到外地的已婚育龄妇女。对区内跨镇已婚育龄妇女出现计划外的，居住地在5个月以内向户籍地反馈孕情，并做工作无效的，按户籍地统计考核；在5个月以上至出生前向户籍地反馈孕情的经双方共同做工作无效的，按居住地、户籍地双方统计考核；居住地未发现或发现后未向户籍地反馈孕情的，按居住地统计考核。单位出现计划外按单位、居住地双方统计考核。此管理机制一直沿用。

（六）计生信访接待机制

1999年，区计生委成立信访办，设专人接待群众来信来访，并建立主任信访接待日制度，每月15日固定接待群众来访。2000年，区计生委建立有奖举报制度，并把实名有奖举报奖励资金纳入预算，及时兑现奖励承诺，最高奖励1000元。2003—2010年，将信访结案率、及时率纳入对各镇目标责任制考核。

二 流动人口计生服务管理

改革开放后，南郊区根据流动人口变化情况，制定相应措施加强流动人口计生服务管理。1993年，津南区落实《天津市实施〈流动人口计划生育管理办法〉细则》，主要采取查验计划生育证明，经查验合格的，发给“天津市流动人口婚育登记证”（简称“登记证”）；进行计划生育和优生保健的宣传教育；建立流动人口登记卡，进行流动人口基本情况的统计，订立计划生育保证书，定期检查流动人口计划生育情况；有偿提供避孕药具和节育技术服务；掌握流动人口的怀孕、生育情况，并及时通报其常住户口所在地，共同做好计划外怀孕人员的思想教育工作。对本市外出育龄人员管理职责是要与之签订计划生育保证书，并建立联系制度，出具“天津市外出育龄人员婚育证明卡”，负责外出人员生育计划的安排和计划生育统计。对未按规定落实节育措施或因计划外生育未交清计划外生育费的，乡（镇）、街计划生育部门不予出具“证明卡”，有关部门和单位不得出具相应的务工、经商等有关证明。公安、工商行政、劳动、城建、卫生、商业等部门协同计生部门做好流动人口“登记证”核查，对没有“登记证”的流动人口不给予暂住证发放、营业执照申领、务工许可证审批、派工等，对发现未持证人员及时通报人口计生部门，并做好计划生育的宣传工作。

2009年10月1日，区政府制定《津南区贯彻落实〈流动人口计划生育工作条例〉的实施意见》，建立区流动人口计划生育领导责任、目标管理考核、日常管理、综合治理、自治管理、协管员管理“六大服务管理机制”，实施登记、合同管理、以房管人、信息通报、查验证5个日常管理制度，启动流动人口计划生育“亲情服务”和“生育关怀行动”，实现对流动人口的同管理、同宣传、同服务“三同”服务。流入人口凭“津南区流动人口计划生育亲情服务卡”享受“四免一普及服务”，即免费发放宣传资料，免费发送避孕药具，免费开展孕环情监测，免费提供国家规定的基本项目的计划生育技术服务项目，普及科学适用的计划生育知识。开展以“亲情牵手”“第二故乡情”等为主题的生育关怀行动，帮助流动人口计划生育家庭解决生产、经营和生活中的困难。各镇计生办依照《条例》规定为流动人口育龄夫妻生育第一个子女的，免费办理一孩生育服务登记。现居住地从事计划生育服务的机构根据有关规定，为已婚育龄妇女出具避孕节育情况证明。区、镇、村计划生育部门开设流动人口维权服务信箱、维权服务电话，倾听流动人口心声，解决其困难。

图3-5　2010年，“圆大学梦”救助金颁发现场

至2010年底，全区流动已婚育龄妇女4473人，其中流入已婚育龄妇女4285人，流出已婚育龄妇女188人。建立流动人口计划生育协会10个，配备流动人口计划生育协管员58名，全区流动人口已婚育龄妇女免费计划生育技术服务率达80%以上。津南区在全市流动人口区域管理“一盘棋”大会作“完善长效机制，提升服务管理水平”典型经验发言。双桥河镇获天津市流动人口服务管理示范镇称号。国家人口计生委流管司到小站镇调研流动人口动态监测工作，给予充分肯定。

三 计生执法

（一）执法队伍建设

1979年，南郊区以计划生育为国策，依法管理计生工作，使全区人口合理增长。1990年，区计生委正式成立政策法规科，配备专职人员，各乡镇计生办配备工作人员，专人负责计划生育政策法规的执行，执法人员持执法证上岗。1995年，区计生委成立“津南区计划生育行政执法领导小组”和“津南区计划生育行政复议小组”。各镇均配备1名专职执法工作人员，取消计划生育小分队。1999年，国家计生委下发《关于印发在计划生育执法中坚持“七个不准”的通知》，2006年，下发《关于学习贯彻人口和计划生育群众工作纪律和检查考评工作纪律的通知》以后，津南区广泛宣传并建立纠建并举的长效机制，加强执法队伍建设，严格依法办事。至2010年，全区没有计划生育行政执法恶性事件发生。

（二）社会抚养费征收

1979年始，南郊区对新生第三个和第三个以上子女者（新生第二胎为双胞胎、多胞胎者除外），从子女出生之日起，分别对夫妻双方连续征收多子女抚育费14年；新生第二个子女和第一个子女间隔不足4年者和非婚生育者，也需要征收子女抚育费，非婚生育者男女双方两年内不得提职提级。1981年，天津市《关于鼓励晚婚、控制生育第二个子女的决定》规定：未经批准生育第2个子女者，为计划外生育。自生育之日起，分别对夫妇双方征收子女抚育费，计征时间为5年。如生育第2个子女与第1个子女间隔不足4年者，除征收到间隔满4年外，再征收5年。计征标准为职工、干部每月基本工资的百分之十。同时，计划外生育第二个子女者，孕产期检查费、住院费和医药费等均由本人自理，其第二个子女不享受职工家属医疗费补助或合作医疗，实行托儿免费的单位不予免费，实行托儿补助的单位不予补助，夫妻双方5年内不得评奖，城镇分配住房、农村分配房基地不列入分配人数。党、团员和干部违反计划生育，视情节给予严肃处理。对违反生育政策、影响较大的党员干部超生，进行开除党籍、留党察看、撤职等严肃处理。

1989年，《天津市计划生育条例》规定，未经批准生育第二个子女的和非婚生育子女的，为计划外生育。对超计划生育子女的夫妻征收计划外生育费。1998年，制定《津南区实施〈天津市计划生育条例〉有关具体问题的规定》，征收计划外生育费。

2002年9月1日，国务院发布《社会抚养费征收管理办法》，规范社会抚养费的征收管理。2003年9月1日，《天津市人口和计划生育条例》公布实施，规定违反条例规定生育子女的，应当缴纳社会抚养费。区政府作为依法征收的主体，由区下达《征收社会抚养费决定书》，委托镇征收。区人口计生委联合区财政局制定《津南区社会抚养费征收管理办法》，对社会抚养费使用实施规范化管理，严格落实“收支两条线”。2010年，津南区制定《集中征收社会抚养费实施方案》，自2010年4月初至6月底，区、镇、村三级联动，开展社会抚养费集中征收，建立近十年违法生育情况台账，完成征收566例，征收金额1492.8万元，清欠了近十年的社会抚养费征收欠账。

附：

计划生育协会

（一）组织机构

1985年6月，区成立计划生育协会。各镇、村分别建立计生协会。至2010年底，全区已发展基层协会组织306个，发展会员36623名。计生协实施理事会制度，自上而下推选会长、秘书长。区、镇计生协会由区人大常委会副主任、镇人大主席担任会长。村级协会配备“五老”会长，即老党员、老干部、老模范、老工人、老长辈。村级协会成立会员小组，共分五类：一是以居住地为主的胡同、分片型小组；二是工厂、企业的行业型小组；三是以家庭为主的亲朋型小组；四是商业网点、小卖部的常客型小组；五是楼门院落型小组。全区有2595名会员小组长，成为计生工作宣传和落实的骨干力量。

（二）宣传活动

各级协会从实际出发，开展计生宣传，组织会员在“人口学校”“会员之家”读书看报、切磋技术、交流思想；引导群众在“协会之窗”、宣传一条街获取避孕节育、生殖健康、幼儿保健等科学知识；在群众新婚、怀孕、生育、术后进行上门服务、宣传新的婚育观念；带领广大育龄群众开展生产、生育、生活服务。

图3-6　2010年，津南区首届计划生育协会会员节

（三）示范村建设

1997年初，区计生协会制定《关于协会工作规范化管理的规定》，并要求每镇有3个以协会为主体推进村民自治的示范村。至2010年，全区以协会为主体推进村民自治示范村20个。北闸口镇光明村、小站镇传字营村成功创建国家级群众自治示范村。

（四）扶危助困

1995年始，全区计生协会组织计划生育家庭开展“互助致富”项目，采取资金扶助、传授生产技术，实施“基地加农户、工厂加农户、科技示范户”模式，创建致富项目111个。截至2000年，全区“三结合”项目投入资金10179.5万元，受益群众24万人次，脱贫2748户，涌现出2086个文明幸福家庭。2002年起，计生协会启动“幸福工程”项目，截至2010年底，“幸福工程”项目累计帮扶困难母亲771人次，帮扶贫困独生子女大学生15人，支持其完成学业。2006年，津南区启动“生育关怀行动”项目。以协会为主体，开展独生子女家庭生育关怀行动。联合区委宣传部等12部门出台了《津南区关于开展“生育关怀行动”的实施意见》，12部门与计生困难家庭结成帮扶救助对子。2009年，与区慈善协会实施共建项目，开展“关爱女孩”项目和“慰问独生子女伤残死亡特困家庭”项目，投入帮扶资金4.9万元。2010年，区计生协联合区慈善协会建立“慈善计生爱心行”项目，救助因病致贫女孩家庭和独生子女伤残死亡特困家庭，累计投入30万元。

2008年开始，各镇计生协会从实际出发，开展“一镇一品牌”关爱活动。长青办事处“计划生育家庭意外伤害救助金”项目，对意外伤残、死亡独生子女家庭分别给予5000~10000元救助；双港镇“生育关怀阳光基金会”项目，关爱计生家庭77户；辛庄镇“亲情牵手，结亲续缘”项目，志愿者与独生子女空巢家庭结对子18户；咸水沽镇“计生爱心伴我行”项目，与计生贫困母亲结对子190户；双桥河镇“第二故乡情”项目，开展流动人口亲情服务960人次；葛沽镇“小溪工程”项目，优先安排计生家庭就业274人；北闸口镇“放飞爱心、与爱同行”项目，扶助计生困难家庭12户；小站镇“幸福传递行动”项目，关注独生子女成长36人；八里台镇“独生子女幸福家庭”项目，免费提供技能培训450人次。

（五）协会成果

1990年，市计生协在南郊区召开现场研讨会，交流推广津南区计生协、辛庄镇白塘口村协会、南洋乡协会、长青办事处灰堆农工商分公司协会工作经验。是年6月，区计生协接受国际计生联亚太地区小型项目援助。11月，计生协副会长钱聚燕代表区计生协出席全国计生协第三次代表大会，受到国务院总理李鹏等国家领导人接见。1993年10月，辛庄镇白塘口村协会代表在全国省、市协会会长大会上介绍协会开展生产、生育、生活服务的工作经验。1990年、1993年、1994年，津南区计生协先后接待美国福特基金会、日本妇女幼儿保健和计划生育访华团、中国香港家庭计划指导委员会等团体来访。2002年，市计生协总结辛庄镇白塘口村“以协会为主体，推进计划生育村民自治”

工作经验，并在白塘口村召开了现场推动会。2009年8月，中国计生协原党组书记席小平率“生育关怀行动”专题调研组来区调研“生育关怀行动”开展情况。2010年，津南区计生协被评为“全国计划生育协会先进单位”，小站镇传字营村被评为“全国计生协村级先进单位”，朋得纸制品有限公司被评为“全国计生协先进企业级先进单位”。

津南区志

（1979–2010）

第四编

城镇建设

中共十一届三中全会后，农村建房日益增多，土坯房被淘汰，逐步建起砖瓦房。80年代后期，一些先富起来的农民开始建起二层或三层楼房。90年代中后期，一些富裕村开始集中建起四至六层的住宅楼小区，逐步改变农民的居住条件和观念。2006年，天津市示范镇建设在津南区全面展开，全区以示范镇建设为突破口，一座座高楼拔地而起，绝大部分农民住进现代化生活设施完善，幼儿园、学校、医院、文化馆、超市等功能配套齐全的住宅小区。

2009年，咸水沽示范镇一角

第一章　城镇规划

中共十一届三中全会后，区域规划实现科学化、规范化。1987年后，区规划分局按照高起点规划、高水平建设、高效能管理、高质量服务的要求，完善规划编制体系，注重规划战略策划，规范审批程序，服务重点项目，监督规划实施。完成津南区规划、城区总体规划、分区规划、乡村规划、工业用地规划、修建性详细规划、重点地区规划等。

第一节　机　构

1987年8月，成立南郊区规划土地管理办公室，行政上受区政府领导，业务上受市规划土地管理局指导。1992年7月，撤销区规划土地管理办公室，建立区规划土地管理局。2001年11月，规划土地管理局更名为津南区规划和国土资源局。2008年10月，更名为天津市规划局津南区规划分局，是主管全区城乡规划工作的职能部门。内设：办公室、综合业务科、规划管理科、建设用地科、建设管理科、执法监察科。下属单位：规划设计所、大地汇通测绘公司。

第二节　总体规划

一　区域规划

1998年，《津南区区域规划》开始编制。2001年1月8日，该规划经津南区第十三届人民代表大会第五次会议审议通过，并经天津市人民政府批准。

《津南区区域规划》规划范围是指津南区行政辖区范围，东与塘沽区相临，西与中心城区及西青区接壤，南与大港区毗邻，北抵海河，隔河与东丽区相望，土地面积为420.72平方千米。该次规划期限确定为：近期1999—2004年；远期2005—2010年。规划人口规模：2004年，全区常住人口为46万人；2010年，全区常住人口为59.31万人。津南区建成以环保和基础建设产品为主导的工业基地，以特色农业为主的都市型农业园区，以中心城区和滨海新区为依托、商贸发达的新型城区。

二　区域布局结构

吸纳中心城区和滨海新区的辐射，逐步建立开放型的“二三四四”，即以咸水沽、双港两个中心城区外围组团为轴心，以小站、葛沽、八里台3个中心镇为重要的发展点；“四横四纵”的公路，即津沽公路、津沽二线、唐津高速公路、海河南路和津歧公路、津港公路、山广高速公路、汉港公路干线为骨架的区域布局结构。

全区由北部、西部、东部3个经济区构成。北部经济区位于津沽路以北，海河以南，包括双港镇、辛庄镇、南洋镇、咸水沽镇、双桥河镇和葛沽镇等地区。第一产业以种植优质蔬菜和小站稻为主，建成绿色食品基地；第二产业以发展环保、基础建设产品为主，形成北方环保产业基地；第三产业以发展大型商贸批发、仓储业、旅游业为主。西部经济区位于津沽二线以南，津港公路以西，包括八里台、双闸镇，第一产业以发展小站稻和水产养殖为主，建成小站稻和水产养殖基地；第二产业发展综合加工业；第三产业利用津南水库度假区和京津高尔夫俱乐部发展旅游业。东部经济区位于津沽二线以南，津港公路以东，包括小站、北闸口两镇，第一产业以发展小站稻和特种畜禽为主；第二产业发展基地建设产品和综合加工业；第三产业以商贸批发为主。

第三节　镇村规划

1983年，开展城镇乡村规划编制工作。1985年，全区10个乡镇全部完成乡村规划编制。2001年1月8日，经津南区第十三届人民代表大会第五次会议审议通过《津南区区域规划》，津南区村镇体系布局由4个层次组成：天津市中心城区2个外围组团，3个中心镇，4个建制镇，40个中心村。

一　镇体系规划

规划3个中心镇：葛沽、小站、八里台。葛沽镇镇区，2010年人口规模3万人，用地规模300公顷。经济职能，滨海新区的组成部分，以环保、服装、精细化工为主的加工工业区，海河下游仓储区，滨海新区的生活服务区；小站镇镇区，2010年人口规模2.5万人，用地规模250公顷。经济职能，以电子、仪表、基础建设产品工业为主，成为滨海新区工业扩散地，津南区南部商贸中心；八里台镇镇区，2010年人口规模2万人，用地规模200公顷。经济职能，以旅游业和综合加工业为主，全区小站稻、特种水产养殖基地。

规划4个建制镇：辛庄、双桥河、北闸口、双闸。辛庄镇区，2010年人口规模1.2万人，用地规模120公顷。经济职能，以建材、食品工业为主，以津沽路为轴线的商业发展点；双桥河镇区，2010年人口规模1.2万人，用地规模120公顷。经济职能，北方环保产业基地津南密集区，海河下游仓储、运输区之一；北闸口镇区，2010年人口规模1.2万人，用地规模120公顷。经济职能，以电子及综合加工为主的工业园区；双闸镇区，2010年人口规模1.2万人，用地规模120公顷。经济职能，以综合加工业为主，接受滨海新区（大港）工业扩散。

二　村体系规划

将区内165个行政村，逐步规划建设成为相对集中的40个中心行政村。

津南区规划中的40个中心行政村情况表

表4-1

序号	村庄名称	现状人口（人）	规划人口（人）	用地规模（公顷）
1	潘庄子	2317	2458	29.50
2	头道沟	6310	6694	80.30
3	五登房	2822	2994	35.90
4	北　洋	6055	6423	77.10
5	南　洋	5281	5602	67.20
6	十间房	5693	6039	72.50
7	大　滩	5384	5711	68.50
8	邓岑子	5185	5500	66.00
9	刘　庄	6118	6490	77.90
10	石　闸	3918	4156	49.90
11	三　合	3745	3973	47.70
12	西　关	2822	2994	35.90
13	传字营	9070	9622	115.50
14	黄　台	5086	5395	64.70
15	东　风	4083	4331	51.90
16	二道沟	10540	11181	134.20
17	东大站	6805	7219	86.60
18	东花园	10543	11185	134.20
19	南马集	9299	9865	118.40

续表

序号	村庄名称	现状人口(人)	规划人口(人)	用地规模(公顷)
20	北马集	6211	6589	79.10
21	何庄子	10748	11402	136.80
22	小李桃	6788	7201	86.40
23	大孙庄	4738	5026	60.30
24	巨葛庄	5775	6127	73.50
25	大韩庄	4255	4514	54.20
26	团　洼	629	667	8.00
27	高庄子	4755	5044	60.50
28	张家嘴	4282	4542	54.50
29	新　桥	4659	4942	59.30
30	白塘口	7214	7652	91.80
31	周庄房	4139	4391	52.70
32	义和庄	4805	5097	61.20
33	北义心庄	6551	6949	83.40
34	大芦庄	5634	5977	71.70
35	潘家洼	3902	4139	49.70
36	刘家沟	5072	5380	64.60
37	孙庄子	10648	11296	135.60
38	阎家圈	2857	3030	36.40
39	小韩庄	1879	1993	23.90
40	小营盘	1997	2119	25.40

第四节　规划管理

一　建设用地管理

区规划局负责区管项目的建设用地规划管理；组织年度建设用地计划编制、管理和监督实施；办理区管各类建设、开发利用土地项目的选址定点，核发《选址意见书》，提出核定用地条件，审查核定用地及成果的管理，核发“建设用地规划许可证”。1994—2007年，区规划部门核准建设用地规划许可证1356件，拨地2419.8万平方米。2004—2007年，核准选址意见书预审报告767件，拨地面积3246.96万平方米。2010年，办理建设用地类各项业务案件459件，总计批准建设用地面积1510公顷。

图4-1　2008年，区测绘工作人员在规划现场勘探、采集数据

二　建设项目管理

区规划分局负责职责范围内修建性详细规划的编制和审查、组织区管项目的城市雕塑规划，城市雕塑设计方案的编制、招标、审查和报批工作；组织核发区管项目的城市雕塑建设工程规划许可证；组织区管项目的城市景观规划设计方案的编制、审查和报批工作；组织编制区管市政基础设施工程项目的规划设计要求；审查区管市政基础设施工程的管网综合规划；审查、核发区管市政基础设施线性

工程“建设工程规划许可证”。2010年，核发“建设工程规划许可证”居住123件，发证面积567.55万平方米；公共设施54件，发证面积206.34万平方米；工业及其他134件，发证面积163.52万平方米。

1991—2010年津南区建设工程规划许可证情况表

表4-2　　　　单位：件、平方米

年份	居住		公共设施		工业及其他	
	发证数量	发证面积	发证数量	发证面积	发证数量	发证面积
1991	27	14308.56	77	42751.51	124	86845.48
1992	20	43413.63	79	49500.63	124	104389.01
1993	25	83289.63	67	42511.99	73	88430.33
1994	29	109226.56	65	64757.68	76	94837.68
1995	70	256066.14	53	58332.42	75	77216.74
1996	61	184050.61	47	53084.95	50	101738.46
1997	89	354684.99	70	167642.03	77	201479.54
1998	50	343692.07	57	112667.83	78	164170.96
1999	62	520523.38	52	105536.25	56	142499.52
2000	34	307706.24	72	161197.46	161	244880.42
2001	43	338134.00	39	104912.00	137	452240.00
2002	36	485795.49	25	67541.48	138	536965.68
2003	26	493383.24	35	150599.22	129	552650.04
2004	22	554196.32	32	148574.79	119	549395.05
2005	18	487333.00	30	161751.86	92	594090.65
2006	37	1172903.46	16	43059.75	91	496993.23
2007	46	2135354.75	19	133649.55	99	806738.09
2008	19	747564.00	9	110089.00	20	224269.00
2009	77	2203572.19	10	250826.61	113	1217558.65
2010	123	5675514.91	54	2063416.23	134	1635179.64

第五节　地名管理

一　地名普查

1982年5月，成立南郊区地名委员会办公室。1982年7月至1985年2月，开展全区地名普查工作，参加普查296人，普查地名1099条，形成图、文、表、卡四项成果。1986年8月，建地名档案室，在天津市第五次地名工作会议上被评为“地名档案工作先进单位”。1987年，建立村镇名牌159套，安装在镇村主要路两侧的醒目位置。编辑《南郊区地名录》，收录有行政区划和居民地名称，各专业部门使用人工建筑和自然地理实体名称、古迹和纪念地名称1097条，于1989年底编辑出版1000册，同时出版《地名图》500册。1991年10月，编辑完成《津南区地名志》，入志地名1638条35万字。是年，开始正常的地名命名、更名和管理工作新阶段。

二　住宅建设命名

1981—1997年，咸水沽镇住宅建设命名“风、光、普、照”4个主要住宅小区。1998—2001年，咸水沽镇命名并建成广建里、富源里、育德里、益华里、北斗公寓、红霞里、睦安公寓等居民小区。2003—2007年，命名惠苑里、惠裕里、惠丰花园、惠安花园、城市亮点花园、同泽园、滨河雅园、景明花园、博雅花园、左岸名邸、水岸华庭等新的居住小区。双港、葛沽、小站、八里台等镇也加快对旧城镇改造建设，命名建设海天馨苑、仁永名居、玫瑰庄园、康桥花园、普霖花园、普泰花园、格林小城、康明花园、鸿泽园、浩泽园、昊天园、旭日园、金谷园、金溪园、乾坤园、天圣园、天嘉湖花园等新的居民居住小区。

三 标志牌号命名

2004年12月，开始对企事业单位的沿路门牌号码展开命名工作。2007年1月1日起，门牌号码的命名核发“标准地名使用证”，开始设置居民小区地名标志。是年，完成龙居园、西花园、诚信里、益华里、金龙里、景明花园、海天馨苑、德信园、诚勤园、家福园等10个居民小区地名标志牌设置。

2009—2010年，津南区地名管理实现地名标准化，业务案件均在“一网通”系统内办理，严格落实地名图形检测、重名检测、预备案等要求。

1997—2010年津南区地名命名注销情况表

表4-3 单位：件

年份	地名数	命名数	注销数
1997	35	26	9
1998	37	26	11
1999	38	20	18
2000	31	29	2
2001	17	16	1
2002	59	13	46
2003	41	17	24
2004	86	59	27
2005	294	287	7
2006	291	183	108
2007	440	199	241
2008	67	67	0
2009	32	32	0
2010	82	79	3

第二章 基础设施建设

1979年后，区城镇基础设施建设快速发展。70年代，开始进行天然气工程建设。1994年，居民集体供热开始。至2010年，道路交通更加完善。市政工程如：供水、排水、供热、供电、供暖、天然气等设施齐全；文化、教育、体育、卫生配套设施完备。

第一节 机 构

1976年，区成立公用建设管理站。1980年，区公用建设管理站与南郊区房产管理所合并，组成区城建房管局。1984年5月，更名为区城乡建设委员会。1996年11月，设置区城乡建设委员会。2001年12月，区城乡建设委员会更名为区建设管理委员会。内设：党委办公室（人事劳资科、纪检委）、办公室（法制室）、公用事业管理科、财务审计科、房地产开发科、村镇建设科、建筑业管理办公室、招投标管理科、工程建设计划科。下属单位：建筑质量安全监督管理支队、南华房产开发管理所、建设工程试验室、园林管理所、建筑勘察设计所、市政工程管理所、供热办公室、津南区建设管理技术培训中心。其工作职责是“主管全区城乡建设管理、城镇基础设施管理、公用事业管理和建设系统国有资产管理工作的区政府组成部门”。

第二节　城镇道路

一　建设起步

1979年，街镇建设加快，道路质量不断提高。1992年，咸水沽镇内有街道、里巷、胡同184条，其中84条铺设油面或砼板层路基，总长2.94万米，面积28.27万平方米；葛沽镇内有街道、里巷、胡同107条，其中15条铺设油面，总长6113米，面积3.01万平方米；小站镇内有街道、里巷、胡同39条，其中13条铺设油面，总长5149米，面积2.69万平方米。随着经济的发展，1992—1995年，八里台、双港、双闸、南洋乡先后撤乡建镇，新建4镇各有1条主要街道。至1995年，境内7镇有主要街道28条。其中，咸水沽镇16条1.44万米；葛沽镇3条，总长3632米；小站镇5条，总长4071米，八里台、双港、双闸、南洋乡改镇后，各有主要道路1条，总长1700米。

图4-2　2008年，改造后的咸水沽团结路

二　建设加快

1996—2010年，老“三镇”（咸水沽、葛沽、小站）新建和改建道路78条，总长117654.7米，总面积100.69万平方米。新修建道路两侧的人行道长45595余米，总面积33.72万平方米。新修建的道路均为水泥（沥青）混凝土路。

2010年，整治双桥河路、辛庄规划路、八里台观赏鱼路、咸水沽丰收路延长线、小站黄台工业区路、北闸口镇光明东路等15条道路。投资3337万元进行津沽路道路3.4千米的大修工程。投资3.5亿元完成辛庄示范镇安置区、双桥河示范镇安置区等9大项30余条道路的基础配套设施建设（咸水沽镇5条，辛庄镇3条，双桥河镇3条，八里台镇9条，开发区10条），工程道路总面积40万平方米，排水管道3.94万延米。是年，全区各镇镇区道路累计79条，总面积111.57万平方米，总长度73千米。

图4-3　2010年9月，辛庄镇鑫昱花园路面施工

第三节　供水　排水

一　供水

（一）机构

1978年，咸水沽水厂改为南郊区自来水厂，下设小站、葛沽两个水厂。1981年3月，建立咸水沽自来水厂、葛沽自来水厂和小站自来水厂。1985年3月，组建南郊区自来水公司。2001年12月，津南区自来水公司正式移交市自来水集团。2003年6月，津南区自来水公司更名为天津市自来水集团津南水务有限公司。2005年2月，成立津南水务有限公司双港分公司。2008年12月，成立津南水务有限公司八里台分公司。

（二）供水设施

1986年12月，引滦入咸水沽工程竣工，工程全长12459米，经双港、辛庄、南洋、咸水沽四个乡镇，跨越大小河流15条。于柳林建加压泵站1座，千吨蓄水池2座；在大件路建泵房1座，百吨蓄水池1座；咸水沽水厂增建600吨、400吨蓄水池各1座，改善咸水沽镇级周边居民的饮水状况。1987年，投资38.3万元，调整咸水沽镇、葛沽镇、小站镇供水管网14处，管网长度3809米。全区自来水入户率100%。1994年11月，引滦复线工程全线贯通，结束咸水沽居民饮用高氟水历史。1995年，有机井6眼，出水量365吨/小时。

2001年3月，投资450万元，完成引滦入八里台镇的管网铺设工程。2003年，双港镇工业园区泵站和管网进行改造，实行24小时供水。是年10月，公司接收葛沽镇葛三村、大滩村和双港镇镇区65栋居民楼的供水工作。2007年，小站分公司、八里台泰达微电子工业园区新建供水泵站的主体建设和设备安装调试完成，2008年，投入使用。是年，对辛庄镇双鑫工业园区、辛柴路工业园区及14栋居民住宅楼的供水接收改造和抄表入户工程，铺设管径200毫米及以下管道5386米；对北闸口镇工业园区、正营工业园区及2500余户居民的供水改造，共铺设管径200~400毫米的供水管道12.5千米，铺设管径150毫米以下管网8千米。

图4-4　2010年，海河教育园供水服务中心

2010年11月，海河教育园区一期供水配套工程完工。铺设管网235千米，为园区7所高（中）职院校提供供水保障。扩建的双港分公司供水泵、新建的双港新家园供水泵站、海河教育园供水泵站投入使用。是年，累计铺设供水管网1330千米，建供水泵站等设施8座，津南区实现建制镇以来滦河水全覆盖。全区供水总量6.12万立方米/天，供水面积52.7平方千米，日供水设计能力20万立方米，供水服务人口30余万人。

（三）管理

1990年5月，咸水沽水厂实行（滦河水、井水）分质供应。上午供滦河水，下午供井水。1992年12月，三镇水厂全部实现总表计量管理。2004年10月，抄表到户改造工程完成2.6万具水表的改造安装任务，工程总投资1683万元。2005年5月，天津市自来水集团津南水务有限公司与北京工业大学联合研发“小城镇供水实时监控管理系统”。2006年，对全区1600余个管网闸门进行GPS定位，提高管网及闸门的科学管理水平。2010年，水质化验项目由8项增加到17项，水质检测由一周两次改为常规项每日一次，全项每月二次，专人专车对全区8个检测点进行水质化验，保证水质安全。

二　排水

70年代末，设有专门机构负责葛沽、小站、咸水沽3镇排水，管网分布在主要街道。1995年，有排污和雨水泵站7座，排水管网57052米。收水井1661座，检查井1832座。排水能力11立方米每秒。1996—2001年，老三镇修建排水干管14052米，支管4347米。修建检查井357座，收水井512座，排水泵增加到24台。2004—2009

图4-5　2009年，咸水沽镇二道桥泵站

年，新增排水支管7.7万余米，支管1.9万余米。2010年，铺设排水管道43千米，建砌收水井1060座，检查井1137座。全区在建污水处理厂3座，投资2.6亿元，总污水处理能力8.5万吨每天。全区年排水管道总长167.7千米，排污能力28立方米每秒。仅咸水沽境内有排污和雨水泵站10座，机组台数29台，装机容量1965千瓦，排水能力23.43立方米每秒。排水管网57230米，检查井1425座，收水井1448座。

第四节　供　热

1994年7月，津南区建立集中供热办公室。1995年，开始启动集中供热建设，建成咸水沽镇光明楼供热站，实现4.5万平方米631户的集中供热。1996年，建设农林局供热站，供热面积1.09万平方米。1997年，建成普明里供热站，供热面积5.49万平方米。1998年，建成益华里供热站，供热面积3.38万平方米。同时，各镇建起一批规模大小不等的国营、集体和个体经营的供热站。

图4-6　2004年，米兰供热站

2000年，按照市政府关于"逐步取消10吨以下燃煤锅炉"的要求，建设普明里大型供热站，淘汰农林局供热站，实现该站的供热并网。至2001年，全区供热站供热锅炉的总吨位近300吨，供热总面积160余万平方米（农村中有些小型供热站未在统计之内）。2003年始，分别建设新兴、米兰、博雅3个大型供热站，实现咸水沽镇各小区近百家小厂锅炉的并网，管网铺设全部采用地下直埋。同时，军粮城电供热管网进入津南，在博雅供热站安装1台100吨大型锅炉。

2006—2007年，投资5805万元新增直管供热面积108万平方米。全区供热能力865.1兆瓦，供热总面积582万平方米。

2010年，全区供热单位48家，供热站55座，供热能力2120.53兆瓦，供热总面积1460.37万平方米，供热管网总长600.27千米，供热户数120212户。其中，咸水沽镇镇区集中供热普及率95%以上。

第五节　供　电

一　机构

1983年，天津市电力工业局郊区供电处负责境内供电工作（南郊区供电所）。1986年，改为天津市电力工业局郊区供电公司，1992年，改为环城供电公司。1995年8月，成立津南供电局（分公司）。2007年11月，城南与津南供电分公司整合。

二　供电设施

1979—1988年，区电缆由天津市郊区供电公司管理。1985年始，采用较为先进的交联聚乙烯电缆，方便安装和运行维护。1995年8月，津南区有10千伏电缆投入运行共44段，全长6.03千米；35千伏电缆投入运行共2段，全长0.84千米。至2010年12月，10千伏电缆投入运行共2920段，全长926.71千米。35千伏电缆投入运行155段，全长127.2千米。

1995年，津南供电局拥有35千伏线路11条，长度101.6千米。2004年，有110千伏输电线路8条投入运行，总长度85.8千米，砼杆78基，钢杆18基，铁塔250基；由35千伏输电线路19条投入运行，总长度148.92千米，灰杆448基，钢管杆40基，铁塔372基。至2010年12月，境内有35千伏线路31条164.86千米，其中钢管杆40基，砼杆169基，铁塔312基。110千伏线路18条205.74千米，其中钢管杆115基，砼杆76基，铁塔429基。

图4-7 2009年，区供电公司机房

1995年，有10千伏线路35条，长度483千米。至2010年，10千伏配电线路已经发展到255条，长度1963.83千米。1995年，低压线路58千米，至2010年底，发展为1048.01千米。10千伏公用站由1995年的52台1.15千伏安容量，发展到2010年的1320台，在装容量49.85万千伏安。

三 变电

80年代，先后建八里台等5个变电站，以保障工农业用电。至1995年，全区有变电站9座，配电变压器1500台，变压器总容量28.26万千伏安，用变量达3.49亿千瓦小时。2010年12月，全区有变电站23座，其中35千伏变电站11座、110千伏变电站12座，有变压器46台总容量160.8万千伏安。

四 电价

1983年5月，农电公司接管南郊供电所，形成由供电开始直至销售收入整个环节的经营管理系统。1998年，农村电网实行“两改一同价”（改造农村电网、改革农电管理体制、实现城乡电网同网同价）的农电管理体制改革，实现收支两条线管理，城乡用电同价。2000年8月始，农村用电推行“过渡电价”体系。各类电价每千瓦时分别为：居民照明电0.49元，非居民照明电0.66元；非工业、普通工业0.61元；商业0.66元；农业0.42元。

1995—2010年津南区用电电量情况表

表4-4　　单位：万千瓦时

年度	年用电量	大工业用电量	普通工业用电量	农业用电量	居民照明用电量	非居民照明用电量	商业用电量
1995	33998	11765	10706	7975	2435	1117	–
1996	37376	14089	11024	8145	2608	1510	–
1997	42615	17453	11381	8399	3292	1027	1063
1998	48142	19671	12953	8494	4154	1295	1575
1999	54152	21321	14659	8550	6073	1519	2030
2000	59146	23372	16236	7478	7995	1825	2240
2001	65330	27690	18482	5704	8184	2167	3103
2002	76569	35429	20976	5048	9155	2653	3308
2003	94787	50043	23905	3699	9778	3429	3933
2004	126896	75542	26905	3688	11226	4281	5254
2005	168927	111685	29281	3779	12797	4345	7040
2006	208652	145756	30941	3854	14589	5410	8102
2007	223238	152461	32235	4001	16631	8476	9434
2008	246241	164043	35105	5598	21368	10792	9335

续表

年度	年用电量	大工业用电量	普通工业用电量	农业用电量	居民照明用电量	非居民照明用电量	商业用电量
2009	267343	168810	36750	5736	33322	12538	10187
2010	312684	204874	47228	6068	28198	13822	12494

五　电力管理

90年代初，区电力管理工作由区三电办公室（挂靠区农经委）负责。1999年11月，经区政府批准，区计经委成立电力管理办公室，撤销三电办公室，其职能并入区计经委。

1996年初，各乡镇实施农村低压电网改造工程。改造低压电网118.3千米，更换接户线665千米，完成电表外移上杆1.05万具，配装上杆表箱1678个，新装农村照明路灯1070盏，配装临时用电表箱129个。总投入资金558.7万元，其中村自筹资金295.7万元，专项补贴资金263万元。至此，全区85%以上的低压电网得到彻底改造。推广电子镇流器5000只、高效节能灯3.5万只，年节电470多万千瓦时。1997年，低压电网改造同时安装磁卡表7500具，新装村照明路灯435盏，低改资金总投入561.2万元。预付费磁卡电表的推广应用，增强电费收缴透明度，农电管理水平得到提高。

1999年7月，区政府制定《关于加快农村电力体制改革与加强农电管理的意见（试行）》，“两改一同价”正式启动。将乡镇电管站改革为供电企业的派出机构——供电营业所（站），其人、财、物纳入供电企业统一管理，由供电企业直接管理到户。8月8日，小站供电营业所正式挂牌营业，成为天津市第一个挂牌营业的供电所。北闸口、双闸两个供电营业站也正式挂牌营业。后双港、咸水沽两个供电营业所和辛庄、南洋、双桥河、葛沽、八里台5个营业站相继举行挂牌仪式。全区公开择优招聘农电协勤工60余名，实现机构、人员、职责三到位。三个供电营业所和七个供电营业站建设工作全部完成。9月，区农村低压电网建设与改造工作全面展开，是年底，完成低压电网改造任务，投资总额6712万元，建设与改造10千伏供电线路91.32千米，低压线路721.37千米，新装变压器容量8万千伏安，按政策免收电费3600万元。

2000年，区实行过渡电价政策，确定0.48元每千瓦时（原执行0.52元每千瓦时）的农村照明用电过渡电价。是年7月，取消农村低压维护改造资金收费项目。2003年，马集110千伏变电站建设完工。完成对市肺科医院、海河医院等“非典”定点医院的供电工程。协调市电力公司等部门，为中心村电力配套建设争取优惠政策，解决约32万平方米建筑面积的电力配套问题，节约配套资金1000余万元。解决荣程集团110千伏用户站的增容问题，缓解了该公司生产用电紧张的局面，为立林集团解决双电源配置等问题。完成北闸口工业园区的10千伏供电线路等多项工程。

2004年，编制《津南区“十一五”电力发展计划和长远规划》。对79条供电线路进行错峰调荷及拉路限电的排序，保证用电安全。2005年，完成上刘庄110千伏变电站站内的110千伏线路和7条10千伏线路等建设工程。完成南八里台110千伏变电站的110千伏线路走廊改造准备工作，以及双闸35千伏变电站扩建垫土等前期准备工作和招投标工作。完成新建正营110千伏变电站和小站地区新建220千伏变电站的选址工作。完成梨双路1条10千伏出线，缓解开发区（西区）和长青科工贸园区用电。协调电力、公路等部门办理红勘、国际学校35千伏线路改造审批进件等手续。协调电力部门为开发区力源蓄电池有限公司解决双电源以及为小站医院等用电问题，保证夏季用电安全。召开津南区电力平衡预警方案会议，向全区用电企业下发《天津市2005年电力平衡预警方案》公告4000余份，使全区企业对预警的级别、错峰任务、高峰时段的确定和预报方式等内容，及时了解保证全区夏季用电安全。

2006—2009年，确定“十一五”期间区需建26座变电站的站址。完成李家圈110千伏、二八路110千伏电源线工程；完成220千伏线路3条、110千伏线路4条、35千伏线路4条的新建和改造工作，线路总长约76.5千米，塔基290余座。修订完善区电网建设计划，新增不同等级变电站10座。争取电力部门电网建设、改造补偿金协议额4300万元，协调补偿款2436.07万元，分批拨付各相关镇。板桥500千伏变电站、南边路（新家园）110千伏变电站、裕盛35千伏变电站相继建成。白塘口220千伏、星城35千伏变电站主体竣工。天嘉湖110千伏变电站重新调整站址。完成海河教育园区涉及的6个村和工业园区电力切改，完成小站镇40万平方米还迁楼送电工程。实现咸水沽镇金华园170万平方米还迁楼建设先期交纳的电力配套费由50%减为20%。

第六节 供 气

一 天然气

境内居民使用天然气始于70年代。1979年，咸水沽镇有占地1400平方米的天然气服务站，延伸供气管道6696米，新增天然气用户438户。至1989年增至8700户。1992年，天然气复线工程开工，全长45千米，途径境内30千米，为天津市政府改善城乡人民生活20项工程之一。1995年，咸水沽镇设有调压站4座，用户11572户。

2010年，天津市燃气集团津南公司拥有高、中、低压管网483.72千米，其中高压管网0.76千米、中压管网111.38千米、低压管网371.58千米。拥有高压计量站1个、高压调压站13个、中压调压站14个、调压柜29座、调压箱9座。

二 液化气

70年代末，为缓解供气紧张，建成1400平方米液化气服务站，满足咸水沽镇居民用气需求。197户居民用上液化石油气。80年代，农村经济迅速发展，农户开始购置液化气灶具，液化气使用增加。1984年，小站镇建成占地4000平方米的液化石油气服务站，满足镇内3200户居民需求。1992年，南洋装饰公司和咸水沽镇头道沟村，先后建成液化气服务站，扩大用户供应。1995年，境内有较大规模的液化服务站4处，用户遍及城镇农村。2005年后，由于村民组团、村居改善，液化气用户逐年减少。

第三章 示范镇建设

1999年9月和2000年8月，小站镇、双港镇先后被国家发改委批准为全国小城镇综合改革示范镇。双港镇于2006年6月被批准为天津市现代化城市建设中心镇。2007年5月，小站镇、八里台镇被批准为天津市第一批示范镇；是年8月，葛沽镇被批准为天津市第二批示范镇；2009年，咸水沽镇、北闸口镇、辛庄镇、双桥河镇被批准为天津市第三批示范镇。

第一节 咸水沽镇建设

一 镇区危旧平房改造

1987年，境内启动平房改造，主要在咸水沽镇内进行。1987—1995年，共拆除平房12968间13.87万平方米。拆迁后建起约50万平方米的新楼房，1047户迁入新居，改善和解决部分干部、教师和职工住房问题。1996—1999年，拆除3224间11.89万平方米。

2005年，拆迁约2800户，拆除面积25.25万平方米。2007年10月，对镇内胜利花园、建国大街北、惠安花园、惠丰花园、众合里（二期）进行平房改造，拆迁总面积27.23万平方米，其中住宅总面积22.69万平方米、非住宅总面积4.54万平方米；拆迁总户数3693户10483人。2010年，全部拆迁居民已实现还迁入住。

二　土地整合与村庄建设

2009年5月始，南洋村、田嘴村、秦庄子村、韩城桥村、二道桥村、五登房6村因海河教育园建设实施整合拆迁。2010年12月，累计整合14个村。分别为上刘庄、下郭庄、胜利、新兴、王家场、赵北、池稻地、东张庄、韩城桥、五登房、南洋、秦庄子、田嘴、二道桥。拆迁190万平方米，拆迁9758户。其中，住宅8775户，非住宅983户。整合土地2421.05公顷。

图4-8　2009年，韩城桥村拆迁答疑现场

2007—2010年，咸水沽镇拆迁涉及25个项目，包括津歧路综合整治、上刘庄土地整合、下郭庄土地整合、胜利花园平改、建国大街北片、惠安花园（三期）、惠丰花园平改、众合里（二期）、上刘庄国有片拆迁、酒厂片拆迁、津沽路景观改造、王家场土地整合、东张庄土地整合、金丰里一期新兴村、金丰里二期胜利村、池家稻地村土地整合、金石里、二道桥、南洋、韩城桥、秦庄子、五登房、天津大道拆迁、老海河改造、田嘴村。总拆迁面积272.71万平方米，拆迁户16395户，其中住宅15022户，非住宅1373户。

三　住宅建设

1996年，建成同发里4~6号楼；祥福里7、9、12号楼；照明里1~9号楼；光明南里、凤明里、北斗公寓、物资楼，竣工总面积5.66万平方米。1996—2001年，咸水沽镇建成住宅小区（楼）40余个，住宅楼面积92.81万平方米。2005年后，咸水沽镇城市化建设步伐加快。至2009年，累计建成住宅小区10个，建筑面积约100万平方米，在建设中的28个，建筑面积441万平方米。2010年，紫江馨苑、宝业馨苑50万平方米建成入住；金丰里安置区30万平方米正在主体施工；海河教育园区安置区的金华园安置区开工120万平方米；博雅二期51.7万平方米已还迁入住。

图4-9　咸水沽紫江馨苑居民区

1996—2010年，咸水沽镇建成金华园南、金华园北、紫江馨苑、宝业馨苑、米兰、金丰里、光明楼、育才里、红霞里、益华里、凤明里、祥福里、南华里、普明里、照明南里、北斗公寓、富源里别墅、睦安公寓、博雅花园、名邸、惠丰花园、沽上江南等89个居民小区。

1991—2010年，房地产开发，镇区建住宅楼671栋，其中别墅187栋，高层127栋，多为商品房。新建住宅楼在2007年之前为砖混结构，多为6层。2007年之后，多为高层框架结构，有良好的供水、供电、供气和供暖设施。住宅楼大多实行物业管理。

四 市政基础设施建设

咸水沽镇区，原先是以建国大街为主干道。80年代后，政府机关和商店、服务业等，由建国大街移建到津沽公路及体育场路两侧。1996—2001年，对咸水沽镇原有12条道路进行改造的同时，又修建17条新路。改造和新修道路的总长为16458.6米，总面积为164524.5平方米。2010年，镇内支路、街坊路共计71条，道路全长39.88千米，道路面积64.57万平方米。

70年代，已建有地下排水设施。至2009年底，境内有排污和雨水泵站10座，机组台数29台，装机容量1965千瓦，排水能力23.43立方米每秒。排水管网57230米，检查井1425座。

第二节 小站镇建设

一 镇区危旧平房改造

1980年后，开始平房改造。1996—2000年，拆除旧民房4.5万平方米。2005年，拆除旧平房1000户约9万平方米。2000—2010年，小站镇三、四、五、八街及幸福村；月牙河、马厂减河护坡；高压走廊项目；津歧公路综合整治；葛万公路以北天津市第八玻璃厂及天津第33塑料厂段；盛塘路两侧绿化；幸福村红旗路两侧；政府楼及邮局楼；盛字营村津港高速以东等片拆迁完成。拆迁户1656户约5000人175632平方米。

图4-10 2005年，改造前的西花园村平房

二 土地整合与村庄建设

2005年，幸福村整体拆迁700余户，还迁入住8万余平方米的幸福公寓。至2008年，完成幸福村、西花园、南北河、黄营、头道沟、传字营、二道沟、拐子沟、东风、东花园、北湖11个村整合。周庄房、黄台村还在整合中。涉及5997户16978人。还迁3217户8914人。2009年，完成复垦区7个村3843户、72家企业、37家种养殖户拆迁工作，拆迁42万平方米，复垦土地167.9公顷。2010年，已整合14个村，8216户，还迁5598户，盛字营村1401户签订土地整合协议，拆除旧居1252户。周庄房村370户还迁入住。金玉园4、5、6、10、11、12号楼迁入完成。东花园、二道沟、东风村、拐子沟、北湖等村后续还迁382户。西沟村12户、北湖村8户选房。

图4-11 2008年，西花园村还迁楼

三 住宅建设

（一）镇区楼房

1996—2001年，镇区建金谷楼3800平方米、龙盘楼3800平方米、红旗楼1~4号楼1.25万平方米、玉善楼5000平方米、恒立毛衣厂楼4800平方米、汇文里1~5号楼2万平方米，幸福里1~4号楼1.4万

平方米、东风里1~4号楼1.8万平方米、福馨小区1~8号楼5.7万平方米、批发站楼1.1万平方米。

（二）中心村

1996—2001年，传字营中心村建成5层村民楼3栋9400平方米，60户村民入住；东花园中心村建5层楼房4栋1.8万平方米，180户村民入住；营盘圈中心村建5层楼房5栋2.1万平方米，200户村民入住。2003年，传字营中心村再建住宅楼3栋9600平方米；盛字营中心村建住宅楼5栋1.65万平方米。

2010年，一期示范镇建设基本完成。建成20余个住宅小区，总面积110万平方米。其中，还迁楼94万平方米，配套公建16万平方米。二期建成还迁楼7.4万平方米，东大站新村10万平方米还迁楼正建设中，迎新村中心村建设已成规模。

（三）房地产开发

2008年，金凯戈公司建设小站福街广场，占地面积22267.5平方米，建筑面积15745.91平方米，总投入8000万元，所建均为商业用房。2010年，天山公司在小站的建设项目天山水榭花都15万平方米商品楼交付使用。

四　市政基础设施建设

1979年，月牙河盛字营桥头已建北水厂。1984年，在马厂减河南建南水厂。2000年，完成引滦入小站工程，日流量1800吨。2003年，由原来的定时供水改为24小时不间断供水。2010年，日供水量6000吨。

1981年，少数居民有液化气罐，镇政府建成液化气站。2000年，开始使用天然气。2009年，天然气总量202万立方米，用气人口2.53万人。2010年，累计用户7828户。

1992年，全镇铺设排水管道1万米，修建检查井207座、收水井281座。至2001年，小站镇仍未建排水泵站，雨水、污水仍自然排放。2008年，建污水处理厂和月牙河中水处理工程。截至2009年底，境内累计排水管网49483米，检查井1166座，收水井1251座。2010年，新铺设排水管道4000米，全镇累计铺设排水管道5万米。

1996年开始集中供热。2009年，投资500万元新建7个供热换热站，供热面积142万平方米，受热15030户。2010年，投资182万元，新增两个供热站，供热面积增加20余万平方米。

2009年，笔架街、盛塘北路、天山大道等路网工程相继完工。镇内各类道路共计52条40.72千米，道路面积50.01万平方米。2010年，新修主干道14.4千米，18万平方米。

第三节　葛沽镇建设

一　镇区危旧平房改造

1999年，葛沽镇拆除房屋576间144户1.15万平方米。2000年，启动葛二村农贸市场对面平房区改造，平房拆迁25户，建设还迁楼盛华楼5号、6号共9200平方米。2001年，实施老镇区东风里危旧平房区改造。建设福海园9栋楼，约2.9万平方米用于还迁安置。2004年，启动福海园二期平房改造，涉及拆迁户236户，拆迁面积27312平方

图4-12　2010年，葛沽示范镇

米，在原地建设福海园12栋楼房用于还迁安置，建设楼房面积6.15万平方米。2008—2010年，根据市重点工程天津大道、蓟港铁路建设的需要，先后拆除三合村、南辛房、石闸村平房199户2.2万平方米，全部实施货币还迁。

二　土地整合

2007年，葛沽镇开始土地整合工作。至2010年底，全镇所辖25个行政村中11个村实施土地整合，涉及农业户数5168户，房屋拆迁面积48.13万平方米。其中，参保人数5596人，领取未成年人一次性补助1912人，领取养老保障金266人。共整合土地1013.2公顷。

三　住宅建设

2000—2010年，安置房建设、村民集资建房，住宅建设总面积143.97万平方米。建成福海园小区9.24万平方米，泽水园小区10.7万平方米，荣水园小区12.4万平方米，慈水园小区86.17万平方米。累计还迁2511户7600人。

福海园小区是葛沽镇第一个规模化集中居住区，用于安置东风里平房改造拆迁户。规划占地6公顷，建筑面积9.24万平方米。泽水园小区、荣水园小区、慈水园小区，用于安置大滩、高一、高二、葛三、小高庄、官房、杨岑子、殷庄、曾庄、邓岑子、刘庄村村民，规划占地132.55公顷，建筑面积165万平方米。

四　市政基础设施建设

1979年，镇内部分居民开始使用液化石油气。2008年，开始使用天然气，日供气1万立方米。2000年，镇区日供水38吨。2009年，日供水49.4吨。1997年，开始集体供热，供热面积3.2万平方米，到2009年供热2000户20万平方米。

1996年11月，在津沽路一侧非机动车道上铺设1200毫米排水干管1578米、300毫米排水支管1100米，修检查井25座，收水井62座。1999年6月，在津沽路至南大街一段铺设800毫米排水主干管521米、300毫米的排水支管120米，修检查井23座，收水井37座，排水能力为每小时360立方米。至2009年底，境内排水管网17901米，检查井416座，收水井483座。

2009年，镇内支路、街坊路有23条，全长13.22千米，12.57万平方米。

第四节　八里台镇建设

一　拆迁

2006年，以八里台镇八里台村为试点，启动实施示范镇建设工程，以村民宅基地换楼房（包括宅基地上的工矿企业、商业个体户）。拆迁方案经过全体村民（以户为单位）无记名公开投票表决98%户同意并形成决议。是年9月，镇政府为推动此项工作顺利进行，成立镇拆迁办公室，直接负责八里台村宅基地上的工商企业户拆迁与补偿，协调八里台村村委会对村民宅基地上的村民住房拆迁与补偿。截至2009年3月底，完成安

图4-13　2010年，八里台示范镇

置区约40公顷土地拆迁补偿和清理，完成出让区约100公顷土地拆迁补偿和清理，拆除房屋建筑面积12.5万平方米，迁移坟茔1500余座，搬迁小企业和养殖户近100家。2010年，累计完成村庄拆迁面积44.90万平方米，八里台村民约3000户搬迁上楼。

二　土地整合与乡村建设

（一）土地整合

2006年8月，启动示范小城镇建设。按照土地占补平衡的原则，实施土地整合。即在规划范围内占用土地实施建设的同时又将村民宅基地腾空进行复垦成为耕地，达到占一补一，不突破1990年土地普查工程地面积数。2010年底，整合八里台、团洼、潘家洼、中义、大韩庄5个村和新春居委会。整合村总人口20280人，土地2902.21公顷。团洼村全体参加保险，八里台村、中义村、潘家洼村统一拨付村民生活保障基金（含农村养老金），大韩庄进行参保前准备工作。

（二）土地复垦

2008年下半年启动土地复垦。镇复垦区分2个片区，总面积71.4公顷，八里台片区占地约53.67公顷，团洼片区占地约17.73公顷，可整理建设用地69.9公顷。2009年底，完成八里台片区复垦。

（三）乡村建设

双闸中心村规划占地100公顷，建设面积约110万平方米，将安置南义、和顺地、毛家沟、刘家沟、北中塘、西小站、小黄庄、双闸8村共约1.7万人。2010年，已建成10栋3万平方米，还迁入住约1000人。

三　住宅建设

一期建设镇区面积为225.4公顷，其中安置区用地35.8公顷，商住区用地155.94公顷等。2008年7月，八里台村安置房开始启动，多层住宅70栋，高层住宅17栋，总建筑面积为36万平方米。2009年，八里台村安置房（31万平方米）施工基本完成，约3000户村民搬迁新楼。新春居委会安置房建设，多层和高层住宅2010年底竣工使用，还迁房建设开工58.7万平方米，商品房建设64.8万平方米。建成八里台村、团洼村和新春居委会还迁小区八里坊北区、八里坊南区和八里坊东区41万平方米97栋。八里台村还迁人口9567人。

四　房地产开发

天津星耀投资有限公司、天津京基房地产开发有限公司、天津八里洲碧桂园房地产开发有限公司、天津中信星耀投资有限公司、天津海尔房地产开发有限公司相继落户八里台镇。2010年，星耀房产累计销售34.15亿元，销售3767套单元48.76万平方米。是年10月，海尔房地产开盘，销售3.88亿元，销售277套单元3.61万平方米。碧桂园销售收入11.11亿元，销售1107套单元11.27万平方米。

五　市政基础设施建设

1979年，建成二八路，双向单车道，路边属自然绿化，设施非常简单。1999年，建成八里台镇区及工业园区建设路，双向单车道，有人行道，镇区路段设有绿化带，有下水管，长800米，直径1米。至2010年，镇区的建设路、二八路段进行拓宽改造，新修津港辅路、洪泥河东路、泰和路、新春东路、外环路、规划三路、规划五路等道路，长度约24千米。天嘉湖三号路、天嘉湖路延长线，滨海观赏鱼科技园区的津港辅路、幸福东路、友谊路延长线、门区路均完工。

2010年，八里坊南区、北区、东区、永兴里小区雨污水管道、燃气、供热、消防泵房和换热站、雨水泵站、污水泵站已经完成。对新建还迁区41万平方米的小区水、电、气、采暖等统一接入市政管网。其中，自来水管道1.6万米，天然气管道2.3万米，热力管道2.3万米，电视电话管线2.3万米，电力管线2万米，变电室25座，雨污水管线4.2万米。

第五节 双港镇建设

一 镇区危旧平房改造

2000年，镇建设双达公寓住宅楼5栋，建筑面积1.73万平方米，用以安置津沽路拓宽改造中的拆迁户。2002年，实施首个平房改造项目仁永住宅小区，涉及拆迁双港村村民125户，建筑面积1.2万平方米，住宅小区建筑总规模7万平方米。2005年起，启动市重点工程天津大道、海河医院及金地格林房地产开发项目，先后拆除双港村、海河湾村平房1865户19万平方米。

二 土地整合

2005年6月，新家园、外环辅道及天津海河医院等重点工程开始启动，双港镇率先在郭黄庄、先锋、北马集、芦庄子、双港等村进行征地拆迁、土地整合。2006—2010年，全镇所辖16个行政村全部实施土地整合，涉及全镇农业人口35448人，房屋拆迁20.57万平方米，整合集体土地1274.89公顷。参保人数14817人，领取未成年人一次性补助6468人，领取养老保障金4874人。

图4-14　2010年，双港示范镇还迁楼

三 住宅建设

2000年后，双港镇城镇建设房开发项目开始，包括金地、红磡、仁永名居及安置房建设、村民集资建房等。至2010年，镇住宅建设累计总面积超过423万平方米。

四 市政基础设施建设

1983年9月，滦河水入津，有6个村居民开始饮用自来水。2001年，全镇除前三合、后三合和西三合3个村外，其他13个村全部饮用滦河水。2010年，双港镇还迁居住区的供水管线全部纳入市供水管线，16个村的居民实现饮用市供水，建成区供水管线总长15千米。

90年代，镇区排水管网纳入建设总体规划，1998年双港镇区排水管网实现全覆盖，排水管网总长度达16千米。2010年，建成区排水管网总长度37千米。

1995年11月，双港镇金凤里及赤龙南里住宅楼600余户居民实现集中供热，供热面积4.5万平方米。2010年，全镇社会供热面积264.9万平方米，供暖单位及户数达到17100个(户)。

1998年12月，镇投资20万元引入天然气。2010年，双港镇燃气用户达到4万户，供气面积10.4平方千米，输气管线长度约35千米。

2005年，建规划路全长645千米；双港中学北侧规划路长430米；五大街长900米。2006年建久隆街及五大街延长线道路全长710米，宽22米。2007年，建天颐津城小区主入道路、赤龙街道路、微山路临时道路工程、五大街道路。2010年，城区有道路6条，长10.67千米。乡村公路23条，总里程18.87千米。

第六节　辛庄镇建设

一　镇区危旧平房改造

2003年初，辛庄镇对所属20个行政村的人口、土地、建筑等基本情况进行调查，决定对镇域内危旧平房进行全面改造。首先在镇政府所在地按规划进行平房改造，并将其列为城乡建设工作的重要环节。2003—2008年，对各村危房、旧房进行勘测、调查、登记，改造危房、旧房9500平方米，涉及村民160户。2009年后，镇区危旧平房改造工作停止。

二　土地整合与乡村建设

（一）土地整合

2009年3月，开始启动中辛庄、张满庄、上小汀、前辛庄一期、邢庄子、生产圈等6个村的土地整合工作，涉及3000余户近9000人，拆迁面积41.55万平方米。2010年，对高庄子、后辛庄、下小汀、前辛庄二期、上郭庄等村进行土地整合。拆迁42.87万平方米，涉及2659户。是年底，累计整合10个村，涉及5072户，总拆除面积84.41万平方米，土地整合875.27万平方米。

图4-15　2010年，辛庄镇示范镇还迁楼

（二）中心村建设

1999年，宏立花园（碧水世纪园）中心村建设立项。2000年开工，占地面积8.45公顷，总建筑面积45645平方米。2002年建成对外售房。一期连体、单体二楼住宅144栋，建筑面积25508平方米；二期开发建设50栋住宅二楼，建筑面积1.13万平方米；二栋多层住宅楼共70个单元，建筑面积7200平方米。新桥中心村，始建于1999年，建筑面积1.68万平方米，5栋五层住宅楼180户。2010年后，由于海河教育园二期建设，对新桥中心村实施拆迁整合。

三　住宅建设

70年代，村民居住都是土坯房。1994年，辛庄镇由村民集资兴建第一栋六层住宅楼，受到群众欢迎。2003年，开始镇区和新村建设。2009年3月，辛庄示范镇建设正式启动。2010年底，鑫旺里、仁嘉花园、鑫庭花园、鑫喆花园、鑫昱花园等小区建11~24层楼房113栋89.2万平方米。津沽路南一期还迁区投资2.5亿元，新建鑫盛商业街，店面楼房面积4.6万平方米；投资1260万元，建3641.36平方米幼儿园一所。

四　市政基础设施建设

1997年，建辛庄镇燃气服务站。2010年，燃气供气面积8万平方米。

1999年，建辛庄镇集中供热服务站。2010年底，镇集中供热小区4个，总供热面积11.1万平方米。

2009年，镇乡村公路19条，总长度23.8千米。2010年，地下水供给覆盖全镇区域，滦河水供给包括前辛庄等9个村，涉及6331余户1.6万余人。

第七节 双桥河镇建设

一 土地整合与村庄建设

1990年，全乡村民住房已达24640间，其中砖房11762间，楼房158间。1981—1997年，双桥河镇农民累计建房14733间，其中楼房453间，面积54.11万平方米。90年代末，实行村民组团建设中心村，各村农民建新房被停止。

图4-16 2010年，建设中的双桥河示范镇

2008年12月，天津大道建设需拆迁南房子、西周庄、王庄三个村部分农户，镇三产楼、丝织厂楼，以及刘家圈村。第一批整合8个村，3880户10578人。包括天津大道穿越的南房子、王庄、西周庄、东周庄村；天津大道资金平衡地块（柴庄子、孙庄子村）；北石林项目前期建设占用小韩庄村；安置区占用刘家圈村。2010年10月，整合完毕。是年，刘家圈、南房子、王庄、西周庄、柴庄子5个村拆迁完毕，小韩庄拆迁正在组织中。2009—2010年，拆迁36.27万平方米，整合土地613.07公顷，兑现保险保障7257人42047.51万元。

二 住宅建设

（一）名祥水馨苑安置区

建68栋楼房，总建筑面积65.5万平方米。安置拆迁8个村（小韩庄、王庄、孙庄子、柴庄子、东周庄、西周庄、刘家圈、南房子）3880户10578人。2010年，安置区全部开工建设。一期总建筑面积65.41万平方米。68栋住宅楼和1个商场全部开工建设，62栋住宅楼51万平方米主体封顶并完成二次结构，聚和园小区15栋12万平方米开始进入内外装修阶段。于2011年6月还迁入住完毕。

（二）欣达小区

1995年开工建设，2002年9月建成并交付使用。有多层住宅36栋（6层），实际入住1448户，人口5760人。

（三）王庄中心村

1996年开始建设，至1998年，建住宅楼5栋，建筑面积18628平方米，进住业主200余户。1999年，王庄中心村（欣达公寓）建成住宅楼2栋，建筑面积7297平方米。1996—2005年，王庄中心村建住宅楼21栋，建筑面积达8.4万平方米，入住830户。

（四）东周庄中心村

1998年，在津沽公路南侧建起第一栋住宅楼，建筑面积4000平方米。1998—2003年，建住宅楼7栋，建筑面积28660平方米。

（五）企业职工住宅楼

1996—1999年，建企业职工住宅楼12栋，建筑面积4.8万平方米。

2010年，双桥河镇累计建居民小区6个，入住1738户，建筑面积17.6万平方米。

三 市政基础设施建设

1987年，全乡7474户通自来水，自来水入户率达100%。1990—2003年，建集中除氟站14座，建集中除氟站的村达87.5%。1999年，镇16个村全部完成低压电网改造，总投资575万元，11个村庄安装磁卡表。2004年，全镇已有村级公路17条，累计30.35千米。2010年，双桥河镇安置房双桥河路长1018.92米，宽70米；安置房南华路长668米，宽26米。

第八节　北闸口镇建设

一　土地整合

1998—2001年，累计投入建设资金1.2亿元，完成平改拆迁8000平方米，建房8万平方米。2008年1月始，分期启动镇土地整合工作。2009年底，东右营、北闸口、建新、裕盛、仁字营等5个村完成土地整合，涉及拆迁村民2500户，拆迁30余万平方米，600余户村民得到还迁安置，入住建新公寓、仁安东里。2010年1月，启动西右营、吕坨子等6个村的土地整合工作。是年，吕坨子、西右营两个村完成土地整合及拆迁。签订拆迁安置补偿协议507户，拆迁面积6.82万平方米，还迁安置1538人。津歧路拓宽改造，津港公路、津港高速、双东路改造以及板仓50千伏高压走廊建设，海河教育园区建设等项目，涉及土地整合12.45万平方米，拆迁安置820户。2007—2010年，土地整合拆迁3039户，拆迁面积43.16万平方米。

图4-17　2010年，建设中的北闸口示范镇

二　住宅建设

1996年，北闸口镇建成第一栋商品化住宅楼，建筑面积5870平方米。1996—1998年，累计建成住宅面积8万余平方米，缓解居民置业购房的需求。1997—2009年，北闸口镇建成居民小区7个，总面积16.74万平方米，入住2000余户。在建的还迁小区3个，开工建筑面积65万平方米。2010年，开工建设住宅楼97栋，在建面积92.8万平方米，总投资27.65亿元。是年底，全镇累计建成住宅楼101栋，建筑面积38.3万平方米，入住4009户14664人。

2006年，引进天津市迪源房地产开发商，开发“御和新苑”商品房新项目。项目占地3.7万平方米，总建筑面积6.4万平方米，16栋楼。2007年，全部竣工交付使用。

三　市政基础设施建设

1995年，有乡村公路20条，总长30余千米。2000年，全面翻修开发区的政和路，将柏油路面换成水泥浇筑路面。2003年，建设政和路延长线，全长3.7千米。2010年，镇区道路改扩建工程新铺设柏油路面6703.5米，面积15万平方米。完成镇域内省级道路津歧路5.5千米、津港路工程6.4千米、汉港路工程636米综合整治工程。

1996年，正和小区配套建集中供热站，完成地热采暖工程。1998年，集中供热面积达7万平方米。2010年，全镇有供热站2座，供热面积200万平方米。

1997年10月，投入120万元，修建调压站，政和小区正式接通天然气，2004年，累计用户达到1193户。2010年，天然气累计入户达3084户，用气量24579立方米。

2010年，镇中心区铺设雨水排水管道6000米。镇区道路改扩建工程新铺设柏油路面6703.5米，面积15万平方米。安装太阳能路灯102盏，总投资4500万元。

第四章 市容环卫 园林绿化

1980年，开展老三镇绿化工作。1984年，大规模市容市貌综合整改工作全面展开。1996年，其他各镇市容环境建设也纳入规范化管理。形成以机械化作业为主，人工作业为辅的道路清扫保洁工作模式；以数字化、科技化、信息化管理为主，人工巡查为辅的现代城市管理机制；以咸水沽镇为中心，辐射全区各镇、村的全方位、多视角、立体化、纵横式市容环境管理新格局，建成以咸水沽镇和外环线结合部地区为轴心，以津沽路、体育场路、津歧路、大沽南路、津港路等主要干线公路为连接带；以双港镇、辛庄镇、葛沽镇、双桥河镇、北闸口镇、小站镇、八里台镇建成区为中心，镇为重点的市容整治格局，使镇区道路整洁、环境优美。

第一节 机 构

1984年，建立市容管理办公室。1996年11月，组成津南区市容环境卫生管理局。2001年11月，组成津南区市容环境卫生管理委员会。2010年3月，成立津南区市容和园林管理委员会（简称区市容园林委），内设：办公室（法制科）、市容市貌管理科（行政审批科）、环境卫生管理科、爱国卫生管理科、园林绿化管理科、城市管理考核办公室。下辖环卫所、渣土所、园林所3个基层单位。

第二节 市容管理

一 道路整修

1996年，津南区开始对主要道路进行大规模整修。至2010年，相继完成对津沽路、大沽南路、津沽大街、红旗北路、津沽路（双港至咸水沽镇）、小站镇德胜道及南华路、解放南路（津南段）、体育场路、团结路、津歧路（咸水沽镇内段）、红旗路、南环路、津港路等近二十条道路两侧的综合整修治理。整修、设置护栏11609平方米、清理违章占道、乱摆乱卖、马路餐桌7020处；清理砂石乱堆乱放44550吨。

二 违法建设治理

1997年，逐步加大对广告牌匾以及窗贴门贴、小广告的治理。1998年，清理乱贴乱画广告，规范信息牌，处罚违章罚款1.4万元。至2010年，拆除不符合要求或未经审批的广告牌匾2836块，新建广告牌匾5965延米。整治窗贴门贴1500处，清理小广告76560处。2001—2010年，拆除违章建筑2488处161.88万平方米；取消废品收购站70处、取缔非法超薄塑料袋销售点32个、拆除全区主干道两侧电话亭141个，使城区更加美化。

图4-18 2006年10月，拆除违章建筑

2004年之前，户外广告审批只需填写申请表和效果图等即可。2004年行政许可法颁布后，按照相

关流程办理。至2010年，办理行政许可审批3601件。

三　夜景灯光建设

2004年，在区政府附近街道建设长期、固定、高档次夜景灯光体系，后又在津沽大街和体育场路繁华地区，以大型公共建筑为基本骨架，光点、光团、光带簇拥的灯光夜景体系。2007年5月，津南区首个大型LED全彩电子显示屏在津沽休闲园内投入使用。是年，咸水沽镇红旗路、南环路两侧的公建楼和津沽路、津歧路、体育场路的部分公建楼31处，实施夜景照明设施安装工程，同时建成小站练兵园的夜景灯光。

图4-19　2008年，咸水沽镇夜景

四　专项治理

1997—2010年，市容园林委开展专项治理工作。清运垃圾渣土11.5万吨；取缔废品收购点58个；拆除违建1768间；拆除围墙906延米；清洗、粉刷建筑物4.8万平方米；新建绿化7.6万平方米；处罚占路经营乱摆乱卖2174起；清理乱堆乱放490处；暂扣经营车辆、工具1745辆；新建围墙3197延米；清理垃圾存放点2个；拆除各类户外广告设施346处；拆除牌匾1418块；硬化土路出入口7.6万平方米；拆除遮阳罩、放物架116个；规范牌匾892块；清理乱吊乱挂5694处；涂盖违章小广告2.7万条；设置公益广告围挡850延米；安装停车场护栏281延米；空调移机56个；安装空调罩125个；清窗贴1500处，津南区市容环境整体面貌得到改善。

五　综合治理

1999年，完成12条道路（58.2千米）两侧的“双拆”工作。2001年，对区政府所在地5条道路和各镇一条主干路的街景立面进行重点治理。2003年，重点治理14条主干道路、4处结合部地区、10余个居民小区。2004年，对咸水沽镇内津沽路、体育场近580户灯箱、牌匾改正。2006年，综合整修楼房74幢、平房760间、围墙3144.6延米。2008年，进行大沽南路、解放南路沿线综合整治。2010年，完成对津沽大街、体育场路、红旗路及南华路四条道路的市容环境综合整治。

第三节　环卫管理

一　道路清扫保洁

1979年，建立南郊区咸水沽卫生清洁队，负责咸水沽镇31个垃圾点清运，清扫面积6.86万平方米，日处理垃圾30吨。1986年，实行夜清扫，日保洁制度，清扫面积扩展到15万平方米，日处理垃圾80~100吨。1993年，组建津南区环境卫生管理所，为区建委直属正科级全民事业单位。1995年，全区（老三镇）清扫面积102.9万平方米，日处理垃圾275吨。

2001年11月，津南区市容环境卫生管理局、津南区爱国卫生运动委员会办公室合并组建津南区市容环境卫生管理委员会，下属津南区城市建设管理监察中队、津南区环境卫生管理所、津南区建筑垃圾工程渣土管理所、津南区生活废弃物管理所4个基层单位。2002年，咸水沽镇以主干道路清扫为重点，对所在地干支道路两侧垃圾卫生死角进行地毯式清理，并做好清理后点位的巡查管理和卫生保洁。其他各镇对支干街道进行清扫。做到“一扫三保”，即早4点开始的晨扫，上午、下午、晚上的三班保洁，责任人每天进行现场督查。季节转换，及时调整道路清扫保洁人员劳动时间，加强晚班的清扫保洁力度，给群众晚上出行提供良好的环境保障。1995—2010年，清扫面积4638万平方米，清运垃圾156万吨。

图4-20　2002年2月，环卫工人清扫作业

2009年，对唐津、津晋两条高速公路进行全程地毯式排查，确定40多处垃圾点位，清理垃圾320余吨，覆盖好土近150立方米。2002—2010年，增加各种道路机扫车辆20台，新增天嘉湖路、天嘉湖立交桥、东沽路、高尔夫路、结合部地区道路等23万平方米道路和绿地的清扫保洁。

二　生活废弃物无害化处理

1997年，实施居民生活垃圾袋装试点工作。1998年，津南区制定《津南区生活垃圾袋装管理工作的安排意见》，在津沽路、津歧路、体育场路、红旗路两侧沿线的机关企事业单位、学校及照明南里、照明北里、同发里等小区实行垃圾袋装。1999年，咸水沽镇永安里、红霞里、益华里等新建居民小区，及津沽大街、体育场路两侧的265户单位和个体工商户设置垃圾箱，全部实行垃圾袋装化管理。2000年，生活垃圾袋装工作在全区推行。2003年，开展全区生活废弃物袋装密闭收集工作。咸水沽镇主干道两侧单位、物业管理居民小区、集贸市场，100%实行垃圾袋装，非物业管理居民小区50%实行垃圾袋装，全部实行后密闭收集运输。其他各镇主次干道两侧单位、物业管理居民小区、集贸市场50%实行垃圾袋装，密闭收集运输。2005年，开展居民生活垃圾收集运输处理新方法，各镇统一购置配备环卫专业运输车辆。2008年，区镇两级加大投入，各镇建成压缩式垃圾转运站，新购置20多辆垃圾运输车等专业设备，全区日无害化处理生活垃圾近8万吨。2010年，生活垃圾无害化处理率咸水沽镇达95%、小站镇90%、双桥河镇85%、八里台镇90%。大韩庄垃圾填埋场重新投入使用，日无害化处理生活垃圾12万吨。

三　环境卫生专项治理

（一）春季卫生治理

2001年始，每年春天区开展春季环境卫生治理活动。活动实行全区动员，机关干部带头，群众自愿参加。2001年，全区出动37600多人次，车辆70余车次，清理垃圾600多吨。2004年，出动62390人次，清整脏乱点位312个，出动车辆920多台次，清运垃圾杂土1400余吨，清理河道内漂浮物63吨，拾捡主干道路两侧绿地内大量的白色垃圾。2004年后此项治理活动结束。

（二）河道卫生清理

2002年始，对咸水沽镇月牙河及西侧的市容环境卫生进行治理，清除、推平垃圾杂土40余吨。对海河网箱进行专项治理，清理地笼、插网、网箱等4400多个。2003年，着重治理赤龙河、柳林河及葛沽新河，打捞、清理河面漂浮物及垃圾120多吨。2005—2010年，以治理海河故道、月牙河、双桥河、马厂减河、外环河、大沽排污河为重点，高标准整治14条二级河道两侧环境卫生，达到可视范围内无生活垃圾，无卫生死角，无白色污染，无乱堆乱放，干净、整洁、有序的标准。

（三）抗击“非典”期间环境卫生大清整

2003年，抗击“非典”期间，成立专门领导小组，制定《关于在预防“非典”期间加强垃圾粪便收运处理工作的紧急通知》等40多个文件，分别就加强疫情区生活垃圾、医疗垃圾收运处理及全区公厕保洁和粪便处理等问题提出具体规范措施，对各镇负责“非典”疫情区生活垃圾的消毒、装运、消纳相关操作人员进行培训。领导小组对区各医疗单位的生活垃圾及医疗垃圾处理进行调查，特别对津南区4大医疗部门（咸水沽医院、中医医院、咸水沽镇卫生院、十八局医院）的医疗垃圾的去向、卸地、处理等环节进行认真排查，详细掌握各医疗部门的医疗垃圾及生活垃圾的成分、处理方式、收运单位及填埋卸地等相关事项，加强污染源监控工作。区政府投入资金20万元，购置封闭式垃圾运输车一辆，保证疫情区生活垃圾的日产日清。全区开展环境卫生大清整，8个镇的镇区及农村进行地毯式督查录像，开展以清脏治乱为重点的综合治理活动，出动近18万人次，清整脏乱点位8960个，出动车辆2900多台次，清运垃圾杂土5万余吨。

（四）垃圾卸地管理

1997年后，陆续关闭外环线、梨双路两侧18处54万立方米的生活垃圾临时卸地，进行推平和覆盖好土工作，周边的环境得到好转。2001年，完成市郊接合部河西区9处生活垃圾临时卸地的清理工作，垃圾堆存总量超过30万立方米。2002—2003年，完成对外环线以外5千米以内，11个未治理的生活垃圾卸地清理。完善各镇垃圾卸地建设，使用状况良好。2004年，泰达环保公司双港垃圾焚烧发电厂和大韩庄垃圾填埋场相继建设投入使用，津南区生活垃圾处理进入无害化处理阶段。从2005年开始至2010年，各镇垃圾卸地开始关闭、弃用。全区生活垃圾分别通过进入双港焚烧发电厂和大韩庄垃圾填埋场。

（五）居民区环境清整

2009—2010年，全区开展居民小区环境卫生综合整治。整治后的小区基本达到无卫生死角、无堆物堆料、无破旧家具、无乱贴乱画标准。

四　环境卫生达标创建

1997年始，各镇开展市容环境卫生达标整治活动。1998年，制定津南区城市环境卫生清整考核标准和评比办法及集贸市场环境卫生质量标准，每季度检查1次。创建首批达标小区5个：祥福里、北斗公寓、益华里、永安里小区。1999年，评选北闸口镇为“十佳”达标镇，照明南里等5个居民小区为达标小区。2003—2006年，咸水沽镇、双桥河镇、葛沽镇为达标镇。2004—2010年，实施“蓝天工程”创建，以“示范公厕、转运站和红旗标兵车”为重点，开展环境卫生工作评比创优及创模工程活动。

五　基础设施建设

（一）垃圾转运站

1996—2010年，津南区投入5500万元，新建垃圾转运站19个，压缩式垃圾转运站5个，移动式垃圾转运站4个，垃圾楼1个。

（二）垃圾运载车

区政府每年增加投入，增加更新垃圾运载车。2003—2008年，区、镇投入1000万元，购置垃圾运载车6辆，压缩式垃圾运输车7辆，自卸式垃圾运输车8辆，垃圾装载机8辆，农用机动车68辆，保证居民生活垃圾日产日清。2010年，购置5吨装载车1台，平地机2台，8吨水车1台，大型扫路车2台，12吨单臂吊车1台，8吨吸粪车1台，大型洗

图4-21　2009年7月，新型压缩式垃圾运输车

路车1台，洗护栏车1台，小保洁车1台。

（三）果皮箱

2001年始，咸水沽镇在主要街道两侧设置果皮箱，并在全区推广。至2008年，各镇设置果皮箱3348个。2010年，各镇累计设置果皮箱4125个。

（四）保洁队伍

1997年，咸水沽、葛沽、小站3镇开始建立规范的保洁队伍。2001年，其他镇也相继建立。2010年，全区有各类保洁队伍10支，保洁人员2400人。

六 城市数字化管理与考评

（一）指挥中心

2009年4月，数字化城市管理监督指挥中心（简称指挥中心）成立，建设面积260平方米，由大屏幕显示、语音呼叫、机房设备、防雷、软件数据支持、专用光缆链接、视频监控、办公与领导观摩指挥八个系统构成，具备实用、兼容、可扩展、先进和安全5个特性。总投资350万元，安装摄像监控40（其中共享交警27处）余处，覆盖咸水沽镇主要道路、重点地区，首批监控地域为建成区1600万平方米，主干道路120万平方米。2009年5月，指挥中心向社会公布两部热线电话，负责受理城市管理方面的问题。是年，受理热线200余次，办结率90%以上。2010年，受理热线300余次，办结率90%以上。

（二）考核评比

2001年，区市容园林委制定《开展市容环境卫生督查评比活动意见》，规定每年的年中、年末全区各镇实行市容环境卫生检查和评比。是年，在全市环境卫生检查中，津南区以满分的成绩获新四区第一名。2002年，区市容园林委与各镇签订镇内市容卫生“门前三包”责任书，签订责任书4500多份。2009年始，津南区城市管理考核办公室对区城市管理工作进行综合考核，每月进行1次。考核项目主要有专业考核和联查考核，其中专业考核包括园林、环卫、执法、市政、投诉、爱卫、街容、城调。是年，区财政支出160万元专项资金作为区城市管理“以奖代补”资金，用于对全区8个镇城市管理和农村环境卫生工作的考核。至2010年，检查考评8个镇1180余个（次）村、300余条（次）主干道路，100余条镇区主要道路、60余条（次）河道、330余个（次）居民区、110余个（次）市场、110余座（次）公厕，16条主干道路及两侧可视范围内的市容市貌、环境卫生、环境秩序进行专项考核。

第四节 城市执法

一 建立组织

2007年1月，成立津南区城市管理综合执法局（简称区综合执法局）。2007—2009年，先后成立第一执法大队、第二执法大队、第三执法大队、第四执法大队及直属大队。区综合执法局内设：办公室、财务装备科、法制科、执法督察科（指挥中心）。

二 执法监管

2007年，区综合执法局成立后，对全区范围内违法建筑进行监管，大力宣传市容环境综合整治工作。

2008—2010年，区综合执法局连续参与市容环境综合整治工程，逐年扩大治理范围。将治理范围由大沽南路、解放南路等入市主干道路，扩展到区政府所在地及建成小区、市区城乡接合部、各镇镇区次支道路和背街里巷，辐射全区61条道路和3个重点地区。由简单治理占路经营、露天烧烤、堆物堆料、乱贴乱画、运输撒漏等表面问题，延伸到研究规范“四小商贩”（修自行车、修鞋、配钥匙、早点）、拆除违章风挡和小区私搭乱建等深层问题，不断推动市容环境综合整治工作引向深入。在小站练兵园、海河教育园、双港新家园、天津大道、示范镇建设等重点工程建设中，强制拆迁62次6万余平方米，完成津沽路道路整修、高压电网改造等施工的秩序保障230余次。

2009年，执法中队进驻红磡领世郡小区，向广大业主宣传小区内禁止占用公共场地建设违法建筑。通过拉网式巡查，严格控制违法建筑的发生。2010年，与区国土分局建立土地联查共管机制，成立专门执法队伍，对违法占地、违法建筑进行监管。进社区开展以“手拉手参与城市管理，心连心服务津南人民”为主题的法制宣传活动，提高广大群众守法意识和参与城市管理工作的积极性。2007—2010年，对全区61条主干道路环境秩序进行综合治理，累计治理占路经营1.1万余起，清除乱贴乱画、乱吊乱挂30多万处。治理运输撒漏3.5万余起。规范管理“四小商贩”，发放便民早餐车60辆，规范修车摊17个。

第五节　园林绿化

1982年，成立区园林队。1986年，南郊区列入国家“三北”防护林工程建设区域，外环线绿化带途径双港镇8个村，规划面积293.77公顷。1992年7月，组建津南区园林行政执法监察中队。1996年更名为津南区园林管理所。2010年，主要机械设备有东风自卸车、喷药车、洒水车、装载车、工程车、剪草机、割灌机、发电机、抽水机等。

一　广场、公园

（一）全红桥音乐喷泉绿地广场

建于1998年8月，占地1.53万平方米，绿地面积1.48万平方米。设计“古罗马柱长廊”，并在长廊前建音乐喷泉。1999年，音乐喷泉绿地广场的南侧，又续建绿地3000平方米，成为人民群众休闲、健身、娱乐场所。

（二）西大桥绿地广场

建于1999年4月，绿地面积4500平方米。绿地中央大理石底座上矗立着三只形似盘旋于海面上的海鸥，昂首向上，象征着津南人团结向上拼搏奋进的精神。园中的石椅、石凳，供游人小憩。

（三）咸水沽街心花园

建于1983年，占地2000平方米，花园东侧沿院墙建有长廊100平方米。2000年，因建筑商厦经有关部门批准街心花园改建为开放式绿地广场，面积2817平方米。2004年，被取消。

（四）月牙河公园

建于1989年，占地面积39306平方米，园内设有拱桥、水榭、名人苑，并植树1万余株，公园对外开放后，又新建“儿童乐园”设有碰碰车、螺旋滑梯、游艺服务部（后儿童乐园拆除）、建环形湖码头并增设脚踏船。后又建起文澜阁、人工瀑布、仙来亭、知春亭、碑林等景点。2000年，对月牙河公园实施一期改造工程，改造面积8844平方米，硬化面积2278平方米，绿化面积6566平方米。2001年，

图4-22　2008年，咸水沽月牙河公园

对月牙河公园实施二期改造工程。工程总面积13786平方米，硬化面积2731平方米，绿化面积11055平方米。

（五）普明里公园

建于2000年4月，2000年6月竣工，占地面积5717平方米，其中绿化面积4920平方米（包括水面积580平方米），种草皮4000平方米，各种花木5353株。

（六）海河故道公园

2008年，对老海河进行绿化改造，2009年竣工。改造后沿老海河两侧进行绿化改造，有甬路、亲水楼台等休闲场所。公园占地面积70万平方米，其中绿化面积48万平方米。

（七）津沽休闲园

2004年建成。该园以铺装和绿化相结合，中心轴线上依次为广场标志物、带形喷泉、圆形旱地喷泉、舞台及绿化，内有石桌、石凳，形成以人为本的娱乐广场。绿化面积14000平方米，其中绿地面积6000平方米。是津南区具有代表性的中心休闲广场。

此外，还有福馨广场、益华里广场、西环广场等。

图4-23　2010年，津沽休闲园

二　绿化

（一）公路绿化

1988年，市管津歧路拓宽改造更新植树1.4万株，建草皮2万平方米；津沽路拓宽后咸水沽至葛沽段，更新植树2.7万株，建绿地0.5万平方米；区管二八路自1988年扩建后全长5千米，路中绿带宽8米，种草皮5万平方米。1999年，该路两侧植柳树3400株，小榆树、绿篱3000墩。2000年，形成每边20米宽5千米长的绿化带，2001年，栽乔木、花灌木3.5万株，建绿地3万平方米。是年，“丹拉”和“津沽二线”两条高速公路造林面积666.67公顷，植树60万株。2008年，投资10.77亿元，完成津沽路长10千米景观道路综合整治工程，绿化面积60万平方米；外环线58米绿化改造工程投资5040万元，绿化面积28万平方米，栽植树木1.4万株。2010年，区政府投资21.03亿元，完成对津歧路、津港路、汉港路、盛塘路共计29.55千米的道路综合整治任务。工程累计完成拆迁33.5万平方米，上土210.5万平方米，绿化173.2万平方米，栽植各类苗木54.72万棵，铺草坪80.6万平方米。

图4-24　2010年，北闸口镇津歧路绿化带

（二）城镇绿化

1992年，津南区实有绿地10.45万平方米，各种绿化乔灌木11.26万株；绿地覆盖率13.99%，城市绿地率2%，人均公共绿地1.59平方米。至2000年底，有绿地面积80.54万平方米，各种绿化乔灌木15.5万株；绿地覆盖率20.86%，城市绿地率12.78%，人均公共绿地15.4平方米。至2010年，建成的主要设施有：咸水沽镇柳堤公园面积13.3万平方米；小站镇东公园面积10.6万平方米；外环线内侧绿化带4.14万平方米；二八公路中心绿地5万平方米；咸水沽一中广场绿地1.53万平方米；西大桥金角

广场绿地0.5万平方米；津沽路一条街绿地1.9万平方米；津沽路立交桥绿地1.3万平方米。

（三）村庄绿化

1997年始，建设4个园林生态示范村。至1999年，小站镇东大站村植树1.7万株，绿地3.72万平方米，花坛31个，村庄绿化率30%；小站镇传子营村植树1.23万株，绿地1.59万平方米，花坛24个，村庄绿化率35.2%；双闸镇双闸村植树0.9万株，绿地1.25万平方米，花坛21个，村庄绿化率32%；葛沽镇三合村植树1.3万株，绿地1万平方米，花坛40个，村庄绿化率40%。农村义务植树基地建设在90年代后发展迅速。至2000年，建设732片358.67公顷，植树38.68万株，参加植树及管护人数达到19.34万人次。随着农村城市化进程加快，全区农村拆迁整合不再进行园林生态村建设。

（四）四旁植树

1990年底，境内有四旁树103.93万株，折合面积829.67公顷，农田防护林333.74公顷，有苹果、梨、桃、葡萄等树种共计287460株。1996—1999年，完成植树113.52万株，植树造林面积1232.8公顷，育苗81.56公顷。完成小康绿化先进村及花园式单位62个，4个市级生态园林示范村。2000年，植树73.85万株，造林1104公顷，完成小康绿化先进村及花园式单位62个。2001年，植树60.51万株，造林960公顷。2008年，完成总面积136.47万平方米的绿化工程。

（五）小区绿化

2002—2010年，小区进行绿化。益华里住宅小区绿化占地面积2.05万平方米，栽种各种树木花卉31131株。光明楼住宅小区绿化面积3103平方米，绿化种植面积为2969平方米。照明南里住宅小区绿化面积3530平方米，栽种各种花木3332株。普明南里住宅小区有绿化面积1314平方米，种植花木1957株。米兰小区和城市亮点小区绿化面积6.3万平方米，栽植苗木258株。众惠里、景明花园、双马小区绿化面积97525平方米，栽植树木5628株。红霞里小区有绿地1500平方米，建有花坛种植花卉、常绿球组。育才里小区绿地面积4000余平方米。照明里小区绿化面积3103平方米，建有绿地、草坪，种有花卉、常绿球组、乔木和花灌木。同泽园小区有绿地1800余平方米，楼前楼后全部绿化。惠苑里小区绿化面积36764平方米，绿化率30%。惠裕里小区有绿地2.17万平方米，绿化率30%。

三　苗圃

1982年6月，园林所苗圃建成，坐落于咸水沽镇五登房村地界内，占地面积20.66万平方米。1999—2000年，对其中2.67公顷的林地改良土壤，以保证苗木的正常生长。苗圃划分为育苗地、花窖和管理建筑区三部分。花窖占地面积5334平方米。建有玻璃罩棚花窖2座，建筑面积360平方米，主要植育花卉品种有月季、金钟、海棠、文竹、吊兰、仙人枝、龙蛇掌、绣球等。育苗地占地面积约12万平方米，育苗地四周栽植刺槐2.4万余株，拥有给水、排水泵房、涵洞等良好的苗木排灌体系。培育植株发芽率为100%，品种以白蜡、桧柏、紫薇、木槿等为主。苗圃植有常绿乔木、落叶乔木及花灌木数十种品种，有乔木1万余株，常绿7700余株，花灌11230余株。2000年，新建花窖2个约496平方米。增添金钱榕、非洲茉莉、金山棕、红林投、加拿利海枣、国王椰子等名贵花卉。津南区园林所苗圃因区规划，2010年前基本停止经营。

津南区志
（1979—2010）

第五编
交通　通信

1980年，境内市级干线公路只有津沽公路、津歧公路、葛万公路及二道闸公路，且质量比较落后。1982年，区乡村公路仅有2.6千米长的沥青油路面，其他均是地势低洼、坎坷不平、雨天泥泞不堪的马车路。随着农村经济的增长，公路设施建设快速发展，公路运输取代水上运输。2000—2010年，相继建成津晋高速、丹拉高速、津港高速及天津大道。2010年，公路设施及运输事业基本实现现代化。公共交通贯通到全区各个角落。

通信事业快速发展。2010年，津南区邮电局的普邮道段增加为32条，成立了津南邮政速递物流局。2010年，区固定电话达11万户，宽带4万户。网通津南分公司、移动津南分公司在各镇均有自办营业厅和合作营业厅，实现津南区域内普遍服务。

2010年，天津大道

第一章 交通设施

1982年始，区加大对交通设施的投入。2010年，区级公路、镇村公路总里程达430千米。2000—2008年，国家又相继建成津晋高速、丹拉高速、津港高速及天津大道快速路等国家及市级干线公路。公路桥梁不断更新改造，有桥梁49座。铁路更加完善。

第一节 机 构

1992年，建立津南区公路管理所。2000年3月，由原津南区公路管理所和原天津公路四所合并组建天津市公路管理局津南分局，下设：公路路政津南支队、公路养护管理所、公路工程施工处。2007年6月，更名为天津市津南公路处。

第二节 公 路

2010年，津南区境内有国家及市级干线公路12条，计209.24千米。

一 国家及市级干线公路

（一）高速公路

津晋高速 2000年1月施工，2002年10月竣工。津南段起点位于葛沽镇西关村，终点为西青交界处。全长27.76千米，路基宽度28米。在津南区段内设“汉港收费站”和“津港收费站”。

图5-1 2009年，津晋高速入口

丹拉高速 2000年1月施工，2002年10月竣工。津南段起点位于葛沽镇西关村，终点为西青交界处。全长23.5千米，路基宽度28米。在津南区段内设收费站。

津港高速 2008年4月施工，2010年11月竣工。起于外环线洞庭路交口，止于大港区板港路与胜利路交口处，全长25.13千米。津南段全长22.4千米。并在津南区巨葛庄设有出入口，二八公路翟家甸设收费站。

图5-2 2010年，津港高速咸水沽收费站

（二）快速路

天津大道 2008年12月开工建设，2010年9月30日建成通车。天津大道是第一个以“天津”命名的快速路，为连接中心城区和滨海新区的快速客运道路，起点为外环线津沽立交桥，终点为滨海新区的中央大道，全长36.2千米，双向8车道，设计时速80千米，津南区段25.16千米。

（三）干线公路

津沽公路 津南区段，西起天津外环线，东至葛沽镇西关村马厂减河桥，全长23.3千米（为公路局管理路段）。改路29+000—41+810处，改建于1997年，全长12.81千米，路基宽19~37米，路面宽16~31米。26+660—29+000千米处，修建于1999年，全长5.24千米，修建为20米路基、16

图5-3 2010年，双港镇内天津大道

米沥青混凝土路面。13+600—23+760处改建于2000年，全长10.16千米，拓宽为52米路基、36米沥青混凝土路面。39+200—41+810改建于2002年，全长2.61千米，路基宽19米，路面宽16米。

图5-4　2008年，整治后的津沽路

津歧公路　境内西北起津沽路北环口，东南至大港区交界，全长16.25千米。该路23+751—25+200处改建于2000年，全长1.45千米，拓宽为52米路基、36米沥青混凝土路面。

葛万公路　东北起津南区葛沽镇，经小站镇至津港公路，全长14.1千米，该路从10+802—11+440为市政道路。3+400—9+947处改建于2006年，全长6.55千米，路基宽15米，路面宽12米。0+000—3+159处改建于2009年，全长3.16千米，路基宽16~24米，路面宽10~18米。

汉港公路　津南区段西北起东丽交界处，东南至大港交界八米河桥，全长15.15千米。该路1+534—4+534建于1986年。1989年，此段进行拓宽改造延长1.76千米，其全段1+534—6+289全长4.76千米，路基宽15米，路面宽12米。该路6+289—14+915处新建于2002年，全长8.63千米，路基宽15米，路面宽12米。2009年，该路延长1.77千米，其全段14+915—16+685全长1.77千米，路基宽12米，路面宽9米。

图5-5　90年代，正在建设中的津港公路

津港公路　1990年11月动工，1991年8月竣工。境内自八里台镇团洼村至小站镇黄台村到大港区界，全长18.7千米，路基宽28米，路面宽24米。

津沽附线　津沽路北环口至西大桥，改建于2000年，全长1.45千米，拓宽为52米路基、36米沥青混凝土路面。

津南环线　津南区二八公路至津沽公路，该路0+000—4+852处新建于2001年，全长4.85千米，路基宽18~24米，路面宽31米。

二八公路　津南石油公司至八里台镇团洼村（0+000—16+623），全长16.62千米。该路1973年始建k4+300—k9+350路段，1983年修建k9+350—k10+200路段，1997年修建k0+000—k4+300路段。4+230—9+500处改建于1999年，全长5.12千米，路基宽18~28米，路面宽30.5~34.5米。2008年对9+500—10+032处进行改扩建，10+382—11+040处改线，全长7.46千米，路基宽40米，路面宽28米。

二　区级公路

2010年，津南区有区级公路15条，总计约82.27千米。

津沽附线二　津沽公路至塘沽区新城，全长5.99千米，路面宽8~12米。

东金路　汉港路至东泥沽村，该路始建于1986年，全长1.47千米，路基宽9米，路面宽6米。

白万路　白塘口村至西青交界处，全长16.97千米，路面宽7~9米。

梨双路　由双港村南口至西青区北里八口村，全长5.26千米，路面宽9~16米。

津沽支线　津沽公路至津歧公路，全长0.2千米，路面宽10米。

盛塘路　位于小站镇。起点为津港公路，终点为津歧公路。全长约5.56千米，路基宽20米，路面宽16米。

津歧公路咸水沽支线公路（西环路） 沿咸水沽镇南环路与津歧公路交口处，起点设在二八公路处，至津沽东路北环线相接。全长4.85千米，路基宽31米。

汉港公路 起点为津沽公路，向南沿津南区民兵训练基地西侧与李港铁路支线平行，全长8.62千米，路面宽14米。

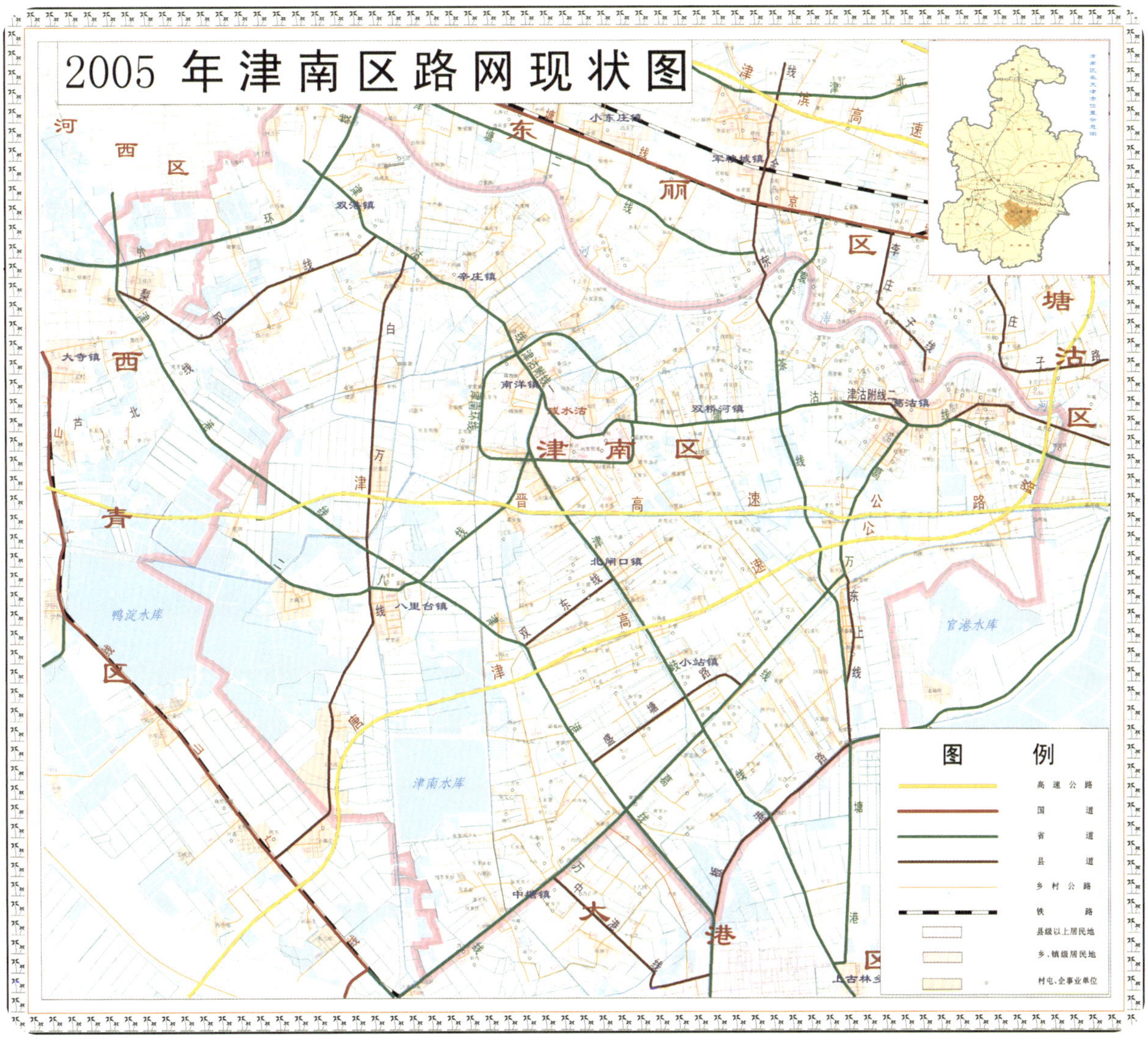

图5-6 2005年，津南区路网现状图

双东路 位于北闸口镇，起点为津港公路，终点为津歧公路。全长3.3千米，路面宽16米。

二八路 起点为津港公路，终点为洪泥河。全长1.5千米，路面宽31米。

津沽路 起点为咸水沽镇西大桥，终点为外环线。全长9.45千米。

营房道 起点为津沽公路，终点津晋高速跨线桥。全长2.8千米，路面宽30米。

天嘉湖路 起点为津港公路，终点天嘉湖度假区。全长3.1千米，路面宽43.5米。

津歧路 起点为咸水沽镇西大桥，终点小站镇马厂减河。全长11.4千米。

东沽路 起点为咸水沽镇西大桥，终点为北环路。全长1.8千米，路面宽41米。

三 镇村公路

图5-7 90年代，葛沽镇乡间公路

图5-8 90年代，改造后的咸水沽镇红旗路

1982年，区内仅有3条总长2.6千米的沥青路面乡村公路。

1995年底，区内10个乡镇（长青办事处除外）有乡村公路156条，均为沥青混凝路面，总长243.3千米。2009年底，全区8个镇有镇村公路378条（按路段分），总里程330.60千米。其中，水泥混凝土路面177.26千米，沥青混凝土路面153.34千米。

咸水沽镇乡村公路22条，总里程18.96千米，路基宽度5~26米，路面宽度4~25米。葛沽镇乡村公路44条，总里程38.07千米，路基宽度5~10米，路面宽度4~9米。小站镇乡村公路51条，总里程57.49千米，路基宽度5~29米，路面宽度4~28米。双港镇乡村公路23条，总里程18.87千米，路基宽度5~19米，路面宽度4~18米。八里台镇乡村公路80条，总里程75.81千米，路基宽度5~25米，路面宽度4~24米。辛庄镇乡村公路46条，总里程39.08千米，路基宽度5~17米，路面宽度4~16米。双桥河镇乡村公路39条，总里程30.49千米，路基宽度5~25米，路面宽度4~24米。北闸口镇乡村公路73条，总里程51.84千米，路基宽度5~23米，路面宽度4~22米。

第三节 桥 梁

一 市级桥梁（公路桥）

1980—2010年，区域内架设市级桥梁22座。

秦庄子桥 位于津沽公路北环线26+680处，始建于2001年。该桥为空心板梁，灌注桩，3孔，长39.1米，车行道20米，荷载标准为汽超20、挂120。

九号桥 位于津沽公路31+226处，始建于1964年。该桥2000年改建为空心板梁，灌注桩，3孔，长45米，车行道18.05米，两侧人行道各1.25米，荷载标准为汽20、挂100。

十号桥 位于津沽公路32+963处，始建于1978年。该桥2001年改建为空心板梁，灌注桩，3孔，长30.5米，车行道18米，荷载标准为汽15、挂80。

葛沽泵站桥 位于津沽公路37+500处，始建于2002年。该桥2002年新建为空心板梁，灌注桩，2孔，长20米，车行道35米，两侧人行道各2.5米，荷载标准为汽20、挂100。

马厂减河桥 位于津沽公路41+785处，始建于2001年。该桥2001年新建为空心板梁，灌注桩，5孔，长50.5米，车行道17米，荷载标准为汽超20、挂120。

正营桥 位于津歧公路33+060处，该桥1998年改建为空心板梁，1孔，长13米，车行道19米，荷载标准为汽超20、挂120。

板桥纸厂桥 位于津歧公路39+975处，始建于1966年。该桥1998年改建为空心板梁，1孔，长13米，车行道18米，荷载标准为汽超20、挂120。

西大桥 位于咸水沽镇街西部，津歧公路跨越月牙河处。始建于清光绪元年（1875年）。1967年老桥废止，在原桥东10米处重建新桥。桥长44.25米，桥宽12.1米，车行道10.1米。1989年在废止桥处再建新桥，与东侧桥平行并列，桥长52米，桥宽12.6米，车行道11.5米，空心板梁灌注桩结构。荷载标准汽超20、挂120。两桥中间相隔1米，分上下行道，统称西大桥，该桥现桥长39米，桥宽52.5米，车道46.5米，两侧人行道各3米。

图5-9 2010年，坐落在月牙河上的西大桥

洪泥河桥 位于八里台镇津港公路跨越洪泥河处。1991年3月20日动工，7月31日竣工。桥长53米，桥宽26米。荷载标准为汽超20、挂120。2009年进行维修。

津港公路马厂减河桥 位于西小站村东侧，津港公路跨越马厂减河处。1994年4月动工，是年8月20日竣工。桥长50米，桥宽26米，荷载标准为汽超20、挂120。2010年进行维修。

辛庄子桥 位于葛万公路3+400处，始建于1983年。该桥2002年进行大修为箱形梁，长52.4米，车行道13米，荷载标准为汽20、挂100。

西沟桥 位于葛万公路6+020处，始建于1966年。该桥2006年改建为空心板梁，长20米，宽13米，车行道18米，荷载标准为汽10、履带50。

跨线桥 位于葛万公路4+163处，长深高速跨线桥，始建于2002年。该桥2002年新建为箱形梁，灌注桩，6孔，长119.55米，宽11米，车行道9米，荷载标准为汽超20、挂120。

大沽排污河桥 位于汉港公路9+560处，始建于2002年，为空心板梁，灌注桩，3孔，长48.68米，车行道13.8米，荷载标准为汽超20、挂120。

马厂减河桥 位于汉港公路12+843处，始建于2002年，为空心板梁，灌注桩，5孔，长50.1米，宽15.2米，车行道12米，两侧人行道各1.5米，荷载标准为汽超20、挂120。

八米河桥 位于汉港公路16+633处，该桥2009年改建为空心板梁，灌注桩，2孔，长28.6米，桥宽13米，车行道12米，荷载标准为汽20、挂100。

二道桥 位于咸水沽西侧的月牙河上，始建于清光绪元年（1875年），原名“问津桥”。1986年在原桥以北50米外建新桥（老桥停用），长50.6米，宽28.1米，车行道23米，两侧人行道各1米，空心板梁，灌注桩。荷载标准为汽20、挂100。

月牙河桥 位于二八公路4+340处，始建于1986年，2005年改建为板梁，5孔，长54米，车行道30米，荷载标准为汽超20、挂120。

翟家甸桥 位于二八公路跨越大沽排水河处，建于1983年，1994年改建为空心板梁，灌注桩，5孔，长45.6米，车行道32米，荷载标准为汽20、挂100。

幸福河桥 坐落于幸福河河系，2006年改造完成。桥梁总长度为39米，桥面宽度14米。

八里台桥 位于八里台村北侧洪泥河上，建于1969年，桥长50.4米，桥宽7米，荷载标准为汽8。1985年改建，长56.06米，宽11米，车行道9米，两侧人行道各1米，为6孔板梁，灌注桩。荷载标准为汽20、挂100。2005年该桥进行大修。

大韩庄桥 位于二八公路14+300处，始建于1985年，2006年改建为空心板梁，5孔，长65米，宽10米，车行道9米，两侧人行道各0.5米，荷载标准为汽20、挂100。

二 区级及镇村级桥梁（公路桥）

1980—2010年，境内修建区级桥梁7座（前7座为区级桥梁），镇村级桥梁17座。

南马集桥 位于梨双公路10+230处，始建于1982年，2004年改建为板梁，3孔，长45米，桥宽17.2米，车行道16.9米，两侧人行道各0.6米，荷载标准为汽20、挂100。

吉太桥 位于白万公路2+650处，始建于1987年，2007年改建为板梁，2孔，长20.4米，桥宽11.5米，车行道9米，两侧人行道各1.2米，荷载标准为汽20、挂100。

新桥桥 位于白万公路3+980处，始建于1986年，为板梁，3孔，长24米，桥宽12米，车行道9米，两侧人行道各1.5米，荷载标准为汽20、挂100。

跨线桥 位于白万公路7+400处，津晋高速跨线桥，始建于2002年，为空心板梁，灌注桩，12孔，长288.33米，桥宽10.9米，车行道9米，两侧人行道各1米，荷载标准为汽20、挂100。

月牙河桥 位于盛塘路3+207处，始建于2001年，为空心板梁，灌注桩，4孔，长39米，桥宽15米，车行道13米，两侧人行道各1.5米，荷载标准为汽20、挂100。

十四号桥 位于津沽附线二7+836处，始建于1971年，2009年改建为板梁箱梁，3孔，长44米，车行道9米，荷载标准为汽10、履带50。

月牙河桥 位于双东公路3+360处，始建于2004年，为板梁灌注桩，4孔，长46米，桥宽17米，车行道14米，两侧人行道各1.5米，荷载标准为汽20、挂100。

西小站桥 坐落于马厂减河双闸村，2001年改造完成。桥梁总长度为45米，桥面宽度7米，面积为315平方米。

政和桥 坐落于双东路，2001年改造完成。桥梁总长度为50米，桥面宽度10米，面积为500平方米。

九道沟桥 坐落于马厂减河九道沟村，2001年改造完成。桥梁总长度为40米，桥面宽度8米，面积为320平方米。

双闸桥 坐落于马厂减河双闸村东，2002年改造完成。桥梁总长度为45.7米，桥面宽度14米，面积为639.8平方米。

双闸桥 坐落于马厂减河双闸村西，2007年改造完成。桥梁总长度为45.6米，桥面宽度9米，面积为410.4平方米。

老左营桥 坐落于月牙河老左营村，2003年改造完成。桥梁总长度为50米，桥面宽度8米，面积为400平方米。

潘庄子桥 坐落于双桥河，2003年改造完成。桥梁总长度为33.6米，桥面宽度9米，面积为302.4平方米。

小黄庄桥 坐落于马厂减河小黄庄村，2004年改造完成。桥梁总长度为45米，桥面宽度10米，面积为450平方米。

闫家圈桥 坐落于石柱子河闫家圈村，2004年改造完成。桥梁总长度为13.62米，桥面宽度8米，面积为108.96平方米。

葛九桥 坐落于马厂减河九道沟村，2005年改造完成。桥梁总长度为45米，桥面宽度9米，面积为405平方米。

东大站桥 坐落于马厂减河东大站村，2006年改造完成。桥梁总长度为32米，桥面宽度6米，面积为192平方米。

东右营桥 坐落于月牙河东右营村，2006年改造完成。桥梁总长度为50米，桥面宽度10米，面积500平方米。

双顺路桥 坐落于津港河双顺路，2006年改造完成。桥梁总长度为39米，桥面宽度9米，面积为351平方米。

兴业桥 坐落于洪泥河与二八路交口，2005年改造完成。桥梁总长度为43米，桥面宽度9米，面积为387平方米。

黄营桥 坐落于马厂减河黄营村，2006年改造完成。桥梁总长度为51米，桥面宽度12米，面积为612平方米。

巨葛庄桥 坐落于洪泥河巨葛庄村，2006年改造完成。桥梁总长度为39米，桥面宽度9米，面积为351平方米。

北闸口桥 坐落于月牙河北闸口村，2007年改造完成。桥梁总长度为45.6米，桥面宽度9米，面积为410.4平方米。

三 天嘉湖路立交桥

位于津港公路与天嘉湖路交口，天嘉湖路上跨津港公路。立交桥主要服务于天嘉湖度假区与市区、大港之间的往返交通。主线A匝道长度为548米，其余B、C、D、E匝道总长1026米。分上、下行桥，其中上行桥桥梁宽度为10.5米，下行桥宽度为8米，桥梁面积7615.7平方米；B匝道桥跨越幸福河，长度为34.51米，桥梁结构为普通钢筋混凝土空心板梁和先张预应力混凝土空心板梁，桥梁宽度为8米；E匝道桥跨越幸福河，长度为53.76米，桥梁结构为普通钢筋混凝土箱梁，桥梁宽度为10.5米；北侧非机动车道桥梁跨越幸福河，长度为34.45米，桥梁结构为普通钢筋混凝土空心板梁和先张预应力混凝土空心板梁，桥梁宽度为8.3米。2008年7月10日施工，2009年5月1日竣工。工程总造价7764.54万元。

图5-10　2009年，天嘉湖立交桥

第四节　铁路　水路

一 铁路

境内铁路始建于1992年，原称李港铁路津南支线，是蓟港铁路的组成部分。第一期由原大港区官港至津南区咸水沽站，由天津市地方铁路局承建。2007年，改由天津蓟港铁路有限责任公司和天津市南环铁路公司负责承建，天津蓟港铁路有限责任公司负责由东丽区民生村至咸水沽站区段，天津市南环铁路公司负责由咸水沽站至原大港区官港区段。

图5-11　1992年，李港铁路津南支线竣工

蓟港铁路一期工程自大秦线蓟县西站接

轨，经新建大蓟线、津蓟线、天津枢纽南仓站、京山三线、北环线至北塘西站，在经新建北咸线、天津地方铁路咸官线、李港延伸线东段至东大沽站，终到南疆港，全长209千米。工程于1998年12月12日开工建设，2000年12月建成，2002年3月18日正式开通运营。2007年，天津市政府和铁道部决定对蓟港铁路进行扩能改造。在既有线路设备基础上，新建胡张庄线路所至民生村站上下行联络线，长约20.1千米；民生村站移位新建。民生村至咸水沽站增建第二线，长约9.2千米。咸水沽至邓善沽新建双线，长约14千米。工程于2007年12月28日开工，2009年12月30日开通胡张庄线路所至咸水沽车站。

二　水路

2010年，津南区现有5个海河渡口，6艘小型内燃机驳船，年运输量约20万人（吨）。

邢庄子渡口　坐落于津南区辛庄镇邢庄子村。渡船1艘，此船建造于1999年4月，船体为钢制结构，乘客定额20人，限载小型空载机动车1部，渡车时限载乘客10人，船属个人资产。

柴辛庄渡口　坐落于津南区辛庄镇柴辛庄村。渡船1艘，建造于2009年9月，船体为钢制结构，乘客定额20人，限载小型空载机动车1部，渡车时限载乘客10人，船属个人资产。

于庄子渡口　坐落于津南区咸水沽镇于庄子。渡船1艘，建造于2004年9月，船体为钢制结构，乘客定额20人。限载小型空载机动车1部，渡车时限载乘客10人，船属个人资产。

赵北渡口　坐落于津南区咸水沽镇赵北村。渡船1艘，建造于2003年12月，船体为钢制结构，乘客定额20人。限载小型空载机动车1部，渡车时限载乘客10人，船属个人资产。

杨惠庄渡口　坐落于津南区葛沽镇杨惠庄村。渡船2艘，分别建造于2000年7月（渡1）和2002年6月（渡2），船体均为钢制结构，乘客定额分别为40人、50人，渡车时限载乘客20人、30人，船属股份资产。

图5-12　2010年，咸水沽镇于庄子渡口

第二章　交通运输

70年代末，由于水源不足及公路设施建设加快，公路运输取代水上运输。中共十一届三中全会后，区交通运输快速发展。客运，通往市区的公交客运由2条发展到9条，区内线路由1条发展到21条。1983年7月，国家允许个人购置汽车、拖拉机从事货物运输。2010年，运输企业达604家，运力总量7625车40547吨。

第一节　机　构

1979年，交通运输管理站划归南郊区企业局领导。1983年，成立南郊区交通运输管理所。1991年8月，更名为南郊区交通运输管理处。1994年3月25日，更名为天津市津南区交通运输管理局，规格为正处级。内设：办公室、政策法规科（交通战备办公室）、财务科、稽查科、机务汽修科、客货运输管理科、教育培训科、航运联运管理科、安全监督科。

第二节 客 运

境内的公共交通运输主要由天津市公共交通二公司负责。

一 公交客运

至1975年，形成以区政府为中心的南郊客运线网络，开设东大沽、马棚口、太平村、石化总厂、万家码头、南八里台等6条线路。其后又相继接管大苏庄、徐庄子、小王庄等长途线。1976年6月，以咸水沽为中心枢纽站，根据大港油田、石化总厂等大型生产单位和社队办工厂与市区联系频繁的需要，再次扩大线网：52路车队除继续运行刘庄至滨海村、刘庄至葛沽线外，又扩大刘庄至石化总厂线，为67路；咸水沽站继续保留原线路网。

1984年12月5日，开设和平站至小站优质线，配两部黄海车，每部54座，单程34.5千米，每日7班。1987年6月30日，开辟咸水沽至怒江道线（182路），配有5部解放单机，单程16.4千米。

中共十一届三中全会以后，社会承办的客运兴起，主要是个体经营，南郊运输场也兼营一部分。个体经营的客运路线主要是：天津至大港；大港至塘沽；小站至盐山；小站至黄骅；小站至沧州，以及大港—咸水沽—北京等。客流主要为京、津两地旅客和往返于津南、沧州地区之间的旅客。1989—1991年，南郊区有个体客运站（包括旅行社）24家，有车24辆。

1991年，南郊运输场购置大型客车，开辟旅游专线。至1994年底，其开辟旅游专线13条，线路3538千米。

2000年，津南区整体运营车辆在150部左右，除通往市区的629、652及808路外，其他206、210、211路等线路均配备车辆为1~2部。配备的运营车辆最大的为8米，占整体运营车辆的1/2，其余车辆均6~7米的中巴车辆，均实行驾驶员大包机制。

2000年后，运营车辆达到373部，其中空调车114部，占整体运营车辆的30.5%。纯空调线路5条：304、682、309、855、808路，占20条运营线路的25%。629、808、652路安装GPS卫星定位系统，808路实施智能化管理。随着津南区示范镇的建设，城市化进程加快，海河教育园的建设及城市居民居住的外移，津南区公交优化发展进入新的历史阶段，外环线以外运营线路达到20条。其中，通往市区线路达6条：808、629、152、165、705、855路。市区贯穿津南至大港区线路1条：652路。津南区至塘沽区线路2条：627、131路。

图5-13 2010年，公交车808路换新车

2010年津南区外环线以外运营线路统计表

表5-1

序号	线路	起始站	终点站	开线日期
1	152	小站	土城	1959.12.1
2	165	葛沽	土城	1970.8.15
3	627	海河教育园	塘沽近开里	1999.3.16
4	131	咸水沽	塘沽	–
5	629	葛沽	中心公园	1992.8.15

续表

序号	线路	起始站	终点站	开线日期
6	652	大港三号院	西站	1992.8.15
7	705（东）	海河教育园	西关西	2004.12.2
8	808	东张庄	天津站	1995.4.12
9	855	双港装饰城	白庙	1999.2.16

二　区内线路

70年代，境内建立咸水沽公交中心枢纽场站，开通到双闸镇等区内公交线路，但发展缓慢。改革开放后，实行国营、民营共办，区公交事业快速发展。2010年，区内线路共有21条。其中，由天津市公共交通二公司负责的5条，公交车120辆；区运管局管理的16条，公交车37辆。另开辟八里台小学、北闸口小学等“校专线”11条。乡镇通车率100%，行政村班车通车率90%以上，形成以咸水沽镇为中心，各镇为节点、连接城镇、辐射乡村、方便快捷的农村客运网路。

改革开放初期，津南区公交场站仅有“咸水沽公交站”和“小站公交站”两处。2010年，公交场站达7个，即东张庄、小站、双港新家园、海教园1号、海教园2号、微山南路、小站米立方。

2010年津南区区内班线情况表

表5-2

序号	线路	起止站点	开线时间
1	206	咸水沽－大孙庄	1978.12
2	207	东张庄－天嘉湖	2010.04
3	208	宝成博物院－宝成博物院	1977.03
4	209	小站公交站－小站公交站	2008.12
5	210	咸水沽－团泊洼	1978.08
6	14	大孙庄－何庄子	1995.04
7	1	团洼村－咸水沽	1995.04
8	3	咸水沽－大孙庄	1995.04
9	4	小站－赵北庄	1995.11
10	7	西大桥－茶棚	1995.11
11	13	咸水沽－高庄子	1996.05
12	9	咸水沽－巨葛庄	1996.05
13	6	东嘴－咸水沽	1996.05
14	5	九道沟－咸水沽	1995.11
15	12	咸水沽－北义心村	1995.11
16	2	咸水沽－八里台	1995.04
17	8	毛家沟－咸水沽	1995.04
18	10	咸水沽－北马集	1996.05
19	2	咸水沽－八里台	1996.10
20	11	咸水沽－北马集	1996.10
21	8	毛家沟－咸水沽	1996.10

说明：序号前5位为天津市公交二厂管理，其他为区运管局管理

三　长途客运

1979年，区长途客运发展较快。主要以个体经营为主，南郊运输场也经营一部分。1985年，小站镇传字营村杨金华购置两部解放大轿车，经营小站—盐山长途客运，开辟区非国有经营客运先河，后个体客运户逐年增多。1991年，南郊运输场购置大型客车开始经营长途客运和旅游包车，客运路线主要为：天津—大港，大港—塘沽，小站—盐山，小站—黄骅，小站—沧州，天津—北京等。1995年后，

高速公路路网建设加快，部分个体客运经营者不适应市场要求，退出长途客运经营。

1998年4月，津南区运管局成立天津津南区盛鸿交通运输有限公司，对区个体客运车辆实行集约化管理。2002年，天津津南区盛鸿交通运输有限公司撤销，由天津交通集团所属天津泰通客运有限公司津南分公司（2006年更名为天津市宏华通客运有限公司津南分公司）接管。2009年底，全区长途客运车辆75部1763座。其中，旅游包车17部，客运班车58部。区拥有长途班线7条，其中市际班车客运线路1条，班车2部、日发2班次；县际班车线路6条，班车22部、日发60班次。

2010年津南区长途客运班线情况表

表5-3

班线名称	班车数量	座位数	日发班次	班线类型
小站—沧州	2	62	2	市际班线
咸水沽—塘沽	10	226	30	县际班线
咸水沽—开发区	8	152	24	县际班线
咸水沽—汉沽	1	19	3	县际班线
咸水沽—唐官屯	1	19	1	县际班线
咸水沽—静海镇	1	25	1	县际班线
咸水沽—中旺镇	1	19	1	县际班线

第三节　货　运

一　组织

1979年，境内已有南郊运输场。1983年7月，国家允许城乡个人或联户购置汽车、拖拉机从事货物运输，形成运输企业多元化的局面。1995年，国营、集体、个体运输企业进行企业产权制度改革，经过改组、联合、兼并、租赁、承包经营及股份合作制等形式，打破垄断经营、统负盈亏的旧体制，实行面向市场、独立经营、自负盈亏的市场经营机制，多数经营者对车辆进行更新、升级、壮大，少数经营者被淘汰。运输经营户从1990年的1565户减少到1999年802户。

二　运力

1996年，专业运输企业快速发展，危险货物、集装箱、冷藏保温、罐式、箱式等专用运输车辆快速增加。1997年，新开业448户，新增运营车辆817部，全区营运车辆3621部，约14000吨位，运输总收入4.5亿元，税收1430万元。1999年，税收1540万元。2000年，危险货物、集装箱、冷藏保温、罐式、箱式等专用运输车辆发展到149家。

全区运力从2001年711户2976车11447吨发展到2009年624户6527车26804吨。2010年，区运输企业604户。运力总量7625车40547吨，比上年同期增长51.27%。

2001—2010年津南区运力统计表

表5-4

项目＼年份	2001	2002	2003	2004	2005	2006	2007	2008	2009	2010
运输业(户)	711	509	496	409	392	394	458	541	624	604
合计(吨)	11447	9157	8882	13505	13000	11741	14345	17461	26804	40547

第四节　运输管理

一　客货运输证照管理

80年代，境内运输管理重心是清理整顿运输市场存在的混乱局面。1990年，更换新式营运证。1991年，交通运输管理处对1988年以来自然形成的咸水沽、葛沽、小站、双闸4个车辆较集中的客货运输市场进行清理整顿，发放准运证。90年代后，客班车客运、定线客运、旅游客运、出租汽车客运、包车客运五类运输业户均纳入区运管局管理。从事公路运输的车辆分为营业性运输和非营业性运输，无论是何种性质的经营者，凡要参与道路运输经营，都要先行申领“道路运输证”后，再到工商行政部门领取营业执照方可开业。凡停业者亦要报请区运管局批准，并缴回“道路运输证”，以备案注销。2010年，全区道路运输经营者700户，证照齐全，运输经营正常。区运管局推进运政管理系统全国联网工作，实施网络审批。480家企业和4003部车辆换发新证。对运输企业及运输车辆信息进行清查，清理削减车辆1542部4923吨，保证运力数据的准确性。全年检查营运车辆万余车次，处理违法违章经营行为217车次。出动1000余人次实施巡查，检查车辆7600辆次，确保超限超载车辆零出场站。

二　汽车维修管理

（一）票证管理及信誉考核

1988年1月1日，境内汽车维修正式纳入行业管理。对汽车维修经营者进行开、歇业审理及项目变更、票据、收费、维修合同、经营行为进行监管。实行统一开业标准、统一质量标准、统一收费标准、统一结算凭证“四统一”。后建立三级检验制度，统一印制“三单一卡”，即进厂检验、过程检验、竣工检验和质量跟踪反馈卡。2003年11月，区维修企业参加《天津市百家汽车维修企业优质服务公约》的签约活动。2005年9月，对通过考核的246户维修企业（户），统一换发新的《天津市机动车维修企业经营许可证》。对机动车排放污染物达标企业发放“天津市机动车排放污染物维修特约企业”标志牌。2009年，天津市柳林丰田汽车销售服务有限公司再次被评为AAA级维修企业，成为津南区唯一连续3年信用等级为AAA级的企业。2010年，利用GPS监控平台管理和日常巡查等方式，健全维修人员持证上岗制度和营业性驾驶员信誉考核机制，对5336名运输业从业人员实施诚信考核，建立人员信息档案。对全区46家二类以上维修企业的资质条件、经营行为、服务水平等指标进行综合考核，AA信誉等级维修企业达39家，健全车辆等级档案。

（二）打击无证修车行为

1998年始，区运管局每年对从事机动车维修企业人员进行专业技术培训。1999年，对从事机动车排放污染物的维修企业人员进行培训，企业购置必要的检测设备，降低机动车污染物排放。2004年4月，《中华人民共和国道路运输条例》颁布，将汽车维修行业的各项权益第一次被纳入法律管辖范围。2005年1月，新的国家标准《汽车维修业开业条件》正式实施。2003—2010年，津南区规范维修企业经营行为，清理占道修车企业25家，取缔无证经营企业32家，维护市容环境和市场秩序。2010年，全区汽车保有量75936辆，汽车维修企业216家，行业结构日趋合理。是年10月，天津一路发汽车维修服务有限公司和天津津平汽车维修服务有限公司升格为一类维修企业，填补津南区综合修理厂的一项空白。

三　机务安全管理

1993年，成立津南区汽车综合性能检测中心，为天津市A级汽车综合性能检测站。检测中心有2条汽车检测线，25台套检测设备，实现“受理—检测—签证”微机联网管理。1995年，实行机务管理职能与汽车检测中心合署办公，主要承担境内营业运输车辆的行业检测、营运车辆进行质量监督、全区货运、客运车辆实施机务管理，完成对营运车辆的技术等级评定，即营运车辆装备及外观检查、动力性、燃油经济性、制动性、转向操纵性、前照灯发光强度和光束照射位置、排放污染物限值、车速表示值误差等。受公安交管部门委托，对本区汽车进行年度安全检测及对事故汽车的鉴定。

2010年，出动1000余人次实施巡查，检查车辆7600辆次。完成车辆检测34914车次、检测收入400万元，检测中心获市级文明检测站荣誉称号。利用GPS卫星定位系统，对危化品运输车辆和客运车辆实施动态监管。对区危险货物运输企业、客运企业、渡口渡船、仓储企业和机动车维修企业，开展巡检排查活动27次，确保行业安全无事故。对区77部危险运输车辆和65部客运车辆实施拉网式检查，排查整改12部运输车辆的安全隐患，保证运输行业生产安全有序。

四 从业资格培训与规费征缴

2006年，区运管局成立驾驶员培训教育科，负责津南区的营运驾驶员从业资格职业培训，核发驾驶员从业资格证并负责年度审验。2006—2010年，培训60期，核发驾驶员从业资格证6427个。

区公路交通规费征收始于1987年，征收标准为14元/吨，最初的管理费缴讫证，由区交管局每月向天津市道路运输管理处申领，手工填写然后对货运单位车主的车辆发放。1993年，津南区在天津市率先实施运管费缴讫证微机打印。1997年，调整征收标准为12元/吨/月。2009年，根据国家规定，津南区停止所有规费征缴工作。

第三章 邮 政

70年代，区邮政事业还比较落后。1980年后，邮政业务的种类、规模不断扩大，发展到邮票代售、报刊发行、信箱设置、邮政投递和邮政储蓄。2010年，津南区邮电局的普邮道段增加为32条，并增加了速递物流局、邮政储蓄业务。

第一节 机 构

1980年，咸水沽邮电局改称为天津市南郊区邮电局，设有小站、葛沽邮电支局和八里台、双港、辛庄邮电代办所。1992年，天津邮政局分为5个区局，南郊区邮电局归市南局领导，管辖小站支局、葛沽支局和北闸口邮电所。1993年，小站支局划归市南局领导，增设西小站和新开路邮电代办所。

1999年1月，咸水沽邮电局直属天津市邮政局管理，改名为津南区邮政局。设3个支局，4个邮电所。2005年4月，更名为津南区邮电局。2007年11月28日，中国邮政储蓄银行天津市津南区支行正式揭牌成立。2010年6月29日，成立津南邮政速递物流局。

第二节 业 务

一 邮票代售

改革开放后，区邮政局与区供销社合作，由遍布城区的供销合作社代售邮票、信封、设立信箱，收集信件，邮政企业按销售额支付代办酬金，基本满足群众要求。随着改革开放及通信手段的不断提高，以及供销社网点的关、停、并、转，截至2010年已无此代售业务。

二　信箱设置

1979年，在邮政局门前、室内及乡村政府驻地都设立邮箱，遍布全区。每天邮箱由投递人员随投递班次每班开取一次，邮政业务视察员以开箱试电的形式检查信筒信箱的开取情况。至2009年底，全区统计在册的邮箱共52个，其中有29个因拆迁等原因已不再使用。2010年，全区信箱增至105个。收寄各类函件292449件，包裹30763件，开发汇票141098张。销售集邮邮票46464枚，收寄各类特快专递邮件达62360件。

三　报刊发行

改革开放后，出版市场繁荣，邮发报刊量逐年加大。1985年1月，天津市邮政局报刊零售公司成立，实行承包改革工资分配政策和制度，报刊零售额明显增加。1996年，津南区共建报刊零售亭点7处。由于市政规划以及人们文化消费渠道的日益增多，报刊亭点逐年呈萎缩的局面，截至2009年12月，仅保留葛沽南大街报刊零售亭及由咸水沽四小迁移至现邮局门前的报刊亭仍维护经营，每月的销售额在万元左右。

2000年，区内发行报刊2700余种。其中，咸水沽支局、小站支局、葛沽支局3个支局发行报纸、刊物。报刊发行收入100万元。2010年，各种报刊近3000种，其中畅销报刊近300种，专业报刊1000多种。是年，完成一次性流转额270余万元，是改革开放初期的3倍多。年投递期刊、报纸5134096份。

四　邮政投递

80年代，投递路线22条。1990年有25条。随着业务量的不断增加及新城镇的兴建，虽然道段增加较快，但由于楼房信箱配套工程没有很好的落实，以及现行的规章制度的约束，仍不能满足人民群众的用邮需求。2008年，市邮政公司建立社区投递，用电动自行车、机动车取代原有的自行车投递。2010年1月始，特快专递及物流邮件的投送逐步由邮政投递划归更为专业的速递物流局投递。津南区邮电局的普邮道段增加为32条，其中咸水沽投发部22条，葛沽投发部3条，小站投发部7条。是年，津南区邮政投递达696万件（不含津南速递物流公司投递的邮件），是改革开放前的近4倍。

图5－14　2010年，区邮电局到海河教育园为学生服务

五　邮政储蓄

1986年，区邮政局开办邮政储蓄业务。至1996年初，储蓄余额未过亿。2010年，津南区整体邮政储蓄余额达12亿元。

1999—2010年津南区邮政业务收入及收支差额完成情况表

表5-5　　　　单位：万元

年份	业务收入	收支差额
1999	935.90	－
2000	927.80	316.80
2001	954.00	424.10
2002	1227.50	475.50

续表

年份	业务收入	收支差额
2003	1301.50	334.20
2004	1344.10	469.00
2005	1524.70	534.90
2006	1673.70	464.90
2007	2356.60	277.10
2008	3060.40	494.80
2009	2771.50	639.00
2010	3766.70	684.90

第四章　电　信

1978年，区固话业务扩至1500户，2010年达11万户，宽带4万户。2002年5月，建立中国网络通信有限公司天津市津南区分公司。2007年1月，建立中国移动通信集团天津公司津南分公司。两大公司，用户量达数十余万户。

第一节　津南联通

一　机构

1979年，天津市四个郊区邮电机构和邮政分开办公，更名为天津市内电话局89分局，区下设葛沽、小站、双港3个电话站。1986年，建辛庄电话站。1988年，89分局更名为“天津市内电话南郊分局”，下设咸水沽、小站、葛沽、辛庄4个支局。1993年，设天津市电话局津南区局，区局下设津南分局、小站支局和辛庄支局。1994年，建葛沽支局、双港支局，原辛庄支局划入双港支局。2002年5月，天津市内电话局津南区局，更名为中国网络通信有限公司天津市津南区分公司，下设咸水沽分局、小站分局、双港分局和葛沽分局。2008年10月26日，更名为中国联合网络通信有限公司天津市津南区分公司，下设咸水沽分局、小站分局、双港分局和葛沽分局，至2010年。

二　固话

（一）设施

1978年，咸水沽步进制交换机容量扩至1500门，用户号码由3位升至4位。1985年，咸水沽步进制交换机容量扩至1800门，是年，开通国际长途直拨业务。1989年，南郊区开通日本NEC公司生产的程控交换设备及配套的测量、电力设备，结束境内人工电话交换的历史。咸水沽局容量3000门，局号890000~892999；小站局1000门，局号为898000~898999；辛庄局899000~899999。1993年，津南地区由89局改为839局。1994年，开通小站新局，局号861；新建双港局，局号858；新建葛沽局，局号为869。1996年，有交换机总容量3.51万门，杆线长度559千米，塑缆长度658千米，地缆长度79千米。1997年3月，天津市号码升位，由7位升至8位。1998年，陆续新建八里台、北闸口、双闸、辛庄、双桥、东大站等华为设备间。1998年，开通北闸口、辛庄、双闸、八里台、双

图5-15　2009年，津南联通日常设备维修

桥、东大站设备间。1999年9月，开通东泥沽设备间。2000年12月，开通南洋、传字营、二道沟设备间。2001年3月，开通柴家圈设备间。至2001年12月，有4个分局，11个设备间。

（二）通信业务

1980年有固话200户。1985年发展到700户。1990年发展到2000户。至1995年发展到1万户。1996年有固话1.5万户。是年6月，小站镇东大站村户户通电话（固话），成为“津城电话第一村”。2000年，双港镇电话普及率92%以上，成为“津门第一电话镇”。2001年，固话业务发展到9万户，宽带2000户。2005年，固话保持9万户，宽带1.5万户。2008年，固话9.5万户，宽带3.5万户。2010年，固话11万户，宽带4万户。

（三）公用电话

1980年，咸水沽镇内安装1部公用电话。1985年发展到14部。1995年，全区公用电话96部。1998年647部。1999年，安装IC卡电话26部，磁卡电话2部。2000年，电话1008部，IC卡电话265部，磁卡电话2部。2005年，电话2648部，IC卡电话2016部，磁卡电话515部。2010年，电话1500部，IC卡电话800部，磁卡电话50部。

2001—2010年津南区公用电话情况表

表5-6　　单位：部

年份	电话	IC卡电话	磁卡电话
2001	1355	651	2
2002	1862	816	102
2003	2145	1012	421
2004	2519	1825	652
2005	2648	2016	515
2006	2610	2145	460
2007	2700	2200	400
2008	2200	1900	250
2009	1800	1500	200
2010	1500	800	50

三　移动通信

2002年，津南区开通ADSL（非对称数字用户环路）宽带接入方式。2003年5月17日，天津“小灵通”开始面向社会各个层面的客户全面放号。2008年10月，合并为新联通后，开通移动通信业务。2008年12月，40个全光纤接入设备间在津南陆续开通。2009年5月17日，3G业务正式开通。2010年，联通津南分公司拥有固网容量113952门，ADSL宽带容量42784线。可以为客户提供固定电话、移动通信、小灵通、宽带业务、IDC业务、长途电话、IP电话、卫星通信、数据业务、智能网业务、视讯业务、网络元素出租、呼叫中心、系统集成、公话业务及各类电信卡业务。同时，还承担着应急及重要通信保障任务。

第二节　津南移动

一　机构

2007年1月，成立中国移动通信集团天津公司津南分公司，隶属中国移动通信集团天津公司，有员工140人，平均年龄不足35岁。2009年，津南移动津南营业厅被共青团天津市委员会授予“青年文明号”称号。

二 移动业务

津南移动主要经营移动话音、数据、IP电话和多媒体业务。除提供基本话音业务外，还提供数据、IP电话等多种增值业务，拥有“全球通”“神州行”“动感地带”等品牌。在集团客户中打造“动力100”品牌，面向政府及行业的综合信息化应用需求提供更广泛更深层次的专业化服务。2010年，津南移动共有2G/3G基站263个，拥有55万移动客户，在各镇均有自办营业厅和合作营业厅，已实现津南区域内普遍服务。

第五章 网络信息

1996年12月25日，成立津南区信息中心，信息化管理纳入区计经委职能范围。1999年4月，按照“一个中心，多个系统”建设原则，各政府部门的信息网络（含网站和传输系统）依托信息中心作为支撑，形成由政府网站和部门网站两级架构组成的政府信息化系统。12月31日，津南政务网建设完成，网站正式开通，成为天津政务网的组成部分，实现与天津市信息中心、国家信息中心及Internet的互联。

第一节 政务网

一 网络建设

1999年底，建成津南政务网主页版面。津南政务网网页，突出该区特点，分为本区信息、每日信息、中经网信息、广告专栏、各类出口等五大版块，设置区长热线、本站导航、联系我们、English、津南概况、发展远景、政务公开、各镇纵横、招商引资、特色采撷、企业博览、产品供求、旅游景点、休闲娱乐、经济纵横、社会热点、中经政策、CEI综合经济、经济热点等19个栏目。区政务网建设工程，采用先进的计算机网络技术和设备，构造出一个基于因特网技术的分布式计算机信息网络平台，实现局域网、广域网和远程用户拨号入网的互联。其所提供的交互式在线浏览查询、信息发布及收发电子邮件等功能，可使各用户通过因特网及时获取国家的政策法规、经济信息；对外发布津南区的各类信息，宣传区政府各部门的办事程序、投资政策、企业和产品；实现网上招商、网上营销、网上购物等，成为让世界了解津南，让津南走向世界的桥梁和载体。

2006年，完成信息化“十一五”规划。2007年，对政务网第五次改版，增加“每日要闻”“政府领导”等栏目；加强互动性栏目的后台处理功能。区政务网络平台进行升级改造，更换网络核心路由和交换设备，升级平台UPS（不间断电源）系统，提高网速的同时加强了网络安全。完成区数字化城市管理系统平台建设，实现与市平台的对接。

二 信息化发展

2003年前，开发区、人大常委会、计委、科委、人事局、招商局、教育局、环保产业办、津南国家农业科技园区等单位的17个虚拟网站，主页系统达到100多个，建立不同的传输系统。与津南通信分公司合作将网站带宽增加至10M，解决长期以来制约区网站发展的瓶颈问题。完善信息传输平台建设，津南区广电网开通。“非典”期间完成区防治“非典”上报联网及“非典”疫情防疫“村村通”工程。开通“农经一站通”网站。

2006年，完成全区各镇镇级网络和网站建设，实现镇级中层以上干部至少24个信息点的联网。完成29.5万人次农村人口数据库建设和镇村公文系统建设，政府部门信息化应用水平显著提高。完成农村劳动力管理信息系统、新型农村合作医疗系统软硬件系统、农村驾驶员证件管理、人员简历等多项功能建设，各类数据不断更新。

2010年，全新的电子政务中心机房建设完成，总投资超过400万元，使用面积100余平方米。平台拥有防火墙、防毒墙、入侵检测系统、网站防篡改系统、UPS电源、机房空调等完备设施。与网通津南分公司合作，将出口带宽提高至100兆，网络核心设备之间交换速度达到1000兆，解决政务网络出口带宽的瓶颈问题。是年，先后改版或新建10个网站，津南政务网所属网站群数量达到35个。

三　网络系统优化

至2010年，津南区完善电子政务专网和党委电视会议系统；完成区应急指挥系统信息化建设实施方案、津南指挥中心弱电系统方案、无线网络解决方案等方案的编制和修订、区公安系统三级网络方案、《数字天津》中关于区信息化建设的编写；结合“村村通”网站建设，新建农村经济信息语音系统，为农民提供包括专家热线、农业信息、气象信息等24小时全自动语音服务。建立完善案内网、档案资源网和对外网站三个系统，实现档案电子检索，现行文件目录和部分档案通过网站公开，完成高效高能的数字档案馆。“政府网络信息传输平台”项目获得市“十五”优秀信息化项目。

第二节　服务与管理

一　服务

2004—2008年，在创建“全国科普示范区”活动中，区信息中心与区科协共同完成科普示范区多媒体演示幻灯片及光盘的制作；开展农村基层党员干部教育，制作区情宣讲多媒体演示幻灯片；提供技术支持和网络维护，为各方面提供维修服务近4000人次；组织信息化应用培训，为每个村培养一名合格的计算机操作员；建立培训教室，搞好日常小型培训；建立包括各委办局、各镇和各村主要领导、主管领导和工作人员在内的“津南区信息化三级人才库”和涵盖全区各镇村的信息员队伍。

二　管理

2005年，编制信息化工程监理管理办法，提高全区信息化工程的监管力度，保证工程项目资金、质量顺利实施，统一标准，避免重复建设；完善信息中心的制度建设，日常工作制度化；按时更换杀毒软件，保证计算机的安全使用；掌握各部门正版软件的使用情况，实施软件正版化。2006年后，相继制定《津南区电子政务网络系统建设方案》《津南区政务公开及虚拟网站建设方案》《津南区各委、办、局局域网建设方案》《津南区农村管理信息系统建设方案》《津南区通讯线路和通信设施事故应急预案》等。购置病毒网关、入侵检测系统，建立机房巡检和网上信息日检制度，明确责任，落实到人，与工作人员签订责任书，使区信息化管理更加规范，保证信息网络安全。

津南区志
（1979–2010）

第六编
水　利

中共十一届三中全会以后，津南区加大投入，水利事业得到快速发展，改变水利落后局面。完成海河干流治理一系列重大工程；完成天嘉湖（津南水库）新建工程；依托万亩天嘉湖（津南水库），实施水库周边水、田、林、路综合治理，兴建具有现代农业特点及可持续发展的万亩高标准节水增效灌溉示范工程；完成十米河泵站、东沽泵站、双洋渠扬水站、跃进河泵站和葛沽泵站（西关泵站）的改造更新重建工程；实施大沽排污河、四丈河、跃进河、幸福河、双桥河、南白排河以及引黄济津洪泥河等河道的清淤治理、新建五登房平交闸及一系列河道整治工程；实施大沽排污河、月牙河、双桥河、马厂减河、幸福河、胜利河等河道的水环境治理工程。本着“开源节流、旱涝兼治、排蓄结合、以蓄代排、综合治理”的原则，新建一大批小型水库工程等。全区基本实现河网化，达到沟沟相通，渠渠相连，调剂水源方便的目标。

2010年，马厂减河

第一章　河道治理

1970年后，干旱严重，水源紧张，小站稻种植困难。区委、区政府对海河、大沽排水河津南区段，以及津南区16条二级河道（排水7条、用水河道7条、景观河道1条总长度181.8千米）的水环境进行治理。经过10余年的整治，海河、大沽排水河津南区段隐患消除，区内二级河道打破用、排河道界限，实现河河相通，南北调度通畅，并逐步恢复扩种小站稻。

第一节　海河干流治理

1979年始，有计划地进行海河治理。

1991年后，海河干流津南区段开始治理，分两个阶段实施。

第一阶段从1991—1997年，治理27标段约16.1千米，主要以治理险工险段为主。其中，1991—1993年，海河干流工程治理3段，全长1850米。1994—1995年，治理葛沽段工程，全长1320米。1996—1997年，主要治理柴庄子险段度汛工程、北园段治理工程、区水利码头段筑堤工程、杨惠庄上游段工程、洪泥河口下游段、老海河口段、双月泵站段等。

第二阶段从1998—2000年，治理25个标段29.77千米，治理标准均为800立方米每秒（其中对第一阶段治理标准为400立方米每秒的标段进行二次治理，因此，历年累计治理长度为45.86千米），工程总投资11195.95万元（不包括李楼段、小辛庄段、邢庄子段、双洋渠段、二道闸下游段、水利码头段、小韩庄段以及葛沽下游段的治理投资），完成土方186.31万立方米，石方12.79万立方米。

第二节　大沽排污河治理

70年代末，投资19.8万元对月牙河至周辛庄段3千米进行清淤。河底高程 -0.1~-1.67米，底宽15~20米，边坡1:2.5~3.0。由于长期没有疏浚，河道严重淤塞，排水能力下降，加之倒虹吸漏水，二级河道及沿岸农田受到污染，造成农作物减产。

1991年，在东大沽排污泵站南侧，新建30立方米每秒自流闸一座。1992—1994年，清淤7.3万立方米；完成自流闸更换闸板5面及海潮修复工程；复堤土方6万立方米；巨葛庄排污泵站新打机井1眼。1995—1997年，清淤11.5万立方米。1998年，完成复堤7万立方米及东沽泵站防浪墙的加高加固工程、东沽泵站卧式轴流泵的抢修工程。1999—2000年，复堤13.2万立方米；清淤4.3万立方米；完成双桥河倒虹加固混凝土380立方米；更新巨葛庄水渡槽30×3.0米1座。

图6-1　80年代，大沽排污河治理工程

第三节　二级河道改造

1991年，四丈河清淤长度7.82千米，清淤土方12.6万立方米。1992年11月，跃进河实施清淤。清淤长度5.3千米，清淤土方6.9万立方米，筑堤土方500立方米。1993年，南白排河进行拓宽，工程全长4.33千米，开挖土方13.78万立方米。1995年11月，实施南白排河下游段扩挖工程，全长3.89千米，完成双桥河津沽公路桥南侧两岸长5.6千米复堤工程，两项工程共完成土方19.03万立方米。

双桥河于1988年疏浚，经过十几年的运行淤积，排涝标准降低且污染严重。2005年2月18日，对双桥河海河至大沽排污河段实施综合治理工程，2005年4月30日竣工。工程治理长度6.66千米；完成清淤土方12.25万立方米、复堤土方7.39万立方米、淤泥外运0.38万立方米、浆砌石护坡800延米，工程投资428.94万元。

月牙河清淤护砌工程。2005年9月至2006年4月完成清淤工程；护砌工程2006年3月至5月底完成。工程量：封堵口门160处（其中：农田排水口61处，工业、生活、市政排水口99处），土方量3.88万立方米；清淤长度16.2千米，清淤土方量72.67万立方米，总计完成土方量76.55万立方米、浆砌石护坡11300延米，总投资4004.05万元。

马厂减河清淤护砌工程。工程于2006年10月15日开工，2007年6月30日竣工。工程治理长度28.85千米；完成工程量：房屋拆迁9442平方米，清淤土方103.86万立方米、浆砌石护坡8300延米，投资4924.59万元。

海河故道综合治理工程。拆迁工程于2007年11月15日开工，12月31日完成。拆迁面积11.63万平方米。清淤工程于2007年12月3日开工，2008年2月3日完工。清淤长度3.5千米，完成工程量33.74万立方米，投资271.99万元。绿化工程于2008年1月31日开工，4月30日完工，绿化面积35.65万平方米。建筑工程2008年5月开工，2009年6月30日完工，完成建筑：欢乐天地、篓吧等；完成景点建设：欢乐广场、沽水花洲、沽水篁花、雅石趣园、生态观鸟廊等。

图6-2　1990年，幸福河治理工程

幸福河综合治理工程。1989年冬和1990年冬分别进行疏浚，完成土方40万立方米。河底高程-0.7~-1.25米，底宽5~8米，边坡1:2，设计流量10立方米/秒。2008年11月25日综合治理工程开工，2010年11月12日完工。工程总投资1.8亿元。主要工程量：河道清淤土方63.54万立方米，生态网格护砌工程量9.9万立方米；生态袋护砌1.5万立方米，绿化面积38万平方米。

图6-3　2009年，治理后的幸福河

胜利河综合治理工程。于2009年9月21日开工，2010年7月11日完成并投入使用。治理长度3.95千米；完成河道清淤、开挖31.46万立方米、旧河回填24.72万立方米、生态护砌44724立方米、顶管170延米，工程投资2207.1万元。

2010年，津南区有二级河道16条，其中景观河道（海河故道）1条，排水河道8条、供水河道7条，总长185.3千米。津南区沿海河现有泵站7座87立方米每秒。其中，区管4座68立方米每秒，即双月泵站20立方米每秒、双洋渠泵站10立方米每秒、跃进河泵站6立方米每秒、葛沽泵站32立方米每秒；镇管泵站2座10立方米每秒，即外环河泵站4立方米每秒，邢庄子泵站6立方米每秒；市管外环河泵站9立方米每秒。

2010年津南区河道状况统计表

表6-1

河道级别	序号	河道名称	性质	起止地点	长度(千米)	河宽(米)		边坡系数	高程(米)		流量(立方米每秒)	备注
						上口	下口		河底	堤顶		
Ⅰ	1	海河	灌排	八场引河(柳林)—马厂减河(西关)	32.28	120~300	–	–	−2.00~−6.00	5.00~6.50	800	–
	2	双巨排水河	排水	海河(柳林)—巨葛庄泵站	13.93	30~33	8~10	2.50	−1.40~−1.70	4.00	7.41~11.84	–
	3	大沽排水河	排水	津南西青区界—马厂减河	27.57	22~44	7~22	2.50	0.35~−2.00	3.50~4.00	16.51~24.71	–
	4	上游排咸河	排水	津南西青区界—巨葛庄泵站	8.37	–	4~8	2.50	0.69~0.25	4.50~5.00	8.00	–
	5	外环河	排水	津南西青区界(郭黄庄)—海河(外环桥)	5.74	35~45	15~22	2.50	−0.50	2.80~3.20	–	–
Ⅱ	1	马厂减河	灌排	万家码头旧首闸—海河(葛沽泵站)	28.85	42~50	12	2.50	−2.70	3.00~5.00	35.00	–
	2	洪泥河	灌排	海河(生产圈)—独流减(河万家码头)	25.80	35~50	20~25	2.50	−2.70	4.00~5.00	35.00	–
	3	月牙河	灌排	海河(赵北庄)—马厂减河(小站)	16.20	45.00	15	2.50	−2.70	3.50~5.00	30.00	–
	4	双桥河	灌排	海河(潘庄子)—马厂减河(河东花园)	9.87	32.50	10	2.50	−2.70	3.50	20.00	–
	5	双白引河	排水	郭黄庄—洪泥河(白塘口)	3.02	25.00	5	2.50	−1.50	3.50	10.00	–
	6	卫津河	灌排	海河(赵北庄)—清和村西	11.50	25.00	10	2.50	−2.20	3.00	10.00	–
	7	十米河	灌排	马厂减河(大安)—独流减河	9.50	38.40~40	15	2.50	−1.00	3.70~4.00	30.00	–
	8	胜利河	灌排	月牙河(咸水沽北)—幸福河	3.95	26.00	7	3.00	−1.80	–	10.00	–
	9	幸福河	灌排	海河(双洋渠泵站)—马厂减河(中塘)	24.53	22.50~25.50	5~8	2.50	−2.20	3.50	10.00	含横河
	10	幸福横河	灌排	月牙河~幸福河	3.50	22.50~25.50	5~8	2.50	−2.20	3.50	10.00	–
	11	四丈河	灌排	幸福横河(北义村北)—马厂减河(西小站)	7.82	25.00	5	2.50	0.00	4.00	10.00	–
	12	咸排河	灌排	津沽公路(南房子)—大沽排污河	2.76	20.50	3	2.50	0.00	3.50	5.00	–
	13	石柱子河	灌排	小营盘西—马厂减河(南北河村)	9.23	19.50~22.50	4	2.00	−1.00	3.50	8.00	含支河
	14	跃进河	灌排	海河(东泥沽)—大沽排污河(邓岑子)	8.10	21.50	4	2.50	0.00	3.50	8.00	含支河
	15	八米河	灌排	十米河(十九倾)—营盘圈东	13.20	28.50	6	2.50	−1.00	3.50	10.00	含横河
	16	海河故道	生态	月牙河(米兰小区)—海河(柴庄子)	7.47	50.00	20	2.50	−3.00	–	–	–

第二章　水利设施

1979年始，境内有计划的对市、区管河道进行治理。在二级河道上均设置了渠首闸和调节闸，并配有公路、农用桥闸。至1995年，有水闸323座，倒虹吸渡槽涵洞550座。1997年后，修建津南水库等中小型水库。至2004年，全区建成小型水库44座，新建配套涵闸62座。2010年，津南区有二级河道16条，沿海河泵站7座。

第一节　水　库

一　津南水库

津南水库位于天津市津南区西南部的八里台镇。东依幸福河，西傍洪泥河，南界毛家沟高型渠，北靠八一横河，西侧为万亩高标准农田。1997年10月1日，工程正式开工。1998年9月15日一期主体工程进行验收。是年10月1日，天津市水利局下达调水令，从海河为津南水库调水。

津南水库（后更名天嘉湖）为中型平原型水库，面积约7.82平方千米，水面面积7.06平方千米，最大库容2966.27万立方米，最高水位6.5米，最小库容1280万立方米，死水水位3米，死水库容214万立方米，水深4~8米。津南水库工程等级为3级，使用年限80年，库区西北侧有设计流量为24立方米每秒的中型泵站1座，安装流量为4立方米每秒的水泵6台，装机容量为3000千瓦，配置35千伏变电站1座。围堤周边有供水、泄水及节制闸8座，总流量为82立方米每秒。1998—2006年，蓄水9175万立方米，为库区周边供水3694.6万立方米。2000年，市政府报国务院批准，配合引黄济津工程南水北调为天津市送水，保证输送黄河水的水质。2001年1月，区政府批复同意建立天嘉湖旅游度假区，将津南水库及周边地区定名为“天津天嘉湖生态风景区”。2007年1月，进行津南水库改造工程。是年10月，成为星耀五洲建设项目之一。

二　小型水库

70年代后期，由于境内地表水资源匮乏，农业生产只能依靠开采地下水和自然降水。长期开采地下水，使地下水位下降幅度增大，机井出水量降低，一些机井出现抽空、吊泵的现象。同时，由于特殊的地理位置，排蓄措施不尽合理，致使全区存在着有水则涝，无水则旱的现象，不能有效地利用水资源。这些问题成为制约津南区农业现代化发展的重要因素之一。

1995年始，津南区本着“旱涝兼治、排蓄结合、以蓄代排、综合治理”的原则，利用各镇废弃的海河故道、坑塘进行开挖改造，修建相应的配套工程，形成小型水库。至2000年，全区先后兴建辛庄镇老海河小水库、咸水沽镇老海河小水库、双桥河镇老海河小水库、葛沽镇三村小水库、十间房村小水库、杨岑子村小水库、辛庄子村小水库、小站镇迎新村小水库、东花园村小水库、黄营村小水库和北闸口镇北义村小水库11座，总计蓄水面积216.6公顷，库容525万立方米，受益面积2230.67公顷。

2000年，编制《津南区2001—2005年小型水库建设规划实施方案》，利用5年时间，新建小型水库51座，水面面积1016.47公顷，蓄水量2245万立方米，兴利库容1671万立方米，效益面积5110公顷，总投资4860万元。全区逐步形成节水、蓄水配套，养殖合理的小水库布局。2004年，全区建成小型水库44座，水面面积805.97公顷，蓄水量2315万立方米，兴利库容1750万立方米，效益面积6177.97公顷，完成土方量543.2万立方米，新建泵站7座，维修泵站12座，新建配套涵闸63座，累计工程总投资2357.80万元。

随着津南区土地整合工作的深入，区政府对《小型水库建设规划实施方案》进行调整，2004年以后未再建设新的小型水库。

进入21世纪，北方地区的连续干旱，水库多年蓄水困难，水质恶化严重，导致水库灌溉、养殖效益完全丧失，不少已被相邻河道、深渠所取代，开发利用价值逐年降低。加之部分水库堤埝坍塌，配套设施丢失、损坏严重，已不能发挥其应有的作用。区政府对辛庄镇张满庄村小水库、咸水沽镇五登房村小水库、双桥河镇老海河小水库等22座镇管及村管小水库实施降等；对双港镇秃尾巴河小水库、双白引河小水库、辛庄镇老海河小水库等22座镇管及村管小水库实施报废。

1984—2004年津南区部分年份小型水库工程统计表

表6-2

序号	建成时间	工程名称	水面面积（公顷）	库容（万立方米）	兴利库容（万立方米）	效益面积（公顷）	主要工程量	总投资（万元）
1	1984	小站镇迎新村小水库	23.33	60.00	55.00	33.33	土方10万立方米，新建泵站1座，新建涵闸3座	55.00
2	1996	咸水沽镇老海河小水库	23.33	45.00	41.00	273.33	土方8万立方米，维修泵站1座，新建涵闸3座	40.00
3	1997	葛沽镇三村小水库	14.33	40.00	36.00	73.33	土方6.5万立方米，新建涵闸2座	35.00
4		葛沽镇十间房小水库	13.33	33.00	28.00	60.00	土方5万立方米，新建涵闸2座	30.00
5		葛沽镇辛庄子小水库	14.67	44.00	40.00	113.33	土方8万立方米，新建涵闸2座	40.00
6		北闸口镇北义小水库	26.67	58.00	52.00	120.00	土方8万立方米，维修泵站1座，新建涵闸3座	50.00
7	1998	辛庄镇老海河小水库	24.07	60.00	50.00	722.00	土方10万立方米，新建涵闸2座	50.00
8	2000	小站镇黄营村小水库	20.00	65.00	55.00	200.00	土方15万立方米，新建涵闸2座	52.00
9	2001	双港镇秃尾巴河小水库	16.67	33.00	25.00	100.00	土方13.2万立方米，维修泵站2座	53.00
10		辛庄镇清河村小水库	7.47	22.00	18.00	33.33	土方8万立方米，新建涵闸2座	30.00
11		南洋镇五登房村小水库	40.00	90.00	70.00	133.33	土方42.7万立方米，维修泵站1座，新建涵闸2座	140.00
12		南洋镇赵北村小水库	10.00	28.00	20.00	53.33	土方10万立方米	50.00
13		咸水沽镇北环河小水库	20.00	40.00	32.00	266.67	土方28.8万立方米	57.60
14		双桥河镇王庄村小水库	6.67	16.00	13.00	66.67	土方8万立方米，新建涵闸2座	27.00
15		双桥河镇官房村小水库	7.33	21.00	15.00	66.67	土方10万立方米，新建泵站1座，新建涵闸2座	51.00
16		双桥河镇西泥沽村小水库	7.96	21.00	16.00	73.33	土方4.6万立方米，新建泵站2座，新建涵闸4座	65.00
17		双桥河镇老海河小水库（扩建）	33.33	90.00	70.00	400.00	土方33.6万立方米	84.00
18		葛沽镇高二村小水库	13.33	30.00	22.00	100.00	土方9.5万立方米，新建涵闸2座	62.50
19		葛沽镇石闸村小水库	13.33	25.00	18.00	133.33	土方9.6万立方米，新建涵闸2座	55.00
20		葛沽镇杨岑子村小水库（扩建）	4.00	22.00	17.00	46.67	土方5万立方米	13.50
21		八里台镇大孙庄村小水库	80.00	240.00	160.00	466.67	土方24万立方米，维修泵站2座，新建涵闸2座	115.00
22		北闸口镇光明村小水库	4.00	12.00	9.00	13.33	土方3.6万立方米	18.00
23		小站镇东花园村小水库（扩建）	41.33	120.00	90.00	173.33	土方10万立方米	25.00
24		双闸镇北中塘村小水库	6.67	210.00	120.00	200.00	土方25万立方米，新建泵站1座，新建涵闸2座	121.00
25		葛沽镇葛一村小水库	16.67	40.00	32.00	133.33	土方8万立方米，新建涵闸2座	26.00
26		双桥河镇小营盘村小水库	6.67	17.00	12.00	66.67	土方4.5万立方米	22.50

续表

序号	建成时间	工程名称	水面面积(公顷)	库容（万立方米）	兴利库容（万立方米）	效益面积(公顷)	主要工程量	总投资(万元)
27	2002	辛庄镇建明村小水库	14.67	60.00	48.00	133.33	土方10万立方米，维修泵站1座	60.50
28		咸水沽镇南洋村小水库	26.67	84.00	63.00	200.00	土方13万立方米	65.00
29		北闸口镇吕坨子村小水库	19.33	55.00	39.00	133.33	土方15万立方米，维修泵站1座，新建涵闸2座	87.00
30		小站镇东闸村小水库	17.47	59.00	44.00	133.33	土方8.5万立方米	17.00
31		双港镇双白河小水库	10.67	25.00	20.00	53.33	土方7.5万立方米，维修泵站1座	23.70
32		双桥河镇韩家圈村小水库	4.00	10.00	7.00	26.67	土方3万立方米，新建泵站1座	19.00
33		葛沽镇邓岑子村小水库	6.67	25.00	18.00	100.00	土方9.6万立方米，维修泵站1座，新建涵闸2座	61.00
34		双桥河镇东泥沽村小水库	6.67	10.00	7.00	66.67	土方3万立方米，新建泵站1座，新建涵闸2座	33.00
35		辛庄镇小水库(九十亩)	6.00	20.00	15.00	133.33	土方7万立方米，新建涵闸2座	42.00
36		小站镇头道沟村小水库	23.33	50.00	43.00	73.33	土方10万立方米	40.00
37		双桥河镇闫家圈村小水库	9.33	20.00	15.00	66.67	土方7万立方米，新建涵闸1座	38.00
38		八里台镇团洼村小水库	13.33	30.00	20.00	66.67	土方11万立方米，新建涵闸1座	60.00
39	2003	葛沽镇九道沟村小水库	30.00	100.00	75.00	356.00	土方45万立方米	107.00
40		北闸口镇正营村小水库	20.00	50.00	37.00	213.33	土方20万立方米，维修泵站1座，新建涵闸2座	80.00
41		双桥河镇李家圈村小水库	9.33	20.00	15.00	26.67	土方7万立方米，新建涵闸3座	32.50
42	2004	辛庄镇张满庄村小水库	6.67	25.00	18.00	40.00	土方8万立方米，新建涵闸2座	53.00
43		北闸口镇老左营村小水库	20.00	40.00	30.00	133.33	土方12万立方米，新建涵闸3座	81.00
44		八里台镇中义村小水库	66.67	150.00	120.00	100.00	土方18万立方米，新建涵闸2座	90.00
—	—	合计	805.97	2315.00	1750.00	6177.97	总土方543.2万立方米，新建泵站7座，维修泵站12座，新建涵闸63座	2357.80

第二节 闸 坝

一 五登房平交闸工程

工程坐落于五登房村东北侧，南白排河与卫津河交口处，卫津河设计流量15立方米每秒，设开敞式水闸两座。南白排河设计流量10立方米每秒，设箱涵式水闸两座，由4座闸涵平交组成的枢纽工程，1995年2月19日施工，6月9日完工。当年新建的10立方米每秒流量的双洋渠泵站效益得以全部发挥，改善南部缺水状况，保障沿河6400公顷耕地的排灌。

二 翟家甸倒虹吸工程

工程位于北闸口乡翟家甸村西北，从大沽排污河底部穿越，连通幸福河与南白排河，结构形式为2孔2.2米 ×2米箱式涵洞，设计流量10立方米每秒。1996年3月1日开工，7月竣工，总投资277万元。工程解决沿海河5个乡镇的6400公顷农田的灌溉问题，可以排除幸福河流域的沥、涝、咸水问题。

三 水毁工程

1997年，水毁工程为十米河南闸和洪泥河首闸加固工程。十米河南闸坐落在十米河与独流减河交汇处，此次加固工程为重建钢筋混凝土闸墩及机架桥，将原浆砌石挡土墙用混凝土贴面25厘米，将原6面木闸门更换为铸铁闸门，原6台手动启闭机更换为手电两用10吨启闭机，浆砌石护坡，浆砌石铺盖等工程。洪泥河首闸坐落在洪泥河与独流减河交汇处，此次加固工程主要为更换2×15吨启闭机5台及相应配电柜2面，浆砌石护坡、操作室内外墙水泥砂浆抹面等。

四 洪泥河首闸加固工程

1998年，洪泥河首闸加固工程为闸北侧工作桥拆除重建，上下游翼墙贴面加固200毫米厚钢筋混凝土，上下游浆砌石护坡，护底、上下游闸墩胸墙抹环氧树脂砂浆，共完成石方1083立方米，混凝土256立方米。

五 新建跃进河泵站

工程位于双桥河镇东泥沽村北跃进河口，设计流量6立方米每秒，于1997年10月24日动工，1998年10月底竣工。可灌溉葛沽镇菜田2533.33公顷，灌溉无公害水稻666.67公顷，担负跃进河两岸20平方千米土地的排涝任务。

六 洪泥河首闸除险加固工程

工程主要是对洞身和顶部部分损坏的钢筋混凝土拆除重新绑扎、浇筑。1999年4月开工，6月中旬竣工，拆除混凝土93.2立方米，新浇混凝土372.6立方米。

七 葛沽泵站迁建工程

葛沽泵站迁建至马厂减河与海河汇合处，设计流量16立方米每秒。泵站于2000年3月8日动工，年内交付使用。总土方程量4445.4立方米，混凝土量2040立方米，主要机电设备为9000Z—125潜水轴流泵5台套，S9—1600KVA10/6KV变压器1台，S9—80KVA10/0.4KV变压器1台。

八 洪泥河北闸施工

北闸工程为4.5米 ×4.5米3孔方涵，设计流量50立方米每秒，2000年6月1日开工，10月26日竣工交付使用。

九　葛沽泵站扩建工程

工程于2006年3月22日开工，12月31日工程完工。完成工程量：土方31679.89立方米；砌石2856.75立方米（含浆砌石拆除及砌砖）；砼及钢筋砼3169.72立方米。安装机电设备1200QZB—160型潜水轴流泵4台，配套电机采用YQJN450—12型潜水电机；变压器1台S11—1600KVA，KYN28A—10型高压开关柜5台、GCS型低压配电柜7台。

第三章　水利工程

中共十一届三中全会后，区委、区政府把搞好农田水利基本建设、节水工程、饮用水工程、引黄济津治理洪泥河等工程，作为发展生产，提高人民生活的一项重要工作来抓，形成了农业完整的灌溉网络，改善了灌溉面积，保证了全区及天津市饮水安全。

第一节　农田水利工程

一　农田水利建设

1979年，境内水源严重短缺，直接影响农业发展，原来的水稻改为旱田，土壤次生盐渍化明显。1983年，南郊区引进暗管排水治理农田低洼盐碱地技术，结合实际情况，在白塘口公社继泰大队5.6公顷稻田试验，水稻亩产由暗管排水前的150千克增长到暗管排水后的580千克。1984年，又在5个乡6块不同作物试验地扩大试验，面积146.67公顷，取得成功。

1991—2010年，津南区先后制定农田水利基本建设的“八五”“九五”“十五”及“十一五”规划，按照长远规划与当年计划相结合原则，针对津南区地势低洼易涝、土地盐碱的特点，采取得力措施，逐年实施并及时调整农田水利基本建设计划。每年冬春季节，区水利局抽调工程技术人员，深入镇村进行技术指导，搞好农田水利基本建设。区财政逐年增加农田水利基本建设投入，全区各镇村也集资投劳，注入配套资金，形成国家、市、区、镇、村五级集资投劳的水利建设投资体制，保证农田水利基本建设任务的顺利完成。

1991—2010年津南区农田水利建设情况表

表6-3

年份	清淤河道及干支渠			新建、维修配套建筑物（座）		新增蓄水能力（万立方米）	新增节水面积（公顷）	改善灌溉面积（公顷）
	条数	长度（千米）	土石方（万立方米）	新建	维修			
1991	172	–	–	29	4	–	–	2726.67
1992	223	192.64	105.90	–	–	–	–	–
1993	277	218.25	–	–	–	–	–	–
1994	234	251.42	–	–	–	–	–	4000.00
1995	186	169.34	109.32	–	–	–	–	–
1996	272	–	128.66	11	65	45	–	–
1997	328	277.08	124.87	–	–	175	–	1000.00
1998	261	213.73	102.07	27	60	60	140.00	2333.33
1999	219	147.78	75.76	55	67	–	960.00	2073.33
2000	430	255.79	262.23	254	9	65	1353.33	4046.67
2001	328	173.40	141.60	257	85	1077	1366.67	5933.33
2002	273	117.80	125.90	–	–	448	673.66	–

续表

年份	清淤河道及干支渠			新建、维修配套建筑物（座）		新增蓄水能力（万立方米）	新增节水面积（公顷）	改善灌溉面积（公顷）
	条数	长度（千米）	土石方（万立方米）	新建	维修			
2003	193	49.20	39.70	1	41	170	233.33	1933.33
2004	–	72.10	70.20	81	22	215	–	9000.00
2005	–	55.92	87.50	25	2	–	–	5666.67
2006	–	34.85	111.00	51	2	–	–	2060.00
2007	–	41.36	160.36	26	1	–	–	666.67
2008	–	15.40	24.16	24	15	–	–	2000.00
2009	–	14.15	72.94	4	–	–	–	733.33
2010	–	23.85	135.59	2	–	–	–	–

二　农田灌溉

（一）机井灌溉

70年代后期，农田灌溉机井发展迅速。葛沽镇因其地处海河下游，东泥沽海河二道闸之下，海河水盐分过高，不能农用，园田全靠机井浇灌。域内机井数量、灌溉面积居全区之首。实行以村或村民小组为单位建封闭的机井灌溉系统，即机井抽地下水，蓄入干渠中，再提水送入支渠、毛渠、浇灌菜田。90年代，境内有机井797眼，其中生活用井204眼，农业灌溉井448眼，工业用水井145眼，这些绝大部分是70年代和80年代初建成。截至2010年，全区共有机井942眼，其中生活取用水井387眼，工业取用水井344眼，农业灌溉取用水井129眼，其他林木渔副及生态取用水井82眼。

（二）灌溉网络

改革开放后，境内开展河道整治，提高海河堤岸的防洪标准，对二级河道进行大规模的开挖、疏浚和改造，并分期完善扬水站、桥梁、水闸等水利工程设施的配套，实现河网化。至2010年，区内有8条灌溉用水河，即海河、马厂减河、洪泥河、月牙河、双桥河、双白引河、卫津河、十米河，灌溉覆盖面积2.97万公顷。8条用水河建有8座国营扬水站，装机总容量5385千瓦，设计总流量66.8立方米每秒，配套设施完善，确保及时为农田送水。用水河还有多个小型扬水站、泵点。通过支渠、斗渠、毛渠将灌溉用水送到田间。支、斗、毛渠众多，纵横交错，形成完整的灌溉网络。

第二节　节水工程

一　防渗渠道

（一）布垅沟

出现于70年代初期，韩城桥大队曾用布垅沟浇灌小麦。布垅沟一般用白布刷上桐油做成筒形，类似消防带，可减少明渠送水中途损耗，但使用不方便，不易保存。

（二）暗管输水工程

暗管输水工程一般以村为单位，1982—1990年，全区铺设暗管输水管道97551米，可灌溉1084.97公顷土地，投资102万元。

（三）防渗明渠

2003年，区累计建U形防渗明渠149.80千米。U形防渗明渠与普通水渠比较，具有送水快、省时、中途消耗少、节水、占地少、不必年年清淤、省工、省费用的特点。2010年，启动津南水库防渗工程。工程防渗长度9400米，土方开挖99.6万立方米，铺设钠基膨润土防水毯23.4万平方米，土方填筑99.6万立方米，工程投资2400多万元。

二 喷灌建设

1979年春，上古林公社建国大队在14公顷地里安装3台移动式喷灌机。赵连庄公社潮宗桥大队13.33公顷地安装固定式喷灌机。1980年，全区建喷灌地150.67公顷，总投资25万元。2000年，八里台镇建200公顷喷灌地，延续至2010年。

三 滴灌建设

滴灌技术在津南区处于示范阶段，多用于园田温室、大棚蔬菜生产、果园和经济作物。2004年1月至2005年11月，区农业机械发展服务中心对棉花、葡萄、大棚蔬菜进行膜下滴灌示范，面积133.33公顷，累计经济效益44.5万元，平均亩增收节支222.5元。松江生态现代设施农业示范基地的智能温室采用滴灌技术，引进蔬菜、瓜果、花卉生产。2009年，全区喷滴灌面积为200公顷。

第三节 饮用水工程

一 农村集中供水

90年代，境内水源短缺，部分村生活用水井供水出现不足。1995—2000年，津南区兴建乡镇集中供水工程10项，即：桃源沽村供水工程、八里台镇水利站集中供水工程、天津市通达服装厂整型车间熨烫尾水回收循环再利用工程、津南大恒橡胶制品厂循环水工程、葛沽镇三村集中供水工程、双港镇南马集村集中供水工程、咸水沽镇头道沟村集中供水工程、双桥河镇王庄村集中供水工程、小站镇第二水厂集中供水工程、葛沽镇集中供水工程。总投资1237余万元，解决乡村用水问题。

二 饮水安全

区农村饮水安全工程分三期进行，总投资782.05万元，其中中央及市财政资金393.30万元，区财政资金233.25万元，镇村自筹资金155.50万元。第一期工程于2006年3月22日开工，2007年9月25日竣工；第二期工程于2006年10月10日开工，2007年6月30日竣工；第三期工程于2007年3月10日开工，2007年5月29日竣工。三期工程共完成安装除氟设备41套，管理房屋2025平方米，解决45个村88258人的饮水安全问题。

三 管网入户改造

津南区农村管网入户改造工程总投资240.52万元。其中，市补资金72.16万元，区财政匹配资金96.21万元，镇村自筹资金72.15万元。管网入户改造工程涉及咸水沽、双港、八里台三镇，其中双港镇桃源沽村供水管网改造工程于2007年4月15日开工，2007年5月28日竣工；咸水沽镇韩城桥村供水管网改造工程于2008年3月2日开工，2008年4月2日竣工；八里台镇北中塘村供水管网改造工程于2008年7月11日开工，2008年8月9日竣工。完成工程量为：安装除氟和灌装设备各1台套；铺设管网44.99千米，安装水表1649块。工程解决3个镇3个村6848人的饮水轻度超标和供水管网老化失修的问题。

第四节 引黄济津治理工程

2000年，根据天津市引黄济津工程方案，洪泥河为引黄济津的输水线路，区水利局负责洪泥河口门封堵、河道清淤、复堤、除障等工程。

引黄济津工程于2000年8月15日开工，全部工程动土方52.17万立方米，日投入施工人员500余人，机械120余台套，10月24日工程竣工，一次验收合格。完成洪泥河两岸口门封堵洪泥河26千米，涉及津南区沿岸的5个镇及西青区的一部分和市属部分单位，完成洪泥河两岸口门封堵102座，海河口门封堵43座，动土方6.65万立方米；大港水库排咸沟清淤752米，清淤量3.1万立方米；洪泥河清淤14千米，清淤量4.1万立方米；复堤2660米，工程量1.02万立方米；清运垃圾0.15万立方米。为确保洪泥河引黄入津水质，是年12月，对双巨排污河、上游排污河、上游排咸河的倒虹工程维修加固。工程总投资274.65万元，12月底竣工。

第四章　水利管理

1988年7月1日，国家颁布实施《中华人民共和国水法》。2000—2010年，津南区制定《津南区小型水利工程产权制度改革试行办法》《津南区河道管理办法》《津南区人畜饮水工程管理办法（暂行）》《关于实行津南区水行政执法等五项公示制度》4个文件，实现规范管理，依法治水。完成保水护水，水环境治理，污水综合治理，防汛抗旱及河道绿化等方面任务。

第一节　机　构

1979年，南郊区设有水利局。1981年，南郊区建立健全区、公社（镇）、大队三级水利管理体系。6月，各公社、镇相继建立水利管理站，配齐河道、机井和水利管理员，各村队建立水利管理组，实行管理责任制。1995年，水利局下设11个科室，7个基层单位。2010年2月5日，撤销津南区水利局，成立津南区水务局。加挂天津市津南区节约用水办公室牌子。内设：党委办公室（纪委）、行政办公室、人事保卫科、财务审计科、水政监察科（法制室）、农田水利科（地下水资源管理办公室）、排水管理科、防汛抗旱办公室、节约用水办公室（控制地面沉降办公室）、工程规划管理科、工会。

第二节　防汛　抗旱

90年代后，津南区的洪涝、干旱、冰雹等自然灾害频发。1991—2010年，洪涝灾害累计耕地受灾11977.67公顷；干旱受灾累计47788公顷；冰雹受灾累计5660.2公顷。

一　防汛排涝

1995年6—8月，津南区总降雨量490.4毫米，占全年平均降雨量的79.9%。7月24日，平均降雨量达86.4毫米。沥涝使2666.67公顷耕地被水托，719.4公顷耕地受到不同程度淹泡，部分地块面临绝收。区委、区政府安排沿海河各乡镇组织人员每200米设一专人巡视看守，加固堤防，杜绝向海河排水。组织人力物力对大沽排污河险段加高加固。28日，大部分被淹泡耕地积水排除，仅有双桥河乡266.67公顷水稻仍被淹泡。30日，月牙河水位高达4米，超过警戒水位，市防汛指挥部再次下达调水令，允许限量向海河排水，缓解津南区排涝紧张局势。

图6-4　2010年，津南区防汛抗旱工作会议

2003年10月10—12日，天津市发生历史上罕见的大暴雨。津南区平均降雨119毫米，最大降雨量达155毫米，造成全区农田大范围受灾，农田积水深10~50厘米，全区14条二级河道出现持续高水位。大沽排污河，造成多处堤埝漫溢、渗漏和管涌险情。在市防汛指挥部统一调度下，先后开动西关、双月、十米河泵站全力向外排水。及时封闭大沽排污河沿线所有泵站和排水口门，东沽泵站以19立方米每秒的流量全负荷昼夜排水。大沽排污河水位居高不下，以最快的速度组织800人的抢险队伍，调用1.2万条编织袋、80余根木桩、110余片竹笆，出动挖掘机2台，推土机2台，经过3昼夜的奋战保住堤防，防止溃堤事故的发生。

2005年8月8—9日，受第九号台风“麦莎”的影响，津南区平均降雨96.8毫米，最大降雨量达156.5毫米。大沽排污河上游加大下泄流量，河道水位迅猛上涨至3.0米，造成多处堤段出现险情。区领导亲临抢险一线组织指挥，全力抢险，确保全区安全度汛。16—17日，津南区平均降雨量69.8毫米，最大降雨量达到了85.3毫米。各河水位持续升高，大沽排污河水位到8月17日下午2时30分高达3.29米。区防汛指挥部立即出动区应急抢险队伍，进行堤防加固。完成调运土方4170立方米，清运阻水悬浮杂物5400立方米，组织900人抢险队伍，挖掘机、推土机、翻斗车51个台班，耗用草袋1.5万条，木桩50根，竹笆40片，战胜暴雨的挑战。

2007年8月26日凌晨，津南区普降大到暴雨，个别地区出现大暴雨，全区平均降雨86.5毫米，其中最大降雨量为127毫米，全区累计积水面积2108.07公顷，造成双港、辛庄、咸水沽、双桥河、葛沽、小站等6个镇的农田积水比较严重，咸水沽镇、葛沽镇区部分街道短时积水，最大积水深度约60~80厘米。区防汛指挥部下令开动葛沽1号(西关)泵站以16立方米每秒的流量全负荷排水，区河道所开启相关河系闸门及时降低二级河道水位，农田积水得到及时排除。

2008年7月4—5日和7月14—15日，津南区经历两次强降雨过程，造成大沽排污河水位高达3.3米，超过最高警戒水位0.4米，致使沿河6处堤埝出现漫溢，部分险段面临决口的危险。津南区以最快速度连夜组织抢险队伍，利用编织袋、草袋对堤防进行加高加固，东沽泵站24小时全力排水，降低排污河水位。大沽排污河水位逐步升高，多处堤埝外溢，津南区决定在马厂减河与大沽排污河交汇处开口实施紧急分流3次。开口宽度5米，深度3米，流量15立方米每秒。两次组织抢险队伍600余人次，调用编织袋9万条，出动挖掘机4台，运输车9辆，动用土方3000立方米，投入资金30万元。经3个昼夜的奋战，加高加固堤防3千米，险情得到控制。

2010年，做好汛前检查，清除二级河道内17条拦河坝和19处坝根。6—8月，津南区几次普降大雨，个别地区出现暴雨。区水务部门启动排涝预案，降低二级河道水位，排水690万立方米，确保全区安全度汛。

二　抗旱

1999年，津南区遭遇连续第三个干旱年。为确保春灌、播种顺利进行，开启双月泵站为南部镇村送水253万立方米，保证葛沽、小站、双闸、北闸口四镇春灌，为水稻育秧提供水源。津南水库为周边村镇放水640万立方米，从海河调水3500万立方米，合理开采地下水资源进行农业灌溉，完成灌溉面积4853.33公顷，其中纯井灌面积2086.67公顷，保障全区5333.33公顷水稻适时用水。

2000年，是津南区自1997年连续第四年干旱，秧苗枯死、土地龟裂、水质恶化、池鱼暴死等现象严重。部分镇村人畜饮水靠外拉客水解困。区政府召开沿海河各镇紧急会议，要求各镇顾全大局做好护水工作，科学调度仅有水源为各镇送水，津南水库向周边镇村放水700万立方米。组织深水渠打草清障保证水道畅通减少水源浪费，合理开采地下水3023.54万立方米，保障全区工农业及人民生活用水。

2002年，津南区连续第六年干旱，1—5月累计降水量28.3毫米。农业蓄水严重不足，土壤失欠墒严重，部分地块干土层深达40毫米，春播生产难以进行。6月9日，全区普遍降雨，平均降雨量17.97

毫米，区成立抢种工作领导小组，分片包干，深入镇村，负责督促检查抢种、补苗、锄荒等工作。区水利局技术人员深入田间地头推动抢墒播种工作，为农民提供技术指导，推广节水技术。10天时间，全区共抢种农田6670公顷。

2010年，区利用海河弃水，为二级河道调蓄水源375万立方米，增加抗旱水源，改善河道水生态环境。津南水库蓄水500万立方米。

第三节 水 政

一 水政监察

（一）队伍建设

1990年2月，区水利局组建编制为32人的水政监察队伍。1991年12月，区委、区政府批转《天津市南郊区水利执法体系实施方案》，成立南郊区水利执法领导小组。1994年，水政监察员在原36人基础上，充实调整到85人，统一发证上岗。形成区、局、乡三级执法网络。1998年12月7日，成立津南区水政监察大队。2002年11月，区编委正式批复同意区水利局成立水政监察大队，并下设4个中队。2003年1月21日，重新调整任命62名水政监察员。

（二）保水护水

70年代末，海河流域持续干旱，天津市多次发生水危机。分别在1972年、1973年、1975年、1981年、1982年、2000年、2002年、2003年、2004年和2009年进行“引黄济津”工程。坐落在津南区的洪泥河为“引黄济津”主输水河道。水利人员对“引黄济津”沿线进行24小时保水护水巡查。2005年3月，各镇出动100人/次、挖掘机3台、拖拉机2台，清除河道管理范围内的杂草、垃圾、漂浮物和生产生活物料。2010年，区水务局对全区各企事业单位和各村的取水许可证进行延展换证。完成取水许可证换证299套；机井回填15眼，封存机井35眼，征收地下水资源费512万元。开展地下水压采工作，完成压采171.3万立方米。在全区发放节水水龙头500个、印有城市节水宣传周宣传口号的环保袋1800个、环保纸杯2.3万个、各种宣传材料1万份。完成6个节水型企业（单位）的创建工作。是年，对幸福河、胜利河共23.9千米河道实施截污、河道清淤、岸坡护砌、建筑物维修改造等工程建设。

（三）水政执法

津南区水政执法地域面积416.8平方千米。2010年，区辖界内有一级河道海河右岸32.274千米；区管二级河道16条，全长185.3千米；代市建委管理的大沽排污河全长53.2千米；堤埝总长度为297.4千米。坐落于二级河道、乡镇主干渠的水利工程设施2278处。其中，桥270座；闸499座（区管27座）；涵953座；倒虹298座；泵站258座（国营15座）。全区有机井788眼。1991—2010年，累计查处各类水事违法案件305起，挽回直接经济损失471.15万元，罚款2.2万元。

二 水环境治理

（一）月牙河治理

月牙河是津南区的历史名河，自1875年开挖至2005年已有130年，除1966年进行疏浚外，已近40年没有疏浚。工程于2005年9月开工，2006年4月竣工，完成口门封堵160处（其中：农田排水口61处，工业、生活、市政排水口99处），土方量3.88万立方米；清淤长度

图6-5　2010年，小站镇东闸村水环境治理

16.2千米，土方量72.67万立方米，总计完成土方量76.55万立方米、浆砌石护坡11300延米。完成投资4004.05万元。

（二）马厂减河治理

马厂减河流经津南区部分，全长28.85千米。自1876年开挖以来至2006年已运行130年，只进行过一次疏浚(1964年上段、1970年中段、1974年下段)。工程于2006年10月15日开工，2007年6月30日竣工。完成房屋拆迁9442平方米，清淤土方103.86万立方米、浆砌石护坡8300延米，投资4924.59万元。

（三）海河故道综合治理

天津市海河工程局实施海河干流津南区大赵北庄至东泥沽段裁弯取直工程，全长12857米，其中月牙河秦庄子至东泥沽段全长约7000米，河口宽约110米，因海河改道，俗称老海河。因水系调整该河段主要承担调蓄水源任务，与海河不通故称海河故道。工程拆迁于2007年11月15日开始，12月31日完成，拆迁面积11.63万平方米。清淤工程于2007年12月3日开工，2008年2月3日完工。清淤长度3.5千米，完成工程量33.74万立方米。绿化工程于2008年1月31日开工，2008年4月30日完工，完成绿化面积35.65万平方米。建筑工程2008年5月开工，2009年6月30日完工。海河故道综合治理工程全长3.5千米，南北平均宽度约200米，总占地面积约75万平方米，其中水面面积21万平方米，绿化面积35.65万平方米，建筑物面积12642平方米，总投资3亿元，形成环境优美的河岸带状公园。

（四）大沽排污河综合治理

清淤工程 大沽排污河津南区段实际清淤长度36.71千米。分7个标段，分别由沿途双港镇、辛庄镇、八里台镇、咸水沽镇、北闸口镇、双桥河镇、葛沽镇组织实施。

沿河构筑物维修重建工程 沿途有泵站、桥梁、倒虹等工程70多座。津南区段负责巨葛庄泵站、东大沽两座泵站；巨葛庄泵站1号、2号、3号闸，先锋河下穿洪泥河倒虹、先锋河下穿大沽河倒虹、大沽河下穿洪泥河倒虹、大沽河下穿马厂减河倒虹工程。

图6-6 90年代，环保人员在大沽排污河采集水样

绿化工程 大沽排污河(津南段)长度41.5千米，沿河两岸实施绿化，完成植树17万株。大沽排污河治理工程于2008年12月19日开工至2009年6月30日竣工，完成土方278.13万立方米、砼6537立方米、浆砌石8639立方米，总投资1.59亿元。

（五）幸福河综合治理

工程于2008年11月25日开工，2010年11月12日完工。河道清淤19.9千米，生态网格护砌5.5千米，生态袋护砌3.5千米，绿化38万平方米。工程总投资1.8亿元。河道清淤土方63.54万立方米，生态网格护砌工程量9.9万立方米；生态袋护砌1.5万立方米，绿化面积38万平方米。

（六）胜利河治理

胜利河工程为海河教育园区内的一个改造项目。设计河道长度为3.95千米；包括清淤、挖方、生态护砌、旧河回填、胜利河过路管道(津沽路顶管)、胜利河与月牙河交口出水闸、胜利河与幸福河交口出水闸、胜利河东外环连接等治理工程项目。工程于2009年9月21日开工，2010年7月11日完工。工程总造价2461.89万元。完成河道清淤、开挖31.46万立方米、旧河回填24.72万立方米、生态护砌44724立方米、顶管170延米。

第四节　水法宣传

90年代，津南区先后开展“建设节水型城市，促进天津社会经济可持续发展”“依法行政，依法治水”等宣传活动。

1998—2010年，举办第13届“中国水周”宣传活动、第13届“节水宣传周”及第10届“12·4全国法制宣传日”等一系列宣传教育活动。累计悬挂标语750余条，展牌200余块，发放各类宣传材料11万余份（册）、节水环保提袋8万余个、节水宣传玻璃杯1.3万个、环保宣传纸杯9万余个，节水警示牌5000个、节水器具4000件，利用津南电视台宣传全国水利法制宣传专题片《人·水·法》，在《津南时讯》刊登宣传报道35篇，做到“声、影、字”三种形式并进，增强全区水法意识。

津南区志（1979—2010）

第七编
农　业

中共十一届三中全会后，农村进行经济体制改革，实行家庭联产承包责任制，农业结构进行调整，科技兴农取得丰硕成果，农林牧渔全面发展。1978年，全区农业总产值4437万元，2008年达到8.27亿元，较1978年增长18.63倍。2010年，全区农业总产值闯过10亿元大关，达到10.03亿元。津南区以园区农业、科技农业、休闲农业为特征的现代农业格局初步形成；农民生活水平大幅提高。2010年，农民人均纯收入12921元，较1978年172.1元增长75.08倍，较2000年4869元增长2.65倍。

2010年，小站稻喜获丰收

第一章 机 构

区农业经济委员会是主管全区农业工作的机构，1979年称农业办公室，2001年区机构进行改革，改为此名称；区农林局更名为农业技术推广服务中心；区农业机械管理局更名为津南区农业机械发展服务中心。2010年，区畜牧水产局更名为畜牧水产业发展服务中心。

第一节 农业经济委员会

1979年，南郊区革命委员会设立农业办公室，主管全区农业工作。1981年10月18日，南郊区政府建立农业办公室。1984年5月，成立南郊区农业经济委员会。1996年，更名为津南区农业委员会。2001年，成立津南区农业经济委员会，是区政府主管全区农业工作的职能部门。内设：办公室、农业科、蔬菜科、林业科、农经科、食品开发科、科教科、法制科、财务审计科；下属单位：津南区人工影响天气办公室、天津市农业广播电视学校津南区分校、津南区三电办公室（2000年2月撤销）、津南区大港“三角地指挥部”（2006年4月移交津南区规划和国土资源局）；挂靠单位：津南区绿化办公室、津南区蔬菜办公室。2010年，内设机构：办公室、农业科、蔬菜科（津南区蔬菜办公室）、林业科（津南区绿化委员会办公室）、农经科、食品开发科、科教科（区划科）、法制科、财务审计科；下属单位：津南区人工影响天气办公室、天津市农业广播电视学校津南区分校。干部编制35人，工勤编制4人。

第二节 农技推广服务中心

1973年12月，南郊区农林水利局分开，分别成立天津市南郊区农林局和天津市南郊区水利局。2001年，津南区撤销农林局，重新组建农业技术推广服务中心，为处级事业单位，由区农业经济委员会管理。

2010年，将农技中心承担的行政管理职能划给农业经济委员会，不再挂农林局的牌子，农技中心的等级规格调整为副处级。单位编制65人。内设：办公室、财务科、科教科、农业技术推广站、林业工作站、蔬菜技术推广站、植保植检站（农药监督管理站）、土壤肥料工作站（农业环境保护监测站）、种子管理站。

第三节 畜牧水产业发展服务中心

1978年10月，成立南郊区水产局。1979年12月，更名为南郊区畜牧水产局。2010年2月，更名为津南区畜牧水产业发展服务中心。内设：办公室、动物疫病预防控制中心、动物卫生监督所、水产技术推广站、信息科。机关人员编制14人，下属单位编制76人。

第四节 农机发展服务中心

1975年5月15日，成立南郊区农业机械管理局。2001年12月，更名为津南区农业机械发展服务中心，是区农业经济委员会主管的全区农机工作的职能部门。2010年2月，区农机中心等级规格调整为相当副处级。内设：办公室、人保科、财务审计科、农机管理科、农机安全监理科、农机技术推广科。人员编制37人。

第二章　农村经济体制改革

中共十一届三中全会后，区委、区政府根据中央、市文件精神，结合全区实际情况，制定一系列文件，推进农村经济体制改革。家庭联产承包责任制进一步完善，土地承包期再延长30年工作顺利完成，建立新型合作经济组织，农村经济结构确立新的发展形式。

第一节　家庭联产承包责任制

一　生产责任制建立

中共十一届三中全会是农村经济体制改革的转折点。1979年，全区普遍由大寨式工分制改为“包工到组、联产计酬”的生产责任制。在1448个基本核算单位中，446个单位建立了各种形式的作业组1300多个，生产责任制逐步恢复。1981年，进一步鼓励和支持社员经营自留地和家庭副业，区内出现第一个包产到户大队——小站镇南付营大队。

二　完善经营体制

1982年初，区内全部基本核算单位中采取“包干到户”形式的占76.6%。1983年4—9月，先以南洋公社为试点，继之区内除长青公社改为长青工商总公司外，其余全部恢复乡镇建置。经营形式上有“双层经营”“承包经营”“合伙经营”“股份经营”等，经济成分有专业户、联合体等，农业承包合同制大有发展。1986年，全区有农业专业户1496户，占各类专业户的36.9%，经济联合体组织形式达到1528个，由小规模生产向较大规模生产发展。社会化服务组织由1984年9月的760个（其中乡镇级49个，村级711个）增加到1010个。服务范围向产前、产中和产后的系列化服务发展。

1989年，以八里台乡巨葛庄村为试点，进一步完善承包合同制，同时变土地无偿使用为有偿使用，每亩费用为口粮田15~20元，责任田（稻田）40元。其后，根据农村水利电力具体情况做适当调整。每亩调整为：口粮田40元，责任田80元，招标承包的最低标准是100元。1995年，在稳定和完善家庭联产承包责任制和统分结合的双层经营体制的基础上，推行有偿承包，有偿服务。土地适度规模经营，种养大户有新发展。

第二节　土地延包

一　制订方案

1997年，中共中央办公厅、国务院办公厅发出关于进一步稳定和完善农村土地承包关系的通知。通知明确要求“认真做好延长土地承包期的工作。在第一轮土地承包即将到期之前，中央明确宣布，土地承包期再延长30年不变”。中共十五届三中全会通过的《关于农业和农村工作若干重大问题的决定》，确定了土地承包再延长30年的决定。按照中共中央和市委精神，津南区制定《关于津南区第二轮土地延包工作的意见》《津南区土地延包实施方案》，全区统一制定《津南区农村集体土地承包经营合同书》《弃包协议书》《津南区土地经营权转包合同书》。

二　组织落实

1999年1月，津南区全面开展土地延包工作，截至4月底基本完成。全区有延包任务的160个村，全面完成土地调整和土地承包合同签订、鉴证并发放“土地承包经营权证书”，6万余农户签订土地承包合同，承包土地1.07万公顷。

第三节　土地流转

一　规模经营

80年代中期，土地开始向大户集中。1987年，区规模经营单位6803个，其中家庭农场（经营大户）、联合农场9个，村办农场（专业承包）35个，承包大户6759个。从事规模经营的劳动力7857人，经营土地2957.67公顷，占集体耕地总面积的19.24%。

二　深化服务

90年代，区委、区政府抓住深化改革时机进行产业结构调整，农村劳动力开始大规模向第二、三产业转移，同时农村社会化服务组织的发展，为土地合理流转，土地实行适度规模经营提供了必要条件。

按照中共中央精神，津南区在土地承包经营权流转中，坚持不改变土地集体所有性质，不改变土地用途，不损害农民土地承包权益，依法有偿，尊重农民的土地流转主体地位和意愿，任何组织和个人不得强迫流转，不能妨碍自主流转，土地流转取得巨大成果。

2005—2009年津南区土地流转情况表

表7-1

年份	2005	2006	2007	2008	2009
流转面积（公顷）	3259.00	4383.07	3368.67	3305.67	3118.53
其中转包（公顷）	2877.53	3480.93	2672.53	2611.53	2888.53

第四节　农村税费改革

一　建立责任制

1993年，津南区成立减轻农民负担工作领导小组，实行“减负”工作“一把手”总负责制。1995年，在双桥河乡、北闸口乡、小站镇设立15个企业、30个农户监测点，监测农民税费负担信息。

2002年，津南区农业户数9万户，农业人口数28万人。区征收农业税125.4万元，其中正税109.04万元、农业税附加16.36万元。

二　改革措施

2003年，津南区税费改革。主要内容为“五个取消，一个调整，一个改革”，即：取消镇级统筹费、农村教育集资等专门面向农民征收的行政事业性和政府性基金、集资；取消屠宰税；取消统一规定的积累工和义务工；取消生产环节和收购环节征收的特产税，改征农业税。调整农业税政策。改革村提留征收使用办法。达到村村减负、户户收益。是年，暂停直接向农民个人征收农业税（津南财农〔2003〕第07号）。2004年4月，根据市农村税费改革试点工作会议精神，取消农业税、农业附加税，全区农民实现“零”负担。

税费改革前全区农民家庭承包土地负担费用合计125.4万元，农户平均负担13.93元，农民人均负担4.47元。税费改革后农民的农业税负担为零，减负幅度100%，实现“村村减负，户户受益”的目标。

第五节　农民专业合作社

一　建制规定

农民专业合作社为广大农民自愿建立起来的从事农产品生产、经营活动的专业合作经济组织，是实现农业产业化重要途径，是农村改革的结果。2001年，津南区开始创建农民专业合作社。区政府规定“只要有5户以上出资人、出资额在1万元以上、有合作社章程和组织机构、并有一定生产经营条件的农民专业合作社，即可给予工商登记”。

二　组织实施

2010年底，津南区在工商局登记注册的专业合作社56个，其中畜牧业合作社28个，水产养殖合作社13个，种植业合作社13个，生物饲料合作社、农机合作社各一个。其中，4个农民专业合作社达到市级标准，即兴牧联丰畜牧养殖专业合作社、思源萝卜专业合作社、浩迅畜牧养殖专业合作社、宝鑫养殖合作社。区56个专业合作社注册资金累计7328万元，注册社员数4793人，带动农户2545户。农民统一销售农产品总值3200万元。

第三章　种　植

农业种植业，主要包括粮食作物、蔬菜生产和经济作物。作为粮食作物主要品种的水稻，由于供水量的不足，播种面积迅速减少，代之的是玉米，其产量、效益都不如水稻。蔬菜生产，由于保护地面的增加、优良品种及新技术的引进，蔬菜生产基本淘汰了大路货，实现优质环保、品种齐全的局面。经济作物，经过多次调整，棉花种植面积最多，每年都在2666.67公顷以上，利润较高。2008年，种植业总产值2.59亿元。

第一节　粮食作物

一　水稻

1979年，境内恢复水稻种植，当年种稻7013.33公顷，平均亩产322.80千克。1982年，因水源减少只种植1920公顷，亩产175千克。1984年始，每年种植水稻稳定在2313.33~4653.33公顷。90年代，全区进行粮食生产结构调整，压缩玉米、小麦生产面积，扩大水稻生产。1993—2000年，全区每年种植稻田面积稳定在3446.67~4346.67公顷，平均亩产399.30~513.50千克水平。

图7-1　90年代，翟家甸村打谷场

进入21世纪，北方地区已持续干旱多年，生活用水紧张，农业用水匮乏，迫使津南区水稻生产必须进行种植结构调整，水稻种植面积锐减。

1979—2002年津南区水稻种植面积与产量统计表

表7-2

年份	播种面积(公顷)	亩产量(千克)	水稻总产(万千克)	年份	播种面积(公顷)	亩产量(千克)	水稻总产(万千克)
1979	7013.33	322.80	3396.00	1991	4713.33	306.00	2163.42
1980	8673.33	271.90	3537.00	1992	4333.33	532.40	3460.28
1981	4853.33	124.70	907.50	1993	3780.00	513.10	2909.28
1982	1920.00	175.00	504.00	1994	3666.67	494.90	2721.92
1983	1813.33	325.70	886.00	1995	4093.33	513.50	3152.89
1984	2313.33	359.80	1248.50	1996	4346.67	453.40	2956.17
1985	3106.67	381.80	1779.00	1997	4333.33	421.80	2741.70
1986	3546.67	409.20	2177.00	1998	3593.33	481.00	2592.59
1987	3846.67	418.90	2417.00	1999	3813.33	493.30	2821.40
1988	4353.33	466.20	3044.00	2000	3446.67	399.30	2064.40
1989	4653.33	508.50	3549.21	2001	1600.00	344.60	827.04
1990	4160.00	469.90	2913.38	2002	973.33	290.00	421.95

小站稻 1991年，境内实施“优质小站稻综合研究与开发”项目，在海河沿岸建立生态环境符合“绿色食品”标准规定的小站稻生产基地。同时成立天津市优质小站稻开发公司，建立精米加工车间，采用公司联农户，产供销一体化经营方式，开发生产的“日思”牌小站稻先后获得“绿色食品”标志使用权、第二届中国农业博览会金奖、第三届中国农业博览会名牌产品、天津市农业名牌产品、中国消费者协会信得过产品等荣誉。1993年3月，天津市津南区农业技术推广服务中心向国家工商行政管理局商标局申请注册“小站稻”证明商标，于1999年7月28日核准注册，成为全国第一个粮食作物地域性证明商标。1996—2000年，全区每年种植“绿色食品”小站稻1333.33公顷，平均亩产量502千克，年销售“日思”牌小站稻200多万千克，经济效益和社会效益都很好。天津市优质小站稻开发公司被天津市政府定为农业产业化龙头企业，被国家科委定为国家级支柱产业。2009年4月24日，被国家工商行政管理局商标局认定为中国驰名商标。2010年，小站稻累计产量27810吨，销售额8992万元。

二 小麦

境内有冬小麦、春小麦，80年代中期后调整种植布局，小麦种植面积呈下降趋势。1995年后，全区基本上不再种植小麦。

三 玉米

1979年，实施稻改旱后，玉米生产发展迅猛，年种植面积6666.67公顷以上。1983—1995年，年平均种植面积4000~5333.33公顷，平均亩产量300.7千克，较前两个时期有很大提高。1996—2010年，播种面积2666.67~4000公顷左右，平均亩产305.7千克。2010年，种玉米2940.53公顷，平

图7-2 2008年，农业测土配方施肥玉米田间调查

均亩产419千克。

1979—2010年津南区粮食作物播种面积、产量统计表

表7-3

年份 项目	播种面积（公顷）	占地面积（公顷）	播种亩产（千克）	耕地亩产（千克）	总产量（万千克）
1979	21361.20	11269.53	219.50	390.00	7042.50
1980	20306.67	12957.13	188.00	295.00	5735.50
1981	18349.27	12682.40	111.00	160.00	3055.10
1982	18186.67	12624.87	126.50	182.00	3451.00
1983	16940.00	12504.73	154.00	208.50	3912.00
1984	17400.00	12797.93	193.00	262.50	5039.50
1985	15766.67	11835.93	239.50	319.00	5668.00
1986	14600.00	11526.67	275.50	348.50	6024.00
1987	14433.33	11689.20	290.00	358.00	6276.00
1988	13753.33	11730.13	326.00	382.00	6728.80
1989	13286.67	11713.33	347.00	394.00	6922.30
1990	13203.80	11480.00	350.00	414.00	7012.30
1991	13047.40	11490.20	338.00	384.00	6616.00
1992	12980.80	11514.13	405.00	456.00	7881.80
1993	12178.87	11220.93	382.00	415.00	6976.94
1994	11411.87	11245.33	359.70	365.05	6157.60
1995	11245.33	11245.33	432.13	432.13	7289.18
1996	11235.77	11235.77	378.90	378.90	6386.30
1997	11235.77	11235.77	238.00	238.00	4013.57
1998	10915.80	10915.80	378.00	378.00	6184.40
1999	11599.84	10909.84	355.00	377.00	6168.90
2000	9568.40	9568.40	273.00	273.00	3922.60
2001	9417.93	9417.93	281.00	281.00	3968.30
2002	9375.87	9375.87	194.00	194.00	2727.00
2003	5501.07	5501.07	197.00	197.00	1625.50
2004	4127.53	4127.53	324.00	324.00	2007.70
2005	4333.07	4333.07	359.00	359.00	2336.00
2006	3820.13	3820.13	345.00	345.00	1977.00
2007	3487.13	3487.13	343.00	343.00	1794.00
2008	3012.60	3012.60	350.00	350.00	1583.50
2009	5187.13	5187.13	366.00	366.00	2845.60
2010	3782.20	3782.20	395.00	395.00	2242.00

第二节　蔬菜作物

一　蔬菜发展

1979年后，境内蔬菜稳步发展。1982年，菜田面积3010.93公顷。1983—1990年，各项农村政策逐步落实，蔬菜产供销体制不断改革，为蔬菜生产全面发展创造了条件。1991—1997年，以种植大白菜等露地蔬菜为主，保护地生产还处于刚刚起步阶段。随着蔬菜产品商品化的不断发展，区发挥拳头产品——芹菜的优势，仅1996年上半年，津南区上市芹菜达4000万千克，不但满足本地市场，还销往其他地区。1997年，芹菜面积达到800公顷。全区发展和改造温室74.67公顷，其中新增温室35.33公顷，

建高效节能温室26栋1公顷。保护地发展到900公顷，占菜田面积的40%。是年，境内先后建设5个具有一定生产规模的蔬菜生产示范区（北义农业科技园区、头道沟农业园区、港田农业园区、南新房农业园区及四里沽农业园区），这5个生产区都是二代节能温室，为蔬菜生产奠定基础。2004—2005年，头道沟现代农业科技园区、北义农业科技园区先后被认定为全市无公害蔬菜生产示范区。2个小区具备了无公害蔬菜经销权，形成"公司+基地"的产销行业。

图7-3 2010年，无公害基地樱桃萝卜种植

1998—2010年，津南区大力发展设施高效农业，重点突出"两个基地"建设，一是特菜基地建设，种植面积666.67公顷，占保护地面积的62.9%。二是芹菜基地建设，以双港、辛庄、葛沽为主，种植面积300公顷。同时全区还形成以双港为龙头的沿海河线分布的绿色蔬菜产业带，建立港田农业科技示范区，占地14.67公顷，具有智能型温室、节能型温室等先进园艺设施。2010年，全区认证无公害蔬菜生产基地1106.67公顷。认定无公害果品生产基地达335公顷，认定无公害水稻生产基地183.67公顷，为区种植业无公害化发展打下良好基础。

1979—2000年津南区蔬菜生产统计表

表7-4

年份	菜田面积（公顷）	菜田播种面积（公顷）	播种亩产（千克）	总产量（万千克）
1979	3205.80	688.00	2264.00	23360.00
1980	3150.13	678.67	1643.50	16730.00
1981	3086.93	6466.67	1704.50	16540.00
1982	3010.93	6040.00	1898.00	17210.00
1983	2748.80	5640.00	1941.00	16830.00
1984	2715.33	5253.33	2191.00	17270.00
1985	2345.80	4520.00	2198.00	14910.00
1986	2287.73	4720.00	2762.00	19580.00
1987	2271.33	4666.67	2153.00	15080.00
1988	2282.67	4693.33	2104.00	14810.00
1989	2326.67	4720.00	2394.00	16949.00
1990	2700.00	4493.00	2627.00	17706.70
1991	2493.00	3978.00	2848.00	16994.60
1992	2415.00	4296.00	2809.00	18102.00
1993	2257.00	4627.00	2695.00	18702.00
1994	2275.00	4179.00	2527.00	15840.90
1995	2241.00	3420.00	3199.00	16411.90
1996	2254.00	3929.00	2877.00	16954.70
1997	2167.00	4027.00	2831.00	17097.50
1998	2150.00	4149.00	2740.00	17050.10
1999	2071.00	5067.00	2252.00	17116.60
2000	2064.00	5086.73	2248.00	17150.00

2001—2010年津南区蔬菜生产统计表

表7-5

年份	播种面积（公顷）	播种亩产（千克）	总产量（吨）	总产值（万元）	商品菜地（公顷）	无公害基地（公顷）
2001	4769.73	2386	170729	13479.70	1907.87	-
2002	4563.20	2585	176927	14101.20	1777.33	-
2003	4829.33	2493	180576	14747.60	2282.67	-
2004	4072.53	2893	176724	14526.80	1629.53	-
2005	3318.13	2538	126341	10400.00	1689.87	1105.80
2006	3500.33	2366	124213	10629.50	1549.20	1105.80
2007	3388.33	2391	121515	11751.50	1344.47	-
2008	3496.93	2381	124870	13229.00	1344.47	-
2009	1994.87	3018	90321	12571.10	1344.47	-
2010	1524.67	3231	73896	9169.40	1344.47	1106.67

津南青韭 韭菜是天津市四大名菜之一。1974年4月，双港乡郭黄庄村农民技术员郭长瑞，从西北卷毛韭菜品种中选出19株优良单株，其中一株最为突出，表现出比原品种叶鞘略显增粗、植株高大、叶色浅绿，当年进行单株留种。1975—1980年，连续进行鉴定并利用这株自然变异单株进行扩大繁育韭菜新品种。1981年，区韭菜新品种选育试验组进行试验。1984年，经市蔬菜专家鉴定认为，津南青韭是新选育的一个优良品种，特点是：丰产性好，产量高，商品性好，抗逆性强，叶鞘粗大，长势强；有抗涝、抗寒、抗倒伏、抗盐碱等能力，该品种已达国内先进水平。1985年采种5000千克，正式定名为"津南青韭"。1986年，获天津市人民政府科技成果二等奖。1987—2010年，在天津市及河北青县等地大面积制种，年繁种1万~2万千克，推广西北、华北、东北等地区。其中，1989—1994年，每年出口韩国1万多千克。

津南实芹一号 1973年，南马集村农民技术员王承甫、张继昌从天津市北郊区北仓大队引进白庙芹菜。1974年5月，发现一株当年不抽薹，植株高大，实心无分枝、抗病的变异单株，后进行单株种植、隔离采种。在何洪成、张继波等人的指导下进行隔离，人工辅助授粉，去杂去劣，进行芹菜新品种选育，当时定为南选一号，代号76-3。至1980年，株系扩大繁育，是具有产量高、品质好、实心、抽薹晚，分枝少等优点的新品种。1985—1987年，实芹具有根系发达、实心率高、抽薹晚、分枝少、植株高大粗壮等特点，一般比当地品种增产30%~50%，且品质好，经济效益高，在露地、大中小棚、温室、阳畦栽培均长势良好，故定名为"津南实芹一号"。1988年，该品种获市级科技进步一等奖。1990年12月获得国家发明三等奖。2010年，8个芹菜新品种在河北、山东、甘肃等地建立芹菜良种繁育基地166.67公顷，年繁育生产良种8万多千克，推广至全国30个省、市、自治区，年种植面积6.67万公顷，占全国芹菜种植面积的30%以上，年社会效益5亿多元，单位自身效益上千万元。

图7-4　2005年，农户种植的津南实芹

二　分布

津南区园田分布在海河南岸与大沽排水河之间，重点是津沽路两侧，包括长青办事处、双港、辛庄、咸水沽、双桥河、葛沽、北闸口、小站八个镇部分园田。海河南岸、津沽路两侧土地，土壤有机质含量大都在2%以上，速效钾较丰富，含氮量一般在0.103~0.146之间，土壤肥力高，水源条件好，距天津市区近，交通便利，适宜发展蔬菜生产。

根据自然环境条件和蔬菜生产要求，境内园田在80年代中期，划分为三个种植区域。细菜种植区域，包括长青办事处、双港镇和咸水沽镇周边的耀华、胜利、七街等村队。面积为1019.2公顷，占总面积的34.3%。粗细菜兼而种植区域，包括辛庄、原南洋两个乡和咸水沽镇部分村及北闸口镇大芦庄村，面积为1099.87公顷，占园田总面积的36.7%。粗菜种植区域，以生产青萝卜、旱萝卜、南瓜、北瓜为主，经过储存供给市场。包括葛沽镇、双桥河镇，面积为875.4公顷，占园田总面积29%。随着保护地的发展和设施农业建设，蔬菜种植区域不再明显。

2001年，全区形成4个规模化的生产基地和1个高新科技示范区。万亩特菜生产基地，特菜品种60多个，上市量10万千克，形成专门的批发交易区。533.33公顷芹菜生产基地，通过改良，引进新品种，不仅提高了芹菜的品质，而且可以一年四季周年生产。400公顷秋延后西红柿生产基地。307.69公顷堵淡基地，在蔬菜淡季，采用遮阳网、防虫网等设施生产反季节、不易长途运输的叶菜品种，既供应市场，又增加了农民收入。2005年后，农业结构调整和城市化建设进程的加快，蔬菜生产面积逐年减少，由于人民生活水平的提高，工业园区建设等原因，农民在现有土地上的生产不足以满足生活需求。随着农业劳动力向工业企业转移，土地整合工作不断推进，土地利用现状发生的变化，由镇政府统一管理。至2010年，双港、辛庄等地的蔬菜生产逐步消亡。

三　品种

80年代后期，区内种植的蔬菜有9类34种153个品种。当地品种55个，包括大民茄子、羊角椒、青麻叶中小纹、旱萝卜、青萝卜等品种。从国内外引进蔬菜品种98个，如强力米寿西红柿、长春密刺黄瓜、锦州双季豆、甘蓝杂交一代、强丰西红柿、青皮红嘴雁豇豆、明水萝卜等品种。

图7-5　2008年，津红1号辣椒

1985—1995年，区引进、推广多种“南菜、西菜、特菜”，有生菜、绿花椰菜、大型白苦瓜、盖兰、紫甘蓝、木耳菜、茼蒿、空心菜、茭白、苔菜、芥蓝、苋菜、节瓜、荷兰豆等。

21世纪初，引进甘蓝8398、雪山花椰菜、四季西芹、新红胡萝卜、板青青萝卜、791雪韭、美国大速生生菜、五叶齐大葱、大水桃洋葱、六瓣红大蒜，引进秋绿75、秋绿55大白菜，中杂9号、L-402番茄，津优1号、津优2号黄瓜，天津二芪茄子、快圆茄，矮抗青、四月蔓油菜、双丰1号、双丰2号菜豆，901豇豆、之豇28-2豇豆，津玉二号、早青一代西葫芦等，品种更加丰富。

2010年津南区蔬菜主要品种一览表

表7-6

类	种	品种名称
叶菜类	菠菜	诸城戟叶、山东牛舌、波兰大叶
	芹菜	美国西芹、实心青芹、津南实芹
	茴香	大茴香、小茴香
	香菜	当地香菜、临清香菜
	笋	鲫瓜生笋、雁翎生笋
	雪里红	雪里红
	油菜	青油菜
根菜类	水萝卜	克山红、娃娃脸、明水大五英
		明水小五英、牡丹江六英、丹东大五英
		丹东小五英、旅大一号、旅大二号
	胡萝卜	贼不偷、鞭杆红、鞭杆黄
	白萝卜	象牙白
	汉萝卜	娃娃脸、南大红
	青萝卜	葛沽蛋、前辛庄、小辛庄、灰堆、北京心里美
	紫菜头	紫菜头
	芥菜	狗头芥、光面芥、两道眉
茄果类	茄子	火茄子、七叶茄、九叶茄
		线茄子、大民、牛心
	西红柿	苹果青、强丰、强力米寿、白果
		6613、65、256、中蔬4号、中蔬5号
		543、武昌大红、栗源
		特罗皮克、丽春、佳粉1号、佳粉2号
	辣椒	干八杈、羊角辣、张咀辣椒
		美国甜椒、茄门、同丰37
		同丰16、三道筋、上海铁棵
		辣茄门、天津3号
瓜类	黄瓜	津研一号、津研二号、津研三号、津春2号、津春4号
		津研四号、津研五号、津研六号
		津研七号、津杂一号、津杂二号、津杂三号、津杂四号
		长春密刺、通辽密刺
	冬瓜	广东青皮、一串铃
	西葫	青皮大民、一倭蜂
	南北瓜	大磨盘、小磨盘、大白园
豆类	菜豆	双季豆、白粒弯子、灰粒弯子
	豇豆	线青、红嘴雁、青皮红嘴雁
	矮生豆	小豌豆、沙克豆、英国豆
		法国豆
甘蓝类	甘蓝	报春、园春、庆丰、迎春、晚春
		京丰一号、晚(秋)丰
		中甘11、津甘8号
	苤蓝	青苤蓝、白苤蓝
	菜花	田嘴菜花、瑞士雪球、耶尔福
		荷兰雪球、试验60天、白丰、雪丰
葱蒜类	葱	桃源沽五叶齐、章丘五叶齐、鸡腿葱
		分葱
	葱头	大水桃、荸荠扁、半水桃
	蒜	当地红皮、当地白皮、苍山大蒜
	韭菜	大青苗、大黄苗、汉中冬韭
		新疆卷毛、津南青韭

续表

类	种	品种名称
白菜类	青麻叶	李楼小纹、津南所中纹(暂定)、南马集中纹
		宋庄中纹、高杆连心壮、新河中纹
		邓善沽大纹、新河 × 黄圈
	白麻叶	沈阳快菜、翻心白
薯芋类	土豆	小白梨、克新一号、克新四号
		丰收白、东农303
9类	34种	153个品种(55个当地品种、98个引进品种)

四 保护地生产

蔬菜保护地生产主要有温室、中小棚、塑料大棚、地膜覆盖等。1983年，温室生产由以育苗为主转向为直接生产。1988年，开始发展不加温温室，1992年达到190公顷，1997年发展到367.87公顷。1999年，发展节能日光温室14.67公顷。2008年，节能日光温室79.47公顷，简易温室246.27公顷。21世纪初，出现智能温室，多分布在农业示范区。2010年，全区保护性耕地285.60公顷。

1991—2010年津南区保护地面积统计表

表7-7　　单位：公顷

年份	合计	温室		大棚	中小棚
		节能温室	简易温室		
1991	569.53	–	157.73	326.87	84.93
1992	620.07	–	190.00	347.20	82.87
1993	726.81	–	251.27	378.07	97.47
1994	722.67	–	268.60	367.47	86.60
1995	851.33	–	330.60	419.73	101.00
1996	869.53	–	339.20	423.93	106.40
1997	897.73	–	367.87	424.13	105.73
1998	900.93	–	357.93	428.53	114.47
1999	918.61	14.67	356.60	431.87	115.47
2000	935.06	28.00	353.53	435.00	118.53
2001	936.26	33.33	357.60	426.73	118.60
2002	931.66	36.33	371.00	414.33	110.00
2003	887.14	37.67	382.27	398.27	68.93
2004	732.27	50.00	343.80	293.87	44.60
2005	693.33	82.27	267.53	280.13	63.40
2006	662.94	81.87	253.87	264.27	62.93
2007	645.92	68.53	259.73	257.53	60.13
2008	633.88	79.47	246.27	249.87	58.27
2009	570.87	75.47	219.60	227.53	48.27
2010	285.60	18.53	84.87	137.07	45.13

第三节 经济作物

一 一般作物

70—90年代初，境内经济作物种植主要有向日葵、胡麻、油菜籽、蓖麻、棉花等，种植面积也不多。因水源、土壤、虫害及经济效益差等原因，1990年后这些作物基本停种。

二　棉花

进入21世纪，区农民开始大面积种植棉花。2003—2010年，每年种植面积都在2200公顷以上，亩产籽棉200千克左右。2010年，亩利润1660.18元，成为区农业结构调整的主要种植作物之一。

图7-6　2010年，葛沽镇种植的棉花

2002—2010年津南区棉花种植统计表

表7-8

年份	播种面积（公顷）	亩产量（千克）	棉花总产（万千克）	年份	播种面积（公顷）	亩产量（千克）	棉花总产（万千克）
2002	200.00	198.00	59.40	2007	4333.33	210.80	1375.50
2003	3000.00	199.40	900.30	2008	4733.33	151.90	8836.70
2004	4466.67	199.60	1336.30	2009	2200.00	193.10	634.20
2005	3866.67	212.20	1237.50	2010	3266.67	199.90	979.70
2006	4266.67	200.70	1293.00	-	-	-	-

第四章　林　果

1982年，进行林木确权发证，落实林木权属，调动广大群众植树造林的积极性。1986年，农田林网建设初具规模。1986年至90年代，区参加京津周围地区造林绿化工程。从此，绿化方向开始由传统的经济型转向以改善城乡环境和人民生活为主的生态经济型；由粗放经营型转向集约经营型。2008年，林业总产值200万元。

第一节　林木绿化

一　林地面积

1982年，南郊区开展第一次林业资源清查，区有林木绿化面积1675.26公顷，林木绿化率4.54%。1986年，南郊区实施“京津地区造林绿化工程”，在规划实施初期，全区林木绿化率6.14%。1991年，第二次林业资源清查，境内有林木绿化面积2605.14公顷，林木绿化率7.06%。1998年，天津市再次开展林业清查，津南区有林地面积3465.81公顷，林木绿化率9.4%。2000年，全区有林木绿化面积3514公顷，林木绿化率11.6%。2009年底，全区林木绿化面积5416.2公顷，林木绿化率达到14.8%。2009年较1982年，林木绿化面积增加3.26倍，林木绿化率增长10.26%。2010年，全区林木绿化面积5756.4公顷，林木绿化率为15.6%。

二　林木品种

70年代，南郊区大力推广种植榆树，榆树占总树木的80%左右。同时开始引进白蜡、杂交杨、北京杨等新树种。80年代，由于榆兰金花虫普遍发生，严重影响榆树的正常生长。在白蜡树定为天津市市树后，区又转向大量种植白蜡，白蜡成为主栽树种。刺槐、臭椿、紫穗槐抗盐碱树种也被广泛种植。为丰富城乡绿化，陆续引进桧柏、侧柏、黄杨、雪松、西府海棠等常绿树种。90年代，白蜡树窄小吉丁虫危害日趋严重，种植树种开始转向臭椿、刺槐、国槐，引进钻天柳、垂爆柳和山海关杨等抗盐碱树种。90年代中后期，臭椿受到樗蚕危害，刺槐受到蚜虫危害。引进的苏柳、旱快柳、馒头柳，柳树成为造林主要树种。2000年后，造林树种以国槐、刺槐为主栽树种，为丰富城乡造林绿化树种，开始引进红花槐、合欢、金枝槐、金叶女贞、紫叶小檗、紫叶李、紫薇等美化树种和花灌木树种。杨树为高大乔木，绿化效果好，在公路、河道绿化工程中，也有种植。2010年，全区有造林树种30多个。

三　农田林网、防护林体系建设

1979年，境内大规模建设农田林网。1983年，南郊区农田防护林建设以区内各河系和市、区管公路为骨架，构成主林带；以乡村公路、田间路、沟渠为副林带，建成全区防护林体系。1984年，全区完成农田林网绿化128.5千米。1991年，完成农田林网1358条，总长度1299千米，植树137.05万株，折合面积1260.07公顷。

1994—1997年，农田林网工程造林32项，植树39.8万株。1997年，津南区营造农田林网2245条，总长度2253千米，植树225.85万株，折合面积2082.27公顷。1999—2007年，津南区实施农业综合开发工程建设，区营造农田林网长度295.5千米，造林19.79万株，造林面积279.33公顷。2009年底，津南区农田林网总长度2720千米，植树262.6万株，折合面积2551公顷。

第二节　果　树

一　面积、产量

1979年后，区政府每年提供一定数量的周转资金扶持果树生产，尤其是1985年后，区政府每年下达果树生产指标，使境内果树生产由过去的自然种植改为指令性计划种植，加快果树生产的发展。1986年，全区种植果树172.4公顷。

90年代，由于外环线绿化带的建设和枣粮间作的大面积推广，津南区果树生产实现第二次大发展，外环线绿化带果园160公顷，八里台、小站、葛沽等乡镇，也相继发展苹果、梨、桃、葡萄等果树种植。1997年，区果树面积达到1009.07公顷，其中枣粮间作面积793.8公顷，年产各种果品41.33万千克。其他经济林树种还有苹果、梨、桃、杏、李子、柿子、红枣等。1994年，双闸乡实施万亩枣粮间作富民工程。1998年底，栽植枣树31.1万株668.13公顷。

2001—2002年，八里台镇南义村发展优质玫瑰香葡萄51.73公顷。2003年，津南区实施丹拉（唐津）高速公路两侧绿化工程，北闸口镇栽植枣树41.87公顷。八里台镇、小站镇、葛沽镇、北闸口镇也相继发展苹果、梨、桃、葡萄、冬枣等果树。是年底，区果树面积1372.47公顷，果品产量66万千克。2009年，区果树面积1362.47公顷，果品产量350万千克。

1990年，葛沽镇刘庄村葡萄种植专业户吴国祥培育的葡萄，具有早熟、粒大、含糖量高，色泽风味优于同期早熟品种的特点。2002年，通过市级专家鉴定，定名为津南早红。该品种已推广到全国18个省市、自治区，推广面积200公顷。2003年，获市政府科技成果三等奖。

2004—2005年，为发展城郊型、高效观光林业，区政府拿出资金用于扶持设施果树生产，设施果树生产在津南区逐渐发展起来。葛沽镇南辛房、刘庄村，八里台镇八里台村、巨葛庄村，咸水沽镇二道桥、李庄子、四里沽村，北闸口镇大芦庄村的一些农户在温室中种植葡萄、杏、油桃，取得很好的经济效益。2009年，全区有设施果树面积2.67公顷。2006年始，随着农村大规模城市化建设整合力度加大，果树面积在减少。2010年，区果树面积1350公顷，产量437万千克。

二　主要品种

70—80年代，境内主要有枣、苹果、梨、桃、杏、李子、柿子。1995年，区内有果树4大类、8大树种、40多个品种。2009年底，主要树种所占比例（按面积计算）为：枣84.8%、葡萄6%、苹果4.5%、梨1.3%、桃2.3%、杏0.6%、李子0.2%、柿子0.3%。枣树品种为金丝小枣、冬枣、马牙枣、圆玲枣。葡萄品种为玫瑰香、津南早红、普利文玫瑰、乍娜、巨丰、黑奥林、先锋为主，还引进早熟品种红黑提葡萄、早红、凤凰51等。苹果主栽品种为红富士、新红星、斯塔克金矮生、乔纳金。梨品种为雪花梨、早酥、锦丰、金花梨等。桃主要品种为大久保、津艳、绿化九号、北京14、品玉、早香玉、早久保。杏主要品种为金太阳、凯特、黄金甜杏。李子主要品种为红宝石、黑宝石、黑琥珀。柿子品种为磨盘柿。

三　枣粮间作

1985年，区政府决定以小站镇、北闸口乡、八里台乡、葛沽镇为重点，发展枣粮间作。1986年，南郊区枣粮间作作为天津市红枣基地建设项目列入《天津市造林绿化总体规划》。1987年，在区小站镇东西庄房村、八里台乡刘家沟村示范枣粮间作32.67公顷。后在葛沽镇、小站镇、北闸口乡、八里台乡等村相继推广。1993年底，区累计枣粮间作面积63.07公顷。1998年，双闸镇万亩枣粮间作工程完成。全镇枣粮间作面积668.13公顷，栽植枣树31.1万株，当年红枣产量2.85万千克，年产值11万元。1998年，区枣粮间作（包括枣树片林）面积788公顷，占经济林总面积的78.2%；枣树24.57万株，占经济林总株数的48.8%。红枣产量5.4万千克，收入20万元。1981—2000年，全区发展枣树片林及间作1280公顷67万株。

2000年，区引进冬枣。不少农户在金丝小枣树上嫁接冬枣。是年，八里台镇团洼村栽植冬枣8公顷，八里台村栽植冬枣0.67公顷。2001年，八里台镇毛家沟村在津南水库南侧栽植冬枣、金丝小枣27公顷。2003年，葛沽镇辛庄子村栽植枣树9公顷，八里台镇大韩庄村栽植冬枣7.2公顷，北闸口镇老左营、光明、义和庄村栽植枣树41.87公顷。2003—2005年，北闸口、八里台、小站、葛沽4个镇，有6户农民在承包土地上种植枣树，每户种植枣树百亩以上。

2009年，区枣粮间作（包括枣树片林）面积1146.67公顷，占经济林总面积的85.1%，年产红枣200万千克，收入800万元。枣树已成为津南区的主要经济树种。2010年，枣粮间作面积1153公顷，产量224万千克，收入890万元。

图7-7　2009年，科技人员深入和顺地村现场讲解冬枣栽培管理技术

1996—2008年津南区部分年份果品产量统计表

表7-9

年份	果园面积(公顷)		果品产量(千克)	品种(千克)							
	合计	其中成果面积		苹果	梨	葡萄	桃	杏	鲜枣	红果	其他
1996	827.93	248.20	1552032	278265	175300	440578	99061	7069	542101	–	9658
1997	924.60	248.87	1608256	278665	178218	471732	93288	7239	570725	1369	7020
1998	982.87	263.00	1609380	266109	196091	458629	87191	7359	584590	1534	7877
1999	819.13	545.27	2010010	492570	205700	462000	79100	4410	759210	–	7020
2000	1167.87	687.60	2209400	360600	116000	602200	113500	4600	945000	22000	45500
2002	1324.20	721.67	2364200	514500	117000	566000	88200	6100	1028000	3200	41200
2003	1372.47	775.80	3356500	633000	121000	1154000	95900	10100	1280000	1200	61300
2004	1422.07	809.13	3532400	561500	123000	1064000	153000	16100	1573000	1300	40500
2005	1453.40	868.00	3738200	535000	113500	1158500	160000	16000	1707000	1500	46700
2006	1487.73	865.07	3814300	542500	121800	1190200	169000	18000	1757000	1800	14000
2007	1507.80	873.13	3909900	557000	127000	1202500	178000	20500	1807000	1900	16000
2008	1350.27	–	4041000	517000	188000	1156500	183000	38000	1932000	1500	25000

第三节　病虫害防治

津南区为退海之地，地势低洼，盐碱程度高，适生树种少，主要树种以白蜡、柳树、椿树、槐树、榆树为主，属少林地区。由于树木立地条件较差，树势较弱，加上树种单一，纯林面积过大，林业有害生物发生面积较大。经2004年林业有害生物普查，危害津南区的林业比较严重的有美国白蛾、光肩星天牛、榆兰金花虫、春尺蠖、杨树溃疡病等。

一　预测预报

1988年始，成立林果服务站，有专兼职检疫员5名，对林业重要虫害进行预测预报。2001年，津南区有监测点16个。2002年新增监测点16个，并对原有和新增监测点进行调整重新布局，在咸水沽、葛沽、小站、八里台4个镇各设5个监测点，双港、辛庄、双桥河、北闸口4个镇各设3个监测点，全区监测点总数达到32个。监测点先后购进佳多全自动虫情测报灯3台、太阳能诱虫灯15台、频振式杀虫灯25台。每年3—9月开启使用，有专人定期负责收集数据。年均监测面积达4666.67公顷，监测覆盖率在95%以上，每年发布森防简报6~10期。2010年初，开始对春尺蠖、美国白蛾等林业有害生物的越冬代成虫进行跟踪调查。针对海河教育园区和天津大道等重点工程的新植树木进行重点监测。通过监测发现，春尺蠖、光肩星天牛发生情况与往年持平，美国白蛾发生面积高于往年。另外，由于区重点工程的部分标段所栽植的中林系杨树为不抗病品种，致使2010年杨树溃疡病较大面积发生，防治面积620公顷。

图7-8　2007年，科技人员悬挂虫情测报灯

二　病虫害防治

（一）美国白蛾

1996年，境内开始出现美国白蛾。1998年，境内10个镇86个村有疫情发生，面积363.59公顷。1999年，津南区成立美国白蛾查治办公室，由区农林局林业部门负责全区美国白蛾虫情的预测预报和防治工作。经过三年治理，综合防治面积7200公顷（包括重复防治面积）。森林病虫害发生率由1998年的19.6%降到2000年的3.1%，病虫害监测覆盖率90%，全区有苗圃50.4公顷，林木种苗产地检疫率100%。2005年后，区主要采用仿生制剂灭幼脲3号，利用地面喷药的形式对第一代美国白蛾进行普遍的预防作业，再针对第二、三代的发生情况采取“灭点打缘、重点防治”等方法进行重点防治。平均每年三代美国白蛾累计作业面积都在4000公顷，防治工作分别由8个镇及相关单位的防治专业队伍进行。美国白蛾在津南区得到有效控制，已达到基本扑灭的目标。2010年，累计完成全区美国白蛾三代防治面积5553.33公顷。

（二）杨树病害

杨树生长迅速、树形优美、成材期短，在区一些绿化重点工程上被广泛种植。由于津南区土地条件差，加之在栽植过程中选择品种不当，使其在生长过程中容易受到各类病原物的侵害。2005年后，杨树溃疡病、杨树烂皮病、杨树早期落叶病等病害在重点绿化工程地段发生普遍、危害较重。2010年，杨树病害发生面积达上千亩，占全区主要林木病虫害发生面积的19%。防治面积为460公顷，防治率

100%，杨树病害得到有效控制。

（三）光肩星天牛

光肩星天牛是区主要蛀干害虫，危害杨、柳、榆、糖槭、桑、梨等树种。尤以杨、柳为主要树种的农田林网、四旁植树等普遍发生，危害严重。杨、柳、榆是区80—90年代的主栽树种，特别是90年代的高标准农田林网大部分种植的是速生的柳树，受光肩星天牛的危害尤为严重，个别地段有虫株率50%以上。进入21世纪后，由于不断调整种植树种和加大对蛀干害虫的防治力度，光肩星天牛的发生率一直呈下降趋势，其危害得到控制。2010年，光肩星天牛防治面积366.67公顷。

（四）春尺蠖

春尺蠖每年多发生于3月初，因为其发生时间较早，主要取食榆树的嫩叶，造成榆树不能展叶，是影响榆树正常生长的重要害虫。1998年，全区榆树面积达533.33公顷，占全区有林地面积的15%左右。津南区农林局每年于2月底便对春尺蠖越冬蛹密度及成活率情况进行田间踏查，制定防治工作计划，准备防治春尺蠖的药械检修车辆，组织防治工作人员。2010年，春尺蠖在区内得到有效控制。

（五）其他林业有害生物

70—80年代，区大力推广种植榆树，全区以榆树为主，同时引进白蜡、杂交杨、北京杨等树种。由于植物群落简单，榆兰金花虫在境内普遍发生，榆树受害严重。1980—1990年，每年对全区160万株榆树除治1~2次，效果都在85%以上，确保榆树的正常生长。90年代，区树种以白蜡、柳树、椿树、槐树、榆树为主。危害这几种树种的林木病虫害主要有美国白蛾、光肩星天牛、白蜡吉丁虫、榆兰金花虫、春尺蠖及干腐病、烂皮病等林木病虫害。2000—2010年，区林木病虫害防治的对象仍集中在美国白蛾、光肩星天牛、白蜡吉丁虫、榆兰金花虫、春尺蠖等害虫上。森防工作以“预防为主、综合治理”为方针，突出抓好预测预报和监测工作，逐步把工作重心转向以预防为主的轨道上来。

第五章 养 殖

中共十一届三中全会后，津南区发展都市型农业，农民按照市场经济需求，发展畜牧养殖业积极性高涨。30多年来，畜牧业、渔业生产发展迅速，比重逐年增长。2008年，区农业总产值为8.27亿元，其中畜牧业总产值为5.65亿元，占农业总产值的68.32%，成为增加农民收入的重要来源之一。

第一节 畜牧养殖

改革开放前，畜牧业为计划经济，生产为集体饲养。改革开放后，畜牧生产形成专业户为主体，国营、集体结构相宜的格局。1999年，生猪年饲养量6万头，蛋鸡存栏15万只，童子鸡年饲养量220万只，奶牛存栏800头，肉牛存栏1200头，肉羊年饲养量3.5万只，肉鸽存栏2万对，山鸡存栏8000只，狐狸存栏2000只。

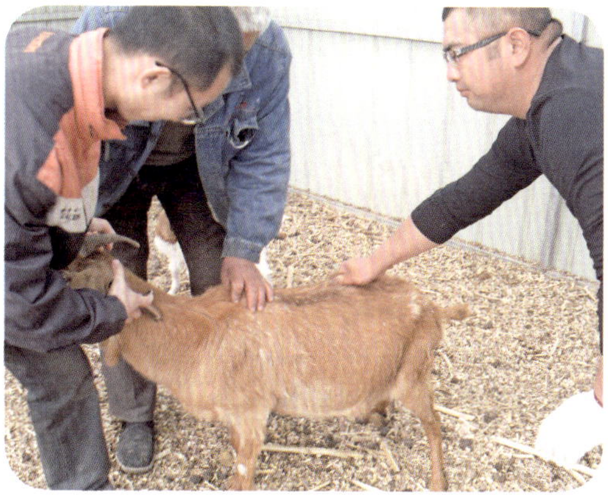

图7-9 2009年，兽医深入养殖场注射疫苗

进入21世纪，畜牧业由基地化生产向公司加农户产业化生产、订单农业及养殖小区方向发展，生产名、特、优畜产品，生产无公害健康食品。高峰期，养殖小区有50个。2007年，生猪年出栏1000头以上规模场（户）17家。全区生猪饲养量13.27万头，蛋鸡19万只，肉鸡年饲养量1200万只，奶牛存栏490头，肉牛存栏1890头，

肉羊年饲养量5640只，肉鸽饲养1080对。

2010年，区有畜牧养殖小区16个，生猪年出栏1000头以上的规模场（户）6家。生猪饲养量达23.1万头，蛋鸡年末存栏9.8万只，肉鸡年饲养量1100万只，奶牛存栏达200头，肉牛存栏400头，肉羊年饲养量3500只。肉类总产239560吨，禽蛋产量16580吨，奶类产量16850吨。

1996—2010年津南区部分年份畜牧业生产统计表

表7-10　　　　单位：万千克

年份＼合计	禽蛋产量		肉类总产量						牛奶产量
	合计	鸡蛋	合计	猪肉	牛肉	羊肉	鸡肉	其他	
1996	5142.40	5007.00	6434.80	3299.70	206.00	596.20	2312.20	20.70	2968.50
1997	5200.70	5028.50	6352.60	3638.80	193.00	618.90	1611.20	290.70	3076.70
1998	4316.10	4263.80	6397.50	3858.30	363.80	597.00	1502.60	75.80	3055.00
1999	4309.60	4303.40	6650.10	3577.50	220.00	636.10	2161.70	54.80	2003.40
2000	4543.00	4536.80	6866.90	3556.30	287.00	740.10	2283.50	－	2015.00
2002	4208.60	4208.60	8835.50	3559.30	243.00	355.40	4669.10	8.70	2543.00
2003	7633.20	7563.20	15945.70	4802.10	568.30	462.30	10112.00	1.00	2640.00
2004	3487.40	3047.40	7113.90	5046.10	735.70	494.20	777.90	60.00	3208.00
2005	3005.00	3000.00	15992.40	6410.30	685.90	353.20	8500.00	43.00	3480.80
2006	3485.00	3403.00	17430.10	7371.40	402.40	277.30	9379.00	－	3496.60
2007	2780.40	2569.90	23657.10	8217.10	313.60	237.80	14776.60	112.00	3276.00
2008	2260.00	2102.00	21264.00	10792.00	215.00	224.00	10001.00	32.00	3567.00
2009	2268.00	2183.00	17525.00	9088.00	186.00	189.00	8058.00	4.00	1681.00
2010	1658.00	1555.00	23956.00	9903.00	123.00	165.00	13765.00	－	1685.00

一　家畜

（一）马

1981年，境内有马2256匹，品种为蒙古马、新疆马、高蒙杂交马、俄蒙杂交马、混血马等；驴1116头；骡3393头。90年代，随着农业产业化的发展，农村农民饲养骡马等大牲畜减少。马由1995年的671匹降到2003年的70匹；骡1995年有795头，2003年只有163头；驴1995年有726头，2003年有181头。

（二）牛

牛分为耕牛、奶牛、肉牛三种。耕牛在90年代后基本被淘汰。奶牛在90年代初期发展较快，全区饲养奶牛1000多头。后城镇化建设耕地减少，2001年有奶牛300头。2010年，区奶牛饲养共421头。其饲养奶牛的品种多为荷兰的黑白花奶牛和美国黑奶牛等。

肉牛饲养始于90年代初期，2001年饲养肉牛2000余头。北牛有西门塔尔杂交牛、夏洛来杂交牛、海福特杂交牛、草原红杂交牛；南牛有鲁西南黄牛、南阳牛、晋中牛、秦川牛等。2010年，肉牛存栏1796头，出栏790头。

1979—2010年津南区部分年份大牲畜饲养量统计表

表7-11　　　　单位：头、匹

年份＼项目	合计	其中					合计
		肉牛	奶牛	马	骡	驴	
1979	9623	248	－	3405	3724	2246	8987
1980	8771	159	－	3160	3766	1686	8230
1982	6608	82	－	2206	3196	1124	6505

续表

项目 / 年份	合计	其中					合计
		肉牛	奶牛	马	骡	驴	
1983	6419	77	8	2110	3262	962	6258
1984	5514	71	132	1683	2755	873	4810
1985	5551	35	124	1692	2822	878	2494
1987	5574	76	427	1533	2673	865	1886
1988	5956	77	570	1621	2628	1060	3815
1989	6221	71	650	1717	2672	1111	5345
1990	6542	105	942	1782	2611	1102	5525
1991	7130	277	1217	1912	2544	1180	4430
1992	7371	323	1220	2072	2587	1169	5046
1993	7080	292	928	2540	2101	1219	6040
1994	6115	1059	754	1474	1883	945	4302
1995	4119	1420	507	671	795	726	2192
1998	2574	808	384	367	502	513	1553
2002	2984	2010	434	125	170	245	457
2003	4194	3332	448	70	163	181	–
2006	3517	3087	430	–	–	–	–
2008	2808	2808	–	–	–	–	–
2009	2544	2544	–	–	–	–	–
2010	2586	2586	–	–	–	–	–

二　家畜禽

（一）生猪

1981年，区内有公猪49头，基础母猪1128头。1987—1989年，全区实现公猪优种化，母猪杂交化，生猪类型由脂肪型转向瘦肉型。1995年，出栏41253头，猪肉产量375.16万千克。种猪品种，多为杜洛克、比利时长白、皮特兰、大约克夏、施格、丹麦长白等优良品种。育肥猪多为二元杂交和三元杂交猪。饲料多为正大、希望等名牌饲料。2010年，津南区生猪年饲养量为230730头，年产猪肉99030吨。

（二）羊

有山羊、绵羊两种。1981年，存栏16558只，其中绵羊9875只。90年代后，饲养山羊的农户饲养数量增多。2001年，区山羊存栏4000多只。饲养品种多是本地土种山羊和奶山羊。90年代末，引进纯种波尔山羊。饲草多为芦苇、野草、野菜、树叶和农作物秸秆。饲喂方式多为放牧。绵羊，70—80年代，绵羊养殖农户较少，90年代后逐渐增多。2001年，全区绵羊存栏12000多只。品种有该地小尾寒羊、内蒙古小尾寒羊和鲁西南小尾寒羊。21世纪初，引进德美羊、萨福特、美利怒等优良品种。2010年，山羊存栏590只，绵羊存栏4901只。

（三）鸡

有蛋鸡、童子鸡和肉鸡。80年代，政府开始扶持农户笼养蛋鸡，品种是来亨鸡（美国白鸡），喂养也开始用合理配制的蛋鸡饲料。90年代后，蛋鸡生产有较快发展。1993年，区蛋鸡存栏36万只，年产鲜蛋4500吨。90年代中后期，受市场价格影响，蛋鸡生产下滑。2001年，全区蛋鸡存栏8万只。2010年底，全区蛋鸡存栏9.8万只。

童子鸡，80年代后，童子鸡生产蓬勃发展。童子鸡品种是伊沙褐、海塞克斯。饲料用小鸡1号、2号料。北洋村烧鸡专业户收购童子鸡，加工烧鸡到天津、北京等大城市销售，形成童子鸡产、供、销一条龙生产模式。进入21世纪，童子鸡生产被大肉鸡生产所代替，有些饲养大户搬进楼房，鸡舍拆掉，童子鸡生产开始萎缩。2010年，区饲养童子鸡60万只。

肉鸡，80年代有些农户开始饲养，只有3~5只或8~10只，平地散养。90年代初期，双港镇有十几个农户饲养肉鸡2万只。21世纪初，津南区肉鸡生产出现“鸡头”＋公司＋农户的饲养模式，吸引广大农户参加。2001年，全区饲养肉鸡40万只左右。2003—2005年，区先后建立7个肉鸡养殖小区：吉泰村肉鸡养殖小区、西泥沽村肉鸡养殖小区、小黄庄村肉鸡养殖小区、南义村肉鸡养殖小区、大孙庄村肉鸡养殖小区、刘家沟肉鸡养殖小区、南付营村肉鸡养殖小区。小区采用大棚双列式网上平面饲养，每个大棚饲养肉鸡5000只左右。肉鸡品种是AA、白拉克和半肉食肉鸡等。2010年，区饲养肉鸡1100万只。

（四）鹅

1979年后，家庭养鹅增多。90年代中后期，肉鹅养殖发展较快，肉鹅存栏2000~3000只。鹅的品种有纯白色的白天鹅和灰褐色的雁鹅两种。2010年，全区饲养鹅3500只。

1979—2010年津南区部分年份小牲畜、家禽统计表

表7-12　　单位：头、只

项目 年份	猪饲养量			山羊、绵羊存栏量		鸡	鸭	鹅
	合计	年末存栏	能繁母猪	合计	绵羊			
1979	66687	38141	-	10443	-	287309	41630	7531
1980	66457	38433	-	11807	-	352198	30919	21453
1981	50876	23620	830	16558	9875	491160	34033	17639
1983	22797	10078	707	27859	16017	581637	27890	14995
1985	21869	12535	843	27419	18322	707092	35986	11951
1987	24209	10218	535	29269	20091	1467008	35072	12795
1989	44059	17597	2936	25451	17438	1055600	9800	44200
1991	49246	15994	2887	29003	20772	946906	112958	37498
1993	45380	16242	2613	23556	15307	901290	133825	43126
1995	55953	13800	1501	27800	18401	757180	23283	11947
1998	62448	18294	1412	29097	19345	939760	5407	4058
2002	79140	27506	4013	16165	12565	1449000	4000	-
2006	182535	84251	3055	10261	8278	14363400	-	-
2008	249473	104468	17177	6295	5516	11054600	-	-
2010	230730	98690	12664	5491	4901	12047150	-	3500

三、特种畜禽养殖

（一）狐狸

90年代初，境内有农户开始饲养狐狸。90年代中后期，狐狸养殖有较大发展，全区饲养量达8000只左右。主要集中在八里台镇。品种为银狐、北极狐。狐狸皮毛价格时高时低，狐狸养殖也随之时起时落。2010年，区饲养狐狸3000只。

图7-10　90年代，八里台镇狐狸养殖

（二）鸽

有信鸽、肉鸽两种。70年代，区内饲养信鸽的人有所增加，并不普及。80—90年代，天津市成立信鸽协会，定期组织信鸽放飞比赛，激发人们饲养信鸽热情，信鸽达到广泛普及。2010年，区饲养信鸽1.5万只。

90年代初期，肉鸽养殖发展较快，区畜牧水产局在大港金

三角建种鸽场，带动区内十几个专业户进行养殖，区肉鸽存栏6000多对。90年代末至21世纪初期，市场对肉鸽的需求量逐渐增加，价格较好，肉鸽养殖又呈现上升趋势。2003年，区饲养肉鸽4000多对。2006年后，饲料价格高，肉鸽售价低迷，津南区肉鸽养殖出现下滑。2010年，肉鸽饲养存栏2000对。

（三）非洲雁

80年代后期，双闸乡开始饲养非洲雁。雏雁经过80~90天的饲养，可出售，每只售价80~120元。饲养方式逐渐形成场舍式。2008年是养殖最多的年份，存栏8000只。2010年，存栏5000只。

（四）山鸡与绿头野鸭

90年代中后期，境内开始饲养山鸡和绿头野鸭。山鸡养殖集中在原南洋乡，饲养最高年份达2万只。棚舍饲养，饲养4~5个月，每只山鸡售价80~150元，品种多是美国七彩山鸡。绿头野鸭养殖集中在小站镇，饲养最多的年份达5000~10000只。棚舍饲养，饲养3~4个月，每只成品绿头野鸭售价60~120元，品种为美国绿头野鸭。2010年，山鸡饲养量为1500只，绿头野鸭饲养量为1500只。

（五）肉犬

90年代中期，犬肉深受酒店、餐馆青睐，尤其是韩国餐馆增多，犬肉供不应求。有农户开始饲养肉犬，饲养最高年份全区达2000~3000条。肉犬饲养集中在小站镇和八里台镇。品种主要是该地柴犬和圣伯纳肉犬。由于市场的变化，肉犬养殖场于2001年关闭。

四　养殖小区

2002—2005年，津南区重点抓养殖小区建设。验收达标的小区，政府给予资金补助。2002年，畜牧养殖小区20个，其中肉鸡13个，肉羊2个，生猪5个。2005年，畜牧养殖小区13个，其中肉鸡1个，肉鸽1个，生猪8个，朗德犬1个，综合养殖1个，狐狸1个。2010年，畜牧养殖小区16个，其中蛋鸡6个，生猪10个。

2010年津南区畜牧养殖小区基本统计表

表7-13

镇名	养殖小区名称	养殖品种	占地面积（平方米）	养殖数量（头、只）
八里台	西小站养殖小区	猪	66600	1560
八里台	八里台养殖小区	猪	133200	2900
八里台	大孙庄养殖小区	鸡	532800	30000
八里台	大韩庄养殖小区	鸡	66600	40000
八里台	刘家沟养殖小区	鸡	86580	10000
八里台	浩隆养殖小区	鸡	66600	9000
八里台	顺何养殖场	猪	5300	900
八里台	桐元养殖场	猪	20000	2000
八里台	德福养殖场	猪	6660	120
双桥河	西泥沽养殖小区	猪	28770	11000
双桥河	西泥沽养殖小区	鸡	9850	50000
小　站	南付营养殖小区	鸡	28000	100000
小　站	前营养殖小区	猪	6660	1000
葛　沽	永胜养猪场	猪	6660	285
八里台	旭源畜牧养殖有限公司	猪	199800	–
咸水沽	万亿达养殖场	猪	33300	325

第二节　水产养殖

一　淡水资源

（一）鱼类

境内自然水域生长的野生品种有鲤鱼、鲫鱼、麦穗鱼、泥鳅、黑鱼、鲶鱼、餐条、鳜鱼、翘嘴红鲌等。常规池塘养殖品种以青、草、鲢、鳙四大家鱼和鲤鱼、鲫鱼为主，鲈鱼、梭鱼也占有重要份额，占池塘养殖产量的95%以上，少部分池塘主养乌鳢、鲂鱼等。引进品种有罗非鱼、荷元鲤、散鳞镜鲤、洲河鲤、淡水白鲳、日本白鲫、银鲫、彭泽鲫、湘鲫、黄颡、黄鳝、俄罗斯鲟鱼、匙吻鲟鱼、太湖银鱼、大口胭脂鱼、苏氏圆腹鱼（淡水鲨鱼）、丁鱥鱼、珍珠白鲷鱼、攀山鲈鱼、澳洲宝石斑鱼、星洲红鱼、勃氏雅罗鱼、白斑狗鱼等20多个养殖新品种。

（二）虾蟹类

自然水域品种有青虾、秀丽白虾、河蟹等。常规养殖品种有河蟹、青虾、罗氏沼虾、中国对虾、南美白对虾；引进品种有罗氏沼虾、中国对虾、南美白对虾、锯缘青蟹。

（三）观赏鱼类

进入21世纪，津南区开始设施化养殖观赏鱼，多为引进品种，有孔雀鱼、红剑、三角灯鱼、霓虹灯鱼、金龙鱼、银龙鱼、地图鱼、血鹦鹉、罗汉鱼、锦鲤、中国金鱼等30多个品种。

图7-11　2004年，河蟹养殖

二　淡水养殖

70年代末至80年代，区响应市人民政府提出“三年解决吃鱼难题”号召，八里台村、大孙庄村、大韩庄村利用洼地修建鱼池。其后海河沿线的村庄也建塘养鱼，逐步发展到全区，主要品种以青鱼、草鱼、鲢鱼、鳙鱼四大家鱼和鲤鱼、鲫鱼为主，经济效益低。随着淡水鱼市场出现饱和，部分单纯养殖淡水鱼的场（户）出现亏损。

90年代中期，区进行水产养殖结构调整，由主要养鱼转向养殖河蟹、淡水虾等名优水产品。1996年，河蟹养殖面积666.67公顷，亩产河蟹100千克以上，鱼蟹混养池塘亩产河蟹50千克以上。90年代末，工厂化设施渔业兴起。辛庄镇上汀村建1万平方米高标准甲鱼池，咸水沽镇南洋村兴建2000平方米工厂化育苗车间，区畜牧水产局名优苗种培育基地兴建3000平方米高标准虾、蟹温室育苗车间。

2000年，养殖罗氏沼虾面积200公顷，亩产成虾200千克以上。是年，首次引进10万尾南美白对虾进行淡化养殖，获得成功。2008年，全区投产水面3731.93公顷，其中养鱼851.27公顷，养虾2000公顷，养河蟹66.67公顷，养殖甲鱼2公顷，水产品总产量2.09万千克，产值3.4亿元。全区设施化养殖观赏鱼3.91万平方米，养殖场（户）16家，养殖品种30多个，年销售2868万尾，收入4508万元。休闲渔业68公顷，年营业收入2000万元。2010年，区水产养殖面积3236.40公顷，其中南美白对虾养殖面积2000公顷。设施化观赏鱼面积5.1万平方米，设施化养虾2640平方米。水产品产量1.92万千克，销售收入4亿元。区渔业生产朝着现代化渔业方向发展。

1996—2010年津南区淡水养殖生产统计表

表7-14

项目 年份	总产(千克)	其中淡水养殖			产值(万元)
		面积(公顷)	产量(千克)	亩产(千克)	
1996	7184.00	1659.33	6766.00	0.27	4591.40
1997	7680.50	1941.67	7446.50	0.26	5791.00
1998	9000.00	1755.07	8650.00	0.33	6331.00
1999	10340.00	1955.07	10110.00	0.35	7186.00
2000	10521.00	1955.07	10331.00	0.36	8398.00
2001	10982.00	1955.07	10797.00	0.37	9248.00
2002	11273.00	1955.07	11095.00	0.38	10200.00
2003	13671.00	3900.20	13521.00	0.23	12320.00
2004	17144.00	3900.20	17144.00	0.29	16200.00
2005	14348.00	2663.47	14248.00	0.36	15930.00
2006	20406.00	3931.93	20294.00	0.34	21610.00
2007	20060.00	3731.93	20060.00	0.36	24001.00
2008	20908.00	3731.93	20908.00	0.37	34010.00
2009	21000.00	3731.93	21000.00	0.38	38000.00
2010	19198.00	3236.40	19198.00	0.40	40006.00

三 苗种繁育

苗种繁育以畜牧水产局特种育苗场、天津津南国家农业科技园区为主，附带一些个体经营场（户）。1991—2003年，津南区先后育出长江原种花白鲢、草鱼、鲤鱼、高背鲫鱼、中背鲫鱼、彭泽鲫等苗种。2000年12月，津南水库管理处培植大银鱼人工受精卵2000万粒，人工授精技术过关，改变苗种依靠外地供给的局面，实现苗种自繁自育。2000—2003年，区畜牧水产局特种育苗场与天津市水产研究所、江苏赣榆养殖场、福建厦门虾苗场等单位合作，开展河蟹、南美白对虾苗种中间培育、臭氧技术应用、生物制剂使用方法、生态环境条件、培育管理等方面的研究。培育南美白对虾苗种11.8亿尾，成活率84%，填补津南区海虾淡养的空白。培育河蟹苗种5600万只，成活率76.5%。

2002年8月，津南国家农业科技园区利用园区地热优势，建封闭式工厂化养殖车间5000平方米，将现有技术进行集成、创新，研究出节能型设施化生产车间培育名优虾、鱼的水质调控技术、苗种放养技术、无公害鱼虾饲料配方与投喂技术、鱼虾病害的防治技术、探索出节能型淡水设施化条件下鱼虾的反季节养殖技术。

1991—2010年，区引进繁殖淡水养殖新品种主要有淡水白鲨鱼、珍珠白鲷鱼、攀山鲈鱼、漠斑牙鲆、罗氏沼虾、淡水青虾、刀额新对虾、斑节对虾、宝石斑鱼、锯缘青蟹、澳洲宝石斑鱼和丁鳜鱼、瓦氏黄颡鱼等。通过引进试养，淡水白鲨鱼、珍珠白鲷鱼、澳洲宝石斑鱼、丁鳜鱼等均适合在津南区水质条件下生长，可以在相同水域条件下养殖。澳洲宝石斑鱼品种的引进与试养成功，在天津地区尚属首次，该品种鱼具有生长速度快、抗病能力和集群能力强的特点，可集食用、观赏、垂钓于一身，为津南区乃至天津市淡水鱼养殖提供一个优良养殖品种。

2010年，区引进优良品种黄金鲫500千克。该品种引进时平均规格8尾0.5千克，经过6个月试验，到10月试验鱼平均规格在0.5千克左右，最大的0.8千克，成为津南区又一个值得推广的养殖优良品种。

四 养殖示范区

2002年始，津南区发展水产养殖小区建设，区政府给予一定的资金补助。至2005年，津南区建水产养殖小区25个，占地面积1363.8公顷，投资5117.2万元。2010年，区有15个观赏鱼养殖场（户），池塘养殖55.47公顷，设施化养殖7.1公顷，养殖孔雀、地图、血鹦鹉、红剑等30多个品种。

（一）津南区南美白对虾养殖示范园区

2000年，区水产技术推广站的科技人员将南美白对虾苗引进津南区进行海虾淡养试验。在0.47公顷池塘投苗10万尾，从6月20日放苗到8月20日出池，亩获成虾50余千克，填补了津南区海虾淡养的空白。该试验受到市级有关领导和专家的重视和肯定，并在津南区召开全市现场会来推广这一先进养殖技术。2001年，津南区养殖南美白对虾面积迅速扩大到134.33公顷。2004年，扩大到1333.33公顷。2008年，津南区南美白对虾优势水产品示范园项目设立于津南区辛庄镇最北端，津沽路以北，北靠海河，东邻双洋渠，交通及水源状况便利，养殖水源以海河弃水为主，辅以周边河道。津南南美白对虾养殖示范园区，改造后养殖面积40.34公顷，为改扩建工程项目。2010年，保持在2000公顷左右。

图7-12　2008年，南美白对虾

（二）天津锦堂观赏鱼养殖示范园区

位于津南区八里台镇西端，距离国家农业科技园区南6千米，北距天嘉湖星耀五洲项目2.5千米，西邻洪泥河。占地53.33公顷，其中观赏鱼养殖示范园区面积占地5.3公顷。2009年建成1万平方米。主要养殖霓虹灯、红莲灯、孔雀鱼、满鱼、红剑、神仙鱼、老鼠鱼、三角灯、马甲等30余种热带观赏鱼。

图7-13　2010年，锦堂观赏鱼

（三）天津滨海观赏鱼科技园区

位于津南国家科技园区内，于2008年建设。园区总投资10.6亿元，占地70.8公顷，总建筑面积37万平方米，养殖规模24万平方米。集观赏鱼养殖、研发、交易、观光旅游于一体。2010年，建成温室152栋、4.5万平方米展示交易区。工厂化室内养殖14万平方米，室外养殖27.8公顷，养殖热带观赏鱼近百种。是年7月1日，利用首批建成的2万平方米车间举办首届世界热带鱼科普展。

五　无公害基地认证

2004年始，津南区开展无公害基地认证工作。至2007年，津南区建设无公害基地并认证21个；面积3864公顷，占全区养殖水面的98.27%，认证率全市第一，成为全市首批两个无公害水产品生产区县之一。2009年5月1日起，按照相关要求，不再受理以乡镇、村民委员会为单位的认证申请。

第三节　动物疫病防控

一　鸡新城疫和禽流感病防控

（一）鸡新城疫

鸡新城疫又称亚洲鸡瘟，流行传播快，可造成群鸡70%~80%的死亡。80年代前，养鸡均为平地零星散养，且每个农户饲养量也不多，对鸡新城疫疫病免疫认识不足，重视不够，此病时有发生流行。80年代后，境内大都为专业户网上平养或笼养，养鸡数量也较多。全区加强了对鸡新城疫病的免疫的宣传力度，同时组织兽医防疫队伍，对专业养鸡户的防疫密度达100%，对散养鸡的农户防疫密度达95%以上。鸡新城疫病传播流行得到有效的控制。

（二）禽流感疫病

90年代末，禽流感疫病传播流行到津南区。此病流行传播快，来势猛。鸡的死亡率可达100%。曾造成大批鸡死亡，给津南区养鸡户造成严重经济损失。为防控禽流感疫病，区政府对区、镇、村三级主要负责农业的领导，建立负责制并且立下军令状，限期在5年内基本达到防控此疫病。区畜牧水产局组织兽医防疫队伍进行禽流感疫苗的免疫接种。经过3年奋战，禽流感疫病基本上得到控制，保障津南区的养鸡业健康持续地发展。2004年2月7日，在辛庄镇柴家圈村徐立柱养殖场发生了疑似高致病性禽流感疫情，造成大批鸡死亡。区政府立即启动防治高致病性禽流感应急预案，划定疫区和受威胁区，及时发布封锁令，对疫点和疫点周围3千米范围内的13个村实施了强制封锁。区畜牧水产局组织兽医防疫队伍进行禽流感疫苗免疫接种，防疫密度达到“镇不漏村，村不漏户，户不漏鸡，只只免疫”，扑杀禽类28.82万只。经市领导小组验收确认，区政府于2004年3月3日16时起正式解除疫区封锁。

二　猪瘟疫病

80年代及以前有发生。90年代后，猪流动性大，猪圆环病毒病传入，猪瘟疫病又有所抬头。区集中兽医骨干深入到猪场、养猪农户指导接种猪瘟疫苗。剂量由先前的1~2头份，改为仔猪接种4~6头份，大猪接种8~10头份。防疫密度达100%。即“镇不漏村，村不漏户，户不漏圈，头头接种，个个免疫”，有效控制猪瘟疫情。进入21世纪，津南区没有发生猪瘟疫病。

三　猪高热病

2006年下半年，猪高热病传入境内。养猪户未见过此病，缺乏防治经验，造成猪只大批死亡。区紧急采取措施，强化消毒，号召养猪户参加养猪保险；猪瘟疫苗、蓝耳病疫苗由政府出资，免费供给养猪户使用等。2008—2010年末，未发生高热病死亡病例。

第六章　农业机械

津南区农业机械主要包括，农田作业、收割作业、场上作业、农业运输、排灌等机具。1980年始，区大力增加农机投入，农业机械化发展速度加快，农用机械总动力38.58万千瓦，其数量、质量大幅度提高，高科技产品运用到生产中，减轻劳动强度，提高农产品产量。

第一节　农机具

一　农田作业机具

改革开放后，境内农业机械化发展速度加快。1981年，区拥有大中型拖拉机903台、小型拖拉机375台、机引犁468台、机引耙307张、播种机172台、旋耕机37台。1990年，区有大中型拖拉机560台、小型拖拉机749台、机引犁507台、机引耙409张、播种机95台、旋耕机37台。1998年，有大中型拖拉机468台、小型拖拉机1001台、有机引犁556台、机引耙429张、播种机386台、旋耕机102台。2010年，有拖拉机367台套，机引犁100台，播种机200台、旋耕机100台，农田作业机械化水平不断提高。

二 收割作业机具

境内农作物收获，传统用镰刀割水稻、麦子、砍高粱，用镐斫玉米。随着农村经济的发展，收割机具逐步增加。1981年，有机动收割机47台，1998年38台。90年代后使用联合收割机收水稻、小麦、玉米。2010年，拥有22台联合收割机。

图7-14 80年代，境内开始使用水稻收割机

三 场上作业机具

1982年，区有机动脱粒机1037台，机动扬场机774台。1995年，有机动脱粒机1314台，机动扬场机231台。1999年，有机动脱粒机1290台，机动扬场机247台。2005年，有机动脱粒机30台。2010年，有机动脱粒机50台。

四 农业运输机具

1979年，农业运输机具主要以胶轮大车为主。1980年，全区有胶轮大车2326辆。改革开放后农业机械化开始实施，农用拖拉机、汽车不断增加。1990年后，畜力胶轮大车渐少。农业运输拖拉机有铁牛55、东方红20、手扶小拖拉机。1995年，全区有农用载重汽车3929辆，运输拖拉机1443台，小型机动运输车1046台。2002年，区拥有农用运输车5656辆。其中，农用载重汽车1877辆，三轮运输车1630辆，四轮运输车605辆，拖拉机1544台。总动力22.58万千瓦。2010年，农业运输机具总动力19.12万千瓦。

五 排水灌溉机具

70年代，建成正营、后营、双羊渠、东花园、东泥沽、四里沽、高庄子、葛沽、万家码头、南义、石柱子河11座扬水站，连同小站扬水站，一、二、六、八扬水站，区有16个灌区。1980年，建成双月扬水站枢纽工程。双月扬水站是津南区迄今最大的排灌站，担负着全区75%耕地的输水灌溉任务。在建设大型国营排灌站的同时，社队也建成许多小型排灌泵站、泵点。1998年，区有排灌机械4882台。2006年，有排灌机械5000台。2010年，有排灌机械3400台，总动力8.06万千瓦。

1991—2010年津南区农用机械总动力统计表

表7-15

单位：千瓦、台/千瓦

项目 数量 年份	农用机械总动力	耕作机械动力		收获机械	植保机械	农用排灌机械	农产品加工机械	农用运输机械	畜牧机械	渔业机械	其他农业机械
		合计	其中农用拖拉机								
1991	343500.00	29772	1340/29772	1866	49/198	5109/51444	582/5216	212367.00	149/1260	88	4900
1992	350416.00	27987	1355/27663	2595	53/209	4534/49056	586/4862	213247.00	126/1502	76	45857
1993	368026.00	29301	1518/28927	352	48/126	4393/47953	598/4897	242381.00	125/975	35	4290
1994	399566.00	28637	1491/28287	351	49/131	4445/50812	587/4893	264240.00	126/982	35	39622
1995	427258.00	28349	1443/28054	444	59/176	4634/55838	571/4422	288859.00	126/982	125	5657
1996	449277.00	30342	1416/30132	425	59/176	4969/57463	577/4462	308141.00	119/591	125	6815
1997	478386.00	29668	1431/29401	406	59/176	4882/59927	577/4353	325627.00	166/654	125	6599
1998	476297.00	30324	1477/30231	510	59/176	4882/59928	577/4354	322779.00	126/654	125	6600
1999	478170.00	30120	1402/29786	446	59/176	4854/67845	507/3984	285073.00	137/693	170	7523
2000	477800.00	33200	1500/33200	700	–	490/106600	300/3100	291600.00	300/600	–	–
2001	477800.00	33200	1500/33200	700	–	490/106600	300/3100	291600.00	300/600	–	–
2002	478208.50	34218	1544/34218	673	–	4964/114262	649/23496	225837.95	–	1072	–
2003	477800.00	34200	1500/34200	600	–	5000/114300	700/23400	225800.00	–	1100	–
2004	477400.00	30700	1300/30700	200	–	5000/114300	700/23400	225800.00	–	1100	–
2005	474400.00	30700	1300/30700	200	–	5000/114300	700/23400	225800.00	–	1100	–
2006	468600.00	24900	1100/24900	200	–	5000/114300	700/23400	225800.00	–	1100	–
2007	453700.00	21300	600/21300	20	–	5000/114300	700/23400	225800.00	–	1100	–
2008	450450.00	12200	400/12200	20	–	5000/114300	600/6700	225800.00	–	–	–
2009	428700.00	–	400/12200	–	–	400/94800	100/2400	174800.00	–	–	–
2010	385800.00	10800	300/10800	–	–	3400/80600	100/2400	191200.00	–	–	–

第二节　农机作业

一　机耕作业

70年代末，境内机耕面积扩大。1981年，机耕面积达13333.33公顷，占耕地面积85%。1993年，引进工农-51型小型耕整机、开沟机、起垅机、旋耕机130台。1997年，引进蓟县ISO-240型深松机，可打破犁底层，提高土壤透水力。2007年4月，引进激光平地机2台、配套牵引主机904拖拉机2台，示范激光平地1333.33公顷。进入21世纪机耕率达到95%以上。

图7-15　90年代，丰收—180型拖拉机开沟作业

二　机播作业

境内机播作业始于70年代初期，稻改旱，扩种冬小麦，实行小麦机播。机播面积占小麦播种总面积的70%左右。80年代扩展到高粱、玉米，机播率80%。1992年，引进半精量播种机70台。1992—1993年，玉米机械化半精量播种3613.53公顷。1994—1996年，实施机械化精量播种6666.67公顷。1999—2001年，在全区示范推广玉米机械化全精量播种技术，示范面积171.33公顷。2010年，示范面积2600公顷。

图7-16　80年代，玉米免耕播种机

三　机收作业

70年代末，境内开始机收小麦，机收率40%。80年代中期推广水稻机收，机收率50%。1996年，引进水稻联合收割机23台，推广水稻机收，机收水平率85%。引进4YM-12型玉米收获机1台，进行玉米机收示范。万亩小站稻机械化农业综合示范工程，机收水稻984.67公顷。津南区粮食自给工程水稻生产机械化项目，完成机械收获10846.67公顷。2000年，机收面积2750公顷。2010年，机收面积1840公顷。

1991—2002年津南区农机作业量统计表

表7-16　　单位：公顷

年份＼项目	耕地总面积	机耕		机播		机收	
		面积	占耕地%	面积	占耕地%	面积	占耕地%
1991	15166.67	14713.33	97.00	4173.33	27.50	-	-
1992	15077.13	14873.33	98.60	4140.00	27.50	1633.33	10.80
1993	15069.87	14806.67	98.30	4346.67	28.80	1186.67	7.90
1994	15069.27	14652.07	97.20	5036.00	33.40	571.33	3.80
1995	15026.67	14820.00	98.60	5013.33	33.40	620.00	4.10
1996	15024.60	14788.20	98.40	4941.80	32.90	401.33	2.70
1997	15005.20	14896.53	99.30	4739.80	31.60	426.60	2.80
1998	14639.80	14639.80	100.00	2822.80	19.30	704.00	4.80

续表

项目 年份	耕地总面积	机耕		机播		机收	
		面积	占耕地%	面积	占耕地%	面积	占耕地%
1999	14639.73	12462.00	85.10	4437.87	30.30	1298.00	8.90
2000	14555.53	14000.00	96.20	4070.00	28.00	2750.00	18.90
2001	14555.53	23527.47	161.60	6473.40	44.50	1366.67	9.40
2002	14552.87	10582.00	72.70	3441.00	37.40	646.67	4.40

2003—2010年津南区农机作业量统计表

表7-17　　单位：公顷

项目 年份	机耕面积	机械深松面积	机播面积	机收面积	秸秆还田面积	保护性耕作面积
2003	10333.33	1200.00	10333.33	200.00	1193.33	800.00
2004	10333.33	1233.33	10333.33	133.33	1220.00	1000.00
2005	8000.00	1500.00	7306.67	200.00	2266.67	1493.33
2006	8013.33	1820.00	7226.67	133.33	1400.00	1673.33
2007	7406.67	1533.33	6886.67	600.00	1340.00	2000.00
2008	7860.00	2000.00	7573.33	733.33	1760.00	2000.00
2009	7880.00	2000.00	7713.33	1180.00	1973.33	2000.00
2010	7806.67	2000.00	7486.67	1840.00	2000.00	2000.00

第三节　农机服务推广

一　新机具推广

1984年前，推广上海产903型多用底盘配套农机具，即葵花犁、平地耙、开沟机、耙地船等用于菜田、水田的机具100套。1984—2000年，境内农机推广主要以大田作物机械为主，推广半精量播种机、深施肥播种机、水稻收割机、插秧机等各类新机具1000余台套。2000—2010年，农机推广向设施农业、畜牧、水产养殖业方向发展，推广棉花残膜回收机、设施蔬菜土壤连作障碍电处理、声波助长仪、激光平地机械、畜禽舍空气电净化防病防疫设备、曝气增氧、静电喷雾、空气电净化、粪道等离子体灭菌除臭、自动饲喂、自动清粪等机械2000余台套。2010年，津南区承担实施部、市、区科技示范推广项目10项，其中部级1项、市级4项、区级5项。引进、示范、推广各类农机具100余台。

图7-17　80年代，丰收—180型拖拉机铺膜作业

二　新技术推广

1980—1990年，南郊区引进推广以发展笼养鸡为主的家禽半机械化饲养技术，隔膜育秧与插秧机配套技术、清洗剂、填增剂3项节能技术。其中，1986年，笼养鸡技术项目获农牧渔业部丰收计划三等奖。1990—2000年，推广玉米机械化精少量播种技术、万亩水稻机械化农业综合示范、粮食自给工程水稻生产机械化、二氧化碳增施等项技术推广。2000—2009年，保护性耕作、棉花残膜回收、秸秆

机械化深加工、激光平地节水、畜禽舍空气电净化防病促生技术、新型曝气增氧机械化、粪道等离子体灭菌除臭技术等在津南区推广成功。

2010年，引进、示范、推广各类农机具100余台，培训科技人员及农民570人次。5个项目获津南区科技进步二等奖，1个项目获津南区科技进步三等奖。2个示范镇、15个示范村、100个示范户完成“安全生产年”和“平安农机”创建活动。

三 农机服务

1979年后，区内11个公社都成立农机管理站，建成区、乡（镇）、村、个体农机服务组织网络。传字营村、八里台村、南洋村、白塘口村被天津市农机局授予“天津市农机化先行村”称号。有个体农机服务组织152个，其中农机配套齐全的专业户22户。2008年9月18日，津南区第一个农机合作社“安顺农机专业合作社”在八里台镇巨葛庄村成立。合作社是自主经营、独立核算、自负盈亏的股份制经济实体，有大中型拖拉机12台，耕、耙、播等配套农机具27台，大型喷药机1台，激光平地仪1台，为周边地区进行农机服务，进行农机新技术、新农机引进示范。

四 技术培训

1979年，南郊区有农业机械培训班。1984年7月，更名为农业机械技术学校。教学重点培养农机驾驶员，兼任汽车、后三、双轮摩托车驾驶技术教学。期间培养各类学员9184人。1994—2007年，津南区实施“绿色证书”培训工程，进行拖拉机使用与维修、农业机械使用与维修、联合收割机操作等专业培训，1797人成绩合格，获绿色证书。2010年，培训科技人员及农民570人次。

第七章 科技兴农

中共十一届三中全会后，区农村文化科技普及加快。80年代中后期，90%以上的农村劳动力摘掉文盲帽子，并有50%的劳动力达到初中或初中以上文化水平。各级各类农业科研组织日趋扩大完备，建立、完善种子公司、蔬菜种苗试验站、食用菌技术指导推广站、城肥办公室、林果服务站、农业技术推广服务中心、农业科学研究所、蔬菜研究所等科研机构。区政府设立了科学技术委员会、科协等机构，农村四级科技网得到加强，一批科技兴农成果获得国家及市奖励。

第一节 高标准农田建设

一 规划

1999年，区委、区政府决定在全区进行高标准农田建设，提高区农业集约化、规范化、产业化水平。开展高标准农田建设，实行“打破镇、村地界，统一规划，统一标准，分头施工”。做到“五高五化一美”，“五高”即规划标准高、工程质量高、科技含量高、管理水平高、产出效益高。“五化”即建设规模化、防渗形式多样化、配套设施科学化、管理规范化、供水商品化。“一美”即总体造型新颖、美观、先进适用。规划时间从1999—2004年，共计6年，每2年为一个阶段，分步实施。

二 建设

津南区高标准农田建设工程规划总投资6828万元，本着“谁受益、谁负担”的原则，建立区、镇、村三级投资机制。每亩地按600元标准投资，区、镇、村各占1/3。各镇还将一定比例的财政收入、村提留、土地承包费、以工建农基金用于高标准农田建设。争取国家和市开发办支持，低息贷款。

90年代末，双桥河镇王庄村改造土地66.67公顷，完成土石方2.62万立方米，防渗渠道7.06千米，桥闸涵3座，投资60万元。葛沽镇改造土地73.33公顷，土石方2.62万立方米，防渗渠道4.03千米，桥闸涵3座，投资65万元。1999年，区委、区政府对水库周边760公顷耕地进行农业综合开发。八里台镇大孙庄高标准农田建成，当年干旱亩产量达375千克。2000年春，区累计完成高标准农田建设2455.74公顷，其中八里台镇1173.33公顷、双闸镇266.67公顷、葛沽镇206.67公顷、咸水沽镇178.67公顷、南洋镇86.67公顷、小站镇333.33公顷、双桥河镇177.07公顷、北闸口镇33.33公顷。总工程量为：土石方440.09万立方米，完成干、支渠防渗渠道104.096千米，桥47座，节制闸159座，涵114座，完成总投资4435.42万元。

2000—2001年，建成高标准农田1835.92公顷。其中，辛庄镇108公顷，咸水沽镇225.33公顷，双桥河镇259.33公顷，葛沽镇200公顷，北闸口镇393.27公顷，小站镇133.33公顷，双闸镇272.33公顷。建成防渗明渠28.96千米，低压管道139.69千米，完成土石方219.12万立方米，完成配套桥闸涵148座，新建枢纽工程1处，完成投资2325.73万元。2001—2002年，建成高标准农田1007.59公顷。其中，辛庄镇120公顷，咸水沽镇64公顷，双桥河镇67.33公顷，葛沽镇133.33公顷。建成防渗明渠16.75千米，低压管道75.4千米，完成土石方99.78万立方米，完成配套桥闸涵116座，新打机井3眼，完成投资1340.85万元。

2002—2003年，建成高标准农田975.67公顷，其中咸水沽镇117.33公顷，八里台镇建设微灌工程3.33公顷。建成低压管道48.54千米，完成土石方5.5万立方米，总计完成投资357.01万元。至2004年，区完成高标准农田建设5195.07公顷，投资8459.01万元，完成干、支渠防渗渠道149.80千米，低压管道270.34千米，完成土石方764.49万立方米，渠系配套工程桥闸涵573座。

1998—2004年津南区高标准农田建设面积统计表

表7-18　　单位：公顷

年度 乡镇	1998—2000	2000—2001	2001—2002	2002—2003	2003—2004	小计
双港	–	10.00	–	–	–	10.00
辛庄	–	108.00	120.00	160.00	146.67	534.67
南洋	86.67	233.33	106.67	100.00	73.33	600.00
咸水沽	178.67	225.33	64.00	117.33	52.00	637.33
双桥河	110.40	259.33	67.33	74.67	105.87	617.60
葛沽	133.33	200.00	133.33	146.67	66.67	680.00
八里台	1180.00	–	–	140.00	266.67	1586.67
北闸口	33.33	393.27	109.60	150.33	202.40	888.93
小站	533.33	133.33	333.33	–	–	999.99
双闸	266.67	273.33	73.33	86.67	–	700.00
合计	2522.40	1835.92	1007.59	975.67	913.61	7255.19

第二节　设施农业

设施农业园区建设是津南区农业生态环境建设的重要组成部分。2001年，根据设施农业发展趋势及津南区的实际情况，按照“统一规划、分步实施、突出重点、滚动发展”的原则，提出在不同区域分别建设、完善6种类型（科技示范型、出口创汇型、集约高效型、经济高效型、持续生态型和观光休闲型）15个设施农业园区的生态农业建设。其中，科技示范型园区2个，出口创汇型园区1个，集约高效型园区4个，经济高效型园区3个，持续生态型园区2个，观光休闲型园区3个。

2010年，津南区园区总面积666.67公顷。其中，1个园区达到国家级农业园区标准，5个达到市级园区标准。园区建成后，区内基础设施、产业安排达到农业持续发展要求，通过节水灌溉技术、无公害生产技术达到农业资源的优化利用；园区内农药残留量控制在国家标准要求之内；园区景观形象与生产功能相协调，代表、展示现代都市农业风貌，在全市设施农业发展及都市型农业建设中起到示范带动作用。

图7-18　2010年，名洋湖都市庄园个性化温室大棚种植的蔬菜

一　农业科技示范区

（一）港田工厂化农业科技示范区

位于双港镇海河湾村南面，1997年8月建设，占地14.67公顷，总投资1450万元。有节能日光温室40栋（每栋面积667平方米），智能化温室1栋（4320平方米，9拱15跨），产后加工车间1200平方米，能够生产各种无公害蔬菜并可包装上市。1999年12月，以港田工厂化农业科技示范区为主示范区的天津市工厂化农业科技示范区建设项目，被国家科技部批准增列为“国家级工厂化农业示范区工程项目”。1999年底，港田示范区被市政府授予“天津市人民政府农业设施示范区”。2000年5月建成并通过天津市科委验收。示范区主要种植品种近40个，采用的日光温室的结构好、室温高，有利于作物生长，每栋温室的年收入可达2.5万~3万元，比一般温室高1万元。示范区1999年收入95万元，纯利20余万元。2000年启动蔬菜后加工和配菜。10余个省市专家、领导及美国、法国、以色列等国家的农业专家、驻华使节到示范区进行考察和指导。2005年，因经济效益不佳等原因停止。

图7-19　2001年，港田工厂化农业科技示范区

（二）津南区国家农业科技园区

位于津港公路28~30千米处以南，占地133.33公顷，园区从2000年建设，被列为“国家科技部农业科技园区示范项目”。园区内在原有规划4栋智能温室（单栋建筑面积4000平方米）、15栋日光温室（单栋规格90米 ×8米）、种苗繁育中心（4000平方米）、无公害农产品销售中心（2万平方米）的基础上，在园区南侧26.67公顷地块上，建设新一代节能日光温室130栋（单栋规格90米 ×8米），以提高园区总体的设施化水平，同时建2000平方米配送车间。2003年，引进台湾育品生物科技有限公司，总投资280万美元，注册资金200万美元；蔬果神话（天津）农业有限公司，总投资600万美元，注册资金300万美元；天津科润农业科技股份有限公司，投资1.2亿元；天津康龙生态农业有限公司，投资3000

万元；天津市建武科工贸有限公司征地3.33公顷，投资8000万元建集旅游、休闲、娱乐、食宿为一体的农业生态观光园；天津市康之源矿泉水有限公司，占地0.33公顷，投资500万元建厂房，生产矿露牌矿泉水和纯净水。6家企业中，引进外资企业2家，协议外资额880万美元，引进内资企业4家，协议内资额2.35亿元。

图7-20 2005年，国家农业科技园现代设施农业示范基地

2010年，园区完成市级以上科技项目9个（国家科技部1项、天津市科委5项、天津市农委3项），转化农业、畜牧、水产和农产品加工等科技成果50项。园区累计引进各类企业20家，年纳税3200万元。以滨海观赏鱼科技园区、园区研发创意中心为重点工程全面推进，一批科技项目完成并通过验收。

（三）瑞迪设施农业示范区

位于津港公路与幸福河交汇处东南方向的北闸口镇北义村。1998年兴建，村镇投资、区财政拨款130万元，瑞祥公司投资500万元。1999年建成占地11.33公顷（稻地），建二代节能日光温室168栋（单栋规格80米 ×7.5米）以花卉、蔬菜生产为主，区内有4公顷小水库1座，解决园区用水。2006年，园区由国家农业科技园区收购，产权归属于国家农业科技园区。2009年，由泽明观赏鱼项目收购并进行改造，瑞迪设施农业示范区更名为泽明观赏鱼基地。

（四）四里沽设施农业园区

位于咸水沽镇外环线以东，老海河以北的四里沽村，占地13.33公顷（稻地）。1999年建设，2000年建成。有低档实用型温室100栋（单栋规格60米 ×7.5米），二代节能温室20栋（单栋规格60米 ×10米），配套建设供水系统，主要以蔬菜生产、花卉、果品为主。2010年，四里沽村认证无公害蔬菜生产基地21.33公顷，年生产蔬菜168万千克。

（五）在建种植业设施园区

2010年在建的农业园区有：锦堂农业科技生态园，占地53.33公顷，已投资5000万元，一期工程已经完成，二期建设20公顷，投资1.2亿元，已开始建设。元旭君子兰花卉基地，占地68.13公顷，总投资8500万元，已投入1000万元，已完成连栋大棚3.67公顷的建设任务。东花园盈林种苗繁育中心，占地200公顷，总投资3500万元，已经完成栽植苗木100公顷，建设二代温室4栋，办公区、生活区、供暖泵站等设施建设已完成。小站现代农业示范园，占地80.93公顷，建设13.33公顷，已投资1000余万元。天津恒源伟业有机农业特种蔬菜基地，占地40公顷，建设26.67公顷。

二　农产品生产基地

天津市昌盛隆源农业科技有限公司、天津市名洋湖蔬菜种植有限公司为天津市首批放心菜基地，规模66.67公顷，两家公司各33.33公顷，利用日光节能温室生产无公害蔬菜、菇类食用菌。天津市优质小站稻开发公司、天津市金芦米业有限公司、天津市津沽粮食工业有限公司3家企业被认定为天津市农业产业化经营市级重点龙头企业。优质小站稻生产基地1.5万公顷，其产品均通过ISO 9001-2000国际质量认证，保证小站稻质量安全。

2007年末，区有水产养殖无公害认证基地21个，面积3866.67公顷，占区养殖水面98.3%，居天津市之首。2010年，区有无公害蔬菜生产基地1008.2公顷，放心菜基地66.67公顷。

三　农业产业化龙头企业

进入21世纪，区政府注重培育发展农业产业化龙头企业。2010年，区累计有农业龙头企业10家，其中资产千万元以上龙头企业9家。资产总额14.42亿元，其中固定资产3.75亿元、销售收入8.69亿元、纯利润6153.30万元。合计带动农户12.59万户。

图7-21　2002年，天津市优质小站稻开发公司

2010年津南区农业产业化资产千万元以上龙头企业情况表

表7-19

企业名称	主营业务	资产总额（万元）	其中：固定资产(万元)	销售收入（万元）	纯利润(万元)	带动农户数量(户)			在所带本市农户中		带基地(亩、头、只)	农产品加工量(吨)
						合计	其中		有契约关系数	无契约关系数		
							本市	外埠				
天津何庄子农产品批发市场	农产品、食品服务管理	4448.00	3843.00	1455.00	425.00	110000.00	50000.00	60000.00	10000.00	40000.00	40000.00	-
天津神农种业有限责任公司	各种良种农产品深加工	8849.00	4940.00	3319.00	328.00	3700.00	850.00	2850.00	259.00	3341.00	12000.00	629.00
天津市优质小站稻开发公司	小站稻米及系列产品	3500.00	2380.00	6309.00	652.00	3600.00	2600.00	1000.00	3600.00	-	30000.00	16648.00
天津市联顺食品工业有限公司	生产销售冲调饮品	1937.00	1908.00	275.00	3.00	1800.00	1500.00	300.00	1700.00	100.00	-	600.00
天津伊利康业冷冻食品有限公司	冰糕、冰激凌	11505.40	7263.20	32241.70	989.30	515.00	315.00	200.00	200.00	110.00	-	-
天津市黑子食品有限公司	肉制品	3125.90	268.00	7250.00	290.00	590.00	526.00	64.00	-	-	-	8550.00
天津市金角畜禽养殖有限公司	畜禽养殖、畜禽屠宰水饺制售	1380.00	1000.00	1600.00	500.00	220.00	150.00	70.00	148.00	72.00	100亩 12500只	448.00
月坛学生营养餐配送公司	食品配送	15778.00	9712.00	20015.00	858.00	3433.00	2075.00	1358.00	786.00	1289.00	-	14163.00
天津市松江生态产业有限公司	花卉、蔬菜、苗木生产	93707.00	6177.00	14400.00	2108.00	2000.00	2000.00	-	1500.00	500.00	5200亩	-

第三节 生态农业

一 生态村（镇）建设

生态村（镇）建设是生态农业建设的一个层次。1983年，区农林局与有关单位协作，在小站镇的传字营村开展以沼气为纽带的综合建设，使该村农业生态环境大为改善，成为区最早的市级生态村。随着区生态农业建设和发展水平的不断提高，生态村（镇）的建设被区政府列为改善人民生活的实事来抓。2001年9月，市政府批准八里台镇大孙庄村为市级生态村。2005年，加大生态村（分为示范型、标准型）建设。标准型生态村（居）3个：金龙里社区居委会、东大站村、迎新村。2006—2007年，创建标准型生态村16个、示范型生态村5个。

生态村的建设促进了农田水利基本建设及农业机械化的发展。小站镇东花园村为例，投资农田建设120万元，平整土地160公顷，动土方6万平方米，使该村耕地全部达到节水型灌溉要求，灌溉时间比原来缩短7天，节水、节电50%，粮食亩产由以前的200千克增长到400千克以上。

2008—2010年，辛庄镇的清和村、上王庄村、张家嘴村，北闸口镇的义和庄村、高庄房村、后营村、月桥村，葛沽镇的西关村，八里台镇的北中塘村、小黄庄村、毛家沟村先后被评为生态村。2010年，区累计有生态村37个。

二 农村新能源建设

1991年，南郊区被国家确定为“八五”全国能源综合建设县100个试点县之一，成为天津市唯一承担全国“八五”农村能源综合建设的单位。经过五年实施，各项任务超额完成计划指标，其项目规划和管理经验在北京召开的亚太经社会（BSCAP）《农村能源与环境发展》（BEED）国际研讨会上交流，在全国141个农村能源综合建设县（区）中，被列为城郊型农村能源综合建设典型，达到国内先进水平，年创经济效益总计6802.64万元。接待18个国家和地区的专家、学者来访200多人次，其中大型国际会议两次。

农村能源综合建设，促进了乡镇企业节能技术改造，增加市场竞争力，风能、太阳能的利用加快农业发展。优质能源的推广使用使农村人民生活趋向城市化，新能源等可再生能源的利用已形成一定规模，农村环境卫生面貌有明显改善。该项目于2000年结束。

第四节 农业科技成果

一 国家级奖

1982—2010年，津南区获国家级农业科技成果奖15项。

1982—2010年津南区获国家级成果奖励项目一览表

表7-20

项目名称	完成单位	获奖类别	等级	获奖时间	授奖部门
玉米四项技术	天津市农林局、各区县局	技术推广	-	1982	国家农委、国家科委
天津市家禽半机械化饲养技术	南郊区农业机械管理局	丰收奖	三等奖	1989	农业部
天津市大白菜综合丰产技术	天津市农林局、各区县	丰收奖	三等奖	1990	农牧渔业部
天津市蔬菜综合丰产技术	天津市农林局、各区县	丰收奖	三等奖	1990	农业部
天津市水稻综合丰产技术	天津市农林局、各区县	丰收奖	二等奖	1990	农牧渔业部
津杂1、2号黄瓜	南郊区农林局	科技推广奖	三等奖	1990	农牧渔业部
津南实芹1号	南郊区双港乡农科站	国家发明	三等奖	1990	国家科委

续表

项目名称	完成单位	获奖类别	等级	获奖时间	授奖部门
天津市水稻综合丰产技术	天津市农林局、各区县	丰收奖	二等奖	1990	农牧渔业部
繁育名特优新蔬菜新品种	南郊区双港乡农科站	星火科技	四等奖	1991	国家科委
NK-p植物营养素合成和应用	南开大学、区农林局	国家成果奖	三等奖	1991	农业部
蔬菜新技术综合示范	南郊区农林局	丰收奖	三等奖	1991	农业部
天津市杂交玉米综合增产技术	天津市农林局、各区县	丰收奖	二等奖	1992	农业部
保护地蔬菜增产技术	市农林局、各区县	丰收奖	一等奖	1993	农业部
日光温室蔬菜高效节能栽培技术开发	市农林局、各区县	科技成果	二等奖	1998	-
南美白对虾产业升级、集成技术示范与规范	津南区畜牧水产局	成果推广	一等奖	2010	农业部

二 天津市级奖

1980—2010年，津南区获天津市人民政府授予的农业科技成果奖49项。

1980—2010年津南区获天津市级科技奖励项目一览表

表7-21

项目名称	完成单位	获奖类别	等级	获奖时间
大白菜花药胚状体诱导	南郊区农林局	科技成果	三等奖	1980
津南区青韭新品种选育	南郊区双港乡农科站	科技成果	二等奖	1986
大白菜干烧心病发生规律与防治	市农科院、南开大学、区农林局	科技成果	二等奖	1987
混凝土整体浇铸水压式沼气池试验与应用	区新能源办公室	科技进步	三等奖	1987
津南区实芹新品种选育	南郊区双港乡农科站	科技成果	一等奖	1987
繁育名特优新蔬菜新品种	南郊区双港乡农科站	星火科技	二等奖	1988
沼气新技术综合试点	津南区农林局能源办	科技成果	二等奖	1988
菜花薄膜单包简易贮藏保鲜技术	南郊区农林局	科技成果	二等奖	1989
电热片在蔬菜生产上的应用	南郊区农林局	成果推广	三等奖	1989
蔬菜地膜覆盖栽培技术规范	市农林局、区农林局	科技进步	三等奖	1989
大白菜估产遥感技术研究	市气象局、区农林局	科技进步	三等奖	1990
蔬菜种苗生产系列化开发性试验	南郊区农林局	科技成果	三等奖	1990
农村新能源推广	津南区农林局能源办	工作优秀	三等奖	1990
推广白峰菜花蔬菜新品种	南郊区双港乡农科站	推广成果	三等奖	1990
天津滨海洼涝盐碱地区暗管排水的应用推广	南郊区农林局	成果推广	二等奖	1990
试验繁育、推广中低产冬小麦新品种“冀麦22号”	南郊区农林局	成果推广	三等奖	1991
科技成果推广工作	南郊区农林局	推广奖	三等奖	1991
塑料棚蔬菜生产配套技术研究与推广	南郊区农林局	成果推广	二等奖	1991
83-7-1番茄新品种选育	津南区农林局	科技成果	三等奖	1992
天津市大白菜生产配套技术开发	天津市蔬菜研究所、市农委、各区县	科技进步	三等奖	1992
蔬菜茶黄螨防治技术研究	津南区农林局	科技成果	三等奖	1992
蔬菜茶黄螨防治技术推广	津南区农林局	成果推广	三等奖	1993
保护地蔬菜庆霉病综防技术研究和应用	津南区农林局	科技成果	三等奖	1993
抗热速生菜堵淡品种引进实验示范推广	津南区农林局	成果推广	三等奖	1993
试验、繁育、推广播种春稻品种津稻1187	区农林局	科技成果	一等奖	1993
引进、试验、繁育、推广插秧春稻品种中系8215	区农林局	科技成果	三等奖	1993
万亩小站稻机械化工程	津南区农林局	科技成果	二等奖	1993
ABT生根粉在蔬菜上的应用研究与推广	市农林局、各区县	成果推广	三等奖	1993
蔬菜新品种推广工作	津南区双港乡农科站	推广工作	三等奖	1994
风力提水在暗管排碱中试验研究与应用	津南区农林局	科技成果	三等奖	1994
水稻旱育播植栽培技术的研究与推广	津南区农林局	成果推广	二等奖	1994
农村能源综合开发技术试点的研究	津南区农林局	科技成果	二等奖	1994
万亩水稻机械化农业综合示范工程	区农机局、区农林局	科技进步	二等奖	1994
蔬菜种子综合标准化生产与开发	津南区种子公司	科技成果	三等奖	1994
抗热速生菜堵淡品种引进实验示范推广	津南区农林局	科技推广	三等奖	1995
苹果缺绿症研究	区农林局	科技成果	三等奖	1996
津南区农村能源综合建设	区能源办公室	成果推广	二等奖	1996
特种蔬菜生产技术示范开发	区农林局	科技进步	三等奖	1996
测土产肥与应用一体化服务示范工程	区农林局	科技进步	三等奖	1997

续表

项目名称	完成单位	获奖类别	等级	获奖时间
津南区水稻遥感动态监测及估产方法研究	天津市气象局、津南农委津南气象局	科技成果	三等奖	1999
遮阳网覆盖蔬菜技术效应的研究与推广	市农林局、各区县	推广应用	三等奖	1999
十万亩蔬菜综合配套技术	区农林局	科技进步	三等奖	2000
小站稻产业化构想	区农林局、区农委	科技进步	三等奖	2000
津南早红葡萄新品种选育	区农林局	科技成果	三等奖	2002
津南区绿色蔬菜虫害无害化防控技术	区农林局	科技进步	三等奖	2007
十万亩蔬菜综合配套技术	区农林局	科技进步	三等奖	2000
小站稻产业化构想	区农林局、区农委	科技进步	三等奖	2000
津南早红葡萄新品种选育	区农林局	科技成果	三等奖	2002
津南区绿色蔬菜虫害无害化防控技术	区农林局	科技进步	三等奖	2007

水产业获市级科技成果奖13项，由津南区畜牧水产局完成。

1992—2009年津南区水产业获市级科技成果奖一览表

表7-22

项目名称	获奖类别	获奖等级	获奖时间
鱼蟹混养综合养殖技术示范与推广	星火科技	三等奖	1992
鱼禽结合生产养鱼技术开发	星火科技	二等奖	1993
河鲤鱼的引种、制种、及养殖技术推广	科技推广	二等奖	1993
长江原种鲢鱼的引进和养殖技术推广	科技进步	三等奖	1994
十万亩名特优水产品养殖技术推广	科技进步	三等奖	1995
天津市名优水产品养殖综合技术推广	科技进步	二等奖	2000
名优虾类品种引进淡化与养殖技术推广	科技进步	二等奖	2001
名优虾类品种引进及培育淡化养殖技术研究	科技进步	二等奖	2002
平原型水库高效养殖技术综合开发	科技进步	二等奖	2003
天津市淡水养殖开发新区综合配套技术推广	科技进步	二等奖	2003
南美白对虾淡水养殖技术推广	科技进步	二等奖	2007
天津市淡水养殖网络化专家系统	科技进步	二等奖	2007
淡水水产品健康养殖技术与示范	科技进步	二等奖	2009

津南区志（1979–2010）

第八编
工　业

1979年，根据国民经济的发展要求，南郊区对工业进行调整，重点压缩机电、五金、农机配件、汽车配件、医疗器械等38种产品，发展轻纺产品和外贸出口产品以及适销对路产品。80年代后，全区实施乡（镇）办、村办、工农联办、联合体、个体办“五个轮子”一起转，大、中、小企业并举发展战略，以机械工业为主，以轻纺、化工业、食品工业为辅。90年代初，开展“质量、品种、效益年”活动，克服产销矛盾突出，加快优势行业发展。1999年，提出“平稳调整、突出特色、把握重点、全面优化”的方针，形成环保、基建关联产品、机电制品、冶金、服装、化工、食品七大支柱行业。2003年，形成环保、电子、机械制造、冶金、金属制品、交通运输工具、服装、化工等八大支柱行业。按照市政府对津南区“科技创新和高新技术产业聚集区、电子信息产业基地、生物医药产业基地和民营经济基地”的发展定位，重点规划电子信息、物联网、楼宇经济、高端装备制造等产业集群。工业总产值从1978年的1.78亿元，增长到2010年的710亿元。销售收入达到亿元以上的企业86家。其中，100亿元以上的1家，50亿元以上的3家，10亿元以上的5家。在2009年公布的中国企业500强中，荣程集团名列第125位，制造业500强第58位，黑色压延企业第21位，天津市百强民营企业第1位。

2009年，宝成集团

第一章　工业结构与效益

70年代始，津南区利用大城市近郊的优势，乡镇工业有了较快发展，但工业结构不尽合理，主要有金属制品，化学原料及制品、服装、家具、橡胶制品、文教体育用品、专用设备制造、食品加工、非金属矿物制品业等，效益比较差。中共十一届三中全会后，乡镇工业异军突起，按照市场经济要求不断进行调整，使工业结构趋向合理，经济效益提高。

第一节　工业结构

一　结构调整

1979年，境内工业行业有重点压缩机电、五金、工具、农机配件、汽车配件、医疗器械等38种产品，发展轻纺产品和外贸出口产品以及适销对路产品，新上马电灯花线、铜拔丝、台式收音机、锅炉附机、通风机、磷酸、铜丝钳等30余个产品。80年代后期，坚持乡（镇）办、村办、工农联办、联合体、个体办"五个轮子"一起转，大、中、小企业并举的发展战略。以机械工业为主，以轻纺、化工、食品工业为两翼，按照80年代国际水平和国内先进水平，开拓高、精、尖、名、优、特产品。

1996年，津南区集体企业开始按照国民经济行业分类(GB/T 4754–94)标准划分。1999年，提出"平稳调整、突出特色、把握重点、全面优化"的方针，形成环保、基建关联产品、机电制品、冶金、服装业、化工业、食品业七大支柱行业。

2001年，区工业形成26个行业。其中，支柱产业9个，即食品业、纺织业、服装及其他纤维制品制造业、化学原料及化学制品制造业、冶金业、金属制品业、机械设备业、交通设备业、电气机械业。较大行业有金属制品业、机械设备业、化学原料及化学制品制造业、冶金业等。

图8-1　1995年，非农产业职业技能提高培训工程荣程天车工培训班

2003年，津南区逐步形成环保、电子、机械制造、冶金、金属制品、交通运输工具、服装、化工等八大支柱行业，完成工业总产值112.16亿元，占全区工业总量的75.6%。其中，环保产业完成17.88亿元，占全区工业总量的12%；电子信息产业完成13.06亿元，占8.8%；机械制造业完成20.09亿元，占13.5%；冶金业完成16.28亿元，占11%；金属制品17.24亿元，占11.6%；化工业完成14.11亿元，占9.6%；交通运输完成7.2亿元，占4.9%；服装行业完成6.3亿元，占4.2%。

二　行业发展

2006年，区制定"两推进两建设一整合一保证"的发展战略，加快优势行业发展，支柱行业产值209.81亿元，占全部工业的81.1%。其中，冶金业实现产值134.5亿元，占52%；机械设备实现产值21.53亿元，占8.32%；金属制品实现产值19.67亿元，占7.6%;化工实现产值10.03亿元，占3.88%；食品饮料业、纺织业、服装业、交通设备业、电气机械业5大行业，实现产值24.08亿元，占9.3%。

2010年，全区规模企业及29个行业类别，6个主要行业占全部规模工业产值84.9%。其中，黑色金属冶炼及压延业占52%、通信设备电子设备制造业占11.5%、金属制品业占11%、通用设备制造业占4.5%、化学原料及化学制品制造业占3.3%、电气机械及器材制造业占2.6%、其他23个行业占15.1%。

2010年津南区内资规模以上行业统计表

表8-1　　单位：万元

序号	行业类别	企业个数（个）	企业人数（人）	工业总产值	销售收入	税收总额	增加值
1	农副产品加工业	6	280	11187.40	17152.70	365.70	1848.70
2	食品制造业	12	2004	68420.30	64133.50	2297.30	28264.80
3	纺织业	9	506	22031.40	20126.90	554.50	3474.50
4	纺织服装、鞋、帽制造业	12	1840	40326.30	39703.40	1136.60	10897.60
5	皮革、毛皮、羽毛制品业	1	13	821.00	806.00	19.70	73.30
6	木材加工及木、竹制品业	10	620	17366.00	18981.20	871.60	3147.30
7	家具制造业	5	502	15615.60	15650.60	438.40	2083.00
8	造纸及纸制品业	17	945	43316.10	40946.20	1088.20	7760.50
9	印刷业	10	533	21337.30	21777.40	1340.00	4255.60
10	文教体育用品制造业	1	18	1540.00	462.00	4.90	292.60
11	石油加工、炼焦加工业	2	48	26521.20	28511.60	208.00	1870.50
12	化学原料及化学制品制造业	60	2992	198873.00	189225.00	10222.40	36443.70
13	医药制造业	5	394	10542.00	11924.40	1003.20	5483.10
14	橡胶制品业	15	2290	104273.50	123230.00	1124.50	19947.80
15	塑料制品业	30	1400	74369.50	68118.00	1960.90	14483.60
16	非金属矿物制品业	21	1037	60213.80	55341.30	1408.20	11190.60
17	黑色金属冶炼及压延加工业	26	7783	3149820.30	2547196.10	66026.90	217378.20
18	有色金属冶炼及压延加工业	6	477	34491.80	31349.80	1004.80	4884.80
19	金属制品业	141	9451	683377.60	618039.40	11723.40	91686.10
20	通用设备制造业	120	7423	349166.70	330080.90	11807.20	63003.80
21	专用设备制造业	52	4460	174867.80	173243.60	16394.50	44426.40
22	交通运输设备制造业	31	3185	131026.10	119519.30	6126.30	23176.00
23	电气机械及器材制造业	21	1429	107825.50	93413.10	5039.30	14072.10
24	通信设备电子设备制造业	24	1639	53607.70	47889.90	1093.10	16783.20
25	仪器仪表办公机械制造业	5	260	8389.50	7803.50	435.60	1613.00
26	工艺品及其他制造业	7	227	10473.80	9692.80	342.90	1607.20
27	废资源废旧材料回收工业	1	135	14733.00	14733.00	174.00	5448.00
28	电力、热力的生产供应业	5	141	9478.30	10114.20	695.80	3951.10
29	燃气生产和供应业	–	–	–	–	–	–
–	合计	655	52032	5444012.50	4719165.80	144907.90	639547.10

第二节　经济效益

1979年，贯彻国民经济八字方针，抓社队企业整顿，区社队工业总产值达1.55亿元。其中，社办企业产值为2751万元；队办企业完成1.23亿元。工业总收入1.35亿元。1981年，采取工农联办、农商联办、社队联办、队队联办的形式，坚持“积极慎重，稳步发展”的方针，区社队工业总产值达2.17亿元，工业总收入1.64亿元，利税总额4437万元。1984年，社办企业改成乡办企业，队办企业改为村办企业，区属企业837家，完成工业总产值3.78亿元，销售收入3.14亿元，实现利润4216万元，上缴税金3342万元。

1989年，有企业2938家，完成工业总产值19.04亿元，销售收入13.13亿元，实现利润1.59亿元，上缴税金1.24亿元。涌现出长青食品厂、津南化肥实验厂等一批产值超千万元和长青轧钢厂、长友食品厂等一批产值超500万元的乡办企业。村办企业843个，完成工业总产值10.72亿元，销售收入7.17亿元，实现利润6408.6万元，上缴税金6303.5万元。涌现出宏程汽车配件厂、新兴造纸厂、大站阀门厂等一批产值超千万元和耀华防爆灯具厂、津南搪瓷厂等一批产值超500万元的村办企业。

1995年，区属企业2865家，完成工业总产值125.02亿元，销售收入96.38亿元。其中，乡办企业达154个，职工15509人，完成工业总产值19.88亿元，实现利润2.32亿元，上缴税金5974万元；村办企业809个，完成工业总产值78.60亿元，实现利润8.24亿元，上缴税金2.34亿元。

2000年后，工业发展规模不断壮大。2005年，乡镇工业企业达2886家，从业人员120938人，实现工业总产值195.81亿元，营业收入190.06亿元，增加值42亿元，出口交货值23.5亿元，利税18.80亿元。

2010年，区工业企业4015家，完成工业总产值710亿元，同比增长21%；实现增加值151.36亿元，同比增长20.35%。完成固定资产投入110亿元。其中，内资工业完成固定资产投资100亿元，同比增长11.1%。

1979—2010年津南区工业企业基本情况统计表

表8-2

年份	企业个数(个)	年末职工(人)	工业总产值(万元)	销售收入(万元)	利税总额(万元)	年末固定资产原值(万元)
1979	279	32933	15532	13471	3876	4865
1980	298	35634	17118	14277	4090	6417
1981	349	40219	21699	16411	4437	7698
1982	377	45787	24028	19211	4874	8408
1983	388	51352	28373	22888	5923	9969
1984	837	69608	37830	31418	7558	13015
1985	1262	76846	54652	46333	11201	16894
1986	1337	76566	62153	50653	11542	18698
1987	2130	89244	84799	69540	15639	23276
1988	2380	94759	134222	104368	24972	30822
1989	2938	98272	190402	131284	28306	42835
1990	3022	101950	237910	161727	29933	50805
1991	2892	107806	324907	240591	47348	61460
1992	3032	115439	425656	328753	51884	78043
1993	3122	118513	657838	526884	86914	122073
1994	3129	116925	933292	743568	128812	146450
1995	2865	95306	1250203	963764	134919	153901
1996	2890	94598	1326323	1214834	151747	251801
1997	1956	92322	1401571	1282797	159863	257983
1998	1970	77864	631290	601467	53337	216197
1999	1751	73355	674736	625896	54572	299875
2000	2033	81628	733959	687285	56839	280952
2001	2067	82329	868120	826909	69033	301702
2002	2018	97832	1006358	964408	80772	360984
2003	2886	93689	1177500	1107191	93600	510800
2004	2949	117749	1466865	1395398	115234	642376
2005	2886	120938	1958100	1900624	188000	703817
2006	2603	118142	3344400	3431300	309500	1060200

续表

年份	企业个数（个）	年末职工（人）	工业总产值（万元）	销售收入（万元）	利税总额（万元）	年末固定资产原值（万元）
2007	3064	129520	4198000	4370000	267877	1297124
2008	3186	132058	5454400	5383400	364600	1643000
2009	4131	132712	5995900	5199200	305590	1928624
2010	4015	147635	7100000	6158919	350902	2159996

2000—2010年津南区规模以上企业主要经济情况统计表

表8-3

年份	企业个数（个）	总产值（万元）	营业收入（万元）	利税总额（万元）	增加值（万元）
2000	188	513873	482460	40379	133037
2001	212	597416	567386	47579	148044
2002	227	690478	661987	58637	173404
2003	228	838500	789437	68100	190131
2004	266	1057298	1016156	83166	217493
2005	302	1625247	1570216	142351	264857
2006	405	3000900	3104900	276000	542100
2007	505	3829000	4016200	339900	742600
2008	547	4863800	4809700	273400	875500
2009	836	5312500	4487200	198200	913800
2010	861	6555825	5590507	256772	1379346

第三节　民营企业

一　管理机构

1998年，津南区成立个体私营经济发展领导小组，并在区乡镇企业经委成立业务三科（民营经济办公室），具体负责全区民营工业企业的管理、指导、服务与协调工作。2002年，区工商局设置个体劳动者协会和私营企业协会。2003年，个体劳协和私营企业协会合署办公，改为个体私营企业协会。负责联系协调私营企业相关工作。2008年，成立津南区民营经济发展领导小组办公室，全面负责民营经济的发展。2010年，成立津南区人民政府民营经济发展促进办公室。

二　企业发展

1979年，国家允许个体办企业。1983年，有个体工业291家1180人，资金44万元。1988年，发展到304家1924人。1989年，有企业905家2989人，固定资产721.5万元。完成工业总产值6402.1万元，收入4589.2万元，利润总额926.6万元，上缴税金482.2万元。1992年，上升到960家4643人。工业总产值2.07亿元，收入1.63亿元。1995年，区有个体工业1045家5557人。完成工业总产值7.72亿元，利润总额8575万元，上缴税金1868万元，分别占全区工业的6.17%、8.11%和7.69%。

1995年，津南区制定《关于加快发展个体私营经济的若干意见》。1997年，制定《关于进一步加快个体私营经济发展的若干规定》。区乡镇企业经委根据企业实际情况，在个体私营企业开展强化企业基础性管理工作，帮助企业建章立制，健全各种台账，为津南区个体私营工业企业的发展奠定基础。1998年，区委、区政府把发展个体、私营经济作为一项战略任务来抓。

2000—2001年，区乡镇企业经委组织65家个体私营企业进行不同形式的技术改造，投入资金3.77

亿元，新上"六个五"（即"六个五"工程。从1999年开始，每个镇、每年至少完成6个投资500万元以上的项目，全区每年不少于60个）项目131个。区个体私营企业的规模档次快速提高。2001年，民营工业企业累计2501家，其中私营企业1188家，个体企业1313家，从业人员38931人，实现销售收入17.43亿元，同比增长16.53%；增加值完成5.8亿元，同比增长15.54%；利税总额1.15亿元，同比增长15.35%。年销售收入500万元以上的个体私营企业有44家，占全区500万元企业总数的20.75%。拥有市级企业集团7家，有6家企业获得市百强私营企业称号。

2005年，民营经济单位11624户，从业人员56551名，注册资金50.9亿元，总产值147.7亿元，销售收入95.31亿元。2009年，区有19名机关事业单位工作人员自愿离岗创办民营企业。民营经济单位全年新增注册5020户，注册资金120.7亿元，民营经济单位总量达到21315户，注册资金435.1亿元，分别比上年同期增长21.3%和48.44%。

2010年，民营经济单位全年新增注册5356户，新增注册资金111.5亿元，民营经济单位总量达到22970户，注册资金508.7亿元，完成税收41.7亿元，占全区一、二、三产业税收55.8亿元的74.69%。其中，民营企业新增注册2394户，新增注册资金109.3亿元，完成税收40.76亿元，同比增长18.25%，占全区一、二、三产业税收55.8亿元的73.07%。区民营企业总量达9879户，注册资金500.5亿元。累计注册资金1000万元以上的民营企业911户，5000万元以上的108户。

图8-2　2010年12月，津南区加快民营经济发展座谈会

2002—2010年津南区民营企业发展基本情况统计表

表8-4

年度	户数(户)	从业人员(人)	注册资金（万元）	总产值(万元)	销售营业收入（万元）	社会商品销售额（万元）
2002	2118	27933	183058	68981	25032	13882
2003	2484	30805	280552	82402	38182	18899
2004	3138	56370	400060	1259000	1320000	112500
2005	3360	40482	483236	776807	403954	53125
2006	3734	44544	708586	791297	436660	60652
2007	4736	-	1664829	-	-	-
2008	4497	-	1973815	-	-	-
2009	7716	-	3052642	-	-	-
2010	9879	-	5005104	-	-	-

第二章　产权制度改革与技术创新

区乡镇企业经过几十年的运转，尤其是中共十一届三中全会后乡镇企业融入市场经济，从机制、管理等方面都不能适应现代企业发展要求。按照市场经济发展规律，乡镇工业改革与建立现代企业制度迫在眉睫。区委、区政府根据中央和市委要求，抓好乡镇企业产权制度改革，建立起现代企业制度。

第一节　企业产权制度改革

一　核实资产

区企业改制，重点把好清产核资关、资产评估关、产权界定关、债权债务转移关和审批关，确保集体资产保值增值；分层次培训，举办区工作组成员和镇主要领导（约600人次）参加的改制政策和业务知识培训，村干部和改制企业领导（约3000人次）参加的政策、业务答疑培训；做好群众思想工作，严格按企业改制程序操作。形成“镇办企业彻底改，村办企业引导推动改”，出现“资产捆绑出售＋无形资产作价出售＋土地有偿使用”“资产作价出售＋土地有偿使用＋无形资产有偿使用”“有形、无形资产整体出售＋土地有偿使用”等形式，改制后企业产权清晰。镇村班子由过去的直接经营管理转变为间接管理，即监督企业的安全、环保、提高职工社会保障等宏观管理职能。截至2003年底，区累计完成企业改制689家，占应改制企业的85.48%。

二　企业改制

1998年4月，津南区成立企业改革领导小组，选派454名干部组成驻镇、村企业改制推动组。区委、区政府制定《关于加快和深化津南区乡镇企业产权制度改革的意见》。是年7月，区召开推动和深化津南区乡镇企业产权制度改革动员大会，制定配套措施30余个文件。区应改制企业763个（镇办125个、村办638个）。在对原有企业进行资产评估的基础上，通过增量扩股、存量转股、先售后股、租售结合等途径，改建为股份有限公司、有限责任公司、股份合作制企业和个体私营企业。

1998—2003年津南区改制企业数统计表

表8-5　　单位：个

时间＼改制形式	股份制	有限责任	出售拍卖	兼并	破产	租赁	摘红帽子	其他
1998	29	37	28	6	3	146	–	96
1999	7	12	30	12	1	86	100	42
2000	–	12	10	–	10	33	30	–
2001	1	8	9	–	2	5	30	–
2002	1	1	4	–	–	1	9	3
2003	–	–	9	1	–	–	7	–

三　建立现代产权制度

2004年末，区改制企业初步建立起归属清晰、权责明确、保护严格、流转顺畅的现代产权制度，镇村集体处理一批不良资产，规避经营风险和金融风险。集体工业企业由1998年的1114家减少到2004年的240家，区乡镇工业企业营业收入139.5亿元。其中，240家集体企业营业收入14.8亿元，占全区的10.6%。集体企业平均营业收入725万元，比改制初1998年的527万元提高近200万元。

2006年5月，区集体工业企业211家。其中，集体经营的112家（镇办企业23家，村办企业89家）；63家集体企业采取租赁、承包的过渡形式进行改制；空壳企业36家，这些企业没有经营行为，因为清理债权债务的需要，仍保留营业执照。

第二节 技术创新

一 注重创新

1985年，乡镇企业发展的重点转到对现有企业的技术改造和改建、扩建上来，集中资金改造老企业，更新旧设备。90年代，乡镇企业局加大技术改造和开发新产品力度。1992年始，津南区实施“4321”工程，即每年开发新产品40项、完成重点企业的技术改造30家、新建产学研联合体20家、建设开发小区10个。1995年，与大专院校、科研机关、大的厂矿企业建立密切联系，争取新技术、新产品和科研信息。

1999年，实施科技“4321”工程，即每年开发新产品40项、完成重点企业的技术改造30家、新建产学研联合体20家、创市名牌产品1个。是年，举办津南区推动产学研联合大会，200多名来自天津大学、南开大学等20余所大专院校及科研院所的专家学者到会。2000年，举办津南区与北京高校科研院所产学研结合洽谈会，邀请北京大学、清华大学、中科院等24家北京高校科研院所的百余名专家学者与津南区的企业进行交流洽谈。是年，建立北方技术市场津南工作站。至2001年，津南区开发填补市空白新产品193项，进行技术改造129项，创建产学研联合体64家，创市名牌产品7个。ISO 9000质量体系认证企业23家。

二 提高创新水平

2001年，开展市级企业技术中心培育和创建工作。2002年，宝成机械集团有限公司被认定为市级企业技术中心。之后，每年有2家以上的企业被认定为市级企业技术中心。2004—2005年，区政府出台政策，推进“十亿技改”工程，全年立项固定资产投资10万元以上技术改造项目400项。2006年，推进老企业技术改造，全年完成固投200万元以上技改项目70项，投入技改资金14.9亿元，为企业发放区级技改贷款贴息款800万元，5个技改项目获得市农委技改贴息款254万元。全年开发市空白以上新产品44项，新组建产学研联合体20家，18家企业取得ISO 9000质量体系认证。2007年，区政府制定《津南区工业企业技术中心认定管理办法》，开始区级企业技术中心的认定。

2004年始，区政府每年拨付500万元作为企业技术改造支持资金。2008年后，增加到1000万元。2007年，区政府批转工业经委制定的《津南区工业载体引进项目的指导意见》和《津南区工业企业技术中心认定管理办法》。

2010年，区工业企业固定资产投资300万元以上技术改造项目76项，其中52项得到资金支持4008万元。列入中央财政及市财政资金支持项目18项，获得支持资金3048万元；列入津南区技术改造引导支持资金项目34项，拨付支持资金960万元。新增市级企业技术中心3家，累计24家；区级企业技术中心10家，累计42家。津南区工业初步形成以市级技术中心为龙头、区级技术中心为骨干、厂办科研机构为基础的三级梯次结构技术创新体系。

1993—2001年津南区工业系统获国家级新产品项目一览表

表8-6

序号	项目名称	生产单位	获奖年度
1	QYS-600双作用液压千斤顶	天津市威力工程千斤顶厂	1993
2	汽车用厚膜混合集成电路调节器	天津市环宇汽车电器厂	1993
3	引射式平焰烧咀	天津市津南节能设备厂	1993
4	BJ-12型无线微波被动红外探侵报警器	天津市津南晨光设备厂	1993
5	FMDM 木质防火防盗门	天津市津南防火门厂	1993

续表

序号	项目名称	生产单位	获奖年度
6	LD 单蓖偏烧消烟锅炉	宝成暖通设备有限公司	1994
7	永磁系列吊盘	天津市长城电机厂	1994
8	盘 1-20A 空气清新机	天津市也成空气净化器厂	1994
9	低噪声锅炉鼓风机	环保产业集团风机公司	1995
10	铁制软密封闸阀	天津阀门公司第二阀门厂	1995
11	螺杆硬质合金轴承	天津市渤海石油机械厂	1995
12	多层整体输送带蕊多臂剑杆织机	天津市津南长虹机械厂	1995
13	85-100度耐热井用潜热电泵	天津市潜水电机（水泵）厂	1995
14	40% 护棉灵	天津市迎新农药厂	1996
15	35% 制虫灵	天津市迎新农药厂	1996
16	ZKC 重型框链除渣机	东方暖通设备制造公司	1997
17	GT150后置汽油机	天津市港田集团公司	1997
18	CDZKL、DZKL 开链	天津市大滩低压锅炉厂	1997
19	玻璃钢型材	裕华玻璃钢厂	1999
20	CRL220型电站燃煤锅炉干式脱硫设备	东方暖通设备有限公司	2001
21	CLDD 型常压燃煤无烟锅炉	津南振兴实业公司	2001
22	DZL3型29MW 燃煤热水锅炉	宝成集团	2001
23	CRL220型电站燃煤锅炉干式脱硫设备	东方暖通设备有限公司	2001

第三章　工业企业管理

1982年，区开始在部分企业中推行全面质量管理。1983年，实行经营承包责任制，主要由厂长负责，企业领导班子集体承包。1985年10月，区提出不断完善企业经济承包的“十条意见”。此后，区又相继出台《关于搞好乡镇企业积累与分配，增强乡镇企业发展后劲的规定》《关于认真做好乡镇企业利润分配工作的意见》《关于完善乡镇企业承包经营责任制的意见》《关于乡镇企业股份合作制试点的意见》等文件。

第一节　机　构

1979年，撤销社队企业办公室，建立社队企业局。1983年5月，区社队企业局改称为乡镇企业经济委员会。1990年，乡镇企业经济委员会进行职责调整，全面管理乡镇经济工作。2001年，区乡镇企业经济委员会改为津南区工业经济委员会，全面负责津南区的工业经济工作。2010年，区工业经济委员会，加挂中小企业发展服务局、津南区人民政府民营经济发展促进办公室、津南区人民政府信息化办公室牌子。内设：办公室、调研室、经济运行科、科技教育科、综合服务科、信息产业科、节能与综合利用科、财务金融科、民营经济发展促进科，下辖津南区乡镇企业服务中心。

第二节　产品质量管理

一　严格管理

1979年，南郊区开展质量管理工作，企业普遍建立检验科，负责成品把关。1981年后，从企业整顿入手，由点到面，逐步提高，企业主要产品合格率由1979年的80%提高到90%，一级产品率由1979年的70%提高到75%，废品率明显下降。1986年，区制定《关于加强企业管理的意见》。

二 完善承包

1990年，不断完善承包内容，乡村联三级企业统一发放合同文本，使全区承包合同正规化、规范化。1994年始，推行评定百家重点企业活动（以年销售收入和上缴税金的标准确定），对评定的百家重点企业在政策、资金、技改等方面给予支持。1996年，编制《乡镇企业管理与财务管理实施细则》，指导企业做好“生产管理、设备管理、物资管理、安全管理、技术管理、质量管理、营销管理、财务管理、劳动人事管理”。1998年，贯彻农业部4号文件精神，对企业开展登记备案工作，登记备案企业943个并发放证书。

2000年后，工业经委强化企业内部管理，引进现代管理理念，推动企业逐步由经验型管理向科学化管理转变。从提高产品质量入手，加强ISO 9000认证贯标和取证工作，加快质量标准与国际惯例接轨。1997—2001年，取得ISO 9000认证的企业42个。2010年，区取得ISO 9000认证企业1091个。

第三节 人才管理

一 培训

1979年，社队企业局实施公社工副业管理站和社队工业企业管理人员培训，分期举办厂长、会计、统计、质量学习班，培训443人。1982年，重点提高企业管理干部和职工的专业技术素质，开设质量、财务、会计、生产统计、焊接、受压容器等科学管理和技术专业课程，举办培训班89期，培训干部和职工4702人。1986年，企经委对教育和培训工作提出新要求，共举办6期厂长培训班，268名厂长系统学习现代化管理技能。1993年，企经委首次开展委培工作，即委托大、中专院校对高、初中落榜生进行定向培养，毕业后到乡镇企业工作。1994年，区乡镇企业系统实施市政府为乡镇企业培养急需人才的“51510”工程。即用5年时间培养1万名高级专业技术人才，5万名中等专业技术人才，培养乡镇企业关键岗位职工10万人。由每四年一次改为每年一次，高、中级职称由市级机构负责评定。津南区设工程、经济、会计三个系列的初级职称评委会。1993—1995年，组织企业厂长和技术人员参加国家、市技术监督局、市商检局和区标准化培训15期1453人次；计量培训19期1230人次；《产品质量法》培训23期1200人次；全面质量管理培训22期1000人次；检验员培训11期800人次。349个企业成为计量合格单位，创国家部级质量管理达标企业52个。

二 开展评聘活动

1996年，首次实行工人技师评聘活动，114人被市有关部门评为工人技师，涉及工种有车工、钳工、电焊工、电工、服装缝纫、汽车修理及汽车驾驶。是年，宝成集团、东花园仪表厂分别与咸水沽第三中学首次在区内创办宝成职业学校、东仪职业学校。区乡镇企业系统提前两年完成“51510”工程。2000年，乡镇企经委举办乡镇企业经营管理高自考大专班，学制二年半，设有会计和企管两个专业。招学员114名，其中会计专业80人，企业管理专业34人。

1995—2001年，区工业系统共评审各级各类专业技术人员2037人。2005年，实施“蓝色证书”培训工程，培训企业各级各类人员1万余人次。2008年，实施素质工程，先后开展初、中、高级技术工人培训、技术操作工人技能培训、特殊工种及特殊岗位人员安全教育培训，9662人参加。

2010年，培训非农产业职业技能提高2392人，1458人取得人力社保部颁发的职业资格证书，322人申报工程技术、会计、经济专业职称。

1994—2010年津南区申报各级各类职称人数统计表

表8-7　　单位：人

年份＼类别	经济系列					会计系列					工程系列					合计
—	高级	中级	助理	员级	合计	高级	中级	助理	员级	合计	高级	中级	助理	员级	合计	—
1994	6	120	222	68	416	1	71	777	778	1627	0	23	367	352	742	2785
1995	6	3	0	0	9	0	1	2	1	4	5	110	187	52	354	367
1996	2	16	30	3	51	0	15	95	47	157	5	19	50	46	120	328
1997	0	27	20	15	62	0	10	20	98	128	3	14	7	48	72	262
1998	7	19	30	1	57	2	61	99	50	212	4	27	35	12	78	347
1999	1	9	21	15	46	3	15	60	33	111	7	26	54	26	113	270
2000	0	6	6	2	14	0	21	51	16	88	2	18	30	12	62	164
2001	1	12	5	4	22	6	47	90	12	155	11	39	49	23	122	299
2002	5	10	23	5	43	5	23	80	17	125	9	13	46	6	74	242
2003	3	9	21	5	38	7	36	93	18	154	24	48	55	30	157	349
2004	2	4	6	0	12	6	32	50	9	97	13	22	54	33	122	231
2005	4	2	3	0	9	1	10	26	3	40	9	25	65	20	119	168
2006	2	10	7	0	19	4	21	46	9	80	16	26	67	21	130	229
2007	1	3	13	5	22	2	21	46	6	75	13	31	114	12	170	267
2008	4	6	17	1	28	9	44	45	4	102	20	42	140	47	249	379
2009	2	8	21	3	34	10	35	42	6	93	13	118	112	83	326	453
2010	4	5	19	0	28	8	27	36	3	74	47	46	109	18	220	322
合计	50	269	464	127	910	64	490	1658	1110	3322	201	647	1541	841	3230	7462

第四节　财务管理

1996年，乡镇企业会计人员进行内部会计基础工作规范化管理和新会计制度补充规定的培训，750人参培。1999年，组织工业企业主管会计进行新增现金流量表培训，培训550人。2000年，重新拟定会计基础工作规范化管理实施方案，区财政局、工业经委及各镇工委组成验收小组，对工业企业销售收入超过500万元的企业进行验收。23家企业被确认为会计基础工作规范合格单位，发放证书。

2002年始，强化企业科学化管理。在百家重点企业中建立起“产权清晰、责权明确、政企分开、管理科学”的现代企业制度的基本框架。推动企业会计制度尽快与国际惯例接轨。按照农业部《关于乡镇企业贯彻落实新企业会计制度的通知》精神，组织重点企业会计人员实施新会计制度培训5期，培训企业442家580人。2002年后，工委职责调整财务管理相关内容取消。

第五节　节能减排

一　开展增产节约活动

1979年，区社队企业开展以提高产品质量，降低消耗为中心，加强企业管理为重点，增加盈利为目的的增产节约活动，建立健全各项规章制度。1981年，把推行经济责任制同生产、技术、质量、消耗结合起来，社队工业企业每万元产值耗煤量比1980年下降5.4%，每万元产值耗电量比1980年下降16.8%，每万元产值用水量比1980年下降55%。1982年，社队企业降低材料消耗，提高材料利用率，按各类材料不同情况，采取不同的节约措施和管理方法。1990年，开展双增双节运动，降低能源和原材料消耗，乡镇企业耗能和耗原材料指标在1989年基础上分别降低了5%和3%，百元固定资产创利润在1989年基础上增加5~10元。

2000年后，执行《中华人民共和国节约能源法》《中华人民共和国清洁生产促进法》规定。津南区制定《津南区节能工作方案》《重点用能单位节能监督管理制度》，把节能工作纳入年度考核计划。工业经委与各镇和重点企业分别签订《节能目标责任书》，每月对确定的20家重点企业耗能进行跟踪督查。工业经委在津南区许可服务大厅建立能评窗口，对核准、备案、用能情况进行审批。

图8-3　2008年11月，工业经委开展节能宣传活动

二　推广节能产品

2008—2010年，连续3年推广高效照明产品，宣传绿色照明，推广节能灯。2009年，制定《津南区工业节能专项资金使用管理暂行办法》，区政府设立节能专项资金500万元。2010年，建立合同能源管理、清洁生产等节能新机制，全年能耗总量195万吨标煤，万元产值综合能耗0.3吨标煤，同比下降6%。

第四章　重点企业　名牌商标

中共十一届三中全会后，区委、区政府制定商标发展战略，把培育重点企业，抢占企业发展的制高点，作为企业长期健康稳定发展的重要举措，不断完善政策，常抓不懈，推动培育名牌商标工作不断深入。

第一节　重点企业

一　天津荣程联合钢铁集团有限公司

坐落在葛沽镇工业区内，2001年收购天津渤海冶金工业有限公司，成立荣程集团。有限公司是以钢铁为主业，兼营物流贸易、资源开发等大型联合企业，总资产108亿元。

图8-4　2008年，荣程集团厂区

荣程集团先后建设直接还原铁工程、精品钢高速线材工程、链篦机回转窑氧化球团工程等。2007年，天津荣程技术中心通过“天津市级科技研发中心”认证。污水处理工程被列为2008年度天津市第一批科技创新项目之一；直接还原铁工程、精品高速线材工程被列为2008年度天津市第二批二十项重点工程项目之一；预应力钢丝和钢绞线钢丝达到国际先进水平。

2009年，全集团实现销售收入339亿元，利税6亿元。是年，在公布的中国企业500强中名列第125位，制造业500强列58位，黑色压延企业第21位，天津市百强民营企业第1位。热轧带钢获得天津市名牌产品称号。集团获得国家质检总局、中国质量协会颁发的“全国质量诚信单位”“全国质量用户满意企业”等称号。2010年，完成产值286.5亿元，实现销售收入225.56亿元，实现利税5.82亿元。

二　天津立林机械集团有限公司

1985年创立，位于葛沽镇。是以生产石油、石化机械设备与工具的科技型民营企业，下辖天津立林石油机械有限公司、天津立林螺杆机械有限公司、天津立林钻头有限公司。其中，立林石油、立林钻头二个核心骨干企业，被认定为天津市高新技术企业。公司占地62万平方米，员工近2000人，其中工程技术人员百余名，注册资金9200万元，资产总值9.77亿元。

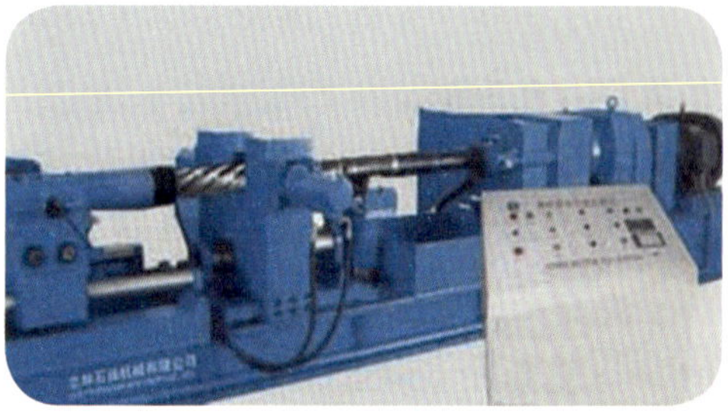

图8-5 立林集团生产的螺杆钻具马达试验台

主要产品有螺杆钻具、牙轮钻头、地面驱动地下抽油泵以及液压拆装工具、扩孔器、马达试验台等。拥有450台（套）当代先进水平的机加工设备和各类辅助、检测、试验仪器，形成科、工、贸一体化的运营体系。通过ISO 9001:2008质量体系认证、ISO 14001环境体系认证和ISO 10012计量体系认证，取得API Spec7会标使用权。企业先后被天津市人民政府认定为“天津市百强民营企业”；被农业部认定为“全国诚信守法乡镇企业”；被国家工商总局认定为“守合同、重信誉”企业；被全国工商联、国家科技部认定为“中国优秀民营科技企业”；被国家人力资源和社会保障部、中国机械工业联合会认定为“全国机械工业先进集体”；获农业部等四部门颁发的“全国优秀乡镇企业开拓创新奖”；被中国石油、石油化工设备工业协会和中国农业银行天津市分行认定为AAA级信用企业；被中国产品质量协会认定为“全国第一批国家级征信企业”；被中国机械工业企业管理协会认定为“现代化管理企业”；获“中国机械500强”“中国机械500大”“中国制造业500强”等荣誉称号；立林集团位列中国石油、石化设备工业前三强。

2009年，“LILIN”被认定为中国驰名商标。2010年，完成产值5.77亿元，实现销售收入5.92亿元，实现利税1.21亿元。

三　天津宝成机械集团有限公司

图8-6 宝成集团生产的立式蒸汽锅炉

始创于1984年，位于双桥河镇，是天津市高新技术企业和十大民营企业之一。现有锅炉压力容器制造、机电设备安装、热泵空调、滨海环保、滨环化工、智能控制、采暖设备、宾馆、博物苑景区、典当行和小额贷款等十几个子公司，是一个集科研、设计、制造、安装、旅游、服务、金融于一体的企业。占地面积53.33公顷，建筑面积18万平方米，职工2200人，固定资产21亿元。主要产品有：锅炉、压力容器、中央空调、大型海水淡化装备和各种环保设备。

公司具有国家A级锅炉制造、1级锅炉安装资格，国家A2级压力容器设计和制造资格。同时具有美国机械工程师协会锅炉、压力容器（U、U2）制造资格。

拥有省（市）级企业技术开发中心。公司的大型燃煤热水锅炉产品，市场占有率连续六年保持国内第一；热法海水淡化装备制造，填补国内空白。以古石、古树、古建筑“三古合一”的奇石园、博物苑、博物馆作为企业文化载体，在国内独树一帜。博物苑景区被评为国家AAAA级旅游景区，是科普教育基地、爱国主义教育基地，获取6项大世界吉尼斯之最。在天津市民营企业第一个建立中共党的组织——中共宝成机械集团有限公司委员会；第一个建立工会、团委、妇联、科协等群众团体。2010年，完成产值4.13亿元，实现销售收入3.72亿元，实现利税6800万元。

四　天津甘泉集团

建于1985年，位于葛沽镇。企业坚持走产、学、研相结合的科技兴企之路，与天津大学地热中心共建天津甘泉集团天大研发中心，是国内以高低压潜水电泵、污水泵、轴流泵为主导的水工业产品及自动化控制系统的重要设计、研发和生产企业。是地热利用、给排水工程设计、施工资质承包单位。经销网络遍及全国，产品行销全国30个省、市，出口欧洲、中东、东南亚等地区。

天津甘泉集团公司是天津市高新技术企业，通过ISO 9001:2000版国际质量体系认证；多项产品获国家重点新产品证书。产品获天津市名牌产品称号，“甘泉”商标获天津市著名商标，连续多年获得国家工商行政管理总局授予的全国“重合同、守信誉”企业荣誉称号。拥有4项发明专利和21项实用新型专利。QJT系列井用潜水泵和QJR系列地热井用潜水电泵获得联合国“发明创新科技之星奖”“天津市科学技术进步奖”，QZB潜水轴流泵等产品填补多项市级、国家级技术空白。2010年，完成产值1.51亿元，实现销售收入1.66亿元，实现利税2100万元。

图8-7 天津甘泉集团公司生产的湿式全贯流潜水电泵

五 天津市经纬电材有限公司

创建于1999年3月，位于天津市津南经济开发区。占地面积30000平方米，拥有1.6万平方米标准厂房，注册资金6500万元。公司以生产、销售电磁线为主，年生产能力15000吨，成为国内华北地区规模品种最全的电磁线制造商，拥有当前国际先进的生产与检测设备，以满足特高压领域所需高质量电磁线的要求。

图8-8 天津市经纬电材有限公司

2005年，成立研发机构。2007年，公司申请3项专利，其中发明专利1项。2008年6月，市级企业技术中心正式挂牌。自主研发6项科技成果和4项新产品，经专家鉴定技术水平为国际先进；申请专利8项，其中发明专利1项。“高绝缘强度的漆包铝扁线”等3项新产品被天津市科委列入成果转化及产业化推进计划，其中2项作为市级优秀项目被市科委推荐到国家科技部列入“国家火炬计划”和“国家新产品项目”。2009年，公司有4项科技成果和4项新产品，技术水平为国际先进。申请受理专利9项，其中发明专利3项。获得天津市人民政府颁发的科技创新优秀项目2项，天津市科技进步二等奖1项，中国技术市场协会颁发的第四届金桥奖，优秀项目奖1项。

2010年9月17日，经纬电材股票正式在深交所创业板上市交易，首次公开发行人民币普通股2200万股，每股21元，募集资金4.31亿元。经纬电材的成功上市，实现了津南区上市公司零的突破。是年，完成产值3.79亿元，实现销售收入3.86亿元，税收1707万元。

六 天津大站水泥有限公司

1993年，登记注册为村集体所有制企业，隶属天津市大站集团公司，位于小站镇。2005年下半年企业进行改制，2006年5月，更名为天津大站水泥有限公司。企业占地面积43367平方米，建筑面积8607平方米，注册资金3742万元，固定资产1亿元。2009年，实现产值1.6亿元，上缴税金1243万元。有职工160余人，其中技术人员80人，工程师和高级工程师7人，检验和化验人员21人。经过17年努力，公司由建厂初期1条生产线、1个品种、年生产能力10万吨，发展成2010年的6条生产线、4个品种、年生产能力160万吨大型粉磨站。公司每年拿出50万元用于技术创新，投入500万元建立散装仓及散装水泥移动罐等设施，使发散率达90%以上。

1997年，在天津市建材行业率先取得ISO 9002质量体系认证、国家计量局颁发的二级计量合格证。2003年，“大站”牌水泥被天津市工商行政管理局认定为天津著名商标。2005年，取得水泥产品认证证书。2006年，当选为“十五”期间天津市发展散装水泥先进企业。2010年，申报天津市名牌产品。是年，完成产值1.8亿元，实现销售收入1.8亿元，实现利税2400万元。

七　天津市大站阀门总厂

建于1979年，位于小站镇，占地面积12万平方米，是一个集科研、生产、销售、储运及进出口经营为一体的股份制企业。注册资金1000万元，资产总额7200万元，职工人数1024人。企业主导产品是：闸阀、止回阀、球阀、法兰闸阀、气蝶阀、电动蝶阀等，都达到国内外先进水平，居全国同行业领先地位。

2008年，阀门产品主要经济指标在全国同行业中排名前3位，低压阀门产品年产值在全国同行业中排名第一。2009年，销售收入1.9亿元，利润579万元，税金729万元。2010年，完成产值2.47亿元，实现销售收入2.43亿元，实现利税1400万元。

图8-9　天津市大站阀门总厂生产的法兰闸阀

八　天津德华石油装备制造有限公司

1994年成立，位于津南经济技术开发区（东区），注册资本1200万美元，占地13万平方米，员工240余名。公司是从事石油专用管具、钻具的研发、生产及销售于一体的企业。产品包括石油管、钻杆、泥浆泵配件和相应的石油钻井装备。公司投入巨资引进国内外先进生产及检测设备，建立三条管加工生产线：一条摩擦焊钻杆生产线、一条钢管热处理生产线以及一条钢管热轧生产线。生产检验过程全部实现数控化、自动化，拥有自己的产品研发中心、实验室和一流的检测设备。总投资12亿元人民币，油、套管年生产能力逾30万吨。公司拥有先进的检测手段，通过ISO 9001质量体系认证和美国石油学会API产品会标使用许可证认证，产品出口到北美、中东、非洲、南美洲及欧洲等20多个国家。2010年，完成产值5.1亿元，实现销售收入4.9亿元，实现利税3200万元。

九　天津津重重工机器设备制造有限公司

2003年11月成立，位于咸水沽镇工业园区内，注册资金6000万元。主要从事非标准化机械设备的科研、开发、设计、制造，主要产品有冶金设备、轧钢设备、锻压设备、建材设备等。

2004年，通过ISO 9001质量体系认证，对技术进行创新、改革，突破原有热轧带钢生产线的生产制造，制造的1200毫米、1450毫米冷轧薄板生产线，产品达到国内先进水平。2007年，公司产值1.5亿元，利税565万元。被认定为市级企业技术中心。2008年，收购超越科技有限公司厂房，并购原天津富士机电公司。

2010年，公司占地面积13.33公顷，厂房3万平方米，员工200余人。具备国内先进重型机器设备的设计和生产制造能力。具有大型加工设备数十台，公司年为全国冶金、轧钢、锻压、风力发电、金属加工建材生产等企业提供各种优质重工机器产品1万余吨。完成产值1.27亿元，实现销售收入1.22亿元，实现利税1470万元。

十　天津市玖丰重工机械有限公司

1998年成立，位于咸水沽镇工业园区。生产轮胎保护链、液压挖掘机、扒煤机、破碎机、平地机等工程机械系列产品。注册资金3800万元，固定资产5000万元，员工240余人。拥有建筑面积4万平方米的高标准厂房和2000平方米的办公楼，各种专利6项、市级著名商标2项，成为天津市工程机械产品民营企业第一家。

2007年，研制开发中小型液压挖掘机和破碎机系列产品，企业不断升级，产品科技含量不断提高。公司自主开发的轮胎保护链新产品成为行业全国第一家。2008年，销量占全国需求量的48%，并远销伊朗、奥地利、澳大利亚等国外市场。2010年，完成产值6600万元，实现销售收入5600万元，实现利税260万元。

图8-10 天津市玖丰重工机械有限公司生产的OLS系列冷室压缩机

十一 天津市先达精密压铸有限公司

成立于2007年，坐落于津南开发区（西区），占地3.1万平方米，注册资本6600万元人民币，总资产1.9亿元。是一家集新产品研发、压铸、机加工、表面处理工艺、FIP生产、模具设计制造为一体的综合性实力企业。2007年，公司建立并通过SGS（通用公证行）颁发的ISO/IS 16949:2002汽车工业的质量体系认证，ISO 14001:2004环境管理体系认证和GB/T 28001:2001职业健康安全企业管理体系认证，有员工515人。公司主要产品为汽车类、通讯类、民用类三大领域，客户遍布全球，如美国摩托罗拉、德国蔡司、英国索恩照明、比利时施奈德、日本东芝、日本电装、法国哈金森、一汽集团、长春汽齿、安徽奇瑞等，其中有9家居世界500强。

公司拥有各种先进的压铸、机加工和检测设备，生产能力5000~7000吨。机加工CNC设备70余台，加工能力300万~500万件。为摩托罗拉生产的产品处于世界领先水平，为摩托罗拉产品的全球唯一供应商。公司为奇瑞汽车核心供应商，获得一汽轿车股份有限公司长春齿轮厂的新产品开发奖等。2008年，公司被津南区政府认定为先进民营企业。2009年，被天津市经委认定为天津市市级技术中心企业，被中国企业家联合会认定为全国优秀企业。2010年，完成产值1.69亿元，实现销售收入1.69亿元，实现利税1250万元。

十二 天津市环宇橡塑有限公司

创建于1988年，位于小站镇工业园区。有员工650余人，资产1.27亿元，占地面积6万平方米。主要生产汽车用橡胶、塑料、橡塑共混、热塑性弹性体制品（防尘罩、减振器及高压阻尼点火线总成等）。汽车用橡胶、塑料零部件品种达200余种，年生产能力400余万件，符合国际行业标准的等速万向节、转向齿条等防尘罩和减振橡胶件及悬挂件系列，广泛为国内厂家配套，出口美国、日本、西欧等国家和地区。

2007—2010年，环宇橡塑制造公司技术中心连续四年被认定为天津市企业技术中心。2009年12月，被认定为高新技术企业。2010年，完成产值1.86亿元，实现销售收入1.8亿元，实现利税2200万元。

第二节 名牌商标

1980年，区工商局正式办理商标注册管理工作。是年，办理商标注册130个。1995年，在全区637个注册商标中评选出知名商标16件。1999年，津南区第二批知名商标评比暨第一批知名商标复评工作，选出45件商标为候选知名商标，最后认定32家企业的32件商标为津南区知名商标。2010年，区注册商标累计3700件，其中被认定的中国驰名商标有3件，天津市著名商标37件，区知名商标63件。

一 中国驰名商标

2004年11月，天津大站阀门总厂生产的“力”字牌阀门，被国家工商行政管理总商标评审委员会认定为中国驰名商标，实现了该区驰名商标零的突破。至2010年，津南区被认定的中国驰名商标有3件。

2004—2009年津南区中国驰名商标一览表

表8-8

序号	企业名称	商标	主要商品	认定时间	地址
1	天津大站阀门总厂	"力"字	阀门	2004.11	小站镇
2	天津市津南区农业技术推广服务中心	小站稻	稻米、米	2009.4	咸水沽镇为民路2号
3	天津立林机械集团有限公司	LILIN	石油化工设备等	2009.12	葛沽镇三合村

二　天津市著名商标

1999年，天津市大站阀门总厂的"力"字牌阀门被认定为天津市著名商标。至2010年，天津市著名商标37件，比2002年前增加31件。

1999—2010年津南区天津市著名商标一览表

表8-9

序号	企业名称	商标	使用服务/商品	认定时间	地址
1	天津市大站阀门总厂	"力"字	阀门	1999.12	小站镇大站村
2	天津宝成机械集团有限公司	宝成	锅炉水暖设备	1999.12	双桥河镇东泥沽村
3	天津市津南区农业技术推广服务中心	小站稻	稻米、米	2001.3	咸水沽镇为民路2号
4	天津甘泉集团有限公司	甘泉	潜水三相异步电动机	2001.3	葛沽镇三合村
5	天津市津沽染化厂	金谷	颜料、染料	2001.3	咸水沽镇周辛庄村
6	天津市神农种业有限公司	神农	蔬菜种子	2001.3	咸水沽镇八米路1号
7	天津立林石油机械有限公司	啓明	石油开采钻探装置	2003.4	葛沽镇三合村
8	天津市大站水泥有限公司	大站	水泥	2003.4	小站镇大站村
9	天津市威力工程千斤顶有限公司	WEI	千斤顶	2003.4	咸水沽镇五登房村
10	天津市山岚制衣有限公司	山岚	羽绒服	2003.4	咸水沽镇南洋工业园区
11	天津市津南化肥实验有限公司	津鸥	化肥	2003.4	葛沽镇十间房村
12	天津甘泉集团有限公司	泉	井用潜水电泵	2006.2	葛沽镇三合村
13	天津立林机械集团有限公司	LILIN	石油化工设备等	2006.2	葛沽镇三合村
14	天津天顺化工染料有限公司	TIANSHUN	颜料、染料	2006.2	咸水沽镇津沽染化厂内
15	天津市万力特建筑钢品有限公司	US'P	钢结构建筑等	2006.2	八里台镇工业小区
16	天津市捷安达车业有限公司	羚羊	自行车	2006.8	八里台镇工业小区
17	天津市联顺食品工业有限公司	知味斋	藕粉、豆粉等	2006.8	津南国家农业科技园区
18	天津市春潭制衣有限公司	春潭	羽绒服	2006.8	八里台镇工业园区
19	天津市明佳车业有限公司	都市风	电动自行车自行车、三轮车	2006.8	八里台镇工业园区
20	天津市圣斯克家具有限公司	圣斯克家具	家具沙发、床垫	2006.2	津南区经济开发区（双港）
21	天津市开源第三阀门有限公司	天才	阀门	2007.9	小站镇新开路村
22	天津市捷安达车业有限公司	世佳	电动自行车	2008	八里台镇工业园区
23	天津华爱集团有限公司	华爱	压缩气体或液态空气瓶	2008	津南开发区宝源路25号（双桥）
24	天津月坛商厦集团股份有限公司	月坛商厦	-	2008	咸水沽镇津沽路57号
25	天津市经纬电材有限公司	纬磁	电线电缆	2008.12	津南区经济开发区（双港）
26	天津市宏程芹菜研究所	宏程	种子	2008.12	双港镇镇政府
27	天津玖丰重工机械有限公司	中舵	轮胎保护链	2008.12	咸水沽镇
28	天津市朝日科贸有限公司	五方	次磷酸钠	2008.12	咸水沽镇南洋村
29	天津市晟成针织制衣有限公司	名宝	服装	2009.8	咸水沽镇二八路天华中学旁
30	天津市北闸口仪表机床厂	天北	机床	2009.8	北闸口镇北闸口村
31	天津市环宇橡塑制造公司	TJHY	汽车配件	2009.8	小站镇工业园
32	天津市天庆化工有限公司	近代	杀虫剂母粉母液、杀鼠剂等	2010.4	双桥河镇小营盘村
33	天津市双兴自动门有限公司	双兴	自动旋转栅门	2010.4	八里台镇工业园区
34	天津大站集团有限公司	DL	水暖管件	2010.4	小站镇大站村
35	天津市润生塑料制品有限公司	RUNSHENG	保温用非导热材料等	2010.4	双港镇李楼村
36	天津市黑子食品有限公司	黑子	生熟肉烧鸡、火腿肠	2010.4	咸水沽镇北洋村
37	天津市优质小站稻开发公司	日思	米等	2010.4	八里台镇津港公路28千米处

第九编
园　区

1992年7月，成立津南经济开发区。1994年，北闸口乡建乡工业园区。1999年下半年，区委、区政府提出“三个一”战略和“六个五”工程。至2001年底，共开发15个镇级工业园区，面积654.33公顷，吸引159家企业入驻，引资16.1亿元。2003年，镇级工业园区建设加快，实现“五通一平”（通上水、通下水、通电、通电讯、通路，场地平整）面积380.73公顷，引进企业166家，实现销售收入44.1亿元，上缴税金2.05亿元。2004年，辛庄镇高庄子村工业集中地建立，占地近40公顷，进驻企业18家，外资企业10家，解决就业2000多人。2007年，各镇工业园区投产企业667家，销售收入367.39亿元，上缴税金16.97亿元。2009年，双港工业区、海河工业区、八里台工业区、小站工业区被市政府批准为天津市区县示范工业区。2010年，开发区和各镇园区累计引进企业1719家，完成引资267.93亿元，实现销售收入859.34亿元，上缴税金31.91亿元。

2005年，天津津南国家农业科技园区

第一章 天津津南国家农业科技园区

天津津南国家农业科技园区，距市区15千米，距天津港25千米，距天津滨海国际机场15千米，坐落在八里台镇。2001年9月，农业科技园被国家科技部、农业部等6部委联合批准为第一批全国21个“国家级农业科技园区”（试点）之一，并命名为天津津南国家农业科技园区。是年11月，成立津南区农业高新技术开发区管理委员会。2003年正式开园，被确定为天津市科普教育基地和大中小学学生学农基地。2004年，被评为中国农业旅游示范点，AAA级旅游景点。2005年，津南国家农业科技园区信息化基地被科技部星火办评为国家星火计划农村信息化基地。2010年9月，经科技部批准，“天津津南国家农业科技园区”正式成为国家级农业科技园区。

第一节 机 构

天津市津南区农业高新技术开发区管理委员会于2001年11月15日成立。2003年，加挂天津市津南区国家农业科技园区管理委员会的牌子。内设：办公室、财务部、招商部、建管部、科技项目部。

第二节 规划与设施建设

一 规划布局

科技园区功能区占地235.93公顷，分为农产品深加工区、休闲农业示范区、滨海观赏鱼交易园区3大功能区，其中农产品深加工区占地83.33公顷，休闲农业示范区占地81.8公顷，滨海观赏鱼交易园区占地70.8公顷。

图9-1 2004年3月，津南国家农业科技园区办公大楼奠基

二 基础设施建设

（一）道路与广场

2002年，园区建成总长度1万余米的道路交通系统，其中主干道4600米，次干道2000米，步行观光道路2400米，各功能区内部道路1000米。园区正门内建有一个总面积3万平方米的广场，配置喷泉、花坛、绿篱、装饰灯、凉亭等景观设施。园区共布置花坛10个，种植绿篱4000多米，栽植行道树和风景树2000余株，草坪总面积超过1万平方米。

（二）给排水设施

2002—2003年，建设安装包括一、二级泵站及管网等设施在内的取水、供水网络，水管线1万延米，组成园区完善的给水系统，实现24小时供水。2006年，投资近400万元，完成园区中心路、二号路绿化及人行辅道、路灯、标准厂房内的硬化绿化等基础设施建设，协调解决天然气、自来水、排污管道等园区配套工程。

（三）采暖工程

采用地热井供暖，实现清洁能源梯级循环利用。2002年，建成1眼深度为3200米、1眼深度为1600米的地热井（出水温度88.1摄氏度，水量120吨每小时）与供热站10吨调峰锅炉、直埋供热管道等设施，构成园区的供暖系统，满足办公、连栋温室生产等设施的采暖需求。2007年，园区投资200万元，打成1眼深度为1600米的地热回灌井，与原有的地热井及其他热力设施配套，构成园区地热水资源循环利用系统，节约水源，保护环境。地热回灌井的利用，全年可节约地下水资源9万立方米，同时降低因大量利用地下水资源而可能造成的负面影响，对建立循环经济具有很好的示范作用。2008年，投资260万元，完成对园区地热站的改造工程，新增供热面积2万平方米。

（四）电力设施

2003年，修建高压开闭站3座，安装变压器7台，可为园区提供办公、生产、生活等各种用途的电力保证。建设电话交换间，采用电缆通往各建筑，并敷设以100兆光缆为主干线的园区计算机网络，采用10兆光纤独享宽带接入，具备便捷的通信条件。

三 项目建设

2003年，投资1310万元，建成智能型连栋玻璃温室2万平方米和植物组织培养工作楼1栋，用于蝴蝶兰等高档观赏花卉生产以及脱毒与快速繁育。2008年，投资1.4亿元建成松江生态智能温室，占地面积7万平方米，建筑面积4.80万平方米。2009年，投资10.6亿元，建泽酩观赏鱼基地，规划总面积70.8公顷，2011年建成。建研发创意中心，占地面积1.33公顷，总建筑面积4.5万平方米，设计21层，建筑高度79.8米，2012年建成。2009年，建华天湖度假村，占地3.33公顷，投资1.8亿元，2012年完成。

2010年，农业科技园区功能分区之一的滨海观赏鱼科技园区一期工程基本完工，4.5万平方米的交易展示区和20万平方米的设施养殖（含物流配送）区投入使用，成功举办世界水族商贸论坛峰会、首届世界热带鱼科普展和中国（滨海）首届水族博览会。总投资2亿元的“津南国家农业科技园研发创意中心”在建设中，项目占地1.33公顷，建筑面积4.5万平方米，主要围绕科技研发、成果转化、现代物流、信息中介等发展楼宇经济。农产品物流中心一期7650平方米的冷库竣工并投入使用。

第三节 招商引资

园区注重引进科技含量高、发展潜力好的企业。2005年，引进企业7家，协议投资金额10.60亿元，实际到位额1.98亿元。引进企业累计34家，引进资金近20亿元。完成税收1100万元。

2007年，园区引进企业7家，完成利用内资额1.97亿元，内资实际到位额1.55亿元。2007年，园区企业纳税6500万元，超过2006年之前各年累计纳税的总和。2008年，园区引进企业15家，其中内资企业12家，注册资金5360万元，外资企业3家，到位资金160万美元。产值19.65亿元，利润1.38亿元，缴税5900万元，净利润7866万元。

图9-2　2005年，津南国家农业科技园区智能温室

2010年，园区引进各类企业20家，全年纳税3213.5万元，比上年度增加12%。园区入驻企业累计86家，总投资20.65亿元。

第四节 科技与服务

一 科技平台搭建

（一）科研开发

2002年始，天津市科学技术委员会实施津南国家农业科技园区科技专项，每年安排300万元科技资金，专门用于园区及园区企业的科技创新、新产品研发，提高园区整体科技创新能力。2002—2005年，专项支持园区实施各类科技项目30项，支持资金1200万元。

2003年8月，中国工程院院士袁隆平考察科技园区，协商在津南国家农业科技园区建设“国家杂交水稻工程技术研究中心天津分中心”。2005年，完成以袁隆平为技术负责人的天津市水稻技术工程中心建设，建成2000平方米天隆科研楼和4公顷原种研发基地，播种2600个水稻品种，其中300个籼稻品种，2300个粳稻品种。选育出3个单产在750千克以上的杂交粳稻组合。

2006年，获得市级以上科技主管部门批准立项项目6项，争取到位支持资金755万元。完成“天津津南国家农业科技园区科技服务体系建设”和“名优淡水产品苗种培育及高效养殖示范”2个园区科技专项项目的结题和验收工作。2007年，园区在施项目52项，其中13个项目陆续结题。在已经通过市科委组织验收的6个项目中，有2项成果达到国际先进水平，3项成果达到国内领先水平，1项达国内先进水平。2009年，实施科技项目7项，完成3项，正在实施的4项。在完成的项目中，“天津津南国家农业科技园区建设”项目整合科研、企业等多种资源，对多项关键技术问题进行联合攻关，完成成果登记7项，其中3项达国际先进水平，3项达国内领先水平，1项达到国内先进水平。经鉴定，项目研究成果总体技术达到国内领先水平。

2010年，农业科技园区完成市级以上科技项目结题9项，其中国家科技部1项、市科委5项、市农委3项，申报国家科技计划项目2项，已通过专家评审。2003—2010年，承担部市级科技项目42项，吸引支持资金3008万元，产学研科技创新体系初步形成。纳米技术肥料、花卉生物组培、杂交粳稻组合、灌溉管理技术、强化营养稻米、应用沸腾床喷涂选粒技术生产大豆蛋白粉成果转化及产业化示范项目等一批科技成果，在企业生产中得到应用。

图9-3 2006年，天津津南国家园区发展规划暨园区与院校合作座谈会

（二）科技合作

2001—2004年，园区先后与天津科技大学、天津大学、天津农学院、天津市农科院、农业部环保所、天津市水产研究所6家在津科研院所建立技术合作关系。2005年，与南开大学、天津师范大学、中国农大、中科院地理所等单位建立合作关系，启动相关合作项目。与日本东京大学、香川大学、千叶大学、山口大学、法国昂热大学、丹麦奥胡市农业职业学院、澳大利亚澳中文化教育交流中心等进行技术合作，扩大园区影响。

二 服务体系

（一）信息化建设

2005年，园区建立农业门户网站——欣农网。该网站包含20个大项，100余个涉农栏目。企业会员2600余家，覆盖农业产业的所有领域，日点击3000人次。2010年，开通短信服务平台及网络视频直播的专家坐诊频道，每天定时通过手机短信为农户发送经过专家审定的关于生产技术方面的信息，达到直接与农户对接，足不出户就能及时得到最权威的知识和技术指导，使广大农民受益。仅此一项信息技术服务直接带动农业生产面积3333.33公顷以上。新华、新浪、搜狐、网易等网站在第一时间发布图片和消息，《农民日报》《天津日报》《今晚报》等主流媒体也相继报道，天津电视台和津南电视台专门进行栏目专访。

（二）专家大院建设

按照专家大院建设规划，2003—2010年，陆续建成全国农业科技成果转化协作网和专家大院专用服务网站，建成服务“三农”的专家库、技术项目库。建成包括10个专家组、近百名国内外农业高级人才的专家库，涵盖农业种植、养殖、育种、深加工、农业设施开发、植物营养等与农业生产相关的各个领域。引进国内外农业高新应用技术成果1000余项，收集100余家农业龙头企业及农讯科技服务需求信息。

2005年，开通园区专家大院专用服务网站。按照“基层有需求，专家有技术，服务有成效”的要求，建立11个专家大院分院，选派11名农业专家分别带技术、带项目、带资金与基层企业或部门建立服务联合体，根据基层需求开展科技服务活动。其中，静海红枣分院的技术服务成效，在中央电视台《焦点访谈》栏目中正面报道，专家大院的辐射能力得到落实。是年9月，科技园区专家大院在“2005年东北亚高新技术博览会中国星火计划成果展”中被科技部星火办评为项目优秀奖。

2010年，对专家大院办公设备、网络平台、培训中心等进行硬件配套，成立专家大院领导与组织机构，建成由26位农业高科技人才担任特聘专家的人才库，重点遴选包括红枣规范化优质高产栽培、枣草间作、南美白对虾养殖与病害防治、优质食味水稻生产、肉羊品种改良与高效养殖、奶牛小区综合饲养与疾病防治、绿色和无公害蔬菜生产等在内的实用技术和研究成果近200项。一个机构健全、具有多项综合服务功能的园区专家大院平台建成。

第二章　津南经济开发区

1992年7月，成立天津市津南经济开发区。1997年8月，部分迁至双港镇，称为东区、西区，形成“一区两地”格局。东区位于津南区咸水沽镇以东4千米处的双桥河镇；西区毗邻外环线，位于咸水沽镇以西10千米处的双港镇，距天津中心城区2千米。2001年8月，东、西两区合并，统一管理。1999年，津南开发区西区首期1.5平方千米实现“七通一平”，共引进企业58家，其中外商投资企业24家，在开发区注册、异地经营企业38家。2002年，开发区外资到位额3882万美元，内资到位额1.10亿元；实现税收5561万元。2010年，实际利用外资额6203.9万美元，内资到位额11.71亿元，引进亿元以上投资项目3个。

图9-4　1999年，天津市津南经济开发区管理委员会

第一节　机　构

天津市津南区经济开发区管理委员会，是区政府对津南区经济开发区统一管理的职能部门，1992年7月成立。1997年8月，部分区址迁至双港镇，形成“一区两地”的格局。2003年7月，东、西两区合并，统一管理。内设：办公室、财务部、招商一部、招商二部、企管一部、企管二部、建设一部、建设二部。

第二节　规划与设施建设

一　规划布局

津南经济开发区规划面积为2平方千米。1993年,《津南区经济开发区规划方案》总体规划设计由天津市设计院设计完成。

二　土地征用

(一)征用

东区自1992年5月开始征地，首期征地125.73公顷，此后根据投资项目需要陆续征地至196.48公顷。西区自1996年开始征地，共分4个批次。至2000年，共征地199.24公顷。2004年4月底，开发区共完成征地395.72公顷，其中东区196.48公顷，西区199.24公顷。

(二)平整

1992年始，东区对批次内125.73公顷土地进行平整。1992—1995年，在开发区1平方千米范围内，实现“五通一平”。填土面积102公顷，完成98万土方量。2002—2003年，共征地77.4公顷，进行全面平整。

1992—2010年津南经济开发区东区平整土地情况统计表

表9-1

年份	垫土量(万立方米)	投资额(万元)	年份	垫土量(万立方米)	投资额(万元)
1992	44.01	397.00	2002	5.70	127.00
1993	48.04	433.00	2003	8.40	233.00
1994	–	–	2004	1.60	170.00
1995	3.50	29.75	2005	4.14	607.00
1996	0.80	4.00	2006	6.40	844.00
1997	–	–	2007	–	–
1998	5.00	46.60	2008	6.00	68.50
1999	19.90	186.00	2009	–	–
2000	2.40	32.60	2010	–	–
2001	2.60	30.00	总计	158.49	3208.45

1997—2004年津南经济开发区西区平整土地统计表

表9-2

年份	垫土量(万立方米)	投资额(万元)	年份	垫土量(万立方米)	投资额(万元)
1997	22.30	306.70	2002	26.25	323.10
1998	27.99	335.89	2003	16.50	234.24
1999	8.92	121.52	2004	12.36	14.53
2000	64.00	707.69	总计	210.79	2416.77
2001	32.47	373.10	–	–	–

三　设施建设

(一)供水设施

开发区东、西两区的供水均引用天津市自来水公司铺设的供水管线，统一供水。东、西两区各建立一座自来水厂，开发区自行投资敷设通向各企业和公建设施的供水管道。东区用水资源紧张，限制发展用水量大的企业。工业用水指标为1.2万吨每日。1995年，开发区将自建的自来水厂移交给区自来水公司，对水厂进行改造提升，与市政滦河水管线接通，水厂规模为3万吨每日，满足供水需要。区内管线为环状布置，管径为400毫米。职工用水按50升每日人计算，公建用水按20升每日平方米计算，总用水量2500立方米每日，生活用水取自地下水，建井水厂1座，总占地2公顷，地下水含氟量高，经处理可达饮用水标准。区内铺设环状管网，管径200毫米。1993—2010年，东区投资2517.6万元，铺设供水管道13066米。西区水资源较丰富，给水水源以自来水为主，以地下水为辅。1996—2004年，西区投资2155.77万元，铺设供水管道56953.3米。

（二）供电设施

东区从大港官港110千伏电站引线，自建1座35千伏安变电站，于1996年11月通电。根据发展需要，从北闸口镇110千伏电站再引入35千伏安供电专线作为后备电源。1994—2008年，东区投资2385.5万元，敷设线路21296米。1996年，西区拥有35千伏和110千伏变电站各1座，供电容量为13.2万千伏安，可满足企业用电。1999—2004年，西区投资587万元，敷设线路8200米。

（三）道路设施

东区北有津沽公路，南有津晋高速公路，东有地方1条铁路支线和汉港公路，3条市级干道和一条铁路环绕园区，津晋高速在园区旁设有出口，地方铁路有货场毗邻园区，客货运输均较便利。建区前园区都是荒洼野地，小区地形呈较规则的长方形（东西宽近800米，南北长近3000米），路网建设采取方格网状，以聚英路和宝源路为主干线，两路红线宽度30米，其余9条路为次干道，纵横交织，形成四通八达、进出自如的网络格局。道路总占地3053公顷，次干道9条：中泽道、中惠道、中成道、中宏道、中兴道、中平道、中宁道、中康道、集贤路。1992—2009年，投资3980.6万元，道路建设18.29万平方米。

西区北侧与外环线相连，东侧为津沽公路，南侧连接梨双公路，临近津港路、津涞公路，形成较为便利的交通环境。1997年始，主要进行开发区内主干线道路和公交枢纽站建设，西区道路以“六横四纵”为布局，横向道路主要有北京街、天津街、上海街、重庆街、香港街、赤龙街，纵向道路主要有兴港路、旺港路、发港路、达港路。1999—2004年，投资2497.06万元，道路建设16.53万平方米。

（四）通信设施

1994年，东区投资130万元，架设线路6000米。1999年，东区建有1座集邮政、电信为一体的程控邮局。西区建有专用电话局1座，装机容量4万门，可提供最新网络服务。2004年，东区投资150万元，架设线路7000米。

（五）排水设施

东区前期采取雨污并流方式排水，已铺设14656米排水管线，通过新建污水处理厂处理后达到国家一级排放标准，排入大沽排污河。后期采用雨污分流制。污水、工业及生活污水量均按用水90%计算，区内地下安装400~1000毫米污水管，靠近大沽排污河建污水处理厂1座，规模为3万吨每日，占地5公顷。污水经处理达到排放标准后，排入大沽排污河。1993—2006年，投资1673.6万元，铺设排水管道16952米。2010年，东区通过改造实现雨污水分流。投资2亿余元改造硬件环境，铺设污水管道13600米，改造整修道路13.3万平方米，新建污水处理厂1座，日处理废水3万吨。重新铺设自来水管道1.1万米。

西区采取雨污分流方式，污水经处理后就近排入大沽排污河，雨水直接排入赤龙河。1996—2002年，投资1491.97万元，铺设排水管道27902.3米。2010年，打造一路三街，提升道路及配套设施水平。

（六）绿化美化

开发区在道路、厂房、公建周围广为植树造林，开辟公共绿化和花园，营造良好的生态环境和花园式企业、厂区。其中，包括硬化及九格砖铺设和北部绿带公园。1998—2008年，东区投资100.6万元，绿化面积12.35万平方米。2010年，进行宝源路、聚英路2条主干道路改造及沿线企业的形象改造。

1999—2004年，西区投资164.76万元，绿化面积8.06万平方米。2010年，翻修破损路面3.4万平方米，铺设便道1.3万平方米，实施绿化景观3万平方米。

（七）天然气、供热设施

开发区的天然气管网由天津市燃气集团负责铺设，供气管线直接通入区内各企业，为企业生产生活提供充足气源。2003年，东区铺设供气管线4960米。东、西两区分别引入民营企业对区内企业集中供热，建有供热能力为10万平方米的供热设施及供热管线，减轻各企业自设锅炉所带来的环境污染。

第三节 招商引资

至1996年，引进美国、日本等外资企业61家，签订土地使用权有偿出让合同14份，出让土地18.27公顷，协议引进外资1.4亿美元。至2010年，引进项目220家，累计完成产值189.9亿元，年均递增17.86%；累计完成税收14.7亿元，年均递增31.54%；累计完成外资到位2.4亿美元，内资到位29.68亿元，固定资产投资20亿元。创业经济企业200余家，实现纳税1800万元，成为经济总量的有力补充。

一 措施

（一）企业整合

津南区土地资源紧张，开发区调整产业结构，从储备项目中选择优势项目进区。2008年，从洽谈的20多个项目中选择8个，其中投资超过1000万美元的项目5个，超大型项目2个。2009年，通过增资扩建、嫁接改造、回收转让等多种方式，盘活土地11.09公顷，收回闲置厂房25827平方米。5家企业“腾笼换鸟”，使闲置土地、厂房发挥最大效益。2010年，随着津南区“北提升”的进展，西区地理位置优越明显，开发区整合企业，停止制造业的引进。对“小、危、亏”企业实行“提、嫁、转、退”，发展经营性创意载体区域，搭建1亩地引进10个企业的平台，加快6万平方米“兴业创意园”和10万平方米“九州方圆创业园”建设速度，3个经营性创意园落地，建筑面积近40万平方米，可引进入驻创意类企业近3000家。

（二）加快扩域

2004年，东区完成0.5平方千米以外、跃进支河以北及伊利康业项目用地，两个批次74.05公顷土地的报批工作，征用李家圈村41.87公顷、西区征用前三合村53.33公顷。2007年，压缩非建设用地比例，提高企业入驻标准，凡外商单体投资在500万美元、内资单体投资在4000万元以下的项目不在开发区摆放。符合入驻标准的项目要确保每公顷投资3000万元，每公顷年税收200万元以上，土地利用强度达到容积率0.65以上，使现有土地发挥出最大的经济效益。

2010年，推进规划内133.33公顷扩域，解决制约开发区发展的瓶颈。开发区（东区）经批复规划范围内建设用地的扩域工作，其一期面积118.33公顷。西区完成双港镇8.4公顷、摩力达小区42公顷、鄱阳路至兴港路之间108.47公顷土地划回工作。

（三）挖潜升级、盘活升高

产业升级 在现主导产业之一的金属制品基础上，逐步打造科技含量高、附加值高的机械装备产业，由粗放型向集约型转换，推进思为机器设备、泰铭锅炉、胜利石油等公司的建设速度。

产品升级 开发区推出11家企业的12项达到国际国内领先的科技型产品，作为重点扶持内容，优先申报技改资金扶持、融资协调、担保支持和政策奖励。

载体升级 与海河工业园区进行衔接，开发区扩域与示范园区建设相结合，提升盘活土地厂房资源。开展对低税收企业排查，推进对这些企业“提、嫁、转、退”的工作力度，制定刚性收购企业的方式和途径。2010年，企业创税强度升至15万元每亩，扩大盘整范围，完成“提、退、转”企业25家，增资扩建企业20家。

（四）龙头带动

2005—2010年，引进培育一批规模型龙头企业，打造主导行业，加快产业结构调整和产品结构升级。在已有5家国内外上市公司投资的基础上，经纬电材公司、龙纳投资发展公司已在天津股权交易所创业板重点培养。2006年，管委会将“物流园”作为建设重点，为“物流园”办理12.27公顷国有土地出让合同，完成4万平方米的基础工程建设。“物流园”引进金属贸易企业6个。西区“创业园”先后召开8次招商推介会，引进商贸注册企业28家。2008年，开发区引进5家机械装备生产企业，产品涵盖石油钻机、钻杆、顶驱、风力发电设备等多种产品，投资额达4.2亿元，新增产值14.6亿元，新增税收4000万元。2010年，开发区已成功引进兴业创意园、九州方圆创业园等综合型创业载体及国际金属物流园、金福临冷冻食品交易市场等3家专业型载体平台，集中开展钢铁物流、水产冻品、石油配套的专业交易、展示、信息发布的区域性创业平台，实现跨区域的流通。载体开工在建面积26万平方米，已建成12万平方米，为扩大注册经济招商提供充足的载体和良好的发展环境。是年，实现纳税超千万元企业14家，超500万元企业30家，超100万元企业100家。

图9-5 2009年，园区内企业厂区一角

（五）拓宽引资渠道

建区初期，开发区招商引资工作主要采取以商引商、以友引商的方式，基本处于坐等招商的状态，招商效果不明显。2007年，采取走出去扩大招商渠道，赴日招商。2009年，增加对南方内外资的引进，引进低碳、环保、绿色经济新兴产业；开展商务委托招商；增强与各类招商中介机构的紧密联系。借助企业以商引商、商会协会招商，开展石油装备、塑胶、电子等主导行业招商。推进风电新能源设备和新材料的定向招商。利用7家企业境外办事处，对采购性商贸公司、物流公司、技术服务公司的吸纳，形成二、三产业的联动。拉长产品产业链，打造产业配套集群的定向招商。

（六）打造创意载体

2007年，投资2.7亿元建设兴业创意园，建筑面积7.3万平方米；九州方圆创业园总投资5亿元，总建筑面积10万平方米，招商推介会签订意向30余家；西区创意园投资3500万元，建设载体1.56万平方米，引进注册项目137家，注册资金4.4亿元；金属物流园区投资2亿元，建筑载体近18万平方米，引进钢贸企业230家，注册资金17亿元，年创税4000万元。2010年，建设创业物流载体10万平方米。启动东区沿天津大道商业街的项目洽谈及西区津汉浩博、锦堂、鼎盛等创业经济运作，落实建筑面积10万平方米。是年，开发区引进12家工业地产和专业商贸物流市场，启动5家，封顶建筑面积25.1万平方米，在建建筑面积9.6万平方米，累计投资突破10亿元，引进项目460余家。

二 项目引进

（一）外商及港澳台地区企业

1992年8月，津南经济开发区举行大规模招商引资活动。10月，接待第一批来自港、台地区和日、韩、美、加拿大、意大利、西班牙等国的客商160余家。1993年5月，来自韩国的韩国电装株式会社、南阳电子有限公司、韩陆电子有限公司、太峰电子有限公司、多产精密有限公司5家企业到开发区落户，出让土地3.28公顷，应收土地出让金556.92万元。吸引资金590万美元。

东区入驻企业 2010年，东区累计入驻外商及港澳台地区投资企业63家，总投资额达2.53亿美元，注册资金达1.48亿美元。

2010年津南经济开发区(东区)外商及港澳台地区(300万美元以上)企业情况表

表9-3

序号	企业名称	注册日期	行业	性质	总投资(万美元)	开工日期
1	荣汉电子(天津)有限公司	1993	电子	独资	1000.00	1993
2	太峰电子(天津)有限公司	1993	电子	独资	300.00	1995
3	柯梅令(天津)高分子型材有限公司	1995	建材	合资	582.00	1995
4	东海橡塑(天津)有限公司	1995	橡胶制品	合资	1400.00	1997
5	富港电子(天津)有限公司	1998	电子	独资	620.00	1999
6	中宏(天津)工业有限公司	1999	橡胶制品	独资	328.00	-
7	天津实德塑胶工业有限公司	1999	电子	合资	2500.00	-
8	天津系适电子有限公司	2001	电子	独资	500.00	2002
9	天津大星电子有限公司	2002	电子	独资	600.00	2003
10	天津友你电子有限公司	2003	电子	独资	769.00	2004
11	东海橡塑模具(天津)有限公司	2003	橡胶制品	合资	337.11	2004
12	东海化成(天津)汽车部品有限公司	2004	汽车减震器	合资	640.00	2005
13	天津大辅电子有限公司	2004	电视机组装件	合资	620.00	2005
14	天津北陆电气有限公司	2004	电子	独资	489.36	2005
15	天津聚能热力有限公司	2004	集中供热服务	合资	375.00	2005
16	天津丽兴渤宇金属制品有限公司	2005	金属制品	合资	2600.00	2006
17	天津福将塑料工业有限责任公司	2005	塑料	合资	450.00	2006
18	天津瑞进电子有限公司	2005	电子	独资	420.00	2006
19	天津霖扬塑胶有限公司	2005	塑料	合资	1000.00	2006
20	天津润德中天钢管有限公司	2006	无缝钢管	合资	420.00	2007
21	天津德玲通信制品有限公司	2006	电子	独资	700.00	2007
22	天津美津钢管有限公司	2006	油管、套管	合资	500.00	2007
23	天津精工石油专用管件有限公司	2006	管件	合资	420.00	2007
24	天津德华石油装备制造有限公司	2006	石油管材	独资	2900.00	2007
25	中宏(天津)实业有限公司	2007	橡胶制品	合资	339.00	2008
26	天津北方食品有限公司	2007	食品添加剂	合资	327.89	2008
27	天津胜利石油装备有限公司	2008	石油套管	合资	800.00	2009

西区入驻企业 2010年底，西区累计入住外商及港澳台地区投资企业34家，其中独资企业22家，合资企业12家，企业累计注册资金总额达1.06亿美元。

2010年津南经济开发区(西区)外商及港澳台地区(300万美元以上)企业情况表

表9-4

序号	企业名称	注册日期	行业	性质	总投资(万美元)	开工日期
1	雷盛德奎实业(天津)有限公司	1997	塑料	独资	1260	1998
2	同和电子(天津)有限公司	2000	电子	独资	401	2001
3	津泽塑料实业(天津)有限公司	2000	包装塑料膜	合资	540	2001
4	正安医药(天津)有限公司	2001	医药	独资	1400	2002
5	天津福臻车体有限公司	2002	汽车车身模具	合资	825	2003
6	天津力源蓄电池有限公司	2002	蓄电池	合资	300	2003

续表

序号	企业名称	注册日期	行业	性质	总投资(万美元)	开工日期
7	力源(天津)蓄电池有限公司	2003	铅酸蓄电池	合资	380	2004
8	天津方舟光学电子有限公司	2004	电子	独资	1500	2005
9	天津市经信铜业有限公司	2005	光亮铜杆、排	合资	1000	2006
10	天津敏宇电子有限公司	2006	电子	独资	324	2007
11	联合弹簧(天津)有限公司	2008	氮气弹簧	独资	630	2009

外商及港澳台地区重点企业

东海橡塑(天津)有限公司　1995年12月注册成立，在津南开发区东区，中日合资企业，总投资1600万美元，占地14.18公顷，建筑面积3.2万平方米，主要生产各种汽车用橡胶配件，产业用橡胶制品及树脂产品及汽车减震件，就业1500人，是开发区规模最大的日资企业。2010年，实现销售收入7.5亿元，税收2433万元。

天津润德中天钢管有限公司　2006年1月注册成立，在津南开发区东区，系中新合资企业，总投资420万美元，占地5.31公顷，建筑面积2.8万平方米，主要生产无缝钢管、异型钢管、石油管材，就业200人。2010年，实现销售收入2.5亿元，利润2500万元，税收1742万元。

东海化成(天津)汽车部品有限公司　2004年1月注册成立，在津南开发区东区，系中日合资企业，总投资655万美元，建筑面积5000平方米，主要生产、加工、销售汽车减震器、内装品，及其相关产品的检测、配套业务，就业335人。2010年，实现销售收入1.9亿元，税收1623万元。

天津北方食品有限公司　2007年7月注册成立，在津南开发区东区，系与港商合资企业，总投资566万美元，占地4公顷，建筑面积1.2万平方米。主要生产、销售食品添加剂、生物发酵及有关精细化工产品，就业240人。2010年，实现销售收入1.9亿元，利润1714万元，税收1610万元。

天津施文化妆品有限公司　2002年12月注册成立，在津南开发区西区，系德国独资企业，总投资140万欧元，占地0.2公顷，建筑面积7413.4平方米，主要生产唇线笔、眼线笔、眉笔、遮瑕笔、眼线液、睫毛膏、粉质眼影笔等产品，就业68人。2010年，实现销售收入6209万元，税收1349万元。

天津韩城金属有限公司　2003年4月注册成立，在津南开发区西区，系韩国独资企业，总投资260万美元，占地0.8公顷，建筑面积1.1万平方米，主要生产精密螺丝、密轴等产品，就业169人。2010年，实现销售收入8811万元，税收1245万元。

天津经纬电材股份有限公司　1999年3月注册成立，在津南开发区西区，系与港商合资企业，总投资8700万元，占地0.42公顷，建筑面积2万平方米，主要生产膜包线、漆包线、换位导线等系列电磁线产品，就业300人。2010年，实现销售收入3.86亿元，税收1707万元。2010年，该公司在深圳成功上市，成为津南区唯一一家上市公司。

天津方舟光学电子有限公司　2004年7月注册成立，在津南开发区西区，系韩国独资企业，总投资1100万美元，占地1.43公顷，建筑面积1.5万平方米，主要生产电子产品、光学镜头等产品，就业410人。2010年，实现销售收入3.53亿元，税收744万元。

（二）内资企业

1994年8月8日，天津太平洋制药有限公司原料基地到津南开发区注册。至2010年底，东区累计注册内资企业39家，总注册资本金3.48亿元。从1998年北京元六电子投产，到2010年，西区累计引进各类内资企业74家，总注册资金为6.36亿元。

天津伊利康业冷冻食品有限公司　2004年4月注册成立，在津南开发区东区，总投资4200万元，占地面积6.43公顷，建筑面积1.8万平方米，主要生产冰激凌等冷冻食品，拥有国内先进的雪糕、冰淇淋生产线15条，已成为国内最大的冷冻食品生产企业，在华北地区该公司产品市场占有率达38%，就业896人。2010年，实现销售收入3.2亿元，利润860万元，税收1625万元。

天津太平洋化学制药有限公司 2005年注册成立，在津南开发区东区，总投资2000万元，占地3.8公顷，建筑面积9295平方米，于2002年通过国家药品监督管理局GMP（良好生产规范）认证。公司现生产经营多种原料药品种，配备有先进的生产设备及检验仪器。就业268人。2010年，实现销售收入5128万元，利润640万元，税收637万元。

天津思为机器设备有限公司 2008年7月注册成立，在津南开发区东区，总投资1.5亿元，占地面积5.28公顷，建筑面积4.2万平方米，主要形成以加工生产冶金设备、风力发电设备及钻井专用设备为主的现代化成套装置设备制造加工区，就业320人。2010年，实现销售收入4436万元，税收428万元。

天津华爱集团有限公司 2005年9月注册成立，在津南开发区东区，总投资5000万元，占地4公顷，建筑面积2.6万平方米，主要从事马口铁印刷、制罐加工。公司引进具有世界先进水平的双色印刷、涂料线及国内高速制罐自动化生产线，就业115人。2010年，实现销售收入9354万元，税收359万元。

天津市圣特预应力钢绞线有限公司 2006年8月注册成立，在津南开发区西区，总投资1.50亿元，占地0.45公顷，建筑面积8000平方米，主要生产预应力混凝土用钢绞线等产品，就业200人。2010年，实现销售收入5.21亿元，税收648万元。

天津市圣斯克家具有限公司 2000年12月注册成立，在津南开发区西区，总投资1.11亿元，占地4.67公顷，建筑面积7.2万平方米，主要生产实木家具、板式家具等产品，就业356人。2010年，实现销售收入9115万元，税收392万元。

天津市金港华不锈钢商用设备有限公司 2001年9月注册成立，在津南开发区西区，总投资5710万元，占地1.4公顷，建筑面积2万平方米，主要生产不锈钢制品、超市设备等产品，就业200人。2010年，实现销售收入5420万元，税收319万元。

三 效益

（一）外商及港澳台地区投资企业

东区 1999年，入住企业15家，投资额8542万美元，注册资金5035万美元，实现税收3478万元。2010年，累计入驻外商及港澳台地区投资企业47家，总投资额3.15亿美元，注册资金1.55亿美元，就业人员11245人，实现税收1.25亿元。

西区 1999年，入住企业8家，投资额3783万美元，注册资金2166万美元，实现税收1270万元。2010年，累计入驻外商及港澳台地区投资企业26家，总投资额1.05亿美元，注册资金6927万美元，就业人员3060人，实现税收8105万元。

（二）内资企业

东区 1999年，入住企业11家，投资额4854万元，注册资金3740万元，实现税收522万元。2010年，累计入驻企业38家，总投资额6.1亿元，注册资金3.2亿元，就业人员10592人，实现税收3887万元。

西区 1999年，入住企业9家，投资额0.3亿元，注册资金0.2亿元，实现税收40万元。2010年，累计入驻企业72家，总投资额12亿元，注册资金8亿元，就业人员1990人，实现税收3900万元。

截至2010年，开发区（东区、西区）累计引进企业500余家，其中工业企业195家，外资企业87家，合同利用外资额6.7亿美元；内资企业108家，合同利用内资额47.9亿元，实现总产值61亿元人民币，累计实现纳税3.8亿元。安置就业人员3.5万人。开发区在第二产业基础上，引进商贸物流加工等第三产业项目，以“国际金属物流园区”和“兴业创意园”为代表的综合性和专业性载体平台已显现雏形。年工业产值达到21.9亿元每平方千米，年出口额3.58亿美元。企业亩均创税收10.2万元，亩均投资强度158.42万元。

第四节 管理 服务

一 管理

（一）劳动用工

凡生产或经营需要用工的企业，一律向管委会企管部提出书面申请，申请内容包括：用工人数，性质、工种条件、工资待遇等。由企管部负责统一推荐，各企业不得私自招用。实行企业用工归口集中管理以后，各企业一律不得自行招录员工。各企业录用员工时，员工须持有管委会统一印制并加盖同意章的申请表，无此表者，企业不予录用；先城镇、后农村，先本市、后外埠；企业用工先报开发区管委会，由管委会推荐，企业择优录用。用人单位申领就业证应提交相关文件；按规定收取一定费用。双方在录用之日起10日内订立劳动合同。劳动合同续订时限在期满前15日内办理续订手续。签订时间，订立之日起1个月内在人力社保局（仲裁科）办理签证。工作时间、公休日、法定假日、其他休假日，以及工资、工资支付办法按国家相关规定执行。

（二）福利保险

按照国家有关规定，企业招收员工后必须签订《劳动用工合同》，享受五险。其他待遇根据企业自身情况制定，并未强制执行。

（三）劳动安全

各企业层层制定安全生产责任制。如安全操作规程、安全检查制度、安全教育制度、事故隐患整改制度、安全生产奖惩制度等。

（四）环卫

建厂期，企业自在津南经济开发区内购土地使用权后，可申报建厂事宜，项目的环境措施同时报批；企业在厂房建设中，要填写《建筑施工场地污染申报登记表》，缴纳5000元的场地清整保证金，获批后，施工队伍方可进场地进行施工；施工单位在施工过程中，不得影响周围企业的环境，如有此情况发生，则需提前报管委会审批、备案；施工过程中出现的废渣、废水要由企业负责到管委会指定地点进行处理；企业建成投入生产以前要经过主要部门测试验收合格后方可进行生产。施工场地清整干净并经验收合格后退回保证金，企业在验收日15天以前通知管委会。

（五）生产期

企业进入生产期以后，企业内部要设立1名环保联络员；管委会对企业进行每年一度的检查；企业每月填写《天津市排污单位超标排放废水、废渣月报表》；企业生产中的有毒、有害、非生活垃圾物要集中管理；排污企业应照章交纳排污费；有危险物存放、使用的企业，要在危险物到达企业以前向管委会申报，企业要有专人对其管理。

二 服务

2003年始，开发区管委会内部实行开放式办公，“一站式”“一条龙”的项目审批，“一个窗口对外”的管理服务系统；健全企业管理网络，发展宽带网络、卫星接收系统等新的城市服务平台；按照部门职责和分管的对口服务对象，每月走访1次，变等门服务为上门服务；开发区编辑《企业管理实务手册》，使投资者准确了解和掌握国家的有关规定。除强化服务软件外，在硬件环境改善方面投入大量人力与物力对区内道路、电力设施、路灯照明、绿化工程进行大面积的改造提升，为投资者提供良好的生产经营和办公环境。

第三章 市级示范工业园区

2009年，津南双港、海河、八里台、小站工业园区为天津市首批示范工业园区。4个示范工业区总规划面积34.4平方千米，其中起步区总规划面积12.8平方千米。2010年，4个示范工业区建设加快，发展迅速，北邮科技园、联东U谷、创新科云存储、京南投资、美隆集团、经纬电材等一批大项目、好项目落户各示范工业区。是年，通过市级示范区考核验收。

第一节 双港镇工业园区

天津市双港镇工业园区位于津南区西北部双港镇境内，东靠津南开发区（西区）和港军路、白万路，南至蓟汕联络线，西至微山南路，北至外环南路。始建于2001年9月，是津南区北高端标志区建设的重要区域。始建初期为津南区双鑫工业园区，一期规划用地1平方千米。2004年全部实现“三通一平”。至2007年底全部出让，累计进驻内外资企业87家，利用外资到位额累计达12.6亿元以上。2008年1月，经天津市推动乡镇工业区发展工作领导小组批准，更名为天津市双港镇工业区。是年，整理土地1.2平方千米并全部出让。进驻内外资企业18家，利用内资到位额6.16亿元，利用外资到位额6870.90万美元，实现税收1.46亿元。

2009年8月，津南双港镇工业区被批准为天津市首批示范工业园区。规划总面积12.7平方千米，起步区3.7平方千米，共分割为18个地块。是集楼宇经济为主导的高端商务商贸，总部办公，创智经济等高端化、高质化、高新化为一体的都市型经济创意区。是年，基础设施投入1.56亿元，引进内外资企业12家，利用内资到位额10.30亿元。

2010年，双港镇按照“规划引领、龙头带动、项目支撑、多元开发、效益优先”的总体思路，高标准规划和建设工业区。全年新增扩域面积0.85平方千米。签约落地联东U谷总部商务园、恒生科技园、美隆金融创意园、万郡科技产业园、亿城瑞锋创意产业基地等总部项目和实体项目7个。基础设施投资4.1亿元。园区内路网结构基本呈方格网状，地块外围构成两横两纵“井”字形园区内路网骨架，发港南路、鄱阳南路、惠科路、惠文路、双港大道、睿科路等8条主干道路，长约11.6千米。绿化总面积30万平方米。园区内采用分质供水，日供水量2.3万立方米。新增排沥排污管线6890延米，新增换热站2座，供热管道2800延米。累计进驻内外资企业129家，其中引进的蓝天立白、中盛海天制药、顺鑫成食品、亚星散热器、福臻工业装备等5个区县级重大项目全部实现投达产。园区基础设施累计投入10.69亿元，引资到位额累计40.20亿元。

图9-6 2010年，双港镇工业园区

2001—2010年双港镇工业园区招商引资情况统计表

表9-5

年份	基础设施投入（万元）	当年进驻企业（个）	引资到位额（万元）		实际利用外资（万美元）
			累计	当年	
2001	4200	4	4000	4000	151.20
2002	4858	15	12000	8000	692.50
2003	5834	23	18720	6720	1367.10
2004	4169	20	33170	14450	420.00
2005	5202	22	46650	13480	1126.60
2006	7173	22	87899	41249	2873.30
2007	9055	18	142729	54830	1929.70
2008	9780	18	204359	61630	6870.90
2009	15643	12	307335	102976	2579.60
2010	41000	38	401972	94637	2838.00

第二节　海河工业园区

2000年10月，咸水沽镇工业园区成立。2009年8月，镇工业园区改称天津海河工业园区。园区位于津南区中部、处于津南区的核心要地。距天津市中心城区12千米、天津滨海国际机场15千米、天津港18千米、京津塘高速公路入口15千米、津晋高速入口1千米，紧邻天津大道快速路，距北京100千米。

2009年，天津海河工业园区为市级示范工业区，规划面积10.6平方千米，起步区面积3平方千米。津晋高速以北地块：东至汉港公路，南至津晋高速，西至新兴南路，北至津沽二线；津晋高速以南地块：东至北闸口工业区边界，南至北闸口工业区南边界，西至北闸口工业区西边界，北至津晋高速。总体定位重点发展智能化产业、光电信息产业、高端装备制造业等，包括物联网产业、云产业、电子元器件的研发设计、精密数控装备研发制造等。

图9-7　2010年，天津海河工业园区

2010年，园区加快基础设施建设。投入3.2亿元，修建道路16万平方米，完善水电暖等配套设施，起步区实现“七通一平”，修建7000平方米景观广场、安放景观石。投资2.5亿元建设9栋复式车间，建筑面积11万平方米，完成园区16万平方米商务中心、写字楼设计，24层的商业服务中心已投入建设，铺设10千伏高压线6500延米、架设路灯400盏，绿化面积24.8万平方米。

2000年，镇工业园区引进企业40家。2005年，引进企业55家。2010年，园区新引进企业239家，内资到位额40.48亿元。其中，实体项目16家，到位资金9.38亿元，注册项目223家，到位资金31.1亿元；18家外资企业通过扩产增资实现到位额2410.7万美元，新增就业693人。海河工业园区累计企业达708家，其中注册企业514家，销售收入73.91亿元，税收33.04亿元，就业人员13956人。

第三节　八里台镇工业园区

1998年9月5日，建立八里台镇工业园区。园区在津港路北侧，南以津港公路和二八公路交口为起点，北以津港公路与洪泥河交会处为终点，向北偏东方向发展。园区总规划面积6.5平方千米，起步区面积3平方千米，东至幸福河，西至洪泥河，南至津港公路，北至津晋高速。重点发展智能化产品、软件、人工智能和物联网产业，形成智能产业聚集区。发展以电子产业为主导，辅助新型能源、轻工、机械制造等行业，成为电子信息产业发展的主力军。2006年，被国家发改委等五部委正式批准为市级工业园区。2009年，被市政府批准为市级示范工业园区，被市商务委评为天津市利用外资优秀市级开发区。2010年，被市政府授予优秀示范工业园区，列为第三批天津市循环经济示范试点单位。

1998年，园区完成选址、垫土、修路、通临时用电、临时供排水等工作。2000年，园区建水厂、冬季供热站。2005年，镇政府对园区排水管网进行改造，将雨污合排分成雨水、污水分别排放，在园区建设双林排污厂，保证企业污水的处理与达标排放。2010年，完成“七通一平”土地1.06平方千米，园区累计道路面积25.6万平方米，绿化面积11.5万平方米，电力设施线路5600延米，上水1.35万延米，下水1.6万延米，观测井410个，天然气管道7500延米，供暖管道3500延米，通讯1.9万延米，保安设施网络5600延米，监测点31个，道路指示牌25个，户外广告牌5块，职工公寓4000平

图9-8　2009年，八里台镇工业园区

方米，办公写字楼4800平方米，商贸街3100平方米，园区服务中心1500平方米，创意中心1000平方米，招商中心500平方米，自建民营经济园1.1万平方米，景观洪泥河公园占地1.31万平方米。

2010年，新进驻生产型企业35家，引资规模为21.18亿元，引进注册型企业92家，引资规模为45.79亿元。是年，园区内企业完成销售收入71亿元，其中注册企业完成销售收入40.59亿元。实现税收4.56亿元，其中注册企业实现税收3.37亿元。完成就业13032人。

2000—2010年八里台镇工业园区进驻企业效益统计表

表9-6

年份	当年销售收入累计（万元）	当年期末税收累计（万元）	当年期末就业岗位人数（人）	备注
2000—2002	18915	378.30	1500	–
2003	25593	479.30	2300	–
2004	36654	546.00	3240	–
2005	80417	2386.00	4440	–
2006	92752	3507.00	5090	–
2007	107274	3524.00	5940	–

续表

年份	当年销售收入累计（万元）	当年期末税收累计（万元）	当年期末就业岗位人数（人）	备注
2008	298869	8352	6840	含注册企业
2009	271006	24865	10480	含泰达园区
2010	710000	45575	13032	含泰达园区

第四节　小站镇工业园区

1996年，小站镇开发建设黄台工业区、传字营工业区，其中传字营工业区占地4.6平方千米。小站工业区地处连接市区与滨海新区、南海工业区的黄金走廊地段，区位优势显著。毗邻唐津高速、津晋高速、葛万公路、津歧路、津港路六条公路形成的三横三纵的立体交通网络。距天津港22千米，距天津滨海国际机场20千米。

2009年8月，天津小站镇工业园区（传字营工业区）被批准为天津市首批区县示范工业区之一。2000—2005年，园区完成基础设施建设，完成1~5号路及荣盛路的建设，道路铺设42960平方米；完成上下水管道铺设共1.4万米，绿化4万平方米。园区全部达到通水、通电、通路、通信、通排水、平整土地的条件。2010年，基础设施投入2.34亿元。新建招商中心，集办公、招商、展示、会务等功能于一体。区内四号路、葛万北路、八号路、创业路已形成环形基本交通网络。各条道路两侧绿化、基础设施及管网配套也在同期跟进。完成“七通一平”面积113.3公顷，上土85万立方米，累计修建道路19万平方米，绿化15万平方米，主干路段路灯安装完毕。为职工建成配套设施齐全的公寓。

图9–9　2010年，小站镇工业园区八号路

1991年，小站镇开始招商引资。1996年，小站镇工业园区成立后，招商引资步伐加快。2006年，引进投资千万元以上的项目20个。2007年，引进企业28个，总投资5.2亿元，其中投资上亿元的企业3个，投资3000万元以上的6个。2008年，引进内、外资企业23家，其中“六个五”重点项目19个，引资1260万美元，实际完成3600万美元。2009年，引进企业91家，亿元项目2个。完成内资到位额9.7亿元，外资到位额1800万美元。

2010年，新引进内外资企业26家，实现引资到位额13亿元。园区累计进驻企业达173家，完成销售收入29.6亿元，同比增长150%；实现利润总额1.21亿元；税收1.03亿元，同比增长101%。创意经济完成税收521万元，同比增长70%。新增就业人数512人。

第四章　镇（长青办事处）工业园区

按照区委、区政府的要求，1994—2010年，长青办事处、北闸口镇、辛庄镇、双桥河镇、葛沽镇相继建起工业园区，基础设施健全，配套设施完备，规模不断扩大，质量不断提高，成为各镇经济的主要来源。

第一节 长青经济园区

长青经济园区包括长青科工贸园区（1998年成立）、长青电子园（1996年成立）、长青科技园（2010年6月竣工），长青大厦（2008年立项）4个园区。2010年，长青经济园区累计引进企业1172家，实现增加值10.86亿元，实现税收7.01亿元，超额2258万元。

一 长青电子园

1996年，长青在津南（双桥）开发区购买土地2.67公顷，实行“筑巢引凤”，投资200万元建成标准厂房4489平方米，对外实行租赁。2006年，累计建厂房24000多平方米，先后有韩国新亚渔具有限公司、中环长城电子有限公司、建龙分子筛有限公司和天津市永征物回有限公司等企业入驻，租赁收入累计1165万元。由于金融危机影响，前三家企业撤出。2010年，租金收入60万元。

二 长青科工贸园区

长青科工贸园区位于津南区微山南路，面积12公顷，作为园区发展基地与何庄子村共同开发。1998年成立后，享受市政府优惠政策。2010年，引进企业245家，其中500万元以上企业53家，1000万元以上企业26家。园区累计有企业1172家，是年，税收5.64亿元，占长青财政税收的80.4%。

图9-10 2005年，长青科工贸园区办公楼

三 长青大厦

为长青集团投资1亿元的高档公寓式写字楼，坐落于长青科工贸园区内，于2008年开工建设，2010年底竣工。总建筑面积26375.4平方米，19层主体高度76米。是长青招商引资写字楼注册地，为招商引资提供平台。

四 长青科技园

2010年6月成立，有1栋写字楼和5栋厂房，计3.1万平方米。长青科技园当年入驻企业3家，分别为鑫满友丰技术玻璃有限公司、贝林思模具有限公司、阳权医疗器械有限公司，年租金为146万元。

第二节 辛庄镇工业园区

辛庄镇工业园区包括辛庄工业园区和双鑫工业园区2个园区。2000年10月，辛庄工业园区成立。位于后辛庄村和上郭庄村地界内，南邻津沽路，西邻上郭庄公路，北邻天津大道，东邻幸福河。占地面积74.6公顷。2010年，累计入住企业53家，基础设施投入2.2亿元，引资额7.93亿元，实现利润1.44亿元。

图9-11 2009年，辛庄镇工业园区引进企业竣工典礼

2003年3月，双鑫工业园区成立。位于白塘口村地界内，东邻白万路，南邻秃尾巴河，西邻大沽排污河，北邻

双白排河。占地面积216.13公顷。为实现园区正常排污排涝，专门修建一条排污河与双巨排水河相连。2010年底，累计引进企业78家，基础设施投入2.9亿元，引资额达16.51亿元，实现利润1.2亿元。

2010年，镇园区(以上两个园区)累计基础设施投入5.1亿元，道路、供电、供水、排水、路灯、绿化等都按标准完成。累计引进企业215家，引资总额42.8亿元，实现销售收入12.8亿元，纳税4607万元，就业7600人。工业园区企业亩均税收由8万元提升到10万元，年税收超过百万元以上的企业达到45家，其中过千万元的企业达到5家。

第三节　双桥河镇工业园区

1998年12月，双桥河镇工业园区建立，规划面积86.67公顷。园区地理位置优越，距天津市中心城区25千米，距天津滨海国际机场15千米，距天津港18千米。东有蓟港铁路，与津浦路、京山路相通；南有津沽公路、天津大道连通市区和滨海新区，东有汉港公路，与津塘路相通；海河二道闸码头、11万千伏变电站在园区两侧毗邻。1999—2010年，镇投入资金1.96亿元，用于基础设施建设。

图9-12　2009年，双桥河镇工业园区石泰集团出口的餐具

2000年，开展出国招商、网上招商、中介招商、以商招商、以友引商等多渠道、多形式的招商引资活动。2005年，累计招商23家。2010年，建立15人的招商团队，配备英语、日语、工业地产、经济管理等专业人员，当年引进企业13家，实现引资到位额1.6亿元、利税8000余万元。是年，园区累计引进企业76家，其中内资企业65家，外资企业11家，引进资金14.49亿元。园区实现生产总值12.91亿元，税收1.33亿元，就业5034人。

第四节　葛沽镇工业园区

2000年，葛沽镇成立工业园区。园区分为冶金工业园区和渤海工业园区。立林等几个较大规模企业坐落在镇东南、葛万公路以东，因规模较大且发展势头良好即确定为冶金工业园区；将津沽公路以南，十间房以东葛沽三村的13.33公顷地划为渤海工业园区。是年底，杰瑞汽车修理厂、康芝食品公司等企业作为第一批被招商进来的企业落户。镇工业园区制定扶持政策，在税收奖励、人才服务等各方面实行优惠。对入驻园区的企业实行“一站式”“一条龙”服务，对科技含量高的企业和相应的科研、高管等人才给予住房、子女上学方面的优惠。

图9-13　2010年，葛沽创意中心

2010年，园区全部土地都完成“五通一平”，垫土1米高。铺设柏油路500米，并安装路灯。架设变压器一台，增设机井一口，建成占地六亩的租赁厂房。累计引进企业903家。其中，生产型企

业43家，非生产型企业860家。就业人数达2.17万人。是年，实现税收6.45亿元，累计实现税收37.45亿元。

第五节 北闸口镇工业园区

1994年，北闸口乡在津歧公路与北闸口政和路交会处建设北闸口乡工业园区，一期规划占地1.28平方千米。北闸口乡工业园区规划为“一园两地”，即北闸口电子工业园区、正营电子工业园区。北闸口镇工业园区是全区第一个乡镇级开发区，也是天津市镇级工业园区中开发较早、效益良好的开发区之一。2009年，天津市政府批准北闸口镇工业园为市级示范工业区，并享受市级示范工业区的优惠政策。

1996年，园区建标准厂房2.26万平方米。1999年，开发工业用地57.33公顷，建设标准化厂房6万平方米，投资兴建正营工业园区。园区位于津港公路以东，紧邻丹拉高速公路在津港公路的出口处。投资80万元启动基础设施建设，建成8300平方米园区主干道。2003年，投入资金2100万元，扩建标准厂房1万平方米，实现园区路、水、电、气、通讯和土地“五通一平”面积33.33公顷。2006年，正营电子工业园区基础配套设施及标准厂房建设累计投入资金1.3亿元，“七通一平”面积73.33公顷，建成110千瓦安变电站、天然气及污水处理场，配套设施完善。2007—2008年，建设标准厂房2万平方米，基础设施投资5900万元，完成26.67公顷土地流转并实现“七通一平”。2010年，园区基础设施建设投入9139.47万元。引滦入津水源供水管网通入园区各企业，可提供充足的生产及生活用水；园区天然气连接天津市城市燃气管网系统，日供气量达1万立方米；网通、电信、移动、联通、电视网络等多家公司通讯光缆线路全部铺设到园区。正营工业园区建设日处理400吨污水处理厂，北闸口电子工业园区通过排污泵站，可将废水排放到环兴污水处理厂，产生的固体废物由紧邻的天津市合佳威环境服务公司进行处理；投资7000万元，建成总面积2.4万平方米的园区企业职工公寓；投资8500万元，建设总建筑面积4.3万平方米的标准厂房。投资2.2亿元，建成总面积9万平方米的鑫泰创意科技产业园复式标准厂房，满足园区企业对标准厂房等基础设施的需求。

图9-14 2010年，北闸口电子工业园区

园区招商引资经历三个发展阶段。2000年之前，采取“筑巢引凤”模式，即园区根据客户需求建设一批标准厂房，提供基础实施服务，吸引企业投资入驻建厂；2000—2005年，转变为“引凤筑巢”招商策略，即鼓励外商在园区购地建厂，增强外资企业后续发展稳定性，破解资金紧张制约园区开发建设的瓶颈问题。是年，“引凤筑巢”外资企业3家，外资到位额300万美元；2006年，实行“择凤入巢”，即严格控制招商引资企业标准，注重选择引进那些工业附加值高、科技含量高的新兴科技型企业入园，并由企业出资，取得土地使用权后自主建厂或租赁厂房。

1995年，累计引进“三资”企业45家，正式投产38家，协议吸引外资额达3700余万美元。1999年，新招商企业28家，引进外资1900万美元。2001年，引进企业32家，引资额3.2亿元，其中外资企业13家，引进外资额1100万美元，安排就业3600余人。2004年，园区累计入驻企业69家。园区企业总投资6.4亿元，年产值16.5亿元，利税1.4亿元。实现年税收6485万元，占全镇税收总额65.25%。

2010年，镇工业园区累计引进企业120家，注册企业92家，千万元以上项目实体企业28家，其中亿元项目5家。园区实现生产总值38.5万元，完成税收2.42亿元，占全镇税收的51.76%，同比增长27.36 %，实现亩均税收17.59万元。园区就业2100人。

第十编
建筑业 房地产业

津南区素有“建筑之乡”美誉。中共十一届三中全会后，建筑市场快速发展，建筑业成为津南区支柱行业之一。2009年，津南区建筑企业实现建筑业总产值108.96亿元，工程结算收入49.74亿元，利润总额1.62亿元，年末从业人员28576人。2010年，津南区在建项目1800万平方米，建筑企业133家。全区办理建设工程招标项目193项，同比增加16项，总建筑面积1167万平方米，同比增加336万平方米。全区建筑行业实现税收22.5亿元，其中建筑业完成税收10.45亿元，同比增长66%，房地产完成税收12.05亿元，同比增加53%。

2008年，津南区住房交易大会

第一章 建筑业

随着建筑市场的发展，区建筑力量迅速扩大，建筑技能显著提高，招标投标、建筑安全、建筑市场监察等更加规范，为建筑业发展打下基础。

2010年，全区有各类各级建筑业企业133家，其中一级10家，二级37家，三级67家，劳务分包企业19家。形成门类齐全、结构合理、层次分明、综合实力显著提高的产业结构。

2010年，区共办理建设工程招标项目193项，总建筑面积1167万平方米。完成招标184项，中标项目建筑面积1124万平方米，中标价格131.87亿元。办理报建、施工图审查、各类合同备案1406项。收缴各项费用共计2412万元。发放施工许可证132个，发证面积454万平方米。

第一节 建筑队伍

一 津南区建设开发公司

1984年，南郊区建设开发公司成立(后改称津南区建设开发公司)，隶属津南区人民政府。主营房屋建设开发，商品房销售，兼营房屋管理。注册资金3000万元。内设：办公室、财务科、工程科、经营科、人事科。2010年，公司资产12.91亿元，职工24人。房地产企业为国家二级资质。

1991—2010年，公司开发宜白路、可园里、东风砖厂、元兴里、寿园里、谊景村、翠泽园、博彩公寓一期、硅酸盐制品厂、双马小区、博彩小区、海天馨苑、双港新家园、欣悦家园、米兰花园等数十个重点项目，建筑面积近52万平方米，合格率100%。2010年，国务院总理温家宝在天津参加达沃斯活动期间，参观了公司承建的谊景村小区。

1986—2010年津南区建设开发公司工程项目统计表

表10-1

序号	工程项目(名称)	施工时间	建筑面积(平方米)	工程地点
1	灰堆住宅	1986—1987	–	小海地
2	宜兴阜住宅	1987—1988	–	宜兴阜
3	可园里住宅	1987.9—1989	36500	黑牛城道
4	硅酸盐厂宿舍	1989	–	东风立交桥
5	二号桥宿舍	1988.12—1989.12	4555	二号桥
6	元兴里住宅	1988.12—1989.12	4200	绍兴道丁家桥
7	寿园里小区	1992.3—1993.3	4000	紫金山路
8	谊景村小区	1990.12—1995.5	90000	–
9	翠泽园	1995.6—1997.5	11762	–
10	博彩公寓	1997.4—1999.12	29110	–
11	博彩公寓5号楼	2002.8—2003.9	5858	–
12	海天馨苑小区	2002.12—2009.12	天津 218208 康因 202672	–
13	新家园小区	2007.11—2010	115320	–

二 天津富凯建设集团有限公司

1975年成立，前身为南郊区建筑工程公司。2010年，注册资本金6000万元，资产总额7亿元，净资产1.3亿元，机械装备6000余万元；拥有中、高级职称的工程技术和经济管理人员320人，各类建造师102人。企业具有房屋建筑工程施工总承包一级、地基与基础工程专业承包一级、建筑装修装饰工程专业承包一级、钢结构专业承包一级、市政公用工程施工总承包二级、环保工程专业承包二级及起重设备安装工程专业承包二级资质。

2004年12月，企业正式组建天津富凯建设集团有限公司。公司下设3个全资控股子公司和12个独立核算的分公司，经营领域涉及房地产开发、土建施工、市政道桥、装饰装修、钢结构制造安装、水电安装、建筑材料质量检测、物业管理等。2005年，实现产值3.5亿元，同比增长28.3%，纳税1860万元。进入全区前十名，被津南区政府评为"纳税先进企业"。2010年，工程施工面积60万平方米，产值7.55亿元，纳税4447万元。

集团公司按照"预防污染、保障安全、真诚守信、创优争先"的管理方针，先后创建180多项"海河杯"优质、优良示范工程。获：全国先进集体建筑企业、中国集协全面质量管理"金屋奖"、天津市城建系统先进单位、天津市文明施工单位、天津市危改先进企业、全国"守合同重信用"企业、"AAA"信用单位、全国"质量百优示范单位""中国优秀企业"等称号。

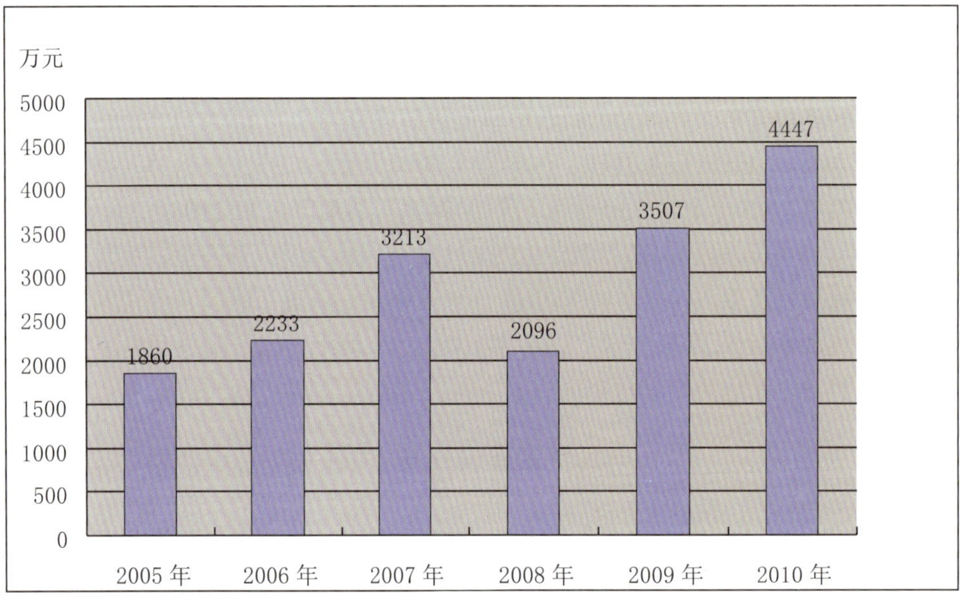

图10-1　2005—2010年缴纳税金动态图

三　天津市津南区南华建筑安装公司

1993年9月成立，隶属于津南区建委，具有房屋建筑工程施工总承包一级、市政公用工程施工总承包三级、园林古建筑工程专业承包二级、地基与基础工程专业承包三级资质。属ISO9001:2000国际标准质量体系认证企业。注册资金5100万元。2010年，企业有职工540人，高级技术职称10人，中级技术职称70人，初级技术职称300人，二级建造师27人，国家二级注册一级建造师13人，天津市优秀项目经理3人。企业获36项天津市优良工程、2项天津市优质工程、12项天津市住宅示范工程、2项天津市住宅"海河杯"工程、2项市级文明样板工地，承建的"益华里小区"被评为天津市文明施工小区，公司被评为天津市文明施工企业。无一例安全事故，创出"南华"品牌。

四　天津市南洋建筑工程公司

1984年成立，为集体企业。具有房屋建筑工程总承包一级、机电设备安装工程一级、钢结构工程专业承包资质一级、地基与基础工程专业承包二级、市政公用工程施工承包二级、建筑装修装饰工程专业承包三级资质。2010年，企业有各类工程技术人员400余人，其中高级职称30人、中级职称100人，拥有各类施工机械设备980台(套)，年施工能力100万平方米。

公司获市级住宅示范工程1项、金奖“海河杯”5项、结构“海河杯”4项、市级文明工地6项、优质工程4项、“精心施工 争创海河杯”优质工程1项等。连续多年获得市、区级先进施工企业，“AAA”企业称号及市级重合同、守信誉单位。2009年通过了ISO 9001:2008、ISO24001-2004、ISO28001-2001三体系。

五　天津市南洋装饰工程公司

1987年成立。2007年，装饰工程公司在金属门、金属窗等商品上的“南洋商标”，被天津市工商局认定为天津市知名商标。具有建筑装修装饰工程专业承包一级、建筑幕墙工程一级、金属门窗工程一级。注册资金8180万元，企业资产总额4700万元。有职工1100人，其中中、高级工程技术人员62人，各类专业技术人员267人。年施工能力逾96万平方米以上。2001年，通过ISO 9001质量体系认证。2002年，通过ISO 14001国际环境管理体系和GB/T 28001-2001职业健康安全管理体系认证。

公司被中国装饰协会多次评为全国百强装饰企业，被评为天津市“重合同、守信用企业”“AAA企业”“质量、服务双优企业”“质量管理先进集体”“优秀装饰企业”和天津市“文明企业”。公司承揽一大批国家、地区重点施工项目，获“鲁班奖”2项、全国建筑工程装饰奖15项、全国建筑装饰科技创新奖5项、全国公共建筑装饰设计奖5项、全国建筑幕墙装饰奖4项、“海河杯”奖5项，被天津市授予各种荣誉称号的工程达40余个。

六　天津小站建筑安装工程有限责任公司

1978年成立，具有房屋建筑工程施工总承包一级、市政公用工程施工总承包三级、地基与基础工程专业承包三级、园林古建筑工程专业承包三级、管道工程专业承包三级资质。2010年，注册资金5000万元，固定资产2500万元，企业职工650人，其中技术人员382人，高级职称24人。公司连续被评为市、区级先进企业，特别在质量及安全管理方面，获得多项天津市“海河杯”和市级文明工地称号，公司所承建的工程项目合格率100%，定向优良率100%。

七　天津市青龙建筑安装工程有限公司

1993年成立，具有房屋建筑工程施工总承包一级、市政公用工程施工总承包三级、钢结构工程一级、建筑装饰装修工程一级、地基与基础工程一级、机电设备安装工程二级资质。2010年，公司有各类施工人员及管理人员980余人，其中高级工程师13人，工程师88人，国家一级注册建造师15人。自有资金4500多万元，年施工能力50万平方米以上，年实现利税2000余万元。2001—2007年，连续被评为天津市“重合同、守信誉”单位。2004—2007年，连续获多项局级优质工程、天津市建设工程“海河杯”市级优质工程。2007年，一次性通过ISO 9001:2000质量管理体系认证、ISO 14001:2004环境管理体系认证、GB/T 28001-2001职业健康安全管理体系认证。

第二节　招标　投标

一　招投标管理

1991年，区成立建筑工程招标管理站，协助建筑单位招标建筑队伍。至1995年，完成182项建筑工程的招标或议标。1999年8月31日，津南区制定《关于进一步完善建设工程招投标、评标、定标管理办法的补充规定》。规定组织评委会时，采取随机抽签从评委库中抽取专家与招标单位及其主管部门和区招标办的人员共同组成评委会。并由纪检部门、公证处人员对评标、定标、公示的全过程进行监督。对招投标管理人员提出“十个不准”和“十条禁令”。是年，实行招、投标工程56项，建筑面积27.90万平方米，中标造价1.80亿元（其中，公开招标13项，建筑面积6万平方米，中标造价0.40亿元。邀请招标43项，建筑面积21.90万平方米，中标造价1.40亿元）。2005年，办理招投标项目115项，建筑面积97.62万平方米，中标价6.89亿元。其中，公开招标16项，邀请招标99项。

2010年，办理建设工程招标项目222项，总建筑面积1226.11万平方米（市政工程、绿化、配套面积286.44万平方米），其中公开项目123项，邀请项目99项；已完成招标217项，中标项目建筑面积1219.78万平方米，中标金额150.44亿元。办理报建379项；施工图审查339项；节能备案310项；合同备案335项；分包合同备案235项；合同结算备案71项。

1999—2010年津南区建设工程招投标情况统计表

表10-2

年份	招投标工程（项）	总建筑面积（万平方米）	中标造价（亿元）
1999	56	27.90	1.80
2000	82	11.30	3.00
2001	135	60.00	3.50
2002	167	84.80	6.60
2003	140	107.80	7.80
2004	143	72.06	5.44
2005	115	97.62	6.89
2006	133	150.35	10.30
2007	164	264.40	18.18
2008	179	960.18	35.26
2009	221	1100.84	113.40
2010	222	1226.11	150.44

二　招投标项目

（一）海河教育园区招标

海河教育园位于海河中游南岸地区，规划占地37平方千米，办学规模20万人，居住人口10万人。2009年8月至11月，津南区先后组织7所学校监理、桩基、施工招标。主体工程施工招标情况如下：天津市机电工艺学院（天津市机电工业学校）建筑面积14.53万平方米，中标金额329870219元；天津现代职业技术学院建筑面积16万平方米，中标金额339102302元；天津轻工职业技术学院建筑面积16万平方米，中标金额335545266元；天津中德职业技术学院建筑面积20.2万平方米，中标金额462606153元；天津电子信息职业技术学院建筑面积16.8万平方米，中标金额420847470.2元；天津市电子信息高级技术学校（天津市仪表无线电工业学校）建筑面积7.5万平方米，中标金额160893899元；天津海运职业学院建筑面积17.3万平方米，中标金额381078826元。

（二）八里台示范小城镇招标

该项目于2007年6月15日获得立项批复。项目招标情况：2007年9月完成A、B、C标段招标工作，总建筑面积308367.5平方米，中标价合计411240946元；2008年12月完成D标段招标工作，招标面积41150.35平方米，中标价72105232元；2009年11月完成F标段招标工作，招标面积1773201平方米，中标价322130413元。

（三）星耀五洲招标

天嘉湖“星耀五洲”项目由天津星耀投资有限公司投资建设。项目地处津南区八里台镇，位于环渤海及海河下游环形旅游经济带的中心，是天津市规划的八大休闲风景区之一，被列为天津市2008年重点工程项目。项目占地面积273.33公顷，地块周边水域面积466.67公顷。项目总建筑面积300万平方米，其中住宅260万平方米，其他公建设施40万平方米，总投资260亿元。2008年4月19日奠基施工，2010年，完成招标面积1157672.78平方米，投资总额10.49亿元，已有60万平方米住宅陆续交房。

（四）双桥河示范镇招标

天津市津南区双华城镇建设开发投资有限公司作为双桥河镇示范小城镇投资开发主体，按照统一规划、高标准建设现代化、有特色、适用于产业聚集和生态宜居的新型小城镇要求，不减耕地，以农村宅基地换房，安置离土农民，建立新型社会保障体系，实现农村从原有管理方式向城市化管理方式的转化。安置区分为7个标段，全部招投标完毕，总中标面积597944.24平方米，中标价格为11.59亿元。

（五）北闸口示范镇安置区招标

2009年，北闸口示范镇与东丽区华明示范镇并列成为天津市城乡发展示范项目。2009年12月，示范镇A地块，建筑面积245610平方米施工工程进行公开招标，中标单位为天津三建建筑工程有限公司，中标价格为5.49亿元。2010年初，项目B地块工程施工在经过招标后确定中标单位为天津三建建筑工程有限公司，建筑面积为287090平方米，中标价格为6.22亿元。2010年10月，项目C地块施工工程经过开标后确定施工单位为天津市建工工程总承包有限公司，中标面积为246528.51平方米，中标价格为6.41亿元。

（六）辛庄示范小城镇招标

2009年，市政府批准辛庄镇以宅基地换房建设示范小城镇试点。辛庄示范镇一期7个标段，其中津沽路南4个标段，路北3个标段，总建筑面积688162.98平方米，中标价11.97亿元，全部完成招投标工作。

（七）小站示范镇招标

天津坤徽城镇建设开发投资有限公司承建小站示范镇项目还迁楼建设工程，包括福泽园、荷香园、菊香园、莲香园、梅香园、竹香园、兰香园、谷香园（1~15号住宅楼），建筑面积共计481003.1平方米。2010年，北湖村、南北河村、黄营村、头道沟村、传字营村村民入住。

第三节 业务管理

一 资质类别

1979年后，区建筑主体呈现多元化特征，国有、集体、民营企业并立，数量快速增加，经营实力增强。依据《中华人民共和国建筑法》《建筑业企业资质管理规定》《天津市建筑市场管理条例》，津南区对建筑业企业资质进行管理。2001年，津南区有建筑业企业60家，按照资质等级，一级企业1家，二级企业6家，三级及劳务分包企业53家。2010年，津南区有建筑业企业133家，按照资质等级，一级企业10家，二级企业37家，三级及劳务分包企业86家；按照资质类别，施工总承包企业19家，专业承包企业95家，劳务分包企业19家，发展成以房屋建筑工程为主，市政公用工程、钢结构工程、预拌商品混凝土工程、送变电工程、建筑装饰装修工程、机电工程、地基与基础工程等行业多元化发展的局面。

二　工程质量

1986年2月，区成立建设工程质量监督站，对施工建设项目监督检查。至1995年，累计监督工程654项，建筑面积141.91万平方米，其中优质工程44项，发出工程质量整改通知单4298件。2000年后，区工程质量监督涉及建筑工程从勘察资料及设计图纸的审阅、建筑材料的抽验、施工现场的管理及工程施工的质量进行全方位、全天候的监督检查。区建筑工程质监率100%，验收合格率100%，创优率逐年攀升。2007—2010年，对建筑材料进行封样抽测656件，加倍复试合格材料11件，不合格1件。发现钢筋因二次加工后严重损坏率高、直径规格不足等问题4起，责令钢筋退场287吨。

2001—2010年，监督工程3797项，建筑面积3614.5万平方米。新开工程1356项，建筑面积2045.47万平方米。到现场监督45824次，下发通知书9179份，发现问题40481件，其中重大质量问题1203件，没有发生重大质量事故。

三　施工许可证

1989年，建立建设工程开工审批制度。至1995年，办理开工许可证483件。2005—2009年，发放施工许可证617个，总面积1233.34万平方米。其中，工业项目360个，面积271.87万平方米；住宅项目142个，面积683.92万平方米；文教卫生项目17个，面积14.28万平方米；商业和服务类项目18个，面积7.23万平方米；其他类项目80个，面积256.04万平方米。2010年，发放施工许可证7193个，其中单位产1156个，私产5964个，直管民用公房73个。

四　建造师

2002年，国家对建设工程项目总承包和施工管理关键岗位的专业技术人员实行执业资格制度。2005年，正式实施建造师职业资格。2010年，津南区各类注册建造师共计1386人。其中，一级注册建造师111人，一级临时建造师47人，二级注册建造师824人，二级临时建造师404人。大量建造师落户区建筑企业。

第四节　市场监察

一　监督检查

1986年，区成立整顿建筑市场领导小组，对定级发证的施工单位进行抽查。对发现问题予以及时处理，清除隐患。1996年，监督工程120项，建筑面积25万平方米，下发《责令整改通知书》1270份。当年工程一次验收合格率为95%，工程验收合格率为100%。1996—2000年，监督工程884项，建筑面积316.7万平方米。在质量监督中，下发《责令整改通知书》4008份。2001年8月，国家建设部检查组专家对津南区8个工地进行检查，被检工程全部合格。

2005年9月，建设部检查组到津南区进行“全国工程质量监督执法检查”，按照《监管情况检查表》所查项目均达到“符合”的最高标准。是年，区建设部门监督工程450项，建筑面积281万平方米，新开工程73项，建筑面积48万平方米。竣工工程88项，建筑面积76万平方米。现场检查3680次，下发《责令整改通知书》394份，发现质量问题1445件，较大质量问题47件，没有发生重大质量事故。2009年，监督工程377项，建筑面积1185万平方米。开展专项检查10次，夜间检查3次，巡查和日常检查1243次，到场检查5124人次。下发《责令整改通知书》845份，发现质量问题4780件，其中较大问题157件。对44家严重违规的参建单位进行了行政处罚，其中包括建设单位7家，施工单位36家，监理单位1家，罚款金额44.8万元。

2010年，区建委对区2008—2009年188个政府投资项目、3000万元以上的12个房地产及171个内资企业投资项目开展专项治理自查；加强建设工程质量安全监管，监督工程689项，到场检查9568次，下发《责令整改通知书》1106份，发现质量问题4140件。实施建筑材料监督封样抽测136件，查处违法违规问题20件，对20家企业实施行政处罚。

1996—2010年津南区监督检查工程情况表

表10-3

年份	监督工程（项）	建筑面积（万平方米）	责令整改通知书（份）
1996	120	25.00	1270
1997	129	37.50	1000
1998	89	83.00	178
1999	259	75.30	780
2000	287	95.90	780
2001	349	120.50	1570
2002	519	160.00	1613
2003	510	240.00	1913
2004	505	301.00	2570
2005	450	281.00	394
2006	566	421.00	516
2007	258	317.00	731
2008	263	589.00	601
2009	377	1185.00	845
2010	689	1752.60	1106

二 执法监察

1996年，区与乡镇政府签订《规划土地监察目标责任书》，建立土地审批办件程序和行政执法责任制。2001年，检查在施项目47项，建筑面积24.1万平方米，下达停工通知和整改通知7份。2005年，查出违法项目31407平方米，拆除6000平方米，下达停工通知书77份，退出耕地4.19公顷。2010年，检查172个项目228个标段，检查总建筑面积1161万平方米。检查11个勘察单位，48个设计单位，26个监理单位，49个总包单位，45个劳务分包单位及24个专业承包单位。对存在问题的70个标段下达书面整改意见及限期整改书，对4个项目进行书面批评教育，对5个项目进行行政处罚，罚款30.5万元。2001—2010年，检查在施项目595项，建筑面积近400万平方米，制止违章违法开工项目38项。

三 农民工工资监督

2009年，区建设项目建立农民工工资预储账户制度及农民工工资保证金制度。农民工工资预储账户由施工总承包企业负责设立，建设单位从工程总价款中单独列支农民工劳务费，分阶段划入农民工工资预储账户，采用在基础、主体和装修三个部位开工前分别按工程总价款5%、7%和3%的缴存方式，专门用于支付从事该建设项目劳务作业的农民工工资。农民工工资保证金制度按照施工总承包企业100万元、专业承包及劳务企业30万元的标准缴纳，预防和解决建设领域拖欠农民工工资问题。2010年，开设预储账户企业74家，开户项目88个，账户存款1.85亿元，预储账户发放工资3667万元，全年退还企业566万元。接待农民工来访315件，涉及人数9386人，解决7218万元。

第二章　房地产业

90年代中期始，区按照市要求进行城镇住房改革，规范了“公积金制”“公房出售”“货币补贴”“补充住房公积金”制度，促进房地产业的发展。2003年10月，津南区成功举办首届房地产交易大会，使房产交易量迅速提高。通过加强房地产管理和物业管理，房地产业健康快速发展。

第一节　机　构

1996年11月，成立津南区房地产管理局（简称区房管局），与区规划土地局合署办公。1997年11月独立设置。2010年内设：办公室、财务科、房地产管理科、房地产权属管理科、房地产市场管理科、物业管理办公室、住房委员会办公室、法制监察科（执法中队）。下属单位：房产服务中心、房地产登记发证交易中心、房地产测量队、房屋安全鉴定中心、城市房屋拆迁管理办公室、咸水沽房管站、葛沽房管站、小站房管站、房屋修建服务站。

第二节　城镇住房改革

一　住房制度改革

1994年6月13日，津南区政府批转区房改办《津南区城镇住房制度改革方案（试行）》，津南区住房制度改革速度加快。

（一）公积金制

1992年，津南区开始实行公积金制，由职工所在单位按1991年底职工标准工资额的5%扣除个人缴费部分，连同单位为职工缴存的5%作为住房公积金存入建设银行。1992年，全年缴存240万元。1995年4月，住房公积金调整为按1993年底职工工资总额的3%缴存。1995年底，全区有368个单位实行公积金制，累计缴存公积金1708.51万元。之后，逐年提高比例。2005年，住房公积金缴存比例调整为15%。2010年7月，住房公积金缴存基数调整为2009年12月职工个人月工资总额。9月，全区945个单位实行住房公积金制，累计缴存公积金22.47亿元。

（二）公房出售

包括直管民用公房和单位自管房。1993年，首先将滨海化工厂职工宿舍出售给职工，共416平方米，收回资金16.8万元。1994年6月，区制定《津南区城镇住房制度改革方案（试行）》，售价为准成本价，楼房每平方米445元，平房每平方米388元。1996年，楼房售价调整为每平方米740元，平房售价调整为每平方米502元。至2010年，全区出售直管产楼房2744套5947间18万平方米，收回资金4535.4万元；出售直管产平房357套754间1.27万平方米，收回资金173.23万元。有108个单位向职工出售单位产公有住房，发放售房许可证658个，出售单位产公有住房22587间62.35万平方米。

（三）货币补贴

2000年7月，区委、区政府批转区城镇住房制度改革领导小组《关于〈津南区区属机关事业单位住房分配制度改革暂行办法〉的通知》。2000年1月1日起，津南区停止住房实物分配，开始实行住房分配货币化。住房价格补贴标准为每建筑平方米265元，职工补贴标准为每平方米4元（职工工龄按1991年底前的工龄计算）。2000年，区属分房序列各单位干部职工674人，发放住房货币补贴566万元。2006年，住房补贴发放范围加大，区属机关和全额事业单位都列入住房补贴发放范围，提高住房补贴面积标准。2009年底，区属机关和全额事业单位151个单位的7600人领取住房货币补贴，累计补贴金额1.19亿元。

（四）补充住房公积金

根据《津南区区属机关事业单位住房分配制度改革暂行办法》，2000年1月1日起，津南区为新职工（1999年12月31日后参加工作人员）建立补充住房公积金，缴存比例为10%，缴存基数为上一年度职工月均工资总额。2009年1月1日起，区为机关和全额事业单位在职"老职工"（1999年12月31日前参加工作人员）建立补充住房公积金，缴存比例为10%，缴存基数为上一年度职工月平均工资总额。2010年7月，在职老职工补充住房公积金缴存比例调整为14%，新职工补充住房公积金缴存比例调整为19%，新老职工补充住房公积金的缴费基数统一调整为2009年12月份职工个人工资总额。全区在职老职工6647人办理补充公积金调整手续，月人均补充住房公积金缴存额828元，新职工1917人办理了补充住房公积金调整手续，月人均补充住房公积金缴存额为927元。

二 住房保障改革

（一）廉租住房

2005年，天津市出台最低收入住房困难家庭（为享受城镇最低生活保障待遇的家庭简称低保户或享受民政部门定期抚恤和定期定量补助的优抚对象）住房补贴管理办法。至2007年底，津南区有21户"低保"家庭享受租房补贴。2008年5月，天津市出台《天津市廉租住房管理办法》，将廉租住房租房补贴保障范围由最低收入困难家庭扩大到家庭上年人均月收入低于600元的低收入住房困难家庭。2009年2月，将廉租房补贴保障范围进一步扩大到家庭人均月收入低于800元，家庭人均住房使用面积由7.5平方米扩大到9平方米。截至2010年8月底，全区有690户低收入住房困难家庭享受租房补贴，累计发放租房补贴款604万元。受理廉租住房补贴申请45户，审核通过29户。

（二）限价商品住房

2008年5月，津南区开始实行限价商品住房。申请条件是：具有本市中心城区（外环线以内）非农业户籍3年以上且家庭人口在2人（含）以上，家庭上年人均收入低于2.5万元，家庭无私产房且未承租公有住房。2009年2月，扩大限价商品住房的购房范围，环城四区的非农业家庭也可申请限价商品房且家庭上年人均年收入低于3万元，家庭住房建筑面积不超过60平方米。男性超过25岁，女性超过23岁的未婚人员或离异、丧偶人员，如符合申请具备的户籍、收入和住房条件的也可作为单人户申请限价商品住房。至2010年9月，全区发放购买限价商品住房资格证明88个。

（三）经济适用住房

2008年，天津市出台《天津市经济适用住房管理办法》。按照文件规定，津南区房委办对河西区解放南路天津玻璃厂片的拆迁家庭申请购买定向销售经济适用住房进行资格审核，并为符合申请条件的31户拆迁家庭发放了《天津市定向购买经济适用住房证明》。

第三节 房地产交易

2003年10月18—20日，津南区举办首届房地产交易大会，开展产权管理、物业管理、房改、拆迁等咨询服务，有11家开发企业参会。大会期间，成交商品房64套，售房面积3681.73平方米，成交金额929.24万元。二手房成交151套，售房面积9881平方米，成交金额515.2万元。此后每年举办房交会。

2006年房交会于10月18—20日举办，有14家开发企业参会，成交房屋93套，面积9722.59平方米，成交金额3518.05万元，同时举办房管10年成果展。2008年房交会于11月15—16日举办，有15家开发企业参会，成交房屋137套（商品房125套，二手房12套），面积14048.22平方米，成交金额6856.57

万元。

2010年，各类产权登记20765件，736.11万平方米。商品房备案13525件，147.5万平方米，其中存量房交易1431件，13.77万平方米。商品房维修基金2.52亿元，各项税费收入3.26亿元。

2003—2010年，累计成交房屋61102套，总面积652万余平方米，成交额360亿元。其中，商品房52802套，面积5784810平方米，成交额331.38亿元；二手房8300套，面积735480平方米，成交额28.62亿元。

图10-2　2010年，区房管局工作人员为群众办理住房手续

2010年津南区部分楼盘统计表

表10-4

楼盘名称	开发企业	地址	建筑面积（平方米）	参考价（元/平方米）
沽上江南	中冶新华置业	（咸）建国大街北侧	138168	7300
碧桂园蓝岸庭院	八里洲碧桂园	（八）二八路以南	80106	8800
怡泽轩	天山	小站镇	123662	5400
天富园	鸿富	（双）微山路西侧	253397	8400
格林小城	金地	（双）津沽路西侧	506614	8200
星宇花园	东南新城城建投资	（咸）津沽路紫江路交口	35340	7400
惠安花园	协连	（咸）津沽路中心北侧	257835	7000
星耀五洲	星耀投资	（八）天嘉湖	749316	8400
红磡领世郡	红磡	（双）微山路西侧	865327	9100
春福里	天地源置业投资	（咸）南环路南侧	99428	7400
米兰阳光花园	米兰置业	（咸）建国大街西	196950	8500
昆兰苑	首创新园置业	（双）梨双公路南侧	18354	9500
新悦庭	鸿吉	（双）微山南路西侧	74823	12000

第四节　房地产管理

一　产权产籍管理

（一）产权

1984年，区开展房产清查换证工作。1996年，发证530件，其中单位产82件，私产283件，直管民用公房改售房52件，合作建房113件。2005年，发证6933件，其中单位产573件，私产4912件，直管民用公房改售房1448件。2010年，发证7193件，其中单位产1156件，私产5964件，直管民用公房改售房73件。

1996—2010年津南区房屋产权证发放数量统计表

表10-5　　单位：份

年份	单位产	私产	直管民用公房改售房	合作建房	总计
1996	82	283	52	113	530
1997	65	327	126	-	518
1998	298	624	378	-	1300
1999	353	1162	352	-	1867
2000	77	907	444	-	1428
2001	78	2555	666	-	3299
2002	114	2158	132	-	2404
2003	131	2793	149	-	3073
2004	139	3134	130	-	3403
2005	573	4912	1448	-	6933
2006	767	7553	500	-	8820
2007	888	8082	124	-	9094
2008	650	5711	127	-	6488
2009	612	8016	163	-	8791
2010	1156	5964	73	-	7193

（二）产籍档案

1986年9月，区房地产公司对档案管理人员进行业务培训。1991年8月，区房地产公司制定《天津市南郊区房地产档案登记管理办法》。1998年，档案管理工作晋级达标为市一级单位。1999年，建立产权产籍管理数据库，集中录入产权信息29762条。2003年，完成产权产籍升级和局域网布线，开通OA办公自动化系统和房管业务的微机化管理。2004年，接收产权登记档案5685卷，整理订卷建卡归档2203卷，调借阅档案398件，查封67件。2005年，完成104幢楼房展开图的绘制和挂接，1800余条数据与图形挂接工作，档案归档10678卷，调阅档案832人次，查封45件，移交数据库备份光盘11盘，接收市局转档166件，接收葛沽、小站房管站掌管的私产房屋产权档案转移5973件。

2007年，对未发生变更档案进行拆改，将手写卷皮改为机打卷皮。是年，产籍管理总数达68146卷。2009年，扩建档案库房150平方米，归档11674卷，档案查询775件，法院查封110件。对四个镇政府所在地、11个工业园区、3个其他地段59.75平方千米的数据进行内业核查，完成5083条核查数据。2010年，归档19694卷，档案查询978件，登记簿查询1239件，法院查封解封362件，对抵押权注销档案进行清理，清理11304卷。截至2010年底，津南区房管局房屋权属档案87810卷。

1998—2010年津南区发放销售许可证统计表

表10-6

年份	项目数（个）	销售面积（万平方米）
1998—1999	11	8.50
2000	6	7.80
2001	6	7.80
2002	12	30.00
2003	13	27.00
2004	19	74.00
2005	28	59.00
2006	28	42.00

续表

年份	项目数（个）	销售面积（万平方米）
2007	33	62.00
2008	59	159.00
2009	42	169.00
2010	31	71.00
合计	288	717.10

二　房屋行政管理

1996年，区房管局对全区143户旅店业、娱乐业和印刷业用房进行房屋安全鉴定，为57份新签的租赁合同进行鉴证。2005年6月，开展租赁市场清查，至年底，清查8个镇27条街道1229户，进行登记造册。全年完成租赁备案501件8.02万平方米。9月28日，津南区房屋安全鉴定中心挂牌成立，全年受理安全鉴定178件，完成单位产和私产房屋推修6.5万平方米，向32户危房发出危房通知书。1996—2005年，办理租赁合同、危房、安全等各种鉴证4002件，下危房通知165件。

2006年，完成房屋租赁备案726件10.44万平方米，进行市场租金指导价格调查，房屋安全鉴定726件，对津南区5处风貌建筑进行巡查，上报葛沽药王庙和小站周公祠2处风貌建筑建议名单。是年12月12日，小站周公祠历史风貌建筑正式挂牌。2009年，对全区36所中小学及幼儿园63幢建筑13.5万平方米校舍进行安全鉴定，建立房屋安全档案。开展房屋安全普查和城乡建（构）筑物抗震性能普查，普查3295幢城镇建（构）筑物和61945户农村民居。全年新增房屋租赁登记备案1074件9.36万平方米，完成单位产和私产维修面积16万平方米，进行房屋鉴定56户。2010年，新增房屋租赁备案1185件9.41万平方米，单位产和私产维修11.9万平方米，完成房屋鉴定73户。2005—2010年，办理租赁合同、危房、安全等各种鉴证6749件。

1996—2010年津南区房屋行政管理情况统计表

表10-7

年份	鉴证（件）	危房通知（件）
1996	200	-
1997	135	-
1998	72	20
1999	111	-
2000	42	11
2001	263	-
2002	702	5
2003	832	57
2004	966	40
2005	679	32
2006	1452	-
2007	1152	-
2008	1078	-
2009	1130	-
2010	1258	-

三　经营修缮管理

1996年，津南区房管局成立后，重点开展直管公房的经营维修管理工作，在公用公房数量逐年减少、租金收入逐年减少的情况下，为确保房屋使用安全，做到房屋应修尽修，每年投入维修费不少于租金总额的68%。2007—2009年，直管公房维修7.91万平方米，维修及时率、工程合格率、群众满意率皆为100%。2010年，公用公房修缮2.3万平方米，投入修缮资金182.66万元。

四 市场监察

80年代末，房地产市场日趋活跃。1989年3月，成立津南区房地产交易所。10月5日，制定《关于区房地产交易所开辟市场及职责分工的安排意见》。咸水沽房地产交易市场区域范围为咸水沽镇、八里台乡、南洋乡、辛庄乡、双港乡及城乡接合部；葛沽房地产交易市场区域范围为葛沽镇、双桥河乡；小站房地产交易市场区域范围为小站镇、双闸乡、北闸口乡。咸水沽、葛沽、小站3个镇房管站设私房股，负责私房交易过户等工作。是年，全区开展清理整顿房地产市场秩序，维护和规范房地产市场秩序。

1997年10月，《津南区房地产市场管理办法》正式实施。1998—1999年，区房管局与区财政局联合制定《关于规范房地产市场及契税征收的意见》《关于商品房买卖统一使用〈天津市商品房买卖合同〉的规定》。2003年3月，区房地产交易中心建成并投入使用。中心建筑面积4396平方米，内设交易大厅和综合服务区，有18个展位，集信息、交易、咨询、管理服务于一体，为房地产市场提供"一站式"优质高效服务。

2004年6月，区房管局设置法制监察科加挂房管执法监察中队的牌子。2005年，受理群众投诉12件，开展巡查139次。对有房屋租赁行为未办租赁备案的，发备案通知571份；办理租赁登记备案的单位3家；涉及房屋安全使用的36次，治理违规拆改14件，治理违章搭建7件；配合产权市场科进行房地产市场秩序检查13次，查处违规中介24家，举行听证26场。2006—2009年，开展各类执法检查327次，对违规行为责令限期改正。散发宣传材料，纠正制止违规行为，举行听证会。其中，对咸水沽镇普红馨苑无证售房行政处罚案卷被市局评为优秀案卷。

2010年，津南区有开发企业36家，其中纳入监管18家，监管宗地面积622.91公顷，建筑面积871.48万平方米。开展各类执法巡查129次，下发责令整改通知书12件，涉及企业全部整改，处理执法投诉51起，经教育改正恢复45起，下达责令改正通知书并多次约谈后恢复原状的6起。下达限期竣工通知书2件。全年收到市局信访处和区信访办转来信访件63件，办结率100%。

2010年津南区住宅房屋指导租金一览表

表10-8　　单位：元/月·建筑平方米

版块	四至	特点	指导租金		
			高层	多层	平房
八里台版块	北至八里台镇与辛庄镇、咸水沽镇；东至八里台镇与北闸口镇、小站镇；南至大港区边界；西至西青区边界	以集体土地为主，高端项目进驻（星耀五洲，碧桂园等）	20	16	7
葛沽版块	北至东丽区、塘沽区边界；东至塘沽区、大港区边界；南至大港区边界；西至葛沽镇与小站镇、双桥河镇	临近滨海新区，具有发展潜力	-	24	10
津南环内版块	北至河西区边界；东至东丽区边界；南至外环线；西至西青区边界	外环线以内，交通便利，地铁总站位于此版块内	31	22	-
双港版块	北至外环线；东至东丽区边界、双港镇与辛庄镇；南至双港镇与辛庄镇；西至西青区边界	位于城乡接合部，交通便利	18	16	8
双桥河版块	北至东丽区边界；东至双桥河镇与葛沽镇；南至双桥河镇与小站镇、北闸口镇；西至双桥河镇与咸水沽镇	以集体土地为主，临近滨海新区，具有发展潜力	-	17	8
咸水沽版块	北至东丽区边界；东至咸水沽镇与双桥河镇；南至咸水沽镇与北闸口镇；西至咸水沽镇与八里台镇、辛庄镇	区政府所在地，交通便利，配套齐全	16	18	-
小站版块	北至北闸口镇、小站镇与咸水沽镇、双桥河镇、葛沽镇；东至大港区；南至大港区；西至北闸口镇与八里台镇	历史城镇，具有发展潜力，以行政区域划分	-	13	6

续表

版块	四至	特点	指导租金		
			高层	多层	平房
辛庄版块	北至东丽区边界；东至辛庄镇与咸水沽镇；南至辛庄镇与八里台镇；西至西青区边界、辛庄镇与双港镇	以集体土地为主，临近海河教育园区	-	16	8

说明：此次公布的住宅房屋指导租金是指以下基准房屋的租赁指导租金价格：楼房，有简单家具、简单家电，一般装修（铺地砖，粉白墙，简单卫生间及厨房装修），有管道天然气（或煤气）、管道暖气，周围环境一般。平房，上水下水畅通，有厨房。高档写字楼的指导租金按照出租方提供的实际租金价格发布。

五　拆迁管理

1994年10月，津南区成立城市房屋拆迁管理办公室。2007年11月，成立津南区集体土地房屋拆迁管理办公室，承担农村宅基地及占用、使用集体土地范围内房屋及附属物、地上附着物等的拆迁管理职能。内设：秘书科、拆迁管理科。

（一）制度

1996年11月至2005年8月，区政府相继转发区房管局等单位制定的《关于咸水沽平房改造拆迁管理办法》《津南区房屋拆迁货币还迁办法》《津南区城镇房屋拆迁管理办法》《津南区房屋拆迁运作程序规定》《津南区停建平房住宅相关问题的意见》《津南区城镇房屋拆迁实施意见》《津南区城镇房屋拆迁管理办法》《津南区城镇房屋拆迁管理办法》《天津市津南区征收集体土地和房屋拆迁补偿安置的实施意见》等规定。2001年5月，区政府印发的《津南区停建平房住宅相关问题的意见》中规定，在2001年2月16日以后，所有新建、翻建、扩建的平房住宅一律视为违章建筑。

图10-3　2010年，咸水沽镇二道桥村房屋拆迁，村民正在搬家

（二）拆迁

区房管局负责国有土地的拆迁，1996—2005年，拆迁房屋面积58万平方米。2006—2007年，发放拆迁许可证16件，批准拆迁面积37.71万平方米。2008年，完成拆迁裁决258件，裁决调处调解421件。5月津港高速开始拆迁；7月天津大道修建拆迁；9月蓟港铁路开始拆迁。2009年，土地整合下达房屋拆迁决定书180余份，涉及7个镇30余个村；海河教育园一期于5月开始拆迁。区房管局完成近9000个资金补偿档案的审核、存档工作。2010年，土地整合中涉及8个镇。海河教育园区二期占地面积13.7平方千米，拆迁涉及咸水沽、辛庄、八里台、双港4个镇住宅计2450户10500人，企业449家。是年底，涉及企业全部拆迁；居民住宅户全部评估完毕签订协议。

2007—2010年，区房管部门按照"拆迁一处，造福一片，稳定一方"及公平、公正、公开的原则，审批、张贴拆迁公告45份，下达告知书510份，涉及拆迁户数21970户，1670户滞留户最终签订协议，顺利搬迁。2008—2010年，涉及拆迁资金近103.5亿元。

1996—2010年津南区拆迁项目情况一览表

表10-9

拆迁时间	拆迁项目
1996.5	南环路至葛沽西关段道路拓宽改造
1997.3	咸水沽镇八米路、华茂里、红邮里危陋平房改造

续表

拆迁时间	拆迁项目
1997.5	咸水沽镇北片平房改造一期拆迁，永安里一期危陋平房改造拆迁，红霞里一期危陋平房改造
1997.7	永安里二期危陋平房改造拆迁
1998.2	幸福里危陋平房改造
1998.4	津歧路咸水沽镇至小站镇段道路拓宽
1998.7	咸水沽镇育才里平房改造
1998.11	红霞里二期危陋平房改造拆迁，永安里四期危陋平房改造
2000.3	小站镇东风里平房改造
2000.10	咸水沽镇荣兴里、卫国里、新征里平改
2000.12	咸水沽镇北片改造第二期平改
2001.3	咸水沽镇友谊里、剧场里平改
2001.7	葛沽镇福海园一期平改
2001.9	咸水沽镇惠苑里平改
2003.1	咸水沽镇众合里平改拆迁，咸水沽镇惠裕里平改
2003.4	咸水沽镇紫江路建设项目
2003.7	小站镇幸福村拆迁
2004.3	小站镇文化路拆迁
2004.8	梨双路拓宽工程
2006.3	咸水沽镇红旗路延长线
2006.12	小站镇练兵园项目
2007.9	双港镇久隆街拓宽改造
2007.10	咸水沽镇老镇区五片危陋平房拆迁
2007.11	津沽路综合整治项目
2007.12	小站镇西花园示范城镇农民安置房建设项目
2008.4	双港镇赤龙北里土地整理项目
2009.1	天津大道建设项目
2009.3	津南区城中村改造北马集地块基础设施村民还迁安置住房项目
2009.8	津南区城中村改造北马集地块二期基础设施村民还迁安置住房项目
2010.9	津南区城中村改造北马集地块三期基础设施村民还迁安置住房项目

第五节 物业管理

1996年12月，津南区成立第一家物业公司——天津市正安物业开发有限公司。2000年，有物业服务企业9家，物业管理项目32个，物业管理建筑面积85.16万平方米，其中住宅项目22个80.36万平方米，非住宅项目10个4.8万平方米，建立物业管理委员会4个，累计建立7个。益华里、照明北里、南华里被评为天津市物业管理项目规范服务达标小区。2005年，有物业服务企业18家，物业管理项目58个，物业管理建筑面积284.64万平方米。其中，住宅项目49个275.08万平方米，非住宅项目9个9.56万平方米。建立业主会6个，累计建立17个。惠苑小区、双港康桥花园被评为天津市物业管理项目规范服务达标小区。

图10-4 2009年，咸水沽镇社区物业管理知识讲座

2010年，区物业服务企业达47家，其

中三级27家，三级暂定12家，外埠分公司8家。物业管理项目94个，物业管理面积983.53万平方米，其中住宅项目75个908.21万平方米，非住宅项目19个75.32万平方米，全年新增物业管理面积135.28万平方米，累计建立业主大会26个48687户，建筑面积614.02万平方米。累计归集商品住宅专项维修资金6亿元，专项应急维修资金741.33万元。

津南区志
（1979—2010）

第十一编
商　业

改革开放前，区商业以国合商业为主。1979年3月，建立咸水沽新兴路、葛沽南大街、小站文化路3个占路农贸市场，私营商业得以恢复与发展。1980年，南郊区社会消费品零售额1.15亿元；1990年2.28亿元。2000年后，区商贸流通业发展更加活跃，新建成一批大型商业设施和商业街及11个社区商业中心和3个标准化封闭式菜市场。2010年，全区5000平方米以上的大型商业设施发展到12个，超市（便利店）发展到100余个，年销售额2000万元以上的批发企业74个，年销售额500万元以上的零售企业25个，其中年销售额超亿元的16个，年销售额达10亿元以上的4个。2010年，社会消费品零售总额111.07亿元。

月坛商厦

第一章 机 构

第一节 发改委

1970年8月，成立天津市南郊区革命委员会计划组。2001年12月，更名天津市津南区发展和改革委员会。2010年，更名天津市津南区发展和改革委员会，加挂天津市津南区物价局、天津市津南区人民政府粮食办公室牌子。是统筹协调全区国民经济和社会发展、综合协调经济体制改革工作、物价管理工作和粮食流通、地方储备粮管理工作的区政府工作部门。内设：办公室、综合计划科、固定资产投资科、电力建设管理科、经济体制改革管理科、价格管理科、价格监督检查科、市场价格监测科、价格鉴证科、农产品成本调查队、粮食市场储备科、粮食监督检查科、重大项目管理科、城镇化科、财务科及信息中心、价格鉴证中心。

第二节 商务委员会

商务委员会是区政府主管全区内外贸易和对外经济合作工作的职能部门。2010年2月，区商业委员会与区对外经济贸易委员会撤并，组建为区商务委员会。内设：办公室、服务业发展科、流通秩序管理科、市场建设管理科、规划统计科、外资管理科、外企管理科、经联合作管理科。

第三节 供销社

南郊区供销合作社于1954年1月成立，是农民群众自愿联合、自筹资金、自主经营、自负盈亏的合作经济组织，综合性商业企业，隶属天津市供销合作总社和津南区委、区政府双重领导。1992年3月，变更为津南区供销合作社。内设：办公室、业务科、财审科。下属企业有咸水沽供销社、小站供销社、葛沽供销社、北闸口供销社、第二采购供应公司、第三采购供应公司、物资回收公司、领先健隆医药公司、农业生产资料公司、副食杂品公司、伊利康业冷冻食品股份有限公司和直属单位供销商厦。

第四节 粮贸 粮购

粮油贸易有限公司于1999年3月26日成立，是区直属中型企业，独立核算、自主经营、自负盈亏。内设：办公室、业务部、财务部、企业管理部。

粮食购销有限公司于1999年3月18日成立，为区直属国有企业，独立核算，自主经营，自负盈亏，归口区发改委管理。内设：办公室、业务科、财务科。

第二章 国合商业体制改革

80年代，区供销社在体制上恢复集体所有制性质，由“官办”变“民办”，随之推行不同形式的承包责任制，改革经营体制和分配机制。90年代初、中期，进一步完善承包责任制。90年代末期，精简机构，实施下岗分流，减员增效。出售边远小门店，盘活资产。1998年，供销社机关12个科室减为4个，粮食局所属10个粮油站撤并为6个。1999年1月，完成粮食流通体制改革。是年，累计2057名职工与企业解除劳动合同，195人进入再就业服务中心，出售64个小门店，收回资金近500万元。2000年后，国有资本从小企业退出，企业投资主体多元化，企业法人治理结构进一步规范，机构和人员得到精减，逐步扭亏为盈。

1998—2010年津南区国合商业企业改革统计表

表11-1

年份	基层企业情况(个)				人员情况(人)				
	年初数	撤销	合并	改制	年初数	在岗	下岗	转岗	挂编
1998	30	-	-	3	2714	-	-	-	-
1999	48	-	1	-	2526	374	-	53	108
2000	47	-	3	8	2175	267	121	51	18
2001	44	-	5	-	2071	264	-	-	-
2002	39	-	1	1	1856	1305	437	-	-
2003	38	-	1	-	1709	1257	354	-	-
2004	37	-	2	1	1567	977	511	-	-
2005	35	-	1	1	1456	911	471	-	35
2006	34	1	7	1	1341	773	531	-	-
2007	26	-	3	1	1232	660	543	1	6
2008	23	-	-	1	1145	575	546	1	3
2009	23	-	-	1	1057	557	477	1	2
2010	23	-	-	2	968	517	433	1	1

第一节　粮食系统体制改革

1979年，南郊区已有粮食局。1995年，粮食局有基层单位16个，独立核算单位39个。1998年，津南区粮食局率先在天津市粮食系统实施下岗分流，减员增效，分流82名职工，456名职工与企业解除劳动合同。1999年1月，完成粮食流通体制改革，在原区粮食局的基础上分割组建区粮食办公室、区粮油贸易有限公司和区粮食购销有限公司，建立管理、经营、收储三者分立的新型粮食流通体制。2001年10月，津南区粮食管理局更名为津南区粮食办公室。2010年，并入区发改委办公。

一　区粮油贸易有限公司

1999年3月，区粮油贸易有限公司挂牌成立，为区直属国合商业企业。辖粮油综合加工厂、咸水沽粮库、葛沽粮油站、咸水沽粮油站、小站粮油站、双闸粮油站、粮油贸易中心、饲料公司、油脂管理站等10个基层企业，主要从事粮油贸易、军粮供应等业务，拥有员工354名。是年，实施“三定”（定岗、定编、定员）改革、减员增效，分流121名剩余职工进入再就业服务中心。2000年，实施基层企业剥离改制。2004年，实施资产、人员重组。至2008年，咸水沽粮库、粮油综合加工厂、饲料公司、咸水沽粮油站、小站粮油站、葛沽粮油站、粮食局粮油贸易公司等老企业陆续封账停运。2010年6月，成立天津市津沽嘉禾源商贸有限公司，主营烟酒，拓展经营领域。是年，区粮油贸易有限公司拥有员工58名，下属4家基层企业，形成以粮油贸易、馒头生产为主，烟酒经营为辅的发展格局。全年经销粮油1.9万吨，馒头等系列食品660余吨，销售额3954.8万元。

二　区粮食购销有限公司

1999年3月，区粮食收储公司挂牌成立，为区直属国合商业企业。辖天津市粮油购销公司津南分公司、津南国家粮食储备库、小站粮库、西大桥粮库、辛庄粮油站、八里台粮油站等企业，主要从事粮食收购、储备和销售业务，拥有员工221名。7月，更名为津南区粮食购销有限公司。12月，实施"三定"改革，分流下岗职工38名，在岗人员缩减至142名。2000年7月，成立津南区粮食购销经营部。2005年4月，八里台粮食购销有限公司以吸纳社会自然人参股形式，进行产权制度改革，置换职工身份。

2010年，区粮食购销有限公司拥有员工99名，下属6家基层企业、1家股份合作企业和2家报账制企业。全年储粮7.1万吨，经营收入3458万元。

第二节　供销社体制改革

1979年，供销合作商业得到稳定发展。1982年2月，区供销社在饮食副食行业的40个门市部试行浮动工资超利润提成、利润包干超额分成、见利分成、销售提成、少亏为盈工资分成等五种形式的经营责任制。1983年，供销社进行体制改革，全面推行多种形式的经营承包责任制。9个基层社召开社员代表大会，选举产生基层社理事会、监事会组织。1985年，在252个店、库、组实行税后分成、毛利分成、计件分成、减亏分成、大包干等多种形式的经营承包责任制。1987年，24个基层企业实行"利润定额、超额奖励"的经营承包责任制，零售商店和库、组推行不同形式的经营承包责任制。1988年8月，物资回收公司、双港批发站、南洋供销社、白塘口供销社等18个基层企业相继实行厂长(经理)负责制。1992年4月，零售商业内全面推行"四放活"。实行干部聘任制，推行全员劳动合同制，打破干部与职工身份界限，能者上，庸者下。分配上取消等级工资制，实行浮动工资，联利联销，奖勤罚懒，工效挂钩。调整经营结构和形式，对管理基础较好、利润较大的大型商店实行灵活承包经营，对微利商店实行定额承包(大包干)经营，对边远和亏损商店实行租赁经营。人员实行竞争上岗，工资奖金与效益挂钩。1993年，在零售商业内推行"租壳卖瓤""公有民营"式承包经营，189个零售商店实行"公有民营"。

1995年，区供销社下设基层单位29个，各类零售、服务网点遍布全区。总销售额2.73亿元，商品零售额1.23亿元。1997年，供销社采取门店职工独立办照、个体经营、自负盈亏、费用全部自理，独立承担民事责任的改制办法，职工彻底割断与企业的经济关联，只保持劳动关系，实现企业内部所有权与经营权的分离，承租人具有充分的经营决策和自主权。1998年，实施剩余职工转岗就业，减员增效。是年7月，将第一、二、三、四采购供应公司医药批发部剥离重组，成立津南区医药批发公司。1999年1月，康业冷冻食品厂改制为康业冷冻食品股份有限公司。

2000年，将津南区医药批发公司、第二采购供应公司、第三采购供应公司、中山商厦剥离重组，分别改制为天津市健隆医药有限公司、天津市华泰商贸有限公司、天津市森海商贸有限公司、天津市中山商厦有限公司。2001年8月，康业冷冻食品股份有限公司与内蒙古伊利集团联合投资1000万元，组建天津伊利康业冷冻食品有限责任公司。

2003年，累计有2080余名职工与企业解除劳动合同，70余名职工进入津南区再就业中心。2004年6月，天津市健隆医药有限公司与民营企业天津领先医药集团合作出资1000万元，组建天津领先健隆医药有限公司，区供销社占30%股份。2006年，实施基层企业重组，基层企业由21个撤并为14个。2007年5月，第一

图11-1　2001年，区供销社经济工作会议

采购供应公司、津达机械修造厂撤并入咸水沽供销社，咸水沽蔬菜水产公司撤并入康业冷冻食品股份有限公司。2010年，区供销社拥有员工811名，下属11个基层企业。全年销售额8.1亿元，上缴税金2522万元。

第三节　食品公司体制改革

1979年，南郊区食品公司下设食品收购站6个，收购点2个，销售商店13个。负责全区肉蛋供应以及生猪、禽蛋收购等。80年代末，食品公司进入市场，企业自筹资金160余万元，建起冷藏库容200吨、急冻20吨的冷库，于1991年下半年竣工投产，扩大经营范围、拓展业务渠道。

1993年6月，天津市取消肉品凭票供应，津南区食品公司根据政策调整，对所属基层门店实行“国有民营”经营模式改革。后继续深化内部管理机制改革，取消各镇收购站，脱产管理人员除符合条件的办理退休外，其他全部充实到生产一线岗位，管理人员由35人精减到8人。2006年5月，采取“主辅分离，辅业改制”的形式实行改制，区食品公司由国有企业改制为民营的股份制有限责任公司。

第四节　石油公司体制改革

1979年6月，成立天津市南郊区石油经营处，为区属国营企业，受市石油公司和南郊区双重领导。1980年，区石油经营处机构设置相继建立健全，下属咸水沽、双港、葛沽、小站、太平庄、徐庄子、小王庄、赵连庄8个石油供应站。1981年9月，更名为南郊区石油公司，所属石油供应站更名为石油经营管理站。1985年12月，天津市南郊区石油公司更名为天津市石油公司南郊区公司，公司业务、人事、财产划归天津石油公司管理，党群关系仍由南郊区管理，所属石油经营管理站更名为加油站。1988年9月，南郊区公司与双桥河镇东泥沽村委会联办集体性质的二道闸联营加油站，实行董事会领导。1992年3月，天津市石油公司南郊区公司更名为天津石油总公司津南石油公司，各网点更名为加油站。1997年6月，津南石油公司更名为天津石油集团津南石油公司。是年，公司被天津市人民政府评为“天津市优秀企业”；1998年，公司被评为天津市先进企业，被评为计量管理国家二级企业。2000年4月，天津石油集团公司对下属分公司实行收支两条线管理，由独立核算改为报账制。2002年10月，公司更名为中国石油化工股份有限公司天津津南石油分公司，所属各加油站随之变更名称。2004年11月，中石化天津公司对下属分公司实行经营体制改革，撤销二级公司建置。津南石油分公司拆分为零售管理津南区、商业客户中心津南客户经理部和核算中心津南核算组，分别负责加油站经营管理、成品油批发直销和财务管理工作。2011年，公司进行体制改革，成立津南片区，将原有的零售管理部、客户经理部、核算中心和润滑油经营部进行了合并，形成了三部一室的组织架构，分别为综合办公室、零售管理部、客户经理部和核算管理部。

第三章　商贸业态

1979年3月至1986年1月，打破国合商业独家经营格局，建立咸水沽新兴路、咸水沽市场（食品街）、何庄子等近十个大型市场。90年代，国合商业逐渐萎缩，私营商业迅猛发展。形成以何庄子市场、新兴市场、耀华市场、葛沽市场为骨干，定期集市和村庄自发摊群市场为补充的市场发展格局。1995年12月，供销商厦落成开业。1998年6月，新兴市场改造为天天商厦家具装饰材料商城。1999年

9月，月坛商厦落成开业，结束津南区无大型商厦的历史。2000年后，一批重大项目相继建成，商贸流通业逐步实现现代化。

1979—2010年津南区社会消费品零售额统计表

表11-2 单位：万元

年份	金额	年份	金额	年份	金额
1979	10477	1990	22811	2001	82599
1980	11485	1991	23310	2002	115092
1981	12590	1992	23820	2003	134283
1982	13080	1993	24341	2004	388100
1983	13590	1994	24874	2005	463391
1984	14338	1995	25418	2006	546226
1985	16586	1996	29120	2007	607658
1986	17408	1997	31010	2008	733132
1987	21376	1998	31373	2009	937150
1988	21844	1999	35320	2010	1110700
1989	22322	2000	42287	-	-

第一节 综合商厦

一 月坛商厦

位于咸水沽镇津沽路与体育场路交口处，由月坛公司投资5000万元兴建。1998年9月动工，1999年9月落成开业，主体7层（含地下1层），占地0.33公顷，建筑面积1.8万平方米，营业面积1.4万平方米。商厦经营服装、鞋帽、家电、钟表、金饰、化妆品等逾4万种商品，并附有快餐、保龄球等餐饮、娱乐设施，为津南区首家集购物、餐饮、娱乐于一体的多元化发展的大型综合商厦。2000年，跻身天津市零售企业第二十强。2001—2002年，获“天津市商贸流通百强企业”称号。2002年，位列天津市零售企业第十三强。2003年，按照国际“B级商场”标准实施大规模改造，调整经营布局，确立“以国内名优品牌为主，国际名优品牌为辅”的经营定位。是年，获“天津市零售企业第十二强”“诚信单位”“商业名企”等称号。2010年，营业额2.7亿元。

图11-2 2010年，月坛商厦

二 供销商厦

位于咸水沽镇体育场路西侧，由区供销社投资950万元兴建。1995年3月动工，是年12月，落成开业，主体3层，局部4层，占地0.33公顷，建筑面积3000平方米，营业面积2700平方米，容纳80余家商户。2000年9月，投资1600万元实施扩建，2001年9月完工，建筑面积增至1.03万平方米，商户扩招到450余家，经营服装、鞋帽、

图11-3 2001年，供销商厦

箱包、家电、钟表、金饰、化妆品等13大类逾万种商品。2006—2010年，投资500万元，进行提升改造。

三　鑫华商厦

位于咸水沽镇体育场路东侧，由天津房信房地产开发有限公司投资3000万元兴建。2003年3月动工，2004年5月落成开业，主体三层，占地0.86公顷，建筑面积8800平方米，营业面积6160平方米。2007年10月，由王唯贤个人斥资6000万元买断，由华润万家承租，一层经营运动服饰、皮鞋、首饰，二层经营食品副食、日用百货，三层专营服装。2010年，营业额839.5万元。

图11-4　2007年，鑫华商厦

四　天邦购物乐园

位于天津大沽南路与珠江道交口处，由长青办事处灰堆分公司出地，天津天邦投资发展有限公司投资4亿元联合兴建。2007年1月动工，2010年10月落成开业。主体五层（含地下一层），占地5.33公顷，建筑面积13万平方米，营业面积11万平方米。开设有商场、商店、大润发超市、国美电器、肯德基、电影院等，为集购物、餐饮、休闲、娱乐于一体的超大型多功能购物中心。

图11-5　2010年，天邦购物乐园

第二节　专业商厦

一　新天天商厦

位于咸水沽镇韩城桥村，咸水沽集贸市场旁，由韩城桥农工商实业公司投资1000万元兴建。2000年3月动工，是年9月落成开业，占地2公顷，建筑面积1万平方米。商厦由3个家具厅和1个装饰材料厅构成，容纳40余家商户。2008年2月，实业公司投资2000万元实施改扩建，增加建筑面积1万平方米。商厦经营家具灯具、五金电器、板材线材、油漆涂料、厨房用品、窗帘壁纸等9大类逾1万种商品。2010年，交易额1032万元。

图11-6　2008年，新天天商厦

二　港鑫湾家居装饰城

位于双港镇海河湾村，梨双路西侧，由海河湾村委会投资5740万元兴建。2008年3月动工，2009年8月落成开业，主体二层，占地3.13公顷，建筑面积2.6万平方米，营业面积2.1万平方米。商城容纳220余家商户，经营家具灯具、五金电器、板材线材、油漆涂料、厨房用品、卫生洁具等14大类逾万种商品。2010年，营业额1000余万元。

三　国美电器

2008年9月，国美电器租赁津沽新街17号楼三层商铺，投资289万元在津南开设首家分店，营业面积4000余平方米。2010年10月，投资413万元，在天邦购物乐园内增设分店，营业面积6300平方米。国美电器经销彩电、空调、冰箱、洗衣机、数码相机等10大类近万种商品，是区居民购买家电首选之地。2010年，营业额1亿元。

第三节　商业街

一　食品街

位于咸水沽镇体育场路西侧，南接体育场，北临供销商厦，由区工商行政管理局采取“官办民助”形式投资136万元兴建。1985年5月动工，11月落成开业，主体二层，占地0.67余公顷，建筑面积6300平方米，营业面积4410平方米，拥有121间商铺。食品街本名咸水沽市场，因开业初期一层主营餐饮，谓之食品街并沿用下来。1986年9月，投资92万元，实施扩建，增建23间商铺，增加建筑面积1880平方米，1987年7月竣工投入使用。2000年1月，市场实行办管脱钩，移交区商业委员会下属区市场建设服务中心经营管理。食品街容纳90家商户，以商贸为主，附带餐饮、摄影等。2010年，营业额1000万元。

二　津沽新街

位于咸水沽镇体育场路延长线东侧，月坛商厦对过，由天津市协连房地产开发有限公司投资1亿元兴建。2006年3月动工，2008年1月落成开业，占地2.8公顷，建筑面积1.6万平方米。新街全长350余米，由16幢主体二至三层的建筑构成，三排相向布局，拥有340余间商铺，容纳260余商户，以商贸、餐饮、娱乐为主营业态。

图11-7　2008年，津沽新街

三　迎新商贸街

位于小站镇迎新村津歧路南侧，由迎新村委会投资8000万元兴建。2008年7月动工，2009年1月落成开业，占地4.1公顷，建筑面积4.8万平方米。商贸街全长800余米，由23幢主体二层、局部三层的建筑构成，拥有156间商铺，有30家商户入驻，主营五金、建材、水暖管件、家具、装饰材料等。

图11-8　2009年，迎新商贸街

四　小站福街

位于小站练兵园旁，前营路西侧，由天津市金凯戈置地发展有限公司投资1.1亿元兴建。2008年3月动工，2009年10月竣工，占地2.3公顷，建筑面积1.6万平方米。小站福街为徽派仿古建筑风格，全长300余米，由8幢主体二层、局部三层的建筑构成，两排相向布局，拥有156间商铺，已有50家商户入驻，经营业态主要有餐饮、住宿和烟酒批发。

五　鑫港园商业街

位于双港镇鑫港园小区旁，梨双路东侧，由天津市赤龙房地产开发有限公司投资2亿元兴建。2008年1月动工，2009年12月落成开业，占地3.33公顷，建筑面积4万平方米。商业街全长300余米，由10幢主体三层、局部四层的建筑构成，拥有264间商铺。有近百家商户入驻，以商贸、餐饮、美发为主营业态。

六　耀华新天地商业步行街

位于咸水沽镇体育场路东侧，供销商厦对面，为半封闭式高档商业步行街，由天津博强耀华投资发展有限公司投资1.9亿元兴建。2009年4月动工，2010年10月落成开业，占地1.98公顷，建筑面积2.4万平方米。步行街全长近200米，由11幢主体三层、局部四层的建筑构成，三排相向布局，之间由曲廊相连通，设有4部扶梯，拥有440间商铺。步行街一至二层主营服装鞋帽、箱包皮具、珠宝首饰、化妆品、婚纱摄影、家居用品、日用百货等，三层主营餐饮小吃、美容美发、健身保健、休闲娱乐等。

图11-9　2010年，耀华新天地商业步行街

第四节　市　场

1979年3月，建立咸水沽新兴路、葛沽南大街、小站文化路3个占路农贸市场，以农副产品交易为主。80年代，市场得到较快发展。1982年3月，建立咸水沽建国大街、葛沽北大街、小站3个定期集市。1985年11月，建成咸水沽市场（食品街）。1986年1月，建成何庄子市场。90年代，陆续建成葛沽、新兴、耀华等综合市场和双林木材、小站建材、殷庄建材等专业市场，迁建咸水沽集贸市场。白塘口、八里台等自发农贸市场大量涌现，形成以国家级市场为龙头、区域性市场为骨干、自发市场为补充的发展格局。

2000年后，何庄子、耀华、葛沽三大市场相继实施改扩建，完善经营设施，改善经营环境，提升服务功能。2007年12月，建成金福临海产冻品交易市场。2008年3月，建成金角兴发二手车交易市场。是年，建成紫江路、欣达欣发、西三合3个标准化菜市场。2010年，累计成交额25.48亿元。

1983—2010年津南区市场成交额统计表

表11-3　　单位：万元

年份	成交额	年份	成交额	年份	成交额
1983	814	1993	38061	2003	190539
1984	1122	1994	79069	2004	209593
1985	2135	1995	88888	2005	210394
1986	2269	1996	97777	2006	226706
1987	3140	1997	107554	2007	237889
1988	4547	1998	118310	2008	248062
1989	6369	1999	130141	2009	262924
1990	9521	2000	143155	2010	254818
1991	12568	2001	157470	–	–
1992	18794	2002	173218	–	–

一 集贸市场

（一）咸水沽集贸市场

1982年3月建立，位于咸水沽镇建国大街，后延伸至团结路。逢农历一、四、七为咸水沽集。1988年5月，迁至体育场北路和红旗路，与咸水沽市场（食品街）融为一体，设置摊位700余个。

图11-10 2008年，咸水沽集贸市场

1995年，实施退路进场，迁建咸水沽集贸市场。由韩城桥村委会在月牙河畔投资1600万元兴建，1997年1月建成投入运营。市场占地5.33公顷，建筑面积1万平方米，建有4排计200余间经营用房，设置460余个摊位，分设服装鞋帽、布料百货、土杂旧货、花鸟鱼虫、宠物家畜等5个交易区。2000年7月，投资100万元，增设早市，占地1100平方米，设置65个摊位，主营蔬菜水果、肉蛋水产、副食调料。2009年10月，投资300万元，进行早市改建，设置23间经营用房和120个摊位，原场地改建为停车场，缓解停车难问题。2010年，成交额1.5亿元。

（二）葛沽集贸市场

位于葛沽北大街，于1982年3月建成，逢农历二、五、八为葛沽集。集市占地2公顷，建筑面积1700平方米，设置250间经营用房和600个摊位，以经营服装鞋帽、日用百货、土产杂品为主。1990年11月，并入葛沽市场，结束占路经营的历史。

（三）小站集贸市场（小站迎新市场）

位于小站镇文化路，1982年3月建立。逢农历三、六、九为小站集。1995年3月，建成小站迎新市场，小站集市迁入，结束占路经营的历史。市场占地2.66公顷，建筑面积7800平方米，建有4排计226间经营用房，设置698个摊位。1995年3月，场内开设水果批发早市。2009年4月，市场迁至小站迎新商贸街东侧经营。2010年，成交额1亿元。

图11-11 2009年，小站集贸市场开业

二 综合市场

（一）何庄子市场

位于双港镇何庄子村，大沽南路北侧，由何庄子村委会出地，区工商行政管理局出资220万元联合兴建。1985年6月动工，1986年1月建成开业，占地1公顷，建筑面积3700平方米。后又投资1300万元扩建，占地增至8.67公顷。1996年，被农业部确定为鲜活农产品中心批发市场。1999年，市场实行办管脱钩，经营主体变更为何庄子村委会。2001—2006年，投资1.22亿元进行改扩建，建成5000平方米的副食交易厅，1300平

图11-12 2009年，何庄子市场

方米的肉类水产厅和800平方米的冷库，安装电子结算系统和电子监控系统、建筑面积9000平方米的友鹏海鲜批发交易中心及4000平方米的冷库。市场设蔬菜水果、粮油、副食3个交易区，建有副食交易厅和综合交易厅计6000平方米，经营用房410间计1.5万平方米，设置200余个摊位，日上市量160万千克，人流量3万余人次，机动车流量2000余辆次。2010年，成交额15亿元。

（二）葛沽市场

位于葛沽镇二村，津沽路北侧，由葛沽二村村委会出地，区工商行政管理局出资81万元联合兴建。1990年2月动工，是年11月建成开业，占地5.2公顷，建筑面积4000平方米。1996年2月，投资50万元新建南市场，专营水果批发。2000年初，市场实行办管脱钩，经营主体变更为葛沽二村村委会。市场设蔬菜水果、水产、肉类、服装百货等4个交易区，建有水产大厅计3000平方米，经营用房200余间计4000平方米，设置1500余个摊位，日上市量45万千克，人流量1万余人次，机动车流量1000余辆次。2010年，成交额7.1亿元。

（三）新兴市场

位于咸水沽镇新兴路南端，津沽路北侧，由区工商行政管理局投资1800万元兴建。1992年7月动工，1993年9月建成开业，主体二层，局部四层，占地1公顷，建筑面积2.2万平方米，设置1000余个摊位。1998年6月，由天天商厦有限公司承租，投资150万元，改造为天天商厦，容纳43家商户。2000年1月，市场实行办管脱钩，移交区商业委员会下属区市场建设服务中心经营管理。2000年9月，因缺乏必要的消防设施，天天商厦予以关闭，其内商户迁至新天天商厦经营。2001年3月，天津市远东集团承租，投资280万元，改造为远东大卖场。2002年10月，因经营不善倒闭。2003年9月，由天津月坛商厦有限公司承租，投资1000万元，改造为月坛超市咸水沽旗舰店。2005年9月，出售给华润万家，投资1500万元，改造为华润万家超市咸水沽津沽路大卖场。

（四）耀华市场

位于咸水沽镇耀华村，体育场路东侧。由耀华村委会出地，区工商行政管理局出资180万元联合兴建。1994年2月动工，1995年3月建成开业，占地1.68公顷，建筑面积8000平方米。1998年4月，投资80万元，扩建百货副食交易区。2000年5月，市场实行办管脱钩，移交区商业委员会下属区市场建设服务中心经营管理。2000年9月，投资1500万元，置换咸水沽汽车站场地，实施扩建，占地增至3.48公顷，建筑面积增至1.6万平方米。2001年11月，投资40万元改造。2005年5月，投资70万元，增建500平方米服装区。2008年2月，因进行商业开发，市场予以关闭拆除。

三、专业市场

（一）金福临海产冻品交易市场

位于津南开发区（西区）香港街18号，由天津金福临海产冻品有限公司投资1.6亿元兴建，占地7.68公顷，建筑面积3.4万平方米。2006年12月，实施一期建设，建设5座库容2400吨的单层低温冷库，总库容1.2万吨，2007年12月建成开业。2008年6月，实施二期建设，增建1座库容2万吨的四层低温冷库、5600平方米的冷冻食品交易厅、3000平方米的生活服务区和1万平方米的大型停车场，2009年12月竣工投入运营。市场集仓储、采购、销售、运输、客服于一体，为商务部批准的中央储备肉指定存储库和国家质量监督检验检疫总局批准的进出境水产、肉及禽肉冷冻食品待检疫指定冷库。2010年，营业额5亿元。

图11-13　2009年，金福临海产冻品交易市场

（二）金角兴发二手车交易市场

位于八里台镇津港路与二八路交口处，由八里台镇刘文俊在金角汽车销售有限公司的场地上兴建，2008年3月建成开业，占地面积1.33公顷，建筑面积1500平方米，为天津市第六家二手车交易市场。2010年，交易二手车7600余辆，交易额2.2亿元。

四　标准化菜市场

（一）紫江路菜市场

位于咸水沽镇惠丰村，紫江路东侧，由惠丰村委会投资5000万元兴建。2007年3月动工，由四幢三层建筑构成，占地1.88公顷，建筑面积2.7万平方米。2008年5月竣工，被确定为标准化菜市场，8月开业。2009年8月，由区商务委市场建设服务中心接手托管，投资70万元改造，增建40间仓库。市场配备3部扶梯和5部货梯，安装有电子监控、供暖和喷淋消防设施。市场拥有298间经营用房，设置264个摊位，容纳500余家商户，主营蔬菜水果、肉类禽蛋、水产海鲜、食品副食等商品，日上市量7万千克，人流量1万余人次，机动车流量1000余辆次。2010年，成交额2.4亿元。

（二）西三合菜市场

位于双港镇西三合村，梨双路西侧，由西三合村委会投资200万元兴建。2008年3月动工，12月竣工，通过市有关部门验收，被确定为标准化菜市场。市场占地0.28公顷，建筑面积2000平方米。拥有40间经营用房，设置50个摊位。经营蔬菜水果、肉类禽蛋、水产海鲜、食品副食、日杂百货等商品，日上市量2万千克，人流量2000余人次。2010年，成交额3000万元。

（三）欣达欣发菜市场

位于双桥河镇王庄村，津沽路南侧，由王庄村委会投资70万元兴建。2009年1月动工，12月建成开业，通过市有关部门验收，被确定为标准化菜市场。市场占地0.68公顷，建筑面积3000平方米，设置30个摊位，容纳30家商户，经营蔬菜水果、肉类禽蛋、水产海鲜、食品副食、日杂百货等商品，日上市量1万千克，人流量1000余人次。2010年，成交额2000万元。

第五节　超　市

1998年9月，华润超市率先进驻津南，超市作为新兴商业业态开始在津南起步。2000年后，超市快速发展，月坛超市、大荣超市、津工超市等大型超市相继开业。2002年，个体超市始现。2010年，全区超市发展到100余个，其中个体超市50余个。

一　华润万家超市

1998年9月，华润集团租赁区供销社办公楼底商，投资200万元，开设华润超市，为津南区首家超市，营业面积500平方米。2004年5月，租赁鑫华商厦，开设华润万家咸水沽旗舰店，营业面积8800平方米。2005年9月，收购天津月坛商厦集团股份有限公司旗下28家超市，成为津南区超市行业的龙头骨干。华润万家超市以社区居民为主要服务对象，其大卖场经销食品蔬菜、副食烟酒、日用百货、数码家电、服装鞋帽、文体用品、音像图书等10大类逾10万种商品，提供一站式购物服务。其便利店主营食品、副食、日用百货，经销近3000种商品。2010年，在津南区设有40个连锁店，营业额2.3亿元。

二　月坛超市

2000年1月，天津月坛商厦有限公司投资200万元，在月坛商厦地下一层开设月坛超市首店，营业面积1600平方米。2001年1月，在咸水沽镇和南洋镇分别开设红旗路便利店和南洋便利店。是年，投资2500万元，开设月坛超市葛沽、小站两个旗舰店。2003年9月，租赁新兴市场，投资1500万元，改建为月坛超市咸水沽旗舰店。2005年，连锁店发展到28个。是年9月，全部转让给华润万家，月坛超市退出市场。

三　津工超市

2000年9月，津工超市有限责任公司租赁港田大厦一至二层局部，投资600万元，在津南区开设首家分店，营业面积1600平方米。2003年，在津南区扩张连锁便利店到34个。2006年，调整经营布局，逐步缩减网点。津工超市以居民小区为主要服务对象，主营食品、副食、日用百货，经销近3000种商品，提供话费、电费收缴和预售火车票等服务。2010年，在津南区设有13个连锁店，营业额4000余万元。

四　天坛超市

2006年8月，天津市津南区天坛副食批发部投资150万元，在耀华市场内开设天坛超市首店，营业面积200平方米。9月，投资40万元，开设咸水沽剧场路店和建国大街大红门店，后续不断扩张发展。天坛超市立足于咸水沽镇区，主营食品、副食、日用百货，经销近7000种商品。2010年，设有9个连锁店，营业额947万元。

第六节　社区商业中心

2006年，津南区启动社区商业中心建设，建成咸水沽红旗路、咸水沽体育场路、双桥河欣达欣发、葛沽解放道、小站红旗路5个社区商业中心。其服务半径为0.5~1千米，服务人口5万~6万人，配备超市（便利店）、主副食店、生鲜食品店、早点快餐店、美容美发店、洗染店、维修店、家政服务、储蓄、邮政等14种以上服务业态。2008年，建成八里台胜利路、北闸口政和路社区商业中心。2009年，建成双港久隆街、咸水沽南华路社区商业中心。2010年，建成双港鑫港园、小站德胜道社区商业中心。截至年底，社区商业中心发展到11个。

第四章　粮油贸易

1979年，粮食部门实行粮油议价购销业务。1993年10月，粮油价格放开，粮票、油票退出历史舞台，实行近40年的粮食统购统销政策被市场调节所取代，粮食部门独家经营，统揽粮食市场的格局被打破。粮油购销、粮食及饲料加工完全实行自主经营、市场调节。2009年，区粮贸系统共经营各类粮油1.97万吨，粮油经营量递增55倍、大米经营量递增25倍。

第一节　粮油购销

一　收购

1982—1984年，遵照国务院《关于实行粮食征购、销售、调拨、包干一定三年的通知》，3年征购粮食579万千克。1985年，对小麦、稻谷、玉米按“倒三七”（30%按原统购价，70%按原超购价）比例实行合同订购。对油料中花生，按“倒四六”（40%按原统购价，60%按原超购价）比例计价收购。合同订购实行后，议购粮油品种全部放开。

1992年4月，天津市提出粮食订购价格，同时提高粮食收购价格，实现购销同价。1993年，全面放开粮油销售价格和经营，取消非农业人口粮食定量供应指标，粮票、油票退出历史舞台。1995年，议销粮油4166.05万千克。

1999年3月，津南区粮食局下属天津市粮油购销公司津南分公司、津南国家粮食储备库、小站粮库、西大桥粮库、辛庄粮油购销管理站、八里台粮油购销管理站6个国有粮食企业组建天津市津南区粮食收储公司，负责津南区域内储备粮食的管理和承担合同定购粮食的收购及敞开收购农民富余粮食的经销工作。是年3月，津南区粮油贸易有限公司成立，下属10个基层企业。至2009年，公司通过精减机构和减员增效，共有独立核算基层企业4个（天津市津南区军粮供应站、天津市津南区小站金谷粮油贸易有限公司、天津市津南区谷星粮油加工有限公司、天津市津南区咸水沽储运贸易有限公司），主要从事粮油贸易、馒头花样食品、大米、杂粮的生产，军粮供应及资产经营等主体业务。

二　销售

2001年10月，天津市实行放开粮食收购市场，粮食经营主体多元化。区粮购公司的粮食购销经营业务自2001年11月起，主要是以三级（中央、市级、区级）储备粮的轮出、轮入库为主营业务，兼营一些不在库存指标内的粮食品种和粮油副产品。2009年，全系统共经营各类粮油1.97万吨，粮油经营量递增55倍、大米经营量递增25倍。

2010年，区粮贸系统开展大宗粮油合资合作及联合经营业务，降低经营风险和经营成本。全年销售各类粮油、馒头食品共19661吨，销售额3954.8万元，实现利润14万元。是年，实现三级储备粮轮出销售2300吨，获利15万余元。与中石化重新签订粮油配送合同，扩大销售范围，共经营各类粮油126吨，获利8.5万元。采取“走出去”办法，在河北省石家庄市等地开辟新市场，增设营销网点。

1999—2010年津南区粮油贸易有限公司粮油销售统计表

表11-4　　单位：吨

品种 / 年份	粮油	加工大米	馒头食品
1999	359	98	4
2000	7125	206	12
2001	4005	191	21
2002	4359	104	44
2003	12248	1700	270
2004	9346	705	280
2005	13700	534	301
2006	15600	1012	390
2007	16000	1043	390
2008	17200	2038	449
2009	19700	2408	518
2010	19000	550	661

第二节　仓储　调运

一　仓储

80年代，境内改建、新建完善仓、防尘仓和钢板仓。90年代后期，津南区共有储粮仓房28幢，多为1960—1980年期间建造简易仓房，容量为8吨，设施简陋，储存粮食安全系数低。

2002年开始，津南区粮食购销公司在所属各仓储企业中实施储粮仓房的改造、扩建工程。1、2、3幢仓房建筑总面积5800平方米，仓房容量总计26810吨，工程总计投资541万元。2004年7月，津南国储库4、5号高大平房仓竣工，总建筑面积3096平方米，仓房总容量14343吨。是年，三级储备粮库存总量为60588吨。2008年，津南国储库6、7号仓竣工，总建筑面积为3840平方米，仓房总容量1.92万吨。2009年，津南国储库8号高大平房仓竣工，建筑面积1134平方米，设计库容量5586吨。

2010年11月，小站粮购公司新库区工程全部竣工，总建筑面积23768.36平方米，设计总仓容为10万吨。2010年，津南区共有粮库2座，存储能力20万吨。

二　调运

80年代，机米、挂面、玉米面基本满足需要，但面粉、杂粮、稻谷等仍需调入。1988年，粮油议购议销后，粮油调拨量逐渐加大。1995年，主要是调剂余缺。

图11-14　2006年，津南粮库储存的大米

1999年，区粮购公司各仓储企业粮食调出、调入7411吨，仓储7.8万吨。2002年，轮换出库区级储备粮1237吨，专项储备粮432吨。购进中央抛售的甲字粮5000吨。全年三级储备粮库存总量45604吨。2005年，区粮购公司共轮换出库各级储备粮8413吨。入库各级储备粮8400吨。全年各级储备粮库存总量60575吨。2008年，区粮购公司共轮换入库市级储备粮19677吨，区级储备粮9500吨。出库市级储备粮6036吨，区级储备粮4032吨。托市粮调入9886吨。

2010年，储粮仓安装空调控制温湿度以提高稻谷储存品质的试验获得成功，新增中央移库粮1.75万吨。是年底，粮购公司共存粮77099吨。其中，中央储备粮17342吨，市级储备粮42752吨，市级动态储备粮1500吨，区级储备粮9500吨，代存粮6005吨，科学保粮率达100%，全部为宜存粮。

第三节　加工　经营

一　加工

1982年，区各粮油站对馒头、切面2个品种加工生产。1989年，对机米车间进行技术改造，1995年，加工大米169.85万千克。

2003年7月，区粮油贸易有限公司投入10万元扩建馒头加工车间。2005年10月，投入60多万元在咸水沽粮库大规模扩建馒头食品加工车间，建成占地1800平方米、两条自动生产线、日单产设计能力为5000千克馒头加工车间。2004年5月，统一食品“谷星”品牌（原为“鸿福”品牌）。1999—2008年，共生产加工食品2200吨，花样品种17个。

2006年9月，在咸水沽粮库储粮仓房，投资130余万元，建成占地3500平方米、拥有国内最先进分装定型设备、年单产设计能力为万吨的大米生产加工车间，完善不同规格、不同品种、不同样式彩袋包装、真空包装、箱盒包装，将大米打入物美、华润、中石化等多家超市。2010年，加工生产大米550吨。

图11-15　2009年，粮贸公司粮油加工食品生产车间

二　经营

面对储备粮只出不进，大量储粮设施闲置和浪费现状，1999年，公司实施多种经营、租赁经营，原储粮仓房得到充分利用。2007年8月至2009年12月，投资3300余万元，在咸水沽镇、北闸口镇、小站镇等地购置商用门脸房，建标准化仓房及门脸房设施，资产经营由小到大，由弱到强，由无序到规范，收效明显。2010年，资产经营收入105万元。

第五章　商业经营

1984年9月至1999年2月，随着改革的不断深入，石油类、煤炭、农资、化肥、烟草、钢材、废旧物资回收等商品及医疗药品供应市场逐步放开，市场活跃，物资供应量大增，生产得到发展，物资更加丰富，保证生产和人民生活的需要。

第一节　燃料经营

一　煤炭

80年代，境内煤炭供应政策是：价格分为市场补贴价（民用煤）、工业供应价和非补贴价；对居民（包括菜农），财政拨款的机关、团体、中小学、托幼园所、居民住宅集中供热、低档浴池、早点和部队生活用煤，执行财政补贴的市场民用煤，凭本按定量供应；不足部分供应工业价的统配煤，煤制品供应非补贴价的机球和蜂窝煤。

1991年4月，对国营、集体加工早点、馒头、大饼、小吃店用煤不提价。1993年9月，菜农不再享受财政补贴价民用煤，实行非补贴价供应。1994年1月，工业煤供应价格和供应全部放开，按非补贴价格供应。7月1日，原执行市场民用煤价格的中小学、托幼园所、居民住宅集中供热、低档浴池用煤和部队生活用煤，按工业煤供应价格执行，不再享受财政对民用煤价格的补贴。1998年8月28日，调整民用煤销售价格，取消民用煤储备金，将征收的民用煤储备基金每吨20元并入民用煤价格，民用煤价格每吨提高10元。调整后，咸水沽蜂煤零售价每吨220元，煤球零售价每吨192元。1999年1月1日，市场民用煤价格全部放开，结束了40多年民用煤靠政府补贴、政府管价管量的经营模式。

90年代，境内用煤分为居民生活用煤，机关、团体饮水和烤火用煤即配煤混。工业供应价的有大同块、大同混煤、阳泉块煤、山西一号混、京西甲块等。蜂窝煤由于节煤热效高，受到欢迎。1992年，区供销社所属12个煤厂中，有5个煤厂生产和供应蜂窝煤。年底据12个煤厂销售统计，全区11万户居民，36万人口生活用煤，全年销售量13.85万多吨。其中，蜂窝煤的生产和供应1万吨，占居民生活用煤量的6.25%。1994—1995年，在南洋煤厂、八里台煤厂、北闸口煤厂、双桥河煤厂和辛庄煤厂，投资50多万元购置5条蜂窝煤生产线，供销社蜂窝煤生产线达到10条，生产能力年产达3万多吨，17142户居民用上蜂窝煤。咸水沽镇、葛沽镇、小站镇居民使用蜂窝煤的普及率达60%以上，节约燃煤5000多吨。

随着煤炭市场放开，经营煤炭的国营、集体和个体户迅速发展，市场竞争激烈。1996年，津南区成立煤炭整顿办公室，设在计委能源科，负责煤炭市场的清理整顿。区煤炭供应主渠道主要靠区供销社下属的12个基层煤炭经营点。居民用煤需求量为14万吨，其他工业生产、生活用煤约20万吨。是年，全区有全民、集体、民营、个体等不同性质的煤炭经营企业168家。通过清理整顿，取消38家。1998年，审查新煤炭和煤制品经营企业125家，5家因审查不合格被取消经营资格，取缔无照经营点17个，处罚3个质量不合格单位。2000年8月，对煤炭经营企业实行一证（煤炭经营资格证书）一照（工商营业执照）的统一管理。有45家煤炭经营企业和45家煤制品经营企业取得市煤炭整顿办与市煤炭行业协会联合发放的"煤炭经营许可证书"。2001年11月2日，区计委将煤炭市场管理职能移交区商委。

1991—2010年津南区供销社煤炭销售情况统计表

表11-5

年份	销售数量（吨）	金额（万元）	年份	销售数量（吨）	金额（万元）
1991	154492	999	2001	30698	472
1992	138482	1199	2002	29491	751
1993	75678	945	2003	28259	740
1994	48675	593	2004	13356	452
1995	34716	506	2005	16865	611
1996	41339	598	2006	9493	390
1997	30399	688	2007	11220	793
1998	21102	589	2008	12152	989
1999	10886	433	2009	4929	527
2000	22410	510	2010	3620	535

二　石油

1979年10月，建立石油经营处，下设17个网点。1981年，更名为石油公司。1984年，实现利税总额100万元。1990年，区石油公司累计固定资产投资197万元，企业固定资产236.34万元。1995年，有零售站店7个，商品销售额5516万元。1998年5月，公司对西大桥加油站进行更新改造，新建加油站占地3343平方米，站房350平方米，加油岛6个，地下卧式油罐6个。2010年，津南石油分公司管辖加油站26座，年销售油品2207万吨，销售额14.7亿元。

图11-16　2009年，中国石化西大桥加油站

1995年，区政府加强成品油市场管理，成立整顿石油市场流通秩序监督管理领导小组，对全区36家加油站（点）进行全面检查验收，对整改后仍不符合经营条件的2家零售企业和2家批发企业取消其经营资格。1996年，全区经营石油制品批发企业7家，零售企业81家，其中加油站（点）27家（石油公司系统5家，社会加油站22家）。通过清理取消3家批发企业以及54家成品油零售企业的经营资格，对22家存在不规范和火险隐患的加油站下达限期整改通知。1998年，全区加油站达38座，汽油储存能力达40233立方米，柴油储存能力达27212立方米，营业时间也由过去的8小时延长到24小时昼夜营业。1999年，对44座（个）加油站（点）和6部加油车

进行集中检查和整顿，取缔6个非法小炼油点。通过清理整顿，有1家批发企业、53个零售企业分3批取得由国家经贸委核发的“汽油、煤油、柴油批发经营批准证书”或“成品油零售经营批准证书”。中石油和中石化两大集团展开收购社会加油站活动，中石化集团收购社会加油站12个，收购联营加油站1个，连锁经营加油站达21家；中石油集团收购社会(控股)加油站6个，其连锁经营加油站数量达7家。形成中石油、中石化、外资及社会加油站共同存在的格局。

2001年11月2日，根据市、区要求，区计委将区成品油市场管理职能移交给区商委。

1979—2010年津南区石油公司成品油销售量统计表

表11-6　　单位：万吨

年份	销售量	年份	销售量	年份	销售量
1979	1.00	1990	3.50	2001	5.80
1980	1.20	1991	3.40	2002	5.30
1981	1.00	1992	3.90	2003	5.90
1982	0.80	1993	3.30	2004	11.20
1983	1.50	1994	3.30	2005	12.80
1984	1.70	1995	2.70	2006	12.90
1985	2.20	1996	6.50	2007	14.20
1986	1.90	1997	9.90	2008	14.90
1987	2.00	1998	9.50	2009	18.90
1988	2.20	1999	4.90	2010	22.07
1989	2.80	2000	6.20	–	–

第二节　农业生产资料经营

一　农资供应

1981年，区对生产队、专业组、农业户或个人实行“一视同仁、同等对待”，延续30多年的农业生产资料供应“只对集体，不对个人”的格局被打破。农资经营逐步从封闭式、单纯分配的管理型向开放性、经营服务型转化，经营范围也不断调整。农用塑料薄膜起初由农业部门分配供应，1980年改为由农业部门分配，供销社经营。1989年国务院决定，化肥、农药、农用薄膜三大农业生产资料属国家计划管理商品，由供销社专营。

图11-17　80年代，区农业生产资料专业合作社送货下乡

1990年4月，区社组建农资供应三级综合服务网络，即一级区社科技兴农综合服务总站，二级基层科技兴农服务站，三级村镇商店综合服务分站，建立组织58个，农资服务实行全覆盖。1996年，实行以农资公司为主，农业三站和化肥生产企业为辅的政策，其他任何单位和个人一律不准经营化肥。1998年11月，改革化肥流通管理，国家对化肥的管理由直接计划管理为主改为间接管理，由化肥生产和经营企业自主进行购销活动，农资市场放开。

1999年8月，辛庄供销社改建为辛庄农业生产资料专业合作社，在技物结合、科技兴农、网络连锁上构建起农资终端服务平台，成为天津市供销系统一面支农红旗，被命名为“全国供销合作社系统百家示范专业社”。2005—2006年，供销社建立以农资公司为龙头企业的配送中心和11个农资加盟连锁店，总经营面积2600平方米，镇级农资连锁店覆盖率100%。2006年，农资连锁营销总额1135万元。2007年，农资连锁网络与26个村的加盟户确立购销关系，构成加盟户联系销路，农资公司负责送货的销售渠道。是年，农资销售额总计989万元，销售化肥2987吨，配送率100%。2008年，新增设代销点14个。

1995—2010年津南区供销社农业生产资料购销量统计表

表11-7　　单位：吨

品种 / 年份	化肥		农药		农用塑料薄膜	
	购进	销售	购进	销售	购进	销售
1995	21824	20270	34	30	275	265
1996	8041	7374	143	144	255	261
1997	5206	4972	17	16	161	157
1998	6196	6655	17	13	204	208
1999	7733	8209	14	15	220	219
2000	8909	9223	12	12	188	173
2001	6389	6275	2	4	120	138
2002	7365	7388	3	3	149	130
2003	7497	7411	–	–	107	120
2004	6512	6670	–	–	120	114
2005	9525	8681	–	–	163	135
2006	4256	4622	7	4	156	149
2007	3104	2987	8	8	104	135
2008	2922	2288	–	1	–	13
2009	8086	8394	4	7	5	20
2010	8607	9629	1	1	5	1

二　农资定价

1992年，天津市人民政府重申，化肥、农膜、农药除供销社专营外，不允许其他企业及个人经营。化肥、农膜、农药列入国家统配计划的，执行国家统一批发、零售价格。

1998年11月，国家对农资市场放开。1999年2月，放开化肥批发、零售价格，由经营企业根据化肥经营成本及市场供求情况自主制定销售价格。2004年2月，化肥出厂价格实行政府指导价，大型氮肥企业生产的尿素，准出厂价格由国家发改委制定。

第三节　烟草经营

一　机构

1979年，区供销社销售卷烟超万箱，以中低档为主。1984年，恢复烟酒专卖管理，对经营单位和个体户实行发放许可证管理。1995年，销售卷烟5454箱。1998年5月，成立天津市津南区烟草专卖局、天津市烟草公司津南分公司（以下简称区局、分公司）。对辖区内卷烟市场实施行政管理和烟草制品的专卖专营。1999年2月，撤销津南区烟草分公司，成立津南区卷烟配送中心。7月，成立天津市烟草公司津南分公司，与津南区烟草专卖局合署办公。又先后成立双港经营部、葛沽经营部、小站经营部。2007年，津南区烟草专卖局获“天津市五一劳动先进单位”称号。2010年4月，被天津市总工会评为2008—2009年度天津市模范职工之家。被国家烟草专卖局评为2006—2010年全国烟草行业法制宣传教育组织工作先进集体。

二　经营

区烟草专卖局依照法定权限、范围、条件和程序开展行政审批，取缔无证卷烟经营户。2008年，破获部督级“10·26”特大制售假烟网络案件。2009年，破获部督级“10·11”特大制售假烟网络案件。2008—2010年，区局查获涉烟违法案件290起，案值66万元。

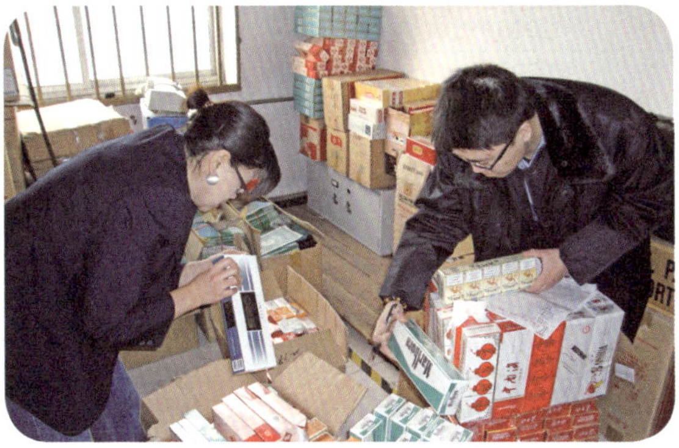

图11-18　2010年，区烟草专卖局查获非法卷烟

津南分公司扶持中小型卷烟零售客户，打造“卷烟上水平”“精诚·信”服务品牌。在新品推介、店面陈列、柜台展示等方面加强对零售经营指导。杜绝跨区销售、虚拟客户、拆单分摊、捆绑销售等行为，合理确定访销批次和品牌投放，满足市场多样化需求。2008—2010年，销售卷烟69388.28箱，销售额11.96亿元(含税)。

第四节　医药经营

一　药品批发

1979年，境内各大医疗机构药品供应，主要由区供销社负责。医药经营发展至2010年，区供销社始终是药品供应的主渠道。区供销社经营药品批发业务，主要由区社所属咸水沽、小站、双港、葛沽批发站(1992年5月，更名为第一、第二、第三、第四采购供应公司)的医药批发部承担。主要经营西药、中成药、中药饮片、医疗器械、消毒用品等。从业人员62人，其中药师19人。年药品销售1800万元。1998年7月，区社将4个医药批发部剥离重组，成立津南区医药批发公司，下属葛沽、小站、双港3个分公司，共有职工77人，其中药师18人，经营品种2000余个。2000年8月，改制后成立天津市健隆医药有限公司，业务拓展到东丽、西青、塘沽、河西等区的用药单位。2004年6月，天津市健隆医药有限公司与民营企业天津领先医药集团合作，组建天津领先健隆医药有限公司。2009年，投资30万元对办公区域、库房进行改造，新增面积260平方米，年销售总额1.15亿元。

二　药品零售

1998年后，先后建起小站利康药店、葛沽济生药店、双港健民药店、咸水沽嘉丽药店、津沽大药房5个零售药店。2002年2月，成立天津市津沽药业有限公司，下设11个连锁门店，有职工40人，药师13人。2009年，津南区实行农村土地整合，津沽药业连锁门店减少到4个，零售单店2个。

2002—2009年津南区药品、医疗器械零售企业审批情况统计表

表11-8　　　　单位：个

年份	开办		变更	
	药品	医疗器械	药品	医疗器械
2002	10	4	16	2
2003	12	9	30	4

续表

年份	开办		变更	
	药品	医疗器械	药品	医疗器械
2004	25	41	17	11
2005	31	36	35	21
2006	31	39	29	135
2007	16	21	25	25
2008	13	17	30	24
2009	18	23	43	43

1991—2010年津南区供销社医药商品购销数量统计表

表11-9　　单位：万元

年份	购进	销售	年份	购进	销售
1991	1330	1519	2001	2364	2364
1992	1224	1350	2002	2730	2874
1993	886	1010	2003	3477	3660
1994	1523	1412	2004	2450	2579
1995	1543	1520	2005	3473	3656
1996	1649	1565	2006	4948	5208
1997	1727	1829	2007	4288	4514
1998	2147	2134	2008	6060	6379
1999	2021	2070	2009	10936	11512
2000	2442	2442	2010	19312	14592

第五节　钢材经营

1991年，区废旧物资回收公司投资40万元筹建钢材市场，地点在津沽路西大桥北侧。展厅面积4000平方米，敞棚8000平方米，露天货场2000平方米，集批发、零售、代购代销、交易服务一体，是全区物资交易中心，物资供应的主渠道之一。主营黑色金属、有色金属和不锈钢3个系列的各种型号物资，40个品种。是年，调剂钢材1856吨，串换钢材67吨，市场销售1312吨，价值283万元，获利16万元。2003年，市场钢材需求量大，公司建立津南区友帮钢材市场。2004年，津南区有20多家不锈钢餐具厂，公司向厂家提供不锈钢新材，回收下脚料，转供浙江宁波大榭不锈钢厂进行再制板加工，年经营600吨，销售额200万元。1991—2010年，销售黑色金属82万吨，价值16.4亿元，利润2640万元；销售有色金属3万吨，价值12亿元，利润1800万元；销售不锈钢2万吨，价值2亿元，利润300万元。

第六节　烟花爆竹经营

烟花爆竹属危险品，是国家严格管理的特殊商品。在供销社经营的各种商品中，唯有烟花爆竹至2010年仍由供销社统一批发经营。1993年，销售45万元。2000年，烟花爆竹零售实行“证配货”制度，供销社配发“烟花爆竹经销许可证”，经营者持公安部门签发的“烟花爆竹经营许可证”领取单，在供销社专营批发单位组织进货。2010年，销售30万元。

图11-19　90年代，天津市华泰商贸有限公司烟花爆竹存储库

1993—2010年津南区部分年份供销社烟花爆竹购销额统计表

表11-10 单位：万元

年份	购进	销售	年份	购进	销售
1993	64	45	2005	237	242
2000	49	62	2006	198	220
2001	64	69	2007	190	216
2002	152	241	2008	100	215
2003	281	298	2009	90	100
2004	288	208	2010	15	30

第七节 废旧物资回收

一 机构

境内废旧物资回收主要以区供销社的废旧物资回收公司和各废旧物资回收站为主体，网点遍布各镇的废旧物资回收体系。1991年，区社系统有以回收废品为主要经营项目的采购站14个，下设1个钢材市场，2个回收门市部，从业人员200人。至2003年，基层供销社采购站发展到36个，供销社系统废旧物资回收网点遍及全区各镇。2005年，建立天津市津南区再生资源回收利用行业协会，有各种经济成分的再生资源回收站（点）151家，其中供销社系统65家，社会集体、个体业户86家，从业人员400人，年营销规模3亿元。2010年，公司下设经营网点3个，42个经营门市部，从业人员200余人。是年，销售废旧物资4.85万吨。销售金额1.23亿元，上缴税金213.42万元，利润30万元。

二 经营品种

1982年，随着经济体制的改革，废旧物资经营范围放开，物资回收开始经营串换新钢铁材料业务。1991年，经营品种有废铜、铝、铅等有色金属和废钢铁、布毛、废纸、旧棉、旧鞋、废麻等造纸原料以及废橡胶、杂骨、瓶料、废塑料等百余种。1998年6月1日，津南区物资回收公司成立天津市物华津南机动车回收经营有限公司，担负大港、津南两区各种废报机动车回收业务。2004年，经营不锈钢业务。

三 经营方式

80年代，全区有近百家个体收购点，市场竞争异常激烈。1985年，区供销社收购额430万元，比1984年增长21%。回收废钢铁15569吨，销货额393万元，获利润28.3万元。1990年，共回收废钢铁477吨、有色金属8.6吨、杂物95吨，收购额达27万元。1998年，咸水沽供销社与天津市造纸十厂建立代收废纸业务合作关系，年供应造纸废料4800吨左右，价值350多万元。1998—2001年，回收各种报废机动车694辆，实现利润81万元。2003年，调整经营结构，建立60多个回收网点，形成了再生资源回收的主渠道。2004年，引进江苏常熟不锈钢厂、大树不锈钢厂，在物回公司设立办事处，开展不锈钢经营业务。2005年，物资回收网点有65家，实现销售收入2.19亿元，收购废钢铁70663吨，收购报废机动车504辆。2008年，物回公司再生资源回收网点拓展到社区，发展6个社区收购点。全年收购废钢14.1万吨，同比增加5万吨，收购报废机动车1071辆，同比增加232辆，物回公司营销总额实现4.22亿元，同比增加2.5亿元。2010年6月，津南区投资1200万元，占地31643平方米，建筑面积7718平方米的再生资源初级分拣加工中心竣工，实现再生资源产业化经营、资源化利用和无害化处理。

第六章　外经外贸

70年代后期，津南区开始进行外经外贸工作，对外贸易发展迅速。从1984年4月引进第一家外资企业始，津南区的招商引资形势越来越好。2010年，全区有外商投资企业656户，成为全区经济的重要支柱之一。

第一节　机　构

1979年，南郊区外贸公司业务不断扩大，成立南郊区对外贸易局，为政企合一单位。1994年4月前，津南区对外贸易由区计划经济委员会管理。之后，区组建对外经济贸易委员会，是区政府管理全区对外经济贸易的职能部门。

1996年，外贸体制改革，改变区外贸与专业公司供货关系，外贸经营出现困难。是年10月，区对外贸易局撤销，改为企业单位外贸公司，取得出口经营权。2000年，公司取得进出口经营权，注册资金500万元，业务发展很快，进出口货物通达许多国家。有些企业在境外成立办事处，扩大对外贸易交流。天津世韩模具有限公司于2005年11月在美国成立天津世韩模具有限公司驻美国办事处；天津大进制衣有限公司于2006年5月在加拿大成立办事处。2010年2月，区对外经济贸易委员会与区商业委员会撤并，组建区商务委员会，统管区内外贸经济。

第二节　对外贸易

一　外贸出口

1979年，对外贸易主要经营机械五金、化工、纺织、食品、农林、水产等，外贸直接带动就业近3万人。

图11-20　80年代，北闸口乡采购站收购的出口苇帘

1997年出口值300万美元。2003年出口值突破1000万美元。出口货物主要有机械、纺织、食品、工具农具，与世界多个国家有贸易往来，主要有日本、美国、德国、澳大利亚、英国、伊朗、新加坡、马来西亚、匈牙利、印度、印度尼西亚、韩国、菲律宾等，出口值1000万美元。

2007年以后，受汇率变化、政策调整、能源和原材料价格上升及美国次贷危机等因素影响，区出口增速放缓。2008年，区实现外贸出口总值11.2亿美元，同比增长24.2%。全区有实际进出口业务的内外资企业363家。2009年，区有实际出口企业402家，出口合计8.8亿美元，同比下降21.4%。2010年，区实现外贸出口总值10.1亿美元，同比增长15.1%。区有实际进出口业务的内外资企业合计426家，其中外资企业216家，内资企业210家。出口企业主要涉及行业为电子产品、石油设备、汽车配件、服装鞋帽、五金制品、阀门、餐具。

二　境外投资

2001年后，区多家企业到境外寻求发展。至2010年，区境外投资企业共8家。天津长城服装集团有限公司、天津市红方圆服装有限公司、荣程集团、天津珍熙美容实业有限公司分别赴越南、埃及、韩国等实施境外投资，合计投资额1813.6万美元（长城和红方圆在境外投资企业6家）。

2003年，天津市红方圆服装有限公司在越南独资成立富源国际制衣有限公司，项目投资200万美元，占地2万平方米，年产100万件职业女装，全部销往美国，年销售额1000万美元，2年收回全部投资。2006年1月，公司同时跨行业兴建富源国际塑钢窗有限公司投资总额80万美元，主要产品为各种型号塑钢门窗，重点销往越南、柬埔寨及东南亚周边国家；富源国际制衣有限公司投资总额120万美元，主要生产服装辅料，重点销往越南、柬埔寨及东南亚周边国家。红方圆公司在越南总投资达640万美元。天津市红方圆服装有限公司，成为国家、天津市境外投资的成功典范。中共中央总书记胡锦涛于2005年11月3日访问越南期间，接见富源国际制衣有限公司中方总经理史红军。2010年7月，天津市商务代表团赴越南考察富源国际制衣有限公司，给予高度的评价。荣程集团于2007年7月在中国香港投资980万美元，成立荣程联合贸易有限公司，主要从事进出口贸易及服务。

三　境外承包

中铁十八局集团有限公司，为世界500强企业。其前身是铁道兵第八师，组建于1958年10月，全国首批工程施工总承包特级企业，具有对外承包工程资质和对外经营权。集团下辖10个全资子公司，4个专业分公司。2010年，公司有职工1.8万余人，其中有职称的各类专业技术人员8000余人，中、高级工程技术人员3300余人，有资质项目经理（建造师）600余人。集团注册资本金23.2亿元，年营业收入超过200亿元。

中铁十八局集团有限公司承建过京津城际、青藏铁路等100多项国家大型重点工程，京沈等200余项高速公路工程，引滦入津等40多项水利水电工程及500余项市政、环保工程；40余项城市轨道交通工程，500余项工业民用建筑及火电、风电工程。

1995年，首次承揽巴基斯坦上斯瓦特引水隧道工程。公司海外经营市场遍布非洲、中东、南亚、东南亚和南美洲的尼日利亚、迪拜、沙特、阿曼、马达加斯加等14个国家和地区。完成泰国曼谷轻轨，阿曼、伊拉克、尼日利亚公路，沙特南北铁路，尼日利亚铁路改造，迪拜喜瑞福大厦，迪拜国际城，巴基斯坦上斯瓦特引水工程等100余项海外工程。2009年3月4日，中国铁道建筑总公司第十八局中标沙特麦加——麦地那高速铁路项目，建设金额40亿元人民币，成为国家在境外重点项目。

中铁十八局集团有限公司相继获得中国土木工程詹天佑奖10项、鲁班奖15项、国家优质工程金奖4项、国家优质工程银奖32项、全国用户满意工程7项、全国市政金杯示范工程奖9项。获国家科技进步奖8项、国家级工法奖12项，被评为全国管理创新二等奖、国家施工企业管理优秀奖、技术进步先进企业。2010年，获批“国家高新技术企业”称号。

四　境外劳务

1994年，咸水沽镇韩城桥村派往日本水产项目研修生15人，这是区外派劳务工作的初始。1998年，韩城桥村与国际公司正式确立合作关系，成立天津伊南种禽有限公司，是津南区第一家专门为派出研修生成立的合资公司，同年派出一批赴日研修生。1999年8月，区外经贸委与中国天津国际经济技术合作公司建立正式合作关系，确定咸水沽镇五登房村为劳务资源基地，正式与国际公司签订劳务资源基地合作协议书，成为境内第一个与国际公司正式签订合作协议书的基地。2000年10月，北闸口镇三道沟村与国际公司签订合作协议书，并与日本米之好株式会社成立合资公司，名为天津市米之好食品有限公司，成为区第二家为派出赴日研修生成立的合资公司。2002年后，辛庄镇高庄子村、咸水沽镇南洋村、咸水沽镇头道沟村等建立6个劳务资源基地。2010年，累计派出境外就业劳务人员1000余人，解决就业，挣得外汇，更新观念，学到技术。取得“派出一人、富裕一户、带动一村、影响一片”效果。

第三节　外资引进

图11-21　2009年，津南区召开外商联谊会

1984年4月，南郊区成立第一家外资企业——天津宏发毛织品厂，投资96.8万元。至1990年，区有5家外资企业，投资总额490.78万美元，实际利用外资203.78万美元，共实现销售收入8116万元。1990年后，区加大招商引资力度，大量外资涌入境内。

1991—1993年，区新批外资项目97个，其中合资40个，独资53个，合作4个，投资总额6847.23万美元，协议利用外资4295.68万美元，实际利用外资4295.68万美元。三资企业实现销售收入30952万元。1994—1995年，津南区新批外资项目77个，其中合资22个，合作7个，独资48个，投资总额1.34亿美元，协议利用外资1.10亿美元，实际利用外资5321万美元。三资企业实现销售收入1.59亿元，出口创汇1.26亿美元，创涉外税收1570.6万元。1996—2008年，引进外资项目671个，投资总额1.68亿美元。

2010年，全区有外商投资企业656户，其中独资企业505户，合资企业139户，合作企业12户。独资企业涉及24个国家，最多是韩国。全区外资企业注册资本17.85亿美元，其中独资企业注册资本10.49亿美元，合资企业注册资本6.99亿美元，合作企业注册资本0.37亿美元。外资企业经营行业涉及13个行业门类。

第七章　内资招商

图11-22　2009年，培训招商人员

津南区内资招商始于70年代，当时主要是以联营的形式出现。70年代末，双港乡工副业管理站与天津市仁立毛纺织厂建立区内第一个联办企业天津双港毛纺织厂。1982年，咸水沽工业公司和天津市东亚毛纺织厂建立天津市新亚毛纺厂。1988年8月，为加强对各省市联络，促进内资招商，区建立天津市南郊区人民政府驻深圳联络处。后又建立了南郊区人民政府驻太原、黑河、北京、福州等地办事处，内资招商取得快速发展。

第一节　机　构

1988年4月，成立南郊区经济技术协作办公室。2001年，改称区人民政府经济协作办公室，加挂天津市津南区招商局牌子。2010年，改为津南区人民政府合作交流办公室，加挂天津市津南区招商局牌子，是负责该区跨地区合作交流的政府工作部门。内设：秘书科、内联科、外联科、合作交流服务科。编制13人。

第二节 项目引进

1995年，津南区完成吸引外地投资协议金额24022万元，实际利用资金额15634万元，分别完成区下达计划指标的480.44%和521.13%。2001年，区下达国内招商引资任务指标1.88亿元，全年引进内资项目66项，实际利用内资3.67亿元，完成195.60%。2005年，区下达国内招商引资任务指标31亿元，全年引进内资项目190项，实际利用内资38.80亿元，完成任务的126%，同比增长64%。其中，亿元以上项目8项，到位额22.8亿元，同比增长61%。

2010年，区下达国内招商引资任务指标200亿元，全年引进内资项目238项，实际利用内资239.50亿元，完成119.7%，同比增长45.17%。其中，亿元以上项目32项，到位额177.2亿元，同期增长40.8%。引进国内500强优势企业4项。全年实际利用外省市资金159.4亿元，在全市农口12个区县排名第一；外省市投资到位额在全市18个区县及开发区、保税区、高新区、东疆港区排名第一。

1994—2010年津南区部分年份内资招商情况统计表

表11-11

年份	国内招商引资任务指标（万元）	实际利用内资（万元）	完成计划 %
1994	–	236587	259.00
1995	–	15634	521.13
1997	4323	4335	–
2001	18800	36700	195.60
2002	35000	57653	164.70
2003	50000	135215	270.43
2004	80000	237000	295.70
2005	310000	388000	126.00
2006	510000	624000	123.70
2007	657000	879000	133.90
2008	1065000	1188000	115.50
2009	1500000	1650000	110.00
2010	2000000	2395000	119.70

第三节 项目洽谈

一 请进来

2000年后，津南区每年邀请市政府驻外办事处和市商会及大企业来津南区进行联谊洽谈活动；与香港恒信傢俬、秦皇岛实业公司、现代房地产、汇达铝业、公元集团、无锡兴达、中马制造、福建考察团、闽台商投资服务中心、扬州闽台商置业、山西商会、富立源科技等各地数十批客商进行洽谈。2006年12月，在天津市水晶宫酒店重点面向京津地区举办小站中心示范镇项目建设推介会。2007年6月，召开津南区招商引资推介洽谈会，与19家天津市的招商使团及招商代表签订招商代理委托协议。9月和10月，分别在津南开发区、长青办事处召开商谈会，广东商会、福建商会、浙江商会、辽宁商会、山西商会、温州商会会长、副会长、秘书长及重点企业董事长、总经理60余人参加了会议。

二 走出去

津南区坚持“走出去”主动开展招商洽谈活动。2006年4月，组织参加在陕西省西安市召开的第十届中国东西部合作与投资贸易洽谈会，9月底，参加在上海召开的“第一届台商庙会及经济贸易投资洽谈会”。赴福建、广东、珠海、广西、江苏、武汉、张家口、石家庄、北京、唐山等地开展招商引资洽谈活动。2009年10月，组织和参加市经协办在上海、杭州召开的天津市与上海、杭州市知名企业合作交流恳谈会，提升了津南区的知名度。

图11-23　2009年，区合作办在上海洽谈项目

津南区志（1979—2010）

第十二编
服务业

中共十一届三中全会后，区服务业主要集中在咸水沽、小站、葛沽3镇，以餐饮、浴池、照相馆、理发店、旅店等为主，且规模很小。比较大的是咸水沽服务大楼、小站旅店等。80年代，形成以国合商业为主体，私营商业为补充的发展格局。90年代后，美容院、影楼、洗浴中心、家政服务社、会计审计服务、各种租赁业、汽车修理、家电维修部等各种维修业全面快速发展，2010年达1041家。2002年，餐饮服务业营业收入1512万元，是1979年137.68万元的10.98倍。

2009年，宝成宾馆院中的池塘景色

第一章 住宿 餐饮

1978年前，津南住宿餐饮业主要是国营商业。中共十一届三中全会后，个体经营增多。1982年有个体经营235户，从业人员410人，拥有资金7万元，改变供销社独家经营的局面。随着经济的发展，住宿餐饮业规模和质量不断提高，满足了人民群众的生活需要。2002年，餐饮服务业营业收入1512万元，是1979年137.68万元的10.98倍。

第一节 住 宿

1979年，境内仅有国营的咸水沽服务大楼、小站旅店、葛沽旅店等几家低档旅店。1988年，建成区政府招待所——金谷宾馆，拥有150张床位。1993年8月，建成粮园招待所。1997年12月，建成粮食局招待所。同时集体、个体开办的简易旅店涌现。2000年后，经济发展，对外交往扩大，住宿业快速扩张，规模、档次逐步提高。2001—2004年，相继建成宝成宾馆、月坛宾馆及汇鑫源、百利恒、环球香、瑞湾南苑、天滨利园等高档规模酒店，均备有客房，提供住宿服务。2007年，快捷宾馆始现，陆续建成恒星、源达、格林等快捷宾馆。2010年，津南区有宾馆、旅店、招待所46家，其中快捷宾馆11家。

一 月坛宾馆

位于咸水沽镇为民路4号，毗邻月坛商厦，前身为金谷宾馆。2003年4月，天津月坛商厦有限公司租赁金谷宾馆，投资3800万元，实施改造，2003年5月，投资800万元实施二次改扩建。2004年4月竣工开业，易名为月坛宾馆。宾馆主体四层，占地0.28公顷，营业面积7300平方米，拥有115间(套)客房。是年，被国家旅游局评定为三星级宾馆，结束津南区无星级宾馆的历史。2010年，投资500万元改建。年接待宾客3万余人次，承接会议100余场次，营业额600余万元。

二 宝成宾馆

位于双桥河镇东泥沽村，海河二道闸南侧，由天津宝成集团投资4680万元兴建。1999年2月动工，2001年3月落成开业。后续投资3840万元，扩建完善。宾馆由17座建筑风格迥异的楼、堂、馆、厅组成，占地17.33公顷，建筑面积4万平方米。宾馆拥有300间(套)客房，其中总统套房4套，豪华套房37套。配备5国语言同声传译设备，可承接电视电话会议。餐厅和美食城经营粤、川、鲁、津等菜系，可容纳1200人同时就餐。附设洗浴中心、游泳馆、保龄球馆、沙狐球室、歌舞厅等健身娱乐设施，提供休闲服务。2010年，接待宾客3万余人次，承接会议200余场次，营业额3000余万元。

图12-1 2002年，宝成宾馆

第二节 餐 饮

1979年，境内已有葛沽饭店、小站饭店，咸水沽服务大楼饭店面积250平方米。

80年代，个体饭店迅速发展，多为沿街民宅改建而成，简易板房亦较普遍，家庭作坊式经营，主营家常菜。90年代，简易装饰、配备雅间的中型酒店大量涌现，辛庄镇沿津沽路形成餐饮一条街，发展高峰时云集宴春园、大众、四合居、四海春等近70家饭店，兴盛一时。1995年，区有饭店766家，从业人员1966人，营业额1.8亿元。1998年，建成环美、康好两家大型高档酒店。1999年4月，日月星酒店落成开业。2000年后，餐饮业由单营餐饮向集餐饮、住宿、娱乐、休闲等为一体，多元化、规模化、高档化快速发展。陆续建成汇鑫源、锦堂、文武、聚合、泰华、彩得、百利恒、月坛、宝德福、大白鲨、环球香、明祥瑞、天滨利园等众多高档规模酒店。在咸水沽镇月牙河畔自发形成风味餐饮一条街，云集40余家饭店，经营火爆，蔚然成景。2010年，全区有酒店（饭店）140余个，快餐小吃店近400个，其中年营业额200万元以上的酒店（饭店）27个。

1979—2010年津南区供销社饮食服务业经营收入统计表

表12-1　　单位：万元

年份	饮食业营业收入	年份	饮食业营业收入	年份	饮食业营业收入	年份	饮食业营业收入
1979	137.68	1987	312.31	1995	65	2003	810
1980	153.60	1988	391.51	1996	62	2004	879
1981	159.53	1989	434.48	1997	5	2005	1094
1982	78.37	1990	453.91	1998	74	2006	1005
1983	74.88	1991	297.00	1999	46	2007	756
1984	60.19	1992	223.00	2000	55	2008	1378
1985	202.78	1993	80.00	2001	71	2009	1166
1986	274.12	1994	48.00	2002	77	2010	1512

一　规模特色酒店

（一）宝德福酒家

位于双桥河镇东泥沽村，茶金路西侧，与宝成博物苑隔道相望。由双桥河镇人王兆杰于1992年投资5万元创建，初始为平房，建筑面积500余平方米，家庭作坊式经营。2002年，投资1500万元改扩建，2003年10月落成开业。酒店主体五层，占地1.33公顷，建筑面积6000平方米。内设3个餐厅和148个雅间，可容纳1500人同时就餐。主营津、鲁、川、粤等菜系，以海鲜著称。2007年1月，通过国家级酒家酒店认定。2008年，被评为“天津市餐饮品牌企业”。连续多年被评为区级个体民营企业纳税先进单位。2010年，营业额4380万元。

图12-2　2007年，宝德福酒家

（二）月坛酒店

位于咸水沽镇为民路4号，毗邻月坛商厦。前身为金谷宾馆餐厅。1998年，由天津市康好餐饮娱乐公司承包经营，改建为康好酒店。2002年2月，由天津月坛商厦有限公司租赁经营，投资600万元，实施改扩建，2003年2月竣工开业，易名为月坛酒店。酒店主体二层，占地0.26公顷，营业面积2200平方米。内设1个350平方米的餐厅和35个雅间，可容纳600人同时就餐。主营川、粤、鲁、津菜系，以海鲜、津菜、鲁菜为主打特色菜肴。2005年3月，投资200万元改扩建。2008年1月，通过国家级酒家酒店认定。是年，被评为“天津市餐饮品牌企业”。2010年，营业额3197万元。

（三）环美大酒楼

位于双港镇郭黄庄村，外环线西侧。由双港镇郭黄庄村人郭始发于1988年创建，初始为五间平房，建筑面积300平方米，容纳80人就餐。1998年，投资700万元改扩建，占地0.33公顷、建筑面积4000余平方米。2006年，因修建外环线辅道，酒楼拆迁后移50米，投资3000万元利用旧厂房改扩建，2007年8月落成开业。酒楼主体二层，占地2公顷，建筑面积7600平方米，可容纳1800人同时就餐。主营津、粤、川、鲁菜系，以海鲜和乡土风味的农家菜为主打菜肴，享誉津门。2010年，营业额2500万元。

（四）汇鑫源商务酒店

位于八里台镇八里台村，津港路南侧，是集餐饮、住宿、娱乐、休闲为一体的大型商务酒店。由八里台镇人刘树青投资3000万元兴建。1999年3月动工，2000年10月落成开业。酒店主体五层，占地0.8公顷，建筑面积1万余平方米。2007年1月，投资5000万元，实施全面升级改造。2008年4月重新开张纳客，通过国家级酒家酒店认定。酒店内设20个豪华贵宾间，可容纳500人同时就餐。主营鲁菜、粤菜。酒店配有40间客房、大型豪华洗浴中心和高档KTV包房。2010年，营业额890万元。

图12-3 2009年，汇鑫源商务酒店

（五）聚合大酒店

位于咸水沽镇南华路与丰收路交口处，由咸水沽镇人李才起投资2600万元兴建。2000年6月动工，2001年8月落成开业。酒店主体五层，占地0.13公顷，建筑面积2600平方米，营业面积2000平方米，内设2个餐厅和15个雅间，可容纳500人同时就餐。主营津菜、粤菜。2007年11月，通过国家级酒家酒店认定。2009年1月，投资1300万元，实施改扩建，12月竣工，增加营业面积3100平方米，增设30个豪华包间。2010年，营业额539万元。

（六）瑞湾南苑酒店

位于津南区经济开发区东区，津沽路南侧，是集餐饮、住宿、会务、休闲为一体的高档商务酒店。前身为建于2002年的泰华酒店。2008年3月，由天津瑞湾集团买断，投资3000万元，实施改造，是年11月落成开业，易名为瑞湾南苑酒店。酒店主体五层，占地1.33公顷，建筑面积1.5万平方米。主营粤菜，招牌菜为石锅牛仔骨。拥有140间（套）客房，备有温泉洗浴、保健理疗、健身娱乐等服务设施。2009年8月，通过四星级酒店认定。2010年，营业额347万元。

图12-4 2008年，瑞湾南苑酒店

（七）百利恒大酒店

位于辛庄镇白塘口村，白万路西侧，是集餐饮、住宿、娱乐、休闲为一体的高档规模酒店。建于2002年，2003年8月落成开业。投资3000万元，占地0.67公顷，建筑面积2800平方米。2008年12月，投资1.4亿元改扩建。2010年1月重新开张纳客。酒店主体七层，占地0.67公顷，建筑面积2.8万平方米。内设1个餐厅和50个雅间，可容纳1000人同时就餐，主营粤菜、川菜。拥有150余间（套）客房，采自地下1961米的天然温泉洗浴、500平方米演艺大厅和30余个豪华KTV包房，提供吃、住、娱系列服务。2010年，营业额326万元。

（八）天滨利园大酒店

位于葛沽镇新建区，津沽路南侧，是集餐饮、住宿、会务为一体的高档商务酒店。由香港利园酒店管理集团于2010年租赁天津滨海（津南）创意中心8层附楼，投资5000万元改建而成，是年10月落成开业，占地2公顷，建筑面积1.1万平方米。酒店内设容纳80人就餐的自助式西餐厅，容纳900人就餐的中餐厅和20个豪华包间，主营津、粤、鲁菜系。备有1个容纳300人、具有同声传译功能的国际会议厅、4个容纳20~60人的会议室和1个容纳10人的VIP厅。2010年，营业额200万元。

图12-5 2010年，天滨利园大酒店

2010年津南区营业额200万元以上酒店（饭店）一览表

表12-2

名称	地址	开业时间	营业面积（平方米）	营业额（万元）
宝德福酒家	双桥河镇东泥沽村茶金路18号	1992.6	5200	4380
月坛酒店	咸水沽镇为民路4号	2003.2	3000	3197
环美大酒楼	双港镇郭黄庄村外环线西侧	1988.10	6000	2500
宝成宾馆	双桥河镇东泥沽村茶金路东侧	2001.12	5783	2213
松江商务会馆	国家农业科技园区内	2004.6	4500	1537
泽酩商务会馆	国家农业科技园区内	2007.7	3426	1421
环宇酒楼	小站镇德胜道	1990.10	2000	1080
汇鑫源商务酒店	八里台镇八里台村津港路南侧	2000.10	9823	890
盛华海鲜百饺园	咸水沽镇津沽路60号	2001.1	1240	699
恒缘福大酒店	双港镇工业园区正门	2009.3	2700	609
聚合大酒店	咸水沽镇南华路与丰收路交口处	2001.8	5100	539
环球香海鲜城	咸水沽镇海河工业园区正门	2007.8	2000	368
瑞湾南苑酒店	津南经济开发区（东区）正门	2008.11	13400	347
泰和大酒店	八里台镇津港路与二八路交口处	1998.10	3500	337
瑞皇台大酒店	辛庄镇白塘口村白万路东侧	1998.2	1200	332
百利恒大酒店	辛庄镇白塘口村白万路西侧	2003.8	24400	326
聚福星大酒店	咸水沽镇南环路东侧	2008.11	1000	300
明祥瑞酒店	双港镇津沽路与久隆街交口处	2005.11	400	235
富燕华酒店	咸水沽镇津沽路与南环路交口处	1999.10	800	223
晟伊兰饭店	咸水沽镇津歧路与二八路交口处	2002.12	1100	214
海河饭店	咸水沽镇大件路	1998.5	600	213
玉德福火锅城	咸水沽镇津沽路北侧	2000.10	500	209
新潮洲大酒店	咸水沽镇红旗路北侧	1997.7	500	208
回味斋火锅城	咸水沽镇津歧路与南环路交口处	2001.7	400	203
布衣饭店	咸水沽镇区老干部局底商	2005.6	500	202
南华酒楼	咸水沽镇津歧路与体育场北路交口处	1997.10	500	200
天滨利园大酒店	葛沽镇津沽路南侧	2010.10	9600	200

二　快餐

（一）肯德基

2003年9月，百胜天津分公司租赁月坛超市建咸水沽旗舰店，投资350万元，在津南区开设首家肯德基分店，营业面积300平方米，可容纳120余人就餐。2007年10月，租赁月坛商厦一楼场地，投资400万元，开设第二家分店，营业面积350平方米，可容纳140余人就餐。2010年4月，在小站镇津歧路与前营路交口处租赁商铺，投资300万元，增设分店，营业面积200平方米，可容纳80余人就餐。是年8月，投资1500万元，购买金地格林二层商铺，开设汽车穿梭餐厅，营业面积500平方米，可容纳200余人就餐。是年10月，租赁天邦购物乐园二层商铺，投资500万元，增设汽车穿梭餐厅，营业面积770平方米，可容纳300余人就餐。肯德基主营汉堡、炸鸡块、鸡翅、炸薯条等美式快餐，兼营早餐，部分店提供宅急送外卖服务。2010年，营业额3266.5万元。

（二）必胜客

2009年6月，百胜天津分公司投资1700万元，购买津沽新街南端二层商铺，在津南开设必胜客分店，营业面积470平方米，可容纳120人就餐。经营比萨、焗饭、意面等西式快餐。2010年，营业额600余万元。

（三）缘来壹家

2004年9月，天津月坛商厦集团股份有限公司投资230万元，在咸水沽镇体育场北路开设缘来壹家快餐店，建筑面积500平方米，营业面积470平方米，可容纳250人就餐。主营汤面、快餐，正餐与早餐兼营。2010年，营业额70余万元。

第二章　其他服务

1979年后，其他服务业也得到快速发展。尤其是家政、会计审计、职业中介、租赁等现代服务业也应运而生。2010年，全区有美发厅、美容院、影楼、照相馆、洗浴中心（浴池）、家政服务社、会计审计服务的单位、建筑机械设备（工具）租赁、婚纱租赁、音像租赁、汽车修理厂、家电维修部、通讯器材维修部、电脑维修部、日用品维修部、其他维修部等1041个。服务业网络健全，服务水平提高，带动了劳动力就业，成为增加人民收入的重要行业。

第一节　理发　洗浴

一　理发

80年代，理发网点少，以国营理发店为主，个体理发店为辅，店堂普遍狭小，设施简陋，多数提供理发、剪发、吹风、刮脸等服务，少数提供染发、烫发服务。

90年代，理发行业得到较快发展，网点逐年增多。以温州人为代表的南方理发从业者大量涌入，开设发廊，引入先进的美发设备、技术和流行发型，引领行业发展。国营理发店受到冲击，经营逐渐萎缩，退出市场。2000年后，

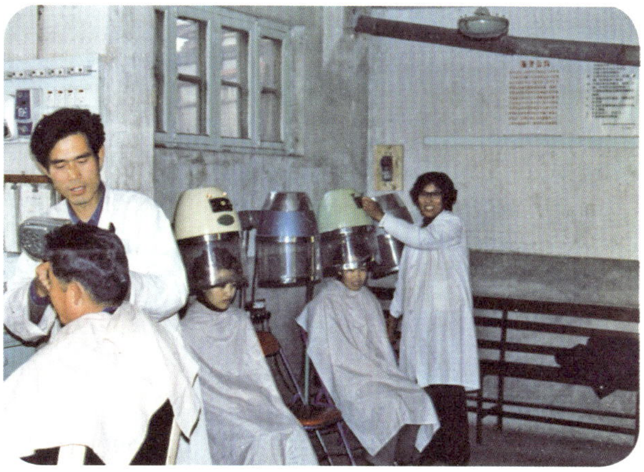

图12-6　80年代后期，咸水沽第二理发所

理发行业由低档发廊向高档美发厅快速发展，服务功能亦由美发拓展至美容，兼营和纯营的美容院随之涌现。2010年，全区有美发厅（店）158家，美容院54家。

二　洗浴

1979年，境内浴池仅有分布在咸水沽、葛沽、小站三镇的3家国营浴池，群众洗浴极其不便。建于1982年的咸水沽玉泉池规模相对较大，设有40余个带衣柜的床位，可满足百余人洗浴。90年代，集体和个体兴办的浴池始现，并逐年增多，由镇区向农村延伸发展，其多为利用临街旧厂房改造而成，规模较小，设施简易，以低廉价格赢得广大群众的欢迎。1999年，日月星温泉洗浴中心建成开业，为津南首家集洗浴、保健、休闲为一体的高档多功能浴馆，首开24小时全天候营业的先河。2000年后，洗浴业呈规模化、高档化发展，并与住宿餐饮业紧密融合，形成高、中、低档相得益彰的发展格局。2010年，全区有洗浴中心（浴池）100余个。

第二节　摄影　家政

一　摄影

80年代，照相馆以国营为主、个体为辅，主要提供照相和胶卷冲洗、扩印等服务，兼营相机、相册、胶卷等。90年代，个体照相馆得到发展，国营照相馆逐渐淡出市场。2000年后，陆续出现拍摄婚纱照和写真集的影楼，装潢豪华，配备专业摄影器材和摄影师，提供化妆、室内和外景拍摄、照片剪辑、装裱一条龙服务。2010年，全区有影楼、照相馆60家。

二　家政

90年代后期，随着生活水平的不断提高和居住环境的不断改善，家政服务行业应运而生，由初期的松散游击式发展到拥有固定办公场所的家政服务社，主要提供搬家运输、卫生清洁、管道疏通、水电维修、新居清扫等家政服务，方便群众生活。成立于1998年的大团结劳动服务社以其优质服务，赢得广泛赞誉，成为境内该行业佼佼者。2010年，家政服务社发展到58家。

第三节　商务服务

一　会计审计

1988年，天津会计师事务所南郊分所成立，为区财政局所属全民事业单位。1995年，更名为天津南华会计师事务所。后与区审计局所属的天津市津南区正盛审计事务所合并，并挂靠区审计局。1998年，按照财政部文件要求，与挂靠单位脱钩，成立天津南华有限责任会计师事务所。主要提供会计报表审计、资本验资、资产评估、经济案件鉴定审计及财务咨询等服务。2000年后，会计审计行业取得一定发展。2010年，全区有从事会计审计服务的单位17个。

二　职业中介

1988年11月，成立区人才交流服务中心，为流动专业技术人员和管理人员提供人事档案管理、推荐就业等服务。1990年4月，成立区职业介绍所，为待业人员就业牵线搭桥，供需双方直接洽谈，相互选择。是年5月，建立区劳动力市场。1997年后，随着津南开发区和各镇工业小区的建设与发展，用工需求增大，个体职介应运而生，一个人、一张桌、一部电话为其典型写照。1999年8月，建立区人才市场，设于区行政服务大厅内，每月16日定期举办人才交流现场会。2010年5月，区人才市场与区劳动力市场并场，设于区人力资源和社会保障局一楼大厅内，每月10日和25日定期举办招聘会，组织供需双方面对面交流洽谈，提供双向服务。

第四节　租赁　修配

一　租赁

80年代中期，兴起武侠和言情小说录像热，出现图书、音像租赁行业，以青少年为主要消费对象。90年代末，随着建筑市场的红火，建筑机械设备（工具）租赁行业得到快速发展，并逐步在津歧路小站镇坨子地村至东西庄房村之间路段两侧形成集聚区，汇集50余家。陆续出现婚纱、花卉等租赁行业，因消费群体较为单一，故网点数量不多，主要集中在咸水沽镇区。2010年，全区商铺有从事建筑机械设备（工具）租赁的160余个、婚纱租赁的14个、音像租赁的15个。

二　修配

80年代，主要有自行车、缝纫机、钟表、锁、钥匙、制鞋、黑白铁加工等修配服务。90年代，伴随运输业的兴旺，摩托车的盛行，彩电、冰箱、洗衣机等家电的普及，机动车修理和家电维修行业得到发展。

2000年后，手机、电脑用户的逐年增多，通信器材和电脑维修行业快速发展。电动助力车的面市普及，致使燃油摩托车减少。摩托车修理行业逐步萎缩。私家车拥有量的大幅递增，使机动车修理行业壮大发展。2010年，全区有汽车修理厂（部）80个，家电维修部38个，通信器材维修部55个，电脑维修部64个，日用品维修部（店）24个、其他维修部（店）144个。

图12-7　2010年，咸水沽镇建国大街黑白铁加工点

第三章　仓储　物流

中共十一届三中全会后，区仓储物流业快速发展。90年代中期，有仓储企业14家，主要分布于津沽公路与海河之间的地带。随着海河中下游规划变动，大多数仓储企业相继停业。至2010年，只有二道闸仓库和聚龙达物流有限公司2家企业还在正常运营。进入21世纪，聚龙达物流有限公司的建立，标志着津南区现代服务业兴起。

第一节　仓　储

一　二道闸仓库

二道闸仓库，建于1987年7月，位于双桥河镇东泥沽村，占地近30公顷，主要储存进口塑料成品纸张、出口工具、农具等。2010年，运输总量5万吨，营业总收入180万元，实现税收20万元，解决劳动力就业36人。

二　聚龙达物流有限公司

聚龙达物流有限公司，90年代中期建立，注册资金1000万元人民币，坐落在津南经济开发区（东区）聚英路29号，北靠津沽公路，南邻津晋高速公路。占地面积30公顷，总建筑面积6万平方米，仓库面积5万平方米。主要储存轮胎、电视、空调等物资。2010年，公司运输总量1.2万吨，营业总收入1344万元，实现税收71万元，解决劳动力就业30人。

第二节　物　流

1983年7月，国家经委、交通部发布关于改进公路运输管理的通知，实行多种经营，允许城乡个人或联户购置汽车从事运输。此后，全区运输业得到迅速发展。有的企业为了发展生产，形成了一些小规模松散的物流活动。进入21世纪，津南区物流业有了较快发展，形成具有一定规模的企业。

一　天津金福临物流有限公司

2008年成立，位于津南经济开发区（西区）香港街18号。以货物专用运输为主，资产总计500万元，员工50人，营业额1000万元。至2010年，公司通过物流运输车辆、配送车辆，形成覆盖各省市的物流网络，针对不同需求制定配送方案。

二　裕和路安物流公司

2009年成立，位于津南区北闸口电子工业园俊凌路9号经济发展中心，建筑面积5.8万平方米，仓储面积3.8万平方米，以运输工业各种产品配件和仓储为主。公司注册资金5000万元，员工140余人，车辆60余部。以货运站（场）经营、普通货运为主，华南、华北、华东、西南、华中为主干线。是年，物流营业收入460万元。

三　天津宝鲜物流公司

2009年成立，位于津南农业科技园区联顺东路，冷库占地4公顷，投资1.1亿元，建低温冷库两座，总容量2万吨。其中，高低温转换冷库容量1万吨，库内高6.5米，部分为封闭式站台，并配备自动升降平台，使用进口电瓶叉车。公司取得出入境检验检疫局颁发的“中华人民共和国国境口岸出口场地卫生许可”认证。2010年，因一期冷库尚在招商阶段，存储量为1.6万吨，收入101.5万元。

津南区志

（1979-2010）

第十三编
金融　保险

中共十一届三中全会后，随着经济的发展，人民生活水平的提高，居民储蓄和信贷业务的增加，促进了金融业快速发展。1985—2000年，中国工商银行、中国建设银行、中国银行、中国交通银行先后入驻津南区。1986年，邮政储蓄业务恢复开办。2009—2010年，兴业、中信、北京、天津、村镇、民生、齐鲁、浙商等银行在津南区挂牌营业，改善了津南区企业融资环境。随着金融系统信息化、网络化建设步伐加快，银行卡的普及，居民生活更加便利。

1985年1月，人民保险公司从中国农业银行分出，挂牌对外营业，是津南区第一家保险机构。2010年，津南区有中保财险、中保人寿、平安财产、太平洋财产支公司和太平人寿、新华保险等营销服务部，还有津沽路证券营业部和6家典当行。

2010年，中国农业银行天津津南支行

第一章 机 构

1979年，区内金融机构只有中国农业银行1家。至2010年，区内金融机构有15家支行，保险单位6家，证券营业部1家，典当行6家。服务网点遍布全区，方便了群众生活。

第一节 银 行

一 中国农业银行股份有限公司天津津南支行

1980年1月，中国农业银行南郊区办事处正式挂牌。1991年，更名为中国农业银行天津市南郊支行（简称农行南郊支行）。1996年，农村信用合作社从津南支行分出，独立经营。到2002年末，有网点33个，遍及全区各乡镇。2003—2005年，农行津南支行又在河西区开设7个网点。2010年，进行股份制改革后称中国农业银行股份有限公司天津津南支行。至2010年末，农行津南支行设有6个部室12家营业网点。行址：咸水沽镇红旗路1号。

图13-1　1998年，农行津南支行营业部大厅

二 天津农村商业银行津南支行

1996年前，隶属农行津南支行，称津南区农村信用社。1996年8月，与农业银行脱离行政隶属关系，改称津南区信用联社。2008年，改为津南农村合作银行。2010年6月，又改为天津农村商业银行津南支行。行址：咸水沽镇体育场路公安津南分局旁。

1996年，区联社下辖10个信用社，1个营业部，52个信用分社。信用社随乡（镇）而设，信用分社主要设在乡镇商贸繁华地段、居民聚集区和一些较大的行政村。2008年，设9个支行、1个营业部，50个分理处。2010年，设43个营业机构，即支行1个，二级支行9个，1个营业部，32个分理处。

图13-2　2010年，天津农村商业银行津南支行营业部大厅

三 中国工商银行天津分行津南支行

1985年5月，成立中国工商银行南郊办事处，隶属工商银行天津河西支行。1991年，改称中国工商银行天津分行南郊支行（简称工商银行南郊支行）。1985—1987年，成立1个分理处和4个储蓄所。1988年，增设5个储蓄所。1989—1995年，增设1个分理处2个储蓄所，撤销2个储蓄所。1997—2005年，成立1个分理处，撤销4个储蓄所。2009年，分理处、储蓄所统一升格为二级支行。截至2010年底，设4个部室6个支行。行址：咸水沽镇体育场路35号。

四 中国银行天津分行津南支行

1990年6月，正式对外营业。2004年8月，更名为中国银行股份有限公司天津津南支行（简称中国银行津南支行）。行址：咸水沽镇体育场路11号。

1993—1996年，先后成立4个储蓄所和3个分理处。2000—2008年，有2个分理处更名并迁址。2010年底，中国银行津南支行设5个业务部和2个支行3个分理处。

五　中国建设银行天津分行津南支行

成立于1988年8月，隶属中国建设银行天津河西支行。1992年9月，从河西支行分离，更名为中国建设银行天津分行津南支行。2010年，有7个储蓄所。行址：咸水沽镇津沽路178号。

六　交通银行天津分行津南支行

交通银行津南支行成立于2000年5月18日。设储蓄、会计、信贷3个部门。行址：咸水沽镇津沽路61号。

七　邮储银行津南区支行

南郊区邮政储蓄业务1986年恢复开办，隶属南郊区邮电局。2004年5月，成立津南区邮电局储汇分局。2007年11月，邮储银行津南区支行成立，设综合部等5个部门11个网点。行址：咸水沽镇滨河雅园底商1–2号。

八　兴业银行津南支行

成立于2009年10月，隶属于兴业银行天津分行。兴业银行津南支行设业务部、零售部、会计部。行址：咸水沽镇体育场路9号。

九　中信银行津南支行

中信银行股份有限公司天津分行津南支行（简称中信银行津南支行），成立于2009年10月，隶属中信银行天津分行。行址：咸水沽镇津沽大街景明大厦。

十　北京银行津南支行

北京银行天津津南支行，隶属于北京银行天津分行，于2010年1月开业，设营业室、市场部、办公室。行址：咸水沽镇津沽路17号底商。

十一　天津银行津南支行

天津银行津南支行成立于2009年11月，隶属天津银行滨海分行。设综合管理部、公司银行部、个人银行部、运营管理部、营业部。行址：咸水沽镇津沽路景明花园底商1号。

十二　天津津南村镇银行

由包商银行发起设立，北方信托等数家天津市和津南区的大型企业参与投资的一家服务于津南区城乡居民、企业和个体工商户的银行业金融机构，也是津南区唯一一家村镇银行。2010年12月，正式挂牌营业，设营业部、信贷管理部、财务部、综合管理部等部门。行址：咸水沽镇津沽路景明花园3号楼底商2号。

十三　中国民生银行天津分行津南支行

2010年12月，正式开业，隶属中国民生银行天津分行。设有营业部、零售银行部、中小企业业务部。行址：咸水沽镇津沽路85号。

十四 齐鲁银行天津分行津南支行

2010年11月，正式对外营业，隶属齐鲁银行天津分行。行址：咸水沽镇滨河雅园4底商3–4号。

十五 浙商银行津南支行

2010年底，开始试营业，设综合管理部、风险管理部、营业部和4个市场营销部。行址：咸水沽镇月牙河西侧左岸名邸9商铺1–9号。

第二节 保险公司

一 中国人民财产保险股份有限公司天津市津南支公司

1981年4月，农行南郊办事处设代理处。1983年11月，在农行设立保险科，对外挂牌称中国人民保险公司天津市分公司南郊代理处。1985年1月，人民保险公司天津市南郊区公司（处级单位）挂牌对外营业。1992年6月，成立防灾理赔科。1993年3月，小站办事处成立并对外营业。1996年8月，津南公司分为中保财产保险公司天津市津南支公司和中保人寿保险公司天津市津南支公司。1999年5月，更名为中国人民保险公司天津市津南区支公司。2003年10月，改为中国人民财产保险股份有限公司天津市津南支公司。公司下设综合部、营业一部、营业二部、营业三部，至2010年。公司地址：咸水沽镇体育场路（工商银行对过）。

图13–3 1999年5月，人保津南支公司在辛庄镇做现场咨询

二 中国人寿保险股份有限公司天津市津南支公司

中国人寿保险津南支公司前身是中国人民保险公司天津市津南区支公司，1996年8月，组建中保人寿保险公司天津市津南支公司。1999年1月，更名为中国人寿保险股份有限公司天津市津南支公司，设三科一室。2003年，改为五部：综合部、团体部、个体部、代理部、客服部，至2010年。公司地址：咸水沽镇体育场北路西头。

三 中国平安财产保险有限公司津南支公司

成立于2009年3月，隶属中国平安财产保险股份有限公司天津分公司。公司地址：咸水沽镇滨河雅园6底商1–2号。

四 中国太平洋财产保险股份有限公司津南支公司

1997年1月，在津南区设立津南办事处。2001年1月，津南办事处变更为津南支公司，坐落于津南区咸水沽镇体育场路西头。

五　太平人寿天津分公司津南营销服务部

太平人寿天津分公司津南营销服务部，成立于2007年8月。服务部坐落在津歧公路土地规划中心旁。

六　新华保险天津分公司津南营销服务部

新华保险天津分公司津南营销服务部，成立于2002年8月。服务部坐落于咸水沽镇津沽路58号。

第三节　证券公司　典当行

一　渤海证券股份有限公司天津津沽路证券营业部

渤海证券股份有限公司津沽路证券营业部，成立于2002年，位于津南区咸水沽镇津沽路85号，前身为渤海证券股份有限公司新港营业部津南服务部。开展证券经纪、证券投资咨询与交易和证券投资活动有关的财务顾问、证券承销与保荐、证券自营等业务。

二　典当

改革开放之后津南区一直没有典当行业，2009年2月，天津市华宝典当有限责任公司和天津市孚恒典当有限责任公司津南分店率先开业。到2010年底，全区有6家典当行。

2010年津南区典当行一览表

表13-1

序号	机构名称	法人代表	注册资本（万元）	成立时间
1	天津市华宝典当有限责任公司	柴宝祥	1500	2009.2
2	天津市斌利典当有限责任公司	郑文武	1500	2010.5
3	天津市金角典当有限责任公司	刘宝全	1500	2010.5
4	天津市友邦典当有限责任公司	邢德旺	1500	2010.5
5	天津市巨鑫典当有限责任公司	张海梁	1500	2010.5
6	天津市孚恒典当有限责任公司津南分店	王为群	500	2009.2

第二章　银行业务

1979年，银行业务有限。1985—2000年，区内银行适应新经济形势的信贷管理模式，信贷业务不断扩展，贷款类别逐渐增多，数量不断加大。2001—2010年，贷款总量持续增加，各银行实现联网服务，相继推出银行卡及“手机银行”“电话银行”等，银行服务种类增多，效率提高，方便人民群众。

第一节　货　币

一　人民币现金投放

中共十一届三中全会后，经济迅速发展，现金投放逐年增多。1984年起，现金支付放宽，现金支付总额大幅增加，现金投放成倍增长。1985年，农行南郊支行现金投放1.29亿元。是1980年的

3.23倍，净增长8894万元。2000年，现金投放22.42亿元，是1980年的56.32倍，净增长22.02亿元。2010年，现金投放26.78亿元，是1980年的67.3倍，净增长26.39亿元。

1980—2010年农行津南支行现金投放量统计表

表13-2　　单位：万元

年份	现金投放	年份	现金投放	年份	现金投放	年份	现金投放
1980	3980	1988	21689	1996	147359	2004	200411
1981	4310	1989	30686	1997	164155	2005	186225
1982	4988	1990	66580	1998	16055	2006	201005
1983	6932	1991	72225	1999	207955	2007	233425
1984	9263	1992	80618	2000	224152	2008	254071
1985	12874	1993	85552	2001	232188	2009	180809
1986	10683	1994	91278	2002	160855	2010	267840
1987	12658	1995	122423	2003	194358	-	-

二　外币

改革开放前，南郊区内银行只经营人民币业务，没有外币业务。改革开放后，随着中国对外贸易的扩大和进出口企业的需求，1986年，农行南郊支行开办外汇代理业务，为进出口贸易及外贸企业代办国际结算和外汇贷款。1994年11月28日，农行津南支行成立国际业务部，代办外汇储蓄、外汇存款、外汇放款、外汇汇款4种外汇业务。1995年，正式办理外币存贷款及转账业务和兑换外币业务。农业银行津南支行经营外币业务，主要币种有美元、日元、欧元、英镑、法国法郎、德国马克和加拿大元等。

1990年，中国银行南郊支行成立后，开办的外币业务主要有美元、欧元、英镑、法国法郎、日元、澳大利亚元、加拿大元、瑞士法郎、新加坡元等。之后，其他银行也都有外币业务。

三　流通纪念币

自1984年中国人民银行发行第一套人民币流通纪念币始，农业银行津南支行奉人民银行指示，在津南地区发行至2010年的所有普通流通纪念币，计69枚(套)，其中面值10元2枚(套)，面值5元12枚(套)，面值1元55枚(套)。

第二节　信　贷

一　公司类贷款

公司类贷款占银行整体信贷规模的大部分，业务对象为工商行政管理机关核准登记的其实体法人和其他组织。1979年前，南郊区只有农业银行，贷款主要支持的对象是国营工商企业，占全行贷款的89%。其中，商业贷款占全部贷款的57%，国营工业贷款占全部贷款的32%。1980—1994年，乡镇企业异军突起，贷款结构也发生较大变化，国营工商企业贷款占全部贷款比重由89%下降到36%。1996—2010年，津南区金融机构信贷的主要对象是乡镇集体企业、股份制企业、私营企业和个体工商户。2010年末，农行津南支行公司类贷款余额为17.65亿元，是1980年的51倍。

1980年末，农商银行南郊支行，全区信用社贷款余额为397万元，同比增长1.98倍。1990年末，全区信用社贷款余额为1.48亿元。至2000年末，全区信用社贷款为11.01亿元，比1990年增加9.54亿元，增长6.46倍。2010年末，各项贷款余额为68.04亿元。其中，农村工商业贷款50.19亿元，农业贷款15.29亿元，以及其他贷款。

中国工商银行津南支行截至2010年末，各项企业贷款额达18.76亿元。其他各银行都有公司类贷款业务。

二　个人类贷款

农行津南支行2001年以前，基本上没有个人信贷业务，仅有极少个人质押贷款。从2001年开始，农行津南支行开始批量做个人信贷业务。个人类贷款包括房地产贷款、一般消费贷款和生产经营贷款，主营汽车贷款。2001—2003年，津沽路营业所与月坛商厦合作，办理家电等大额耐用消费品个人消费贷款。从2003年起，开始做个人住房一手楼贷款、个人住房公积金组合贷款。2004年，在农行津南支行营业部成立个贷中心，办理个贷业务。2008年，农行津南支行信贷上收支行，网点不再办理信贷业务。2010年，农行津南支行个贷余额3.32亿元。

工商银行津南支行1999年始，截至2010年末，办理个人住房抵押贷款3493户，贷款金额2.23亿元。

其他各银行都有个人类贷款业务。

1980—2010年农行津南支行贷款余额统计表

表13-3　　单位：万元

年份	贷款余额合计	公司类贷款余额	个人类贷款余额
1980	3461	3445	16
1981	4339	4326	13
1982	4753	4746	7
1983	4639	4622	17
1984	8699	8125	574
1985	10430	9868	562
1986	14760	14332	428
1987	23227	22606	621
1988	30387	29732	655
1989	37347	36786	561
1990	47563	46874	689
1991	39877	39382	495
1992	48754	48431	323
1993	42724	42379	345
1994	44824	44398	426
1995	53320	52942	378
1996	61525	61196	329
1997	69730	69304	426
1998	73261	72906	355
1999	89957	89738	219
2000	87776	87416	360
2001	98327	96268	2059
2002	123600	116414	7186
2003	142795	135922	6873
2004	181020	171586	9434
2005	184163	162757	21406
2006	250155	213447	36708
2007	286750	245011	41739
2008	115221	103243	11978
2009	158345	135147	23198
2010	209712	176470	33242

三 个人公积金住房贷款

1994年，建设银行津南支行是在津南区最早办理个人公积金住房贷款银行，公积金个人住房贷款特点是贷款利率低，期限长，缓解借款人还款压力。2010年底，为5824人(次)，提供个人公积金贷款15.40亿元。

农行津南支行从2003年始，办个人住房公积金组合贷款，至2009年底，住房贷款2.32亿元。截至2010年10月，农行津南支行个人公积金住房贷款余额3亿元。

四 助学贷款

1999年，工商银行津南支行推出国家助学贷款项目，向全日制高等院校经济困难的学生发放用于支付学费和生活费，并由教育部门设立助学贷款专户资金给予贴息的人民币贷款。1999年10月，为天津工程师范大学300名困难学生办理助学贷款。2000—2004年，为该院校923名困难学生发放助学贷款，贷款余额达1712万元。2005—2010年，是助学贷款还款高峰期，还款比例达99%。同时，继续开展助学贷款业务。

1998—2010年工商银行津南支行存款、贷款、利润年末余额统计表

表13-4 单位：万元

年份	存款年末余额	贷款年末余额	利润年末余额
1998	90752	57882	1284
1999	108245	69637	2198
2000	137116	76334	1920
2001	120873	78673	-190
2002	137408	78355	110
2003	136821	79839	2431
2004	146411	40769	643
2005	138933	90928	2431
2006	200614	15894	2842
2007	208244	41700	2160
2008	268706	64726	3553
2009	325224	54812	5433
2010	459556	187557	16510

第三节 储 蓄

一 对公存款

主要来源于企、事业单位、机关、团体等组织。改革开放前，南郊区只有农行一家经营对公存款业务。改革开放后，随着工商银行、中国银行、农商银行、建设银行等金融机构在津南区相继成立。各家银行采取有效措施，加强与区内各部门的沟通与联系，实现对公存款逐年增长。对公存款同其他存款一样始终坚持“存款自愿、取款自由、存款有息、为储户保密”的原则，存款多少和期限长短由客户自主决定。

二 对私存款(储蓄存款)

分为活期、定期两种。定期存款期限一般分为：3个月、6个月、1年、2年、3年、5年、8年。

津南区各家银行从服务与宣传入手，内提升素质、优化网点布局，提升服务技能与水平，实现储蓄存款高速增长。农商银行津南支行1980年末存款余额为601万元，到2010年末，存款余额为66.69亿元。农业银行津南支行截至2010年末，城乡储蓄存款余额为51.49亿元，是1980年的398倍。工商银行津南支行截至2010年末，储蓄存款额达21.37亿元。

三　同业存款

同业存款属于活期存款性质，可以随时支付。1999年，工商银行津南支行新的资金汇划结算系统正式投产运行，利用资金清算、费用支付和代理签发银行汇票或兑付银行汇票等，与津南区咸水沽农商银行、咸水沽邮政储蓄银行签订支付结算代理协议。2000年末，工商银行津南支行同业存款余额4018万元。2009年末，同业存款余额4076万元。2010年，同业存款纳入对公存款范畴。农业银行津南支行同业存款主要是信用社（农村商业银行）存款。其他银行也都有同业存款。

第四节　中间业务

银行中间业务种类多，范围广，津南区各家银行现行开办的中间业务主要有银行卡业务、代理保险业务、代发工资业务、代发财政补贴业务、信用卡业务、个人外汇业务、代理业务、电子银行业务、结算业务、投资银行业务、托管业务、担保承诺业务等。

一　银行卡

银联卡是最常见的跨行使用的银行卡，各家银行发行的银行卡又都有自己独特标记名称，如农业银行的金穗卡，工商银行的牡丹卡，中国银行的长城卡，农商银行的吉祥卡，建设银行的龙卡等。各家银行发行的银行卡又分为若干功能，如农业银行津南支行发行的银行卡分为金穗准贷记卡、金穗贷记卡、金穗借记卡、金穗联名卡、金穗国际借记卡等。农村商业银行津南支行从2004年开办发行信用卡业务，当年发行吉祥借记卡2万张。卡内余额3010万元。2009年，发行吉祥借记卡、吉祥贷记卡计12万张。2010年，发卡11万张。

二　电子银行

农行津南支行2008年开办的电子银行分为网上银行、电话银行、手机银行，在全区设有12处服务网点，为客户提供信息查询、转账交易、缴费、贷记卡、消费支付、投资理财等服务。

津南区其他银行也都开办电子银行，为客户提供查询、交易、缴费、消费等服务。农村商业银行津南支行，2003年开办ATM机业务，2005年开办POS机业务，2010年累计布放495台。主要布放于一些大的商场、医院、超市以及开发区民工聚集区。

图13-4　2003年，天津农村商业银行津南支行ATM机

三　代理业务

（一）代理保险、代发工资

农业银行津南支行于2002年成立保险代理部，先后与10多家保险公司办理代理销售人险业务，并办理为机关和企事业单位代发工资业务。工商银行津南支行1995年开办代发工资业务，1996年开办代理保险业务。农村商业银行津南支行2003年开办

代理保险业务，2004年开办为政府部门、事业单位和企业代发工资业务，2007年开办代发财政补贴业务，办理对农户种粮补贴。

其他银行也都开展办理代理保险、代发工资业务。

（二）国债代销

1981—1996年，国债发行由区财政局负责。1996年以后，由工商银行津南支行、农行津南支行、中国银行津南支行、建设银行津南支行每年按照市分行分配的指标任务数代理发行。国债主要分为凭证式国债、储蓄国债、柜台记账式国债。

（三）代理基金

主要指开放式基金代理销售，经中国证券监督委员会和中国人民银行批准，受基金公司委托，银行代为办理基金单位的认购、申购和赎回业务。工商银行津南支行1996年开办代理股票、代理基金、个人理财等业务，截至2010年，津南区各家银行都开办代理基金业务。

四 国际业务

农行津南支行于1994年在津沽路营业所成立支行国际业务部，代办国际业务，种类包括外币储蓄存款、外汇存款、外汇贷款、外汇汇款、外币兑换、国际结算、结汇售汇，以及资信调查、咨询见证业务和经中国人民银行批准的其他业务。业务币种有美元、日元、欧元、英镑、加拿大元、澳元和瑞士法郎。随着外汇业务的需求的增加，2004年，国际业务发展到营业部，先后有北闸口营业所、小站营业所、葛沽营业所、双港营业所、瑞江分理处等10余家。2008年，根据农行天津分行整体部署，国际业务全面上收，集中在支行营业部、双港支行、小站支行、葛沽支行4个网点。

中国银行南郊支行1989年开展国际结算业务，主要产品包括信用证、托收业务、保理业务（又称保付业务）、银行保函、汇出汇入等。

其他银行也都开展国际业务。

第五节 结 算

结算业务分为国际结算和国内结算，结算方式包括办理银行本票支票、汇兑、委托收款、异地托收承付、银行汇票业务。

一 农商银行津南支行结算方式发展变化

农商银行津南支行结算方式，自1951年创立至2010年，经历4个发展阶段：1996年以前，农村信用社结算长期依附于农行业务转账结算，结算品种单一，时间长，到账慢；1996—2000年，由原来农行独家办理，发展到依靠多家国有银行办理，结算渠道拓宽；2000年9月至2005年6月，实现独立结算系统，2002年，由手工办理业务过渡到电子化操作；2006年12月，实现上线支票影像系统，减少清算环节，缩短到账时间，先后与12家股份制银行实现柜面通业务。2007年，开办国际外汇结算业务，2008年，实现财政预算的收缴、划拨、退付等工作网络化、自动化和无纸化操作。

二 农行津南支行结算方式发展变化

农行南郊支行1987年甩掉手工记账的结算方式，开始采用微机记账。2003年，农行ABIS新系统的成功切换，实现全行对公、储蓄、银行卡、个人贷款等业务联网操作，储蓄业务实现市内通存通兑，银行卡业务实现全国通存通兑。2004年，联行大额支付系统、网内往来系统相继上线，联行业务升级，汇兑业务时间缩短。2005年11月，开通小额支付系统实现上线运行，为企事业单位和个人带来便利。2006年，电子支付密码系统正式上线运行，有效防范客户资金风险。2009年10月，会计监控系统（集中版）正式上线。2010年，先后实现电子商业汇票系统上线、农行柜员指纹认证系统上线、集中事后监督管理系统上线，在后台建设的集中监控、集中作业、集中授权3个方面取得突破。

第三章　保险业务

1981年5月，中国人民保险公司天津市分公司在中国农业银行南郊办事处进行业务代理。1985年1月，中国人民保险公司天津市南郊区公司成立，津南保险事业走向专业化经营的轨道，业务逐年增多。90年代至2010年，境内保险机构增多，保险业务快速发展。

第一节　险　种

一　人保财险险种

人保财险津南区支公司正式成立前，由农行南郊支行代理保险业务，主要有企业财产险、机动车辆险等较少的业务险种。1985年公司成立后，业务险种逐渐扩大，相继开办家庭财产保险和农业保险等其他险种业务，实收保费120万元。1986年，开办储金型家庭财产两全保险、人身保险、城镇集体职工养老金保险、个体养老金保险。1988年，开办独生子女险等保险业务。1990年，开办燃气保险，当年实收保费690.95万元。1991年，开办自行车第三者责任保险业务。1992年，开办国内货物运输保险。1986—1992年，开办的各类险种累计达10余个。1996年11月，人保和人寿分开，中保财险天津市分公司津南支公司经营除寿险以外的各类财产保险业务，并保留人身意外伤害保险业务的经营权。原人身、人寿业务险种划归人保寿险公司经营。2001年7月，先后与农行津南支行、信用联社合作共同开办机动车辆消费贷款保险业务。2006年7月，国家实施机动车第三者责任法定保险，人保财产保险公司成为第一批国家指定经营交强险的保险公司。是年，开办进出口货运保险业务（网络）。2007年，开办政府政策性补贴的养殖业保险业务，对全区能繁殖母猪进行统保。2008年，扩大并承保政策补贴性生猪养殖保险，是本区唯一具有承保农险业务资格的保险公司。是年，公司在售险种涵盖机动车辆保险、财产保险、责任信用保险、意外健康保险、船舶货运保险、能源航空航天保险和农业保险等，有产品2500多种。2010年，公司开通机动车险电话销售业务。

二　其他保险组织险种

津南人寿保险支公司主要业务有三大类：人寿保险（定期保险、终身保险、定期生存保险和两全保险）；意外伤害保险（以1年期意外伤害为主）；健康保险（疾病保险、医疗保险、失能收入损失保险和护理保险）。

中国太平洋财产保险股份有限公司天津市津南支公司，主要开展财产险、机动车险、货运险、船舶险、建工险、责任保险、人身意外险、短期健康险等保险与再保险业务。2010年底，户数量3.38万余位，理赔款达561万元。

中国平安财产保险有限公司天津分公司津南支公司，主要经营企业财产损失保险、家庭财产损失保险、建筑工程保险、安装工程保险、货物运输保险、机动车辆保险、船舶保险、能源保险、一般责任保险、保证保险、信用保险、短期健康保险、意外伤害保险及中国保监会批准的其他财产保险业务。2010年10月底，纳税金额76.63万元。

新华保险天津分公司津南营销服务部，业务经营范围包括对营销员开展培训及日常管理；收取营销员代收的保险费、投保单等单证；分发分公司签发的保险单、保险收据等相关单证；接受客户的咨询、投诉。

2005—2010年中国人寿津南支公司经营情况统计表

表13-5

年份	投保人数(人次)	保费收入(万元)	赔款人数(人次)	赔款支出(万元)	赔付率
2005	16500	7694	476	98	61%
2006	18500	9868	697	101	57%
2007	20520	12299	675	107	55%
2008	27160	13974	585	211	55%
2009	35840	16100	896	251	54%
2010	38110	19600	1035	301	51%

第二节 承 保

1987年前，人保财险南郊区支公司业务的承保主要是通过公司外勤人员直接展业和委托代理2种形式办理承保业务。1987年始，在本区各乡镇先后成立保险代办站，办理承保业务。1993年3月，小站办事处成立，主要负责小站镇地区业务承保。2001年10月，先后同建设银行、农业银行、信用联社和运输管理局等部门建立合作或代理关系，其他分散性业务通过社会上中介公司或个人代理进行代办。2009年，支公司承保中心成立，并对各类险种的承保实行统一管理集中核保。至2010年，代理业务不断扩大。

第三节 理 赔

1985年1月，人保财险天津南郊区支公司，由区公司外勤负责处理日常理赔案。1986年，公司成立理赔组，专门负责公司的各类理赔案件。1992年，成立防灾理赔科。2000年7月，实行"95518"统一报案电话，实行24小时理赔查勘人员为客户提供报案、查勘、咨询、投诉、客户回访等功能个性化服务。2003年1月，成立理赔客户服务中心，理赔业务权限全部上收。2010年10月，理赔中心从业人员实行竞聘上岗，理赔人员劳动关系划归理赔中心管理。

图13-5 1994年10月，保险咨询活动

1985—2010年人保财险津南区支公司历年赔款支出额统计表

表13-6　　　　单位：万元

年份	机动车险	交强险	企财险	家财险	投资保障性家财险	工程险	责任险	货运险	意外险	健康险	人身保险	农业险	其他	合计
1985	54.31	-	1.36	-	-	-	-	-	-	-	-	1.16	0.23	57.06
1986	99.75	-	10.25	-	-	-	-	-	-	-	2.58	2.05	0.86	115.49
1987	59.55	-	1.56	0.04	-	-	-	-	3.68	-	-	0.30	2.70	67.83
1988	75.36	-	9.63	0.28	-	-	-	-	4.63	-	-	1.26	3.72	94.88
1989	107.79	-	2.10	0.11	-	-	-	-	5.06	-	-	5.17	8.44	128.67
1990	164.43	-	6.00	0.93	-	-	-	-	5.40	-	-	8.51	14.69	199.96
1991	312.47	-	23.94	4.29	-	-	-	-	25.06	-	-	4.82	24.96	395.54
1992	261.05	-	43.78	6.10	-	-	-	-	20.87	-	-	11.91	14.03	357.74
1993	758.01	-	73.84	11.06	-	-	-	-	35.26	-	-	4.12	20.64	902.93
1994	931.31	-	50.35	12.41	-	-	-	0.03	46.12	-	-	26.37	28.78	1095.37
1995	1034.28	-	100.00	14.59	-	-	-	7.55	-	-	-	12.24	60.38	1229.04
1996	1042.05	-	40.06	5.39	-	-	-	108.09	-	-	-	6.65	-	1202.24
1997	1117.70	-	29.74	6.79	-	-	-	88.74	-	-	-	-	0.71	1243.68
1998	1217.97	-	61.00	10.39	-	-	0.42	53.05	-	-	-	-	-	1342.83
1999	1177.66	-	42.01	6.13	-	-	19.61	34.68	-	-	-	-	-	1280.09
2000	1335.52	-	15.18	2.63	-	-	39.41	39.46	-	-	-	-	-	1432.20
2001	1596.48	-	59.32	3.29	-	-	76.03	15.57	-	-	-	-	-	1750.69
2002	1042.43	-	23.41	1.90	-	-	75.21	17.72	-	-	-	-	-	1160.67
2003	1440.88	-	8.95	1.72	0.10	-	43.86	11.43	1.80	-	-	-	-	1508.74
2004	4408.95	-	82.83	3.11	-	-	99.87	12.29	5.51	-	-	-	-	4612.56
2005	2873.52	-	182.95	5.06	-	-	82.45	16.01	12.06	-	-	-	-	3172.05
2006	2475.02	1.57	1.78	4.69	-	-	22.02	2.83	13.97	-	-	-	-	2521.88
2007	2804.91	229.25	29.34	2.55	-	-	35.64	13.02	-	-	-	0.20	-	3114.91
2008	3200.32	586.81	29.54	3.21	-	-	19.21	20.00	82.11	19.21	-	7.76	-	3968.17
2009	3976.41	831.82	108.31	3.40	-	5.07	10.45	9.60	27.33	34.36	-	317.64	-	5324.39
2010	2925.95	893.35	96.46	1.43	-	-	15.30	12.50	0.55	7.93	-	153.95	-	4107.42

津南区志（1979–2010）

第十四编
财政　税务

中共十一届三中全会后，全区财政收入连年递增。1989年，区预算内财政收入1.09亿元，突破亿元大关，比1979年增长2.56倍。2002年，区级财政收入3.07亿元。2005年，实行行政事业性收费“收支两条线”管理，区、镇财政体制改革取得重要进展，区级财政收入6.35亿元。并顺利完成政府收支分类科目改革，政府预算体系框架初步建立。2010年，区级财政收入从2006年的8.26亿元增加到36.18亿元，年均增长36.5%。同时，区财政优化支出结构，民生支出增加，各项惠民政策得到落实，全区财政支出累计45.6亿元，主要是加大基础设施和改善投资环境投入，增加农业、科技、教育方面投入。

1994年8月，津南区税务分局改为津南区国家税务局（简称区国税局）和津南区地方税务分局（简称区地税局），随之进行税制改革。2009年，实施增值税转型改革，废止外商投资企业的工商统一税，一律使用增值税、消费税和营业税。2010年，国税税收22.97亿元，是1994年税收1.31亿元的17.57倍；地税税收34.05亿元，比1994年的9874万元，增长33倍。

2002年4月23日，津南区韩资企业代表"诚信纳税"座谈会

第一章 财 政

1979年，区级收支预算基本由市财政控制，区财政自主权较小。1994年，实行市、区“分税制”财政体制。1998年，区政府印发《关于区、镇“分税制”财政体制改革办法》，重新划分区、镇收支范围。2000年，在财税体制改革情况下，完成区级财政收入2.16亿元，比1990年增长93.39%。2003年，区内推行村级会计代理服务工作，2010年，区财政收入合计92.63亿元，其中区级财政收入36.18亿元，全区8个镇161个村实行村级会计委托代理制度。

第一节 机 构

1979年，区财政局下设：办公室、政工科、预算科、税政科，1983年1月，财税分设后，区财政局下设：办公室、预算科、农村财务科。1986—1996年，区财政局先后增设综合计划科、支农周转金管理所、会计师事务所南郊分所、行政事业财务科、国有资产管理科、人事监察科、会计事务管理科、区国债服务部等。1997年3月，会计师事务所与财政分离，是年，建立津南区国有资产管理局(与津南区财政局合署办公)。2001年12月，党政机构改革后，财政局设12个科室。2010年，区财政局加挂国有资产监督管理委员会牌子，设有：办公室、预算科、行政事业财务科、农业财务科、综合计划科、国有资产管理科、会计管理科、国库科、基本建设财务科、社会保障科、财政监督科、企业管理科、政府采购管理办公室13个科室。4个事业单位：预算编审中心、国库支付中心、会计培训中心、资金管理所。

第二节 财政体制改革

一 改革前财政体制

1979年，实行“统收统支”财政体制。1980年，全区试行“统筹安排，包干使用，年终结余留归单位支配”的包干办法。1985年，实行“全额预算管理，各单位按核定预算安排全年支出计划，包干结余全部留归单位”的办法。1990年，调为“总额分成加超收分成”，即在定收定支的基础上，拿出一定基数作为另外分配总额分成，以占完成任务总数比例分配，超收部分另加10%的分成，从当年取得的收入中单独分给。

二 “分税制”财政体制实施

1994年，实行市、区“分税制”财政体制，相应调整区对乡镇的财政管理，实行“总额分成”财政体制。1998年，区政府印发《关于区、镇“分税制”财政体制改革办法》，重新划分区、镇收支范围，按照统一政策，分级管理，财权与事权相统一原则，实现一级政权、一级事权、一级财权，建立相对独立财政。按照企业性质和行业隶属关系划分区、镇收入范围，按事权划分区、镇支出范围。

2004年，区政府印发《关于改进和完善区镇分税制财政管理体制的决定》，加强对两级政府财政供养人员支出、政策性调资和基本公用支出需求保障，重点保障镇级财政负担的教育、卫生、民政和社会保障的基本支出需求。进一步明确划分区、镇收支范围。将坐落在各镇行政辖区内的各类企业、个体工商户缴纳的税收，镇属行政事业单位缴纳的个人所得税，作为镇级收入范围。镇级收入范围各类纳税人缴纳的除城市维护建设税、教育费附加以外的，增值税区留成18.75%部分，企业所得税区留成30%部分，个人所得税区留成20%部分，营业税区留成50%部分，房产税、城镇土地使用税、车船使用和牌照税、印花税全额，区与镇实行6:4比例分享。

新的财政管理体制，将原区镇财政体制中，由区财政负担的镇属行政事业单位干部职工取暖补贴、干部住房（取暖）初装费，划归镇财政负担。

三 村级会计委托代理制度

2003年初，双桥河镇完成试点工作，津南区全面推行村级会计委托代理服务工作。2010年末，全区8个镇161个村实行村级会计委托代理制度。全区统一使用农业部农村会计软件，推行电算化，抛弃手工记账方式，提高工作效率。实现区、镇、村三级会计联网。村干部足不出村即可查看到本村财务运行情况。

四 其他

2004年，取消农业税，各镇定额补助基数每年增加5%的转移支付补助。对超计划完成税收任务的镇实施鼓励政策。对公检法司部门经费，全部由区级财政负担。至2010年。

第三节 财政收入

一 预算内财政收入

1979年，区财政预算内收入3064.8万元，由企业收入、工商税收入、农业税收入和其他收入组成，是财政收入的主体。1991年，预算内财政收入调整为工商税收类、农牧业税和耕地占用税类、国营企业所得税类、其他收入类四大类，财政收入1.27亿元。

2003—2010年，津南区的财政收入由中央级收入、市级收入、区级收入三部分组成（称一般预算收入），三级收入均含分享收入和固定收入两部分。此外，增加基金收入。2010年，全区三级财政收入92.63亿元，比上年增加26.82亿元，增长40.75%。

2003—2010年津南区三级收入统计表

表14-1

单位：万元

项目	2003年	2004年	2005年	2006年	2007年	2008年	2009年	2010年
财政收入合计	96869.90	116948.60	194864.40	255398.10	358206.00	496090.40	658061.30	926289.70
一、中央级收入	46593.90	52406.50	93222.20	123988.70	169130.50	214672.60	201204.80	226432.50
1. 分享收入	45782.00	50910.10	92562.40	123489.60	167955.10	213766.50	199206.70	223700.90
增值税(75%)	33674.80	32429.70	61735.80	85258.80	104228.00	132119.80	128550.90	126282.60
企业所得税(60%)	8459.10	13396.60	25005.10	30720.50	53884.30	71334.20	53301.70	82352.10
个人所得税(60%)	3360.00	5013.30	5746.20	7433.70	9768.20	10312.50	17354.10	15066.20
利息所得税(60%)	288.10	–	–	–	–	–	–	–
排污费收入(10%)	–	70.50	75.30	76.60	74.60	–	–	–
2. 固定收入	811.90	1496.40	659.80	499.10	1175.40	906.10	1998.10	2731.60
消费税	742.10	1420.80	567.00	414.10	1086.50	906.10	1998.10	2731.60
其他	69.80	75.60	92.80	85.00	88.90	–	–	–
二、市级收入	18828.50	16793.10	24243.60	30805.60	40815.10	45682.30	97911.50	119186.20
1. 分享收入	18636.40	16530.20	23870.60	30382.90	40289.70	43425.60	95182.00	115739.10
增值税(12.5%)	5612.50	2702.50	5144.70	7104.90	8685.70	93.00	10712.60	10523.60
营业税(50%)	7202.00	9754.40	12495.00	14865.50	18260.10	26472.30	51278.80	76665.70
企业所得税(20%)	2819.70	2232.70	4167.50	5120.10	8980.70	11874.10	8883.60	13725.40
个人所得税(20%)	1120.00	1558.60	1762.00	2289.00	2993.40	3287.40	5712.80	5009.20
城市维护建设税(50%)	1333.00	–	–	–	–	–	–	–
教育费附加(50%)	549.20	–	–	–	–	–	–	–
土地增值税	–	–	–	696.90	1071.60	1391.30	18265.00	9501.20
排污费收入(40%)	–	282.00	301.40	306.50	298.20	307.50	329.20	314.00
2. 固定收入	192.10	262.90	373.00	422.70	525.40	2256.70	2729.50	3447.10
企业所得税(40%)	–	–	–	–	–	–	143.70	25.80
个人所得税(40%)	192.10	–	–	–	–	300.10	–	–
个人所得税(40%)/海域矿区使用费	–	262.90	373.00	422.70	525.40	–	–	–
防洪工程维护费	–	–	–	–	–	1956.60	2585.80	3421.30
三、区级收入	24765.50	40682.70	63469.50	82565.50	122598.50	179972.20	269455.60	361840.40
1. 分享收入	18636.40	26471.10	42570.20	54909.50	75697.00	100187.40	134456.60	164339.00
增值税(12.5%)	5612.50	8107.40	15433.90	21314.70	26057.00	33029.90	32137.70	31570.60
营业税(50%)	7202.00	9754.40	12495.00	14865.40	18260.10	26472.30	51278.80	76696.90

续表

项目	2003年	2004年	2005年	2006年	2007年	2008年	2009年	2010年
企业所得税(20%)	2819.70	6698.20	12502.60	15360.30	26942.10	35622.10	26650.80	41176.00
个人所得税(20%)	1120.00	1558.60	1762.00	2289.00	2993.40	3287.40	5712.80	5009.20
城市维护建设税(50%)	1333.00	–	–	–	–	–	–	–
教育费附加(50%)	549.20	–	–	–	–	–	–	–
土地增值税	–	–	–	696.90	1071.60	1391.30	18265.00	9493.80
排污费收入(50%)	–	352.50	376.70	383.20	372.80	384.40	411.50	392.50
2. 固定收入	6129.10	14211.60	20899.30	27656.00	46901.50	79784.80	134999.00	197501.40
房、地、车	2052.90	–	–	–	–	–	–	–
房产税	–	2202.90	2876.40	4047.20	4488.30	5719.40	7159.10	8473.50
印花税	353.90	648.10	707.10	1119.10	1264.80	3925.60	4569.10	5977.20
土地使用税	–	556.90	486.20	828.60	2549.00	3424.00	4113.90	4923.60
车船税	–	245.90	399.20	347.30	420.60	1427.30	1432.50	2180.40
城市维护费	–	3994.00	5542.20	7212.20	9276.70	10120.00	14525.10	18729.10
教育费附加	–	1692.60	2363.90	3080.00	3922.30	4317.10	6178.80	8016.90
耕地占用税	–	481.70	1306.40	1186.40	3518.70	4854.00	23698.10	9872.60
契税	–	3008.20	6254.20	9236.40	14952.80	32447.60	27909.50	73616.30
农业四税	2542.50	–	–	–	–	–	–	–
行政性收费	146.40	475.10	221.10	160.70	5887.10	11952.90	26504.00	54569.00
罚没收入	1013.20	842.60	661.20	275.50	365.10	1148.50	553.80	621.20
其他收入(存款利息)	20.20	63.60	81.40	162.60	256.10	250.20	18355.10	10521.60
铁路建设费	–	–	–	–	–	198.20	–	–
一般预算收入小计	90187.90	109882.30	180935.30	237359.80	332544.10	440327.10	568571.90	707459.10
四、基金收入	6682.00	7066.30	13929.10	18038.30	25661.90	55763.30	89489.40	218830.60
1. 市级收入	–	–	–	2683.90	3268.90	1995.70	1494.70	1901.80
2. 区级收入	–	–	–	15354.40	22393.00	53767.60	87994.70	216928.80
其中：国有土地使用费收入	–	–	–	15065.70	–	–	–	–
土地净收益	–	–	–	–	22014.90	53703.30	87994.70	216928.80

二 预算外财政收入

1979年之前，区财政部门管理的预算外资金有两大类。1980年，预算外收入包括地方附加和一部分自筹资金，由地方自收自支，自行管理，以弥补预算内资金不足。1987年，开展“一主多副”，开辟新的财源，增加预算外收入。预算外财政收入，占区财政收入一定比重。1990年，财政部门管理收入为226.1万元，占当年预算外财政收入的32.22%。1991—1995年，预算外财政收入达1794.1万元。

1996年，预算外财政收入包括：行政收费、乡镇统筹收入、各项附加、其他收入、专项收入。1997年，预算外财政收入上缴预算449.89万元，缓解预算资金的不足。是年，各乡（镇）预算外资金实行收支两条线管理。1999年，实行综合财政预算，抵顶预算。

2005年始，预算外财政收入突破亿元，弥补预算内资金缺口。2007年始，预算外财政收入包括行政事业性收费、其他收入、国有资产有偿使用收入。至2010年，累计收入6.87亿元，支持社会各项事业，尤其是教育和社会保障及城乡社区事务的支出需要。

1996—2006年津南区预算外收入统计表

表14-2

单位：万元

年份	上年结余	合计	行政收费					乡镇统筹收入	各项附加	其他收入	专项收入
			小计	行政事业性收费	基金收入	主管部门集中收入	其他收入				
1996	2947.00	8441.00	5298.00	3731.00	417.00	26.00	1124.00	1785.00	209	–	1149
1997	2072.00	8857.00	6046.00	4925.00	109.00	221.00	791.00	2429.00	–	382	–
1998	2022.00	7318.00	5058.00	4145.00	78.00	181.00	654.00	2260.00	–	–	–
1999	1820.10	7802.50	5465.60	3954.00	420.80	115.90	974.90	2336.90	–	–	–
2000	2146.00	8100.00	5556.00	3914.00	236.00	263.00	1143.00	2544.00	–	–	–
2001	2146.10	8762.80	6085.50	3817.90	179.50	360.50	1727.60	2677.30	–	–	–
2002	2602.60	9186.20	6817.40	4226.30	124.90	909.80	1556.40	2368.80	–	–	–
2003	2889.20	10845.20	7625.80	4363.30	166.50	1175.40	1920.60	3219.40	–	–	–
2004	1151.00	8170.00	8170.00	5886.00	125.00	1035.00	1124.00	–	–	–	–
2005	1582.00	17758.00	16204.00	13408.00	246.00	958.00	1592.00	1554.00	–	–	–
2006	2387.00	20003.00	19512.00	16984.00	190.00	558.00	1780.00	491.00		–	–

2007—2010年津南区预算外收入统计表

表14-3 单位：万元

年份	上年结余	合计	行政事业性收费	其他收入	国有资源有偿使用
2007	2170	10376	8498	1374	504
2008	4455	12919	9073	1227	2619
2009	7200	15330	12063	2457	810
2010	8529	30075	28133	1015	927

第四节 财政支出

一 基本建设支出

1981—1990年，支出1682.4万元，建区政府办公楼、老干部活动室、体育健身房、引滦入咸工程和一批职工、教师宿舍等。1991—2000年，支出9436.5万元，建设有线电视工程、集中供热以及供水设施、金谷宾馆、咸水沽一中、公路拓宽、平房改造等。2002年，建设咸水沽医院门诊楼、急救中心。2007—2009年，支出8.20亿元，建设南洋职专、葛沽一中、小站一中、少年宫、咸水沽二小、文化艺术中心、颐养院和安养院、葛沽和双港污水处理厂、小站练兵园等。2010年，支出2.02亿元，支持区教育局劳动基地建设、咸水沽一中、咸水沽二中及北闸口中学扩建等31项工程。

二、支援农村生产支出

1981—1990年，支出2588.8万元。1991—2002年，支出4354.7万元，主要用于农田水利配套工程建设。2007—2010年，支出4144.49万元，主要用于马厂减河综合治理，实施农村饮水除氟和管网改造等。

三 农林水利气象事业费支出

1981—1990年，支出1824.7万元，实施农业科技推广项目184项。1991—2002年，支出6508.1万元，主要用于引进农业机械，商品鱼基地建设，开发新型饲料等。2005年，支出1728万元，落实农业科技项目20个，引进农业新品种11项，对种粮农户进行补贴，实施增雨防雹作业等。2007—2010年，支出4.65亿元，用于新品种引进、强农惠民政策落实、绿化、防灾等。

四 城市维护费支出

1981—1990年，支出3472.1万元。1991—2000年，支出9659.8万元。2007—2010年，支出35.71亿元，用于市政工程、园林绿化、环境综合整治、大沽排污河复堤和中小学幼儿园修缮等。

五 文教卫生科学事业费支出

1981—1990年，支出1.50亿元，翻建和维修卫生院，购置大型医疗设备，建设体育设施等。1991—2000年，支出5.71亿元，改建津南影剧院、津南图书馆，翻迁建学校、教师宿舍等。2002年，支出1.48亿元，扩建葛沽一中、咸水沽二中等。2007—2010年，支出24.85亿元，支持文化中心建设，举办文化艺术节、添置教学设备、区广播电台更新调频发射机等。

六　抚恤和社会福利救济费支出

1998年，建立城乡居民最低生活保障制度。2004年，推动新型农村合作医疗。2005年，实施重大疾病医疗救助工程。2008年，对单亲家庭、重度残疾人、低保边缘户、特殊病种和优抚对象救助。2010年，支出9.04亿元。

七　行政管理费支出

1985年，支出控制在市下达总额指标之内。1987年，制定《关于区行政事业单位节约费用的意见》。1990年，增加机关工作人员工资和奖金。2007—2010年，实行国库集中收付制度改革，规范公务员津贴补贴。

八　其他支出

其他支出在各个历史阶段支出项目有所不同，1979年，含税务事业费、工商管理事业费、少数民族补助费等支出。1983年，增加村镇规划经费和统计事业费。2007—2008年，支出2.46亿元，用于住房改革支出，各镇基础设施建设，开发区、农业园区税收奖励政策等。2009年，支出1.51亿元，用于公积金支出，工业园区基础设施建设贷款贴息等。2010年，支出5.43亿元，用于土地整理储备金，示范工业园区基础设施建设贷款贴息等项目。

1998—2005年津南区财政支出统计表

表14-4　　　　单位：万元

项目　年份	1998	1999	2000	2001	2002	2003	2004	2005
基本建设支出	1356	1210	515	865	2105	7279	9960	24719
企业挖潜财政资金	–	–	–	–	–	–	–	2842
科技三项费用	25	35	60	100	140	160	260	1071
支援农村生产支出	163	210	420	234	376	958	1750	2334
农业综合开发支出	–	460	440	681	533	–	–	–
农业支出	–	–	–	–	–	–	–	–
林业支出	–	–	–	–	–	–	–	–
水利和气象支出	–	–	–	–	–	–	–	–
农林水利气象等部门的事业费	950	520	562	592	981	878	973	1728
工业交通等部门的事业费	53	77	82	62	70	76	474	137
文体广播事业费	359	507	649	461	514	680	1077	1315
教育事业费	5819	7072	7917	8928	10565	11827	14206	17564
教育支出	–	–	–	–	–	–	–	–
科学事业费	5	5	5	5	5	13	19	13
科学支出	–	–	–	–	–	–	–	–
卫生经费	1564	1668	1821	2150	3724	4627	3625	4774
医疗卫生支出	–	–	–	–	–	–	–	–
税务统计财政审计等部门的事业费	324	–	436	417	531	632	1211	1593
税务等部门的事业费	–	403	–	–	–	–	–	–
其他部门的事业费	–	–	–	–	–	–	–	–
抚恤和社会福利救济费	346	368	395	481	590	803	1248	1398
行政事业单位离退休经费	16	15	15	15	11	2	12	13
社会保障补助支出	30	71	95	63	108	57	302	560
国防支出	–	–	–	–	–	–	—	16
行政管理费	2177	2281	2741	3185	3824	4458	5682	7359
公检法司支出	1011	966	1405	1701	1964	2140	3348	4521
城市维护费	1510	1483	1363	1376	1607	1574	2941	6039
政策性补贴支出	25	115	121	121	119	118	205	245
土地和海域开发建设支出	138	374	–	–	–	–	–	–

续表

项目 \ 年份	1998	1999	2000	2001	2002	2003	2004	2005
专项支出	–	470	331	300	300	300	600	2144
其他支出	1973	3313	4372	7376	10510	15583	18408	20568
合计	17844	21623	23745	29113	38577	52165	66301	100953

2006—2010年津南区财政支出统计表

表14-5　　单位：万元

项目 \ 年份	2006	2007	2008	2009	2010
一般公共服务	15162	21558	21815	25648	33881
国防	100	69	411	147	140
公共安全	7419	12193	15060	15732	18713
教育	25134	30576	42104	63021	83840
科学技术	1532	2048	3045	5463	10507
文化体育与传媒	2439	2312	2052	1791	3073
社会保障和就业	3401	4878	8326	9329	13132
医疗卫生	6664	8808	12774	14126	13760
环境保护	1056	1121	1647	2825	2053
城乡社区事务	32379	47033	53163	95585	161280
农林水事务	9283	8840	12479	12267	12924
交通运输	163	294	362	391	462
工业商业金融等事务	16582	21391	28389	–	–
采掘电力信息等事务	–	–	–	35687	–
粮油物资储备管理等事务	–	–	–	839	–
资源勘探电力信息等事务	–	–	–	–	43558
商业服务业等事务	–	–	–	–	2805
金融监管等事务支出	–	–	–	–	133
国土资源气象等事务	–	–	–	–	869
粮油物资储备管理事务	–	–	–	–	545

续表

项目＼年份	2006	2007	2008	2009	2010
其他支出	-	9292	15345	15137	54313
合　计	121314	170413	216972	297988	455988

1996—2006年津南区预算外支出统计表

表14-6　　单位：万元

年份	合计	小计	基建支出	挖潜改造支出	城市维护费	行政事业支出	专项支出	乡镇统筹支出	其他支出	政府调剂支出	滚存结余
1996	9999.00	9909.00	1215.00	206.00	924.00	5167.00	-	80.00	2317.00	90.00	1389.00
1997	8909.00	8411.00	616.00	-	-	4397.00	110.00	2295.00	993.00	498.00	2020.00
1998	7562.00	7106.00	483.00	-	-	4152.00	21.00	2189.00	261.00	456.00	1778.00
1999	7586.20	7390.00	82.50	-	477.20	4303.00	-	2409.10	118.20	196.20	2036.40
2000	8107.00	7977.00	146.00	-	646.00	4146.00	-	2703.00	336.00	130.00	2139.00
2001	8154.60	8042.40	155.30	-	1.20	4908.40	-	2721.90	255.60	112.20	2754.30
2002	8899.60	8565.10	-	-	358.50	3872.60	-	2389.40	1944.60	334.50	2889.20
2003	11000.60	10700.50	1133.00	-	93.60	5472.80	-	3369.30	631.80	300.10	2733.80
2004	7739.00	7055.00	2095.00	-	443.00	4517.00	-	-	-	684.00	1582.00
2005	16953.00	16264.00	832.00	-	-	13913.00	-	1474.00	45.00	689.00	2387.00
2006	20220.00	12822.00	-	-	-	12320.00	-	502.00	-	7398.00	2170.00

2007—2010年津南区预算外支出统计表

表14-7　　单位：万元

年份	合计	一般公共服务	国防	公共安全	教育	科学技术	文化传媒	社会保障与就业	医疗卫生	环境保护	城乡社区事务	农林水事务	交通运输	粮食物资储备管理等事物	工商金融商业事物	国土资源气象等事务	其他	滚存结余
2007	8091	598	-	905	4298	2	136	44	355	-	1289	39	149	-	170	-	106	4455
2008	10174	726	53	412	3385	8	222	55	532	90	4157	40	198	-	189	-	107	7200
2009	14001	854	1477	549	6516	19	392	1111	671	50	1936	120	269	3	-	-	34	8529
2010	10149	955	208	670	3032	24	358	1285	548	143	2054	203	360	3	-	306	-	28455

第五节　国有资产管理

一　行政事业单位资产管理

1992年，对国有企业开办、变更、注销、年检实行管理。1995年，为全区198户行政事业单位核发《中华人民共和国国有资产产权登记证》，以后根据企业和单位变化和变更，及时进行登记。1996年始，国有资产年度报表正式纳入国家统计报表体系。2007年，进行全区行政事业单位资产清查，微机汇总录入单位205户，资产总额13.81亿元，净资产总额10.24亿元。截至2009年底，津南区有独立编制机构285家。独立核算机构242家，行政单位124家，事业单位118家。全区行政单位资产总额12.17亿元（固定资产3.02亿元），事业单位资产总额1.49亿元（固定资产1.04亿元）。2010年，全区国有企业资产总额16.89亿元，负债总额11.91亿元，所有者权益4.98亿元，主营业务收入2.18亿元，实现利润0.62亿元。

二　外商投资企业管理

1994年，市财政局下放外商投资企业管理权，市局转到津南区企业54家，与工商、税务、外经贸委等7个部门实行联合年检。2000—2002年，对外商投资企业的财务人员进行计算机和会计实务培训、讲座。对外商投资企业重新换证登记，进行年检。2007—2009年，年检企业1139户。截至2010年底，全区累计491家外资企业，投资总额17.8亿美元，合同利用外资额9.1亿美元。491家外资企业中，独资企业379家，合资企业106家，合作企业4家，股份制企业2家。

第六节　财政监督管理

一　税收、财务、物价大检查

1985年始，每年由区政府统一组织税收、财务、物价等部门进行1次大检查。1990年，成立税收财务物价大检查办公室，全区自查6069户，抽查4274户，应收违纪金额330.4万元，入库289.4万元。1991—1995年，合计自查30046户，抽查11702户，应收违纪金额880万元，入库金额880万元。1996—1997年，查4088户，查出违纪金额1557.6万元，入库金额979.8万元。1998年，停止每年1次税收、财务、物价大检查工作。

二　财政专项检查

1999年，出台《关于企业组团和村民组团建设贷款财政贴息的若干规定》，开始对专项资金检查。2000—2001年，对农业综合开发资金、企业、村民组团建设贷款财政贴息资金进行监督检查，审核拨付财政贴息款151.96万元。2002年，对全区历年拖欠的医药费进行专项检查，检查1100万元资金到位和使用情况。2003年，对74个贫困村财政转移支付资金使用情况进行检查，规范基础工作，纠正扶贫款直接抵扣现象。2004年，对农村旱厕改造资金20万元和低保专项资金266.7万元进行检查。2005年，对农业结构调整扶持资金705.89万元使用情况进行检查，使用比较规范。2006年，对社会保障资金进行专项监督检查，未发现问题。2007—2010年，连续4年对支农专项资金3.65亿元进行重点检查。检查中发现的会计基础工作不规范问题，采取边检查边整改的措施，对被检查单位存在问题进行纠正，限期进行整改。

三 预算外资金管理

1979年，区财政管理的预算外资金有两大类。1983年始，对行政事业单位管理的预算外资金实行专户储存，计划管理。1996年，对全区68个行政事业单位（1995年）预算外资金进行调查、审计，全区有预算外资金6558.9万元。1996—1999年，先后制定《津南区加强预算外资金管理的暂行办法》《关于对预算外资金实施统筹管理的意见》《关于清理检查预算外资金实施办法的通知》《津南区教育系统预算外资金收支管理办法》等，逐步规范预算外资金管理。1999—2000年，配合区监察局对公检法、工商部门、行政事业单位计84个单位进行"收支两条线"监督检查，发现61个单位存在问题，对7个问题较严重的单位给予通报批评，没收违纪资金35.74万元，罚没金额1.9万元。2001年，通过对部分行政事业单位"收支两条线"检查，发现应缴未缴专户金额45.6万元，上缴财政专户。2004年，将所有行政事业性收费全部纳入预算或财政专户管理。行政性收费、罚没收入和基金收入全部纳入财政预算，缴入国库。规范政府收入分配秩序，完善部门预算制度。行政执法部门实行收支脱钩，加大收费项目清理力度，严格收费项目审批管理。2005—2010年，采取事前预算审核，事中跟踪，事后检查的办法，加大预算外资金监督检查力度。对违反"收支两条线"管理规定的，追究部门主要领导和相关人员的责任。一律不得设立新的收费项目，严禁擅自将行政事业性收费转为经营服务性收费。各种经营服务性收费严格执行收费标准，并依法纳税。做到应收尽收不乱收，应缴尽缴不截留。

四 会计法实施情况检查

2001年，开展会计法实施情况重点检查，对存在的问题及时进行解决。2002—2003年，开展会计信息质量检查，重点检查医疗卫生、市政、水利、教育、环保、建委等部门，查出387.52万元资金不符合会计法规定。后又对市容委、法院、民政、农林局、区房管、土地、科委、区计生委、水利局等单位重点检查，及时纠正偏差。2010年，开展会计信息质量抽查和会计师事务所执业质量检查。

五 财会队伍建设

1986年，对选调的乡镇财政干部进行业务培训。1990年，组织38名乡镇财政干部参加天津市财税干部中专专业培训，有32位学员取得毕业证书。1991—2000年，区委党校、区成人中专、南洋职业学校等连续办大、中专财会专业学历班。之后，区财政局每年都组织抽调专业人员，在各镇和会计主管部门开设十多个教学点，举办会计继续教育班，培训会计人员。2003—2010年，举办会计继续教育培训班175期（含会计电算化培训），3.2万人参加培训，发放新的会计从业资格证2784人（含村委会会计）。

第二章 税 务

80年代后，区内先后进行利改税、农村税费、涉外税收、税收征管等多项税收体制改革，加强税务稽查、发票管理及税收执法。1994年，开始全面进行税收体制改革，由地方财政包干改为分税制。国、地税分设后，强化依法治税，建立征管新模式，同时实行网上申报纳税，全区税收收入连年持续增长。2009年，开始实施增值税转型改革。2010年，国税税收22.97亿元，地税税收34.05亿元。

第一节 机 构

1979年，区财政局设税政科，1983年1月，税务与财政分开，恢复南郊区税务分局。1990年末，

图14-1　2009年9月，区国税局干部职工参加市国税系统庆祝中华人民共和国成立60周年歌咏大会

设三室六科八所。1994年8月，区税务分局改为津南区国家税务局和津南区地方税务分局。区国税局成立后，在编人员185人，设7个科室，9个税务所。2005年，设科级机构24个，其中内设机构9个，直属机构1个，派出机构11个，事业单位2个。2009年，实行机构改革，内设机构10个，事业单位2个。至2010年。

1994年，区地税局分设时，设5个综合科室和8个税务所。1998年10月，内设机构进行调整：设6个综合科室和长青、双港、葛沽、小站4个税务所，新设征收所、管理所、中心税务所和稽查一、二、三所。2001年和2002年，又进行2次机构调整。2010年，内设机构17个，干部职工157名。

第二节　税收体制改革

一　国税税收制度改革

1994年，区国税局进行以增值税为主题的税制改革：坚持统一税法、依法治税，公平税负、促进竞争，简化税制，合理分权的原则。

（一）企业所得税制改革

1994年前，企业所得税制度，除外商投资企业和外国企业所得税外，内资企业所得税有国营企业所得税、集体企业所得税和私营企业所得税3个税种。2008年1月1日起，实施新的《中华人民共和国企业所得税法》，实现“两税合并”，统一纳税人规定，终结内、外资企业所得税制两法并存的局面，实行统一的企业所得税，并按国际惯例将企业所得税纳税人划分居民企业和非居民企业全部所得、部分所得纳税。

（二）流转税制改革

流转税改革按照公平、中性、透明、普遍的原则，建立增值税、消费税、营业税三税并立。增值税：1994年税制改革后，增值税税率设有三档；基本税率17%，低税率13%，零税率。2009年，实施增值税转型改革，小规模纳税人征收率降低为3%。消费税有4种类型，设置14个税目31个子目21个征税项目；税率从3%~45%，分14个档次。营业税：税目由原来的14个变为9个，设置三档税率，分为3%、5%、5%~20%。

（三）个人所得税制改革

将以前实行的个人所得税、个人收入调节税、城乡个体工商户所得税进行合并。同时取消国营企业奖金税、工资调节税、集体企业奖金税、事业企业奖金税等税种。

（四）其他各税

该次税制改革还对城市维护建设税、资源税等进行修改，并新设置土地增值税、证券交易税等新税种。

此次税制改革调整税制结构：将营业税的一部分划为地方税；扩大资源税征收范围和收入规模，并将资源税实际划为地方税；把对土地、财产征收的税划为地方税。同时，废止外商投资企业适用的工商统一税，一律适用增值税、消费税和营业税。

二 地税税收征管改革

1994年，区地税分局建立后，进行新一轮税收征管制度改革。以增值税为核心，相应设置消费税、营业税，建立新的流转税制格局；内资企业实行统一企业所得税，取消原来设置的国营企业所得税、国营企业调节税、集体企业所得税和私营企业所得税，不再执行企业承包上交所得税的办法；取消个人收入调节税和城乡个体工商业户所得税，对个人收入和个体工商业户的生产经营所得统一实行修改后的个人所得税法。个人所得税主要对收入较高者征收，对中低收入者少征或不征；调整、撤并和开征其他一些税种，工商税制的税种由32个减少到18个；发挥税收优惠政策宏观调控作用，改变过去存在的减免税过多、过滥的局面，防止税收收入大量流失。

第三节 税收收入

一 税源变化

改革开放前税源主要是国营企业、商业。1979年到90年代中期，乡镇集体企业是税源的主要组成部分。2000年，全区乡镇工业增加值26.6亿元，占全区国内生产总值的49%。涉外企业更是津南区主要经济税源。是年，涉外企业实现税收收入11510万元，占全局完成税收收入20527万元的56%。随着多种所有制经济共同发展的新格局，私营经济成为新的税源增长点。2001年，缴纳增值税超10万元的私营企业达50家，纳税额1973万元。2002—2010年，区经济结构调整力度加大，税源结构变化更加明显。

二 国税

（一）税收种类

2010年，区国税税收有22个税种，按其性质和作用大致分为7类：①流转税类：包括增值税、消费税、营业税和车辆购置税。②资源税类：包括资源税、城镇土地使用税。③所得税类：包括企业所得税、外商投资企业和外国企业所得税、个人所得税。④特殊税种类：包括城市维护建设税、土地增值税、耕地占用税。⑤财产和行为税类：包括房产税、城市房地产税、车船使用税、车船使用牌照税、印花税、屠宰税、契税。⑥农业税类：包括农业税、牧业税。⑦关税。

上述税种中的关税由海关负责征收管理，农业税类由财政机关负责征收管理，其他税种由税务机关负责征收管理。

增值税 增值税税率为17%，低税率为13%，对出口货物实行零税率。2009年，实施增值税转型改革后，小规模纳税人征收率降低为3%。矿产品增值税税率从13%恢复到17%。

消费税 消费税分为11个税目及31个细目，税率分为比例税率和定额税率。

所得税 ①企业所得税税率为33%，对小型企业实行两档低税率，按18%、27%的税率征收。②外商投资企业和外国企业所得税（简称外资企业所得税），税率为30%。另按应纳税所得额征收3%的地方所得税，两项合计，总体税率为33%。③储蓄存款利息所得个人所得税（简称“利息所得税”），自1999年11月1日起，恢复对储蓄存款利息所得征收个人所得税，税率为20%，2007年8月15日改按5%征收，2008年10月9日停止征收。

（二）税收收入

区国税年度税收收入分国家级和区级收入，两级收入分别从各税种收入中按比例分成。税收从1994年1.31亿元，到2010年的22.97亿元，是15年前的17.5倍。

1995—2010年津南区国税税收统计表

表14-8　　单位：万元

年份	增值税	企业所得税	其他税	税收合计	区级收入
1995	11250	195	1702	13147	3152
1996	11811	307	2244	14362	3576
1997	11949	501	2194	14644	3570
1998	13555	428	1784	15767	3452
1999	14409	468	1684	16561	3756
2000	19017	449	1061	20527	5122
2001	26259	934	729	27922	7427
2002	34450	1357	1989	37796	9147
2003	44900	2600	1221	48721	6133
2004	58341	3555	1983	63879	12005
2005	82314	10092	1365	93771	18493
2006	113678	13611	1359	128648	25397
2007	138985	31821	2401	173207	35606
2008	176189	51417	1658	229264	48352
2009	178165	19781	2361	200307	39074
2010	181995	44867	2795	229657	47350

（三）**税收减免**

区国税局落实减免税政策，并对其实施严格管理，在保证企业享受合法税收优惠的同时，又防止税款流失。通过税收减免对津南区扩大招商引资、推动科技创新、发展现代农业生产、安置残疾人就业、扶植新兴产业、拓展社会就业等方面发挥重要促进作用。1996—2000年，减免税计7581.5万元，2001—2005年，减免税6.54亿元，2006—2010年，减免税10.83亿元，减免企业789户。

三　地税

1996年，区地税分局对税收会计核算内容、核算方法和职能作用进行改革，将原来"收付记账法"改为"借贷记账法"，调整税收会计报表，实现税款从征收到入库全过程反映和监督，加强对重点税源监控。2001—2010年，实现信息化管理，重点税源户从税款申报到入库、各项财务指标的全方位监控。2010年，完成市、区两级税收收入34.05亿元，比1994年增长33倍。

图14-2　2002年4月17日，在大站集团召开企业座谈会

1994—2010年津南区地税税收统计表

表14-9　　单位：万元

项目＼年度	1994	1995	1996	1997	1998	1999	2000
税收合计	9874	11023	12102	13109	14180	15340	17114
市级	1582	1576	1677	1733	1875	2029	2261
区级	8292	9447	10425	11376	12305	13311	14853

续表

项目\年度	2001	2002	2003	2004	2005	2006	2007
税收合计	21310	27030	36576	53722	51415	64252	104263
市级	2561	3095	17084	18344	17548	21610	28123
区级	18749	23935	19492	35378	33867	42642	76140
项目\年度	2008	2009	2010	–	–	–	–
税收合计	149600	260164	340529	–	–	–	–
市级	36859	81430	99146	–	–	–	–
区级	112741	178734	241383	–	–	–	–

第四节　税收征收管理

一　国税

（一）征收管理制度

税务登记　含开业税务登记，变更或注销税务登记，停业、复业登记，外出经营报验登记，税务登记证管理，扣缴税款登记等。1999年6月，设立税务综合服务大厅。2008年，区国税局、区地税局制定联合办理税务登记工作制度，实现“一局受理，一表、一证、同号、两章”的管理。2009年，又启动行政联合审批制度，国、地税局分别派员进驻区行政许可中心，设立联合税务登记窗口。

图14−3　2006年4月29日，为诚信纳税企业授牌

一般纳税人认定　主要有：一般纳税人认定条件，办理时限，提供资料，一般纳税人年审。

纳税申报　含申报对象，申报范围、流转税申报期限。

纳税辅导制度　帮助纳税人熟悉税收政策、纳税手续，建立健全财务管理制度，纳税检查制度，税收资料档案制度。

（二）征收管理形式和方法

征收管理形式　分为各税统管和各税分管两种形式。1994年前，采取各税统管的形式。1994年后，采用按片管理和按行业管理两种管理模式。1997年，确立“以申报纳税和优化服务为基础，以计算机网络为依托，集中征收，重点稽查”的30字税收征管模式。2003年，在30字的基础上又增加“强化征管”，确定为34字征管模式。1998年度，设立小站办税服务厅、葛沽办税服务厅、双港办税服务厅（含长青）、个体办税服务厅和局中心纳税申报大厅。采用纳税企业自结、自报、自缴、专管员审核的“三自一审”微机管理网络化，服务大厅集中征收新形式。至2010年。

征收管理方法　①按应纳税额计算方法分类：查账征收，查定征收，查验征收，定期定额征收。②按应纳税额缴库渠道分类：纳税人直接向国库缴纳，税务机关收缴税款入库。③扣缴义务人代扣代缴、代收代缴税款，委托代征税款，其他方法。

二 地税

（一）主体税种征收

营业税 属于流转税范围，具体设置9个征税项目。设三档税率为3%、5%、5%~20%的税率。对一些公益性较强，收入水平较低并且需要国家扶持的经营活动，可免征营业税。

企业所得税 包括国有企业、集体企业、私营企业、联营企业、股份制企业和其他有生产、经营所得和其他所得的其他组织。外资企业仍然继续执行《外商投资企业和外国企业所得税法》，税率33%。

个人所得税 1994年1月1日，实施的新个人所得税在原有基础上增加5项：个体工商业户生产、经营所得，企事业单位承包（承租）所得，稿酬所得，财产转让所得和偶然所得。工资、薪金所得适用5%~45%的9级超额累进税率；个体工商业户生产经营所得和企事业单位承包（承租）经营所得适用5%~35%的5级超额累进税率；稿酬所得适用20%的比例税率。对一次收入畸高者实行加成征收，调节过高收入。其他应税项目适用20%的比例税率。对于减免税优惠调整3项免税项目，体现国家对一些特殊纳税人和特殊所得照顾政策。

城市维护建设税 从2000年1月起，取消对部分区、县、镇纳税人减征城建税的规定，一并恢复按7%的税率征收。

印花税 以应纳税凭证所记载的金额、费用、收入额或凭证件数为计税依据，一般按0.3‰~0.5‰征收。其中，财产租赁合同和保险合同按1‰征收，股票交易按4‰征收。

车船使用税 按照其种类、吨位和规定的税额计算征收。同时，对国家机关、人民团体、军队以及由财政部门拨付事业经费单位等拥有的自用车船，做出相应减免税规定。

城镇土地使用税 纳税人为拥有土地使用权的单位和个人，全区境内的企业按7等征收，即每平方米年税额0.5元征收。2002年，对外环线以内企业改为按6等征收，即按每平方米税额1元征收。外商等企业不征收土地使用税。

房产税 由产权所有者（单位）缴纳，产权承典的，由承典人缴纳。从价缴纳的税率为1.2%。出租的税率为12%。

（二）税务管理

税务登记管理（同国税）

减、免税管理 ①各税务所加强对纳税人在减、免税期间的税务登记管理。②纳税人享受减、免税期间，仍要办理纳税申报，并报送减、免税金统计报告。③纳税人必须按照规定使用减、免税金。④纳税人享受减、免税的条件发生变化时，要及时报告，经审核后，重新做出决定。⑤减免税期满后，应当恢复征税。⑥纳税人骗取减、免税的，一律按偷税论处。

发票管理 发票领购：经办人持相关证件，填写《领购发票申请书》，经审批后，到办税服务厅领购。发票自印：对使用量较大，可到主管税务所办理申请自印发票手续，经批准后，到市局指定的印刷厂印制。发票缴销：纳税人必须将准备销毁的发票登记造册，并让税务（稽查）所监督纳税人销毁。发票违章处罚：视不同情况，处以100~10000元的罚款。

档案管理 税收征管档案的范围：基础资料，纳税申报资料，税收交（退）款资料，免税资料，税收专项调查资料，纳税人财务、会计报表，发票资料。税收征管档案管理形式：税收征管档案由税务所设专职或兼职管理人员集中管理，按纳税户建档，“一户一档”，统一编号。税收征管档案的保存期限，分为永久、10年。税收征管档案保存期满档案需销毁时，填写《税收征管档案销毁法册》，所长签字后报分局税管科审核，经分局长批准后由税管科派员监销。

征管查软件应用 1997年前，没有税收管理软件。1998—1999年，使用天财版征管查软件。1999

年，长青、双港、葛沽、小站税务所小局域网陆续建成启动。2000—2010年，使用市局统一版征管查软件，采用远程申报的企业近4000户。

第五节 税务稽查

一 国税

80—90年代初，随着征管“两分离”征管模式建立，成立专业税务稽查队，税务稽查制度日趋完善。1993年后，逐步建立申报、代理、稽查三位一体的税收征管格局。1994年国、地税分设后，津南区国税局依据国家税务总局制定的《税务稽查工作规程》，开展税务稽查工作。税务稽查由选案、实施、审理、执行4个部分内容组成。

税务稽查方式方法。主要包括调账检查、实地检查、委托检查。津南区国税局常用的8种税务稽查方法：全查法、抽查法、顺查法、逆查法、审阅法、核对法、盘存法、分析法。

图14-4 2006年11月30日，津南区国税局特邀监察员座谈会

1998—2010年津南区国税局税务稽查情况统计表

表14-10

年份	纳税检查(户)	查补税款(万元)
1998	212	542.00
1999	191	529.30
2000	154	434.90
2001	173	925.90
2002	318	623.90
2003	295	867.00
2004	250	1064.00
2005	102	1463.00
2006	128	1185.00
2007	197	1645.00
2008	220	2024.00
2009	126	3083.00
2010	135	3889.00

二 地税

地税分局税务稽查工作经历3次较大的变革：1994年8月至1997年，税务稽查为税收征管工作的“重中之重”，将主要力量转向日常、重点税务稽查工作，每年一次由区政府组织全区性税收、财务、物价大检查；1997年10月至2002年10月，实行“征、管、查”三分离并相互制约的税收征管新模式，按行政区划分和经济类型确定稽查对象管辖范围。2000年1月，制发《地税津南分局税务稽查工作规程》，2001年，制发《地税津南分局稽查工作若干制度》《地税津南分局关于税务稽查系统软件应用工作安排意见》《地税津南分局稽查档案案卷管理办法》，正式启用税务稽查系统软件；2002—2010年，设立稽查一所、稽查二所，专管稽查工作。在小站、津南、葛沽3个税务所成立稽查组，全局有41人

从事稽查工作。

采取4种稽查方法：日常检查与选择重点企业检查；专项和专案检查；对检查对象进行相互交叉检查；对检查后的企业进行复查。1994—2010年，地税局累计检查13917户，查补各税1.75亿元。

附：税务稽查案例

虚开发票案

天津市津南金华纸塑制品厂，从2006年起，用天津市秀文纸塑包装有限公司、天津市久平阀门制造厂为自己的企业虚开增值税发票39份，税款合计33万元。会计郭某某虚开发票后怕被其他2家企业法人知道，又私自制作这2家企业销货退货证明，申报纳税以达到减少虚开发票金额的目的，致使天津市秀文纸塑包装有限公司、天津市久平阀门制造厂少纳税款33万元。依据税法对3家企业分别进行处理合计补税66万元，郭某某虚开增值税发票偷税行为已构成犯罪，移送司法机关。

提前预提费用少纳税款案

天津北方食品有限公司，2010年，预提费用账户余额1500万元。经查实，该企业以上预提费用为2008年该企业计划车间改造提取的费用，分2次在2008年提取800万元，2009年提取700万元。因车间改造至查时未进行，根据税法有关车间改造项目不得提前预提的规定，对该企业进行应补缴企业所得税350万元的税务处理。

津南区志
（1979–2010）

第十五编
综合经济管理

1970年8月，成立区计划组。1978年11月，成立南郊区工商行政管理局。1980年，建立统计科。1980年12月，成立天津市南郊区标准计量管理所。1981年4月，成立南郊区物价委员会。1983年8月，成立南郊区审计局。1996年11月，成立津南区规划土地管理局。2002年2月，成立区安全生产监督管理局。经济综合管理包括计划、统计、国土资源、工商行政、物价、审计、质量技术、安全生产等部门的管理监督工作，涉及经济工作的诸多方面，为保证全区经济健康顺利发展，发挥着不可替代的重要作用。

2010年5月19日，中国农业发展银行天津分行与天津市津南区人民政府在津南区政府举行新农村建设合作签约仪式

第一章 计划管理

1979年始，实行以计划经济为主，市场调节为辅的管理体制。计划指标中既有指令性计划也有指导性计划，指导性计划占较大比重。国家不下达计划的产品实行市场调节。物资供应实行平价、议价“双轨制”。基本建设投资改为国家拨款与建设单位自筹相结合。1992年，由计划经济体制向市场经济体制转轨。综合计划指标、主要农产品产量指标全部改为指导性计划，工业产品产量计划取消。绝大部分物资实行单轨制，价格由市场调节。1992年后，又增加第三产业管理、津南区物价管理、粮食管理等职能。在区委、区政府领导下，编制“九五”计划（1996—2000）、“十五”计划（2001—2005）、“十一五”规划（2006—2010）。

第一节 机 构

1974年12月，成立南郊区计划委员会。1984年5月，更名为区计划经济委员会。1992年3月，更名为津南区计划经济委员会，增加第三产业管理职能。1997年4月，更名为区计划与经济委员会。1999年10月，成立津南区经济动员办公室，增设经济动员科。1999年11月，撤销区三电办，职能转入计委。2001年12月，更名为津南区发展和改革委员会，内设1室5科。

第二节 计划管理体制改革

1984年10月，国务院批准国家计委《关于改进计划体制的若干暂行规定》。1985年5月，天津市委、市政府批准市计委《关于改进我市计划体制的初步意见》，对计划管理体制进行改革。

一 缩小指令性计划和扩大指导性计划

按照全市的统一部署，大幅度缩小工业生产领域指令性计划，扩大市场调节的比重和范围，发挥市场机制的作用。1984年，南郊区指令性计划产品有360种，占全部产值的70%左右；1990年，降至20%以下；1995年，只有国家下达的9种，产值仅占1.5%左右，其余为指导性计划。

二 放宽基本建设审批权限

（一）投资项目的“拨改贷”

1979年8月，根据国务院批准的基本建设投资由国家财政拨款改为建设银行贷款，即实行“拨改贷”有偿使用，改革长期以来实行的建设资金无偿使用制度，先在电力、纺织、旅游等10个行业进行试点。1981年起，全国推行“拨改贷”，即国家预算安排的基本建设投资资金全部由财政拨款改为银行贷款，统一规定贷款差别利率。1985年起，国家预算内投资的90%以上改为贷款，对科研、教育、医院和行政事业等没有收入和还款能力的项目，仍实行预算拨款的办法。

（二）扩大企业自主权

1979年，企业改革主要是从改革分配制度开始，试行各种形式的利润留成或盈亏包干，扩大企业自主权。1984年以前，实行按比例上缴利润的政策。自1984年起，企业由“利润留成”发展为“以税代利”，饲料工业企业实行免征税的政策，利润全部留给企业再分配。粮油工业企业实行利润上缴61%，企业留39%的分配政策。自1989年10月1日起，实行平价粮油统一管理、亏损集中反映的体制，划清盈亏两条线。实行新的体制改革后，按照天津市财政局《关于核定粮食系统仓储等企业利改税办法》上缴所得税，即按企业平价粮油利润的55%上缴所得税，45%留给企业。议价粮油利润上缴70%，企业留30%。

（三）下放审批权限

从1985年始，基本建设总投资在1000万元以下的能源、交通、基础原材料项目，总投资500万元以下的一般生产项目，总投资300万元以下的非生产性项目以及技术改造1000万元以下的生产项目区有审批权。区有权审批总投资在500万美元以下的外资生产性和非生产性项目。基本建设总投资在300万元以下的项目，建议书审批后可直接进行初步设计；技术改造总投资在100万元以下的项目，企业可直接向有关单位申请贷款。技术改造凡在20万美元以下的引进项目，资金落实后，经主管部门签署同意报市经委确认后，即可办理设备进口手续。

第三节　计划编制与执行

一 “九五”计划（1996—2000）

（一）计划编制

1995年初，启动津南区“九五”计划编制工作。1996年1月26日，《天津市津南区国民经济和社会发展第九个五年计划纲要和2010年远景规划》，经区第十二届人代会第六次会议审议通过。“九五”计划及2010年规划提出的主要经济指标：1. 未来十五年，国内生产总值按可比价格计算，年均递增15%，实现翻三番宏伟目标。其中，第一产业年均递增5%；第二产业年均递增15%；第三产业年均递增16%。工农业总产值：2000年达到383.2亿元，年均递增25%。其中，农业总产值3.2亿元，年均递增8%；乡镇工业总产值380亿元，年均递增25%。2. 财政收入：2000年三级财政收入达到3.7亿元，年均递增10%。2000年，农村人均纯收入达5000余元，年均递增16%。

（二）执行情况

2000年，全区国内生产总值54.78亿元，比“八五”末的27.29亿元增长100.73%，实现翻一番目标。财政收入3.88亿元，其中区级财政收入2.04亿元，分别比“八五”末增长64.2%和63.2%。农民人均纯收入4941元，与“八五”末2729元相比，平均每年净增442元。

第三产业比例由“八五”末的7:68:25调整为“九五”末的4:45:51，三产比重提高16个百分点，产业结构得到优化；农业种养业比例由“八五”末的1:0.51调整为1:0.66；乡镇企业优势行业、优势企业、优势产品成为主要的经济增长点和支撑点，百家重点企业创造的经济总量占全区总增长量的60%以上；第三产业中运输、商饮业仍占主体，房地产比重提高5个百分点。

“三资”企业、个体私营经济快速发展，宝成、远东、立林等规模企业集团充满活力；集体经济通过改革激活了优势；区镇两级财政体制改革取得明显成效；区经济发展服务中心的建立，促进政府职能的有效发挥。

农业建成可蓄水3000万立方米的津南水库，完成2653.33公顷的高标准农田建设；完成海河干流治理、跃进河泵站等一批水利设施工程；海河沿岸特色水产品养殖园区已具雏形；设施农业和特殊种植、养殖业有了长足进展，都市型农业建设实现良好起步。

乡镇工业形成环保、基建关联产品、交通运输设备、金属制品、机电制品、服装、化工等7大主导行业，6大名牌产品；企业集团发展到11家，ISO 9000质量体系认证企业达23家；实施“六个五”工程后，建设固定资产投入500万元以上项目138个，经济总量扩大。形成北方环保科技产业基地天津津南密集区的雏形，环保企业达58家，年营业收入9亿元。

第三产业，月坛商厦等大型服务设施的建成和一大批超市、连锁店、配送中心的涌现，改变第三产业的面貌。资本、技术、劳动力等要素市场不断完善，信息服务、社区服务、中介服务、科技咨询等新兴产业得到发展。

坚持外向带动战略，津南开发区实现“一区两地”，招商引资取得突破性进展，建成一批规模较大的“三资”企业；全区累计吸引外资2.9亿美元，实际利用外资2亿美元。2000年，外商投资企业销售收入22亿元，税收1.26亿元，出口创汇1.8亿美元。

城镇建设步伐加快，确定9个镇25个中心村的镇村体系布局，启动20个中心村建设。实施商品住宅、危陋平房改造、道路拓宽改造、供排水、供热、供气、电力、电讯、绿地等方面建设，农电“两改一同价”工作完成。

卫生、体育、广电、劳动与社会保障、计划生育、环境保护、残疾人事业等各项社会事业全面发展。建成一批公益事业设施，初步建立社会保障体系框架。社会治安综合治理、民主法制建设、精神文明建设都取得了很大成绩，社会稳定。

二 “十五”计划（2001—2005）

（一）计划编制

2000年初，启动津南区“十五”计划的编制工作。2001年1月6日，《天津市津南区国民经济和社会发展第十个五年计划纲要》经区第十三届人代会第五次会议审议通过。奋斗目标：国内生产总值年均递增15.5%，2005年达到113亿元；财政收入高于国内生产总值的增长，2005年达到8亿元；农民人均纯收入年均递增418元，2005年达到7000元。

（二）执行情况

经济实力 2005年，完成生产总值118.4亿元，年均递增16.7%。财政收入19.5亿元，年均递增37.3%。固定资产投资35.1亿元，年均递增39.6%；建设“六个五”项目491个，总投资65亿元；个体私营经济新增注册资金45亿元。

经济结构 工业形成节能环保、电子信息、现代冶金、机械设备、金属制品、精细化工六个支柱行业，荣程、大站、宝成等24家大中型企业，7个市级名牌产品，“力”字牌阀门成为全国驰名商标。

发展环境 开发区等工业载体普遍达到“五通一平”以上标准；基本完成咸水沽中心城区的治理改造；各镇区的道路、水、电、气、通信、供热、绿化、环保等设施日趋完善；新建和拓宽了多条主干道路；实现了三路滦河水进津南；建成津南生态观光园、津沽休闲园等一批公园绿地。

对外开放 5年累计合同外资7.4亿美元，到位4.2亿美元；2005年实现“双过亿”。5年累计协议内资138.2亿元，到位88.5亿元；2005年分别达到64亿元、38.8亿元。5年累计出口创汇17.6亿美元。建成11家大中型三资企业，占全区大中型企业的比重达45.8%。

社会事业 教育现代化综合实现率达80%以上；建成周汝昌红楼梦学术馆、津南图书馆新馆、区新华书店新店，区文化馆迁入新址，启动津南文化艺术中心建设；开展文化下乡进社区、“知识工程”全民读书活动和农村电影“2131”工程；疾病救治能力和急诊抢救成功率显著提高；继续保持全国体育先进区荣誉称号；建成基本无燃煤区、噪声达标区、环保模范社区、环兴污水处理厂等重点项目。

“三公开”推进 依法保护群众的知情权、参与权、选举权、监督权，妥善解决因用地、拆迁、干群关系等引发的群访、集访事件，维护了社会稳定，成为全国村民自治模范区。

完成80%农村劳动力转移到二三产就业的任务，共转移4万多人 建立区、镇劳动力市场和就业再就业资金，完成“351”培训。启动政府购买公益性岗位安置大龄下岗失业人员工程，兴办公益性公司8家、劳服企业59家，共安置下岗失业人员1.23万人。职工“五险”参保覆盖面增加。

人民生活 单位从业人员年人均报酬达到1.65万元，年均递增10.25%。农民人均纯收入达到7884元，年均递增10.12%。

三 “十一五”规划（2006—2010）

（一）计划编制

2005年初，启动津南区“十一五”规划的编制工作。2006年1月7日，《天津市津南区国民经济和社会发展第十一个五年规划纲要》经区第十四届人代会第四次会议审议通过。主要目标：生产总值年均递增15%；财政收入年均递增20%；固定资产投资年均递增20%；农村居民人均纯收入年均递增10%。功能定位：津南区是市中心城区和滨海新区的扩展区，要建设成以先进制造业为主导、循环经济特色鲜明的新型产业区和宜居型海河南岸新城区。

（二）执行情况

综合实力 2010年，地区生产总值实现287.49亿元，年均增长27.4%；财政收入92.6亿元，年均增长36.6%；全社会固定资产投资370亿元，其中区属固定资产投资215.2亿元，年均增长43.7%。累计实施天津市重大工业项目4个、重大服务业项目3个、自主创新产业化项目8个、区县重大项目66个，经济和社会持续发展能力不断增强。

产业结构 工业经济总量不断扩大，新增规模以上工业企业256家，荣程、立林等骨干企业支撑作用明显。园区经济迅猛发展，市政府批准的4个示范工业园区和天津滨海民营经济成长示范基地建设实现高起步，形成了现代冶金、装备制造、电子信息、节能环保等主导产业。服务业发展实现新的突破，生活性服务业发展迅速，文化旅游业、金融服务业逐步提速，实施固定资产投资亿元以上的重点项目23项。农业设施化水平迅速提高，建成了松江现代农业设施示范基地等6个水平高、有特色、效益好的精品设施农业项目。

城镇建设 小站、八里台等7个镇先后被市政府批准为示范小城镇建设试点，实施了56个村的土地整合工作。7个示范镇和双港中心镇累计开工建设农民还迁房1000万平方米，建成公共服务设施300万平方米，水、电、通信、天然气、有线电视、集中供热等市政设施配套到位，1.34万户农村居民迁入镇区居住，过上了安居乐业、有保障的生活。津南区被国家发改委列为“推动中国城镇化健康发展的公共服务政策研究项目”试点区。

发展环境 连接中心城区和滨海新区的天津大道、津港高速竣工通车，新建改造津南大道、天嘉湖路等区级公路12条，全区公路总长度808千米，道路完好率达到95%，基本形成了“15分钟交通圈”。完成了津沽、津歧等7条干线公路环境整治，实施了老海河、月牙河等4条主要河道清淤护砌工程，建成区绿化率达到35%。完成了大沽排污河治理任务，新建污水处理厂3座，环境质量转好并趋于稳定。新建扩建变电站16座，新增主变容量401万千伏安。

社会事业 改善办学条件，教育进入全面发展新阶段。完成19所中小学新建、扩建、危陋校改造任务，11所学校通过义务教育达标验收。全面实施素质教育，义务教育入学率达到100%，初中阶段巩固率达到99%，高中阶段普及率达到96.53%。顺利完成海河教育园区高职园工程。基本完成乡镇卫生院三项建设任务，建立药品集中招标采购制度，实行社区卫生服务药品零差率销售，公共卫生服务水平不断提高。先后获得“全国文化先进区”“全国计划生育优质服务先进区”“全国科普先进区”称号。海下文武高跷、葛沽宝辇入选“天津市非物质文化遗产”名录。不断丰富群众文化体育生活，津南文化艺术中心、葛沽文体广场投入使用，实施文化信息资源共享工程，开展“激情广场大家唱”“与奥运同行”等系列文体活动。

人民生活 城镇单位从业人员年均劳动报酬达到4.6万元，年均增长22.9%。农村居民人均纯收入达到12946元，年均递增10.3%。加大就业再就业工作力度，转移农村富余劳动力3.41万人，累计新增就业6.38万人。城镇职工三项基本保险综合覆盖率达到95%。实行被征地农民社会保障制度、城乡居民基本医疗保险制度和城乡居民基本养老保障制度。建成津南颐养院，实现了全区五保老人集中赡养。

第四节　固定资产投资管理

一　管理范围

1989年始，市下达区内固定资产投资计划，分为全民基建、全民更新改造、城镇集体、乡村集体、个体5部分。区内管理重点为以下几部分。

（一）审批权限

1992年，根据市计委要求，审批权限包括：全民基本建设项目总投资1000万元以下的能源、交通、基础原材料项目；全民技术改造项目总投资在1000万元以下的能源、交通、基础原材料项目和总投资在500万元以下的生产性项目和非生产性项目；城乡集体和个体企业总投资在500万元以下的建设项目；中外合资、合作项目总投资500万美元以下的生产性项目的审批权由区计委负责，总投资3000万元以下的生产性项目、1000万元以下的非生产性项目由区计经委审批后抄送市计委备案。区计委简化办事程序，提高工作效率，权限内审批项目保证7个工作日办复。

（二）固定资产投资方向调节税

1991年，为控制投资规模，引导投资方向，调整投资结构，加强重点建设，执行国家征收固定资产投资方向调节税的政策，实行计划统一管理和投资许可证相结合的控制管理办法，区计委汇总全区的固定资产投资项目计划，经同级税务机关审定各项目适用的税目税率和应纳税额后，由计划部门下达。

（三）自筹资金进行基本建设

建设单位编制建设计划，经主管部门批准同意后，报财政部门审核资金来源，在财政部门审查同意的基础上，计划主管部门再按基本建设管理程序进行审批。

（四）楼堂馆所建设

区计委对区内所有楼堂馆所建设项目进行计划监督，按照规定，区审批权限内的项目按照条例进行审批。

二　项目审批及服务

（一）项目审批

1996年，审批各类固定资产投资项目182个，总投资3.53亿元。2000年，审批固定资产投资项目350个，总投资5.46亿元。全区生产性项目总投资3.73亿元，非生产性项目投资1.73亿元。2004年，审批项目362个，投资总额19.23亿元；中外合资、合作项目11个，投资总额1284万美元，注册资本845万美元。向市计委及国家发改委申报项目4个，其中康龙生态农业发展有限公司的“无公害纳米缓/控释肥料产业化项目”被列入国家科技项目产业化计划。为5家企业申报进口设备免税确认，累计用汇额861万美元。

图15-1　2008年，审批的项目——埃尔泰克亚洲

2010年，审批项目356个，同比增长14.1%；总投资338.8亿元，同比增长39.5%。其中，内资

企业固定资产投资核准项目4个，总投资2.43亿元；内资企业固定资产投资备案项目167个，总投资261.59亿元；外商投资核准项目40个，总投资7.9亿美元，注册资本2.78亿美元；政府投资项目145个，总投资58.14亿元。

1996—2010年津南区投资项目审批统计表

表15-1

年份	审批项目(个)	总投资(万元)	建筑面积(平方米)	外商投资项目(个)	投资总额(万美元)
1996	182	35314.00	-	-	-
1997	233	38594.31	544155	-	-
1998	257	57893.00	874863	-	-
1999	156	40582.00	-	9	3400.00
2000	350	54599.00	-	-	-
2001	420	120775.00	728057	12	6279.00
2002	236	51373.00	765563	9	859.90
2003	341	131777.00	-	11	1320.00
2004	362	192294.00	-	11	1284.00
2005	180	213987.50	1235321	23	3945.90
2006	103	151824.00	930334	33	8892.00
2007	96	153497.69	838633	43	12402.77
2008	199	984322.22	4596996	31	33498.42
2009	312	2428100.00	-	31	37100.00
2010	356	3388000.00	-	40	79000.00

（二）项目服务

1996—2009年，津南区争取国家和天津市资金支持项目31个，资金1.04亿元。2002年，固定资产投资立项审批时限由原来的1周批复压缩为内资企业1个工作日、合资企业3个工作日内完成。对全区140个固定资产投资项目进行清理，涉及投资额43.57亿元；清理出不符合要求项目10个，涉及投资额1.42亿元，按规定进行处理。对重点建设项目筛选，向市计委上报区“十一五”期间重大项目及高新技术产业化重大项目33个，投资总额121亿元；高新技术产业化重点建设项目5个，投资总额34亿元。2005年上半年，通过简化办事程序，办理内资企业固定资产投资备案项目57个，投资总额5.56亿元，建筑面积42.69万平方米；外商投资核准项目4个，投资总额1440.92万美元，注册资本1230.92万美元；审批政府投资项目8个，投资总额5762万元，建筑面积4800平方米。2008年，确定区重大建设项目41个，计划总投资52.16亿元，筛选24个重大建设项目，作为该区列入天津市2008年第一、二批区县重大建设项目，累计完成投资16.99亿元。24个项目有21个开工建设，竣工项目4个，开工率87.5%。协调办理重大项目审批手续。2009年1—9月，区列入市第一、二、三、四批重大建设项目的39个项目包含58个子项，累计开工52个，开工率90%，竣工子项10个，完成投资34.49亿元。项目累计完成投资57.55亿元。是年，先后为星耀五洲国际七星酒店、滑雪场综合馆、天颐津城酒店等10个项目办理有关审批手续，为7个示范镇基础设施融资提供要件，项目建设得以顺利进行。2010年，核准、备案、审批项目354个，总投资374.52亿元，同比增长33.58%。通过天津市投资项目联合审批运行管理与效能监察应用系统，受理各类项目132个，办结率100%。

第二章 统 计

1979年前，统计工作由区政府办公室或相关部门负责，统计项目有农村基本情况统计、农业生产统计、工业统计、商业统计、物资统计、基建统计和农村收益分配统计。1980年，正式建立统计科开始，增加了农村社会总产值、国民收入和国民生产总值统计等。常用的统计调查方法有：普查、抽样调查、全面调查、重点调查等。1982—2008年，实施7大普查，涉及人口、经济各方面，为区制定经济社会发展战略提供依据。

第一节 机 构

1980年，南郊区政府建立统计科，编制4人。1988年，建立南郊区统计局，编制17名，设一室三科一队，即办公室、综合科、社会科、农业科、农村社会经济调查队。2002年3月，成立津南区统计局普查中心。2002年12月，成立津南区统计局法规科。2006年7月，农村社会经济调查队升格为副处级单位。2010年，局编制27名，各镇专职统计人员32名。

第二节 统计改革

一 GDP核算

1992年，津南区开始对地区生产总值进行核算。2002年，国家统计局对1992年核算方案做重大修订，形成《中国国民经济核算体系（2002）》。区增加值目标管理统计执行收入法（分配法），利用原始资料直接计算增加值的4个构成部分，即劳动者报酬、生产税、固定资产折旧和营业盈余，然后将各个构成部分相加。2006年起，现价增加值的核算方法主要采用增加值率法和相关指标推算法。不变价增加值的核算方法主要采用缩减法和相关指标推算法。

二 调查制度

80年代，三资企业迅速发展，增加三资企业统计，其中包括“外商及港澳台地区投资企业情况”月报。逐步增加旅行社调查、成品油调查、市场调查等涉及多种规模以下抽样调查制度。

2001年，统计改革不断深入，统计范围扩大到全社会固定资产投资，无论经济所有制形式只要固定资产投资50万元以上项目即纳入投资统计范围之内。工业统计是以年销售收入500万元为界定，500万元以上为规模以上工业企业，执行定期和年报统计制度；500万元以下为规模以下工业企业，执行抽样调查。

三 网上直报

2003年，津南区在部分专业中开始试点“统计报表网上采集系统”（简称“网上直报”）。2010年，已在劳动工资、规模以上工业、能源、科技等8个统计专业实现网上直报。

第三节 统计调查

常用的统计调查方法有：普查、抽样调查、全面调查、重点调查等。津南区开展的各类统计调查，以周期性普查为基础，以经常性抽样调查为主体。

一 普查

（一）人口普查

1982年、1990年先后进行第三次、第四次人口普查。2000年进行第五次人口普查，调查登记标准时间为当年11月1日零时。调查对象是以具有中华人民共和国国籍并在境内常住的自然人。普查结果：全区总户数12.8万户，常住人口42.61万人。出生率10‰，死亡率5.01‰。男女性别比104.46。比1990年第四次普查增加6.65万人，增长18.4%。2010年11月1日零时进行第六次人口普查。调查对象是在中华人民共和国境内居住的自然人以及在中华人民共和国境外但未定居的中国公民。普查结果：2010年11月1日零时，全区有家庭户16.26万户，常住人口59.31万人。人口性别比130.71。

图15-2 2010年11月1日，第六次人口普查入户登记

（二）农业普查

1996年，进行第一次农业普查。2006年，进行第二次农业普查。普查结果：2006年末，区有农业生产经营户3.13万户，比1996年第一次农业普查下降60.5%。区有农业生产经营单位11个。农业从业人员2.51万人，农业技术人员1839人。100%的村通公路、通电、通电话，100%的镇已经完成农村电网改造。农村居民平均每户拥有住宅面积96.4平方米。农村劳动力资源总量为21.84万人。

（三）商业普查

1996年，津南区进行第一次商业普查。普查范围为区全部批发和零售贸易、餐饮业企业及产业活动单位（不包括个体和集贸市场）。普查结果：1996年末，区批发贸易业机构80个，网点125个，从业人员2125人；零售贸易业机构110个，网点316个，从业人员3059人，零售贸易业零售网点273个；餐饮业机构9个，网点16个，从业人员132人。批发零售贸易业商品购进总额8.36亿元，商品销售总额8.98亿元。2001年，第二次商业普查，范围是从事批发零售贸易、餐饮业经营活动的法人单位和产业活动单位，从事拍卖、典当业务的法人单位和产业活动单位，各类商品交易市场，从事批发零售、餐饮业经营活动的个体户以及有零售业务的其他非商业单位。普查结果：2001年末，区法人单位727个，批发零售贸易业和餐饮业产业活动单位95个。批发零售贸易业商品购进总额12.77亿元，商品销售总额14.78亿元。

（四）基本单位普查

1996年8月31日，进行第一次基本单位普查，调查时期为1996年1月1日至8月31日。普查结果：1996年8月底，区有法人单位和产业活动单位2019个。2001年10月31日，进行第二次基本单位普查。普查结果显示：区有各级各类法人单位及其所属的产业活动单位3888个，其中各类法人单位3571个，与第一次基本单位普查结果相比增长81.09%。按经济类型划分，国有经济495个，集体经济1292个，私营经济212个，港澳台地区及外商投资83个，以及其他经济类型。按产业结构分，第一产业12个，第二产业2116个，第三产业1760个。

（五）国内生产总值普查

1985年、1991年，区进行两次国民生产总值普查，又于1998年进行国内生产总值普查。普查开展时间为1998年8—12月，报告期为1998年1—9月，同时调查1997年1—9月累积数据。普查结果，1997年调整后的增加值为37.9亿元，1998年增加值为42.64亿元。

（六）第三产业普查

1993年，区进行第一次第三产业普查（普查结果市未反馈区县数据）。2003年，进行第二次第三产业普查。普查目的是查清全区第三产业发展的基本情况。普查对象为在全区行政区域内从事第三产业的全部法人单位、产业活动单位和个体经营户。普查主要内容为单位标志、从业人员、财务收支、资产状况等（普查结果并入第一次经济普查）。

（七）经济普查

第一次经济普查标准时点2004年12月31日。普查结果：2004年末，全区（区属）共有从事第二、第三产业的法人单位3953个，个体经营户15729户。第二、第三产业的从业人员18.10万人；从资产规模看，企业法人资产总计在100万元以下的企业1741个；100万~1000万元的企业1138个；1000万~1亿元的企业378个；资产总计在1亿元以上企业46个。第二次经济普查标准时间点为2008年12月31日。普查结果：2008年末，全区从事第二、三产业的全部单位有8350个，从业人员为19.64万人。企业法人资产总计为806.7亿元，是“一普”的2.95倍。

二 抽样调查

（一）人口抽样调查

2005年，人口抽样调查是继1987年、1995年之后的第三次大型人口抽样调查。调查登记标准时间为2005年11月1日零时。调查显示：全区户数13.83万户，常住人口为45.01万人。其中，男性22.64万人，女性22.37万人；出生率9.46‰，死亡率4.57‰。

（二）农村居民收支调查

1978年后正式实施，时称社员户家庭抽样调查，后改称农村住户抽样调查，现称农村居民收支调查。开始有南洋村、小白庄村（今建新村）两个调查点共20户，到1987年增加至8个村80户，1995年扩大到16个村160户，2000年发展到20个村400户。

第四节 执法与服务

一 执法

（一）统计培训教育

始于1992年，区统计培训设《统计基础与实务》《统计法》两门课。2001年后，增加继续教育培训工作，开设《企业统计分析方法与案例》及计算机课程。2004年，逐步增加课程，有2033人取得统计上岗证书。2005年，国家统计局颁布《统计从业资格认定办法》，正式纳入行政许可项目，明确规定统计持证上岗更名为统计从业资格认定。持“统计证”的103人免费更换新式的统计从业资格证书。2010年，有3249人取得统计从业资格认定证书，继续教育达5332人次。

（二）普法成果

始于2002年，历经“四五”“五五”普法，获“全国依法统计先进单位”称号。至2010年末，参加普法考核合格累计19747人，其中“四五”普法1714人，“五五”普法18033人。

（三）执法检查

1999年，津南区开始进行统计执法检查，每年从各专业限额以上企业中抽查部分单位进行执法检查，不定时按照国家及天津市的部署开展统计书面检查和统计执法大检查工作。1999—2010年底，被检查单位累计547家，其中立案处罚17家，责令改正119家。

二 服务

（一）统计资料汇编与公布

1995—2010年，区统计部门陆续编印《1995—2010天津市津南区统计年鉴》《1995—2010年天津市津南区国民经济和社会发展统计公报》《改革发展中的津南（1978—2008）》《十五大以来津南区主要经济发展情况》及历次普查汇编20余册。2000年后，增加大量统计数据和经济综述等文字分析资料，先后出版《统计知识导读》《统计常用名词解释》《津南统计基础手册》《津南区统计基础建设制度汇编》等，扩大知晓率。

（二）统计分析与预测

1996—2010年，区统计部门共编写各类统计分析420余篇。其中，《引进外资对津南区经济的影响》《统计信息快讯——亮点津南》《加快我区民营经济发展的对策分析》《津南区2009年区县党政领导班子工作评估指标在全市18区县位次预测分析》等得到区领导批示。

第三章 国土资源管理

中共十一届三中全会后，津南区经济快速发展，城镇化步伐加快，土地利用大量增加。按照区切实抓好土地管理要求，区国土资源分局重点抓好土地资源管理、土地市场管理、地籍管理、土地储备整理加强执法力度等，土地市场规范有序，实现土地占补平衡。

第一节 机 构

2001年11月15日，原区规划土地管理局更名为津南区规划和国土资源局，内设10个科室，编制26名。2007年7月，组建天津市国土资源和房屋管理局津南区国土资源分局，为市国土资源和房屋管理局的派出机构。分局内设5科，行政编制15名，工勤事业编制2名。

第二节 土地资源管理

一 制度

2001年1月，区规划土地管理局印发《关于变更征用（划拨）土地工作程序的通知》，首次规定对项目用地进行预审。4月，区委、区政府办公室转发《关于土地征（使）用、补偿有关原则和程序的规定（试行）》，规定征（使）用土地要承担“占补平衡”义务，落实土地补偿费、安置补助费、地上附着物补偿费、青苗补偿费“四项补偿”。11月，区政府批转区规划土地管理局《关于津南区建设用地落实占补平衡具体办法（试行）》。2002年3月，区委办公室《转发区规划和国土资源局拟定的津南区征地补偿安置办法的通知》，规范征地补偿安置行为，保证村民基本权益和社会稳定。完成《津南区土地利用总体规划》和《津南区基本农田保护区规划》的修编调整工作。2003年6月，津南区制定《关于加强农用地和农用房管理的规定》，对农用地从严管理。2004年6月，制定《关于规范工业载体用地的通知》，规范科学合理利用现有土地资源，提高资源利用效率和工业载体运行质量。

二 土地后备资源

2001年9月，按照区委经济发展用地实现占补平衡的要求，区政府在小站、葛沽、八里台3镇开垦土地后备资源，建立津南区耕地开发储备库。重新编制《津南区土地利用总体规划》，落实15个镇级工业园用地。2003—2004年，共占用耕地236.23公顷，自行补充耕地69.74公顷，其余均为委托开垦，做到占补平衡。

2006年3月，市国土房管局确认津南区自发开垦耕地59宗，增加耕地面积102.41公顷。2007—2010年，建设用地规模增加8173公顷。开垦耕地260.07公顷，购买耕地占补指标498.6公顷。报批用地198批次，面积4135公顷。

三　规划审批

2001年，办理各类用地审批231件246.57万平方米。2002年，区政府把建设一批村级工业集中地作为扩大村级经济总量的载体，各镇工业园区的重要补充。修编调整7个镇级工业园区和4个村工业集中地控制性规划。完成一批镇区修建性详细规划。丹拉支线、津沽二线高速公路征地348.85公顷，汉港公路征地20.97公顷，审批完毕。成批次农用地转用制度开始实施，完成6个批次411.91公顷的审批。

2003年，津南区政府对全区工业园区规划进行调整。保留13个镇级工业园区，总规划面积5605.72公顷。完成成批次征地12批次146.67公顷。办理各类用地审批107件244.94万平方米。

1999年1月至2003年12月底，区征地项目74项1122.83公顷。2004年，经市规划和国土资源局调整，经清理整顿，全区4万公顷土地总面积中，落实一级基本农田1.27万公顷，二级基本农田2300公顷，一般耕地2623.18公顷。将原有的16个开发区（园区）撤销11个，保留和拟保留5个，保留和拟保留规划面积1804.3公顷，核减实际规划面积6435.1公顷。是年，全区开展清欠征地补偿费和基本农田专项检查。划定基本农田1.50万公顷。完成9批次106.55公顷农用地转用土地征用。办理成批次后供地项目74项259.92公顷。核发建设用地批准书77件，国有土地划拨决定书11件。办理集体建设用地土地供应20.38公顷。2005—2007年，累计供地273宗，面积364.22万平方米。

2007—2010年，累计供地472宗，面积283.47万平方米。划拨供地163宗125.98万平方米；协议出让供地6宗1.84万平方米；招标拍卖挂牌出让216宗145.83万平方米。农用地转用土地征用上报253批次4893.26公顷。核发建设用地批准书466件2816.34公顷。安置补偿费全部落实到位，土地出让收入总额23.61亿元。

第三节　土地市场管理

建立土地有形市场。2002年11月，按照市政府要求，区规划和国土资源局建立区土地交易中心，承办全区经营性土地统一收购、统一整理、统一储备、统一出让，实现经营性土地规范化管理。

2004年，区规划和国土资源分局与区监察局共同建立经营性土地使用权出让工作联席会议制度，每季度召开1次，形成会议纪要，对土地市场实行全程监督。建立土地市场动态监测制度。7月30日，津南区举办国有土地使用权拍卖会，对宗地编号为2004（拍）–006号地块进行竞拍，敲响经营性用地拍卖第一槌。

2006年，区政府授权区土地交易中心作为全区土地资源收购、储备、整理和出让的唯一机构，成为银行贷款的主体。区政府印发《津南区土地储备贷款资金使用管理办法》《津南区土地收购储备管理暂行办法》《津南区土地出让金偿付土地储备贷款的资金管理办法》，进一步规范土地市场交易行为，增强政府对土地的调控力度，盘活存量土地资产。2008年，加强城镇基准地价更新与地价动态监测，建立工业用地报价大厅。

2007年，区工业用地共出让70宗176.5公顷；出让经营性土地12宗370公顷。2008年，全年出让

52宗198.58公顷。其中，公开出让工业用地33宗70.14公顷；公开出让经营性用地8宗122.42公顷；协议类（含现状补办出让）11宗6.02公顷。2009年，严格程序，规范运作，依法出让土地79宗686.08公顷。其中，经营性用地13宗350.7公顷；工业项目66宗335.38公顷。2010年，全年依法公开出让土地99宗391.66公顷。其中，经营性用地31宗265.33公顷；工业项目用地68宗126.33公顷。

第四节　地籍管理

一　土地现状

2001年，对全区土地变更进行调查。当年历史变更面积为371.67公顷，保持土地利用现状的现势性、准确性。土地变更调查结果：总面积38908.21公顷。其中，耕地15016.88公顷，园地238.21公顷，林地63.25公顷，居民点及工矿用地8925.44公顷，交通用地1482.37公顷，水域11798.23公顷，未利用土地1383.83公顷。

2005年，根据市规划和国土资源局《关于开展2005年度土地变更调查工作的通知》，土地变更涉及8个镇14幅图幅29个图斑，变更总面积73.1公顷。2007年，依据卫星遥感监测发现部分的土地变更信息，涉及8个镇，168条变更记录，变更总面积570.47公顷。2009年9月，区国土资源分局上报《津南区第二次土地调查成果地方复核情况报告》，复核后，津南区土地总面积38756.81公顷。其中，耕地11602.56公顷，园地773.71公顷，林地255.46公顷，草地286.77公顷，城镇及工矿14331.4公顷，交通运输1289.94公顷，水利设施用地10059.54公顷，其他土地其他土地157.43公顷。

二　信息化管理

2001年，区规划土地管理局被确定为试点单位，在全市率先建立信息化地籍管理数据库。2003年，利用卫星遥感动态监测技术，辅助做好土地变更调查。2007年，土地登记和地籍信息化建设稳步推进，完成4000卷地籍档案信息登记。2008年，创新地籍前置调查，完成前置调查成果162个2005.66公顷。全年归档4982卷。2010年，按照市国土房管局关于“一张图”工作的要求，系统由5.0升级到6.0。完成地籍调查262件，面积1915.49公顷。

三　登记发证

土地登记发证需土地登记达到确权依据充分、程序合法、主体统一，登记要件齐全。截至2001年10月24日，商品房土地登记发证9140件。开展土地证书年检，收件1475件，办结685件。核发国有、集体土地证及他项权证231个540万平方米，办理私房交易325件。

2005年，办理地类和权属审核42件，确认与审核面积292.73公顷。发放国有土地使用证127件，集体土地使用证24件，个人住房土地使用证1850件。办理私产房交易件626件。

2008年，将8个镇446宗集体所有权登记审核结果进行公告，完成网上发证34宗。核发国有土地使用权证157件，集体土地使用权证11件。办理他项权利证224本。津南区获天津市二次土地调查一等奖先进单位。

2010年，在全市率先开展葛沽镇等老三镇平房区城镇地籍调查工作，调查面积覆盖率96.2%。解决土地权属纠纷27宗20.39平方千米。完成地籍前置调查239件1579.4公顷。全部完成303宗集体土地变更登记发证工作。核发房地产权证226件，办结“两证合一”联系单233件。办理集体土地使用证12件，他项权利证42件，土地储备证9件，土地注销登记73宗。

2001—2010年，完成土地登记发证4477件，发证面积1204.17万平方米。其中，国有土地使用证

1742件，发证面积803.06万平方米；集体土地使用证552件，发证面积56.99万平方米；他项权利证书2183件，发证面积344.12万平方米。查封登记235件，注销登记409件。办理土地储备证33件。

第五节　土地整理

2000年5月，津南区成立土地交易中心，隶属津南区规划和国土资源局。2007年9月，津南区国土资源管理体制改革，组建津南区土地整理中心，为区政府直属的事业单位，主要负责本区内土地整理储备工作。中心编制15人，内设3科1室。津南区规划土地工程测绘队由区土地整理中心管理，主要负责本区内工程测绘、房产测绘和地籍测绘等工作。原津南区大港三角地开发服务中心的工作职责并入区土地整理中心。

一　土地整理储备

2007年，新增储备土地面积504.23公顷，供应储备土地面积526.53公顷，年底储备土地面积343.75公顷。完成咸水沽镇茂川片、三街片、胜利片、众合里片和惠安片5个平改拆迁地块近43公顷土地的挂牌出让工作。咸水沽镇服务大楼、市政料厂以及八里台镇天嘉湖等收储地块通过招拍挂方式成功供地。启动了津南新城起步区项目上刘庄村和下郭庄村土地拆迁整合工作，涉及土地整理面积近200公顷。收购和整理造纸十厂、人造纤维厂和津沽酒厂，作为津南新城起步区项目的还迁安置地块。积极推进双港新家园项目和北马集村土地的拆迁和整理工作。收购和整理津南区气象局、机房设备厂、工艺文香厂和东粮库等国有土地。

2008年，新增储备土地面积713.36公顷，供应储备土地面积202.09公顷，年底储备土地面积855.02公顷。咸水沽一中南侧、耀华市场以及小站、八里台镇等收储地块通过招拍挂方式成功供地。收购和整理耀华市场、区物资回收公司、第八玻璃厂、板纸厂、耀华小二楼、三十三塑料制品厂和双合加油站等国有土地。启动天津大道、柳林风景区和天嘉湖二期项目的资金筹措、拆迁和整理等工作。通过多种途径积极筹措土地整理储备资金，加快推进土地整合和示范小城镇建设。加强大港三角地管理，保障市重点项目用地。

2009年，新增储备土地面积812.92公顷，供应储备土地面积800.52公顷，年底储备土地面积867.42公顷。天嘉湖二期、耀华小二楼、米兰三期、东粮库以及八里台示范镇等收储地块通过招拍挂方式成功供地。完成耀华市场地块二期、红光里一期、华天农业大楼、北闸口菜市场、小站迎新商贸城等国有土地收购整理工作。完成对农业园区总工会地块的回购以及八里台利民砖厂、水库东侧33公顷土地的收储工作。启动咸水沽镇东张庄村土地拆迁整合工作，涉及土地面积107.6公顷。启动海河教育园区一期项目和天津大道平衡地块的土地拆迁整理工作，涉及土地面积1500公顷。

2010年，新增储备土地面积121.56公顷，供应储备土地面积476.13公顷，年底储备土地面积512.85公顷。津南新城起步区、天山・米立方、自来水公司、耀华市场二期、红光里小区一期、东粮库、利民砖厂和工艺文香厂等收储地块通过招拍挂方式成功供地，土地供应面积265公顷。完成原区政府、农林局、水务局、电话局、农行和排灌站等国有土地收购整理。启动中滨城、北石林、新商圈、耀华市场三期、滨海化工厂、咸水沽镇汽车城和葛沽民营经济成长示范基地等项目的土地收储工作。制定《津南区土地整理储备金管理细则》，加强政府对土地整理储备资金的管理，进一步发挥土地收储资金的使用效益。

二　土地测绘

津南区规划土地工程测绘队，前身为1985年成立的津南区城乡建设委员会南华工程规划测绘队。

1997年5月，正式成立天津市津南区规划土地工程测绘队。2007年9月，区规划土地工程测绘队改由区土地整理中心管理，主要负责区内工程测绘、房产测绘和地籍测绘等工作。

1997年，完成对津南经济开发区部分迁至双港镇的地形测量，涉及地域面积2.2平方千米；完成津南区水库建设地形图测量9.5平方千米；完成15个工业园区、25个中心村、5个乡镇共计4642.13万平方米建成的地形测量。

2001—2010年，完成区规划、土地、房产管理各类用图4000余件；完成津南区历年重点地区重点项目数字化全解析大比例测图累计300平方千米。其中，2003年，在天津市测绘院的帮助下，完成津南区覆盖全区1:2000地形和影像数据，填补了区历史空白。在经历传统测绘技术向数字测绘技术转变的基础上，区土地测绘事业向智能化、网络化发展。

第六节　土地执法监察

2001年，执法人员巡查98次，制止多起违法用地、违法建筑，拆除各类“双违”建筑11处1167平方米、外环线内侧绿化用地范围内的建筑3万多平方米。2003年，执法巡查81次，当场发现和制止违法行为43起，拆除违法建筑176.5平方米。立案查处违法建筑44起，面积36570平方米；违法占地25起13.68公顷。接待涉及用地上访161次。2005年1月24日，区政府批转区规划和国土资源局《关于在全区范围内集中开展综合治理违法建设和违法占地活动的实施意见》，全年联合巡查25次，下达停工通知书77份，对21起典型的违法占地、违法建设行为，进行了5次强行制止活动，在7个镇拆除17处违法建筑，拆除面积9600余平方米，退出违法占地4.49公顷。2007年，查处197宗违法用地案件。对“以租代征”69件、“未批先用”11件，严重土地违法案件移送司法机关强制执行。是年，津南区被推荐为全国土地执法百日行动成效显著典型单位。

图15-3　2008年，土地执法监察大队人员业务考核

2008年，全年出动巡查车辆2000余台次，巡查人员2500人次，发现违法用地213宗，当场制止106宗，向各镇政府发送督办函104份，拆除违法建筑56476.48平方米，立案调查62宗。为司法机关立案调查提供证据材料12份，使全区违法用地形势得到了控制。对2006年度第8次土地卫星遥感图片进行执法检查，共涉及350个图斑656.21公顷。对99宗113件违法用地案件立案查处。2010年，国土分局组建16人的土地执法巡查队伍，8个镇组建320人的土地执法巡查大队，165个村各聘请1名土地执法信息员。全区设166个巡查点，实施CORS系统无线监控网全覆盖。初步实现“天上看、地上查、网上管”，做到早发现、早制止、早查处，形成部门联动机制。

1996—2010年津南区土地执法监察情况统计表

表15-2

年份	违章占地面积（平方米）	违法建筑面积（平方米）	违法行为（起）	核实卫星遥感图（处）
1996	-	20000.00	-	-
1997	76095	-	-	-
1998	130	1670.00	-	-
1999	-	6030.00	-	-
2000	-	3252.00	-	19

续表

年份	违章占地面积（平方米）	违法建筑面积（平方米）	违法行为（起）	核实卫星遥感图（处）
2001	–	31167.00	–	–
2002	–	18755.56	11	174
2003	136800	37322.80	95	71
2004	500	4864.58	43	23
2005	44867	10056.00	–	–
2006	–	11920.00	44	125
2007	–	–	–	–
2008	–	56476.48	–	–
2009	239873	40447.00	–	–
2010	311267	–	–	–

第四章　工商行政管理

中共十一届三中全会后，区工商局严格依法登记，营造良好环境，促进内资、外资企业的发展；培育市场，参与市场建设，活跃商品流通；整顿规范市场经济秩序工作不断深入；引导、加强管理、改善环境，促进个体私营经济持续快速健康发展；加强商标、广告的监督管理；加强经济合同的监督管理，开展合同签证和动产抵押工作，开展“重合同、守信誉”活动，使企业发展增强了活力；严格执法监督，开展法律法规宣传培训，法制建设得到加强。

第一节　机　构

1978年11月13日，成立南郊区工商行政管理局（简称区工商局）。1998年8月，实行垂直管理。2010年，内设：办公室、宣教科、人事科、财务科、监察科、法制科、注册科、外资科、企管科、市场科、消保科、公平交易科、商广科、食品安全监督管理科、执法支队等部门。派出机构：何庄子、双港、咸水沽、北闸口、小站、葛沽、耀华7个工商所。消协、个体私营企业协会挂靠在工商津南分局。

第二节　内资企业登记管理

一　内资企业登记

1979年12月至1980年2月，对区属、街道和社区办的零售商业、服务业、饮食业等部门登记发证223个。1988年7月，对具有法人条件的，核发《企业法人营业执照》，具备营业条件的非独立核算单位，核发《营业执照》。1995年，区工商分局登记科采取到企业现场办公，主动解决实际问题，使内资企业登记工作快速健康发展。1995—2000年，累计办理内资企业注册登记17603户，注册资金189.18亿元。

2002年后，注册登记开展限时服务、延伸服务、文明服务，深化“一站式”“一条龙”服务。2005年6月，区工商分局制定《关于个体工商户登记注册实行“一审一核”的规定》，为202户企业当天办理当天发照。2006年4月1日始，按照新公司法规定，开展有限公司、分公司及个体换照工作。2008年，制定《支持民营经济发展的工作措施》，对142家注册资本500万元以上的民营企业实行“三提前”“五帮助”。

2009年，实行“一窗统一接件，一表统一登记，部门并行办理，依次审批办结，分别发放证照”的模式，将新设立企业审批工作时限由5个工作日缩短为3个工作日。2010年，工商津南分局制定《关于加快科技型中小企业发展的实施方案》，并在区行政许可服务大厅工商登记窗口设立科技型中小企业咨询岗。2002—2010年，累计办理内资企业注册登记613户，私营企业注册登记10237户，个体工商户登记17670户。

2010年，全区内资企业累计注册登记836户，注册资金229.82亿元；私营企业注册登记9929户，注册资金476.04亿元；个体工商户注册登记13091户，从业人员30331人，注册资金8.19亿元。

二　监督管理

1996年11月，区工商局制定《商业企业出租柜台登记管理暂行办法》，对出租柜台的经营资格、经营合同、经营范围、缴费缴纳，违章违法处罚等方面做出明确规定。1997年6月，对全区房地产市场和金融市场开展深入调查，发现20余家房地产开发单位无照经营，88家银行信用社及分支机构有67家未登记注册。针对相关单位开展法律教育、整顿，要求无照经营单位限期办理注册登记。制定《关于规范房地产市场行为的意见》，规定加强房屋租赁经营活动的管理，受理消费者关于商品房质量和服务方面的申诉。8月，区工商分局制定《企业登记工作程序》。

1998年1月，区工商局设立企业登记科，负责内资、外资、个体私营企业的登记注册工作，试行登记注册与监督管理两条线。1999年5月，区工商局在各类市场主体中推广工商行政管理卡（IC卡）。为提高注册登记质量，又制定便于操作的前置审批程序，实现注册登记程序化。2003年，创新企业年度检查和个体工商户验照贴花工作。对2002年度企业和个体工商户在全市工商系统实行原地年检验照。对遵纪守法、连续3年以上无违法违规行为，未收到工商行政管理机关处罚，具备规定条件的企业和个体工商户，可免检免验。2003年4月1日，分局制发《关于清理取缔无照经营行为的实施方案》。2009年，实行“一站式”年检验照。2010年，组织开展规范治理亮照经营、查处取缔无证无照经营活动。

2002—2009年津南区内资私营企业年检情况统计表

表15-3

年份	应检（户）	实检（户）	年检率%	注销（户）	网上年检（户）	网上年检率%	免检（户）	查处无照经营（户）	罚款（万元）	查处逾期年检及违反登记法律案（件）	罚款（万元）
2002	–	–	89.50	450	–	–	60	–	–	2	–
2003	4458	3993	90.00	–	–	–	87	–	–	–	–
2004	4848	4293	92.00	143	–	–	100	–	–	–	–
2005	5239	4448	91.00	238	4348	88.28	–	–	–	–	–
2006	5544	4876	92.71	98	1745	35.69	–	–	–	–	–
2007	6059	5372	93.25	109	3536	65.99	–	142	3.18	6	4.60
2008	7039	6630	92.97	85	3756	60.93	–	328	1.70	3	5.70
2009	8957	7609	90.86	116	6500	85.30	–	354	9.14	11	11.74

第三节　外商投资企业管理

一　注册登记

1992年9月，区工商局设立外资科，与企业登记科合署办公。1995—1996年，受理注册登记初审47户，变更62户，注册资本5063万美元。1999—2001年，办理外资企业注册登记初审131户，增加注册资本1.16亿美元。

2002—2010年，办理外资企业注册登记471户，变更登记2720户。2010年，全区有外商投资企业656户。

1991—2001年津南区外资企业注册登记情况统计表

表15-4

项目 年份	总户数	注册资本总额（万美元）	独资		合资		合作	
			户数	注册资本（万美元）	户数	注册资本（万美元）	户数	注册资本（万美元）
1991	7	221.75	6	175 .00	1	46.75	0	0
1992	36	1223.78	25	532.85	11	690.93	0	0
1993	53	3975.68	36	2999.45	17	976.23	0	0
1994	76	6541.24	47	3407.45	26	1648.79	3	1485
1995	109	26890.59	65	17331.85	38	7568.74	6	1990
1996	126	28130.59	81	18549.85	39	7590.74	6	1990
1997	158	30312.66	104	19961.84	46	7845.82	8	2505
1998	179	32236.07	120	21468.64	50	8182.43	9	2585
1999	196	36133.93	135	22643.04	51	10805.89	10	2685
2000	233	38997.64	164	24624.74	56	11027.90	13	3345
2001	279	43582.64	201	27714.14	64	12493.50	14	3375

2002—2010年津南区外资企业注册登记情况统计表

表15-5

项目 年份	总户数				从业人员	注册资本（万美元）
	合计	合资	合作	独资		
2002	238	48	6	184	33120	42383.78
2003	293	55	6	232	35021	50012.23
2004	350	68	6	276	38079	59193.73
2005	428	88	8	332	41354	70301.00
2006	496	110	10	376	41512	85101.12
2007	557	120	12	425	41768	137857.78
2008	600	129	12	459	43250	157540.42
2009	633	133	12	488	45736	176220.21
2010	656	139	12	505	44003	178528.11

二 监督与服务

1995年，区工商局帮助因合资外方长期不出资，企业面临困难的天津市南洋电子器材有限公司寻求合作伙伴，使该企业起死回生。对有可能出资的，进行督促协调，年度出资率由上年的74%提高到86%；对1户韩国企业因年检漏检予以处罚。1996年，为博克莱（天津）家具工业有限公司等5家外资企业解决增项、重新注册、进口设备商检等难题。1998年，13家韩资企业和3家日资企业因亚洲金融危机的影响，不能按期缴纳，工商分局采取适当延长营业执照有效期限的灵活办法，帮助企业渡过难关。1999年7月，为天津新展工艺美容用品公司扩大生产规模找到闲置厂房，为企业的发展创造了条件。

2000年7月，对擅自变更公司负责人的日本独资企业天津朝日能源公司处以2000元罚款。对韩国独资企业东珉电子（天津）有限公司转股不办登记手续处以1000元罚款，并责令其限期办理变更手续。2005年，按照市工商局的要求，对新办外资企业实行“三提前”“四告知”“五帮助”服务。2006年9月，新《公司法》颁布实施后，对新申办的外资企业在设立、变更、出资、年检、收费等方面需要注意的事项及相关法律、法规等内容实行工商温馨提示制度，制作服务卡。

2009年，天津海河教育园区总体规划确定后，有16家外资企业需要搬迁。区工商局采取提供行政指导、主动上门、电话提醒、当面约谈等形式，向拆迁企业宣传相关法律法规，开展涉及住所变更登记事务的咨询服务；在行政许可服务中心业务窗口开辟绿色通道，凡拆迁企业变更登记的，优先办理、随到随办；为拆迁企业建立联系台账，将企业的场地需求、经营需求等信息详细登记，为企业积极牵线搭桥，通过多种渠道为企业寻找新的经营场所。2010年，推出两项新举措：在行政服务中心推出注册登记示范文本，供企业办事人员参阅、复印、拷贝；自2月1日起启动外资企业设立联合审批程序，而后一窗受理，并行办理。

2006年始，外资企业实行网上年检，年检率保持在100%。在全市工商行政管理系统名列前茅。对年检验照不合格的，累计注销内资企业和私营企业2426户，吊销2410户；注销个体工商户12246户，吊销3156户。取缔无照经营2455户；查处违法违规行为为276件，罚没款115.6万元，有效地维护了经营秩序。

1992—2001年津南区外资企业年度检查情况统计表

表15-6

项目 年份	应检(户)	实检(户)	年检率%	注销(户)	吊销(户)	处罚(户)
1992	51	50	98.04	1	–	–
1993	100	96	96.00	–	15	–
1994	124	122	98.39	–	10	3
1995	165	165	100.00	–	–	–
1996	127	127	100.00	–	–	–
1997	180	164	91.11	9	16	–
1998	197	188	95.43	–	25	–
1999	203	194	95.57	–	11	4
2000	224	210	93.75	–	21	2
2001	270	225	83.33	12	3	6

2002—2010年津南区外资企业年检情况统计表

表15-7

项目 年份	应检(户)	实检(户)	参检率%	网上年检率%	合格率%
2002	293	272	92.83	–	99.16
2003	352	325	92.33	–	98.65
2004	407	375	92.14	–	99.47
2005	465	422	90.75	–	99.76
2006	500	463	92.60	100	100.00
2007	557	547	98.20	100	100.00
2008	560	539	96.25	100	100.00
2009	530	493	93.02	100	100.00
2010	505	486	96.24	100	100.00

第四节　市场监督管理

2001年，市场办管分离后，工商行政管理机关职能发生转变，由过去的办市场、管市场，转为管市场。担负着对全区各类市场、商场、超市等商品流通领域的经营主体及经营行为进行日常监督管理的工作，维持正常的商品流通秩序。

2010年，津南区有各类市场12个。其中，农副产品综合市场4个，消费品市场7个，生产资料市场1个。

一　市场管理

1979年，区工商局的市场科设有7个工商管理所，对全区集贸市场进行统一管理。1983年7月，以治理无照经营、套购倒卖、欺行霸市、强买强卖为重点，对集贸市场进行清理整顿。取缔无照经营460人次，处理违法案件121起，情节严重者受到法律制裁。1992年，组建公安分局驻市场民警办公室，一同维护市场秩序。1996年，通过调整市场布局，实行分类管理，打击无照经营等措施，市场经营环境和经营秩序明显改善。集贸市场亮照户达到95%，固定摊位取消杆秤，实行台秤和明码标价。查处刑事案4件，治安案85件，逮捕6人，拘留24人，收容3人，调解纠纷1219件。1999年，查处各种违章违法案件156件。对何庄子市场开展综合治理，清理流动违规摊位100余个，拆除私搭乱盖建筑25处，清理无照经营80户，整修市场围墙100米，粉刷墙壁700平方米，清理垃圾100吨，调解纠纷364起，对强买强卖、欺行霸市、盗窃等违法行为拘捕11人。

2000年，区工商局制定《关于市场营业执照管理的有关规定》，将市场内固定摊位临时营业执照全部换发长期营业执照。开展全面整顿市场秩序活动，严厉打击制售假冒伪劣商品的违法行为、清理取缔违章违法生产经营活动、打击商标侵权虚假广告违法行为、打击利用合同欺诈等违法行为、打击传销和变相传销行为及清理整顿集贸市场等6项活动。对区外环线以内的8个猪肉市场开展专项整治活动，先后出动执法人员437人次，车辆37台次，查处无照经营21户，取缔非法屠宰2户，罚款1.1万元。2002年，对全区商品流通领域开展监督管理，出动2460人次，开展拉网式检查，检查市场经营主体4000户，查处各类违法违规行为240种，对欺行霸市、强买强卖及欺诈、盗窃等违法行为，移交公安部门拘留25人，劳教1人，判刑1人。

2005年，开展“红盾护农”行动，对133户农资经营户（其中经营种子、肥料、农药53户、农机具配件44户、农机维修36户）进行检查，督促实行“两账一卡一书”制度；对超保质期的种子、农药、肥料，责令立即下架。2008年，为确保奥运会期间的食品安全，举行“食品质量快速检测比武观摩大会”。对食品经营在索证索票、进货台账、食品质量、应急预案等方面进行规范。组织义务监督员，先后到快乐人家超市、华润超市、何庄子友鹏海鲜交易市场等7个经营单位，对所管奥运食品安全情况进行督察，使奥运食品安全有保证。2010年，采取措施加强流通环节乳品和含乳食品安全监管，出动执法人员356人次，检查1747户次，下架奶粉324千克，防止了问题乳品和含乳食品流入市场。

二　“非典”与“禽流感”期间市场监管

2003年“非典”期间，区工商局制发《关于切实做好“非典”防治工作的通知》，加强市场监管，严查利用防治“非典”名义从事违法经营活动。加大对防治“非典”相关商品和商品广告的监督检查力度，防止不法分子借防治“非典”之名销售假冒伪劣商品；凡属超范围经营或无照经营的“非典”药品和相关商品，重拳打击；对囤积居奇、欺行霸市、抬高物价的，依法严处。查处3家囤积居奇、无照经营鸡蛋的商户，罚款1万元。查获1家大型商场“无产地、无厂名、无生产日期”的“三无”口罩910个，将其全部没收，并处以5000元罚款。查获1家药店抬高物价销售劣质“来苏消毒液”案，将消毒液全部没收，并处以1万元罚款。查获1起抬高物价销售进口口罩案，罚款1万元。开展对药品市场的专项检查，检查药店85家，对4家借抗击“非典”之机超范围经营保健品立案调查。发挥“12315”消费者申诉举报系统和消协的作用，受理、查处与“非典”有关的消费纠纷、群众举报34件。

2004年，境内发现“禽流感”疫情。区工商局先后出动执法人员860人次，对辖区的集贸市场、96个饭店、8个超市、11个肉食品加工厂、北洋烧鸡村及14个兽药经营单位进行集中突击检查，取缔现场屠宰加工活禽的摊点17个，鸟类宠物小市场1个。

三　文化市场监管

2002年后，区工商局开展严厉打击违法经营"黑网吧"活动。采取灵活多变的手段，做到快立案、快查处、快取证、快结案。2003年5月，为防治"非典"在娱乐场所传播，开展"黑网吧"和无照、无证、游戏厅专项清理行动。出动执法人员110多人次，查处"黑网吧"和无照、无证经营游戏厅8家，将查获的23台电脑、22台游戏机、9台电视机、3台连接器、197张光盘予以没收，并给予严厉的行政处罚。

2008年6月，检查支队与双港工商所检查"黑网吧"经营者孙某时，孙某阻碍检查，对抗执法，并跟踪执法车辆，气焰一度很嚣张。执法人员多次与有关部门协调，依法取消孙某经营资格。

2002—2010年，查处"黑网吧"127家，查扣电脑1003台（不含2003年、2004年、2007年数据）。

第五节　经济合同监督管理

一　动产抵押登记

1995年6月，国家颁布《中华人民共和国担保法》。1996年11月，市工商局与中国银行天津市分行制发《关于办理企业动产抵押物登记若干问题的联合通知》。1997年，区工商分局开展动产抵押登记工作，通过与工商银行津南支行、信用社合作办理动产抵押。1997—2001年，累计办理抵押登记656件，抵押物价值17.4亿元，抵押贷款10.5亿元。

2002—2010年，办理抵押登记842件，抵押物价值20.8亿元，主债权金额15.2亿元。动产抵押登记件数，从抵押权人看，农村信用合作社（农村合作银行）占80%左右，国有银行占20%左右；从抵押人的情况看，私营企业占60%以上，有效缓解企业融资难的问题。

二　重合同守信誉考评

1984年，成立区经济合同仲裁委员会，开展"重合同、守信誉"活动。至1995年，全区有143个企业被市政府批准为"重合同、守信誉"单位。1998年7月，《关于在企业改制过程中加强合同管理工作的意见》中有保留或撤销"重合同、守信誉"单位称号的规定。1999年9月，召开"重合同、守信誉"经验交流会，宝成集团、长城电机有限公司、区乡镇建资管理站3个单位作典型发言。

至2001年，全区有"重合同、守信誉"单位88个，列全市各区之首。2002—2006年，先后开展两次"重合同、守信誉"单位评选活动。共评出151个单位。2007年，该评选活动停止。

三　打击合同违法行为

2005年，重点查处利用买卖重要生产资料、农副产品订购、承揽、旅游、中介服务等合同进行欺诈的违法行为。2008年，对房地产业和旅游业的合同管理开展专项检查。2010年上半年，对餐饮业、洗染业服务合同文本使用情况进行重点检查，出动执法116人次，车辆44车次，检查餐饮业36户，洗染业44户。通过专项检查，规范了企业的经营行为。餐饮业统一制定提示牌，保障经营者和消费者的合法权益。

第六节　商标广告监督管理

一　商标管理

（一）商标注册

1980年，区工商局正式办理商标注册管理工作。是年，办理商标注册130个。1987年，区工商局内增设商标广告科，专门负责商标管理工作。1990年，全区有注册商标416个。1995年，全区企业有637个注册商标。2002年后，每年利用“商标法宣传月”、召开企业座谈会、深入企业专访、开展企业商标情况调查等形式，广泛宣传《商标法》《商标法实施条例》及相关法律、法规政策；宣传申请驰名商标、著名商标、知名商标的相关知识、程序、手续，增强企业的商标意识。2010年，全区有效注册商标2055件，比2002年前增加37%，占全区各类市场主体总数的8.8%。

（二）商标专用保护与查处

1995年，经过不懈努力，将失落近20年的具有悠久历史的“马头”牌商标重新回归原处（天津板纸厂系国有企业，自1921年建厂初期就注册了“马头”牌商标，在国内国际享有盛誉。50年代为出口免检产品，70年代被评为天津市著名商标）。是年10月，在海南省海口市查获假冒大站阀门厂“力”字牌阀门制假贩假窝点8个，没收假冒“力”字牌阀门2.4吨，罚没款2.1万元。1996年，区工商局共受理商标假冒侵权案32件，结案26件，端掉制假窝点3个，销毁商标标识41万张，使企业避免经济损失410万元。1998年，查处商标违法案22件，销毁侵权、假冒商标标识80万张，赔偿区企业经济损失62万元，避免企业经济损失600万元。是年7月，区工商局与区体改委联合制发《关于企业改制过程中加强商标管理改制工作的意见》，规定名牌商标管理等8项内容。

2000年，区工商局查处商标假冒侵权案7件，端掉制假售假窝点9个，收缴商品价值35万元。区工商局组织力量赴西安案发地打假，端掉售假窝点2个，收缴假冒“力”字牌阀门20余吨。后又赴山东、河北等地打假，保护企业合法权益，年销售额比原计划增加200万元。1995—2001年，共查处商标侵权案131件，罚款金额57.75万元。2002年后，区工商分局先后制定《商标印制承印审查制度》《商标印制登记制度》《商标识别出入库制度》《废资商标标识销毁制度》《商标标识印制档案制度》等制度。2004年2月，大力开展查处商标侵权行为，只要有投诉，手续齐全，坚决查处，绝不姑息。天津农具厂在未经“雄鸡”商标所有人天津机械进出口有限公司许可的情况下，自2001年1月开始，擅自将其生产的带有“雄鸡”商标标识的锄头销售给多家商贸或进出口公司。案发时共生产69772把，销售额48.12万元，其行为违反商标法，依据有关规定，罚款47万元。2010年，制定《加快推进商标战略，推动驰名、著名商标实施自我保护的意见》《努力提高企业自我保护意识，加快企业防御商标注册的意见》等文件。是年3月，为立林集团现场服务一次性注册防御商标79件，为全市首例。2008—2010年，查处商标侵权案97件，其中大案、要案29件。

二　广告管理

（一）监督

1980年，国务院颁布《广告管理条例》，区工商局对全区广告承制单位进行普查。1985年，印发《关于对申请广告经营承制单位管理规定的通知》，管理规范广告业务。1989年，对全区路牌、刊播广告进行清理整顿，同时加强广告内容的审查。至1995年，区内有广告经营单位15户。

2002年，对广告经营单位提交的申办证明文件及广告内容进行严格审查，在3日内核发《户外广告登记证》。建立广告经营单位数据库，及时掌握广告经营单位的发展状况。对已经登记的广告经营单位，每年对其经营资格进行一次专项检查。2002—2010年，共办理户外广告231件。至2010年，全区共有广告经营单位149家，比2002年增加113家。

（二）专项整治

1995年，区工商局严格质量标准，查处不合格案件。1995—2001年，查处各宗违法违规广告案件87件，罚款27.45万元。2002年3月，天津市某某广告公司未经工商行政管理机关登记，于2002年2月在津南区双港镇内擅自为企业发布户外广告2块，非法获利6100元，其行为违反《户外广告登记管理规定》，没收其非法所得，罚款1.83万元。2008年，为迎接北京奥运会，开展户外广告的专项整治。重点对津沽路、津港路、津歧路两侧的户外广告及沿线商店牌匾进行逐一检查和规范。共拆除违法广告牌6块，灯杆道178块。2008—2010年，查处违法违规广告案件23件，罚款11.3万元。

第七节　公平交易监督检查

一　打击不正当竞争

2002年，区工商局加强监督市场的交易行为，禁止市场交易中的垄断和不正当竞争行为，查处假冒伪劣商品和走私贩私等经济违法行为，打击各种非法交易。2004年10月，对商业贿赂开展专项治理，查获区6家医院贿赂行为，依法处以罚款共6.4万元。至2010年，共查处违反反不正当竞争法行为29起，没收企业非法所得5.48万元，罚款57.14万元；查处1起在市场交易中不正当竞争的生猪注水案，罚款1.3万元。

二　打击假冒伪劣商品

1995年10月，津南区工商局会同公安津南分局等部门，端掉一处贩卖假烟窝点，查获假冒红塔山、石林、云烟36箱，价值14万余元。1999年3月，区工商局与津南康业冷冻食品厂联手，查处山东烟台一家仿冒津南康业冷冻食品厂产品案，查获仿冒“白马王子”雪糕341箱，仿冒包装16卷200千克。2001年5月，在“红盾执法行动”中，分局集中力量查处1起全市最大的假冒生产和过期农药大案，查获假农药23.5吨，过期农药22.17吨，假冒合格证7.4万张，假冒包装物1.1万个，假冒标识17.6万张，原料6吨，总价值50万元，罚没款20万元。1995—2010年，共查处假冒伪劣商品案件396件，罚没金额387.22万元。

2005年6月，查处1起产品包装违法虚假标注案。天津市某涂料有限公司2004年后，在没有取得国际质量认证书的情况下，在其生产的粉末涂料产品的包装和标签上分别标注通过国际质量认证、厂址、生产者，系违法经营行为，依据有关规定，罚款4万元。

2006年9月，查处1起未经批准从事直销活动案。天津某商贸有限公司与雅歌丹（厦门）熏香有限公司签有经销协议，是雅歌丹有限公司的产品在天津的经销单位，当事人在经营过程中利用通过招募直销员52名，购买产品由直销员上门把产品直接销售给消费者，取得销售收入57万元，其行为违反直销管理条例。依据有关规定，没收非法收入57万元，罚款20万元。2007年8月中旬，公安津南分局在双桥河镇东泥沽物资有限公司对查扣的假冒伪劣商品进行集中销毁，价值60余万元。2008—2010年，查处113起非法制售假冒商品案，罚没款36万元。其中，假冒食用油126箱，假冒白酒773箱，罚没款25.8万元。

三　打击非法传销

2005年8月，国务院颁布禁止传销条例，区工商局开展打击非法传销行为。2006年，打掉47个传销组织，教育和遣返原籍1100人，收缴虚假招工宣传材料100余份，罚款4000元。2007年，建立由居委会、村委会、物业管理中心、房屋中介、宾馆、饭店等基层单位构成的信息反馈渠道，健全防范、控制、打击、管理四位一体的长效机制，实现对传销和变相传销活动的群防群打。查处非法传销窝点130个，取缔传销课堂15处，教育驱散1400人，收缴宣传教材1200份，笔记本900册，虚假招工广告5000份，被公安机关行政拘留4人。2009年，采取宣传教育，拉网巡查，部门协作，重拳出击等措施，与公安部门开展联合行动15次，查处传销窝点41个，取缔传销课堂5处，解救被骗人员11人，驱散1400人，被公安机关刑事拘留4人。2010年，查处传销案5件，取缔传销窝点4个，解救被骗人员6人，教育驱散传销人员73人，查处外网局信箱举报案件10件。

第八节　消费者权益保护

一　监督保护消费者权益

1990年，南郊区成立消费者协会。依法对商品和服务进行社会监督、保护消费者合法权益。1995年，利用葛沽镇、咸水沽镇、小站镇赶集日，开展现场咨询和假冒伪劣商品展览。为企业和个体户举办3期《中华人民共和国消费者权益保护法》（简称消保法）培训。在各大商场相继建立“消费者权益监督站”，咸水沽镇、八里台镇组建消协分会。1996年，开展打击假冒伪劣商品活动、“幸福最信得过商店”复查评选活动。印发消保法、反不正当竞争法、大件商品目录2万余份，开展热线电话服务周和现场咨询活动。1998年6月，区工商局成立联动网络指挥中心，加大维护消费者合法权益执法力度，调解消费者的投诉和申诉，制定投诉、申诉转达制度。2001年，对1200名企业厂长、经理进行8期普法培训，消费者协会与区工商局共同成立“3·15”指挥中心，方便消费者投诉。1995—2001年，受理及时解决消费者各类投诉1126件，办结率100%，将10余种共30件假冒伪劣商品当众销毁。为消费者挽回经济损失166万元。

2003年，区工商局建立消费者权益保护科，设立“12315”指挥分中心，与消保科合署办公。2004—2005年，先后在消费者投诉集中的10家商场、超市和8个集贸市场相继建立“12315”联络站，构建消费维权网站，组建以各工商所为依托的7个消协分会，聘请当地有影响力的知名人士为理事。2006—2008年，在经济比较发达、领导班子健全且相对稳定的12个村，建立农村消费维权组织试点，并在村和居委会推广，实现154个行政村、24个居委会全覆盖，建立“12315”联络站178个。2009年，葛沽镇富华里居委会和辛庄镇白塘口村委会被市工商局和市消协验收认定为“12315”联络站示范站。2010年5月，局与国美电器有限公司咸水沽店、华润万家超级市场有限公司咸水沽店、移动津南营业厅、联通津南分公司、月坛商场等8家企业，首批建立消费维权直通互动机制。2004—2010年，受理及时解决消费者各类投诉举报2731件，办结率100%，为消费者挽回经济损失66.31万元。

二　消费者维权网络建设

1998年6月20日，成立联动网络指挥中心。2004年，在各镇工商所设立区消协分会，方便消费者投诉，快速解决消费纠纷。在月坛商厦、华润超市建立消费者投诉站。2006年，先后在7个大型商场建立消费者投诉站，设立7名消费维权义务监督员；在12个行政村建立消费维权监督站。2008年，农村、居委会“12315”投诉站达到178个，实现全覆盖。至2010年，全区建立投诉站195个，实现社区、农村、大中型公共服务场所覆盖率100%，畅通消费者投诉举报渠道，维护了消费者权益。

三　诚信建设

1998年，“3·15”国际消费者权益日期间，开展以“诚信消费”为主题的宣传系列活动。月坛商场等30家商店被评为“消费者信得过商店”。何庄子农产品中心批发市场被中国消费者协会、市商委、市工商局、市消费者协会命名为“诚信市场”。至2010年底，评出“诚信企业”10家。5家企业的5种商品被评为市级“消费者满意商品”，5家商业企业被评为市级诚信经营企业，1家被评为全国消费维权先进企业。

图15-4　2009年，“3·15”国际消费者权益日宣传

第九节　个体私营企业协会

1983年9月5日，南郊区成立个体劳动者协会。其前身是1981年11月成立的南郊区个体工商业者联合会。2002年，设有个体劳动者协会和私营企业协会，2003年底分局机构改革后，2个协会合署办公。2008年，2个协会合并为个体私营企业协会。2010年，协会拥有会员19472人，比2002年增加110%。1家会员单位被评为全国“光彩之星”，2人被评为天津市劳动模范，1人被评为天津市“十佳青年”，1人当选全国政协委员，4人当选市人大代表，5人当选市政协委员。至2010年，个体私营企业会员与社会公益事业累计捐款1.6亿多元。

一　社会公益活动

1996年，为河北省南部洪水灾区捐献衣被2.6万件，资助区各种公益事业12.5万元。1997年，举办“迎香港回归，与津门各界人士书画笔会”。1998年，会员为南方特大洪水灾区献爱心，捐赠衣物折合人民币150余万元。资助社会公益事业累计200万元。2001年，在“助残日”前夕，开展向智障儿童献爱心活动，共捐款3万元。2002年，组织会员深入学校、幼儿园、敬老院、残疾人家庭，开展慰问、捐款、免费理发、免费修理家电等活动。为区培智学校购置4000元的教学用具。为85户困难户，送去慰问金2100元和价值8500元的慰问品。2004年，捐资1.6万元，为区培智学校、3个敬老院、10户特困家庭、20名特困学生送温暖。

2005年春节前夕，会员筹款2.4万元，深入86户残疾人特困家庭慰问。“六一”儿童节，为区一幼、二幼、培智学校捐款7000元。6月，捐款15万元，为贫困村小站镇坨子地村修建乡村公路。2006年春节前夕，会员筹资2万元，为贫困下岗职工、残疾人、孤寡老人、敬老院送去慰问品。8月，“光彩服务周”活动，为2个贫困村的近百户家庭义务理发、修理家电；结合中秋、国庆两节，深入敬老院开展慰问活动，资助特困学生，共办实事140余件。2007年春节期间，为残疾人、敬老院、困难家庭捐款2万元。10月，立林集团为津南区慈善协会捐款10万元，为全区2个村的贫困户捐款8万元，为当地学校资助4万元。荣程集团以重金回报社会，将一幅价值5600万元的珍贵名画捐赠给中国博物馆；为贫困大学生、慈善协会、天津男子篮球队等社会公益事业捐款200多万元。2008年5月，四川汶川发生大地震后，协会会员通过多种渠道共捐款1.24亿元，其中捐款10万元以上的26户，宝成集团和立林集团分别捐款131万元和110万元，荣程集团捐款1.1亿元。

二　走访调研

1997年，对私营经济发展现状进行深入调研，起草《关于进一步加快个体私营经济发展的若干意见》，编印《津南区个体私营经济政策法规汇编》。2001年，举办个体私营经济发展研讨会。2002—2010年，协会对370户个体私营企业开展走访调研活动，对3216家私营企业开展了抽样调查，对87

家会员单位开展了“百户企业走访调研活动”。其中，2006年，通过走访调研全区非公有制企业党建工作撰写的《突出重点、完善机制、加强和改善非公有制企业党的建设》，引起国家工商总局和中国个协高度重视。

三 优秀企业评选活动

1996年，区开展评选先进企业活动，宝成集团等3家被评为天津市优秀私营企业，2家被评为区优秀企业，1人被评为区优秀企业家。1997年，培养两家私营企业为“重合同、守信誉”单位。表彰46家先进企业。1998年，5家私营企业评为“光彩之星”，1家被市协会推荐为全国“光彩之星”。2001年，区8家私营企业被评为全市百强私营企业，宝成、立林集团被评为市级重点私营企业。2002年，宝成集团被评为全国“光彩之星”；2004年，宝成集团宝成会议服务公司服务部被认定为2003年度“全国青年文明号”；2005年，荣程集团被评为全国“光彩之星”。

四 解难题办实事

2000年，协助市协会筹备举办ISO9000国际质量体系认证知识讲座。帮助3家私营企业进行发展策划。为企业排忧解难办实事50余件。2001年，举办4期共120多名私营企业老板参加的现代企业、WTO知识、市场营销策划等培训班。为企业办理银行开户、运输营业年检、购房贷款、消防审验、抵押贷款、出国出境办理等有关手续520件。2002—2010年，为企业解决交通事故、催要欠款、贷款、登记、购房等难题42件。

第五章 物价管理

1984年，由计划经济转轨到市场经济，价格改革不断深化，到2009年，价格改革趋向完善。物价局职能不断转变，由直接管理到间接管理，由单纯管理转变为服务管理。在管理中体现服务，在服务中加强管理。在认真贯彻执行国家物价方针、政策基础上，不断拓展服务职能，稳定市场物价，保证津南区经济建设健康发展。

第一节 机 构

1981年4月，物价工作同区计划委员会分离，成立南郊区物价委员会；1984年5月，更名为南郊区物价局。设一室两科，即：办公室、管理科、物价检查科。后增设调研科（包括农本调查队）、物价信息科（价格事务所）后更名为鉴证科（价格认证中心）。人员编制增设到32人。1996年，物价局挂靠区计划委员会。2010年2月，物价局并入区发展和改革委员会。

第二节 价格体制改革

价格改革于1979年开始启动，分为五个阶段：

一 调放结合以调为主阶段（1979—1984年）

重点是调整价格结构，矫正过低的农产品收购价格和工业基础产品价格。主要有：1979年5月，先后大幅度调高猪、牛、羊、鲜蛋、水产品、粮食、油脂油料、棉花等农产品收购价格。同时给职工每人每月增加5元副食品价格补贴。1981年11月18日，降低涤棉布等销售价格，调高烟酒销售价格。

1982年12月，先后分四批放开针棉织品、百货、五金、文化用品、土产杂品、交电、医疗器械、化学试剂和小药品类商品价格，共计638种。1983年1月20日，调低化纤织品零售价格，调高棉纺织品价格。是年底，实行几十年的布票、棉票率先退出流通。通过这一阶段改革，南郊区按市场零售额计算的国家定价和国家指导价比重，由1979年90%以上逐渐下降到1984年68.2%，市场调节价比重由不足10%上升到31.8%。1984年，零售价格指数比1979年累计上升11.3%，平均每年递增1.8%。

图15-5 “12358”价格投诉电话，24小时受理群众举报

二　调放结合以放为主阶段（1985—1988年）

1985年，对生产资料价格全面实行“双轨制”，计划外部分价格放开，实行市场调节，对国家定价的部分轻纺工业产品实行浮动价格。放开自行车、缝纫机、手表、收音机、电风扇“老五件”等7种耐用消费品价格。南郊区取消对生猪派购，实行合同订购，收购价由国家统一定价改为国家指导价，产销直接挂钩，减少亏本经营补贴，收购价由每千克2.6元提高到3.32元。取消对蔬菜统购包销，改为合同订购，实行“大管小活”，对大路蔬菜实行国家指导价，细菜议购议销。牛、羊肉实行指导价，牛肉零售价每千克4.2元，羊肉零售价每千克3.4元，家禽、水产品价格放开，随行就市。城镇非农业人口汉族每人每月补贴7.5元，回族9元，高等院校在校学生分别在回、汉族人均补贴基础上另加1.5元。取消粮食统购政策，对小麦、稻谷、玉米按“倒三七”比例（三成按原统购价，七成按原超购价）实行合同订购，合同订购以外部分由农民自由议销。1986年，先后放开黑白电视机、电冰箱、80支以上纯棉纱及其织物、中长纤维等7种日用工业品价格。1988年4月12日，放开毛纺织品价格，放开13种名烟、名酒价格，绝大多数工业消费品价格也依次放开。

三　控中求改择机调放阶段（1989—1991年）

1989年，对城镇居民定量供应的粮、油、猪（牛、羊）肉、鸡蛋、食糖等15种基本生活必需品严加控制，不得提价和变相涨价；对与群众日常生活关系密切的普通火柴、肥皂、香皂、洗衣粉等19种日用工业品价格一律不作调整。1990年，先后调整部分纸张、牛奶和奶制品、平价原油、部分成品油、水运、货运、油脂、油料、猪（鸡）平价饲料、民用煤及天然气、食糖等商品价格。区物价局审定或调整140个生产或经营企业275个品种的产（商）品价格，商品零售价格指数比1989年上涨2.7%，是1985年以来增幅最低的一年。1991年，提高25年没有触及的粮油统销价格，粮食购销价格倒挂矛盾得到初步缓解。取消鸡蛋凭票定量供应；放开卷烟零售价和搪瓷面盆、口杯、鞋类及罐头、小食品等商品价格。区物价局对48个单位198个品种（次）审定价格，进一步扩大市场调节价的比重。在商品零售总额中，国家定价只占16.2%，国家指导价占4.1%，市场调节价占79.7%。

四　市场经济探索调控阶段（1992—1997年）

津南区根据天津市统一部署再次提高粮食统销价格，解决多年来粮食购销价格倒挂的矛盾。1992年，调整自来水、牛奶价格；提高铁路货运、煤炭、天然气和公交客运价格；放开除口粮以外的行业用粮、饲料用粮、粮食相关商品的价格和生猪、猪肉、牛羊肉、肉制品、奶粉价格以及电影、浴池、洗染、照相等行业价格收费标准。区物价局为65个单位（次）的112个品种（次）的产（商）品进行审定或调整价格，发放“企业定价证”1000套。当年商品零售价格指数上升9.4%，职工生活费用价格指数上升11.4%。1993年，放开城镇居民凭票供应的平价食油价格和粮食购销价格和经营，取消非农业人口粮食定量供应指标，结束粮食价格近40年统购统销的历史。绝大多数商品价格放开实行市场调节，打破旧的计划价格体制任务基本完成。10月1日，全面放开粮油销售价格，粮票、油票退出历史舞台。1994年8月30日，对鸡蛋实行国有副食店最高限价，制定《蔬菜价格批零差率控制管理办法》，允许上下浮动不得超过10%，取消第四批不合理收费项目33项。1995年，工业用盐实行国家指导价。区物价局对价格欺诈和牟取暴利行为予以界定，并作处罚规定。是年，市场价格秩序好转，供给充裕，商品价格逐渐回落。1996年，商品价格上涨幅度进一步回落。商品零售价格指数上升5.1%，居民消费价格指数上升9%，分别比上年下降5.5和6.3个百分点。此阶段价格工作是整个价格改革取得实质性突破和转折的关键阶段，市场价格机制基本形成。

五　宏观调控趋向完善阶段（1998—2009年）

1998年，全区范围内实行农村用电“两改一同价”（即：农村电网改造、农电管理体制改革和实现城乡居民生活用电同网同价）。1999年，提高自来水供水价格。2002年，区物价局完成以定调价为主向“定规则、当裁判、搞服务”的转变。2003年，完成津南区机动车停放服务收费调整；对小站镇福馨里、咸水沽镇广建里共计建筑面积10.6万平方米的2个住宅小区的物业管理综合服务收费标准审核批复。2004年，取消涉及津南区公安、土地规划、教育、房管等65个收费单位和部门的治安联防费、建设执照规划费、课后辅导费、公有住房租赁过户手续费等11项收费项目；制定天津国家农科园旅游度假区试行门票价格。2005年，取消和调整涉及津南区教育、公安、民政等11个部门的79项收费项目。2006年，清理规范各类涉农收费，清理教育、医药收费，落实农村义务教育“两免一补”（对义务教育阶段家庭经济困难的学生免费提供教科书、免杂费和补助寄宿生生活费）政策。2007年，取消小学新生报名费和中小学教育经费补偿金费用。2008年 1月，对津南区范围内的粮食加工企业及较大的副食品零售商业实行提价申报和调价备案制度。2008年下半年至2009年，取消或停止津南区建委、劳动局等33个部门和单位收取的15项收费项目；对房管局、技术监督局等15个部门和单位涉及企业的交易手续费、工程勘察设计费等8项经营服务性收费项目一律减半收费。2009年下半年，商品零售价格总水平逐步回升，通货紧缩有所改善，呈现出改革开放以来少有的高增长、低通胀格局。2010年，继续对区技术监督局收取的产品质量自愿委托检验收费项目实行减半收费。

第三节　价格管理

一　价格审定与备案

区物价局在产（商）品价格上只有初审权，没有定价权。区管辖乡镇企业生产的商品必须先送审区物价局申报。区物价局按照作价公式进行测算审核后拿出意见报市物价局审核确定。1984—1986年，初审核定区乡镇企业25个单位154个品种的价格。1987—1989年，初审或调整571（次）生产经营企业1777种（次）产（商）品、52个非商品价格。1990—1992年，初审核定全区175个企业730种产（商）品价格。

1992年，乡镇企业产（商）品定价权下放给企业，区物价局核发乡镇企业“企业定价证”1000套，为126户餐饮业核定户级。对区80户照相业、娱乐业进行培训，其中为61户核定户级。1996年，对葛沽化肥厂18批次1980.8吨化肥价格进行审定。

2000年，对天津市小站房地产开发有限公司承建的小站镇红旗路北侧东风里小区危改计划商品住宅（建筑面积132万平方米）实行政府指导价，销售价格平均每平方米不超过1451元。对天津市津南区房地产公司承建的咸水沽镇新兴南里小区5、6号楼商品（危改）住宅5795建筑平方米核定为政府指导价，销售价格平均每平方米不超过1476元。2003年，天津市米兰置业有限公司承建的咸水沽镇建国大街北米兰花园E区1-10号楼36591建筑平方米砖混结构住房销售价格核定为政府指导价，平均每平方米不超过2060元。天津市河东区房地产开发公司承建的咸水沽镇惠苑小区86631建筑平方米砖混结构住房销售价格核定为政府指导价，平均每平方米不超过2220元。对天津市津南区房地产开发公司承建的咸水沽镇众合里小区34007.93建筑平方米砖混结构住房销售价格核定为政府指导价，平均每平方米不超过2020元。是年，"非典"时期对与防治"非典"相关的商品价格实行干预措施。

2004年，天津市景明房地产开发有限责任公司承建的咸水沽镇团结路惠裕里32318建筑平方米砖混结构住房，销售价格平均每平方米不超过2010元。对天津市津南区城镇建设综合开发有限公司承建的咸水沽镇南环路益华里39号、41号、43号楼16349建筑平方米砖混结构住房，销售价格平均每平方米不超过1750元。

2008年，天津市赤龙房地产开发公司承建的双港镇梨双路鑫港园小区1-10号楼67235.14建筑平方米住房的销售价格为平均每平方米不超过4030元。区建设开发公司承建的双港镇梨双路南侧欣悦佳园小区11.58万建筑平方米经济适用房的销售价格为每平方米不超过3900元。天津住宅建设发展集团有限公司承建的双港镇梨双路南侧民盛园小区16万建筑平方米经济适用房的销售价格为每平方米不超过4130元。

2010年，天津市津南区家福安居建设有限公司在咸水沽镇津沽路南侧承建的紫江馨苑小区25.94万平方米建筑面积定向安置住房，由该公司按平均每建筑平方米不超过4600元，自行安排楼层、朝向差价，但最高售价不得超过每平方米5060元。

二　行政事业性收费

1989年，区物价局对全区行政事业性收费进行清理整顿。时全区有收费项目的行政事业单位39个，收费项目175个，年收费总额1058万元。区物价局向区32个单位核发了第一批"收费许可证"。1990年，向全区16个系统的230个收费部门和单位核发"收费许可证"，核清收费项目97项。1991年，全区收费268项，年收费金额2400万元。其中，区属行政事业部门制定的收费项目48项。取消乱收费17项，减轻群众负担近40万元。1993年，对原已领取"收费许可证"的单位，重新换发了"收费许可证"。取消34个单位或部门不合理收费66项，每年可减轻企业和农民负担263万元。

2008年，对2007年度行政事业收费年审合格的收费单位及新领取"收费许可证"的收费单位换发"收费许可证"。换证前共有198个收费单位，因取消收费及收费单位发生变化等原因，仅有130个单位符合换证条件并办理了换证手续。是年，津南区行政事业性收费总额为1.91亿元。注销15个单位的"收费许可证"和1个单位的"行政事业单位经营服务性收费登记（审核）证"，另有15个单位涉企经营服务性收费已按规定减半收费，减轻企业和群众负担2450余万元。区物价局统一制作360张涉农价格和收费公示牌，免费发放到8个镇的165个行政村，接受群众监督。2010年，开展区2009年度行政事业性收费年审工作。对全区108个行政事业性单位、52个经营服务性单位进行年度审核。

1993—2009年津南区换、核发"收费许可证"情况统计表

表15-8

年份	换证数量（个）	核发新证（个）	变更（单位次）	取消收费项目（项）	降低标准（项）	减轻负担（万元）	注销证（个）
1993	392	-	-	-	-	-	-
1994	-	-	-	-	-	-	-
1995	-	35	179	-	-	-	-
1996	377	-	219	-	-	-	-

续表

年份	换证数量(个)	核发新证(个)	变更(单位次)	取消收费项目(项)	降低标准(项)	减轻负担(万元)	注销证(个)
1997	-	37	201	8	6	-	-
1998	-	18	180	17	22	-	-
1999	375	-	130	7	4	-	-
2000	-	27	121	-	-	-	-
2001	-	-	170	34	-	-	-
2002	354	-	150	7	-	1000.00	-
2003	-	15	65	-	-	-	-
2004	-	35	64	12	-	499.20	24
2005	339	50	245	76	3	-	46
2006	-	15	67	-	-	-	-
2007	-	7	203	2	-	-	-
2008	130	-	79	-	-	-	-
2009	-	-	118	15	-	-	15

三 经营服务性收费

1998年，行政事业单位的经营服务收费，逐步从行政事业性收费中分离出来，但仍然实行“收费许可证”制度。2007年5月，区物价局根据天津市物价局统一部署，将143个服务性收费许可证全部注销。经营服务收费不再实行“收费许可证”制度。

2008年2月，对津南区行政机关、事业单位（包括垂直管理的行政事业单位）及社会团体等非企业组织的经营服务性收费进行专项清理整顿。经对区100余个收费单位的经营服务性收费清理报表进行审核，提出取消部分收费及降低部分收费标准的清理意见。是年，对区级行政事业单位、社会团体、非企业组织的经营服务性收费，进行登记审核。共审核55个单位的55份经营服务性收费登记申请报表、30份经营服务性收费备案报表及成本核算材料。核发55个《经营服务性收费登记（审核）证》。2010年，继续实行涉企经营服务性收费减半。对区产品质量监督检验所进行登记备案审核。是年，开展2009年度收费年审工作，对全区52个经营服务性单位进行年审。

四 公用公益事业价格管理

（一）燃气价格

1990年10月18日，南郊区遵照市物价局决定提高市场民用煤制气、天然气、液化气价格。民用天然气每立方米由0.2元调整为0.43元；煤制气每立方米由0.08元调整为0.18元；液化气每千克由0.24元调整为0.52元。1996年3月30日，市民用燃气价格为：煤制气每立方米调整为0.7元；天然气每立方米调整为1.6元；液化气每千克调整为1.88元。1999年10月22日，民用天然气价格每立方米调整为1.8元；工商企事业用天然气价格每立方米调整为2.1元；民用煤制气价格每立方米调整为0.8元；工商企事业用煤制气价格每立方米调整为1元。2003年1月28日，民用天然气价格每立方米调整为2元；工商企事业用天然气价格每立方米调整为2.2元；民用煤制气价格每立方米调整为0.9元；工商企事业用煤制气价格每立方米调整为1.1元。2006年7月31日，民用管道天然气销售价格每立方米调整为2.2元；民用管道煤制气销售价格每立方米调整为1元。

（二）环卫收费

1992年1月1日，居民卫生清洁费由每月每户0.5元调整为0.8元（孤老户和残疾人户除外）。1993年6月1日，将咸水沽、小站、葛沽3镇居民卫生清洁费由每月每户0.8元调整为1元。自1995年4月1日起调整为最高不超过2元，至2010年无变化。

（三）农村综合电价

1994年，区物价局会同津南区三电办公室联合制定《关于加强农村电价管理意见》。民用电每度电价由0.4元调整为0.47元；个体户经营用电和临时用电每度电价由0.45元调整为0.53元；私营、集体企业用电每度电价由0.5元调整为0.58元。其他用电和管理办法仍然按原规定执行。1997年4月1日，调整民用电至0.52元；个体户经营用电和临时用电调整至0.57元；私营、集体企业用电调整至0.62元。其他用电和管理办法仍然按原规定执行。1999年9月6日，农民照明、生活用电实行过渡电价，即每度0.48元。2000年7月，取消农村低压维护改造资金收费项目。

（四）供热价格

1995年10月，津南区咸水沽镇中心地段实行居民集中供热。居民住宅集中供热价格，每采暖期按供热建筑面积每平方米14.5元；行政事业单位每采暖期按建筑面积每平方米14.5元；工商企业和金融业集中供热价格每采暖期按建筑面积每平方米17元；宾馆、饭店、娱乐及三资企业每采暖期按建筑面积每平方米20元收取。1997年9月12日，居民住宅集中供热价格每采暖期按供热建筑面积每平方米调整至15.4元；行政事业单位每采暖期按建筑面积每平方米由调整至18.5元；工商企业和金融业集中供热价格每采暖期按建筑面积调整至21元；宾馆、饭店、娱乐及三资企业的每采暖期按建筑面积每平方米调整至24元。2004年11月5日，居民住宅供热价格由供热建筑面积每平方米调整至20元；行政事业单位、工商业和金融业、宾馆、饭店、娱乐及三资企业等供热价格分别由建筑面积每平方米18.5元、21元、24元统一调整为26元。2008年9月26日，非居民供热价格按建筑面积调整至36元。11月13日，居民供热价格按供热建筑面积调整至25元。

（五）有线电视收费

1996年，津南区建成有线电视台（网）。按照规定，区有线电视台（网）对自愿入网户一次性收取入网初装费300元，收视管理费每月9元（中央加密频道3元）。1998年6月23日，市物价局规定增设有线电视迁移费等收费项目，迁移费60元；过户费10元；报停费20元，报停期间不缴纳收视费；退户手续费10元。以上纳入经营性收费。2006年6月，市物价局规定城乡居民家庭用户，第一终端每月每终端收视费20元；第二、三终端每月每终端10元，第四及第四以上终端按照第一终端收费收视维护收取。2010年6月，市物价局规定有线数字电视用户申请停机以及因欠费等原因而被暂停有线数字电视服务，该用户申请网络运营单位为其重新开机恢复有线数字电视服务时需缴纳复机手续费每终端每次10元；有线数字电视用户申请设备迁移到新地址应缴纳迁移手续费为每终端每次10元；用户申请办理户主变更手续应缴纳过户手续费为每终端每次10元。

（六）水价

1999年1月，对津南区供水价格进行调整，每立方米由0.88元调整为0.98元。1999年5月1日，对区咸水沽自来水厂的供水价格做出调整：居民生活用水每立方米1.2元调整为1.3元；行政、事业单位用水每立方米由1.9元调整为2元；工业、交通企业用水每立方米由2.2调整为2.4元；商业金融、建筑业用水每立方米由2.3元调整为2.4元；宾馆、餐饮、冷食、娱乐业用水每立方米由2.5元调整为2.6元。1999年11月，咸水沽自来水厂的自来水价格又进行第二次调整。居民生活用水每立方米调整为1.5元。行政、事业单位用水每立方米调整为2.3元。工业、交通用水每立方米调整为2.5元。商业、金融、交通业用水每立方米调整为2.6元。饭店、娱乐业、饮料、酿酒、烟草业用水调整为2.8元。在上述各类水价外随水费同时征收污水处理费每立方米0.2元。2001年，津南区自来水公司归口市自来水公司管理，水价统一核定。2009年4月1日，居民生活用水的污水处理费标准每立方米调整为0.82元，并征收水资源费每立方米0.6元，供非居民用水的水资源费征收标准为每立方米1.4元；居民生活用水价格每立方米调整为3.9元；工业、行政事业和经营服务用水价格每立方米调整为6.7元；特种用水价格每立方米调整为21.6元。2010年4月，调整非居民自来水价格。工业、行政事业、经营服务用水价格每立方米调整为7.5元；特种行业用水价格每立方米调整为21.9元。2010年11月，调整居民自来水价格，每立方米由3.9元调整为4.4元。12月，调整水环节水资源费征收标准为每立方米0.72元。

（七）公园和旅游景点门票收费

2000年初，区建成月牙河公园每人每张门票0.5元（早5:30~7:30晨练不收费）。残疾人、70岁以上凭有效证件和1米以下儿童免费游园。2001年建成的宝成奇石园，区物价局给予《关于宝成奇石园门票价格的批复》，门票价格：成人每人次10元，自2001年10月20日起执行，试行1年，届满正式核定。2002年3月26日，调整宝成奇石园门票价格，成人票每人次30元。2004年8月11日，宝成奇石园门票价成人票价格自2004年9月1日起调整为每人每次100元。2009年9月15日，区物价局规定天津宝成博物苑景区门票价格由该公司自主制定，实行市场调节并报区物价局备案。2008年9月，小站练兵园建成竣工，拟定门票试行价格，成人每人次100元，贵宾卡每人次80元，学生每人次50元，并报区物价局备案。

（八）殡葬服务收费

津南区殡葬墓地怡静园建成后，经市物价局授权，2001年4月17日，下发《关于怡静园骨灰存放、墓地收费标准批复》。骨灰存放（封闭式、五年为一期）按骨灰的格层位次收费：第一、八、九层每格位每期收费150元；第三、七层每格位每期收费200元；第四、五、六层每格位每期收费250元。骨灰墓地（20年为一期）：特区双穴3.8万元；甲区双穴1.46万元；乙区双穴1.06万元；丙区双穴8600元；丁区双穴6300元；戊区双穴5300元；己区双穴4300元；庚区双穴1.8万元；辛区双穴8300元；日区双穴3600元；月区2800元。以上收费不包括碑文、刻字费用。2004年12月31日，墓地收费放开。

（九）颐养院收费

2010年，津南区建成颐养院。按照《关于天津市津南区颐养院收费标准的通知》，该院收取的床位费、护理费属于经营性收费。其他收费根据市物价局《关于印发〈天津市社会福利机构收费管理暂行办法〉的通知》的有关规定执行。

第四节　监督检查

一　专项检查

1984年4月，南郊区成立物价检查所。1984—1986年，以人民生活必需品、市场紧俏商品、中高档日用工业品、汽车、钢材等生产资料为重点，开展价格监督检查工作。区物价部门先后出动检查11310人次，检查各经营单位3453户次，查处价格违法案件397件，收缴罚没款22.39万元，退还用户5593元。1987—1993年，区物价局把价格行政执法、治理通货膨胀、控制物价上涨、查处乱涨价、乱收费作为中心工作，开展物价大检查，对电力、农村电价、化肥、农膜、农药、石油价格、人民生活必需品价格和教育、医疗、农机收费等开展普查、抽查与追踪检查。1989年5月，区物价局制定《关于全区实行统一标价签的补充规定》，规定凡坐落在区范围内的国营、集体经营单位和个体、私营企业，自1989年7月1日起，一律使用天津市物价局统一监制的商品标价签。1993年4月至2009年底，把"清费、治乱、减负"行政事业性收费检查作为重点，对土地、建设、房管、税务、运管等政府部门开展专项检查。2010年，开展行业协会收费、涉企收费、涉农收费、教育收费、建设交通系统收费、质量监督检验检疫系统收费、电力价格、农产品专项整治和粮食收购价格等专项检查。

1984—2009年津南区价格检查情况统计表

表15-9　　单位：人次、户次、件、万元、元

年份	出动检查人次	检查户数	违法件数	处理件数	经济制裁金额	
					罚没金额	退还金额
1984	780	957	14	14	9442.00	1801
1985	5140	1208	45	45	133178.00	2685
1986	5390	1288	338	338	81256.00	1107
1987	3413	2358	617	617	68708.00	84
1988	3684	2584	716	716	125088.00	2527
1989	11428	2689	1340	1340	370996.00	934
1990	14103	3370	1093	1093	382466.00	2308
1991	5245	1171	349	349	34500.00	–
1992	2815	767	184	184	32400.00	16400
1993	4333	1021	29	29	159700.00	159500
1994	10244	2184	141	141	36100.00	–
1995	737	294	214	214	64600.00	–
1996	1217	474	223	223	6050979.46	–
1997	1347	1655	171	171	4048323.01	3533438
1998	1624	1149	126	126	604482.58	98270
1999	1113	528	76	76	998433.14	51580
2000	959	2140	66	13	50.00	120700
2001	846	1043	9	9	–	402200
2002	727	698	8	8	41500.00	259900
2003	694	995	7	7	1300.00	3000
2004	449	205	4	4	–	15100
2005	676	275	5	5	–	15100
2006	567	399	8	8	19350.00	15630
2007	1335	418	8	1	–	230500
2008	1692	641	5	5	–	1190
2009	737	515	5	5	–	2106

二　社会监督

1986年3月，区物价局组建第一支义务物价监督检查队伍，聘请10余名离休科级干部作为义务物价监督检查员。每周在专业物价监督检查人员组织指导下，开展两次集中检查活动。1988年10月，各乡镇建立物价监督检查站。1989年4月，建立区职工物价监督检查站及7个分站，共设专兼职物价员35人。至1994年，全区11个乡（镇）物价监督检查站有46名专兼职物价员。1997年，区职工物价监督检查站开展以明码标价为重点的市场检查，共出动检查人员421人次，检查644户次，处罚违法单位103户，罚款6800元。2004年3月，区物价局在区8个镇设立价格监督站，聘请镇、村两级价格监督员共189名。在教育、卫生、供销、交通运输等系统行业和宝成宾馆等“双信”单位，向123名人员颁发企事业单位物价员证，搭建起津南区价格内部监督网络平台。此制度于2005年不再设立。

第五节　价格服务

一　信息咨询服务

1987年，全区8个镇和2个部门组织188人开展价格咨询服务活动。1988年，建立区价格信息咨

询服务站，并吸收企业自愿参加价格信息网络，提供商品供求信息55733条。1991年，组建津南区价格事务所，对全区200多个企业进行走访。1993年，创办《津南区价格信息》。至1995年，津南区价格信息网络成员单位达669户，出版机构信息资料刊物183期41320册。1996年始，价格信息中心的主要任务逐步转向价格事务服务，开展价格鉴定、价格认证、价格评估和交通事故受损车、物定损、估价工作。1998—2009年，资料编辑工作实现与中国价格信息中心、天津市价格信息中心微机传输联网，进一步开拓信息资源，提高服务时效和质量，为200家企业提供主要商品价格300个。

二　价格评估

（一）道路交通事故车物损失评估

1996年5月，区物价局与天津市公安交警总队津南大队签订“鉴定道路交通事故车辆及运载物品损失评估协议和制定评估实施办法”，并派出评估工作人员进驻津南交警大队事故组现场办公，参加学习培训，取得上岗证，深入现场开展评估工作。1996年，评估204件，评估值183万元。1997年，评估557件，评估值280万元。2010年，进一步加强区14家定点拆解企业的监督管理，规范了企业行为，提高了拆解人员和企业服务水平，为车损评估人员提供了准确的受损依据和配件市场价格，确保了车损评估的质量。全年完成车损评估1569件，评估值966万元。

1996—2010年津南区旧车损评估情况统计表

表15-10

年份	评估件数(件)	评估值(万元)
1996	204	183.00
1997	557	280.00
1998	620	337.00
1999	940	359.00
2000	873	360.40
2001	804	365.90
2002	739	310.10
2003	993	461.20
2004	963	475.00
2005	910	278.50
2006	1740	795.00
2007	1150	948.00
2008	1150	948.00
2009	928	734.50
2010	1569	966.00

（二）涉案评估

1992年，区物价局开始涉案评估工作，为司法机关办理涉案物品价格鉴证服务。1994—1995年，完成涉案评估76件，鉴定金额360.4万元。1997—1999年，共完成涉案评估482件，鉴定金额506.4万元。2000—2010年，区价格认证中心共完成涉案鉴证3824件，评估值9443万元。

1994—2010年津南区涉案评估情况统计表

表15-11

年份	评估件数(件)	评估值(万元)
1994	7	10.40
1995	69	350.00
1996	118	310.00

续表

年 份	评估件数（件）	评估值（万元）
1997	152	334.00
1998	161	160.00
1999	169	12.40
2000	189	1139.80
2001	273	133.00
2002	330	80.00
2003	313	300.00
2004	226	266.00
2005	346	578.00
2006	350	902.50
2007	424	2461.10
2008	340	1260.60
2009	439	1626.00
2010	594	696.00
合计	4500	10619.80

三　市场价格监测

1984年，开展市场价格监测、预测和综合分析工作。1986年，开展市场价格调研，每周六上午对国营商业和农贸市场进行价格采集。采价品种主要有猪肉、羊肉、鸡蛋和部分蔬菜。1988年，改为农历“逢七”，即每月初七、十七、二十七，利用咸水沽镇集日到农贸市场采价。采价品种有粮食、水果、水产品、油料和仔猪。截至2009年11月，共有监测点23个，监测12系列145个品种。1993年，津南区物价部门摸索出一条适应市场经济体制的价格监测新途径，即价格监测同农本调查有机结合。2010年1月，津南区承担国家发改委开展实时价格应急监测调查系统试点数据的上报工作。区内设立生猪及批发市场猪肉价格2个实时价格应急监测调查点，每周四向国家发改委直接报送价格数据。是年10月，根据市监测办《关于调整农副产品和农业生产资料价格监测报告制度的通知》，改为每周两次价格采集及半月采集。即：每周二、五，对区紫江路市场、耀华市场、华润超市进行价格采集，采价品种主要有粮、油、肉、蛋、菜、水产品等86个品种次；每月10日、25日，采集杂粮、饲料、农用薄膜、化肥、生猪、蛋鸡等20个品种次。

四　价格认证

1994年，区物价局制定《关于开展商品、财产价格评估的意见》。1997年，开展双闸镇毛家沟村金属制品厂和天津市渤海毛巾厂破产企业物抵债评估。1998年，津南区实行企业改制，对22个村办企业进行整体评估，评估值3038.77万元。1999年，对4家机电设备公司和11个村办企业资产进行评估，评估值717.49万元。2000年，天津市津南区价格事务所更名为天津市津南区价格认证中心。具有刑事、民事、经济、行政以及仲裁案件涉及的各种扣押、追缴、没收及纠纷财务的价格鉴定；价格行为合法性和价格水平合理性认证、价格纠纷调解的资质。在全区范围内设立铸造、模具、五金、电力设备、烟酒副食、通信、土建工程、建材、钢材、物资回收、化工、自行车、摩托车、电动车、汽车等询价网点。2001—2005年，对八里台、咸水沽、葛沽3个镇6个村委会及有关资产进行评估，评估项目127个，评估值141.32万元。2006年，对月牙河改造项目涉及的养猪户、宜坤化工厂爆炸事故和葛沽镇、辛庄镇等4个村土地整合的拆迁进行评估，评估值574万元。2007—2008年，对土地整合933家地上建筑物及有关资产进行评估，评估值2700余万元。完成工商、财政、法院、房管等行政单位6个行政案件评估，标的额320万元。2009年，对海河教育园拆迁评估763户评估值7.46亿元。天津大道拆迁评估62户、津港高速21户和7个村的土地整合1353户，评估1.79亿元。2010年，完成咸水沽镇胜利村2户农户地上物评估，评估值24.9万元。完成恒星商贸公司地下管网评估，评估值88万元。完成津港高速委托的松江生态园评估，评估值629万元。

第六章　审计监督

1983年，区审计局成立后，按照“依法审计、服务大局、围绕中心、突出重点、求真务实”工作方针，履行审计监督职责，充分发挥“审计免疫”系统功能，围绕“美丽津南”建设，探索审计工作新方法、新路子，促进区经济健康发展和党风廉政建设。

第一节　机　构

1983年8月，成立南郊区审计局。1992年3月，更名津南区审计局。2010年，审计局内设：办公室、法规科、财政金融审计科、行政事业审计科、工业商业审计科、固定资产投资审计科、经济责任审计科，行政编制33名，工勤编制3名。

第二节　国家审计

一　财政金融审计

1991年始，区审计局开展金融保险审计。通过对中国银行南郊支行、农业银行南郊支行、工商银行南郊办事处、南郊保险公司公款储蓄专项审计及对工商银行南郊办事处自有资金及负债经营情况的调查审计，查清工商银行为“存差行”及形成原因。1996—1998年，对农业银行津南支行、中国人民保险公司天津市津南区公司资产、负债、损益情况进行审计。为加强金融管理，保证金融宏观控制机制正常运行提供了依据。

根据市审计局和区政府意见，津南区审计局于1995年对区1994年度的财政预算执行情况进行试审。1995—2010年，完成对区本级预算执行审计及乡镇财政预、决算审计。查出违规及管理不规范金额52.89亿元，共出具审计结果报告164份，审计建议书82份，工作报告16份，审计决定71份，提出审计建议385条。

二　行政事业审计

1983年，对教育系统8所学校预算外财务收支情况进行审计，查出违纪金额13万元。1987年，重点对全区24个行政事业一级核算单位实行定期审计。1995年，完成11个行政事业单位财务收支审计，以及对区教育局机关、咸水沽一中、咸水沽二中、津南区实验小学、咸水沽四小年度教育经费审计。查出违规及管理不规范金额0.68万元。1999年，完成对区教委等19个单位财政财务收支审计。查出违规行为金额1613.66万元。2000年，完成对区纪检委、区委、区政府、区人大、区政协、区教委、机关事务管理局、津南报社、粮购财政财务收支审计。查出违规行为金额1666.8万元。

2001年，完成对区教委、区科学技术委员会2000年度经费预算执行情况的审计，完成对区畜牧水产局1999—2000年财政、财务收支情况的审计，以及对区教委及其27个直属单位2000年度教育经费预算执行和财政、财务收支情况的审计。查出违规及管理不规范金额2824.36万元。2005年，完成对津南区备灾救灾基金、物资及募捐款物收支情况的审计（红十字会），以及9个区属行政事业单位财政、财务收支审计。查出违规及管理不规范金额1.45亿元。2008年，完成对红十字会救灾物资款项、粮食办公室、老干部局、园林管理所、科委、人口和计划生育管理委员会、市政工程管理所、开发区管委会财政财务收支审计，以及对区卫生局所属8个卫生院及妇幼保健院基建及效益情况审计调查，查出违规及管理不规范金额1676.29万元。2010年，完成对津南区备灾救灾基金、物资及募捐款物收支情况的审计（红十字会）、对津南区慈善协会财务收支审计、津南区新农合资金审计、津南区教育局及8个直属单位教育经费管理使用情况审计。查出违规及管理不规范金额5545.14万元。

1995—2010年，累计完成344个单位（次）的审计，涉及的审计项目有：财政财务收支审计、教育经费审计、科技发展基金专项审计、失业保险基金审计、教育经费及预算外资金的审计、水利专项资金、收费、罚没收入、救灾捐赠情况专项审计、城镇居民最低生活保障资金收支和管理情况的审计、造林绿化工程建设、补助资金的审计调查等。查出违规及管理不规范金额3.43亿元。

三　基建审计

1986年，按照审计署、市审计局对基本建设自筹资金审计要求，经区政府批准，区审计局对全区1985年至1986年6月40个自筹资金基建项目进行了审计。

2001年，审计区水利局葛沽泵站迁建项目1个，审计金额1100万元。2002年，审计区体育局综合训练楼基建项目竣工结算、区教育局葛沽二中综合教学楼基建项目2个，审计金额529.34万元，查出多列工程成本、占用建设资金、票据索取不合规、财务处理不规范等问题涉及金额43.1万元。2004年，审计区教育局模范小学基建项目竣工决算、区文化局红霞里基建项目预决算项目2个，审计金额5539.04万元；查出问题涉及金额99.65万元。

2006年，审计咸水沽医院老年康复病房竣工结算、建国大街改造工程项目2个，审计金额合计2033.75万元；查出问题涉及金额47.67万元。2009年，审计少年宫、南洋工业学校、双港小学、双林污水厂、咸水沽污水厂5个项目，审计金额1.33亿元，查出问题资金1063.12万元。2010年，审计津歧路综合治理北闸口段、咸水沽污水处理厂、津歧路综合治理小站段、双桥河污水处理厂、双林污水处理厂跟踪审计、津歧路综合治理咸水沽段项目跟踪调查6个基础建设项目，审计金额9.46亿元，查出占用专项拆迁资金、重复拨款、列支出转移项目资金、整体投资超概算、资金核算不规范等问题涉及金额2.16亿元。

四　企业审计

1984年，区审计局开展企业审计工作。1984—2000年，对坐落在境内的24个市属集体企业进行经济效益审计、对10家国有企业三产情况审计调查、对天津制革二厂进行经济责任审计，对津南纺织厂进行破产清算工作，对全区粮食企业经营状况进行审计。

2004年，审计小站稻公司1个项目，审计金额1739.56万元；查出新建房屋未申报缴纳房产税、存货损失长期挂账、固定资产账实不符等问题涉及金额88.48万元。2005年，审计津南区建设开发公司1个项目，审计金额1.51亿元，查出支出票据不合法、财务管理不规范、招待费开支过大等问题涉及金额500.4万元。2008年，审计津南区粮油贸易有限公司、津南区粮食购销有限公司2个项目，审计金额3521.58万元，查出未正确核算支出、漏缴税金、未定期清查资产核实账务、未按规定开具发票等问题639.83万元。

五　经济责任审计

1988年始，开展处级领导干部经济责任审计。津南区制定《关于区属领导干部实行任职审计加强监督管理意见》。1998年，经济责任审计共审结4户。查处违纪违规和管理不规范金额463.35万元。

1999—2001年，审结9户，查处违纪违规和管理不规范金额2038.68万元，同时出具审计报告和审计意见书。2002年共审结6户，出具审计报告6份、审计决定书5份、审计意见书1份。查处违纪违规和管理不规范金额421.97万元。2003年，审计项目8个，涉及48个单位，查处违纪违规和管理不规范金额2337万元。

2004年，审结8户，出具审计报告7份、审计决定书5份、审计建议书7份。查处违纪违规和管理不规范金额1825万元。2005年，审计7个单位，出具审计报告7份、审计决定书5份、审计意见书5份、审计建议书1份。查处违规及管理不规范金额6778.89万元。2006年，审计14户，出具审计报告14份、审计决定书7份。上报审计信息4篇，被采用8篇次。查处违规及管理不规范金额7279万元。2007年，审计项目10个，出具审计报告10篇、审计决定7份、审计移送处理书1份，提出审计建议9条，全部被采纳。查处违纪违规和管理不规范金额7020万元。2008年，对10个单位经济责任审计，出具审计报告10篇，查出违纪违规及管理不规范金额1229.58万元。2009年，对9个人次9个单位的经济责任审计，上报审计结果报告9篇，审计决定5份。查出违纪违规及管理不规范金额2297.6万元。

2010年，制定《天津市津南区属单位主要领导干部经济责任审计公示办法（试行）的通知》《津南区区属单位主要领导干部离任经济事项交接办法（试行）》（简称《交接办法》）。《交接办法》规定，领导干部在离任之前，应当办理书面离任经济责任事项交接手续，并在接到离任通知书之日起10个工作日内完成。区审计局的经济责任审计项目全部实施不同形式、不同规模的审前公示。是年，审计9个人次9个单位。出具审计结果报告9篇，审计决定6份，提出审计建议17条，全部被采纳。查处违纪违规金额和管理不规范金额1572万元。

第三节 内部审计

1987年9月，开始进行部门内部审计。4个部门对所属43个基层单位进行内部审计，查出违纪金额56.9万元。至1990年，全区村、厂内部有审计组165个，配备内审人员427人，内部审计形成网络。是年，全区内部审计423个单位，查出违纪金额104万元。1995年，各乡镇共审计1129个单位，查出违纪金额578.7万元。

2000年，全区从事内部审计工作的专兼职人员有98人，审计415个单位，查出违纪金额3421.05万元。2001年11月28日，津南区成立内部审计协会。2006年6月，成立津南区审计局内部审计指导科。推动部门、单位成立内部审计机构，配备审计人员；组织内部审计业务学习、培训等。至2010年，全区从事内部审计工作的专兼职人员有146人。咸水沽等8个镇设立财政经营审计所；长青办事处、区教育局设立内审科，独立核算的委、办、局指定兼职内部审计人员；部分国营和民营企业健全内部审计控制制度。每年组织1次内部审计人员培训业务学习、培训，提高业务素质和工作水平。

1996—2010年，审计4112个单位，查处违规及管理不规范金额4.52亿元。

第四节 社会审计

1988年4月，成立区审计事务所，完成10个乡镇企业委托查证。

1990年，为1106个企业进行验资鉴证，并在乡镇企业开展咨询、顾问服务。1992年，更名为天津市正盛审计师事务所。完成37个企业财务收支委托审计，为502个企业办理验资、年检手续，为47个企业提供咨询、顾问服务。1995年，完成17个企业财务收支委托审计，为582个企业进行验资签证。

1997年，天津南华会计师事务所与天津市正盛审计师事务所合称天津南华会计师事务所，为独立核算、自收自支的全民事业单位，核定事业编20人，实际干部9人，挂靠审计局。1999年11月，天津南华会计师事务所更名为天津南华有限责任会计师事务所，与审计局正式脱钩。

第七章　质量技术监督

中共十一届三中全会后，区重视技术计量管理工作，成立专门管理机构，按照质量技术监督的法律法规和规章，对企业标准化、计量、质量、特种设备、编码等进行监督管理。坚持行政执法与培训、普法、服务相结合，开展执法打假活动，规范执法行为，提升执法水平，企业满意率达100%。

第一节　机　构

1980年12月10日，建立天津市南郊区标准计量管理所。1985年11月18日，建立南郊区计量管理局，编制8名。1990年1月，改称区技术监督局，人员编制20名。1992年3月6日，改称津南区技术监督局。2000年12月12日，隶属市局领导。2001年1月31日，更名为天津市津南区质量技术监督局，设1室7科。局下设区计量检定所、区产品质量监督检验所两个事业单位，人员编制44名。

第二节　标准化监督管理

一　标准化培训

1983年，区开始在乡镇企业推行标准化工作，定期进行质量、计量、标准化法的人员培训，帮助企业建立标准，采用国际标准和国外先进标准，促进质量保证体系的完善。1984年10月，在小站镇工业公司举办第1期企业产品标准化知识培训班，40人参加。从1984—2010年，共举办产品标准化培训班、标准化人员资格证书培训班、食品标签通用标准培训班、企业法人代表培训等培训126次，培训各类人员7560名，4280余人取得资格证书。

二　标准化认证

1994年，区质监局组织全区开展消灭无标准生产活动，为637家企业的1450种产品进行执行标准的认定，为369家企业确认现行有效标准689个，为企业颁发“工业企业执行标准登记证书”，为443种产品配备现行有效的国家标准和行业标准。1132种产品按标准生产，全区产品标准覆盖率提高到78.1%。

1995—2010年，区质监局帮助企业制定产品标准1250个，复审修订企业产品标准480个，为890家执行标准企业办理了标准备案，确认现行有效的2370个国家标准、1960个行业标准。

2010年，全区2360个企业，有标准的产品5120个，其中执行国家标准的产品2900个，执行行业标准的产品1730个，执行企业标准的产品490个，其中采用国际标准的产品16个，无标准的产品255个。全区标准覆盖率为95%。

第三节　计量监督管理

一　培训考核

1981—1995年，举办各种计量类型培训班30期，培训人员1008人次；对331家企业进行计量定级和计量复查考核，由区技术监督局颁发“三级计量合格证”；对21家企业进行计量升级辅导，由市技术监督局颁发“二级计量合格证”；87个商业门市部被授予“物价计量信得过单位”。167家企业获得“计量验收合格证”。1995年底，区累计有374家三级计量合格企业，22家二级计量合格企业。检定检测计量器具2.2万余台(件)，检定检测覆盖率达95%以上。1996—2010年，举办各种计量类型培训班8期，参加255人次。

二　提高水平

1996年，区质监局帮助34家企业建立计量单位管理系统，提高计量配备率和计量检测率。全区评出第一批25个计量信得过商店和摊位。对商店进行计量登记备案。为制造计量器具企业颁发“制造计量器具许可证”。1996—2000年，检定检测计量器具12.4万余台(件)。

2000年，开始推行ISO 10012–1标准，进行企业计量检测体系确认。2001年，首次开展对新建住宅楼“四表”(水表、电表、燃气表、热量表)计量强制检定工作。2002年，培训20名计量员，规范市场计量工作。3家企业通过ISO10012计量认证，立林集团成为全市首家取得国家计量认证企业。开展“计量信得过加油站”活动，授予17个加油站“计量信得过加油站”称号。对食品生产企业、产品定量包装企业进行计量监督检查。对区加油机进行抽查，维修保养，保障256台加油机计量的准确性。2006年，对村民组团“四表”实行强制性首检。开展为群众免费检定血压计活动，检查规范制造计量器具企业，对部分企业进行国家级计量体系确认。2009年，对22家医疗单位24名计量管理人员授课、考核、颁发结业证。对10家镇卫生院、18家社区卫生院的血压计、心电图机进行计量检定、现场调修。对25家电子秤销售点、27家餐饮店登记建档，实行动态监管。

2010年，为3000吨以上标煤/年耗的重点企业建立电子档案。专项检查7个商场、5家电动机生产企业的能效标识。检查50家供热站的能源计量，保证供热设备节能降耗、安全运行。对15家用于贸易结算的电子衡进行突击检查。42家加油站的236台加油机进行调查登记，启动79台防欺骗功能的加油机。处罚5家企业计量违法行为。2001—2010年，检定检测计量器具22.5万余台(件)。

第四节　质量监督管理

一　检验检测

1989年，区质监局对全区生产冷饮、灌肠食品的企业实行天津市工业产品许可证管理制度。1990—1995年，检查服装52批次，检验检测食品共847批次，避雷设施2250个支点。

1997年，对210家企业241批次产品进行监督检查，合格率97.09%。换发地方生产许可证49个，临时生产许可证78个。

图15–6　2008年，区质量监督局在销毁假冒伪劣产品

2000年，抽样检验101家企业的143批次

产品，合格率96.5%，同比上升1.76个百分点。18家企业颁发临时生产许可证，53家企业换发临时生产许可证，15家企业颁发地方生产许可证，10家企业换发地方生产许可证，4家企业进行地方生产许可证年度审查。1996—2001年，检验检测食品共3394批次，避雷设施10263个支点。

2002年，天津市小站稻开发有限公司、瑞祥面粉厂首批通过市场准入考核。

二　强化特殊时期监管力度

防治“非典”时期，对消毒液、消毒粉生产、销售企业加强检查。抽查18个行业118家企业的136批次产品。2004年，184家企业完成质量建档。累计39家企业取得强制性产品认证（“3C”认证）证书。160余家企业通过ISO 9000质量体系认证。监督检验271家企业335批次产品，合格率91.04%。全面推进食品质量安全市场准入制度，8家食品生产企业首批取得“QS”标志的食品生产许可证。市场检查五类食品有“QS”标志的占81.8%，凡没有取得“QS”标志的，均撤下柜台。2007年，全区72家食品生产加工企业全部建立质量档案，取得食品生产许可证，产品加贴“QS”标志。

2008年，对援助四川地震灾区建过渡安置房加强质量监管，对供应北京奥运会食品生产加工企业实行24小时监管，累计巡查312厂次，确保奥运会食品质量安全。全区获市级名牌产品企业有10家。共60家企业通过ISO 9000质量体系认证。

2010年，对生产采暖散热器、建筑外窗、空心砖、塑料制品、纺织服装、阀门、眼镜、农药等13类产品的136家企业148批次产品进行监督抽查，合格率97.97%。完成食品常规委托检验检测585批次，三聚氰胺委托检测172批次；阀门检测1202台次；玻璃钢制品检测12批次；安全阀检测调修1400台次；避雷设施检测150个支点。是年，新增天津市名牌产品4个，1个产品通过复审，累计“天津市名牌”产品企业17家。是年底，全区有1091个企业通过ISO 9000质量体系认证。

第五节　特种设备监督管理

特种设备为锅炉、压力容器（含气瓶）、压力管道、电梯、起重机械、客运索道、大型游乐设施。1982年至2001年7月30日，津南区劳动社会保障局行使对锅炉、压力容器及特种设备的安全监察监督管理职能。7月30日，上述职能划归津南区质量技术监督局。

一　操作工培训

2002年，全区首次开展锅炉、压力容器、特种设备普查。举办特种设备使用单位普查人员培训班16期，培训普查骨干近700人。680家在用特种设备使用单位参加普查。举办司炉工培训班，170名司炉工取得司炉操作证。

2002—2010年，对特种设备安全负责人和作业人员开展培训、考核、发证工作。共举办各类培训班46期，培训4855人，均取得操作证。其中，锅炉操作1315人、电梯操作920人、起重机械操作1225人、厂内机动车操作913人、水质化验245人、压力容器操作237人。

二　设备监管

2002年，摸清全区在用锅炉、压力容器、特种设备的底数、分布和安全状况，建立起计算机数据库。全区实有锅炉562台，压力容器617台，电梯45部，起重机械381台，厂内机动车82辆，其他特种设备513台。办理新装锅炉安装审批110台，新装锅炉总体验收72台，新装或大修锅炉水压试验78台，发放在用锅炉使用证67台，发放在用压力容器使用证25台。

2004年，对281家企事业单位的493台（套）在用特种设备进行检查，下达监察意见通知书24份。

12家气瓶充装站、28家瓶装气体经销单位进行整顿，已有的11307只气瓶资料输入微机，实行动态管理。受理特种设备安装、修理告知177台(项)，特种设备发证207台，新装锅炉总体验收49台。

2006年，帮助12家气瓶充装单位、48家企业建立健全应急预案。开展安全知识进校园活动，发放安全知识手册，利用学校的宣传栏、广播和班会，传播、宣讲特种设备安全知识。分别对416名司炉工、812名起重机械类操作人员、45名水质化验人员、317名电梯、厂(场)车、压力容器操作人员进行培训，持证上岗。组织4次特种设备安全大检查，检查315家企事业单位的特种设备1269台，下达安全监察指令书79份，对违规行为件件依法处理。

2009年，开展起重机械专项整治，检查161家企业、1188台起重机械，下达安全监察指令书75份，排查整治隐患106条；帮助14家小型冶金企业的15台起重机械整改。开展气瓶电子标签安全管理工作试点，已有2家企业6295个气瓶粘贴条形码，完成注册发证。

2002—2010年，累计出动安全监察6595人次，对全区近8693台在用特种设备反复核准检查，下达安全监察指令书679份。受理特种设备安装、修理告知177台(项)，特种设备发证207台。

2010年，全区拥有在用特种设备达6611台。其中，锅炉625台，起重机械2363台，电梯1822部，厂内机动车341辆，压力容器1453台，其他7台。

第六节　编码工作

一　组织

1993年初，成立津南区单位编码办公室。4月19日，开始为企业、事业单位、社会团体及党政机关和事业单位兴办的“三产”颁发统一代码标识证书。颁发证书2800余个，颁证率90%以上。1996年，代码全部由区编码办公室独立颁证。1996—1999年，颁证4897个。

二　监管

2000年，全区行政机关、企事业单位和社会团体的组织机构代码证书进行年检，办理组织机构代码集成电路卡(IC卡)。办理年检1431个，补卡1310个，颁证1005个，基本普及组织机构代码。2001年，凡经区民政部门核准登记的民办非企业单位(法人)、民办非企业单位(合伙)、民办非企业单位(个体)组织，一律申领代码证，全年颁发代码证书3408个。是年，办理商品条码注册24个，续展18个。

2004年，开展辖区内外资企业组织机构代码赋码工作，为投资3000万美元以下的30家外资企业办理预赋码业务，为22家外资企业颁发代码证书。

2010年，办理代码12757个，其中年检7455个，登记2523个，换证1015个，变更1019个，预赋码43个，迁入57个，迁出61个，废置584个。扫描代码电子档案13481条数据。办理商品条码注册7家，续展24家。办结行政许可联审2142件。

2002—2010年，组织机构代码和商品条码工作进入日常管理。办理代码76321个。其中，年检40735个，登记13610个，换证6730个，变更6482个，修改2245个，废置3314个，其他迁入迁出、预赋码等3205个。

第七节　执法检查

1981年，对来自浙江、河南个体非法制造木杆秤的10余人次进行查处，将所制木杆秤及制造工具全部没收。1987年，对计量器具制造厂、计量器具修理门市部、批发站、销售部门等22个单位进行检查，查出非法计量器具26种、5876台（件），依法分别予以处理。1989年，对184家企业、18家医院（卫生院）进行检查，在万余台计量器具中，有600余台（件）未经检定，限期送检。

1990—2010年，对460家生产企业、零售商店、批发部门进行计量执法检查，查出不合格或未按周期进行检定的计量器具152余台（件），罚款5万余元。对210家未取得工业产品生产许可证的企业，责令停产，限期改正，对经销无生产许可证的7件电热水器，予以没收。查出超周期使用的计量器具70台（件）。检查集市贸易中使用的木杆秤6500杆，对不合格的3000杆木杆秤予以没收。解决群众产品质量投诉1480件。端掉制售假冒伪劣商品黑窝点38个。清理整顿各类市场24个。累计没收假冒伪劣商品20万余元，罚没款160万余元。

第八章　安全生产监督管理

做好宣传培训，重点抓好对化工、易燃易爆、重大危险源点、建筑施工工地、运输企业、人员密集公共场所及企业安全生产检查和监管。2006年，建立区、镇、村三级安全监督网络，签订安全生产责任书，三级安全生产责任书签订率达100%，保证社会和企业安全。

第一节　机　构

2002年2月，成立区安全生产监督管理局，内设监督管理一科、监督管理二科，隶属于区劳动和社会保障局。2004年11月，区安全生产监督管理局改为单独设置。2005年1月28日，成立天津市津南区安全生产技术服务中心，负责全区安全生产技术服务工作，核定事业编制4名。2010年6月10日，成立津南区安全生产监察所，负责全区安全生产检查工作，核定事业编制为10人。7月，成立职业安全健康监督管理科。区安监局内设：办公室、监督管理一科、监督管理二科、职业安全健康监督管理科、事故调查处理科。下设安全生产技术服务中心和安全生产监察所 2 个事业单位。

第二节　综合管理

一　宣传教育培训

2002年始，采取日常宣传和集中宣传相结合，严格执法和宣传教育相结合形式，先后组织安全生产法、特种设备安全管理条例、危险化学品管理条例、职业病防治法等安全法律宣传教育，利用电视、网站、《津南时讯》等媒体，强化宣传力度。每年6月以“安全生产宣传月”为契机，开展安全生产宣传咨询日、“安康杯”安全生产知识竞赛、安全生产知识答卷、生产安全事故应急演练等一系列活动。2005—2010年，举办企业负责人安全管理员培训班109期，培训企业负责人628人、安全生产管理员871人。组织特种作业培训班126期，培训特种作业人员11586人、从业人员16674人，提升了生产经营单位安全生产能力。

二　专项检查

2002年始，每年开展全区大检查、安全生产督查，对化工、易燃易爆、重大危险源点、建筑施工工地、运输企业、人员密集公共场所进行安全专项检查，加大监管、惩治力度。开展“安全生产基层基础建设年”活动，组织相关管理部门开展元旦、春节、“五一”“十一”及“两会”“奥运”期间等重要时期安全生产大检查活动，确保重要时期、重点行业的安全生产。其中，2004年，组织全区大检查8次，安全生产督查24次，夜查14次，各类专项检查12次，有区级领导26人次、部门领导454人次、专业人员1398人次。对2989家化工、易燃易爆、重大危险源点、建筑施工工地、人员密集公共场所进行安全检查，查出各类隐患2852处，其中立即整改的1575处，限期整改的1277处；下达整改指令书909份，对不符合安全生产条件的6家企业责令停产整顿。

2006年，国庆节期间，组织协调29个执法部门开展节日安全检查活动。290名执法监察人员，分成106个检查组，对全区553家重点企业、单位进行生产安全、交通安全、消防安全大检查。检查中共查出安全隐患156处，下达整改指令97份。9—11月，对全区危险化学品生产、使用、储存、经营等企业进行了全面的评估检查，责令限期整改单位166家，查出隐患752处；责令停产整顿单位13家，查出重大隐患24处。

2010年，组织开展安全生产大检查和四类设备四类伤害专项治理活动。检查相关重点单位和企业、建筑工地874家，发现各类隐患1456项，下达限期整改指令书1337份，完成整改1271处；抽查各类企业410家，检查出各类隐患713项，完成整改666项，下达整改指令49份。对全区8个乡镇、长青办事处和开发区开展拉网式的专项检查，出动40车辆次125人次，检查相关企业800余家，治理非法违法行为3处。对容易产生硫化氢中毒的34家单位的152个重点作业部位逐一登记造册，对存在问题的单位下达整改指令14份，并跟踪整改完毕。

三　安全生产责任制

2006年下半年，成立由区长任主任、全体副区长任副主任的安委会工作机构。办公室设在区安监局，各镇、村相继成立安全生产监督机构，形成区、镇、村三级安全监督网络，保障各项安全生产工作的推动落实。2010年6月，制定《津南区安全生产责任部门工作职责规定》，明确全区35个责任部门的安全生产监督职责，每年向区政府递交《安全生产目标责任书》。各职能部门结合各自的监督重点，逐级分解安全责任，区、镇、村（企业）三级安全生产责任书签订率达100%。

第三节　重点行业监管

一　危险化学品监管

2004年始，开始对危险化学品生产、使用、储存进行安全监管。2006年，开始对易制毒化学品及二、三类易制毒化学品的生产、经营实行备案管理。2007年，区政府批转《区安监局关于开展危险化学品安全监管工作的实施方案》《区安监局津南区危险化学品建设项目安全准入指导意见》。2009年，按照生产过程中是否存在危险工艺，将全区危险化学品从业分为A、B、C三类。26家A类企业，开展三级安全标准化工作，8家企业通过标准化考核组的现场审核，13家企业关停退转，5家企业长期停产。2010年，对全区257家危险化学品企业进行安全生产检查，查出隐患180条，整改率100%。梳理危险化学品企业常压容器1232套，逐一纳入监管。开展羟亚胺专项治理调查工作，配合公安津南分局进行专项检查。加强季节性监管，开展防范硫化氢中毒专项治理。

二　烟花爆竹监管

2004年，区安监局开始对烟花爆竹进行安全监管和许可工作。2004—2010年，春节期间实行烟花爆竹临时零售摊位进行许可和监管，对烟花爆竹批发单位天津市华泰商贸有限公司实行重点监管，实行专点专人销售，保证经营（零售）点周边的相关安全距离和经营秩序。抓好烟花爆竹的非法加工、生产、销售和运输的打击工作，未发生重大事故。

2004—2010年津南区烟花爆竹监督管理情况表

表15-12

年份	审批网点（个）	不合格收回许可证（个）	联合检查次数（次）
2004	57	0	143
2005	60	0	180
2006	61	0	184
2007	60	0	200
2008	62	0	160
2009	63	0	158
2010	58	0	174

第四节　职业健康监管

2009年，区安监局以机械抛光、家具制造等行业为重点，检查企业56家，发现隐患108条，整改隐患93条，落实整改资金15.7万元，职工作业环境得到改善。开展职业危害申报，对准备申报的企业以镇为单位分10次对144家企业及负责网上申报人员进行集中培训，全区完成网上申报企业110家；对30家企业进行现场审核。

第五节　事故调查与处理

2002—2010年，区内发生安全生产死亡事故15起。其中，2006年8月7日，坐落在津南区咸水沽镇鑫达工业园内的民营企业宜坤精细化工科技开发有限公司硝化车间反应釜发生爆炸事故并引起火灾，造成9人死亡，3人重伤。事故发生后，区委、区政府主要领导亲临现场指挥，安监、公安、消防、环保、卫生等部门密切配合，各项工作按照应急预案紧张有序进行，最大限度减少了损失。2010年，因全面提高区域性监督管理、宏观监督管理和重点单位监管，由事故性安全管理转向预防性安全管理，生产事故降低。

津南区志（1979—2010）

第十六编
中国共产党

中共十一届三中全会后，中国共产党津南区委员会坚持党的基本路线，认真贯彻中共中央制定的一系列路线、方针、政策，全面推进经济建设和改革开放。根据津南区经济社会发展不同阶段的实际，制定并实施一系列区域发展战略和重大决策，加快津南区的经济发展和社会进步，使全区面貌发生重大变化。1979—2010年，先后召开6次中共津南区党员代表大会，区委领导班子和各级党组织领导成员，逐步实现知识化、年轻化。区委不断加强党的思想建设、组织建设、作风建设、制度建设、反腐倡廉建设、精神文明建设。切实做好宣传工作、政法工作、统战工作、机构改革工作和党员的教育培训，团结带领全区人民解放思想、锐意改革、与时俱进、开拓创新，各项工作都取得巨大成绩。至2010年，全区有党委24个，党组40个，党总支62个，党支部927个，有党员19421人。

2006年，津南区保持共产党员先进性教育活动总结会

第一章 党员及党代会代表

津南区委重视党组织建设，做好党员发展工作，提高发展质量，加强对入党积极分子的培养、教育和管理。党员数量保持持续增长，党员分布趋向合理，党员结构不断优化。至2010年底，全区中国共产党党员人数由1979年的12288人增至19421人。1979—2010年，选举区级党代会党代表1803人，1998—2010年，选举市级党代会党代表25人。

第一节 党员发展

1979年，有党员12288人。此后，区委按照“坚持标准，保证质量，改善结构，慎重发展”的方针，注重在工农业生产、财贸、科技、文教、卫生等第一线发展党员。1983—1985年，重点解决知识分子入党难的问题。1988年，重点解决农村发展党员不平衡问题。1983—1990年，全区51个10年以上没有发展过党员的农村党支部有42个发展新党员，全区发展新党员2058名，党员合计11586人。1993年，进一步加强党员发展工作，重点解决部分农村党支部3年以上不发展党员的问题，指导津南中等职业中专、教师进修学校、咸水沽一中等10个学校党员发展工作；在新经济组织中建立党组织和发展党员工作有了新进展。至1995年，全区有党员13303名。

1996年，发展新党员倾向于企业、农村生产一线、高中文化以上、35岁以下优秀分子。至2000年，发展新党员1834名，全区有党员15594人。2002—2005年，发展党员1254名，全区有党员16933人。2007—2009年，加大在优秀青年农民、村级后备干部和“双带”能手中培养发展党员工作力度，优化党员结构。发展党员985名，全区有党员19037人。至2010年底，450余名入党积极分子参加培训，全区党员总数达19421人。

第二节 党员构成

1979年，全区12288名党员。职业结构：工人党员948人，干部党员1477人，专业技术人员党员542人，营业员、服务员党员433人，农牧民党员8677人，其他党员211人。年龄结构：23岁以下563人，26~45岁10211人，46岁以上1514人。文化结构：大专198人，小学至高中10577人，文盲1513人。1983—1990年，全区发展新党员2058名。其中，一线新党员1490名，占发展总数的72.4%；中专以上学历的新党员596名，占发展总数的28.96%；35岁以下的新党员914名，占发展总数的44.41%；妇女新党员431名，占发展总数的20.94%。改变了全区党员队伍年龄偏大、学历偏低、分布不尽合理的状况。

1995年，全区党员13303人中，职业结构：工人党员542人，干部党员2106人，专业技术人员党员1066人，营业员服务员党员191人，乡镇企业劳动者党员3592人，农牧民党员3841人，离退休人员党员1402人，其他党员563人。年龄结构：25岁以下470人，26~45岁5581人，46岁以上7252人。文化结构：大专1308人，初中至高中7585人，小学3992人，文盲418人。2010年，全区19421名党员中，男性党员14728人，女性党员4693人。汉族19162人，少数民族259人。年龄结构：35岁以下3665人，36~54岁7357人，55~59岁2579人，60岁以上5820人。学历构成：研究生154人，大本3155人，大专3364人，中专2094人，高中2076人，初中以下8578人。

1998—2000年津南区党组织、党员基本情况统计表

表16-1　　单位：人

年份	党组织情况			党员情况																	
	党委(组)	总支	支部	党员总数	性别		民族		年龄						学历						
					男	女	汉族	少数民族	25岁以下	26至35岁	36至45岁	46至55岁	56至60岁	61岁以上	研究生	大学	中专	高中	初中	小学	文盲
1998	16（27）	48	752	14581	12033	2548	14427	154	694	2237	3704	3410	1594	2942	38	1856	1932	1733	5124	3617	281
1999	18（28）	52	762	15027	12273	2754	14853	174	739	2287	3761	3619	1360	3261	47	2164	2169	1858	5116	3444	229
2000	20（42）	54	772	15594	12651	2943	15420	174	802	2363	3730	3874	1386	3439	25	2472	2367	1897	5208	3401	224

2001—2010年津南区党组织、党员基本情况统计表

表16-2　　单位：人

年份	党组织情况			党员情况																
	党委(组)	总支	支部	党员总数	性别		民族		年龄					学历					
					男	女	汉族	少数民族	35岁以下	36至45岁	46至54岁	55至59岁	60岁以上	研究生	大本	大专	中专	高中	初中及以下
2001	18（41）	49	738	15842	14729	1113	15801	41	3121	3659	3801	1530	3731	34	819	2097	2431	1822	8639
2002	18（44）	52	745	16231	13107	3124	16045	186	3091	3695	4021	1662	3762	31	946	2333	2491	1971	8459
2003	17（43）	52	750	16332	13085	3247	16149	183	2774	3356	4211	1716	4275	36	1064	2394	2275	1766	8797
2004	18（44）	59	813	16598	13198	3400	16413	185	2829	3260	4090	2023	4396	45	1254	2432	2329	1852	8686
2005	18（44）	63	845	16933	13343	3590	16760	173	2848	3348	4044	2094	4599	53	1612	2578	2145	1877	8668
2006	25（44）	59	815	17355	13578	3777	17166	189	2899	3439	4073	2043	4901	60	1910	2724	2052	1861	8748
2007	25（44）	61	902	17884	13888	3996	17675	209	3077	3681	3801	2181	5144	92	2241	2925	2011	1918	8697
2008	23（45）	60	903	18445	14231	4214	18215	230	3222	3694	3831	2338	5360	96	2545	3087	2050	1980	8687
2009	24（45）	62	899	19037	14555	4482	18787	250	3466	3582	3883	2501	5605	126	2865	3226	2089	2051	8680
2010	24（40）	62	927	19421	14728	4693	19162	259	3665	3528	3829	2579	5820	154	3155	3364	2094	2076	8578

第三节　党代会代表

一　区级党代表

（一）代表选举

党员代表的产生，由区委组织部按照全区党员总数的一定比例，将名额分配到各基层，由基层党委召开党员代表会（简称党代会）或党员大会，反复酝酿代表候选人，采取无记名投票差额选举的办法，选举出席区党代会代表。代表产生后报区委代表资格审查委员会审查，符合党章规定者，代表资格有效；不符合党章规定者，当选资格无效，由基层党委补选。1979—2010年，选举区级党代表1803人次。其中，第七次代表大会代表318人，第八次代表大会代表319人，第九次代表大会代表317人。

（二）代表构成

党代会代表由各级领导干部、各类专业人员、军队代表、劳动模范、先进工作者和专业户中优秀党员等组成。根据区委提出的代表构成比例要求，按照多于应选代表20%的差额，提出代表候选人初步人选名单。领导干部不高于总数的66%，专业技术人员、各条战线的先进模范人物代表不低于总数的34%。

二　市级党代表

1998—2007年，全区推选出席市第七至九次党代会代表25人次。

第七次　1998年3月，何荣林、郭天保、朱月华、王金禄、王洪荣、田树纯、李巧惠7人当选市第七次党代会代表。

第八次　2002年1月，郭天保、刘树起、王金禄、杨国法、闫长玲、潘巨泉、元志玲、周耀光8人当选市第八次党代会代表。

第九次　2007年2月，李国文、李广文、韩远达、孟繁兰、么俊东、薛小青、窦克清、张帆、闫长玲、董宝林10人当选市第九次党代会代表。

第二章　重要会议

党的重要会议包括：区党代表大会、全体委员会议和常务委员会议。1997年后，区党代表大会5年召开一次，全体委员会议一般一年召开1~2次，常务委员会议一般每月召开1~2次。这些会议的召开及会议所作的决议、决定，对贯彻执行党的路线、方针、政策，加强党组织的自身建设和加强党的领导，推进全区经济发展起着决定性作用。

第一节　党代表大会

1986年7月28—31日，在咸水沽召开第四次代表大会。1989年12月17—19日，在咸水沽召开第五次代表大会。1993年1月19—21日，在咸水沽召开第六次代表大会。

一　第七次代表大会

1997年12月16—18日，在区机关西院礼堂召开。出席会议的正式代表318名，列席代表29名，代表全区14230名党员。会议特邀来宾26名。大会听取并审议通过何荣林代表第六届委员会所作《解放思想，振奋精神，加速津南经济发展，促进社会全面进步》工作报告。审议通过《中共津南区纪律检查委员会的工作报告》。选举产生中共津南区第七届委员会委员29名，候补委员6名。选举产生中共津南区纪律检查委员会委员17名。

二 第八次代表大会

2002年11月5—7日，在区机关西院礼堂召开。出席会议的正式代表319名，代表全区16231名党员。大会听取并审议通过郭天保代表第七届委员会所作《与时俱进，开拓创新，为建设社会主义新津南而奋斗》工作报告。审议通过《中共津南区纪律检查委员会的工作报告》。选举产生中共天津市津南区第八届委员会委员29名，候补委员6名。选举产生中共津南区纪律检查委员会委员17名。

三 第九次代表大会

2006年12月8—10日，在区文化中心礼堂召开。出席会议的正式代表317名，代表全区17355名党员。大会听取并审议通过李国文代表第八届委员会所作《科学发展，富民强区，为构建社会主义和谐津南而努力奋斗》工作报告，审议通过《中共津南区纪律检查委员会的工作报告》。大会选举产生中共津南区第九届委员会委员36名，候补委员7名。选举产生中共津南区纪律检查委员会委员19名。

第二节 全委会议

一 第七届委员会

1997年12月18日，区委第七届委员会第一次全体会议通过《中共天津市津南区第七届委员会关于加强自身思想作风建设的意见》。1999年12月29日，第七届委员会第四次全体会议，通过《中共天津市津南区第七届委员会第四次全体会议决议》，审议通过《中共天津市津南区委2000年工作要点》。2000年6月28日，第七届委员会第五次全体会议通过《中共天津市津南区委关于深入学习贯彻江泽民同志“三个代表”重要思想进一步加强党的建设的意见》的决议。2000年12月25日，第七届委员会第六次全体会议通过《中共津南区委关于制定国民经济和社会发展第十个五年计划的建议》，审议通过《中共天津市津南区委2001年工作要点》《中共天津市津南区第七届委员会第六次全体会议决议》。2001年11月2日，第七届委员会第八次全体会议通过《中共天津市津南区委关于加强和改进党的作风建设的意见》《中共天津市津南区第七届委员会第八次全体会议决议》。2001年12月28日，第七届委员会第九次全体会议通过《中共天津市津南区委2002年工作意见》《中国共产党天津市津南区第七届委员会第九次全体会议决议》。

二 第八届委员会

2003年1月2日，区委第八届委员会第二次全体会议通过《中共天津市津南区委2003年工作意见》《中国共产党天津市津南区第八届委员会第二次全体会议决议》。2004年9月27日，第八届委员会第六次全体会议通过《中国共产党天津市津南区第八届委员会第六次全体会议决议》。2004年12月28日，第八届委员会第七次全体会议通过《中共天津市津南区委2005年工作要点》《中国共产党天津市津南区第八届委员会第七次全体会议决议》。2005年12月27日，第八届委员会第八次全体会议通过《中共天津市津南区委2006年工作意见》《中国共产党天津市津南区第八届委员会第八次全体会议决议》。2006年9月16日，第八届委员会第九次全体会议，通过《中国共产党天津市津南区第八届委员会第九次全体会议决议》《关于召开中共津南区第九次代表大会的安排意见》。

三 第九届委员会

2007年11月17日，区委第九届委员会第三次全体会议通过《中共津南区委关于认真学习宣传贯彻党的十七大和市委九届二次全会精神的决定》。2008年12月29日，第九届委员会第四次全体会议通过《天津市津南区2009年工作要点》《中共津南区委关于加快农村改革发展推进城乡一体化的实施意见》。2010年12月12日，第九届委员会第七次全体会议通过《中共天津市津南区委关于制定津南区国民经济和社会发展第十二个五年规划的建议》《关于制定津南区国民经济和社会发展第十二个五年规划建议的说明》《天津市津南区2011年工作要点》。

第三节 常委会议

区委常委会议在全委会闭会期间，行使全委会职权。

常委会议主要研究决定：传达贯彻中央、市委召开的会议精神和中央、市委的重要文件、指示。讨论决定全区经济建设、政治建设、文化建设、社会建设、生态文明建设和党的建设等方面的重要问题。对区级国家机关、人民团体、经济组织、文化组织和其他非党组织的领导机关中的党组请示的问题作出决定。讨论决定召开党代表大会(党代表会议)和全委会议的有关事项。讨论区委下发的重要文件和区委主要领导同志代表区委所作的重要工作报告、讲话。按照干部管理权限和规定程序，讨论本区干部的推荐、提名、任免和奖惩，讨论处级(含副处级)组织机构的设置和调整。对应由全委会决定的事项事先进行审议和提出意见。对必须由常委会决定的其他重要问题做出决定。

常委会议一般每月召开1~2次，遇有重要情况可随时召开。1997—2010年，全区召开常委会议200余次。

第三章 组织建制

1979—1980年，中共天津市委2次对南郊区革命委员会领导班子作出较大调整，为党政分设做好组织准备。1980年4月，成立南郊区委、区人民政府，实现党政分设。1983年9月，市委调整区委领导班子。1984年初，区委对局、公司、站和乡镇领导班子进行调整，各级班子年龄结构、知识结构得到改善。1985年后，南郊区按照规定定期召开党代会，选举产生区委领导班子。1979—2010年，津南区区委进行6次换届选举。

第一节 区委员会

一 中共津南区第七届委员会

委员29人：王子恒、王伟良、王金禄、邢纪茹(女)、朱月华、刘义泉、刘树起、刘海岭、刘源泉、孙希英、杜玉林、杜金星、杨玉忠、杨劲松、李庆华、李树义、李树起、李耀祥、吴炳喜、何荣林、张平发、陈贵良、赵玉琢、姚奎彦、郭天保、郭有富、高树森、高培智、曹洪香(女)

候补委员6人：李昭奎、张贤海、张连起、冯云和、吴颖世、崔连歧

二 中共津南区第八届委员会

委员29人：王子恒、王金禄、冯国扬、邢纪茹(女)、刘义民、刘义泉、刘子明、刘凤禄、刘树

起、刘恒志、李国文、李树义、李树起、李津辉、杨玉忠、杨劲松、杨国法（女）、吴炳喜、张广泉、张贤海、陈贵良、姚奎彦、高树森、郭天保、龚伯生、崔金和、韩远达、谭龙山、魏桥三。

候补委员6人：李学义、王文德、吴少波、韩连义、孙宝顺、张连起

三 中共津南区第九届委员会

委员36人：于永泽、么俊东、王国林、王树广、卢 伟、冯国扬、邢纪茹（女）、刘 惠（女）、刘义民、刘义泉、刘子明、刘凤禄、刘树起、刘恒志、孙宝顺、杜玉林、李广文、李国文、李学义、李树义、李景泉、杨劲松、杨国法（女）、吴少波、宋晓林、张广泉、张玉兰（女）、张贤海、赵兰阁、赵仲华、赵厚信、郝树民、祖大祥、韩远达、窦双菊（女）、魏桥三

候补委员7人：张利生、刘太民、王录城、李庆斌、张金华、王文德、李从田

第二节 区委常委会

中共津南区委常委会由书记、副书记、常委会委员（简称常委）组成。1979年，区委常委会设书记1人，副书记5人，常委若干人。1980年4月，区党、政分设后，区委常委会设书记1人，副书记4人，常委若干人。1986年7月，中共南郊区第四届委员会常委会设书记1人，副书记5人，常委若干人。1993年1月，中共津南区第六届委员会设书记1人，副书记3人，常委若干人。1997年12月，中共津南区第七届委员会常委会设书记1人，副书记6人，常委若干人。2002年11月，中共津南区第八届委员会常委会设书记1人，副书记5人，常委若干人。2006年12月，中共津南区第九届委员会常委会设书记1人，副书记2人，常委若干人。

1980—2010年中共津南区委历任书记、副书记、常委更迭表

表16-3

届别	职务	姓名	任职时间
党政分设后的中共南郊区委员会	书记	郭发科	1980.5-1983.9
	副书记	曲 凯	1980.5-1983.9
		杨健民	1980.5-1983.9
		刘致英	1980.5-1983.9
		陈喜荣	1980.5-1983.春
调整后的中共南郊区委员会	书记	郭发科	1983.9-1986.3
	副书记	肖 笛	1983.9-1986.7
		万树明	1983.9-1986.7
		王安邦	1985.5-1986.7
中共南郊区第四届委员会	书记	王安邦	1986.7-1989.12
	副书记	万树明	1986.7-1987.8
		王舒屏	1986.7-1987.10
		常洪友	1986.7-1989.12
		李永安	1987.2-1989.12

续表

届别	职务	姓名	任职时间
中共南郊区第四届委员会	副书记	郝学全	1988.5-1989.12
中共南郊区第五届委员会	书记	王安邦	1989.12-1993.1
	副书记	李永安	1989.12-1993.1
		常洪友	1989.12-1993.1
		张凤祥	1989.12-1993.1
中共津南区第六届委员会	书记	王安邦	1993.1-1993.8
		左　明	1993.8-1995.2
		何荣林	1995.2-1997.12
	副书记	李永安	1993.1-1993.8
		常洪友	1993.1-1997.12
		何荣林	1993.8-1995.2
		励小捷	1996.9-1997.6
中共津南区第七届委员会（1997年12月至2002年11月）	书记	何荣林	1997.12-2000.12
		郭天保	2000.12-2002.11
	副书记	郭天保	1997.12-2000.12
		陈贵良	1997.12-2002.11
		孙希英	1997.12-2000.12
		刘树起	2000.12-2002.11
		李国文	2000.12-2002.11
		姚奎彦	2002.5-2002.11
	常委	何荣林	1997.12-2000.12
		郭天保	1997.12-2002.11
		陈贵良	1997.12-2002.11
		孙希英	1997.12-2000.12
		刘树起	1997.12-2002.11
		曹洪香（女）	1997.12-2001.2
		李庆华	1997.12-2002.11
		李耀祥	1997.12-2002.11
		高培智	1997.12-2000.2
		高树森	1997.12-2002.11

续表

届别	职务	姓名	任职时间
中共津南区第七届委员会（1997年12月至2002年11月）	常委	邢纪茹（女）	1997.12–2002.11
		杨劲松	1997.12–2002.11
		魏桥三	2000.2–2002.11
		李国文	2000.12–2002.11
		姚奎彦	2001.4–2002.11
中共津南区第八届委员会（2002年11月至2006年12月）	书记	郭天保	2002.11–2006.6
		李国文	2006.6–2006.12
	副书记	刘树起	2002.11–2006.9
		李国文	2002.11–2006.6
		姚奎彦	2002.11–2006.9
		邢纪茹（女）	2002.11–2006.12
		李广文	2006.9–2006.12
	常委	郭天保	2002.11–2006.6
		刘树起	2002.11–2006.9
		李国文	2002.11–2006.12
		姚奎彦	2002.11–2006.9
		邢纪茹（女）	2002.11–2006.12
		李广文	2006.9–2006.12
		高树森	2002.11–2006.12
		杨劲松	2002.11–2006.12
		魏桥三	2002.11–2006.12
		李树起	2002.11–2006.10
		吴炳喜	2002.11–2006.12
		谭龙山	2002.11–2006.9
		韩远达	2002.11–2006.12
		王金禄	2002.11–2006.12
		赵仲华	2006.9–2006.12
		王树广	2006.10–2006.12
		刘　惠（女）	2006.10–2006.12
中共津南区第九届委员会（2006年12月至　）	书记	李国文	2006.12–
	副书记	李广文	2006.12–
		韩远达	2006.12–
	常委	李国文	2006.12–
		李广文	2006.12–
		韩远达	2006.12–
		赵仲华	2006.12–
		杨劲松	2006.12–2009.11

续表

届别	职务	姓名	任职时间
中共津南区第九届委员会（2006年12月至 ）	常委	魏桥三	2006.12-2010.5
		李树义	2006.12-2010.1
		杨国法（女）	2006.12-
		王树广	2006.12-
		刘　惠（女）	2006.12-
		祖大祥	2006.12-
		付永荣	2010.5-

第三节　内设机构与组织部门

1981年，设：办公室、组织部、宣传部、农村工作部、纪检筹备组、党校、机关党总支。

1995年，设：办公室、组织部、宣传部、农村工作部、统战部、政法委员会办公室、研究室、党史资料征集委员会、老干部局、党校、机关党总支。

1996年11月，设：纪检委、办公室、研究室、组织部、宣传部、统战部、政法委、编委办公室。直属机构：档案局。其中，纪律检查委员会与监察局合署办公，研究室挂区经济体制改革委员会牌子，台湾工作办公室与统一战线工作部合署办公，社会治安综合治理委员会与政法委员会合署办公，保密委员会办公室（保密局）、机要科（副处级）由区委办公室管理，老干部局由组织部管理，精神文明建设活动指导委员会办公室设在宣传部。党史资料征集委员会改为党史研究室，为事业单位，由组织部管理。

2001年12月，设：纪检委、办公室、研究室、组织部、宣传部、统战部、政法委、编委办公室、档案局。其中，监察局与纪律检查委员会合署办公，研究室挂区经济体制改革委员会牌子，台办与统战部合署办公，综治委与政法委合署办公，保密局、防范办由区委办管理，老干部局由组织部管理，文明办设在宣传部。区委党校、党史研究室（组织部管理）仍为事业单位。区直属机关党委由组织部管理。

2010年2月，设：纪检委、办公室、调研督查考核办公室、组织部、宣传部、统战部、政法委、编委办、档案局。其中，监察局与纪检委合署办公，调研督查考核办公室挂区政府调研督查考核办公室牌子，台办与统战部合署办公，综治委与政法委合署办公，保密局、机要局由区委办公室管理，防范办由政法委管理，老干部局由组织部管理，文明办设在宣传部。区委党校、党史研究室（由组织部管理）仍为事业单位。区直属机关党委由组织部管理。区广播电视局为区属事业单位，由宣传部管理。

第四节　基层组织委员会

1980年4月，党政分设。是年底，全区有19个党委（组）、14个总支、533个支部。1983年，10个公社党委改建为乡党委，长青公社党委改建为长青农工商联合总公司党委，咸水沽街和葛沽街改建为咸水沽镇和葛沽镇，成立镇党委，小站镇党委保留。全区有22个党委（组）、16个总支、455个支部。

1985年6月，咸水沽乡、葛沽乡、小站乡党委分别并入咸水沽镇、葛沽镇、小站镇党委。1987年，全区设党委（组）41个、总支25个、支部654个。至1995年，全区有26个党委、24个党组、39个总支、729个支部。

1998—2000年，建机关党组织56个。乡镇企业、私营企业、个体工商户新建立党总支2个、支部

105个。2007—2010年，双港镇党委获市级红旗乡镇党委称号，双港镇芦庄子村、小站镇东大站村党组织获“市级红旗村级党组织标兵”称号，灰堆、迎新等8个村级党组织获“市级红旗村级党组织”称号。2010年底，全区设党委(组)64个、总支62个、支部927个。

第四章　重要决策

中共十一届三中全会后，区委按照天津市委的总体部署和要求，结合津南区情实际，在改革开放和经济社会发展的不同阶段，分别做出发展农村经济、振兴乡镇企业、搞好园区建设、加快经济发展、推动城乡一体化进程等一系列战略性、指导性重要决策。这些重大决策发展思路清晰，奋斗目标明确，并采取措施，督促各级组织抓好贯彻落实。

第一节　奋斗目标

一　“团结奋斗、振兴南郊”建设目标

1984年，区委提出这一建设目标，主要内容是以发展商品生产为重点，形成农林牧副渔综合发展的商品生产体系，实现产值、收入、利润“三增加”。

二　三年奋斗目标

1986年7月，区第四次党代会提出三年奋斗目标：全区农村社会总产值在1980年2.4亿元的基础上，到1988年达到10亿元，提前实现翻两番。

三　“十五”时期思路目标

2001年，区委提出“十五”时期“明确一个思路、建好一支队伍、创造一个环境、狠抓一个落实”的工作思路。确定全区税收年均递增22%，80%的农村劳动力转移到二产和三产就业，基本建成7333.33公顷高标准农田，完成10个镇的镇区平房改造，中心村建设基本成型、初具规模，工业园区形成形象、发挥效益6项重点工作目标。

四　五年奋斗目标

2002年11月，区第八次党代会提出：今后五年奋斗目标，即：坚定不移地推进“三个一”战略，继续抓好经济工作“四件大事”，认真落实改善群众生活新三件事(不断增加群众收入、积极改善生活环境、努力提高文化品位)，大力加强党的建设、精神文明建设和民主法制建设。

五　“9341”四大奋斗目标

2006年12月，区第九次党代会确立“9341”四大奋斗目标，“9”是实现滨海新区津南分区、津南经济开发区、泰达(津南)微电子工业区、农业科技园区、八里台、咸水沽、北闸口、双鑫、小站9个园区的工业载体加速发展；“3”是建成小站练兵园、天嘉湖旅游度假区、宝成北方石林园3个各具特色的旅游产业区；“4”是基本建成双港、葛沽、八里台、小站4个新型城镇；“1”是基本建成津南新城。

六　“一三五”目标

2007年7月，区半年形势分析会提出“一年有突破，三年要变样，五年超百亿”的阶段性目标。

七 “一三五七九”工作目标和工作思路

2009年12月，区委九届六次全会确定，2010年工作目标和工作思路。“一”是明确一个目标：加快城乡一体化进程，努力把津南建设成为经济繁荣、社会稳定、环境优美、生态宜居的新城区。“三”是突出打造优质发展环境，突出抓好区、镇、村三级联动，突出打好持续快速发展基础三个重点。“五”是实施创业富区、工业强区、科教兴区、投资拉动、城乡一体化发展五个举措。“七”是坚持七个方针：坚持用发展的办法解决前进中的问题；坚持统筹区、镇、村三个层面联动协调发展；坚持“精一强二兴三”的产业格局；坚持土地资源优化配置利用；坚持存量资产有效利用；坚持以人为本，改善民生，扩大公共服务，完善社会管理；坚持打造学习型、服务型、勤政廉洁型党委和政府。“九”是实现全区综合实力、城乡环境整治水平、示范镇建设水平、经济园区建设水平、知名度和影响力、群众生产生活水平、社会和谐程度、农村居民整体素质、各级干部的办事能力和水平九个新的提高。

第二节 发展战略

一 “服务城市、富裕农民、繁荣农村”发展战略

1982年，区委提出这一发展战略，确定大力发展重点户、专业户和经济联合体，走农、工、商、生产、加工、销售一条龙的路子。

二 “发展、改革、提高”战略

1994年，区委提出“发展、改革、提高”战略：深化股份制改革，实现乡镇企业二次创业，把二、三产业与村镇建设结合起来。

三 “4321”工程

1995年，区委提出“4321”工程：即400个改制企业，增加32亿元产值，20个亿元村和亿元企业，投资10亿元。

四 “三个一”发展战略和“六个五”工程

2000年，区委提出抓好总量扩张、结构调整、技术创新、对外开放4件大事；建设一批高标准农田，建设一批工业园区，建设一批城市化的小城镇和中心村；每个镇每年要建成6个投资500万元以上的大项目。

五 “三步走”战略

2003年1月，区委八届二次全会，确定“三步走”战略，即：第一步到2004年财政收入突破10亿元，初步建立公共财政的雏形；第二步到2005年基本完成农业结构大面积调整和咸水沽中心城区的治理改造任务，提前超额完成“十五”计划制定的各项目标任务；第三步到2007年，基本建成三级两类园区和区镇行政经济文化中心，区镇面貌焕然一新。

六 “三个重点”“四个转变”

2003年12月，区委八届四次全会提出狠抓大项目、园区经济、老企业改造三项重点工作。努力实现招商引资由自我滚动发展向大开发大开放转变，园区经济由数量型向质量型转变，企业经营管理

由传统型向现代型转变，经济结构由分散型低层次向集聚型高层次转变。

七　“两推进两建设一整合一保证”发展战略

2005年12月，区委八届八次全会提出：加快推进工业化，加快推进城镇化；建设工业载体和城镇载体；集约整合利用土地；全面加强党的建设，为加快推进工业化城镇化提供坚强的思想、组织、纪律保证。

八　“东进西连南生态北提升”发展战略

2006年12月，区第九次党代会确立，东进：以葛沽为基点，把津南融入滨海新区；西连：连接泰达（西青）微电子工业区；南生态：充分发挥小站练兵的品牌效应，打造文化旅游、农业观光、人居环境宜人的文化与自然和谐的生态景观；北提升：提升津南新城至双港北部地区的城市形象。

九　“一三五”工程

2009年8月，区半年形势分析会提出：抢占城乡一体化的高地；打好园区发展、环境整治、素质教育三个硬仗；确保实现主要经济指标实现新突破，二、三产业固定资产投资达到“双百亿”，示范镇建设全部初具雏形，平安建设评比要排在全市前十名之内，各镇主要路网全部整治一新五个目标。

十　“八六五”工程

2010年7月，区半年经济形势分析会提出。“八”即着力打造八个新型城镇。“六”即着力打造创新发展6个实力园区：津南经济开发区、双港、海河、八里台、小站示范工业区和滨海民营经济成长示范基地。“五”即着力打造天嘉湖、小站练兵、北石林、生物谷和中滨城五张名片。

十一　“十二五”规划

2010年12月，区委九届七次全会通过制定津南区“十二五”规划的建议，提出以科学发展为主题，以加快转变经济发展方式为主线，继续推进“东进西连南生态北提升”发展战略，认真实施“八六五”工程，着力“抢占一个高地、打好三个硬仗”，努力打造创新津南、实力津南、民富津南、宜居津南、和谐津南，不断开创改革开放和社会主义现代化建设的新局面。

第五章　组织工作

1979年后，在全区党组织范围内进行整党，集中开展做新时期合格党员教育，开展坚持四项基本原则反对资产阶级自由化教育和“一个中心、两个基本点”教育。之后，相继开展“三讲”教育、“三个代表”重要思想学习教育、“保持共产党员先进性”教育和学习实践科学发展观活动。区委按照党要管党、党管干部的原则，加强党的基层组织建设和机关党组织建设，加强党支部、党员干部和党员管理，发挥党组织的战斗堡垒作用和党员的先锋模范作用。

第一节　机　构

1979年，区委组织部设：组织组、干部组、纪律检查组，有1名干部兼职老干部工作。1982年，设老干部组，1983年，建立老干部局。1985年设3个科，1997年设4个科。2010年，设：综合干部科、组织科、干部科、党员教育管理科、人才工作科、干部监督室6个科室。

第二节 党员教育

一 党性教育

中共十一届三中全会后，党员教育工作逐步恢复正常，每年举办党员和干部轮训班，学习党章、《邓小平文选》《党员必读》和《关于建国以来党的若干历史问题的决议》，进行坚持党的四项基本原则的教育，坚定地走社会主义道路。1986年，配合整党，进行马克思主义基本理论教育，坚持改革开放教育，党性、党风、党纪以及民主集中制的教育等。

1989年以后，对党员和干部深入进行坚持四项基本原则、反对资产阶级自由化教育，“一个中心、两个基本点”的基本路线教育，建设有中国特色社会主义教育，使广大党员和干部进一步解放思想，提高贯彻党的基本路线的自觉性。

二 “三讲”教育

1999年7月15日至2000年6月30日，全区开展以“讲学习，讲政治，讲正气”为主要内容的“三讲”教育活动。活动分区级和处级两个层面进行，每个层面都经历“思想发动 学习提高”“自我剖析 听取意见”“交流思想 开展批评”“认真整改 巩固成果”4个阶段。第一层面（区级），从1999年7月15日开始，至9月26日结束，历时75天。区委、区人大、区政府、区政协4个区级领导班子和24名区级党员领导干部参加，征得意见建议1583条，4个区级领导班子制定6个方面24项整改措施。经民主测评，群众对领导班子满意和基本满意率达100%，对领导干部满意和基本满意率为98.73%。

第二层面（处级）从1999年10月12日开始，至2000年6月30日结束，分三批进行。第一批区委、区人大、区政府、区政协四大机关内设部门及区纪检委、各人民团体领导班子57名处级领导干部参加，历时57天，征得意见建议550条。经民主测评，群众满意、基本满意率达98.6%。第二批36个委、办、局领导班子和197名处级领导干部参加，历时65天，征得意见建议2377条。经民主测评，34个班子测评满意、基本满意率达90%以上，188名党员领导干部测评满意、基本满意率达90%以上。第三批为10个镇、长青办事处、气象局和6个区直属企业计18个领导班子和147名领导干部，历时78天。

三 “三个代表”重要思想学习教育

2001年3—8月，分两批开展。第一批区属各部门全体干部，系统垂直领导驻区单位和3个试点村的干部，各镇机关干部。第二批各村党支部、村委会、集体经济组织班子成员。学习教育活动分学习培训、对照检查、整改提高3个阶段进行。学习教育活动成立领导小组，下设办公室，区委选派65名处、科级干部成立11个督查组，指导、督查学习教育活动，并参加学习教育活动全过程。

四 保持共产党员先进性教育

2005年1月28日至2006年4月13日，分三批开展以实践“三个代表”重要思想为主要内容的保持共产党员先进性教育活动。教育活动历经学习动员、分析评议、整改提高3个阶段。第一批从2005年1月28日至6月14日，“压茬”进行，有78个单位224个党支部的3361名党员（离退休党员569名）参加。教育活动严格执行领导责任制，建立党员领导干部联系点制度、督查制度和群众监督评价制度。召开座谈会291次，设置意见箱105个，征求意见6081人次，征得意见建议4987条。第二批从2005年7月16日开始，至11月11日结束，23个区属单位及部分企事业单位、社区、272个基层党组织的5087名党员参加。第三批从2005年12月9日开始，至2006年4月13日结束，全区165个村、8个管委会，306个农村基层党组织7109名党员参加。区、镇选派346名党员干部为先进性教育指导联络员，组成

126个督导组驻村蹲点，帮助指导各村党组织开展先进性教育活动。教育活动期间，召开座谈会341场次，设置意见箱201个，走访群众14299人次，村两委征得意见5275条，党员干部征得意见10825条，普通党员征得意见3687条。165个村进行民主测评，8872人参评，满意和基本满意率达96.1%。

五　学习实践科学发展观活动

2009年3月至2010年3月，分两批在全区各级党组织开展学习实践科学发展观活动，463个单位18854名党员参加。第一批141个机关、学校、事业单位、人民团体的354个基层党组织的4979名党员参加。第二批有镇、村、学校、卫生院、新经济组织的545个基层党组织的13875名党员参加。学习实践活动以“抢抓新机遇、实现新发展、建设新津南”为活动载体，分学习调研、分析检查、整改落实3个阶段推进。区委先后派出17个指导检查组，各镇、教育、卫生等部门派出154个指导小组和312名指导员，组织集中培训1542场次，组成33个宣讲团，开展宣讲活动115次，开展研讨交流414次。全区废止制度199项、修订456项、新建433项，为群众办实事好事4304件。

第三节　党员管理

1989年，实行区委对各局、乡（镇）党委、党组，各局、乡（镇）党委、党组对基层支部，基层支部对党员的三级目标管理制度，民主评议党员制度。1990年，在农村基层党组织三级目标管理的基础上，开展支部达标升级活动；选派区级党政机关中青年科级干部到乡镇挂职，进一步增强了各级党组织的战斗力。

2002—2005年，着重抓好党员的发展、教育、培训、发挥作用等工作，制定《关于建立和完善发展党员工作若干制度的意见》，落实新发展党员公示、预审等项制度，推行发展党员票决制，严格发展程序，注重入党积极分子培训考察，保证发展党员质量，4年发展党员1254名。同时，采取举办党员集中培训班、形势报告会、先进事迹报告会、电化教育、讲党课等形式，突出培训的针对性与实用性，对党员进行理论、形势、政策和技能培训，形成定期培训制度，4年培训党员11000人次。2006年，重点抓党员教育管理各项机制建设。落实“三会一课”（定期召开支部党员大会、支部委员会、党小组会，按时上好党课）等党员各项日常管理制度，加强党员民主评议工作，建立转移组织关系党员基本情况登记制度，规范党员组织关系的接转工作，抓好党组织、党员、申请人信息库的日常维护、使用和动态管理。

2007—2010年，继续加强党员队伍管理。加大在优秀青年农民、村级后备干部和“双带”能手中培养发展党员工作力度，优化党员结构。严格落实发展党员公示制、票决制、预审制、责任追究制等各项制度，定期对各基层党组织发展党员情况进行系统分析，并适时进行预警，杜绝突击发展和不发展现象。引导入党积极分子参与市、区、镇重点工作，在实践中锤炼党性，采取课堂讲解和现场观摩等形式，办好入党积极分子的集中培训。不断改进流动党员教育管理工作，建立《津南区流动党员台账》。通过严把入口，强化培训和规范管理，全区党员结构不断优化。

第四节　基层组织建设

1979年，全区设党委（组）24个，总支13个，支部728个。1983年，10个公社党委改建为乡党委，长青公社党委改建为长青农工商联合总公司党委，咸水沽街和葛沽街改建为咸水沽镇和葛沽镇，成立镇党委，小站镇党委保留。1985年6月，咸水沽乡、葛沽乡、小站乡党委分别并入咸水沽镇、葛沽镇、小站镇党委。1987年，全区设党委（组）41个、总支25个、支部654个。

1990年始，区委定期选派中青年干部到乡镇、村挂职工作。1993年，区委制定《乡镇企业党的建设暂行条例》。1994年起，区委陆续制定《农村党支部工作条例（试行）》《关于农村党支部民主生活会的若干规定》《关于加强后进村、比较后进村党支部建设的意见》《关于在新经济组织中加强党建工作的意见（试行）》等文件规定。在400家新经济组织、58家股份制企业、225家个体私营企业中加强党组织建设。至1997年，全区173个行政村中，先进和一类党支部班子占农村党支部总数的47.1%，涌现出12个党建工作示范村，10个红旗党支部，其中2个党支部（东大站村党支部和白塘口村党总支）被评为市级红旗党支部标兵。

1998—2000年，建机关党组织56个，陆续制定《关于加强镇村改制企业党建工作的意见》《关于加强新经济组织党的建设工作的意见》。乡镇企业、私营企业、个体工商户新建立党总支2个、支部105个、党小组221个，制定《津南区城镇居民区党的建设工作意见》。2002—2005年，从机关、事业单位选拔48名素质较高的党员干部充实26个社区党支部、居委会，加强社区党建工作。

2007—2010年，全区先后选聘70名党员大学生“村官”到村任职，培训村级党员干部1700余人次。双港镇党委获“市级红旗乡镇党委”称号，双港镇芦庄子村、小站镇东大站村党组织获“市级红旗村级党组织标兵”称号，8个村级党组织获“市级红旗村级党组织”称号。全区所有行政村全面推行“民主议政日”活动，制定《关于规范村干部报酬的指导意见》《关于村干部退休生活补贴的指导意见》和《关于增加优秀村党组织书记退休生活补贴的意见》相关政策，建立村干部报酬与工作业绩挂钩考核办法，制定《关于进一步加强村干部管理监督的意见》，规范村级党员干部工作行为。区镇财政投入1178万元，解决13个社区党组织办公服务用房问题，咸水沽镇益华里社区党支部、小站镇中山路社区党支部被评为市级社区党建工作示范点，咸水沽镇祥福里社区党支部等12个党组织被评为市级先进社区党组织。2010年底，全区设党委（组）64个、总支62个、支部927个。

图16-1　2006年，津南区农村基层组织建设工作会议

第五节　干部选用与管理

一　领导班子建设

1979年和1980年，中共天津市委2次对南郊区委班子做出较大调整，为党政分设做好组织准备。1984年初，区委对局、公司、站和乡镇领导班子进行调整，1986年10月，对区长、副区长进行民主评议。1987年，对局、公司、站和乡镇领导班子进行一次较大调整，班子成员平均年龄48.6岁，高中以上学历占66.91%。1992—1993年，区委相继制定《关于加强区二级领导班子思想作风建设的规定》《关于加强区属单位领导干部学习的规定》《关于选拔、任用和调整区属单位党政领导干部的暂行规定》《关于对区属单位党政领导班子和领导干部进行民主评议、政绩考核工作的试行办法》等一系列制度。1994年，区委下发《区属党委工作条例》《关于乡镇、委、办、局，区直单位党员领导干部民主生活会的若干规定》和《津南区党政机关目标岗位责任制试行办法》等文件。

1995年，制定《中共津南区委关于加强党的建设的三年（1995—1997年）实施规划》。1996年，实施《关于区属单位党政领导班子和领导干部三年工作目标责任制的实施方案（试行）》，对优秀领导干部进行表彰。1997年，印发《领导干部道德行为规范》等文件。1999年，制定和完善思想政治工作责任制度、干部群众思想状况分析制度、领导干部联系点制度、领导干部接待日制度、谈心家访服务制度。

1999—2001年，在各级领导班子及处级以上干部中深入开展“三讲”和“三个代表”重要思想学习教育活动。2004年，开展“加强思想政治建设，提高执政能力”主题实践活动和以“办实事兴区富民”为主题的“民心工程”建设活动。2005年，修订完善《关于进一步加强领导班子思想政治建设的意见》。2006年，在完成第三批先进性教育活动的同时，完善领导班子议事决策机制，建立领导干部定期轮训机制。2007—2009年，开展学习实践科学发展观活动，以“三比三看”（比学习、看素质、强能力；比服务、看作风、树形象；比贡献、看实绩、促发展）和“四抓四促”（抓学习、促提高；抓班子、促团结；抓经济、促发展；抓民生、促和谐）活动为载体，制定《津南区区属单位领导班子抓干部队伍建设目标责任制》。2010年，对区属单位处级班子进行两次充实调整，涉及57个班子，143名干部。

二　干部管理监督

（一）队伍管理

1978年，为3个“反革命黑帮集团”受株连的246名干部群众平反昭雪，为在“文化大革命”中受到打击、迫害、查抄的3983名干部群众落实政策，清理10688名干部、职工的档案。1984年和1987年，选拔调配一批中青年优秀干部担任区、区属部委办局和乡镇领导职务。1991年，出台《人事调配工作若干问题的暂行规定》。1993—1997年，提拔使用处级干部232人次、乡镇干部106人次，处级后备干部队伍保持150人左右的滚动常数。1998年，津南区加强干部因公出国（境）审批和管理工作，规范干部人事档案管理，制定对接近退休的处级领导改任同级调研员的实施意见。2000年，推行干部任前公示制度，公开选拔副处级领导干部和企业副职，制定《中共津南区委关于加快干部制度改革的意见（试行）》。2001年，结合区机构改革和干部人事制度改革，大力培养选拔35岁左右、大学本科以上文化程度的年轻干部。举办领导干部“假日读书班”，建立领导干部定期轮训机制。2006—2010年，选拔一批35岁左右的优秀年轻干部进入领导班子，制定《津南区科级领导任期制试行办法》《津南区党政机关科级领导干部竞争上岗实施细则》。2010年，开展处级领导干部公开选拔工作，9名干部走上副处级领导岗位。

（二）监督管理

1974年，组织部设纪律检查组负责干部监督管理。1985—1997年，组织部干部科负责干部的日常管理，加强干部监督。1998年，区委制定《关于对区属领导干部实行任职审计加强监督管理的意见》。2002年，印发《关于党政机关县（处）级以上领导干部收入的规定》。2003年，制定《关于进一步加强干部监督网络建设的意见》。2003—2006年，区委组织部聘请干部工作社会监督员20人。2007—2009年，进一步健全选拔任用监督机制，拓宽监督渠道、完善监督体系，着力构建信访、电话、网络“三位一体”监督举报网络。2010年，抓好《党政领导干部选拔任用工作条例》，贯彻落实，把好民主推荐、考察、酝酿、讨论决定和任职等重点环节，保证干部选拔任用工作依法依规有序进行。制定《区委组织部派员列席区属单位党组织研究干部工作会议制度》，变事后检查为过程监督，实行科级干部选拔任用工作全程纪实登记制度，对干部选拔任用工作进行重点监督。

三　挂职锻炼

1990年，制定《关于选派中青年干部到乡镇挂职锻炼的安排意见》。1992年，进一步完善干部挂职锻炼制度，选派中青年干部进行交流锻炼。1994年，出台《关于在下村任职干部中开展“六学六比”

活动的意见》和《津南区参加小康村建设干部守则》。1996年，从区、乡镇机关选派干部123名（区派66名，乡镇派57名）到行政村和乡镇企业任职。2003年始，每年选派一定数量的年轻干部到镇、村挂职，同时抽调基层优秀年轻干部到区属单位挂职锻炼。2007—2010年，制定《津南区优秀年轻干部基层培养锻炼办法》，先后选派3批310名处科级干部组成新农村工作队，抽调246名优秀年轻干部，组成重点工程工作组、天津大道和海河教育园区工作组，服务重点工程和重点工作。

四　人才工作

1983年，全区有知识分子3790人，有120人提拔到各级领导岗位。至1985年，273名知识分子加入中国共产党，为292名知识分子恢复和评定职称。1993年，建立重用人才机制，完善落实各种优惠和重奖政策。2000年，制定《津南区引进（招聘）优秀人才暂行规定》《关于津南区党政机关引进博士、硕士研究生的实施意见》等一系列政策规定。至2005年，全区党政人才1346人，专业技术人才6717人，企业经营管理人才4578人。建立健全统分结合、协调高效的人才工作机制，定期编制《津南区开展重点产业人才需求目录》，推动博士后创新实践基地建设，开展“南大博士当村官”活动。2006—2010年，招录（聘）公务员154人、教师553人、医护人员216人、“三支一扶”大学生76人，为企业推荐优秀人才1300余人。

五　教育培训

1979—1993年，干部教育培训工作主要采取脱产与在职学习相结合、长班与短班相结合、分散学习与辅导相结合。1993年后，增加面授与函授相结合，集中培训与自学、课堂教学与实地考察相结合，普及与提高相结合等灵活多样的方式，对在职干部进行教育培训。至1997年，有75名处级干部接受市委调训，选送17名年轻干部参加研究生班学习，举办14期处级干部培训班，参训1030人次。举办3期宣传干部培训班、2期中青年干部培训班，培训干部490名。1997年，区委印发《1997—2000年全区干部教育培训规划》。2001年，制订实施《2001—2005年津南区干部教育培训规划》。2006年，进一步修订完善干部教育培训制度，实行领导干部学习培训学分制等相关制度。2007年始，采取中心组学习、参加市委党校学习、区领导到基层宣讲、处级干部培训班、领导干部“假日读书班”、科级干部任职资格培训班等多种形式进行培训。至2009年，对全区300余名处级干部和500余名科级干部分期分批进行集中培训。2010年，举办专题培训班9期，专题讲座46次。

第六节　援藏援疆

一　援藏

1984—1993年，津南区向西藏那曲地区选派4名优秀中学教师支援当地教育教学工作。1995—2010年，津南区选派6批10名优秀干部进藏工作，其中6名党政干部在对口支援的西藏自治区昌都地区昌都县、丁青县、江达县县委书记、县委常委、副县长等岗位上履职尽责，4名专业技术干部来自教育、卫生、市政工程等部门。

二　援疆

1997—2010年，津南区选派5批7名援疆干部，分别到新疆维吾尔自治区喀什地区和其属伽师县、莎车县、于田县工作。

1984—2010年津南区援藏、援疆干部情况表

表16-4

类别	序号	批次	时间	姓名	性别	原工作单位及职务	技术职务职称	援助地及所任职务	主要负责工作
援藏	1	一	1984.07-1986.07	杨永和	男	双桥中学教师	教师	西藏那曲地区中学教师	中学生物教学
援藏	2	一	1986.07-1987.07	范兆顺	男	辛庄中学教师	-	西藏那曲地区教师	-
援藏	3	一	1988.07-1989.07	施家梁	男	辛庄中学教师	中学三级教师	西藏那曲地区中学教师	中学体育教学
援藏	4	一	1991.07-1993.07	郭庆发	男	葛沽一中教师	中学二级教师	西藏那曲地区中学教师	中学语文教学
援藏	5	一	1995.07-1997.07	刘金才	男	双闸中学教师	中学二级教师	西藏那曲地区中学教师	中学化学教学
援藏	6	一	1995.06-1998.06	高文才	男	区企业经委副主任、党委委员	-	昌都县副县长	乡镇企业工作
援藏	7	二	1998.06-2001.06	刘金祥	男	区外经贸委副主任	-	昌都县委副书记	-
援藏	8	三	2001.05-2004.06	郭长宽	男	区计经委副主任	-	昌都县副县长	-
援藏	9	四	2004.06-2007.07	王国勇	男	区农经委副主任	-	江达县委常委、副县长	协助县长主持政府日常工作
援藏	10	五	2007.06-2008.12	张万林	男	咸水沽医院外科	主治医师	江达县卫生服务中心副院长	医院管理、医疗
援藏	11	六	2009.01-2010.06	姜荣来	男	小站医院外科	主治医师	江达县卫生服务中心副主任	医院管理、医疗
援藏	12	六	2010.06-	郝树民	男	津南区区长助理	-	西藏丁青县委书记	-
援藏	13	六	2010.06-	刘凤春	男	双港镇副镇长	-	西藏丁青县副县长	-
援藏	14	六	2010.06-	陈　超	男	区市政工程管理所	工程师	达江县建设局	-
援疆	1	三	1999.07-2002.07	周凤鸣	男	南洋中学教师	中学一级教师	莎车县二中教师	中学语文教学
援疆	2	三	1999.06-2002.06	吴炳喜	男	津南区政府副区长	-	喀什地区行署专员	-
援疆	3	四	2002.06-2006.12	曹书珍	女	咸水沽医院妇产科	主治医师	伽师县人民医院	妇产科
援疆	4	四	2004.03-2005.09	王乐栋	男	咸水沽医院	副主任医师	伽师县人民医院医生	妇产科
援疆	5	五	2005.08-2008.07	万忠军	男	辛庄中学教师	中学一级教师	喀什二中教师	高二政治教学
援疆	6	六	2008.07-2010.11	张永清	男	区总工会副主席	-	伽师县委副书记	-

第七节 老干部工作

1979年，区委组织部有1名干部兼职老干部工作。1982年，组织部设立老干部组。1983年，建立老干部局下设办公室。2001年，老干部局设：办公室、生活科，行政编制7名，至2010年。

一 离休干部

1980年始，3名老干部办理离职休养手续。至1997年4月，最后1名老干部办理离休手续，全区办理离职休养手续老干部404名（就地安置390名，异地安置6名，转出本区4名，接收异地安置代管4名）。离休干部中，红军时期参加革命工作的1名，抗日战争时期参加革命工作的103名，解放战争时期参加革命工作的300名。至2010年底，全区健在的离休干部123名（抗日战争时期20名，解放战争时期103名），平均年龄83.1岁。

1994年，区委制定《关于对地（师）级退休干部管理问题的通知》，规定地（师）级（区级干部），退休后由老干部局管理（不享受离休干部的有关待遇）。至2010年，老干部局管理的区级退休干部有28人。

二 离休干部待遇

（一）政治待遇

老干部离休后，政治待遇不变，定期过组织生活，参加党的会议；阅读相应级别的中央文件，参加应参加的会议或听传达报告，发放《天津市离休干部文化活动优待证》等。1984年10月始，区老干部局从特需经费中为每位离休干部订阅《退休生活》《半月谈》两种刊物。1985年1月始，增加1份《天津日报》（1996年后由老干部本人自由选择一报两刊），至2010年。

（二）生活待遇

原标准工资（含保留和附加工资）、福利待遇不变，继续享受原单位同级在职干部同样的困难补助（含遗属生活困难补助）等各项福利待遇。离休费照发原工资，以工资制度改革前的标准工资为基数计发离休费。改革后以基本工资，即基础工资、职务工资、工龄津贴三项之和（含教龄、护龄津贴提高的10%工资）为基数计发离休费，离休费及各项生活补贴增资与在职干部同步。按照国发（1982）62号文件规定，1937年7月6日前，参加革命工作的按本人离休费标准工资，每年增发2个月的工资；1937年7月7日至1942年12月31日期间，参加革命工作的每年增发一个半月工资；1943年1月1日至1945年9月2日期间，参加革命工作的每年增发1个月的工资。

（三）医疗待遇

1937年7月6日前，参加革命工作的享受副省（部）长级医疗待遇，津南区离休干部魏东潮、郭发科、曲凯3人，从2009年始，享受副市长级医疗待遇；1937年7月7日至1945年9月2日，参加革命工作，享受副司局级医疗待遇；1945年9月3日至1949年9月30日期间，参加革命工作的离休干部发给优先就医证。2001年1月1日起，津南区发给离休干部医疗周转金，每人每年4500元。2004年，调整为6000元（结余归己，超出实报实销），并增加奖励机制。2010年继续执行。

三 管理服务

区委老干部局坚持每年新年春节等重大节日，由区领导带队入户看望慰问老干部，老干部有病和家中有重大事情，也必到家中看望，帮助解决困难。1986年，建立老干部工作领导小组，由区委副书记任组长，有关单位的主要负责人为成员，协调、统筹、推动全社会和各方面做好老干部工作，制定《关于离休干部管理服务工作职责范围的试行办法》。1993年，区委制定《津南区各局、乡镇老干部工

图16-2　2002年，老干部支部书记学习十六大精神座谈会

作责任制》。1997年，先后制定《津南区各级领导和老干部工作部门联系老干部制度》《津南区老干部工作领导干部工作目标责任制度》和《津南区老干部工作达标考核制度》3项制度。签订老干部工作管理目标责任书，区委组织部、老干部局负责管理目标工作监督和考核。2000年后，全区离休干部高龄和高发病日趋突显，区委老干部局在坚持现有的管理制度和做法的基础上，注重发挥社区邻里互助、情感交流、组织协调功能优势，加强和改进老干部管理服务工作。2009年，制定《关于利用各镇、社区资源做好离退休干部“四就近”服务工作意见》，首先在咸水沽镇益华里社区进行老干部依托社区“就近学习、就近活动、就近得到关心照顾、就近发挥作用”工作机制的示范创建工作。2009—2010年，益华里社区、众合里社区被评为市级“四就近”示范创建工作先进单位。

四　老干部活动

1981年，在区委机关院内，设立20多平方米简易的老干部活动室。1982年，区政府投资15万元，在咸水沽镇红旗路建立540平方米的老干部活动室。1992年，区委、区政府投资178万元，在咸水沽镇津歧路新建区老干部活动中心，活动中心设有阅文室、会议室、健身室、牌类室、休息室、阅览室、录像室。2005年，老干部活动中心进行重新整修改造，总投资60余万元。

老干部局坚持组织老干部开展各种有益的活动。每年定期组织老干部参观工农业和城乡建设项目，到外地健康休养。每年举行1次适宜老干部活动的运动会或老少同乐联欢会。每月组织1次阅读文件学习，不定期举办形势报告会、保健养生讲座、演讲会和政治时事答卷活动。每逢节日和纪念日，安排庆祝、联欢、座谈活动。

1986年，成立离休干部关心教育青少年协会，坚持定期与不定期配合中小学开展革命传统教育活动。1992年，建立老干部信息员制度。至2010年，参加各种咨询工作14人，关心下一代教育18人，担任校外辅导员32人，做革命传统报告25人，撰写革命回忆录22人，义务物价检查员和市场管理15人，做门卫工作17人，办经济实体和家庭商店19人，家庭养殖4人，开诊所为群众防治病3人，参加居委会工作5人，担任党风政纪联络员18人，其他工作6人。

1998年，增设老干部荣誉室，主要展示津南区离休干部在各个革命和建设时期，保存下来的荣誉证书、军功章、纪念章、奖章、实物照片等历史资料300余件。2000年，举办第11届“开发杯”离休干部运动会。2001—2004年，召开老干部迎新春联欢会、庆祝中国共产党成立80周年座谈会、学习交流会、运动会、书画笔会等。2005年，组织老干部收看中央纪念抗日战争胜利60周年纪念活动，举办“欢度重阳节”老干部文艺联欢会、书画大赛、经济通报会等。

图16-3　2003年，老干部书法比赛

2006—2010年，举办第17届“开发杯”离休干部运动会，召开老干部学习座谈会，举办纪念红军长征70周年书画展、老少同乐联欢会、参观津南区新农村城镇建设、经济通报会等活动。

第六章　宣传工作

中共十一届三中全会后，全区宣传工作结合区情实际，开展党的基本路线纲领、方针政策及国内外形势的宣传教育，加强党员干部以中国特色社会主义理论体系、社会主义核心价值体系为重点的理论学习，搞好新闻报道和先进典型的宣传。坚持以科学的理论武装人，以正确的舆论引导人，为促进津南区可持续发展提供精神动力和思想保证。

第一节　机　构

1979年，区委宣传部设宣传组、理论组和报道组，1980年，3个组改为3个科，1999年8月，增设办公室。2000年11月，通讯报道科更名为新闻科。2001—2010年，设：办公室、理论教育科、宣传科和新闻科，行政编制11名。同时，区委宣传部负责管理区文明办、区新闻中心（含津南报社编辑部）。

第二节　社会宣传

一　形势政策宣传

1979年，中共十一届三中全会召开后，广泛开展“真理标准”大讨论。1980年，开展“农村尽快富起来”大讨论活动。1986年，印发《适应新形势，树立新观念，使我区经济向开放型、外向型、轻加工型发展》宣传提纲。1989年，组织开展“热门话题大家谈”优秀答案征集活动。编写《树立新观念是发展商品经济的当务之急》，进一步宣传了发展社会主义商品经济的方针、政策。1992年，在全区乡镇企业开展“比解放思想，看效益、看速度、看贡献”的“一比三看”活动。2004年，成立区形势政策宣讲团，深入基层进行“区情形势、目标、任务”“加快发展，保持稳定”等宣讲活动。2007年，围绕区重点工作、重大项目进行广泛宣讲，全年编发宣传提纲30余万份。2008年，配合区民营经济发展和土地整合工作，组织开展专题调研、政策宣讲工作。2009年，编发宣传提纲5万余份，500多人参与宣讲活动，受教育群众约6万人。2010年，组织区镇宣讲团成员、新农村工作队员、农村宣传员，广泛开展宣讲活动，并组织知识答卷、演讲比赛、张贴标语等形式，扩大宣传教育的覆盖面。

二　重大迎庆活动宣传

1984年，以“迎接中华人民共和国成立三十五周年”为主题，开展“歌颂伟大祖国、歌颂新天津、歌颂新南郊”文艺活动。1988年，围绕纪念中共十一届三中全会召开10周年，在全区组织开展“话改革、颂家乡”活动。1996年，在全区组织举办“纪念红军长征胜利60周年群众歌咏比赛”活动。1997年，在全区组织开展“四百”（百文话改革、百歌赞中华、百诗颂楷模、百画绘河山）活动。举办“喜迎香港回归”书画展、精品展、集邮展、“庆十五大，赞津南”摄影展、图片展和专场文艺演出，以及诗歌散文征集、朗诵活动。在建党76周年、建军70周年、建国48周年之际，组织举办干部群众观影等纪念活动，开展“购好书、读好书、藏好书、用好书”读书活动。2001年，围绕纪念中国共产党建党80周年，举办第二届戏曲选拔赛、《党在我心中》优秀电影回顾展、“爱津南、跟党走、跨越发展见行动”等主题教育活动，举办知识竞赛、歌咏活动、征文和收看百集大型文献纪录片等群众宣传教育活动。2004年，围绕纪念天津建城600周年，组织全区党员干部开展知识竞赛答题活动。2005年，举办“迎‘七一’百姓眼中的新津南”摄影展览活动。2008年，组织“纪念农村改革三十年”主题摄影展，参与全市农业系统纪念改革开放30周年文艺会演。2009—2010年，举办“魅力津南——庆祝新中国成立60周年暨人民政协成立60年摄影展”“庆祝新中国成立60周年‘献给祖国的歌’群众歌咏大会”，全区组织开展各类演唱活动百余场。

三　主题宣传教育活动

1991年，组织开展向劳动模范和模范集体学习活动。1997年，举办津南区首届“长青杯”宣传干部业务能力竞赛。1998—2000年，在全区开展“六杯”竞赛活动（勤政为民“敬业杯”、文明守纪“新风杯”、教书育人“园丁杯”、科技兴农“丰收杯”、科技兴工“智慧杯”、秉公执政“正气杯”）。

2000年，在充分挖掘、推广双闸镇（后并入八里台镇）“评选好儿媳”和“为好儿媳娘家挂匾”活动成果基础上，制定《关于认真学习贯彻〈公民道德建设实施纲要〉，大力推进家庭美德建设实施意见》和相关活动安排，在全区启动家庭美德系列创建活动。至2010年，10年共评选表彰“文明家庭”156个、“幸福老人”109名、“好儿媳”166名、“好丈夫”129名和“好儿女”123名，有效推进区公民道德建设。

2001年，在全区开展“爱津南、跟党走、跨越发展见行动”主题教育活动、“新世纪、新农村、新农民”读书征文活动。2003年始，坚持每年开展文化、科技、卫生、法律“四下乡”活动。2004年，在全区开展“让家庭、单位门前净起来”集中清整日活动。2004年12月，表彰津南区老干部荣誉室、津南区档案馆、天津津南国家农业科技园区、津南区学生劳动教育基地、小站镇东大站村和宝成奇石园等6个区级爱国主义教育基地。2005年，启动“我爱美好家园”主题教育活动。2006年，开展津南区“欢乐行”艺术团进镇村、进社区专场文艺演出活动，演出8场；举办津南区首届农民歌手大赛，编发《文明礼仪知与行》漫画集和《树立社会主义荣辱观宣传教育图片》。2007年，组织开展“同在一方热土、共建美好津南”大讨论活动。2008年，在全区组织开展“解放思想、干事创业、科学发展”大讨论活动，促进全区广大干部群众思想作风转变。

图16-4　2008年1月24日，八里台镇召开2007年度家庭美德建设暨为好儿媳娘家挂匾表彰会

2009—2010年，在全区组织实施津南新风尚全民素质提升工程，以“共学、共创、共建、共享”为主线，坚持每月开展新风尚大学堂、新风尚光荣榜、新风尚大行动、百姓新生活等“四个一”活动，有力带动全区干部群众文明素养和地区文明程度不断提升。该活动在市级媒体进行重点报道。

第三节　理论教育

一　两级中心组理论学习

1979年，区委和各委办局中心组学习贯彻落实中共十一届三中全会文件精神。1983年，区委中心组用3个月时间学习《邓小平文选》，为整党做好准备。1985年3月，区委作出《关于正规化理论教育进修班管理规定》。1988年，区委中心组深入学习中共十三大文件精神。自1991年始，每年举办2期处级领导干部理论学习培训班。1997年，按系统、行业将区二级中心组划分12个理论学习片，实施二级中心组分片集中研讨制度，区领导分头深入各片组，参与集中学习活动。1998年，区委宣传部、区委组织部对全区22个先进理论中心组、21名先进个人进行表彰。1999年，组织区级、处级单位领导班子和领导干部，学习"三讲"教育活动规定的必读篇目，为"三讲"活动打好基础。2003年，举办2期津南区领导干部学习贯彻"三个代表"重要思想新高潮读书班，全区处级以上领导干部360余人参加。围绕学习贯彻党的十六大精神，区委组成宣讲团，区领导带头深入基层宣讲。2004年，举办"学习贯彻党的十六届四中全会精神区级、处级领导干部学习班"。2007年，制定实施《津南区党委(党组)理论中心组学习制度》。2008年，在《津南时讯》刊发两级中心组成员专题理论学习体会文章。2009—2010年，组织两级中心组成员，学习实践科学发展观和中共十七届四中、五中全会和市委、区委重要会议精神。2000—2010年，在两级理论学习中心组中，开展"三个一"(精读一本理论著作，讲一次党课，写一篇调研报告)活动，并陆续编发《学习体会文章汇编》。

图16-5　2008年7月25日，双港片组二级中心组集中学习

二　党员教育活动

1980年，举办2期在职党员干部轮训班，160人参加；举办2期生产大队党支部书记轮训班，164人参加。1983年8月，区委举办3期《邓小平文选》读书班，每期10天。1992—1996年，区委宣传部先后制定理论学习安排意见，在全区党员干部中持续开展中国特色社会主义理论学习宣传活动。2001年，在党员干部中开展学习"三个代表"重要思想、保持共产党员先进性系列教育活动。2002年始，坚持"百名书记讲党课"活动。2002—2003年，在全区党员干部中重点开展中共十六大精神学习活动。2006—2007年，广泛开展科学发展观学习教育活动。2008年，在全区党员干部中开展"改革开放30年身边的故事"主题征文活动，部分征文稿在《津南时讯》刊发。2009年，制定《2009—2013年全区党员教育培训工作规划》，组织广大党员干部参与新风尚活动。2010年，印发《党员教育安排意见》，分批对党员进行培训。

三　党性实践活动

1989年，在全区开展新时期共产党员形象大讨论和党员义务奉献活动。1991年，区委组织部、宣传部等五部门联合举办"党的基本路线、基本知识、基本理论"百题竞赛。1994年，开展学习《建设有中国特色社会主义理论》征文活动。1998—2000年，在全区开展优秀党课评选活动，先后评选表彰优秀党课教材24篇和优秀组织单位19个。2001年，组织全区党员开展纪念中国共产党成立80周年知识答卷和竞赛活动，津南区代表队在全市竞赛活动中获得第一名。是年，开展津南"电信杯""共产党员与新世纪"优秀征文活动，评选表彰荣誉奖1篇，一等奖5篇，二等奖10篇，三等奖15篇。2002—2004年，开展"中共天津市第八次党代会精神学习竞答"活动、"学理论、谋发展"征文活动、"学理论、强素质、保稳定、促发展"答题竞赛活动。2007年，开展"坚持科学发展 共创和谐津南"主题教育活动。

2009—2010年，在全区党员干部中广泛开展“爱祖国、爱天津、爱家乡”知识竞赛答题活动，5000余名党员干部参与答题活动。

第四节　新闻宣传

一　新闻队伍建设

1984年，恢复区新闻通讯报道队伍，对通讯报道员进行重新登记，各乡镇及各委办局等单位组建3~5人通讯报道队伍。1988年，区委宣传部提出加强通讯报道工作的意见安排，召开新闻宣传表彰大会。1989年，区委宣传部对99个先进单位、8个先进个人和17名优秀通讯员进行表彰。1993年，在全区组织开展“运管杯”新闻竞赛。1996年，区委宣传部对《津南报》6个优秀记者站、18名优秀记者、13名优秀通讯员予以表彰。1994年，举办全区通讯报道员培训班，成立津南区新闻发展促进会。

1996年，对评选区级先进通讯报道单位和《津南报》优秀记者站的条件做出明确规定。1997年，区委宣传部、区新闻发展促进会评出区级优秀新闻工作者10名。1999—2006年，表彰第二届优秀新闻工作者及优秀通讯员；制定《建立新闻通讯报道员队伍的决定》，对区级先进通讯报道员、优秀通讯报道员、功勋通讯报道员，区级先进记者、优秀记者和功勋记者，发稿级别、发稿数量进行明确规定；举办“强兴杯”经济新闻比赛和“环保杯”优秀环保新闻工作者评比活动，评选出优秀新闻作品近20篇、优秀工作者20人；先后制定《关于表彰“环保杯”优秀新闻工作者的决定》《关于表彰“沽上杯”优秀新闻工作者的决定》《关于表彰“道路设施杯‘3165’”新闻大赛优秀稿件的决定》《关于表彰优秀新闻工作者、优秀通讯员的决定》。2007年，表彰年度优秀新闻工作者7名和优秀通讯员18名。2010年，开展“展津南新风，加强自身素质”新闻技能大赛，对4个新闻工作先进集体和8名优秀新闻工作者、7名优秀通讯员进行表彰。

二　新闻宣传报道

1979—1990年，新闻宣传主要围绕党的改革开放政策的学习贯彻及发展经济开展，加强新闻宣传报道。1991—2000年，宣传围绕贯彻落实党的重大方针政策，津南区在经济发展、社会进步取得的重要成就等，扩大津南区知名度和影响力。2000年9月4日，市委宣传部刊物《宣传要闻》57期刊发津南区双闸镇好儿媳评选活动综述——《抓细胞工程、创建文明家庭》。9—12月，《经济日报》《天津日报》及中国香港《大公报》连续刊载文章，对小站稻名牌归属及获得国家商标证明进行宣传报道；《天津日报》头版头条、《今晚报》专版对津南区创新模式推进改革发展的工作进行报道。

2001年，区委宣传部编辑出版《深度报道——中共津南区委宣传部重点课题组文集》。2003年，“非典”时期，市委宣传部《宣传要闻》、市农委《津农政工》，分别介绍津南区工作经验；新华社、《人民日报》《天津日报》《今晚报》、天津电视台集中连续报道。是年，《天津日报》头版刊登《津南区践行“三个代表”重要思想纪实》，取得较好宣传效果。2004年，组织区属媒体重点报道津南区实施“三步走”战略的进展成效。

2007年1月17日，在《天津日报》刊登《富民强区、建设和谐津南》文章，全年在市级以上媒体刊播、刊发宣传报道600余篇。2008年7月，《经济日报》以“和谐文明看津南”为题刊发专版，宣传津南经济社会发展取得的阶段性成果；10月，《人民日报》以《荣程集团——追逐绿色环保梦想》为题，对津南区骨干企业节能减排工作进行宣传。2009年，在市级以上媒体刊发稿件700余篇。2010年，配合中央电视台、《天津日报》、天津电视台、天津电台等12家市级以上媒体，对津南区发展情况、重点亮点工作进行采访报道。

三　新闻监督应对

津南区的新闻工作，始终在中共津南区委的领导和监督下开展。2006年后，区委宣传部健全、完善新闻媒体接待工作机制，建立全区信息沟通、舆情通报、媒体接待、新闻发布、新闻信息负面报道零报告等制度。密切关注各类媒体和互联网关于津南区的报道，分析舆情发展，了解跟踪全区的热点、敏感问题，加强突发事件和新闻监督应对。至2010年，接待4家国外和境外媒体和40余家中央和地方媒体，成功协调宜坤爆炸、葛沽铬渣事件、东泥沽事件等突发公共事件和涉及全区示范镇和示范工业园区建设、重点工程拆迁、村两委换届选举、环境污染、劳资纠纷、医患纠纷、食品生产安全等在内的近200件新闻监督事件，将负面影响降低到最小，为区经济社会发展营造安定有序的和谐氛围。

第五节　思想政治工作

1990年始，每年开展政工师职称评定工作。1992年，成立区思想政治工作研究会和政工师协会。1999年，区委制定实施《关于加强思想政治工作网络建设的意见》，在全区开展思想政治工作网络建设，重点宣传推广辛庄镇白塘口村利用“四区八片十六组”网络深入开展思想政治工作的经验。是年6月，召开乡镇企业思想政治工作经验交流会，制定印发《津南区乡镇企业思想政治工作条例》。2000—2005年，区委宣传部会同双港开发区举办“双港开发杯”思想政治工作征文活动，评选表彰优秀征文23篇。编制《津南区思想政治工作资料汇编》《津南区非公有制企业思想政治工作规则》，召开非公有制企业思想政治工作会议。《适应新形势，拓展新领域，津南区加强和改进非公有制企业思想政治工作》一文，在市委宣传部《宣传要闻》刊发，宣传推介津南区非公有制企业思想政治工作的做法和经验。

图16-6　2010年，津南区政工干部培训

2008年，区委宣传部会同市委宣传部对区基层思想政治工作进行调研，在《天津日报》刊发《津南区双港镇做好征地拆迁思想政治工作的调查报告》。2008—2010年，举办4期农民思想道德素质培训工程培训班，210名村级宣传员接受综合性培训。至2010年，有420人分别获得初、中、高级政工师职称。

第七章　纪检　监察

1979—1989年，区纪律检查委员会（以下简称区纪检委）会同区委宣传、组织等部门对全体党员进行党性、党风、党纪教育，纠正党内存在的不正之风，集中力量抓大案要案。1993年，区纪检委、区监察局合署办公后，认真履行“保护、教育、监督、惩处”4项职能。坚持标本兼治、综合治理、惩防并举、注重预防的方针，建立健全教育、制度、监督并重的惩治和预防腐败体系，逐步形成党委统一领导、党政齐抓共管、纪委组织协调、部门各负其责、依靠群众支持和参与的反腐败领导体制和工作格局。

第一节　机　构

1979年8月，建立区纪律检查委员会筹备组。1984年5月，建立区纪律检查委员会（简称区纪检委，副地级），设副书记1人，常委5人，巡视员1人，办事机构有办公室、信访室、检查室、审理室及挂靠区廉政办。1986年7月至2006年12月，在区第四至九次党代会上，选举区纪检委书记、副书记、常委、委员。1993年7月，区纪检委、区监察局合署办公，设书记1人，副书记2人，常委7人，委员13人，设：办公室、信访室、纪检监察室、执法监察室、案件审理室、教育调研室、党风廉政室，至2010年。

1979—2010年中共津南区纪律检查委员会书记、副书记更迭表

表16-5

机构名称	任职时间	书记	副书记
纪律检查委员会筹备组	1979. 8—1983. 7	刘致英（组长）	陈　坚（副组长）
	1982. 1—1983. 6	夏广祺（负责人）	-
	1983. 9—1984. 5	高宝勋（负责人）	-
纪律检查委员会	1984. 5—1986. 7	-	高宝勋（主持工作）
	1986. 7—1989. 12	高宝勋	沈炳琰
	1989. 12—1993. 7	袁俊涛	沈炳琰
	1993. 7—1997. 12	沈炳琰	曹洪香（女）周文莹
	1997. 12—2001. 2	曹洪香	周文莹 吴炳喜 王秀生 马金华
	2002. 3—2006. 9	姚奎彦	王秀生 马金华 王砚发
	2006. 12—2010. 12	杨国法	马金华 孟繁兰（女）王砚发 李津来

第二节　党风廉政建设

一　领导干部廉洁自律

1980年，开展《关于党内政治生活的若干准则》学习活动。1984年，集中开展整治公款吃喝、滥发纪念品、奖品，私建住房工作。1986—1989年，开展领导干部端正党风、纠正行业不正之风和整顿机关作风。1994年，在房改工作中，清理领导干部超标住房，清理上交超标房款94万余元。1995年，对领导干部违规乘坐的7部超标小汽车进行处理。1997年，清理规范领导干部通信工具，规范公款安装住宅电话，实行话费包干，封存公款购买的手机。1998年，建立公务招待审批制度和审批手续，调查清理领导干部配偶、子女及亲友经商办企业情况。1997年、2001年、2002年，3次对处级以上领导干部配偶、子女及亲友经商办企业，因私出国（境）的情况进行调查摸底。2003年，对领导干部超标的8部小汽车进行处理。2005年，调整公务招待标准，重申审批制度。2006—2007年，分别对区属单位公务用车进行调查摸底，规范公务用车管理，印发《中共中央纪委关于严格禁止利用职务上的便利谋取不正当利益的若干规定》，组织全区9974名党员进行学习和对照检查，排查信访举报线索2件，组成督查组47个，督查单位527个，未发现严重违反规定的情况。2009—2010年，对处级以上领导干部的配偶、子女从业、投资入股、在国（境）外定居的情况进行调查，均未发现违反规定的情况。

二　党内监督

1994年，区委制定《关于建立处级以上领导干部个人及家庭重大事项向组织报告制度的通知》和《关于乡镇、委、办、局，区直单位党员领导干部民主生活会的若干规定》，每半年召开1次民主生活

会和专题民主生活会，后改为1年1次。1998年，建立领导干部任职审计制度，当年审计21个单位的领导干部，未发现重大问题。截至2010年底，累计对58名处级领导干部进行经济责任审计。

2001年，推行领导干部廉政档案工作，建立区属单位领导班子廉政档案86个和344名处级领导干部廉政档案。2002年，选择14个单位作为全区推行科级干部廉政档案工作的试点。2003年，区委制定《关于建立党风廉政建设谈话制度的通知》。2004年，开展领导干部述职，形成述职述廉制度。至2010年底，对11名处级领导干部进行审纪审廉，对248名新提拔的处级领导干部进行廉政提示谈话。2006年、2008年、2010年，3次对领导干部廉政档案的内容进行充实完善，区纪委下发《关于实行领导干部办理婚丧喜庆事宜通报制度的通知》。至2010年底，有22名区级、125名处级领导干部就办理婚丧喜庆事宜等家庭重大事项进行书面报告，对40名处级干部办理婚丧喜庆事宜的情况进行通报。

三　农村基层党风廉政建设

1997年，实行村务公开、民主管理，下发一系列文件，主要有《关于实行村务公开、民主管理，政务公开、民主监督的规定》《关于进一步完善村务公开民主管理的意见》《关于深化村务公开工作的意见》《津南区贯彻落实村务公开和民主管理制度的实施意见》等。2002年，在双桥河镇先行试点，探索试行“农村会计委托代理制”。2003年，在全区范围内推行“农村会计委托代理制”，规范账目处理科目，严格规范民主理财程序和财务公开程序。至2010年底，有161个村级财务账目实行会计委托代理制度，占全区总村数的97.6%。2003年4月，小站镇迎新村自发成立村务监督委员会。2006年，在八里台镇试点推行村务监督委员会。2009年11月，召开“试行村务监督委员会现场推动会”，在全区试行村务监督委员会制度。至2010年底，全区165个村有151个村建立监委会，推选产生监委会成员863名。

四　党风廉政建设责任制与制度建设

1994年，区纪检委制定《关于建立党政领导干部党风廉政责任制的意见》。1999年，出台《津南区关于落实党风廉政责任制的实施意见》《关于对区属单位党风廉政责任制的考核办法》和《关于对区属单位落实党风廉政建设责任制追究的办法》3个配套方案。2000年，实行“责任追究通知书”制度。2008年，下发《关于进一步落实党风廉政建设责任制实施意见》。截至2010年底，对36名领导干部和2个领导班子进行责任追究。

图16-7　2008年10月，津南区落实惩治和预防腐败体系《实施办法》推动会

1979—1993年，制定《关于端正党风的规划》《关于处理党员干部以权谋私问题的几点意见》《关于划清乡镇企业正常业务交往与不正之风的界限的若干问题的规定》《关于严格控制用公款为领导干部购买住房的通知》《关于区党政机关必须保持廉洁的十项规定》等。1994年，制定《关于建立处级以上领导干部个人及家庭重大事项向组织报告制度的通知》。1995年，制定《关于党政机关工作人员不准参加用公款支付的营业性娱乐活动的规定》《关于党政机关及其工作人员不准参加可能影响公正执行公务的宴请》《关于加强干部调动工作期间管理工作有关的通知》等规定。1997年，制定《关于印发〈领导干部道德行为规范〉等五个文件的通知》和《关于转发厉行节约制止奢侈浪费八个实施办法（补充规定）的通知》等。1998年，制定《关于对区属领导干部实行任职审计加强监督管理的意见》。

2000年，制定《津南区关于党员领导干部办理婚丧喜庆事宜的规定》《关于对领导干部业余时间行为规范加强监督的意见》。2001—2010年，先后出台《关于加强村级干部廉洁自律的有关规定》《关于进一步规范镇、村领导干部“走读”的意见》《关于对党员领导干部办理婚庆事宜严格监督管理的意见》《津南区行政效能监察暂行办法》《关于规范礼金登记、上交处理办法的通知》《健全教育、制度、监督并重的惩治和预防腐败体系实施纲要》《关于工作日午间严格禁止饮酒的通知》《关于实行领导干部办理婚丧喜庆事宜通报制度的通知》《关于党政机关厉行节约若干问题的通知》《关于签订〈津南区党员领导干部党风廉政建设承诺书〉的通知》等制度。

第三节　行政监察

一　执法监察

1990年始，进行执法监察。区纪检部门会同相关单位对1989年冬季救灾款的发放进行检查，对区计划内菜田化肥分配、供应和落实情况进行检查。1993年始，对征兵、招干、招生等工作进行现场监督，均未发现严重违规违纪问题。1994年，制定《津南区在房改制度改革中实行纪律监督的有关规定》。1995年，重点对农用专项资金使用情况的执法监察，提出意见、建议17条，发出整改通知书10份。1998年，制定《关于在产权制度改革中加强纪律的规定》。1999年，开展粮食流通体制改革的执法监察，查处案件25起，没收粮食29吨，罚款4.2万元。2001年，对行政审批制度改革情况进行专项监察。2002年，对8家农资生产单位和29家经营单位进行全面检查。2003年和2004年，参与防治“非典”和“禽流感”督查工作。2005年，会同区财政局等16个单位，对下乡补贴、小伙食补助发放情况进行检查，制定《津南区行政监察现场监督工作暂行办法》。2007年，区监察局协调国土资源分局、土地整理中心、财政局、规划局、建委、审计局开展国有土地使用权出让情况专项检查清理工作。2008年，区重点项目建设开展专项监督检查，制定下发《关于对重点项目建设开展监督检查工作的实施方案》，对景观综合整治工程、小站练兵园工程、天嘉湖3.5千米道路建设工程、小站三小建设工程、天津德华石油装备有限公司扩建项目工程进行监督检查。2009年，对政府投资开工建设项目进行重点监督检查，检查项目66个，提出意见和建议46条，下发监察建议书5份。2010年，开展工程建设领域突出问题专项治理工作，对80个项目进行彻查，发现问题239个，均下发整改通知书。

二　效能监察

2000年始，津南区开展行政效能监察，企业效能监察试点工作初见成效。2001年，开展行政机关服务情况行政效能监察，查找出问题30余个，制定整改措施40项。2003年，对区40个部门依法行政情况进行专项效能监察，对40个重点单位进行2次督察，接受社会监督。2005年，开展《行政许可法》贯彻执行情况进行监察，对行政许可实施主体进行全面清理。配合区土地局开展城乡规划效能监察工作，对具有行政许可审批职能单位进行行政效能监察，查出需整改问题94个。2008年，对景观综合整治改造工程进行效能监察，向区建委、区水利局、区市容委、咸水沽镇下发5份《监察建议书》。2009—2010年，会同有关部门加大对区属单位机关效能巡查力度，研究制定“四位一体”高效工作机制，联合对区属机关进行效能巡查8次，对巡查结果进行通报，制定下发《津南区机关工作效能建设责任追究暂行办法》。2002—2010年，受理行政效能投诉147件，办结145件。

第四节　违纪违法案件查处

一　信访

1985—1993年，受理群众举报1701件，转立案231件。1993—2002年，受理群众举报1638件，受理信件问题1037件，接待上访153人次，接听来电448次，转立案239件。这些来信来访案件，以反映中共党员领导干部为主。2003—2006年，受理群众信访举报463件。2007年，增设网上受理纪检监察举报系统，至2010年，网上受理举报案件45件，受理群众信访举报527件。

图16-8　1996年12月，全区案件通报暨分析大会

二　查办案件

1980—1994年，全区查处各类违纪案件501件。其中，给予党纪政纪处分的415人，行政处分的16人，开除公职留用察看的3人。1997年，查处双桥河乡东嘴村干部挥霍浪费公款百万元，贪污公款7.9万余元等特大案件。1998年，查处长青总公司东方红分公司挪用公司资金951万元、侵占公款4.6万元大案，为国家和集体挽回经济损失近千万元。1999年，出台《关于进一步加强对受党纪、政纪处分党员干部跟踪教育工作意见》。2005年，加强查办案件制度建设，下发《关于排查党员、干部违纪违法案件的通知》《纪检监察系统办案工作制度》和《关于加强查处党员干部违纪违法案件组织协调工作的意见》等文件。2007年，出台《津南区纪委办理申诉复查案件的实施办法（试行）》。2008年，与区检察院联合查办区市容委和区水利局2个违纪违法数额较大的案件。2009年，与区检察院、区审计局等单位联合查处辛庄镇上小汀村村两委班子共同贪污占地补偿款490余万元的案件。当年实行查办违纪违法案件“告知书”制度，编写《津南区纪检监察系统查办案件工作指南》。2010年，查处违纪违法案件17件，18人受到党纪处分。

1995—2010年津南区纪委违纪违法案件受理及办理统计表

表16-6

年份	受理信访举报数	来信	来访	来电	网上受理举报	初核	转立案	违纪案件立案数	结案	自办案件	挽回经济损失（万元）
1995	142	110	16	16	–	54	6	44	44	10	–
1996	180	134	21	25	–	75	8	39	37	16	38.68
1997	185	156	12	17	–	43	4	24	26	9	–
1998	224	179	12	33	–	67	13	29	29	20	558.00
1999	124	96	10	18	–	50	19	27	27	17	69.00
2000	131	89	25	17	–	40	18	28	25	18	–
2001	106	70	16	20	–	37	15	15	18	11	21.00
2002	107	70	27	10	–	39	28	41	37	20	248.29
2003	98	62	27	9	–	30	28	28	28	11	–
2004	111	71	31	9	–	33	14	21	17	14	57.50
2005	120	76	36	8	–	38	7	16	22	8	150.00
2006	134	96	25	13	–	41	12	15	15	6	435.71
2007	151	97	23	14	17	47	5	16	20	14	156.73
2008	115	78	19	11	7	31	9	16	14	8	–
2009	151	99	36	7	9	29	13	22	26	12	517.13
2010	110	73	18	7	12	25	13	15	2	10	35.00
合计	2189	1556	354	234	45	679	212	396	387	204	2287.04

第五节　专项整治与政风行风建设

一　专项治理

1993年，取消不合理收费项目66项，不合理收费31.4万元。1994年，党政机关所办149个经济实体全部脱钩，23个有行政处罚权的单位纳入财政管理，罚没收入167万元上缴财政。1995年，对全区75所中小学和中专校签订治理乱收费责任书，对7所学校提前集中收费问题予以批评教育，制定下发《关于减轻农民负担工作的安排意见》。1996年，清理预算外资金总额为5578.51万元，全部纳入财政统一管理。治理整顿公车接亲之风，收缴22名党政机关司机公车接亲所得款项2160元。1998年，清理公、检、法、工商四部门行政性收费项目16个，收费金额为1078.8万元。1999年，区政府先后出台《清理行政事业单位银行账户的实施意见》《行政、事业单位财务管理办法》《行政、事业单位财务支出管理办法》等3个文件。2000年，开展政府采购和会计委派工作，对29个基层站所实行会计结算的集中管理。2001年，制定《医药招标办法和评标定标原则》，咸水沽医院和小站医院两家医院推行“一日清单”，咸水沽医院、中医院两家区级医院落实药品收入与管理“收支两条线”的规定。2002年，对全区16所中小学收费情况进行抽查，对个别违规问题提出纠正意见。2004年，成立区治理医药购销和医疗服务中的不正之风专项治理领导小组，制定实施方案。2006年4月，召开全区治理商业贿赂动员大会，统一印制《中小学收费、退费联系卡》，下发《关于治理向企业乱收费、乱罚款和乱摊派问题的意见》。2009年，在全区行政、事业单位开展“小金库”专项治理工作，发现“小金库”4个，进行整改。2010年，对国有企业、社会团体进行“小金库”专项治理，对158.14万元违规资金进行规范。开展强农惠农政策专项检查，涉及项目52个，资金2.01亿元。

二　政风行风建设

从1994年始，连续8年开展争创勤政廉政十佳单位和十佳公仆暨行风评议活动（简称“双十佳”）。1999年，以“双十佳”评选为依托，对区属33个行政执法、窗口服务单位和部门进行评议大排行，将排名情况在《津南报》进行公布。2003年，制定下发《关于开展民主评议促进行风建设的意见（试行）》和《2003年行风评议实施方案》。2004年，将民主评议政风行风纳入区人代会、区政协会议程。2005年，区人大和区政协分别出台决定和决议，形成人大监督、政协民主监督与行政监察监督“三位一体”的工作机制，完善区人代会、政协会“两会”评议政风行风活动。2008年，将100家民营企业列入参加评议的范围，加大社会评议比重。2009年，在工商局、公安局、国税局、地税局、教育局、卫生局6个部门进行民主评议基层站所的试点。2010年，民主评议政风行风工作在全市统一进行，津南区确定39个部门和11个服务行业分别进行评议，对部门前10名、行业前3名进行通报表彰。全区40个服务窗口、144个基层站所参加评议活动。

第六节　宣传教育与调研

一　反腐倡廉宣传教育

1986年，利用有线广播、座谈、简报等形式，宣传反腐倡廉先进典型。1993年，举办“港田开发杯”廉政宣传演讲会。1994年，举办反腐败图片展和漫画展10余场。1996年，全区举办反腐倡廉宣传演讲会、报告会35场。1998年，在全区开展大唱廉政歌曲活动，创作《为官要廉政》等32个贴近生活的反腐倡廉文艺节目。1999年，举办“迎新春廉政专场文艺演出”，推出廉政典型李厚龙，在《天津日报》作长篇报道。2000—2003年，进行“双十佳”先进事迹系列宣传，举办党风廉政摄影纪实展，开展学习宣传咸水沽镇胜利村党支部书记周耀光先进事迹，拍摄反腐治本专题片《治本清源》，宣传树立身边反腐倡廉先进典型50多个。2004—2007年，协助中纪委拍摄小站镇东大站村党支部书记和村委会主任龚义成、王孝杰勤政廉政专题片《明星村里的带头人》和《为官三问》《轨道》两部廉政公益广告电视作品。开展廉政春联和廉政警句创作征集活动，编印《共产党员风采录》一书。2008年，总结宣传区畜牧水产局水产技术推广站站长张福芸先进事迹。2009年，重点推出全市廉政勤政优秀党员干部典型——双港镇党委书记。举办“共和国不会忘记，津南不会忘记——中华人民共和国成立以来津南区优秀农村干部廉政勤政五人（张凤琴、陈德智、李吉顺、姜德玉、陈武成）事迹展”。2010年，在《津南时讯》开设《勤政廉政党员干部系列报道》专栏，刊登张玉兰、张宝林、何伟、张双林、邢洪瑞等勤政廉政事迹，举办津南区颂清廉、扬正气、促发展廉政诗歌朗诵会。

在搞好反腐倡廉宣传工作的同时，在党内深入开展条规教育、主题教育、警示教育。1980—1981年，进行《关于党内政治生活的若干准则》教育，分期分批轮训党员干部。1986年，对农村党员进行党的优良传统教育。1989年，开展以廉洁为主要内容的党风党纪教育。1993—1996年，组织乡镇村干部和机关科级以上干部典型案例分析会，处科级干部反腐倡廉自律警示会，全区案件通报暨分析大会，全区11096名党员干部参加学习党规党纪知识竞赛，161名处级以上领导干部讲条规教育课166场。1997—2003年，开展党性党风党纪教育活动，举办廉洁自律警示教育报告会，遵守党的纪律专题教育活动，农村基层干部警示教育大会，开展增强“三个意识”（党的意识、群众意识、自律意识），提高“三个能力”（在是非面前辨别能力、在诱惑面前自控能力、在警示面前悔过能力）教育活动。2004—2007年，开展党纪条规教育年活动，印制“廉政警示卡”和《反腐倡廉工作百问百答》一书，分期分批组织全区党员干部集中观看市纪委拍摄制作的教育专题片《忏悔录》。2008年，集中开展“讲党性、重品行、作表率”主题教育活动，举办津南区反腐倡廉形势报告会，组织观看警示教育片。2010年，举办津南区领导干部学习贯彻《廉政准则》辅导报告会，组织全区党员深入学习《中国共产党党纪处分条例》《中国共产党党内监督条例（试行）》等党纪条规。组织反腐倡廉知识测试活动，3万余名党员干部参加测试，组织全区党员观看专题片《国企反腐警示录》。

图16-9　2009年，举办“共和国不会忘记　津南不会忘记——中华人民共和国建立以来津南区优秀农村干部廉政勤政五人事迹展”

二　调研、培训

1993—2002年，撰写调研报告118篇，被中纪委和市、区刊物采用52篇。2003—2010年，有40篇调研文章和征文在全市获奖。其中，《当前公款铺张浪费的表现及治理对策》被中纪委《反腐败信息》全文采用，并列为中央政治局有关会议的重要参考材料之一。《深化村务公开中亟须解决的问题及对策》《落实党风廉政责任制必须抓好三个环节》和《有序扩大群众参与反腐败的思路及对策》等调研文章，在中纪委《党风与党纪》等刊物刊登，《建立廉政风险预防机制，科学有效推进惩治和预防腐败体系建设》一文，获全国“深入学习实践科学发展观，扎实推进惩治和预防腐败体系建设”理论征文活动优秀奖。

2003年9月，在宝成宾馆举办纪检监察干部业务培训班，全区近百名纪检监察干部参加。2005—

2006年，全区63名纪检监察干部参加市纪委综合业务培训。2007—2010年，区纪检委每年都有针对性组织纪检监察干部进行业务培训和外出学习，有10人参加市委党校法学等专业学习。

第八章　精神文明建设

1979—1995年，加强精神文明建设，抓市容、村容村貌、环境卫生等，开展文明礼貌月活动，创建文明单位。2000—2010年，区文明办，深入开展文明创建活动、公民思想道德建设、全民素质提升工程和群众性文化活动，广泛开展群众性文化活动，推动全区精神文明建设，全区涌现出一大批精神文明建设典型经验和先进人物。其中，八里台镇“为好儿媳娘家挂匾”活动，在中央电视台《新闻联播》节目播出后，引起强烈反响。

第一节　机　构

1983年9月，成立区“五讲四美三热爱”（讲文明、讲礼貌、讲卫生、讲秩序、讲道德；心灵美、语言美、行为美、环境美；热爱祖国、热爱社会主义、热爱共产党）活动委员会。委员会下设办公室，为临时机构，工作人员由建委、工商、税务、公安等部门抽调组成。1996年9月，成立津南区精神文明建设活动指导委员会办公室。1997年10月，更名为津南区精神文明建设委员会办公室。2007年5月，增设秘书科。至2010年未变。

第二节　文明创建活动

一　文明礼貌月活动

1981年，全区开展第一个文明礼貌月活动，提出治理“脏、乱、差”。这项活动从窗口单位发展到各行各业，从突击性活动发展到有计划的综合治理，经过4年努力，整体环境有较大的改善。1984年3月，区委、区政府制定《关于开展文明礼貌月活动的通知》，活动以创建文明单位为目标，继续综合治理“脏、乱、差”，倡导优质服务，建立优良秩序，创造优美环境。1985年以后，不再开展文明礼貌月活动。

二　文明单位表彰

1985年2月，召开区文明单位命名大会，对43个文明单位，58个先进单位，24个文明村，37个文明村建设先进单位进行表彰。1986年后，每年召开一次表彰大会。1999年后，改为2年一次命名表彰。2001年，表彰95个文明村，129个文明企业，79个文明单位，28个文明机关，21个文明学校，50个文明科室，14个文明楼院，8个文明小区。2009年，召开精神文明创建活动先进集体和先进个人表彰大会，之后改为3年届时表彰制。

图16-10　2010年，“创文明交通城市做文明交通人”宣传活动

三　创建文明社区、文明镇村

2000年，津南区开展创建文明城镇活动。2004年11月，区文明委下发《关于深入开展创建文明社区文明村的意见》，制定创建标准。截至2010年，全区创建6个文明城镇：双港镇、咸水沽镇、葛沽镇、双桥河镇、北闸口镇、小站镇；3个文明社区：咸水沽镇益华里社区、惠苑里社区，葛沽镇东风里社区；28个区级文明村。

第三节　公民思想道德建设

一　公民道德实践活动

2001年，开展系列学习实践活动：举办学习《公民道德建设实施纲要》（简称《纲要》）骨干培训班、智力竞赛，举办《纲要》内容图片展，制作100多张展牌，6000余人次参观。八里台镇在各村相继开展"为好儿媳娘家挂匾"活动，此项活动被《人民日报》《光明日报》《农民日报》等8个中央级报刊采访、报道，在社会上引起强烈反响。2003年9月20日，为全国第一个公民道德宣传日，津南区以此为契机，每年组织开展座谈会、报告会、集中宣传日等各项公民道德实践活动。

二　全国和市级道德模范评选

2007年，中央文明办、共青团中央、全国妇联等部门共同举办全国道德模范评选活动后，津南区积极参与评选活动。2009年，荣程集团总经理张荣华在第二届评选活动中，获"全国道德模范提名奖"。在第三届全国道德模范评选活动中，津南区小站镇居民赵静华获得"全国道德模范提名奖"和第二届天津市孝老爱亲模范（2007年，赵静华被评为"感动天津十大人物"），双港镇王淑云获得第二届"天津市道德模范提名奖"。中央电视台综合频道《身边的感动》栏目、中央电视台新闻频道《第三届全国道德模范候选人事迹展播》栏目对赵静华捐肝捐肾救丈夫的典型事迹进行专题报道，《天津日报》"津门好人榜"，专版刊发赵静华和王淑云的先进事迹，在全区产生强烈反响。

三　"四下乡"活动

2003年1月，区委宣传部制定《关于开展津南区"文化、科技、卫生、法律下乡"活动的安排意见》。2004—2010年，每年制定活动安排意见，协调相关部门开展活动。在活动中，组织科技人员和种养示范户，以培训、咨询、服务、示范、展示、宣传等多种形式，普及推广新技术、新知识、新成果，解决农民生产中遇到的问题。利用现有文化、体育设施、场所，开展丰富多彩的群众性文化、体育活动，送图书、送春联、送书画、送文艺。组织医疗卫生小分队，宣传防病保健知识，送医送药，义务为群众诊病治病，开展卫生科普知识宣传和咨询服务活动。组织法律咨询服务小分队送法下乡入户，发放资料，宣传法律知识，开展法律咨询，提高公民的法律素质。开展移风易俗宣传活动，宣传《公民道德建设实施纲要》，普及科学知识，宣传科学思想，增强科学意识，提高科学文化素质。

四　"六进社区"活动

2002年，区委宣传部、区文化局在全区开展文化进社区活动，活动以创建先进社区为载体，发挥各类社区文化设施作用，组织具有社区特色，群众喜闻乐见，便于参与的各类文化艺术活动。2005年，区委宣传部、区文明办等10多个部门联合开展"六进社区"（科教、文化、体育、卫生、环保、法律）活动。2006—2010年，区委宣传部、区文明办协调相关部门举办社区文化知识培训班，利用文化站、图书站、社区广场等阵地，组织读书、演讲、歌咏、曲艺等群众性文化活动。完善健身场所和设施，广泛普及科学文明健康的生活方式。健全社区居民健康档案，动员各级各类卫生机构、卫生人员和志愿者，加强健康教育、预防、保健、医疗等基本卫生服务。宣传环保知识和环境保护法律、法规教育，开展"绿色家庭""绿色社区"创建等活动。举办社区法制讲座、法律知识竞赛、法律咨询、送法进社区等形式多样的法制宣传教育活动。

五　未成年人思想道德建设

2004年之前，未成年人教育主要由教育系统负责，在中小学校设有德育课。2004年，津南区委下发《关于贯彻落实〈中共中央国务院关于加强和改进未成年人思想道德建设的若干意见〉的实施意见》，区文明委就关于加强和改进未成年人思想道德建设做出安排部署，明确目标任务和分工。区文明办联合教育局、妇联、团委等部门开展"民族精神代代传"系列教育活动，"文明习惯伴我成长""做一个有道德的人"等主题教育实践活动。发挥社会教育网络作用，净化网吧、音像文化娱乐场所，推进社会文化管理力度，净化校园周边环境。2009年，申报创建快乐营地，组织各快乐营地利用寒、暑假开展丰富多彩的活动，丰富未成年人生活。截至2010年，全区创建快乐营地24个。2010年，召开区未成年人思想道德建设工作推动会，制定《津南区深入推进未成年人思想道德建设实施意见》《津南区深入推进未成年人思想道德建设任务分工》等文件，改善社会文化环境，不断完善学校、家庭、社会"三位一体"未成年人教育网络，扎实推进校外活动阵地建设，全区未成年人综合素质和思想道德状况有了新的提高。

第四节　全民素质提升工程

2008年，在全区范围内开展"同在一方热土，共建美好津南"活动，广泛开展"迎奥运、讲文明、树新风""解放思想，科学发展"大讨论，决战150天，治理环境，告别陋习，建设美好的城乡环境，创造良好的公共秩序，培育文明和谐的社会风尚，提供优质高效的社会服务，各项活动取得明显成效。区文明办会同有关部门先后制定《关于在全区开展"优化市容环境、打造美丽津南"专项治理活动的实施方案》《关于在全区开展"迎奥运、治理丧葬陋俗、共建美好家园"活动的实施方案》《关于在全区开展"以优良的交通秩序、文明的交通行为，迎接奥运盛会"活动的实施方案》《关于在全区开展"学习践行礼仪、文明从我做起"活动的实施方案》《关于在全区中小学开展"我的奥运我做主"主题教育活动的实施方案》五项重点活动的实施方案，使"同在一方热土，共建美好津南"活动向纵深发展。通过主题教育活动、专项整治活动、集中日活动、学习教育培训、知识竞答等方式提高全区广大干部群众参与的积极性，形成活动高潮。

2009年，为深化"同在一方热土，共建美好津南"活动，在全区开展"津南新风尚"全民素质提升工程。建立组织机构，明确职责分工，广泛宣传发动，利用全区各种阵地和载体，全方位、多层面开展形势政策宣传教育和主题教育活动，增强全区人民热爱津南、建设津南、发展津南的责任感和使命感。2010年，确立"共学、共创、共建、共享"的工作主线和活动载体，举办法制讲座、文明礼仪知识竞答、"我为津南添光彩"演讲比赛、谈家教讲座、村级宣传培训班、社区管理与服务讲座、职业礼仪讲座等活动。发挥津

图16-11　2010年，"新年新风尚"万人志愿服务活动

南电视台、电台、《津南时讯》、津南政务网等新闻媒体的舆论引导作用，每月1期“新风尚光荣榜”，大力宣传各行各业先进典型。对家庭美德建设系列活动、新农村建设工作队先进个人、“十大杰出青年”、身边好人、十佳警星、妇女干部等各类先进典型进行宣传。结合重要节日和重点时段，每月组织集中行动，重点进行净化社会文化环境、改陋习树新风宣传、志愿者服务、文明行为督导等方面的宣传教育、集中行动。开展“新年新风尚”万人志愿者服务活动，“新春新风尚”党员、团员、干部奉献日活动，“创文明交通城市，做文明交通人志愿服务活动日”活动，“新年新气象”志愿服务活动等。

第五节　群众性文化活动

1996年，通过各类文化艺术节、群星大舞台、送电影下乡、红色歌曲大家唱、体育比赛、运动会等活动载体，开展农民文体活动展演、津南区第七届小海鸥艺术节、激情津南广场舞比赛、激情津南“国粹酒业杯”文艺系列活动、“情系建设者”文艺演出、“欢乐行”“体育健身展示”“民间花会展演”“富凯杯”篮球赛、“庆重阳颂美德”老少同乐联欢会等群众喜闻乐见的文化体育活动，丰富群众业余文化生活。2006年，区委宣传部、区文明办、区文化局联合组织开展津南区“欢乐行”艺术团进镇村、进社区专场文艺演出活动，全年演出8场，参与演员近百人，观众近2万人，受到全区广大居民群众的普遍赞誉。2007年，继续增加资金和投入，充实津南区“欢乐行”艺术团演员阵容，先后深入社区、村镇、军营演出9场。2008年，以“迎奥运”为主题开展丰富多彩庆祝活动。2009年，在中华人民共和国成立60周年期间，区文明办转发《“爱国歌曲大家唱”群众性歌咏活动的通知》，在全区开展“爱国歌曲大家唱”群众性歌咏活动。区委宣传部、区文明办、区文化局联合举办“庆祝中华人民共和国成立60周年‘献给祖国的歌’群众歌咏大会”，全区22个单位，近千人参加歌咏演出。2010年，举办第六届文化艺术节、第七届小海鸥艺术节；各有关部门以“百姓共享新生活”为主题，开展激情广场、秧歌和高跷展演、歌曲大家唱等寓教于乐的文化体育活动，文化演出200多场次，免费放映电影400余场；以“激情津南”为主题消夏纳凉广场文艺系列活动，2个月演出40余场。举办津南区第24届“建设开发杯”机关干部冬季长跑运动会、“渤海证券杯”乒乓球大奖赛、“市容环卫杯”篮球邀请赛、“城建杯”妇女三八健康体育活动等，加强精神文明建设，营造健康和谐的社会氛围。

图16-12　2007年，建设社会主义新农村——津南区“欢乐行”艺术团文艺演出

附：

津南新风尚
——评选好儿媳、为好儿媳娘家挂匾活动

20世纪80年代，南郊区在全区开展评选好媳妇活动，以弘扬社会公德。1986年，辛庄镇邢庄子村的农村妇女刘金秀被全国妇联评为“全国好媳妇”，成为境内获此殊荣第一人。随着此项活动的深入开展，津南区各镇评选好儿媳，树立新风尚的社会新风如火如荼推开。在津南区委、政府领导下，评选活动也与时俱进，从评选好儿媳扩展到社会美德建设系列活动，全区建设农村新风尚蔚然成风，特

别是八里台镇，开展得更是特色突出。

20世纪90年代前，八里台镇（含原双闸镇）交通不便、经济落后。经济的窘迫，常常会发生因赡养老人问题而引起的诉讼案、离婚案。当地婆媳不和、妯娌不睦、邻里争吵的现象普遍存在。村镇干部很大精力消耗在调解家庭纠纷上。于是，镇领导决定以提高儿媳妇道德素质为突破口，以评选好儿媳，强化家庭美德教育，促进家庭、社会和谐。他们首先举办家庭伦理道德培训班，由镇妇联、司法所的干部和在群众中德高望重的人组成“讲师团”，以国家有关法律、邻里实例作教材，请家庭矛盾突出，经过学习化解矛盾的家庭成员，到各村巡回讲课，教育群众。至2010年，八里台镇举办50余期家庭伦理道德培训班。同时，根据广大妇女“想富、盼富”的心理，把各类实用技术、致富信息融入培训班中，促进她们增收致富，提高学习的积极性，使妇女受教育面达到90%以上。许多妇女不仅成为孝亲敬老的好儿媳，而且成为懂技术、会经营的致富带头人。镇领导精心设计评选好儿媳的程序，由群众推荐后，通过召开家庭座谈会、邻居座谈会，把发现出来的好儿媳的事迹认真总结，然后经代表评议、支部确定、妇联考察、党委审批。为让基层领导更加重视此项活动，还把评选好儿媳活动纳入对村支部的目标考核中。

1990年始，八里台镇评选出第一批10名“好儿媳”，每年镇政府都要组织隆重的庆祝宣传活动，大力宣传表彰好儿媳的典型人物，并利用媒体广泛介绍。为使评选好儿媳活动进一步扩大影响，1994年春节前夕，双闸镇（2001年10月并入八里台镇）党委决定为当选好儿媳的娘家挂匾。镇党委、政府班子成员分头带队，镇中层干部、各村党支部书记、村委会主任携礼物参加，把题有“女儿孝敬公婆，娘家无上光荣”的金匾挂到好儿媳娘家的门楣上。由镇里开出十辆彩车，一路上锣鼓齐响，鞭炮齐鸣，好儿媳们披红戴花，接送汽车彩旗招展。好儿媳娘家门口高搭彩虹门，铺上红地毯，村领导、德高望重的长者出席。婆家这边人山人海，娘家那边夹道欢迎。让争做好儿媳，为父母争光，成为儿媳妇们的荣耀。

评选好儿媳、为好儿媳娘家挂匾的做法，得到天津市领导的充分肯定，市委宣传部、市文明办、市农工委、市妇联等部门对“评选好儿媳”“为好儿媳娘家挂匾”的做法进行了总结推广。《天津日报》《今晚报》、天津电台、天津电视台等全市主要新闻媒体，以通讯、报告文学、消息等多种形式进行了广泛宣传。此项活动也被中宣部列为重大宣传典型，新华社、《人民日报》等中央12家新闻媒体给予集中报道。1998年、1999年春节期间，中央电视台在《新闻联播》节目中进行报道。中宣部、中央文明办在央视七套农业频道开设的《乡风文明》栏目专门来到津南区采访报道好儿媳评选活动，在该栏目以《比比看谁是好儿媳》为题，对八里台镇的经验做法进行了宣传报道。节目播出后，受到全国社会各界的广泛赞扬。评选“好儿媳”活动已成为天津城乡精神文明创建活动中一道靓丽的风景线。“好儿媳评选活动”也成为津南区搞好农村精神文明建设，树立社会新风尚的特色活动。好儿媳评选活动营造出一方独特的善良淳朴的民风，促进了地区道德素质的提升。每当春节临近，八里台镇评选好儿媳活动就会进入高潮，成为全镇百姓的一件大事。街头巷尾，茶余饭后，人们都在议论谁家的儿媳妇最孝敬公婆，谁家的儿媳妇最能勤俭持家，许多老人开始找村干部为儿媳妇评功摆好。同时，八里台镇领导还不断适时创新活动形式，深化家庭美德建设。结合评选好儿媳，2002年，又开展了“幸福老人”等家庭美德系列评选活动，八里台镇成为全区、全市文明新城镇之一。

评选“好儿媳活动”在津南区产生了广泛的影响，得到津南区领导高度重视，区领导每年都对全区开展好儿媳以及农村精神文明建设工作做出具体部署。2002年，区委、区政府为引导社会新风尚深入开展，根据津南区家庭美德建设系列活动开展情况，做出《关于2002年度家庭美德建设系列活动的表彰决定》：在全区对评选出的“文明家庭”“幸福老人”“好儿媳”“好丈夫”“好儿女”予以表彰。津南区以家庭美德建设系列活动为切入点的农村社会主义精神文明建设，得以更好地深入开展。“好儿媳活动”在津南大地遍地开花，全区各镇争做好儿媳、好丈夫、好儿女、文明家庭蔚然成风，形成一种社会新风尚。

至2010年，八里台镇评选出256名好儿媳，每个好儿媳的背后都有一段感人至深的故事，她们的先进事迹成为佳话广为传颂。

捐肝肾救夫——好妻子

赵静华，女，44岁，津南区小站镇和平路社区居民。1996年从辽宁抚顺再婚嫁到小站镇。丈夫崔连发是一位普通居民，有一女儿。在这个重新组成的家庭中，赵静华充当着多种角色。做到夫妻恩爱，婆媳和睦，母女亲近。更令人感动的是当丈夫患病生命垂危的关键时刻，她毅然冒着生命危险为丈夫捐出肝和肾，挽救丈夫的生命，以实际行动谱写了一曲真爱的赞歌。

2005年，丈夫崔连发罹患尿毒症，靠透析来维持生命。2006年10月16日夜里，丈夫全身不停地抖动，脸部每隔几分钟就会抽搐一次，而且越发严重，送到医院时已经陷入重度昏迷。几个小时后，一纸“尿毒症末期”的确诊书让赵静华悲痛欲绝。她从医生处获悉，如果要让丈夫活下去，换肾是唯一选择，否则以他的病情，估计也就能维持一年，面对生命垂危的丈夫，她觉得不能就这样放弃了，毕竟还年轻。这个坚强女人把目光投向丈夫的脸。“你去做手术吧，我的两个肾给你一个，一定能治好你的。”2006年12月27日，在赵静华的强烈坚持下，夫妻俩到医院做肾移植配型初筛，结果让赵静华很兴奋——配型恰好吻合。遗憾的是，肝功能和肝脏超声波检查中，医生却发现崔连发的肝脏已经出现严重的硬化和腹水，最好是肝肾联合移植。深思熟虑后，她再次做出惊人决定——把肝也捐给丈夫。

活体肝肾联合移植在国际上开展的都非常少，在亚洲还是首例；而单一供体并且还带肝中静脉的，在全球更是尚无先例。医院反复提示手术的危险性，让赵静华重新对捐赠行为做出最后决定。然而，这个性格倔强的东北女人却没有被家人反对和医生劝告吓退。只是要求在手术前回老家一趟，看看父母。

2007年9月24日，赵静华提前两个小时进入手术室，经过21个小时手术，她60%的肝脏和一个完好的肾脏移植到丈夫体内。这个全球首例肝肾联合移植手术进行得非常成功。经过一个多月的术后恢复，崔连发夫妇双双出院回到家中，赵静华依然托着尚未痊愈的身体无微不至地照顾着丈夫。崔连发逢人便讲，没有我的好妻子，我的命就没了。

“何为真爱？”这是一个被追问了千年的话题。赵静华用自己的身体做出了回答——他活着，我就活着；他死了，我也没法活。在坚定的承诺里，在温暖的目光里，丈夫的生命或许依然脆弱，但妻子的真诚早已坚如磐石。见证了这个奇迹的人们都说，她的行动，让我们更加坚信：天地之间自有真爱。

2007年，赵静华被评为“感动天津十大人物”。她的先进事迹经全国各大新闻媒体宣传报道后，引起强烈的社会反响，社会各界纷纷伸出关爱和援助之手，积极资助夫妻俩恢复健康。2011年，赵静华荣获全国道德模范提名奖。

第九章　统一战线工作

区委统一战线工作部恢复后，统战工作坚持和完善中国共产党领导的多党合作和政治协商制度，宣传统战理论，落实党的统战政策，加强同党外人士的合作共事及海外联谊，搞好对台、民族宗教及侨务工作，抓好民主党派和非公经济人士参政议政工作，为经济建设和社会发展建言献策。

第一节 机 构

1982年，恢复区委统一战线工作部（简称区委统战部）。1991年，建立台湾工作办公室（简称区台办）。1993年，成立区海外联谊会。2001年，区委统战部和区台办合署办公，设：秘书科、联络科。至2010年未变。

第二节 多党合作

一 民主党派工作

1982年，恢复区委统战部，民主党派工作主要是做好各民主派组织恢复和组织建立工作，选配好各民主党派负责人。1992年，组织搞好党派学习培训、班子建设、组织换届工作和指导活动，总结推广聘请民主党派担任党风、党纪监督员，发挥民主监督作用的经验。1995年，制定《关于中共津南区委与民主党派进行政治协商、民主监督的实施细则》。2005年，制定《关于贯彻〈中共中央关于进一步加强中国共产党领导的多党合作和政治协商制度建设的意见〉的建设实施意见》。2007年9月，组织民主党派开展"我为津南发展建一言、献一策"活动。2008年，各民主党派为汶川特大地震灾区累计捐款20余万元。2010年7月，市委统战部组织"同心水窖"活动，区各民主党派捐款1.56万元。

二 民族宗教工作

80—90年代，区委统战部贯彻中共中央有关民族宗教政策，协调协助有关部门，尊重少数民族风俗习惯，帮助民族村解决生活生产上的实际困难，发展经济。保护正常的宗教活动，加强场所管理，团结教育宗教界人士贯彻党的改革开放政策。2000年，组织津南区宗教代表人士学习座谈，贯彻民族宗教政策，保持津南区天主教工作稳定。2002年，协助解决葛沽镇西关小学危房维修和新建教学楼鉴定问题，帮助解决北闸口天主教堂维修和日常管理经费问题，妥善解决小站清真寺教产遗留问题。2006年，以"共同团结奋斗、共同繁荣发展"为宣传教育主题，深入民族村、宗教活动场所，宣传党的民族宗教政策，化解民族矛盾纠纷，维护民族团结。会同有关部门协商解决咸水沽镇基督教宗教场所拆迁问题，落实临时宗教活动场所，规划新建基督教场所。2007—2010年，在圣诞节、伊斯兰开斋节，以及重大活动期间区委统战部会同有关部门开展走访慰问活动，宣传党的民族宗教政策，做好思想工作，维护民族团结和社会稳定。

三 非公经济代表人士工作

1986年，统战部与工商联通过组织座谈、召开会议等形式加强非公经济代表人士思想政治工作。1991年始，每年召开1~2次非公经济人士代表座谈会，交流企业管理经验。1996年，在全区非公有制经济中开展"三新活动"（加快发展上新台阶，科学技术上新水平，公益事业作新贡献）。1999年，教育引导非公经济代表人士，参与集体企业改革改制，全区38家非公企业采取租赁、兼并、购买等形式参与集体企业改革。2001—2002年，引导非公有制经济代表人士突破家族式管理，实行现代企业管理制度。2003年，开展对已故原工商业者无工作配偶身份认定工作，为11名已故原工商业者身份做出认定，使其遗属及时得到低保补助。2008年5月，汶川特大地震发生后，全区非公经济代表人士踊跃捐款。其中，天津宝成机械集团董事长柴宝成捐款120万元，天津立林集团董事长王树林捐款100万元，荣程集团董事长张祥青捐款1.1亿元。2009—2010年，全区95名非公经济代表人士累计捐款59.96万元。

四 党外人士工作

1995年，召开全区非党中青年干部座谈会，推荐提拔2名党外处级干部。1996年，制定《关于进一步加强党外干部工作的实施意见》。1997年，制定《关于推荐党外新人选的通知》。1998年，举办统一战线成员培训班，参加培训的多数是党外人士。1999—2001年，两次召开党外人士通报会，时任中共津南区委书记通报区委、区政府主要人事变动情况。2006年11月，召开党外人士情况通报会，中共津南区委书记通报第九届党代会筹备情况、工作报告主要内容及今后5年发展思路。2006—2010年，选送7名党外干部参加市社会主义学院培训学习。2010年2月，召开党外人士通报会，由中共津南区委书记通报2009年全区主要经济指标完成情况，经济发展中存在的问题和2010年经济建设总体发展思路、目标任务。

第三节 台湾事务

一 涉台宣传

1993年，举办近期台湾政局和两岸关系形势报告会。1995年始，每年举办台情报告会、培训班和涉台知识讲座。1998年，制作“中国·天津”国际交流节目为载体的涉台教育活动。1999年，把涉台教育纳入各级中心组学习计划，在中小学生中开展《国旗下——我爱宝岛台湾》系列主题教育活动。2000年，组织两次党对台政策学习座谈会，5场“台情报告会”。2001—2003年，把处级以上领导干部涉台教育纳入党校培训规划，在全区中小学生中开展“祖国宝岛在我心中”手抄报等一系列活动。2005年，印发反分裂国家法学习资料，发放教育片光盘100多套。2006—2010年，组织全区359名处级以上领导干部参加涉台知识的学习答卷活动，召开学习纪念《告台湾同胞书》发表30周年座谈会。

二 对台经贸

1993年，津南区有台资企业12家。1994年，新增台资企业8家，区委召开对台经济工作座谈会。1995年，区委统战部召开海外联谊常务理事会，组织部分理事参观考察全区“三胞”（台湾同胞、港澳同胞、海外侨胞）投资企业。1997年，促成1家台资企业开工。1999年，新上台资项目5个，投资总额409万美元。2005年，会同津南开发区管委会运作建立津南台湾塑料工业园事宜，当年进驻企业3家，投资1500多万美元。2006年5月和10月，组团参加第八届海峡两岸经贸交易会和上海台商投资资源交流会，协调台资企业上岛咖啡在新建成的文化艺术中心签约，成立上岛咖啡津南店。2007年，全区投资经营的台资企业达33家，总投资额7000多万美元。2009年，制定服务台商20件实事。2010年，区台办参加台湾名品博览会接待服务工作。

三 对台交流

1991—1992年，制定《关于台办和台办干部与台湾同胞通信有关事宜的意见》和《关于台胞来我区扫墓和办理丧葬问题的意见》。1994年，召开第一次台商中秋联谊会。1999年，组织台商开展“献爱心，回馈社会”活动，协调运作“津南区少年棒球队赴台比赛交流”项目，于2000年12月赴台进行访问和少儿棒球友谊赛。2001—2003年，接待台湾记者团对宝成公司的采访，“津南区农业经济考察团”赴台考察，区政府经贸代表团赴台进行招商引资，葛沽镇经贸考察团赴台交流，邀请台商参加“津南区中秋联谊会”。2004年，区教育系统团组赴台。2005年，由时任区委书记郭天保带队一行8人经贸考察团赴台，同台湾一些知名大企业负责人进行交流洽谈。接待台湾国际奥委会委员吴经国，台湾农业大学教授等团组20多家考察团到津南区访问考察。2006年，区卫生团组一行10人赴台交流，接待台湾商业促进会高雄分会一行24人访问团访问津南区。2007年7月，接待台湾和桐化学股份有限公司董事长特别助理陈宪诚一行到津南区进行商务考察。2008年，接待台湾农民党负责人谢永辉一行17人的台湾农业考察团。2009年，配合辛庄镇和海河工业园区管委会，接待两岸关系友好促进会会长徐大伟一行。2010年7月，接待台湾团组到津南区进行参观考察，中秋节前夕，举办台商第三届中秋联谊座谈会。

四　处理涉台纠纷

1991年，区台办成立后始终站在政治的高度，从维护全区大局稳定出发，处理涉台矛盾纠纷和台商投诉的工作。至2006年，全区没有出现严重的涉台矛盾纠纷事件。2007年，召开津南区对台工作会议，传达学习中台办、国台办《关于进一步加强台商投诉协调工作的意见》，调整和充实涉台突发事件工作领导小组，对涉台突发事件协调办公室和工作联系人网络责任单位和责任人，进行确认和登记，落实分工，明确责任。完善涉台突发公共事件应急预案，建立健全工作网络和联系网络，提高预防和处置涉台突发事件的能力。协调解决天津狮城文具有限公司产权和法人变更纠纷案件。2008年，协助津南国家农业科技园区与某台资企业经营蝴蝶兰花卉项目矛盾纠纷案件，使该案件得到圆满解决。2009年，协助津南开发区、区供电局与台资企业解决因停电事故引起的罚款纠纷事件，台资企业非常满意。2010年，多次与区法院协调解决北闸口镇某韩资企业倒闭与广东省东莞市某台资企业债务纠纷案件。

五　台胞台属工作

1992年，对全区台属情况进行调研，全区有台属270户999人，主要是中华人民共和国成立前随国民党军队到台湾，或是随船出海到台湾的人员。至2010年，部分人员多数已经去世或年事已高，均与家乡没有联系。

第十章　机构编制

区机构编制委员会(简称区编委)既是区委的工作部门，也是区政府的工作部门，列入区委机构序列。区编委贯彻执行市委、市政府有关机构改革和机构编制工作安排部署，履行职责，做好行政管理体制和机构改革以及职能配置、机构设置、编制等工作。

第一节　机　构

1985年7月，建立南郊区编制委员会，下设办公室(科级)。1990年9月，区编制委员会办公室规格升为处级。2007年5月，区机构编制委员会办公室下设秘书科。

第二节　机构改革

津南区从1984年5月始，进行第一次机构改革，至2010年底，进行6次机构改革。

一　第一次机构改革

（一）区委

1984年5月，农村工作部改为农村政策研究室，撤销教育卫生体育工作部。建立政法委员会（不建实体机构，区委办公室有2名专职干部负责）。老干部局与组织部合署办公，纪律检查委员会、党校单独设置，不列入区委序列。

改革后区委机构有：办公室、农村政策研究室、组织部、宣传部、统战部。

（二）区政府

1984年5月，计划委员会改为计划经济委员会，农业办公室改为农业经济委员会，社队企业管理局改为乡镇企业经济委员会，信访办公室并入政府办公室，城建房管局改为城乡建设委员会，环境保护办公室、人民防空办公室与城乡建设委员会合署办公。建立工农教育委员会（不设实体机构）。农林局公社科改为农村合作经济经营管理站，外贸局暂时保留名称。供销社改为农村合作商业组织（不列入政府序列）。物资站归口计划经济委员会管理，农机局改为农业机械化服务公司。撤销地震办公室，并入科学技术委员会。人事科与劳动局合并，建立劳动人事局。物价委员会改为物价局，爱国卫生运动委员会办公室与卫生局合署办公。托幼办公室并入区政府办公室。改革后区政府设25个工作部门。

（三）机构调整

1986年5月，区人民武装部改归地方建制，列入区委工作部门序列。8月，恢复建立区工商业联合会。1987年4月，建立区计量管理局。6月，建立区党史资料征集委员会，列入区委工作部门序列；恢复区政府人事科，区劳动人事局改为区劳动局。8月，建立区规划土地管理办公室，与建委一套机构两块牌子。

二　第二次机构改革

1988年1月，区民政科改称为民政局，人员编制、机构规格不变；3月，建立区政府经济协作办公室；5月，区政府人事科改为人事室，人员编制、规格级别不变；7月，建立区监察局，区政府统计科改设为区统计局，规格定为处级；8月，区委政法委员会设为实体机构；11月，建立区档案局、区委研究室。1989年4月，人事室更名为区人事局，人员编制、机构规格不变；5月，组建区残疾人联合会（副处级）；8月，区税务局划归市垂直管理；12月，区计量管理局改建为技术监督局。1990年5月，恢复区农业机械管理局（撤销农业机械化服务公司），建立区物资局；区委办公室机要科改称为区委机要科（副处级），由区委办管理；6月，区老龄委办公室定为副处级；9月，区编委办公室的规格定为处级，建立区政府法制办公室、区经济体制改革委员会（在区委研究室挂牌子）、区政府侨务办公室；11月，建立区保密局（与保密委员会办公室一套机构两块牌子）。1991年5月，建立区社会治安综合治理委员会办公室（与区委政法委合署办公）、区委台湾工作办公室（挂区政府台湾事务办公室牌子）；7月，区交通运输管理所改为区交通运输管理处（处级，列入政府序列）。1992年7月，建立区规划土地管理局（政府序列）；11月，设立区人民政府长青办事处（副处级）；12月，区交通运输管理处更名为区交通运输管理局，原职能、规格不变。1993年5月，建立区对外经济贸易委员会（处级，政府序列）。1994年6月，区人大机关增设代表联络室、研究室（处级）；10月，区人民政府长青办事处的规格调整为处级；12月，区政协机关增设专门委员会办公室（处级），建立津南经济开发管理委员会（区政府派出机构，处级）。1995年10月，区残疾人联合会的规格调整为处级，由区直管。1996年2月，区精神文明建设活动指导委员会办公室按实体机构设置。4月，区人民武装部收归军队建制。

三 第三次机构改革

（一）区党政机构

1996年，区纪律检查委员会与区监察局合署办公，老干部局由组织部管理，保密委员会办公室（保密局）由区委办公室管理，精神文明建设活动指导委员会办公室由宣传部管理，撤销农村政策研究室。党史资料征集委员会改为党史研究室（为事业单位）由组织部管理。

1996年，区政府计划经济委员会更名为计划与经济委员会，农业经济委员会更名为农业委员会，教育局更名为教育委员会。组建商业委员会、房地产管理局、市容环境卫生管理局。民族宗教事务办公室（与侨务办公室合署办公），爱国卫生运动委员会办公室与市容环境卫生管理局合署办公，法制办公室由区政府办公室管理，地震办公室由科学技术委员会管理，物价局由计划与经济委员会管理。组建国有资产管理局（副处级），由财政局管理。农业区划办公室并入农业委员会，农业机械管理局改为事业单位，广播电视局为处级事业单位。撤销托幼办公室、外贸局，物资局改建为物资总公司。

（二）区人大、政协机关

1996年，区人大常委会设：办公室、研究室、代表联络室。

1996年，区政协设：办公室、专门委员会办公室。

（三）机构调整

1996年，侨务办公室挂外事办公室牌子，人民防空办公室由区政府办公室管理，房地产管理局与规划土地管理局合署办公（1998年4月又分开单设），在商业委员会挂第三产业办公室的牌子。建立区直属机关党委，撤销区委机关党委和区政府机关党委。区物资总公司，为区直属中型全民企业。1997年1月，建立区机关事务管理中心（区政府直属事业单位，处级）；12月，区委机要科更名为区委机要局。1999年3月，区劳动局更名为区劳动和社会保障局；9月，区工商局划归市垂直管理。2001年3月，建立区防范和处理邪教问题办公室（处级），由区委办公室管理。是年，区技术监督局划归市垂直管理，区供销社核定事业编制，组建天津市药品监督管理局津南分局，由市垂直管理。

四 第四次机构改革

（一）区委

2001年11月，文明办设在宣传部；台办与统战部合署办公；老干部局由组织部管理；保密局由区委办公室管理；机要局并入区委办公室（规格级别不变）；机构编制委员会办公室列入区委机构序列；区防范和处理邪教问题办公室由区委办公室管理；区档案局与档案馆一个机构两块牌子，由区委管理。区委党校、党史研究室仍为区委直属事业单位（党史研究室由组织部管理）。区直属机关党委由组织部管理。

（二）区政府

2001年11月，计划与经济委员会更名为发展计划委员会（挂信息化办公室的牌子）；城乡建设委员会更名为建设管理委员会；计划生育委员会更名为人口和计划生育委员会；教育委员会更名为教育局；体育运动委员会更名为体育局；规划土地管理局更名为规划和国土资源局；粮食局更名为粮食办公室。撤销农业委员会和农林局，组建农业经济委员会（挂区绿化委员会办公室牌子）。畜牧水产局改为事业单位（规格级别不变，保留行政职能），由农业经济委员会管理。农业机械管理局更名为农业机械发展服务中心，仍为处级事业单位，保留行政职能，由农业经济委员会管理。新组建农业技术推广服务中心（处级事业单位），由农业经济委员会管理。撤销乡镇企业经济委员会，组建工业经济委员会。设立安全生产监督管理局（与区安全生产委员会办公室一个机构两块牌子），设在劳动和社会保障局内。市容环境卫生管理局、爱国卫生运动委员会办公室合并组建市容环境卫生管理委员会（加挂爱国卫生运动委员会办公室的牌子）。侨务办公室更名为外事侨务办公室，经济体制改革委员会更名为经济体制改革办公室（在区委研究室挂牌子）。撤销国有资产管理局，并入财政局（在财政局挂国有资产管理办公室的牌子）。人民防空办公室属于国防动员委员会的办事机构，设立旅游办公室（与对外经济贸易委员会合署办公）。水利局挂节约用水办公室牌子，撤销三产办公室。老龄工作委员会办公室改设在民政局（规格不变）。国防动员委员会的综合办公室、经济动员办公室、交通战备办公室、武装动员办公室分别由相关部门承担。法制办公室由政府办公室管理，物价局由发展计划委员会管理，地震办公室由科学技术委员会管理。

五　第五次机构改革

2002年1月，区政协机关增设研究室，区工会更名为区总工会。2003年7月，区委办公室督查科调整为区委督查室（副处级）。2004年2月，区文化局挂新闻出版局（版权局）牌子；10月，区安全生产监督管理局由设在区劳动和社会保障局调整为区政府工作部门。2005年8月，区机关事务管理中心挂区机关事务管理局牌子；9月，区红十字会单独设置（处级）；11月，建立区人民政府行政审批管理办公室（处级），挂行政许可服务中心牌子。2006年7月，区旅游办公室更名为区旅游局（仍与对外经济贸易委员会合署办公）；11月，组建区城市管理综合执法局。2007年2月，区防范和处理邪教问题领导小组办公室改为区委政法委管理；3月，区科学技术委员会挂区知识产权局牌子；4月，区政协机关增设委员联络室；6月，区发展计划委员会改组为发展和改革委员会，区委研究室不再挂经济体制改革办公室牌子，其职责划入发展和改革委员会；7月，组建区国有资产监督管理委员会，与区财政局合署办公；8月，区规划和国土资源管理局分设为市国土资源和房屋管理局津南分局，由市垂直管理，区规划局为区政府工作部门，区政府法制办公室挂区政府行政复议办公室牌子；11月，区规划局划归市垂直管理。2008年4月，建立区政府应急管理办公室。2009年10月，建立区密码管理局（与机要局一个机构两块牌子）。

六　第六次机构改革

（一）区委机构调整

2009年，组建区委、区政府调研督查考核办公室，挂区委研究室牌子，列入区委序列。

2009年，将原广播电视局和有关单位职能整合，组建津南区新闻中心（区属事业单位，处级），由区委宣传部管理。

（二）区政府机构改革

2009年，组建商务委员会（不再保留商业委员会），对外经济贸易委员会、旅游局由商务委员会管理。组建人力资源和社会保障局（挂公务员管理局牌子），不再保留人事局、劳动和社会保障局。组建市容和园林管理委员会，不再保留市容环境卫生管理委员会。组建水务局，不再保留水利局。组建文化广播电视局（挂新闻出版局、版权局牌子），不再保留文化局、广播电视局。组建金融服务办公室，法制办公室改为区政府工作部门。将畜牧水产业发展服务中心（畜牧水产局、兽医局）、农业技术推广服务中心、农业机械发展服务中心的行政职责整合划入农业经济委员会（在农业经济委员会挂畜牧兽医局、林业办公室牌子），不再保留畜牧水产局（兽医局）。将物价局的职责划入发展和改革委员会（在发展和改革委员会挂物价局牌子），不再保留物价局。将地震办公室的职责划入人民防空办公室（在人民防空办公室挂人民防御灾害办公室、地震办公室牌子），不再保留地震办公室。将粮食办公室的职责划入发展和改革委员会（在发展和改革委员会挂粮食办公室牌子），不再保留粮食办公室。将国有资产监督管理委员会由与财政局合署办公改为在财政局挂牌子。将侨务外事办公室更名为外事侨务办公室。将经济协作办公室更名为合作交流办公室（挂招商局牌子）。工业经济委员会挂中小企业发展服务局牌子和民营经济发展促进办公室牌子。

第三节 编制管理

一 机构编制管理

机构编制管理的范围包括区党政机关，区人大常委会、区政协、区法院、区检察院机关，区各民主党派机关、区人民团体及事业单位。机构编制管理工作，通过调整职能配置、理顺职责关系、合理设置机构、核定人员编制及确定领导职数，逐步建立与社会主义市场经济和民主法制建设相适应的廉洁高效、运转协调、行为规范的党政管理体制和工作机制，促进社会进步和经济发展。区编委在市委、市政府批准的机构限额和分配下达的编制指标范围内，制定并严格执行审批程序，加强机构编制管理工作规范化、制度化建设，建立完善机构编制、人员工资与财政预算相互制约机制，协同有关部门做好统发工资的编制审核工作。

1985年始，实行人员编制实名制管理，建立人员编制管理台账，并根据人员编制变化及时更新维护，不定期进行检查核实，保证人员编制落实。2003年，加强和完善党政群机关、事业单位科级领导职数核定和管理工作，严格控制科级领导职数。2005年，在实名制管理的基础上进一步完善管理方式，为全区64个机关，311个事业单位建立独立的《津南区机关事业单位人员编制管理册》，使实名制工作更加规范。2008年，印发《津南区科级领导职数管理意见》，对区内各级党政群机关、区人大机关、政协机关、检察机关和审判机关及事业单位设置副科级以上领导职务数额进行核定，年均审核单位50余个。至2010年，严格控制编制，严把空编率。进人核编、出人销编、核减退休编制和军队转业干部编制核定，年均核定编制500余名。

二 事业单位法人登记

1993年9月始，实行事业单位法人资格登记制度。经区编委初审核实，为全区265个事业单位法人颁发“天津市事业单位法人证书”。1994—2000年，每年11—12月，对已登记的事业单位进行年检。2001年，全区事业单位法人重新登记换证，287个单位经审批领取新证。2002—2010年，每年1—3月，对已登记的事业单位进行年检，并做好事业单位法人证书日常管理工作，年均办理100余个单位变更登记、20余个单位注销登记、10余个单位设立登记。

第十一章 政策研究 党史编研

区委研究室是区委综合性决策研究机构，是区委常委会的“外脑”和参谋。1996年，农村工作部与研究室合并，原农村工作部的部分职能随之并入，创办《调查研究》《领导参阅》，抓好重大农村政策研究和督促落实。2010年，成立区委、区政府调研督查考核办公室，负责全区调查研究、党务政务督查考核工作。

区委党史研究室，负责组织开展全区范围内的党史资料征集工作。从1982年成立至2010年底，编辑出版十多部计200多万字的津南区党史资料丛书。

第一节 机 构

1988年11月，设立区委研究室，有3名工作人员。1989年2月，区经济社会发展研究中心挂靠在区委研究室。1996年11月，研究室加挂区经济体制改革委员会牌子。1997年6月，研究室（体改委）内设3个职能科室：一科、二科、三科，行政编制10名。2001年11月，区经济体制改革办公室，挂靠在区委研究室。2010年，组建区委调研督查考核办公室（区政府调研督查考核办公室），既是区委的工作机构，也是区政府的工作部门，列入区委工作机构序列，加挂区委研究室牌子，内设4个科，行政编制14名。

1982年初，成立南郊区党史资料征集小组。1992年，改为区党史资料征集委员会，行政编制4人，由区委办公室管理。1996年10月，党史资料征集委员会更名为党史研究室，为事业单位，由区委组织部管理。2007—2010年，党史研究室列入参照《中华人民共和国公务员法》管理范围。

第二节　调查研究

一　组织推动

1989年3月，聘请175名兼职研究员，并颁发聘书。印发重点调研课题106个，各部门、各单位依据重点课题进行调研。1990年初，对兼职研究员队伍进行调整，由175人调为157人。改革选择课题方法，采取发文征询的形式，确定调研课题。2001年始，重点调研课题实现责任制管理，每个课题设立参加单位和牵头单位，区委研究室按照重点课题的内容和完成时间进行指导和督查，每年以区委、区政府名义召开一次调研工作会议。是年，创办《调查与研究》，交流调研工作。

二　主要成果

1988年，《市场粮价上涨对土地规模经营的影响》《稻农为何观望等待》2篇文章，引起市委、市政府主要领导重视。全区87篇调查报告中精选43篇，编入1988年津南区《调研成果选编》。是年12月，创办《领导参阅》刊物。1989年，组织4次规模较大的群体化调研，150人参加，完成调查报告135篇，精选75篇编辑出版《调研成果选编》。其中，《走向新世纪的城郊经济》，时任市委副书记刘晋峰作序，由红旗出版社出版公开发行。1990—1995年，参加全市25个重点课题的调查，编发《津南区调研成果选编》，收入81篇。参加市政府组织的联合国开发署资助的《天津经济发展规划与政策》的研究工作。完成重点调研课题《当前国际国内形势对发展乡镇企业的影响》《关于私营企业建党组织的思考》《建设好带领群众奔小康的战斗堡垒》等调研成果，刊登在市政府《政务参考》第6期上，报送国务院。3篇成果分别被市农委、市乡镇企业局采用。其中，《发展农村商品市场的实践与思考》在上海召开的沿海11省市会议上进行交流。完成《津南区葛沽镇发展设想与对策》等调研，部分观点新、力度大、可操作性强的调查报告，被区领导决策采纳。1996—2000年，完成政策研讨性文章30篇、对策性调查报告及市农委布置的清产核资后的集体资产调查8篇。

2001—2003年，在调研的基础上，起草津南区《关于做好农户承包地使用权流转工作的意见》《关于进一步推进镇级工业园区和村级工业集中地建设的若干意见》《关于进一步扩大劳动力就业工作的意见》《关于加强农民股金管理工作的意见》《双港镇第二次土地延包实施办法》等。完成津南区《关于进一步深化乡镇企业改革的几点建议》《关于改制企业有关收费问题的补充规定》《关于进一步加强农村社会化服务的意见》。参与区主要领导关于失地农民安置问题的大型调研，撰写《关于个人投资“挂靠”集体企业脱钩工作的建议》。2006—2007年，印发《津南区重点调研课题》，完成《关于小站镇推行宅基地换房，建设示范小城镇的调研》《土地补偿、失地农民安置和社会保障调研》《关于加强工业载体建设，打造新兴产业集群的研究》等调研。2008年，全年编发调研报告70多篇，组织13个单位开展“津南改革开放三十年”系列调研活动。2009年，完成《海河教育园区建设对津南区经济社会发展影响的调研报告》等9篇调研报告。2010年，编辑出版《天津市津南区2009年调研成果选编》(73篇)，完成《关于津南区“村改居”社会管理成本的分析》《津南区土地整合和示范镇建设基本情况分析》《关于发展教育经济的研究与思考》等调研报告。

第三节 重大农村政策研究

一 土地延包政策研究

在第一轮土地承包到期后，根据中央、天津市提出土地承包期再延长30年指示精神，1999年1月，津南区全面开展土地延包工作。通过组织动员，宣讲培训，深入到村户进行推动，制定实施方案，签订鉴证合同，于当年4月基本完成任务。全区有延包任务的160个村，全面完成土地调整和土地承包合同签订、鉴证并发放“土地承包经营权证书”，有近6万户农户签订土地承包合同，承包土地面积1.07万公顷。召开全区土地延包工作表彰大会，表彰先进集体17个，先进个人36名。

二 集体企业产权制度改革

1998年4月，津南区成立企业改革领导小组，选派干部454人组成驻镇、村企业改制推动组，区委、区政府下发《关于加快和深化乡镇企业产权制度改革的意见》。7月，召开全区推动和深化乡镇企业产权制度改革动员大会，制定配套措施等32个政策文件。全区应改制企业763个(其中镇办125个、村办638个)。改制的主要形式有股份合作制、有限责任公司、出售拍卖、兼并、破产、租赁等。至2003年底，全区累计完成改制企业689家，占应改制的85.48%。

2004年，全区初步建立起归属清晰、权责明确、保护严格、流转顺畅的现代产权制度。集体工业企业由1998年的1114家减少到2004年的240家，全区乡镇工业企业营业收入139.5亿元，其中240家集体企业营业收入14.8亿元，占全区的10.6%。集体企业平均营业收入达到725万元，比改制初1998年的527万元提高近200万元。2006年5月，在葛沽镇召开全区集体企业改制工作推动交流会。截至2006年5月，全区集体(工商执照为集体性质)工业企业211家，真正集体经营的112家(镇办企业23家，村办企业89家)，63家集体企业采取租赁、承包的过渡形式进行改制。空壳企业36家，这些企业没有经营行为，仍保留营业执照。

1998—2003年津南区改制企业数统计表

表16-7　　单位：个

改制形式 / 年份	股份制	有限责任	出售(拍卖)	兼并	破产	租赁	摘红帽子	其他
1998	29	37	28	6	3	146	-	96
1999	7	12	30	12	1	86	100	42
2000	-	12	10	-	10	33	30	-
2001	1	8	9	-	2	5	30	-
2002	1	1	4	-	-	1	9	3
2003	-	-	9	1	-	-	7	-

三 农村集体资产清理

1997年9月和11月，区委、区政府出台《关于建立集体资产经营管理体系的意见》《关于开展农村集体资产清理登记的意见》。1998年5月，区委研究室制定《关于农村集体资产盈亏及呆死账账务处理的若干意见》《关于开展农村集体资产清理登记工作若干问题的意见》。至2000年，津南区进行农村集体资产清理登记和镇村两级不良债务清理工作。农村集体资产清理工作主要有五项任务：资产清查、资产评估、产权界定、产权登记、建章立制。集体资产清理涉及1029个企业和单位，其中农村集体经济组织267个（镇办91个，村办176个）；农村集体企业762个（镇办212个，村办550个）。按产业划分一产110个，二产699个，三产220个。全区三个产业资产总额53.25亿元，负债总额34.62亿元，净资产总额18.63亿元，其中二产9.68亿元。

2000年，区委研究室制定《津南区彻底清理不良债务的意见》，区成立由13个成员单位参加的清理不良债务工作领导小组，下设办公室，各乡镇也成立相应组织，开展镇村两级不良债务清理工作。是年4月底，完成调查工作。镇村两级不良债务调查结果为：镇村两级不良债务总额5.53亿元，占债务总额7.92亿元的69.9%。其中，镇级不良债务1.88亿元，占其债务总额的65.6%。

第四节　考核奖励

一　乡镇考核

1979年始，对乡（镇）、长青农工商联合总公司干部实行联系指标考核制度（简称百分奖）。考核采取业务部门考核与集中审批相结合的办法，主要考核经济指标和精神文明建设两大方面。1984年始，逐年提高经济指标考核权重，由占58分到1988年占85分。1988年，对乡镇干部指标考核办法进行改革：一是把对全体乡镇干部考核，改为只对乡镇一把手（党委书记、乡镇长）的考核，各乡镇制定副职以下干部的指标考核实施办法。二是在完成区下达的经济指标基础上，实行产值超额双项累进计奖制度。三是长青农工商联合总公司不再和乡镇一起实行同一考核办法。1989年，考核工作在突出经济指标的同时，增加党的建设指标考核，占总考核分数25%。1994年，加大税收考核力度，采取实现税收总额、增长幅度和人均创税三项指标实行累进计奖。1995年，对考核办法进行较大调整，由原来的基础分＋累进计奖，改为主要工作任务奖＋重点项目超额奖＋其他工作扣罚办法。1996年，考核由各考核单位严格考核量化打分。2002—2004年，对区经济开发区实行经济责任目标考核，纳入乡镇、长青办事处党政主要领导考核中。2005—2006年，整体工作目标部分采取“双百分”制，由物质文明建设奖和政治文明、精神文明建设奖构成。2007年，区委下发《关于在全区党政机关建立健全决策目标体系的实施意见》《关于在全区党政机关建立健全执行责任体系的实施意见》《关于建立和完善区属单位领导班子和领导干部综合考核指标体系和考核办法的实施意见》（简称“三个体系”实施意见），制定《各镇、长青办事处党政领导班子和领导干部综合考核方案（试行）》，根据各项考核指标全年完成情况，发放年度考核奖励工资。年度考核工资＝基础奖＋重点工作加奖－扣罚。各镇党政副职、党委委员分别享受考核工资额的70%、50%，中层及以下干部发放水平由各镇、长青办事处自定。资金来源由被考核单位自筹。2010年，政府机构调整后，将《各镇、长青办事处党政领导班子和领导干部综合考核方案（试行）》中的有关内容进行调整。

二　区属单位班子职能业务目标考核

2007年之前，区属单位班子职能业务目标考核工作，由人事局负责。2007年，研究室增加区属单位班子职能业务目标考核职能后，按照“三个体系”实施意见，区属单位处级、副处级单位领导班子职能业务目标考核由区委督查室和区政府督查科组织实施。2010年，区委制定《区属单位领导班子和领导干部年度考核评价办法》，调整后职能业务目标考核包括：职能目标、重点项目、临时任务三项内容。由区级分管领导考评、单位自查和督查办督查考评3方面考评得分结果，以50%的权重纳入区委组织部年终考核总分。

第五节 党史资料征集研究

一 征集与编研成果

1982—1986年，制定《党史资料征集计划》，开始全区党史资料征集、整理和编纂。先后查阅档案2000多卷，发征集信函300余封，走访500多人次，召开座谈会100余次。征集到各种资料50余万字、抄录卡片2万余张。至1990年8月，出版《中国共产党天津市南郊区组织史资料》44.7万字。1994年，编写完成《小站"四清"史》《天津县党史大事记》36万字。1995年，通过对征集津南区革命斗争史料的整理，出版《稻乡风云》18.8万字。1998—2000年，编辑出版《津南区党史大事记》(1—3卷)57万字。2003—2009年，相继出版中国共产党天津历史资料丛书第一部《奋斗的历程——津南区卷》(1949—1956年)、第二部(1957—1966年)和第三部(1966—1978年)，计68.5万字。2009—2011年6月，编纂完成《中共天津市津南区历史》(1948—2009年)38万字。

二 宣传教育

90年代，党史研究室在党史资料征集和编辑中，配合有关部门举办座谈会、展览会、征文等活动，进行党史研究成果宣传教育。1999年，中华人民共和国成立50周年期间，召开老干部座谈会，宣传津南区党史研究成果。2001年，中国共产党成立80周年前夕，与组织部、宣传部等部门联合举办津南区党史知识竞赛，为区图书馆、党校阅览室、各镇文化站配送津南区党史书籍，扩大读者群，扩大受教育面。庆祝津南区成立50周年之际，宣传撰写《津南区成立的来龙去脉》等津南区党史文献资料。在筹备纪念毛泽东诞辰110周年之际，撰写《谈毛泽东关于"生命线"的思想》《毛泽东多党合作思想》及《导师伟业垂千古》等文章。在中华人民共和国成立55周年之际，撰写《光辉一页，永标青史(忆天津解放，话津南支前)》，这组宣传文章相继在《津南报》发表。2006年，在中国共产党成立85周年和红军长征70周年之际，利用党史资料举办墙报壁报，组织读书活动，编印党史书籍2000余册发放到各联系点、学校。2007—2010年，通过多种形式宣传区党史研究室编写研究主要成果，并撰写《津南县时期的斗争简史》《原津南地区中共津南特别委员会的建立》《天津各界为"五四"运动的胜利做出突出贡献》等文章。

第十二章 党校教育 机关党建

1979年，建立南郊区委党校。区委党校同区委组织部和区委宣传部密切配合，根据党在每个时期的中心任务和重点工作，抓好党员领导干部的理论学习和培训，坚持经常举办党员领导干部培训班，并把处级党员领导干部作为培训重点。协助区委组织部和机关党委，开展入党积极分子培训，开办成人教育学历补习班。

区直属机关党委注重做好组织发展工作，确保新党员质量。合理设置机关基层党组织，加强机关党员政治理论学习，抓好党员管理，加强组织和制度建设。2010年底，机关党委下辖233个基层党组织，有党员2112人。

第一节 机 构

1979年3月，撤销南郊区五七干校，建立南郊区委党校。1998年，党校设4个科室：办公室、教研室、组教科、资料室，核定事业编制30名。2001年1月，将资料室更改为函授部，2005年6月，调整后党校的职能科（室）为办公室、教研室、组教科、信息技术部，编制数为30人。2007年7月，党校内部从事党务和行政管理工作的人员列入参照《中华人民共和国公务员法》管理范围。

1980年，党政分设后，除保留区委机关党总支外，增设区政府机关党总支。1994年7月，成立中共津南区委机关委员会、中共津南区政府机关委员会。1996年11月，撤销中共津南区委机关委员会、中共津南区政府机关委员会，建立中共津南区直属机关委员会（简称区直机关党委）。至2010年。

第二节 干部教育培训

一 现职党政领导干部培训轮训

1979年3月，举办首期局、社领导干部学习中共十一届三中全会文件学习班。1981—1982年，举办6期区、局、社领导干部学习班，学习《关于建国以来党的若干历史问题的决议》、党的十二大文件和新党章。1983—1984年，举办4期在职处级党员干部新党章轮训班。1987—1989年，举办9期领导干部学习中共十三大文件、学哲学、《社会主义若干问题学习纲要》读书班。1991—1995年，先后举办13期领导干部培训班，学习《邓小平文选》、市场经济理论和基本知识等。1996—2000年，举办14期领导干部培训班，学习中共十五届三中全会精神、《中共中央关于农业和农村工作若干重大问题的决定》等内容。2001—2003年，举办5期处级领导干部读书班。2004—2006年，举办3期领导干部培训班和研修班。2007—2010年，每年举办1~2期在职党政领导干部的培训。

二 新任领导干部培训

1994年起，开展新任领导干部的培训工作，至2000年，举办5期新任领导干部培训班。培训主要内容：现代领导者的素质、领导方法与艺术、领导干部反腐倡廉、“三个代表”重要思想、市场经济、国防教育、法律知识等。2001—2010年，协助区委组织部，对新任领导干部采取多种形式，多种方法，小型短期进行培训。

三 中青年干部培训

1996年12月，举办第一期中青年干部培训班，学习邓小平理论、法学知识、市场经济理论等。1999年，举办第2期中青年干部培训班，培训时间1个月，采取封闭全脱产培训。2001—2009年，举办5期中青年干部培训班，学制4个月。

四 科级干部培训

1995年6月，首次举办科级妇女干部培训班。2008年，举办4期科级干部短期培训，培训对象为党政机关、事业单位科级干部。是年，区委组织部、区人事局、区党校联合承办科级干部任职资格培训班。培训内容：科学发展观、公文写作与处理、依法行政、党风廉政建设等。

五 农村干部培训

1979年，举办3期农村大队党支部书记学习班。1980—1986年，举办12期农村党支部及村干部学习班，4期乡镇企业管理培训班，3期农村基层领导干部短训班。1990—1992年，举办2期企业政工职称培训班，2期乡镇企业厂长（经理）岗位培训班，1期农村中青年干部培训班。2000—2010年，举办9期村级干部任职资格培训班。

图16-13　1979年，第一期农村中青年干部培训班

六　其他培训

1979年，举办政工干部学习班。1980—1982年，举办在职干部轮训班9期。1987年，举办首届军转干部培训班，历时3个半月。1990—1995年，举办党员干部理论培训班、党务人事干部培训班、统战干部培训班、企业管理干部培训班、组织人事干部短期培训班。1998—2001年，举办首期机关干部“应知应会”培训班、大学生在职干部培训班。2002—2003年，举办4期公务员实用英语口语培训班。1989—2010年，举办45期申请入党积极分子入党前短期集中培训班。

1979—2010年，区委党校举办各类培训228期培训25264人次。

第三节　学历（函授）教育

1984年，与天津广播电视大学联合主办党政专业大专班，录取25名学员。1986年，24名学员完成学业，颁发大专毕业证书。是年，区党校与市委党校联合开办党政干部中专班，学制3年（业余），32名学员全部科目考试合格，于1989年8月，获得中专毕业证书。1987年，举办干部中专（政工专业）班，学制两年（业余）。1987年和1988年，两届录取140名学员，有137名学员获得天津市第二教育局颁发的干部中专专业证书。1989年起，举办3届乡镇企业管理专业中专专修班，至2003年，有262名学员获得天津市二教局颁发的乡镇企业管理专业中专专业证书。以后没有再办。

1985年，同市委党校联合主办党政干部业余函授专修班（半脱产大专班），学制3年。1995年，举办领导干部函授经济管理专业本科班（19名），学制二年半。（本科）政法专业班（59名）和党政专业班。2000年，开设半脱产函授本科班，设行政、法律2个专业。2002年，开办本科函授公共管理专业班。1985—2010年，开设党政（行政）、经济、公共管理3个专业函授班，招收8个年级。

第四节　教学　教研

一　教学

1987年5月，区委党校开办“教育学系列讲座”，先后开设“关于改进教学方法，优化教学成果”“关于怎样备好课、讲好课”“关于教学管理”等六个专题。1988年，进行区委党校第一次教师专业技术职称评定工作，评定讲师5名，助讲6名。2000年，招录1名硕士研究生、2名本科毕业生充实党校教师队伍。2006年，招录2名南开大学硕士研究生到区委党校教师岗位任教。2009年，5名教师参加市委党校师资培训班，1名教师参加北京大学马克思主义学院学习培训。2010年，有专职教师6人，其中高级讲师3人，讲师2人，助理讲师1人。

二　教研

1992—2002年，区委党校在刊物上公开发表论文25篇，在市研讨会上获奖论文31篇，在区征文获奖20篇，调研报告被区委研究室《调查与研究》采用7篇。2003—2010年，在刊物上公开发表论文60篇，在市级研讨会上获奖论文97篇，区委研究室《调查与研究》发表调查报告16篇。

第五节　机关党建

一　党员发展

1996年，区直属机关党委按照“坚持标准、保证质量、改善结构、慎重发展”的十六字方针做好组织发展工作，确保新党员质量。在组织发展中坚持“六个不发展”：即培养时间不够不发展，材料不齐不发展，不符合程序不发展，没有经过考察不发展，群众有意见不发展，没有经过公示不发展。注重把好入党积极分子培养关，为申请人指定联系人，对培养对象进行季度考察，并采取讲党课、集中培训、参加党组织活动等形式，强化对培养对象党的基本知识和党的基本理论的教育。坚持对入党积极分子的评议制度，听取党员和群众意见。2010年，区直机关党委编印《发展党员材料汇编》，下发各单位，按照党员发展程序，逐项规范个人申请、支部审查、确定积极分子、党校培训、支部两年教育培养、党委考察、支部公示、上级党组织会议决定等发展党员基本步骤。在发展中始终坚持程序一步不少，履行程序一步不错，严格要求，严格管理，严格监督，严格把关，保证新发展党员质量。至2010年底，与组织部共同举办入党积极分子培训班45期，培养入党积极分子1021名，发展党员725名，审批预备党员转正743名。区机关党委有党员2112人。其中，男性1547人，女性565人。

二　组织建设

机关党委注重基层党组织建设，按照《中国共产党和国家机关基层组织工作条例》，从机关实际情况出发，合理设置机关基层党组织。并根据机关变化及时调整和充实机关基层组织，不断加强和提高机关党组织建设。各基层党支部坚持“三会一课”制度，加强政治理论学习，抓好党员管理，加强组织和制度建设。坚持机关党支部书记由处级或副处级领导担任的原则，把机关支部工作纳入单位整体工作中，统一规划，统一部署，统一督促指导，充分发挥机关党支部的战斗堡垒作用和党员先锋模范作用。2010年底，机关党委下辖233个基层党组织，其中1个党委、40个党组、10个党总支、182个党支部。这些基层党组织，区直机关176个，事业单位16个，企业单位41个。

图16-14　2010年5月，津南区第四十四期入党积极分子培训班

三　制度与管理

1997年，制定《区直机关党委会议制度》，坚持每季召开1次党委会，听取工作汇报，安排部署工作，研究重大问题，审批新党员。1998年，编辑出版《撷英集》。1999—2000年，编辑出版《祖国颂》，创刊《机关党的生活》。2001—2006年，编辑出版《实践、学习、实践“三个代表”重要思想纪实》

《采真集》《党旗赞》《机关党组织工作手册》等。区直机关党委坚持从严治党，加强党员管理，开展党风廉政建设。1996—2010年，先后举办党务干部培训班12期610余人(次)，配合区纪检委查处20名党员干部的违纪事件。其中，处级4人，科以下16人。党内警告1人，严重警告5人，留党察看3人，开除党籍9人，行政警告1人，行政记大过1人。

第十三章 防范 保密

2001年3月，成立区防范和处理邪教问题办公室(以下简称区防范办)，为区委、区政府的常设机构，规格为正处级，区防范办协助政法部门，开展反邪教工作宣传教育活动。1990年11月，建立区保密局，进行保密宣传，保密检查，贯彻保密法，开展保密法宣传周活动，举办保密干部培训，加强计算机信息系统保密管理。

第一节 防 范

一 机构

2001年3月，成立津南区防范和处理邪教问题办公室，由区委办公室管理。2007年2月，改由区委政法委管理。2007年5月，增设秘书科，至2010年未变。

二 主要工作

2001年，区防范办协助政法部门，开展反邪教工作宣传教育活动，查处邪教组织重点人物，帮教重点人员。2002—2007年，利用全区综治宣传日，向群众发放“崇尚科学、反对邪教、共建和谐”宣传手册、反邪教知识和宣传材料。2008—2009年，全区深入开展无邪教社区(村)创建活动，全区有9个社区(村)被评为市级无邪教示范社区(村)。2010年，将无邪教社区(村)创建活动纳入“平安创建”活动之中，利用全区综治宣传日，在津沽休闲园开展“崇尚科学、反对邪教、共建和谐”宣传活动。

第二节 保 密

一 机构

1990年11月，建立南郊区保密局。1996年11月，保密委员会(保密局)由区委办公室管理。2001年12月，保密局行政编制2人，规格正处级，至2010年。

二 主要工作

1990年始，每年都进行保密宣传，保密检查，加强保密教育。2004年，保密法实施15周年之际，开展保密法宣传周活动，制作宣传标语悬挂于区主要街道两侧，《天津日报——津南在线》出版1期保密专刊。中、高考前夕，对高考试卷存放地点和考场进行检查，举办保密工作培训会，对保密法及其配套法规的执行情况进行保密执法检查，加强计算机信息系统保密管理。2006年，全区89个单位开展《重点涉密人员保密责任书》签订工作，组织开展保密知识问答活动，收回有效试卷160余份，组织观看警示教育片。制定《关于进一步加强密级文件和涉密计算机管理的通知》，对辖区内登记在册的3家造纸厂14家物回单位进行全面摸底检查。

2007年，举办保密形势报告会，全区120余名分管保密工作的领导和干部参加，对区属各机关单位计算机信息系统保密管理、涉密载体保密管理情况和涉密人员的教育管理情况进行保密执法检查。印发《关于加强党政机关计算机信息系统安全和保密管理的若干规定》。2008年，调整区委保密委员会成员，逐级签订《党政领导干部保密工作责任书》《重点涉密人员保密责任书》212份。印发以漫画为主图文并茂《保密知识宣传册》，组织保密干部120余人观看《警钟长鸣》保密教育专题片。在区属93个机关单位中开展保密大检查，下发《整改通知书》，加强计算机信息系统保密管理。2009年，签订保密承诺书574份，制作保密宣传挂图进行巡展宣传，开展保密大检查。2010年，对计算机及移动存储介质重新进行登记备案，实行建立上网申报制度。加强对机关办公网络管理，组织签订保密责任书715份。开展新保密法学习宣传周活动，全区95个单位938人参加保密知识答卷，组织观看《信息化条件下的主要技术窃密手段及其防范》和《小心你的手机》等警示教育。制定下发《关于进一步做好清理取缔涉密文件资料非法交易工作的实施方案》。举办保密干部培训，开展保密废纸回收工作，回收保密废纸7吨，涉密计算机硬盘5个、涉密U盘3个。

津南区志（1979—2010）

第十七编

人民代表大会

1980年4月，人民代表大会制度恢复实行，各届人民代表大会，均按宪法行使职权。第八届至第十五届人大代表会产生代表1555人，加强议案、建议办理，对代表在人大第八届至第十五届会议提出的1597件建议交由“一府两院”及有关部门办理。1979年，区各乡镇继续实行人民代表大会制度。1992年后，全区各乡镇先后设立人大主席团（长青办事处参加河西区人代会），设立人大主席团常务主席、副主席，在乡镇党委领导下开展工作。至2010年，乡镇共召开12届人民代表大会。

2011年1月5—6日，津南区第十五届人民代表大会第六次会议

第一章 人大代表

1980年4月，南郊区第八届人民代表大会第一次会议召开，选举产生南郊区人民代表大会常务委员会（简称人大常委会）。历届人大及其常委会在区委领导下，严肃履行宪法和法律赋予的职权，加强对区政府、区人民法院、区人民检察院（简称“一府两院”）的法律监督和工作监督，维护法律尊严，推进津南区经济社会发展和民主法治化进程。

第一节 代表产生

津南区历届人大代表均依法选举产生。第八届至十五届人大代表会产生代表1555人。

一 选举办法

1980年，根据《中华人民共和国全国人民代表大会和地方各级人民代表大会选举办法》（简称选举法）规定，区人大代表改由选民直接选举产生，实行差额选举办法。代表候选人按照选区提名产生。

二 选举程序

按照选举法，区（镇）两级人民代表名额由市人大常委会依法确定。选举程序分五步：第一步，成立换届选举机构，划分选区，宣传培训；第二步，选民登记，选民资格审查，公布选民名单；第三步，提名推荐，酝酿代表候选人；第四步，投票选举；第五步，确认代表资格召开新一届人民代表大会第一次会议。

第二节 代表构成

一 第十三届人民代表大会代表

1997年8—11月，进行区第十三届人大代表换届选举工作。全区划分122个选区，参选选民267133人，参选率96.82%。选举出区人大代表193名。其构成为：中共党员149人，占77.2%；党外人士44人，占22.8%；妇女代表47人，占24.4%；大专以上学历47人，占24.4%。平均年龄46.7岁。

二 第十四届人民代表大会代表

2002年8—11月，进行区第十四届人大代表换届选举工作。8月，成立区选举委员会，全区共划分123个选区，参选选民273332名，参选率93%。选举出区人大代表192名，其中双港镇死亡1名，实有代表191名。其构成为：中共党员161人，占84%；党外人士31人，占16%；妇女48人，占25.1%；大学本科以上学历38人，占19.9%；大专及高职学历69人，占36.1%；36~55岁的代表158人，占82.7%。

三 第十五届人民代表大会代表

2006年8—11月，进行区第十五届人民代表大会代表换届选举工作。8月，成立区选举委员会，全区划分124个选区，参选选民270914人，参选率83.52%。选举出区人大代表193名。其构成为：中共党员161人，占83.42%；党外人士32人，占16.58%；妇女代表36人，占18.65%；少数民族5人，占2.59%；大学本科及以上学历的52人，占26.94%；中专、职高及高中文化程度的57人，占29.53%。

第三节　全国及天津市人大代表

一　全国人大代表

1998年1月，在天津市第十三届人民代表大会第一次会议上，中共天津市津南区委书记何荣林当选为第九届全国人民代表大会代表。

二　天津市人大代表

1980—2010年，区内有市人大代表153人。

天津市第十三届人民代表大会代表

于培田　王孝杰（回）　尹学福　刘晋峰　何秀恒　何荣林　张锁柱　张颖元　金传培　金建国
费德财　贺佩凤（女）　袁　直（女）　翁家禄　郭天保　黄厚祥　董乃倩（女）　韩毓敏（女）

天津市第十四届人民代表大会代表

王世宏　王孝杰（回）　刘凤禄　刘树起　李全喜（回）　何秀恒　何荣林　张金修　张福芸（女）
张颖元　陈贵良　赵广发　费德财　贺佩凤（女）　翁家禄　郭天保　黄厚祥　散襄军
韩毓敏（女）

天津市第十五届人民代表大会代表

王孝杰（回）　王树林　白智生　刘育培（女）　刘宝霞（女）　刘树起　李广文　李全喜（回）
李国文　杨玉国　杨国法（女）　张时善（回）　张祥青　张福芸（女）　赵淑英（女）　郝树民
费德财　贺佩凤（女）　钱长龙　黄厚祥　散襄军　韩凤敏（女）

第二章　人民代表会议

区人民代表大会主要议程：听取和审议区人民政府、区人大常委会、区人民法院、区人民检察院工作报告，审查通过国民经济和社会发展计划执行情况，审查财政决算和预算报告；选举人大常委会正副主任、常委会委员和区政府正副区长，选举法院院长和检察院检察长；通过人大代表议案，收集整理人大代表建议、批评和意见。

第一节　第十三届代表大会

该届代表会议任期5年，召开6次会议。

一　第一次会议

1998年1月21日召开，出席代表189人，列席人员149人。会议完成各项议程。选举产生区人大常委会组成人员：主任董乃倩（女），副主任沈炳琰、李红生、王明德、周凤树、张颖元。委员：马春有、马恩成、王孝杰（回）、田景华、刘文水、刘永富、杜宝山、李玉庭、李厚龙、李崇信、张锡林、费德财、贾淑琴（女）、郭雅萍（女）、崔强。选举郭天保为区长，刘树起、杨玉忠、李树起、陈义逑（女）、姚奎彦、高树森为副区长。选举刘源泉为区人民法院院长、张平发为区人民检察院检察长。

二 第二次会议

1998年3月26日召开，出席代表191人，列席人员157人。会议选举产生津南区出席天津市第十三届人民代表大会代表18名。

图17-1 2000年，区第十三届人民代表大会第四次会议

三 第三次会议

1999年1月26—28日召开，出席代表190人，列席人员149人。会议完成各项议程。

四 第四次会议

2000年1月15—18日召开，出席代表189人，列席人员157人。会议完成各项议程。选举李津辉为津南区人民法院院长、张广泉为津南区人民检察院检察长。

五 第五次会议

2001年1月5—8日召开，出席代表188人，列席人员157人。会议完成各项议程。做出关于接受李红生、周凤树辞去区人大常委会副主任职务的决定；补选孙希英为津南区第十三届人大常委会副主任；选举刘树起为区人民政府区长。

六 第六次会议

2002年1月15—17日召开，出席代表190人，列席人员157人。会议完成各项议程。补选朱月华为津南区第十三届人大常委会副主任。

第二节 第十四届代表大会

该届代表大会任期5年，召开4次会议。

一 第一次会议

2002年12月3—6日召开，出席代表191人，列席人员134人。会议完成各项议程。大会选举产生区人大常委会组成人员：主任陈贵良，副主任朱月华、张颖元、王伟良、吴颖世、魏云凤（女、兼）；委员：马恩成、王孝杰（回）、田景华、宁培鹏、刘文水、刘文信、刘永富、刘金友、刘育培（女）、杜宝山、李彦生、李厚龙、赵树海、费德财、梁玉林。选举刘树起为区人民政府区长，高树森、李树起、杨玉忠、李树义、刘万春、杨国法（女）为副区长。选举李津辉为区人民法院院长、张广泉为区人民检察院检察长。选举津南区出席天津市第十四届人民代表大会代表18名。

图17-2 2006年，区第十四届人民代表大会第四次会议

二　第二次会议

2004年1月5—7日召开，出席代表191人，列席人员134人。会议完成各项议程。

三　第三次会议

2005年1月12—13日召开，出席代表191人，列席人员142人。会议完成各项议程。区人大代表对部分单位行风进行评议。

四　第四次会议

2006年1月5—7日召开，出席代表190人，列席人员151人。会议完成各项议程。区人大代表对部分单位政风行风进行评议；补选王金禄为津南区第十四届人大常委会副主任；补选赵兰阁为区人民法院院长。

第三节　第十五届代表大会

该届代表大会任期5年，召开6次会议。

一　第一次会议

2007年1月9—12日召开，出席代表193人，列席人员134人。会议完成各项议程。选举产生区人大常委会组成人员：主任刘树起，副主任高树森、吴炳喜、王金禄、刘万春、魏云凤（女），委员：于永泽、马恩成、马海泉、王孝杰（回）、王树林、宁培鹏、刘文水、刘金祥、刘育培（女）、李庆、李彦生、张祥青、张福芸（女）、赵琳、赵厚信、费德财、袁新利、梁玉林。选举李广文为区长，赵仲华、李树义、刘恒志、窦双菊（女）、李学义、李文海为副区长。选举赵兰阁为区人民法院院长、张广泉为区人民检察院检察长。区人大代表对部分单位政风行风进行评议。

二　第二次会议

2007年11月28—30日召开，出席代表192人，列席人员137人。会议完成各项议程。选举产生津南区出席天津市第十五届人民代表大会代表19名。区人大代表对部分单位政风行风进行评议。

三　第三次会议

2008年1月8—9日召开，出席代表192人。大会选举产生津南区出席天津市第十五届人民代表大会代表2名：散襄军、钱长龙。

四　第四次会议

2009年1月6—7日召开，出席代表193人，列席人员141人。大会完成各项议程。区人大代表对部分单位政风行风进行评议。

五　第五次会议

2010年1月27—28日召开，出席代表192人，列席人员149人。大会完成各项议程。补选张俊奇为区人民检察院检察长。区人大代表对部分单位政风行风进行评议。

六　第六次会议

2011年1月5—6日召开，出席代表192人，列席人员146人。大会完成各项议程。补选刘义民为区人大常委会副主任。

第三章　人大常务委员会

1980年4月，区第八届人民代表大会设区人大常务委员会，是人民代表大会常设机构，对其负责并报告工作。区人大常委会与区人民代表大会任期相同。

第一节　机构及组成人员

一　机构

1980年4月，区第八届人民代表会议第一次会议选举产生人大常委会，为区人民代表大会常设机构。设办公室作为工作机构，下设秘书科、调研组、代表联络组、行政组。1987年6月，变组为科。1994年4月，设2个处级室，即代表联络室和研究室，并根据工作需要内设4室：内务司法工作室、财政经济工作室、教科文卫工作室、城建环保工作室。至2010年，区人大常委会内设机构为：办公室（与研究室合署），下设秘书科、行政科、老干部科；代表联络室，下设代表联络科；财经城建工委，下设调研科；内务司法工委，下设调研科（加挂信访科牌子）；教科文卫工委，下设调研科。

二　组成人员

津南区人大常委会由人民代表大会选举产生，组成人员由主任1人、副主任若干人和委员若干人。1980—2010年，选举产生8届人大常委会。

第十三至十五届区人大常务委员会领导人更迭表

表17-1

届次	职务	姓名	籍贯	任职时间
第十三届	主任	董乃倩（女）	河北唐山	1998.1—2002.12
	副主任	沈炳琰	天津津南	1998.1—2002.12
		李红生	山西高平	1998.1—2001.1
		王明德	天津津南	1998.1—2002.12
		周凤树	天津津南	1998.1—2001.1
		张颖元	天津津南	1998.1—2002.12
		孙希英	天津津南	2001.1—2002.12
		朱月华	天津市	2002.1—2002.12
第十四届	主任	陈贵良	河北深泽	2002.12—2007.1
	副主任	朱月华	天津市	2002.12—2006.7
		张颖元	天津津南	2002.12—2007.1
		王伟良	江苏无锡	2002.12—2005.9
		吴颖世	辽宁开原	2002.12—2007.1
		魏云凤（女，兼）	河北黄骅	2002.12—2007.1
		王金禄	天津津南	2006.1—2007.1

续表

届次	职务	姓名	籍贯	任职时间
第十五届	主任	刘树起	河北盐山	2007.1—2011.12
	副主任	高树森	河北黄骅	2007.1—2010.12
		吴炳喜	山东无棣	2007.1—2011.12
		王金禄	天津津南	2007.1—2011.12
		刘万春	天津津南	2007.1—2011.12
		魏云凤（女）	河北黄骅	2007.1—2011.12
		刘义民	天津津南	2011.1—2011.12

第二节　常委会议

第八届至第十二届人大常委会，共召开127次人大常委会。第十三届至第十五届人大常委会，共召开96次人大常委会。

一　第十三届人大常委会

1998—2002年，第十三届人大常委会召开会议39次。会议审议通过《天津市津南区人民代表大会常务委员会经济工作监督规定》《天津市津南区人民代表大会常务委员会关于区人民代表大会代表选举问题的决定》《天津市津南区人民代表大会常务委员会关于成立津南区选举委员会的决定》等决定。审议和表决人事任免议案。听取和审议区政府关于办复区人大代表建议情况的专项报告。做出关于召开津南区第十四届人民代表大会第一次会议的决定等事项。

会议听取和审议区政府《1998年改善人民生活十项工作的决定》、关于春耕春播抗旱准备工作的专项报告、关于发展第三产业和鼓励政策情况的专项报告、关于依法治区规划落实情况的专项报告、关于个体私营经济发展情况的专项报告、关于土地延包总结验收情况的专项报告。通过区人大常委会执法责任制三项规定、审议惠苑小区改造项目，会议听取和审议区政府关于中心村建设的进展情况、存在问题和进一步推动所要采取具体措施情况的专项报告、“六个五”工程和工业组团情况的专项报告、区信息化建设情况的专项报告。

二　第十四届人大常委会

2003—2006年，第十四届人大常委会召开会议28次。会议通过区第十四届人大常委会主任会议及常委会会议议事规则、津南区人民代表大会议事规则。通过《津南区人大常委会关于区政府授权天津鑫达建设开发投资有限公司向中国光大银行天津分行南开支行贷款议案的决议》《津南区人大常委会关于区政府授权天津鑫达建设开发投资有限公司向中国农业银行天津分行津南支行贷款议案的决议》《津南区人大常委会关于区政府授权天津市津南经济开发区总公司向中国光大银行天津科技支行贷款议案的决议》《津南区人大常委会关于开展对区人大常委会任命的国家机关工作人员述职评议的工作安排》《津南区人大常委会关于在小站镇实施以宅基地换房建设小城镇的决议》等决议。

会议听取和审议区政府关于个体私营经济发展情况的专项报告、关于区非典型肺炎疫情及防治情况的专项报告、关于增加农民收入情况的专项报告、关于区骨干企业和集团发展情况的专项报告、关于工业园区、工业载体建设情况的专项报告、区政府关于区农田水利建设情况的专项报告、关于区新一轮农业结构调整情况的专项报告。听取和审议公安津南分局关于社会治安情况的专项报告。会议审查和批准区政府财政决算。听取和审议区法院、区检察院半年工作汇报。听取和审议区政府办复人大代表建议、批评、意见情况汇报。会议补选李全喜为天津市第十四届人民代表大会代表。任命李广文、赵仲华为津南区人民政府副区长，决定李广文为津南区人民政府代区长。审议和表决人事任免议案。

审议通过区、镇两级人民代表大会代表换届选举时间和选举有关问题的决定。通报新一届区、镇人大代表换届选举情况。做出关于召开区十五届人大一次会议的决定等事项。

三　第十五届人大常委会

2007年2月至2010年12月，第十五届人大常委会召开会议29次。

会议审议通过《区人民代表大会议事规则》《区人大常委会联系区人民代表大会代表办法》。审议《天津市津南区城市总体规划纲要》《滨海新区津南产业分区发展战略规划》《津南区土地利用总体规划（2006—2020年）》的专项报告，并作出决议。

会议听取和审议区政府关于食品安全工作的专项报告，区政府关于工业园区发展情况的专项报告，区政府“五五”普法工作的专项报告，区政府关于代表建议、批评、意见办复情况的专项报告，区政府关于区现代服务业发展情况的专项报告。听取和审议区“五五”普法验收情况的专项报告。会议听取和审议区人大常委会执法检查组关于《中华人民共和国食品安全法》执法检查情况的报告。

第三节　主任会议

主任会议由常务委员会主任、副主任组成，主任会议处理常委的重要日常工作。主任会议一般每月举行一次，处理区人大常委会的重要日常工作，主要内容是草拟提请人大常委会审议的区人代会召开日期、主席团和秘书长名单、代表大会列席人员名单、议程等，提出人大常委会向代表大会所作工作报告以及人大常委会年度工作要点，人大常委会决议、决定草案；决定人大常委会会议日期、议程等；对区“一府两院”向人大常委会提出的议案、人事任免案，决定是否提请人大常委会会议审议，听取“一府两院”有关工作汇报；讨论决定以人大常委会名义召开的工作会议，组织视察及其他活动。

第四章　人大常委会主要工作

区人大常委会依法履行职责，通过听取和审议工作报告、组织视察及执法检查，开展对区“一府两院”的执法监督。人大常委会组成人员对专项工作报告的审议意见交由“一府两院”研究处理，“一府两院”将研究处理结果送交人大常委会有关办事机构征求意见后，向人大常委会提出书面报告。人大常委会将在第二年对该项议题审议意见落实情况安排视察。

第一节　依法监督

第八届至第十二届人大常委会，依法行使监督权、决定权、任免权。召开20次人民代表大会和127次人大常委会会议，听取并审议区人民政府、区人民法院、区人民检察院的工作报告和执法情况的重要议题367项。

区第十三届人大常委会听取和审议区政府“三五”普法验收工作汇报、“四五”普法规划、“四五”普法和《依法治理工作2001—2002年实施方案》，制定《关于进一步开展法制宣传教育工作，加速依法治区步伐的决议》。有关委局、镇及社区对决议的落实情况进行检查，对全区42个执法部门的执法责任制内容进行审核，对32个行政执法部门的执法文书、程序、公示制度和“两错”追究的实施情况进行检查；对农业法、土地法、乡镇企业法、环保法、规划法、建筑法、义务教育法、劳动法、村委会组织法、食品卫生法等20多部法律法规的实施进行执法检查；听取“两院”执法情况工作汇报，组织代表对法院工作进行评议；专题听取区政府针对集体上访、重复上访、缠访有上升的趋势的汇报。把对经济工作的监督放在突出位置，常委会共听取审议涉及经济工作的议题51个，内容涉及结构调整、土地延包、高标准农田建设、百家重点企业技措技改、科技创新、对外开放、招商引资、加快第三产业发展等。常委会连续3年把对工业园区建设的监督推动作为重点工作常抓不懈，听取汇报，进行检查、视察。连续3年审议区政府科教兴区工作，连续2年专题审议信息化工作。2000年始，实施对区法院、公安津南分局、农林局、企经委、教委、规划和国土资源局、房地产管理局等七个单位的评议。

区第十四届人大常委会通过《区人大常委会关于深入开展法制宣传教育全面推进依法治区的决议》。定期听取和审议区人民法院、区人民检察院工作汇报，旁听民事、刑事庭审。对实施药品管理法、产品管理法、残疾人保障法、职业教育法、环境影响评价法、妇女权益保障法、未成年人保护法、工会法、市容环卫法律法规情况进行执法检查。听取和审议区政府关于“四五”普法决议、人口与计划生育法、中小企业促进法、全区社会治安、交通安全治理贯彻执行情况的汇报，做出学习宣传宪法的决议。听取和审议区政府各年度财政预算和执行情况的报告、年度财政决算的报告、调整各年度财政预算的报告、财政预算执行和其他收支情况的审计报告，并作出相应的决议。听取和审议区政府关于个体私营经济发展、非典型性肺炎疫情及防治情况、区政府办复人大代表建议批评和意见情况、区政府贯彻执行《“四五”普法决议》情况、预算外资金管理使用情况、骨干企业和集团发展、工业园区和工业载体建设、农田水利建设、区镇两级行政经济文化中心建设、小站镇总体规划制订、小站镇实行以宅基地换房建设示范小城镇情况的专项报告，提出相关审议意见。通过《天津市津南区第十四届人民代表大会常务委员会关于区人代会民主评议政风行风的决定》。

区第十五届人大常委会审议通过《区人民代表大会议事规则》《区人民代表大会常务委员会议事规则》《区人大常委会联系区人民代表大会代表办法》。听取和审议区政府关于“五五”普法工作汇报和区人大常委会执法检查组关于劳动合同法、义务教育法、环境保护法、科技进步法、农业技术推广法及天津市实施办法、《天津市大气污染防治条例》、食品安全法、残疾人保障法实施情况执法检查报告。人大常委会主任会议成员和部分区人大代表对区人民法院、区人民检察院、公安津南分局严厉打击各类刑事犯罪工作、预防未成年人犯罪及青少年犯罪案件处理情况进行专题调研。定期听取和审议区政府各年度财政预算和执行情况的报告、年度财政决算的报告、调整各年度财政预算的报告、财政预算执行和其他收支情况的审计报告，并作出相应的决议。听取和审议区政府关于工业园区发展情况、《天津市津南区城市总体规划纲要》《滨海新区津南产业分区发展战略规划》《天津市津南区人民代表大会常务委员会关于行使重大事项决定权并实施监督的办法》、区政府关于集体土地房屋拆迁工作、区政府办复人大代表建议批评和意见情况、区人民检察院关于检察官法执行情况、民营经济发展情况、招商引资和工业企业科技创新情况、区人大常委会关于监督工作的实施办法、《津南区生态区建设规划》、全区重点工程建设情况、外经贸发展情况、区政府关于调整津南区2008年改善城乡人民生活十件实事项目、全区土地整合与新型城镇和津南新城建设情况、区人民法院关于执行工作、全区交通安全治理情况、津南区界内天津大道建设情况、津南区界内大沽排污河整治情况、城乡一体化建设情况、职业教育工作、社会治安综合治理工作、示范工

图17-3　2008年，区第十五届人大代表视察食品安全工作

业园区建设、社区建设、《津南区土地利用总体规划(2006—2020年)》、现代服务业发展、转变经济发展方式、实施《天津市义务教育现代化建设标准》情况的专项报告，并作出相应决议。

第二节 议案建议办理

第八届至第十二届人大常委会，加强议案、建议办理。常委会议做出殡葬改革、农村建房、乡镇总体规划等48个决议、决定。人大常委会组织召开人民代表同区政府领导成员协商对话会，对政府和法院工作给予评价，并提出464条意见和建议，协助"一府两院"改进工作。

第十三届人民代表大会期间，代表提建议428件，区政府都进行认真答复。常委会重点抓督查工作，对建议的办复情况逐个进行回访，征求人大代表对办复工作的意见。区政府对代表建议的办复质量逐年提高。如关于津南开发区(双桥)污染问题、咸二小路的重修、重建东大桥、引黄济津配套一期工程、咸水沽新村189户居民饮用滦河水、新修公路交叉路口设置红绿灯等建议的解决。

第十四届人民代表大会期间，常委会对代表在十四届人大历次会议提出的346件建议交由"一府两院"及有关部门办理。坚持逐一审阅承办单位的办复件和代表反馈意见，针对代表关注的热点问题，开展多种形式的检查推动，办结率达100%。常委会每年专题听取和审议区政府关于代表建议办理情况的汇报。本届人大历次会议期间代表提出建议的主要内容涉及区经济发展、计划、财政、综合管理、农业农村、城镇建设和管理、交通管理、工商物价、劳动保险、科学技术、文化教育、医疗卫生等全区人民关注的热点难点问题。其中，继续坚持中心村贴息贷款、增设道路标志安装路灯、搞好双港镇农业水系调整、解决月牙河污染问题、做好7000人就业工作、延长808路汽车收车时间、加快农业产业化步伐、减少政策性收费、促进企业良性发展、修建潘庄子大桥、解决光明楼小区环境脏乱差问题、为农民办合作医疗、自来水抄表入户、拆迁普明里小区附近养猪场、加强小站镇德胜道交通秩序管理、清理月牙河和马厂减河、尽快在津港路津南段安装路灯、尽快建立区镇社区服务中心、进一步规范征用农村土地补偿费、整顿私搭乱建问题、为低保户提供医疗救助、确保低保户应保尽保、加快城镇物业管理和社区建设、实施津沽路大街改造工程、翻建葛沽北大街、加大对农村合作医疗补贴、加强治安综合治理、在小站建设综合性养护院、加大水污染治理力度、新建葛沽文化广场、在津歧路北闸口镇和小站镇段安装路灯、在葛沽地区安装天然气等重点建议的办复落实。

第十五届人民代表大会期间，常委会对代表在十五届人大历次会议提出的359件建议交由"一府两院"及有关部门办理。坚持逐一审阅承办单位的办复件和代表反馈意见，针对代表关注的热点问题，开展多种形式的检查推动，有力促进办理工作的深入开展，办结率100%。常委会每年专题听取和审议区政府关于代表建议办理情况的汇报。本届人大历次会议期间代表提出建议的主要内容涉及区经济发展、农业农村、城镇建设、劳动保障，医疗卫生等领域，其中综合改造老海河，全面改善城镇环境、加大咸水沽镇老城区基础配套投入、加强城镇功能载体规划与落实、修建过街天桥保证群众过街安全、将双港镇久隆街改造列入区重点建设项目、区镇两级政府增加市容环境资金投入、以信息化促管理创新、增加区储备粮、土地整合后农村"4050"人员失地后就业问题、集资医疗门诊报销问题、农村社会治安问题、增加农村公交线路、新城起步区高起点规划建设、加快出台土地整合相关政策、规划实施咸水沽镇商业城、加大联合执法力度，惩治私搭乱建现象、为农村居住小区提供文化体育设施、提高农民养老金、对失地农民建立就业扶持政策、落实农村人口老年人生活补贴、双港镇界内梨双路综合改造、实施白万路改造工程、将天嘉湖路全线贯通、加快微山路综合改造、加强农用地取土综合治理、启动津沽二线、加快八里台镇中小学和幼儿园建设、尽快修缮卫津河(白万公路段)新桥、加大对葛沽一中达标工程督办力度、加大对泰达垃圾发电厂管理和监测、加强学科建设、提升医疗服务水平、建立镇物业公司、在居民集中居住区建设便民菜市场和小型超市、加强交通管理、尽快解决天津大道双港段建设有关问题、对津歧路小站桥进行修复、加快对新建居民楼物业管理、加强居民小区治安管理、加大对网吧监督管理、提高镇卫生院医疗技术水平、对周公祠进行修复和开发、对农村弱势群体加大帮扶力度、关于交通秩序治乱问题等重点建议的办复落实。

第三节　人事任免

第八届至第十二届人大常委会，依法讨论决定人事任免404名，罢免市人民代表1名。

第十三届人民代表大会期间，任免国家机关工作人员215名。其中，任免区人大常委会工作机构负责人17名，政府组成人员77名，区人民法院、区人民检察院人员121名。

第十四届人民代表大会期间，任免国家机关工作人员81名。其中，任免区人大常委会工作机构负责人8名，“一府两院”国家机关工作人员73名。任命区人民法院陪审员20名。

第十五届人民代表大会期间，任免国家机关工作人员271名。其中，任免区人大常委会工作机构负责人17名，政府组成人员88名，区人民法院、区人民检察院人员166名。

第四节　联系代表

第八届至第十二届人民代表大会期间，本着“有利生产、方便活动”的原则，第八届人大213名代表编为14个代表小组；第九届人大191名代表编为13个代表小组；第十届、十一届、十二届人大各191名代表编为10个代表小组。常委会对代表小组进行具体指导，推动代表小组开展区域性活动，参加社会监督，活跃代表工作。

第十三届人民代表大会期间，区人大常委会坚持人大代表联络网制度，主任会议成员深入联系点，走访人大代表，听取对全区经济、社会发展重点工作和人民群众关注的热点问题的意见建议，及时反馈人大代表的意愿，促进“一府两院”不断改进工作。加强对人大代表的培训，使代表明确履职权利和义务，促进代表作用的发挥。

第十四届人民代表大会期间，区人大常委会每年确定一个主题，以提高代表素质，强化代表依法履职为重点，对全体区人大代表进行专题培训；通过各种方式，交流代表执行职务的经验，提高代表履职的自觉性。拓展代表活动空间，丰富代表活动内容，开展评选好代表活动，宣传好代表事迹。坚持代表列席区人大常委会会议制度和年中召开常委会扩大会议向代表通报区情制度，畅通代表知情知政渠道。

第十五届人民代表大会期间，区人大常委会尊重代表主体地位，拓展代表工作，为代表履行职责营造良好环境。在建议督办过程中，反复征求代表意见，促进政府改进工作，提高代表满意率。每次常委会会议都邀请部分代表列席，听取建议。组织的执法检查和专题调研都邀请不同方面的代表参加，充分反映人民群众的呼声，为提高常委会工作质量发挥了重要作用。

第五节　指导乡镇人大代表工作

1979年，区各乡镇继续实行人民代表大会制度。1992年后，全区各乡镇设立人大主席团，设立人大主席团常务主席、副主席，在乡镇党委领导下开展工作。至2010年，乡镇召开12届人民代表大会。

第十三届人民代表大会期间，区人大常委会指导镇人大规范化行使职权，推进基层民主法制建设。建立完善《镇人民代表大会职权》《镇人大主席、副主席职权》等12项制度。对镇人大开展代表工作进行多样性指导，在人代会工作上进行程序性指导，在中心工作上进行经验性指导，注重培育镇人大工作的特色。

第十四届人民代表大会期间，区人大常委会坚持镇人大专职主席、副主席联席会制度，指导各镇人大修订完善11项工作制度。根据代表工作的需要，制定代表考评制度，对促进镇人大工作的规范化、制度化起到积极作用。召开各镇人大工作经验交流会，提升镇人大工作水平。

第十五届人民代表大会期间，区人大常委会夯实全区人大工作基础，把指导乡镇人大工作作为一项重要工作。对镇人大代表开展多种形式培训，着力提高镇人大代表的责任意识和履职能力。加强镇人大主席、专职副主席联席会议制度，围绕中心工作和新形势下人大工作的要求，设立专题进行集中研讨，采取现场观摩调研形式，交流人大工作的先进做法、先进经验，促进镇人大工作水平的提高。

第六节　调研视察与执法检查

第八届至第十二届人民代表大会期间，人大常委会围绕党和政府的中心任务以及群众普遍关心的问题，组织委员、代表和有关部门领导进行视察，逐步形成集中视察和代表个人持证视察相结合，就地视察和异地视察相结合，全区性视察和代表小组视察相结合，综合性视察和专题性视察相结合的方法，为代表参政议政创造条件。围绕经济建设和常委会审议的议题，开展调查研究，为国家机关正确决策和实施有效监督提供依据。为实现依法治区，十届常委会先后通过和做出《依法治区实施方案的决议》和《在全区开展执法情况检查的决定》，开展执法检查，促进全区执法建设、廉政建设和监督工作的制度化、规范化。十一届常委会以专业法为重点，对公、检、法、司、工商、税务、民政、监察等8个内务司法部门进行检察，推动执法工作。十二届常委会作出《关于实行部门执法责任制的决议》。

第十三届人民代表大会期间，区人大常委会组织人大代表，对百家企业发展情况、实施素质教育情况、治理薄弱校、农业生产情况、工业园区“六个五”工程建设、对外开放招商引资工作、农村双层经营体制运行、法制宣传教育、重点企业技术改造、第三产业发展、环保工作、完善农村社会化服务体系建设、人才培养等情况进行调研。视察春耕春播、乡镇企业体制改革、计划生育、改善人民生活十项工作、高标准农田建设等工作。对环保法、食品卫生法、建筑法、城市规划法、劳动法、妇女权益保障法等法律法规的实施情况进行了执法检查。

第十四届人民代表大会期间，区人大常委会组织人大代表，对工业园区和工业载体建设、农业结构调整、促进农民增收、骨干企业和集团、个体私营经济发展、“非典”防治工作、农田水利基础设施建设、全区教育工作状况、区镇两级行政经济文化中心建设等情况进行调研。视察城镇化建设、师德建设、法院执行工作、法院和检察院的基本建设、农村新型合作医疗、社会治安综合治理等工作。对天津市市容和环境卫生管理条例、人口与计划生育法、环境保护法、药品管理法、未成年人保护法、科学技术促进法、产品质量法等法律法规的实施情况进行了执法检查。

第十五届人民代表大会期间，区人大常委会组织人大代表，对外经外贸发展、农业结构调整、个体私营经济和集体经济发展、新型城镇和津南新城建设、葛沽镇土地整合、服务业发展、种植养殖业、农业科技园区、泰达微电子园区、社区服务、公共卫生设施建设、城镇居民农民低保和就业、教育“双高普九”、民营教育、财政税收形势、生态区建设、增加运力、卫生人才队伍建设、治理咸水沽镇区客运出租车秩序、公检法严厉打击各类刑事犯罪、刑事检察和刑事审判、区镇规划实施情况、传染病防控、食品安全工作、检察院预防未成年人犯罪和青少年犯罪案件处理、还迁楼建设和还迁安置等情况进行调研。视察区法院审判工作和区检察院检察工作、“平安津南”建设、节能减排、学前教育、环境卫生、“五五”普法和释放人员安置帮教、污水治理、网吧管理、海河故道二期景观治理、公路河流重点工程进展、三次产业发展、消防工作、社区建设、经济发展和社会事业服务工作、法院民事调解、市容环卫工作、民族宗教工作、全民健身场地设施建设、劳动和社会保障平台建设、示范镇建设、旅游业发展、企业创建和谐劳动关系等情况进行了调研。对义务教育法、环境保护法和环境影响评估法、科技促进法、农业技术推广法及天津市农业技术推广法实施办法、食品安全法、残疾人保障法等法律法规的实施情况进行了执法检查。

津南区志
（1979—2010）

第十八编
人民政府

1980年，恢复区人民政府。随着改革开放不断深入，区政府相继增设有关委、办、局，机构多次更易撤并。至2010年，工作部门32个，派出机构3个，基层人民政府8个。区政府领导班子进行8次换届选举。历届区政府认真履行政府职能，抓好政府职能转变。贯彻执行国家制定的方针政策和区委重要决策，实施经济体制改革，推进政治体制改革和民主法制建设。抓好重大建设项目和重点工程建设，全面推进经济建设、城乡建设、精神文明建设及各项社会事业发展。

2010年4月，津南区政府办公楼

第一章 政府组成

1980年，恢复区政府后，区政府设47个工作机构，1984—2010年，进行6次机构改革。2010年，减少为32个工作机构(不含派出机构)。

第一节 机构设置

一 工作机构

1980年，区政府办事机构设：办公室、民政科、农业经济委员会、计划经济委员会、对外贸易委员会、人防办公室、信访办公室、计划生育办公室、科委、人事局、统计科、地震办公室、托幼办公室、农业区划办公室、环境保护办公室、文化科、物价委员会、粮食局、税务分局、财政局、工商局、审计局、计量管理局、农林局、水利局、农机管理局、畜牧水产局、乡镇企业经济委员会、教育局、卫生局、体育运动委员会、工业局、房产管理局、公有建设管理站、公安局、司法局、供销社、食品公司、物资供应站、石油公司、外贸局、农业银行南郊区办事处、广播站、交通运输管理局、建筑工程公司、重点工程指挥部、保险公司。

1996年底，区政府办事机构设：办公室(挂外事办公室牌子)、对外经济贸易委员会、城乡建设委员会、乡镇企业经济委员会、科学技术委员会、计划生育委员会、体育运动委员会、人事局、监察局、劳动局、财政局、工商行政管理局、审计局、统计局、技术监督局、文化局、卫生局、民政局、司法局、环境保护局、规划土地管理局、交通运输管理局、农林局、水利局、畜牧水产局、机构编制委员会办公室、信访办公室、侨务办公室、人民防空办公室、经济协作办公室、公安分局、计划经济委员会、农业委员会、教育委员会、商业委员会、房地产管理局、市容环境卫生管理局、民族宗教事务办公室、法制办、地震办、物价局、国有资产管理局(由财政局管理)、农业机械管理局、广播电视局、物资总公司、粮食局。

区政府派出机构设长青办事处、津南经济开发区管理委员会。

2001年，区政府办事机构设：办公室、商业委员会、科学技术委员会、对外经济贸易委员会和旅游办公室合署办公、监察局(不计算机构数)、民政局(老龄委)、司法局、财政局、人事局、劳动和社会保障局、交通运输管理局、水利局(挂节约用水办公室牌子)、文化局、卫生局、审计局、统计局、环境保护局、房地产管理局、经济协作办公室、信访办公室(挂区委信访办公室牌子)、发展计划委员会(挂信息化办公室牌子)、建设管理委员会、人口和计划生育委员会、教育局、体育局、规划和国土资源局、粮食办公室、农业经济委员会(挂绿化委员会办公室牌子)、畜牧水产局、农业机械发展服务中心、农业技术推广服务中心、优质小站稻开发中心、农业高新技术开发区管理委员会、工业经济委员会、安全生产监督管理局、市容环境卫生管理委员会(挂爱国卫生运动委员会办公室牌子)、外事侨务办公室、经济体制改革办公室、人民防空办公室、旅游办公室、公安分局(不计算机构数)、法制办公室、物价局、地震办公室、广播电视局、机关事务管理中心(局)、建设开发指挥部。

区政府派出机构设长青办事处、津南经济开发区管理委员会。

2010年，区政府办事机构设：办公室、发展和改革委员会(挂物价局、信息化办公室、粮食办公室牌子)、农业经济委员会(挂绿化办公室、畜牧兽医局、林业办公室牌子)、工业经济委员会(挂中小企业发展服务局、民营经济发展促进办公室牌子)、建设管理委员会、科学技术委员会(挂知识产权办公室牌子)、人口和计划生育委员会、信访办公室(挂区委信访办公室牌子)、监察局和公安分局(不计算机构个数)、安全生产监督管理局、财政局(挂国有资产监督管理委员会牌子)、审计局、统计局、交通运输管理局、房地产管理局、环境保护局、教育局、卫生局、体育局、司法局、民政局（老龄委）、合作交流办公室（挂招商局牌子）、民族宗教事务办公室（挂外事侨务办公室牌子）、人民防空办公室（挂人民防御灾害办公室、地震办公室牌子）、应急管理办公室（挂应急指挥中心牌子）、法制办公室（挂行政复议办公室牌子）、商务委员会、金融服务办公室、人力资源和社会保障局（挂公务员局牌子）、市容和园林管理委员会（挂爱国卫生运动委员会办公室牌子）、水务局（挂节水办公室牌子）、文化广播电视局（挂新闻出版局、版权局牌子）。旅游局由商务委员会管理，综合执法局由市容和园林管理委员会管理（不计算机构数），老龄工作委员会办公室设在民政局，行政审批管理办公室挂行政许可服务中心牌子。

区政府派出机构：长青办事处、津南经济开发区管理委员会、行政审批管理办公室（行政许可服务中心）。

二　基层政府

1979年11月，全区有11个人民公社：小站、西小站、北闸口、八里台、咸水沽、西泥沽、葛沽、南洋、白塘口、双港、长青。

1983年4月，公社改为乡建置，至9月，全区建立10个乡。是年，长青人民公社改为长青农工商联合总公司，咸水沽街改为咸水沽镇，葛沽街改为葛沽镇。

1995年，全区有10个乡（镇）：咸水沽镇、小站镇、葛沽镇、双港镇、八里台镇、双闸镇、南洋镇、辛庄乡、双桥河乡、北闸口乡。

2010年，全区有8个镇：双港镇、辛庄镇、咸水沽镇、双桥河镇、葛沽镇、八里台镇、北闸口镇、小站镇。

第二节　人员组成

1980年4月，恢复区政府后，区长负责政府的全面工作，常务副区长协助区长主持日常工作并抓好分管工作，其他副区长各自分管部分委、办、局等部门工作。1996年，建立政府工作规则，明确政府职责，确立文件审批制度。区政府以常务会议、区长办公会议、现场办公会议、专题会议、政府成员扩大会议等研究重大决策，推动全区工作。

1980—2010年津南区区长、副区长更迭表

表18-1

人代会届次	机关名称	职务	姓名	籍贯	任职时间
第八届	南郊区人民政府	区长	曲　凯	河北霸州	1980.4—1983.9
			万树明	天津西青	1983.9—1984.9
		顾问	张　英	河北定县	1980.4—1983.3
		副区长	刘玉柱	河北安新	1980.4—1983.9
			刘子铎	河北黄骅	1980.4—1983.9
			姚玉祥	山东宁津	1980.4—1983.9
			刘明训	江苏盱眙	1980.4—1983.9
			许惠定	江苏无锡	1983.9—1984.9
			窦世欣	天津大港	1983.9—1984.9
			董乃倩（女）	河北唐山	1983.9—1984.9

续表

人代会届次	机关名称	职务	姓名	籍贯	任职时间
第八届	南郊区人民政府	副区长	吴长春	天津大港	1983.9—1984.9
第九届	南郊区人民政府	区长	万树明	天津西青	1984.9—1987.2
第九届	南郊区人民政府	副区长	许惠定	江苏无锡	1984.9—1987.2
第九届	南郊区人民政府	副区长	窦世欣	天津大港	1984.9—1987.2
第九届	南郊区人民政府	副区长	董乃倩(女)	河北唐山	1984.9—1987.2
第九届	南郊区人民政府	副区长	吴长春	天津大港	1984.9—1987.2
第十届	南郊区人民政府	区长	李永安	山东聊城	1987.2—1990.2
第十届	南郊区人民政府	副区长	许惠定	江苏无锡	1987.2—1990.2
第十届	南郊区人民政府	副区长	王世宏	天津津南	1987.2—1990.2
第十届	南郊区人民政府	副区长	董乃倩(女)	河北唐山	1987.2—1990.2
第十届	南郊区人民政府	副区长	吴长春	天津大港	1987.2—1990.2
第十届	南郊区人民政府	副区长	赵继政	天津宝坻	1988.9—1990.2
第十一届	南郊区人民政府	区长	李永安	山东聊城	1990.2—1993.2
第十一届	南郊区人民政府	副区长	郝学全	山西汾阳	1990.2—1993.2
第十一届	南郊区人民政府	副区长	许惠定	江苏无锡	1990.2—1993.2
第十一届	南郊区人民政府	副区长	王世宏	天津津南	1990.2—1993.2
第十一届	南郊区人民政府	副区长	董乃倩(女)	河北唐山	1990.2—1993.2
第十一届	南郊区人民政府	副区长	孙希英	天　津	1990.2—1993.2
第十二届	津南区人民政府	区长	李永安	山东聊城	1993.2—1993.8
第十二届	津南区人民政府	区长	何荣林	天　津	1993.8—1996.10
第十二届	津南区人民政府	区长	励小捷	浙江鄞县	1996.10—1997.9
第十二届	津南区人民政府	常务副区长	董乃倩(女)	河北唐山	1993.2—1998.1
第十二届	津南区人民政府	副区长	王世宏	天津津南	1993.2—1998.1
第十二届	津南区人民政府	副区长	孙希英	天　津	1993.2—1998.1
第十二届	津南区人民政府	副区长	杨家环	天　津	1993.2—1998.1
第十二届	津南区人民政府	副区长	郭天保	天津津南	1994.4—1998.1
第十二届	津南区人民政府	副区长	姚奎彦	山东宁津	1997.4—1998.1
第十二届	津南区人民政府	副区长	高树森	河北黄骅	1997.8—1998.1
第十二届	津南区人民政府	副区长	邢纪茹(女)	天　津	1997.8—1998.1
第十三届	津南区人民政府	区长	郭天保	天　津	1998.1—2001.1
第十三届	津南区人民政府	区长	刘树起	河北盐山	2001.1—2002.12
第十三届	津南区人民政府	常务副区长	刘树起	河北盐山	1998.1—2001.1
第十三届	津南区人民政府	副区长	杨玉忠	天　津	1998.1—2002.12
第十三届	津南区人民政府	副区长	李树起	天　津	1998.1—2002.12
第十三届	津南区人民政府	副区长	陈义逑(女)	湖南湘乡	1998.1—2002.12
第十三届	津南区人民政府	副区长	姚奎彦	山东宁津	1998.1—2002.12
第十三届	津南区人民政府	副区长	高树森	河北黄骅	1998.1—2002.12
第十三届	津南区人民政府	副区长	吴炳喜	山东无棣	1999.6—2002.12
第十三届	津南区人民政府	副区长	李树义	天　津	2001.4—2002.12
第十四届	津南区人民政府	区长	刘树起	河北盐山	2002.12—2006.9
第十四届	津南区人民政府	代区长　副区长	李广文	天　津	2006.9—2007.1
第十四届	津南区人民政府	常务副区长	高树森	河北黄骅	2002.12—2007.1
第十四届	津南区人民政府	副区长	李树起	天　津	2002.12—2007.1
第十四届	津南区人民政府	副区长	杨玉忠	天　津	2002.12—2007.1
第十四届	津南区人民政府	副区长	李树义	天　津	2002.12—2007.1
第十四届	津南区人民政府	副区长	刘万春	天　津	2002.12—2007.1
第十四届	津南区人民政府	副区长	杨国法(女)	河北安新	2002.12—2007.1

续表

人代会届次	机关名称	职务	姓名	籍贯	任职时间
第十四届	津南区人民政府	副区长	赵仲华	上　海	2006.9—2007.1
		区长助理	宋晓林	安　徽	2004.4—2007.1
第十五届	津南区人民政府	区长	李广文	天　津	2007.1—
		常务副区长	赵仲华	上　海	2007.1—
		副区长	李树义	天　津	2007.1—2010.4
			刘恒志	天　津	2007.1—
			窦双菊（女）	天　津	2007.1—
			李学义	天　津	2007.1—
			李文海	福建华安	2007.1—
			么俊东	天　津	2010.10—
		区长助理	宋晓林	安　徽	2007.1—
			申利坤	天　津	2010.4—
			郝树民	天　津	2010.5—

第二章　办理建议和提案

区政府十分重视人大代表的建议和政协委员的提案办理工作，每年区“两会”（区人大会、区政协会）后，区政府办公室按照工作程序，对收到的人大代表建议和政协委员提案进行整理、分析、归纳汇总、登记造册，确定承办单位和部门。在区政府和有关部门的共同努力下，在12月底之前完成建议和提案办理工作。

第一节　办理人大代表建议

1979—1992年，区政府收到人大代表提出意见、建议564件。1992年底，全部办理完毕。1993—2009年，区政府办理区人大转来的代表建议1268件，办复率100%，代表满意率达95%以上。2010年，区人大、区政协两会期间，区人大代表提出的有关政府方面的意见、建议57件。至年底基本办理完毕，人大代表满意率达96.7%。

第二节　办理政协委员提案

1984—1992年，区政府收到政协委员、民主党派和人民团体提出提案635件。1992年底，全部办理完毕。1993—2009年，区政府办理区政协转来的政协提案1615件，办复率100%，委员满意率95%以上。2010年，区人大、区政协两会期间，区政协委员、民主党派和人民团体提出有关政府工作方面的提案116件。至年底，基本办理完毕，政协委员满意率达96.5%。

第三节　提案办理制度

1994年，区政府制订《关于办复人大代表建议、政协委员提案工作暂行办法》，办复工作逐年走向科学化、制度化。2004年“两会”后，政府办公室针对有关津南区经济社会发展、群众普遍关心的焦点问题，拟写重点办理事项，报请各位区长审议，召开区政府常务扩大会议，召集相关职能部门主要领导，对人大代表建议和政协委员提案的办理工作进行专题研究部署，并确定建议和提案各10件重点督办事项，在《津南报》上登发，接受社会各界的监督。

2008年，区委、区政府制定《关于进一步加强人大代表建议和政协提案办理工作的意见》，规范程序，明确责任，完善督办制度，确保建议、提案办理工作按期高效完成。2010年，在收到区人大、区政协的人大代表建议和区政协委员提案后，区委办公室、区政府办公室联合下发《关于加强重点建议和提案办理工作的实施意见》。区人大、区政协分管领导分别带队视察推动建议和提案办理工作，增强办理工作实效。至年底，已基本解决的102件，占承办总数的58.9%，列入规划或部门工作计划逐步解决的56件，占承办总数的32.3%，建议所提问题因条件限制暂不能解决做出解释说明或因权限需向市积极争取的15件，占承办总数的8.7%。代表、委员满意率达到96.5%。

第三章 外事 民族 宗教 侨务

区政府贯彻执行有关民族、宗教事务的法律、法规和方针政策，依法管理区内清真食品市场，积极开展对外服务和侨务工作，维护宗教界人士合法权益。开展“民族团结进步创建”“和谐宗教场所创建”活动，2010年，葛沽镇西关村和西关清真寺获天津市民族团结和谐社区、和谐宗教场所先进单位。

第一节 机 构

1980年，外事、侨务由区政府办公室负责，民族、宗教工作在民政科。1982年，区政府办公室成立民宗侨组。1988年，区政府办公室成立外事民宗侨科。1990年，设外事侨务科、民族宗教科。2001年，设区外事侨务办公室，与民族宗教事务办公室合署办公。2010年，设民族宗教事务办公室，加挂区外事侨务办公室牌子，设立：秘书科、民族宗教科、外事侨务科。

第二节 外 事

1979年，随着对外开放的深入，国外客商纷纷到区内考察、参观、洽谈业务，投资兴办“三资”企业。许多企业直接与外商接触，中方厂长、经理、技术人员赴国外考察学习，开展招商活动或者接受业务培训。有的企业还在国外建立办事机构，投资办厂。

90年代始，因公出访团组数呈递增趋势，特别是各镇组团出国招商、洽谈合作项目的情况逐渐增多，区外事办出国（境）管理与服务工作开始发挥作用，提供畅通的外事渠道，为因公出国（境）组团做好服务工作。2001—2010年，全区出访约1070人次，出访国家以美国、加拿大、德国、法国、日本、韩国、澳大利亚、新西兰为主，还有荷兰、西班牙、葡萄牙、巴西、阿根廷、新加坡、泰国、蒙古、越南等国家，出访目的以考察、招商、培训、文化交流、业务合作洽谈为主。

1996年后，到津南区交流访问的外国团组数每年呈递增趋势，由一般性考察逐步转向投资项目洽谈，政府性交往也逐年增多。2001—2010年，邀请并接待40余个外国团组到津南区访问。

1997年，津南区与韩国光州广域市光山区结为友好区。2005年，与韩国京畿道高阳市德阳区结为友好区。至2010年，双方负责人进行多次互访，在经贸、文化、工业、农业、城建等方面进行交流与合作。其中，到访的友好区政府代表团达19个，津南区组织15

图18-1 2008年8月，韩国光州广域市光山区学生教育交流访问团

个政府代表团赴友好区访问，小学生家庭教育交流互访活动5次，中学生教育交流互访活动2次。

第三节　民族工作

1995—1997年，解决少数民族群众生产生活问题，加强宗教场所建设，发展少数民族文化体育事业。1998年始，连续3年开展“颂民族团结，赞共同进步”系列活动，进行爱国主义教育、民族法规宣传，表彰民族团结进步先进单位。举办葛沽镇西关小学迁校庆典、新华书店教师节捐赠图书等丰富多彩的活动，迎接中华人民共和国成立50周年、中国共产党成立80周年庆祝活动。

图18-2　2006年10月，区运动员参加第五届天津市少数民族传统体育运动会

2001年5月，津南区组团赴深圳参加少数民族名特优产品展览会。2002年8月，天津伊利康业冷冻食品有限公司举行清真食品企业挂牌仪式；9月，津南区代表队参加天津市第四届少数民族传统体育运动会，获表演项目二等奖，男女陀螺队取得第二名，顶罐、花棍、双飞舞队取得第五名，摔跤队按级别分获二、三、四名。2003年8月，接待陕西省民委民族经济考察团一行8人考察津南区伊利康业冷冻食品公司。2004年，伊利康业冷冻食品有限公司被批准为“全国少数民族特需用品生产企业”。2006年10月，参加天津市第五届少数民族传统体育运动会，获得团体第四名。2007年11月，津南区射弩队代表天津市参加在广州举办的全国少数民族传统体育运动会。2008年3月，举办津南区民族法律法规知识竞赛，13个部门100余名干部参加。

2010年，开展“民族团结进步创建”活动，葛沽镇西关村为天津市民族团结进步先进单位。9月，津南区组织参加天津市第六届少数民族传统体育运动会，取得竞赛项目4枚金牌、5枚银牌和4枚铜牌的好成绩。

第四节　侨　务

一　归侨

1990年，据侨情普查统计，全区归侨、侨眷409户1160人。其中，归侨56户58人；侨眷353户1102人。2010年，津南区归侨31人，其中印尼归侨1人、泰国归侨1人，其余29人均是朝鲜归侨。华侨华人728户2288人。侨眷属965户3190人。华侨华人主要分布在美国、日本、澳大利亚、印尼、泰国等国家。在全区的侨眷中，葛沽镇有359户988人，占全区的1/3，故葛沽镇有“侨乡”之称，并且成立镇级侨务办公室。

二　新华侨华人

1979—2010年，全区移居国外的新华侨华人100余人，分布在美国、日本、加拿大、韩国、澳大利亚、丹麦、新西兰、瑞典、意大利、英国等国家。其中，留居日本的27人，占28%；留居美国的23人，占23%。

三 侨资企业

侨务部门利用归侨、侨眷这个桥梁，加强与国外的联系，为经济建设服务。截至1993年，华侨、华人投资的企业有56个，投资总额为4025万美元，分别占“三资”企业个数与投资总额的76.71%和77.71%。天津博克莱家庭用品实业有限公司为投资额最大的侨资企业，投资总额达到325万美元。为解决一部分归侨及其子女就业，1991年8月，创办了津南区第一家侨属企业侨友商行。至2010年，津南区有侨资企业35家，来自美国、加拿大、澳大利亚、日本、西班牙等国家。投资总额1.44亿元人民币，注册资本1.04亿元人民币。

四 为侨服务

1980年，成立区侨联小组，维护归侨的合法权益，反映归侨的心声，为归侨服务。一些对归侨、侨眷的歧视做法得到纠正，一些历史遗留问题得到妥善解决。1995年，根据天津市侨务办公室《关于对退休职工中的早期归国华侨发放生活津贴的通知》，经过审核，对8名符合文件精神的退休归侨落实了政策。对生活比较困难的归侨、侨眷给予照顾，解决实际问题。

2007年始，部分归侨享受年度困难补助，农业困难归侨每年享受1800元补助金，城镇困难归侨每年享受1000元补助金。2008年，天津市侨商会成立，区侨办为侨商会成员。2009年，区侨办牵头，在区外经贸委、区统计局的配合下，对全区侨资企业进行调查摸底。2010年，以侨法颁布20周年为契机，以“宣传侨法，为侨服务”为主题，开展侨法宣传活动，召开侨界座谈会，开展侨法进机关、进社区活动。在“12·4”全国法制宣传日活动中宣传侨法，接受群众咨询涉侨政策，不断提高全社会维护归侨侨眷合法权益的意识，帮助解决归侨侨眷在生活中遇到的实际问题，入户送温暖。

第五节 宗教工作

2010年，津南区有佛教、伊斯兰教、天主教、基督教四种宗教，教徒1.3万人。其中，佛教居士有4000余人，主要分布在葛沽、小站、咸水沽、双港和辛庄等镇；伊斯兰教信众有7000余人，主要分布在葛沽镇、小站镇和咸水沽镇；天主教信众有700余人，教徒310余人，主要分布在北闸口镇、小站镇；基督教信徒约有200余人，主要分布在咸水沽镇的上刘庄村、秦庄子村。

一 宗教场所管理

津南区佛教活动以家庭为主，重大活动到塘沽潮音寺、河西挂甲寺。

1992年，津南区有小站、西关、咸水沽、四道沟4座清真寺，每座清真寺由1位阿訇主持宗教活动。1993年，扩建西关清真寺北讲堂和门楼。1995年，改造大殿宝顶工程，用资22万元。1996年，重建与整体工程配套的南讲堂和清真女寺（原女寺，始建于民国时期）。1997年10月，建成并投入使用。该寺主要殿堂面积556平方米，附属房面积655平方米。1998年和1999年，2次扩建小站清真寺，面积300多平方米。

图18-3 2000年，咸水沽清真寺

1991年10月，动工兴建北闸口天主教堂，

1994年，建成投入使用。教堂占地面积1999.98平方米，建筑面积556平方米，可容纳600~800人进行活动。教堂总投资30余万元，资金来源于落实宗教政策拨款、市天主教爱国会投入、市（区、乡）政府资助、信教群众集资等几方面。

2001年4月，市基督教“两会”（市基督教三自爱国运动委员会、市基督教教务委员会）出资5万元在咸水沽镇建国大街建成面积125.84平方米聚会点。2002年3月，聚会点被区宗教管理部门批准为正式宗教活动场所。2007年，基督教信徒主要居住在咸水沽镇建国大街、上刘庄、秦庄子等地。上述街、村拆迁后，2008年，基督教聚会点地段进行商业开发，活动场所移至津沽大街，为临时安置场所。

二　宗教事务管理

80年代，区委、区政府加强协调，依法加强对宗教事务管理。重大宗教节日，区领导深入信教群众中进行慰问，拨出专款解决宗教活动场所的修缮问题。90年代初，已逐步形成区、镇、村三级工作网络，由主管领导和专兼职干部负责宗教工作，依法进行管理，严格执行国家宗教政策。1999年，佛教居士成立佛教居士活动联络小组，定期召开会议，学习宗教政策，沟通居士活动情况。

2001年，批准登记基督教活动点1处，牧师由市教会派出参加活动。2002—2009年，先后与本市兄弟区县及河北省沧州市、北京市崇文区等外省市地区进行交流，促进宗教工作的开展。

2010年，围绕“共同团结奋斗，共同繁荣发展”的主题，开展“和谐宗教场所创建”活动，推荐葛沽镇西关清真寺为天津市和谐宗教场所先进单位。在伊斯兰教开斋节和圣诞节期间，区委、区人大、区政协领导带领有关部门深入到咸水沽、葛沽、小站、北闸口清真寺和教堂进行慰问。

第四章　信访工作

1980年后，信访工作采取信访、调解、公安、法院等有关部门协调办案和现场联合办公的工作模式，不断提高信访工作效率。90年代，信访问题多与合同纠纷、占地补偿、干群关系、劳动就业等问题相关联。2000—2010年，信访问题主要集中在农村土地征用、村务公开、劳动就业、拖欠农民工工资、平房改造及拆迁补偿等方面。区委、区政府重视人民群众来信来访，在信访工作中不断健全完善受理和办理制度，使信访工作逐步走向规范化和法制化，成为加强党和政府与人民群众联系的重要桥梁和窗口。

第一节　机　构

1980年4月，建立区委、区政府信访办公室。1984年5月，信访办公室并入区政府办公室，对外挂区委、区政府信访办公室牌子。2004年，设3科，行政编制8名。是年9月，区委、区政府建立区处理信访突出问题及群体性事件联席会议制度，联席会议下设办公室（设在信访办公室）。2010年3月，区信访办公室增设舆情信息科，信访科更名为接访科，行政编制增至10名。

第二节　来信来访

1984年，全区受理信访1320件。1985年，受理信访848件，比上年下降35%。市交办的24件、区立案的25件全部办结，出现信访量减少，重复、越级信访减少，结案率高的势头。1986年始，群众来信来访主要反映现实问题，如干部作风、不正之风、违法乱纪、城建卫生、经商信誉、合同纠纷、房地纠纷、户口关系、工作调动、安置就业、工资福利、经济困难、住房困难、历史问题、民事纠纷等。90年代末，诉求主要集中在道路拓宽及城镇改造中的拆迁问题、镇村企业改制职工下岗后无生活出路和集体财产流失问题、市容整顿和市场规范引发的问题、建筑质量和物业管理问题、村委会换届选举中的矛盾和问题等。

2007年1月，信访办公室在津南政务网开通“网上信访”，成为全市率先开通办理网络信访事项的区县之一。

2007—2010年，随着城乡一体化建设的快速推进，人民群众反映的诉求主要涉及房屋拆迁、土地补偿分配、城镇建设、村集体经济组织成员资格认定、劳动社保、干部作风、农民工工资、涉法涉诉等方面。

第三节　信访办理与督查

中共十一届三中全会后，对“文化大革命”及历次政治运动中的冤假错案进行平反，许多受到不公正对待的干部群众纷纷写信上访，要求纠正错误，恢复名誉，赔偿损失。内容多为申诉案件，如知识青年返城安置、历史遗留、复议等问题。信访部门根据上级有关政策对案情进行复查，并区别不同情况，进行妥善处理，为受害者澄清事实，落实政策，恢复名誉。1988年，信访部门在有关部门的配合、协助下，妥善解决了长达10年的八里台乡四清新村居民253户997人的农转非，消除了不安定因素。

1992年，建立为民服务网络，区政府及各乡镇、各委办局均设立热线电话，并向社会公布热线工作人员及电话号码。对群众反映的突发性、苗头性以及“热点”问题，区政府办公室及时反馈给主管区长，后责成网络成员单位及有关部门予以解决。1994年，全区解决热线问题近百件，1995年，受理热线电话962件，办结953件，办结率为99%。

2004年，成立督查科后，重点加大对集访类、疑难、紧急信访案件及一些缠访和重复上访的个访案件督查、督办。2005—2010年，按照新信访条例要求，调整和改进单一的督查工作方式、方法，采取电话督办、书面督办、实地督办、会议督办、联合督办等形式，加强与有权处理责任单位的沟通，研究解决办法，督查、督办处理结果，并将督查结果予以通报。

1982—2010年，受理信访案件18141件，办结率99.9%。主要涉及9大类：干部违法违纪、生活困难、劳动社保、环境保护、物业管理、城管执法、土地征用、城镇拆迁、工程欠款(农民工工资)。

第四节　信访制度

一　领导接待制度

1983年12月，实行领导干部轮流接待群众制度。1986—1995年，区级领导接待、处理群众来信来访4000余次(件)。2004年始，将每月15日确定为区领导信访接待日。2008年，津南区制定《关于进一步加强全区领导干部接待群众信访工作的意见》。2009年，全区各级领导开展“大接访”活动，下发《各级领导干部做好定期接待群众来访的实施办法》。2010年，制定《关于调整区级领导定期接待群众来访的意见》，接访、下访工作进一步规范化、制度化。

二　领导包案制度

2004年9月，规定区级领导按照联系点制度工作分工，实行包保责任制。2007年，制定《关于重大和疑难复杂信访问题实行领导包案工作的通知》，对疑难复杂信访问题由区、处级领导干部分别包案。2007—2010年，开展4批领导包案工作，41名区级领导、152名处级领导，交办74件疑难复杂信访案件和74件重信重访突出问题。

三　矛盾纠纷排查预防制度

2004年，制定《不稳定因素排查调处制度》。2007年始，每月月底召开1次重点部门及各镇参加的信访研判会，建立健全社会信息情报反馈网络。2009年，强化矛盾化解措施，综合运用行政、司法、人民调解等多种调处手段，在重要节假日和敏感时期，进行拉网式、全覆盖的矛盾纠纷排查工作。2010年，排查矛盾纠纷50余件，化解15件。

四　信访评估考核制度

2006年，区制定《预防和处置群体性上访和堵门堵路事件应急预案》，建立应急分队，制定三级响应程序及现场处置程序。2007年，制定群体性事件预警预防处置机制详细的工作流程。2009年，区委、区政府制定《关于实行信访代理的实施意见（试行）》和《津南区对涉及群众利益的重大事项进行信访稳定风险评估的实施办法（试行）》。至2010年，对群体性事件预防预警处置，形成一整套行之有效的措施方法。

五　信访催办督查责任追究制度

90年代，全区各级党政组织经常研究分析信访形势，加大服务力度，提高信访工作效率。2000年后，信访渠道畅通，制度健全，干部队伍稳定，法制化进程加快。2004年，建立区级领导包保责任制、联席会议制度、领导接待制度、排查调处制度、上访问题处理制度、律师参与制度、考核等制度后，制定《实行依法信访维护社会稳定的实施意见》。2005年，制定《信访工作考核办法》《关于信访事项督查督办工作制度》《关于处理信访事项的暂行规定》《关于四大机关对来访人员检查、接待工作的规定》《预防和处置群体性上访和堵门堵路事件应急预案（试行）》等。2008年，制定《关于做好答复群众来信的若干规定》和《办理群众来信工作细则》。2010年，制定《关于进一步深化信访工作的实施意见》。

六　基层信访全员责任制

1979年，全区各级党政机关和企事业单位成立信访工作领导小组，配备专职或兼职信访工作人员。1984年，各乡镇和委办局普遍建立信访工作部门，配备专兼职干部。各乡镇信访组织在各村（居）设立信息站，加强信访预测。至1994年4月，全区有57个单位建立和完善了信访机构，基本形成信访信息网络，并实行信访、调解、司法部门联合办公制度，处理信访案件。

2000年，健全区、镇、村（居）三级信访工作网络，重点完善社区（村、居委会）信访工作组织，不定期举办培训班，对基层信访干部进行培训，提高基层信访意识和化解矛盾解决问题的能力和水平。2010年6月，各镇建立综治信访服务中心，信访工作和接待制度进一步完善。发挥镇、村（居）委、基层支部的组织管理作用，加大解决初信初访力度，在第一时间、第一地点解决群众的合理诉求，降低初信初访向重访积案转化率，把问题解决在当地。

第五章　法制办工作

1990年10月始，设区法制办公室，负责组织全区相关行政执法单位的执法人员，进行行政监督、行政复议、法律知识培训，为区政府和全区相关行政执法单位提供投诉应诉等法律服务。

第一节　机　构

1990年10月，区政府成立法制办公室。2001年12月，区法制办公室设：行政执法监督科、复议应诉指导科，行政编制5人。2002年，调整为秘书科和业务科。2007年7月，变更为综合科和行政复议科。同时，加挂津南区人民政府行政复议办公室牌子，至2010年。

第二节　行政监督

一　行政执法监督检查

1998年始，在全区推行行政执法责任制。1999年始，按照《中华人民共和国国旗法》要求，对每年元旦、春节、劳动节、国庆节期间，在全区主要公路干线和重点地区升挂（插）国旗情况进行集中检查，及时更换破损、褪色的国旗。2004年，推行“先行教育规范，再行限期整改，对拒不改正者依法处罚”的“三步式”执法。先后制定《津南区政府重大决策程序规则》《关于与人民群众利益相关的重大事项实行社会公示制的制度》《津南区人民政府政务公开制度》《津南区人民政府重大事项听证制度》《津南区人民政府重大事项决策专家咨询论证制度》《津南区人民政府法律顾问制度》《津南区重大行政决策过错责任追究暂行办法》六个相关配套制度。

2007年，对全区各行政执法部门的行政执法主体、执法依据进行全面梳理，涉及法律法规规章670部、具体行政执法职权3208项。2009年，组织全区44个行政执法单位自查一般程序行政处罚案卷3423件，简易程序行政处罚案卷449件，集中评查一般程序处罚案卷68件，行政许可案卷12件，合格和基本合格的案卷达96%以上。2010年，在全区行政执法单位自查的基础上，集中评查一般程序处罚案卷60件，行政许可案卷10件，合格和基本合格的案卷达96% 以上。

二　规范性文件审核备案

2003年起，建立区、局、镇备案的规范性文件备案审查体制，强化规范性文件数据库建设。2007年，推行网上备案、公布制度，严格规范性文件的审核修改工作，确保政令畅通。是年起，对全区现行的规范性文件进行集中清理和专项清理，清理核准行政许可实施主体34个，行政许可事项188项，非行政许可事项19项，规范性文件437件。

至2010年，审核规范性文件700余件、通告486件，对市政府法制办转来的《天津市消费者权益保护条例》等285个文件草案提出修改意见。

第三节　行政复议　应诉

一　行政复议

2004年始，开展行政复议工作。主要采取与信访部门沟通，畅通行政复议渠道；建立健全调解机制，用和解调解的手段来解决行政争议；提前介入，及早防范和化解风险。至2010年，承办行政复议案件110件。其中，驳回4件，撤销20件，不予受理4件，调解结案82件。

二　行政投诉应诉

1990年始，办理群众上访和行政投诉案件，协助有关部门在房产裁决、集中拆迁违章和八里台、葛沽、双港等镇集体土地确权等工作中，维护行政相对人的合法权益和整体利益。2005—2010年，接待群众行政投诉和上访676件1495人次，接待群众咨询相关法律政策答复268人次。市二中院2000年受理的葛沽镇邓岑子村民孔某某诉区政府土地承包合同一案，是津南区出现的第一件行政诉讼案件。之后，津南区行政诉讼案件呈上升趋势，区法制办为区政府的诉讼代理区长出庭应诉，依照法律程序组织答辩，依法维护政府行为的合法性和有效性。至2010年底，办理行政应诉案件91件。其中，一审50件，二审31件，再审9件，重审1件，胜诉率96%。

第四节　法制宣传与培训

1997年始，每2年对全区行政执法人员执法证进行1次年检、注册，组织行政执法人员进行培训，采取多种形式和方法宣传法律知识。2002年，与区教育局联合开展津南区中小学创建“升旗仪式规范评比”活动。2007年，重点围绕严格法定程序，规范行政行为，在全区开展宣传和调研。2009年，举办“好事要办好，工作任务要圆满”为专题的依法行政讲座5期，600人次参加。指导和协调区行政许可服务中心，清理核准行政许可实施主体34个，行政许可事项188项，非行政许可事项19项。至2010年底，全区行政执法单位1000余名执法人员集中培训、统一考试，及格率达98%。

图18-4　2009年，津南区行政执法人员培训

第六章　行政审批

区行政审批办公室（区经济发展服务中心），属区政府派出机构，实行“一条龙、一站式”服务，为企业和群众提供高效快捷的服务。自成立后，每年办结审批事项45500余件。

第一节　机　构

1999年2月，成立区行政审批办公室，隶属区政府办公室。2005年8月，区行政审批办公室升格为处级，行政编制6名，内设：秘书科、管理科、经济发展服务中心。至2010年未变。

第二节　行政许可服务大厅

1999年，成立津南区经济发展服务中心，6月，正式对外办公。2005年8月，设立津南区行政许可服务大厅，建筑面积1200平方米，内设28个工作窗口，56个工作点位和商务中心。进驻18个政府审批部门，30余名工作人员。服务大厅对津南区投资建设、企业设立等行政许可审批职能的实施，实行“一条龙、一站式”服务，许可审批事项50余项。2008年8月，对服务大厅进行扩建，面积增至2300平方米，进驻23个部门，行政许可审批事项131项，窗口工作人员84人，中心管理人员8人。同时增设政府信息查询、导办台、联审服务平台、代理窗口、中介服务平台、银行等服务事项。

第三节 审批事项与程序

2008年1月和2009年2月，分别设立投资建设类和联合审批服务平台，实现资源共享，网上二级联动审批，限时审批，缩短审批时间。进驻区行政许可服务中心的审批部门，签立授权委托书，委托本部门进驻工作人员的日常管理，各类行政审批事项的审批管理工作，按规定对审批事项组织进行集中受理，依法进行现场审批。2000—2010年，进驻津南区行政许可服务中心的23个行政部门，每年办结审批事项4.55万余件。

第七章 应急 融资 机关事务

区应急办公室（又称应急指挥中心），主要职能是履行应急值守、信息汇总和综合协调职责，编制制定应急预案，组织协调突发事件处置。区政府金融服务办公室，是区政府主管金融工作的职能部门，举办企业管理、金融知识培训，为企业融资服务。区机关事务管理中心，对外称津南区机关事务管理局，主要职责是负责区委、区政府机关行政管理和服务工作。

第一节 应 急

一 机构

2008年4月，成立区应急办公室（又称应急指挥中心），是津南区突发公共事件应急委员会的常设机构，设应急管理科。

二 主要工作

2010年，区应急办制定《津南区突发公共事件总体应急预案》，构建津南区应急指挥总体框架，指导全区8个镇及长青办事处、开发区、农业科技园区、泰达微电子工业区，依据《津南区总体应急预案》和有关法律、法规及各自职能，制定部门突发公共事件总体应急预案12个。辖区内246家危化企业、68所学校（幼儿园）、各村制定应急预案8个，为各级应急工作做好理论依据。

同时，完成与天津市应急指挥信息中心的连接，网络系统、视频监控系统、视频会议系统运行正常。不断完善突发公共事件监测网络，增加监测点，扩大监测覆盖面，提高监测水平。与公安津南分局"技防网"在全区设245处监控点位，与交警津南支队安装5处电子警察和23处交通视频监控器。在应急工作中突出重点，狠抓落实，全面掌控，认真组织开展全区突发事件应急工作。结合区突发事件总体应急预案和实际情况，对《地震灾害应急预案》《危险化学品事故应急救援预案》《应对雨雪冰冻灾害预案》等27个专项应急预案不断进行梳理完善，成立由320人组成的工程抢修、医疗救护、治安交通和电力、通信、气象保障等应急救援分队。

第二节 融 资

一 机构

2007年5月，成立区开发性金融合作领导小组。2010年5月，设立区政府金融服务办公室，设：秘书科、资金监管科、融资服务科，行政编制8人。

二　主要工作

2007年，通过宣介、培训帮助民营企业建立现代企业管理制度，举办企业管理、金融知识培训。先后为八里台新城镇建设协助融资2亿元，为区土地储备融资16亿元，为津沽路拓宽改造融资15亿元，为金角畜牧养殖有限公司融资500万元。2008年，协助葛沽示范镇建设项目融资9亿元，津南新城起步区土地整理项目融资8.83亿元，八里台示范镇建设项目融资5亿元，咸水沽镇新兴土地整理项目融资2亿元，津南新城起步区还迁房建设项目融资2亿元。2009年，完成区级重点工程融资项目92个，实际到位资金86.23亿元。通过举办政银企对接洽谈会，组织金融部门走访企业，帮助全区200家中小企业发放贷款15.6亿元，150户农户发放贷款800万元，470户商户发放贷款4500万元。

2010年，调整融资策略，融资到位、审批、操作和在谈融资项目，主要以政策性银行和国有银行为主，编制《经营性项目融资需求手册》和《非经营性项目融资需求手册》，制定《关于支持科技型中小企业发展的实施办法》和《津南区政府投资项目融资管理暂行办法》。全年到位融资项目18个，各驻区银行全年为区中小企业项目提供贷款近29亿元。同国开行、农发行、滨海农商行、北方信托等金融机构密切合作，签订战略合作协议，推动政府投资项目。帮助兴业、天津、中信、北京、齐鲁、村镇、民生7家银行相继在津南区开业。是年底，全区有14家国有及商业银行设立的近百个分支机构和网点。已获市金融办批筹小额贷款公司4家：天津市华宝小额贷款公司、融通小额贷款公司、鑫泽小额贷款公司和世承小额贷款公司。已获批准并营业的典当行5家，担保公司9家。

第三节　机关事务

一　机构

1995年前，区机关事务管理工作由区委、区政府办公室负责管理。1996年9月，成立区机关事务管理中心筹备组；12月，成立区机关汽车维修中心（事业单位），安排10名下岗职工。该中心以为区机关服务为主，并对社会开放。1997年1月，成立区机关事务管理中心，对外称津南区机关事务管理局。设：办公室、财务科、行政管理科、经营管理科、服务站。行政编制12人。

二　主要工作

1997年6月，制定区机关值班工作规定、安全保卫、机关卫生管理及《区机关东西两院食堂管理暂行规定》等。1998年，区五大机关办公室主任联席会议通过《津南区人民政府保健站规章制度（试行）》的通知，制定《关于重申区机关有关管理办法的通知》。2003年，重新修订保安人员管理制度。同时对区机关东院、西院和三角楼的物资设备进行管理并维修，加强办公区环境、会议室、大型会务工作和区政府招待所管理。

2010年4月，区机关搬迁八里台津港公路办公后，机关实行物业化管理，与深圳明喆物业管理有限公司天津分公司签订保安、保洁、会务、餐厅、设备设施维修、绿化6项服务协议，机关管理更加规范。

津南区志
（1979—2010）

第十九编

政治协商会议

1983年9月，成立中国人民政治协商会议天津市南郊区委员会筹备组，产生区政协首届委员会名单。1984年9月17日，召开第一届委员会第一次会议。至2010年召开7届28次会议，产生委员1050人次。第四届至第七届委员会五次会议期间共征集提案2166件，立案2010件，立案率92.8%。围绕区委、区政府发展战略开展专题视察和调查研究，其间，撰写调研报告260余篇。

2010年1月26日，政协天津市津南区第七届委员会第五次会议

第一章 委员组成

区政协委员的组成是在中共津南区委的领导下，按照政协章程的相关规定产生。第一届至第七届产生委员1050人。委员界别保持在17~20个，符合规定要求。

第一节 委员产生

中共党员在全体委员中所占比例控制在45%到30%之内。在酝酿委员产生中，注重推选的民主性、广泛性、先进性、代表性，科技、教育、文化、卫生、党派等界别的民主人士比例趋向合理。委员的产生要在党的领导下进行广泛摸底，在党内酝酿讨论，由区委提出界别、人员、构成的比例方案，并与各社会团体、行业主管部门协商推荐各行各业的工作骨干、模范人物、先进工作者、民主人士，经审查平衡后，报区委批准。1984—2010年，第一届至第七届委员分别为73人、117人、127人、183人、193人、177人、180人。

第二节 委员构成

第一届委员会有委员73名，由17个界别组成。即中国共产党天津市南郊区委员会、中国共产主义青年团天津市南郊区委员会、天津市总工会南郊办事处、南郊区妇女联合会、农民、南郊区供销合作社、原工商业者、文化艺术界、工程技术界、教育界、医药卫生界、体育界、少数民族、归国华侨、烈军属、宗教界及特别邀请人士。

第二届委员会有委员117名，由18个界别组成。增加民主党派界别为政协参加单位。

第三届委员会有委员127人，由19个界别组成。增加工商联、青年联合会界别为政协参加单位。

第四届委员会有委员183名，由20个界别构成。增加科学技术协会界别为政协参加单位。其中，非中共党员110人，占60.11%；民主党派10人，占5.46%；妇联6人，占3.28%；少数民族6人，占3.28%。

第五届委员会有委员193名，由20个界别构成，其中，非中共党员112人，占58.03%；民主党派9人，占4.66%；妇联3人，占1.55%；少数民族4人，占2.07%。

第六届委员会有委员177名，由19个界别构成，减少烈军属界别。其中，非中共党员103人，占58.19%；民主党派9人，占5.08%；妇联3人，占1.69%；少数民族1人，占0.56%。

第七届委员会有委员180名，由19个界别构成，其中，非中共党员108人，占60%；民主党派10人，占5.56%；妇联3人，占1.67%；少数民族3人，占1.67%。

第四至七届津南区政协委员会委员构成情况表

表19-1　　单位：人

构成		第四届	第五届	第六届	第七届
委员人数		183	193	177	180
其中	非中共党员数	110	112	103	108
	比例(%)	60.11	58.03	58.19	60.00
中国共产党		9	12	17	12
民主党派		10	9	9	10
共青团		3	3	2	2
工会		2	3	2	2
妇联		6	3	3	3

续表

构成	第四届	第五届	第六届	第七届
农业	25	12	11	11
工商联	9	10	14	14
科协	5	7	1	3
科技界	–	9	4	4
文化界	5	5	4	6
工程技术	14	–	–	–
青联	4	3	2	2
教育界	9	15	18	17
医务界	7	11	9	8
少数民族	6	4	1	3
华侨	3	1	1	1
宗教界	3	3	4	3
体育界	1	1	1	2
经济界	19	34	38	46
特邀人士	40	47	36	31
军烈属	3	1	–	–

第二章　全体委员会议

1984—2010年，区政协召开28次全体委员会议。会议期间，听取和审议政协常委会工作报告和提案工作报告；列席区人大会议，听取并讨论《政府工作报告》和《财政预决算报告》；选举或增选政协主席、副主席、常委；市政协主要领导和区委书记分别在每届第一次大会上致开幕词和闭幕词；审议并通过相关决议。其中，1984年9月至1986年5月，第一届委员会召开3次会议。1987年2月至1989年4月，第二届委员会召开3次会议。1990年2月至1992年3月，第三届委员会召开3次会议。

第一节　第四届委员会

一　第一次会议

1993年2月22—26日，在区商业局礼堂举行。出席委员176人。会议听取并审议区政协常委会工作报告和提案工作报告；列席了区人大十二届一次会议，听取并讨论政府工作报告和财政预决算报告；通过大会决议。会议选举产生区政协主席郝学全，副主席刘景良、陈翟生、刘玉瑛、祝庆文、张颖元、孙芳、王宝安，常务委员29名，委员183名。会议收到提案83件。

二、第二次会议

1994年2月14—17日，在区商业局礼堂举行。出席委员181人。会议完成相关议程。会议收到提案99件。

三　第三次会议

1995年2月8—11日，在区商业礼堂举行。出席委员174人。会议完成相关议程。会议收到提案77件。

四 第四次会议

1996年1月22—25日，在区商业局礼堂举行。出席委员175人。会议完成相关议程。会议收到提案94件。

五 第五次会议

1997年3月3—6日，在区机关礼堂举行。出席委员177人。会议完成相关议程。会议收到提案71件。

图19-1 1997年，区政协四届五次会议会场

第二节 第五届委员会

一 第一次会议

1998年1月18—22日，在区机关西院礼堂举行。出席委员188人。会议完成相关议程。选举产生政协五届委员会主席郝学全，副主席刘玉瑛、邢纪武、申日光、杨家环、王宝安、柴宝成、潘仰锋、刘万春，常务委员30名，委员193名。会议收到提案87件。

二 第二次会议

1999年1月25—27日，在区机关西院礼堂举行。出席委员186人。会议完成相关议程。会议收到提案78件。

三 第三次会议

2000年1月14—17日，在区机关西院礼堂举行。出席委员183人。会议完成相关议程。会议收到提案128件。

四 第四次会议

2001年1月4—7日，在区机关西院礼堂举行。出席委员182人。会议完成相关议程。会议收到提案139件。

图19-2 2001年，区政协五届四次会议会场

五 第五次会议

2002年1月14—16日，在区机关西院礼堂举行。出席委员187人。会议完成相关议程。会议收到提案145件。

第三节 第六届委员会

一 第一次会议

2002年12月8—11日，在区机关西院礼堂举行。出席委员175人。会议完成相关议程。选举产生津南区政协六届委员会主席李国文，副主席李庆华、申日光、陈义逑、刘海岭、柴宝成、潘仰锋、黄厚祥，常务委员26名；通过会议决议，对2002年政风行风建设进行民主评议。会议收到提案133件。

图19-3　2004年1月，区政协六届二次会议会场

二　第二次会议

2004年1月4—5日，在区机关西院礼堂举行。出席委员171人。会议完成相关议程。对2003年政风行风建设进行评议。会议收到委员提案107件。

三　第三次会议

2005年1月11—12日，在区机关西院礼堂举行。出席委员169人。会议完成相关议程。对2004年政风行风建设进行民主评议。会议收到提案122件。

四　第四次会议

2006年1月4—5日，在区机关西院礼堂举行。出席委员165人。会议完成相关议程。对2005年政风行风建设进行民主评议。会议收到提案129件。

第四节　第七届委员会

一　第一次会议

2007年1月8—11日，在区文化艺术中心举行。出席委员178人。会议完成相关议程。选举产生区政协七届委员会主席邢纪茹，副主席杨玉忠、刘海岭、龚伯生、孙宝顺、柴宝成、黄厚祥、孙奇涵，常务委员26名。对2006年政风行风建设进行民主评议。会议收到提案153件。

图19-4　2008年，政协委员分组讨论会场

二　第二次会议

2008年11月27—29日，在区文化艺术中心举行。出席委员175人。会议完成相关议程。对2007年度政风行风建设进行民主评议。会议收到提案144件。

三　第三次会议

2009年1月5—6日，在区机关西院礼堂举行。出席委员172人。会议完成相关议程。对2008年政风行风建设进行民主评议。会议收到提案119件。

四　第四次会议

2009年3月27日，在区建委后二楼会议室举行。出席委员174人。会议完成相关议程。对2009年政风行风建设进行民主评议。会议收到提案130件。

五 第五次会议

2010年1月26—27日，在区机关西院礼堂举行。参加会议的委员175人。会议收到政协委员提案128件。

六 第六次会议

2011年1月4—6日，在区机关会议楼大礼堂（八里台）举行。参加会议的委员171人。会议期间，收到政协委员提案128件。

第三章 常务委员会

2007年5月29日，区政协七届二次常委会议通过政协津南区委员会常务委员会工作规则。规则制定了政协津南区委员会常务委员会8项工作职权。建立了会议制度，常务委员会会议一般每季度举行一次，必要时可临时召集，会议主要有五项任务。区政协副秘书长、各处室负责人，与议程有关的各党派、团体、专委会、委员小组负责人，以及其他人员可列席会议。

第一节 组成人员及机构

一 组成人员

区政协常务委员会由主席、副主席和常委组成。1984—2010年，先后选举产生主席7人，副主席45人，常务委员171人。

第一届区政协委员会主席、副主席更迭表

表19-2

职务	姓名	籍贯	任职时间
主　席	刘子铎	河北黄骅	1984.9—1987.2
副主席	边华英	河北任丘	1984.9—1987.2
副主席	陈翟生	河北唐山	1984.9—1987.2
副主席	赵运文	天津	1984.9—1987.2
副主席	夏恩选	河北滦南	1984.9—1987.2
副主席	覃濬哲	湖南石门	1984.9—1987.2

第二届区政协委员会主席、副主席更迭表

表19-3

职务	姓名	籍贯	任职时间
主　席	刘子铎	河北黄骅	1987.2—1990.2
副主席	陈翟生	河北唐山	1987.2—1990.2
副主席	任恩川	河北文安	1987.2—1988.8
副主席	夏恩选	河北滦南	1987.2—1990.2
副主席	覃濬哲	湖南石门	1987.2—1990.2
副主席	窦世欣	天津大港	1988.8—1990.2
副主席	吴长春	天津大港	1988.8—1990.2

第三届区政协委员会主席、副主席更迭表

表 19-4

职务	姓名	籍贯	任职时间
主　席	刘子铎	河北黄骅	1990.2—1993.2
副主席	陈翟生	河北唐山	1990.2—1993.2
副主席	吴长春	天津大港	1990.2—1993.2
副主席	高宝勋	天津津南	1990.2—1993.2
副主席	夏恩选	河北滦南	1990.2—1993.2
副主席	祝庆文	天津津南	1990.2—1993.2

第四届区政协委员会主席、副主席更迭表

表 19-5

职务	姓名	籍贯	任职时间
主　席	郝学全	山西汾阳	1993.2—
副主席	刘景良	天津津南	1993.2—
副主席	陈翟生	河北唐山	1993.2—
副主席	刘玉瑛	天津津南	1993.2—
副主席	祝庆文	天津津南	1993.2—
副主席	张颖元	天津津南	1993.2—
副主席	王宝安	天津津南	1993.2—
副主席	孙　芳	天津津南	1993.2—

第五届区政协委员会主席、副主席更迭表

表 19-6

职务	姓名	性别	出生年月	政治面目	任职时间	籍贯	备注
主　席	郝学全	男	1941.5	中共	1993.2	山西	-
副主席	刘玉瑛	男	1944.5	中共	1993.2	天津	-
副主席	邢纪武	男	1942.8	中共	1998.1	天津	-
副主席	申日光	男	1945.12	中共	1998.1	湖南	-
副主席	杨家环	男	1938.3	民进	1998.1	天津	-
副主席	王宝安	男	1940.10	九三	1993.2	辽宁	不驻会
副主席	柴宝成	男	1958.8	群众	1998.1	天津	不驻会
副主席	潘仰峰	男	1943.10	民革	1998.1	福建	不驻会
副主席	刘万春	男	1958.1	民进	1998.1	天津	不驻会

第六届区政协委员会主席、副主席更迭表

表 19-7

职务	姓名	性别	出生年月	政治面目	任职时间	籍贯	备注
主　席	李国文	男	1955.2	中共	2002.12	天津	-
副主席	李庆华	男	1947.4	中共	1993.2	天津	-
副主席	申日光	男	1945.12	中共	1998.1	湖南	-
副主席	陈义逑	女	1944.9	中共	2002.12	湖南	-
副主席	刘海岭	男	1951.1	中共	2002.12	天津	-
副主席	柴宝成	男	1958.8	群众	1998.1	天津	不驻会
副主席	潘仰峰	男	1943.10	民革	1998.1	福建	不驻会
副主席	黄厚祥	男	1959.9	民盟	2002.12	天津	不驻会

第七届区政协委员会主席、副主席更迭表

表19-8

职务	姓名	性别	出生年月	政治面目	任职时间	籍贯	备注
主　席	邢纪茹	女	1950.7	中共	2007.1	天津	-
副主席	杨玉忠	男	1954.10	中共	2007.1	天津	-
副主席	刘海岭	男	1951.1	中共	2002.12	天津	-
副主席	龚伯生	男	1957.6	中共	2007.1	北京	-
副主席	孙宝顺	男	1962.7	中共	2007.1	天津	-
副主席	柴宝成	男	1958.8	群众	1998.1	天津	不驻会
副主席	黄厚祥	男	1959.9	民盟	2002.12	天津	不驻会
副主席	孙奇涵	女	1961.1	无党	2007.1	河北	不驻会

在政协委员中，有全国劳动模范4人：陈武成、龚世权、王孝杰、柴宝成。

天津市劳动模范29人：于月明、冯相图、徐春芬、何洪成、宋世慧、马海泉、朱学谦、邢纪武、邵印泉、李崇信、何洪云、张文利、陈吉强、王玉和、李树元、王树林、张锡海、周耀光、郭俊义、王兆杰、田树纯、刘延奎、张继波、张荣华、孙晓光、梁广东、孙奇涵、杨家安、代文来。

驻区全国政协委员1人：柴宝成（全国第九至第十一届政协委员）。

二　下设机构

政协第一届委员会机构设置：办公室（下设行政组、专业活动组、宣传联络组）、学习委员会、农村工作组、经济科研工作组、财贸工作组、侨务台属工作组、教育工作组、医药卫生工作组、城乡建设工作组、民族宗教工作组、文史资料工作组、青年妇幼工作组、经济咨询服务处。

政协第二届委员会机构设置：办公室（下设行政组、秘书组、联络组）、学习委员会、提案委员会、专业工作委员会（下设农村工作组，科技工作组、财贸工作组、侨务台属组、教育工作组、医药卫生组、文艺工作组、民族宗教组、城乡建设工作组、青年妇幼工作组）、文史资料研究委员会（下设编辑委员会）、经济技术咨询处、海外联谊会。

政协第三届委员会机构设置：办公室（下设行政科、秘书科、联络科）、学习委员会、提案委员会、文史资料研究委员会（下设编辑委员会）、经济建设委员会（下设工业组、农业组、城建组、财贸组）、文教体卫委员会（下设卫生组、教育组、文化组）、民族宗教侨务委员会（下设民族宗教组、侨务组）、社会法制委员会、经济技术咨询服务处、海外联谊会、老友联谊会。

政协第四届委员会设置：办公室、专门委员会办公室、学习委员会、提案委员会、文史资料委员会、经济科技委员会、教育文化卫生体育委员会、社会法制委员会、民族宗教侨务委员会。

第五届委员会工作机构设置由上届“两办、七委”改建为“两办一室八委三个组”，即：办公室、专门委员会办公室、研究室、学习委员会、提案委员会、经济科技建设委员会（设3个组即：工业组、城建组、科技财贸组）、农业委员会、教育文化卫生体育委员会、文史资料委员会、民族宗教侨务委员会、社会法制委员会。

第六届委员会机构设置为“两办一室八委”，即：办公室、专门委员会办公室、研究室、提案委员会、农业委员会、经济科技委员会、城镇建设委员会、教育文化卫生体育委员会、社会法制委员会、港澳台侨委员会、文史资料委员会。

第七届委员会机构设置为“两办两室八委”，即：办公室、专门委员会办公室、研究室、委员联络室、提案委员会、农业委员会、经济科技委员会、城镇建设委员会、教育文化卫生体育委员会、社会法制委员会、港澳台侨委员会、文史资料委员会。

第二节　常委会议

区政协常委会议由主席、副主席、秘书长和常务委员参加，不定期召开。

区政协第四届至第七届委员会共召开常委会议97次，内容涉及政协工作的各方面，如审议委员会各专委会、委员小组组成人员名单；通报区政协七届委员会主席、副主席分工；审议通过委员调整名单；审议通过区政协工作意见；审议通过区政协各专门委员会工作安排意见；通报期间的提案情况；审议通过关于加强区政协常委会自身建设的意见；通报区政协机关联系委员工作制度；通报“两会”期间区人大代表，政协委员对区年度政风行风民主评议结果；审议通过重点调研报告及建议案等。

第三节　主席会议

区政协主席会议由主席、副主席和秘书长参加，不定期召开。

区政协第一届委员会召开主席会议7次。研究增补政协委员事项和主席、副主任分工；总结和安排政协工作；研究区政协内部组织机构和办公室工作责任；听取赴武清、汉沽、宁河学习情况；研究召开二次会议有关事宜；传达武清会议精神、整党情况交谈征求意见；传达市政协十六次常委会精神；传达市区县政协扶贫工作经验交流会精神。

区政协第二届委员会召开主席会议7次。研究1988年政协工作；研究二次会议有关事宜；研究主席、副主席分工；研究财务工作。

区政协第三届委员会召开主席会议14次。总结和安排区政协工作；确定常委会议题；研究召开四郊政协联系会；讨论通过专门委员会通则和各委员会名单；学习《中共中央关于坚持和完善中国共产党领导的多党合作和政协协商制度的意见》；传达市政协常委扩大会议精神；研究区政协设立三科及任命科长事宜，研究包头横向联系会材料；听取包头、青海会议情况汇报；商议老友、中秋活动事宜；研究外出学习考察事项；评估区委工作；研究《解决政协工作实际问题的请示》；研究经济咨询处问题、搞实体经济问题；研究政协换届问题。

区政协第四届委员会召开主席会议20次。学习贯彻中共天津市委六届二次全体（扩大）会议精神，坚持和完善共产党领导的多党合作与政治协商制度，进一步巩固和发展新时期爱国统一战线，多渠道、多形式广泛开展海外联谊活动，促进津南区经济的大开放、大发展。对区科委和企经委通报科技工作、乡镇企业技改中存在的问题，进行认真讨论，提出意见和建议。

区政协第五届委员会召开主席会议25次。听取围绕津南区“三个一”“六个五”工程建设，从乡镇企业的体制改革、科技投入、产品结构调整、产品质量提高以及企业人才结构诸方面进行的调研情况汇报，讨论通过6个调研小组调研报告的初稿。通过《关于对我区农村基层组织建设和民主法制建设开展调研活动的安排意见》《关于加快高标准农田建设调研安排意见》《区政协机关关于招商引资工作的意见》。

区政协第六届委员会召开主席会议15次。审议通过区政协《关于积极推进农业结构调整促进农民增收》《关于加快发展个体私营经济》《关于提高我区工业企业技术创新能力》《关于集约利用土地促进我区工业城镇建设持续发展》的建议案。

区政协第七届委员会召开主席会议18次。审议通过《关于提升工业园区运行质量》《抢抓机遇 乘势而上 加快服务业发展》《关于深化农业发展规划和定位的建议》《关于加强农村就业工作的建议》《关于开发建设海河中游经济区的调研报告》《抢抓海河教育园机遇 加快津南经济社会发展》《挖掘资源打造环境 促进津南旅游业发展》的调研报告和建议案。

第四章 主要工作

区政协围绕区委中心工作，围绕宏观决策及社会热点等问题开展提案征集、调查研究、专题视察、文史资料征集、团结联谊等工作，为津南区经济社会发展建言献策，贡献智慧。

第一节 提案工作

提案工作包括提案的征集、审查、立案、交办、督办、答复等环节。提案工作遵循“围绕中心、服务大局、提高质量、讲求实效”的方针，具有方式灵活、内容丰富、程序规范、成效明显的特点。

一 提案征集

第一届委员会一次会议期间征集提案73件，立案73件，立案率100%。二次会议期间征集提案75件，立案75件，立案率100%。三次会议期间征集提案91件，立案91件，立案率100%。

第二届委员会一次会议期间征集提案91件，立案87件，立案率96%。二次会议期间征集提案67件，立案57件，立案率85%。三次会议期间征集提案66件，立案66件，立案率100%。

第三届委员会第一次会议期间征集提案86件，全部立案，立案率100%。二次会议期间征集提案67件，全部立案，立案率100%。

第四届委员会一次会议期间征集提案83件，立案83件，立案率100%。二次会议期间征集提案99件，立案93件，立案率93.9%。三次会议期间征集提案77件，全部立案，立案率100%。四次会议期间征集提案94件，立案81件，立案率86.2%。五次会议期间征集提案71件，立案62件，立案率87.3%。

第五届委员会第一次会议期间征集提案87件，立案87件，立案率100%。二次会议期间征集提案78件，立案67件，立案率85.9%。三次会议期间征集提案128件，立案113件，立案率88.3%。四次会议期间征集提案139件，立案128件，立案率92%。五次会议期间征集提案145件，立案121件，立案率83.4%。

第六届委员会一次会议期间征集提案133件，立案128件，立案率96.2%。二次会议期间征集提案107件，立案103件，立案率96.3%。三次会议期间征集提案122件，立案107件，立案率87.7%。四次会议期间征集提案129件，立案119件，立案率92%。

第七届委员会一次会议期间征集提案153件，立案140件，立案率91.5%。二次会议期间征集提案144件，立案134件，立案率93%。三次会议期间征集提案119件，立案114件，立案率95.8%。四次会议期间征集提案130件，立案127件，立案率97.7%。五次会议期间征集提案128件，立案126件，立案率98.4%。

二 提案办理

第一届委员会一次会议期间的提案全部办复完毕。二次会议期间的提案全部办复完毕。三次会议期间的提案全部办复完毕。

第二届委员会一次会议期间的提案全部办复完毕。解决的87件，占承办总数的96%；限于政策和条件解决不了，需向委员解释说明的4件。二次会议期间的提案全部办复完毕，解决的57件，占承办总数的85%；纳入计划逐步解决的4件，因条件所限解决不了的6件。三次会议期间的提案66件，全部办复完毕。

第三届委员会一次会议期间的提案全部办复完毕，解决的86件，占承办总数的100%。二次会议期间的提案全部办复完毕，解决的30件，占承办总数的45%；纳入计划逐步解决的31件，占46%。因条件所限解决不了的6件。

第四届委员会一次会议期间的提案全部办复完毕。解决和基本解决的41件，占承办总数的49%；纳入计划逐步解决的39件，占47%，限于政策和条件解决不了，需向委员解释说明的3件，占4%。二次会议期间的提案全部办复完毕。解决和基本解决的46件，占承办总数的49.5%；正在解决或列入计划逐步解决的44件，占47.3%；因条件所限解决不了的3件，占3.2%。三次会议期间的提案全部办复完毕。解决或基本解决的44件，占承办总数的57%；列入计划解决的31件，占40%；限于条件解决不了的2件，占3%。四次会议期间的提案全部办复完毕。解决和基本解决的53件，占承办总数的65.4%；正在解决或列入计划逐步解决的18件，占22.2%；因条件所限解决不了的10件，占12.4%。五次会议期间的提案全部办复完毕。解决或基本解决的36件，占承办总数的58%；正在解决或列入下一步工作计划解决的23件，占37%；因财力不足暂时解决不了的1件，占2%；与政策相悖需做出解释的2件，占3%。

第五届委员会一次会议期间的提案全部办复完毕。解决或基本解决的75件，占承办总数的86.2%；因条件尚不成熟及其他原因列入下步工作或暂缓解决的8件，占9.2%；解释的4件，占4.6%。二次会议期间的提案全部办复完毕。解决或基本解决的44件，占承办总数的66%；列入计划正在逐步解决的10件，占15%；因条件所限，暂时解决不了或进行解释的13件，占19%。三次会议期间的提案全部办复完毕。解决或基本解决的占承办总数的75.9%；列入计划逐步解决的占18.8%；因条件所限，暂时解决不了或进行解释的占5.3%。四次会议期间的提案全部办复完毕。解决或基本解决的68件，占承办总数的53.1%；列入计划正在逐步解决的42件，占32.8%；因目前条件所限，暂时解决不了或进行解释的18件，占14.1%。五次会议期间的提案全部办复完毕。解决或基本解决的71件，占承办总数的58.7%；列入计划逐步解决的33件，占27.3%；因条件所限进行解释的17件，占14%。

图19-5　2010年，区政协委员调研提案落实情况

第六届委员会一次会议期间的提案，转送区委系统办理的9件，转送政府系统办理的116件，政协负责办理的3件，所有提案均按要求办理完毕。解决或列入计划解决的104件，占承办总数的81.25%；因条件限制或其他原因需要以后解决予以解答的24件，占承办总数的18.75%。二次会议期间的提案，转送党委系统办理的3件，转送政府系统办理的96件，政协负责办理的4件，所有提案均办理完毕。A类提案（所提问题已经解决或基本解决）50件，占承办总数的48.54%；B类提案（所提问题正在解决或列入逐步计划解决）26件，占承办总数的25.25%；C类提案（所提问题因条件限制或其他原因需要以后解决）24件，占承办总数的23.30%；D类提案（所提问题不可行或留作参考）3件，占承办总数的2.91%。三次会议期间的提案，转送党委系统办理的2件，转送政府系统办理的105件，所有提案均按要求办理完毕。A类提案70件，占承办总数的65.4%；B类提案24件，占承办总数的22.4%；C类提案13件，占承办总数的12.2%。四次会议期间的提案，涉及31个承办单位，所有提案均按要求办理完毕。A类提案68件，占承办总数的57.14%；B类提案28件，占承办总数的23.53%；C类提案23件，占承办总数的19.33%。

第七届委员会一次会议期间的提案，转送党委系统办理的10件，转送政府系统办理的103件，政协负责答复的27件，所有提案均按要求办理完毕。解决或基本解决的81件，占承办总数的57.9%；

正在解决或列入计划逐步解决的43件，占承办总数的30.7%；因条件限制或其他原因需要以后解决的16件，占承办总数的11.4%。根据委员意见反馈，提案答复满意率达95%以上。二次会议期间的提案，转送党委系统办理的5件，政府系统办理的127件，政协负责答复的2件，所有提案均按要求办理完毕。提案所提问题已经解决或基本解决的78件，占承办总数的58.2%；列入规划或部门工作计划逐步解决的32件，占承办总数的23.9%；暂不能解决，向委员作出解释说明的14件，占承办总数的10.4%；因权限需向市里积极争取的10件，占承办总数的7.5%。三次会议期间的提案，转送党委系统办理的4件，政府系统办理的107件，政协负责答复的3件，所有提案均按要求办理完毕。解决或正在解决的75件，占承办总数的65.8%；列入规划或部门计划逐步解决的28件，占承办总数的24.6%；因条件限制暂不能解决做出解释说明或因权限需向市里积极争取的11件，占承办总数的9.6%。四次会议期间的提案，转送区委系统办理的8件，政府系统办理的117件，政协负责答复的2件，所有提案均按要求办理完毕。解决或正在解决的69件，占承办总数的54.3%；列入规划或部门计划逐步解决的45件，占承办总数的35.5%；因条件限制暂不能解决做出解释说明或因权限需向市里积极争取的13件，占承办总数的10.2%。五次会议期间的提案，转送区委系统办理的3件，政府系统办理的122件，政协负责答复的1件，所有提案均按要求办理完毕。解决或年内计划解决的74件，占承办总数的58.73%;列入规划或部门工作计划逐步解决的42件，占承办总数的33.33%;提案所提问题因条件限制暂不能解决已做出解释说明或因权限需向市里积极争取的10件，占承办总数的7.94%。

三　重点提案

从四届一次会议开始。提案委员会每年从委员提案中筛选出具有重要价值的提案，作为重点提案。经主席会议审定后，与区政府有关部门商定进行重点办理，更好地发挥政协提案在促进经济社会发展中的作用。从四届一次会议到七届五次会议共征集重点提案166件，其中第四届委员会33件，五届委员会37件，六届委员会46件，七届委员会50件。

重点提案督办采取座谈、跟踪、督察的方式，走访承办单位了解办理情况，协调办理工作。区委、区政府主要领导亲自作批示，各委、办、局，乡镇领导高度重视，迅速成立办复班子，专题研究解决。一批提案引起政府的重视，得以及时落实。如“严厉打击舞厅的不法经营活动”“关于降低房地产经营税的提案”“大沽排污河危桥亟待重建的提案”“进一步完善中心村建设相关政策的建议”“做好建国大街拓宽改造规划并尽快启动建设”“加强对双港垃圾发电厂排放气体的日常监督”“关于对海河故道景区综合管理的建议”等。区政协从1995年开展优秀提案评选活动，至2010年共评出优秀提案61件。

第二节　调查研究

1984年，政协津南区委员会一届一次会议重视调查研究工作，至2010年，已形成政协主席调研、课题组调研、专门委员会调研、委员小组调研和委员个人调研等多种形式的调研格局，成为履行政协职能的重要形式。从政协四届委员会到七届委员会期间，撰写调研报告260多篇，调研成果146篇，在区委《调查与研究》上刊登106篇，61篇报告被市、区领导批示，为推动民主决策、科学决策提供参考依据。

图19-6　2007年，区政协召开社会事业发展情况调研座谈会

一　围绕宏观决策开展调研

1999年，区政协调研工作围绕区率先基本实现农业现代化发展战略问题，撰写11篇调研报告，其中向市政协常委会选报2篇调研报告，引起市领导重视。2000年，围绕区“十五”计划撰写《关于实现高标准农田建设的意见和建议》等5篇调研报告，提出21条意见和建议，区委、区政府在修改“十五”计划纲要时吸纳了委员的意见。2001年，围绕镇、区平房改造和中心村建设，提出19条建议，区政府主管领导做出批示。2003年，围绕市、区海河综合开发的总体战略设想，提出把海河津南区域建成旅游商住区的建议，被区“三步走”战略实施方案和制定区旅游规划时采纳。2005年，围绕区“十一五”规划编制开展调研，以区政协常委扩大会议形式向区委、区政府建言献策。2010年，围绕区“十二五”规划等进行调研，写出调研报告43篇，形成《关于津南区国民经济和社会发展第十二个五年规划的若干建议》，引起市区领导关注。

二　围绕经济建设开展调研

1993—2010年，围绕区经济建设开展调查研究，写出调研报告70余篇，其中关于《上规模、上档次，促进私营经济登上新台阶》《乡村集体企业人才流动的动因和集纳人才的对策》《关于当前农业发展中的问题和对策》《抓规模、上水平，大力发展畜牧水产优特产品》《从当前我区水稻生产存在问题所引发的思考和建议》《我区乡镇企业产权制度改革势在必行》《区政协主席会议关于高标准农田建设的建议案》《加快农业结构调整，促进农民增收》《关于进一步深化农业结构调整的实施意见》《加快发展个体私营经济》《集约利用土地促进我区工业、城镇建设持续发展》《关于加快服务业发展》等调研报告，区政府在制定区服务业总体发展规划中采纳了有关建议。《深化我区农业发展规划和定位》《金融危机对我区中小企业影响及对策》《开发建设海河中游经济区》《抢抓海河教育园机遇，加快我区经济社会发展》《挖掘资源，打造环境，促进我区旅游业健康发展》等调研受到市区及乡镇政府重视。

三　围绕社会问题开展调研

区政协调研工作围绕社会热点问题开展。1994年，围绕农村医疗卫生工作、校办工业、加强基层组织建设和青少年爱国主义教育。1996—2009年，围绕乡镇农科站的作用发挥、治理好基础薄弱校、“双学双比”活动、推进村级两委班子建设和区民办学校、少数镇、村干部关系紧张和集体上访增多的问题、农村剩余劳动力出路、做好防治“非典”工作、做好宗教工作和民俗文化建设、改善全区环境卫生、促进基层文化建设、城市化进程中农村劳动力就业问题进行调研。2010年，围绕推进城乡一体化进程中亟待解决的问题进行调研，写出调研报告50余篇，其中10余篇市区领导作了批示。

第三节　专题视察

政协津南区第四届至第七届委员会期间，围绕全区经济发展、社会进步和人民群众普遍关心的问题，有计划地组织各专门委员会、委员小组、各界别委员进行视察，其中农业视察20次，经济科技视察17次，城镇建设视察20次，社会法制视察19次。有针对性地向区委、区政府及有关部门提出意见和建议，为人民政协发挥职能作用。

四届委员会期间，精选视察题目，寻求适当方式，抓好落实督办，成为视察工作取得实效的三个有效途径。围绕党风廉政、农业发展、城乡建设、社会治安、综合治理、民族宗教、公共事业、卫生教育、第三产业等工作开展专题视察56次，670多人次参加，撰写视察报告26份。部分视察报告得到市、区领导的批示，有些意见和建议被采纳，并在有关刊物上进行刊登。

五届委员会期间，以专门委员会为单位组织视察活动成为视察工作的主要形式。各专门委员会结合农田水利、市场管理、义务教育、工商监管、产权改革、中心村建设、平房改造、环保产业、乡镇企业、对外贸易、计划生育、农村初级卫生保健等内容进行视察。视察中提出的意见和建议，部分被有关单位和部门采纳。

六届委员会期间，将专题视察作为委员开展现场监督的重要形式。组织委员先后对特色农业、园区经济、节水工程、新农村与城市化建设等20多项内容，进行现场视察达60余次。坚持现场视察与提案办理相衔接，加强了提案落办进度和质量的提高，为撰写调研报告和建议、议案提供一手材料。采用现场视察与工作反馈相衔接、现场视察与学习知识相衔接方式，增强民主监督的时效性和针对性，扩大委员的视野，提高民主监督的大局意识。

七届委员会期间，通过驻区市政协委员与党派团体委员联动、职能部门与界别委员互动、委员小组与专委会整体推动，推动视察工作深入开展，强化监督建言职能。开展142次不同规模的视察活动。围绕重点工作，为委员知情明政创造条件。围绕热点问题，引导委员关注热点问题。围绕镇域发展，为委员参与家乡建设搞好服务。围绕城建项目，邀请驻区市政协委员参加视察，发挥参政层次高、议政渠道广的优势。

第四节　文史资料征集

区文史资料征集工作始于1985年。

1994—1995年，刊发纪念抗日战争胜利50周年专稿，撰写纪念抗日战争胜利50周年和中华人民共和国成立后史料32篇。2000年，组织120余人撰写文史资料，形成时间跨越从中华人民共和国成立初期到十一届三中全会前的史料80余篇。2003—2004年，梳理文化发展脉络，将文史资料工作重点放在小站练兵史料、周氏红学研究史料、妈祖文化史料等方面。编撰《清末天津小站练兵》专辑，对区政府复建小站练兵遗址起到决定性作用。2005年，编辑出版《津南之最》。2007—2010年，完成《千年古镇——葛沽》，共出版3集。其间，共征集文史资料596篇，总计228万字。印制《津南文史资料选辑》13辑，共计1.9万册。

第五节　联　谊

一　书画交流

1994年，成立津南区政协书画研究会。是年12月28日，在津南交通管理局礼堂召开津南区政协书画研究会第一次会员大会，书画界人士60余人出席大会。至2010年，组织开展书画艺术宣传普及、专题培训工作18次，参加市政协、市美协和书协等开展的书画活动40余次，在天津市、区及外地举办或联合举办书画展览或活动30余次，出版《津南书画作品集》8集4000册。每逢重要纪念日都要举办活动，如庆香港回归1周年书画笔会；迎澳门回归书画笔会；中国共产党建党80周年之际，举办书画作品

图19-7　2011年1月，区政协委员深入企业送春联活动

展；纪念毛泽东诞辰110周年书画展；纪念邓小平诞辰100周年书画展；为庆祝中共十七大胜利召开，举办津南区书画作品展；纪念改革开放30周年书画展；庆祝中国共产党成立90周年书画作品展等。

二　摄影展览

2009年9月23日，区政协和区委宣传部在津南区文化艺术中心以“魅力津南”为主题，共同举办“纪念中华人民共和国成立60周年——暨纪念人民政协成立60周年”摄影展。在全区各镇、学校、企业进行巡回展出。“魅力津南”摄影展涉及区政协部分，由11个部分组成，23块展牌，100余张照片，即政治协商、民主监督、参政议政、团结联谊、社情民意、对外交往、自身建设、文史资料、书画作品等。并编辑印刷出版《魅力津南》摄影图片册。

三　政协之友

1984年9月，召开政协南郊区委员会一届一次会后，开展政协之友联谊会。1990年12月，区政协成立老友联谊会。该联谊会是津南区政协委员会领导下的联谊团体。主要是保持和加强与历届政协委员、政协工作者的联系，团结热爱人民政协和爱国统一战线工作的各界人士，联络感情，增进友谊，交流信息，为推进和谐社会贡献力量。联谊会每年举办3~5次联谊活动，时间在中秋节、新年及召开全会期间。其形式有茶话会、座谈会、慰问活动及文艺联欢会等。1993年7月22日，津南区四届政协召开老友联谊会全体会议进行换届。

2007年11月8日，成立津南区政协之友联谊会，为区政协领导下的联谊团体。政协之友联谊会由情系政协事业的各界人士组成的群众性联谊组织，旨在发扬政协优良传统，广交朋友，增进友谊，集智聚力，为津南发展作贡献。开展主要活动为组织会员学习时事政治，了解国内外形势。通过开展各种联谊活动，发挥会员专长，为推进区经济社会发展贡献才智，成为政协联系委员、委员联系社会的桥梁和纽带。

津南区志
（1979–2010）

第二十编
民主党派　人民团体

1979—2010年，津南区有4个民主党派组织：中国国民党革命委员会天津市津南区工作委员会（简称民革津南区工委）、中国民主同盟天津市津南区工作委员会（简称民盟津南区工委）、中国民主建国会天津市津南区支部委员会（简称民建津南区支委会）、中国民主促进会天津市津南区委员会（简称民进津南区委会）。各民主党派在做好自身建设的同时，深入社会，深入群众，开展调查研究，积极参政议政；发挥各自优势，开展扶贫、助困和社会公益活动。

1979—2010年，各人民团体抓好组织建设、队伍建设、制度建设，根据各自的特点和优势，开展丰富多彩的社会活动。积极参与经济建设和精神文明建设，在各行各业发挥了主力军作用，为津南区的改革开放和经济发展社会进步，作出重大贡献，涌现出一大批先进集体和模范人物。

2008年，小站镇红十字会募捐大会会场

第一章 民主党派

80年代，津南区各民主党派组织恢复活动，做好组织发展和基层组织建设。各民主党派中心任务是服务社会主义现代化建设，为促进津南区经济发展建言献策，参政议政及服务社会、救灾救助等。2010年，津南区民主党派组织包括民革津南区工委、民盟津南区工委、民建津南区支委会、民进津南区委会。

第一节 中国国民党革命委员会津南区工作委员会

一 组织建设

1988年8月，成立民革南郊支部，时有党员5人。至2004年10月，民革津南支部召开5届支部大会。是年10月，民革津南支部升格为民革津南工委，召开第一届民革津南工委大会，主委陈玉璋（2004年之后至2010年未召开换届大会）。2010年，民革津南工委下设2个支部，有党员34人。

1988—2004年民革津南区支部届别一览表

表20-1

届别	时间	主委	支部委员（人）	单位（人）
第一届	1988.8.8—1991.9	李云联	3	7
第二届	1991.9—1995.10.26	李云联	2	11
第三届	1995.10.2—1999.1.18	潘仰锋	3	13
第四届	1999.1.18—2001.8.8	潘仰锋	5	21
第五届	2001.8.8—2004.10.9	潘仰锋	5	28

二 主要活动

（一）参政议政

在深入社会，深入群众，深入基层，调查研究的基础上撰写提案建议，参政议政。1995—2010年，个人提案169件，集体提案22件。

2000—2010年民革津南工委建议提案一览表

表20-2

年份	个人提案（件）	集体提案（件）	优秀提案	优秀提案人	历次区政协会议
2000	24	1	《关于在“十五”期间建立我区社区管理体系框架的建议》	民革津南工委	五届三次会议
2001	18	1	《关于加快我区卫生系统人才队伍培养建设和引进的建议》	民革津南工委	五届四次会议
2002	14	4	《关于尽快构建我区社区组织体系的建议》	民革津南工委	五届五次会议
2003	22	2	《关于高度重视中小学科技普及教育的建议》 《关于加强涉及商务信用体系建设的建议》	民革津南工委	六届一次会议
2004	15	1	《关于尽快建立完善我区农村合作医疗体系建设的建议》 《关于加强咸水沽镇段“老海河”规划建设的建议》	刘仲禄	六届二次会议
2005	7	1	《关于我区危险化学品从业单位治理整顿情况的建议》	民革津南工委	六届三次会议
2006	10	1	《关于进一步加强我区农村环境卫生治理的建议》	民革津南工委	六届四次会议
2007	5	3	《关于解决我区医护人员短缺的建议》 《抓住发展机遇，提升津南物流产业》 《关于加强青少年思想道德建设工作的几点建议》	民革津南工委	七届一次会议
			《关于进一步加快咸水沽镇建国大街北片平房改造的建议》	刘仲禄	

续表

年份	个人提案（件）	集体提案（件）	优秀提案	优秀提案人	历次区政协会议
2008	11	1	《关于加快我区养老服务事业发展的建议》	民革津南工委	七届二次会议
2009	6	1	《当前经济形势对我区企业的影响及应对建议》	民革津南工委	七届三次会议
2010	7	3	《关于加强我区非物质文化遗产保护的建议》 《关于进一步完善园区配套服务设施的建议》 《关于津南区十二五规划中科技中小企业发展的建议》	民革津南工委	七届四次会议
合计	139	19	–	–	–

（二）捐献活动

民革津南区工委发扬扶贫、助困传统，为社会奉献爱心。每年都向灾区、贫困地区、弱势群体捐助。2004—2010年，捐助人民币6.8万余元和衣物、文具等。

（三）卫生下乡活动

津南民革工委发挥自身优势，开展卫生下乡活动，组织卫生知识讲座、咨询、义诊、查体等活动。2003—2006年，与咸水沽医院、小站医院共同为镇敬老院及小区200余位老人查体、进行糖尿病知识讲座等。2007—2010年，开展小区义诊、社区群众健康咨询、中心幼儿园查体等活动，300余人受益。

第二节　中国民主同盟津南区工作委员会

一　组织建设

1978年，民盟南郊小组成立，主委王大瑜，盟员陈公荣（女）、刘绍尧。1982年，成立南郊区支部，至2005年召开四届民盟津南支部大会。2005年，成立民盟津南工委，并举行第一届津南区民盟工委大会，主委黄厚祥（2005年之后至2010年未召开换届大会）。至2010年底，津南民盟工委下设3个支部，有盟员39人。

1978—1998年民盟津南支部届别一览表

表20-3

届别	时间	主委	单位（人）
第一届	1978	王大瑜	2
第二届	1982	陈公荣（女）	12
第三届	1990	薛忠海	18
第四届	1998	黄厚祥	29

二　主要活动

（一）参政议政

2000年始，每年在市、区人大、政协两会之前，盟员人大代表和政协委员开展调查研究，了解社情民意，撰写建议和提案。2006—2010年，向市人大提出建议7件，向市政协提交提案10件，向区政协提交提案32件。其中，市人大代表黄厚祥提出的《关于南洋工业学校改扩建的建议》《关于打造天津名片——规范天津旅游地图的建议》《关于规范天津机场、火车站周边出租车的建议》建议，市政协委员邢维俊提出的《关于兴建双林地区雨水泵站的建议》《关于提高失地农民养老保障标准的建议》《关于尽快拆迁泰达双港垃圾焚烧发电厂的建议》等提案，得到市、区政府和相关部门的高度重视，并落实整改。2007—2010年，撰写多篇调研报告。其中，《关于加快学校布局调整的建议》《关于加强中小学生体质健康的建议》2篇调研报告，在区政协七届二次全会上作书面交流。民盟工委提出的《关于修建葛沽民俗园的建议》，被区政协列为2010年重点提案。

（二）公益活动

2006年，区盟员为蓟县小学捐款3500元。咸水沽一中支部盟员每年对1~2名家庭困难学生给予一次性捐助。民盟天津市委员会主委带队，组织智力服务津南活动，盟内的水产养殖专家、花卉种植专家、医学专家和教育工作者深入到津南区开展专题培训和现场指导。民盟津南工委教育界别盟员与盟市委一道做了大量前期工作。2008年，向汶川大地震灾区捐款。2009年，在民盟市委会庆祝中华人民共和国成立60周年表彰大会上，津南区工委和咸水沽一中支部分别被授予社会服务工作“先进单位”和“先进支部”称号。商木彬和潘英2位盟员被授予“天津市优秀盟员”称号。2010年，盟工委全体在职盟员为咸水沽一中1名高二贫困生一次性捐款3000元，为贵州毕节地区“同心水窖”工程捐款3300元。

第三节 中国民主建国会津南区支部委员会

一 组织建设

民建津南支委会成立于1978年，至1998年12月，召开5届民建津南支部大会。2004年12月，召开支部大会补选李文海为支部委员、副主委，主持支部日常工作（1998年12月之后至2010年未召开换届大会）。

1978—1998年民建津南支部届别一览表

表20-4

届别	时间	主任委员	成员（人）
第一届	1978.12	王恩祺	5
第二届	1989	王恩祺	15
第三届	1993.10	王恩祺	18
第四届	1995.12	李秀德	28
第五届	1998.12	倪大树	37

二 主要活动

（一）参政议政

民建委员重点提案有：在区政协四届一次会议《加强对村三级柏油路管理及维修》。在区政协五届二次会议《咸水沽镇耀华市场周围马路失修的问题》《月牙河咸水沽镇区内综合开发改造的建议》《津沽路、体育场路、红旗路综合改造的建议》。在区政协六届一次会议《咸水沽镇区新建住宅楼统归区供热办供热的建议》，六届二次会议《关于尽快修建南华路西段工程的建议》《加大咸水沽镇区蓝天白云工程监督》，六届三次会议《做好建国大街拓宽改造规划并尽快启动的建议》《治理整顿私搭乱建厂房及平房的建议》，六届四次会议《关于村民委员会换届中，切实加强村民代表推选的建议》。在区政协七届一次会议《关于我区土地整合撤村建居中应注意的问题》，七届三次会议《关于解决示范镇社区管理与建设存在问题的建议》，七届五次会议《在咸水沽中心城区建立商贸街》《拆迁咸水沽耀华农贸市场的建议》《加强对双港垃圾发电厂排放气体的日常监督的建议》等。

2010年，民建副主委李国权代表区级民主党派组织，在区政协七届四次会议上作《加快撤村建居工作》大会发言。市政协委员赵昌林的《尽快迁移河西区少年宫门前通信杆的建议》，得到市政协副主席王文华和秘书长刘琨的批示。

（二）调查研究

2000年后，民建委员针对区经济文化建设进行重点调研。主要调研成果有：2003年《制约天津市旅游业发展的主要因素及对策》，2004年《对建设津港高速公路的几点建议》，2005年《做好调查研究是提高提案质量的基础》，2006年《关于发展我市都市农业的对策建议》，2007年《政协提案心系百姓》，2008年《发挥政协优势履行政协职能做好信访工作》，2010年《提高津南区文化建设》。

（三）爱心捐助

2000年后，民建津南区支部组织会员和会员企业积极参加各项社会公益活动。先后向甘肃、贵州及区红十字会捐赠现金和物资价值500余万元，其中会员企业和会员个人向四川汶川地震灾区捐助人民币17余万元现金及80余万元物资，向贵州毕节地区“同心水窖”工程捐款3500元。

第四节　中国民主促进会津南区委员会

一　组织建设

民进津南区委会是津南区人数最多的民主党派。1979年恢复活动，有会员7人。至1986年5月，成立3个支部，有民进会员22人。是年7月，成立民进津南区工作委员会。1988年9月，工委下设5个支部，会员50人。是年，成立民进津南区委会。至2010年，民进津南区委会有8个支部，4个专门委员会，会员129人。

图20-1　2005年，民进区级领导班子建设研讨会会场

1988—2006年民进津南区委会届别一览表

表20-5

届别	时间	主任委员	单位(人)
第一届	1988.9	陈翟生	50
第二届	1991.10	陈翟生	50
第三届	1994.6	陈翟生	-
第四届	1996.11	杨家环	-
第五届	2001.9	陈义逑	91
第六届	2006.6	刘万春	106

二　主要活动

（一）政协提案

政协第二届至七届会议期间，民进会员撰写提案330件。重要的有：1992年，区政协会议9件提案；1995年，在区政协会上《关于我区人才需求调研报告》。2007—2009年，《关于我区卫生系统新招聘临床专业大学生进行集中培训的建议》等5件提案被列为区政协重点提案。2010年，《关于加强教师队伍建设的建议》和《关于我区妇女劳动力就业的调研》2件集体提案，被津南区政府列为津南区十大重点提案之一。

（二）大会交流

1992年，陈翟生撰写的《关于加强我区弱智教育的建议》一文，在区政协三届三次会议上进行大会发言。民进区委会撰写的《关于我区中小学目前德育教育的现状和建议》，在区政协四届二十一次常委会上作大会发言。1999年，《解放思想，开拓创新为科技兴区培养高素质人才》一文，在区政协五届二次全体会议上作大会发言。2007年，区政协七届二次会议刘颜明代表民进区委会作《为津南经济发展提供高质量人才》大会发言。

（三）调查研究

1993年，民进会员就廉洁从政、重视人才、关心智障教育及落实教师法等方面进行调研。1994年以后重要调研有：1997年《关于我区中小学目前德育教育的现状和建议》、1998年《补薄扶弱，提高普九水平》、2000年《多方筹措资金，快速改善教师住房困难》、2003年《关于构建结构合理的学前教育体系的建议》、2008年《关于我区被征地农民就业工作的调研》《关于初中教师职业倦怠的调查报告》、2010年《关于我区妇女创业就业促进社会和谐的建议》和《关于加强津南区教师队伍建设的建议》的调研报告。

（四）社会活动

1985年1月，区民进牵头与民进市委会联合邀请天津市京剧团评剧团著名演员王则昭、康万生等到区演出。1989年，南郊区教育局组织校长培训班，在结业式上民进区委会请民进会员、天津市求实中学校长马仲麟为培训班介绍学校管理经验。1990年，请市教研员、民进会员王时一到区作改进教学方法的报告。1991年3月，与二职中联办银河青少年艺术学校（后改名为务实学校），为津南区培养艺术幼苗，从应试教育向素质教育转轨打基础。是年5月，与咸水沽三中联合举办弘扬优秀民族文化京剧讲座及演唱会，受到各界人士欢迎。2009年，邀请民进全国特级教师徐长青到津南讲学。为四川地区捐赠活动中，除参加所在单位捐款外，捐赠图书500余册。在为毕节地区“同心水窖”工程捐款中，62名现岗会员全部参加，捐款6600元。2010年，民进区委会开展“树立和践行社会主义核心价值体系、建设高素质队伍”活动。

第二章 人民团体

1979年，区内人民团体有4个，2010年，区内人民团体有5个：区总工会、共青团区委员会、区妇女联合会、区工商业联合会、区科学技术协会。各人民团体维护劳动者、妇女儿童、青少年和会员合法权益，搞好技能培训和劳动竞赛活动，开展科技致富、创建文明家庭、建言议政、助残解困及服务社会等活动。

第一节 区总工会

1979年2月，区工会更名为天津市总工会南郊区办事处。1990年12月，更名为南郊区工会。1992年3月，更名为津南区工会。2002年1月，更名为津南区总工会，设1室3部，至2010年。

一 基层组织

1979年，恢复建立教育、卫生工会组织。1981年，基层工会发展到154家。1985年，开始在乡镇企业建立工会组织。至1987年10月底，已有9个乡镇企业建立工会，发展会员4089人；双桥河乡建立乡工会组织。

1990年，基层工会219家。至1995年底，全区有局级（含乡镇）工会34个，基层工会272个，工会小组1488个，会员30232人。

2000年，基层工会407家。2010年底，全区基层工会组织1679家，其中国有企业12家，集体企业107家，私营企业930家，港澳台企业20家，外资企业226家，其他企业384家。有会员193978人。

二　代表大会

1979—2010年，召开4次工会代表大会，听取和审议工作报告、经费开支和财务工作报告，选举产生新一届区工会领导班子。

1990年12月，召开第二次工会代表大会。1996—2007年，津南区总工会召开3次会员代表大会，听取和审议区总工会工作报告，选举产生区总工会主席、副主席、常务委员、委员。

1996—2007年津南区总工会会员代表大会一览表

表20-6

名称	召开时间	代表人数（人）	主席	驻会副主席（人）	常委（人）	委员（人）
第三次会员代表大会	1996.3.26	198	刘玉柱	1	7	17
第四次会员代表大会	2001.10.18	188	崔金和	1	9	21
第五次会员代表大会	2007.10.11	202	刘义民	2	9	25

三　主要工作

（一）劳模评选与管理

1979—1980年，每年开展一次选树劳动模范和评选先进的活动。1981—2010年，每2年评选1次劳动模范。劳模管理坚持评选与晋级、定级、转正挂钩，与入党、提干挂钩，与生活福利待遇挂钩。每年召开劳动模范座谈会，组织劳动模范、先进人物去北戴河进行短期休养和组织外出学习考察。1990年，制定《南郊区劳动模范管理工作暂行规定》。1995年，举办劳动模范先进事迹报告会。2001年，成立“津南区劳动模范协会”。2004年，召开“三八”劳动模范贤内助座谈会，组织21名退休劳模到北京参观，组织10名劳模及劳模家属到山东青岛、威海疗养。2005—2006年，组织劳模到桂林等地进行考察学习，组织党员劳模进行党员先进性教育活动，召开劳模座谈会，开展评选表彰先进个人、先进集体活动。2007年，制定《关于评选2006年度市级劳动模范和模范集体的实施意见》，召开津南区庆祝“五一”国际劳动节暨先进人物表彰大会和劳动模范先进人物座谈会，组织全区部分劳动模范分两批到北戴河疗养。2008年，表彰先进暨干事创业报告会和庆“五一”劳动模范先进人物表彰大会和劳动模范先进人物座谈会。2009年，编撰《津南区劳模风采录》，记录113名劳动模范先进事迹、148名劳模简介、35个劳模集体。2010年，评选出2009年度全国劳模2名、市级“五一”劳动奖状先进单位2个、先进集体6个、“五一”劳动奖章先进个人36名，召开劳动模范先进人物表彰大会。

图20-2　2009年4月，津南区庆“五一”劳动模范先进人物表彰大会会场

（二）职工维权

2002年，在全市区县率先建立与区政府联席会议制度和劳动关系三方协调制度。2003年，各镇、长青办事处、开发区建立三方协商会议制度。2005年，健全工会维权体制机制，召开协调劳动关系三

方会议，制定《关于贯彻落实“集体合同”规定的意见》，推动各镇三方协商制度落实。2006年，制定《津南区2006年民主管理工作意见》，实行厂务公开民主管理的企业达1456家，占全部企业91%，全年签订集体合同216份，涵盖企业788家，签订工资协议672份，涵盖企业1356家。规范企业用工制度，协调有关部门开展专项检查，清欠职工工资10.83万元，增加参保1528人。2008年，制定《津南区总工会发展和谐劳动关系，推进工资集体协商工作三年规划》《关于做好暑期安全生产和职工生活的通知》，对23家危化企业进行专项检查。2009年，区8个镇建立联合维权工作站，初步形成法律援助维权网络。在全区开展工会、企业、职工三方“共同约定”行动，在各镇、开发区建立12个困难职工帮扶站、职工培训分站、法律维权援助站。2010年，开展“共同约定”行动的企业达到1268家，独立签订集体合同559份，区域性集体合同122份，涵盖企业1351家。签订工资协议1901份，独立签订工资集体协议10份。

（三）组织建设

1979年，为个人会员换发新会员证。至1986年，先后有5家乡镇企业建立工会组织。1987年，在双桥河乡试点建立双桥河乡工会。1993年，宝成暖通有限公司在全市私营企业第一个建立工会组织。1996—1998年，在乡镇企业、三资企业、私营企业分类建会，建新经济组织工会51个。1999—2000年，区委、区政府制定《关于进一步加快新经济组织工会组建工作的意见》，全区990家新建企业中有971家建立工会组织。2002—2004年，完善工会小三级组织建设，提出并实践“党工共建、横向联动”的基层工会组建工作方针，新建基层工会352家。2005年，推进镇级、区直机关、工业园区、企业工会联合会的组织网络，96%的外资企业建立工会组织。2007年，在完善小三级组织网络、“党工共建”工作中，新建基层工会246家。2008年，组建津南区第一家行业联合会（餐饮业工会联合会）。2009年，新建行业工会联合会2个，基层工会总数达1583家。2010年，区总工会采取创建职工书屋、建立职工培训基地等多种措施促进职工素质提升，提高企业职工技术创新能力。

（四）创建活动

图20-3　2010年6月，津南区总工会模范职工之家建设互查互学工作会议

1986年，制定《关于在基层工会组织中开展创建先进“职工之家”活动的安排意见》，13个基层工会被评为区级先进职工之家。1987年，印发《关于加强工会小组建设，开展“争合格”“创五好”工会小组活动意见》。1993年，表彰模范职工之家、模范职工小家、先进集体、优秀工会工作者。2006—2007年，开展“创建学习型班组，争当知识型职工”和“我为企业献一计”等活动。2008年后，主要开展企业保增长、渡难关、上水平，对职工不裁员、不减薪、不降福利为内容的“共同约定行动”和“五比一创”（比技术创新、比科学管理、比又好又快、比安全生产、比团队和谐，创工人先锋号）活动。制定《“五比一创”劳动竞赛活动的安排意见》，召开现场推动会。2010年，全区开展“共同约定”企业1268家，开展“五比一创”劳动竞赛。

（五）送温暖活动

1979年始，区工会深入困难职工所在单位和家庭进行看望、慰问，帮助解决生活上困难和问题。2000年后，在重大节假日期间，各级工会组织慰问困难职工和劳动模范。2004年，举行“托起明天的希望”津南区困难职工子女助学活动仪式。2005年，召开“金秋助学”启动仪式。2006年元旦、春节期间自筹资金8万元，慰问困难职工162户，劳动模范104名。2007年，开展“千家万户送温暖，齐心合力铸和谐”慰问活动，为全区46名困难职工子女发放救助金2.16万元。2009年，建立9个镇级困难职工帮扶站，两节期间筹措资金101.8万元，慰问劳动模范和困难职工2891人。2010年元旦、春节期间，区总工会筹资15万元，慰问劳动模范；全区筹资164.47万元，慰问困难职工573户，救助特困职工315人次。在金秋助学活动中，发放助学金136.81万元，救助困难学生751人。

第二节　共青团区委员会

中国共产主义青年团天津市津南区委员会（以下简称“团区委”），1992年之前设办公室、宣传部、组织部。2010年设3部：组宣部、基层工作部、青少年权益部。

一　组织建设

（一）区青年联合会（简称区青联）

1988年11月17日成立，设工商企业、文教卫生等11个界别，委员83人。1996年、2001年、2009年分别召开第二届、第三届、第四届青年联合会。2010年，区青联有委员89人。

（二）区青年企业家协会（简称区青企协）

1992年1月7日成立，1995年、1999年、2008年召开第二、三、四次会员大会。

（三）基层团组织

1979年，基层团组织逐渐恢复和运转。80年代末，10个乡镇全部建立镇级团组织（称乡镇团委）。1989年，教育局恢复团委建制，全区各级中小学相继建立团支部。1990年底，团区委辖24个基层团委，63个团总支，571个团支部，团员14502人。1997年，团区委下发《关于机关共青团组织设置等有关问题的意见》。2003年，在农村基层协会、社区、学生公寓、新经济组织中建立团组织。2005年，先后在八里台镇、咸水沽镇、小站镇建立镇级青年中心4个。至2010年，全区有基层团委27个、团总支18个、团支部607个，团员25023人。

二　代表大会

1979—2010年，团区委召开共青团代表大会8次。

1979年6月，召开区第四次团代会，做出《关于在全区青年中进一步深入开展争当“新长征突击手”活动的决定》。1987年，区第五次团代会进一步提出，全区共青团员要做物质文明和精神文明建设的先锋。1990年11月，召开区第六次团代会。1994年11月，召开区第七次团代会。1997—2008年，团区委召开4次共青团代表大会，听取和审议团区委工作报告，选举产生团区委书记、副书记。

1997—2008年津南区共青团代表大会一览表

表20-7

名称	召开时间	代表人数（人）	书记	副书记（人）
区第八次团代会	1997.11.18—19	207	孙宝顺	2
区第九次团代会	2000.12.18—19	192	肖　刚	1
区第十次团代会	2005.10.27—28	200	李　庆	1
区第十一次团代会	2008.12.28	200	陈世忠	1

三　主要活动

（一）青少年思想教育

80年代，先后开展“三热爱”（热爱祖国、热爱党、热爱社会主义）“话改革 颂家乡”“团员百户调查”“改革十年演讲”等活动。1990—1995年，持续开展“四有新人”（有理想、有道德、有文化、有纪律）教育活动。1996—2001年，举办“迎回归 知天津 爱家乡”读书活动和“崇尚科学反对迷信”演讲活动等。2003—2005年，开展学习实践“三个代表”重要思想和保持共产党员先进性教育活动。2006年，开展“我与祖国共奋进，我与津南同发展”活动。2007—2010年，先后开展教育培训、纪念“五四”运动、“祖国在我心中”“雏鹰争章”“认识津南 热爱津南 建设津南”等活动。2010年，举办津南区第五届“十杰百优”青年评选活动。

（二）青少年维权

1979—1989年，各级团组织对青年普遍关心的工作、学业、就业等问题组织专家讲座、书信等方式进行心理咨询与辅导。1991年，成立青少年法制教育报告团，1992年始，组织青年参与社会监督、维护青少年的健康成长监督等工作。1996年，建立团书记接待日制度，对青少年心理、成长、生活等方面遇到的问题，进行交流、解惑。2001年，开展“青少年维权——我们在行动”主题活动。2008—2010年，开展“共青团与人大代表、政协委员面对面”活动，制定活动工作方案，建立面对面工作联系机制。开展“爱心助学”和“扶危助困送温暖”活动，筹集帮扶资金41.7万元，帮扶特困青少年1107人。

（三）弘扬社会新风

1981年始，持续开展“学雷锋 树新风”系列活动。1990—1995年，持续开展“四有新人”（有理想、有道德、有文化、有纪律）教育活动。1996—2007年，开展“三讲”“迎香港回归 争做文明青年”“崇尚科学，反对迷信”“我与祖国共奋进，我与津南同发展”等活动。2005年，开展“圆梦大学”活动。2006—2007年，筹资6000余元资助20户困难青年家庭，举办“翰墨情——共建共享促和谐”和“我心中有个太阳”身边的希望工程启动仪式等活动，邀请天津市书画名家深入津南慰问贫困青少年大型书画笔会、展卖、义卖活动。筹集善款近40万元，全部用于帮扶困难家庭青少年和残疾青少年。2008年“5·12”汶川特大地震后，开展捐献特殊团费活动，区青年企业家协会会员向灾区捐款130余万元。2009—2010年，连续开展以“同在一方热土 共建美好家园”和“津南新风尚”活动。创新志愿者服务形式，全区621名青年成为首批注册“中国青年志愿者”，14个单位被认定为市级“青年文明号”，5个集体获市级“新长征突击队”称号。

（四）服务经济建设

1980年始，各级团组织开展以“青年突击队”“青年文明岗”以及“青年工程”“双增双节”等为主要形式的爱岗立功活动。1985年，开展“百万青年兴百业”科学致富活动。1996年，推出“青年文明号”服务卡、“青年文明号”信用示范行动等活动。2001年，开展以“青春献‘十五’，岗位建功业”劳动竞赛活动。2004年，开展“千校百万”进城务工青年培训活动。2005年，成立津南区青年就业技能培训中心，开设电气焊和数控机床等培训项目。2006年，启动“万名农村青年人才培训工程”，深化“千校百万”进城务工青年培训活动。至2010年，全区举办各种培训班26期，培训青年2974人，农村青年大专班学历进修583人，培训进城务工人员5000余人。2007年，成立津

图20-4 2010年，津南区“十杰百优”青年表彰大会

南区青年创业金融服务站，为青年创业提供资金、技术、人才等方面服务。2009—2010年，与摩力达集团合作，建立青年创业园，建立大学生见习实习基地35个，举办青年创业项目推介会，帮助200余名青年达成初步创业意向，发放青年创业小额贷款91笔，计2000余万元，提供见习岗位786个，324名青年参加就业见习。

2000—2010年，在服务经济建设活动中，全区有近百名青年获得团中央、市、区级各类荣誉称号，有90多家单位获市、区级青年文明号称号。其中，2006年：张歧顺获天津市十大杰出青年农民称号；薛崇奕获市青年科技兴农带头人称号；王春起获市青年农民产业带头人称号；边春青获市优秀青年经纪人称号。2008年：荣程集团张祥青、张荣华夫妇分别获第六届天津市十大杰出青年第八届天津青年五四奖章称号。王兆杰、边春青被共青团中央、农业部授予全国农村青年创业致富带头人称号。2010年，辛庄镇团委李兆华获全国优秀共青团干部称号。

（五）少年先锋队工作

中国少年先锋队津南区工作委员会（简称“少先队区工委”），1989年10月13日成立。80年代开展“选树学习先进典型”，引领少年儿童树立远大共产主义理想等活动。坚持开展好队日、队会活动。1998年12月18日，市少工委在津南区实验小学召开“天津市雏鹰争章与素质教育”现场推动会，推广津南区实验小学在少先队“雏鹰争章”活动中的经验，团中央宣传处处长，团市委副书记等领导出席，全市各区县、少工委干部及少先队辅导员代表60余人到会观摩。2003—2010年，先后开展大队辅导员岗位大练兵、“雏鹰争章”“红领巾心向党”“寻访光荣足迹”“争做时代新人”等活动。制定《关于进一步加强津南区少先队工作的意见》《2006—2010年津南区少先队重点工作推进计划》，对全区少先队大队辅导员及中队辅导员骨干进行集中培训考核。

第三节　区妇女联合会

区妇女联合会（简称区妇联）。1998年底前，设：组宣部、生产权益部。1999年2月，将生产权益部更名为城乡工作部。2001年，设：组宣部、城乡部和妇儿办公室。至2010年未变。

一　基层组织

1979年10月，区妇联下设11个公社妇联、3个街道妇联。1993年，有11个乡镇（街道）妇联组织，165个行政村设有妇代会。1997年，全区165个行政村、26个街道居委会和67个乡镇企业建立健全妇代会组织，教育局成立妇委会。2010年，全区8个镇和长青办事处建有妇联组织，全区165个行政村、26个居委会建有妇代会，区教育局、卫生局、工商局、建委、供销社5个单位建有妇委会。

二　代表大会

1980—1995年，区妇联召开4次妇女代表大会。1980年5月，召开第三届妇女代表大会。1983年11月，召开第四届妇女代表大会。1987年4月，召开第五届妇女代表大会。1995年4月，召开第六届妇女代表大会。

2001—2010年，津南区妇联召开2次妇女代表大会，听取和审议区妇联工作报告，选举产生区妇联主席、副主席、常务委员、委员。

2001—2008年津南区妇女代表大会一览表

表20-8 单位：人

名称	召开时间	代表人数	主席	副主席	常委	委员
第七次妇女代表大会	2001.11.9	260	魏云凤	1	15	31
第八次妇女代表大会	2008.1.10	161	孙汝贵	1	13	29

三 主要活动

（一）组织工作

1980年，对32个妇代会进行整顿、提高。1984年始，每年举办妇女干部培训班，至2010年举办16期。1990年，全区建立32个“妇女之家”。1995年区委组织部、区妇联联合下发《津南区妇联加强基层组织建设的意见》。1998年，落实《天津市基层妇女组织建设三年规划》。各级妇联组织建章立制，进行规范化管理，健全网络。2001年，制定《2001—2003年津南区基层妇女组织建设规划》。2010年，在加强妇联基层组织建设的基础上，推荐出2个基层组织建设示范镇、21个示范村、3个示范社区，其中东大站村为全国妇联基层组织建设示范村。

（二）妇儿维权工作

1979—1981年，区妇联牵头主抓幼儿入托教育。1984年，成立维护妇女儿童合法权益法律顾问小组。1990年，对3万余名育龄妇女进行防癌普查。1992年，成立津南区妇女儿童工作协调委员会。1997年，制定《津南区家庭教育工作“九五”计划实施方案》。1999年，对在农村土地延包工作中妇女经营承包权的问题进行调查。2001年，制定《2001—2010年津南区妇女儿童发展规划》，挑选10名妇女为区法院特邀陪审员，参与区法院婚姻家庭案件的审理，开通“三八”妇女维权热线。2002年，确定社区早期教育实验基地和亲子游戏基地，举办首届宝宝亲子游戏大赛。2007—2010年，制定《津南区家庭教育工作“十一五”规划》，完善妇女维权机制，村和社区建立健全妇女维权岗。举办家庭教育论坛、家庭教育报告会、表彰会等活动。对“十一五”家庭教育实施情况进行评估，召开妇儿工委推动会。慰问困难单亲母亲和学生，培训妇女骨干，动员妇女参加安康保险。开展妇女预防艾滋病知识宣传教育和“四防五无”（防拐卖、盗窃、抢劫、隐患，无毒品、赌博、邪教、暴力、犯罪）活动。2010年，区妇联赵世兰被评为“全国维护妇女儿童权益先进个人”。

（三）巾帼建功活动

1991年始，在全区广大妇女中开展巾帼建功活动。1993—1997年，以提高妇女整体素质为目标，引导激励广大职业女性爱岗敬业，服务群众，奉献社会，加强社会公德、职业道德建设，围绕“巾帼文明示范岗”，开展系列活动。1998年，全区有5000余名妇女投身于“巾帼文明示范岗”的创建活动，涌现出“巾帼文明示范岗”30个。1999年，协同有关部门，做好下岗女职工再就业工作，有300余人自谋职业，从事餐饮、服务、家庭手工编织、裁剪等行业。各级妇联组织向镇村企业推荐下岗女工，400名下岗女职工实现再就业。2000—2010年，在女干部、女职工集中的岗位以及服务窗口行业，继续开展“巾帼文明示范岗”创建活动。对已经评选出的“巾帼文明示范岗”进行跟踪，充分发挥典型示范作用，以典型引路，树立一个，影响一片，推动“巾帼文明示范岗”创建活动的开展。区妇联撰写的《津南区是如何开展“巾帼文明示范岗”创建活动》调研报告，获天津市“巾帼建功”活动10周年理论研讨二等奖。2010年，双闸中学九年级组、咸水沽医院脑系科被评为“全国巾帼文明岗”；葛沽镇东风里社区被评为“市级巾帼健身基地”；双港镇海天小学教师孙金茹被评为“市巾帼立功奖”；王君娥、潘玉娥、王建云、王凤梅被评为“市级三八红旗手”。

（四）双学双比活动

1989年2月，在农村妇女中启动以“学文化、学技术、比发展、比贡献”为内容的“双学双比”竞

图20-5　2007年，区妇联手工编织培训

赛活动。1995—1997年，在“双学双比”竞赛活动中，有7630人参加农村实用技术培训，全区500名妇女获绿色证书，20453名妇女掌握1~2门生产技能。1998年，“双学双比”活动以科技结对子为创新模式，1999年，以推动会、座谈会、总结会等形式，使科技结对子活动规范化、制度化。耀华制花厂、四里沽钩花厂、长城制衣厂等企业生产的产品，在全国农村妇女“双学双比”十年成果展中，受到广大消费者的青睐。2000—2007年，区妇联组织女干部、女厂长、女经理、女科技示范户、女先进人物与贫困妇女结对子。在活动中有9名女能手和6名科技人员受到天津市“双学双比”表彰，全区科技结对子活动成果在《今晚报》登载，獭兔养殖女能手吉庆华事迹在中央电视台农村栏目中播出。2008年，制定《津南区妇女带头人培训工程实施方案》。至2010年，举办女能人、女能手、女带头人培训班，培训326人。48个单位、13个家庭、83人获得荣誉称号，7人获市级“三八红旗手”荣誉称号。

（五）文明家庭创建活动

1994年，开展“三兴三比”即兴学习之风，比家庭成员素质高；兴绿化之风，比庭院绿化美化；兴讲卫生之风，比居室庭院及周围环境干净整洁，深化创“三户”活动。（创文明标兵户、文明户、遵纪守法户）。163个行政村80%达到“三户”标准。双闸镇妇联开展为好儿媳娘家挂匾和评选幸福老人活动。1998年，在双闸镇组织开展精神文明建设现场会，推广双闸镇为好儿媳娘家挂匾经验交流会，中央电视台《新闻联播》节目报道了为好儿媳娘家挂匾活动，在全市及全国产生重大影响。2001年，双闸镇并入八里台镇后，继续坚持为好儿媳娘家挂匾活动，每年都组织1次全镇表彰大会，并由镇领导上门挂匾（至2010年）。2002—2010年，在全区开展宣传学习《治家格言精粹》活动，让治家格言进小区、进楼院、进家庭。建立志愿者服务队伍，帮助困难居民。坚持遵纪守法户、文明户、双文明户的评选活动，开展农村妇女素质提高工程。先后有4户家庭被评为市级文明家庭。李宗世家庭被评为全国五好文明家庭，咸水沽镇卫生院关心洁和北闸口镇三道沟村何国霞被评为市级优秀母亲，北闸口镇义和庄村柴秀金被评为全国孝亲敬老之星。

第四节　区工商业联合会

区工商业联合会（简称区工商联），1986年8月重新建立，行政编制6名。1994年3月，成立津南区商会，商会理事29人，常务理事17人，与区工商联一个机构两个牌子。1998年，区工商联内设：办公室、会员科。

一　基层组织

1994年，建立葛沽、小站、双桥河镇工商联分会。1995年，全区有工商联会员企业862户。1999年，咸水沽、双港、辛庄、八里台、北闸口镇建立工商联分会。2008年8月，成立津南区工商业联合会餐饮业商会。

二 代表大会

图20-6 2001年12月15日，津南区工商联第七届会员代表大会会场

1986年，区工商联恢复工作。11月11—12日，召开第三届会员代表大会，出席代表103人。1990年5月26日，召开第四届会员代表大会，出席大会代表123人。1992年8月29日，召开第五届会员代表大会，出席代表143人。

1997—2010年，津南区工商联召开3次会员代表大会，听取和审议区工商联工作报告，选举产生区工商联会长、副会长(2007年12月改称主席、副主席)、常务委员、执行委员。

1997—2006年津南区工商联会员代表大会一览表

表20-9 单位：人

名称	召开时间	代表	会长	驻会副会长	常委	执委
第六届会员代表大会	1997.3	140	柴宝成	2	16	27
第七届会员代表大会	2001.12	161	柴宝成	3	17	29
第八届会员代表大会	2006.9	97	柴宝成	2	17	31

三 主要活动

(一)会员发展

1986年8月，工商联恢复后，登记老会员(原工商业者)842名。1990年后，重点发展乡镇企业会员和同业工会会员，先后发展146名多种经济成分的会员。1993年，中共中央批转中央统战部《关于工商联若干问题的请示的通知》，明确工商联工作主要是做好非公经济代表人士思想政治工作。为此，先后发展一大批私营企业、个体工商户、三胞(港澳同胞、台湾同胞、海外侨胞)投资企业，为工商联新会员。在会员发展中始终坚持重视质量、增加数量、扩大队伍的原则，重点发展经济实力强、行业有代表性、热爱工商联工作、热心社会公益事业的非公有制经济代表人士为工商联会员。1995年和2001年，两次对会员进行普查核对，在普查中对842名老会员和部分企业会员进行核对清理。至2001年，有企业会员414名，其中私营企业会员339名，个体工商户17名。2006年后，还注重吸收新的社会阶层中进步人士参加工商联组织，尤其是外来投资企业中的高级管理人员、职业经理等。至2010年底，有会员392人，其中企业会员345人，个人会员47人。

在发展会员的基础上，注重教育培养非公经济代表人士。1986—1995年，代表人士有20人左右。1996—2005年，代表人士30人左右。2006—2010年，代表人士队伍保持在35人左右。

(二)参政议政

1995—2010年，工商联届别的人大代表、政协委员和非公经济人士，书写建议和提案198件，在历届政协会议上发言106人次，以工商联名义在政协会议上发言8次。全国政协委员、区工商联会长、宝成集团董事长柴宝成，在全国政协九届一次会议上撰写的《关于加大民营企业发展力度的思考》，引起国务院领导的重视，责成有关部门研究制定有关加快发展民营企业的政策法规。在全国政协九届五次会议上，柴宝成提案23份，被誉为提案大王。2010年，全区非公有制经济代表人士中，担任全国政协委员的1人，市政协委员2人，区人大代表18人，区政协委员38人，区工商联执委29人。

其他重要调研报告有：1998年《关于发挥个体私营企业在企业改制中的作用》《关于对个体私营企业加强管理和服务的思考和建议》等。1999年《关于"十五期间"加快个体私营经济的发展和建议》。2001年《关于津南区个体私营企业纳税大户的调查与思考》等。2006年《关于小黄庄村发展个体私营经济情况调查与思考》，获市工商联调研征文一等奖。2007年《加快发展个私经济，早日实现富民强区》《认真履行职责，积极参政议政》。2009年《津南区民营经济发展报告》。2010年《关于加强农村劳动力就业工作的建议》《关于促进行业协会商会发展思考》等。

（三）企业家沙龙活动

1998年4月，首次私营企业家沙龙活动在宝成集团举办，企业家沙龙活动是区工商联会长、宝成集团董事长柴宝成倡导，由区工商联负责组织实施。活动坚持自我学习，自我教育，互相交流，共同提高的原则，每年举办2~3期。至2010年底，企业家沙龙活动举办33次。企业家沙龙活动采取座谈、联谊、研讨、论坛、讲座、参观、推介、学习、交流等多种形式和方法。内容涉及企业生产经营、企业管理论坛、银企联谊活动、公检法为私营企业发展创造良好环境、保健知识讲座、为企业家查体、学习观摩企业、经济和法律讲座、提高自身素质研讨等，并视内容吸纳30~100余名企业家参加活动。

图20-7　2002年9月29日，举办第17次企业家沙龙活动

（四）评选优秀会员

区工商联评比优秀会员活动，始于1993年（每2年1次）。1996—1997年，在会员企业中开展"三新"（即加快发展上新台阶、科学技术上新水平、公益事业做新贡献）活动，并召开表彰会。2000年，区委统战部、区工商联表彰柴宝成等50名优秀会员，并开展向优秀会员学习的活动。2003年，表彰100名优秀会员，之后没有再评选优秀会员。2007年，柴宝成获全国社会主义优秀建设者称号，田树纯、王树林、张祥青获天津市社会主义优秀建设者称号。2009年，柴宝成、王树林、张祥青获天津市社会主义优秀建设者称号。至2010年，先后有36名个体私营企业被市工商联评为优秀会员。202家会员企业被评为津南区工商联优秀会员。

（五）慈善捐助

1998年，长江、松花江等地发生特大洪水，全区会员企业捐款捐物150余万元。2003年，在防治"非典"工作中，会员企业和非公经济人士捐款捐物50万元。2008年初，南方发生严重的雪灾，荣程集团捐款300万元。"5・12"汶川特大地震，荣程集团先后捐款累计1.1亿元，宝成集团捐款120万元，立林集团捐款100万元，全区会员企业捐款捐物2000余万元（不含荣程集团）。2010年，青海玉树发生7.1级强烈地震，会员企业通过多种渠道踊跃捐款捐物，累计达1000多万元。

第五节　区科学技术协会

一　组织机构

（一）区科协

区科学技术协会（简称区科协）1978年10月组建，与区科委合署办公，工作人员3人。1981年11

月，区科协独立。1983年，再次与科委合署办公。1984年，第二次分设。2007年，设：办公室、科普科，编制4人。

（二）基层协会

1983年始，各乡镇组建镇级科协组织。1985年，相继成立11个乡镇科协组织，各乡镇发展研究会61个，会员5311人。1999年始，在企业建立科协组织。至2010年，全区有镇级科协组织9个，企业科协组织12个，专业学会、协会、研究会16个。

二 代表大会

1995—2000年，津南区科协召开2次代表大会（以后至2010年未召开），听取和审议区科协工作报告，修改并通过《津南区科学技术协会章程》，选举产生区科协主席、副主席、常务委员、委员。

1995—2000年津南区科协代表大会一览表

表20-10　　　　单位：人

名称	召开时间	代表人数	主席	副主席	常委	委员
第一次科协代表大会	1995.7.19	119	高铁英	4	15	35
第二次科协代表大会	2000.8.29	161	杨　蕴	7	21	37

三 主要活动

主要活动包括科技活动周、科普活动日、科普文明百日下乡活动、开展科技人员与种养大户结对子等活动。至2010年，区科协在组织上述活动中，举办各种类型的科普讲座2500余期，科技报告会70余场，发放宣传材料50余万份。开展义诊230余次，科技咨询750多次，各类专业科技比武110余场。举办乡镇科技赶集200余个，送科技书籍下乡4万余册。组织以科普命题的绘画征文活动47次，学术交流58次，区镇级科技培训2400次，科普知识大赛和科普作品展览89场，放映科技电影2300余场。举办科技图片展览500余次，出科普板（墙）报5000余期。

图20-8　2006年5月19日，津南区第二十届科技活动周开幕式

（一）科技周活动

1987年始，每年举办1次（第一届在10月，第二至十四届在每年9月中旬，从第十五届开始改在5月中旬）。至2010年举办24届。每届科技周活动都集全区之力，由各有关委、办、局抽调精干人员组成专门班子，统一组织部署。

（二）科普日活动

2003年6月29日，举办全区第一个科普活动日，之后每年在6月下旬举办1次。2005年后，科普活动日改在9月中旬举行。至2010年，连续举办8次全区科普日。

（三）科普文明百日下乡活动

2000年，第一届科普文明百日下乡活动后，坚持每年举办1次。至2010年举办11届。活动利用春节前后和冬闲备耕时机，组织农业、企管、畜牧、水产、医务、司法等各行各业的专家、学者，深入农村、基层，开展科普宣传、科技咨询、技术帮扶等系列活动。每次活动由区科协牵头，各主管部门共同参与，联合开展科普文明百日下乡活动。

（四）科技人员与种养大户结对子

1998年始，科技人员与种养大户开展结对子活动，2010年达1200余对。

第二十一编
政　法

中共十一届三中全会后，区政法机关认真履行职责，开展法制教育，严厉打击社会各种犯罪行为，维护地区社会稳定。区委政法委研究加强政法部门党的建设、队伍建设、领导班子建设、制度建设，抓好社会治安综合治理工作。公安津南分局实施惩治和打击危害国家安全的各类犯罪和危害社会治安的刑事犯罪，并实施对治安、户籍、出入境、交通、消防等公安行政管理。2008年，区人民检察院进行检察程序改革，制定工作细则，完善配套机制。区法院在审理案件中，狠抓办案质量与效率，维护社会和谐稳定。区司法局做好普法工作和“12・4”法制宣传日，全面推进依法治区进程。司法系统通力合作，为建设新津南奠定良好社会环境。

2009年7月，公安津南分局举行“四位一体”巡控联动机制启动仪式

第一章 政法委及社会治安综合治理

1984年，区委政法委员会（简称区委政法委）建立后，区委政法委坚持抓好社会治安综合治理和维护全区社会稳定工作，研究加强政法部门党的建设、队伍建设和领导班子建设，妥善处理人民来信来访，积极办理涉法涉诉上访案件，建立社会全面防控体系，发动全社会齐抓共管，保证全区大局稳定。

第一节 机 构

1984年，建立区委政法委，为临时机构。1987年3月，列为区委常设机构，设立政法委办公室。1991年5月，成立南郊区社会治安综合治理委员会办公室（以下简称区综治办），与区委政法委合署办公。1992年3月，内设：办公室、执法监督科。2010年，区委政法委增设：维护稳定协调督办科，区综治办内设：综合治理基层指导科、宣传调研科。

第二节 政法委工作

一 执法监督

1992年，制定《案件协调工作的有关规定》，确定案件协调范围和协调办法，加强对有争议案件协调。1993年，建立政法工作情况报送制度，加强监督指导。1995年，开展夏季治安专项整治工作，制定执法目标责任制，实行量化考核，推进执法业绩档案制度和案件评查制度。1996年，制定干警短期深造和干警培训规划，政法各部门岗位练兵活动实现经常化。1998年，转发市委政法委员会《关于加强党委政法委员会执法监督工作的若干意见》，加强政法机关领导班子建设，制定《津南区政法部门工作报告制度》和《案件协调制度》。建立例会制度，每季度召开一次由书记、专职副书记、委员参加的政法委员会全体会议。2005年，建立“四长”（公安局长、检察长、法院院长、司法局长）会议制度，由区委政法委书记、专职副书记、政法各部门分管领导参加，研究落实有关法律、政策，确定当前和今后一个时期执法思想、研究重大疑难复杂案件、研判解决办案中遇到的重大问题，确保执法办案法律效果和社会效果的统一。2009年，建立《执法业绩档案制度》和《案件评查制度》，督促监督政法系统各部门制定推出警务公开等公开办事制度，聘请54名监督员，完善社会监督网络。2005—2010年，召开“四长”会议63次，解决疑难复杂信访案件104件。2009—2010年，连续开展执法业绩档案制度专项检查，抽调法律专业人士进行案件评查，纠正在执法中存在的问题，提高执法办案质量。推进阳光执法工作，开展开门评警，公开审理，邀请人大代表、政协委员开展执法检查等活动。

二 涉法涉诉信访工作

2004年，涉法涉诉信访工作纳入政法委日常工作，主要做好群众来信来访的接待、登记、转办、督办工作。2007年，成立津南区处置化解涉法涉诉信访问题办公室，加强涉法涉诉信访工作，协调解决涉法涉诉信访工作中的突出问题，督察办理时限。2008年，建立《津南区涉法涉诉信访工作六项机制》，即接待、转办、督办、稳控、化解、责任查究制度，开展政法系统处级以上领导干部下访、联合接访活动。建立涉法涉诉救助资金制度，运用救助资金，化解信访积案60余起。至2010年，全区发生涉法涉诉信访案件287件，均得到有效化解。

三　维护稳定工作

2001年，区维护稳定领导小组建立，开始动态信息报告。2002年，制定《津南区关于进一步落实矛盾纠纷排查调处工作四个相关制度的通知》，包括矛盾纠纷排查制度、信息报告制度、协调会议制度、督查督办制度等。2003年，成立区维稳办，制定《关于加强维护稳定工作机制建设的实施方案》，建立“四横四纵预警机制”［“四横”：村民代表、村（居）委会、各镇、区维稳办；“四纵”：信访部门、政法部门、人民团体、全区党员干部］“矛盾纠纷排查调处三级网络”［区、镇、村（居）三级工作网络］“领导责任制”等机制。2005年，成功处置多起群体性事件。2006年，建立“116”处置群体性事件联动机制，即成立一个由区领导担任组长的处置重大稳定问题领导小组，一支由政法系统骨干为核心处置群体性事件应急分队，由责任部门组成6个专项工作组。

2010年，建立《津南区群体性事件应急处置预案》，形成区、镇两级党委、政府统揽，各部门负责，人民群众参与的政法、维稳、综治、信访、防范联指联动的大政法工作格局。围绕城乡一体化建设，开展对征地拆迁、劳动关系、拖欠农民工工资等容易引发不稳定问题的专项排查化解工作。2002—2010年，全区开展矛盾纠纷排查152次，化解一大批拆迁整合、土地承包、涉法涉诉、劳资纠纷等矛盾。

第三节　社会治安综合治理

一　综治队伍建设

图21-1　2008年5月27日，区平安天津志愿者启动仪式

1992年6月，各镇设专职副乡（镇）长，负责社会治安综合治理工作（以下简称综治工作），形成区、乡（镇）、村三级综治工作网络。1995年，全区198个村（居）全部成立综治工作推动小组，建立治保会、调解委员会。2001年，建立铁路护路联防、刑释解教人员安置帮教、预防青少年违法犯罪等专项工作领导小组。2004年，从政法部门选派74名优秀干警到各村（居）担任法制辅导员，协助村（居）开展矛盾纠纷排查调处和人民调解工作。2005年，区综治委推行区、镇两级社会治安综合治理监督员制度，聘请130余名人大代表、政协委员以及治安积极分子担任社会治安综合治理监督员。2006年，扩大技防网应用覆盖面，基本建成覆盖全区的治安防控体系，为全区921家改建企业设保安室。区政府出资招录100名“2030”（年龄20岁至30岁，下同）人员成立应急处置巡控队，招录173名“4050”人员成立治安民防大队。各镇政府出资在退伍军人中招录115人，组建11支镇级专职巡逻队，各村组建一支4~8人的专职治安巡控队伍。全区以镇为单位，实行区域性整合式联防，一旦发生警情，区域内一呼百应，其他巡控点位立即向警情点呈集结式靠拢。2008年，组建“平安天津志愿者”队伍，招募“平安天津志愿者”10286人，对重点部位进行巡控。2009—2010年，加强综治队伍组织建设，完善制度，加强治安防控，发挥综治队伍在社会治安综合治理中的作用。

二 综治目标责任体系

1991年，区建立《乡镇政法工作目标及考核办法》。1995年，在全区建立起社会治安综合治理领导责任制。区、镇、村层层签订《社会治安综合治理目标责任书》(以下简称综治目标责任书)，明确各单位目标任务，并根据“属地管理”原则，明确综治工作领导责任。同时将社会治安总体目标量化分解成具体指标，每年进行考核验收，并将结果纳入对乡镇及单位的百分考核。此后，以综治目标责任书为龙头，综治工作全面推进。1998年，制定《社会治安综合治理工作实行“属地管理”实施办法》《关于实行社会治安综合治理一票否决权制的实施意见》，明确综治工作实行“条块结合、以块为主”的属地管理原则，赋予区、镇两级综治领导机构分别行使一票否决决定权和一票否决建议权权限。2000—2010年，综治目标管理责任制得到完善。

三 综治基层基础工作

1993年，区、乡(镇)、村三级综治工作网络进一步强化，综治工作落实专人抓、专人管。1996年，制定《关于乡、镇社会治安综合治理组织机构设置的规定》，在乡、镇设立社会治安综合治理委员会，乡、镇配备1名专抓综治工作的党委副书记。明确乡镇综治委、综治办机构设置、人员编制及职能任务。1997年，天津市社会治安综合治理基层基础工作经验交流会在津南区召开，津南区介绍社会治安综合治理基层基础工作经验和做法。1998年，制定《关于进一步加强村(居)委会综治工作规范管理的意见》，在全区165个村和1个私营企业，建立综治办并开展规范化建设。2000年，开展争创“优秀基层综治办”活动，区10个镇相继成立“司法调解中心”。2001年，在全区8个镇开展每个镇建立3个规范化村级综治办、3支规范化村级巡逻队、村村建有1块综治园地的“331”规范化建设活动，以点带面，推进全区综治基层基础工作全面上水平。此后，在全区开展“331”规范化建设活动，推广先进经验。2010年，区综治办重点推进综治信访服务中心和服务站规范化建设，建立综治办主任例会制度，为全区8个综治信访服务中心和193个村(居)综治信访服务站，统一制作标牌和职责制度公示牌。各综治信访服务中心(站)接待群众5006人次，解决求助问题609件，调解纠纷312件，解答咨询1128件。

第四节 平安津南建设

一 基层创安活动

1995年，在全区开展基层安全创建活动。1998年，加大创建活动和群众参与力度，制定安全小区、安全村、安全街(乡镇)、安全单位、安全公寓小区标准。召开津南区基层创安活动经验交流会，命名一批安全村、安全单位、安全小区。2000年，着重解决改革中群众关心的热点、难点问题，开展矛盾纠纷排查调处工作，全区4个市、区级重点整治地区得到有效整治。2001年，防范和打击敌对势力的渗透破坏活动，在全区组织开展专项打击查处、追逃等一系列行动。召开公捕、公判大会8次，排查调处各类矛盾纠纷2068件，调处成功率97%。2003年，区委政法委将抗击“非典”工作纳入综治目标考核，开展无“非典”安全村(单位、小区)活动，加大基层创安的外延。开展平安边界、平安校园、平安大道、平安家庭等创安活动。2006年，全区创建平安示范村7个，平安村62个，平安社区居委会12个，平安小区3个，平安示范单位1个，平安单位63个。2008年，开展迎奥运“百日集中整治”行动。2009年，对全区165个村、26个社区、13个工业园区、10个商贸旅游重点部位实现治安滚动排查，减少治安乱点。各镇都建立综治工作中心，建立健全工作职责、工作制度和工作流程。2010年，开展重点整治工作，成立海河教育园区综治工作中心，探索总结对重大项目建设保护性重点治理的新经验。

加强对重点人群的管理，探索流动人口管理服务新机制，形成以证管人、以房管人、以业管人的管理模式。2009—2010年，津南区连续两年获“市综合治理优秀达标地区”称号。

二 防控体系建设

2001年，津南区制定《津南区社会治安防范三年规划》，采取多种措施有步骤地落实防范控制工作。2003年，制定《关于建立物业小区“三位一体”治安防范工作机制的实施方案》，建立责任区民警、社区居委会、物业公司密切合作的治安防范长效机制。2004年，制定《津南区2004—2006年社会治安防控体系建设规划》，区综治办与公安、民政、房管部门联合制定《关于建立物业小区“三位一体”治安防范工作机制的实施方案》，建立治安防范长效联合机制。2006年，区委、区政府制定《关于深入开展“平安津南”建设的实施意见》，成立以区委书记为组长，区委、区政府、区人大、区政协主管领导及各镇有关委办局负责人任成员的“平安津南”建设领导小组。各镇、委办局严格按照实施意见要求，开展平安村（居）、平安单位、平安家庭、平安校园、平安文化市场等丰富多彩的创建活动。2010年，制定《关于深入推进我区社会管理创新的实施意见》，确定14项社会管理创新项目。投资300余万元，建立津南区公共安全防控服务中心，组建“人防、犬防、技防和保险赔付”为一体，以“110”报警平台为依托，采用“按区域同时接警、依状况分级处警”方法，与校园、居民社区、工业园区等重点地区构成警防、民防、技防三网联动，打防管控四位一体治安防范新模式。

第二章 公 安

1979—2010年，公安工作在刑事、治安、户籍、出入境和流动人口管理等方面，不断提高预防、打击犯罪和服务经济服务群众的功能。在实施惩治和打击危害国家安全的各类犯罪和危害社会治安的各种刑事犯罪的同时，实施对治安、户籍、出入境、交通、消防等公安行政管理。1983年8月至1986年底，开展三年“严打战役”。1990—2010年，开展“双打斗争”“严厉打击毒品违法犯罪活动”“打黑除恶”斗争、“两抢一盗”斗争，以及“禁赌”“扫黄”“网上追逃”等专项活动，严厉打击各类犯罪行为和犯罪分子，维护了津南区社会治安秩序，保持了社会稳定。

第一节 机构 队伍

一 机构

80年代，公安南郊分局下设11个科、室、队。1992年4月，天津市公安局南郊分局更名为天津市公安局津南分局。设有18个科、所、队、室。1997年，户籍科更名为户政科，治安民警队更名为防暴（巡警）支队。是年，进行刑侦改革，组建“八队一室”。2000年1月，刑侦支队二大队单列，更名为经济犯罪侦查队。2001年，经济犯罪侦查队更名为经侦支队，办公室更名为指挥室。2002年2月，政保科更名为国内安全保卫支队。2009年5月，成立警犬侦训队。

图21-2 1997年8月，公安津南分局办公大楼落成投入使用

2010年底，公安津南分局设24个科、室（处）、队、所：指挥室、政治处、后保科、监察室、警务督察队、考评科、警训队、户政科、内保科、治安科、机要通信

科、两化科、信访科、非机动车管理科、法制办公室、巡(特)警支队、国内安全保卫支队、预审支队、经侦支队、刑侦支队、消防支队、网监支队、警犬侦训队、看守所及南环路、津沽路、小站、葛沽、双桥河、南洋、辛庄、双港、北闸口、八里台、双闸、新家园12个派出所。

二 队伍

1979年，公安南郊分局有公安干警288名，联防队员20余名。至2010年，分局干警增加到737名(不含交通、消防干警)，招聘文职人员154名，辅警400名。

1979年前，在职民警文化水平大多为初中和中专以下学历。90年代后期，文化水平基本都为大学专科以上文凭。至2010年，干警中有研究生4名、大学本科生354名、大学专科生367名。举办各种形式培训班900余次，培训民警8000余人次。

1979年，公安南郊分局有中共党员209名。2010年，公安津南分局有中共党员510名，占全局民警总数的69%。1992年，市政府授予“公安津南分局社会治安综合治理先进单位”称号。1999年，被公安部授予“全国优秀公安局”称号并记集体二等功。2008年，市政府授予公安津南分局“参加和协办北京奥运会”、残奥会先进集体荣誉称号。2009年，被公安部评为“全国追逃斗争先进集体”。至2010年，公安津南分局有23个所、队荣立集体二等功，75个部门荣立集体三等功，185个部门获得集体嘉奖，有18名干警获全国优秀荣誉称号，有1名干警被市公安局追记个人一等功，35名干警获得市公安局优秀荣誉称号，290人次荣立个人三等功，1483人次受到嘉奖。

第二节 打击犯罪

一 打击刑事犯罪

80年代，全区发生刑事案件1453起，破获1081起。其中，发生重大刑事案件288起、破获260起，打击处理违法犯罪分子1145人。90年代，全区发生刑事案件8369起、破获4538起，抓获违法犯罪人员5104人。2002—2010年，全区发生刑事案件27101起、破获12825起，抓获违法犯罪嫌疑人5263人。

1979—1990年公安南郊分局刑事案件发生、破获统计表

表21-1　　单位：起

年份	全部案件			其中重大			抓获案犯(人)
	发生	破获	破案率%	发生	破获	破案率%	
1979	595	325	54.62	48	36	75.00	-
1980	207	126	60.87	23	21	91.30	123
1981	230	136	59.13	17	15	88.24	180
1982	166	135	81.33	27	24	88.89	183
1983	147	122	82.99	19	18	94.74	-
1984	92	75	81.52	18	17	94.44	68
1985	100	80	80.00	20	18	90.00	76
1986	105	76	72.38	34	29	85.29	79
1987	133	110	82.71	32	29	90.63	114
1988	140	113	80.71	47	43	91.49	166
1989	133	108	81.20	51	46	90.20	156
1990	142	113	79.58	62	56	90.32	153

2002—2010年公安津南分局刑事案件发生、破获案件统计表

表21-2　　单位：起

年份	刑事案件		其中重大		打击处理（人）		
	发案	破案	发案	破案	逮捕	劳动教养	直诉
2002	1892	1083	203	168	528	77	121
2003	2068	1088	73	61	443	75	171
2004	2185	941	65	49	447	58	223
2005	2565	874	71	54	495	65	175
2006	3325	1401	207	187	542	54	184
2007	2906	1560	179	149	650	60	168
2008	3455	1862	318	267	763	41	174
2009	4564	2035	351	299	669	56	165
2010	4141	1981	333	261	726	37	210

二　打击经济犯罪

1979年，开展以打击破坏、打击经济犯罪活动为重点的“双打”斗争。查出贪污、盗窃分子168人，投机倒把分子69人。80年代，对合同诈骗、票据诈骗、职务侵占、涉税犯罪等大案、要案及时立案侦查。对非法收购倒买、倒卖、走私黄金及金银首饰、伪造或贩运货币、伪造或贩运有价证券、制造贩卖毒品、倒卖文物的案件，依法查处。90年代，将影响大、危害大的金融诈骗、合同诈骗、涉税案件及侵占公司财产等经济犯罪案件作为侦查重点，破获一批大要案件、疑难案件和积留案件。

2000—2003年，针对金融系统的合同诈骗、票据诈骗、职务侵占、挪用公款案件增多，津南分局联合金融、税务等有关部门，采取行动，相继破获一批金融诈骗和虚开增值税专用发票案件。2006年，对非法传销和配货市场，进行清理整顿，打击取缔。立经济案件94起，破获77起，逮捕28人，追回经济损失1257万元。2009年，集中开展打击涉众型经济犯罪、假币犯罪的“09”行动，破获诈骗案、假币案、非法传销案等案件260起。2010年，开展各项专项行动，破获各类经济案件339起，打处121人，挽回经济损失3685万元。

1986—2010年公安津南分局部分年份查处经济案件统计表

表21-3　　单位：起、万元、人

年份	立案	结案	打击处理人数	挽回经济损失
1986	17	16	10	4.09
1987	5	4	2	1.52
1988	21	19	2	29.95
1989	11	7	0	121.19
1990	18	14	3	163.55
2000	352	152	30	1121.77
2001	63	62	42	1039.71
2002	70	68	17	1497.35
2003	97	89	25	1675.73
2004	75	71	17	1202.43
2005	58	51	12	241.12
2006	94	77	28	1257.00
2007	430	389	21	5201.00
2008	77	52	48	1509.00
2009	294	260	29	3047.00
2010	396	339	121	3685.00

说明：缺1991—1999年经济案件统计情况

三 专项斗争

（一）“严打”战役

1983年8月始，组织17次集中搜捕和清查行动，至1986年底结束。在3年“严打”期间，境内破获刑事案件1177起，摧毁犯罪团伙388个，打击处理人犯1287人。其中，逮捕751人、劳动教养244人、少年管教64人、作其他处理228人，收缴赃款赃物42万余元、凶器97件、子弹103发。

（二）“双打”斗争

1990年3—4月，在全区开展以打击盗窃、打击抢劫犯罪活动为重点的“双打”专项斗争。重点是“六种人”：盗窃、抢劫团伙；盗窃、杀人、抢劫的严重犯罪分子；连续作案、骚扰一片的盗窃、抢劫分子；有犯罪前科的盗窃、抢劫惯犯；有盗窃、抢劫活动的流窜犯和外逃犯；城乡勾结、内外勾结的盗窃、销赃分子。这次“双打”斗争，破获各类刑事案件178起，查处治安案件101起，摧毁犯罪团伙34个，端掉黑窝子14个，打击处理盗窃、抢劫等各类违法犯罪分子159人，缴获赃款赃物总值12.7万元。

（三）打击毒品违法犯罪活动

2002年，在全区范围内开展禁毒严打整治行动。破获各类毒品违法犯罪案件44起，抓获吸、贩毒人员40人，缴获毒品海洛因24.6克、缴获易制毒化学品麻黄素97千克。

（四）“打黑除恶”斗争

2008年，开展“打黑除恶”专项斗争。打掉黑恶势力团伙9个，破获刑事案件85起、治安案件13起，抓获犯罪嫌疑人54人。收缴单管猎枪3支、仿六四式手枪1把、子弹20余发，刀具、电警棍、棍棒等凶器40余件。

（五）打击“两抢一盗”斗争

2009年，继续以打击街头抢劫、抢夺、入室盗窃犯罪活动，以盗抢汽车犯罪活动为重点。全年破获“两抢一盗”案件960起。成功抓获赵某某、赵某某2名飞车抢夺作案嫌疑人，破获案件20余起，涉案价值5万余元。抓获盗车犯罪嫌疑人（盗窃机动车30余辆）殷某某、贾某某2名。

（六）网上追逃

1999年，开始利用计算机信息网络，开展网上追逃工作。2001年，抓获逃犯384人。2008—2009年，开展追逃战役、追逃工作百日竞赛等专项行动，抓获一批外逃、外漂犯罪嫌疑人。2010年，抓获网上逃犯490人。其中，全国重点逃犯52人，天津市重点逃犯28人，外省市重点逃犯24人，命案网上逃犯22人。

附：

后营村“绑票”案

1989年9月26日凌晨1时许，北闸口乡后营村农民张某某发现在屋熟睡的3岁儿子被人抱走，并在另一间屋内发现一封匿名恐吓信，称需用3万元现金才能赎回孩子。上午9时接报案后，警方组织精干警力，开展侦查破案。27日深夜11时35分，将案犯嫌疑人田某某和其叔叔抓获。当即追查人质下落，并火速行动将被捆绑奄奄一息的小孩张某某救出。经审理，案犯田某某，男，45岁，后营村个体司机，原是大港油田井下工人被开除，田某某伙同其侄田某某劫持人质，勒索巨款。1989年10月11日，天津市中级人民法院在南郊召开宣判大会，对田某某和其侄田某某叔侄2人判处死刑，立即执行。

第三节　治安管理

一　专项治理

（一）禁赌

80年代，对以赌博为业的赌头、赌棍、设赌抽头的窝主和教唆犯等违法犯罪人员给予治安处罚和追究刑事责任，开展集中禁赌斗争，抓获407起，抓获犯罪人员1703人，没收赌资1.7万元。1990—2001年，开展查禁各种赌博违法犯罪活动，重点打击发生在宾馆、饭店、洗浴、旅店内包租房间设赌，聚众赌博的违法犯罪分子，查获赌博案件5157起15903人，查缴带有赌博色彩的老虎机、苹果机等赌博机28台。2002—2010年，组织开展禁赌专项整治行动，重点打击赌头、赌棍、聚众赌博和以"六合彩"等方式进行赌博的违法犯罪活动，抓获各种形式赌博2440起，抓获参赌人员9100余人。

（二）查处卖淫嫖娼

1981年，查处一批卖淫嫖娼和贩买、贩卖淫秽物品首要分子。1993—2000年，开展打击卖淫嫖娼专项行动36次，抓获卖淫妇女259人，处罚嫖娼人员1005人，收容教育278人，治安拘留518人，对3名介绍容留妇女卖淫的人员进行刑事处罚。2004年，开展"扫黄打非"清查行业场所统一行动，收缴淫秽光盘478张，非法出版刊物1243册，查破卖淫嫖娼案件23起。2002—2010年，查处卖淫嫖娼案件234起，治安拘留552人，介绍容留妇女卖淫14人。

（三）剧毒爆炸物品管理

1981年，对全区130个使用、储存、爆炸剧毒物品的单位进行检查。1982年，换发"爆炸、剧毒物品购买证"和"制造储存证"。1990年，制定《加强爆炸、剧毒物品、枪支弹药的管理规定》，对全区生产、销售、储存、使用、保管等环节进行安全检查。至1996年，查出隐患漏洞200余件，其中重大隐患15件，对3家违反规定的经营单位予以处罚。2002年，为从业单位办理剧毒化学品购买证和准购证。2004年，对全区35家剧毒化学品从业单位安装安全技术防范信息管理系统。2007—2009年，对全区使用、储存、运输、销售剧毒化学品单位进行检查。至2010年，全区未发现丢失、被盗、被抢的现象。

二　治爆缉枪

1989年，制定《关于清理收缴失散在社会上的枪支弹药、爆炸物品和管制刀具工作的安排意见》，并通过多种形式进行宣传，对有枪户进行入户登记造册。至1995年，收缴猎枪、自制火枪、双管枪、电击枪、气枪等各种枪支8000余支，火药500余千克和一批管制刀具。

2002年，把仿真枪纳入公安机关管理范畴，在全区范围内开展"治爆缉枪"专项行动，收缴各类枪支410支和雷管、炸药等一批爆炸物品和管制刀具。2005年，对公务用枪、民用枪支、持枪人员实行微机管理，建立枪支管理安全信息监控系统。2007年，开展为期6个月"治爆缉枪"专项行动，收缴一批枪支弹药，严惩一批违法犯罪分子。

2010年，收缴流散在社会上的各种枪支弹药，严厉打击走私、制造、销售和涉枪涉爆案件的违法犯罪分子。2005—2010年，收缴各种枪支1746支、导火索298米、雷管347枚、炸药87千克。查获涉爆涉枪案件63起，抓获违法犯罪嫌疑人49人。

三　巡逻防控

80年代，全区就成形三级巡逻堵卡网络：各乡（镇）村治保会、民兵、群众组成的巡逻队；由派出所、乡镇联防巡逻队；由区公安分局组建的治安民警队。1993年，开展"巡警工作百日竞赛"活动，强化巡逻。1994年，在八里台镇召开乡、村治安巡逻工作经验交流会。2004—2006年，将咸水沽、葛沽、小站、双港四个繁华镇区作为重点，组成中心镇区巡控队。以津沽公路、津歧公路和津港公路三条线为主干，以覆盖全区的各卡口为依托，构建以中心镇区辐射全区的三道防控线。形成以分局“110”指挥中心为龙头，以派出所巡逻队为依托，在全区初步形成“大巡控”“大联防”的新格局。2008—2010年，在各支民防队伍紧密配合下，开展集中统一行动。破获各类刑事案件5878起，查处治安案件6117起，抓获违法犯罪嫌疑人758人。

图21-3 2009年8月14日，公安津南分局巡逻民警携警犬在某卡口执行夜查任务

四 特种行业和文体娱乐场所管理

（一）旧货业

1984年8月，公安南郊分局对全区56个废旧物资回收站（点）进行全面检查整顿。1988年，对全区废旧物资收购业进行为期2个月的专项治理，查获价值万余元的赃物和非法收购物资、取缔非法收购站（点）3个。2002年，对全区151家废旧金属收购企业进行重新登记备案，开展行业整治活动，破获案件28起。2006年，采取集中清理清查与突击检查的方法，查破各类案件45起，对不符合经营条件8家收购企业没收经营许可证，对9家未如实登记的废品收购企业进行处罚。至2010年，全区有废旧金属收购企业65家，按照《废旧金属收购业治安管理办法》加强行业管理。

（二）旅馆业

1983年，对全区21家旅店业进行核查整顿，签订安全责任保证书。1987年，按照公安部《旅馆业治安管理办法》，强化旅馆业管理。1997年，对全区80余家中、小型旅馆及私房出租户进行全面清理整顿，破获刑事案件8起，查处治安案件20余起，依法处理35人。2003年，对全区56家宾馆、旅店全部安装计算机信息系统，实行实名制住宿登记。2008年，进行旅馆业治安管理信息系统升级，实现旅馆业信息系统联网。至2010年，未出现重大问题。

（三）印、铸、刻字业

1983年，对全区印、铸、刻字业进行检查。1988年，对全区印刷业进行一次普遍调查、清理整顿，为90家国营、集体、个体印刷业核发“许可证”。2003年，对全区3家印章业安装计算机管理系统。至2010年，全区有印章业3家、印刷业64家，均未出现重大问题。

（四）文体娱乐场所管理

1987年，制定《台球管理暂行办法》。1991年，会同工商、文化等部门，对全区歌舞厅、卡拉OK厅、游戏厅以及从事文化娱乐的场所，进行监督检查，治理整顿。1994年，集中2个月时间对全区78家公共娱乐场所开展整治活动，查处一批“三陪”色情服务。1999年，对全区娱乐场所经营单位进行清理核查，为经营单位重新办理证照审核手续。2000年，取缔无照经营场所107家。2007年，开展综合治理活动，加强对文化娱乐场所监管和查处力度。至2010年，查获违法违规经营娱乐服务场所116家，取缔无照经营15家。

五 学校门前秩序管理

1988年，与区教育部门联合行动，惩处一批扰乱教学秩序的不法分子，清理一批学校门前的摊贩。1990年，全区中小学全部纳入派出所治安管理范畴。1991—1996年，加大对全区中小学门前秩序清理整顿活动，查处流氓滋事、打架斗殴、盗窃财物等严重扰乱学校秩序和危害师生安全的案件90

起，抓获违法人员139人。1997—2001年，开展联合清整治理活动，关闭学校周边电子游戏室、台球室、网吧25家。2005—2009年，把全区中小学治安秩序作为整治重点，先后开展6次集中整治行动，累计出动警力680余人次，取缔“黑网吧”15家。2010年，全区63所中小学和10所国办幼儿园全部安装视频监控系统，派驻专业保安192名。

第四节　户政管理

一　常住人口管理

80年代，定期开展户口核对和调查工作，对正常出生、死亡等项目及时登记、注销或变更，对不符合户口政策居住在本区的外地人口，动员返回原籍。1995年1月，使用户口移居证办理户口迁移手续。1996年，对常住人口出生漏登、死亡漏销户口专项整顿。1997年，更换《常住人口登记表》和居民户口簿。1998年始，实施常住人口信息计算机管理。

2001年，在全区范围内对16周岁以上常住人口进行相片采集，采集率100%。2002年7月，进行常住、寄宿、暂住和境外人员四种登记簿合并，统一启用《现住人口簿》，实行实有人口管理模式。2003年，对户口登记进行新的改革，对新出生婴儿的常住户口登记，随父随母自愿选择；对非婚生、计划外出生婴儿落户，按照有关规定，办理登记手续。2004年，进行常住人口信息系统升级改造，市内户口迁移不再办理迁出手续，启用网络系统办理户口动迁手续。至2010年，人口信息管理系统不断提升，人口动迁、管理更加便捷规范。

二　暂住人口管理

80年代末期，各乡镇相继成立暂住人口服务站，全区设200个登记站（点）。1992年，将暂住人口分为四个层次管理：第一层次为保护服务对象，即身份来历清楚，在津南区有相对稳定职业、住所，有合法收入，正常往来的探亲、访友、出差办事、旅游、看病等暂住人口。第二层次为注意掌握对象，即身份可疑，有可能危害治安的“不放心”人员。第三层次为监督控制对象，即在津南区有轻微违法犯罪行为，或在原籍系刑满释放、解除劳教人员。第四层次为限制清理对象，即在津南区内无固定职业、无相对稳定住处的拾破烂、沿街乞讨等类人员。

1995年，把暂住人口管理纳入派出所基础工作考核。2003年，取消暂住人口收费，逐一签订治安责任书。2006年，制定《关于加强外省市来津人员治安管理工作十条措施》。至2010年，区内暂住人口30万人，办证率95%。

三　户限对象管理

1979年后，对户籍管理进行改革，动迁户口政策逐步宽松，户口审批制度相应调整，部分审批权限下放。本市各区、县之间符合“农转非”和亲属投靠条件的户口，由分局进行审批。1992年，放宽居民因私短期出境注销政策，对离退休、退职的科技人员落户的户口受理审批政策进行调整。1994年，简化公派或自费出国留学人员落户手续。

2007年，对天津市各区、县之间投靠配偶“农转非”的，取消结婚时间和投靠人年龄限制，未婚子女可以随迁；天津市各区、县投靠子女“农转非”的，取消年龄和其他地区有子女的限制；本市各区、县之间未婚子女投靠父（母）“农转非”的，均由分局审批。外省市农业人口因结婚投靠本市农业人口落农业户口，由原市局户政处审批改由分局审批。新生儿父（母）是天津市集体户口，随父（母）登记集体户口，由派出所民警调查核实后直接办理。2009年，移入市区和滨海3区的规定进一步放宽。

2003—2010年，按调整后户口政策，办理"农转非"投靠等户口151户169人。

四 小城镇户口和蓝印户口

1998年12月，在小站、葛沽、咸水沽3镇进行小城镇户籍改革试点。在小城镇建成区有合法固定住所，居住已满两年，且有合法稳定非农职业或者已有稳定生活来源的务工、经商人员和被聘用的管理人员、专业技术人员以及共同居住的直系亲属可申请办理小城镇户口，在入学、就业、社会保障等方面与城镇非农业户口的居民享有同等待遇。至2002年，3镇改革试点办理小城镇户口2981户9121人。2003—2010年，审批小城镇户口127户290人。

1994年，按照《天津市蓝印户口管理暂行规定》，对外省市、境外、天津市农业人员投资、购买商品房或营业用房的，登记蓝印户口。1996年、1997年，两次放宽落户条件。1994—2001年，全区办理蓝印户口14户27人。2007—2009年，3次对申报蓝印户口部分投资和购房标准进行调整。至2010年底，全区办理蓝印户口1335户4319人。

五 身份证管理

1987年9月，境内启用居民身份证。1992年，对公民身份证申领、换证、补领证和日常管理、使用、查验等工作进行全面检查。2000年11月，居民身份证由15位号码升至18位，派出所将《常住人口登记表》和居民户口簿全部更新为新的号码，标识新号码身份证开始制发。2005年，增加16岁以下人员办证，有效期为5年。全区有30余万常住人口换发第二代居民身份证。建立公安津南分局身份证管理中心。2009年，为驻区部队312名现役军人、武警官兵办理居民身份证。2010年，在第二代身份证制发的基础上，为全区20万居民办理申领、换发、补证工作。

第五节 国内安保

70年代末，恢复政保科。主要是掌握了解国内外敌视、破坏的敌对势力、敌对组织的破坏活动。90年代，政保工作重心逐渐转移到调查了解深化改革中，可能触发政治上不稳定因素和闹事苗头。进入21世纪，国保工作深入研究敌情、政情、社情新变化，严厉打击、严密防范各种影响社会稳定的非法活动，妥善处置影响国家安全和社会稳定的各种问题和苗头，有效预防和妥善处置影响社会稳定的各种不安定因素和突发事件。2002年2月，政保科更名为国内安全保卫支队（简称国保支队），有民警15人。

一 重大事件安保工作

1979年后，围绕重点工作和重大活动，预防和打击各类违法犯罪活动，维持秩序保证安全，做好重点部位、重要场所要害部门的安全保卫工作。2003年4—7月，防治"非典"期间，出动警力5000余人次，圆满完成海河医院改建市防治"非典"定点医院安保任务，抽调100名警力成立抗击"非典"机动队，到疫区开展工作。2004年2月，辛庄镇柴家圈村出现高致病性禽流感疫情，出动警力1200余人次配合区有关部门，开展疫区禽类深埋消毒、强制免疫、疏导劝解养殖户和村民群众以及24小时值守封堵疫区路口等工作，确保疫情无扩散、人员零感染。2008年，北京奥运会期间，开展重点人稳控、群体性事件处理、严打整治、社会防控、背景审查、奥运火炬传递现场保卫，以及外籍运动员在津驻地警卫等安保工作，被市委授予"天津市参加协办北京奥运会、残奥会先进集体"荣誉称号，市委政法委授予"天津政法系统奥运安保维稳先进集体"荣誉称号，市公安局追记在奥运安保工作中因公牺牲的原双闸派出所民警王磊个人一等功。

二　打击取缔非法组织和反动会道门

1990年7月，组织干警开展打击、取缔封建迷信活动专项斗争，对八里台镇八里台村、双港镇桃源沽村等10个吹打乐队，以“挖掘农村文艺”为招牌的非法组织依法予以取缔。1993年，取缔葛沽镇“民众恢复庙宇联合会”非法组织。1997—2002年，发现全区17个村队480余人参与邪教活动，集中警力进行打击取缔。其中，1998年4月，在南马集、郭黄庄等村，查获邪教“门徒会”案件5起，刑拘2人，劳动教养3人，取保候审3人，治安拘留16人，捣毁教会站点15个，教徒200余人。摧毁双港镇桃源沽村农民殷某某为首的复辟“太上门”团伙12名。2002年6月，在全区范围内开展打击、取缔集中统一行动，破获邪教“门徒会”活动10起，取缔封建迷信活动2起，打击处理231人。2006年，开展会道门复辟渗透活动专项调查，清查一贯道、天地门、正学普济会、太上门、佛爷门等会道门人员206人。2009—2010年，经过“迅雷行动”等专项行动，邪教“门徒会”和“呼喊派”等组织已经被彻底瓦解，未发现新情况。

三　依法取缔邪教组织

1999年，发现区内有非法邪教组织辅导站1个、活动点48个、参与人员858人。经过教育思想转化的823人写出悔过书，对不思悔改思想顽固的35人，依法进行严肃处理。没收非法书籍1800本，录音带156盒，录像带154盒以及各种非法宣传品3322份。2001 年，破获张某某邪教专案，查获涉案成员22人。配合区广电部门，加强对有线电视线路和广播电视信号放大器等重点部位的巡控，利用有线电视插播反动节目。破案6起，打掉团伙5个，端掉非法制作窝藏宣传品窝点3个，摧毁跨省、市邪教组织3个，收缴一批宣传品及违法犯罪工具。2006年，组织开展专案侦查“天鹰计划”“迅雷行动”“净网行动”等专项行动，成功侦破黄某某传播邪教案件和邪教人员咸水沽镇王某某、北闸口镇王某某，向过往群众散发邪教宣传品。2010年，收集各类预警性情报信息81条，破获市局督办“邪教”专案2起，区督办邪教组织案件7起，查处涉外案件22起。

第六节　监所管理

一　基础设施

70年代末，公安南郊分局在咸水沽镇二八公路南侧建造新看守所并投入使用。1989年，改扩建南郊区看守所工作。1990年开始施工，1991年12月中旬交付使用。新看守所总建筑面积为2573平方米，设计最大关押量为320人，使关押环境得到改善。

图21-4　2008年5月15日，津南区人大常委会委员视察津南区看守所

2005年，由于咸水沽镇中心区统一规划建设，看守所需迁出。在北闸口镇三道沟重新选址，建造津南区看守所。总投资2320余万元，总建筑面积6100平方米，其中看守所4328平方米、拘留所1772平方米，可容纳关押违法犯罪人员500名。2007

年11月，竣工交付使用。新看守所实现监所与拘留所分押分管要求。所内配置监控室、电教室、闭路电视等设施，定期开办法制教育课。同时，为确保监所安全，将监室和监区全部安装视屏安全监控系统，使整个监所安全防范系数和监所生活环境得到全面改善和提高。

二 安全监管

1979年，执行公安部《看守所工作制度》。至1980年8月，公安南郊分局对看守所工作进行2次大整顿。在搞好思想、纪律作风整顿的基础上全面清理监所环境，维修警戒设施，设置监所接待室，重新修订和完善值班、看守、管教守则，制定在押人员作息、生活、学习等20条监规。1990年3月，执行《中华人民共和国看守所条例》规定。看守所监管人犯，“坚持依法管理、严格管理、科学管理和文明管理，保障人犯的合法权益。严禁打骂、体罚、虐待人犯”，重新制订《关于严格人犯押解、会客、通信、管教的具体规定》。

1990年6月，南郊区看守所有民警17名。2007年3月，监管民警增至36名。2010年，增加到47名。

1995—1998年，公安津南分局制定《津南区看守所民警十个不准》《人犯入所身体检查》《提讯、提审规定》等制度，监所管理更加有序规范。其间，看守所在区人民法院、区人民检察院配合下，3次在监所开展在押犯“坦检”大会。检举各种犯罪线索500余件，经查证，破获各类刑事案件55起，并对有“牢头狱霸”行为的在押人员进行教育处罚，有效维护监所秩序。

2000年，看守所各项工作量化分解，建立监所民警绩效考核机制，实行目标等级化考核，进行奖优罚劣。2002年，看守所从改善监所环境入手，不断加强队伍建设，充分发挥监管职能作用，监所软硬件建设明显提高。是年，经公安部批准，升级为二级看守所。10月，监所管理逐步向数字化、网络化、信息化方向发展，在押人员信息实行计算机管理。

2005年，分局投入资金30万元，购置17台配置高、功能全的计算机和一批科技含量较高的设备，装备看守所。实现在押人犯数据实时录入、实时传输、即时查询，提高在押人员监管工作效率。2007年，分局投入192万元，与新建看守所建成通信指挥监管信息、应急警报、违禁品检测、监区门禁等12个技术系统，实行全方位监控，发现问题和事故隐患及时消除。

2010年，津南区看守所被公安部监管局评定为全国一级看守所，实现看守所已连续监所无事故、民警无违纪5037天。津南看守所还连续9年被评定为二级看守所，荣立集体二等功1次、集体三等功2次，获集体嘉奖8次。

第七节 预 审

1979年，预审科有预审员5人，负责审理各派出所呈报处理的案件和业务科以及刑警队办理的捕后案件。1986年，预审科将部分业务移交给法制科办理，只受理人犯刑拘、逮捕后的审理结案工作以及收审后需要办理的案件。1990年4月，预审科与看守所分别设置。1997年7月，预审科撤销，并入刑侦支队，“侦审合一”模式建立。2003年2月，撤销“侦审合一”，增设刑侦九大队，2004年6月，更名为预审支队。至2010年，预审支队有干警25人。

1985年，预审受理225宗案件，呈请逮捕的批准率99%，移诉率97%。1994年，在“严打整治”中，查破各类刑事案件25起，追捕人犯4人，追诉罪犯8人，拘留处罚31人。当年受案307件，犯罪嫌疑人565人，年终审结率100%。2005—2008年，预审支队办理刑事拘留5275人，逮捕2450人，移诉2731件4438人。2009—2010年，受理各类刑事案件1280件，逮捕1395人、直诉375人。

2001—2010年公安津南分局移诉统计表

表21-4　　单位：人

年份	逮捕	直诉	年份	逮捕	直诉
2001	459	164	2006	542	184
2002	485	111	2007	650	168
2003	443	171	2008	763	174
2004	447	223	2009	669	165
2005	495	175	2010	726	210

第八节　基层基础建设

一　“110”指挥中心系统建设

1995年2月，公安津南分局建立“110”报警服务中心。1998年5月，组建“110”社会联动系统，全区20多个部门参加“110”社会联动组织。2007年，投入100万元购买相关设备，建立“110”报警平台系统。2008年1月，新的“110”指挥中心办公大厅正式运行，实现市局统一接警，分级处警，落地处置，对金融“110”报警系统进行升级。2009年11月，筹建津南区公共安全防控服务中心，与分局“110”警方网和派出所联网互通，实现视频图像、报警信号、无线通信信息互联共享。

图21-5　2005年11月，“110”指挥中心更新视频监控设备

至2010年，“110”报警服务中心有民警8名，文职人员7名，制度建设不断完善，基础设备更新换代，视频监控系统初步形成。在全区不同位置建立监控点位300个，安装500个红外双监探头和139个振动探头，公共安全防控服务中心在全区建成全天候、全方位的服务平台，依托金盾网和覆盖全区的社会通信网络，在各工业园区、居民社区、重点场所和部位建立分中心，统一安装视频监控系统，实行网络安全防控，派驻专业保安和警犬，配备专业装备，开展24小时巡逻防控。

二　通信、视频网络建设

80年代初，建立电话室，设专职电话员3人。1985年11月，安装200门纵横式自动电话交换机。1989年，在刑警队设有坐式电台。至1990年底，已购置手持对讲机90部，车载电台2部。1994年，分局传真网络开通。1997年11月，基层派出所全部更换安装350兆基地台。

2000年，建成公安光纤综合通信网。2005年，分局开始建设视频监控网。至2010年，分三期安装摄像头，覆盖全区重要单位、主干道路口、重要企事业和机关单位。2007年，各派出所、防暴队、刑侦基层大队相继建成公安视频会议系统。2009年，分局互联网采用10兆光纤传输。2010年，11个派出所、3个刑警责任区大队的信访专用接待室，安装视频监控摄像，并与全市信访接待系统互联互访。

三　公安装备建设

（一）车辆

80年代，配有上海轿车、北京吉普、罗马244、北京旅行轿车等车辆。至1990年，分局有各种警用汽车11辆，侧三摩托车、二轮摩托车33辆。2003—2005年，筹资购买32部警务车辆，补充到部分科、所、队。2006年，区政府出资购买20部普通桑塔纳轿车配发给基层单位警备车辆。2010年，分局拥有公务用车265辆。其中，带有警灯、警报器装置的警备车辆115辆。

（二）服装

1984年，干警所着警服称“八三式”。1989年，干警所着警服称“八九式”男、女式夏冬服为橄榄色。1992年实行警衔制。1993年1月，警服标志改为警衔、盾牌和警号。1995年，警衔标志改为肩章式。2000年10月，民警统一换着“九九”式新警服，采用国际上警察通用藏蓝色。

（三）警犬

2009年2月，警犬侦训队正式成立，有警犬45只。2010年9月和12月，新加坡、马来西亚警方警犬专家先后到公安津南分局警犬侦训队进行考察交流。2010年10月，警犬侦训队抽调民警，携带5只搜爆犬参加广州亚运会安全保卫工作。是年底，民警带犬参加巡控工作，出动警犬3432犬次，八类案件下降57.6%，街头犯罪案件下降87.3%。

第九节　交通管理

一　机构

（一）交警津南支队

1979年，南郊交通中队有警力30余人。1987年，南郊交通中队更名为南郊交通大队，警力增加到80人。1992年3月，更名为津南大队。1997年11月，升格为津南支队。至2010年底，交警津南支队有民警119人。设：综合室、秩序科、宣教科、事故科、咸水沽大队、津港公路大队和双港大队7个科（室）、队。

（二）车管津南分所

天津市公安交通管理局车辆管理所津南分所（简称车管津南分所），成立于1996年11月，所址在津港公路与二八路交口处，有干警22人。负责津南区、大港区、大港油田、河西区机动车和驾驶人的源头管理，即机动车各项登记、驾驶人考试、发证等各项车管业务。

二　管理

（一）驾驶员管理

1993年，成立津南区驾驶员协会，会员3.32万人，分为若干小组，每月组织1次学习。2000年始，执行《机动车驾驶员交通违章计分办法》，对驾驶员实行交通违章计分管理，依据违章行为严重程度，分为12分、6分、3分、2分、1分五种。2006年，制定《津南区关于加强雇佣机动车驾驶人交通安全管理的意见》，进一步规范聘用雇佣驾驶人的管理。

2009年，推进驾驶人考试智能监控和评判，在驾校均装配考生指纹采集系统。在驾驶人道路交通安全法规、法律和知识考场（科目一考场），安装监控设备，采用场内监控、机位监控；在驾驶人场地驾驶技能考场（科目二考场）中，安装路考仪系统，严密考试流程，杜绝违规；在道路驾驶技能考试科目（科目三考试）中，加强对申请大型客车、中型客车等重点车型的驾驶人培训和管理，并增加不低于

20千米实际道路考试线路。在办理机动车注册登记工作中，采取“一窗式”上牌服务，简化手续，实现购车即上牌。2006—2010年，车管津南分所新增驾驶人6.42万人，新增机动车17.36万辆。

（二）道路秩序管理

1979年，市级干线公路由各公社、镇抽调人员在重大节日配合交警对繁华路段清理、疏通车辆。1980年，改为全区驾驶员轮流协助。1990年，开始定期整顿。1992年，根据路面交通流量的变化和违章驾驶情况以及发生事故的规律特点，采取专职人员与群众相结合、岗亭与巡回相结合的办法，对3条主要干线开展查违章、控车速、调流量的整顿。1995年，加强巡回检查，夜间突查，严格处理违章，没有发生重大交通事故。

80年代末至90年代初，区级干线与乡村公路形成网络，机动车大量增加，在搞好平时的交通管理的基础上，每年进行几次大的整顿。1995年，开展迎新春大力整顿交通秩序、迎“五一”压事故保安全改善交通环境、迎国庆大干100天、冬季百日安全竞赛、贯彻新法规大力压缩重大交通事故等活动。

1999年，开展“百日整顿专项整治”活动。2000年始，在全区范围内开展为期三年的“平安大道”创建工作，以津港公路、外环线、津沽公路和津歧公路为重点，对机动车超速、超载、闯信号、无牌无证、低速车违法载人、乱停乱放、酒后驾车等交通违法行为进行治理。2004年，开展“专项治理中巴车、公交车违章”“打击涉车犯罪行动”等专项活动。2007年，开展“决战七十天”交通安全集中整治和打击酒后驾车专项行动，全年查获涉酒交通违法行为522起。2008年，查获涉酒交通违法行为524起，连续两年相比上一年分别下降41.8% 和33.3%。

2005—2010年，津南区每年纠正严重交通违法行为10万起左右，处罚各类交通违法行为52.95万起，其中查处涉酒违法行为2091起。2010年，针对闯信号、超速行驶、涉牌涉证、客车超员、疲劳驾驶等容易引发重特大道路交通事故的违法行为，采取日常岗位治理与集中整治相结合方式，纠正各类交通违法，保证境内道路畅通。

（三）设施管理

1979年始，在津沽公路西大桥、区政府、津歧公路二道桥、小站得胜道设交通指挥灯4处。1995年，在津港公路白万、二八、葛万3处路口增设交通信号灯。1998年，在津沽公路葛万口增设交通信号。1999年，在津歧路咸一中口和津沽二道闸口各增设交通信号灯。2000年，在津沽公路梨双口、唐庄子白万公路口、西环口、西大桥口、南环红旗路口增设新式交通指挥灯4处；在津沽南环、津沽北环增设老式三孔交通指挥灯2处；改建小站镇津歧公路红旗路口、津歧公路咸一中路口两处交通指挥灯。至2010年，全区有交通信号灯控制的路口96处，具有警示作用的爆闪警示灯安装60处，交通标志1113个，繁华地区安装中心隔离护栏3000米，电子监控76处，具有闯红灯抓拍、测速和卡口等不同功能的电子警察16处，LED 显示屏1处。

图21-6　2010年，交警津南支队路面电子监控设施

三　宣传教育

1979年后，交警支队每年“五一”“十一”和元旦、春节期间开展交通安全大检查和交通安全宣传教育活动。1994年，咸水沽镇第四小学“少年交通警校”成立，宣传交通安全知识并逐步成为常态。2002

年，创建交通安全村、镇、校活动。2004年，以宣传道路交通安全法为重点，先后举办“交通安全图片巡回展”“道路交通安全法”知识竞赛、交通安全儿歌朗诵演唱大赛、大学生辩论赛、百万家庭知识竞赛等活动。2006—2008年，相继开展“公路客运交通安全集中整治宣传”高潮日、“交通事故百日行动”宣传日和“平安迎奥运，有序交通我参与”集中宣传日等一系列活动。2010年，制定《津南区“创文明交通城市，做文明交通人”》活动实施方案，在全区开展宣传，纠正不文明交通行为。

四 事故预防与处理

70年代末，辖区有机动车160余部，有车单位20余个。80年代末，辖区有机动车3658部，有车单位35个。90年代末，辖区有机动车1.17万余部，有车单位395个。2010年底，辖区有机动车近9万余部，有车单位近2000余个。随着机动车辆的增多，交通事故呈频发趋势。2010年，津南区发生各类交通事故6439起，直接经济损失463.4万余元。

1988年始，交通事故一律由交通队处理。一般的交通事故由交警支队事故科到事故现场勘查、分析、研判，做出处理意见。同时，针对不同时期交通事故发案情况，通过由交警各部门参加的交通事故分析研判会，对交通事故进行科学分类、汇总、调研、分析，找出规律性问题，并制定有针对性的治理和解决方案。

图21-7 2010年，津南区交通安全知识竞赛

2004年11月，建立由区政府办等20余个单位为成员的津南区交通安全工作联席会议制度，召开交通事故分析研判会，制定工作方案。2009年和2010年，外环先锋路口、津港公路津晋高速出口均发生了1起死亡3人的重大交通事故。事故发生后，交警支队在外环线先锋路口安装爆闪警示灯，津晋高速出口安装4面禁止掉头的标志牌，最大限度杜绝恶性交通事故的发生。

2010年，探索创新事故调解模式，成立由区法院、区司法局和交警支队共同组成的津南区交通事故联合调解工作中心，发挥人民调解、行政调解和司法调解“三位一体”作用，形成整体合力，实行“一条龙”“一站式”的服务模式，方便群众诉求。

附：交通事故典型案例

2006年6月29日22时15分，津南区津港公路40.3千米处发生一起小客车与二轮摩托车相撞，造成2人死亡的重大交通事故，小客车肇事逃逸。交警支队经技术手段将肇事嫌疑车辆锁定为一辆一汽佳宝6371型小客车，并远赴吉林市一汽佳宝制造厂家查询、搜集破案线索。最终于7月19日将肇事嫌疑人赵某（家住静海县）抓捕归案。

第十节 消 防

一 机构与设施

1983年，消防四中队和公安南郊分局防火科划入中国人民武装警察部队序列。1998年1月，天津市公安消防总队实行警务改革、科队合一，公安津南分局防火科与消防四中队合并为中国人民武装警察部队天津市消防总队津南支队（简称消防津南支队）。支队设司令部、政治处、后勤处和防火处，下属3个执勤中队（咸水沽中队、八里台中队和葛沽中队），至2010年。

2010年，全区有市政消火栓468个，单位内部消火栓547个，天然水源15处，人造水源31处，落实灭火救援预案413家。支队装备有执勤车辆14辆。配备灭火、防护、破拆、侦检、警戒、救生、堵漏、照明、训练等13大类524种6819件消防执勤器材。2008年，支队成立搜救犬班，配备搜救犬4只。2010年，有拉布拉多等搜救犬6只。

二　消防演练与火灾扑救

2004年始，消防津南支队坚持开展消防“演练月”“演练周”“演练日”（每年最后一个月为消防演练月，每月最后一周为消防演练周，每周星期三定为消防演练日）活动。2010年，对3000余家地下建筑、220多栋高层建筑和120余家人员密集场所逐一进行熟悉演练，并对高层供水情况进行专项的演习测试。与区应急联动部门联合演习100余次，出动车辆300辆次，出动官兵2000人次。

1998—2010年，扑救各类火灾5.46万起。协助处置2001年伊利康业有限公司机房严重氨气泄漏事故、2003年咸水沽镇联瑞化工厂爆炸事故、2006年“8·7”天津市宜坤精细化工有限公司爆炸事故、2010年“3·7”津港公路186路公交车交通事故等多起重大事故的抢险救援救生工作。

三　消防宣传与督查

图21-8　2010年10月26日，消防队员在小营盘村火灾现场灭火

1979年，开展全区防火防爆安全大检查。1987年，贯彻“谁主管，谁负责”的原则。至1995年，与区企业经委、劳动局等部门，分期培训易燃易爆岗位操作工，实行持证上岗。每年进行消防安全大检查，火灾多发季节进行重点抽查。发现隐患，下达整改通知，限期纠正。并实行业务系统安全保证金和行政主管领导签订消防安全责任书制度。

1996年始，连续15年举办“11·9”消防宣传活动日活动。2000年后，在重大节日、重大活动和全国、市、区“两会”期间，对全区重点消防单位进行消防检查督查，预防重大火灾事故的发生。2004年，消防支队新建消防培训教育馆。2006年，建成并完善“三级”信息网络，实现消防中队与支队、总队之间电子公文交换，开通消防支、中队图像传输和远程教育培训等网上应用系统，在津南电视台《警方视线》《平安津南》节目中，开设消防板块。津南区委、区政府出台《关于建立消防工作联席会议制度》和逐级督查制度、告知制度、考核评价制度、奖励和处罚等制度，形成公安、消防、教育、新闻等多部门齐抓共管的消防宣传教育局面。2010年，开展“消除火灾隐患，构建和谐社会”主题宣传活动，开展构筑“津门防火墙”工程建设，完善消防安全管理制度，规范灭火和应急疏散预案，落实防火定期检查制度和消防设施定期检修检测制度。

第三章　检　察

1978年底，恢复南郊区人民检察工作。至1990年，人民检察工作组织机构比较健全，检察队伍扩大，查办和预防职务犯罪，执法监督，公诉监督，刑法监督等各项工作顺利开展。2008年，区检察院进行检察程序改革，完善配套机制，落实司法改革措施，提高检察效能。

第一节 机构 队伍

一 机构

1979年，区检察院设办公室、批捕起诉组和法纪检察组。1988年8月，增设政工科。至1990年，全院设9科1室，干警84人。1992年，南郊区人民检察院更名为津南区人民检察院。2004年12月，增设法警队。2007年11月，增设未成年人刑事检察科。至2010年底，内设16个局处科室队：办公室、审查批捕科、公诉科、反贪污贿赂局（内设2个机构：侦查一科、侦查二科）、监所检察科、民事行政检察科、控告申诉检察科（举报中心、刑事赔偿工作办公室）、检察技术科、监察科、行政科、政治处、法警队、职务犯罪预防科、反渎职侵权局、未成年人刑事检察科、法律政策研究室。

二 队伍

1978年，南郊区人民检察院恢复重建后，慎选调配检察干警，有工作人员13人。1990年有工作人员79人。1994年，有30名干警取得法律专业检察证书。2002年，有研究生结业5人，研究生在学4人，法律本科31人，本科在学28人，大专以上学历达98%。2008年，通过公开选拔，竞争上岗，有11名优秀青年干警走上中层领导岗位。至2009年，举办各类培训80余期，培训干警近500人次。2010年，区检察院有干警91人。

图21-9 1997年8月，津南区反贪污贿赂局揭牌

第二节 批 捕

1978年，批准逮捕79名，批捕率为72%。1983年，在“严打”斗争中，批捕工作贯彻“从重从快，一网打尽”的方针。1986—1992年，区检察院批捕工作紧密配合公安机关开展的专项打击斗争，打击赌博、打击盗窃、“扫黄”“扫六害”等专项治理工作。

1998年始，与公安、法院制定定期联系制度，案件检查、复查、跟踪等制度。2004—2006年，向公安机关发出《要求说明不立案理由通知书》11件，《提供法庭审判所需证据材料意见书》5件，改变案件定性12件32人。

2007—2010年，加大对危害农村经济发展、损害农民合法权益的各类犯罪的打击力度，向侦查机关发出《提供法庭审判所需证据材料意见书》298件，与公安、法院预研案件190余件，提前介入公安机关侦查、预审案件80余件，要求公安机关说明不立案理由8件18人，制发《说明不立案理由通知书》13件，改变公安机关案件定性30件45人。

1997—2010年津南区检察院批捕情况统计表

表21-5

年份	受理		批捕		不捕		追捕		复议		重特大案件		立案监督		检察建议	
	件	人	件	人	件	人	件	人	件	人	件	人	件	人	件	人
1997	246	359	223	318	23	41	–	1	–	–	58	–	–	–	–	–
1998	274	414	226	324	21	33	–	–	–	–	62	–	–	–	2	–
1999	309	446	289	427	15	19	–	–	1	1	–	84	1	–	3	–
2000	245	354	233	328	8	14	–	–	4	6	–	52	3	–	1	–
2001	339	479	332	470	8	14	–	–	4	6	–	107	5	–	3	–
2002	383	538	380	532	1	1	–	–	–	–	–	111	5	–	–	–
2003	344	473	332	451	6	8	–	–	–	–	–	–	4	–	–	–
2004	336	471	319	444	11	20	1	4	–	–	–	–	4	–	3	10
2005	345	511	334	497	5	7	–	1	–	–	–	–	7	–	2	3
2006	375	562	380	568	1	1	–	1	–	–	–	–	7	–	–	–
2007	392	660	387	653	1	2	2	4	–	–	130	263	4	4	4	–
2008	507	781	502	771	3	4	1	2	–	–	–	–	8	17	–	–
2009	437	647	431	641	4	7	2	3	—	–	–	–	8	18	20	22
2010	475	697	477	700	–	–	1	7	2	2	217	391	9	19	18	20

第三节　公　诉

1980—1995年，受理公安机关移送起诉案件2654件4325人，审查起诉2438件3937人，起诉率为91.86%。1997年，受理公安机关移送起诉案件，同比下降23.7%和20.3%。1998年，捕诉工作中补查各类证据600余份。2001年，投入“打黑除恶”“治暴缉枪”等专项斗争，起诉犯罪嫌疑人同比分别上升49.1%和78.8%，审查起诉案件创历史新高，公诉案件有罪判决率100%。2007年，加大对危害农村经济发展、损害农民合法权益的各类犯罪的打击力度。2008年，提起公诉同比上升10.3%。2010年，全年抗诉后改判案件2件3人。

1997—2010年津南区检察院公诉情况统计表

表21-6

年份	受理		起诉		不诉		追诉		抗诉	重特大	检察建议	
	件	人	件	人	件	人	件	人	件	人	件	人
1997	245	356	220	304	4	5	–	–	1	–	4	–
1998	241	362	219	338	4	7	2	2	–	72	–	–
1999	310	446	298	438	4	4	–	1	1	60	11	–
2000	268	426	256	392	–	–	–	2	–	49	–	–
2001	414	651	382	601	–	1	1	9	–	118	–	–
2002	408	666	403	662	1	1	1	5	–	42	1	–
2003	451	647	432	606	1	2	–	7	–	–	4	5
2004	438	653	398	599	3	3	2	11	–	–	7	–
2005	481	716	468	682	2	2	–	9	–	–	3	4

续表

年份	受理		起诉		不诉		追诉		抗诉	重特大	检察建议	
	件	人	件	人	件	人	件	人	件	人	件	人
2006	535	802	462	693	3	3	2	4	–	–	5	–
2007	465	827	455	792	2	2	–	2	–	–	3	–
2008	611	969	572	894	6	7	–	1	2	–	9	19
2009	514	861	504	838	6	7	2	3	2	–	6	9
2010	557	811	541	793	4	8	–	–	3	–	–	–

第四节　查办与预防职务犯罪

一　查办贪污贿赂犯罪

1980—1996年，立案313件。1997年，执行新修订的刑事诉讼法，受理各类经济罪案线索54件。其中，立案查处24件，大案22件。2002年，立案查处咸水沽镇头道沟村党总支书记张某某受贿、职务侵占案。2003年，与有关部门和单位建立相互联系的预警机制，强化侦查、刑检、控申、预防及后勤保障方面联系。2006年，查处辛庄镇白塘口村党总支书记田某某、村委会主任刘某某等挪用公款案。2009—2010年，围绕全区城乡一体化建设，加大查办涉农职务犯罪工作力度，立案查办农村村干部涉农职务犯罪案件5件12人。

1998—2010年津南区检察院经济案件统计表

表21-7

年份	受理(件)	立案		移送起诉		撤案		大案要案		挽回损失
		件	人	件	人	件	人	件	人	万元
1998	50	7	7	7	7	–	–	3	–	242.40
1999	30	12	12	11	11	1	1	–	–	23.20
2000	51	16	17	10	10	–	–	–	–	39.05
2001	53	23	24	20	20	1	1	–	–	11.23
2002	36	22	24	16	16	–	–	–	–	–
2003	30	20	20	13	13	–	–	–	–	47.00
2004	25	17	17	19	20	–	–	–	–	40.90
2005	25	20	21	17	17	–	–	–	–	40.90
2006	20	16	18	23	23	–	–	–	–	232.90
2007	18	13	15	8	9	–	–	–	–	83.10
2008	40	26	28	22	24	3	3	2	–	208.60
2009	15	7	11	8	12	1	1	–	–	142.01
2010	19	10	18	8	15	1	1	–	–	575.86

二　查办渎职侵权犯罪

1985年，以查处侵权、渎职和重大责任事故等案件为重点，先后在双桥河乡、天津板纸厂等14个单位建立检察通讯员。1986年，重点查处玩忽职守和非法拘禁案。1987年，在查处16种法纪案件的同时，重点检察刑讯逼供、非法拘禁、诬告陷害、破坏选举、玩忽职守和重大责任事故案件。1990年，查处公安津南分局某派出所民警王某某徇私舞弊案。1993年，查处天津市再生胶厂发生的重大责任事故案。1994年，注重对徇私舞弊、严刑逼供、非法拘禁"三类"案件的重点查处。2000年，立案3件3人。2002—2010年，受理23件，立案17件19人，起诉14人。

三　预防职务犯罪

1999年，区检察院建立有关部门组成的职务犯罪预防工作领导小组，指导有关科室开展预防职务犯罪宣传教育。1999—2000年，先后召开座谈会12次，法制讲座43次，咨询宣传6次，发放警示卡2000余份，并通过津南电台、电视台、《津南时讯》进行宣传。2001年，先后与行政执法部门、11个镇乡和部分国有企业建立联系，形成全区性的预防职务犯罪网络。2002年，预防工作联系点达22个。2003年，制定《津南区人民检察院开展预防职务犯罪工作实施方案》，并与24家单位建立起预防职务犯罪联系点，开展预防职务犯罪专题法制讲座，建立28家预防职务犯罪工作网络。

图21-10　2004年3月15日，津南区检察院干警开展预防职务犯罪法律宣传活动

2007—2008年，对重点建设工程开展同步预防，围绕人民群众关心的问题和重点项目建设、土地整合、房屋拆迁、安置房建设等重点工作，提出防范对策和检察建议31件。2009年，在天津大道、农电网改造及土地整合等重点工程开展专项预防，举办预防职务犯罪法制教育宣讲，开展个案预防。2010年，启动行贿犯罪档案查询15次，开展预防咨询13次，进行法制教育讲座8次，开展个案预防9件。

第五节　监所检察

一　看守所执法活动监督

1980—1981年，与看守所共同制订《监规二十条》。1983—1995年，受理申诉案16件，均作调查处理。1999年，在公安看守所检察中，提出口头纠正意见3次。2002年，向看守所发书面检察建议6件，口头建议10余次。2004年，会同公安机关落实防止和纠正超期羁押的长效机制，实现各办案环节无超期羁押。2005年，对21名人犯在看守所服刑期间办理减刑过程实施有效监督，健全防止和纠正超期羁押长效机制。2006年，对看守所在押的159名留所服刑人犯进行考察，核查纠正监外罪犯脱管漏管专项检查活动。2009年，开展“看守所监管执法专项检查活动”。2010年，发出羁押期限提示129人次，提出书面检察建议2件，违规管理检察11件，安全防范检察59次，生活卫生检查64次。

二　监外执行活动监督

1981年，对区10个派出所辖区内的29名社改对象的改造情况，进行监外执行活动监督检察，对5个所存在的有组织无措施或无组织无措施问题提出纠正意见。1982—1990年，坚持重点检察和普通检察相结合，及时、准确掌握社改对象的人数、思想改造情况，制定监改对象与群众见面制度，便于群众监督。1991年，走访24个村委会，4个居委会，对82名被监管人考察两次，检查、督促、落实帮教组织和帮教措施。后对经济犯罪缓刑犯进行重点考察，对11名在缓刑期间对企业发展有重大贡献的经济犯罪缓刑犯进行减刑审查。1999年，对全区缓刑、假释、保外就医等99名社会服刑人员的执行情况进行全面检察。2000年，对4名保外就医人员提出收监建议。2006年，对419名监外执行罪犯进行考察，向监管单位提出加强监管，制定杜绝和预防重新犯罪的可行性措施的检察建议。2008年，对1名长期不遵守监管规定的缓刑犯，提请法院依法裁定收押。2010年，在全区范围内开展对监外执行罪犯重新犯罪问题专项检查活动，对全区社会服刑人员建立档案、帮教工作进行检察。

第六节　民事行政检察

1990年，设立民事行政检察科，负责对法院民事、行政判决、裁定不公提出检察建议和抗诉，以维护公民、法人和其他组织的合法权益。1992—1993年，审查民事、行政判决书485件，受理申诉案件9件，对在诉讼程序上存在的问题，提出检察建议。1994—2000年，受理民事行政申诉案件75件，立案15件，提起抗诉14件，改判1件。同时，经做工作息诉6件，与乡镇协调处理3件，向法院提出口头建议3件，向人民法院发出检察意见5件，法院采纳4件。2001—2010年，受理民事行政申诉案件289件，立案109件，建议抗诉提请抗诉92件，自诉案件46件，改判38件。2009年，与法院会签《关于建立民事执行程序检察监督机制的意见》。

第七节　控告申诉检察

1979—1986年，受理控告申诉1565件。1990—2002年，接受群众举报745件。其中，群众来信452件，受理70件，立案22件，化解集体访案件3件。2003—2006年，受理群众来信来访181件，受理群众举报43件，对31件署名信访案件均作答复，先后派出4批次干警参加区工作组深入农村开展稳控和矛盾调处，妥善处理4件涉法上访案件。2005年，区检察院与社区、镇、村建立涉访稳控联系网络，依法办理各类信访案件93件，处置涉法上访案件3件，对48件署名信访案件逐一作出答复。2006年，严格实行领导包案制、首问责任制，妥善处理信访案件71件。2007—2008年，建立健全联合接防机制和应急处置机制，变坐等来访为带案下访、定期巡访，接待群众来访28批次，接受群众来信47件，依法妥善办理92件来信来访。2009—2010年，强化与政法委、信访办、各镇、村和公安派出所四级联动稳控机制，形成控申工作新格局，受理群众来信来访99件，对41件实名信访案件全部做出答复。

第八节　未成年人刑事诉讼监督

2007年11月，津南区检察院增设人民检察院未成年人刑事检察科，专门办理未成年人刑事案件的审查批捕、公诉、社会帮教等工作，制定《未成年人刑事检察办案规则》《未成年人刑事检察办案工作流程》《审查未成年人刑事犯罪案件办法》《讯问未成年人犯罪嫌疑人规范》等业务规范，建立与公安、法院定期召开联席会议等制度。2008—2010年，受理公安机关提请批准逮捕未成年人犯罪嫌疑人102件135人，审查批准逮捕97件127人，不批准逮捕3件4人。2009—2010年，受理公安机关移送起诉案件61件95人，审查起诉58件92人，退回公安机关处理2件2人，不起诉1件1人。与公安津南分局联合制定《关于对未成年嫌疑人慎用逮捕措施的规定（试行）》，建立社会调查、未成年人非羁押风险评估、未成年人案件刑事和解、诉前帮教、分案审理和圆桌审判等制度。开展在押失足少年跟踪帮教活动，开通青少年维权热线28536000，编印法制宣传手册。

第四章　法　院

1979年，南郊区审判机关得到加强，审判机构逐步健全。1983—1985年“严打”斗争中，南郊区人民法院审结各类一审案件583件，判决罪犯826人。1979—2010年，受理案件128798件。加强审判监督，1991—2010年，审查申诉案件606件，审理再审案件123件。

第一节　机构　队伍

一　机构

1979年，区人民法院设秘书科（后改为办公室）、刑事审判庭、民事审判庭，下设小站、葛沽、白塘口3个人民法庭。1980年4月，增设经济审判庭。1983年，增设执行庭、人事科。1985年，增设咸水沽人民法庭。1988年，增设行政审判庭、告诉申诉庭。是年，增设双港、双桥河、八里台、北闸口4个人民法庭。1989年3月，增设双闸人民法庭、南洋人民法庭、监察室。1992年4月，南郊区人民法院更名为津南区人民法院。1997年5月，调整人民法庭布局，将原有10个法庭调整为小站、咸水沽、葛沽、双港、北闸口5个中心法庭，内设机构调整为15个。1998年，增设审判监督庭和法警大队，办公室与行政科合并，告申庭更名为立案庭。

2000年2月，将5个中心法庭撤并为小站、葛沽、双港3个中心法庭。2001年2月，设立民事审判第一庭、民事审判第二庭和民事审判第三庭，内设机构由19个精简为15个。2002年，撤销小站、葛沽、双港3个中心人民法庭。2007年，增设庭前准备庭（民四庭）。2008年2月，建立葛沽人民法庭。2010年，法院内设机构有1处（政治处）3室（研究室、办公室、监察室）1队（法警大队）10庭（刑事审判庭、民事审判第一庭、民事审判第二庭、民事审判第三庭、庭前准备庭、行政审判庭、执行一庭、执行二庭、审判监督庭、立案庭），下设1个人民法庭即葛沽人民法庭。

二　队伍

1980年，区人民法院实有干警52人。至1990年，增至121人。2001年，编制由149人精简为134人。2002—2010年，增加26个编制。至2010年，行政编制增加到182人，实有干警143人。其中，研究生3人，本科123人，其他17人；法官94人，其中审判员81名，助审员13人；中共党员94人。

区人民法院先后多次被评为全市优秀法院、先进法院，并集体立功，还先后涌现出“全国法院司法警察先进工作者”“全国法院系统审判监督工作先进个人”“天津市劳动模范”等一批先进典型。

第二节　立　案

图21-11　2007年9月，津南区人民法院咨询活动

1979—2010年，区人民法院立案受理各类案件128798件。其中，刑事案件9559件，民商事案件75068件，行政案件1929件，执行案件42242件。

1979—1987年，区人民法院各类案件由审判庭（法庭）直接受理。1988年，设立告诉申诉庭，由告诉申诉庭负责法院立案管理工作，延续并实行立审合一的工作机制。是年，制定《关于立案程序的规定（试行）》《案件审限跟踪和案卷评查制度（试行）》，明确告诉申诉庭的工作任务是保证当事人依法行使诉讼权利，保证人民法院正确、及时审理案件。1998年，按照立案、审判、执行、监督分立的工作思路和人民法院5年改革纲要要求，设立立案庭，对各类案件统一立案，规范管理。

2001年6月，制定《案件审判流程管理规则（试行）》。2002年5月，制定《岗位工作职责》承担相应的综合管理职能。2004—2010年，加强立案窗口建设，建立立案接待大厅，设置安检设施，接待、立案专区和当事人专用通道，公开立案条件、程序、收费标准，推行诉讼须知、举证须知和诉讼风险告知，坚持诉讼指导，方便群众立案。实施院长接待日制度，即每月10日和25日为执行工作专项接待日，每月15日为审判工作专项接待日。此外，每天由两名审判人员专门负责日常来访、咨询服务工作。

第三节　刑事审判

1979—2010年，受理各类刑事案件9559件，审结9637件（含1978年受理的部分案件）。

1979年7月，刑法和刑事诉讼法公布实施，刑事审判工作进入实体和程序都有法可依的新阶段。1979—1981年，审结各类刑事案件249件。1983—1986年，审结各类刑事案件583件，判处各类犯罪分子826人。1987—1990年，审结各类刑事案件724件，其中依法对天津市首例巨额财产来源不明案，案犯齐某某定罪判刑。

1991年，区法院与公、检等部门密切配合积极开展“反盗窃、扫黄、除六害”等专项斗争，年内审结盗窃案件120件，占结案总数53.02%。1994年，开展春、秋两季严打战役，成立大要案合议庭，重点案件专人负责，严格规定审理时间，确保案件从快审理，全年审结356件，召开公判会10次，宣判人犯50人，旁听群众上万人。1996年，确立“控辩式”刑事审判方式，增设简易程序，严惩“黄赌毒”等犯罪活动，审结刑事案件344件。1997年，修订后的《中华人民共和国刑事诉讼法》和《中华人民共和国刑法》相继实施，法院制定并实施四项操作规范，审结刑事案件244件。

1998—2000年，严厉打击各种犯罪活动，审结案件877件，判处人犯1162人。2001年，开展“严打”整治斗争和整顿规范市场经济秩序的审判活动，审结刑事案件442件，召开5次大型公判会，宣判人犯101人，旁听群众上万人。2002—2004年，审结案件1337件。2005—2010年，审结案件3168件，判处人犯4883人。

第四节　民事商事审判

一　民事审判

1979—2010年，区人民法院受理各类民事案件57880件，审结57685件。

1979—1981年，受理民事案件1312件，1982年，审判工作由“调解为主”转变为“着重调解”。至1983年两年间调解结案817件，占结案总数75.65%。1984—1986年，审结案件1746件。1987年，民法通则正式实施。法律调整的民事法律关系范围扩大，案件逐年增多，案情日趋复杂，受理案件745件。1988年，为有效解决告状难问题，坚持“便利群众诉讼、便利人民法院审判案件”原则，在全区10个乡镇实现一乡一镇一法庭，全年受理民事案件首次达到1011件，法庭结案率95%以上。

1989—2002年，审判方式改革不断深化，期间审结案件17541件。2001年，新婚姻法颁布实施，受理2247件，其中婚姻家庭案件749件。2004年，强化诉讼调解工作理念，创新调解方式方法，调撤率上升，达到58%。2005—2010年，审结民事案件24287件。

二　商事审判

1980—2010年，区人民法院受理各类商事案件17188件，审结17142件，诉讼标的额达41.69亿元。

1980年以前，经济纠纷主要由行政机关处理。1980—1990年，区人民法院受理案件1066件，审结1061件，诉讼标的额2522.29万元。1990年，开展经济案件分流工作，将事实清楚、标的额较小的案件交由基层法庭审理，方便群众诉讼。1991—1993年，审结案件716件，诉讼标的3942.76万元，其中包含受理天津市首例破产案——津南毛纺织厂破产案。1994年，受理案件282件，诉讼标的2157.45万元，为企业追回欠款3200余万元。

1995年，受理案件增至405件，比建庭初期增长44倍，其中购销合同纠纷案件居首位。1996—2000年，审结商事案件4172件。2001年，按照建立大民事审判格局要求，撤销经济审判庭，改建为民事审判第三庭，审结案件1046件。2002—2007年，受理案件6420件，审结6289件。2008—2010年，受理案件3077件，受国际金融危机影响，破产案件增加，其中受理破产案件12件。

1979—2010年津南区人民法院刑事、民事、商事案件收、结案统计表

表21-8　　　　单位：件

年份	刑事案件		民事案件		商事案件	
	收案数	结案数	收案数	结案数	收案数	结案数
1979	78	92	458	480	–	–
1980	80	72	405	418	–	–
1981	83	85	449	439	9	8
1982	119	114	578	576	16	9
1983	225	260	506	504	17	24
1984	202	248	590	609	62	45
1985	121	118	504	507	107	85
1986	173	173	630	630	115	130
1987	120	121	745	729	145	144
1988	198	196	940	954	176	181
1989	197	200	1011	1035	228	237
1990	207	207	1085	1088	191	198
1991	232	232	1081	1086	221	219
1992	210	210	1194	1184	242	244
1993	249	248	1132	1125	270	253
1994	391	356	1259	1225	282	279
1995	287	293	1423	1433	405	410
1996	349	344	1612	1593	644	623
1997	234	244	1805	1779	734	742
1998	240	264	1999	1967	781	789
1999	325	307	2218	2255	922	902
2000	291	306	1859	1771	1093	1116
2001	443	442	2247	2250	1074	1046
2002	421	419	2445	2447	979	976
2003	472	476	2596	2578	1131	1117
2004	444	442	2753	2736	1299	1294
2005	484	488	2937	2915	1217	1224
2006	485	484	3261	3289	904	904
2007	533	514	3854	3141	847	774
2008	531	547	4548	5143	1194	1264
2009	546	546	5387	5331	1072	1087

续表

年份	刑事案件		民事案件		商事案件	
	收案数	结案数	收案数	结案数	收案数	结案数
2010	589	589	4369	4468	811	818
合计	9559	9637	57880	57685	17188	17142

说明：表中凡结案数大于收案数的是包括上年度受理的部分案件

第五节　行政审判

1988年3月，区人民法院行政审判庭正式审理行政案件。1989年4月9日，《中华人民共和国行政诉讼法》（简称行政诉讼法）实施前，行政诉讼案件一直适用民事诉讼程序，涉及经济行政案件由经济庭受理，涉及行政案件由民事审判庭受理，涉及行政执行案件由执行庭受理。行政诉讼法颁布后，区人民法院被市高院确定为实施行政诉讼法的试点法院。审判人员认真执行程序法和有关行政法规，依法保护公民、法人和其他组织的合法权益，维护和监督行政机关依法行使职权。坚持依法公开审理行政案件，凡是不涉及国家机密和个人隐私的案件，一律公开审理，并邀请区人大、区政府及公安部门的人员参加旁听，把行政审判置于法律和人民群众的监督之下，增加审判透明度，使案件得以公正审理。

1988年3月至2010年12月，区人民法院受理各类一审行政案件1929件。其中，行政诉讼390件，行政审查1006件，行政保全83件，行政执行450件。

附：

王某某、程某某销售伪劣产品案

2000年4月，被告人王某某（内蒙古人）、程某某（津南区人）二人密谋制售假酒，先在西青区王兰庄村租用房屋，从天津市北辰区天天乐酒厂购进散装白酒，雇佣工人灌装生产20余种品牌的假酒，销售市场。至案发，二被告人生产各种假酒1.47万箱，销往市场1.46万箱，销售额55.24万元。2001年1月12日，二被告人被公安机关抓获归案。案发后，公安机关收缴各种假酒175箱已销毁。

区法院经审理认为：被告人王某某、程某某为牟取暴利，以假充真，生产、销售伪劣产品。严重扰乱社会的经济秩序，其行为均已构成生产、销售伪劣产品罪。依法判处王某某有期徒刑8年，并处罚金28万元。判处程某某有期徒刑8年，并处罚金28万元。

第六节　案件执行

1979—2010年，区人民法院执结各类执行案件4.22万件。

1980年，区人民法院成立执行组，由民庭主管，执行工作实行审执合一机制。1983年，设立执行庭，实行审、执分立，主要承办执行案件及负责申诉工作。1988年，告诉申诉庭成立后，申诉复查工作由告申庭负责，执行庭专门负责案件的执行工作。1980—1990年，执行各类案件804件。

1991年，受理194件，随着案件的增多，执行难问题凸显。1995年，区人民法院建立被执行人财产申报制度，当年执结案件632件。1996—1998年，受理案件5882件，执结标的额4754.11万元。1999年，开展执行年活动，当年执结案件1913件。

2000—2008年，执结案件2.28万件。2009年，建立执行司法救助制度，救助当事人40人，救助金额62万元。是年，建立执行实施权和裁决权分权监督制约机制，建立执行联动机制，开展大规模集中清理执行积案活动，执结各类积案4698件，执结标的额4.51亿元。2010年，执结案件3161件，执结标的额1.89亿元。

第七节　审判监督

1988年，区人民法院建立告诉申诉审判庭，审查申诉案件和审理再审案件。1992年，建立案件评查制度，对各业务庭审结的案件进行抽查。1993—1995年，先后制定《错案追究制度》《目标管理实施办法（试行）》《干警考核实施办法》，成立督查室，制定《督查制度（试行）》，以规章制度的形式把案件评查加以确立和规范。

1998年，成立审判监督庭，制定《案卷评查标准》，将原告申请审查申诉案件及审理再审案件的职能和属于督查室评查案件的职能划入审判监督庭。2000年，制定《关于审判监督和案件质量监督的若干规定》，明确审判监督庭是负责本院审判监督和案件质量监督的部门，确立评查通报和评查分析制度。1991—2010年，审查申诉案件606件，审理再审案件123件。

第五章　司法行政

1981—2010年，津南区历经“一五”“二五”“三五”“四五”“五五”普法工作，全面推进依法治区进程。2001—2010年，每年“12·4”全国法制宣传日时，在咸水沽集市口和咸水沽休闲园连续10次举办大型户外集中法制宣传活动，布置法制展牌，悬挂法制标语，发放法制宣传资料，提供法律咨询。发挥职能部门作用，做好司法行政各项业务工作，加强全区法制建设。

第一节　机构　队伍

一　机构

1981年7月，建立南郊区司法局，设：办公室、宣传教育科、基层工作管理科、公证律师管理科、人事科、公证处、法律顾问处、第二律师事务所。1995年，设：办公室、基层基础工作管理科、宣传教育科、人事科和公证律师工作管理科；直属单位有公证处和法律顾问处，实有人数72人。1999年，局直属法律顾问处改制为合伙制。2004年，公证处改为事业编，其他科室设置不变。2010年，设：办公室、政治处、法制宣传科、基层工作管理科、社区矫正和帮教安置工作管理科、公证律师工作管理科、政策研究室。直属单位天津市海河公证处及津南区法律援助中心。派出机构有咸水沽、葛沽、双桥河、辛庄、双港、八里台、小站、北闸口8个司法所。

二　队伍

1981年，陆续在全区10个乡镇配备12名专职司法助理员。1986年始，在各乡镇筹建法律服务所。至1989年，10个乡镇全部建立法律服务所。2006年9月，对司法所管理体制、人员编制、经费保障及相关事宜均做出明确规定。2007年11月，办理司法所收编相关工作。2010年，完成收编工作。双桥河司法所所长谢长杰获2010年度“全国政法系统优秀党员干警”称号；葛沽司法所所长李滨祥、八里台司法所所长代文来获2010年度“全国模范人民调解员”称号。咸水沽镇赵北村获2006—2010年度“国家级民主法治示范村”称号。

第二节 普法宣传

一 “一五”普法

1986—1990年，全区实施“一五”普法。至1988年底，基本完成普法教育任务。组织法制宣讲团巡回宣讲468次，出图片展览、橱窗、板报、墙报297期，举办法律知识竞赛4次，有25.16万人次参加普法学习和考核。1990年，开展婚姻法、严厉查禁取缔六害、整顿出租房屋清理暂住人口、保护老年人合法权益、集会游行示威法等法律法规的宣传教育。

二 “二五”普法

1991—1995年，全区实施“二五”普法。1991年初，制定下发《南郊区关于在全区公民中开展法制宣传教育的第二个五年规划》。1993年，举办行政干部、村干部、村办企业厂长（经理）及经济管理人员法律法规培训班7期，培训500余人。1994年，在全区72所中、小学全部开设法制课，开展法律咨询210次，出动宣传车180辆次，举办各类法律法规培训班190期，参加培训8万余人。1995年，对全区3700名机关干部进行“二五”普法法律知识考试，并对11个乡镇、办事处，39个委办局进行“二五”普法验收。

三 “三五”普法

1996—2000年，全区实施“三五”普法。1996年8月，制定《关于在全区公民中开展法制宣传教育及第三个五年规划》的实施意见。1997年，成立津南区“三五”普法讲师团。“三五”普法期间，举办专业法律知识竞赛15次，法制宣传日活动70次，征订发放各种普法书籍7396册，举办各种普法培训班104期，图片展40期，出动宣传车72次。

四 “四五”普法

2001—2005年，全区实施“四五”普法。2001年8月，“四五”普法全面启动，印发《津南区“四五”普法规划》和《津南区依法治区五年工作规划》。“四五”普法期间，举办各类法律法规培训班297期，开展法律宣传活动198次，征订发放《宪法知识问答》读本1000余册，宣传挂图1000余张，《干部法律知识读本》840套，法律法规宣传册3000余册。

五 “五五”普法

2006—2010年，全区实施“五五”普法。2006年10月，召开津南区“四五”普法总结表彰暨“五五”普法动员大会，在咸水沽集市开展法律知识宣传咨询活动，举办法制教育讲座等活动。2007年，在津南电视台联合举办《平安津南》栏目，宣传法律知识，召开普法依法治理工作推动会暨“法律六进”（法律进机关、进乡村、进社区、进学校、进企业、进单位）经验交流会。举办处级以上领导干部法律知识考试，全区有271名处级领导干部参加考试。2008年，举办“法律进学校”启动仪式暨“现身说法”报告会，活动历时3个月。在全区2000多家企业14万职工中进

图21-12 2006年10月，津南区“五五”普法工作会议

行劳动合同法、安全生产法、环境保护法等与企业发展密切相关法律法规的学习普及。2009年，在津沽休闲园联合举行“津南区防范和打击非法集资法制宣传活动”“妇女儿童健康行动计划暨‘三八’维权周”启动仪式。2010年，举办津南区“新风尚大学堂”领导干部法制讲座，全区有337名处级领导干部参加法律知识考试。举办以“弘扬法治精神 促进社会和谐”为主题的大型法制宣传日活动。

第三节　公证事务

1982年7月，建立公证处。至1995年底，有公证人员12名。1985年，在咸水沽、小站、葛沽、八里台、辛庄等乡镇开办公证联系点5个。1990年，开展经济合同公证服务，当年办结各类经济合同公证事项382件，涉及标的5920.85万元。1993年，以金融业、房地产业、乡镇企业、三资企业为服务重点，办理各类公证1554件。1994—1995年，办理各类公证4866件。

1997年，制定《关于加强津南区房地产业公证的意见》《关于在涉外经济活动中充分发挥公证作用的联合通知》。1998年，在津南交警支队开办交通事故调解协议公证，在民政部门开展协议离婚财产子女抚养公证，为农民承包合同的续订进行公证。

2002年，制定《公证处工作管理办法》。2003年，公证制度改革。为区政府重点工作和城镇建设提供房屋拆迁证据保全100件，为重大项目提供法律服务115件，为237名特困大学生免费办理助学贷款确认公证。2004年，公证处由行政体制改为事业单位，8名人员经费自收自支。2005年，区公证处获司法部先进公证处称号。2007年3月，海河公证处举行挂牌仪式。是年，办理公证2868件。2010年，海河公证处办理公证1809件，其中民事916件、经济713件、涉外180件。

第四节　律师事务

1981年9月，成立南郊区法律顾问处，有律师4名。1988年，成立南郊区第二律师事务所。至1990年，为常年法律顾问单位挽回经济损失数百万元，办理各类案件230余件。1994年，组建天津市蓝天律师事务所。1995年，全区有律师事务所3个，专职律师10名，兼职律师8名，律师工作者9名，特邀律师4名。办理刑事辩护案件1697件，民事代理1262件，经济代理485件，行政代理30件，代写法律文书4117件。

1999年，成立津南区首家合伙律师事务所即捍正律师事务所。2002年，制定《津南区律师管理办法（试行）》，规范律师执业行为，加强对律师事务所和执业律师的监督和指导。2003年，各律师所制作公示牌，将律师收费标准、职业道德、执业纪律等内容公开上墙，承办各类案件8037件。2007年3月，成立津南区人民政府法律顾问团，顾问团由区政府、政法部门和律师事务所组成。是年，受理案件646件。2008年始，每月15日指派律师参加区长接访日工作。2010年3月，津南区第一家个人律师事务所联行律师事务所成立，5月，第二家个人律师事务所天津福臻律师事务所成立。至此津南区有律师事务所6个，执业律师24名。

第五节　法律援助

2000年7月，津南区法律援助中心成立。至2003年，区法律援助中心办理法律援助案件188件，接待咨询1725人次。2003年8月，成立津南区个体私营企业维护合法权益中心，是年，接待咨询178人次，代写法律文书40余份，免费培训个体私营企业老板280余人。2005年，法律援助接待咨询137人次，义务代书63件，出庭应诉52件，指派代理案件12件。

2006年，法律援助中心接待咨询1150人次，义务代书527份，出庭应诉38件。2007年，法律援助中心接待咨询2950人次，义务代书769件，受理指派刑、民案件43件。2008年7月，在全区8个镇建立法律援助工作站，法律援助中心接待咨询2138人次，义务代书726件，义务代理86件，经调解和解32件。

图21-13 2010年7月7日，津南区法律援助标牌、便民联系卡发放仪式

2009年，津南区法律援助联合维权中心挂牌成立，在津沽休闲园举办法律援助宣传月活动启动仪式。法律援助中心接待法律咨询2156人次，代书741份，代理273件，经调解和解32件，区指派参与解决突发事件9起，为当事人挽回经济损失670万元。2010年，全区198个法律援助受理点举行法律援助流程图和法律援助工作手册发放活动。法律援助中心接待法律咨询1217人次，代书法律文书472份，代理各类案件137件，经调解和解65件，区指派参与突发事件9起，为当事人挽回经济600余万元。

第六节　人民调解

1980年，全区各乡镇恢复基层调解组织，配备专职司法助理员，村设有调解委员会。1983年底，全区有调解委员会291个，调解员1750名。至1990年，调解各类纠纷1.6万件。1993年，对调解组织进行整顿，全区10个乡（镇）有调解组织248个。至1995年，全区有调解委员会252个，调解工作人员1166名，调解各类民间纠纷4.67万件起。

图21-14 2010年，人民调解员对矛盾纠纷进行调解

1999年3月，开通“148”（要司法的谐音）法律服务专线。2003年，咸水沽镇举办“人民调解工作培训会”，葛沽镇人民调解委员会揭牌。2008年11月，企业人民调解委员会在长青科工贸园区挂牌成立。2009年4月，津南区首家农贸市场集散地调委会——何庄子农产品批发市场人民调解委员会挂牌成立。2005—2010年，全区各级调解组织调解各类纠纷1.24万件，调解结案1.2万件，调解成功率97%。

第七节　安置帮教

一　回归帮教

1997年，成立津南区刑满释放解除劳教人员安置帮教工作办公室。2000年，组织各镇到李港监狱、港北监狱、河西监狱，对400余人津南籍服刑人员进行超前帮教，并同监狱签订“联合帮教协议书”。1997—2001年，回归帮教人员991人，安置967人，安置率97%。2003年10月，区人大、区政协领导带领全区各级安帮组织工作人员25人，到天津监狱对津南籍66人服刑人员进行超前帮教。2004年9月，组织各镇帮教人员到河西监狱对143名津南籍服刑人员进行超前帮教活动。2005年10月，区司法局组织各镇帮教组织到港北监狱对84名津南籍服刑人员进行超前帮教活动。2006年9月，区人大、区政协分管领导及区、镇安置帮教组织的工作人员一行25人，到河西监狱对121名津南籍服刑人员进行超前帮教。是年，全区有刑释解教人员1238人。2008年12月，天津市首家刑释解教人员过渡性安置基地揭牌仪式在八里台镇工业园区举行。2009年7月，组织政协委员到河西监狱对津南籍服刑人员100余人开展超前帮教。2010年6月，在宝成集团建立“津南区安帮、矫正法制教育培训安置基地”。是年，全区刑释解教人员871人，帮教率100%，安置率97%，重新犯罪率继续控制在1%以内。

二 社区矫正

2004年4月，组织双桥河、咸水沽、八里台、葛沽4个镇司法所主任到大港区考察学习社区矫正工作经验。2006年，全区有社区矫正对象256人，其中缓刑230人，管制10人，暂予监外执行16人。2007年8月，配合区政法委完成社区矫正对象排查、核对、整卷工作，全区有社区矫正对象278人。2009年3月，全区社区矫正对象300余人逐人逐卷进行核实，对7名保外就医人员开展入户调查核实，帮助解决生活和就医问题。2010年，建立社区矫正联合工作室，印发《社区矫正联合工作室实施意见》，全区社会服刑人员303人。

津南区志（1979—2010）

第二十二编
军　事

1979年，南郊区军事机构除区人民武装部外，还有驻区部队连级以上单位19个。1981年后，区人民武装委员会多次进行调整。1986年，区人民武装部改归地方建制。1990年，成立区国防动员委员会和国防教育委员会。1996年，区人民武装部收归军队建制。区人民武装部、预备役团贯彻落实上级军事机关有关民兵、预备役工作的方针政策，做好每年度的新兵征集工作，加强国防后备力量建设。坚持一年一度的民兵、预备役组织整顿，突出抓好民兵应急分队和专业技术分队建设，加强民兵、预备役军事训练，提高军事技能。做好国防动员工作，开展学生军训、国防教育。80年代南郊区被评为“全国国防教育先进单位”，2001年和2004年，津南区又两次被评为“全国国防教育先进单位”。在人民防空工作中，开展人防知识教育，制定防空预警，加强人防专业队伍建设。区人民武装部、预备役团和驻区部队积极参加地方经济和精神文明建设，主动承担全区急、难、险、重任务和重大建设工程。

2007年，民兵进行高炮训练

第一章 机 构

津南区军事机构包括区人民武装委员会（简称区武委会），区国防动员委员会（简称区国动委），区人民武装部（简称区人武部），区属委、局、镇、街及驻区企事业单位基层人民武装部，驻区中国人民解放军和驻区人民武装警察部队。

第一节 人民武装委员会和国防动员委员会

一 人民武装委员会

1978年4月9日，恢复南郊区人民武装委员会。1981年3月25日、1983年6月4日、1985年2月16日、1986年6月13日、1987年7月20日，多次对区武委会组成人员进行调整。1992年，改称津南区武委会。之后，根据机构和人员变动，多次调整区武委会组成人员。区武委会是中共津南区委领导的地方武装工作常设机构，区武委会主任由区委书记兼任，副主任由区委、区政府、区人民武装部领导兼任，委员由有关部门负责人兼任。区武委会下设办公室。

区武委会主要负责贯彻落实中共中央、国务院、中央军委关于民兵、预备役建设和有关兵员动员工作的方针政策；听取区人民武装部、区民政局等有关部门，提出的民兵、预备役建设的规划，重点工作意见安排；研究解决民兵、预备役工作和军队转业、复员、退伍军人安置方面重大问题；研究制定党管武装、党委议军、国防教育等工作规划、制度和实施办法。

中共十一届三中全会后，恢复区委书记在区人武部兼职制度：区委书记兼任区人武部第一政委、人武部党委第一书记。

在区委书记兼任区人武部第一政委、第一书记的同时，区人武部有一名主要领导任区委常委。

二 国防动员委员会

1996年4月，成立津南区国防动员委员会，设4个办公室和秘书组：人民武装动员办公室，设在区人民武装部军事科；经济动员办公室，设在津南区计委；人民防空办公室，设在津南区城乡建设委员会；交通战备办公室，设在津南区交通运输管理局；秘书组，设在津南区人民武装部军事科。2000年10月，区国防动员委员会秘书组更名为天津市津南区国防动员委员会综合办公室，设在区人武部。2003年3月23日，区国防动员委员会综合办公室改设在区政府办公室。

第二节 人民武装部

一 区人民武装部

1979年，区人民武装部设：政工科、训练科、动员科、后勤科、人防科，有现役干部、战士35人。是年11月，抽出三分之一人员组建大港区人武部。1983年6月，区人民武装部增加9名现役干部。1984年底，从区人武部分出9名干部组建天津陆军预备役二师步兵第四团。1985年10月，区人民武装部整编为干部16人，战士3人，职工8人，设军事、政工、后勤3个科。1986年5月5日，区人民武装部改归地方建制，干部、战士集体转业移交地方，仍实行双重领导（军队和地方），称天津市南郊区人民武装部，编制干部16人，职工8人，设军事、政工、后勤3个科，后增加办公室和训练基地两个科室。1992年3月，更名为天津市津南区人民武装部。1996年4月1日，天津市津南区人民武装部收归军队建制，改称为中国人民解放军天津市津南区人民武装部，为副师级单位，下设：军事、政工、后勤3个科。至2010年。

1969—2010年津南区人民武装部主要负责人更迭表

表22-1

姓名	职务	任职时间
李风楼	部长	1969.7—1981.3
杨振久	政委	1976.10—1980.3
徐大德	政委	1979.8—1981.1
吕远久	部长	1981.3—1983.4
刘显忠	政委	1981.4—1983.4
李红生	部长	1983.4—1987.10
郝学全	政委	1983.4—1987.10
郭建楚	部长	1987.10—1996.4
李红生	政委	1987.10—1996.4
宋建华	部长	1996.4—2004.4
高培智	政委	1996.4—1999.12
左　军	部长	2004.4—2005.3
魏桥三	政委	1999.12—2009.12
陈恒斌	部长	2005.3—2007.7
付永荣	部长	2007.7—2010.12
李占财	政委	2010.1—2011.1

二　基层人民武装部

1979年，全区设有39个乡(镇)、局、厂(场)基层人民武装部。之后随着机构变化和机构改革，基层人民武装部设置也多次发生变化。80年代末，全区设27个基层人民武装部。90年代，基层人民武装部的数量持续减少。2010年底，全区有14个基层人民武装部。其中，镇人民武装部8个：咸水沽镇人民武装部、双港镇人民武装部、辛庄镇人民武装部、双桥河镇人民武装部、葛沽镇人民武装部、小站镇人民武装部、北闸口镇人民武装部、八里台镇人民武装部。行政事业单位人民武装部3个：建设委员会人民武装部、卫生局人民武装部、教育局人民武装部。国有企业人民武装部2个：中铁十八局人民武装部、津南通信分公司人民武装部。办事处人民武装部1个：长青办事处人民武装部。

8个镇人民武装部部长都参加镇党委(党委委员)，享受副镇级待遇。

第三节　驻　军

1979年境内驻军单位19个，其中团级4个，营级11个，连级4个。1995年，全区境内驻军有18个单位，其中团级单位4个，营级单位10个，连级单位4个。2010年，全区驻军有12个单位。

一　中国人民解放军

中国人民解放军天津陆军预备役高炮师第二团(团级)，中国人民解放军总参军训和兵种部天津房地产管理处(团级)，中国人民解放军91366部队(团级)，中国人民解放军96669部队(团级)，中国人民解放军93688部队56分队(连级)，中国人民解放军93688部队汽车连(连级)，中国人民解放军93537部队71分队(连级)。

二 中国人民武装警察部队

中国人民武装警察8631部队（团级），中国人民武装警察部队天津总队训练基地（团级），中国人民武装警察8630部队教导队（营级）。

中国人民武装警察部队指挥学院（简称武警指挥学院），前身是1951年5月5日在北京清河成立的军委公安部队军政干部学校。学院历史分为3个阶段：北京清河军政干部学校阶段（1951—1966年）；山西省夏县中国人民武装警察部队干部学校阶段（1980—1998年）；中国人民武装警察部队指挥学院阶段（1998— ）。1998年8月，中国人民武装警察部队干部学校，从山西省夏县迁到天津市津南区双桥河镇茶棚，改建为中国人民武装警察部队指挥学院（正军级），设训练部、政治部、院务部、科研部和一、二、三、四系。其中，训练部、政治部为副军级，院务部、科研部为正师级，四个系均为副师级。2009年10月，武警指挥学院迁到天津市河东区卫国道。

三 消防

天津市津南区公安消防支队（团级）。

第二章 兵 役

1979年，区实施义务兵和志愿兵相结合的兵役制度。1984年后，执行《中华人民共和国兵役法》规定，实行以义务兵为主体的义务兵与志愿兵相结合、民兵与预备役相结合的兵役制度。区人民武装部和预备役团，做好兵役登记、兵员征集和预备役工作。1979—1995年，津南区完成上级下达的陆军、海军、空军、武警征集任务4503人。1996—2010年，完成上级下达的陆军、海军、空军、武警征集任务2777人，其中女兵99人。

第一节 兵役登记

1986—2010年，每年8月15日至9月30日在全区进行兵役登记，确定预征对象。由各级兵役机关负责组织实施其具体业务工作。在建有基层人武部的单位，由人武部负责，并按人武部系统领导关系，接受上一级的指导。未建基层人武部的单位，指定有关部门负责，接受所坐落的区、县或街道人武部的指导。

图22-1 1993年10月，津南区人武部开展兵役咨询

1996—2010年津南区适龄公民兵役登记统计表

表22-2 单位：人

年份	总人口数	男性适龄公民数	登记核对情况			
			登记核对实有数	其中		未登记
				核对实有数	新登记	
1996	367837	10924	9445	8790	655	1479
1997	369496	10878	9872	8987	885	1006
1998	372921	10742	9439	7985	1454	1303

续表

年份	总人口数	男性适龄公民数	登记核对情况			
			登记核对实有数	其中		未登记
				核对实有数	新登记	
1999	378739	11423	10872	8728	2144	551
2000	379245	11726	10942	8903	2039	784
2001	379870	11834	11004	9024	1980	830
2002	380895	11842	10873	9073	1800	969
2003	387342	10987	9089	8094	995	1898
2004	389428	10989	9942	8738	1204	1047
2005	398736	10878	9554	8483	1071	1324
2006	399478	10437	9447	8724	723	990
2007	402370	11274	10822	9672	1150	452
2008	405727	9894	6501	4091	2410	3393
2009	410853	9743	7050	4519	2531	2693
2010	412900	12370	8436	5879	2557	3934

第二节　兵员征集

一　征兵机构

1979年始，接到征兵任务后，成立征兵领导小组和办公室。召开征兵工作会议，制定征兵工作安排、征兵宣传提纲、征集任务分配、征兵体检、定兵新兵服装发放、新兵运送等各种计划和实施方案。

在历年新兵征集中，津南区政府和区人民武装部执行征兵政策，开展廉洁征兵。1999年后，对征兵政策、廉洁征兵措施、基层征兵数量实行“三公开”，区征兵办公室设立举报电话和举报信箱，对征兵工作实施全程监督。2000—2010年，区兵役机关在应征对象体检中，组织封闭式体检站，医务人员、工作人员实行挂牌服务，实行征兵工作“六监督、五公开”（接受群众监督，人大、政协、纪检和执法监察部门监督，新闻舆论监督，工作人员对领导监督，兵役机关工作人员之间互相监督，征接兵双方监督。征兵政策公开，征集范围、条件、任务公开，体检结果公开，预定新兵名单公开，兵员去向公开）。全区未发现有严重违反征兵政策的人和事。

二　宣传发动

区政府和兵役机关以多形式、多渠道、多载体，开展兵役宣传教育。提高全区广大适龄青年依法服兵役的自觉性和关心支持征兵工作的社会氛围。义务兵一般在农村征集家庭劳动力比较充裕、具有初中以上文化程度，符合服兵役的青年；在城镇非农业户口征集具有高中以上文化程度，符合服兵役的待业青年和企、事业单位职工（1979—2010年企、事业单位实际征集很少）。在高等院校就读的学生，本人自愿应征且符合条件的，也可以批准入伍（每年度征兵都制定具体征集范围）。

征集年龄：男性一般年满18—20周岁。女性年满17—19周岁的当年高中应届毕业生。每年征兵时均有具体规定。

三 检兵定兵

（一）体格检查

征兵体检工作在区政府和兵役机关统一组织下进行，由卫生部门负责，从区属医院、乡卫生院和驻军医院统一抽调医务人员，组成体检组，经过统一培训上岗，对应征青年按比例到区征兵体检站进行体检。1979—2005年，区兵役机关根据当时情况选择地点，设立临时专门体检站。2006—2010年，在津南区卫生防疫站设立体检站，对全区的应征公民集中进行封闭式体检。11月1日，征兵工作开始后，各基层人武部根据区下达的征集任务和要求，按1:3的比例择优确定到区征兵体检站上站体检预征对象。

（二）政治审查

征兵政审工作在区政府和兵役机关统一安排下进行，由公安部门负责。区政审组以上级颁发的《关于征集公民服现役政治条件的规定》为基本依据，在政审工作中严格工作程序，确保新兵政治上合格。

图22-2　1993年12月，葛沽镇举办新兵入伍联欢会

（三）审定新兵

在对应征公民完成体检、政审两项任务后，进行审批定兵工作。审定新兵时，吸收体检组、政审组负责人、乡镇街道负责人和人武部长、主检医生和接兵部队首长或带队干部参加。审定批准后，新兵名单要返回街道、乡镇张榜公布，征求群众意见。之后，由区征兵办公室批准服现役，并发给应征入伍通知书。

（四）新兵交接运输

新兵批准后采取以区为单位集中交接的办法，区兵役机关统一编制《新兵花名册》，一式两份，一份交给接兵部队，一份由区兵役机关保存，交接手续在新兵起运前一天办理完毕。区征兵办公室和接兵部队根据上级下达的运输计划，对新兵进行乘车（船）常识教育，防止路途发生事故。新兵在起运时，由区征兵办公室组织欢送大会。

第三节　预备役

一 组织机构

1984年9月，南郊区组建预备役部队，建立天津市陆军预备役步兵第二师第四团（团级）。1998年10月，天津陆军预备役高炮二团组建（正团级），由原预备役第二师第四团（津南区）、第五团（大港区）整编而成。

图22-3　1996年，预备役军事汇报现场会

预备役不仅包括建立民兵组织的单位民兵，还包括不建立民兵组织的单位经过预备役登记的退伍士兵、专业技术人员和其他符合士兵预备役条件的男性公民。1996—2010年，每年6月对经过登记确定服预备役的退伍军人变动情况进行核对，保持预备役队伍的纯洁可靠、数量准确、分布清楚。

二　军事训练

自1984年区预备役部队组建后，每年完成天津警备区和预备役部队下达的年度军事训练任务。2001—2002年，预备役高炮二团组织预备役部队连续两年在河北黄骅靶场进行高炮实弹射击考核。2004年，天津警备区“中国特色新军事变革”试点教育在津南区预备役高炮二团率先展开。津南区预备役部队在河北省昌黎靶场进行高炮实弹射击考核。2007—2010年，每年按照上级军事机关下达的军事训练任务，组织预备役部队干部、战士在区民兵训练基地进行训练，参加上级军事机关组织的高炮实弹射击考核。

图22-4　2010年，区领导赴乐亭慰问津南民兵预备役训练考核人员

第三章　民　兵

1979—1985年，全区民兵组织坚持每年一次的民兵整组工作，调整民兵组织，落实组织编制。1987年后，民兵组织建设随着经济组织的变化不断进行调整，重点抓好民兵组织专业技术分队和应急分队建设。民兵训练基地建成后，全区的民兵军事训练都集中在民兵训练基地进行，强化民兵的政治教育，加强民兵武器装备管理。

第一节　组织建设

一　组织落实

70年代末，区召开民兵工作会议，对新形势下的民兵建设提出一系列要求。1980年，南郊区对民兵组织进行调整，缩小组建民兵范围，压缩参加民兵组织的年龄，简化民兵组织层次，严格民兵政治条件和身体条件。1985年，区人民武装部按照中共中央“减少数量，提高质量，突出重点，打好基础”的方针，对民兵进行精减、整组，人员大减。1995年，编制民兵人数进一步减少。2010年，在民兵组织建设中，重点抓好基干民兵编组，搞好组织落实。

二　组织整顿

民兵基层组织整顿工作，每年进行一次。主要是搞好宣传教育，总结年度工作，调整配齐人员，进行官兵相识，修订活动制度，组织集结点验。根据《兵役法》和《民兵工作条例》有关规定，建有民兵组织的单位，18周岁至35周岁，符合兵役条件的本区男性公民，除应征现役的以外，都编入民兵组织或服预备役。2006年，区人武部在葛沽镇和北闸口镇抓基层武装部建设试点，在区执法局抓区属事业单位民兵营连建设试点。2007年，在八里台镇工业园区和中国重汽天津天源盛汽车维修服务公司抓新兴企业民兵营连建设试点。2008年，在小站镇迎新村抓农村民兵营连建设试点。2010年，在葛沽镇迎新船舶机械有限公司、小站镇传字营村组织广大专武干部和部分民兵营连长进行现场观摩，对全区基层民兵营连建设起到很好的推动与指导作用。是年，8个镇165个自然村民兵营、连长都进入村党支部或村委会班子。

第二节 政治教育

一 教育内容

图22-5 1998年，津南民兵军训期间学习时事政治

1979—1996年，进行党的路线、方针、政策教育，民兵性质、任务教育，爱国主义、光荣传统及形势战备教育，人生观、价值观、世界观教育，法制和纪律教育。1998年后，进行《中华人民共和国兵役法》《中华人民共和国国防法》《中华人民共和国国防教育法》及中国人民解放军宗旨教育。2000年，进行"正确对待自己、正确对待事业、正确对待调整、正确对待走留"专题教育。进行基层党组织"三讲"(讲学习、讲政治、讲正气)教育。2005年，开展保持共产党员先进性教育。2008年，开展"坚定中国特色社会主义信念，履行中国人民解放军历史使命"教育，"固信念、守法纪、正风气"专题教育。2009年，开展"培育当代革命军人核心价值观"主题教育，践行科学发展观活动。至2010年，每年利用"八一""十一"、春节、民兵组织整顿等重要节日和时机进行政治教育活动。开展"崇尚学习，增强党性"专题教育。抓好民兵集中军事训练期间的政治教育。

二 青年民兵之家建设

1983年始，在全区农村创建集中教育阵地和文化娱乐场所为一体的青年民兵之家。青年民兵之家设有政治学习教育课堂和图书阅览室、枪械、体育、文艺器材活动场地，至1992年底，全区各村都建立青年民兵之家。小站镇东大站村、传字营村等是全区建青年民兵之家较早的村，活动搞得也较好。1993年，在全市召开青年民兵之家座谈会时，专题播放传字营村、东大站村青年民兵之家的建设及活动录像。1998年，小站镇东大站村被评为先进基层民兵组织，受到北京军区及天津警备区的表彰，并在东大站村召开现场会，北京军区及天津警备区首长也亲临现场。随着津南区农村城镇化建设的推进，自然村拆迁整合，至2010年，许多自然村的"青年民兵之家"也在减少和消亡。

第三节 军事训练

一 分散训练

1979—1984年，民兵军事训练主要以乡（镇）为单位，组织民兵进行军事训练，主要训练基干民兵。

二 集中训练

1985年，区民兵训练基地建成。每年分期集中到民兵训练基地进行规范化训练，训练科目主要有炮兵和通讯兵科目，每年训练1200余人。

三　专业训练

图22-6　1982年，津南民兵实弹射击

1990—1995年，每年训练民兵专业技术骨干600~800人次。1998年，执行《民兵军事训练大纲》，明确民兵军事训练“训用一致”的指导原则。专职人武干部和基干民兵连、排长，主要是提高军事技能和组织指挥能力；民兵应急技术分队，主要是提高整体遂行作战和应对突发情况能力；民兵步兵分队，主要学会使用武器装备、掌握基本的军事技能等。2006年8月，民兵分队在“攻坚——2006”实兵演习中被北京军区授予“特别贡献奖”。2008年，按照“应对多种威胁，完成多样军事训练”要求，突出首长机关、专武干部和民兵分队训练。采取集中和随队相结合训练方式，完成专武干部训练；采取大专业小集中，岗训、挂训和联训相结合的方法，完成37高炮等18个分队796人的民兵训练。2009年7月，民兵双25高炮分队赴河北省参加警备区实弹射击考核，取得总评第三名、双25高炮分队第一名。2010年5月，集中对网络战分队、双25高炮连、工兵分队、通信分队、卫勤分队等50名训练尖子进行比武竞赛，竞赛成绩良好率85%以上。1996—2010年，训练民兵6200人。

第四节　武器装备管理

1979年，建有区民兵武器装备库，是天津市第一个建库的区县，逐步实现民兵武器装备集中到区统一保管，基层民兵组织不再配发武器。1986年6月，民兵武器装备库由五登房迁移到新址。津南区委、区政府先后投入60余万元更新设备。2008年6月，装备仓库武器弹药交警备区保管。1997—2010年，民兵装备仓库每年都被天津警备区评为“民兵训练基地先进单位”，多次被北京军区、总参谋部评为“武器装备管理先进单位”。

第四章　拥政爱民

中共十一届三中全会后，区人武部和驻区部队继承和发扬中国人民解放军拥政爱民的光荣传统，组织带领部队和民兵积极参加地方经济建设和抢险救灾工作，主动承担急、难、险、重的任务，开展军民共建活动，密切同地方政府和人民群众的关系。

第一节　支持地方经济建设

一　发挥带头作用

1980年，区人武部在八里台镇连杆厂，开展“争名牌、创外汇振兴镇办企业”活动，组织和发动民兵带头学技术，挑重担，同广大职工一道为提高企业经济效益作贡献。2000年初，天津陆军预备役高射炮兵2营在预备役官兵中开展“一兵保一户、一户帮四邻、一班包一村、一连带一镇、全营促全区”活动。组织预备役官兵为咸水沽镇四里沽村引进仙人掌种植技术，人均收入增加1000元。中央电视台

第七套节目进行跟踪报道。2004—2007年，在小站镇东大站村建立预备役军人示范岗，开展争当“工作模范、行业状元、技术尖子、创新能手”等活动。组织800余名现役和预任官兵，参加津沽公路拓宽改造、月牙河改造、海河护堤和绿化造林等建设工程，协助群众拆迁房屋210间，清理淤泥5200余立方米，治理沿河环境10余千米，受到地方政府和人民群众好评。

二　承担重点工程

1986年，南郊区实施引滦入咸（咸水沽）工程，区人民武装部和天津陆军预备役步兵某团，组织1100名民兵，连续奋战10天，铺设管道12.3千米，建成加压泵站2座、蓄水池6座，圆满完成引滦入咸工程，使咸水沽居民结束喝“咸氟水”历史。1988年，先后参加外环线土方工程、海河复堤等重点工程建设。出动专武干部50人次、民兵2000余人次参加，劳动日5000个，挖运土方1.3万立方米。至1995年，全区民兵在外环线建设、引滦入咸、三河打通、海河复堤、天津三环放射线津南段等重点工程施工中，出动9.76万人次，劳动日43.51万个，动土134万立方米。

三　参与新农村建设

2003—2010年，在全区土地整合中，民兵带头响应区政府号召，兴起1人带1家，1连带1村，使63个村的整合工作进展顺利，为全区的经济建设和新农村建设做出贡献。

第二节　抢险救灾

一　建立抢险队伍

1979—1995年，全区民兵、预备役参加抗洪抢险、引滦入咸工程、海河复堤、外环线建设、天津三环放射线津南段建设等任务。1996年，制定防汛方案，落实民兵抢险队伍2.6万人。1997—2002年，民兵预备役参加津沽公路拓宽改造、月牙河改造、海河护堤等工程。1998年，民兵预备役承担津南区辖段海河南岸双林引河口闸至葛沽西关泵站32.27千米河道堤防，大沽排污河堤埝及闸、涵、泵站，区管二级河道堤埝及主要闸、涵、泵站，津南区水库的防汛抢险任务。建立400余人组成的民兵应急抢险突击队，2.7万人组成的民兵抢险队。1999—2010年，入汛之际组建民兵预备役防汛值班突击营和防汛抢险突击队，坚持24小时昼夜值班。

二　组建应急分队

2007年，在民兵整顿中，把民兵应急组织建设纳入民兵组织正常编组，组建1个125人应急连。2008年6月和8月，先后两次进行民兵应急分队和民兵应急连演练。2009年9月，组织民兵应急力量进行反恐实兵拉动演练。2010年，全区8个镇相继组建稳定的民兵应急队伍，成为一支能集中吃住、集中训练、集中管理、集中使用的民兵应急队伍。

第三节　军民共建

一　开展共建文明单位文明村活动

1983年，召开全区民兵组织带头建设文明村、厂、商店经验交流会，并命名传字营村等首批民兵带头建设文明村和文明建设先进村24个。1984年1月，区人武部成立“五讲四美三热爱”活动委员会，各乡镇、局、区直单位基层人武部，在民兵组织中建立相应活动小组，以创建文明村、文明单位为目标，综合治理“脏、乱、差”，使“创优质服务、优良秩序、优美环境”活动更加普及和深入。是年，区人武部命名表彰文明单位43个，建设精神文明先进单位58个、文明村24个、建设文明村先进单位37个。1990年，预备役高炮二团组织在企业中的预备役军人开展小建议、小发明、小革新、小创造、小竞赛“五小”活动。1993年，区人武部号召民兵为创建小康村作贡献。1998年，在咸水沽三中建立“支教助学点”。

图22-7　1984年，区人武部组织民兵开展学雷锋活动

二　开展“献爱心、送温暖”活动

2000年初，民兵预备役开展“献爱心、送温暖”活动。在南方雪灾、汶川地震期间，组织干部、战士、职工捐款3万余元，捐赠衣物40余套。协调成立津南维护国防利益和军人军属合法权益工作领导小组。

三　开展“双建双为”活动

2009年，在深入开展“双建双为”（建和谐社会，建过硬部队。为全面建设小康社会作贡献，为应对多种安全威胁做准备）活动中，小站练兵园示范点在天津警备区组织的观摩中受到好评。预备役高炮某团与津南区惠苑里社区深入开展军民共建和谐文明示范社区活动，经验做法被天津市文明办转发，被评为“天津市拥政爱民模范集体”。2010年，津南区制定《军民共建文明示范镇实施意见》《关于组织和发动全区青年民兵在农村城镇化建设中发挥示范引领作用的实施意见》。

四　开展“五个带头、五个一百”活动

2009—2010年，在全区民兵中广泛开展“五个带头、五个一百”活动（即带头学习创新理论、带头学科技用科技、带头践行社会公德、带头为群众服务、带头履行职责使命，着力培养100名理论政策宣讲员、100名创业有成就金色蓝领、100名社区道德模范、100名群众工作能手、100名维护和谐稳定忠诚卫士），取得明显成效，促进全区精神文明建设。2010年，在“美化净化社区”活动中，区人武部组织协调驻区部队出动兵力2600余人次、民兵4000余人次，参加卫生大整治活动。

第五章　国防动员

80年代至21世纪初，在全区民兵、预备役、机关干部、学生和人民群众中开展形式多样的国防教育，全区人民的国防观念和国防意识不断提高，津南区3次获得“全国国防教育先进单位”。1980年始，在高级中学进行学生军训，至2010年，参加军训的学生35446人。在人民防空工作中，加强人防知识教育和人防专业队建设，制定防空预案，坚持防空演练，巩固改造已建人防工程，集中力量构筑大中型人防与城建相结合的两用骨干工程。

第一节 国防教育

一 组织领导

80年代，成立区国防教育领导小组，区委书记任组长，区政府和区人武部主要领导任副组长，有关单位的主要领导为成员。2001年，国防教育法颁布后，成立区国防教育委员会。区国防教育委员会主任由区委书记担任，副主任由区长、区人民武装部政治委员担任。成员单位有区委宣传部、区人民武装部、区教育局、区广播电视局等。国防教育委员会下设办公室，办公地点设在区人民武装部，区人民武装部政工科科长为办公室常务副主任，日常工作由区人民武装部政工科负责。

二 教育内容及方法

国防教育的主要内容有：国防理论教育、国防形势教育、国防法制教育、国防科技教育、国防军体训练等。国防教育涉及内容十分广泛，除上述内容之外，还有国防历史、国防外交、国防战略、国防经济等方面的内容。

国防教育方法主要有：(一)军地齐抓共管。区委、区政府、区人大、区政协主要领导率先垂范、把握全局、挂帅出征。区机关各部、室、委、办和各乡镇、局，从本单位特点出发，为国防教育提供保障。区人民武装部、各镇人民武装部和驻区部队经常走上街头，深入村庄、学校，与民众共同学习、开展活动。(二)发挥人民武装部在国防教育中的作用。组织谋划当好参谋，及时提出阶段性全区国防教育活动安排和实施意见；协调配合作用，发挥人民武装部在国防教育中桥梁纽带作用，积极主动地协调军地相关部门之间的关系，保证国防教育在社会各行各业广泛开展；示范引路作用，区人民武装部在工作中，结合政治教育和组织整顿、军事训练、执行任务、征兵工作，对民兵预备役人员进行国防教育，为全民开展国防教育当样板、作表率。(三)抓好节日和重大活动宣传。利用每年的“全民国防教育日”“八一”建军节、元旦、春节等重大节日和重大活动，开展形式多样的国防教育活动。(四)利用基地教育。组织参观博物馆、纪念馆、科技馆和国防教育基地开展教育。

三 教育对象

在国防教育中，始终把学生、领导干部、民兵和预备役人员作为国防教育的重点对象，以点带面推动全区国防教育的开展。向中小学学生灌输国防知识，将国防知识编进课本，进入课堂。加强领导干部的国防教育，发挥领导干部的影响力，推动全区教育活动的展开。加强民兵、预备役人员的国防教育，不断强化他们的国防意识，使他们成为国防教育的骨干。

四 教育活动

80年代，全区民兵、机关干部和人民群众国防教育活跃，获全国国防教育先进区。1996年，区人武部收归部队建制后，调整区国防教育委员会成员，加强组织领导，搞好重点活动。利用重大节假日、重大活动和红军长征胜利60周年等时机，组织大型歌咏比赛，对干部、民兵和群众进行国防教育和革命传统教育。

1999—2010年，驻区预备役高炮二团每年9月份与河西、津南、大港3个区的国防动员办公室、区人民武装部联合组织国防教育法知识宣传，组织400余人到街头发放宣传品。为咸水沽二中、咸水沽三中及津南区实验小学师生举办国防教育报告会和开展自救培训，受教和培训6000余人次。武警

图22-8　2001年，津南区宣传贯彻国防教育法知识竞赛

8630部队协助津南区劳动教育基地搞好军训工作。1998—2010年，派出干部战士500余人（次），军训学生3.5万余名，12名干部被各学校聘为校外辅导员。

2001年和2004年，津南区2次获全国国防教育先进单位。2004年9月25日，区举办全民国防教育日、城市防空警报鸣放和第四届国防教育宣传周活动，全区7万余人和100余个单位参加国防知识竞赛和国防征文比赛。2005年，在全民国防教育日期间，制定《关于组织全民国防教育日和国防教育活动周安排意见》，组织大型国防教育宣传活动，全区党、政、军领导和群众500余人参加国防教育日宣传活动，制作以军事科技和新型军事武器装备为主要内容的国防知识宣传图片展板，在重点场所和人员密集区域进行展示。2008年7月31日，组织28个委办局60余人，进行轻武器实弹射击。2009—2010年，"八一"前夕组织领导干部开展"军营一日"活动。区人武部、高炮二团结合民兵整组、军事训练时机，在民兵预备役人员中进行"坚信党的领导，听从党的指挥，维护党的利益，献身党的事业"专题教育。

第二节　学生军训

一　组织机构

80年代，全区高级中学及相当于高级中学的学校开设军事课，对学生实施军事训练。区人武部负责指导学生军训，区教育局负责制定训练计划及组织实施，并建立军训领导小组，教育局主管局长任组长，教育主管部门领导和有关人员担任成员。每年召开1次军训会议，总结评价军训工作情况，查找薄弱环节，推广做法经验，推动全区军训工作的开展。

二　军训基地和军训内容

1985—2000年，区学生军训基地由区民兵训练基地和武警81师教导队组建而成。2001年，建成新的区学生训练基地，天津武警总队4支队、武警81师教导队，每年派出22名优秀教官担任学生训练基地军事科目的训练、教学工作。军训基地通过市教委和区教育局培训10名军事理论教员，负责学生军训军事理论教课任务。

学生军训内容分为军事课（包括军事科目）和政治教育。政治教育是进行毛泽东军事思想教育和中国人民解放军宗旨、简史、革命传统、作风纪律教育和爱国主义教育、时事政策教育、国防教育。军事科目有现代军事科学知识、军兵种知识、条令和技术及战术训练等。军事课利用实物、模拟器材等手段进行直观形象教学，并组织学生到部队参观学习。

三　训练实施

1985—2010年，全区学生军训实施分为3个阶段：1985—1991年，为试点训练阶段；1992—2002年，为普及推广阶段；2003—2010年，为基地集中训练阶段。试点训练和普及推广阶段，主要是在6所高级中学抓好试点和推广工作，训练时间为7~10天。由于时间短，训练科目多，主要抓好学生军事基础知识和基本技能培训。2001年，津南区学生训练基地建成后，学生军训开始逐步转入基地集中组织实施，在高级中学和相当高级中学中普遍开展军事训练，军训每期一般为10天，设置有列队、军事技能、战术基础动作、射击、国防教育等科目，完成80个学时学习与训练。通过训练，使学生初步掌握士兵必备技术、战术基础和技能，提高国防意识。

1980—2010年津南区学生军训统计表

表22-3　　　　单位：人

年份	训练人数	年份	训练人数
1980	963	1996	1274
1981	942	1997	1201
1982	974	1998	1216
1983	845	1999	1243
1984	896	2000	1256
1985	921	2001	1239
1986	984	2002	1304
1987	901	2003	1349
1988	956	2004	1283
1989	956	2005	1452
1990	1043	2006	1407
1991	1236	2007	1348
1992	1154	2008	1239
1993	1271	2009	1286
1994	1017	2010	1273
1995	1063	–	–

第三节　人民防空

一　机构

1977年9月，南郊区战备办公室改名为南郊区人民防空办公室（简称区人防办）。1984年，区人防办与区建委合署办公，对外挂区政府人民防空办公室牌子。1992年3月，更名为津南区人民政府人民防空办公室。1996年12月，人防办独立办公，隶属区政府管理。1997年，区人防办设：综合科、业务科，编制5人。2010年3月，内设：秘书科、指挥信息科、工程管理科、地震管理科。行政编制10人，工勤事业编制3人（原人防通信站）。

二　防空预案

1998年，制定《津南区防空袭预案》。后于2001年和2003年两次修订。2005年，进一步修订《津南区防空袭预案》（简称《预案》）。《预案》贯彻人民防空与城市防卫作战相结合的原则，突出人民防空以走（疏散）、藏（掩蔽）、消（消除空袭后果）为重点的各项防空措施。包括基本情况、敌情判断、任务和决心、指挥机构、城市人口疏散、战时人员隐蔽、重点目标防护、人防专业队编成和任务、各种保障要求等内容。

三　人防专业队建设

2001年，组建200余人（战时按比例扩编）人防专业队伍。人防专业队伍与生产、工作、行政组织相适应，根据人数编成班、排、连。人防专业队有抢险抢修专业队、医疗救护专业队、通信保障专业队、治安专业队、交通运输专业队、消防灭火专业队、防护防疫专业队。各镇编（60人）综合保障队。是年7月，进行人防专业队演练，举行授旗仪式。至2010年，专业队采取在职训练为主，年度训练时间3~7天。

图22-9　2009年7月，津南区人防专业队点验暨授旗仪式

四　防空演习

人民防空演习有区域性防空演习、首长机关演习、示范性演习、网上模拟演习和实兵实战演习等多种形式。2002年始，每年9月份的第三个星期六，为防空防灾警报试鸣日，津南区上午10时鸣放防空警报。2005—2010年，组织各类型演习12次，2800人次参加。至2010年，津南区有固定防空防灾警报器36台，移动警报器2台，手摇警报器10台，警报控制中间站1台，重点区域音响覆盖率达到95%。

五　人防知识教育

1991年始，区人防办先后在咸水沽三中、北闸口中学、双港中学、双桥中学、葛沽一中5所学校，进行学生人防知识教育试点。是年，北闸口中学在全市中学生人防知识教育试点校作典型发言。2002年，南洋职业学校在全市人防知识竞赛中获天津市第二名。2003年后，人防知识教育主要内容是“防现代局部战争、防突发公共事件、防重大自然灾害”，并在学校提出学生人防教育“七个一工程”（一块牌子、一间教室、一间展室、一套设备、一块场地、一名教师、一份教学计划）。至2005年，全区16所初中全部开展人防知识教育，受教育学生12.60万余人。2006—2010年，拓展和完善“七个一工程”，抓好学生人防知识教育。

六　人防工程

津南区人防工程建设坚持与城镇建设相结合，在民用建筑中修建防空地下工程，先后建成一批功能配套、防护等级高、抗毁能力强的指挥通信工程、人员隐蔽工程、物资储备工程和专业队工程。

（一）人员隐蔽工程

1979年，人防隐蔽工程建筑面积小、防护等级差。并且多数是砖混结构，单体配置，远不能满足留城人员的隐蔽需要，早已废弃。21世纪初，特别是“十一五”期间，建成一批人员隐蔽工程。同时，修建战时与平时均可使用的地下救护场所等医疗救护工程。

（二）指挥通信工程

2005年11月，建成津南区人民防空地下应急指挥中心。人防指挥中心配备齐全，装备先进，有人口预期疏散等较完善的各种防空预案。

（三）平战结合工程

是为战时建设的防空工程，平时用于服务群众使用，避免长期闲置。除重要的指挥通信工程以外，其他人员隐蔽工程、专业队工程、物资储备工程等均可进行商业经营、仓库储存、旅店商场、停车场、文化娱乐场所等平时使用。2010年，全区开发利用人防工程11万平方米，工程使用率85%以上，完好率100%。

津南区志（1979—2010）

第二十三编
民　政

1979年，区民政工作由区革命委员会民政科主管。1983年，生产大队恢复为行政村。1985—2010年，行政村和居委会进行多次换届选举，行政村和居委会领导班子得到加强。

1987年，开展社会福利彩票有奖募捐销售工作，募集社会福利资金。1989年，设立残疾人联合会，兼管残疾人工作。1998年，启动最低生活保障制度。2001年，兼管老龄工作。2004年，设立慈善协会，负责全区慈善募捐和救济发放工作。2007年，农村低保实现社会化发放。2010年，全区农村低保5567人，发放低保金1162.2万元；城镇低保2887人，发放低保金1163.66万元。

2010年，天津市津南区颐养院

第一章 机构团体

民政编的机构团体有区民政局，区残疾人联合会(简称区残联)，区老龄问题委员会(简称老龄委)，区慈善协会。1988年6月之前，区民政局称区政府民政科。2010年，区民政局设9个科室，10个事业单位。区残联1989年6月之前，由民政局代管。1996年，区残联改由区政府直接管理，规格由副处级升为正处级。区老龄委下设办公室，1985年6月之前，由区劳动局代管。2001年，由区民政局代管。

第一节 民政局

一 行政科室

1979年，区革命委员会设民政科，编制12人。1980年4月，区政府设民政科，编制12人。1988年6月，区民政科改为区民政局，设：办公室、社会救济科、优抚安置科，编制14人。1990年3月，增设基层政权建设科、婚姻登记管理科、社会团体管理科。1997年4月，增设财务管理科，将优抚安置科分为优抚科和退伍军人安置科。1997年，区民政局编制25人，设8个科室。1998年8月，增设殡葬管理科。2002年1月，将优抚科和退伍军人安置科合并为优抚安置科，撤销社会救济科，设立救灾救济科。2010年，设9个科室：办公室、财务管理科、救灾救济科、优抚安置科、基层政权建设科、婚姻登记管理科、社会团体管理科、殡葬管理科、社区建设科，编制24人。

二 事业单位

1980年4月，殡葬管理所由市公用局所属转为区民政科管理。1987年4月，成立新的殡葬管理所。1985年12月，设军队离退休干部管理服务站，1988年，军队离退休干部管理服务站改为管理服务所。1989年7月，增设福利生产办公室。1992年9月，增设区殡仪馆。1996年1月，增设区开发使用军地两用人才培训服务中心。1997年5月，设立区福利彩票发行中心。1998年5月，建成津南区怡静园。2007年，津南区颐养院建成，为区民政局管理的事业单位。2010年，设军队离退休干部管理休养所、福利生产办公室、福利彩票发行中心、殡葬管理所、区殡仪馆、怡静园、军地两用人才服务中心、颐养院。同时，代管区慈善协会、区老龄委。

三 镇、村(居)民政组织

1983年，配备乡、镇专职民政助理员11人。1997年，全区35个居委会各配备负责民政工作委员1人。2006年，各镇均设立民政办公室。至2010年未变。

第二节 残疾人联合会

1982年6月，建立南郊区残疾人事业领导小组。同时建立残疾人康复领导小组及康复办公室，全区11个乡、镇、办事处均建立相应机构。1989年6月，建立区残疾人联合会，由民政局代管，编制5人。1996年，区残联改由区政府直接管理，规格由副处级升为正处级。2010年，设：办公室、维权科，两个事业单位：残疾人劳动就业服务所、残疾人综合服务中心。

第三节　老龄委

1985年6月，成立区老龄问题委员会下设办公室，由区劳动局代管。至1986年，各乡（镇）政府、各局及大厂，以及村（居）委都建立老龄工作机构。1998年，区老年大学成立。2001年，区老龄委办公室改设在区民政局（代管）。2004年，建立区老年协会，2005年，全区8个镇全部建立镇级老年协会。2006年，26个社区和70%的村成立老年协会。2010年，全区有老年协会146个。

第四节　慈善协会

2004年9月28日，区慈善协会成立，各镇和长青办事处设慈善分会。2010年4月，召开津南区慈善协会第二届会员代表大会，区人大常委会原主任董乃倩连任区慈善协会会长。

第二章　救灾救济

1979—1997年，积极做好救灾和救助工作，救济对象的生活逐步得到改善。1998年，启动城乡最低生活保障制度。2002年后，多次调整区镇村低保金分担比例，建立最低生活保障制度及相关配套制度，提高救助金标准。农村五保户供养设施不断得到改善，2010年，分散供养和集中供养分别达到每人4000元和6400元。

第一节　灾害救济

一　旱涝风雹灾害救济

1984—1990年，境内遭受旱、涝、冰雹灾害，政府拨发救济款44.25万元，救济受灾群众2.4万人。1991—2003年，津南区发生旱灾、雹灾、虫灾、风灾、风雪灾等自然灾害，区、乡镇政府筹资444万元，救助受灾群众14.07万人，下拨救灾粮69.6万千克，为63户修缮危房、购房189间。2004—2010年，在春荒、风旱灾、雹灾期间，筹集资金200.4万元，救济受灾群众2.38万人，发放救济粮108.58万千克。

二　疫病救济

2003年，津南区出现“非典”疫情。为2088户低保对象发放预防“非典”补助金10万元，安排困难村救助资金39万元。2004年2月，津南区发生“禽流感”疫情，涉及2个镇11个村4841户，捕杀家禽28万只，直接经济损失650万元，区筹资144.6万元，抗击“禽流感”。

第二节　最低生活保障

1998年10月，区民政局下发《关于发放城乡居民最低生活保障金的通知》，启动最低生活保障制度。2002年制定《最低生活保障金审批发放监督管理制度》，调整区镇村低保金分担比例，加大区财政投入。2005年，全区8个镇都建立农村最低生活保障制度及相关配套制度，对低保户中的残疾人和城镇轻、中度残疾人，每人每月增加20元标准。2006年，建立农村低保标准自然增长机制。2007年，农村低保实现社会化发放，取消村级负担部分。2008年，按月对城乡低保（特困户）发放价格联动补助金202.2万元。2009年，调整基本生活必需品价格上涨与困难群众生活联动机制补助范围，由家庭月人均收入500元调整为530元，并实行年终一次性补助政策，每人发放500元。2010年，发放救助资金276.44万元，对城镇和农村低保特困家庭、五保人员年终实行一次性补助，城镇每人800元，农村每人500元。

一 农村低保

1998年83元/人月，2000年100元/人月，2004年120元/人月，2005年135元/人月，2007年160元/人月，2008年200元/人月，2009年230元/人月，2010年250元/人月。

二 城镇低保

1998年185元/人月，2001年241元/人月，2004年7月265元/人月，2006年7月300元/人月，2007年345元/人月，2008年400元/人月，2009年430元/人月，2010年450元/人月。

1998—2010年津南区享受最低生活保障统计表

表23-1

年份	农村			城镇			金额合计（万元）
	户数（户）	人数（人）	金额（万元）	户数（户）	人数（人）	金额（万元）	
1998	403	1029	25.02	169	359	18.40	43.42
1999	508	1245	61.00	313	400	61.10	122.10
2000	568	1489	69.40	367	468	55.60	125.00
2001	653	1710	89.70	404	1009	72.40	162.10
2002	1194	3034	122.00	714	1887	138.86	260.86
2003	1546	3850	127.09	848	2142	191.00	318.09
2004	1646	4066	234.60	906	2263	255.70	490.30
2005	1672	4156	238.76	1008	2508	327.50	566.26
2006	1650	4146	332.56	1077	2637	412.80	745.36
2007	1799	4365	364.00	1170	2841	517.00	881.00
2008	2056	5012	694.20	1204	2892	921.40	1615.60
2009	2514	6001	857.40	1290	3005	987.30	1844.70
2010	2395	5567	1162.20	1262	2887	1163.66	2325.86
合计	18604	45670	4377.93	10732	25298	5122.72	9500.65

三 特困救助

2008年，实施城乡特困救助，农村标准60元/户月，城镇标准120元/户月。2009年，城市居民特困救助标准由120元/户月调整为130元/户月。农村居民特困救助标准由60元/户月调整为65元/户月，至2010年。

2007—2010年津南区低保特困户救助统计表

表23-2

年份	农村			城镇			金额合计（万元）
	户数（户）	人数（人）	金额（万元）	户数（户）	人数（人）	金额（万元）	
2007	–	–	–	8	15	0.83	0.83
2008	31	88	0.60	13	28	1.40	2.00
2009	169	437	8.60	30	76	3.25	11.85
2010	238	599	33.79	42	106	10.13	43.92
合计	438	1124	42.99	93	225	15.61	58.60

四　困难户救济

1981年始，为困难户发放救济金，至2000年，为6343人发放定期救济款137.3万元。2000年始，将发放定期救济的困难户纳入最低生活保障，停止向困难户发放定期救济金。

1985年始，开展救济城镇孤老户。至2005年，为509人发放定期救济金94.73万元。2006年，城镇孤老户救济纳入城镇最低生活保障。

第三节　五保供养

一　集中供养

1995年底，津南区有集体办敬老院8个，供养五保人员108人，乡村办敬老院6个，供养老人46人。2010年，全区有集体办敬老院6个，供养110人。供养标准：1994年1200元/人年，1995年1300元/人年，1997年1500元/人年，1998年2500元/人年，2002年2700元/人年，2004年3200元/人年，2007年4000元/人年，2008—2010年6400元/人年。

图23-1　2010年，快乐生活的农村五保老人

二　分散供养

分散供养农村五保供养对象，有3种情况：集体提供款物，居于自己家中供养；集体提供款物，自择亲友代养；集体提供款物，居于家中，由妇联、民兵连、共青团建成义务小组照料。供养标准：1985年20~30元/人月，最高40元/人月，1994年1000元/人年，1995年1300元/人年，2002年1500元/人年，2004年3200元/人年，2008—2009年4000元/人年，2010年4600/人年。

1981—2010年津南区五保户供养统计表

表23-3

年份	总人数（人）	集体供养		分散供养		金额合计（万元）
		人数（人）	金额（万元）	人数（人）	金额（万元）	
1981	356	–	–	356	6.10	6.10
1982	382	–	–	382	7.60	7.60
1983	410	23	2.10	387	8.00	10.10
1984	411	48	3.00	363	8.80	11.80
1985	420	131	8.40	289	9.10	17.50
1986	464	138	13.80	326	8.90	22.70
1987	434	183	7.40	251	12.40	19.80
1988	414	190	8.50	224	12.90	21.40
1989	438	185	11.30	253	12.90	24.20
1990	399	193	11.66	206	10.76	22.42
1991	340	150	18.27	190	23.55	41.82
1992	363	178	13.92	185	19.23	33.15
1993	328	170	21.00	158	13.00	34.00
1994	319	158	20.00	161	17.00	37.00
1995	329	154	21.00	175	23.00	44.00
1996	376	152	35.00	224	35.00	70.00

续表

年份	总人数（人）	集体供养		分散供养		金额合计（万元）
		人数（人）	金额（万元）	人数（人）	金额（万元）	
1997	299	165	48.00	134	24.00	72.00
1998	333	171	50.00	162	29.00	79.00
1999	359	198	81.50	161	62.50	144.00
2000	382	191	87.50	191	27.50	115.00
2001	382	191	87.50	191	27.50	115.00
2002	355	186	75.00	169	60.00	135.00
2003	315	167	75.00	148	60.00	135.00
2004	428	166	77.00	262	83.80	160.80
2005	490	176	80.00	314	100.48	180.48
2006	530	139	76.00	391	109.12	185.12
2007	382	155	59.50	227	74.00	133.50
2008	372	127	71.70	245	98.90	170.60
2009	344	132	71.40	212	92.80	164.20
2010	296	110	71.61	186	86.57	158.18
合计	11450	4327	1207.06	7123	1164.41	2371.47

第四节　救济与救助

一　临时救济

1979年，拨款8.72万元救济困难户。1980—1990年，为困难户3.18万人次发放临时救济款120.3万元。1991—2000年，为3.58万人次发放临时救济款210.98万元。2001—2010年，为3.05万人次发放临时救济款1249.63万元。

二　时令困难救济

1979—1980年，冬令拨布票3417米、棉花票1000千克帮助贫困户过冬。1991—1996年，发放夏、冬令救济款22万余元，发放棉布2930米、棉花460千克、棉衣2900件、冬煤66吨，以及棉被等夏、冬生活必需品。救济2474户1.27万人次，为74户修缮危陋住房182间。1997—2001年，夏冬令拨专款97.44万元，维修房屋115间，为3693户9664人解决被褥、衣服、冬煤及其他生活必需品。2002—2007年，筹资275.4万元，修缮危房214间，为困难户5149户发放衣服、棉被、冬煤、炉具等生活用品。2008—2009年，冬、夏筹资561.81万元，修缮房屋179间，救助6673户1.27万人次。2010年，夏令救济投入102.31万元，救助3621户9520人；冬令发放款物折价222.4万元，救助3571户。

三　春节困难救济

1992年春节始，开展春节困难救济工作，主要慰问五保户、孤老户、特困户。1992—2005年，发放救助款物800余万元，补助救济3.35万户9万多人。2006—2007年，发放专项救助款317万元，救济1658户低保户和特困户。2008—2010年，慰问低保、特困、五保、低保边缘户1.09万户，发放救助款858.2万元。

四　扶贫安居

1982年，南郊区开始扶贫工作。至1989年底，累计扶助贫困户1201户，扶持救济联合体53个，扶助残疾人304户。2000年，启动农村特困户和灾民安居工程，投入资金96万元。2001年，为60户修建、购房189间，投入资金113.4万元。2002年，投资100.8万元，为64户维修改造住房192间。2003年起，取消扶贫安居救助。

五　医疗救助

2003年，津南区开始医疗救助。是年，投入资金20万元，救助350户1300人。2004年，投入资金15.6万元，救助630人。2005年1月，将农村低保户和五保户纳入合作医疗及医疗救助的范围，参加合作医疗率94%。2006年，区政府颁布《关于对〈津南区特困重症精神病患者医疗救助暂行办法〉的补充规定》和《〈津南区农村医疗救助实施细则〉补充规定》，是年投入救助资金62.8万元，医疗救助4630人次。2007年，区政府颁布《关于进一步完善农村医疗救助工作的通知》，投入救助资金106.8万元，救助4573人次。2008年，用于城镇医疗救助64.6万元，对2952名低保对象实施门诊救助。2009年，新型农村合作医疗投入262.86万元。2010年，对低保、特困家庭中尿毒症、白血病、肾移植手术病人予以特殊救助，救助106人，发放医疗救助金53万元。

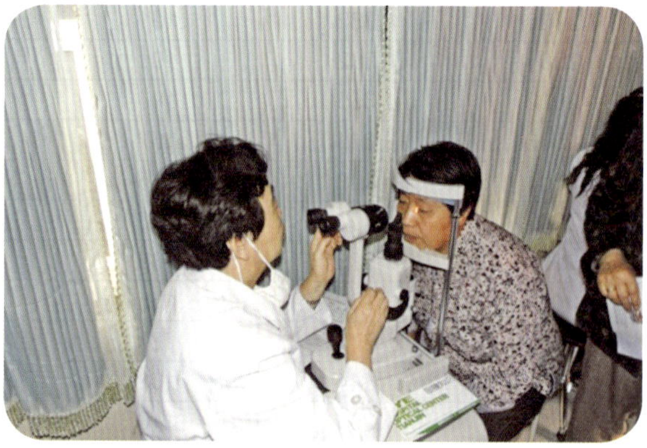

图23-2　2007年，救治老年白内障

六　流浪乞讨人员救助

1981—1990年，区收容56人全部交由天津市收容所处理。1996年，配合公安部门，区收容外地流浪人员6人，送交弃婴5人。1997年，收容外地盲流3人，送交弃婴3人。1998年，收送弃婴5名，盲流3名。2004年，投入资金2万元，救助流浪乞讨人员。2005年，流浪乞讨人员救助每人1052.6元。2007年，对7名流浪乞讨人员进行救助。2010年，投入资金10万元，救助18人。

第三章　拥军优抚安置

1979年，全区拥军优属工作走向正常化，坚持在节假日开展拥军优属慰问活动，帮助部队解决难题。1985年，全区农村义务兵家属优待金实行乡（镇）统筹。之后，农村义务兵家属优待金标准不断提高。2010年，农村义务兵优待金11663元/年，城镇义务兵家属优待金8355元/年。同时，对烈军属、复员军人实行定期、定量发放抚恤金、补助金制度，采取多种办法安置农村复员退伍军人，接收安置军队离、退休干部。

第一节　拥军优抚

一　拥军活动和支持部队建设

1991年，区政府下发《关于新年春节期间开展拥军优属活动的通知》，举办双拥工作报告会。1994年，区召开双拥工作总结表彰会，表彰114个拥军工作先进集体，143个先进个人。1995—1996年，区政府制定《走访慰问制度》《军地联谊制度》《军民共建制度》等项制度。2001年9月，区领导带队赴西藏慰问津南籍战士，投入慰问资金18.2万元。2007年，春节和建军节期间，区四大班子领导慰问驻区各部队官兵，送去价值36.5万元的慰问品。2008—2010年，春节和“八一”期间慰问驻区部队及部分重点优抚对象，投入100余万元。

1991年，区相关局、委为部队解决经费13.3万元。1992年，为部队培养军地两用人才86人，解决经费10余万元。1994—1996年，长青办事处灰堆分公司为支持部队营区建设，减收征地费700万元。1997年，区建委、区财政、港田公司等单位投资53万元，支持民兵训练基地建设和修建（双港镇）港军路，为军队退休老干部和预备役四团干部职工解决住房21间。1998年，区政府投资500万元，为区人武部新建办公楼竣工。2001年，用于支持部队建设和慰问资金600余万元。2004年，区筹集资金50余万元，为区人武部购工作车2辆。2007—2010年，区财政用于支持部队营房建设等经费支出1779万元。

二 义务兵家庭优待

1982年起，农村义务兵家属优待由乡（镇）划定标准，统收统付。1983年，全区优待户均358.52元。1985年，农村义务兵家属优待金实行乡（镇）统筹。1993年，农村义务兵优待金1360元/户年。1994年，城镇义务兵优待金标准61元/户月，为优抚对象支付医药费12.72万元，为724人免除学杂费，解决优抚对象就业110人，脱贫资金19.2万元。1995年，为入伍新兵全部实行养老保险和人身保险，解决医药费19.22万元，就业87人，会同有关部门为61户解决住房182间。1996年，城镇、农村义务兵优待金标准均为3000元/户年。1997年，津南区制定《义务兵家属优待金社会统筹管理暂行办法》。2006年，城镇义务兵市、区财政各承担50%，农村义务兵区、镇财政各承担50%。2008—2010年，农村义务兵家庭优待金标准为9563元/户年，10340元/户年，11663元/户年。

图23-3 2010年，区领导春节慰问优抚对象

1991年，区政府制定《南郊区实施〈军人抚恤条例〉的具体规定》，给予义务兵家属和其他军烈属一定优待金或其他生活生产帮助。1996—1999年，筹资73万元为60户军烈属修建房屋150间。2002年，城镇义务兵优待金标准2000元/户年。2006年起，城镇义务兵家属优待金，全部由市、区财政负担。2006—2010年，标准分别为：3192元/户年，4200元/户年，6000元/户年，7500元/户年，8355元/户年。

1981—2010年津南区义务兵优待金补助统计表

表23-4

年份	优待户数（户）	优待金额（万元）	年份	优待户数（户）	优待金额（万元）
1981	2008	46.20	1997	1146	344.00
1982	2062	46.70	1998	1146	210.00
1983	1444	51.77	1999	510	106.00
1984	1564	62.60	2000	590	123.00
1985	1242	50.40	2001	405	183.00
1986	1185	56.10	2002	384	190.00
1987	1078	77.00	2003	377	190.00

续表

年份	优待户数（户）	优待金额（万元）	年份	优待户数（户）	优待金额（万元）
1988	1078	86.30	2004	334	189.00
1989	1164	104.30	2005	218	120.00
1990	1114	94.35	2006	210	210.00
1991	1017	104.75	2007	208	180.70
1992	999	109.89	2008	353	284.90
1993	1084	122.50	2009	365	339.00
1994	1069	171.00	2010	350	356.00
1995	1092	262.00	合计	26943	4815.46
1996	1147	344.00	–		

第二节　抚恤补助

1978—1984年，南郊区发放抚恤补助金7.72万元。1985—1990年，发放抚恤补助金2966人次89.2万元。1986年以后，逐步改进对烈属、复退军人优抚办法。至2004年，调高抚恤标准10多次。2006年，建立并完善抚恤标准自然增长机制。2009年，按照天津市2008年城镇居民人均可支配收入18.7%的增长比例，再次提高城乡优抚对象抚恤补助标准。1991—2010年，投入抚恤事业费5413.26万元。

一　一次性抚恤

1979年，南郊区按照天津市调整后的一次性抚恤金标准，分为6个等级。1985年10月，再次调整发放标准。2004年10月1日后，执行《军人抚恤优待条例》规定。

1980—2010年津南区一次性抚恤金发放统计表

表23-5

年份	人数	发放金额（万元）	年份	人数	发放金额（万元）	年份	人数	发放金额（万元）
1980	10	0.50	1991	9	1.80	2002	7	7.98
1981	12	0.60	1992	13	2.10	2003	0	0.00
1982	8	0.30	1993	10	2.00	2004	1	0.40
1983	14	0.80	1994	10	3.30	2005	0	0.00
1984	16	0.90	1995	15	5.00	2006	4	20.00
1985	9	0.60	1996	17	5.90	2007	2	4.40
1986	11	1.10	1997	11	3.90	2008	0	0.00
1987	6	0.60	1998	13	5.60	2009	0	0.00
1988	13	1.30	1999	17	8.03	2010	0	0.00
1989	7	0.60	2000	18	11.30	合计	277	100.73
1990	8	1.30	2001	16	10.42	–		

二　定期抚恤

1981—1984年，南郊区按照天津市定期定量补助标准发放定期定量补助169人次1.92万元。1985年后，称为“定期抚恤”。1985—1995年，发放定期抚恤416人次30万元。1996—2008年，发放定期抚恤284人（次）111.45万元。2009—2010年，发放定期抚恤32人（次）37.7万元。

三 定期补助

根据国家《军人抚恤优待条例》规定，在乡红军老战士、符合规定条件的在乡老复员军人享受定期定量补助；少数带病还乡、医疗和生活困难很大的退伍军人可享受定期定量补助待遇。1981—1984年，发放定期定量补助131人（次）1.28万元。1985—1997年，发放定期补助4904人（次）512.3万元。2007年8月始，给“参战退役人员”“参试退役人员”发放定期补助。至2009年，津南区认定“两参”人员620人，其中参战276人、参试344人。1998—2010年，发放定期补助6205人（次）2358.42万元。

四 伤残抚恤

1979年以后，多次调整提高伤残抚恤标准，1995年的标准比1950年提高10倍到16倍。2004年10月，第16次提高伤残抚恤标准，并将伤残抚恤金标准由四等六级改为一至十级。

1980—2010年，津南区累计发放伤残抚恤金5231人（次）1035.84万元。发放在乡（无工作单位）伤残抚恤金2073人（次）631.42万元，发放在职伤残抚恤金2957人（次）338.84万元，为特等、一等支出护理费和其他伤残补助费63.48万元。

第三节 安 置

一 复员军人安置

1985年前，参军前有工作，退役后复工复职；非农业户口退役军人、伤残军人给予安置工作；农村参军的农业户口义务兵转志愿兵和三等功荣立者（1988年改为二等功），转为非农业户口，并安置工作。1998年，津南区政府制定《城镇退伍军人安置暂行办法》。2000年始，退伍士兵安置坚持国家计划安置和市场机制相结合的原则，扶持退役士兵自谋职业。自谋职业的根据服役年限发放2.8万~4万元自谋职业安置费。2000—2010年，发放退伍士兵安置费332.64万元，其中自谋职业安置费213.5万元。1979—2010年，全区接收复员退伍军人7723人（复工149人，安置2943人，回农村4631人）。

二 部队离退休人员安置

1985年底，成立军队离退休干部管理服务所。1986—1995年，接收军队离退休干部7人。部队离退休干部享受津南区同级干部看文件、听报告的权利。1997年，9户军休干部住房问题全部解决。1998年始，军休老干部医疗费实报实销，并提高职级待遇，调整离休费、护理费及遗属抚恤金等，春节前走访慰问。2008年，为军休干部补发军粮差价、服装差价费、增加遗属生活补贴，发放遗属补助计5.3万元。1996—2010年，解决军队离退休干部医药费76.5万余元。至2010年，有军队离退休干部11人。

第四章 基层政权建设

区内基层自治组织为村民委员会和居民委员会，1983年，生产大队恢复为行政村，全区建立158个村民委员会。1991年，贯彻实施“村民委员会组织法”，改选村民委员会。2000年后，各村普遍实行直推直选，在实践中逐步完善村民自治。1979年，全区设25个居民委员会，1985年，对全区30个居委会进行改选，2001年后，每届居委会任期均为3年，逐步实现居委会成员年轻化、知识化。2010年，全区有村委会165个，居委会29个。

第一节　村（居）委会换届选举

一　村委会换届选举

1983年，生产大队恢复为行政村。1985—1988年，全区建立156个村民委员会。1994年，区民政局颁布《关于村民委员会换届选举工作安排意见》，至年底选出新一届村委会163个。1997年，津南区颁布《津南区村民委员会换届选举的实施意见》，年底165个村委会中160个村委会选举换届。1999年12月，区委、区政府颁布《津南区关于做好2000年村级组织换届选举工作的安排意见》，区民政局制定《村委会选举办法》，5月底，选出163个村委会。2003年4月，区民政局下发《关于做好推选村民代表工作的通知》，选出村民代表5008人，选出165个村委会。2009年6月，登记选民19.88万人，参加投票15.42万人，选出村民代表4927人，151个村进行换届工作。2010年，行政村165个，设村民小组5462个，村委会有成员523人。

图23-4　2004年，津南区农村干部培训班授课现场

1985—2010年津南区历届村委会成员构成情况统计表

表23-6

年份	换届村委会数	当选人数	平均年龄	中共党员		妇女		初中文化（人）	高中文化（人）	大专以上（人）
				人数	占当选人数%	人数	占当选人数%			
1985	156	485	-	-	-	-	-	-	-	-
1988	156	485	-	-	-	-	-	-	-	-
1991	157	628	44.60	-	-	-	-	-	-	-
1994	163	727	45.30	602	82.81	148	20.36	443	103	7
1997	165	746	44.20	588	78.82	171	22.92	185	275	8
2000	164	624	44.23	521	83.49	101	16.19	191	360	41
2003	165	575	45.70	456	79.30	91	15.83	212	269	66
2006	163	529	46.86	345	65.22	66	12.48	217	224	56
2009	151	477	44.16	233	48.85	36	7.55	234	122	88
2010	165	523	48.40	258	49.33	41	7.84	24	240	259

二　居民委员会换届选举

1978年，恢复居民委员会，全区设25个居民委员会。1985年，对30个居委会进行改选。1991年，32个居委会进行换届选举。1994年，32个居委会完成换届选举工作。1997年，35个居委会换届选举，当选成员中主要领导的年龄普遍下降，出现30岁左右的居委会主任。2001年11月，区委、区政府颁布《津南区社区居民委员会换届选举工作实施方案》，年底完成换届选举。2006年，26个居委会进行

换届选举，当选委员大专以上学历35人、高中47人，分别占当选总人数的33.02%和44.34%，平均年龄43岁。2009年，区委组织部和区民政局颁布《津南区社区党组织、居委会换届选举实施方案》，全区29个居委会换届选举，登记选民14.12万人，参加投票11.32万人，当选委员118人，换届选举于年底完成。

1985—2010年津南区历届居委会成员构成情况统计表

表23-7

年份	居委会数	当选人数	平均年龄	中共党员		妇女		初中文化（人）	高中文化（人）	大专以上（人）
				人数	占当选人数%	人数	占当选人数%			
1985	25	137	61.33	8	5.84	128	93.43	17	8	0
1991	32	126	50.10	36	28.57	120	95.24	48	12	1
1994	32	123	49.20	34	27.64	116	94.31	44	13	1
1997	35	119	50.40	56	47.06	104	87.39	15	68	1
2001	25	95	44.70	26	27.37	60	63.16	16	35	25
2003	26	105	45.85	37	35.24	66	62.86	17	48	35
2006	26	106	43.00	42	39.62	94	88.68	24	47	35
2009	29	118	49.25	60	50.85	83	70.34	18	49	47
2010	29	101	44.00	53	52.48	72	71.29	12	47	42

第二节 社区建设

一 社区办公服务用房

至1999年，全区37个居委会，只有12个居委会有办公用房。是年6月，区民政局提出《关于解决居委会办公用房的意见》。2002年4月，区民政局再次提出《关于解决津南区居委会办公用房的意见》，提出新建住宅要配建居委会办公用房及100平方米社区服务用房，由政府牵头，民政、城建、房管等部门制定实施方案。2006年，区政府颁布《津南区关于加快社区办公服务设施建设》的实施办法，投入500万元解决8个社区办公服务用房。2007年，区投入310万元解决5个居委会办公用房。2008年，区财政投入418万元解决3个居委会办公用房。2010年，解决7个未达标社区办公用房。是年，16个居委会办公用房和13个农村社区达标。

二 新型城镇社区建设与管理

图23-5 2010年，社区互学互看活动

1996年，区财政局下发《关于提高居委会工作人员生活补贴标准的通知》，补贴标准由每人50元提高至80元。2001年，从区、镇机关抽调48名干部，充实社区工作。2004年，每个居委会办公经费由每年0.5万元调至0.7万元。2007年，提高至2.5万元。2008年，推动新型城镇社区建设，争取扶持资金40万元。2010年，提高社区非在编人员补贴标准，由每人每月820元提高至1200元。办公经费每个社区居委会由2.5万元调至4万元。

1996年，区民政局下发《关于开展居委会建设达标升级的通知》，开展创建文明小区、团结楼院活动。1997—1998年，咸水沽镇大胡同等5个居委会被评为天津市一级居委会。2001年，社区服务体系初步建立，开展房屋租赁、文化教育、家政事务、卫生医疗等项服务。成立社区志愿者队伍、老年书画协会、老年合唱团、老年秧歌队等组织。先后制定《社区居委会建设的管理规定》《领导干部联系居委会制度》《社区居委会联系群众制度》《社区居委会居务公开制度》《社区居委会印章管理使用的规定》等。2002年，咸水沽镇光明楼社区被市政府命名为示范社区。2003年，第一期社区图书室完成援建工作。2004年3月，区政府转发《区民政局关于进一步加强社区建设的意见的通知》。2005年，2个社区评为天津市五星级社区。2006年，区委、区政府颁布《关于进一步加强社区建设的意见》。2010年，印发《关于在社区建设中深入开展“十个一”活动的实施意见》，探索新型城镇社区建设与管理的组织架构与运行模式，建设有津南特色新型城镇社区建设之路，5个居委会被评为市级模范居委会和社区管理示范小区。

第三节 村务公开 民主管理

一 制度建设

1994年，全区163个行政村建立《村民代表议事制度》《村规民约》《村民代表大会制度》《村干部考核制度》等制度。1997年，区政府下发《关于实行村务公开、民主管理，政务公开、民主监督的规定及实施方案的通知》和《落实关于实行村务公开、民主管理，政务公开、民主监督规定的实施方案》2个文件，对土地承包和租赁、集体企业改制、集体资产的处置、村干部报酬等做出明确规定。2002年，进一步充实完善《村民会议制度》《村民代表会议制度》《村务公开制度》《村规民约》等规章制度。2007—2010年，区政府制定村务公开“新六项制度”。即《关于进一步巩固完善农村会计委托代理制的意见》《津南区关于推进村级事务民主决策的指导意见》《津南区加强村民代表队伍建设的规定》《津南区镇干部包村工作制度》《津南区村务公开和民主管理示范单位测评表彰方法》《关于推进和规范村级重大事项“全民表决”制度的指导意见》。

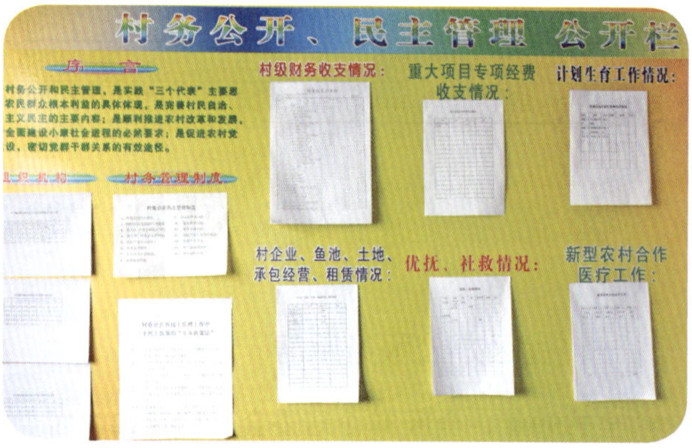

图23-6 2007年，村务公开、民主管理公开栏

二 指导管理

1993年7月，发布《关于开展村民自治示范活动的安排意见》。1995年，津南区开展“乡镇之星”“模范村委会”“优秀村委会主任”的评选工作。1996年，区颁布《关于开展村民自治示范乡、镇、村的安排意见》。1997年，区委组织部、区民政局颁布《关于确认村民自治示范（达标）乡镇村的决定》。1998年，在开展村民自治示范达标活动中，全区10个镇全部达标，147个村达标，达标率89.9%。1999年，区委下发《关于印发农村基层民主政治建设规划的通知》，举办农村基层干部培训班。2003年，津南区被民政部评为“全国村民自治模范区”。2004年，在全区各行政村开展“五个好”（班子好、队伍好、反映好、机制好、业绩好）村委会创建活动。2008年，区委选派108名机关干部组成新农村建设工作队驻村开展工作。2009年，区委颁布《关于进一步加强村干部管理监督的意见》，完善村干部岗位目标责任制、经济责任审计、公章管理使用、诚勉谈话、责任追究等制度。至2010年，区委连续3年从区、镇机关选配100多名干部，进驻村委会帮助指导工作，时间1年。

第五章 殡葬管理

1983年，全区火化率达到98.61%。之后，为做好殡葬工作，区、镇、村等相关组织，采取措施，推进工作，火化率保持在92%至99.8%之间。同时，加强公墓和殡葬管理场所建设，坚持宣传教育，规范殡葬市场，搞好葬仪服务。

第一节 殡葬改革

一 改革丧俗

70年代初，改革丧俗，提倡火化。1983年，火化率98.61%。1986年，成立区、乡（镇）殡葬改革领导小组，村、居委会成立红白理事会。1989年，制定《南郊区殡葬管理实施细则》。1990—2000年，每年的火化率为92%~99.8%。2001年后，区民政局制定《关于开展殡葬各项执法检查的实施方案》，层层签订3年目标责任书。制定《关于清明节开展殡葬治理月活动的通知》。2007年，在整治公共场所焚烧冥纸冥币的活动中，组织500余名志愿者，走向街头进行宣传教育和劝阻。2010年，制止土葬18起。清明节、中元节和寒衣节开展“摒弃丧葬陋俗，共建美好家园”宣传活动，上街劝阻乱烧冥纸冥币活动，设置指定焚烧点，新购置焚烧桶300个，组织劝导员和志愿者5000余人次，印制宣传材料3万份，出动宣传车辆150台次。

图23-7 2010年，民政部门开展摒弃丧葬陋俗，共建美好家园活动

二 规范殡葬市场

1992年，津南区开展集中清理殡葬市场活动，对全区45个殡葬用品销售点进行清理整顿，保留15个。1994—1998年，进行集中清理、整顿丧葬用品市场，取缔、查封非法经营店铺32个，没收销毁棺木142具及纸牛纸马等封建迷信纸制品1400余件。1999年，区政府制定《津南区丧葬用品管理办法》。2000—2010年，查处无照经营丧葬用品47家，销毁迷信纸制品2000余件，查处非法刻制墓碑棺木加工厂15家，销毁棺材150余口，清理公墓代销点20余家。

第二节 葬仪服务

一 骨灰存放

1981年，殡葬管理所迁至津歧公路北侧二道桥附近，占地0.42公顷。至1983年，建骨灰存放室5间80余平方米，存放来自全区的骨灰。1992年，新建骨灰堂6个，全区有27个骨灰堂，可存放骨灰8000盒。1998年，怡静园竣工，区殡葬管理所迁入。2000年3月，双桥河镇建骨灰堂。2008年11月，团洼村建设标准型骨灰存放处。2009年，配合全区土地整合，为迁坟群众解决1350盒的骨灰存放问题。2010年，投入资金150万元，在怡静园新建骨灰存放处2处，总面积767平方米，存放骨灰8000余盒。

二 公墓建设

1997年2月，怡静园开始建设。至1999年，怡静园建公墓穴位300个，销售216个，安葬骨灰158具。2000年，怡静园完善各项规章制度，建成穴位1580个，销售穴位203个，安葬骨灰193具。2004年，扩建墓穴至6000个，销售穴位565个，累计安葬骨灰2158具。2007—2010年，销售穴位4621个，安葬数4430人，总安葬骨灰9019具。

2000年6月，传字营村修建敬先乐园。至2010年底，销售2688个，安葬骨灰2250具。

第六章 婚姻 收养登记

1980年，区民政科举办结婚登记员培训班，1993年5月，实行部分乡镇集中登记，1994年1月始，实行全区统一集中登记。70年代末到90年代中期，办理离婚登记的很少。进入21世纪，离婚登记呈明显增长趋势。区内的收养登记的很少，多为社会弃婴。

第一节 婚姻登记

一 结婚登记

1980年，办理结婚登记5351对。1988年，在全区各乡镇开展婚前身体检查。1990年，登记3177对。1993年5月，实行部分乡镇集中登记。1994年1月始，全区实行统一集中登记。1995年，办理结婚登记3092对。登记合格率100%。婚检率90%。1999年，办理夫妻关系证明207对，制止违法登记10余起。2000年，出具夫妻关系证明122对，处理违法婚姻2起，建立津南区婚姻管理三级网络，办理结婚登记3416对。2007年，为2151对登记人抽血化验，占总数65.6%。2010年，办理结婚登记3816对。

图23-8 2010年，区民政部门工作人员正在办理婚姻登记

2001—2010年津南区结婚登记情况统计表

表23-8 单位：对

年份	登记数	年份	登记数	年份	登记数	年份	登记数
2001	2885	2004	3527	2007	3308	2010	3816
2002	2644	2005	3048	2008	3629	–	–
2003	2927	2006	3443	2009	4190	–	–

二 离婚登记

70年代末期到90年代中期，办理离婚登记的很少。1994年，办理离婚登记68对。区婚姻登记处同时办理协议离婚。1995年，受理协议离婚137对，经调解不离53对。21世纪，离婚登记呈明显增长趋势。2000年，离婚登记254对。2005年，离婚登记639对。2010年，增至1022对。

2001—2010年津南区离婚登记情况统计表

表23-9　　单位：对

年份	离婚登记	年份	离婚登记	年份	离婚登记	年份	离婚登记
2001	270	2004	471	2007	790	2010	1022
2002	292	2005	639	2008	870	-	-
2003	316	2006	722	2009	968	-	-

第二节　收养登记

2003年7月，津南区正式办理收养登记，当年收养登记3宗。收养登记包括：查找不到生父母的弃婴和儿童；生父母有特殊困难无力抚养的子女；三代以内同辈旁系血亲的子女，以及继父继母收养继子女的。2003—2010年，办理收养登记45宗。被收养者多为社会弃婴。

2003—2010年津南区收养登记统计表

表23-10　　单位：宗

年份	非社会福利机构抚养的弃婴	三代以内同辈旁系血亲的子女
2003	3	-
2004	4	-
2005	1	-
2006	1	-
2007	6	-
2008	12	2
2009	10	-
2010	8	1
合计	45	3

第七章　社团管理

1979年后，区内民间社会团体（简称社团）组织增多。1990年，区民政局对社团组织实施审查、监管，对已经成立的社团组织进行清理。1995年后，每年对区内社团进行清理整顿和年检。2010年，全区有社团52个，民办非企业单位55个。

第一节　社会团体登记

1988年，民政部门开始审批管理社团组织。1990年，区民政局对已经成立的社团进行清理，核准全区社会团体81个。1995年，对全区89个社团进行检查，为30个社团进行名称变更工作。1998年，对全区社团进行清理整顿，保留社团38个。2001—2002年，连续对全区社团进行年检，对家禽发展协会、八里台镇红枣协会、文化行业联合会、医学会、见义勇为协会、劳模协会进行指导、监督、审批。2004—2005年，检查社团82个，完成社区公益性民间组织32个备案管理工作。2007年，53个社团年检合格率70%。2010年，撤销1个，有社会团体52个。

2010年津南区社会团体登记在册情况一览表

表23-11

社团名称	注册时间	社团名称	注册时间
税务学会	1991.10.14	建筑业协会	1991.10.16
个体劳协、私营企业协会	1991.10.16	计划生育协会	1991.10.16
外商投资企业协会	1996.10.16	水利学会	1991.11.4
消费者协会	1991.11.5	教育学会	1991.11.16
珠算协会	1991.11.20	农民体育协会	1991.11.25
汽车维修配件行业协会	1991.12.15	青年企业家协会	1992.3.24
行政法学会	1992.9.8	思想政治工作研究会	1993.4.24
体育总会	1993.12.18	天主教爱国会	1994.6.2
新闻发展促进会	1994.11.8	书画协会	1994.12.27
机动车驾驶员协会	1995.5.24	政工师协会	1995.8.3
老年协会	1998.2.4	环保产业协会	2000.4.16
粮食行业协会	2000.4.26	学术联合会	2000.8.15
反邪教协会	2001.5.21	内部审计协会	2001.11.28
畜禽发展协会	2002.4.1	八里台镇红枣协会	2002.5.27
文化行业联合会	2002.7.15	医学会	2002.8.26
见义勇为协会	2002.9.18	劳模协会	2002.10.24
医药质量管理协会	2003.2.13	福利企业协会	2003.4.15
慈善协会	2003.4.20	质量标准化协会	2003.8.5
咸水沽镇生猪养殖协会	2004.5.28	海河水产养殖协会	2004.8.2
宝鑫家禽养殖协会	2004.9.8	北闸口镇冬枣协会	2004.9.21
长青公益事业协会	2004.12.27	长青集体企业发展协会	2005.4.21
再生资源回收利用协会	2005.6.8	仙人掌与多肉植物协会	2005.9.23
海河湾水产养殖协会	2005.11.30	津南珍贵毛皮动物养殖协会	2006.10.27
政协之友联谊会	2007.6.4	农业新技术协会	2008.9.8
志愿者协会	2008.11.12	蓝盾基金协会	2009.4.17
工业经济发展促进会	2009.9.23	能源发展促进会	2009.9.24

第二节　民办非企业单位登记

2000年，津南区民办非企业单位143个，从业人员874人。其中，单位办53个，合伙联办30个，个体办60个。2002年，登记、审批18个。2004年，有35个，参加年检的22个，不合格12个，新批5个。2009年，全区有52个。2010年，撤销1个，新批准4个，年末有55个。

2010年津南区民办非企业单位登记在册情况一览表

表23-12

单位名称	注册时间	单位名称	注册时间
春晓幼儿园	2001.2.17	小站青少年体育俱乐部	2001.7.8
津南水务乒乓球俱乐部	2001.8.28	世纪星幼儿园	2001.9.1
北闸口镇 ID 幼儿园	2001.9.1	双桥河红太阳幼儿园	2001.9.1
小站镇明星幼儿园	2001.9.1	小聪聪幼儿园	2001.10.19
天津市天华实验中学	2001.12.18	育才幼儿园	2002.1.10
天津市菁华中学	2002.4.3	福恩养老院	2002.4.18
菁华中学体育俱乐部	2002.7.15	天津市南华中学	2002.9.24
南华培训中心	2002.10.24	图书馆培训中心	2002.11.26
校办产业培训中心	2003.8.25	美华服装裁剪学校	2003.8.25

续表

单位名称	注册时间	单位名称	注册时间
教研室培训中心	2003.10.21	民进津南区开拓学校	2003.11.17
文化馆培训中心	2004.6.11	婚姻服务中心	2004.6.29
环渤海大文化培训中心	2004.6.29	实验小学培训中心	2004.8.27
小站青少年体培中心	2004.11.3	商汇工商进修学校	2004.11.3
长青康老院	2004.12.28	阳光幼儿园	2005.2.3
少年宫童星培训中心	2005.7.11	教师学习资源培训中心	2005.10.21
华艺艺术幼儿园	2005.11.30	成人中专学校培训中心	2005.12.7
宏康青少年体育俱乐部	2005.12.27	津南华海医院	2006.3.20
华夏米兰阳光幼儿园	2006.4.13	爱军社区服务中心	2007.3.29
双港希望之星培训中心	2007.4.26	宏业质监培训中心	2007.7.10
新华聚瑛培训学校	2008.4.17	津南翔宇培训学校	2008.7.17
葛沽镇沐浴幼儿园	2008.10.21	育英幼儿园	2008.10.21
小站镇蓝天幼儿园	2008.10.21	英才培训学校	2008.11.12
正大骨科医院	2008.11.12	小站镇童乐幼儿园	2009.2.24
葛沽镇鑫新幼儿园	2009.2.24	葛沽书画社	2009.5.6
天同医养院	2009.7.21	宏健青少年体育俱乐部	2009.12.23
同心乐养老院	2009.12.27	颐康养老院	2010.3.31
蓝盾公共安全防控中心	2010.6.13	津南阳光宝贝幼儿园	2010.9.16
东方抗衰老研究所	2010.11.4	–	–

第三节 慈善事业

一 捐献

1994年，为甘肃、宁夏募捐衣被23.49万件。1998年，为南方抗洪救灾捐款307.6万元，衣被72.56万件，物资折款314.5万元。2000年，为甘肃贫困地区募捐衣被46.3万件，资金30余万元，为承德潘家口库区捐款20余万元。2002—2003年，捐款88.5万元，衣被28万元，物资折款38.4万元。

图23-9 2004年，津南区慈善协会成立大会

区慈善协会成立之后，每年5月作为慈善宣传月和捐赠月，召开全区慈善捐献动员大会，制作宣传展牌，印发告全区人民公开信《携手慈善共创和谐倡议书》。并在各镇设立社会捐赠工作站和接收社会捐赠工作点。2004年，全区设立社会捐赠工作站10个，接收社会捐赠工作点50个，捐款人1.23万人。2008年，为汶川地震灾区募捐1508.5万元（不含荣程集团），棉被毛毯3.89万床，棉毛衣裤9.06万件，帐篷1301顶，方便面4166箱，学习用具600件。至2010年，累计接受社会捐赠（包括物资折款）9444.15万元（不含荣程集团），捐款人5.69万人。

图23-10 2008年，为汶川地震灾区运送募集的衣被

2004—2010年津南区社会捐赠情况一览表

表23-13　　单位：元

年份	当年捐赠	赠款累计	附注
2004	3355449.10	3355449.10	-
2005	5627812.47	8983261.57	-
2006	5298468.65	14281730.22	-
2007	9410613.56	23692343.78	-
2008	30810993.01	54503336.79	含物折款
2009	14091830.04	68595166.83	-
2010	25846345.10	94441511.93	-

二　救助

2004—2010年，救助209367人（次），投入慈善款4333.47万元。其中，冬季送温暖1077.14万元，救助5.23万人（次）。春节助困529.4万元，救助4.1万人（次）、临时助困942.82万元，救助4.36万人（次）。助老72.55万元，救助1648人（次）；助孤30.94万元，救助759人（次）。救助单亲母亲15.84万元，救助872人（次）。助医792.67万元，救助8235人（次）；助学375.18万元，救助5407人（次）；圆大学梦210.72万元，救助829人（次）。慈善超市及其他救助266.55万元，救助44717人（次）。

图23-11　2010年，区民政工作人员为低保户发放临时救济金

2004—2010年，资助津南区颐养院基础建设、各镇卫生院、中小学购置设备、打机井等，支出603.79万元。

第八章　社会福利

1980年，开始重建敬老院。1989年，全区有集体办敬老院16所，入院老人185人，占五保老人的45%。2007年，区颐养院建成，为农村“五保户”、城镇“三无”人员及社会部分老人提供住养、生活护理等综合性服务。2010年，全区有集体办敬老院6所，床位2178张，供养老人606人。民办养老院5所，收养老人496人。

第一节　养老院

一　集体办养老院

1980年，重新筹建敬老院。1984年，五保供养48人。1989年，区有集体办敬老院16所（乡镇办10所，村办6所），入院老人185人，占五保老人的45%。1994年，投资100万元新建双港镇敬老院，投资74万元的南洋敬老院竣工。1995年底，区乡镇办敬老院10个，供养老人108人，村办敬老院3个，供养老人46人。1996年，八里台敬老院被评为“全国模范敬老院”。1997年，投资80万元，新建双桥河镇敬老院。1998年，区镇投资150万元，完成双桥河、北闸口敬老院拆建工作。2001年，6所敬老院被评为天津市文明窗口敬老院。2010年，全区有集体办敬老院6个，床位2178张，供养老人606人。

1985—2010年津南区集体办敬老院情况统计表

表23-14

年份	敬老院(所)	工作人员(人)	床位数量(个)	供养人员(人)		五保人员供养金额(万元)
				总数	五保人员	
1985	13	49	182	131	131	8.40
1986	13	48	185	138	138	13.80
1987	17	65	214	183	183	7.40
1988	17	58	267	190	190	8.50
1989	16	52	260	185	185	11.30
1990	16	73	260	193	193	11.66
1991	15	70	255	150	150	18.27
1992	15	72	255	178	178	13.92
1993	15	72	255	170	170	21.00
1994	14	65	260	158	158	20.00
1995	13	64	270	154	154	21.00
1996	10	61	280	152	152	35.00
1997	10	61	235	165	165	48.00
1998	10	59	289	171	171	50.00
1999	10	56	281	236	198	81.50
2000	10	56	306	231	191	87.50
2001	8	56	297	231	191	87.50
2002	8	49	307	246	186	75.00
2003	8	49	307	227	167	75.00
2004	8	51	309	227	166	77.00
2005	8	52	309	237	176	80.00
2006	8	60	309	245	172	76.00
2007	1	52	240	216	155	59.50
2008	3	75	1033	252	127	71.70
2009	5	126	1556	444	132	71.40
2010	6	304	2178	606	114	71.61

二 民办养老院

2002年，津南区出现民办养老院，福恩养老院是第一家民办养老院。2010年，全区有福恩养老院、长青康老院、天同医养院、颐康养老院、同心乐养老院5所民办养老院，收养496人。

三 津南区颐养院

2007年5月奠基，年底颐养院部分竣工。总投资1.2亿元，占地4公顷，建筑面积3.12万平方米。主要为农村“五保户”、城镇“三无”人员及社会部分老人提供住养、生活护理等综合性服务。2010年，颐养院集中供养五保对象、城镇孤老124人，收养自费者492人。

2007—2010年津南区颐养院发展情况统计表

表23-15

年份	工作人员数（人）	床位数（个）	供养人员（人）			
			合计	五保老人	城市三无人员	自费人员
2007	30	300	93	63	11	19
2008	38	1000	144	82	14	48
2009	55	1000	248	98	16	134
2010	86	1000	616	108	16	492

第二节　福利生产

一　福利企业状况

1985年，福利生产重新起步，当年新建企业3个，销售总值71万元，利税11万元。至1995年，全区福利企业109家，总产值近3.5亿元，利税4305万元。2000年，实现销售收入6.16亿元，利税7000万元。2001年，福利企业改制、改组、改造达80%，产值3.1亿元，利税3000万元。2005—2009年，福利企业由52个减为20个，销售收入每年在3亿元上下，利税在4500万元左右。2010年，福利企业18家，销售收入3.1亿元，利税4100万元。

二　残疾人就业安置

1985年，街道分散安置残疾人员65人。1995年，区民政局颁布《福利企业残疾职工养老保险试行办法》，全区累计安置残疾人3331人。1997年，累计安置残疾人3376人。2001—2006年，累计安置残疾人7888人。2007—2010年，福利企业新安置残疾人近2000人，为残疾职工缴纳社会保险，参险率100%。

三　福利彩票

1987年，南郊区开始社会福利彩票有奖募捐销售。至1989年，销售奖券16.5万张，留成资金3万余元用于发展福利事业。1996年4月，首次进行大奖组彩票发行，销售福利彩票360万元，募集社会福利资金80万元。2000年，销售开始发行电脑福利彩票和即开型福利彩票，当年销售彩票279万元，筹集福利资金14.9万元。2004年，新增销售网点8个，销售彩票508.1万元。2006年，45个投注网点销售彩票2134万元，销售额连续3年为新四区之首。2008—2010年，销售2856.7万元，提取公益金611.2万元，用于社会福利资金1719万元。

第九章　残疾人事业

区残联贯彻和落实国家残疾人事业的政策和法规，为残疾人排忧解难，坚持开展残疾人文化体育活动，举办残疾人艺术节和残疾人运动会，开展扶残助残活动。做好残疾人康复、生活保障和维权工作，建立家庭、社区康复站和无障碍设施，解决残疾人低保和扶贫安居工作。建立残疾人劳动就业服务所，指导、帮助残疾人就业。

第一节 代表大会

1989年9月和1993年6月，区残联召开第一次和第二次残疾人代表大会。1998—2007年，津南区残联召开3次残疾人代表大会，听取和审议区残联工作报告，选举产生区残联名誉主席（第三届由区政协主席兼任，四、五届由区委副书记兼任）、主席（由副区长兼任）、副主席。

1998—2007年津南区残疾人代表大会一览表

表23-16 单位：人

名称	召开时间	代表人数	名誉主席	主席	专职副主席
第三次残疾人代表大会	1998.6.9	195	郝学全	陈义述	2
第四次残疾人代表大会	2003.3.26	145	姚奎彦	杨国法	2
第五次残疾人代表大会	2007.11.13	145	韩远达	李文海	2

第二节 文体活动

一 文化艺术活动

1991年，组织首届残疾人文艺会演，全区有45名残疾人参加演出，并选拔优秀节目参加天津市残疾人艺术节。1994年，在天津市首届残疾人艺术节上，津南区有2个节目取得第三名，并获得组织奖。2002年，在天津市首届残疾人声乐比赛中，区培智学校小合唱获美声唱法二等奖，残疾人孙文岐和张万民分获通俗、民族优秀奖。在同年举行的“自强的风采”残疾人艺术作品展中，陈宝恒获书法类二等奖。2003年，区培智学校在天津市特殊教育文艺调演中获舞蹈比赛二等奖。2007年，在天津市盲、聋人文艺会演中，区培智学校学生代表津南区参加演出，津南区获得优秀组织奖。2008年，区残联举办第二届残疾人艺术节，演出18个精彩节目。同时选拔6人参加市级文艺会演。2010年，选拔声乐、器乐、小品等5个节目，参加天津市残疾人艺术节会演，获得声乐和小品类三等奖。

二 体育活动

1991年，举办首届伤残人田径运动会，66名残疾人参加比赛。1992年，举办津南区第二届残疾人运动会，120人参赛。1995年，举办第三届残疾人运动会，有174人参加。1999年，举办第五届区残疾人运动会，并组团参加天津市第四届残运会，在游泳S8级100米蛙泳、S9级400米自由泳和举重48公斤级，各摘得一块金牌。2002年，举办津南区第六届残运会，并选拔17名运动员参加市残运会，取得9金4银2铜，并获得“体育道德风尚奖”。2006年，举办区第七届残运会，并参加市第十一届残运会，获得7金10银8铜。2008年，举办区第八届残运会。2010年，参加市第十二届全民健身大会，取得18金11银11铜。是年，区培智学校篮球队代表天津市参加全国特奥篮球项目的比赛，获得“体育道德风尚奖”。

第三节 福 利

一 康复

1989年始，为全区109名儿麻残疾人实行康复工作。1992年，区财政拨专款3万元扶持大孙庄村建立残疾人康复试点站，后全区建立残疾人社区康复站12个。1995年，建立区、镇、村（居）三级残疾人康复网络机构，先后投入资金190余万元建立各级康复站29个。2005年，制定《津南区特困重症精神病患者医疗救助暂行办法》。2006年，区残联、区民政局和区财政局联合下发《津南区特困重症精神病患者救助暂行办法》补充规定，当年有52名重症精神病患者住院医疗费得到补助，精神病服药补助由每人每年300元提高至500元。是年，爱心复明工程在小站镇启动，273名困难白内障患者得到手术治疗，假肢安装24例。2007年，制定《盲人定向行走技能培训方案》，对各镇残联理事长、专干、志愿者、盲人家属进行专门培训。2010年，投入110万元，对265户残疾人家庭和8个社区、3个康复站进行无障碍设施改造。

二　保障

1989—2004年，为做好农村贫困残疾人扶贫安居工程和生活配套延伸扶持服务，为困难残疾人家庭重建房屋61户，维修危房127户，累计投入资金410万元。2005年，享受低保残疾人救助金由120元，提高至155元。2006年，制定残疾人扶助项目15个，资源共享项目10个和保障措施4个，将残疾儿童少年义务教育全面纳入教育体系。至2010年，为967名残疾学生发放救助金63万元。2008年4月，农村困难残疾人救助标准与城镇困难残疾人救助金标准统一：重度每人每月200元，轻度每人每月100元，全区1950名残疾人受益。至2010年，发放救助金810万元。

三　维权

2007年，设区残疾人法律援助工作站。2008年，在全区镇、街（社区）建立残疾人法律维权岗17个。2009年，建立津南区残疾人法律援助联合维权工作协调小组，制定《津南区法律援助联合维权工作协调小组管理办法》，建立残疾人法律救助工作专项资金，投资203万元，为1630户残疾人安装无障碍厕所、坡道、扶手、语音铃等无障碍设施。在每年“助残日”，开展大型法律咨询活动。至2010年，接待来访残疾人360名，代写文书60余份，代理诉讼42件。

四　就业

1996年，成立津南区残疾人劳动就业服务所，是区残联所属正科级全额事业单位。至2010年底，先后开发机加工、拔丝、制罐、养殖、手工编织等扶贫基地10个，安置帮扶残疾人129名。通过征收残疾人保障金按比例安置残疾人工作，扶助残疾人实现就业，鼓励有条件有能力的残疾人自主创业，累计安置残疾人就业5572名，残疾人自主创业105户，先后开办10余项残疾人职业技能培训，累计培训174人次。

第十章　老龄事业

区老龄问题委员会成立后，推动全区建立健全老龄工作组织。各老龄机构积极开展尊老敬老活动，落实老年人的权益保障，维护老年人的合法权益。开展丰富多彩的老年人文化体育活动，“枫叶杯”老年戏剧大赛每年举办1次，已连续举办17届。2008年，老年大学“飞”组合合唱小组，登上中央电视台星光大道舞台，津南老人在参加全国书画大展、大赛中24人获奖。

第一节 老年人权益保障

一 社会保障

（一）养老保障

1979年，南郊区对五保及“三无”（无收入、无劳动能力、无法定赡养人）老人实行集体供养。1985年，全区分散供养的五保老人每人每月生活费标准调整为20~40元。1995年，五保老人年供养标准为1300元。2010年，集中供养的6400元，分散供养的4600元。机关事业单位离退休人员养老金按时足额发放，城镇企业离退休人员养老金2006—2010年连续提高。

（二）百岁老人营养补助金

1999年1月始，每月给百岁老人发放100元营养补助金，2001年10月增加至200元。2007年1月增加至400元，当年百岁老人10人，发放营养补助金4.8万元。2010年，为28人发放补助金13.44万元。

（三）城乡老人生活补助费

2008年1月，建立农村60周岁老年人无固定收入生活补助费制度，每月30~50元。2009年1月，城镇60岁以上无固定收入老年人，也享受生活补助。2008年，全区3.62万老年人享受生活补助金，发放补助金1467.78万元。2009年，为3.38万人发放补助金额2890.77万元。2010年，为3.39万人发放补助金额2714.87万元。

（四）高龄老人节日慰问金

2007年始，在老年节期间给90岁以上老年人发放节日慰问金200元。2007—2010年，为2798人次发放节日慰问金55.96万元。

（五）农村老年人退养补助金

2003年，双港镇南马集村发放农村老人退养补助金，每人每月150元，是津南区最早发放农民退养补助金的村。2010年底，全区有82个村建立农民退养补助金制度（男年满60岁、女年满55岁），各村根据集体经济条件每人每月发放50~500元不等。

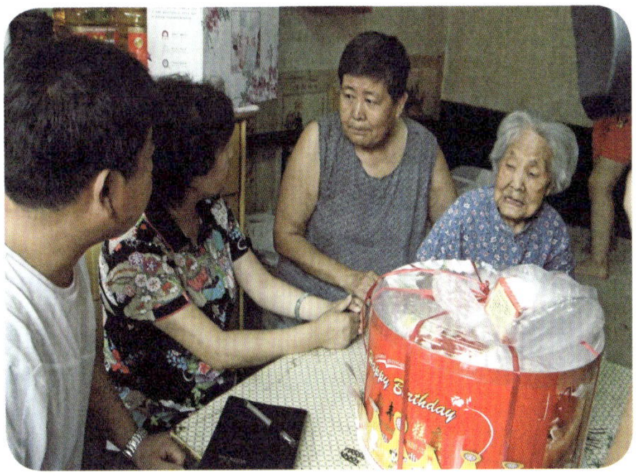

图23-12 2010年7月7日，区老龄委工作人员给百岁老人王珂英送去生日蛋糕

（六）居家养老服务政府补贴

2008年4月始，津南区全面推进居家养老服务政府补贴制度实施，补贴对象划分为轻度、中度、重度三个等级，分别给予每人每月100元、150元、200元补贴。2008—2010年，补贴843人次，补贴资金115.7875万元。

（七）老年人医疗保障

2001年11月以前，机关事业单位退休人员实行公费医疗制度，企业退休人员实行劳保医疗制度。2001年11月，《天津市城镇职工基本医疗保险》实施后，城镇企业及机关事业单位的退休人员按照其中的相关规定执行。2005年1月，实行《天津市津南区新型农村合作医疗保险规定》。2008年1月始，实行《天津市城镇居民基本医疗保险》制度。以上两项医疗制度从2010年1月起统一为《天津市城乡居民基本医疗保险规定》。

二 社会福利设施

1997年，建成津南区葛沽镇老年人活动中心。2001年始，津南区实施社区老年福利服务“星光老年之家”建设。2002年底，小站镇老年活动中心和咸水沽镇祥福里社区、葛沽镇荣华里社区、小站镇中山路社区星光老年之家先后建成，总投资146.2万元，建筑面积989.62平方米。2003年，投资580余万元，建成老年福利服务活动场所13个。2004年，全区15个老年福利服务项目全部完成，总投资690万元。2008—2010年，市、区、镇三级政府投资4939万元，建设老年日间照料服务中心7个、老年日间照料服务站12个，总面积10801平方米，设立休息室、文体活动室、阅览室、健身康复室、医疗保健室、老年人学校，配备专业人员进行统一管理。

三　维权

1987年7月，区老龄委宣传、贯彻执行《天津市保护老年人合法权益的若干规定》。1996年，接待老年人来信来访上千人次，并及时处理。2002年，指定捍正律师事务所为津南区老年法律服务部，各镇都建立老年维权中心，所有的村（居）均都建有调解委员会。2003年，接待老年人来信来访300余件，区法院审理涉老案件283件，调解结案179件。2006年，区人民法院民事审判一庭、双桥河派出所被全国老龄委、公安部、司法部授予“全国老年维权示范岗”荣誉称号。2007年，区老龄委联合人寿津南支公司开展“助老健康御险”工作，至2010年全区投保3.73万人，保费达80.04万元，理赔34.68万元。2008年，成立津南区老年人法律援助联合维权工作协调小组，专门接待老年人来信来访。至2010年，接待涉老纠纷案件52件。2010年始，发放老年人乘公交车敬老卡，至年底发放4万余张。

第二节　老年人文化体育活动

1987年1月，成立天津市老年书画研究会南郊区咸水沽分会。1993年始，每年举办“枫叶杯”老年戏曲大赛，至2010年举办17期。2002年始，每年老年节期间举办“津南区老年艺术节”，至2010年已举办9届。2003年，成立老年艺术学校，开设适合老年人晨练、美术、书画、戏剧、舞蹈、文学创作等专业。成立老年合唱团、老年篮球队、武术协会、太极协会。2008年4月，老年大学组成“飞”组合13人合唱小组，登上中央电视台星光大道舞台。在首届中国老年艺术节书画类大赛中，津南区老人王凤翊获篆刻类金奖、赵惠清获国画类银奖、杨家驷获国画类优秀奖。2010年，10位老年书画爱好者应山东省广饶县老年大学邀请进行文化交流。是年，津南、北辰、宝坻、宁河、静海5区县老年协会联合举办“庆世博、促发展五区县老年书画巡回展”。至年底，津南区有市级示范性老年大学1所，镇办老年学校4所，书画研究会1所，老年艺术学校1所，老年合唱团1所。津南老人在参加各级举办书画大展、大赛中，获全国奖24人次，市级奖有59人次。还有77人次作品入编各级书画集，分别被授予中国当代书画名家、中国当代艺术家、著名书画家、中国当代名人等荣誉称号16人次。

图23-13　2010年5月26日，书法作者介绍书法作品

第三节 老年大学

1998年，津南区老年大学成立，设综合班1个，开设课程3门，学员50人。借用津南职专教室1间、办公室2间。经费以自筹及社会捐助为主。2001年始，区财政每年补助经费1万元。2002年，由咸水沽三中后楼划拨3个教室、3间办公室为老年大学固定校址。建立领导班子和稳定的师资队伍，由区教育局负责注册管理。是年，津南区老年大学成为天津市首批12所区县示范校之一。2007年，经费由2万元增加至5万元。2010年，经费增加至8万元。

2008年9月，老年大学搬入新建的津南区少年宫，活动室与少年宫共用，具有舞蹈厅、音乐教室、电子琴室、多媒体电化教室，书桌、画案、会议室、演出厅等，设备和教学硬件更加完善。2009年，津南区老年大学在建校10周年之际编辑出版《银辉十年》，展示了津南区老年教育的丰硕成果。至2010年，津南区老年大学设有系5个，教学班18个，学员550名。

2010年，有镇办老年学校4所：2002年，葛沽镇在福海园居委会成立镇老年大学；2002年，咸水沽镇在益华里居委会成立社区老年大学；2008年，小站镇成立老年大学；2008年8月，津南区颐养院成立老年大学。

第四节 尊老敬老

1992年，津南区在元旦、春节期间开展各种形式的敬老爱老活动。1993年12月，为70岁以上老年人发放优待证（2005年扩大至60岁），老年人持老年优待证享受公园、影剧院、文化馆、博物馆、展览馆、纪念馆、公共图书馆给予半价优惠，律师事务所免费咨询、代书，各医院优先挂号、诊治，房管站优先登记修缮住房等优待政策。2002年始，区委宣传部、区妇联、区文明办、团区委、区老龄办5个单位联合开展“好儿女”“好丈夫”“好儿媳”“幸福老人”评选活动，在社会上反响极大。区老龄委连续开展“敬老文明社区（村）”“敬老模范家庭”“敬老好儿女”“健康老人”评比活动，并进行表彰。区教育局把“尊老、爱老、敬老”纳入德育教育内容，每年开展主题为“红领巾辉映夕阳”系列教育活动。全区建立8个为老服务基地，300余支为老服务志愿小分队，活跃在农村和社区。2006年，小站镇东大站村被全国老龄办授予“全国敬老模范村居（社区）”荣誉称号。2007年始，荣程集团每年老年节期

图23-14　2010年10月13日，受到表彰的“老有所为”先进人物合影

间捐助给津南区慈善协会4万元，慰问200名困难老人。2009年10月，开展“津南区首届孝亲敬老模范家庭评选”活动，全区评选出20户孝亲敬老模范家庭。是年，举办“庆国庆迎重阳钻石婚庆典”活动，10对老人代表全区107对钻石婚夫妇参加现场庆典，区领导向他们赠送钻石婚纪念杯和婚纱照，赠送“喜、寿”匾。2010年，举办津南区老有所为优秀人物评选表彰活动，53名老人受到表彰。

图23-15　2009年10月17日，津南区举办“庆国庆迎重阳钻石婚庆典”活动

津南区志
（1979-2010）

第二十四编
人　事

中共十一届三中全会以来，津南区不断深化人事管理制度改革，加强干部队伍建设。按照上级部署，精简机构，推行公务员及干部录入凡进必考、科级干部竞争上岗等制度，改革干部计划分配制和终身制为招考聘任制。不断加强干部队伍的管理与监督，举办各种类型的公务员在职培训，1996—2010年，区人事局共举办10期科级干部任职培训，以提高干部队伍素质和服务社会能力。

2010年，天津市公开选拔处级领导干部统一联考笔试津南区考场

第一章 人事管理制度改革

1979年后，全区干部执行“革命化、年轻化、知识化、专业化”标准。1982—2010年，津南区党政机构、事业单位机构按照上级指示压缩编制，精简机构。深化干部人事管理制度改革，推行公务员及干部录入凡进必考、科级干部竞争上岗等制度，提高政府工作效率和公共服务水平，为全区经济社会发展提供人才支撑。

第一节 机 构

1980年4月，区政府设人事科。1984年，区政府人事科与劳动局合并建立区劳动人事局。1985年，南郊区劳动人事局建立劳动保护监察科（与劳动保护科一套人马两个牌子）。建立南郊区人才交流服务中心（与人事调配科一套人马两个牌子）。1988年，人事管理部分从南郊区劳动局分离，恢复“区政府人事科”，后又将人事科改称人事室。1989年4月，人事室更名为南郊区人事局。1992年3月，改称津南区人事局。

1998年，区人事局内设机构：办公室、调配考录科（兼人才市场管理办公室）、工资福利科、考核任免科、专业技术科（兼区职改工作办公室）、退休保险科、人才交流服务中心。1999年9月，撤销退休保险科，退休干部管理并入工资福利科，保险部分移交劳动局。2000年9月，建立区人事争议仲裁委员会，下设2个办公室（人事争议仲裁办公室和申诉控告办公室）。人事争议仲裁办公室在人事争议仲裁委员会成立时设在区人事局调配考录科，由科长兼任主任，2004年后，由区人事局办公室主任兼任。人事争议仲裁申诉控告办公室由区人事局考核任免科科长兼任。2002年11月，增设教育培训科。

2010年2月，成立公务员局。是年，津南区将原人事局与区劳动和社会保障局整合，组建为津南区人力资源和社会保障局，含1室13科5个事业单位。

第二节 录用与安置

一 大中专毕业生分配制度改革

1981年，开始接受分配大中专毕业生。1995年之前，国家对大中专毕业生采取按计划统一分配。1995年后，大中专毕业生就业制度进行改革，逐步由国家统一分配向双向选择、自主择业过渡。1996年，津南区对没有接收单位的中专毕业生不再接收。1997年，毕业的中专毕业生全部到人才交流服务中心报到，实行双向选择，自主择业。1998年，津南区公布《津南区录用大中专毕业生办法》，对大中专毕业生就业实行双向选择、自主择业，进入机关、事业单位实行考核制度。从2005年开始，津南区对所有的大中专毕业生无论进入机关还是事业单位一律实行公开招考。

二 事业单位人事制度改革

1998年，津南区事业单位补充人员采取“凡进必考”方法。2000年，津南区实行《津南区事业单位实行聘用制工作实施意见》和《津南区事业单位聘用制实行办法》，对事业单位工作人员实行聘用制试点。各单位在干部管理、人才建设、奖惩任免、工资调整、职称评定等各管理环节深入开展人事制度改革。

为规范津南区事业单位人员聘用制工作，2004年6月，津南区制定《津南区事业单位实行人员聘用制工作实施方案》的通知。2004年7月6日，区召开事业单位实行人员聘用制工作推动会，会上转发人事部《关于事业单位实行人员聘用制度有关问题的解释》和市人事局《关于做好事业单位人事制度改革中未聘人员安置工作的意见》，并对全区聘用制工作进行了全面的部署。

三　工人录干、社会录干政策的改革

1996年以前，津南区依据上级有关规定，根据工作实际需要，对区属各单位符合相关规定的人员，办理了以工代干、工人录干、工人聘干、社会录干的手续。1996年，根据市局统一要求，此后不再从工人中录干、聘干。

四　军队转业干部的接收安置改革

1997年前，按原军队转业干部接收安置规定，办理回津南区的军转干部安置工作。1997年开始，军转干部全迁户按照津南区住房制度改革的有关规定，住房由自己购买。2001年，区军队转业干部安置工作由原来的政府指令性计划分配改为政府指令性计划分配和自主择业相结合的安置政策。

第二章　人事调配

津南区干部调动，原由中共津南区委组织部和津南区人事局依权限分别管理。1999年以后，区工商局、区技术监督局、区卫生局药监所、津南区有线广播电视局转变隶属关系，归市局管理。2001年6月，区卫生局转变隶属关系，所属事业单位的人事关系划归津南区管理。2007年11月，津南区规划和国土资源局人事关系，划归天津市国土资源和房屋管理局津南区国土资源分局管理。

第一节　干部调动

1992年以前，津南区干部的调动工作，由中共津南区委组织部和津南区人事局按照干部管理权限办理。即区委、人大、政协、纪检委、检察院、法院、各乡镇、老干部局、党校正科级以上职务的领导干部和教育系统调入区内其他单位的人员由区委组织部办理；其余各单位的区管干部区内单位间的调动和全部区管干部进、出区的调动由人事局办理。

1993年后，区管单位干部进、出区的调动全部由区人事局办理。区管单位干部在区内各单位之间的调动，由区委组织部和区人事局按干部管理权限办理。即由区委组织部管理的单位（区委、人大、政协、纪检委、检察院、法院、各乡镇、老干部局、党校）之间的干部调动由区委组织部办理；政府序列的单位之间干部调动由区人事局办理。区委组织部管理的单位和政府序列单位之间的干部调动由区委组织部和区人事局共同办理。1980—1995年，全区共办理干部调动1658人。

1999年6月，区工商局转变隶属关系，全员147人划归市工商局管理。2000年12月，区技术监督局转变隶属关系，全员47人划归市技术监督局管理。2001年6月，区卫生局转变隶属关系，所属事业单位的1344人的人事关系划归津南区管理。2002年4月，区卫生局药监所转变隶属关系，15人成建制划归天津市药监局管理。2005年9月，根据天津市广播电视网络整合方案的规定，津南区有线广播电视局19人划归到天津市广播电视网络股份有限公司。2007年11月，津南区规划和国土资源局26人，划归天津市国土资源和房屋管理局津南区国土资源分局管理。

1995—2010年津南区干部调动情况统计表

表24-1 单位：人

年份	调出全民	调入全民	区内调动全民	年份	调出全民	调入全民	区内调动全民
1995	74	15	38	2004	24	21	50
1996	28	12	56	2005	36	15	45
1997	68	16	95	2006	14	25	78
1998	27	9	44	2007	35	37	60
1999	176	13	54	2008	11	19	45
2000	68	25	42	2009	16	13	32
2001	10	1359	75	2010	14	17	53
2002	44	24	99	总计	657	1645	928
2003	12	25	62	-	-	-	-

第二节　干部录用

一　大中专毕业生分配

接收国家分配的大中专毕业生是津南区干部的主要来源。1981—2000年，津南区教育系统接收的毕业生不隶属区人事局，这个时期的统计数字不含教育系统接收的毕业生。

为拓宽分配渠道，充实乡镇干部，1990年开始，陆续把按计划分配到南郊区的部分大中专毕业生分配到乡镇（含长青总公司）工作，不占用行政编制。其人事、工资、党团关系由各乡镇党委和政府管理，人员并入各乡镇工业公司。他们的全民干部身份不变，工作调动同乡镇在职国家干部，执行事业单位工资标准。

1991年，从师范院校政教、中文专业的大专毕业生中，通过考试、面试选拔11人充实到各机关从事文秘工作，解决了文秘人员不足问题。

1998年，津南区公布《津南区录用大中专毕业生办法》，对大中专毕业生就业实行双向选择、自主择业，进入机关、事业单位实行凡进必考制度。2001—2004年，根据事业单位工作需要，津南区对本科应届毕业生进入事业单位不参加津南区人事局组织的事业单位招考，直接办理录用手续。2005年后，津南区对所有的毕业生无论进入机关还是事业单位一律实行公开招考。

二　军队转业干部的接收安置

军队转业干部中，团职以上职务军转干部的安置由区委组织部负责，营职以下和技术职务军转干部的安置由区人事局负责。按原军队转业干部接收安置规定，1981—1992年，津南区接收安置军队转业干部225人。接收安置随军家属63人。为全迁户解决住房126间，2520平方米。1993—2010年（1997年实行军转干部安置工作改革），共接收安置军转干部108人，其中男105人，女3人，中共党员108人，大学文化程度87人，中专高中学历21人；团职28人，营职32人，连职28人，排职3人，技术干部17人。接收安置随军家属22人，为全迁户解决住房13套。

三　工人录干、聘干

（一）"以工代干"的转干工作

1983年6月至1984年7月，南郊区对各单位在干部岗位上工作，并已被正式任命担任领导职务的"以工代干"人员，经考核审定确实符合干部条件的，承认为干部，补办干部手续。在转干补办人员中，有部分人员随之改定了工资级别。

（二）工人录干

1980年6月1日以后，"以工代干"人员，其中优秀的，根据工作需要，该单位有编制或定员允许的，可按照津人（1983）6号文件规定办理录干手续。

（三）工人聘干

津南区根据（津人〔1992〕6号）文件及（津人〔1993〕17号）文件精神，在乡镇计划生育服务站协勤人员中聘干，事业单位在职工人符合岗位条件要求，且单位准备聘用其在管理岗位或专业技术岗位工作的，由单位审核报区人事局审批，办理聘干手续。

四　社会录干

党的十一届三中全会后，从符合干部条件的乡镇机关协勤人员中吸收录用183人为国家干部。这些被录用的干部，充实到乡镇机关的党政管理部门39人、经济管理部门72人、计划生育管理部门31人、广播文化管理部门32人，其他部门9人。

1993年，根据市人事局关于区、县人民法院、人民检察院以工代警人员录干工作的通知精神，为3名法警办理了录干手续。根据天津市人事局关于区五大机关工人吸收录用干部的条件和要求，为五大机关的9名工人办理了录干手续；1994年，根据天津市人事局、天津市教育局关于民办教师转公办教师工作的通知规定，为67名民办教师办理转干手续；1995年，根据市有关规定为14名在乡镇企业工作的优秀厂长、经理办理了录干手续；同时，根据原有的规定为37名工人办理吸收录干手续。

1996年开始，根据天津市人事局的统一要求，不再办理从工人中吸收录用干部。

五　各类不包分配毕业生吸收录用

津南区国家不包分配的应届大中专自费毕业生、干部类职校毕业生（以下简称"毕业生"）毕业时由市人才交流服务中心核发"就业推荐表"。毕业生凭推荐表通过多渠道采取"供需见面、双向选择"的办法就业。毕业生落实接收单位后，通过市、区两级人才交流服务中心办理录干手续。1993—2002年，录用干部类职校毕业生共864人。

六　大中专委培毕业生吸收录用

委培生毕业后持报到证到津南区人事局报到，原则上回原委培单位工作，也可由毕业生自主择业或由区人事局推荐解决就业。委培生人事档案由区人才交流服务中心保管。1993—2002年，接收大中专委培毕业生2072人。

七　"三支一扶"大学生招募及管理安置

2005年，中共中央办公厅、国务院办公厅印发《关于引导和鼓励高校毕业生面向基层就业的意见》，提出每年要招募高校毕业生，安排到乡镇开展支教、支农、支医和扶贫工作（以下简称"三支一扶"）。2006年开始，天津市实施高校毕业生"三支一扶"计划。天津市"三支一扶"办公室给津南区下达的招募计划为每年20名。2006年5月，津南区出台《津南区关于组织开展高校毕业生到农村基层从事支农、支教、支医和扶贫工作实施方案》。2006—2010年，津南区共招募"三支一扶"大学生76名。2010年，在岗人员为29人，其中支农19人，支教9人，支医1人。

2006年9月，制定《津南区"三支一扶"大学生管理暂行办法》，对"三支一扶"大学生在服务期的管理使用、教育培训、生活待遇，服务期满后的使用等情况进行明确规定。2008年、2009年，服务期满考核合格的共44人。其中，2008年，服务期满考核合格的3人选择自谋职业。2009年，服务期满考核合格的2人已经考取公务员。2010年，服务期满考核合格的2人由于服务单位编制已满，服务单位无法安置，其他37人全部被服务单位录用为事业单位管理人员。

八 机关、事业单位招录

（一）机关招考公务员

1994年，津南区人民法院、人民检察院面向社会公开招考20名工作人员，其中法院14名、检察院6名。

1996—1999年《天津市人事局关于加强国家公务员录用管理工作有关问题》等一系列文件，保证了公务员招考工作的客观、公正，充分体现公开、平等、竞争、择优的原则，得到社会认可。

1994—2010年，津南区通过公开招考为区各机关录用300名公务员。其中研究生学历10人，本科学历231人，专科学历37人，中专学历17人，高中学历5人；男159人，女141人。

（二）事业单位招聘工作人员

1996年，津南区面向社会招录30名中专毕业生，充实到事业单位。1998年，开始对毕业生就业制度进行改革，对本区事业单位补充人员采取“凡进必考”的方法。是年区政府印发《津南区录用大中专毕业生办法》的通知，对事业单位补充人员进行规范。2000年，津南区教育系统、卫生系统、区委党校、有线广播电视局、津南区人才中心、政府招待所进行了试点。89个单位实行聘用制，共有4611人签订了聘用合同和岗位合同，落聘16人，转岗93人。

2004年6月，津南区制定《津南区事业单位实行人员聘用制工作实施方案》的通知。至2005年3月，全区161个单位实行聘用制（8个镇的147个事业单位人员聘用制工作待机构改革时进行），6404名职工与单位签订聘用合同，占职工总数的89.2%，内部退养42人、离岗待退5人、缓签聘用合同14人。是年，随着津南区乡镇机构改革的完成，且经区人事局不断推动，至2009年，全区274个事业单位中的248个单位的6813名职工与单位签订聘用合同（通过改革建立了新的用人机制，初步实现了事业单位的人事管理由身份管理向岗位管理的转变）。

2006年2月，津南区委组织部、区人事局联合印发《津南区事业单位招聘工作人员暂行办法》，进一步规范津南区事业单位补充工作人员工作。1996—2010年，津南区事业单位招考录用工作人员共1073人。其中，男308人，女765人。

第三节 教育培训

一 科级干部培训

1996年，津南区人事局举办了第一期科级干部任职培训。参加范围为党政机关、乡镇机关转任或即任科级干部，通过培训使其任职能力有了明显提高。1996—2010年，津南区人事局共举办10期科级干部任职培训，受训647人。

图24-1 2010年，科级干部任职培训班

二 人事干部培训

1998年10月，津南区人事局在天津市蓟县举办第一期人事干部培训班。党政机关、部分事业单位人事干部及分管领导参加。1998—

2010年，共举办6期，受训492人。

三　公务员在职培训

为不断提高公务员工作水平，津南区人事局与津南区委组织部从90年代多次举办各种类型的公务员在职培训。

1994—2010年津南区各类在职培训统计表

表24-2　　　　单位：人

年份	培训内容	参加人数
1994—2001	计算机应用能力初级培训	800
1997	机关工作人员过渡考核培训	848
1999—2000	计算机应用能力中级考试	269
2001	世界贸易组织基本知识培训	1152
2001—2002	电子商务培训	265
2002—2004	实用英语培训	765
2003	依法行政知识培训	1100
2004	行政许可法培训	766
2004—2005	电子政务知识培训	700
2006	公共管理（MPA）核心知识培训	1200
2008	公务员普通话水平培训	300
2008	公文写作与处理知识培训	1100
2010	公共危机管理知识	1136
合计	–	10401

四　初任培训

2010年9月13—18日，津南区委组织部、津南区人力资源和社会保障局组织首期津南区机关事业干部初任培训班，来自全区86名干部参加培训。

第三章　考核　任免

1984—2007年，津南区实行岗位责任制（目标管理），区目标管理领导小组负责对各单位考核。在考核基础上兑现目标管理奖金。2007年，根据规定取消了目标管理奖。1994年始，津南区实行国家公务员年度考核制度。1999年始，津南区对科级领导干部实行社会评议和任期制。2000年，津南区事业单位实行聘用制。2008年，实行《津南区科级领导干部任期制试行办法》，是年，机关科级干部的选拔任用实施竞争上岗。

第一节　考　核

一　目标管理奖

（一）形成与发展

1984年，南郊区制定全区各项任务的承包及考核奖惩办法，并与市农委签订南郊区主要经济指标的合同书。1987年，南郊区成立由区委副书记为组长的目标管理领导小组，区机关单位正式实行岗位责任制（目标管理）。

（二）目标的制定与考核

1987—1992年，南郊区委、区政府每年都下发《目标管理工作实施方案》的文件，同时各单位每年研究制定年度“责任卡”。各单位责任包括“单位工作任务目标”和“共性任务目标”两大部分。目标的制定本着科学、量化、严格、易考的原则，采取上下结合，层层分解，分项定量，逐步落实的办法确定。

考核采取自查、抽查、反馈、印证等形式进行。南郊区目标管理领导小组对各单位实行半年抽查，年底全面考核。在进行全面考核的基础上兑现目标管理奖金（人均600元）。

1996年，区目标管理奖统筹单位人均1000元/年。1997—2002年，区目标管理奖统筹单位人均1200元/年，半自筹单位人均1500元/年，自筹单位人均1800元/年。

2003—2004年，津南区目标管理奖统筹单位人均3000元/年，半自筹单位人均3500元/年，自筹单位人均4000元/年，非领导职务人员在同级领导职务人员发放标准的基础上分别减少200元，专业技术职称人员对应行政非领导职务人员标准发放。2005年，津南区部分委、办、局所属13个全额拨款事业单位目标管理奖标准为月人均500元，全年人均6000元。2007年，根据市委、市政府规定，津南区取消了目标管理奖。

二　科级干部管理

图24-2　2008年，津南区科级干部竞争上岗笔试考场

1999—2002年，对政府行政执法部门、经济管理服务部门、市直属驻区单位、部分事业单位的科级领导干部进行社会评议，评议结果反馈给各评议单位。2002年后，津南区将科级领导干部纳入社会评议范围。2003年，区委组织部、区人事局制定《津南区科级国家公务员（工作人员）管理暂行办法》。2006年，实行《中华人民共和国公务员法》。2008年，区委组织部、区人事局制定《津南区科级领导干部任期制试行办法》，津南区在机关干部管理上试行任期制。是年制定《津南区党政机关科级领导干部竞争上岗实施细则》，2008年，津南区机关科级干部选拔任用全面实施竞争上岗。

2006—2009年，津南区有421人竞争261个科级职位，有261人通过竞争走上科级领导岗位。

三　公务员管理

（一）考核等次

1994年，津南区完成建立国家公务员年度考核制度。1999年，区人事局在全区推行年度量化考核办法，对国家公务员（事业单位工作人员）进行德、能、勤、绩及工作实际表现等全面测评。考核等次为优秀、称职、不称职；其他事业单位工作人员考核等次为：优秀、合格、不合格。2000年，根据国家人事部《关于进一步加强国家公务员考核工作的意见》，将机关和事业单位工作人员的考核等次分别增加了基本称职和基本合格。2007年，实行《公务员考核规定（试行）》，规定公务员考核分为平时考核和定期考核。定期考核采取年度考核的方式，在每年年末或者翌年年初进行。年度考核的结果分为优秀、称职、基本称职和不称职4个等次。公务员年度考核优秀等次人数，一般掌握在本机关参加年度考核的公务员总人数的百分之十五以内，最多不超过百分之二十。

（二）举报热线

2002年，津南区建立公务员监督举报箱，以加强对公务员队伍的监督与管理，举报热线为28536003。

四　事业单位工作人员管理

依据1999年区政府《关于对大中专毕业生实行聘用合同制的暂行办法》，2000年《津南区事业单位实行聘用制工作实施意见》和《津南区事业单位聘用制实行办法》等3个文件，2000年12月，在津南区教育系统、卫生系统、津南区委党校、津南区有线广播电视局、津南区人才交流服务中心、政府招待所进行聘用制试点。89个单位实行聘用制，有4611人签订聘用合同和岗位合同，落聘16人，转岗93人。

2005年3月，全区161个单位实行聘用制，6404名职工与单位签订聘用合同，占职工总数的89.2%，内部退养42人、离岗待退5人、缓签聘用合同14人。2009年，全区274个事业单位中的248个事业单位的6813名职工与单位签订聘用合同，实现了事业单位的人事管理由身份管理向岗位管理的转变。

第二节　奖　惩

1995年，区对国家公务员的奖励，分为嘉奖，记三等功、二等功、一等功，授予荣誉称号。2008年，区对公务员、公务员集体的奖励分为：嘉奖、记三等功、记二等功、记一等功、授予荣誉称号。

80年代，区对国家行政机关工作人员纪律处分分为警告、记过、记大过、降级、降职、撤职、开除留用察看、开除八种。2007年，根据国务院令第495号《行政机关公务员处分条例》规定，津南区行政机关公务员处分的种类为：警告、记过、记大过、降级、降职、开除六种。警告、记过、记大过处分由干部所在单位决定后报上级备案。降职按干部管理权限和范围由任命其职务的机关和单位批准执行。降级、开除留用察看和开除处分由所在单位提出处理意见后主管局或区直单位审定，报区政府批准。

1982—1995年，全区奖励45人，其中记功1人，授予嘉奖19人，升级25人；处分20人，其中：警告3人，记大过5人，撤职2人，开除留用察看4人，开除6人。1996—2010年，奖励55人，其中区级十佳公仆10人，市级劳动模范1人，市级文明示范岗1人，其他奖励43人；处分2人，开除2人。

第三节　任　免

一　科级领导干部任免

1981年6月，南郊区人民政府颁布《南郊区人民政府任免工作暂行办法》规定，正科级干部由区委组织部提名，经区政府常务会议决定任免，由区人事部门承办任免手续，副科级干部经区委组织部审核职数后，由本单位任命。1988年4月后，区政府机关内各部门科级干部由区政府常务会议决定任免，区人事部门承办任免手续。1991年4月，区科级干部由区委组织部审核后直接任免。1993—1997年8月，津南区人事局主要负责津南区政府东院内副科级干部任免及政府序列各委办局副科级干部任免、职数审核、批复。1997年11月后，津南区正科级干部报请区政府常务会议任免，由区人事局负责考察、审核及承办任免手续。设立党组的委办局负责副科级干部的任免，区人事局负责职数审核、组织考察、办理批复及备案事宜。

1983—1995年，全区共任命正科级干部921人，副科级干部162人。免职正科级干部199人，副科级干部16人。1996—2010年，全区任命正科级干部630人，副科级干部461人。免职正科级干部194人，副科级干部71人。

二　非领导职务任职

1986年，南郊区为非领导干部确定行政职务工作的市试点单位之一。确定一般行政职务主要指主任科员、副主任科员、科员、办事员。区人事局负责科级非领导职务的任免事宜，新录用机关、事业单位工作人员确定职务，办事员晋升科员的审批。1995年，全区行政机关干部中有主任科员16人，副主任科员26人。2010年，全区行政机关干部中有主任科员167人，副主任科员117人。

第四节　人事争议仲裁

一　人事争议仲裁机构

2000年9月，津南区成立天津市津南区人事争议仲裁委员会，处理事业单位人事争议。委员会主任由区人事局局长担任，成员由区人事局各科室主要负责人组成。区人事争议仲裁委员会下设人事争议仲裁办公室和申诉控告办公室。仲裁办公室设在区人事局调配考录科。

二　案件处理

2001年，发生2起案件，一件由人事争议仲裁办公室人员经过调查了解，在查清事实的基础上经过调解，双方当事人达成一致意见，案件调解解决。另一起案件不属于人事争议仲裁委员会的管辖范围，未予受理。2002年，发生3起案件，其中一起案件经调解解决。另两起案件在调解无效的基础上，区人事争议仲裁委员会开庭进行裁决。裁决后，第三人不服，提出复议，区人事争议仲裁委员会重新组成仲裁庭，对原案件进行了审查，经过审查，认为原裁决事实认定清楚，证据确凿，做出维持原裁决的复议结论。

2004年，小站医院一名职工与单位因为竞争上岗发生争议，经调解无效开庭进行仲裁，裁决后双方对裁决结果无异议。2005年，发生人事争议案件两起，双桥中学一名职工与单位因履行聘用合同发生争议，经调解无效开庭进行了仲裁，在裁决书送达前，原告方主动撤回仲裁申请，另一起案件不属于该仲裁委员会受理范围，未予受理。2007—2009年，发生人事争议案件4起，这4起人事争议案件均不属于该仲裁委员会受理范围，未予受理。

2010年，发生人事争议案件2起，一起经人力资源和社会保障局仲裁科调解解决。另一起人事争议仲裁案件，经调解无效，开庭进行仲裁，裁决后，原告不服，向津南区人民法院提起诉讼。

第四章　人才建设

1986年始，引进人才。1988年11月，区成立人才交流服务中心。1995年，职称工作由区科委转到区人事局。2001年，津南区出台《津南区引进(招聘)优秀人才实施办法》等办法，为津南区延揽人才，做好人才管理服务工作。1994—2010年，津南区先后有5人享受政府特殊津贴的待遇。

第一节　专业技术人员管理

一　职称评定

1995年，职称工作由区科委转到区人事局。区职称工作按照天津市人事局统一部署每年进行1次。参评人员范围包括在国家和集体企事业单位中正式在编、在岗及在其他性质的单位中已与单位建立正式聘用关系1年以上的专业技术人员。机关工作人员及已退休人员不参加评审。

专业技术人员职称评审按级别分高、中、初级29个专业系列，分别按照每个专业系列评审标准进行。2000年，按《职称分级分类管理意见》规定，初级职称（包括助理级、员级）不再组织评审，采取认定的办法进行（已实行考试的除外）。2001年，区卫生局系统专业技术人员工作由天津市卫生局划归津南区人事局管理。除教育系统外，其他系列的职称工作均由津南区人事局专业技术科负责。

职称评审的基本程序是个人申请，单位审核上报，专业技术科审核通过，报各级评审委员会评审通过。2001年始，基本程序中增加“三公开”政策（公开推荐数额、公开评审、公开宣讲）和推荐结果公示制，使职称工作进一步公正、公平、公开。

专业技术职称实行资格证书制度，2002年底，取消证书使用期限5年的限制，更新专业技术资格版本，并规定原证书继续有效。2002年，天津市人事局把从外省市调入专业技术人员职称认定和中级职称认定权限下放至津南区，结合各系列的特点，对职称系列实施分级分类管理。

（一）初级

1999年以前，津南区成立初级专业技术职务评审委员会，对申报初级专业技术职务的人员进行评审。1999年，天津市人事局下发《职称分级分类管理意见》规定初级职称（包括助理级、员级）不再组织评审，采取认定的办法进行（已实行考试的除外）。初级专业技术职称认定工作由区职称办公室负责。截至2010年，津南区初级专业技术人员为2912人。其中，工程类841人，教育743人，卫生727人，农业76人，经济116人，会计344人，统计13人，新闻10人，中专教师12人，教练员7人，广电播音2人，图书资料7人，档案3人，群文11人。

（二）中级

中级职称分别实行以考代评、认定、资格评审或考试与评审相结合的办法。区职称办公室根据各系统和个人上报的材料审核其学历、资历、业绩、论文、职称外语和职称计算机等基本情况，审核通过后，分别向各评委会开具评审委托函，各系统和个人将材料和委托函报送评委会评审（除以考代评外）。截至2010年，津南区中级专业技术人员为3191人。其中，工程类181人，教育2508人，卫生363人，农业49人，经济13人，会计20人，新闻7人，中专教师19人，教练员7人，广电播音2人，图书资料6人，档案8人，群文8人。

（三）高级

高级职称分别实行资格评审或考试（答辩）与评审相结合的办法。区职称办公室根据各系统和个人上报的材料审核其学历、资历、业绩水平、专业影响、论文发表情况、职称外语和职称计算机等基本情况，审核通过后，分别向各评委会开具评审委托函，各系统和个人将材料和委托函报送评委会评审（除以考代评外），要求专业考试的要通过专业考试再报送材料。截至2010年，津南区高级专业技术人员908人。其中，工程类51人，教育701人，卫生86人，农业31人，经济1人，会计4人，新闻3人，中专教师12人，教练员4人，广电播音1人，图书资料4人，档案5人，群文5人。

二 高层次专业技术人才管理

（一）享受政府特殊津贴

选拔和培养对象主要是在科学研究、教育、卫生、工农业生产和科技推广等第一线工作岗位上，以及在文化艺术、新闻出版等方面做出突出贡献的专家、学者、技术人员。1994年始，津南区有4人相继获得由国务院批准的享受政府特殊津贴的待遇，分别是：1994年，津南区农林局高级农艺师程远尢；1996年，津南区双港镇高级农艺师张继波；2000年，津南区农林局高级农艺师张锡海；2002年，津南区畜牧水产局高级工程师张福芸。

（二）实施“131人才工程”

2002年8月，津南区实施“131人才工程”。分三个层次人员，第一层次暂没开展；第二层次，选拔10名35岁左右中青年专业技术骨干，经过培养成为区各行业、学科领域内具有较高水平，能起骨干作用的学术、技术带头人；第三层次，选拔30名35岁以下的青年专业技术人员，经过培养成为专业技术骨干和学术、技术带头人的后备力量。二、三层次人选拔工作在津南区各类企事业单位开展，包括民营科技企业、乡镇企业、三资企业等非国有经济单位。对入选人员实行动态管理，3年为一周期。入选人员除接受有计划地培养外，入选第二层次的人选每月享受特别津贴50元，入选第三层次的人选每月享受特别津贴30元。2003年9月调整为第二层次的人选每月享受特别津贴80元，入选第三层次的人选每月享受特别津贴50元。

第二节 专业技术人员教育培训

一 资格考试

专业技术资格考试工作包括专业技术职务资格考试和专业技术人员执业资格考试。1994年始，已开展24个专业，使人才评价逐步走向科学性、规范性。职称资格考试只设初、中级，高级实行考评结合，凡是规定考试的方式取得资格的，均不再组织相应的评审。资格考试工作，由天津市人才考评中心负责，专业技术科负责按考评中心的具体布置组织相关人员报名。每年报考各类资格考试人数近千人，并逐年递增。已实行考试的专业系列有经济、国际商务、计算机软件、出版、监理工程师、一级注册建筑师、二级注册建筑师、房地产评估师、执业药师、资产评估师、造价工程师、一级结构工程师、二级结构工程师、企业法律顾问、注册税务师、注册城市规划师、价格鉴定师、职称外语、会计、统计、审计、卫生、质量。

二 继续教育

1994年始，区专业技术人员继续教育工作，按天津市《天津市专业技术人员继续教育规定》执行。2002年始，将继续教育的范围从企事业单位专业技术人员扩大到了企事业单位专业技术人员和管理人员。专业技术人员接受继续教育的时间，每年累计不得少于12日。每三年为一个周期，一个周期内的学习时间可以集中使用，也可以分散使用。脱产学习的，学习期间工资和福利待遇不变。津南区建立所属企业事业单位继续教育的考核制度，并将其开展继续教育的情况作为领导干部任期目标的考核内容之一。

第三节　人才服务

1986年始，区内主动引进人才。至1995年，引进各类技术人员316人。2001年11月，津南区出台《津南区引进（招聘）优秀人才实施办法》和《津南区引进（招聘）优秀人才暂行规定》，区人才交流服务中心引进6名中高级人才。2004年，引进5名硕士研究生，分别安排到建委、科委、区委办、区宣传部、津南开发区工作。2004年8月，执行天津市《关于实行天津市引进人才居住证制度的意见》，津南人才交流服务中心共为9家企业的36名专业技术人员办理“天津市引进人才居住证”。

人才的引进带来了科学的管理经验和先进的技术优势，在引进人才分布的160余个企业中，1个企业被评为国家二级企业，3个被评为市级企业，4个被评为市局级企业，24个被评为区级企业。

一　津南区人才交流服务中心

1988年11月，南郊区成立人才交流服务中心，是区政府人事局直属的正科级差额拨款事业单位。各乡镇成立了镇科技人才管理站，对引进人才实行区、镇（乡）、企业三级管理。1998年8月到2010年底，津南区人才交流服务中心为64家企业的1126人实行人事代理服务。2000—2002年，津南区人才交流服务中心为7名辞职辞退人员接转了干部身份。2003—2009年，通过区人才交流服务中心的服务，津南区有395人评定为初级职称，33人评定为中级职称，4人评定为高级职称。

2002年11月30日，与公安津南分局协商，在津沽路派出所建立津南区人才中心集体户。以长期有效地对引进的高校毕业生等人才进行管理和服务。2004年3月2日，津南区人才交流服务中心面向企业开展零距离服务，在津南经济开发区设立工作站，每周办公两个工作日，到现场为驻区企业服务。是年，成立中共天津市津南区人才交流服务中心支部委员会，以加强流动党员的管理。当年接收中共党员8名。

二　津南区人才市场

1999年8月，建立区人才市场和区农村人才市场。人才市场设在津南区经济发展服务中心大厅，每月16日开市。人才市场是津南区人事局领导下的中介服务性单位，与津南区人才交流中心合署办公，是津南区人才资源配置的主渠道。津南人才市场定期进行人才信息和行情发布，现场招聘与网上运营同时进行。建立网上查询，信息发布，并与其他人才供求信息网站链接，方便快捷地满足招聘单位和广大求职者的要求。

图24-3　2010年，津南区高校毕业生专场招聘会

2000年，农村人才市场开发乡土人才，加强农村人才队伍的建设，从各镇上报的300余人中选拔了114人为拔尖乡土人才，为拓展津南区农村经济，促进津南区农村经济发展提供可靠的人才保障。

2006—2010年，每年进入人才市场的招聘单位平均400余家，求职者5000余人，达成意向率约40%以上。

三　流动人员档案管理

为解决调入津南区人才的后顾之忧，调入津南区乡镇企业、中外合资企业的专业技术干部，凡在人才交流服务中心注册的，均承认和保留其原有身份，工龄连续计算，人事关系、工资情况一律反映在档案中，档案存放在人才交流服务中心。至2010年，存放档案8436份。其中，个人委托存档6643份，暂时存档1428份，事业单位存档365份。

第五章 工资 福利 退休管理

1979年，区机关、事业单位实行等级工资制，企业工人实行8级工资制。1985年以后，国家机关和事业单位实行工资制度改革。企业工人则根据企业实际情况实行相应工资制。2006年7月，国务院对公务员进行工资制度改革。

1979年，区委组织部负责老干部工作。1983年11月，老干部局成立后负责离休干部工作。1991年，人事局设立退休干部管理科，负责全区退休干部管理工作。

第一节 工 资

一 工资形式

1979年，南郊区机关、事业单位工作人员的工资仍实行等级工资制，企业工人实行8级工资制。1985年，国家机关和事业单位工作人员的工资制度改革，实行由基础工资、职务工资、工龄津贴、奖励工资4部分组成，以职务工资为主的结构工资制。企业工人实行计时、计件工资制，奖励工资制、岗位工资制以及浮动工资制。

1993年10月后，津南区建立了符合机关、事业单位特点的工资制度。主要有职务级别工资制（简称职级工资制）、职员工资制、专业技术职务等级工资制、岗位技术等级工资制、技术等级工资制和岗位工资制7种形式的工资制度。机关、事业单位的工人工资也作了相应的改革。其中，机关工作人员（除工勤人员外）实行职级工资制，其工资按不同职能，分为职务工资、级别工资、基础工资和工龄工资4个部分。职务工资和级别工资是职级工资构成的主体。在实行职级工资制的同时，机关技术工人实行技术等级工资制，其工资由岗位工资、技术等级工资和奖金3部分构成。普通工人实行岗位工资制，其工资由岗位工资和奖金两部分构成。根据事业单位特点和经费来源的不同，分别实行专业技术人员、管理人员和工人的工资制度，工资由固定部分和活的部分构成。专业技术人员工资制度中专业技术职务工资是固定部分，津贴是活的部分；管理人员工资制度中职员职务工资是固定部分，津贴是活的部分；工人的工资制度中技术等级工资、等级工资是固定部分，岗位津贴、作业津贴是活的部分。对全额拨款、差额拨款和自收自支三种不同类型的事业单位实行不同的管理办法。在工资构成中，全额拨款单位固定部分为70%，活的部分为30%；差额拨款单位固定部分为60%，活的部分为40%；自收自支事业单位原则上固定部分为60%，活的部分为40%（其中经济效益突出的单位，经批准后可适当提高津贴比例）。

2006年7月后，津南区内职级工资主要由职务、级别构成，对事业单位工作人员进行收入分配适度改革。事业单位实行岗位绩效工资制度。岗位绩效工资由岗位工资、薪级工资、绩效工资和津贴补贴4部分组成，其中岗位工资、薪级工资为基本工资。

从2006年7月1日起，公务员年度考核累计2年称职及以上的，从次年1月1日起在所任级别对应工资标准内晋升一个工资档次。下一次按年度考核结果晋升级别工资档次的考核年限，从工资档次晋升的当年起重新计算。公务员年度考核累计5年称职及以上的，从次年1月1日起在所任职务对应级别内晋升一个级别，级别工资就近就高套入晋升后级别对应的工资标准。下一次按年度考核结果晋升级别的考核年限，从级别变动的当年起重新计算。年度考核结果为合格及以上等次的事业单位工作人员，每年增加一级薪级工资，并从第二年的1月起执行。收入分配制度改革后，事业单位工作人员考核为基本合格的年度，不能正常增加薪级工资。

二 工资调整

1979年11月，南郊区企事业单位、国家机关、人民团体部分职工进行工资调整，升级面为40%，人均月增资7.34元。1981年10月，南郊区中小学教师、医疗卫生单位、体育系统等部分职工进行工资调整，升级面60.9%，人均月增资8.95元。1982年10月，南郊区对1981年未调整工资的事业单位、国家机关、高等院校的工作人员进行工资调整，升级2084人，人均增资8.46元。1983年，企业职工进行工资调整，升级面64%，人均月增资10.01元。1984年，南郊区为74名农业第一线的科技干部浮动了一级工资。1985—1992年，南郊区为国家机关、事业单位进行了7次工资调整。此外在1988年，南郊区为68名聘任技术员以上的科技干部套改晋升了工资，为73名区法院、检察院的工作人员确定职务后增加工资。1992年1月，南郊区将机关、事业单位正式工作人员工龄津贴由每年0.5元调整为每年1元。

1993年工资改革后，津南区在职人员在年度考核称职（合格）基础上，每两年正常晋升一个职务工资档次。

1997年、1999年、2001年、2003年分别对全区机关、事业单位工作人员工资标准进行调整，离退休人员增加了离退休费。

从2001年起，津南区机关、事业单位执行发放年终一次性奖金的规定。

2006年7月1日起，津南区公务员进行工资制度改革，离退休人员增加离退休费。公务员年度考核累计两年称职及以上的，从次年1月1日起在所任级别对应工资标准内晋升一个工资档次。下一次按年度考核结果晋升级别工资档次的考核年限，从工资档次晋升的当年起重新计算。公务员年度考核累计五年称职及以上的，从次年1月1日起在所任职务对应级别内晋升一个级别，级别工资就近就高套入晋升后级别对应的工资标准。下一次按年度考核结果晋升级别的考核年限，从级别变动的当年起重新计算。

2007年1月，津南区规范公务员津贴补贴，事业单位人员增加工资性补贴。2008年1月，津南区调整公务员津贴补贴的标准，事业单位人员增加工资性补贴。2009年1月，津南区对义务教育学校工作人员执行绩效工资制度，离退休人员增加生活补贴。

第二节 福 利

一 基本福利

（一）福利费

福利费主要用于干部职工生活困难补助。1979年，南郊区机关、事业单位实行的福利制度，分为集体福利和个人福利两个方面。1979年、1987年两次调整国家机关、事业单位福利费提取标准。1995年，对福利费提取标准进行调整，由原来的每人每月3元提高到每人每月12元。1998年，对福利费的提取作了改动，由原来的标准改为按工资总额的2.5%的比例提取。

（二）干部假

1985年，南郊区党政机关、事业单位工作人员，根据市政府文件规定，实行休假制度，凡连续工龄满5年的，按照年龄档次和其他条件划分10天、15天、20天、25天、30天不等。1989年，休假制度暂停。1992年，重新恢复并做出新规定，按工作年限划分7天、10天、14天不等。

（三）公休日

1995年5月1日起，工作人员按国务院《关于职工工作时间的规定》实行周双休日，执行每周5天工作日制度。

（四）防暑降温费

1995年，夏季防暑降温补贴标准为每人每月15元（6—9月），1999年，调整为每人每月25元。2008年起，每年按照上年度天津市职工月平均工资的0.3%确定防暑降温费月标准。

（五）丧葬费

1993年5月，行政机关事业单位工作人员的丧葬费为600元；1995年1月，调整为1000元。2008年起，每年按照上年度天津市职工月平均工资标准确定丧葬费标准。

（六）取暖费

2000年，津南区机关事业单位职工、离退休人员凡居住集中供热采暖住房者均按每人每年185元发放采暖补助费，并按同住一套住房的家庭成员中最高职务（职称）者的待遇享受采暖补贴。即每人每月局级（正高）90元，副局75元，处级（副高）60元，副处45元，科级（中级）30元，副科20元，副科以下10元。2004年1月，调整标准为：每人每月局级（正高）115元，副局95元，处级（副高）75元，副处55元，科级（中级）40元，副科25元，副科以下13元。

二　其他福利

（一）抚恤金

机关事业单位工作人员和离退休人员死亡一次性抚恤金标准，从2004年10月1日起调整为：因公牺牲为本人生前40个月基本工资或基本离退休费，病故为本人生前20个月基本工资或基本离退休费。

（二）遗属补助

工作人员死亡后，遗属符合补助条件的可享受遗属生活困难补助。遗属补助包括一般遗属和离休干部遗属。

1995—2000年津南区一般遗属补助标准一览表

表24-3

发文时间	非农业户口月补助标准（元）	农业户口月补助标准（元）	文件依据
1995年7月1日	137	90	津人工［1995］40号
2000年1月1日	180	120	津人工［2000］2号

1998—2009年津南区离休干部遗孀补助标准一览表

表24-4

发文时间	有子女的月补助标准（元）	无子女的月补助标准（元）	文件依据
1998年10月1日	210	310	津人工［1998］20号
2001年10月1日	270	430	津人工［2002］2号
2005年1月1日	310	500	津人工［2005］7号
2007年7月1日	410	660	津人工［2007］11号
2009年7月1日	540	860	津人社局发［2009］45号

第三节 退休管理

一 退休

1980年，退休干部审批手续由恢复成立的区政府人事科办理。1991年，南郊区人事局设立退休干部管理科，负责管理全区所有的退休干部。根据国家规定，机关事业单位干部正常退休年龄为男年满60周岁，女年满55周岁。机关事业单位工人正常退休年龄为男年满60周岁，女年满50周岁。

1993年8月，根据国务院125号令发布的《国家公务员暂行条例》规定，津南区男年满55周岁、女年满50周岁，且工作年限满20年的或工作年限满30年的，本人提出要求，经组织批准可以提前退休。机关事业单位工作人员因身体因素，可提出退职、病退等要求，区人事管理部门依据有关规定办理。

从2006年7月1日起，公务员退休后的退休费按本人退休前职务工资和级别工资之和及本人工作年限分别按90%、85%、80%、70%、50%等不同情况计发。

截至2010年12月31日，津南区退休干部3935人。其中，处级退休干部287人，科级及以下人员3648人。

二 管理

1979年，区委组织部内设1名干部负责老干部工作。1983年11月，区委老干部局成立后负责离休干部工作。1991年，区人事局设立退休干部管理科，南郊区制定《关于加强退休干部管理服务工作的意见》和《转发〈关于加强我市机关、事业单位干部退休工作的意见〉的通知》，负责全区退休干部管理工作。区人事局每年组织处级退休干部进行学习、座谈，并聘请区领导介绍全区各方面情况。另外为处级退休干部提供经常学习的场所——老干部活动室。1999年，设立津南区退休干部活动中心，为退休干部提供文体娱乐活动场所，设有台球、乒乓球、棋牌、阅读和歌咏等项目，每周开放5天半，其中周五至周日为半天。建立为退休干部解决实际困难的制度，每年为部分退休干部体检1次。区人事局为处级退休干部申请到每年每人350元活动经费，为其余退休干部申请到每年1万元活动经费，组织老干部旅游、疗养等活动。

津南区志

（1979—2010）

第二十五编
劳动与社会保障

1980年后，劳动用工逐步改变过去由国家统包的就业分配方式，因地制宜地解决城乡劳动就业和劳动保护事宜。20世纪末到21世纪初，津南区推行城镇化、工业化以后，津南区坚持以人为本，关心民生，从资金保障、政策奖励、就业培训等多方面提供扶持。在劳动就业、劳动工资、养老保险、医疗保险等方面深入进行改革，不断提高劳动者的素质，调动劳动者的生产积极性，通过逐步完善社会保障制度，依法保护劳动者合法权益，让劳动者分享到改革开放带来的成果。

2010年，津南区人力资源和社会保障局

第一章　劳动制度改革

1979—2010年，津南区不断深化劳动用工制度改革，逐步改变过去由国家统包的就业分配方式，积极采取措施扩大就业，尽力减少待业人员数量，1979年，安置劳动力2472人。2010年，安置劳动力6296人，将城镇劳动就业工作纳入对镇级主要领导干部工作业绩的考核内容。

第一节　机　构

1980年，区知青办与区计划委员会劳动组合并，建立区劳动局。内设：办公室、劳动工资科、劳动服务科和劳动保护科。1984年5月，区政府人事科与劳动局合并建立区劳动人事局。1988年4月，恢复区劳动局和区人民政府人事科。1992年3月，南郊区劳动局改称为津南区劳动局。1999年9月，津南区劳动局更名为津南区劳动和社会保障局。2010年2月，津南区将原区人事局与区劳动和社会保障局整合，组建为津南区人力资源和社会保障局，含1室13科5个事业单位。

第二节　用工制度

1979—1983年，国家实行固定工、临时工两种劳动用工制度。1984年，国家实行劳动合同制用工，国营企业开始招收合同制工人。1995年，全员劳动合同制开始实行。1979—2010年，津南区劳动部门工作重点之一是扩大就业，减少城镇待业人员、下岗人员和失业人员数量。

1983年，南郊区劳动局贯彻“三结合”就业方针，即在国家统筹规划下，劳动部门介绍就业、自愿组织起来就业和自谋职业相结合，采取固定性安置和临时性安置相结合的方式，开辟多种渠道安置就业。1989年，区劳动部门采取深入企业寻就业，争取市局指标，劳务市场供需见面，举办定向培训班等四项措施安置待业人员就业。1990年，区劳动局清理压缩企业计划外用工，特别是农民工，采取“清”“补”结合，腾岗就业，让待业人员充分就业。1995年，津南区城镇劳动者开始实行“城镇劳动者就·失业证”制度。2005年，津南区制定《津南区镇主要领导干部就业工作考核方案》，将城镇劳动力就业、再就业、农村富余劳动力转产就业、流动人口就业管理、“两劳一少”及残疾人就业等工作纳入对镇级主要领导干部工作业绩的考核内容。

1979—2010年津南区部分年份招工情况统计表

表25-1

年份	安置人数(人)	年份	安置人数(人)
1979	2472	1993	376
1980	1381	1994	617
1981	2110	1995	609
1982	221	2001	2419
1983	475	2002	3300
1984	466	2003	4320
1985	245	2004	3633
1986	1674	2005	3062
1987	593	2006	1984
1988	851	2007	1539
1989	1230	2008	2118
1990	1021	2009	6480

续表

年份	安置人数(人)	年份	安置人数(人)
1991	498	2010	6296
1992	408	-	-

第三节 工资制度

1979年，南郊区企业工人根据各行业的实际和岗位的特点实行技术等级工资制。1985年，实行工资改革，将现行工资标准加副食品价格补贴，行政经费节支奖与当年增加的工资合并为实际工资额。企业实行计时、计件、奖励工资制及岗位工资制。1993年，国家进行第三次工资制度改革。企业执行弹性工资制，工资支付执行计时工资与计件工资制、奖励工资制。1994年，国家不再对企业制定统一的调资政策，对企业增资实行宏观调控。

一 统一调整工资

1979年11月，对全区企事业单位、国家机关、人民团体现有部分职工进行工资调整，升级面40%，人均月增资8.14元。1983年，国家对企业职工进行工资调整。南郊区企业职工工资升级面64%，人均月增资10.01元。1989年，南郊区全民所有制企业、集体所有制企业职工普调一级工资，人均月增资12元。

1990年，南郊区企业在不另增加工资总额计划的前提下，可将一级浮动工资转为标准工资，人均增资11元。1992年后，特别是1994年后国家不再对企业统一下达调资政策，对企业增资实行宏观调控。天津市每年提供职工平均工资数额，供各企业参考。

1992—2009年津南区执行全市职工平均工资调整统计表

表25-2

年份	月平均工资(元)	年份	月平均工资(元)
1992	260	2001	1020
1993	334	2002	1154
1994	447	2003	1309
1995	542	2004	1484
1996	637	2005	1683
1997	690	2006	1895
1998	756	2007	2225
1999	838	2008	2600
2000	916	2009	2793

二 最低工资保障制度

1995年1月1日起，执行天津市最低工资保障制度，保障用人单位支付劳动者的工资不得低于天津市最低工资标准。至2010年，全区调整最低工资14次，最低工资从1995年的210元，增加到2010年的920元，增加710元。其中，1995年1月和7月两次调整，1998年和2000年未作调整。

三 工资集体协商机制

2003年，天津市对有条件的企业试点实行工资集体协商机制。2008年9月以后，根据天津市有关文件精神，规定企业应就职工工资、福利、社会保险等事项开展工资集体协商，与职工在协商一致的基础上依法签订工资集体协议。2008—2010年，区劳动和社会保障局共审查工资集体协议4541份。

四　特殊工时工作制审批

特殊工时工作制分为综合计算工时工作制和不定时工作制。2008年2月，天津市劳动和社会保障局规定，特殊工时工作制确定为行政许可。是年，区劳动和社会保障局审批实行特殊工时企业20家。2009年，审批实行特殊工时企业23家。2010年，审批实行特殊工时企业17家。

第四节　劳动争议仲裁

一　劳动争议仲裁组织

1987年，区劳动人事局设立劳动争议仲裁科，负责处理全区劳动争议案件。1988年，成立南郊区劳动争议仲裁委员会，委员会主任由劳动局局长担任，副主任由区工会主席担任，委员会由相关单位派员担任。劳动争议仲裁委员会成员每两年调整1次。委员会下设办公室，由区劳动局仲裁科负责人任主任，设仲裁员3人。委员会日常工作由办公室处理，较重大问题提交委员会处理。委员会处理辖区内企业（用人单位）与员工之间发生的劳动争议。

二　劳动合同鉴证

1991年始，境内实行劳动合同鉴证制度，依法审查、证明劳动合同真实性和合法性的一项行政监督、服务措施。通过劳动合同鉴证，充分保障劳动者享有平等就业和选择职业等权利，同时保证用人单位的利益。需要鉴证的劳动合同的范围包括：全民、集体所有制单位与职工签订的劳动合同；私营企业雇主与雇工，个体工商户与帮工签订的劳动合同；外商投资企业与员工签订的劳动合同；其他各类企业与职工签订的劳动合同；双方当事人协商同意变更或续订的劳动合同。

1991—2008年，劳动合同鉴证498212人。2009年起，不再办理劳动合同鉴证手续。

三　劳动争议处理

辖区内企业（用人单位）与员工之间发生的劳动争议，劳动争议处理程序为“一调一裁二审”制，即申诉人先到单位调解委员会或区劳动争议仲裁委员会申请调解，调解不成的，申请人可以向劳动争议仲裁委员会申请仲裁，履行仲裁程序，当事人对仲裁决定不服者，自接到仲裁裁决书15日内可到当地法院上诉。

劳动争议仲裁委员会受理劳动关系当事人以下劳动争议案件：因确认劳动关系发生的争议；因订立、履行、变更、解除和终止劳动合同发生的争议；因除名、辞退和辞职、离职发生的争议；因工作时间、休息休假、社会保险、福利、培训以及劳动保护发生的争议；因劳动报酬、工伤医疗费、经济补偿或者赔偿金等发生的争议；法律、法规规定的其他劳动争议。

2003—2010年，劳动争议仲裁科共接待当事人来信来访3117件次，2025件次争议案件通过调解解决，1092件次案件属于超出仲裁时效或不属仲裁委员会受理范围，均开具不予受理案件通知书。

第二章　就业与培训

1979—1986年，国家实行职工退休、退职子女顶替制度。1995年，实行“城镇劳动者就·失业证”制度。2003年，开始设置公益性岗位，重点安置“4050”失业人员。因地制宜采取各种方式开展对劳动者培训工作。推行城镇化、工业化以后，农村富余劳动力就业成为区劳动保障工作又一工作重点。从多方面采取措施对农村劳动力转产就业提供扶持。

第一节　城镇就业

一　顶替招工

1979—1986年，国家实行职工退休、退职子女顶替制度。1979年，南郊区办理子女顶替6444人。1980年，办理475人。1981年，办理399人。1982年以后，津南区子女顶替数额逐年下降，1986年12月31日，国家废止实行多年的子女顶替制度。1986年以后只照顾1957年底以前参加工作，家居农村的老工人，退休时可优先录用一名未婚未就业子女就业。

二　公益性岗位

2003年，津南区开始设置公益性岗位，主要涉及社区劳动服务管理，公共安全保卫，公共卫生保洁，公共环境绿化，交通管理，停车场管理，公用设施维护，社区文化、教育、体育、保健、托老、托幼服务等公益性劳动岗位。公益性劳动岗位重点安置“4050”失业人员，其工资不得低于本市最低工资标准，同时按照“鼓励就业、适度补贴”的原则，依据市、区两级职能部门审核认定，分别由市、区两级给予公益性岗位工资补贴。按照相关标准，市、区两级分别补贴下岗失业人员实际缴纳的基本保险费。

2003—2010年，津南区共设公益性组织（公司）163个，安置人员4905人，工资补贴1300.93万元，保险补贴1874.04万元。

第二节　劳动力安置

一　知青安置

1970—1990年，南郊区共选调知青8744名，返城9800名，就地转非400名。

1989—2001年，津南区为符合回津落户条件的知青子女28人办理知青子女入迁及其在津借读手续。同时为知青补办知青身份证件256份，知青子女转非3508人。2001—2010年，区劳动局为2295名知青办理身份认定、续接养老保险和退休手续工作。

二　复转军人及军转干部家属安置

军队转业干部中，团职以上职务军转干部的安置由区委组织部负责，营职以下和技术职务军转干部的安置由区人事局负责。按原军队转业干部接收安置规定，1981—1992年，共接收安置军队转业干部225人。接收安置随军家属63人，为全迁户解决住房126间2520平方米。1993—2010年（1997年实行军转干部安置工作改革），津南区共接收安置军转干部108人，接收安置随军家属22人，为全迁户解决住房13套。

三　农村富余劳动力转产就业

改革开放后，农业生产机械化得到推广，生产效率大幅提高，农村富余劳动力逐年增多，特别是津南区推行城镇化、工业化以后，失地农民和农村富余劳动力数量不断增加，就业问题日益突出，失地农民转产就业，农村富余劳动力就业已成为津南区劳动保障行政部门又一工作重点。2007年，津南区制定《关于促进农村劳动力转产就业工作的意见》，从资金保障、政策奖励、就业培训等多方面对农村劳动力转产就业提供扶持。2008年，津南区农村富余劳动力转产就业基地40家。2001—2010年，招收农村富余劳动力94545人，进入二、三产业，在很大程度上解决大龄农村富余劳动力转产就业难题。

第三节　就业服务

一　劳动服务公司（劳动保障服务中心）

1982年，南郊区成立劳动服务公司，同时在咸水沽、小站、葛沽3镇建立镇级劳动服务公司，各乡设专门工作人员。1984年，南郊区劳动服务公司对待业青年实行“后备制”管理，发放《后备制学员证》，待业青年手持学员证方能有就业资格。1995年，安置待业人员525人。2003年，区级及各镇劳动服务公司改为劳动保障服务中心。2004年，津南区在28个社区设立劳动保障工作站，从“4050”下岗失业人员中选聘56名劳动保障协管员，从事社区公共就业服务工作。2009年，津南区从567名高校毕业生中，择优录用112人充实到各镇、社区从事劳动保障服务工作。2010年，津南区在165个行政村全部建立村级劳动保障工作站，并面向社会统一招聘250名专职劳动保障工作人员从事具体工作，为每个“村级工作站”配备电脑、办公桌、打印机等办公用品。至此，津南区形成覆盖全区三级劳动保障服务机构的网络。是年，制定《村级劳动保障工作站工作职责》和《工作人员守则》，规定各级劳动保障服务机构负责劳动力资源管理，开发就业岗位，促进居民就业，开展社会劳动保障服务等工作。2006—2010年，安置新增就业人员67286人。

图25–1　2007年，津南区民营企业招聘会

二　职业介绍所

1990年，南郊区劳动局成立职业介绍所。为社会待业人员就业牵线搭桥，供需双方直接见面，双向选择。职业介绍所把待业人员的后备制管理改为求职证管理。2000年2月，成立区职业介绍服务中心，区劳动局联合职业中介机构成立6个职业介绍分所。2003年7月，津南区在8个镇建立职业介绍分中心，覆盖全区的职业介绍服务网络初步形成。2005年，开展职业介绍市场的清理整顿工作，取消原来的6个职业介绍分所，在区职业介绍中心增加工作人员，开展公益性招聘活动，免费为企业和求职者办理人员招聘和职业介绍。2007年后，区职业介绍服务中心以每月10日、25日制度化的招聘专场，免费为下岗失业人员、新生劳动力、退伍军人、残疾人员、农村富余劳动力以及外来

进城务工人员和用人单位提供职介服务。1998—2010年，举办招聘会176场（次），达成意向23516人。

三　就业经费

天津市将知识青年上山下乡安置费和扶持生产基金统称为安置城镇待业青年就业经费（以下简称就业经费）。就业经费主要包括：扶持生产基金，用于扶持、兴办安置城镇待业人员就业的新型集体企业。安置费用于鼓励和支持城镇待业青年就业费用。就业训练费用于组织城镇待业青年开展就业前训练。业务费用于劳动部门开展安置待业青年就业工作业务活动费。

1983—1990年，南郊区就业经费18.29万元，其中扶持生产周转金16.06万元，培训费2.23万元。2003年，津南区提出“每年安置7000名农村富余劳动力通过二、三产就业”的任务，建立“就业再就业资金”，加大了对就业再就业的扶持力度。2004—2006年，每年就业经费55万元，其中农村富余劳动力转产就业基地补贴45万元，农村富余劳动力转产就业岗前培训补贴10万元。2007—2010年，财政拨款就业资金1116.94万元。

四　外来劳动力管理

1995年10月，津南区成立区流动人口管理办公室，成员单位有区公安分局、区劳动局、区卫生局、团区委和计划生育委员会，办公地点在区计生委。1997年，迁至区公安分局，开展对外来劳动力的就业管理。津南区劳动局主要通过核发外来劳动力“就业证”的方式，采取减半收取和免收调节费的扶持政策，为外来劳动力就业服务。1998—2010年，发放外来劳动力“就业证”72230个。

五　流动人员档案管理

1994年9月1日，津南区人民政府批转区劳动局《关于劳动力市场保存流动人员档案管理的意见》。1996年1月始，津南区劳动局办理存档代缴养老保险工作。2006年，按照天津市劳动局《关于禁止职业介绍等中介机构代理缴纳社会保险费有关问题的通知》，2007年1月1日起，津南区劳动局停止代缴各项保险工作。为做好后续工作，把尚未代缴的各项保险费及时报送社险分中心。1996—2006年，参保20455人，办理个人存档15792人，单位存档6200人。2007—2010年，办理个人存档8478人，单位存档8840人。

第四节　就业登记

1995年，津南区城镇劳动者开始实行“城镇劳动者就·失业证”制度。2001年始，津南区实行就业登记制度。劳动行政部门记录和掌握本地区劳动者就业和失业状态的种种制度，规定各类企业、个体经济组织招用劳动者应于30日内到公共就业服务机构办理就业登记手续；用人单位与劳动者解除或终止劳动关系之日起15日内到公共就业服务机构办理备案手续。至此，津南区加强劳动力资源管理，规范企业用工和劳动者就业行为，促进劳动力资源合理开发利用，保障了劳动者合法权益。

津南区劳动局负责就业登记和失业登记工作，向劳动者免费发放“就·失业证”。用人单位招用劳动者或终止、解除劳动关系，按规定时间及时到所在地公共就业服务机构办理备案手续。未办理就业登记手续，或者与劳动者终止、解除劳动关系未备案的，由劳动行政部门责令限期改正；逾期不改正的，按照每招用或者终止、解除劳动关系1人处以1000元罚款。

2005年，津南区制定《津南区镇主要领导干部就业工作考核方案》，将城镇劳动力就业、再就业、农村富余劳动力转产就业、流动人口就业管理、“两劳一少”及残疾人就业等工作，纳入对镇级主要领导干部工作业绩考核内容。2006—2010年，津南区办理就业登记12.12万人。

第五节　就业培训

一　下岗、失业人员再就业培训

津南区根据失业人员、下岗和企业富余职工的年龄、文化程度等情况采取有针对性、实用性和有效性原则利用全日制、半日制、公休日制、夜班制等灵活机动的方式开展培训工作，为企业输送更多、更优秀的合格人才。1982—1990年，针对社会待业青年进行文化补习、裁剪、木工、缝纫、财会、工业、司炉、电工、粮食专业等培训计1988人。1991—2002年，在商业管理、造纸技术、美容美发、服装裁剪、手机维修、计算机应用等专业进行培训，同时为天津针织厂转岗职工、津南邮政局、甘泉泵业总公司等定向培训针织技术、邮政知识、潜水泵知识等内容1601人。2003年，培训抗“非典”消毒员、劳动保障协管员等201人。2004—2006年，培训公益性岗位“4050”失业人员779人。

二　特殊工种安全（含技术）培训

1979年，南郊区已开始对特殊工种安全进行培训。培训内容涉及锅炉（含蒸汽）安全技术、电气技工安全技术、电气焊工安全技术、起重机安全技术、水处理、水质化验等。1979年8月至2004年11月，组织电工、电气焊、锅炉司炉工、起重机械作业工等特殊工种安全（含技术）培训，取证28161人。通过培训从业人员安全知识达到国家要求，职业技术水平达到上岗标准。2004年11月，特殊工种安全培训移交区安全生产监督管理局。

三　农村劳动力培训

（一）转产就业岗前培训

2004年始，津南区对农村富余劳动力转产就业岗前培训。由各镇劳动保障服务中心具体操作，培训不少于40课时，培训后考试合格者由劳动和社会保障局颁发“岗前培训合格证书”。2004—2010年，农村富余劳动力转产就业岗前培训18504人次。17436人签订劳动合同，就业率94.23%。2009—2010年，津南区组织农村富余劳动力就业能力培训19期1330人、技能培训100期5870人，总计培训7200人。

（二）“351”培训工程

津南区劳动和社会保障局和区工业经委、区商委共同承担农村劳动力“351”培训工程中的蓝色证书培训工作。2004年9月至2007年8月，培训农村劳动力和企业在职职工14168人。

（三）农民素质提高工程（2008年3月至2011年12月）

津南区劳动和社会保障局承担津南区农民素质提高工程其中的农村劳动力转移培训任务。至2010年底，共组织农村劳动力转移培训22648人。

（四）进城农民工培训

包括定向培训和职业技能培训。2006—2008年，津南区完成定向培训1245人，职业技能培训5511人。其中，4096人实现就业。

（五）失地农民工创业培训

津南区引用国际劳动组织（SIYB）培训模

图25-2　2005年，津南区开展“351”培训

式，鼓励失地农民工自谋职业、自主创业，培训时间达100课时。2007—2010年，创业培训2650人。2008年，15人申领25万元的小额担保贷款。2009年，5名失地农民申领10万元小额担保贷款。2010年，9名失地农民申领45万元小额担保贷款。2010年，举办失地农民创业培训23期，培训824人。2008—2010年，共有251人创业成功。

（六）其他培训

2004年，津南区劳动和社会保障局为各镇劳动保障服务中心培训授课教师32位。2005—2010年，培训劳动保障工作人员、企业劳资人员743人。2007年，对各镇劳动保障服务中心工作人员、企业人力资源管理人员348人，进行劳动合同法、就业促进法培训。2010年，培训镇劳动保障服务中心、社区劳动保障工作站、村级劳动保障工作站劳动保障工作人员410名。

四　民办职业培训学校管理

津南区劳动和社会保障局负责区内民办职业培训学校的申请筹设，办学许可证培训内容增项，项目变更初验，日常办学活动和培训质量监督检查等工作。

至2010年底，津南区民办职业培训学校共5家，即津沽职业培训学校、华阳职业培训学校、港泰职业培训学校、东方德易职业培训学校、爱博职业培训学校。2009—2010年，开展车工、焊工、汽车维修工、钳工、图形图像处理、维修电工、无线电装接工、营养配餐员等8个职业（工种）的职业技能培训，9143人参加。

第六节　职业技能鉴定

1998年，成立津南区劳动局国家职业技能鉴定所。技能鉴定职业（工种）暂定为电工、电焊工、气焊工、美容师、美发师、中式烹调师等6种，鉴定等级限初、中两级。1998—2004年，通过鉴定被鉴定人同时取得“特种作业人员操作证”“职业资格证书”，持双证上岗。2000年，开展电工专业技能鉴定1期，共85人。

2001年，进行电工、电焊工2个专业的技能鉴定。2003年，进行4个专业的技能鉴定。至2007年，津南区劳动和社会保障局职业技能鉴定所在册兼职考评员32人。

至2010年，开展27个职业（工种）的技能鉴定。鉴定等级为初、中、高三级。2000—2010年，各职业（工种）初级技能鉴定23927人，中级技能鉴定1545人，高级技能鉴定123人，各等级技能鉴定总计25595人。各等级技能鉴定人员取得“国家职业资格证书”22466人，取证率87.77%。是年，举办职业技能培训88期，4423人参加。

第三章　劳动保障监察

劳动和社会保障局按照保岗位、促就业思路，做好劳动保障监察执法，对因被裁减而新产生的就业困难人员，加强帮扶，寻找新的经济增长点拉动就业，拓展、开发就业岗位，确保新增就业人数不断增加。

第一节　实　施

1994年7月，津南区成立津南区劳动监察科。劳动保障局相继抽调2名干部专职从事劳动监察工作，在相关科室聘请7名兼职劳动监察员。2004年12月，聘请全区各镇劳动保障服务中心工作人员为兼职劳动监察员，负责处理镇辖部分劳动保障监察投诉举报案件，逐步形成劳动监察网络。

2006年10月12日至2007年2月12日，在全国开展的农民工工资支付情况专项检查活动中，区劳动和社会保障局劳动监察科受理各类举报、投诉79起，涉及职工2375人，其中农民工1673人，清欠工资356.19万元。其中，受理建筑类举报、投诉33起，涉及农民工1313人，清欠工资280.96万元。保证了2007年元旦、春节期间农民工顺利拿到工资，维护了广大农民工的合法权益和社会稳定。津南区被劳动和社会保障部评为全国农民工工资支付情况专项检查先进单位。2010年，接收举办投诉案件293起，当年结案289起，清欠工资540.43万元。

图25-3 2010年，咸水沽镇村居劳动保障工作述职会

第二节 劳动年检

1997年始，津南区对辖区内的用人单位实行劳动年检制度。劳动年检分3个阶段进行，用人单位自查阶段，同时到所在地劳动行政部门进行登记；用人单位按要求填写的《劳动年检手册》各种数据送上级主管部门进行审核；用人单位携带有关资料到劳动行政部门接受审查认定。每年度监察科年检认定合格率达98%以上。其中，1998—2000年度，劳动年检连续3年合格单位有9户；1999—2001年度，劳动年检连续3年合格单位有9户；2001—2003年度，劳动年检连续3年合格单位有30户。

2004年起，劳动保障年检改为劳动保障书面审查，同时取消连续3年合格，可免检1年的规定。至2010年，审查单位15043户。

2004—2010年津南区参加劳动保障书面审查统计表

表25-3

年份	2004	2005	2006	2007	2008	2009	2010	合计
参加单位数(户)	1744	–	2053	2591	2857	2717	3081	15043
举办培训班(期)	18	–	20	20	17	18	19	112
参加人员(人)	1744	–	2055	2594	2878	2717	3082	15070

第三节 监　察

一　执行情况

津南区劳动和社会保障局监察科向用人单位宣传贯彻劳动保障法律、法规和政策，监察用人单位遵守和执行劳动保障法律法规的情况；受理对违反劳动保障法律、法规行为的投诉和举报；依法查处和纠正违反劳动保障法律、法规的行为。1996—2010年，受理举报投诉案件3595件，补签合同14.50万份，清欠工资8383.3万元，查处押金42.41万元，社会保险扩面32.24万人。（2005年7月1日至2009年8月1日数据含建筑行业农民工工资清欠；1996—2001年，保险扩面为养老保险扩面，之后均为五险扩面。）

二　群访工作

津南区劳动执法监察坚持先教育，再整改，听取企业意见建议，帮助企业整改提高，提升服务效能，使企业变“出事找监察”为“有事找监察”。妥善处理各项突发事件。2003—2010年，处理集体上访罢工停工事件541件，涉及职工37323人，清欠工资4890.97万元。

第四章　社会保障

1987年1月，区劳动局负责区内国营企业固定职工和合同制工人退休养老保险基金工作，境内实行失业保险政策。1996年后，建立多层次养老保险制度体系。1998年，实行城乡最低生活保障制度。2002年1月1日，津南区国家机关和事业单位人员参加城镇职工基本医疗保险。2004年，实行工伤保险制度。2005年9月1日起，执行《天津市城镇职工生育保险规定》。2006年11月，执行《天津市城镇企业职工养老保险条例》。至2010年12月，全区7.34万人参加城镇企业职工养老保险，参加城乡居民基本养老保险8935人。2005—2009年，被征地农民参保12938人，养老1408人。

第一节　养老保险

一　城镇企业职工养老保险

1987年1月，南郊区在劳动局内建立劳动保险事业管理所，负责区内所有国营企业固定职工和合同制工人退休养老保险基金的统一筹集管理和组织实施。至年底，全区有28个单位参加养老保险，统筹征集保险金114.26万元。其后逐年增加。1990年，有82个单位参加统筹，征集保险金511.92万元，分别比1987年增加1.93倍和3.48倍。1991年，开始尝试性的社会养老保险结构改革实践，探索建立国家基本养老保险、企业补充养老保险和个人储蓄性养老保险相结合的多层次养老保险体系，社会养老保险费用由国家、企业和职工三方共同筹资。1993年，天津市对企业基本养老保险制度进行重大改革，实行社会统筹与个人账户相结合的原则。截至1995年，全区有135个单位125877人参加养老保险统筹，共征集保险金9983.1万元，支付9616.6万元，支付率96.3%。

1996年1月以后，津南区国有、城镇集体等非外商企业按上年全部职工月平均工资总额的20%缴纳基本养老保险费，职工按照其上年月平均工资的4%缴纳基本养老保险费。并于1997年10月和2006年11月进行两次修正，自此天津市建立了基本养老保险、企业年金、个人储蓄性养老保险相结合的多层次养老保险制度体系。

2006年11月，基本养老保险费由用人单位按照职工个人缴费基数之和的20%缴纳，职工按照本人工资的8%缴纳，职工本人工资低于本市最低社会保险缴费基数的，以本市最低社会保险缴费基数标准作为用人单位和职工缴纳基本养老保险费的基数，职工本人工资高于本市上年职工月平均工资300%的，以本市上年度职工平均工资的300%作为用人单位和职工缴纳基本养老保险费的基数，个体工商户按照本市上年度在岗职工平均工资的20%为缴纳基本养老保险费的基数，退休人员不缴纳基本养老保险费。职工达到国家规定的退休年龄，用人单位和职工缴纳基本养老保险满15年的，按照规定办理相关退休手续，次月起按月享受基本养老待遇。津南区国有企业及其职工、城镇集体所有制企业及其职工、城镇中的乡镇企业及其城镇职工、股份制企业和联营企业及其职工，城镇中的私营企业和个体工商户及其职工、外商投资企业和港、澳、台商投资企业及其中方职工、外国企业和港、澳、台企业的驻津办事机构及其中方职工，按照法律、法规的规定实行养老保险制度的其他用人单位及其职工适用该条例。

截至2010年12月，全区7.34万人参加城镇企业职工养老保险。

二 被征地农民养老保险

2005年10月，津南区小站镇幸福村在征地建设“小站练兵园”项目中，率先实施天津市被征地农民社会保障制度。2007年9月，将八里台镇团洼村村民纳入被征地农民社会保障范围，以后各镇在示范小城镇建设中，相继将被征地农民纳入社会保障。2009年，此制度废止。2005—2009年，被征地农民参保12938人，养老1408人。养老保险制度的改革和发展，对促进经济发展和维护人民群众的社会保障权益发挥重要作用。

2010年1月1日起，被征地农民社会保障改为执行市政府《关于印发天津市城乡居民基本养老保障规定的通知》中的规定。

三 城乡居民养老保险

2009年，城乡居民基本养老保险费的缴费基数为上年度本市农村居民人均纯收入，缴费比例为10%~30%，由城乡居民自主选择缴费比例，缴费全部记入个人账户。缴费年限累计不低于15年，缴费年限累计达到15年的可继续缴费。2010年1月1日前，参加社会养老保障的被征地农民，仍按照原文件的规定享受相应的养老保障待遇，基金统筹层次，管理渠道不变。2010年1月1日后，年满18周岁的被征地农民按照《天津市城乡居民基本养老保障规定》参加城乡居民基本养老保险，所需缴纳的养老保险费从土地补偿费和安置补助费中支付。被征地农民参保缴费时以本市上年农民人均纯收入为基数，按照40%的比例，一次性缴纳15年的养老保险费，缴费全部计入个人账户与农村居民个人参保缴费合并计算。截至2010年12月，津南区参加城乡居民基本养老保险8935人。

图25-4 2010年，区人力社保局工作人员进行居民基本医疗保险、养老保障咨询会

第二节 医疗保险

一 城镇职工基本医疗保险

2002年1月1日，津南区国家机关和事业单位人员参加城镇职工基本医疗保险。区劳动和社会保障局制定《津南区国家公务员医疗补助暂行办法》和《津南区国家公务员医疗补助集中管理部分报销办法》两个配套文件，用于解决公务员门诊和大额医疗救助报销问题。

2004年，《津南区国家公务员医疗补助暂行办法》的集中管理部分，分别调整为4.4%与0.6%。4.4%的部分用于门诊补助，0.6%的部分用于住院补助。2009年，津南区提高机关事业单位人员医疗保障水平。凡不享受国家公务员医疗补助的事业人员继续参加职工补充医疗保险。参保经费由财政局拨付到各行政事业单位。各单位在职人员和退休人员投保标准确定为人均900元。职工补充医疗保险补助办法：行政单位、全额事业单位财政补助100%，差额事业单位财政补助70%，自收自支单位自筹解决。

2010年，津南区凡不享受国家公务员医疗补助的事业人员统一参加天津市城镇职工基本医疗大额门（急）诊医疗保险。

2002—2010年津南区城镇职工参保情况统计表

表25-4

年份	参保单位（个）	参保人数（人）	
		在职	退休
2002	514	29508	12434
2003	587	30601	13167
2004	660	31704	15716
2005	887	34850	17006
2006	1321	60582	17724
2007	1676	71891	17882
2008	2191	87474	18681
2009	2607	98599	17729
2010	2975	105814	19224

二　新型农村合作（简称新农合）医疗保险

2004年下半年，新农合制度开始在津南区辛庄、双港、葛沽3个镇的部分村试点运行。2005年，在全区运行。津南区成立新型农村合作医疗管理办公室。2005—2008年7月31日，新农合工作由卫生行政部门管理。2008年8月1日始，津南区新型农村合作医疗管理职能正式由区卫生局划转到区劳动和社会保障局。2008年9月11日，津南区新型农村合作医疗管理办公室更名为津南区新型农村合作医疗服务中心（以下简称新农合服务中心）。2008年10月20日，为方便参合农民门诊报销，新农合门诊报销时限由10天延长至30天。11月，津南区制定《津南区新型农村合作医疗转诊转院管理办法》《津南区新型农村合作医疗内部审计规定》《津南区新型农村合作医疗定点医疗机构管理办法》和《津南区2009年度新型农村合作医疗实施方案》。11月24日，区政府对新农合筹资和报销标准做了适当调整。

2009年，筹资标准由每人每年150元提高到每人每年200元；农民个人缴纳仍为50元，市财政补贴由30元增至40元，区财政补贴由50元增至70元，镇财政补贴由20元增至40元。农村低保、五保人员参加新农合费用，个人不缴费，全部由区、镇财政担负。住院报销起付线，一级医院调整为500元，二级医院调整为1000元，三级医院调整为1500元；门诊报销设起付线，每人200元，根据各镇参保人数，全年门诊报销额度按照每人30元标准，各镇卫生院包干使用；非定点医疗机构发生的医疗费用不予报销。

2009年2月1日，新农合服务中心调整《津南区新型农村合作医疗门诊药品目录》。确认双桥河镇卫生院为新农合住院报销定点医疗机构，确认正大骨科医院为津南区新农合定点医疗机构。3月26日，再次对新农合药品目录做出调整，对原目录做了适当增减，印发《新农合补充药品目录》。4月30日，将天津津南安新精神病医院列入津南区新农合定点医疗机构。8月1日，开设小站医院新农合结算中心，服务期限为2009年8月1日至2009年12月31日。至此，津南区新农合报销结算网点已全部开通，达到全区覆盖，共计9个门诊结报站、2个住院结报中心。2009年12月31日，津南区新农合制度终止。新农合人员统一参加城乡居民基本医疗保险。

2008—2009年津南区新农合运行情况统计表

表25-5

年份	参保人数（人）	参保率%	报销情况			受益人数	
			住院（万元）	门诊（万元）	合计（万元）	住院(人)	门诊(人)
2008	260440	97.66	4084.00	1318.60	5402.60	14608	497848
2009	265764	99.60	3950.49	522.84	4473.33	10039	185337

三　城乡居民基本医疗保险

2009年5月20日，津南区劳动和社会保障局、区教育局联合制定《津南区学生儿童参加城乡居民基本医疗保险工作方案》，印发《关于学生儿童参加城乡居民基本医疗保险的通知》，要求各学校、托幼机构统一做好学生儿童参保工作。2010年1月1日起，城乡基本医疗保险制度全面实施。津南区具有本市户籍的农民、城镇非从业居民以及国家和本市规定的其他人员参加基本医疗保险。

2010年，津南区有279991人参加城乡医保，其中学生儿童55663人，散居儿童12490人，城镇居民7932人，农村居民190909人，低保、优抚对象、重度残疾人共12997人。2010年，为3727人次报销垫付医药费603.74万元。

第三节　失业保险

一　制度建立

1987年始，境内运用失业保险政策，保障失业人员基本生活。1993年，依据国务院《国有企业职工待业保险规定》，津南区将失业保险保障对象从原来的宣告破产企业职工；濒临破产法定整顿期间被精减职工；企业终止、解除劳动合同职工和企业辞退的职工等四种人员扩大到撤销和解散企业的职工；停产整顿企业被精减职工；企业辞退、除名或者开除的职工。1995年，实施《天津市城镇企业职工失业保险条例》《天津市失业保险条例》等相关规定。

二　征缴

1987年，境内开始进行失业保险征缴工作。1987—1998年，失业保险缴费比例为企业职工月平均标准工资总额的1%，外商投资企业为上年度全部中方职工实得工资的3%。1998年下半年，将失业保险缴费比例由企业工资总额的1%调整为3%，其中单位2%、个人1%，由企业单方负担改为企业和职工个人共同负担，建立国家、用人单位和职工三方负担的筹资机制。

1999年1月22日以后，根据国务院颁布的《失业保险条例》，津南区确定失业保险的基本原则和主要政策。拓宽了覆盖面，统一失业保险金征缴比例，确立了国家、用人单位和职工三方负担的筹资机制。2005年9月30日，失业保险金征缴工作津南区劳动和社会保障局移交到津南区社会保险基金管理分中心。1987—2005年9月，全区征缴失业保险金6484.38万元。2005年9月后，区劳动保障局将失业保险基金征缴工资移交天津市社会保险基金管理中心津南分中心。

三　实施

1995年，施行《天津市失业保险条例》后，津南区提高享受失业保险的待遇和标准，失业保险主要用于失业救济金；失业职工的医疗费、丧葬补助费及其供养直系亲属的抚恤费、救济费；失业女职工生育补助费；转业训练费；生产自救费等，发放的标准为本市最低工资标准的80%，保障了失业职工的基本生活。1988—2010年，按照国家和天津市的有关规定，津南区失业保险金的发放对象涵盖面越来越大，支出范围越来越广。失业保险基金支出从失业人员、农村劳动力，扩大到企业，充分体现出失业保险基金保生活、促就业、防失业的功能。2010年，发放失业保险金381.96万元。

1988—2010年津南区失业保险金发放及失业保险基金运用情况统计表

表25-6　　单位：万元

年份	失业保险		医疗补助金金额	丧葬补助金额	生育补助费	农民工生活补助金额	自谋职业补助金额	灵活就业保险补贴金额	企业社会保险补贴金额	困难企业岗位补贴金额
	发放人数（人）	失业保险金额								
1988	5	0.15	–	–	–	–	–	–	–	–
1989	1	0.06	–	–	–	–	–	–	–	–
1990	1	0.02	–	–	–	–	–	–	–	–
1991	1	0.04	–	–	–	–	–	–	–	–
1992	7	0.23	–	–	–	–	–	–	–	–
1993	48	4.43	–	–	–	–	–	–	–	–
1994	387	34.50	–	–	–	–	–	–	–	–
1995	1931	157.70	–	–	–	–	–	–	–	–
1996	2521	208.10	–	–	–	–	–	–	–	–
1997	1640	264.00	–	–	–	–	–	–	–	–
1998	3591	793.10	–	–	–	–	–	–	–	–
1999	2764	758.00	–	–	–	–	–	–	–	–
2000	3200	786.00	–	–	–	–	–	–	–	–
2001	3454	718.00	–	–	–	–	–	–	–	–
2002	3276	998.40	81.60	1.60	–	23.30	–	–	–	–
2003	3718	948.60	102.60	1.80	–	18.40	–	–	–	–
2004	2681	534.10	40.30	–	–	22.94	348.90	–	–	–
2005	1447	301.90	25.90	–	–	18.50	71.10	–	–	–
2006	1287	324.90	39.94	3.10	1.10	12.80	29.10	0.81	–	–
2007	907	275.00	32.00	1.23	1.01	11.76	12.90	9.70	–	–
2008	832	161.74	24.62	–	0.21	49.97	2.10	71.18	–	–
2009	885	227.30	19.64	–	0.52	131.94	4.41	45.38	64.00	74.00
2010	1107	381.96	–	–	–	149.41	3.00	27.90	20.00	–

第四节　工伤保险

一　工伤保险制度

2004年11月1日起，津南区实行《天津市农民工参加工伤保险规定》。用人单位可以先行为农民工办理参加工伤保险手续。事业单位、民间非营利组织自2006年9月1日起参加本市工伤保险社会统筹，为其工作人员按时足额缴纳工伤保险费。2008年6月1日，施行《天津市商贸、餐饮、住宿等服务业从业人员参加工伤保险试行办法》，采取"定员定额"的方式缴纳工伤保险费。2008年7月1日，施行天津市农民工参加医疗工伤综合保险办法。

国家根据不同行业的工伤风险程度确定行业差别费率，并在此基础上建立单位缴费浮动机制。一类为风险较小行业，基准费率为0.5%；二类为中等风险行业，基准费率为1.0%；三类为风险较大行业，基准费率为2.0%。

二 工伤待遇

（一）工伤保险基金负责支付的待遇项目

工伤医疗待遇：工伤医疗费用；康复性治疗费；辅助器具安装配置费用。

伤残待遇：一次性伤残补助金；伤残津贴；生活护理费。

工亡待遇：一次性工亡补助金；丧葬补助金；供养亲属抚恤金。

（二）用人单位负责支付的待遇项目

住院伙食补助费。

转外地治疗的交通、食宿费。

停工留薪期内生活护理及工资福利。

伤残津贴。

一次性工伤医疗补助金和伤残就业补助金。

（三）事业单位、民间非营利组织的工作人员的待遇

2006年9月1日始，事业单位、民间非营利组织参加工伤保险统筹后，经劳动保障行政部门确认，继续发生的工伤费用，经审核属于工伤保险基金支付范围的，自参保缴费之月起由工伤保险基金支付。

（四）属于非法用工单位伤亡人员，按照有关规定，非法用工单位应向伤残职工或死亡职工的直系亲属、伤亡童工或死亡童工的直系亲属给予一次性赔偿。

三 缴纳

2004—2010年，工伤保险的参保单位和参保人数均呈现历年上升趋势。参保单位由2004年的406个增加到2010年的2916个，参保人数由2004年的20048人增加到2010年的111780人。

2004—2010年津南区工伤保险缴纳情况统计表

表25-7

年份	参保单位（个）	参保人数（人）
2004	406	20048
2005	707	27854
2006	1313	59246
2007	1681	94603
2008	2142	88552
2009	2543	106719
2010	2916	111780

四 工伤认定及劳动能力鉴定

随着《工伤保险条例》的实施，宣传力度的加大，工伤认定和劳动能力鉴定的人数逐年攀升，具体统计见下表：

2004—2010年津南区工伤认定及劳动能力鉴定情况统计表

表25-8　　单位：人

年份	受理认定	完成认定	不认定工伤	不予受理	行政复议	行政诉讼	伤残等级鉴定
2004	189	167	3	9	6	0	174

续表

年份	受理认定	完成认定	不认定工伤	不予受理	行政复议	行政诉讼	伤残等级鉴定
2005	348	332	0	4	5	0	162
2006	640	622	6	0	6	2	304
2007	1183	1112	6	6	6	3	198
2008	1607	1525	5	0	10	4	252
2009	1964	1786	8	0	2	3	225
2010	2538	2459	16	1	11	8	260

第五节　生育保险

一　制度建立

1994年12月14日，劳动和社会保障部颁布《企业职工生育保险试行办法》，津南区从1995年1月1日起试行。2005年9月1日起，津南区执行《天津市城镇职工生育保险规定》。

二　主要规定

生育保险费由市社会保险经办机构按照《社会保险费征缴条例》的规定征缴。用人单位应当按照职工个人上年度月平均工资之和的0.8%按月缴纳生育保险费。职工个人不缴纳生育保险费。用人单位按照规定参加生育保险，按月足额缴纳生育保险费。生育或实施计划生育手术符合国家和本市计划生育规定。用人单位缴纳的生育保险费在税前列支。

参加生育保险的职工享受产前检查费、生育医疗费、计划生育手术费、生育津贴（根据女职工妊娠时间及终止妊娠时间分别享受15天、30天、42天、90天不等的生育津贴）。2005—2010年，辖区内有9496个单位307191人参加生育保险。

2005—2010年津南区生育保险参保情况统计表

表25-9

年份	参保单位（个）	参保人数（人）
2005	937	36286
2006	1214	41507
2007	1433	60818
2008	1708	51203
2009	1953	57131
2010	2251	60246

津南区志

（1979-2010）

第二十六编

教　育

中共十一届三中全会后，津南区教育进入全面发展新阶段。全面推行校长负责制，完善和落实岗位责任制，深化人事分配制度改革，促进教育公平。大力发展义务教育阶段学校现代化达标建设，优化教育资源，创建“均衡发展合作学区”。不断深化教育改革，为津南区教育持续稳定发展增添生机和活力，使津南区教育事业得到快速发展。

2010年，津南区校园艺术节展演

第一章 教育体制改革

1979年后，区教育系统不断深化教育管理体制改革，引入竞争机制，深化教育内部的人事和分配制度改革，进一步完善用人机制、分配机制、监督保障机制，激发学校办学活力，调动教职工的工作积极性。

第一节 管理体制改革

一 校长负责制

1988年，制定《区教育局关于“校长负责制”的几点意见》，启动以校长负责制为中心的人事制度改革。1990年，制定校长任职三年规划和具体检查落实的干部述职、干部考核、领导干部民主生活会、干部培训等项制度。1992年，颁布《津南区校长负责制实施意见》《建立校长负责，党支部保证监督，教代会民主管理的新体制的具体要求》《津南区教育系统体制改革方案》，规定由校长负责学校的全面工作，党支部保证监督，教代会民主管理的管理体制。1994年，全区中小学、局直单位根据国务院工资改革方案规定，对现行工资中30%津贴、未纳入奖金、目标管理奖统一提取，作为校长奖励基金重新分配，加大分配改革力度。

1996年7月，召开津南区教育系统学校内部管理体制改革工作会。2000年8月，出台《校长聘任办法》《校长职级制管理办法》，对校长负责制下的校长任职条件、产生办法，校长的责、权、利做出明确规定。2001年，全区教育系统中的事业单位全部推行人事分配制度改革。“竞争上岗、择优任用、鼓励人才脱颖而出”的新用人机制，使学校实现“能者上、平者让、庸者下”的局面，提高了学校领导干部队伍水平。

二 教师聘用制

1988年，启动校长负责制，随之逐步推进全员聘任制、岗位责任制和结构工资制为主要内容的人事制度改革。借鉴咸水沽三中改革经验，1993年，区所有中小学实行结构奖金制，咸水沽三中成为全市率先实行综合改革试点校和津南区教育改革窗口校。1996年，召开“津南区教育系统学校内部管理体制改革工作会议”，区属中小学全面实施“四制改革”，即校长负责制、岗位责任制、全员聘任制和结构工资制。

2000年，启动新一轮人事制度改革。实行全员聘任制，实现由国家用工制向单位用工制的转变。2001年，区教委制定《关于深化2001—2002学年度人事制度改革的意见》，建立激励与制约相结合、竞争与效能相结合的人事劳动分配制度。

2006年，建立择优聘任岗位竞争机制和教师交流机制。在稳定教师队伍基础上，促进教师合理流动。建立地方“小中高”职称和津南区特级教师评选制度。

2009年，成立区教育系统教师流动服务中心管理落聘教师。制定实施津南区义务教育学校实施绩效工资和非义务教育学校实行工资性补贴具体实施方案。

第二节 办学体制改革

改革开放后，调整中等教育结构，取消小学附设“戴帽中学”，集中中学办学点，同时发展中等职业教育，逐步使职业技术教育和普通高中招生比例趋于合理。1980年，全区各小学进行调整，将原来的50所联校调整为37所。1993—2002年，津南区支持民办教育和社会力量办学。相继建立南华中学等5所民办学校。1991—2001年，相继成立津南区卫生学校培训部、老年大学等14家社会力量办学单位，设置专业30多个。2008年，津南区推进全区21所小学与市内六区优质学校联谊结对。制定《津南区中小学建立均衡发展合作学区的指导意见》，指导全区中小学建立广泛合作办学模式，形成区际、镇际、校际的合作办学体系。在基础教育阶段的民办学校兴办的同时，各种社会力量举办的非学历教育、专业技术培训、短期培训等办学形式也相继出现。截至2010年6月，经区教育局审批并在市教委备案的民办教育机构22所。其中，学历教育2所、非学历培训教育机构17所、学前教育3所。

一　民办教育

90年代初，民办普通教育在津南区悄然兴起。相继建立南华中学、新农中学、菁华中学、天华实验中学、汇龙中学等5所民办学校。津南区对民办校采取"积极鼓励、规范引导、严格管理"方针，保证民办校与公办校具有法律上同等地位。民办教育在自身发展过程中，遵循优胜劣汰规律。至2010年6月，现存的两所民办校中，天津市南华中学为6轨制的初中校，有18个教学班，教职员工92人，其中专职任课教师44人，在校生达1100余名；天津市天华实验中学为完中校，有27个教学班，教职员工138人，其中专职任课教师82人，在校生1505人。

2010年津南区民办教育机构基本情况一览表

表26-1

名称	办学地址	法人	建立时间	办学性质
天津市南华中学	益华里富源别墅西	刘万亮	1993	初中
天津市天华实验中学	二八公路西侧	宫玉水	2000	完中
天津市津南区少年宫童星培训中心	咸水沽南华路	刘恩艳	1992	非学历
天津市津南区小站镇青少年体育培训中心	小站镇红旗路北17号	郭文生	2004	非学历
天津市津南区校办产业培训中心	咸水沽原四中院内	魏举洪	1998	非学历
天津市津南区南华培训中心	咸水沽津沽路52号	张振勋	2002	非学历
天津市津南区成人中等专业学校培训中心	咸水沽津沽路61号	王崇明	1996	非学历
天津市津南区教研室培训中心	咸水沽津沽路61号	于洪武	2003	非学历
天津市商汇工商进修学院	双桥河镇宝成宾馆	谷　强	1991	非学历
天津市津南区图书馆培训中心	咸水沽红旗路6号	杨经中	2002	非学历
天津市津南区文化馆培训中心	咸水沽红旗路3号	刘炳山	2004	非学历
天津市津南区实验小学培训中心	咸水沽南华路	刘士民	2004	非学历
民进天津市津南区开拓培训学校	咸水沽全红桥旁	许浩然	2003	非学历
天津市津南区教师学习与资源培训中心	咸水沽前进路2号	李国起	1997	非学历
天津市津南区双港镇希望之星培训中心	双港联合小学院内	翟洪敏	2007	非学历
天津市津南区宏业质监培训中心	咸水沽红旗路	李树强	2007	非学历
天津市津南区新华聚瑛培训学校	咸水沽复经路2号	许　鹏	2008	非学历
天津市津南翔宇培训学校	梅江南浯水道289号	李德华	2008	非学历
天津市津南区英才培训学校	咸水沽津沽路52号	周桂成	2009	非学历
天津市津南区阳光幼儿园	双港中学旁	王　玲	2003	学前教育
天津市津南区华艺艺术幼儿园	咸水沽惠苑小区	白玉敏	2005	学前教育
天津市津南华夏未来米兰阳光幼儿园	咸水沽米兰花园	杜家兆	2006	学前教育

二　民办学校简介

（一）南华中学

1993年创建，是津南区第一所全日制初级民办中学。2001年，迁入咸水沽益华里居民区新校址，学校占地4公顷，建筑面积1.1万平方米。学校实行董事会领导下的校长负责制，组织机构健全，规范办学，严格管理，教育教学质量不断提高。2006年，被天津市教育委员会命名为“天津市先进民办学校”，被天津市人民政府命名为“先进民间组织”。2009年，被中国教师发展基金会、中国民办教育协会中小学专业委员会授予“全国优秀民办中学”称号。2010年6月，在校生1100余人，教职工92人（其中特、高级职称教师25人）。

（二）天华实验中学

原名天华高级中学，2000年5月，建成并招生。是一所由天津市永正集团毕杰公司出资兴办的全日制现代化民办完全中学。校园占地6.67公顷，校舍建筑面积3万平方米，有教学楼、实验楼、阶梯教室、图书馆、多媒体教室及电化教学系统，建有400米跑道标准运动场和4个标准篮球场。学校实行董事会领导下的校长负责制，注重教师队伍质量建设，面向全市及全国招揽优秀人才，教职工实行全员聘任制和人员岗位责任制。2010年6月，全校现有教职工138人，在校生1505人，27个教学班。

第二章 基础教育

津南区不断改善基础教育办学条件和提高师资水平，学前教育的发展，满足了社会需求。小学教育“依法办学，夯实教育基础，彰显办学特色”。中学教育不断深化教育教学改革，通过学校布局合理调整，优化教育资源，提高教育质量。至2010年，津南区有各类托幼园所162所，小学40所，公办中学14所，其中完中校5所，初中校9所。另有民办中学2所（完中校、初中校各一所）。

第一节 学前教育

一 幼儿教育

1979年，有39个村办幼儿园。1981年，区政府成立托幼办公室，区教育局小教科统管幼教工作，在小学校附设学前班。是年，境内第一所国办幼儿园——咸水沽幼儿园（1987年更名为第一幼儿园）成立。1984年，建立集体办区中心幼儿园（1987年更名为第二幼儿园）。1987年，全区幼儿园所242所，入托幼儿9128人，9个乡镇办园率95%。

1990年，落实国务院《幼儿园管理条例》。1993年，建立区第三幼儿园。1995年，全区有幼儿园205个，村办幼儿园75个，学前班101个，入托儿童9032人，入园率95.12%。是年，津南区制定《区幼儿园评估方案》，促进幼儿园规范化建设。启动实施“410培训网络工程”（国办幼儿园带动10个乡镇村校幼儿园），建立区、乡镇、校三级托幼工作培训网络，推进幼教改革。1997年，津南一幼、津南二幼被评为区示范园，津南二幼被评为天津市首批一级一类幼儿园。1998年，全区9个乡镇学前教育活动达到市级标准，并获得天津市学前教育工作达标区称号。

2000年，对103个托幼园所、学校附设幼儿园、幼儿班、学前班进行两年1次年检。全区基本形成以国办园为示范，各类型园所共同发展的格局。2002年，进一步完善“一帮二”制度，要求每个直属幼儿园帮带两个镇，实行“分类指导、分组推进、全面提高”管理模式。是年5月，区第三幼儿园晋升为市一级幼儿园。2003年11月，津南区第一幼儿园晋升为市一级幼儿园。

2004年，区政府将镇中心幼儿园的建设纳入对各镇政府的年终考核内容。有6所学校附设学前班改建为学校附设幼儿园，扩大招生200余名。各镇中心幼儿园对本镇幼儿园进行管理和业务指导，形成“区—镇—村”管理网络。是年10月，津南区第二幼儿园顺利晋升为天津市示范幼儿园。2007年10月，津南区第八幼儿园晋升为“天津市一级幼儿园”，并承接由市教委学前处和华夏未来联合组织的全市农村幼儿园园长、教师培训活动。第四幼儿园、第六幼儿园、第七幼儿园于11月份通过市教委乡镇中心幼儿园的达标验收。2008年，成立为外地务工子女提供早期教育服务的津南区阳光早教中心。

至2010年6月，津南区有各类托幼园所162所。其中，教育局直属幼儿园3所，镇中心幼儿园6所，企事业单位办幼儿园1所，小学附设幼儿园15所，民办幼儿园137所（其中有办园许可证19所），招收幼儿14050人。与2001年相比，全区园所总数增加67.01%，招收幼儿人数增加3693人，学前幼儿受教育率逐年提高。

二　重点幼儿园

（一）津南区第一幼儿园

位于咸水沽镇红旗路14号，始建于1980年，2002年迁入现址。占地面积5738平方米，校舍建筑面积3916平方米，幼儿生活、学习、游戏空间开阔，教育教学设施完备，为天津市一级幼儿园。2007年被评为天津市唯一一所国家级绿色幼儿园。2010年，有编制48人，教师学历合格率100%，其中大学本科39人。教师中有中级职称25人，中学高级职称2人。托、小、中、大班13个教学班，幼儿430名。

（二）津南区第二幼儿园

位于咸水沽镇光明楼居民区内。1984年建园，1987年由集体园改制为国办园。占地面积3865平方米，建筑面积1953平方米，园内设大、中、小、托10个教学班，367名幼儿，49名教职工，高级教师29名，专职保健医生1名，现岗教师均系大专或本科毕业。自1997年，先后被命名为天津市一级幼儿园、天津市涉外园、天津市教科院实验基地 、天津市示范幼儿园、天津市“三八”红旗集体。

第二节　小学教育

“文化大革命”结束后，小学教育开始走上正轨。1980年，小学教育归区教育局管理。1985年，各乡镇先后建立教育委员会，区制定《普及九年义务教育规划》。90年代，津南区达到“普九”合格标准。1995年，区有小学中心校48所，培智学校1所，教学班899个，学生31377人。适龄儿童入学率100%。

1998年，全区小学消灭D级校（办学综合评估的最末一级）。1999年，全区规范化乡镇办学验收合格，全区小学学额巩固率保持在99.8%~99.9%之间。

2001—2010年，津南区小学教育推进新课程改革，加快均衡发展，提升教育教学整体质量。呈现出“依法办学，夯实教育基础，彰显办学特色”的教育教学面貌。至2010年，津南区共有40所小学，教学班712个，在校学生26996人（含外来务工人员子女），教职工2062人，本科以上学历1113人。小学入学率、学额巩固率均达100%，毕业升学率99.89%。

一　改革与发展

1993年秋，区教育局提出“开齐课程，开足学时，上好学科课，规范活动课”，把落实课程计划的情况纳入对学校年度办学评估中。1995年，提出“以活动课为突破口，大力推动素质教育”，并在咸水沽四小召开全区“落实活动课程，实施素质教育现场会”。

1998年秋，津南区统一实行“‘五、四’学制‘六、三’管理”模式，即小学5年，中学4年，共修9年完成义务教育；六年级（改制后的新初一）仍在小学就读，由小学管理，教授新初一课程。是年，五年级开设外语课。2001年秋，根据国家教委和天津市教委通知精神，从三年级开设外语课。

2003年秋，基础教育课程改革在津南区义务教育一年级和三年级起始学科开始实验。2005年，制定《津南区课堂教学评价标准》《学校校本教研评价标准》《津南区小学课改实验督导评估实施方案》，津南区课改工作取得明显成效。2006年起，全区各小学推行小班化教育，严格控制班容量。2009年，全区形成区际、镇际、校际合作办学体系，开拓全区小学办学新方式。至2010年，全区新一年级班容量均在40人以下。

二 课程设置

1979年，开设语文、政治、数学、常识、音乐、体育、图画等课程及班队活动。1981年，高年级取消常识课，增设历史、地理、自然课，政治课改为思想品德课。1998年，五年级开设外语课。2001年秋，根据国家教委和天津市教委通知精神，从三年级开设外语课。小学设有语文、数学、外语、思想品德、社会、历史、地理、自然、体育、音乐、美术、劳动等学科类课程，活动类课程开设晨会、班团队活动、科技文体等。

2010年津南区各镇小学一览表

表26-2

镇属分布	学校	合计(所)
咸水沽镇	津南区实验小学、咸三小、咸四小、南洋小学、四里沽小学、王家场小学、韩城桥小学、北洋小学	8
双港镇	双港小学、何庄子小学、马集小学、海天小学	4
辛庄镇	白塘口小学、辛庄小学、高庄子小学	3
八里台镇	八里台小学、大韩庄小学、巨葛庄小学、大孙庄小学、双闸小学、南义小学	6
小站镇	小站一小、小站实验小学、小站三小、小站四小、小站六小、东大站小学	6
北闸口镇	北闸口小学、北闸口二小、北闸口三小	3
葛沽镇	葛沽实验小学、葛沽二小、新房小学、三合小学、西关小学、大滩小学、邓岑子小学	7
双桥镇	双桥一小、双桥二小、双桥三小	3

三 考试与招生

（一）考试

2000年，以改革评价机制为切入点，改变对学校、教师、学生的评价导向，改革考试制度。区教委制定《津南区小学生素质发展水平评价暨小学考试改革方案》，对小学考试内容和方法进行改革，通过考法改革促进教法和学法的改革。在严格核对毕业生学籍、规范考试用品、严格各类人员安排和培训工作、严密考务程序、增设核分环节、统一查分环节及考试意见征询环节等方面做出较大革新。考试科目有语文、数学、英语三个学科，考试成绩以等级作为评价标准。

（二）招生

2000年，改革考试制度后，对特殊情况入学问题建立有效的解决机制。各镇完成集中招生任务后，对人户分离和外地户籍适龄儿童实行信息登记，由镇中心校在暑期统筹解决。通过招生划片工作的协调及严格按招生要求审查学生户口簿认定新生学籍等方式，有效地对新生班额加以控制。班额超40人标准的班级数，近3年每年以超过30%的速度减少。至2010年，新一年级班额均在45人以下。开展民办初中招生机选与自主招生相结合的新招生方式，扩大学生公平享受民办优质学校资源。实行南华中学招生录取名额50%通过电脑派位产生，另50%由南华中学自主选择招生的新录取办法。从填报志愿、电脑派位到完成自主招生录取，在社会监督下，整个招生过程得到家长和社会认可。

四　小学选介

（一）津南区实验小学

2000年8月，与原咸水沽二小合校。2003年5月，学校迁入现址（咸水沽镇丰收路与南华路交口）。新校占地面积4.2公顷，建筑面积2万平方米，具备现代化标准设施。2010年，拥有48个教学班130余位教师2300余名学生，是津南基础教育龙头校。

2001年始，学校陆续承担一系列区级、市级、国家级教育教学研究课题。2003年，获得“天津市素质教育示范学校”称号；2003—2009年，获得“津南区新课程改革先进学校”“天津市德育特色学校”“全国红旗大队”“全国和谐校园之星”等称号。2006年，学校以“四和学校”的实验成果、高效课堂及硬件环境展示，承办了全国第五届教育课题结题大会，获得中国教科院专家与各地同仁的高度评价。2009年10月，学校通过现代化标准督导评估，成为天津市现代化标准首批达标学校之一。

（二）西关小学

地址在回族聚居的葛沽镇西关村，是津南区唯一一所少数民族学校。其前身是区杨惠庄联合小学的一所分校。1988年8月，成立津南区西关小学。占地面积4300平方米，建筑面积1498平方米。在职教职工17人，学生188人，其中回族师生占85%以上，教师本科学历和高级职称均占75%以上。

学校坚持以教学为中心，以教科研为先导，坚持“强化思想工作、构建和谐校园”办学特点。体育工作有特色，把少数民族体育项目、八极拳以及“新三字经”融入体育课和大课间之中，在全市少数民族运动会上取得好成绩。2004年，被区、市评为少数民族体育先进集体；2005年，被市教委、市民委评为民族团结教育活动先进集体；2005—2006学年度专项督导评估中，被评为师德建设A级学校；2008—2009学年度专项督导评估中，被评为创新大课间暨阳光体育先进单位。

（三）双港实验小学

新校址在双港镇第五大街。由双港镇政府等筹措资金，于2009年8月落成使用。学校建筑面积10369平方米。2010年，有教学班25个，学生940人，在岗教职工74人，本科学历39人，专科学历21人，具有中学高级教师职称2人，小学高级教师职称51人。

图26-1　2009年，双港实验小学

2006年5月，学校被评为天津市小学素质教育示范校。2007年，获得天津市语文教师教学基本功竞赛先进学校。2008年，被评为全国劳动技术教育先进校。2006年、2009年，被评为天津市实施《中小学生日常行为规范》示范校。2009年6月，被命名为全国少先队工作试点校。是年8月，被评为国家级语言文字规范化示范学校，是天津市首批义务教育学校现代化建设标准达标校、区办学水平评估示范学校。

第三节　中学教育

80年代初，南郊区开始改革中学教育结构，调整办学布局和规模，实现高中集中办学。90年代，推进以培养学生创新精神和实践能力为中心的素质教育，津南区中学教育得到快速发展。2001年后，初、高中课程改革实验深入，进一步深化素质教育。在新课程改革实施过程中推进校本课程开发，对初中课改进行质量监控，在加强高中课程实施能力建设等方面，取得较好效果。

一 改革与发展

（一）布局调整

1980年，改革中等教育结构，调整办学布局和规模，压缩高中。至1983年，全区完全中学调整为7所，初中升高中比例趋向合理、稳定。1991年，境内有中学21所（其中完中校7所），教职员工2318人。1992年，津南区对中学教育结构做出重大调整：撤销北闸口中学和辛庄中学的高中部，在两校开设职业高中班。1996—2001年，根据办学需要，合理调整中学布局，先后撤销、合并西泥沽中学、小站二中、高庄子中学、葛沽二中、南马集中学、咸水沽四中等6所基础薄弱校，使全区中学学校布局趋于合理，教育资源得到优化。2004—2006年，经市教委评估，双港中学、咸水沽二中、小站一中晋升为区级重点高中。至2010年，津南区共有公办中学14所，其中完中校5所，初中校9所。民办校2所（完中校、初中校各一所）。

（二）教学管理

80年代，在中学教育教学中引进竞争机制，制定《区中小学办学水平评估体系》。1995年，区教委制定《初中教育教学成果奖励方案》，建立起优化教学过程，提高教学质量的激励、评价机制。1997年，全区高中校参加教育部主持的“二省一市（山西省、江西省，天津市）高中课程改革试验”。

2000年，初中“目标教学实验”和“高中课改实验”结题。2003年，制定《津南区教育教学目标管理体系》等文件，开展干部教师走进新课程，把素质教育观念转化为教育教学行为基本功竞赛活动。2005年，制定《津南区初中新课程试验方案》，开始初、高中新课程改革。2006年，制定《津南区关于建立校本教研制度的实施办法》，构建“研、教”一体的教师工作方式。

2008年，区教育局按中学各校坐落地点，形成东、南、北、中四个均衡发展合作学区。并与区域外的清华附中、山东九户中学、天津四中、北师大附中、海河中学等学校，形成校际间的协作共同体，形成区内、区际、城际之间开放、共享的网络体系。制定《关于津南区中小学深化课程改革构建高效课堂的实施方案》。2009年，公布《津南区中学“教学五认真”规范要求》等一系列文件。天津市中学处指定市教委直属中学（市五所）与津南区完中校开展对口帮扶结对子活动。

1995—2010年津南区初中入学率、巩固率、升学率统计表

表26-3

年份	入学率%	巩固率%	升学率%
1995	97.90	98.00	98.45
1996	98.20	97.60	98.40
1997	97.36	97.15	98.53
1998	97.30	96.89	97.00
1999	98.50	97.60	98.50
2000	97.86	98.60	99.40
2001	100.00	98.04	97.62
2002	100.00	98.65	98.76
2003	100.00	96.47	99.48
2004	100.00	99.48	98.15
2005	100.00	98.72	97.56
2006	100.00	99.33	98.16
2007	100.00	99.31	98.70
2008	100.00	99.24	98.64
2009	100.00	97.32	96.53
2010	100.00	98.94	98.67

二 学制课程

1979—1983年7月，实行“三·二”学制（初中三年，高中二年）。1983年9月，改为“三·三”学制（初中三年，高中三年），至2010年。

1984年，初中课程有：语文、数学、英语、政治、物理、化学、地理、历史、植物、动物、生理卫生、音乐、美术、体育。高中课程有：语文、数学、英语、政治、物理、化学、生物 、历史、地理、生理卫生、体育。

1977年恢复高考以后，高中二年级或高中三年级按文科、理科开设课程。文科班开设语文、数学、英语、历史、地理、政治、体育。理科班开设语文、数学、英语、化学、物理、政治、生物、体育。除体育外均为高考课程。

2005年，开始进行基础教育课程改革，按照市教委统一部署，开齐、开好、开足课程。

三 考试与招生

（一）考试

80年代中后期，南郊区建立并完善以会考为基础的高考制度，考试形式逐渐标准化，各学科实现分卷考试，以光电扫描为先导信息化技术在高考管理中得到广泛应用。区高考工作顺利实施“3+2”科目设置改革，实现招生收费制度从“单轨”到“双轨”再到“并轨”的连续变迁；建立“学校负责、招办监督”的招生录取体制。1993年6月，成立区教育招生考试中心。

根据天津市教委要求，从2005级入学的初中毕业生开始，初中毕业生学业考试分为考试、考查两种形式。初中毕业年级考试由全市统一实施，考试成绩以原始分数呈现，考试科目为语文、数学、外语（含听力）、物理、化学。初中毕业考查由市级考查和区级考查两部分构成，考查成绩以等级形式出现。

（二）招生

2000年，津南区在初中招生改革中，规定从本年度起，全区“小升初”严格执行划片就近入学，实行“公办不择校，择校去民办”的招生办法，保证了各校生源。2006年始，咸水沽一中初中招生按比例由小学推荐，录取164人。2007年推荐录取186人，2008年推荐录取236人，2009年推荐录取177人。

1999年1月，制定《关于咸水沽一中高中招生改革的实施意见》，改革普通高中招生办法，首次实行重点校择优与保送相结合的招生办法。全区90名具备资格的保送生中有74名品学兼优学生被市重点高中录取，分别来自全区22所中学，占全区中学的96%。2001年，津南区高中一年级招生1749人，全区在校高中生4296人。

2009年，制定《津南区2009年示范高中部分招生计划定向分配实施方案》。规定咸水沽一中招生总计划的10%作为定向推荐指标，面向全区所有在籍初中毕业生实行等额推荐，共推荐64人。2010年，推荐指标扩大到20%，共推荐94人。

随着课程改革不断深化，高中教育教学质量明显提高，高考升学率逐年上升。2009年是新课改后第一届高中毕业生，高考全区本一上线率19.56%；本二上线率45.44%；本三上线率81.57%；高职上线率98.35%，各批次上线率均高于全市平均水平。

2001—2010年津南区高中招生及在校人数统计表

表26-4 单位：人

年份	高一招生人数	当年在校生人数
2001	1749	4296
2002	1767	4325

续表

年份	高一招生人数	当年在校生人数
2003	1732	4990
2004	1865	5437
2005	2061	5866
2006	1839	5903
2007	1831	5791
2008	1771	5553
2009	1798	5538
2010	1877	5509

四　中学选介

（一）天津市咸水沽第一中学

天津市重点中学和首批示范高中校。坐落在咸水沽镇月牙河西路，占地面积16.67公顷，建筑面积5万平方米。学校共有61个教学班，学生2580名。在编教职工254名，中高级教师占80%以上，特级教师4人。学校拥有国家级教改积极分子、全国优秀教师、全国“五一劳动奖章”获得者、市劳动模范、市师德先进个人、市特级教师、市“十佳”班主任等一大批优秀中青年教师。

图26-2　2010年，现代化达标校天津市咸水沽第一中学

学校以“依法办学、以法治校、尊重规律、务实求进”为指导思想，落实校训“敦品励学”为主线，形成“双主导学”教学模式、“成功教育”德育模式、“育才学校”教师培训模式、体育运动项目传统校四大传统办学经验。开展阳光体育工程、体育艺术“2+1”活动，促使学生全面发展，有效推进素质教育，促进教育教学质量的提高。

（二）天津市双港中学

位于双港镇西，始建于1972年。校园占地面积61131平方米，建筑面积29301平方米，拥有42个教学班，在校学生1602人，教职工183人。2005年，被批准为天津市第二批示范校。2009年10月，成为津南区首批通过“天津市义务教育学校现代化建设标准”验收学校之一。

学校重视学生行为规范养成教育，将经典诵读引入课堂，德育工作形成特色。开展“研究性学习”与“和谐教育”，深化课堂教学改革。“三六”导学模式下的“教改大课堂”和随笔化作文教学，促进全区教学改革。1995—2010年，学校获得国家级奖项5项，市级奖项25项，区级奖项50项。连续10年高考成绩名列区同类校第一名，本科上线人数逐年递增。2010年3月10日《中国教师报》以“志存高远，奠基未来”为题，报道该校的10年改革经验。

2010年津南区中学统计表

表26-5　　单位：人、个

编号	校名	校长	教职工数	年级数	班数	学生数	校址
1	咸水沽一中	许浩然	254	6	61	2580	咸水沽镇津歧路全红桥西
2	咸水沽二中	李洪来	139	6	30	1391	咸水沽镇津沽路东

续表

编号	校名	校长	教职工数	年级数	班数	学生数	校址
3	咸水沽三中	周桂成	154	3	34	1560	咸水沽镇津沽路南
4	双港中学	刘建始	183	6	42	1602	双港镇双港村西
5	辛庄中学	辛宪祥	96	3	22	835	辛庄镇
6	南洋中学	杨金钟	61	3	18	722	咸水沽镇津歧路西
7	双桥中学	李玉华	83	3	24	1073	双桥河镇西
8	葛沽一中	石文慧	144	6	30	1318	葛沽镇西
9	葛沽三中	苏传森	65	3	18	598	葛沽镇刘庄村
10	八里台中学	崔洪顺	64	3	18	684	八里台镇中兴大街17号
11	北闸口中学	吴俊庭	108	3	26	999	北闸口镇北闸口村
12	小站一中	陈志森	165	6	42	1699	小站镇
13	小站实验中学	邵长春	76	3	18	811	小站镇北湖村
14	双闸中学	刘泽广	56	3	14	544	八里台镇双闸村

第三章　特殊教育

区内特殊教育始于1990年，招收津南区智障儿童的专门学校——培智学校，结束了津南境内没有专门特殊教育的历史。2010年，学校有干部教师20名，教学班5个，50余名智障儿童在学。

第一节　创建与发展

1990年4月，区创办第一所招收智障儿童的专门学校——培智学校，结束境内没有专门特殊教育的历史。学校属于国家九年义务教育范畴，面向全区招收智力落后和肢体残疾的儿童入学。2000年，迁至新校（咸水沽镇红旗路南8号）。2010年，有干部教师20名，教学班5个，50余名残疾儿童在学。开设生活语文、生活数学、绘画与手工、唱游与律动、自理训练、语言训练、康复训练、运动与健康、劳动技能、生活适应、班队会等课程。

学校以培养“自尊、自立、自强”的新人为宗旨，遵循“以小见大、由远及近、从浅入深、突出参与”“小步子、多循环、扶着走、让不同层次的学生各有所得”的教学原则，注重学生良好品德形成和完善人格的塑造，对学生坚持智力开发和技能培养并重的原则，愉快艺体类教育和注重实践职业教育已成为培智学校教学上的两大特色，摸索出集幼教、弱教、普教三位一体的办学新模式。

第二节　主要成果

津南区培智学校克服资金短缺、人力不足等困难，多方寻求社会支教，走内涵发展的道路，取得令人瞩目的成绩。2002年，津南区培智学校被评为天津市小学实施素质教育示范校。成为天津华夏未来少儿艺术中心属下的艺术教育单位。2003年，学校被评为区级“十五”立功先进集体；2005年，被评为区级师德建设先进集体、获津南区“扶残助残”先进集体光荣称号；2006年，被评为全国特奥工作先进单位；2007年，被评为市级师德建设先进集体；2008年，获2007年度市“五一劳动奖章”；2009年，获天津市特奥会混球比赛第四名及精神文明奖；2010年，获全国第五届特殊奥林匹克运动会体育道德风尚奖及突出贡献奖。

第四章 中高等职专教育

1979年，成立区电大工作站，后改为天津广播电视大学津南分校，教授业余大学专业课程。80年代，全区恢复职业教育。90年代，区职业教育形成规模。2001年7月，津南职专与源阳中专、津南电大合并办学，组成天津市津南区职业成人教育中心，后改称“天津市南洋工业学校”，被教育部确定为国家级重点职业学校。

第一节 中等职业教育

一 兴起与发展

1980年，南郊区首先在南洋中学（原咸水沽农业职业中学）恢复职业教育，将其高中部改为职业高中。1988年开始，先后在高庄子中学、西泥沽中学等11所中学开办初三分流初级职业教育。

90年代初，津南区职业教育初具规模，形成以津南职专为龙头，以第二、第三、第四、第五职业学校为基本队伍的津南区职业技术教育体系。津南职业教育初步形成教学、实习、生产、经营、服务五结合的教学新体制。

1994年，区政府将创建市重点职专列为津南区为民10件好事之一。1995年5月，津南职专成为天津市省部级重点职业中专学校，实现了与天津市二轻工业学校和天津职业大学的联合办学。1996年，成立津南区第一所普通中等专业学校——源阳中专，结束区内无普通中等专业教育历史，当年招生157人。

2001年7月，津南职专与源阳中专、津南电大合并办学，组成天津市津南区职业成人教育中心。2003年11月，改称天津市南洋职业技术学校。2004年4月，学校被教育部确定为国家级重点职业学校。2007年5月，更名为“天津市南洋工业学校”。6月，南洋工业学校被市教委确定为天津市重点建设的40所示范性中等职业学校之一。2007年8月，南洋工业学校与天津现代职业技术学院组建天津现代职业教育集团。

1991—2001年津南区职业技术学校一览表

表26-6

校名	建校（或办班）时间	校址	开设专业名称	联办单位	备注
津南区职业中专	1964	咸水沽西大桥西	计算机应用、电子技术及应用、机电一体化、电子商务、财务会计电算化、金融事务、国际商务、物业管理、现代文秘、学前教育、饭店服务与管理、英语导游	-	-
源阳中专	1996	咸水沽津沽路	计算机及应用、财务会计电算化、计算机设备与器件、金融管理、外贸英语、外贸经济事务、市场营销、经济信息管理	-	-
津南区第二职业学校	1983	咸水沽三中	造纸、工艺美术、服装、毛纺、建筑、烹饪	天津板纸厂、振华毛纺厂、津南建筑工程公司	2001年停办
津南区第三职业学校	1964	双闸中学	烹饪、缝纫、汽车驾驶	-	1998年停办
津南区第四职业学校	1988	辛庄中学	食品、服装、财会	-	1998年停办
津南区第五职业学校	1988	北闸口中学	企业管理、财务会计	-	2001年停办

续表

校名	建校（或办班）时间	校址	开设专业名称	联办单位	备注
宝成职校	1995	咸水沽三中	暖通	宝成公司	2001年停办
葛沽服装职校	1992	葛沽服装厂	服装、冶炼、焦化	葛沽服装厂	1999年停办

二　天津市南洋工业学校

成立于1964年，始称咸水沽农业职业技术学校。学校新址位于咸水沽镇西大桥西津沽路700号。总占地面积10万平方米，建筑面积5.64万平方米。2007年5月，更名为天津市南洋工业学校，被教育部确定为国家级重点职业学校。现有在校生近3000人，教职工175人。一线教师146人，中、高级职称教师115人，本科以上学历教师130人，专业课教师42人中“双师型”教师37人，13名教师具备专业技能考评员资格。

图26-3　2010年，全国职业院校技能大赛在南洋工业学校举行

学校集中等职业教育、成人教育、高等远程开放教育和社会业余培训为一体，多层次、多功能办学，成为津南区中等职业教育的龙头校，发挥职业教育中的示范作用。

学校曾获全国教育科学“十五”规划课题研究先进实验校等多项荣誉称号。2008—2010年，连续3年承办全国职业院校中职组电工电子技术技能比赛，被市政府授予“2008年全国职业院校技能大赛”特殊贡献奖。

第二节　高等专业教育

一　兴起与发展

1979年10月，成立电大工作站，设在区教育局工农科内。2000年，经市教委批准改建为天津广播电视大学津南分校，主要进行业余大学专业教育。1988年7月，卫生学校与天津第二医学院联合办学，开办临床医学大专班，学制三年，生源从应届参加全国统一高考的考生中录取。1985—1988年，区教师进修学校举办大专班，解决区内办公学校师资短缺问题。

二　学校简介

（一）津南卫生学校及临床医学大专班

始建于1977年3月，隶属于区卫生局领导。学校建制多次发生变化。1988年7月，卫生学校与天津第二医学院联合办学，开办临床医学大专班，学制三年，生源从应届参加全国统一高考的考生中录取。至1995年，累计毕业学生226人。2002年，天津市中等医学教育调整，学校职能转变，津南卫生学校停止招收国家指令性普教中专生。2003年，卫校承担乡医培训和考核工作。

（二）津南区教师进修学校大专班

1979年，教育进入全面发展时期，政府采取多种形式，提高师资水平。1982年始，“文化大革命”后恢复高考制度的第一届大学毕业生分配到教育系统。1984年、1985年，陆续举办小学民办教师转正脱产学习班。1985年，区教师进修学校与天津市师范专科学校联合举办大专班。学员通过高考统一招生，生源来自四郊五县。至1988年，培养5个专业近200名大专生，大大缓解境内各初中校师资短缺状况。

（三）津南电大分校

前身为津南电大工作站，建于1979年10月，设在区教育局工农科内，1988年7月，并入津南区职工中学。1991年10月，独立建站。2000年，改建为天津广播电视大学津南分校，主要是进行业余大学专业教育，为社会培养高等教育专业人才。1992—2001年，共招收学员1511人。其中，专科1438人，本科73人，毕业学员663人。1996年，被市教委评为办学体制改革先进校。

1991—2001年，组织津南区成人高考报名6144人，组织高自考报名37305科次，毕业346人。2002—2010年，区成人高考报名7447人，录取4454人；组织高自考报名5757人，48245科次，毕业1379人。

附：驻区高等院校

天津职业技术师范大学

坐落在津南区双港镇，成立于1979年，隶属于原国家劳动部；2000年，转为中央与地方共建，以天津市管理为主；2010年3月，更名为天津职业技术师范大学。是国内最早建立以培养职业教育师资为主要任务的普通高等师范院校。

学校占地面积80余万平方米，建筑面积43.5万平方米。有各类全日制在校生1.3万余人。学校有国家级实验示范中心建设单位（工程实训中心）和实训中心11个、各类实训实验室150个、创新实践基地5个，拥有2.29亿元的先进实验、实训设备，人均设备值居全国高校前列。设有工学、教育学、理学、文学、管理学、经济学6个学科门类。学校有6个一级学科硕士点，38个本科专业。设有职业教育研究所、非洲职业教育研究中心等17个学术研究机构。

学校还担任援外教育工作，派遣援外教师到埃塞俄比亚、坦桑尼亚、埃及等国家职业院校任教。与美国、日本、韩国、英国、澳大利亚等国的多所高校开展合作交流，2010年，有乌克兰、蒙古、埃塞俄比亚、赞比亚、越南等国家的本科和硕士留学生。

海河教育园区

位于天津市中心城区和滨海新区之间的海河中游南岸，规划面积37平方千米，北至天津大道，南至津港公路、津晋高速，西至规划的蓟汕联络线，东至咸水沽西外环。规划办学规模20万人，居住人口10万人，年社会培训30万人次。

2008年，天津市委、市政府正式确定建设海河教育园区。园区定位为职业教育改革创新示范园区、天津市高端科技研发创新示范区、海河南岸生态宜居示范社区。海河教育园区是天津市实施科教兴市和人才强市战略的重大举措，是落实“双城双港，相向拓展”城市总体发展战略的支撑点，是整合职业教育资源，形成教育高水平聚集发展高地，也是目前唯一国家级职业教育改革创新示范园区。

园区按照“坚持一流标准，实行一流管理，建设一流学校，培养一流人才”总体要求，整合优化配置职业教育资源，在各职业院校之间实行教师互聘、课程互选、学分互认、资源共享，设备共用，拓展专业方向，创新培训模式，全面提升教学水平。

园区一期规划面积10万平方千米，总建筑面积133万平方米，总绿化面积530万平方米，其中学校占地7平方千米，共建成116栋单体建筑。自2009年6月底开工，至2011年4月初，有中德职业技术学院、电子信息职业技术学院、现代职业技术学院、轻工职业技术学院和海运职业学院，此外还有中职学校仪表无线电工业学校和机电工业学校等7所院校建成开学，6.5万师生入住新校区。作为全国职业院校技能大赛主赛场，2012年全国大学生运动会和2013年东亚运动会部分赛项也将在园区举行。

第五章　成人教育

80年代，区内开始对农村农业管理人员、技术员和农民进行培训。90年代，建立11所乡镇成人文化技术学校，开展扫盲、企业技术培训、岗位培训、学历教育等工作。2001年，天津市农业广播电视学校津南区分校实行远程教学与现场教学相结合，满足广大农民多元化学习要求，提高了农村劳动力素质。

第一节　农民教育

1979年，南郊区对农村农业管理人员、技术员和农民进行业务基本知识、新技术培训。1989年，筹建11所乡镇成人文化技术学校，由区政府统筹，教育局具体负责组织落实，实行区、镇共建共管且职责明确的镇成人文化技术学校管理体制。主要开展各层次岗位培训、学历教育和实用技术培训，先后进行扫盲、业余中专（高中）、企业技术培训等重点工作。

2001年，天津市农业广播电视学校津南区分校利用农业广播电视学校天网、地网、人网合一的特点，实行远程教学与现场教学相结合，网络化管理、信息化教学，满足广大农民多元化学习要求。天网，利用中央农业广播电视学校卫星、互联网等远程接受系统，与中央、天津市农业广播电视学校实现双向沟通，使广大农民及时收看到中央校、市校的农业实用技术培训课程，并与教师实现互动，解决农业生产中的实际问题；地网，区农业广播电视学校、教学点、培训基地上下成线、左右联网，信息共享，建成一个完整健全的教育培训体系；人网，建设一支由20多名教学管理人员，56名来自高校、科研院所、农业部门的专家、教授组成的教学队伍，熟悉农民教育培训规律和远程教育特点，致力于农民业余教育。

2008年3月，制定《津南区教育培训资源整合实施方案》，成立津南区成人教育委员会，由区委办、区政府办、相关委办局及各镇成人文化技术学校为成员单位，办公室设在区教育局。配合各镇土地整合工作，南洋工业学校及各镇成人文化技术学校发挥平台功能，开展农村劳动力转移培训和农村实用技术培训。农村劳动力转移培训2000人，各类成人文化技术培训28000人次。

2010年，区12所农民素质提高工程——大专学历证书培训基地助学机构完成培训任务。各镇设立教学点，并在两个教学点配备卫星接收设备。

第二节　职工教育

1980年3月，区政府成立工农教育委员会。各乡镇分别成立乡镇级成人教育委员会，负责本乡（镇）成人教育的统筹规划和协调发展。1990年，工农教育科改为成人教育科。

1991年，全区10个乡镇先后组建乡镇成人教育中心校，教育局建立成人中专学校和广播电视大学南郊工作站。1996年，建成源阳中专，构成以津南成人中专和津南电大为龙头，各乡镇农民技术学校为基本队伍的津南区成人教育体系。

1991—2001年，全区成人教育机构共培训27736人次；干部岗位培训6万余次；“51510”工程培训乡镇企业干部职工10213人次。再就业工程培训5.8万人次，达到50学时以上规模培训共7.5万人次。2008年7月，津南区制定《关于津南区镇成人文化技术学校建设上台阶工程暨“351”培训乡镇平台建设工程实施方案》。

2000—2010年津南区成人高考、高自考报名毕业人数统计表

表26-7　　单位：人、科次

年份	成人高考		自学考试		
	报名人数	录取人数	报名新生	报名科次	毕业人数
2000	162	119	858	7653	41
2001	148	97	763	7155	66
2002	171	137	690	6431	133
2003	153	125	427	4364	98
2004	841	710	382	4314	143
2005	751	587	500	3840	146
2006	1103	859	1050	7302	100
2007	906	675	1324	7334	109
2008	936	697	447	4693	258
2009	919	664	548	5241	221
2010	1667	–	389	4726	171

第三节　成人学校

一　镇成人文化技术学校

1989—1991年，在各乡镇筹建11所乡镇成人文化技术学校，分别由主管教育的乡镇长任校长，派驻的成教干部任副校长，教师以外聘为主。开展为当地经济发展服务，开展各层次的岗位培训、学历教育和实用技术培训，并指导村校开展办学。

至2009年3月，津南区8个乡镇成人文化技术学校经验收后全部达标，均被命名为“天津市乡镇成人文化技术学校示范校”。

二　区成人中等专业学校

建于1982年11月。是年，天津市电视大学南郊区工作站并入该校。1990年4月，区职工中学经市第二教育局批准，升格为区成人中等专业学校。该校为国办成人学校，主要为全区培养具有中等文化程度、具备专业知识、适应经济发展需要的中专人才。学校当时挂有“津南区成人中专”“市电大津南区工作站”“市电视中专津南区分校”“大、中专自学考试津南区辅导站”“成人招生津南区办公室”“津南区乡镇企业培训中心”等6块牌子，形成多种功能的成人教育中心，区、乡镇、村三级办学网络龙头校。

区成人中专开展各种专业技术培训。1993—2002年，先后开设会计电算化、职称外语、成人高考补习班，乡镇企业培训、职称培训、小学教育、公务员英语等专业培训，共培训10818人。1998年，建立再就业培训中心。2002—2008年，共招收638人，均为财务会计专业。2009年，由于生源萎缩不再开办成人中专。

第六章　教　师

1982年，恢复高考制度后的第一届大学毕业生分配到区教育系统。1998年开始，为解决本地师范毕业生源不足，实行外出招聘，面向全国招聘优秀在职教师到津南区任教。津南区在教师品德、业务能力等方面采取了多种培养形式以提高师资队伍水平，先后有13位教师获国家级优秀教

师（教育工作者）称号，13名教师被认定为市级特级教师。2010年，津南区教师总人数3997人。

第一节 队 伍

一 数量与结构

1998年开始，为解决本地师范生源不足的状况，实行外出招聘，1998—2010年，外出招聘大学毕业生329人。另外，每年面向全国招聘优秀在职教师来津南区任教。2001—2010年，引进在职教师51人。在2010年的公开招考工作中，进行一系列改革，保证录用人员质量。

2010年，津南区教师总人数3997人，其中高级职称68人，中级职称2402人，其他为初级职称。

二 国家级优秀教师（教育工作者）

1981—1990年，被评为国家级优秀教师的有8人，陈公荣、王惠杰、徐春芬（女）、傅广金（女）、王德平（女）、冯元俊、徐世珩、李宁姿（女）。

1991—2000年，被评为国家级优秀教师的有3人，宋世惠（女）、孙德珍（女）、杨立珍（女）。刘万亮（全国优秀教育工作者）。

2001—2010年，被评为国家级优秀教师的有2人，姜涛、黄以丽（女）。

三 市级优秀教师

1981—1990年，认定107人为市级优秀教师。1991—2000年，认定60人为市级优秀教师。2000—2010年，认定42人为市级优秀教师。

1981—2010年，认定96人为市级优秀班主任。

四 市级特级教师

1990—2010年，认定津南区13人为市级特级教师。

1990—2010年津南区市级特级教师情况一览表

表26-8

序号	单位	姓名	性别	学段	学科	认定时间	级别
1	咸水沽一中	孙丞亮	男	中学	物理	1990.09	市级
2	区进修学校	王惠杰	男	小学	数学	1990.09	市级
3	区教研室	邵启聪	女	中学	物理	1999.09	市级
4	区教研室	郑开政	男	中学	体育	1999.09	市级
5	津南区实验小学	冯元俊	男	小学	体育	1999.09	市级
6	咸水沽一中	陈光裕	男	中学	历史	1999.09	市级
7	区教研室	李存霞	女	小学	数学	2003.07	市级
8	区教研室	宋兆萍	女	中学	语文	2007.08	市级
9	区教研室	焦连营	男	中学	体育	2007.08	市级
10	咸水沽一中	纪宝宏	男	高中	化学	2003.07	市级
11	咸水沽一中	张秀兰	女	高中	体育	2003.07	市级
12	咸水沽一中	许浩然	男	高中	语文	2007.08	市级
13	咸水沽一中	刘汉祥	男	高中	语文	2007.08	市级

第二节 培 训

一 基本功训练

1980年，现岗教师培训纳入正轨。1981年，开展对中小学教师教材教法“过关”培训，设立8个教学点。小学教师按分数编成低、中、高班，教师下点授课，学员就近入学。根据小学教学大纲和教材，自编授课教案，学员分期分批参加“过关”考试。中学教师每周到咸水沽镇听课，辅导以区进修学校教师为主，同时，聘请骨干教师和市内专家教授来区授课。1986年，经过8轮考试，中学有770名教师、小学有927名教师领取“过关”合格证。

1991年，在青年教师中开展青年接力棒竞赛、板书设计、语文朗读和拜师等活动。1992年起，连续开展五届“TVT”希望杯教学基本功系列大奖赛。在全区中、小学青年教师中进行好教案等9项内容基本功比赛。调动青年教师提高自身业务能力的积极性。

1997年起，面向全体教师开展以教学基本功训练为主要内容的校本培训。

2009年，新教师培养再出新举措，当年录用的119名新任教师和校内外骨干教师结为“师徒”帮带关系，并建立培养档案。2010年，进一步明确双方的职责与义务，为新教师成长发展奠定坚实基础。

二 学历达标

1981年，区师范学校开办政治、数学高师函授辅导班及物理、化学、英语等多科专业函授班。至1987年，289名毕业生获相当大专学历证书。1984年，开办业余中师班，125名学历未达标的小学教师领取中师毕业证书。1986年，201名小学教师参加天津市电视卫星中师班学习，获中师学历证书。1987—1990年，22人完成电视大专班9个专业的学业。

1995年，津南区大规模启动区中小学教师提高学历工作，由成人高考和成人高自考两种形式，扩大到预科教育、注册视听、开放教育等多种形式。2005年底，幼儿园教师、小学教师专科率分别达到81.4%和73%，中学教师本科率60%，高中教师研究生水平达40%。

至2010年，全区幼儿园教师专科率、小学教师专科率、初中教师本科率、高中教师取得教育硕士学位率分别达到95.3%、87.7%、80.3%、6.2%。

三 继续教育

1991年1月，启动中小幼教师的继续教育工作。第一周期继续教育主要以学科岗位继续教育为主，培训教师及校长3101人，全员岗位培训率97%。进行幼儿教师双证考核，提高其教学能力。校长继续教育工作，则根据其任职学段和期限，分别参加校长岗位培训班和研修班。至1995年，2051名小学教师、910名中学教师分级别职称进行培训。

1996年，开始的二周期继续教育（1996—2001年），全区4084名中小学教师参加中学17个学科、小学8个学科的周期岗位继续教育，完成率99.3%；91名幼儿教师参加岗位继续教育，170名正、副校长完成岗位培训，达到持证上岗要求。

2002年起，启动中小学教师第三周期继续教育（2002—2006年）。周期结束时在学专、本、研568人。教师课件制作水平、网络资源应用能力得到提高，为信息技术与课堂整合奠定基础。

2007年起，津南区启动中小学教师第四周期继续教育（2007—2010年）。至2010年7月，已完成中学教师全员岗位继续教育472人，小学541人，幼儿园151人，骨干289人。

四　骨干教师培养

90年代，在抓骨干队伍的建设上，主要是以落实1990年实施的“希望工程”和自1998年开展的“实施21世纪园丁计划”为目标，通过培养合格教师、落实“希望工程”“实施21世纪园丁计划”和培养名师等四个阶段工作，加强骨干教师队伍的建设。

2002年，津南区有5位教师被评为天津市中小学骨干教师市级学科带头人。2002—2009年，分四批评选出161名区级学科带头人。2009年，选出“未来教育家奠基工程”学员1名；市级“265农村骨干教师培养工程”学员5名，区级学员22名，校级学员118名。2010年，遴选出第二期“未来教育家奠基工程”学员2名；市级“265农村骨干教师培养工程”学员5名，区级学员21名，校级学员118名。选拔出校级骨干教师1303名。

第三节　待　遇

1979年，固定职工升级面为40%，调资后中学教师人均44.5元，小学教师人均40.38元。1981—1983年再调整，升级面为20%左右。1985年实施工资改革，教师实行结构工资制，即基础工资、职务工资、工龄工资、奖励工资4部分，教师工资水平有了较大飞跃。1986年进行职称改革，教师职务是根据学校教育教学工作需要设置工作岗位，教师职务是实行聘任制或任命制，工资水平按职务级别确定。

1987—1999年，区教育系统为教职工住房补贴费用为1347万元，享受照顾1464户。2002年，启动“拴心留人”工程，制定《关于加强师资队伍管理的若干意见》，针对1998年以来参加工作的本科毕业生，自转正定职之日起享受中级职称待遇，期限4年；原不在津南区的本科毕业生来津南区后结婚并安家的给予一次性安家补贴5000元；如在本区购买商品房的，给予购房本人一次性10000元的购房补贴。

1989年，4111名教职员工每人平均普调1级。1990年，有4332名教职员工参加调资，月增资30854.4元。1993年，根据《事业单位工作人员工资制度改革方案》要求，中小学教师在套改后新的职务工资标准上提高10%，人均增资50元。1995年，全区教师4430人，月工资2169741.8元，人均工资489.78元。

地方性津贴标准也逐年提高。1995年7月、1996年4月、2000年1月，分别提高目标管理奖标准。2000年增设岗位津贴，2003年1月增设岗位责任奖金，2003年7月调整岗位责任奖金的标准。2004年7月，天津市将目标管理奖、岗位津贴、岗位责任奖金、未纳入补贴和未纳入奖金五项补贴整合为一项工作津贴，整合后，人均提高补贴170元/月。

2006年7月，工资制度改革后，取消原基本工资项目，设立岗位工资、薪级工资。人均提高工资300元/月。2007年1月，人均增加工资性补贴200元/月。2008年1月，人均增加值班费300元/月和教育基金450元/月。

2009年1月，津南区义务教育学校在全市率先实行绩效工资。教师工资大幅度提高，确保义务教育教师平均工资水平不低于地区公务员平均工资水平。同时对义务教育学校离退休人员发放生活补贴。绩效工资实施后，人均增资1500元/月。

2010年1月，调整绩效工资总量水平，人均增加工资600元/月。根据天津市和津南区规定，所有教职工均按时、足额缴纳住房公积金、补充住房公积金、医疗保险、失业保险、工伤保险、生育保险。

第四节 师德建设

改革开放后，把开展教师职业道德教育，提高广大干部教师的政治思想素质作为加强教师队伍建设，深化教育改革，提高教育质量的基础性工作来抓。

1991年后，全系统先后掀起学习《中小学教师职业道德规范》，贯彻《中华人民共和国教师法》的高潮，制定“树立良好的教师形象，回报社会”的规划，开展以“爱事业、爱学校、爱学生”为主题的活动。

1997年，开展“创建文明校园、争做文明学生、树立良好教师形象”的系列争创活动。落实向社会的“三项承诺”，即“招生考试不违纪，收费不超标超项，对学生不体罚和变相体罚”，学校办学和教师的教育思想、教学行为得到进一步规范。

2001年，制定《关于进一步加强师德教育工作的意见》。2003年，确定为师德建设年，出台《加强师德建设实施方案》，在基层单位开展师德大讨论活动；区人大对系统师德建设工作进行评议；是年，教师节期间，《津南报》对教育教学成果进行整版报道。举办教育系统“师德建设先进单位”“师德标兵”和“师德先进个人”评选活动。

2010年，区教育局制定“依法办学、以法治教、尊重规律、务实求进”的办学方针，加强思想政治工作建设。通过层层签订师德建设责任书，切实加强了师德师风建设，提高教职工队伍整体素质。

第七章 学 生

区教育系统遵循党的教育方针，深入开展素质教育，关心学生个性发展，培养学生各方面潜能。积极组织各种校内外教育活动，育德树人，塑造学生良好思想品德，培养学生创新意识和实践能力；因地制宜积极开展课内外体育活动，强壮学生体魄。

第一节 课间活动

80年代，学生课间活动以做广播体操，增强体质为主。1992年，全区课间操内容进行改革，校操、八段锦、武术套路、游戏、五禽戏等5项内容纳入课间操活动。1994年，提出以大课间活动为突破口，大力开展群体活动。是年，天津市体育大课间活动现场会在津南区召开，市教育局及18个区县局领导和体育同行现场观摩了津南区实验小学、咸水沽一中的大课间活动。

1999年，出台关于创新大课间活动方案，要求大课间活动要做到“四个结合”，即大课间与体育课堂教学结合、大课间与群体活动结合、大课间与体育小区活动结合、大课间与艺术教育结合。

2003年，制定《关于在全区进一步实施课外文体活动工程的意见》，要求每所学校每周开展两次，每次不少于一课时的课外文体活动。2005年，全面开展体育、艺术“2+1”项目的认定工作。2007年，区落实《中共中央国务院关于加强青少年体育增强青少年体质的意见》，在全区中小学开展阳光体育运动，大课间活动不断规范创新，阳光体育运动与学校师资、设备相结合，保证了中小学生每天在校一小时的体育活动时间，提高了青少年学生的健康素质。

2008年，各校纷纷挖掘奥运元素充实到大课间活动中来，如津南区实验小学教师孙德珍创编火炬操产生很大反响。孙德珍是津南区教育系统中唯一火炬手，参与2008年奥运会天津市火炬传递活动。2009年，津南区被天津市教委命名为市级阳光体育先进区县。

2010年，落实体育、艺术“2+1”活动，保证学生每周2次，每次不少于1课间体育活动时间。

第二节　课外活动

1981年后，各中小学贯彻《天津市中小学生守则》，开展“五讲四美三热爱”（五讲：讲文明、讲礼貌、讲道德、讲卫生、讲秩序；四美：心灵美、语言美、行为美、环境美；三热爱：热爱祖国、热爱社会主义、热爱中国共产党）教育。多次举办中小学“校园歌声”歌咏比赛活动。

1991—2010年，坚持每年组织2次以田径为主的中小学运动会，组织乒乓球、篮球、足球、三跳、健力操、游泳、棋类等一系列小型多样的群众性体育活动比赛，在全区范围内初步形成校、乡、区业余训练一条龙的管理模式。

1996年暑假，王家场小学建成津南区第一个学校体育活动小区。体育活动小区利用学校操场一角，因地制宜，设立基本的、学生易于掌握的体育训练器械和活动场所。1998年，天津市在津南区召开体育活动小区建设现场会，津南区的做法在全市得以推广。2000年底，建成体育活动小区的中小学占全区中小学数的85%以上。2001年后，随着义务教育现代化达标工作的逐步深入，体育活动小区越来越多地被符合国家标准的体育器材所代替。全区中小学中现存的，具有原汁原味特色体育活动小区也仅仅为东大站小学、北闸口第一小学等几所学校。作为在特定时间、特定历史条件下的体育活动小区渐渐淡出历史舞台。

图26-4　2009年，课外活动踢毽子

2006年，坚持举办津南区第八届中小学“校园歌声”歌咏比赛。31所学校参赛，19所学校获奖。5月30日，在咸水沽一中体育馆召开以“传承民族精神，做世纪风范少年”为主题的歌曲传唱活动，10所获奖学校的合唱团作汇报演出。

2007年，区教育局制定《津南区关于进一步加强学校艺术教育工作的实施意见》，建立健全工作机制，完善学校艺术教育的管理体系。举办第九届校园艺术节展演活动，全区46所中小学、幼儿园的8000余名学生参加声乐、舞蹈、器乐等33个项目的比赛，1600余名中小学生获奖。津南区实验小学的合唱团参加市级展演颁奖晚会演出，小站五小的儿童歌舞剧在中央台教育频道播出。2009年，津南区启动以“全民健身 与奥运同行”为主题的“学生阳光体育运动”。少年宫童星合唱团的小合唱节目参加全国比赛。

2010年，艺术教育坚持普及与提高相结合，小学、初中艺术教育相衔接的工作机制初步建立。全面推进“班班唱”活动的开展。选取部分学校的特色活动内容在区中小学秋季田径运动会开幕式上进行展演。

第三节　学生体质

一　学生体质健康达标

2004年3月，津南区在双港中学召开推行《学生体质健康标准（试行方案）》测试工作现场会。2008年，天津市《国家学生体质健康标准》专项督导组莅临津南区进行专项督导，现场测试北闸口小学、葛沽三中等部分中小学达标情况。督导组对津南区达标工作给予高度评价，认为津南区此项工作扎实有效，值得推广。

二 中小学生体质监测

1995年，津南区被市教育局确定为天津市学生体质监测工作试点，以后每5年对所有中小学生身体素质进行一次调研，每年3月份开始对区监测点校1万余名学生进行体质检测和“六病”防治监测，其余40余所非监测点校中小学采取自查和医院查两种形式，对4万余名中小学生进行身体形态、机能、素质监测，对监测数据进行统计。根据统计数据分析，“九五”期间津南区中小学生体质健康状况发展水平良好。

2005年，完成全国学生体质健康调研及学生体质监测工作。津南区是全市三个监测区之一，4所学校承担7~18岁共24个组别、近3000人的测试工作，以全面掌握津南区中小学生的体质健康状况。2008—2009年，实现政府投资对全体学生进行体质监测，政府投入30万元专项资金，对5万余名学生进行检测。

第四节 德育教育

一 学校教育

改革开放后，区中小学德育工作以爱国主义教育为主线，以培养有理想、有道德、有文化、有纪律的“四有”人才为目的，开展了学雷锋、争“三好”、树新风、“五讲四美三热爱”等有意义的教育活动。建立以学校为中心的学校、家庭、社会齐抓共管教育网络和整体德育体系。

1994年，津南区教委命名一批德育工作特色校。以津南区实验小学、咸水沽一中等学校为代表的6所德育工作先进校先后3次在市德育工作经验交流会上作经验介绍。以“孝亲敬老、树魂立根”为主题，以基础道德行为、习惯养成教育为重点，以丰富多彩的实践活动为载体，以实践体验为基本途径，依托家庭、社会，形成“三位一体”的德育工作模式。

2001年，区教育局制定《津南区贯彻落实〈天津市中小学德育规程〉、〈天津市中小学操行指导与评价手册〉实施办法》。全区有9所学校被评为市级“行为规范示范校”，16所学校被评为区级“行为示范规范校”。2006年，津南区题为“强化孝敬教育，夯实学生道德基础”的发言在全市教育系统会上作经验介绍。

2010年，在全区学校开展“好书伴我成长”读书系列活动、科技周“我的低碳生活”青少年科学体验“五个一”活动，让学生充分体验低碳环保可持续发展，全区有10余名学生获得发明专利。开展首届校报校刊评选、展示，进一步搭建学校与家长、社会交流平台。

二 家庭教育

家庭教育是德育工作基础，1991年，区教委要求各中小学必须办好家长学校，指导家长树立正确的教育观、质量观和成才观，掌握正确教育子女方法，整合学校教育与家庭教育，并把此项工作纳入学校德育工作的评估内容。2001年，全区各校开设家长学校65个，开设率100%。组织大型家教讲座、经验交流会。邀请团中央《知心姐姐》杂志社心理健康教育全国巡回报告团到区就“关注孩子的生存智慧”“关注孩子的心灵成长”等专题为家长作报告。

2004年，津南区与韩国光州广域市光山区签订开展中小学生家庭教育交流活动的协议。2004—2010年，多次互派家庭教育交流代表团开展交流活动。

三　社会教育

社会教育是学校德育工作的依托，津南区学校德育注重加强与社会各界和有关单位联系，为学生的社会实践活动提供平台，区科委、科协等部门对学生的社会实践活动给予大力支持和帮助。

校外社区教育在挖掘青少年潜能方面（创新意识和实践能力）具有独到的优势。津南区少年宫、津南区中小学生劳动教育基地，在加强学生德育教育，培养学生创新意识和实践能力方面发挥了独到作用。

完善初高中学生集中参加社会实践制度，开展“文明伴我行，志愿服务津南”道德实践活动，促进学校教育和社区教育和谐发展，形成学校与社区共建机制，全区各中小学与周边社区（村队）建立共建关系，学生定期开展社区服务志愿活动，形成活动长效机制。

至2010年，全区有37所中小学与周边社区居委会、村委会等单位建立共建关系，签订文明共建协议书，并挂牌命名文明共建实践活动基地，做到“社区共建、资源共享”。

（一）少年宫

1992年7月组建的津南少年宫童星培训部，是少年宫艺术培训基地，也是津南区校外艺术培训的专业场所。童星培训部每年分四期开办美术、书法、声乐、舞蹈等十几类，近40个专业班，每年培训学员3500人次，成为各校的艺术骨干力量。2008年，6000平方米的新少年宫落成，位于津南区咸水沽镇南华路21号，达到国家二级少年宫标准。2010年，培训班增加到74个，培训学员2000余人次。学员在国家、市、区级比赛中屡获大奖。在推动津南区少年儿童素质教育、促进少年儿童个性特长发展和社会群众性文化活动中发挥巨大作用。

图26-5　2008年，津南区少年宫教师培训

（二）津南区中小学生劳动教育基地

1999年，投资200多万元，在原小站镇头道沟小学校址建成劳动教育基地。基地占地面积13000多平方米，建筑面积2000多平方米。拥有6000多平方米的操场可供学生军训和体育锻炼，具有每期同时接纳400多人进行军训和学农劳动锻炼的能力。此外，拥有实验田10.33公顷，蔬菜大棚两个（约150平方米），200多平方米的饲养区一个。2002年，基地被天津市教委评为“天津市学生劳动教育先进单位”。2007年，被评为“国家级素质教育先进单位”。2010年，基地有教职工14人，专职教师7人。总共接待学生50余万人次。

第五节　升　学

一　高考

1980—1991年，全区有17192人参加高考，被大专以上录取2740人，中专录取2029人，技校录取489人，总共录取5258人，占考生总数的30.58%。1992—2001年，有6638人参加高考，大专以上录取2640人，中专技校录取1102人，总共被录取3742人，占考生总数56.37%，比10年前上升25.79

个百分点。

2001—2010年，全区有13965人参加高考，一本上线1886人，二本以上上线4559人，高职以上上线10838人，高职以上录取率77.61%。其中，数十名佼佼者被选送到国外留学深造。

2001—2010年津南区普通高考上线情况统计表

表26-9

年份	报名人数(人)	一本上线(人)	上线率%	二本上线(人)	上线率%	高职上线(人)	上线率%
2001	844	93	11.02	368	43.60	627	74.29
2002	1181	124	10.50	310	26.25	861	72.90
2003	1369	139	10.15	361	26.37	1094	79.91
2004	1443	156	10.81	400	27.72	841	58.28
2005	1501	157	10.46	360	23.98	972	64.76
2006	1881	252	13.40	534	28.39	1242	66.03
2007	1333	165	12.38	429	32.18	1129	84.70
2008	1503	193	12.84	411	27.35	1185	78.84
2009	1446	292	20.19	656	45.37	1423	98.41
2010	1464	315	21.52	730	49.86	1464	100.00

二　中考

1980—1991年，高中阶段普及率从30.8%上升到87.9%。1994—2001年，中考上机合格率从62.29%上升到87.69%。2002—2010年，中考优秀率从33.01%上升到33.21%。2010年，高中阶段普及率为97.02%。

2000—2010年中考成绩情况统计表

表26-10

年份	中考报名人数	三年巩固率%	考试科目满分	中考平均分	中考优秀率%	高中阶段普及率%	备注
2000	2490	98.13	660	441.10	11.67	97.62	有分流
2001	2899	98.82	660	451.23	32.94	98.79	有分流
2002	2780	100.00	660	441.10	33.01	99.48	有分流
2003	2700	98.83	660	461.82	33.01	79.27	有分流
2004	4037	99.01	660	378.00	33.18	82.37	无分流
2005	3915	99.33	560	426.98	33.12	98.19	无分流
2006	4051	99.31	560	408.72	33.14	98.71	无分流
2007	4228	99.14	560	398.78	33.04	97.14	无分流
2008	4310	99.32	560	344.63	33.11	98.92	无分流
2009	4721	100.00	560	339.69	33.12	97.01	无分流
2010	4298	100.00	560	374.51	33.21	97.02	无分流

第八章　教育管理

1986年，区开始实施九年制义务教育，至1991年底，全区10个乡（镇）通过市级检查验收，实现了普及义务教育的基本要求。1993年6月，国家教委和市政府检查团完成对津南区普九工作复查验收。1989年，区设教育督导机构，1998年，更名为津南区人民政府教育督导室，开展督学、督政工作。2003年，制定《津南区高水平、高质量普及九年义务教育三年规划》。2008年以来，津南区落实天津市《天津市义务教育学校现代化建设标准》，优化教育资源，实现办学条件现代化。

第一节　机　构

1979年，区教育局内设：办公室、教育科、组织科、宣传科、财务基建科、业余教育办公室、教育局团委。

1997年，区教育局改名区教育委员会。

2001年，恢复津南区教育局名称。

2010年，区教育局内设：办公室、组织科、人事科、财务基建科、保卫科、中学科、小学科、幼教科、职业教育科、体卫科、德艺科、审计科、教育科学研究室、中小学德育研究室、学校卫生保健所、教育招生考试中心、成人教育教学研究室、局工会、教育网络信息中心、区政府教育督导室。

局直管理单位：天津市津南区教学研究室、天津市津南区教育技术装备管理站、天津市津南区中小学后勤管理服务中心、天津市津南区学生劳动教育基地、天津市津南区教师进修学校、天津市津南区少年宫。

第二节　普及九年义务教育

一　普及九年义务制教育

1986年，实施九年制义务教育，严格控制义务教育阶段学生流失。至1991年底，全区10个乡镇通过市级检查验收，实现了普及义务教育的基本要求，成为全市首批实现“普九”区县之一。

1993年6月，国家教委和市政府检查团对津南区“普九”工作复查验收合格。1994年，区、镇两级政府和教育部门，严格控制学生辍学；加大教育投入，增强办学实力，改善办学条件；加快农村中小学布局调整步伐；加强学校管理，治理基础薄弱校，提高办学质量。

1998年6月，制定《津南区乡镇政府教育工作评估标准》，明确乡镇政府在“普九”工作中的基本责任，将保证义务教育阶段儿童少年受教育率和足额划拨教育经费，实现三个增长，提高乡镇中小学办学规范化标准，做到十室两配套等内容纳入评估。

至2001年，津南区所有乡镇经过验收均达到“义务教育规范化乡镇”标准，津南区全区范围中小学消灭了基础薄弱校。

二　“双高普九”工作

2003年，区制定《津南区高水平、高质量普及九年义务教育三年规划》，至2005年完成。2003年后，津南区国办初中全部实行就近免试入学政策，保证每位应届小学毕业生在国办校都有一个位子。为保障残疾人和流动人口适龄儿童受教育的权利，各学校对贫困、单亲、残疾人及其子女就近免试入学，并为其提供减免学杂费，奖学金、助学金等措施。

“十五”至“十一五”期间，津南区初中毛入学率、残疾儿童入学率均为100%，15周岁人口完成初级中等教育率、初中按时毕业合格率在99%以上，高中阶段毛入学率在90%以上。

第三节　教育经费

1980—1986年，区内所辖中小学教育经费由区财政局拨付区教育局后，区教育局统筹安排。1987年，教育经费主要以国家财政统一拨款为主。1992年，教育经费改为局、镇分级管理。1996年底，区教育系统对预算外资金实行“收支两条线”管理。1998年1月1日，区、镇分税制的实行，改变原有经费划拨渠道，镇属中小学教育经费直接由镇财政所拨至镇教委，再由镇教委统筹安排后拨入各镇属学校。

1992年，教育事业费为2142.8万元，2001年，增长至8668.1万元。1992年，教育事业费收入2522万元，2001年，增至1.07亿元，是1992年的4.23倍。2009年，预算内教育经费6.96亿元，比2005年的2.03亿元增加4.92亿元，增长3.42倍，其中2009年教育附加1.26亿元，比2005年增长6.27倍。

1980—2009年津南区部分年度教育经费占区财政支出比重统计表

表26-11

年份	财政支出(万元)	教育事业费(万元)	比上年度增减%	教育经费占财政支出%
1980	1400.50	674.90	30.00	48.19
1985	2337.34	837.45	-13.90	35.83
1990	5382.60	1874.70	18.00	34.83
1995	13007.00	3939.90	4.20	30.29
2000	18000.00	7704.00	11.90	42.80
2005	100953.00	16428.00	15.24	16.27
2009	297988.00	50421.00	38.99	16.92

第四节 教育设施

一 办学条件

1984年，集资283万元，翻新改建校舍68所，大修1所，修漏87所，计156所，房屋2413间，建筑面积43985平方米。1994年底，全区校舍改造任务全部完成，114个教学点得到翻建、迁建，占全区总校舍的77.03%，有教学实验楼77幢，基本实现了暖气化。校舍改造面积17.07万平方米，占校舍总面积的70.7%。1997年，津南区加大布局调整力度，改善办学条件。先后撤并中学5所、小学中心校5所及小学分校教学点76所。

2006—2009年，新建7所小学校舍(咸二小、三道沟小学、小站三小、海天小学、双港小学、三合小学、北闸口二小)，建筑面积6.1万平方米，2所幼儿园(四幼、十幼)，建筑面积7500平方米；扩建葛沽一中和咸水沽一中食堂，建筑面积1.68万平方米；南洋工业学校两次扩建3.56万平方米；新建少年宫6226平方米。2009年，完成12所学校、24个单体4.2万平方米CSU级(房屋个别构件的安全级别)校舍加固和功能提升工程。

二 教育技术装备

1981—1991年，投入633.8万元，进一步改善全区教学设备。1992—1995年，区财政为改善办学条件，添置教学设备320万元。1993年，国家教委《中小学教学仪器设备目录》为学校教学仪器装备工作制定新标准。2001年，全区中小学教学仪器装备全部达到1993年部颁Ⅰ类标准。2002年，全区中小学全部配齐较高标准信息技术教室，微机总量4500台，在全市率先成为中小学开设信息技术课的区县之一。区教育局自筹资金近百万元建成区教育信息中心，并和全区所有学校联网，实现校校通。全区建成两个网络教学实验校，为5所学校配备闭路电视。

2001—2010年，全区中小学配备各类仪器价值计1亿元，全部达到部颁新标准。至2010年，中小学有信息技术教室81间，微机4794台。装备多功能电子教室1021间，30所学校全部普及到班。安装、铺设“校园网”51所学校；配备教师专用电子备课室60间。中小学“校园网”建设和教师专用电子备课室的配备，走在全市区县前列。

三　现代化建设标准

2008年，津南区落实天津市《天津市义务教育学校现代化建设标准》（以下简称《标准》）。2009年，义务教育学校现代化建设总投资达1.6亿元。2010年4月，确定第一批19所学校改造方案，要求2011年6月底竣工。

区教育局制定《津南区义务教育学校现代化建设实施方案》《津南区义务教育学校现代化建设实施细则》《津南区中小学实施素质教育评价指标》，指导学校进行现代化建设达标工作。全区义务教育学校51所，2009年，已有6所学校通过达标验收，2010年，有5所学校通过达标验收。

第五节　教育督导

一　督导机构

1989年7月，建立区教育督导室。1998年，更名为津南区人民政府教育督导室。区教委聘请6位资深退休中小学校长及区教委干部为兼职督学。对各乡镇政府和全区各中小学贯彻国家教育方针、依法办学、实施素质教育等情况进行一系列调研、督察、评估、指导工作。1999年，区教育督导室被评为“天津市教育督导先进集体”。2002年，区教育督导室主任王景田被评为“全国教育督导先进个人”。2003年、2005年，两次获得“天津市教育督导先进集体”称号。

二　实施

1989年，主要督查教育经费使用、学生流失、收费、德育、改善办学条件及“普九”标准落实情况等。1991年，督导室对全面贯彻党的教育方针进行督导检查。1995年，对乡镇政府开展督政工作。初步形成“下发通知—对照自查—初查指导—正式指导—反馈意见—整改提高—督导复查—总结表彰”8个环节督政工作程序。1996年，制定《津南区中小学教育工作评估系列方案》（简称《评估系列方案》）。区教育局依据《评估系列方案》对全区21所中学、47所小学进行全面评估检查，在全区中小学和社会引起反响，为促进学校端正办学方向，提高办学水平，发挥激励和导向作用。

1998年，津南区人民政府教育督导室制订《关于实施津南区镇政府教育工作评估标准（修订稿）的通知》。至1999年，1995年确定的18所基础薄弱校全部治理完毕。2001年，义务教育入学率100%，高中阶段教育入学率97.4%，比“八五”末提高30多个百分点，高中在校生4300余人，比“八五”末翻了一番。

2001年，津南区人民政府教育督导室制定《津南区民办中小学管理办法》《民办学校办学水平评估方案》。全区三A校从1997年的3所发展到2002年的22所，年综合评估平均成绩由1997年的68.23分提高到2002年的89.63分。2003年，在国家督导办与北师大合办的全国督学上岗培训班上，津南区人民政府教育督导室被指定代表天津市做典型介绍。2006年5月，第七届京津沪渝教育督导研讨会在津南区召开。是年，天津市农村区县教育工作现场会在津南区召开，《天津市津南区镇级人民政府教育评估标准》被市政府督导室向全市各区县人民政府转发，推荐津南督政工作经验。

2010年5月，津南区教育督导工作经验《教育督导专业发展的思考与实践》在京津沪渝和华东六省一市教育督导协作会上进行交流。

三 教育督导评估改革

1993年，津南区教育局颁发《津南区中小学办学水平评估指标体系》《中小学教师工作评估指标体系》《中小学班主任工作评估指标体系》三个评估方案，按评估指标体系设定的内容，对全区中学和部分小学进行实地检查评估量化打分，并将评估结果在区教育局张榜公布。评估指标体系在端正学校办学思想、全面贯彻教育方针、调动学校干部教师的工作积极性、提高工作质量等方面发挥积极作用。

1996年，制定新的《中小学办学水平评估指标体系》，为全面准确评估检查学校工作提供了一个可操作的方案。1998年，津南区教委适时将三A评价标准引入学校办学水平评估机制，突出素质教育的导向性，进一步完善素质教育保障机制。

2005年10月，区教育局第六次修订《津南区中小学办学水平评估方案》，各校根据评估方案制定学校2005—2008年三年目标发展规划。

2010年2月，依据天津市教育局《天津市义务教育学校现代化建设标准》（2008—2012年）再次修订《津南区中小学办学水平评估方案》。新方案结构由《津南区中小学实施素质教育基础性评价指标》《津南区中小学实施素质教育发展性评价指标》两部分构成。1989—2010年，津南区先后7次修订《津南区中小学办学水平评估方案》。

第九章　教育科研

1978年以来，区教研室开展中小学各学科的教育、教学研究活动，先后完成“目标教学”、高中“二省一市”课改以及“教学改革”等课题。1989年，成立区德育工作研究会。1991年，成立区教育局教育科学研究室，至2010年，全区教科研在册会员2314人。2000年4月，成立津南区中小学德育研究室，开展德育创新活动。2010年，在全国教育科学“十一五”课题研究与实验中被评为先进实验区。

第一节　教育教学研究

一 改革

1978年，南郊区教研室重新组建，恢复中小学各学科的教育、教学研究活动。1984年2月，南郊区教育局制定《落实市普教工作会议教育教学工作的实施意见》，向全区中小学推广。

1991—2001年，教研教改工作，大致可分为“八五”和“九五”两个时期。“八五”期间，主要承接80年代末的课题进行研究实践。“九五”期间，以小学初中“目标教学”和高中“二省一市”课改为重心开展工作。

2000年，在中小学目标教学实验中，全区各学科举办研究课400科次，大型教学理论讲座60场。市教研室在津南区举办大型教学观摩活动7次，评出区、市级好课225节，有458篇论文在天津市级、国家级评选中获奖。

2003年，启动新一轮小学基础教育课程改革。区教研室制定《津南区课程改革实施方案》和各学科课改实验方案，对全区课程改革实验工作做具体安排。是年，加强津南教研网建设，在“非典”时期开展网上教研，发挥特殊功效。2004年，津南区的《大力推进课程改革 坚持发展区域特色》在天津市基础教育课改实验工作会上作交流。

2006年，小学教研员就“教研前沿动态、教学理论、介绍课改成功的经验”等内容为基层校组织大型讲座30余场次，受益2000人次。天津市小学数学课改研讨会在津南区实验小学进行，活动中以专题片和研究课形式展示津南区小学数学课程改革进程和取得的成果。2009年，筹建“津南区中小学教师资源库”，为津南区新课程改革提供资源平台和探究工具。

2010年，区教研室将双港中学作为各学科教研活动基地，教研员组织全区学科教师共同参与该校“教改大课堂”教学开放活动。“天津市体育学科小学课程改革总结展示会”在津南区实验小学举行，津南区实验小学和韩城桥小学的两节体育课做市级展示观摩。

二　成果

（一）“八五”至“九五”期间

区教研室主持参加并指导基层学校完成“物理课堂教学模式”“目标教学”“高中课改”等39项国家、市、区级研究课题，并将研究成果转化为广大教师的教学行为；1997年，区教研室获天津市普教系统“八五”教科研先进单位称号；1998年，获“天津市工会系统明星班组”称号；2000年，在天津市首届基础教育成果评选中，以《素质教育的载体、强身健体的沃土——农村中小学体育活动小区》为题的研究成果获二等奖，这是该届评选中的基础教育成果最高奖项。天津市教研室在津南区组织310节观摩课；津南区在天津市历届“双优课”“电教课”等评选活动中，有221节课分获一、二、三等奖。

（二）“十五”至“十一五”期间

在中小学课改实施过程中，津南区教研室共举办16次市级教学改革成果展示活动；2004年，天津市第二届基础教育成果评选中，以《小站稻今昔》为题的研究成果获二等奖；2008年，天津市第三届基础教育成果评选中，以《津南区信息技术与数学课程整合的研究与推广》为题的研究成果获三等奖；2009年，小学课改总课题、初中九学科及高中六学科课改课题获市级成果奖。

2002—2010年津南区中小学市级以上优秀课统计表

表26-12　　单位：节

年份	电教课			市级研究课	双优课		
	一等奖	二等奖	三等奖		一等奖	二等奖	三等奖
2002	1	3	4	–	–	–	–
2003	1	3	4	–	–	–	–
2004	1	3	4	6	2	4	20
2005	1	3	4	5	2	5	11
2006	1	3	4	4	–	–	–
2007	1	3	4	2	–	–	–
2008	1	3	4	6	3	3	13
2009	1	3	4	5	–	–	–
2010	2	2	4	3	–	–	–
小计	10	26	36	31	7	12	44
总计	72			31	63		

第二节　教育科学研究

一　教科研工作

1987年始，南郊区进行系列学科改革，初步形成多层次群众性的教研改革网络，并有计划地进行教科研实验。1991年，成立区教育局教育科学研究室，简称教科室。

“八五”至“九五”期间，津南区承担教育部规划课题3项、天津市“九五”教育科研规划课题12项。1997年底，全区学习科学课题组实验校15所，建立横向学习科学研究会，产生一批本区实践学习科学教学模式的先进经验和典型。在市级立项的课题中，咸水沽一中的《高中学科素质教育的研究》《双主导学教学模式研究》和其他单位的一批课题通过专家组评审鉴定。

1998年，召开“以教育科研为先导，推进津南区素质教育”为主题的津南区第一届教育科研工作会议。津南区出版首卷《教育科研论文集》。1999年，确定全区教育科研方向性主课题为《学习科学的理论与实践的研究》。制定《普及教育科学理论与实践的方案》，改革教学方法，把教会学生学习作为提高教学质量的根本任务。

“十五”期间，津南区教育规划提出教育科研工作的“小课题、短周期、重实效”九字方针，构建国家、市、区、校四级课题体系，立项课题211项。

“十一五”期间，教育科研规划提出“三步走”发展战略，确立“以小为主，兼顾大中，瞄准前沿，课堂显效”十六字科研方针，完善了国家、市、区、校四级课题体系，分梯次培养教师队伍、津南区学术带头人，创建一支高素质高水平的教育科研学术团队。全国教育科学“十五”规划教育部重点课题——《培养学生“四会”能力的和谐教育实验》鉴定会在津南区实验小学举行。制定《关于开展津南区教育科学“十一五”规划“微型课题”立项研究的通知》，推动津南区中小学“深化课程改革，构建高效课堂”工程。至2010年，津南区教科研在册会员2314人。

二 成果

“八五”至“九五”期间，津南区承担着教育部规划课题3项和天津市“九五”教育科研规划课题12项。其中，在原国家教委立项的《学习科学的理论与实践的研究》《学困生教育的研究及对策》《运用现代化教育技术优化课堂教学结构》3个课题通过专家认定；咸水沽一中的《高中学科素质教育的研究》《双主导学教学模式研究》等一批市级立项课题均通过专家组评审鉴定，咸水沽一中《双主导教学模式》被确定为A级课题。由咸水沽三中承担的《进一步深化学校管理体制改革的研究》科研课题，被市教科院鉴定为“八五”科研成果。

2002年开始，区教科室组织全区青年教师连续参加四届天津市青年教师学术论坛，咸水沽一中教师吕冉、阎蕾分获2005年、2009年一等奖。

“十一五”期间，津南区教育科研建立国家、市、区、校四级课题体系，国家级课题实现零的突破，有各级立项课题1107项；举办学校干部教师科研讲座37次；在国家、市、区教育学会优秀教育教学论文征集评审中有3890篇获奖，市、区级教育教学成果2500项；市基础教育科研先进单位7个，带头人5个，先进个人26个，优秀成果39项。

2010年7月，教育部中国教师发展基金会在北京召开“全国‘十一五’教育科研先进集体、先进工作者及优秀成果”表彰大会，区教科室主任诸金英被评为先进工作者并出席颁奖大会。

第三节 德育研究

一 调研

1989年，成立区德育工作研究会。1991年并入德育科。2000年4月，成立津南区中小学德育研究室，开展德育干部培训、德育创新论文、心理健康教育，班主任教育方案征集评选等活动。2006年，完成《津南区班主任队伍建设的现状及建议》调研报告。2007年，对7所中学和3所小学进行德育工作常规调研，对班主任专业化发展的“班集体建设”状况进行实地调研。2008年，对全区14所中小学315名班主任教师进行“班主任专业素养现状”调研，完成调研报告。制定《津南区德育课题研究管理制度》《津南区课题研究资料的分类与管理细则》《津南区德育研究工作评价内容及标准》等文件。2010年，以“津南区中小学班队会课的现状”为题，进行问卷和实地调研。

二　成果

“十五”期间，7所学校承担全国教育科学规划课题子课题《班集体主题性活动与学生创新精神培养的研究》。获德研成果一等奖1个，二等奖15个，三等奖10个，先进实验校7所，先进个人14人。“十一五”期间，14所中小学申报中国教育学会重点科研课题《班主任专业素养的现状与发展研究》的子课题。咸水沽二中的《专题研讨活动成就班主任专业成长》刊登在《天津教育》上，另有5所中小学研究成果刊登在市级刊物《德育研究》上。

2005—2009年，征集市级德育论文1329篇，获奖1009篇；征集全国班集体建设学术成果156篇，获奖156篇；市级心理健康论文677篇，获奖642篇；国家级心理健康论文149篇，获奖146篇。

2006年5月，开展津南区首届班主任优秀教育案例评选活动。2006—2009年，征集案例1308篇，获奖1210篇。

2007年，双港中学《以经典诵读引领班级文化建设》的课题研究成果，在市总课题组召开的中期推动会上交流。2008年3月，在天津市第六届德育学术年会上，津南区课题研究做经验介绍。2010年，津南区在全国教育科学“十一五”课题研究与实验中被评为先进实验区，德研室被评为先进组织单位。

津南区志

（1979–2010）

第二十七编
科学技术

1980年4月，区科委被纳入政府序列，负责管理全区科学技术工作。津南区多年来坚持走“科技兴区”之路，积极开展科普工作，不断提高人们的科技素养。根据区经济发展的变化，从服务于提高农业科技水平发展转化为服务于推动城镇企业科技水平发展、高新产业发展。进入21世纪后，坚持培养学科带头人，制定政策引进新技术、引进人才，努力促进科技成果转化。建设高科技技术园区，扶植科技型中小企业发展，促进津南区经济发展。

2006年，津南区第二十届科技活动周展示牌

第一章 科技组织与队伍

70年代，区农林局负责农村科技工作。80年代后，建立区农业技术推广服务中心，指导农业科技工作。2000年后，基层科技组织主要由各镇农科站和工委负责农业科技推广及工业科技工作。2003年8月，成立津南区学术联合会，至2010年，区学术联合会专业组17个，会员7935人，拥有了一支包括享受国务院政府特殊津贴的专家在内的科技队伍。

第一节 管理机构

1977年12月，南郊区科技组更名为南郊区科学技术委员会（简称科委）。1978年10月，兼管新设立的南郊区科学技术协会（简称科协）。1980年4月，科委纳入区政府序列。1981年，科协独立办公。1983年，科委、科协合署办公。1984年，区地震办公室并入科委。科协独立办公。1989年，南郊区成立天津市南郊区无线电管理领导小组，在区科委办公。1992年，南郊区科学技术委员会更名为津南区科学技术委员会。1997年，机构改革，科技干部管理科划归人事局管理。2002年，机构改革，无线电管理工作划归区信息化办公室管理，天津古海岸与湿地国家级自然保护区管理工作划归区规划和国土资源局管理。2007年，根据市有关精神，区科委加挂天津市津南区知识产权局牌子。2010年，机构改革，科委成立知识产权科，地震管理工作划归人民防空办公室管理。

2010年，津南区科委设有：办公室、计划科、技术市场科、信息科、知识产权科，下设机构为生产办促进中心。津南区科协设有：办公室、科普科。

第二节 科技组织

一 基层科技组织

1988年7月，建立区农业技术推广服务中心，是年8月15日，从区农林局析出单独设置。下设：办公室、推广站、植保站、土肥站。1990年4月，调整为：办公室、粮食作物技术推广站、植保植检站、土肥站（含肥料监测站、中心化验室）、蔬菜技术推广站、农业生产资料服务站并建立天津市农业广播学校津南分校。

实行联产承包责任制后，区11个乡镇除双港乡保留农科站外，其余农科站解体，出现了“线断、网破、人散”的状况。1988年，区恢复四级（区、乡、村、户）农业科技网，至1989年，全区11个乡镇逐渐恢复建立农科站，由主管农业的副乡、镇长任农科站站长。1991年，建立健全科技领导、科技管理、科技服务3个体系，开始逐年选派科技干部下乡挂职。四级农科网建设得到发展，村级科技组织发展到166个，科技示范户达到946户。至1994年，科技示范乡3个，科技示范村50个，科技示范户1300个，完成3个开发项目，10个试验研究项目，8个示范项目，12个推广项目。

2000年，区基层科技组织主要由各镇农科站负责农业科技推广工作。各农口局设科教科，负责本单位的科技工作。农机局的科技工作由农机推广站负责。各镇的工业科技工作由镇工委临时兼任。2006年，成立镇科技办后，在镇工委的基础上加挂镇科技办的牌子，不增加人员编制，由各镇在现有编制内解决。

2010年，区科协组织包括镇科协9个（村级科协小组173个），区反邪教协会，农村专业技术协会35个，会员1058人，企业科协11个，会员788人。

二　学会、协会、研究会

80年代初，全区陆续成立16个专业学会、协会、研究会：青年农民科技协会、农学会、农机学会、水利学会、畜牧学会、水产学会、理科学会、青少年辅导员协会、土木建筑学会、机械学会、标准化学会、珠算学会、档案学会、计算机学会、翻译学会和医学学会。1989年，因学会负责人及挂靠单位领导的变动，部分学会科技活动的开展受到影响。2003年8月，成立津南区学术联合会，将全区原先的多个专业学会、协会、研究会全部归入联合会内，成立多个专业组（已重新单独注册的仍保留原学会名称）。至2010年，津南区学术联合会专业组17个，会员7935人。

第三节　科技队伍

70年代，国家培养的专业人才分配数量增多。1981年，全区有中级技术职称人员36人。1992年，评出高级技术职称20人，中级技术职称174人，初级技术职称1071人。1995年，全区有高级职称的科技人员（不包括教育、医疗、乡镇企业）63人，中级322人，初级1705人。在科技队伍中，因特殊贡献，享受国家专业特级补贴的科研人员2人。

1996年，津南区成立农业专家组和工业专家组，农业专家组由区高级农业技术人员组成，负责向区委、区政府提供农业发展规划建议。专家组每四年换一届。至2010年，已成立四届。

2010年，区有各类农业技术工作者156人，其中高级职称31人，中级职称49人，初级职称76人。具有中专学历农民技术员553人。其中，农学专业138人、畜牧兽医专业60人、淡水养殖专业43人、农经专业285人、果树专业27人。具有大专学历农民技术员386人。有享受国务院政府特殊津贴专家程远尤、何洪成、张继波、张锡海、张福芸等科技专家。

1982—2010年津南区获部级以上科技奖人员一览表

表27-1

完成者	成果名称	授奖部门	奖励类别及等级	完成时间
张　岱	天津市蔬菜综合丰产技术	农业部	丰收奖一等奖	1989
	天津市水稻综合丰产技术	农业部	丰收奖二等奖	1990
刘凤禄	天津市蔬菜综合丰产技术	农业部	丰收一等奖	1989
	津南实芹1号	国家科学技术委员会	三等奖	1990
程远尤	NK-P 植物营养素	国家教育委员会	二等奖	1989
	NK-P 型植物营养素的合成和应用	国家科学技术委员会	科技成果奖	1990
	复混肥料生产线改造及系列产品开发	国家星火奖评审委员会	三等奖	1991
	NK-P 植物营养素（钛微肥）	国家科技进步奖评审委员会	科技成果进步三等奖	1991
孟桂兰	NK-P 型植物营养素	国家教育委员会	二等奖	1989
	NK-P 植物营养素（钛微肥）	国家科技进步奖评审委员会	科技成果进步三等奖	1991
	保护地蔬菜增产技术	农业部	一等奖	1993
李茂兰	天津市家禽半机械化饲养技术推广	农业部	丰收奖三等奖	1989
王宝华	天津市蔬菜综合丰产技术	农业部	丰收一等奖	1989
张锡海	津杂1、2号黄瓜大面积推广	农业部	科技进步三等奖	1990
张锁玲	天津市大白菜综合推广技术	农业部	丰收奖三等奖	1990
陈汝果	天津市蔬菜综合丰产技术	农业部	丰收奖三等奖	1990
	保护地蔬菜增产技术	农业部	一等奖	1993
李庭贵	天津市水稻综合丰产技术	农业部	丰收奖二等奖	1990
赵宝香	天津市水稻综合丰产技术	农业部	丰收奖二等奖	1990
韩家贵	天津市水稻综合丰产技术	农业部	丰收奖二等奖	1990
宗长生	天津市杂交玉米综合增产技术	农业部	丰收奖二等奖	1992

续表

完成者	成果名称	授奖部门	奖励类别及等级	完成时间
孟凡岐	保护地蔬菜增产技术	农业部	一等奖	1993
傅英宗	保护地蔬菜增产技术	农业部	丰收奖	1993
高士宽	推广四项措施玉米连年增产丰收	国家农委 国家科委	技术推广奖	1982
管仲存	南美白对虾产业升级集成技术示范与推广	农业部	技术推广一等奖	2010
李玉华	南美白对虾产业升级集成技术示范与推广	农业部	技术推广一等奖	2010

第二章 科技普及

80年代以后，区内形成以区成人培训中心、区农广校、科技津南分院和各委办局为龙头，镇党校、村民学校为载体的三级科普教育网络，通过科技周、组织青少年科技教育和科技大篷车下乡等活动，不断提高人们的科技素养，倡导崇尚科学、鼓励创新风尚。2004年，津南区被中国科协命名为“全国科普示范区”。2008年，津南区获得中国科协授予的“全国科普示范区”称号。

第一节 科普基础设施

改革开放后，津南区逐步实现全区科技培训资源的整合，形成以区成人培训中心、区农广校、科技津南分院和各委办局为龙头，镇党校、村民学校为载体的三级科普教育网络。至2004年，津南区建立37个科普教育基地，其中国家级2个，市级8个。在青少年科普教育基地的建设中，创建市级科普示范校4所、市级科普先进校6所、区级科普示范校11所。建设区级科普有线电视协作网，以行政村为单位成立科普站、建立科普宣传栏、设立科普员的“四个一工程”。其中，区科普长廊被中国科协评定为“全国科普示范长廊”。

图27-1 2005年，津南区科普宣传栏

区科协与津南电视台联合推出科普电视栏目——《科普大篷车》，每周播放两次；与区广电局联合开办“农业实用技术”栏目；打造科普网络平台，通过津南政务网、农村中心网、畜牧水产网、科协网和农村管理信息等网络资源共享平台，为全区农民提供科技咨询服务和科普教育。

2010年，创建市级科普示范镇4个，市级科普示范社区2个，市级科普车间2个，市级科学文明家庭18户，区级科学文明家庭28户，全区基本上形成从镇到村、户的科普示范网络体系。2010年，津南区在宝成博物苑举行“全国科普教育基地”揭牌仪式。

第二节 科普活动

一 科技周和全国科普日活动

1987年，区举办首届科技周活动，至2010年，举办24届。以科学普及动员、举办各种类型的科普讲座、开展义诊、科技咨询、各类专业科技比武、举办乡镇科技赶集、送科技书籍下乡、组织以科普命题的绘画征文活动、科普知识大赛和科普作品展览等形式，向广大人民群众宣传普及科学知识。

活动期间，各系统、各单位，特别是在全区中小学，也都开展丰富多彩的科普活动。

2003年，每年在科普法颁布纪念日举行纪念活动，开展系列科技咨询、宣传活动。2004年，津南区被中国科协命名为“全国科普示范区”。2005年，中国科协公布将“全国科普日”活动移至每年9月，与“科普月”同时开展。津南区科普日开展以“崇尚科学，摒弃生活陋习”为主题的科普活动。2008年，津南区获中国科协颁发的“全国科普示范区”称号。2010年，以“强化素质、共建津南”为主题的系列科普活动，在全区大力倡导科学、文明、健康的生活方式，普及节电、节水、节能、节油、节气、节材等科学文化知识和科学方法。围绕第24届科技周“科学发展在我身边——科技·低碳·民生”主题，开展三大系列活动近百余项。

图27-2　2002年，全国科普日宣传

二　气象知识宣传

1998年5月，区科委授予津南区气象局“青少年科普活动基地”称号。2000—2010年，每年“世界气象日”利用对外开放、制作展牌，通过广播、电视、报纸多种形式宣传气象法律、法规和气象科普知识。在“安全生产月”加大联合执法检查力度，通过制作展牌、发放防御气象灾害知识的手册、举办安全咨询日等方式提高人民群众防灾减灾意识。

三　地震知识宣传

70年代后，境内采取多种形式宣传地震科普知识。坚持普及地震、抗震、自救知识，编写宣传材料，进行广播；利用各观测点的宣传橱窗、宣传栏张贴宣传画和《中国减灾报》，轮流放映日本阪神地震录像；参加区主办的“科技赶集”活动和每年一度的科技周活动，设宣传展牌，解答群众咨询；举办中小学生地震知识竞赛、有奖问答，编演文艺节目等，受到群众欢迎。

图27-3　2010年，“5·12”防灾减灾日宣传活动

进入21世纪后，按照科技赶集的形式走向街头向广大群众宣传地震知识，每年结合科技周宣传日、利用“7·28”唐山地震和汶川地震纪念日，进社区、进企业、进学校等进行地震科普宣传。举办中学生地震科普知识竞赛和地震科普知识答卷活动，在中小学开展地震科普知识进课堂活动。在津沽休闲园、大件路等路段开展地震科普知识宣传，悬挂宣传横幅，展出地震知识展牌，解答人们对地震科普知识的咨询并发放预防地震灾害知识、市民应急避险手册等宣传材料。每年邀请专家走进学校宣讲地震科普知识。利用媒体平台加强宣传工作，将科技周的宣传与新《防震减灾法》的宣传、“5·12”全国首个防灾减灾日的宣传以及地震时的应急避险常识的宣传有机地结合，使群众学习更多的地震知识。开展科普进社区活动，重点在咸水沽镇益华里、红旗楼、祥福里三个社区进行地震科普宣传。2010年，区地震办坚持24小时在岗，接待群众来电来访150多人次，防止谣言传播。

第三节　科技下乡

一　科普文明百日下乡活动

图27-4　2006年，区科技人员指导南美白对虾养殖

区委、区政府以解决“三农”问题为重点，结合地区实际，利用春节前后和冬闲、备耕大好时机，组织各行业专家、学者深入农村、基层，开展科普宣传、科技咨询、技术帮扶等系列活动。

2000年，举办第一届科普百日下乡活动。由区委、区政府牵头，组织区委宣传部、区科协、区文明办、区卫生局等14个单位联合开展科普文明百日下乡活动。由水产、畜牧、食品保鲜等方面组成的农业专家科技下乡服务团，深入各镇、村，采取多种形式为广大农民解决农业生产中遇到的难题。此后，还组织“百名科技人员下乡进千户”“科普赶集”“科普讲座”“科技示范典型宣传”等活动。2003年，天津“科技下乡”启动仪式在津南区举行。至2010年，此项活动一直延续开展。

二　科技人员与种养大户结对子

1998年，津南区各区级学会和镇科协组织科技人员与各村镇种养大户结对子。2000年376对。2010年，达1200余对。通过全区结对子活动，普及推广科学技术，有效地沟通了科技工作者与种养大户的联系，为种养大户插上科技翅膀、架起致富桥梁。种养大户又与周围群众结成连环对子，形成具有广泛群众基础的科技链、增收链、致富链。2009年，天津津南国家农业科技园区和天津宝成博物苑被认定为“全国科普教育示范基地”，另有10个单位被认定为“市级科普示范基地”。天津市亮顺发养猪基地被评为“全国优秀科普示范基地”。津南区评选出科普示范户358个，科技种养能手330个，其中26人被评为市级科技种养能手，4人被评为市级科技种养状元。2010年，在“科普惠农兴村计划”活动中，区元旭君子兰科普示范基地被选为“天津市优秀科普示范基地”；葛沽萝卜协会会长宋铁山被选为“优秀科普致富带头人”。

第四节　科技培训

一　培训

1979年前，南郊区对农村农业管理人员、农业技术员和农民进行业务基本知识、新技术培训。改革开放后，培训范围逐步扩大，培训水平提高。80年代后，天津农学院等大专毕业生分配到境内，大批农村青年经过定向培训，具有大、中专学历；短期培训，取得各类专业证书。1990年，累计培训各类人员43059人。

1986—2010年，天津市农业广播电视学校津南区分校培养中专学历农民2350人。1990—2010年，农业、农机、畜牧水产3家技术推广机构共举办农、林、牧、渔培训班498期，培训农民、农村科技人员26740人。1994—1998年，实施绿色证书工程，对农民进行作物栽培、植物保护、水产养殖、畜牧兽医、农经管理、农机驾驶技术培训，8517人成绩合格，获得绿色证书。

2000—2001年，实施《全国跨世纪青年农民科技培训工程》，培训青年农民3180人。2003年，培训畜牧养殖、水产养殖、经济作物种植新技术3000人；培训转岗农村青年、新型创业农民、从事种养农村妇女、农科人员再教育、农村干部学历教育、农村信息员各100人。2004—2007年，实施第二期绿色证书培训工程，4423人取得证书。2008—2010年，实施《天津市农民素质提高工程涉农职业技能培训》培训1680人，取证1544人。

2010年，区有各类农业技术工作者156人，其中高级职称31人，中级职称49人，初级职称76人。具有中专学历农民技术员553人，具有大专学历农民技术员386人。

附：

天津市科技进修学院津南分院

1998年12月17日，天津市科技进修学院批准，正式建立津南分院（以下简称分院）。津南分院是津南区科协的培训基地，业务上接受市科技进修学院的指导。分院设置工程技术、财会、计算机、英语、企业管理等专业，专科学历培训科目有高自考秘书学专业、公共关系专业、机械制造专业、乡村干部大专班。另开办工商管理MBA研究生班。同时，面向社会、联合开展基础培训，先后举办政工人员计算机技能培训班、英语培训班。2004年，举办农村经纪人培训，开办88期，培训5834人次，全部通过考核取得了国家劳动部颁发的“农产品经纪人”职业资格证书。2008年，津南区农村经纪人培训活动被中国科协评选为“全国首批百县百项优秀科普示范活动”，分院被评为天津市先进培训单位。

第五节　青少年科技活动

1984年2月，南郊区青少年科技活动领导小组成立。是年，成立区青少年科技辅导员协会。重点抓青少年“小星火计划”的实施，以激发学生们的兴趣感、创造欲。1999年，在全区创建37个青少年科普活动基地，其中区级6个、镇级31个，全部挂牌对外开放。

2000年，高庄子小学与南开大学开展“大手拉小手、携手共飞跃、娃娃成才之梦”活动。2001年，津南区实验小学、咸水沽一中、咸水沽三中被评为“市级科普示范校、先进校”。区“‘新世纪青少年我能行’成果展示”被市、区电视台采编后播放。是年，咸水沽三中、咸水沽三小的选手代表津南区参加了天津市电视台青少年节目《幸运赛赛》举办的竞赛节目，夺得两个项目第一。2002年，多名学生参加市青少年科技创新大赛，获奖牌2金、5银、65铜。

2005年，在北京举办的第22届全国科技创新大赛，津南区组织学生分别参加市级、国家级多项科技创新大赛，获历史性突破：获国家级二等奖1名、市级一等奖4名、二等奖7名、三等奖28名。2008年，区青少年科技活动领导小组在少年宫举行“喜迎奥运、放飞梦想”科技小制作比赛。2009年，天津自然博物馆在津南区少年宫举办“快乐自然、走进津南”科普系列活动，这项活动被市科技周活动组委会确定为市级重点活动。2010年，落实《科学素质纲要》，响应区委、区政府“强化素质，共建津南”的号召，全区各中、小学举办多项创建“津南新风尚”活动。

第三章　科技测报

90年代以前，区气象站主要依据市气象台和国家气候中心发出的气象资料，经综合分析确定区内天气情况后发出预报。1996年1月29日，津南区气象站改为津南区气象局，2000年以后，区内实现气象信息网络化，向社会提供公众气象和专业与专项气象服务。2004年1月1日，执行新《地面气象观测规范》，自动气象站建成并投入试运行。津南区地震监测管理工作坚持“预防为主，防御与救助相结合”的工作方针，实现地震宏观网哨管理日常化。

第一节 气象业务

1979年，南郊区农林局气象站迁址咸水沽镇二道桥。1982年6月，更名为南郊区气象站。1983年5月起，气象站人事、业务、财务均由天津市气象局管理，党政归属地方负责领导，实行以气象部门领导为主、地方政府领导为辅的双重领导。1992年3月，更名津南区气象站。1996年1月29日，津南区气象站改为津南区气象局，实行局（站）合一，为公益性事业单位。

图27-5 2010年，津南区气象局业务大厅

2000年，由津南区气象站牵头的“津南区水稻遥感动态监测及估产方法研究”项目，获天津市科学进步奖科技成果三等奖。2002—2005年，获天津市气象局年度优秀达标单位。2002年、2004年，获天津市气象局创建“五优一强”先进台站。

一 气象观测与编报

1979年1月至2006年12月31日，每日08时、14时、20时进行地面观测，并向天津市气象台传输观测报文。观测项目有云、气压、温度、湿度、风、降水量、雪深、雪压、地面温度、日照、小型蒸发、地温、冻土等。制作气象月报和年报报表。2004年1月1日，执行新《地面气象观测规范》，自动气象站建成并投入试运行。2007年始，建乡镇自动气象站。是年10月，建成6个自动气象站，完成自动监测、自动传输气象要素的功能。

二 农业气象观测

建站初期，每年3—6月和9、10月逢8、18、28日进行土壤墒情测量，在北闸口镇、小站镇、双闸镇和葛沽镇四处的麦地和白地，测5、10、20厘米各层深度的土壤含水量，供地方政府指挥抗旱参考。1981年9月，开展农业气象观测业务，项目有：农作物（大白菜、水稻）生育状况观测；物候（木本植物和候鸟）观测；土壤水分状况的观测（土钻法测土壤湿度及田间持水量，地下水位、干土层、降水渗透深度的观测）。2007年，撤销农业气象观测业务，保留测量土壤墒情工作。

三 气象信息网络

建站初期信息传输只有1部电话。1982年5月，建立无线电甚高频电话通讯铁塔，实现与市局报文传输和对讲通话。2000年，建立9210卫星单收站。2002年，开通连接市局的2兆专用数字光纤，用于数据传输、可视会商、办公系统。2004年，建立可视化天气会商系统并投入使用。

四 气象预报

短时和短期天气预报以市气象台预报为基础，参考实时雷达图、天气传真图，结合本地实况，地理环境，做出本地订正天气预报。中长期预测主要通过对历史资料分析做出的。天气预报内容包括3~6小时短时天气预报，24小时、48小时及72小时短期天气预报，3~10天中期天气预报。短期气候预测内容包括月、季、年气候预测。农业气象预报有春播期预报，大白菜播种期、收获期预报，干热风、三夏、麦收期、汛期、霜冻预报等。

第二节 气象服务

一 公益气象服务

（一）决策气象服务

为各级政府防灾减灾决策提供气象服务，如防汛、抗旱等。服务内容有重要气象信息、气候旬报、气候评价、气候分析等。服务方式由过去单一书面汇报发展为电话、传真、网络、手机短信等方式。2007年起，通过手机气象短信发布系统，免费向区、乡镇、村等各级领导发送灾害性天气警报、中短期天气预报、气象情报信息等。

（二）公众气象服务

通过区广播电台、电视台、网络发布各项公众气象预报。内容包括灾害性天气警报、短时、短期、中期天气预报等服务产品。2010年11月10日，津南区首个农村气象信息服务站在小站镇建成。津南区气象局为气象信息服务站配备计算机。农村气象信息服务站的建成，为当地政府和百姓及时获取更多的气象信息和气象知识搭建新平台，为开展气象防灾减灾科普宣传和培训等活动提供了有效途径。

二 专业气象服务

（一）防雷

1979—2000年，防雷工作由区技术监督局、公安分局、区气象站共同负责，每年3—6月，对全区工矿企业、大型商场、学校、医疗卫生等建筑物及易燃易爆场所库、加气加油站的防雷装置进行年度检测。

2000年1月1日起，津南区气象局负责防雷减灾监督管理和执法检查，津南区防雷中心负责技术服务防雷装置检测工作。至2010年，区气象局防雷安全执法检查累计322次，下达整改通知205份，津南区防雷中心防雷技术服务用户累计检测1000余家。通过加强雷电灾害防御工作，有效减少和控制津南区雷击灾害的发生以及造成的损失，确保公共利益和人民生命财产安全，促进经济发展和社会进步。

（二）防雹

1979—1981年，主要使用土火箭进行人工防雹。1982—1988年，由区气象局牵头从有关单位抽调人员，利用高炮对全区进行防雹作业。配有无线电台频率设备。

1989年，设立区人工影响天气办公室。在双港、八里台建设炮站，各炮站由6名炮手组成，由区人工影响天气办公室统一指挥，保护耕地面积3652公顷。由于双港小城镇建设化发展，双港西北部耕地减少，双港炮站于2006年撤销。至2010年，全区积累消雹102个作业日，防雹作业268次，发射弹药1.2万余发。主要装备有“三七”高炮2门、RIY—6300型火箭发射架1部。

（三）人工增雨（雪）

2000年，区人工影响天气办公室增加人工增雨（雪）业务。至2010年，增雨（雪）作业168次，发射火箭弹1100余枚，连同防雹增雨（雪）作业，增加降水量958万立方米。

三 社会管理

自2005年起，津南区正式开展气象行政审批。审批项目有大气环境影响评价使用气象资料审查、防雷装置设计审核和竣工验收、施放气球活动审批等3项。2008年，进驻区行政许可服务中心。

第三节　地震监测

1979年，区地震办公室成立，1984年，与区科委合署办公。2009年，机构改革，地震办公室归区应急中心管理。2010年，地震管理工作划归人民防空办公室管理。

一　监测

70年代，境内建立辛庄中学、小站一小等地震观测站。每天由监测人员将水氡、电磁波等变化数据报区地震办公室，汇总上报天津市地震局和区政府。1981年，建立双港动物实验站，扩大了监测范围。主要利用鲇鱼、鸡、鹦鹉对地震前的地震波反应程度来预测地震。1995年，全区有3个水位观测点，1个动物实验站，2个动物宏观哨，1个电磁波观测点。动物观测网络通过自己研制的仪器，分别对白鼠、鲶鱼等进行定量观测，取得20多万个数据，经微机处理，对监视震情起到较大作用。

2001年，双港动物观测站由于双港镇建工业园区的影响而停用。辛庄中学和小站一小观测井由于长年使用，井内淤积严重，已不能正常对水位进行观测，于同年关闭。经与区有关部门、咸水沽镇政府协商，在咸水沽镇东张庄村新建水位观测站，占地0.13公顷，建平房6间。2005年，对观测站设备进行改造，实现数据自动传输，加强了宏观网哨管理。每月与各宏观网哨联系点沟通1次，及时了解动物异常情况。2009年，制定实施震情短临跟踪及国庆60周年地震安全保障实施方案。2010年，东张庄监测井的水温、水位监测仪器正常运转，区地震办安排2名人员24小时进行看管，保证监测不间断并能及时发现问题。坚持每周巡查，确保监测仪器设备正常良好和监测环境安全。实现地震宏观网哨管理日常化，及时掌握动物异常信息，保证宏观观测可靠性，为地震趋势会商提供依据。

二　地震应急

（一）制定应急预案

津南区坚持“预防为主，防御与救助相结合”的工作方针，防震减灾工作围绕区经济社会建设和发展战略开展。并在综合协调、震情应急、抢险救援、医疗救护和卫生防疫、交通管制、治安警戒、疏散安置、物资经费保障、应急通讯、水电抢修等方面，结合区情不断完善应急预案，确保在地震应急过程中临震不乱，保障人民生命安全，保证防震工作顺利开展。2009年，在广泛征求近50个相关单位意见的基础上，结合津南区实际，对《津南区地震应急预案》和相配套的17项应急保障计划进行全面的修订和完善，并以区政府文件下发。进一步明确了各部门的工作任务和职责，确保在地震应急过程中，工作有序开展。同时对津南区有感地震应急预案进行修订调整，使其与地震专项预案相配套，保证了预案的实用性和可操作性。

图27-6　2009年，咸水沽三中学生在地震应急演练中练习止血包扎

（二）开展应急演练

2008年汶川地震后，组织全区各学校利用大课间时间举行一次地震应急疏散演练活动，让学生掌握地震后的逃生方法，并增强群众对地震知识的了解。2009年5月，以地震科普示范校咸水沽三中为平台，地震办联合区人防办、区教育局在咸水沽三中开展地震应急疏散演练暨地震科普

示范校挂牌仪式。市地震局局长赵国敏、区领导出席活动，津南区各中小学校长也到现场进行观摩学习。在本次应急演练活动中，咸水沽三中全校28个班，1300多名师生迅速有序地进行紧急避险和疏散演练，提高学校广大学生、教师的抗震减灾意识。2010年5月12日，区地震办联合区教育局，在西右营小学开展地震应急疏散演练活动。利用学生课间操时间，组织全校近400名师生参加本次演练。同时，充分利用人防优势，加强防震减灾宣传。利用“9·18”警报试鸣日，与区人防办、区教育局在咸水沽三中组织紧急避险演练活动。全校初一年级300名师生参加活动，主管副区长、区人武部部长到场参与指挥。

（三）落实地震安全评价管理条例

2006年，依据《天津市防震减灾条例》，津南区提高建筑物抗震设防，对符合做地震安全性评价条件工程项目，进行安全性评价，严格监管。对符合条件的项目单位，主动上门服务，宣传地震安全评价的管理条例。2010年，对小站镇天山·米立方项目、八里台镇海尔地产项目、双桥河镇北石林园项目、双港镇工业地产区项目和海河教育园区项目进行地震安全性评价跟踪管理。

第四章　科技管理

1985年，区内开始办理专利申请工作。2007年，成立津南区知识产权局，实施“专利计划”，加大专利资助力度。1979年，区内开始设立区科技扶持资金，从1979年的5万元发展至2010年的1000万元。科技计划也由单一的农业科技发展计划转为农业发展计划、科技创新专项、科技攻关计划、科研补贴项目四类。

第一节　科技计划项目实施

1986年，区部分企业通过实施星火计划，产品、技术得到快速发展，企业得到了提升，代表性的企业有天津通风除尘设备厂、天津市威力工程千斤顶厂、天津市宝成集团有限公司等区知名企业。实施星火计划是津南区企业技术得到提升的一个重要里程碑。部分项目还获得国家级星火奖。1986—1995年，津南区农业、工业科技项目共通过市级鉴定32项；获得市级奖励28项；列入市级星火计划17项（含1995年批准立项，1996年开始执行项目）。

图27-7　2009年，中津一号稻田

1996年始，重点开展科技攻关计划。通过引进新技术，与科研机构联合开发新产品、新工艺，规模企业成立技术部门，开展技术创新活动。许多企业成立技术中心或专职技术研发机构。津南区的科技计划也由单一的农业科技发展计划转为农业发展计划、科技创新专项、科技攻关计划、科研补贴项目四类。对于意义重大、社会、经济效益较高的技术创新工作积极推荐市级、国家级计划，由此推动津南区企业技术创新工作的开展。

至2010年，津南区企业承担市级以上科技项目148项，涉及机械制造、食品、电子、化工、医疗器械、信息、太阳能、农业等多个领域。通过高新科技的引进，许多企业运用新工艺、新产品，提高了企业经济效益，使津南区生产技术水平得到进一步提高。

第二节 专利管理

2006年，成立津南区知识产权领导小组，建立知识产权办公会议协调制度，区科委设专人负责全区的知识产权管理工作。2007年，成立津南区知识产权局，与区科委合署办公。

1985年，第一项专利是南郊区咸水沽镇韩冬青委托天津市专利事务所，于1985年5月8日代理申请的发明专利“盘式飞船”。自此开始了津南区企业、个人申请专利工作。

90年代后，专利管理以宣传、开具专利申请费用减缓证明等工作为主。专利申请以实用新型及外观设计为主，每年申请量不足100件。2003年，天津市专利局出台专利申请资金扶持政策，对专利申请进行补贴，加快了津南区专利申请工作的开展。2007年，津南区实施“专利计划”。制定支持专利申请的扶持办法，加大专利资助力度，对天津市给予支持的专利项目给予匹配支持，极大地调动了企业自主创新的积极性。通过重点抓好专利执法培训、专利试点等工作，使企业树立自主知识产权保护意识，并逐步实现依靠和运用专利制度，促进企业技术创新，提高产品技术水平，不断提高企业核心竞争能力的目标。2009年，组织立林集团、宝成集团、天津市润通石油设备有限公司、天津泰达环保有限公司、天津经纬电材股份有限公司5家企业进行了专利评奖申报活动。组织推荐8家企业申报天津市专利试点企业，其中2家（运用类）专利试点企业、6家（创造类）专利试点企业。2010年，推荐3家企业（创造类）申报天津市专利试点企业，63家企业申报津南区专利试点企业。1985—2010年，专利授权5123件，其中发明专利2569件、实用新型专利1040件、外观设计专利1514件。

1985—2010年津南区专利授权统计表

表27-2　　单位：件

年份	发明	实用新型	外观设计	总计
1985	1	–	–	1
1986	1	5	–	6
1987	–	8	–	8
1988	2	10	–	12
1989	–	7	–	7
1990	1	14	1	16
1991	4	11	7	22
1992	–	18	14	32
1993	1	13	20	34
1994	2	10	6	18
1995	1	18	14	33
1996	1	20	5	26
1997	3	14	7	24
1998	1	9	25	35
1999	4	23	27	54
2000	4	27	16	47
2001	4	56	22	82
2002	18	33	48	99
2003	7	45	21	73
2004	8	47	67	122
2005	199	46	20	265
2006	543	21	438	1002
2007	646	102	452	1200
2008	148	6	21	175

续表

年份	发明	实用新型	外观设计	总计
2009	510	287	203	1000
2010	460	190	80	730
合计	2569	1040	1514	5123

第三节　经费管理

区科技扶持资金有两部分扶持资金，一是无偿拨付科技三项费用，二是以贴息贷款形式扶持科学技术发展基金。

1979年始，科技三项费用重点扶持区内各公社开展科技活动的补贴。以引进新设施、新品种和开展新技术研究为重点，经费额为5万元，其中2万元为农业无偿补贴经费。从1994年起，科技三项费用调整为15万元。每年另安排农业专项补贴经费20万元，专项支持农口局开展农业技术试验、示范、推广活动。2002年，科技三项费用提升为140万元，开始为企业科技创新活动提供经费补贴。2006年，津南区三项科技费用达到1000万元。2007年始，科技三项费用改称为科学技术经费，主要用于扶持各相关企业从事技术研究与开发，至2010年，科学技术经费每年都是1000万元。

1986年，天津市科委与南郊区政府出资14.5万元，成立南郊区科学技术发展基金。以星火计划为重点，通过贷款贴息方式支持发展。在发展基金运行过程中，南郊区财政局每年拨款5万元并入基金账户。企业承担的星火计划结束后，贷款本金及利息收回后滚入发展基金并支持新的企业。科学技术发展基金最高达到180万元，1997年后归区财政局管理。

第四节　科技先进园区创建

一　环保产业密集区建设

改革开放初期，区工农业科技水平不高，大多数企业还是在粗放型的管理方式下，以劳动力密集型生产方式进行生产。为改变区科技落后面貌，区委、区政府倡导科技兴区，大力提高津南区科技水平，发展津南区经济。先后制定引进技术、引进人才，鼓励科技创新的多项政策。

1999年，科学技术部和国家经济贸易委员会联合发文，在天津建立北方环保科技产业基地后，津南区申请国家环保产业密集区的环保企业有62家，其中在葛沽镇、双桥河镇36家，占全区环保企业数量的58%。主要代表企业有环保产业集团、天津宝成集团、天津百阳环保设备制造公司、天津荣光特种风机厂、甘泉集团、天津大滩集团等。在此基础上，津南区建立环保产业星火密集区。环保产业星火技术密集区是由区双桥河环保产业密集区为起点，在双桥河、葛沽两镇的津沽路沿线，为集中发展区，不断向各镇开发区扩展。集中发展区15平方千米，密集区重点发展的产品及技术领域是：大气污染治理技术与成套设备，重点发展锅炉脱硫除尘技术，以干式、半干式、湿式脱硫工艺及脱硫除尘一体化技术，代表企业有津南环保产业集团。该密集区先后被命名为“天津市环保产业基地”和“中国北方环保科技产业基地津南密集区”。

二　科技先导型企业创建

1997年，天津市启动“九五”重大科技攻关项目“蔬菜工厂化生产研究与示范”项目，并向全市发出招标公告。全市有津南区港田集团公司、塘沽区新河集团公司等6家企业参与竞标，最终由津南区港田集团中标，建设天津工厂化农业科技示范区。1999年，国家科学技术部批准列入国家重大科技产业工程项目——工厂化高效农业示范工程。该示范工程项目设在双港镇港田示范区。示范区总投资1450万元，占地14.67公顷，建有节能温室40栋、智能化温室1栋、产后加工车间1200平方米，能够生产各种无公害蔬菜并可包装上市。示范区种植品种近40个，每栋温室年收入2.5万~3万元，比普通温室高1万元。2007年，随着区城镇化发展，港田工厂化农业科技示范区被列入城镇建设用地范围被拆除，建设了鑫港园住宅楼。2010年以后，荣程集团被天津市批准为科技先导型企业。

第五章　科技成果

80—90年代，津南区在加强农业新技术推广及新品种选育、企业新产品开发等方面，获得多项市级、国家级科技进步奖励。进入21世纪后，在引进新技术，与科研机构联合开发新产品、新工艺，不断提高企业生产技术水平方面，通过搭建产学研合作平台，促进科技研发及成果转化的步伐，加快了津南区经济发展。

第一节　科技奖励项目

改革开放后，津南区在加强农业新技术推广及新品种选育、企业新产品开发等方面，获得多项市级、国家级成果及奖励。如双港农科站选育的“津南实芹一号”获国家发明奖，津南化肥实验厂承担的“复混肥料生产线改造及系列产品开发”获国家星火奖等，科技创新提高了津南区企业的生产水平和经济效益。

图27-8　津育五号黄瓜

1996年，在完成“星火计划”后，津南区重点开展科技攻关计划，通过引进新技术，与科研机构联合开发新产品、新工艺，不断提高企业生产技术水平。一些规模较大企业还成立专门的技术部门，开展技术创新，科技攻关活动。至2010年，津南区多个企业在科技创新活动中取得好成绩，“设施果树标准化栽培技术示范应用”等项目获得“天津市科学技术进步奖”，为提高区生产技术水平做出贡献。

2001—2010年津南区获天津市科学技术进步奖一览表

表27-3

序号	年份	项目名称	完成单位	等级
1	2001	名优虾类品种引进及培育淡化养殖技术研究	天津市津南区水产技术推广站	科技进步二等奖
2	2002	D95-8双港西芹新品种选育	天津市津南区双港镇农科站 天津市宏程芹菜研究所	科技进步二等奖
3	2005	日光温室越冬黄瓜津育五号（SN-2）的选育	天津神农种业有限责任公司	科技进步二等奖
4	2006	名优淡水产品苗种培育及高效养殖综合技术研究与示范	天津市津南区特种水产育苗场	科技进步二等奖
5	2006	南美白对虾淡水养殖技术推广	天津市津南区水产技术推广站	科技进步二等奖
6	2006	新型天然果蔬粉关键技术的研究	天津聚昌食品有限公司	科技进步三等奖
7	2007	蔬菜无公害加工与保鲜技术应用研究	天津市金谷农业高新技术开发中心	科技进步三等奖
8	2009	±800kV,1000kV 特高压电抗器用H级扁型换位铝导线	天津经纬电材股份有限公司	科技进步二等奖
9	2009	特种毛皮动物养殖技术示范与推广	天津市津南区正大特种动物养殖场	科技进步三等奖

续表

序号	年份	项目名称	完成单位	等级
10	2009	无公害蔬菜生产关键技术集成与产业化示范	天津市金谷农业高新技术开发中心	科技进步三等奖
11	2009	设施果树标准化栽培技术示范应用	天津市金谷农业高新技术开发中心	科技进步三等奖
12	2010	发菜细胞培养及其应用	天津聚昌食品有限公司	技术发明三等奖
13	2010	高速激光雕刻切割机	天津鼎森激光设备科技发展有限公司	科技进步三等奖

第二节　科技成果转化

图27-9　2010年，津南区进一步推动科技型中小企业发展大会

2000年后，区政府根据国内及区内企业发展的实际情况，在原来以提升乡镇企业生产能力的星火计划基础上，向开展科技创新的科技计划及科技成果转化转变，部署津南区加强科技成果转化工作，制定《天津市津南区科技成果管理办法》《天津市津南科技计划管理办法》，鼓励企业引进科技成果在本地转化。津南区开展科技项目实施工程，特别是区内企业积极承担市级科技项目，这些项目通过与科研机构联合，以转化应用为主，不断提高企业产品技术含量，提高企业生产效益，促进地区经济快速发展。

2004—2010年，津南区承担市级科技项目148项。2009—2010年，津南区完成区级“一二三一”科技计划项目立项167项，投入财政支持资金2160万元，成果转化率100%。其中，2009年立项的项目，拉动企业投入2.3亿元，项目实现销售收入9.2亿元，税收6357万元，所在企业实现销售收入40.5亿元，税收2.1亿元。

2010年，津南区在全市率先完成首批20家加快科技型中小企业发展项目立项，这20家企业已成为津南区科技创新与成果转化的示范。是年，津南区政府与市教委、企业与高校和科研院所、区科委与高校和科研院所分别签订合作协议，确立合作关系。通过搭建产学研合作平台，促进科技研发及成果转化的加快发展。2009—2010年，津南区企业与高校、院所签订产学研合作项目合同86个，转化率100%。

津南区志
（1979—2010）

第二十八编

文　化

津南区历史悠久，文化底蕴丰厚。中共十一届三中全会后，全区社会文化载体建设成效显著，社会文化组织网络健全，新型文化设施已成为城镇建设的新亮点。“知识工程”全民读书活动蓬勃发展，新建和扩建的镇级文化设施及农家书屋、村文化室等遍及全区。文化下乡进社区活动坚持多年，300余支业余群众文化队伍尽展才华，常年活跃在津沽大地。农村电影“2131工程”深入开展，构成深受群众欢迎的文化景观。津南传统文化和现代文化的交会、融合，形成具有地方特色的津南文化。2006年1月，津南区被市委、市政府授予“天津市社区文化先进区”称号。2007—2009年，津南区“葛沽宝辇出会”“海下文武高跷”“海下同善文武高跷”被列入天津市第一批市级非物质文化遗产名录。2009年，津南区被文化部命名为“文化先进区”。精品战略的实施，使津南文学、艺术在全国乃至国际上产生一定影响。

2010年，天津市级非物质文化遗产——葛沽宝辇出会

第一章 机 构

1979年，建立区文化站，1982年，文化站改称区文化局。1992年，改称津南区文化局。2010年1月，成立津南区文化广播电视局，加挂津南区新闻出版局、津南区版权局牌子，负责全区文化艺术、广播电视、文物、新闻出版和著作权管理。

第一节 管理机构

1979年，南郊区建立文化站。1982年，南郊区文化站改称南郊区文化局。1992年3月，南郊区文化局改称津南区文化局。2004年，成立津南区新闻出版局(版权局)，管理本区新闻出版和著作权工作，与区文化局一个机构两块牌子。2010年1月，成立津南区文化广播电视局，加挂津南区新闻出版局、津南区版权局牌子，负责全区文化艺术、广播电视、文物、新闻出版和著作权管理。12月，成立津南区文化市场行政执法大队(津南区"扫黄打非"工作领导小组办公室)。是年，区文化广播电视局内设：办公室、社会文化管理科、文化市场管理科、广播电视管理科。地址在咸水沽镇红旗路84号。

局直属文化单位：津南区文化馆、津南图书馆、新华书店、津南文化艺术中心、葛沽影剧院、津南影院、电影发行放映站、小站影剧院(文广局保留编制，其工作人员全部分流)。

(一)区文化馆

属区文化广播电视局下属科级事业单位。现有建筑面积3251.1平方米。馆属设施还包括文化馆葛沽分馆、小站分馆和坐落在咸水沽镇建国大街的文化馆小礼堂。葛沽分馆建筑面积323.1平方米，小站分馆建筑面积505.36平方米，文化馆小礼堂建筑面积493.58平方米。小站分馆于1996年小站镇城镇建设中拆除，文化馆小礼堂于2008年拆除，葛沽分馆因年久失修成危房，已停止使用。

(二)镇文化站

1979年，南郊区所辖镇、办事处，相继建成文化站，属镇级政府中层部门。1995年以前，各文化站编制设置在文化局，经费由区财政拨付。1995年底后，编制转归各镇政府，经费由镇财政拨付。

第二节 广播电视机构

1994年3月，成立津南区广播电视局。2001年1月，区广播电视局与津南广播电视台实行"局台合一"体制，即"一套班子，两块牌子"，单位性质、人员编制及经费渠道仍维持原规定不变。2010年2月，津南区广播电视局撤销，成立津南区新闻中心，业务上称津南广播电视台。

一 津南人民广播电台

前身为区广播站，始建于1956年，原名南郊区广播站。1992年，更名津南区广播站。1994年3月，撤销广播站，建立津南人民广播电台，为区广播电视局直属的正科级全民事业单位。1995年7月，建立津南有线广播电台，与津南人民广播电台"一套人马，两块牌子"。1997年12月，津南人民广播电台与津南有线广播电视台合并为津南广播电视台。

二 津南区电影发行放映公司

1979年，由区电影管理站更名为南郊区电影发行放映公司，管辖全区各镇、村放映队的电影发行放映工作。2000年，公司办公地址拆除。2006年，更名为津南区电影发行放映站，隶属区文化广播电视局，为科级事业单位，保留人员编制，全体工作人员分流。

三　天津广播电视网络有限公司津南分公司

2005年1月29日，天津广播电视网络有限公司津南分公司与津南区广播电视局分离，挂牌成立。8月16日，正式独立运营。隶属于天津广播电视电影集团、天津广电网络有限公司垂直管理。负责所属区域内广电网络传输与运营、全区电视网络用户的维修与服务、有线电视收费和市场推介业务，经营宽带网、视频监控等各种数据业务，设有：综合办公室、安全督查室、用户管理部、建设维护部、综合业务部、市场营销部、数据工程部。

第二章　群众文化

1979年以来，群众文化设施日益完善，公益性群众文化活动方式和内容不断创新。1992年开始，在全区连续14届开展《春到津南》《夏日欢歌》《津沽秋色》《飞雪迎春》等时序性文化系列活动，2005—2010年，区连续举办6届文化艺术节。葛沽宝辇出会等一批民间艺术录入天津市非物质文化遗产项目。2003年，葛沽镇被文化部命名为“中国民间艺术之乡”后，2007年，被文化部评为“中国民间文化艺术之乡”。

第一节　文化设施

一　村文化室

2002年，津南区已在122个村建立文化活动室，占全区行政村总数的73.94%。40个社区居委会全部建立100平方米以上的文化室，其中24个居委会文化活动场所建筑面积达到200平方米以上。2010年，区文化广播电视局协调各镇为62个村文化室添置设备和乐器。

二　图书馆（室）

（一）区图书馆

1980年12月，南郊区图书馆建设工程竣工。1981年2月，面向全区开放。图书馆占地面积2218平方米，建筑面积1318平方米，位于咸水沽镇红旗路。2001年6月9日，在原址新建的津南区图书馆新馆建成并正式向社会开放，新馆占地面积2525.15平方米，建筑面积5300平方米，馆藏图书15万册，内设9个部室，实行全年无闭馆日。实现图书馆自动化集成系统管理（ILAS），建立馆内局域网点31个，健全包括文献采、编、流、检索4个子系统，电子阅览室微机数量50台。在全国公共图书馆第三、四次科学评估活动中，津南图书馆被文化部命名为国家地市级一级图书馆。

图28-1　2001年，建成的区图书馆

区图书馆在全区农村、社区、学校、企业、部队等扶持建立基层图书站（室）94个。2008年，区图书馆扶持建立的宝成集团图书室、益华里社区图书室、惠苑里社区图书室，被天津市图书馆命名为“天津市图书馆宝成分馆”“天津市图书馆益华里分馆”“天津市图书馆惠苑里分馆”。

（二）镇（村）图书室

1979年，各乡镇已相继建成文化站，设有镇文化站图书室，藏书数量不一，全部对外开展借阅活动。2002年，津南区各镇文化站图书室相继恢复，藏书2000册以上，由于管理制度不健全，读者对象只限于镇机关内部，未能对社会开放。至2010年，仅长青办事处图书室每年固定购书经费2万元，藏书1.3万册，专人微机管理，正常开展借阅活动。

图28-2　暑假中师生在阅览室读书

（三）农家书屋

2009年，津南区全面实施农家书屋和村文化室工程建设，建立农家书屋19个，市政府为农家书屋各配送图书1534册。2010年，区政府办转发区文化广播电视局《津南区农家书屋村文化室工程建设实施方案的通知》，在全区实施农家书屋和文化室工程建设。区文化广播电视局协调区财政落实资金117万元，为农家书屋配送图书各1492种1500册、一年报刊30种、光盘各100张。截至年底，津南区已建立农家书屋（村级图书室）114所（其中社区书吧27所）。

（四）流动图书馆

1989年，区图书馆购置一辆图书流动车，车内可放置图书、期刊3000册，每天坚持在全区各镇、村、学校、部队、工厂等开展流动图书馆借阅活动。1993年，因资金问题，车辆欠修停止使用。1993—2010年，不定期开展送书到基层活动。

（五）文化信息资源共享三级网络

2006年，津南区成立文化信息资源共享工程建设领导小组，2009年，区级分中心和9个镇级分中心已基本建成，实现与区级分中心联网，基本形成覆盖全区的服务网络。其中，区分中心投入60余万元，建设包括网管中心、电子阅览室、资源演播、地方特色文化数字资源、基层网点服务与管理等。镇分中心建设总投资7.25万元，设备包括服务器、计算机终端、投影仪及投影幕布等。村级基层服务点建设，每个点投资2.25万元，确定建设村自筹1.25万元、镇财政补贴1万元的补贴办法。设备包括多媒体工作站、计算机终端、投影仪及投影幕布等。至2010年，全区有30个村建成基层服务点，中小学基层服务点建设全部完成，设备已安装到位。

文化部检查验收小组对津南文化信息资源共享工程开展给予高度评价。2008年，咸水沽镇被文化部评为“全国文化信息资源共享工程先进镇”，镇文化站站长赵吉双被文化部评为“全国文化共享工程基层服务站点先进个人”，并参加全国文化信息资源共享工程经验交流大会，在人民大会堂做典型发言。

三　书店

新华书店　1971年，新建南郊区新华书店及咸水沽门市部，坐落在咸水沽镇津沽路166号。1992年3月6日，改称津南区新华书店。2002年，投资305万元，新建津南区新华书店营业办公楼，建筑面积1498平方米。坐落在咸水沽镇津沽路文苑公寓1号楼B区，2004年11月28日正式营业。2009年12月，更名为天津市津南区新华书店有限公司，隶属津南

图28-3　2004年，咸水沽新华书店

区文化广播电视局，为科级企业单位。

1991年，南郊区新华书店投资27万元购买天津市新华书店葛沽门市部，建筑面积182平方米，坐落在葛沽镇津沽路，建立津南区新华书店葛沽门市部。2001年，津南区新华书店投资70万元购买天津市新华书店小站门市部，建筑面积130平方米，坐落在小站镇红旗路，建立津南区新华书店小站门市部。

区新华书店经营图书、音像制品、电子出版物、文教、体育用品批发兼零售，主营国内图书和其他出版物发行。常备书品种3万余种，筛选的图书全部为国家正式出版物。

2001—2010年津南区图书发行统计表

表28-1

年份	销售图书（万册）	销售金额（万元）	人员（人）
2001	214	1208	19
2002	212	1200	19
2003	184	1261	19
2004	173	1365	19
2005	253	1345	18
2006	169	1327	20
2007	186	1334	22
2008	185	1532	22
2009	269	2120	22
2010	154	1538	22

四　影剧院

（一）津南影院

为津南区第一座影院，始建于1954年。1964年重建，占地面积1407.05平方米，建筑面积1518.22平方米，座席950个，坐落于区咸水沽镇建国大街，由郭沫若为之题写牌匾。为科级事业单位。由于电影市场滑坡，1997年，津南影院改为滚轴游艺厅，1998年，开办大众健身舞蹈班。

（二）津南影剧院

1956年建成，初名南郊礼堂，坐落于津南区咸水沽镇津沽大街。1976年改建，更名为津南影剧院，建筑面积2343平方米，座席1350个。2000年拆除，原址兴建居民楼。

（三）津南文化艺术中心（电影城）

2005年5月兴建，投资4000万元，建筑总面积10060.19平方米。2006年10月28日，举行落成典礼。工程建设地下1层，地上5层，设有现代化多功能大剧场1个，数字化电影放映厅4个，座席970个，可同时容纳800人观影。另外，设有可容纳500人演播厅和1000米展线展览厅及近1000平方米文化商业设施。津南文化艺术中心隶属区文化广播电视局，为科级事业单位，是一座设备先进，集影视、戏剧、歌舞、娱乐、培训、会议于一体的多功能文化艺术中心。

图28-4　2006年，津南文化艺术中心

（四）葛沽影剧院

始建于1961年，1976年重建，占地面积2693.48平方米，座席995个。为科级事业单位。2010年，

处于停业状态。

（五）小站影剧院

始建于1957年，建筑面积1203平方米，座席608个，为科级事业单位。80年代中期，受市场经济大潮的冲击，票房经营每况愈下，建筑年久失修，至2010年现处于停业状态，保留人员编制。

（六）双港影剧院

1980年兴建，1981年竣工正式对外营业，建筑面积2000平方米，座席953个，是全市第一所乡镇级影剧院。茅盾先生为之题写牌匾。后因经营状况每况愈下，80年代中期停止营业。2008年，在双港镇新城镇建设中拆除。

五　周汝昌红楼梦学术馆

坐落在津南区咸水沽镇普明园内，是一座古色古香、典雅庄重的仿古建筑。学术馆坐北朝南，使用面积54.54平方米，飞檐翘角，青瓦覆顶，檐下四周16根廊柱，墙面四周镶嵌60块浮雕，内容为《红楼梦》中人物故事。馆内正中矗立着周汝昌全身立式铜像，身穿风衣，右手持杖，左手握一本厚重书册，昂首目视前方，展现了一位孜孜以求、富于探索精神的大家学者形象。馆内摆放14件展柜，分为4个专栏："红楼夺目红""兰亭遗脉香""诗词一寸心""脂学轩笔语"。文字介绍万余言，珍贵照片及周汝昌手稿数十幅。2004年秋，正式开馆。

六　平凡友好画院

1993年5月3日建成，是津南区第一所以个人（李平凡）名字命名的文化艺术场所，也是中日两国目前唯一的版画艺术交流史馆和国际版画艺术交流史料馆。由日本文化艺术界和旅日华侨界及台湾友人铃木纪子、周名正、李京、李燕等35位友人共同捐资，与区政府合作修建。坐落于津南区咸水沽镇南华路区少年宫旁，占地面积300平方米，建筑面积430平方米，为砖混二层建筑。一层设150平方米展厅和80平方米前厅，专门接待和举办各种中小型展览。二层设2厅3室，用于陈列著名版画艺术家李平凡收藏的中日艺术界友好交流史料和海峡两岸、港澳、海外华人华侨艺术交流史料及李平凡生平图片和画作。

七　镇文体中心

2008年，津南区将镇文化体育中心建设纳入新城镇建设中。2009年，葛沽镇占地1万平方米，建筑面积7000平方米的新型文体中心竣工；小站镇占地面积10048平方米，建筑面积4723平方米的新型文体中心竣工；北闸口镇占地1万平方米，建筑面积5800平方米的新型文体中心已建设中。其他镇将文体中心建设纳入"十二五"建设计划之中。

八　文化广场

2010年，已建成的镇级文化广场有：咸水沽镇各占地1万平方米的"津沽休闲园"和"灯光喷泉广场"；小站镇占地1万平方米的"福馨广场"；葛沽镇占地1万平方米的"葛龙湾公园"；北闸口镇占地1.2万平方米的"文体休闲广场"和占地2万平方米的"中心文化广场"；小站镇迎新村占地7000平方米的"迎新广场"。部分村文化广场也超出1000平方米，如咸水沽镇赵北村2400平方米、池家稻地村1200平方米、双桥河镇南房子村4000平方米、北闸口镇三道沟村3000平方米。区级文化广场在老海河故道公园内的"龙马广场"占地1万平方米。

九　文化市场娱乐场所

1992年，津南区文化市场娱乐场所兴起，经过将近20年的新旧更替和发展，区文化娱乐产业的整体层次逐步提高，日趋规范。由单一的经营模式逐步向量贩式等新的经营模式和健康文明的经营管理方式转化普及。

2010年津南区文化市场娱乐场所一览表

表28-2

序号	场所名称	序号	场所名称
1	麦乐迪练歌房	10	柳林宾馆
2	天津月坛宾馆	11	朋利湾娱乐城有限公司
3	金玉楼休闲茶座	12	汇鑫源商务酒店
4	百利恒大酒店	13	寿松歌舞厅
5	宝生海鲜酒家	14	泰和大酒店
6	顺水舟聚福星大酒店	15	七彩夜商务会馆
7	粮食购销有限公司歌舞厅	16	天津麦克娱乐有限公司
8	瑞皇台大酒店	17	芭玲吧歌舞厅
9	金园酒家歌舞厅	–	–

第二节　文化队伍

一　音乐队伍

津南区拥有一批具有较高艺术水准的声乐人才，常年活跃在津南区群众文化舞台，并经常参加市、区各类声乐比赛，取得很好成绩。80—90年代，业余声乐演员有刘新宝、高国华、刘翠华、韩淑华、赵宗承、宁培洲、张海喜、张伟、赵晶等。张伟考入天津音乐学院，留院校任教。进入21世纪后，年轻一代的声乐演员有于茂红、卞慧、杨华、金凤、刘金鹏等，经常参与市、区各种比赛。

津南区业余器乐队伍主要有：双港镇何庄子村民乐队、八里台镇大孙庄村民乐队、葛沽镇民乐队、立林集团铜管乐队、立林集团民乐队、北闸口镇民乐队、东大站小学鼓乐队、葛沽镇鼓乐队、咸水沽第三中学铜管乐队、咸水沽镇群乐民乐队、咸水沽镇金爵士萨克斯乐队、小站镇民乐队、八里台镇大韩庄村民乐队、八里台镇民乐队。

二　戏剧队伍（京剧、评剧、河北梆子）

（一）文化馆评剧团

1980年建团，团长：刘国华、王振才。曾排演剧目：《刘巧儿》《三月三》《三滴血》《桃李梅》《小姑贤》《牧羊圈》。其中，《刘巧儿》《三滴血》《桃李梅》等剧目在葛沽影剧院、小站影剧院、北闸口镇大芦庄礼堂售票演出。主要演员刘国华、徐秀丽、王振才、张积善、李春兰、高景针、路学姝、白淑芬、李学玲。操琴：赵广全。司鼓：王继昌、池玉安、韩少刚。1983年解散。

（二）新蕾京剧团

1988建团，隶属津南区文化馆，剧团以青年为主，常年开展活动。团长：王传奇，区新华书店职工。导演王庆福，原振华板纸厂工人。曾在津南影剧院、双港影剧院演出。排演剧目：《女起解》《小宴》《二进宫》《凤还巢》《状元媒》。主要演员：王庆玲、李纯刚、王传奇、崔建伟、王国胜、商明通等。操琴：王玉清、池玉安、刘明亮。司鼓：杨宝利、柴慈胜。1992年，新蕾京剧团被评为天津市首批优秀票房。1996—1999年，均参加津南区"枫叶杯"折子戏比赛和戏曲明星选拔赛。1999年解散。

（三）八里台镇八里台村评剧团

团长：刘文和、尹玉柱。1980年，演出剧目《刘巧儿》，1981年，演出剧目《卷席筒》《红色联络站》，演出30余场。1994年，剧团重新恢复，增加京剧剧种，演出京剧剧目《二进宫》，评剧《卷席筒》《刘巧儿》《秦香莲》《夺印》等剧目，至2001年演出30余场。1999—2010年，该团演员在津南区"枫叶杯"戏曲明星选拔赛和折子戏比赛及"国粹酒业杯"戏曲比赛中，曾获金、银奖，并多次获优秀剧团奖。

（四）振华国剧社

原隶属天津振华板纸厂，1996年，加入天津市京剧票友戏迷协会，成为团体理事会员。2000年，评为天津市首届十佳京剧票房。团长：贾德龙。操琴：王凤华、宗国强。司鼓：贾德龙。演出剧目：《女起解》《大保国》《二进宫》《探皇陵》等。振华国剧社建立后，参与区里组织的戏曲展演及赛事活动。在首届中国京剧艺术节"广厦杯"天津京剧知识竞赛中获优秀奖；在纪念抗日战争胜利50周年天津市职工文艺会演中获一等奖；2002年，天津市电视台《卫视娱乐城》栏目举办的天津票友京剧行当大赛，国剧社成员安毅获花脸组第一名，张树忠获青衣组第二名。1996—2010年，该团演员在津南区"枫叶杯"戏曲明星选拔赛和折子戏比赛及"国粹酒业杯"戏曲比赛中，曾获金、银奖，并历年获优秀剧团奖。

（五）双港镇京剧团

团长：吕荣生，操琴：吕荣生，杨乃忠。自筹资金和活动经费组织活动，1994年，开始参加区文化局组织的各项戏曲活动。1996—2010年，该团演员在津南区"枫叶杯"戏曲明星选拔赛和折子戏比赛及"国粹酒业杯"戏曲比赛中，曾获金、银奖，并多次获优秀剧团奖。

（六）小站镇京剧团

团长：李富生、刘俊成。该团建团时间久远，自1993年积极参与区文化局组织的各项戏曲活动，文武场齐全，全国十佳票友陈金强、刘大庆均是该团演员，演出过很多古装戏和现代戏。2006年，陈金强在第八届"和平杯"中国京剧票友邀请赛中以总决赛第二名的成绩获"十大名票"称号。是年，刘大庆在"和平开发杯"津门十佳京剧小票友选拔赛中获"津门十佳京剧小票友"称号；2007年，在"和平杯"中国京剧小票友邀请赛中，获"十佳小票友"称号；并应邀参加中央电视台2008年春节联欢晚会。1996—2010年，该团演员在津南区"枫叶杯"戏曲明星选拔赛和折子戏比赛及"国粹酒业杯"戏曲比赛中，曾获金、银奖，并历年获优秀剧团奖。

（七）葛沽镇京剧团

改革开放后几任团长：于朝海、李文祥、张树清、张世耀。1994年后，坚持演出并参加区文化局组织的戏曲活动。操琴：于朝海、陈德峰，司鼓：徐桂玲。1996—2010年，演员在津南区"枫叶杯"戏曲明星选拔赛和折子戏比赛及"国粹酒业杯"戏曲比赛中，曾获金、银、铜奖，多次获优秀剧团奖。

（八）双港镇联谊剧社

团长：刘福来等。该剧社既有京剧也有评剧，1994年后，坚持常年活动并参加区文化局的展演和赛事活动。1996—2010年，该团演员在津南区"枫叶杯"戏曲明星选拔赛和折子戏比赛及"国粹酒业杯"戏曲比赛中，曾获金、银、铜奖，多次获优秀剧团奖。

（九）北闸口镇三道沟村乡情剧社

2007年建团，剧种有河北梆子、评剧。团长：刘茂苍、张宝巨等。坚持常年活动并参加区文化局组织的戏曲活动。演出剧目有《刘巧儿》《花为媒》等。2007—2010年，该团演员在津南区"枫叶杯"戏曲明星选拔赛和折子戏比赛及"国粹酒业杯"戏曲比赛中，曾获金、银、铜奖，多次获优秀剧团奖。

（十）双港镇芦庄子村京剧团

2000年建团，常年活动。团长：李国忠。2010年，参加津南区“国粹酒业杯”戏曲大赛，演出剧目有现代戏《军民鱼水情》和古装戏《女起解》等。操琴：杨乃忠。

（十一）咸水沽镇惠苑京剧团

2009年建团。团长：王云山。常年在社区活动并参加区里组织的戏曲展演级赛事活动。2009—2010年，该团演员在津南区戏曲比赛中曾获金、银、铜奖。

（十二）北闸口镇翟家甸村剧社

2007年，剧社名称以3个演员的人名最后一个字而得名，即：翟家甸俊文芳评剧团。团长：吴三爷。该剧社由河北梆子、评剧两种形式。2009年，河北梆子演员庞秀敏到翟家甸村，该剧社改为翟家甸剧社。庞秀敏演唱的河北梆子深受观众欢迎，曾在2000年天津市戏曲比赛中获地方戏曲比赛一等奖。至2010年，该团演员在津南区“国粹酒业杯”戏曲比赛中，曾获金、银、铜奖，多次获优秀剧团奖。

（十三）咸水沽镇益华里评剧团

团长：路学姝。演出剧目《秦香莲》《花为媒》等。2006年后，常年坚持活动并参加区文化局组织的戏曲活动。2007—2010年，该团演员在津南区“枫叶杯”戏曲明星选拔赛和折子戏比赛及“国粹酒业杯”戏曲比赛中，曾获金、银、铜奖，多次获优秀剧团奖。

三　舞蹈队伍

津南区常年参加区里活动的有40余支秧歌队：咸水沽镇惠苑里社区秧歌队、咸水沽镇韩城桥村秧歌队、咸水沽镇益华里社区秧歌队、咸水沽镇祥福里社区秧歌队 、双港镇双港村秧歌队、双港镇李楼村秧歌队、双港镇鑫港园秧歌队、双港镇芦庄子村秧歌队、葛沽镇民俗天后宫秧歌队、小站镇西花园村同乐秧歌队、双港镇桃园沽村秧歌队、双港镇黄庄子村秧歌队、北闸口镇翟家甸村秧歌队、八里台镇大韩庄村秧歌队、双港镇何庄子村秧歌队、咸水沽镇赵北村秧歌队、双港镇海河湾村秧歌队、北闸口镇秧歌1队、双港镇宋庄子民乐秧歌队、八里台镇同乐秧歌队、葛沽镇鼓跃龙灯秧歌队、辛庄镇吉泰村秧歌队、北闸口镇大芦庄村秧歌队、北闸口镇秧歌2队、双桥河镇东泥沽村秧歌队、双港镇宋庄子村秧歌队、北闸口镇三道沟村秧歌队、北闸口镇北义心庄秧歌队、双桥河镇东泥沽秧歌队、双桥河镇王庄秧歌队、辛庄镇白塘口村秧歌队、辛庄镇吉泰秧歌队、辛庄镇高庄子秧歌队、八里台镇大孙庄秧歌队、咸水沽镇四里沽秧歌队、咸水沽镇南洋秧歌队、北闸口镇吕坨子秧歌队、咸水沽镇胜利秧歌队、八里台镇八里台村秧歌队、咸水沽镇池家稻地秧歌队等。群众舞蹈队伍植根于生活中，除了节日、参赛活动外，晚上也会锣鼓喧天，引得村民驻足观看，活跃了群众文娱生活。

图28-5　2010年，葛沽镇社区文化活动

四　文学研究队伍

2000年以前，津南文学研究创作队伍属于松散状况。《海河柳》文学期刊创刊后，为全区文学创作者提供了展示平台。期间，津南文学爱好者的大量优秀文学作品在《海河柳》文学期刊发表，并借助《海河柳》文学阵地，津南部分优秀文学作品参加国家级、省、市级文学比赛屡屡获奖。2010年，

津南区文学研究创作队伍已发展到200余人。其中，中国作家协会会员1人，天津市签约作家1人，天津作家协会会员16人，天津民间文艺家协会会员10人，中国民间文艺家协会会员2人。

津南籍作者部分文学书籍出版一览表

表28-3

作者姓名	作品类别	作品名称	出版单位
李畅兴	纪实文学	变废为宝李振东	人民日报出版社
刘国华	小说集	古镇风云	中国文联出版社
刘国华	民俗历史集	古镇稗史	中国文学出版社
吕志福	诗集	田园恋歌	中国文化出版社
汪　咏	诗集	绿的风骚	中国文联出版社
汪　咏	诗集	汪咏诗集	中国文化出版社
李生元	诗集	激情岁月	中国文化出版社
李生元	诗集	激情沸腾的岁月	中国文化出版社
高林有	散文	跃出黄土地	中国广播电视出版社
高林有	散文	家乡那条河	天津百花出版社
韩少刚	小品曲艺	韩少刚小品曲艺集	天津群众艺术馆
于全林	长篇小说	蓝桥春梦	中国文化出版社
郭鸿俊	散文	记忆边缘行走	大众文艺出版社
汤国兴	散文诗歌	沽上风情	中国文化出版社
刘万亮	诗集	八月枣林	中国文联出版社
赵鸿余	小说集	家乡纪事	科学文化艺术出版社
李　英	诗歌集	飘逸的心痕	哈尔滨出版社

第三节　文化活动

一　群众文化艺术节

改革开放后，境内公益性群众文化活动方式和内容不断创新。1992年开始，连续14届在全区开展《春到津南》《夏日欢歌》《津沽秋色》《飞雪迎春》等时序性文化系列活动和重大节日、纪念日文化系列活动，突出鲜明的活动主题和津南特色，每年都吸引万余群众参与。

2005年，津南区举办首届文化艺术节。至2010年，已连续举办6届。每届活动贯穿全年，覆盖全区。每年大型活动40余项，子项目200余项，吸引10余万群众参与。

2005—2010年，津南区老年文化艺术节举办六届。区“枫叶”老年合唱团“飞”组合多次赴京、香港、澳门参加艺术展演，国内多家宣传媒体对其进行专访。2008年，在天津电视台举办的《当红不让》栏目中展演。

2008年始，每年夏季在全区开展“激情广场大家唱”文艺系列展演活动，举办广场群众文化活动60余场次。是年，举办“滨海·津南首届民俗文化艺术节”活动，内容包括书画工艺展、锣鼓秧歌表演、文艺演出、花会表演等。2009年，举办以“雅俗和韵·锦绣津南”为主题的第二届“滨海·津南民俗文化艺术节”。2010年，文广局举办文化活动200余场次。以“激情津南”为主题的消夏文艺活动为期两个

图28-6　2010年，“激情津南”消夏文艺活动

月，演出40余场，参演群众2000余人，观众6万余人。

2004年，津南区举办首届“小海鸥”少儿艺术节。区文化馆“小海鸥”艺术团少儿艺术教育培训科目10余类，一大批少儿艺术人才在艺术考级中取得好成绩，部分艺术新人在全国、省、市级各类文艺赛事中频频获奖。至2010年，“小海鸥”少儿艺术节连续举办7届。

二　文化下乡、进社区活动

津南区坚持“贴近生活、贴近群众、贴近实际”的工作方针，发挥文化流动舞台“大篷车”和电影放映“大篷车”及基层文化网络优势，组织文化小分队常年深入基层农村、社区、学校、企业、部队、建筑工地等开展送文艺、送书画、送图书、送电影活动。2006年3月，津南区专门组建“欢乐行”艺术团，深入基层农村、社区、企业、部队、学校举办专场文艺演出活动，每年40余场次。

图28-7　2007年，津南区送文化进军营活动

三　文艺演出

2003年7月26日，由中央电视台和天津电视台联合录制的“过把瘾，天津行”京剧专场在央视戏曲频道播出。津南区50余名京剧票友戏迷组成方队，在《过把瘾》栏目中亮相，宋广杰、张树忠、杜玉刚演唱的《大保国》片段，安毅表演的《李逵探母》片段，赢得了现场评委的高度评价，并在现场的戏曲演唱、动作模仿、京剧知识问答等竞赛中捧得优胜奖杯。

2006年11月30日晚，津南区歌手于茂红在津南文化艺术中心大剧院举办独唱音乐会。“于茂红独唱音乐会”是天津市第一个非专业歌手面向社会举办的独唱音乐会。音乐会上于茂红演唱了11首中外经典艺术歌曲，天津音乐学院讲师樊华钢琴伴奏，天津市知名主持人孔昭庆现场主持音乐会。

2007年，中央电视台“七天乐”剧组一行到津南区“宝成石趣园”大厅内录制“过年七天乐”春节节目。津南演员刘炳山、金凤等同知名演员卓林等同台献艺。8月25日，“国粹杯”京津冀京东大鼓邀请赛在津南文化艺术中心大剧院举行决赛和颁奖仪式，津南区演员刘炳山获金奖。

2008年，津南区“枫叶”老年合唱团“飞”组合参加北京举办的全国老年文艺会演获得金奖。2009年，“飞”组合应邀参加“星光大道”文艺演出，向全国电视观众展示津南人风采。

第四节　民间花会

一　花会

（一）葛沽民间花会

葛沽花会始于宋元时期，随妈祖文化的传播，明朝万历年间，形成以宝辇为核心的民间花会体系，是始于祭祀妈祖典仪为表演形式的大型祭祀文化活动。规模宏大，门类繁多，既有妈祖崇拜、泰山圣母崇拜，也有三霄娘娘崇拜，相传数百年，是一份珍贵的历史文化遗产。葛沽宝辇花会熔南北特色于一炉，集东柳西梆南腔北调于一体，涵盖诸如戏剧、音乐、舞蹈、书画、木雕、泥塑、刺绣等众多艺术门类，并以原生态形式传承数百年。花会为两大类，一类叫作“座乐”，另一类叫作“耍乐”。

座乐是指茶棚、辇、法鼓三大部分。全镇有8座茶棚，分别是：东茶棚、东中街茶棚、北茶棚、宝辇茶棚、香斗茶棚、阁前茶棚、营房茶棚、西茶棚。除宝辇茶棚的辇称为宝辇，其他各茶棚辇均称

图28-8 2008年，葛沽宝辇出会

为凤辇，全镇有辇8架，宝亭2架。8座茶棚除宝辇茶棚外均有法鼓。法鼓演奏有几十首曲牌，鼓乐庄严、肃穆，内蕴梵音，极富特色。此外，邓岑子村、杨惠庄村和盘沽村虽然无茶棚和辇，但都曾有法鼓表演。

耍乐会表演形式有舞蹈、戏曲、秧歌，还有纯语言的形式的"杠箱老会"。葛沽镇原有耍乐会龙会、龙灯、侉戏、竹马、杠箱、旱船、渔樵耕读等30多道花会，由于诸多原因，现已有十几道花会失传。

2003年，葛沽镇被文化部命名为"中国民间艺术之乡"。2007年，被文化部评为"中国民间文化艺术之乡"。是年，津南区"葛沽宝辇出会"列入天津市第一批市级非物质文化遗产名录。

（二）海下文武高跷（咸水沽镇北洋村）

已有百余年历史，逐渐形成文武兼备的自身特色。海下文武高跷在木腿子上有长短之分，武高跷要比文高跷矮一些。该会表演器具有：腿子、行头、道具、头棒、腰鼓、铙钹等。其基本特征为唱舞结合，这也是区别于其他高跷形式最大特点。由14位演员组成，且个个有唱，其中独唱26段、合唱6段、对唱7段，合计39段。节奏有抒情的慢板、对唱的中板、感情激烈时的快板。其唱腔有南方温柔也有北方粗犷，是天津历史上漕运文化、码头文化所体现出南北文化交流的佐证。

现下，海下文武高跷现表演者多为年轻人，舞蹈和腿子功夫尚可，但其演唱特色濒危。在天津地区也只有已界耄耋的老艺人李少鹏能唱39段唱腔。2007年6月，"海下文武高跷"被天津市政府列为首批非物质文化遗产，这种民间艺术形式能够继续发扬并得以传承。

海下文武高跷三十九段唱腔名录一览表

表28-4

序号	唱腔名录	序号	唱腔名录	序号	唱腔名录
1	八仙庆寿	14	白猿偷桃	27	骆驼歌1
2	大对答	15	翁姑拿鱼	28	骆驼歌2
3	二对答	16	行路歌	29	骆驼歌3
4	小对答	17	鹦哥好贪玩	30	骆驼歌4
5	樵夫下山坡	18	行路风雨歌	31	十针扎
6	坐子命儿薄	19	逛花园	32	鹦鹉对答
7	渔翁八十岁	20	老虎学艺	33	大吉祥
8	渔翁八十三	21	劝人歌	34	号佛1
9	渔人得利	22	八大黑	35	号佛2
10	公子逃学	23	八大白	36	笑满怀
11	公子用眼瞟	24	妈妈寻人	37	高高的山上
12	大会亲家	25	妈妈逛花园	38	公子游洼
13	神光曲	26	锣靠鼓，鼓靠锣	39	渔樵耕读

（三）海下同善文武高跷（咸水沽镇胜利村）

起源于明代，兴盛于清代，发展至今已有数百年历史。据传乾隆年间，有一年农历四月二十日（药王爷生辰），乾隆皇帝乘船去大沽口检阅海防，途径咸水沽，适逢各路花会接药王圣驾活动，乾隆赐予海下同善文武高跷龙旗一面，上书传国玉玺中"既寿永昌，受命于天"8个大字。其表演形式文武结合，传承至今"打棒"为双套腿。表演程序为礼拜庙宇、参拜会头、开业庆典、踩街表演。每年农历四月二十（药王爷生辰）去峰山药王庙（今西青区大寺镇王村）拜庙活动，因为海下同善文武高跷持有皇封龙旗一面，所以任何花会都要等海下同善文武高跷到会后才能开始拜庙表演。

海下同善文武高跷属于咸水沽镇胜利村，地处海河南岸，津沽路南侧，原为水旱码头，交通发达、便利。同善一词来源于当地慈善堂后改名为同善堂，该高跷文有唱词，全部唱词传承至今有10多段，整体合唱有《八仙庆寿》《太平歌词》等，单独唱段有傻妈妈与傻儿子唱的《逛花园》、渔翁唱的《捕鱼经》等。武有高跷演员个个身怀武功，表演时边唱边打，全部棒数根据武术套路演化而来共48套。

张波是解放初期时咸水沽海下同善文武高跷的先驱，他培养了一代又一代的高跷艺人，现第四代传人张永环致力于海下同善文武高跷传承与发展，使得海下同善文武高跷经典表演形式得以保存，同时内容有进一步创新和发展，吸引更多年轻人加入其中。2009年，海下同善文武高跷列入天津市第一批非遗扩展项目名录；2011年，张永环列入天津市第二批非物质文化遗产项目代表性传承人名录。

二　创作人员和传承人

（一）葛沽民间花会传承谱系

葛沽八架辇以茶棚之名为名，其传承途径基本是家庭世代传承。

东　茶　棚：为张、马二氏世代传承。

东中街茶棚：为肖、夏二氏世代传承。

北　茶　棚：为苏、胥二氏世代传承。

营　房茶棚：为郑、闵二氏世代传承。

阁　前茶棚：为刘氏世代传承。

宝　辇茶棚：为赵、张二氏世代传承。

西　茶　棚：为孙、陈二氏世代传承。

香　斗茶棚：为刘、韩、张、徐四氏世代传承。

以宝辇会为主体的花会体系（数十道之多），几百年来代代传承，年年演绎，“文化大革命”中遭重创，所有辇亭均付之一炬。1985年始，各道辇会方恢复。

渔樵耕读会，可追溯至元代初期，菩萨庙中“佛缘”和尚由南方引进《庆辞朝》高昆腔小戏，葛沽人改名为《渔家乐》，即现今渔樵耕读会。会头既是花会组织者和指挥者，也是重要的传承者。传至20年代的会头为：刘恩弟，40年代为：沈殿杰、唐贵新，50年代为：胡学赓、胡学贺，60年代为：庄春林。

其中扮角者亦有传承。大体以家庭世代传承为主，是以沈、李、胡、唐四姓世袭：

沈氏：（其名不考，沈殿英之父）—沈殿英—沈殿杰—沈宝琦—沈兆琦—沈德琦—沈国良。

李氏：李桂森—李洪宾—李钧衡—李学岚—李振生。

胡氏：胡学赓—胡学贺—胡学聚—胡崇越。

唐氏：唐贵新—唐文明。

（二）海下文武高跷传承谱系

第一代传人：沈七爷（名讳不清）海下（津南区）辛庄村人。清同治年间人，颇通文墨。平生喜爱民间艺术，尤其对高跷表演情有独钟。据说沈七爷到北洋码头村传艺，由伙计赶着马拉木制小轿车而来。其善于分析高跷花会中的人物渊流，讲究表演内外结合。

第二代传人：张武浩，海下辛庄村人。清光绪年间生人。以经营打鱼摸虾、贩卖糖堆儿等小买卖为生。识字不多，大都是一些“记问”之学。该人除爱好民间文娱活动，更善武功。

第三代传人：董鹤莲，光绪年间生人。该人为白塘口村庙宇的火工道人，琴棋书画、吹拉弹唱无一不能，南音北曲颇为精通，海下文武高跷的39段唱腔多为该人传授。

第三代传人：袁凤才，北洋码头村人，生于清末。高跷会上卖豆鹦哥的扮演者。

第四代传人：李永祯，北洋码头村人，高跷会上渔翁扮演者。

第四代传人：李少鹏（1929年至今），北洋码头村人，是目前唯一健在的高跷表演艺人，已是80岁高龄。1994年始，李少鹏传教高跷表演新人。现39段唱腔皆能唱。2005年，天津电视台已录制其部分唱腔。

（三）海下同善文武高跷传承谱系

第一代传人：张波，海下咸水沽人，傻妈妈扮演者。

第二代传人：田真，海下咸水沽人，傻公子扮演者。善于武功，高跷中下地武功颇得其真传。

第三代传人：邓子合，海下咸水沽人，傻儿子扮演者。

第四代传人：张永环，海下咸水沽人，彩锣扮演者，能表演14位角色。1990年始，传教高跷表演新人。

第五节　民间音乐

一　品种

（一）辛庄民间吹奏乐

据记载已有百余年历史，其主要特征为吹打结合，突出特色是13种乐器同时演奏，音律或激越高亢，或悲凉跌宕，或禅风浓郁，或静远肃穆，或悠扬委婉，震撼人心。分为以诵唱为主梵呗和以吹打为主乐器两大部分。辛庄民间吹奏乐继承唐宋佛教音乐遗风和明清时期与民间音乐相融的音脉，特别是精品曲目《行道章》，只有第四代传人潘香普能够全面掌握曲目精髓和演奏技法。辛庄民间吹奏乐已将《行道章》等6段吹奏乐录制成碟，并整理出工尺古谱。1993年10月，应英国亚洲音协邀请，随天津佛乐小组赴英国参加管乐节演出。并应邀在英国伦敦、苏格兰威尔士和荷兰阿姆斯特丹、海牙、莱顿等地巡回演出。

辛庄民间吹奏乐队伍主要以前辛庄吹奏乐队为主，队伍60余人，团队负责人潘香普。潘香普是潘世忠的儿子，在国内业界具有很高的知名度。著名音乐家田青、乔建中曾到津南观摩指导。英国佛教理事钟思第等人曾于1988年到津南前辛庄村挖掘整理民间音乐。

（二）八里台民间吹奏乐

八里台镇民俗音乐，形成于明清，乡民富户逢家中“忌日”，请寺庙僧人到家中“放焰口”“吹奏佛乐”，使佛乐得以在佛门之外流传，并深入民间与民间音乐融为一体，为民众所接受，成为乡村文化生活重要内容。镇内流传佛乐曲牌从风格上区分有南派北派之别，从内容和形式上亦可分为两大类：一类主要唱给佛、菩萨、恶鬼等非现实对象听，可称为法事音乐或庙堂音乐。另一类是唱给佛徒和世俗听，可称为民俗佛乐或民俗音乐。随着时代的变迁，民俗音乐这种艺术形式在该镇域内已形成具有浓郁地方特色的民间文化艺术。

流传在该地区的民俗佛乐分为梵呗和器乐演奏两部分：梵呗有《香云盖》《五圣佛》《稽首皈依》；器乐有《雁过南楼》《倒提金灯》等；曲牌及法器曲牌《开坛钹》等。流传在镇域内的佛乐特点为“静、远、肃穆、平和”，但也有快节奏、曲调高亢的曲牌。演奏乐器有管子、笙、笛子及打击乐器钹、铙、镲铭、铛子、云锣、木鱼、磬等，乐师领奏还有“大管儿、小管儿”之说。八里台镇有8支民俗音乐吹奏队，参加活动人员150余人。2007年，八里台镇被天津市文化局命名为“天津市民间文化艺术之乡”。

二　传承

（一）辛庄民间吹奏乐传承谱系

第一代传人：曹尚兴，高庄子村人，生于清末，颇通文墨，喜爱民间艺术，尤其对吹奏乐情有独钟。

第二代传人：李文敬，高庄子村人，生于清末，识字不多，大都是“记问”之学，善于民间吹奏技艺。

第三代传人：潘世忠，前辛庄村人，生于1918年，13岁拜李文敬为师，18岁吹管带队从事念佛应经，作佛事法会。1984年，挖掘整理佛乐的乐谱，把原来口传心授的乐谱形成文字的工尺谱。为佛乐继承和推广做出贡献。其中，最著名的曲牌《倒提金灯》，被佛乐界人士誉为“南有二泉映月，北有行道章”。1993年，出访英国、荷兰、芬兰等国，在国内业界享有很高的声誉。

第四代传人：潘香普，前辛庄村人，为笙管吹奏者，现任天津佛乐团演奏员，为唯一全面掌握演奏技法传人。

（二）八里台民间吹奏乐传承谱系

第一代人：大韩庄村刘万里、大孙庄村孙九爷、八里台村贾三爷。

第二代人：大韩庄村韩瑞武、大孙庄村孙九爷之子、八里台村刘爷等延续至现第五代（当代）传人：孟凡忠（大孙庄村）、韩世军（大韩庄村）、刘宝文（八里台村）等人。

第六节　文化交流

一　葛沽民间花会活动

葛沽民间花会在不断发展进程中逐步形成具有浓厚地域特色的葛沽民间文化艺术，且影响逐年扩大，曾多次被邀请参加国家、省、市级各类赛事和大型文化交流展演活动。1987年，参加天津市民间花会展演获“继承奖”；1989年，参加天津市首届民俗文化博览会展演；1991年，应邀参加北京市举办的“龙潭杯”庙会展演；1995年，参加天津市青少年活动中心举办的“广厦风采闹元宵”花会活动展演。是年，应文化部之邀参加“首届中国民俗旅游节暨第七届北京国际风筝节”开幕式展演；2000年12月31日，参加世纪之交天津市“世纪钟”揭幕仪式暨敲响世纪钟大型文化活动等。每逢农历正月十六，是葛沽民间花会活动最高潮。其中，不乏国际友人和海外侨胞专程来此观赏，天津市各大新闻媒体争相报道活动盛况。

二　海下文武高跷活动

2008年，应邀参加天津市妈祖诞辰纪念日演出活动；2010年6月12日，全国第五个“非物质文化遗产保护日”期间，“海下文武高跷”参加在静海县西双塘举办的天津市非物质文化遗产宣传展示活动。

三　海下同善文武高跷活动

1996年，参加中国·天津全国民间花会大赛；1997年，加入天津市广场艺术民间联谊会，被联谊会命名为天津市民间艺术二团，并颁发证书；1998年，参加第十二届北京“龙潭杯”优秀民间花会邀请赛；2010年6月12日，参加天津市非物质文化遗产宣传展示活动。

四 八里台民间吹奏乐活动

1993年，大韩庄村乐师王凤瑞随天津市文化交流团出访英国、荷兰等国进行民间文化交流活动，展示了中国民俗音乐的魅力。

五 辛庄民间吹奏乐活动

潘香普曾参加过国内许多重大演出活动。1993年，潘世忠等成员应邀带队赴英国、荷兰、芬兰等国进行民间音乐艺术交流。

第七节 文化市场管理

1994年，区广播电视局设立音像管理科，负责管理全区音像市场。1997年11月，更名为社会管理科。2002年，机构改革，音像管理职能重新移交给区文化局。

津南区清理整顿音像市场，要求各音像制品经营单位在取得经营许可证的同时，必须与本区管理部门签订守法经营责任书。

2002年，依法取缔不符合规定的网吧12家，全区40家网吧压减为28家。至6月，津南区有音像制品经营单位51家。7月，成立区文化行业联合会，收纳全区150个文化行业法人单位。建立津南区文化行业联合会章程。常务理事会设印刷、文化娱乐、互联网上网服务、音像书报刊零售4个专业委员会。贯彻执行《印刷业管理条例》《娱乐场所管理条例》等相关政策法规，制定行规行约及服务标准，监督会员单位诚信守信。

2003年，制定《津南区关于开展打击侵犯知识产权违法犯罪活动专项治理工作方案》，开展第五届全国音像市场法制宣传周津南区音像市场现场咨询活动。制定《津南区文化娱乐场所预防非典型肺炎工作预案》，做好防疫宣传和督察工作。2004年，区新闻出版局（版权局）成立后，连续开展7届“津南区音像市场法制宣传现场咨询”活动。以集中行动和日常检查相结合，加大区文化市场稽查监管力度。强化音像、图书市场监管和宣传，开展“打击盗版，保护知识产权”专项行动。坚持“扫黄打非”，严厉打击违规经营，加大非法电子游戏出版物、非法报刊及盗版图书、文艺演出市场等查缴力度，聘请全区各领域20余名文化市场监督员协助监管。

2006年，区文化局召开全区网吧经营者和部分人大代表、政协委员参加的“津南区网吧管理会议”，会上宣读倡议书，全体网吧经营者现场在倡议书上签名。依据《关于进一步加强和改进未成年人思想道德建设的若干意见》《互联网上网服务营业场所管理条例》，加强对网吧等互联网上网服务营业场所的行政执法力度和技术监管，建立全区互联网网络监控平台，从严打击违法经营。成立由70名“五老”人员组成的网吧义务监督队伍，对社会进行监督。全区所有文化娱乐场所经营者签订《安全生产责任书》，网吧经营者全部悬挂《天津市网吧守法经营承诺书》《天津市网吧经营管理规范》和“未成年禁止入内”以及“禁止吸烟”等标志。2010年，津南区有网吧34家。

第三章 文学艺术

80年代后，津南籍作者创作的小说、诗歌、散文等多部作品在各种报纸杂志上发表。21世纪初，区文化局主办《海河柳》文学刊物，为文学爱好者提供创作园地。津南区音乐、戏剧、小品演员中人才济济，多人在各种赛事中频频获奖。津南区民间艺术成果显著，尔联美的剪纸作品屡次在国内外展览中获奖，被日本、法国、意大利等国外友人收藏，并选入少儿美术教材。被誉为津门民间艺术绝活的王天庆的麦秸画、玉米皮画，于2007年，获得上海大世界基尼斯“中国之最”称号。

第一节　文学创作

一　民间文学

津南区历史悠久，广大人民群众在日常生活、生产劳动中，创造了极为丰富的物质文明和精神文明。经过代代口耳相传，留下来许多口头艺术创作的故事和歌谣，也保存了许多文字记载的民间故事。

1988年，南郊文化馆刘虎臣、刘景周等人整理成书的《中国民间文化集成·天津卷·南郊册》，记载了南郊区神话、传说、故事等。2004年，津南区刘国华著《古镇稗史》中，搜集整理津南区咸水沽镇的民俗故事、歌谣。2007年，张金樵、胡凤吉著《千年古镇葛沽》中记录了葛沽镇民俗历史和传说。2008年，刘景周著《近代史上的小站》，记录整理了小站练兵和小站稻历史故事。

2008年8月，津南区委、区政府向社会各界开展“海河历史故事”征文活动，并将征文编纂成津南区大型历史文化丛书《海下风情》第一卷；2009年，《海下风情》第二卷出版；2010年，《海下风情》第三卷由《海河柳》编辑部编纂成书。每卷约40万字，全方位记录津南地区的民间传说和历史故事。

口头文学除仍在民间流传的高跷唱段、盖房筑屋的打夯歌、喜歌、耕种的挠秧号子等，尚有部分老人能够哼唱之外，其他一些民间歌谣已很难追寻。

二　小说、诗歌、散文

80年代后，很多南郊区作者创作的小说、诗歌、散文等作品发表在由区文化馆创办的《田野》期刊和《南郊文艺》报刊及《津南报》《天津日报》副刊中。2000年，津南区文学创作进入繁盛时期，多位津南作者出版小说、诗歌、散文等专集，在历届由天津市文化局主办的全国“文化杯”小说、诗歌、散文大赛中，津南作者创作的作品频频获奖。区文化局主办《海河柳》编辑部成立。《海河柳》文学沙龙，邀请多位天津著名作家来津南开展讲学等活动。2010年1月，成立沽帆诗社，社长李国柱，成员有30多名，活动地点在区老干部局。诗社得到红学家周汝昌的赞许和支持。诗社在天津楹联学会注册管理，同时也是天津市作协业务管理指导单位。

图28-9　2007年，邀请学者到津南讲学

2003—2010年津南区部分获奖文学作品一览表

表28-5

姓名	主要作品	获奖年代	获得奖项
刘国华	小说 《画成应遣一生愁》	2003	市“文化杯”小说、诗歌大赛三等奖
于全林	小说 《天堂》	2003	市“文化杯”小说、诗歌大赛三等奖
王兆福	诗歌 《春天我看见你的脸》	2003	市“文化杯”小说、诗歌大赛优秀奖
吕志福	诗歌 《打败 SARS》	2003	市“文化杯”小说、诗歌大赛优秀奖

续表

姓名	主要作品	获奖年代	获得奖项
韩少刚	话剧小品 《盲道》	2003	“天津新貌”三等奖
刘恩艳	散文 《香茶丝语》	2006	市十五届“文化杯”全国孙犁散文奖大赛一等奖
汤国兴	诗歌 《夜读中国》	2007	市十六届“文化杯”全国鲁藜诗歌奖大赛一等奖
靳云璋	诗词 《清平乐 葛沽元夕》	2007	市十六届“文化杯”全国鲁藜诗歌奖大赛二等奖
王振森	小说 《一幅字画的价值》	2008	市十七届“文化杯”全国梁斌小说奖大赛二等奖
赵鸿余	小说 《断奶》	2008	市十七届“文化杯”全国梁斌小说奖大赛优秀奖
孙连旗	小说 《演戏》	2008	市十七届“文化杯”全国梁斌小说奖大赛优秀奖
水 湄	诗歌 《风轻轻地穿过篱笆》	2010	市十九届“文化杯”全国鲁藜诗歌奖大赛优秀奖

第二节 音乐 戏剧

一 音乐

于茂红，多次在天津市举办的各项歌手大赛中获得美声唱法一等奖。2006年11月30日，在津南文化艺术中心大剧院举办“乘着歌声的翅膀、献给父老乡亲的歌”于茂红独唱音乐会，展现了歌手的艺术实力。

杨华，津南区新生代知名歌手。2007年，获天津市第三届青年新歌手电视大奖赛民族唱法三等奖。2009年，获全国“群星奖”声乐总决赛混声组合金奖。

金凤，天津音乐家协会会员、天津舞蹈家协会会员。2005年，获天津广播电视大学首届校园文化艺术节表演一等奖。2007年，在全国第十四届“群星奖”天津地区选拔赛中表演的器乐《融》和演唱《天津有个泥人张》获两项金奖证书。2007年，参加中央电视台《过年七天乐》栏目录制。2008年，在天津市第五届农民艺术节“北仓杯”歌颂新农村歌手大赛中获民族唱法三等奖。2010年，参加上海世博会天津周的演出，演唱的歌曲《走进新农村》受到天津市人民政府的表彰。

津南区器乐演奏活动非常活跃。至2010年，有器乐队伍15支，常年在基层开展活动，具有较高演奏水平。津南区文化馆干部吴庭华，济南军区前卫文工团原专业二胡演奏员，1990年转业到津南区文化馆，专门从事二胡教育辅导工作。培养辅导学生200余人。

二 戏剧

津南区具有广泛的戏剧基础，京剧、评剧、河北梆子是津南群众喜爱的剧种，并拥有一大批戏剧爱好者，全区业余戏剧队伍20余支，常年活动在津南的镇、村、社区、广场，经常参加市、区组织各类戏曲比赛和演唱活动。

80年代，群众京剧活动在咸水沽镇形成中心，街心公园每日有多位票友演唱，坚持活动10余年。1993—2010年，区文化局每年集中组织一次戏曲演唱活动。1993年，举办“津南区双休日戏曲欣赏会”，新蕾京剧团、小站镇京剧团、葛沽镇京剧团、双闸河北梆子剧团等参演。1994年，举办津南区戏曲明星选拔赛。1996年，举办“枫叶杯”津南区折子戏大赛。每年大赛开锣时间为5月8日，区各业余剧团参加比赛。2005年，文化馆迁址，影剧院拆迁，此活动在露天广场举行。全国“和平杯”京剧名票，小站镇京剧团的演员陈金强、刘大庆均在该项活动中崭露头角。

1989—2005年津南区戏剧小品获奖一览表

表28-6

年份	作品名称	创作者	表演者	获奖情况
1989	小品《习惯》	刘虎臣	郭振明等	市首届“天穆杯”小品比赛获优秀表演奖
1990	小品《弃婴》	刘景周	赵宗承、武立岑	市第二届“天穆杯”小品比赛获创作三等奖、表演优秀奖
1990	小品《艰难里程》	韩少刚	李树和、李宝红、韩少刚	市第二届“天穆杯”小品比赛获表演三等奖
1994	小品《祸从礼出》	韩少刚	–	天津市首届反腐倡廉文艺比赛获优秀创作奖
1994	小品《路口》	韩少刚	杨宝荣、赵宗承、刘景周	市第四届“天穆杯”小品比赛获创作二等奖，表演三等奖
1995	小品《报案》	韩少刚	–	市第二届人民警察艺术节小品比赛获三等奖
1995	小品《路口》	韩少刚	李树和、赵宗承、高国华	第二届“南开杯”全国话剧小品邀请赛获创作二等奖、表演三等奖
1996	小品《路口》	韩少刚	–	中央电视台1996春节晚会上播出
1996	小品《阳台》	韩少刚	赵宗承、李树和、张品	市第六届“天穆杯”小品比赛获创作二等奖、表演三等奖
1997	小品《阳台》	韩少刚	–	获全国百优小品比赛创作三等奖
1998	小品《情》	韩少刚	–	市税务系统“五个一”文艺比赛获三等奖
1998	小品《报案》	韩少刚	–	“天津市第二届人民警察艺术节”小品比赛获三等奖。
1999	小品《阳台》	韩少刚	–	中央电视台《综艺大观》栏目改版后的第一期中播出
2001	小品《井盖儿》	韩少刚	赵宗承、杨晓双、金凤	市第八届“天穆杯”小品比赛获创作二等奖、表演三等奖
2001	小品《邂逅在盲道》	韩少刚	吴树超、元欣、王志锁	市首届残疾人艺术节获三等奖市第二届农民艺术节“天穆杯”小品、小戏节目展演中韩少刚获最佳导演奖、最佳编剧奖
2003	小品《盲道》	韩少刚	于示川、金凤	市“天津新貌”小品大赛获创作三等奖、表演优秀奖
2004	小品《认爹》	韩少刚	金凤、张志玲、郑铁	市《检查新韵》文艺会演获二等奖
2005	戏剧小品《交通协管员》	韩少刚	–	市交通安全戏曲票友比赛获优秀创作奖

第三节　书画　摄影

一　书画

1979年后，区书法研修活动频繁。下放在南郊区的天津著名书法家李鹤年、赵晋琛和南郊区的陈雪山、孙子声、朱振周、陈醉等一批书法家，在弘扬国学、提高书法水平方面做了大量工作，推动境内群众书法活动广泛开展。1987年，成立“蓝色画会”，以油画为主。会长王乃和，会员18人。1990年11月，部分会员作品在日本神户举办“天津蓝色画会作品展”，获集体金奖。是年，蓝色画会更名为平凡友好画院画会。2000年后，津南区书画界人才辈出，代表人物马洪建、王乃和、史振岭、陈元龙等，画作精品迭出，屡获奖项。马洪建、王乃和、史振岭被天津市群众艺术馆赞誉为津南画坛“三剑客”。

王乃和，毕业于天津美术学院油画系。1990年，作品《傍晚的场院》等在日本神户展出获金奖；1995年，在天津艺术家画廊举办“王乃和乡土情”个人油画展，展出作品50余幅；2006年，出版《王乃和油画集》，收录油画作品42幅，由天津人民美术出版社出版。

史振岭，天津美术家协会副主席、中国美术家协会会员、国家一级美术师，专攻水墨写意花鸟。1998年，出版《史振岭花鸟画作品集》，收入作品31幅。国画《盛世繁花》组画之一入选2003天津市参评全国“群星奖”美术摄影展获金奖、获2004全国“群星奖”美术优秀奖，入选全国美展。2004年，出版第二册《史振岭花鸟画作品集》，收入作品36幅。2005年，由中国美术家协会天津分会、中国书法家协会天津分会、天津日报报业集团联合主办，天津市津南区文化局承办，天津市树才中学协办的“翰墨浓情——马洪建、史振岭、王秀琪、王凤翊书画四人展”在天津日报社大厦举行为期6天的展览，展出书画作品80余幅。天津日报社副社长刘亚群、市美协副主席著名书画家曹德兆和津南区领导出席开幕式剪彩。

陈元龙，毕业于天津美术学院国画系。90年代在日本神户画作展中获金奖。出版《陈梅庵三代书画集》《陈元龙中国画集》、技法书《学画锦绣前程》《陈元龙画松鼠》。作品被毛主席纪念堂、周恩来邓颖超纪念馆收藏，其业绩多次收录《当代名人书画家大辞典》。2002年，应邀赴保加利亚、土耳其举办画展。2009年，应邀赴泰国讲学并参加艺术交流活动，作品被当地国家美术馆收藏。

马洪建，毕业于天津美术学院国画系，专攻水墨山水画。在天津、青海、日本神户举办个人画展。作品多次入选国家级、省、市级画展并获奖。2007年，由天津人民美术出版社出版《马洪建山水画集》，收录作品100余幅。

1987年，区老龄委扶助的天津市老年书画研究会津南咸水沽分会建立。至2010年，产生四届理事会，会员150人。1990年，津南咸水沽书画分会被评为天津市老龄工作先进单位；2005年，被评为天津市老年书画研究会先进集体、中国老年书画研究会先进集体。2002—2010年，组织会员参加区级书画展50余次，展出作品2633幅。会员书画作品多次参加天津市及全国书画展赛，37人次书画作品获金奖，入编国家级书画集30余部。会员王凤翊、赵惠清等人在全国中国老年艺术节书画大赛中获金、银奖。

图28-10　2007年，津南区春节书画活动

1994年，津南区政协书画研究会成立。至2010年，组织书画艺术宣传、普及、专题培训18次，参加市政协、市美术协会、书画协会等活动40余次，举办书画展30余次，出版《津南书画作品集》八集4000册。

葛沽书画社成立于清雍正年间，清末停止活动。2008年，在葛沽企业家刘学仁支持下，葛沽书画社重新复兴。葛沽书画社是津南区第一家经民政部门批准的纯公益性民营文化社团。成员55人中，4人为天津书协会员，3人为天津美协会员。副社长陈宝恒书法于2005年12月，在天津市残疾青年艺术作品展中获一等奖。2009年9月，其作品在全国残疾人书法绘画大赛中获优秀奖，入展天津市第六届书法篆刻展并载入作品集。2010年，其书法作品在“天津市第三届青年十佳美术家、十佳书法家”评选活动中，获优秀作品奖。2010年，成员范绪文的绘画，张金峰、李树海的书法，分别在全国老年书画展中获银奖、铜奖。

二　摄影

1994年，津南区成立艺术摄影学会，会员40人。后摄影骨干队伍发展到60余人。领军人物景文军，现为中国艺术摄影协会会员、天津摄影艺术协会理事、津南区摄影协会秘书长。1998年，其作品《闹花灯》在天津市参评全国第九届“群星奖”摄影作品展中获最佳作品奖；2002年，作品《金秋坝上》获“天津市第二届农民艺术节摄影作品展”银奖、《坝上风光》在天津市参评全国第十二届“群星奖”摄影作品展中获最佳奖。2007年，由津南、大港、东丽、北辰、塘沽、开发区六区联合主办，津南区文化局承办的迎“七一”天津市《美好家园》六区艺术摄影作品联展在津南区开幕，展出优秀摄影作品100余幅。2008年6月21日，由津南区政府、天津美术家协会、天津青年美术家协会联合举办，津南区文化局承办的“百名画家画津南”活动，邀请120余名天津知名画家来津南开展参观采风，完成创作活动。2010年，天津市第十五届“群星奖”美术、书法、摄影优秀作品展中，王成作品《舞出一颗中国心》获金奖，景文军作品《沽上风情》获银奖。

第四节　剪纸　麦秸画

一　剪纸

境内剪纸艺术以尔联美、杨家林为代表。尔氏剪纸注重从生活中汲取营养，取材广泛，内容丰富；或自然风景，飞鸟动物；或民间传说，民风民俗；或年节时令，重大活动。作品具有生动逼真、清新自然、典雅大方、剪法细腻的独特艺术风格。1989年，在天津古文化街举办个人剪纸展览。其作品屡次在国内外展览中获奖，被日本、法国、意大利等国外友人收藏，并选入少儿美术教材。1996—1998年，杨家林在区文化馆举办个人剪纸展览。天津电视台以“杨家林剪纸”为题录制专题片在天津电视台播出。

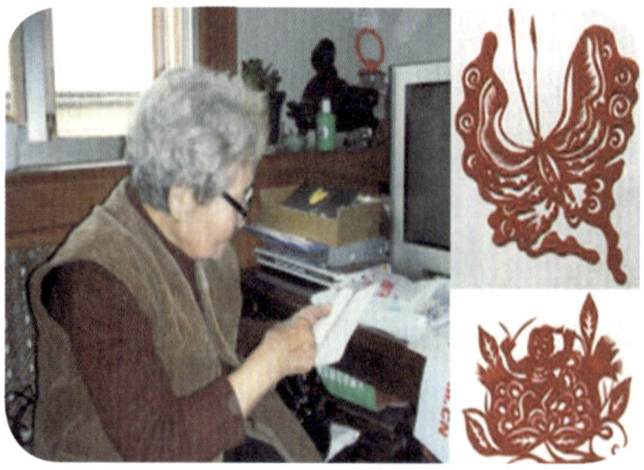

图28-11　尔联美剪纸

二　麦秸画

麦秸画首创于境内，代表人物王天庆，为天津麦秸画、麦秸浮雕、麦秸雕、中国玉米皮画首创人。1990年，王天庆开始致力于谷草艺术探索与创作，在完好保持谷草自然原貌的基础上，独树一帜，自成一派，首创具有浓厚民族特色和淳朴田园气息的谷草艺术流派。其麦秸画古朴典雅、形象逼真，立体感强，被誉为津门民间艺术绝活。2007年，麦秸画、玉米皮画获上海大世界基尼斯“中国之最”称号。其作品多次在中国民博会上获奖，被《今晚报》《天津日报》《澳门日报》、香港《成报》及多家电视台加以介绍，入编《中国传统民间工艺》《大世界吉尼斯纪录大全》《中国民间艺术名家指南》等专业书刊，市邮政发行《王天庆麦秸艺术》个性化邮票一套，作品明信片一枚，首批入选天津市民间艺术展示中心，接受中央电视台专访。

图28-12　王天庆麦秸画

第五节　面塑　核桃画

一　面塑

代表人物宋彦艳，天津面塑大师王玓的弟子。其制作的面人经久不霉、不裂、不变形、不褪色，被外国友人称为是“中国的雕刻艺术”。2008年，参加滨海·津南首届民俗文化艺术节，作品大受欢迎。作品《麻姑献寿》获得2010年天津民间工艺展览优秀奖。

二　核桃画

核桃画代表人物吉汉元，自创核桃字画。作品《寿字图》获2010年天津民间工艺展览优秀奖。

第四章 文化遗产

津南区是古渤海退海之地，考古发掘证明，距今3400年前，先民们就开始在境内巨葛庄一带生息繁衍从事渔耕，至春秋战国时期已成为炊烟缭绕相望，鸡犬之声相闻，居落十分密集的地区。宋元明清时期，境内得天独厚的地理位置，使其在经济、政治、军事、文化等方面成为令世人注目的地方，曾经建有历代军事砦铺、府衙、盐场、民居及庙宇等。由于沧桑巨变，兵燹战祸，自然摧残，人为损坏。至2010年，全区有不可移动文物38处。

第一节 文物普查

1981年，第二次全国文物普查，南郊区所辖地区勘察登录确定文物40处，被刊登在国家文物局主编的《中国文物地图集》天津分册内。

2007年4月，在第三次全国文物普查中，津南区对所辖地区进行全面勘察，普查登录文物47处，其中不可移动文物45处(包括新发现不可移动文物点7处)，可移动文物2处。

2010年，全区有不可移动文物38处(7处不可移动文物遗址已消失，为王坨子遗址、韩家洼遗址、南义心庄遗址、中义心庄遗址、三顷地墓群、小站小学堂旧址、振华造纸厂旧址)。

第二节 文物保护

1982年，南郊区文化局开展文物保护工作。90年代，修缮周公祠。1992年，津南区文化局在全区范围内开展文物复查工作，明确复查重点和范围，制定《关于进一步做好文物复查工作的通知》。

2000年后，加强文物保护教育，在职工内部和施工队伍中，广泛宣传文物保护的法律、法规，增强社会文物保护意识。2006年，协助咸水沽镇做好秦庄子村观音庙的修复审批工作。成立津南区文化局《小站练兵园》软件工程建设领导小组，收集、编撰小站练兵相关历史文物、文字信息。2007年，津南区制定《关于进一步加强我区文物保护的意见》。召开津南区文物保护工作会议，就文物保护工作进行专题研究。制定《津南区第三次全国文物普查工作方案》，在全区范围内开展"三普"工作。

2010年，津南区制定《关于加强对津南区域内文物保护工作的意见》，建立文物保护的规章制度和文物保护工作责任制，落实文物保护单位"四个到位"，即保护范围到位、保护档案到位、保护标志到位、责任机构到位。成立由津南区文化广播电视局主要领导任组长、主要科室负责人和相关文物工作人员为成员的文物保护小组，全面管理津南区域内文物保护单位的一切事宜。全区各镇也建立起辖区内相应的文物保护工作小组。是年，津南区在全国第三次文物普查工作中成绩突出，在天津市第三次全国文物普查领导小组(扩大)会议上作典型发言。

第三节 文物古迹

一 市级文物保护单位

津南区有市级文物保护单位2处：八里台镇巨葛庄村战国遗址；小站镇会馆村周公祠(清代)。

二 区级文物保护单位

津南区有区级文物保护单位7处：辛庄镇高庄子村慈云寺(明代)；双港镇双港村双港寨遗址(宋

代）；葛沽镇东大街津东书院旧址（清代）；咸水沽镇秦庄子村观音寺（明代）；咸水沽镇建国大街东老姆庙（清代）；八里台镇八里台村岑子肋战国遗址；双桥河镇西泥沽村北泥沽寨遗址（宋代）。

三　未核定文物

津南区所辖未定级的文物29处：1. 辛庄镇建明村墓群；2. 辛庄镇后辛庄村匀匀老祖塔遗址；3. 辛庄镇高庄子村高庄子小学遗址；4. 双港镇前三合村三女砦遗址；5. 葛沽镇南大街郑家大院；6. 葛沽镇邓岑子村邓岑子遗址；7. 咸水沽镇二道桥村二道桥遗址；8. 咸水沽镇韩城桥村韩城桥遗址；9. 咸水沽镇五登房村五登房遗址；10. 咸水沽镇赵北庄村月牙河干渠 ;11. 咸水沽镇南洋村卫津河 ;12. 北闸口镇高庄房村高庄房遗址；13. 北闸口镇原后营村后营小学三太爷庙遗址；14. 小站镇红旗路北讲武堂旧址；15. 小站镇南马厂减河；16. 八里台镇田家场村田家场战国遗址；17. 八里台镇双闸村李家堼遗址；18. 八里台镇毛家沟村毛家沟遗址；19. 八里台镇刘家沟村刘家沟遗址；20. 八里台镇巨葛庄村商家岑子墓群；21. 八里台镇田家场村田家场南遗址；22. 八里台镇南义心庄村南义心庄沉船；23. 双桥河镇西泥沽村碧霞宫遗址；24. 双桥河镇西泥沽村双桥碑；25. 双桥河镇西泥沽村惠威小学遗址；26. 双桥河镇官房村孟恩远墓；27. 咸水沽镇潘庄子村流经双桥河镇双桥河；28. 双桥河镇西泥沽村泥沽寨遗址上孟家祠堂遗址；29. 双桥河镇东泥沽村东泥沽遗址。

第四节　非物质文化遗产

2007年，津南区政府启动非物质文化遗产普查和保护工作。是年，津南区“葛沽宝辇出会”和“海下文武高跷”被列入天津市第一批市级非物质文化遗产名录。2009年，“海下同善文武高跷”被市政府批准列入第二批市级非物质文化遗产项目名录，“辛庄民间吹奏乐”因特色不足，没有被市政府批准。2007年和2009年，“葛沽宝辇出会”“海下文武高跷”分别两次申报国家级非物质文化遗产项目。至2010年，还在申报中。

2009年，津南区政府公布第一批区级非物质文化遗产名录。2010年9月，津南区成立非物质文化遗产保护工作领导小组，同时成立专家组，刘国华、刘景周、汤国兴、张金樵、刘虎臣、韩少刚、李忠诚为专家组成员，刘国华任专家组组长，李忠诚任专家组顾问。

2009年第一批区级非物质文化遗产名录一览表

表28-7

名称	项目类别	保护单位	主管部门
葛沽宝辇出会	民俗	葛沽镇人民政府	津南区文化局
海下文武高跷	传统舞蹈	咸水沽镇人民政府	津南区文化局
八里台民间吹奏乐	传统音乐	八里台镇人民政府	津南区文化局
辛庄镇前辛庄村民间吹奏乐	传统音乐	辛庄镇人民政府	津南区文化局
海下同善文武高跷	传统舞蹈	咸水沽镇人民政府	津南区文化局

2010年10月，津南区出台《关于公布津南区第一批非物质文化遗产项目代表性传承人的通知》，公布11位非物质文化遗产项目代表性传承人。

2010年津南区第一批区级非物质文化遗产项目代表性传承人名录一览表

表28-8

项目类别	项目名称	代表性传承人	保护单位
民俗	葛沽宝辇出会	李庆祥 康永来 陈景清 宋世祥 杜家路 李万华 马兆盛 张庆河	葛沽镇人民政府
传统音乐	辛庄镇前辛庄村民间吹奏乐	潘香普	辛庄镇人民政府
传统舞蹈	海下同善文武高跷	张永环	咸水沽镇人民政府
传统舞蹈	海下文武高跷	李少鹏	咸水沽镇人民政府

第五章 新闻传媒

1979年，区广播站负责全区有线广播。各社队均有电影放映队，为露天放映。90年代，区广播、电视发展迅速，1995年7月，津南有线广播电视台建立。2001年，区广播电视局与津南广播电视台实行“局台合一”体制。2005年，有线电视台实现数字化电视与省市级以上电视台设备接轨。2010年，实现二套节目连播，全天播出16小时，覆盖全区。有线电视用户发展到10万户。

《津南报》为中共津南区委机关报，1993年11月16日创刊。2004年12月至2010年，改名为《津南时讯》。

第一节 广 播

一 广播设施

津南人民广播电台播出频率为调频96.6兆赫，为广播专用调频，电波覆盖全区，传输手段经历了有线与无线并用、无线发射等过程。广播设施设备先后几次更新、改造，实现制作数字化、网络化，播出自动化。

（一）传输

线路 建台前，有线与无线同时并用。为增强广播宣传力度，1997年11月，在咸水沽镇体育场路和红旗路新建一条有线广播线路，立杆46棵，安装15瓦声柱40只。同时改造津沽大街上原有线路，更换广播电缆2420米。至此，在咸水沽镇内，区直带广播线路达2.7杆千米。2004年8月，配合线路入地工程，有线广播喇叭拆除。

发射塔 1995年，新建40米四柱发射塔。该发射塔在发射广播调频信号的同时还接收电视信号。2007年，40米四柱发射塔被拆除，改用广播电视大楼六楼顶20米高的钢制通讯塔发射广播调频信号。

（二）设备

录音室及设备 建台初期沿用原有录音室，有用做全区性广播会议、小型文艺节目录制的大录音室一间约

图28-13 2007年11月，津南区广播节目制作实现数字化

35平方米；另有一间15平方米小录音室用做日常录制节目使用。内设录音机、话筒等设备。1998年9月，迁入广播电视中心大楼后，录音室35平方米，安装空调及隔音设施。2001年，购置PIONER750瓦台式录音机1台。2007年11月，新添置1套数字音频工作站替代原有老设备，用于节目录制，录制后通过网络直接上传至机房音频播出系统，录音品质得到提升。

播出机房及设备 建台时，使用后院平房机房30平方米，内置两台30瓦全固态立体调频发射机。1998年，迁入广播电视中心大楼2楼一间75平方米的房间。2003年2月，迁至5楼一间30平方米的房间。2006年12月底，启用全新设备。添置发射机1台，原1台无锡产发射机作为备份机使用。卫星接收机1台，用于接收区县联盟广播节目信号。2008年，配置服务器1套，存储量5T，用于存储广播节目。2010年10月，配置深圳易事特UPS三相10kVA电源1套（可4小时延迟供电）。

采编设备 1995年、1998年，先后更换索尼便携式采访机，录音效果更加清晰。记者编辑节目使用盒式带进口编辑机。2006年12月，淘汰原采访机使用英芙美迪硬盘采访机。至2010年，有英芙美迪硬盘采访机4台。

二 广播节目

建台初期，每日播音4次总计4.5小时。后改为每日播音3次总计2.5小时。2006年12月始，播出时间每天6:00~24:00，全天播音18小时。

（一）转播节目

建台后，继续转播中央人民广播电台《新闻和报纸摘要》。同时，一日之内转播2次气象预报。在不同阶段转播《天津新闻》（含《新闻909》《对农村广播》等节目）。2006年12月起，转播《区县联盟广播》、中央台《新闻和报纸摘要》《天津新闻》《气象预报》等节目。

（二）自办节目

新闻节目 内容一般有本区时政、经济发展、民计民生、招商引资、农业技术推广等。其他有文化、工青妇武活动、法制建设以及先进典型、新人新事、百姓生活、监督性报道等，每组约15分钟。2009年，电台节目改版，在津南新闻后增加了国际、国内新闻，每周三组，每组20分钟。

专题节目 建台后，先后开办《党的生活》《政策咨询》《企业之光》《人口与素质》《农业科技》《科普之窗》《法制园地》《津沽史话》《文苑窗》《城乡家居消费》《教育试点》《五年成就巡礼》《卫生与健康》《生活一点通》《农田课堂》《畅游神州》《美食苑》等专栏。

文艺节目 1994年，津南人民广播电台成立后，主要是购买歌曲、乐曲、曲艺、戏曲等节目编辑播出，也有少量区大型文艺演出录音剪辑播出。另设有评书及小说联播节目，平时每日半小时、周末1小时。周末二、三次播音为文艺节目时间。2006年12月底，开设评书联播节目，每次30分钟左右，每天2次；每周日有30分钟文艺节目，播出相声、曲艺、小品、歌曲等节目。

第二节 电影放映

1979年，区电影管理站更名为南郊区电影发行放映公司，管辖全区各镇、村放映队的电影发行放映工作。80—90年代电影一度颓势低迷。2000年后，津南电影放映事业走出低谷。2006年10月，津南文化艺术中心电影城加入中影集团星美院线，实行院线制，新片、大片与全国同步放映，4个电影放映厅可同时放映4部不同影片，扩大影片放映规模，提高影片放映质量。

1991年，电影队放映员李连生在全国庆祝中国共产党70周年献礼影片展映活动中，被国家广播电影电视部授予“优胜个人”称号。李连生、孟繁淳在农村电影放映工作中成绩突出，被国家文化部评为2004年度和2005年度全国优秀农村电影放映员。

2004—2006年，津南区连续3年举办中小学生电影节，在全区各中小学校开展电影放映活动，每年近3万学生观影。2006年，津南区开展为期100天的“纪念中国电影诞生100周年优秀电影下乡、进社区”公益放映活动，放映《任长霞》《生死牛玉儒》等历届华表奖获奖影片160余场次。

2007年，津南区落实农村电影“2131工程”（21世纪1个村1个月放映1场电影），发挥电影流动车和电影大篷车的作用，每年放映300余场次，吸引观众10万余人。2010年，放映516场次，观众20余万人次。

第三节　电　视

一　电视设施

1995年7月，津南有线广播电视台建立后，逐渐形成覆盖全区的有线电视网络。1997年，广播电视中心大楼建成。设置专门机房、录音室、演播室、编辑室，并配置相关设备。2006—2010年，电视设施设备逐年更新改造，得到全面升级换代，实现播出自动化。

（一）网络传输

网络　1994年底，筹备建设津南有线电视网，初期启动资金50万元。1995年3月，前端机房和网络终端同时开工建设。1995年底，在咸水沽镇发展直带网用户7600户。1996年2月，通过微波接收与天津市有线电视台联网，增加加密频道。至1998年12月底，全区光纤联网工程竣工，实现“镇镇通”。2005年8月，网络整合，全区有线电视网基本覆盖，149个村看上有线电视，入村率90%；用户8.6万户，入户率70%。津南区广播电视台初期传输22套节目，以后多次局部调整，节目套数不断增加，至2005年，网络整合传输36套节目。

电视播出机房　1995年5月1日，津南区广播电视台试播成功。1998年，播出机房迁至广播电视中心大楼二层一间75平方米的房间，除转播设备外，有一套津南电视台自办节目播出设备。2002年，改造电视播出机房，加装防雷、防火、防触电设施。2006年，对现有电视机房设备进行较全面的更新，实现播出自动化。至2010年，机房内配置用于播出电视节目的服务器型数字标清播出系统2套，另有标清播出机1套，索贝播出系统1套，均作为备份机使用。

图28-14　2006年10月，津南区电视节目播出实现数字化

（二）采编播设施

演播室　1995年7月，在原广播站大演播室内，设备较简陋。2003年10月，小演播室作为大演播室备用演播室兼作电视节目的配音。2010年，内置有摄像机1台，编辑机1台，字幕提词器1台。大演播室位于三楼，面积150平方米。2003年，新闻节目开始在大演播室录制。2007年，录制《热点访谈》节目。2010年，内有影视背景墙1个，摄像机3台，大导演字幕提词器1台。

编辑室　建台初，电台录音室兼做编辑室。1997年，迁入新楼后设有2个编辑室，一个用作新闻节目初编，一个为综合功能。2007年，增加专门的非线编辑室，用于制作专题节目。至2010年，有4个编辑室，分别用于制作新闻、专题和大演播室配套编辑室。有索尼 DSR-1600AP 编辑机3台；MSW-A2000P 编辑机13台；字幕机3台（1台为新奥特牌、2台为大导演牌）。

非线编辑室　面积75平方米。2006年始，编辑设备逐年更新。至2010年，内有非线性编辑机2台，分别为新奥特牌、索贝牌；MSW-A2000P 上下载机3台，用于上下载节目。

前期采访设备 建台之初，使用M9000家庭用摄像机拍摄，两台M9000摄像机对编。购置JVC0589摄像机4台。1998年7月，购进索尼采编设备包括PVW—D30PF摄像机4台。2006年、2008年采访设备进行较全面更新。至2010年，有MSW–930摄像机6台，DVCAM–190P摄像机6台。

二 节目制作

1995年5月1日，津南区电视台（时称津南有线电视台）试播成功。是年7月2日，正式播出自办新闻节目《津南新闻》，标志着津南区有自己的电视节目。2007年10月，津南二套节目开播，初期开设电视剧场、家庭影院、动画天地三大板块。后增加新闻、专题等节目，全天播出16小时。

（一）自办节目

津南1套为综合性频道，设有新闻、专题、气象、文艺等节目；第二套最初为文艺频道，后增加了新闻、专题节目，为重播津南1套新闻、专题。

《津南新闻》 节目初期为每周两组，每晚20:00首播，每次节目10分钟。《津南新闻》由每周两组到三组、五组。截至2010年，《津南新闻》在津南1套首播时间为每晚20:00，在津南2套首播时间为每晚21:00，在两套节目中分别安排3次重播。

专题节目 专题节目报道宣传本区的人和事，具有地方特色，初期自采专题只有1个，后逐渐增加到10个，有代表性的专题节目如《热点访谈》《百姓故事》《津南党建》《平安津南》《津沽风采》《津南人》《警方视线》等。临时性专题片多为配合全区中心工作、重大活动、各部门宣传需要而制作的。

文艺节目 1996年，与天津市有线电视台联网，增通4个频道：电影、戏曲、文艺、体育频道。初期播放的多为一些经典老片，每晚播两集，每天一个半小时，后逐渐增加。至2010年，津南1套，每天播放12集电视剧、1部电影；津南2套，每天播放11集电视剧、1部电影，均在10小时以上。其中，不乏热播剧、首播剧，多集连放，满足群众的收视需求。

气象及通告 建台初即与区气象台合作开设津南区气象预报节目，后增加空气环境质量监测日报；另制作播出一些政府通告、公示。

（二）转播节目

津南电视台在1套19:00~19:30的时段转播中央台《新闻联播》，22:45时段转播新华社《新闻纵横》《国际专题电讯》等新闻节目1小时；在2套自办节目中用8:00~9:00、21:20~22:40两个时段转播新华社《新华纵横》《今日新闻》《国际新闻》等新闻节目，19:00~19:30时段转播中央台《新闻联播》。

三 有线电视管理

津南区有线电视包括模拟电视和数字电视两大部分。管理内容分维护管理和收费管理。分公司委派所属建设维护部和各维护站负责，确保全区用户使用安全畅通。各维护站按照总公司要求和物价部门批准的价格按月收取。其中，模拟电视收费由分公司收费人员下村入户收取。数字电视用户由用户到各维护站收费大厅交费，还可以到建设银行、工商银行或邮局交费，用户如需收看付费节目，按要求另行收费。有线电视设施的变化和发展，尤其在数字电视网络开通后，机房个数和电视网络传输里程，随着新农村建设和示范镇建设不断增加。2010年，有线电视用户发展到10万户。

2005—2010年津南区电视机用户发展情况统计表

表28–9　　单位：万户

年份	有线电视用户	其中数字电视用户
2005	8.30	–
2006	9.70	–

续表

年份	有线电视用户	其中数字电视用户
2007	11.30	3.30
2008	11.30	4.20
2009	11.30	5.40
2010	10.00	6.90

第四节 新闻 报刊

一 新闻、通讯

中共十一届三中全会后，通讯报道工作得到加强。1979年，发稿150余篇，被新华社、《人民日报》、中国香港《大公报》采用4篇。1989年，发稿295篇。其中，《天津日报》125篇，天津电台110篇，天津电视台48篇，中央人民广播电台1篇，中央电视台1篇，其他10篇。

1994年，津南人民广播电台建台后，继续向市电视台报送区新闻，或与中央、市台记者合作方式为中央台及市台供稿，年均供稿量40篇左右。2006年后，供稿量逐年递增，2007年为110篇，2008年为192篇，2009年为388篇，2010年为475篇。发稿量连续多年在区县台中名列前茅，宣传津南的力度明显增强。

2005年7月至2009年3月，向天津电视台公共频道《区县新闻》栏目报送一周新闻集锦，每周三18:00首播，周四7:00重播，周五12:30重播，每次13分钟，成为展示津南区发展的重要窗口。同时向市台其他频道供稿，通过向市台卫视频道《天津新闻》栏目投稿，起到了在全国宣传津南的作用。2009年，在津南政务网设立津南电视台链接，定期上传新闻、专题等节目。

2007—2010年，获得市区县广播电视新闻2个一等奖、5个二等奖、3个三等奖，获天津市新闻2个一等奖、3个二等奖、2个三等奖；获市优秀节目5个一等奖、7个二等奖、5个三等奖。电视专题片《党的好干部——李景泉》获得第三届全国“农村小康电视节目工程”优秀奖，这也是市区县电视台中唯一获奖作品。

二 报刊

（一）《津南时讯》

前身《津南报》，为中共天津市津南区委机关报。1993年11月16日创刊，每周一期。1993年12月30日，津南报社成立。为区委宣传部直属全民事业单位，内设：办公室、编辑部、记者部。至1995年，发行158期，总印数120万份。2004年2月，《津南报》更名为《每日津南》，周一至周五出版，由对开变为四开。全周版面达32块，报纸发行量剧增，高峰时达6万份。是年4月20日，《每日津南》改报为刊，刊名《津南纵横》，每月一期。2004年12月，《津南纵横》和《天津日报·津南在线》合刊，名为《津南时讯》，每周一期。2006年8月，《津南时讯》扩为周双刊，周一、周四出版。2007年8月，改为周二、周五出版。《津南时讯》的发行一直由报社与各镇联手。除区四大机关及坐落在咸水沽镇内委办局由报社直送外，其他均由各镇负责分发。2008年6月后，向全区各镇街头门脸拓展，8个镇报亭、报摊布点达30多个，由报社雇用送报员为各镇报亭、报摊布点分送报纸。2010年，报纸发行量3.5万份，创历史新高，居区各类报刊发行量之首。

（二）《海河柳》

2000年创刊。其前身是80年代区文化馆创办的《田野》期刊和《南郊文艺》报刊。由区文化广播电视局主办、区文化馆承办的公益性内部文学刊物。《海河柳》期刊的出版，促进了津南区文学创作的发展。2006年，《海河柳》发展为双月刊。2008年起，印刷数量增至每期2000册，每期字数十余万字。2010年，在全国“文化杯”大赛上，《海河柳》被评为天津市优秀期刊。

第六章　档案　方志

1980年，区档案馆恢复建制。1986年，升格为处级单位。1988年11月，建立区档案局，与档案馆合署办公。2001年1月，由区政府办公室领导的津南区地方志办公室整建制划归档案局。2010年底，档案局设：办公室、档案管理科、档案督导科、津南区地方志办公室。

第一节　档案馆

一　馆舍

1979年，档案馆面积60平方米（平房）。1983年，在区委院内建成632平方米的档案楼（二层）。1996年，津南区档案局（馆）搬迁至津沽路186号（区机关西院内），局（馆）建筑面积600平方米。其中，档案馆库房面积400平方米。2010年5月，档案局（馆）随区委、区政府搬迁到八里台镇天嘉湖路与津港公路交口（区机关大院附属楼一楼），独立库房面积600平方米，并建有一个馆内局域网和一个主页网站，实现区内现行档案内外信息资源共享。

二　馆藏

1980年，馆藏档案8000卷。1991年，馆藏档案15816卷。1995年，馆藏档案36800卷。2000年底，馆藏档案42448卷。2004年，区档案馆接收机关单位档案8862卷，11盒357件。2006年，接收2157卷，10盒496件档案。在接收文书档案的同时，对津南区的名人和特色档案进行征集，共11卷417件。是年，为配合小站练兵园观光工程建设，档案局工作人员到外地拍摄图片，摄制录像资料，征集书籍，整理出18盒117件档案。2010年，区档案馆馆藏档案有区委、区政府等行政事业单位、撤销单位和其他特殊门类、载体的档案78个全宗，计85700卷29盒/264件，各种资料4750册。其中，文书档案37913卷，婚姻档案5556卷，诉讼档案21076卷，计划生育档案196卷，死亡干部档案172卷，科技档案3592卷，财会档案3003卷，税费改革档案4990卷，建房档案3199卷，名人档案21卷11盒/147件，录音带52盒，照片档案25卷，声像档案300卷，四清档案4545卷，小站练兵档案 18盒/117件，工程建设项目档案1112卷。

图28-15　2010年，津南区档案馆库房密集架

2000年10月，区委宣传部命名区档案馆为爱国主义教育基地，教育基地分为三个展室：津南区老干部在抗日战争、解放战争、抗美援朝战争中的英雄事迹；中华人民共和国成立以来，为津南区社会主义建设做出杰出贡献的全国先进集体和先进个人；津南区档案事业成就展。教育基地展出照片199幅，立功奖章，纪念章287枚，奖杯40个，立功证书和奖励证书80件，实物56件。2010年5月，档案馆迁址八里台镇后，原档案馆拆除。

第二节　档案管理

一　制度建设

1988年，档案局成立。1998—2000年，制定《津南区档案馆接收档案的制度及措施》《津南区档案馆档案开放利用指南》《津南区档案馆档案鉴定与开放措施》《津南区档案馆统计制度》《机关向档案馆移交档案的制度及措施》《津南区档案馆安全保卫制度》《津南区档案馆利用制度》等。2004—2010年，制定《津南区档案馆丰富馆藏向社会征集档案实施办法》《津南区档案局突发事件应急救援预案》《津南区档案馆信息化建设实施方案》《天津市津南区档案馆做好消防工作防止火灾事故排查方案》《津南区档案馆档案数字化建设实施方案》《津南区档案馆档案安全保密制度》《津南区档案局档案鉴定与销毁制度》等。

二　库房管理

区档案馆库房设施设备有：档案密集架54列、资料柜18组、卡片柜10组、展柜10个、去湿机4台、加湿器4台、温湿度计4个、防磁柜1台以及计算机等设备。库房区安装中央空调、门禁系统、防盗门、防盗窗、防火设备灭火器等。

区档案馆工作人员坚持以防为主，防治结合，按照“八防”（防光、防火、防水、防尘、防霉、防鼠、防虫、防盗）要求，定期对档案库房进行防尘、防鼠药品投放，定期消毒。保持清洁卫生，温湿平衡。馆内所藏档案以全宗为单位，按进馆时间先后顺序进行排列，撤销机关和现行机关分别按机构—保管期限—年度方法进行排列。设有总案卷存放示意图，密集架设有标引卡，全宗名称等。档案案卷标号包括全宗号、目录号、案卷号。档案装盒标号分为全宗号、年度、归档机构、盒号、件号。

三　检索编研

80年代，编制《案卷目录》《全引目录》《专题目录》。90年代，编制《卡片目录》《人名索引》《全宗介绍》等。1996—2000年，先后编写《档案馆指南》《津南区大事记》《津南区档案志》《档案局组织沿革》《档案局大事记》《全区镇（办事处）、村名汇编》《小站建立及其历史》《档案利用效果汇编》《荣获全国及国家系统先进集体和先进个人名录》等编研材料。2002年，编制《微机检索》等10余种检索工具，共有目录547册，卡片117754张。是年，采用天津市档案局档案管理软件，建立文件目录数据库，逐步实现微机全文检索和管理。2009—2010年，编写《津南区档案利用效果汇编》《档案管理标准汇编》《档案法制建设汇编》《档案行政执法责任制汇编》《档案业务规范文件汇编》《档案管理制度汇编》等编研材料，条目级机检查询率100%。

四　信息化建设

1994年后，先后购置3台计算机，为区馆现代化管理奠定基础。1999年，采用超星文档管理软件，开始进行文件级目录输入工作，并利用机读目录检索档案信息。2002年，集中对馆藏卷进行著录，当年档案条目文件级检索率100%，馆藏78个档案全宗全部实行计算机管理。2003年，在全区范围内逐步推广使用天津市档案系统管理软件。2005年，启动档案信息资源网络一期工程，添置计算机、打印机、刻录机、交换机、服务器、零边距扫描仪、多媒体制作和存储设备、办公隔断等现代化设施设备。2006年，启动档案数字化扫描工作，当年扫描336卷15354页。至2010年底，扫描完成47万页，减少寄存档案调卷量，方便查询。维护更新区档案网站，服务手段与方式更加便利。

五　开放利用

2001年，区档案馆对保存的1953—1980年区委、区政府文书档案进行鉴定后，开始向社会开放。至2010年，开放档案1974卷。在开放利用中为城市规划、建设、确权、房改、办案和解决纠纷等发挥着凭证性、参考性、教育性作用。2009年9月，区纪检委筹备展览“共和国不会忘记 津南不会忘记——中华人民共和国建立以来优秀农村干部廉政勤政五人事迹展”，档案馆为其提供大量合作化时期档案资料、四清运动照片、档案等内容的珍贵资料。中央党校著书《四清篇》，查阅利用津南区四清运动档案152卷，提供大量翔实内容。2001年后，婚姻类档案每年提供上千余卷，为出国、离婚、二胎审批等起到凭证作用。随着社会事业发展，档案查阅利用工作越发明显。1980—1990年，查阅利用档案2220人次，1990—2000年，7228人次。2001—2010年，7538人次83998卷次。

第三节　执法监督

一　监督指导

1994年，津南区进行各单位档案室达标升级评估活动，将档案室分为市一级、市二级、市三级。每年一次年检，3年一次执法检查复验。档案局对各单位进行监督指导，使津南档案工作始终保持市级先进水平。截至2005年，全区有市一级单位51个，市二级16个，市三级8个，国家二级企业7个。2006年，制定《津南区城镇建设档案暂行管理办法》，深入各职能部门、施工现场，协调指导建设单位、监理单位、施工单位建立档案，做好建设工程资料收集和整理工作。2007年，贯彻国家档案局《机关文件材料归档范围和文书档案保管期限规定》（简称8号令），对各单位组织领导、设施设备、基础业务、档案开发利用及现代化管理水平5个方面进行执法检查，监督指导。2010年，贯彻《天津市机关档案工作评估标准》，用3年时间对全区立档单位进行评估。对机构改革单位档案归属、流向和移交作明确规定，加强档案工作监督、指导、跟踪、服务，确保机构改革单位档案齐全完整。指导、检查、接收全区范围内房地产建设开发项目档案和工业建设项目档案43家1112卷，指导20多家企业建立和完善企业建档。组织家庭档案示范户进行座谈，推动家庭建档工作。

图28-16　2010年，区档案局到检察院指导档案工作

1998年，津南区开展村级建档工作。1999年，全区165个行政村全部建立档案。2005年，制定《津南区集约整合利用土地档案管理暂行办法》，在八里台镇召开“津南区农村档案工作现场推动会”。2007年，加大村级执法力度，采取“三落实，三集中”（落实到科室、落实到镇村、落实到人，集中培训、集中整理、集中检查）工作机制，指导8个镇148行政村在新农村建设中产生的村务公开、民主管理、生产建设、土地整合等档案1500卷。2009年，在双港镇召开小城镇建设档案推动会，小站镇东大站村、迎新村率先实现文件级目录的计算机检索。在天津市重点建设项目——海河教育园区拆迁工作中，整理6个行政村和1个居委会的居民住宅、企业和农业设施档案。2010年，区档案局制定《津南区村级档案归档范围和保管期限表》。

二 档案培训、法制宣传

（一）档案培训

1991年，区档案局举办第一期档案专业理论培训班，45人参加（多为企业档案管理人员）。1993—2005年，举办档案业务、法律法规、《今易档案管理系统》使用及维护培训班13期572人次，津南区机关、企业档案管理水平进一步提升。2006年、2007年，连续两年对全区60多家物业企业100多人次进行物业档案培训。2008年，对贯彻国家8号令进行培训。2010年，采取多种方式举办村级档案管理人员培训，全区8个镇147个行政村150余名档案干部参加。

（二）法制宣传

1992年始，在全区进行档案工作基础知识竞赛，开展《前进中的津南档案事业》巡展。1992—2010年，每逢《档案法》颁布宣传日、“9·5”档案开放日、“12·4”法制宣传日，以展牌、发放宣传材料等形式进行宣传。同时，在津南电台、电视台、《津南报》进行档案法制宣传。1996年，举办“长青杯”档案工作知识有奖百题竞赛。1998年，开展“国际档案周”宣传活动，发放宣传材料5000份，举办“中宝杯”档案知识竞赛。2007年，在全区各镇开展纪念档案法颁布20周年宣传活动，制作展牌30块，发放传单2000张，制作专题片一部。并将活动情况在津沽休闲园媒体广场反复播放一周，津南电视台播放专题新闻。2008年9月，举办纪念改革开放30年成果展和家庭档案文化展，制作展牌73块，展示内容包括全区经济、城镇建设、社会各项事业、党建与法制和建国初期5个专题，及17个普通家庭的档案。

图28-17　2008年，“12·4”法制宣传日档案法宣传

三 立卷改革

2001年，津南区进行第一次机关文书档案立卷改革，由原来订卷改为订件。2006年，机关文书档案保管期进行改革，由原来永久、长期、短期改为永久、定期，定期分为30年、10年。2009年，改革村级文书档案保管期限，由原来永久、长期、短期，改为永久、定期。

第四节　志鉴编修

一 志书编修

1991年1月，成立南郊区第一届地方志编修委员会，下设办公室，负责全区修志工作。1991年5月，召开全区第一次地方志工作会议，确定“自下而上，层层修志，众手成书的”的二级修志方案，全区确定63个修志单位。1992年4月和1993年4月，分别召开全区第二次、第三次

图28-18　2009年8月26日，津南区地方志第二轮编修工作动员会

地方志工作会议。1994年8月，完成63部分志的撰写，印刷出版16部。1995年8月，召开《津南区志》编修工作会议。1998年2月，召开《津南区志》蓝本评审会。1999年12月，《津南区志》出版发行。2000年，首轮工作结束，部分工作人员调离。2001年，区地方志办公室整建制并入区档案局管理。

2009年3月，津南区启动筹备第二轮编修《津南区志（1979—2010）》工作。组建第二轮修志编修委员会，制定第二轮编修《津南区志（1979—2010）》实施方案。8月26日，召开第二轮编修《津南区志（1979—2010）》动员大会。全区100多个修志单位，200多人参加会议。制定《津南区志（1979—2010）》编目（征求意见稿）。制定《津南区志资料汇编》，采取多种形式对全区专兼职编修人员进行业务培训与指导。2010年3月、8月、11月，召开全区第二轮修志工作3次推动会。同时启动部门志、镇、村史志编修工作。

津南区在首轮修志和二轮修志工作中，支持和鼓励各单位部门志和专业志书的编写工作，并给以帮助指导。至2010年，全区印刷出版部门志、专业志44部，区志办收集各类地情资料168部。《区人大志》《区政协志》《区物价局志》等部门志在编写中，咸水沽镇、双港镇全部启动村史志编修工作。其中，双港镇16个行政村已有9个村完成村史志编撰。

二　年鉴编修

2000年始，津南区年鉴工作只是为《天津区县年鉴》编写“津南区条目”内容。2010年11月，启动首部《天津市 津南年鉴》编修工作。成立津南年鉴编修委员会，下设办公室。制定《天津市 津南年鉴》工作实施方案。2011年10月，首部《天津市 津南年鉴》（2011）正式出版。

图28-19　2010年11月26日，《津南年鉴》工作启动会议

三　方志数字化、网络化

2009年9月，区地方志办公室联合区信息中心，依托津南区政务网平台，实现首部《津南区志》上网工作。截至2010年，点击量超过万余次。志书存史、资政、教化作用得以广泛发挥，尤其在第二轮修志工作中借鉴参考作用更为突出。

2010年1月1日，区地方志办公室创办《津南方志》期刊，以“方志动态、方志知识、史料鉴赏、风雅逸闻、小站练兵”等栏目形式推出，每月两期。至年底，已出版26期4万余字，图片40余张。副区长刘恒志先后3次在期刊上对文物保护和修志工作做出批示。是年6月，在津南政务网增开“津南方志”栏目。

津南区志

（1979–2010）

第二十九编

卫　生

中共十一届三中全会后，区卫生事业得到快速发展，极大改善群众就医环境，提高了全区整体医疗技术水平。新型农村合作医疗施惠于民。妇幼保健工作不断发展，2001—2010年间，区妇幼保健院保持了10年“全国巾帼文明示范岗”光荣称号。卫生专业人才引进，高职称队伍的发展，提高了全区医疗水平，增强应对突发事件的能力，在抗击传染性非典型性肺炎（SARS）、控制“禽流感”、预防甲型流感及各类传染病防治上发挥重要作用，取得显著成绩。

2007年，津南区庆祝国际护士节

第一章 机 构

中共十一届三中全会后，区投入资金改善全区医疗条件。至2010年，区内医疗机构齐全，医疗设备先进，高等医学院毕业本科生、研究生不断充实到医务人员队伍，使津南区整体医疗技术水平不断提高。2010年，区卫生局下辖16个卫生事业单位、16个社区卫生服务站和83个社会办医机构。

第一节 管理机构

一 津南区卫生局

1992年，南郊区卫生局更名为津南区卫生局。2010年，津南区卫生局地址在津南区翟家甸村旁，下辖16个卫生事业单位、16个社区卫生服务站和83个社会办医机构。

二 天津市食品药品监督管理局津南分局

2001年，天津市药品监督管理局津南分局成立。2004年11月，更名为天津市食品药品监督管理局津南分局(以下简称分局)，行使对津南区药品监督管理职能，并负责全区食品、保健品、化妆品安全管理的综合监督、组织协调和依法组织开展对重大事故查处职能。分局位于咸水沽镇津歧路51号。

附：

津南区医学会

2002年8月成立，医学会挂靠津南卫生学校。开展学术交流和讲座，组织会员单位相关人员赴外地进行考察学习。开展由咸水沽医院为牵头单位的学科组活动，受理接待医疗事故投诉等。依照中华医学会章程规定，2009年6月，进行换届，选举产生第二届理事会。

第二节 区级医疗机构

一 天津市咸水沽医院

位于咸水沽镇津沽路120号。1996年1月，被评为二级甲等综合性医院。医院设有：急诊、内科、外科、儿科、妇产科、骨科、脑系科、麻醉科、中医科、眼科、耳鼻喉科、口腔科、皮肤科、感染疾病科等15个临床科室，以及药剂科、检验科、放射科、功能检查科、病理科、超声科等9个医技科室和办公室、财务等行政职能科室16个。现有门诊楼、住院楼、急救中心及各项配套设施，建筑面积23524平方米，固定资产1.17亿元。核定床位数350张。是全区唯一一所二级甲等综合性医院。

图29-1 2009年，咸水沽医院门诊楼

2003年4月，津南区突发“非典”疫情，咸水沽医院成立防治“非典”领导小组，制定应急处理预

案，成立发热门诊和隔离观察室，召开抗击SARS动员会，458名医务人员参战。“非典”期间，收治3名确诊病人，2名疑似病人，取得良好疗效。

2010年，有正式职工508人，其中卫生技术人员444人。拥有高级职称人员36名，中级职称人员136名。具有研究生学历2人，本科学历176人，专科学历184人。是年，门诊量38.59万人次，业务收入1.41亿元。

二　小站医院

位于小站镇津歧公路50号。2006年新建。新建成的小站医院是一所集医疗、预防、保健、康复为一体的二级综合性医院。有全身CT机及CR影像处理系统、彩色多普勒全身超声诊断仪、大型遥控胃肠机、血液透析仪等先进医疗设施，能开展多项综合性医疗服务。内设病床150张，临床和技术科室15个，行政管理科室9个。

2010年，编制内职工128人，其中卫生专业技术人员105人，具有高级职称4人，中级职称33人。2010年，门诊量10.21万人次，业务收入2700万元。

图29-2　2006年，新建的小站医院

三　疾病预防控制中心

位于津南区二八公路翟家甸旁。原名为卫生防疫站，1985年1月，卫生防疫站改名为防病站。1988年，结核病防治所与防病站合署办公。1994年10月，结核病防治所与防病站脱离，恢复单独建制。2009年4月，更名为津南区疾病预防控制中心。2010年，该中心有职工62人。其中，副高级职称5人，中级职称10人；研究生2人、大学本科30人、大专18人，中专及以下12人。实验室通过国家实验室认可，检验报告在全球120多个国家和地区互认。具备国家生物安全二级实验室，天津市卫生局验收达标的HIV（艾滋病病毒）检测初筛实验室。

四　妇幼保健院

位于咸水沽镇红旗路。前身是由妇幼卫生科单独建制的区妇幼保健站。1981年4月，妇幼保健站改为津南区妇幼保健所。2001年12月，更名为津南区妇幼保健院。是一所集预防、保健、医疗、健康教育、培训和技术指导六位一体的医疗保健机构。设有妇女保健科等15个临床保健科室。2005年，为提高诊断水平引进血流变分析仪、全自动生化分析仪、美国GR彩超、阴道镜、多普勒胎心仪等设备。

图29-3　2010年，津南区妇幼保健院

2010年，妇幼保健院在职职工75人，其中高级职称6人，中级职称27人。2001—2010年间，保持了10年“全国巾帼文明示范岗”光荣称号。2010年，被授予“全国三八红旗集体”称号。

五　中医医院

1983年2月，区卫生局组建中医门诊部。10月26日，正式开诊，与咸水沽卫生院合署经营。1987

年5月，中医门诊部迁至咸水沽镇建国大街180号单独组建，是年9月5日正式开诊。2001年11月1日，迁入新址（原咸水沽镇政府改建）并开诊。2008年因医院改建，3月份从原址搬出，分成4个医疗点（图书馆医疗点、永安里医疗点、团结路医疗点、南华医疗点），开展门诊工作。2010年，中医医院租赁天津市社保中心津南分中心办公楼应诊，有B超、血流变检查仪、脉冲治疗仪、推舒运经仪和骨质增生治疗仪等医疗设备，突出中医优势和特色，取得良好的社会效益和经济效益。

2010年，中医医院有人员71人。其中，研究生2人，本科33人，专科及以下36人。人员中具有高级职称5人，中级职称20人，初级及其他46人。门诊量98133人次，业务收入1375.6万元。

六 结核病防治所

1981年1月，区结核病防治所正式开诊。1988年，与卫生防病站合署办公。1995年，独立成所。2005年10月，迁至北闸口镇翟家甸村旁卫生局院内，增添半自动生化仪、血球计数仪、痰标本培养仪、X光小片车、督导车并安装计算机网络系统，专业技术水平得到提高。2007年8月，区结核病防治所并入区卫生防病站（现疾病预防控制中心）成为结核病防治科，并入后独立核算，仍行使结核病防治所职能。2005—2010年，诊治患者7543人，确诊肺结核病人602人，规律治疗率95%，治愈率85%以上。2010年，全所有17名卫生技术人员，其中本科学历3人。

七 卫生监督所

位于天津市津南区二八公路翟家甸村旁。2006年11月10日，从区卫生防病站分离出来，专门从事卫生执法监督的独立机构。2009年6月1日，《中华人民共和国食品安全法》正式实施。10月1日，天津市政府正式下文，餐饮服务环节的食品安全监管的具体工作继续由各地卫生监督所承担。

2010年，内设：卫生许可发证科、法规稽查科、医政监督科、公共卫生监督科等9个科室。有人员35人，其中研究生1人，本科学历14人，专科及以下20人。

第三节 镇卫生院

一 咸水沽镇卫生院

1979年，咸水沽镇卫生院重建，位于咸水沽镇津沽路98号。2001年，咸水沽镇卫生院更名为咸水沽镇第一卫生院，南洋卫生院更名为咸水沽镇第二卫生院。2003年11月，两院合并为咸水沽镇卫生院。设内科、外科、妇科、儿科、中医科、眼科、口腔科、耳鼻喉科、皮肤科、公共卫生科、医学检验科、医学影像科、计划生育服务等科室。2010年，全院职工106人，其中卫生技术人员91人。门诊量17.33万人次，业务收入2927.87万元。

图29-4 2008年，咸水沽镇卫生院

二 小站镇卫生院

2003年11月，小站镇第一卫生院与小站镇第二卫生院合并，称为小站镇卫生院，合并后主院设在第一卫生院。2009年8月，卫生院重建，地址在小站镇。医院建筑面积4500平方米，设有：中医、内科、西医内科、儿科、外科、口腔科、眼科、妇科、预防保健科、放射科、针灸理疗科、社区卫生科等。2010年，卫生院在职人员57人，其中卫生技术人员43人。门诊量13.81万人次，业务收入1655.24万元。

三　葛沽镇卫生院

位于葛沽镇东侧，津沽路南，地处镇中心。1989年1月，葛沽第一卫生院和第二卫生院合并，改称葛沽镇卫生院。2007年10月，新建占地面积5000平方米，医疗用房3650平方米。设内科、外科、中医科、理疗科、妇科、儿科、预防保健科、社区卫生服务站、放射科、检验科、彩超室、手术室等科室。病房设床位39张，主要特色医疗以中医和理疗为主。2010年，在职职工63人，其中专业技术人员50人。门诊量95978人次，业务收入1316.94万元。

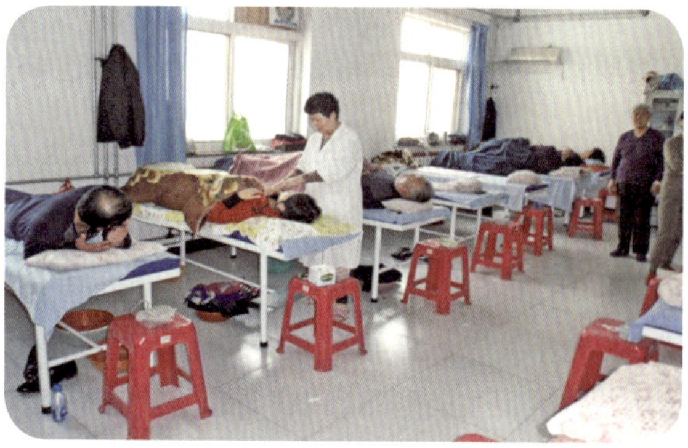

图29-5　2010年，葛沽镇卫生院针灸理疗科

四　双桥河镇卫生院

新址位于双桥河镇津沽路南侧加油站旁。卫生院始建于1962年10月。1997年12月9日，更名为双桥河镇卫生院。2007年，市、区、镇三级投资550万元新建，建筑面积2200平方米。设防保组、中医科、内科、外科、妇科、儿科、皮肤科、针灸科、放射科、理疗室、计划生育手术室、社区卫生等科室。2010年，全院职工25人，其中卫生技术人员25人。门诊量32304人次，业务收入463.07万元。

图29-6　2007年，双桥河镇卫生院

五　双港镇卫生院

位于双港镇梨双路2号，新建门诊楼2400平方米。始建于1971年。2001年3月，双港镇卫生院社区服务中心开诊。2005年，新建该院。设内科、外科、妇科、中医科、皮肤科、耳鼻喉科、妇保科、儿保科、防保科、公卫科、康复理疗科、化验室、B超室及护理部等科室。2010年，医务人员36人，其中卫生技术人员36人。门诊量72066人次，业务收入1062.83万元。

六　辛庄镇卫生院

位于辛庄镇中辛庄。前身为1952年成立的白塘口中西医联合诊所，名称几经变更。2000年11月，称辛庄镇卫生院。2003年4月，辛庄镇柴辛庄村出现两例“非典”病人，卫生院及时上报并做好相关医护、预防工作。2004年2月8日，辛庄镇柴家圈村发生天津市首例H5N1禽流感，卫生院负责日常消毒工作，经过全区应急处理，2月17日，对密切接触者解除医学观察。2008年，迁入改造后的卫生院新址，占地面积2400平方米。设内科、外科、中西医结合科、儿科、妇科、放射科、口腔科、理疗科、彩超室等科室。2010年，全院职工28人，其中卫生技术人员28人。门诊量24243人次，业务收入为446.35万元。

七 八里台镇卫生院

新址位于八里台镇建设路西。始建于1965年。1996年，卫生院更名为八里台镇卫生院。2001年10月，八里台镇与双闸镇合并为八里台镇。2002年4月，卫生院改称为八里台镇第一卫生院，原双闸镇卫生院改称八里台镇第二卫生院。2003年11月，八里台镇第一卫生院与第二卫生院合并，称为八里台镇卫生院。原八里台镇第二卫生院改为双闸社区卫生服务站，隶属于八里台镇卫生院。2006年9月，八里台镇卫生院在八里台镇建设路西新址开诊。设有：内科、外科、儿科、妇科、中医科、皮肤科、B超室、彩超室、放射室、心电图室、社区公共卫生服务科、防保科等科室。2010年，工作人员36人，卫生技术人员33人。卫生院门诊量53974人次，业务收入743.71万元。

八 北闸口镇卫生院

位于北闸口镇普惠道9号。始建于1962年。三次易址新建，2009年9月，建成现址。占地面积3453平方米。设内科、中医科、口腔科、妇科、检查科、社区卫生科、药剂科、护理部等科室。2010年，在职职工35人，专业技术人员34人。门诊量65107人次，业务收入733.72万元。

图29-7 2009年，北闸口镇卫生院

附：

长青卫生院

长青卫生院，地处河西区平江道文明北里，建筑面积250平方米。建于1990年10月，当时从双港卫生院职工中抽调部分人员，在长青办事处成立双港镇卫生院长青分院，是年10月12日开诊。1992年6月，成为独立核算单位，此后双港镇卫生院长青分院更名为长青卫生院。因坐落于河西区界内，主要开展医疗工作，预防保健工作由河西区卫生局分管。1997年12月，经津南区政府、区卫生局与长青办事处领导同意正式明确长青卫生院隶属长青办事处管辖。业务工作由津南区卫生局负责。卫生院占用房屋产权隶属长青办事处西楼分公司所有。2006年10月，长青卫生院撤销，并入双港镇卫生院，人员在卫生系统内部分流。

第四节 其他医疗机构

一 村卫生所

1985年，区卫生局成立乡村医生协会，加强乡村医生管理。至1992年，创建农村甲级卫生所98个。1994年，甲级卫生所159个。1996年以后，原以集体经济为依托的村卫生所，逐步被推向市场，村卫生所实行集体或个人承包，采取独立核算、自负盈亏管理。

1996年，国务院颁布《医疗机构管理条例》，按照条例的要求，经市局考核共淘汰100名不合格乡村医生。1998年，全区165个村卫生所进行医疗机构执业注册。至此，村卫生所由过去靠行政管理逐步纳入法制管理的轨道。

2002年，津南区制定《村卫生所验收标准》。2003年，制定《津南区村卫生所管理暂行办法》。在原有村卫生所基础上，在部分村管辖范围内设立分所，全区设立49个分所，作为对原村卫生所的补充并承担农村公共卫生服务。2008年，对80平方米以上的村卫生所实施一体化管理，经市卫生局和市财政局考核后，全区有30个村卫生所考核合格，1名乡医被评为全国优秀乡村医生。

二　社区卫生服务站

1998年，双港镇卫生院开展社区卫生服务试点。1999年，召开全系统现场推动会，各镇卫生院先后开展此项工作。2001年，制定《津南区社区卫生服务规划方案》。2010年底，全区共有社区卫生服务站23家。

三　社会办医

1978年，中共第十一届三中全会以后，允许个体行医。1997年，对55名个体行医人员进行资质评审并依据《医疗机构管理条例》进行整顿。至年底，全区44名个体行医人员领取《医疗机构执业许可证》，过渡到个体诊所，其余11名被淘汰。

1998年6月26日，《中华人民共和国执业医师法》颁布，标志着对医务人员行医的管理步入法制轨道。1999—2001年，全区323名个体医生进行医师资格考试报名，合格168人。2010年，津南区有民营医院8个，从业人员259人；民营门诊部8个，从业人员92人；企事业单位保健站20个，从业人员33人；个体诊所47个，从业人员92人。

第二章　卫生体制改革

1981年以后，津南区公费医疗制度实行改革，建立保障职工基本医疗需求的社会医疗保险制度。农村合作医疗改革，使广大农民享受到改革带来的红利。2005年，区全面实行新型农村合作医疗制度。卫生系统人事工资制度改革，实现“一人一岗一薪”制。献血机制改革，由改革开放初期的下达计划指标献血变为实行无偿献血。

第一节　公费医疗制度改革

1974年成立南郊区卫生局时，公费医疗由卫生局管理。由于管理制度不健全，公费医疗经费年年超支。1981年8月1日，区试行“归口管理、定额包干、结余留用、适当奖励、超支不补”的管理办法。将公费医疗经费按实有享受人数包干到单位，包干标准暂定为每人每年36元。单位可在定额包干内按每人每年24元包干到个人，平日看病由个人交付现金，年终一次结算医药费在24元以内者结余部分归个人，超过部分由单位报销。对高干、离退休人员、二等乙级以上革命伤残军人、因病半年以上长休人员，因患重病或疗养的医药费用一次超过50元以上部分给予实报实销。

1990年，区下发《关于加强公费医疗管理的规定》，废除公费医疗费用由财政大包干的管理办法，实行对单位定额包干与部分人员分档次分担部分费用的办法，超支不补，结余留用。

1998年12月14日，国务院提出全国进行城镇职工医疗保障制度改革。提出建立保障职工基本医疗需求的社会医疗保险制度。为向医疗保险过度，2001年底，区财政拨款1021余万元，解决100多个享受公费医疗单位历年拖欠职工的医药费。

2000年，津南区制定《天津市津南区离休干部医疗保障办法（试行）》，提出由公费医疗管理部门每年年初一次性发给离休干部医疗周转金4500元／人，超支由单位汇总扣除周转金部分在每年年底报销一次，没用完周转金的离休干部，结余归己。2004年后，离休干部医疗周转金调整为6000元。

2001年12月，根据津南区编委《天津市津南区卫生局职能配置、内设机构和人员编制方案》的通知，将基本医疗保险管理职能移交区劳动和社会保障局。至2010年，津南区离休干部医药费仍由卫生局管理。

1991—2001年津南区公费医疗经费执行统计表

表29-1

年份	财政拨款数（万元）	实际支出数（万元）
1991	380	363
1992	350	367
1993	450	435
1994	440	455
1995	530	521
1996	600	609
1997	700	700
1998	700	671
1999	688	700
2000	674	674
2001	811	811

第二节　农村合作医疗改革

中共十一届三中全会以后，农村办医形式出现村办、集体承包和个人承包等形式。1990年，农村合作医疗进一步发展，当时称为集资医疗。1991年始，开展初级卫生保健达标活动。1994年，境内实现以镇为单位的初级卫生保健达标。是年，津南区在全市初级卫生保健会议上获预防保健先进单位。1998年，区政府下发《津南区合作医疗保障制度的实施意见》，津南区采取两种合作医疗方式，一种是区、镇、村、村民共同集资对因病住院的病人分担一定比例的医疗费用；另一种是区、镇、村集资对因病致贫户年底一次给予一定的补偿。这些方式的推行在一定程度上解决了部分农民因病致贫问题。至2000年底，合作医疗村覆盖率达60%。2002年，津南区被评为全国农村初级卫生保健工作（1990—2000年）先进区县。

2004年，津南区新型农村合作医疗（以大病统筹为主）在双港镇、辛庄镇、葛沽镇开展试点，涉及30余个村，参合农民5万余人。2005年，在津南区全面铺开，实行区统筹、镇实施，采取统一管理，逐级负责的管理方式。即实行农民个人缴纳、集体扶持和政府资助相结合的筹资机制，筹资总额为每人每年55元。其中，各级财政每人每年给予25元的补助，农民每人每年缴纳30元。对农村五保户和低保户实施农村医疗救助。报销采取设起付线、分段报销、报销费用封顶的办法，即一次住院费用达到1000元以上开始报销，住院费用达到30000元以上的部分不予报销，报销比例为30%~50%（30%、35%、40%、45%、50%五个比例段），获得的报销金额最高不超过12200元。报销范围为参加合作医疗的农民在定点医疗机构住院诊治所产生的符合规定可报销的有效医药费用。2005年4月，全区缴费结束，5月20日生效，6月20日开始报销。全区165个行政村和1个居委会全部参加新型农村合作医疗，参合216473人，参合村覆盖率100%，人口参合率79.98%。

2005年5月16日，印发《关于将家庭病床医疗费纳入新型农村合作医疗报销范围的通知》，将脑血管意外后遗症；肝硬化（失代偿期）；恶性肿瘤的放疗、化疗；尿毒症病人的透析治疗；再生障碍性贫血；肾移植术后抗排异治疗等6种疾病纳入家庭病床报销范围。家庭病床病人的缴费额度为每人每年300元。报销采取设起付线，分段报销。

2006年，筹资标准为每人每年100元。其中，各级财政每人每年给予50元资助，农民每人每年缴纳50元。报销采取设起付线、报销费用封顶的方法，报销比例均为40%。封顶线为45000元，获得报销金额累加不能超过17920元（含家庭病床）。对连续参合满3年没有享受到补偿参合农民，在原报销标准基础上上浮3%；以后逐年递增1%，最高不超过10%。

2007年1月，在全区范围内全面启动门诊统筹，在全市各区县为首例。2007年10月16日，经区政府研究，新型农村合作医疗办公室与中国人民健康保险公司天津分公司签订《天津市津南区新型农村合作医疗保险协议》，协议约定新型农村合作医疗结报工作于2007年11月由中国人民健康保险公司托管，负责参合农民的报销工作。至2008年，全区新型农村合作医疗村参合率100%，农民参合率97.66%，筹资标准为150元。其中，各级财政投入由每人每年70元提高到每人每年100元，农民每人每年仍缴纳50元，门诊特殊病的病人参合费为300元。补偿政策由17920元提高到20000元。在一个运转周期内获得的报销金额累加不能超过20000元。提高门诊报销比例，由40%提高到50%。对符合计划生育政策住院分娩第一胎的产妇，由原来补偿400元提高到500元（若当年享受住院补偿，其获得的报销金额累加不能超过20000元）。2008年8月，经区审计局审计后，农村新型合作医疗移交区劳动和社会保障局。

第三节　人事工资制度改革

1979年，南郊区卫生系统工资制度延续以前的级别工资规定。1993年，津南区卫生系统实行工资改革，机关工资由级别工资、职务工资、基础工资、工龄工资、未纳入奖金、未纳入补贴等六个部分组成，事业单位由职务工资、津贴、未纳入奖金、未纳入补贴等4部分组成。

1994年，区内机关、事业单位每两年调整一次工作人员工资标准。以后，各单位工资调整按区统一部署进行，具体工作由卫生局人事科负责。

2000年1月10日，区卫生局制定《津南区卫生局系统推行聘用合同制实施方案》，指导各单位实行专业技术职务资格评定和实际工作职务聘任分离，改革卫生事业单位劳动用工制度，由国家用工制度改为单位用工。在“定编、定岗、定责”的基础上，实行单位聘用合同制和岗位聘任合同制。本着“公开、公平、竞争、择优”的原则，用人单位与具有干部身份的职工（包括聘用制干部）签订聘用合同书，与具有工人身份的职工签订劳动合同书。对未能聘任上岗的原固定制职工则实行下岗待聘管理。津南区妇幼保健所、中医门诊部等10个试点单位法定代表人与职工签订了聘用合同。至2002年，除卫生学校以外，卫生局属18个单位都实行了人事制度改革，部分单位进行分配制度改革探索。2003年，津南区各卫生事业单位在人事制度改革中，落聘转岗、内退离岗、辞职辞退人员60人。

2004年7月，区卫生局制定《津南区卫生局系统实行人员聘用制工作实施方案》，深化卫生事业单位人员聘用制改革。将原《单位聘用合同》和《岗位聘任合同》换签为市人事局统一印制的《天津市事业单位聘用合同书》，建立与聘用制相适应的各项管理制度。是年底，区卫生局所属16个卫生事业单位实行人员聘用制。2008年，区卫生系统推行岗位设置管理工作，实现卫生事业单位人事管理由身份管理向岗位管理转变，实行岗位总量控制、结构比例控制和最高等级控制，进一步完善卫生事业单位人员聘用制度，推进收入分配制度实施，最终实现“一人一岗一薪”制。

至2010年底，卫生系统的15个（结核病防治所于2007年并入卫生防病站）卫生事业单位，职工1310人中，推行人员聘用制的单位为14个，签订聘用合同书1274人。区卫生局系统公共卫生与基层医疗卫生事业单位，已实施绩效工资制度。

第四节 献血机制改革

一 管理机构

1982年5月19日，成立南郊区公民义务献血委员会。1984年4月，献血办公室与区红十字会合署办公。1999年6月，成立津南区人民政府献血办公室。2005年9月，区红十字会单独设置，献血办属区政府办公室领导。

二 机制改革

津南区献血工作经历了下达计划指标—计划指标和非计划指标献血并存—完全取消计划指标、实行无偿献血的发展过程。

1998年，津南区实施《中华人民共和国献血法》，9月29日，区献血办组织开展无偿献血暨宣传、贯彻献血法活动。27个单位92名员工参加无偿献血活动，共采血浆19800毫升。

图29-8 2007年，津南区公务员无偿献血活动

2001年，献血模式开始由单一的下达计划转为计划与非计划模式并存。9月，津南区首次在街头开展无偿献血活动。9月22日至10月27日，区献血办在月坛商厦前组织4次街头献血活动，62人自愿无偿献血，献血量12400毫升。2005年2月，全市临床用血告急，津南区于2月18日、24日、28日、3月16日四次紧急启动国家工作人员流动血库，完成献血任务497人次，超额完成47人次。

2007年，天津市取消计划献血指标，不再下达硬性献血指标，临床用血来自公民自愿无偿献血，并在各区招募志愿者，建立流动血库以备应急时启动。2010年1月，根据市政府文件精神，首次组织全区新录用机关、事业单位工作人员无偿献血活动，94人参加献血，献血量18800毫升。

1982—2010年6月，津南区献血54479人次，献血量1089.56万毫升。

第五节 公共卫生服务

2008年，天津市人民政府在全市农村地区实施公共卫生服务项目。津南区将此项工作列为2008年20件好事之一。成立津南区公共卫生服务项目领导小组，下设工作督查组、专家组、质控组和宣传组。制定全区公共卫生服务工作计划，各镇根据辖区内实际制定相应计划。2009年，津南区制定《2009年公共卫生服务乡村医生补助办法》，办法中除补助标准外，还规定乡村医生考核办法，做到奖惩结合。同时建立公共卫生服务工作例会制度。

2010年，增加老年人健康管理，删减重点慢性病（高血压和糖尿病）筛查。同时将建档工作重点由老年人扩展为常住居民（主要包括0~36个月儿童、孕产妇、老年人、慢性病患者、重性精神疾病患者及低五保人员）。是年底，全区已建健康档案165204份，建档率31.88%；常住老年人建档数45911份，老年人建档率94.27%；老年健康管理40499人，健康管理率88.21%。是年，新筛查老年人3802人，新发高血压2403人，患病率63.2%，新发糖尿病539人，患病率14.18%。全区高血压管理20362人（其中老年人19807人，患病率48.91%），糖尿病管理4218人（其中老年人4029人，患病率9.95%），脑卒中管理724人，精神病管理651人，肢残康复管理2048人。全年进行高血压随访70054人次，糖尿病随访14599人次，脑卒中随访2799人次，精神病随访2245人次，残疾人随访6880人次，规范管理率均达80%以上。

第三章 医疗队伍

1981—1997年，接收医、药、护、技大中专毕业生516人。1998年后，区内采取毕业生与用人单位通过人才市场双向选择的方式。至2010年，由区卫生局、区人事局、区纪检委组成联合招聘小组，到全国各地医学院校招收应届毕业生充实各单位。2001—2010年，区属卫生事业单位共招录专业技术人员239人，其中硕士研究生11人，本科生185人，至2010年，区属卫生事业单位有职工920人，728名卫生专业技术人员中，具有高级职称46人。

第一节 区属医疗队伍

一 机构和编制

1983年10月，南郊区中医门诊部在咸水沽卫生院开诊。2001年12月，津南区中医医院成立。2002年3月，津南区药品检验所整建制划转天津市食品药品监理津南分局。2003年10月，根据市区文件指示精神，将区县卫生事业单位人事调配权交区县管理，核定津南区区属卫生事业单位7个，编制949人，包括：咸水沽医院522人，小站医院130人，妇幼保健院78人，卫生防病站87人，卫生学校39人，中医医院75人，结核病防治所18人。

2005年3月，建立津南区新型农村合作医疗管理办公室，核定事业编制5人，所需编制由区卫生学校调整划入。2006年7月，组建天津市津南区卫生监督所，核定事业编制56人，参照国家公务员制度进行管理。2007年8月，区结核病防治所并入区卫生防病站成为结核病防治科，原核定的18名事业编制划归卫生防病站，卫生防病站事业编制由63人增至81人。2007年9月，咸水沽医院增加事业编制20人，其事业编制由原522人增至542人。

2008年7月，区新型农村合作医疗管理办公室整建制划归区劳动和社会保障局管理，职能随转。2009年4月，区卫生防病站更名为区疾病预防控制中心。

2010年，津南区区属卫生事业单位7个，编制983人，包括：咸水沽医院，人员编制542人；小站医院，人员编制130人；妇幼保健院，人员编制78人；疾病预防控制中心，人员编制81人；卫生学校，人员编制21人；中医医院，人员编制75人；卫生监督所，人员编制56人。

二 人员状况

1979年，区属医疗机构所需技术人员由国家计划分配。1981—1990年，接收医、药、护、技各专业大中专毕业生217人，其中本科学历31人。1991—1997年，接收医、药、护、技各专业大中专毕业生299人，其中本科学历25人。安置复员退伍军人4人。

1998年后，实行大中专毕业生并轨双向选择制度。1998—2000年，招录专业大中专毕业生55人。安置复员退伍军人6人。2001年后，每年根据编制和各单位需求情况编制用人计划，区组成联合招聘小组，到全国有关医学院校招收应届毕业生充实各单位。2001—2010年，区属卫生事业单位共招录专业技术人员239人，其中硕士研究生11人，本科生185人，专科生37人，中专生6人。医疗专业139人，药学专业6人，护理专业64人，医技专业16人，其他专业14人。

2010年12月，全区区属卫生事业单位有职工920人。其中，卫生专业技术人员728人中，具有高级职称46人，中级职称217人。

第二节 乡镇医疗队伍

一 机构及编制情况

1985年8月，根据南郊区卫生局《关于更改部分乡、镇卫生院名称的请示》，原咸水沽乡卫生院更名为咸水沽镇卫生院，原小站乡卫生院更名为小站镇第一卫生院，原小站镇卫生院更名为小站镇第二卫生院，原葛沽乡卫生院更名为葛沽镇第一卫生院，原葛沽镇卫生院更名为葛沽镇第二卫生院。

图29-9 2005年，双港镇卫生院

1992年7月，成立长青卫生院。2002年4月，咸水沽镇卫生院更名为咸水沽镇第一卫生院，南洋镇卫生院更名为咸水沽镇第二卫生院，八里台镇卫生院更名为八里台镇第一卫生院，双闸镇卫生院更名为八里台镇第二卫生院。2003年10月，核定津南区乡镇卫生院12个，编制449人。是年，咸水沽镇第一卫生院、第二卫生院合并为咸水沽镇卫生院，八里台镇第一卫生院、第二卫生院合并为八里台镇卫生院，小站镇第一卫生院、第二卫生院合并为小站镇卫生院。2006年10月，长青卫生院并入双港镇卫生院，其原核定的10名事业编制进行分流。

2010年，津南区镇卫生院8个，核定编制447人，包括：葛沽镇卫生院，编制73人；咸水沽镇卫生院，编制125人；八里台镇卫生院，编制43人；小站镇卫生院，编制64人；辛庄镇卫生院，编制32人；北闸口镇卫生院，编制35人；双桥河镇卫生院，编制29人；双港镇卫生院，编制46人。

二 人员状况

1979年，境内乡镇医疗技术人员依靠国家计划分配大中专毕业生。2001年，人事制度改革后，实行双向选择制度。2001—2010年，乡镇卫生院共招录专业技术人员122人。其中，研究生1人，本科生95人，专科生24人，中专生2人。医疗专业89人，药学专业12人，护理专业15人，医技专业6人。

2010年底，全区乡镇卫生院共有职工390人，其中卫生专业技术人员330人，具有高级职称4人，中级职称80人，初级职称228人，未聘18人，其他专业5人；行政管理23人，工勤32人。

第三节 医疗队伍管理

一 医疗技术职称评定

1979年，国家恢复卫生技术人员职称晋升后，区卫生系统专业技术职称工作在1987年和1988年职称改革的基础上，于1989年，根据《天津市卫生局专业技术人员业务考绩档案管理办法》，对卫生系统988名专业技术人员进行建档，并制定相关管理制度。1991年，按照自然减员数额加专业人员比例的数额，向市卫生局推荐中高级职称人员，由市评聘领导小组进行审批。1994年，规定职称评定工作在指标的使用上由原来的"空额补缺""空岗补缺"改为对专业技术职务实行结构比例宏观管理。1995年，津南区卫生局专业技术职务聘任实施在已有高、中、初级资格的专业技术人员中择优聘任。1996年，按市局规定，中级资格认定方式为：二级甲等医院的卫生技术人员申报卫生技术中级资格实行以考代评，实践能力考试的科目由原来的西医临床、护理专业扩大到各个专业。二级乙以下卫生机构卫生技术人员申报卫生技术中级资格仍采取考评结合方式。1996年以后，凡申报全科医学专业的人员都要参加卫生系列组织的全科基本理论知识考试。

1997年始，卫生技术中级资格认定由考评结合完全过渡到以考代评，同时加强日常、年度、聘期考核，并开始实行卫生技术系列专业理论考试。拟破格申报卫生技术副高级专业技术资格人员，均应报名参加卫生系列实践能力计算机辅助考试。

2000年，对相关人员办理执业医师进行认定。认定执业医师424人，执业助理医师156人。2001年后，卫生技术专业初、中级资格实行全国统一考试制度。至2010年，每年根据考试情况和各单位上报情况，由区卫生局职称评审组进行初审，然后上报市卫生局，由市卫生局进行评审。

二　人事档案管理

1979年，除医院领导人外，单位人事档案由各医院管理。1991—1998年，卫生系统人事档案工作由卫生局人事科进行管理。1999年，按照区干部档案管理办法，对卫生局人事档案进行重新整理，于2000年10月，对全局1625份人事档案整理完毕。2001年，依据《津南区干部档案管理部门档案工作三级达标的考核标准》，经过验收，被市委组织部授予“干部人事档案工作目标管理合格单位”。至2010年，卫生局人事档案室对全系统人员档案实行统一管理。

三　教育培训

改革开放后，区卫生局对所辖医疗单位和医护人员进行医德教育和医疗业务进修培训。在评定医护人员职务、职称时，规定医德为晋升考核的重要条件，并在各医疗单位开展十佳医护人员评比活动，组织所辖医疗单位医护人员参加继续医学教育，提高医疗技术水平。2002—2010年，区卫生系统继续教育培训7745人，达标7117人。

第四章　医疗技术及设备

1979年后，区内加大对卫生系统建设的投入，不断加快医院基本建设步伐，添置医疗设备，彻底改变津南区过去医疗条件简陋的状况。2010年，区内已经形成专业门类齐全、科室设置完善的综合性医疗体系。

第一节　中　医

1987年，境内第一个中医药机构——中医门诊部开诊。1990年，全区有专门的中医医疗机构1个，中医科室13个，中医药人员102人。其中，中医师（士）65人，中药调剂师（士）37人。2001年11月1日，津南区中医医院迁新址开诊。2004年，增开中医正骨按摩科、颈椎病专科、骨科治疗室、理疗室。2005年，医院引进国家级推广项目“石氏中风单元疗法”，增加中医妇科专家门诊。2007年，医院开展的中医正骨、按摩治疗颈椎病、中药熏蒸、针灸理疗等都取得良好效果。至2010年，各医疗单位从事中医中药人员93

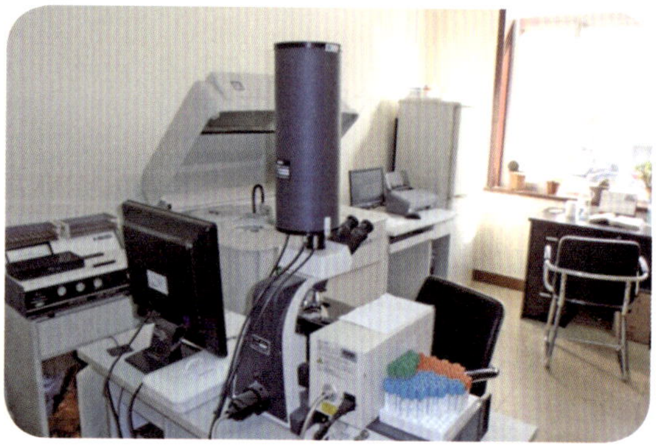

图29-10　2007年，中医医院使用的全自动生化仪

人，其中执业医师60人。

第二节　西　医

一　内科

图29-11　2010年，小站医院健康快车专家远程会诊

70年代末80年代初，咸水沽医院购入心电多项信息鉴别仪和心血管功能诊断仪，诊治患者。80年代中期，对冠状动脉供血不足、心肌病、冠心病及各种原因引起的心力衰竭的重症病人均能正确诊断和处理。80年代末，开展对心肌梗塞病人心电监护，使心肌梗塞病人猝死率明显下降。1996年5月，咸水沽医院引进美国彩色多普勒诊断仪，成立彩超室。7月，开展介入技术治疗肝癌。1999年8月，医院设立专家门诊，利用体外反搏技术治疗脑缺血、心肌梗塞、脑血栓等病人，改善循环功能，收到明显效果。2002年，咸水沽医院选用先进的血流变分析仪，通过对患者血脂、血黏度、血液等情况的分析，可对心肌梗塞、冠心病、脑血栓等疾病进行早期诊断和治疗。2003年，咸水沽医院、中医医院、小站医院及各卫生院等均开展药物预防"非典"工作，对防治"非典"起到一定预防作用。2004年3月，咸水沽医院核磁共振系统正式投入使用。10月，医院新购入的电子内窥镜投入使用，包括：胃镜、十二指肠镜、支气管镜等。新开设肿瘤介入门诊、泌尿男科门诊和心血管门诊。2009年，医院购置西门子彩色血管造影系统（大C）机器。投资918.4万元购置16台套大型医疗设备、71台一般设备及医院信息系统建设，完成发热门诊的建造工程。

境内各卫生院均设有内科，不仅能满足人们常见病、多发病的需要，且自2004年始，开展对全区农民群众免费查体工作，为病人早发现、早治疗提供帮助。2008年后，各卫生院开展十八项公共卫生服务，为广大群众进行免费健康检查并建档工作。

二　外科

80年代，区各卫生院均设有外科，为患者解除病痛。90年代，可开展肿瘤科和胸外科手术，像甲状腺癌根治术、食管癌切除、贲门癌切除及全胃切除术。2002年，利用一次性镇痛泵开展术后镇痛业务。可在腹腔镜下进行胆囊切除术，开创咸水沽医院微创外科新天地。购入B超型体外震波碎石机，成立碎石中心。2003年，完成科研成果"可改变对身体支撑位置的床垫"1项。开展腹腔镜胆囊加脾切除术，填补天津市此项专业的空白。

2005—2010年，津南区依据《天津市医疗机构手术分级管理规范》，明确各级医院及各级医生的手术范围，规范手术层级，进一步提高津南区外科手术水平，减轻患者的经济负担。

三　妇产科

80年代，区各卫生院相继开展妇科门诊和妇产科手术。至90年代，咸水沽医院妇科可做巨大卵巢囊肿切除术，治疗子宫内膜异位症。1992年，开展卵巢肿瘤剥除术及孕期子宫肌瘤剥除术和口服药物流产（米非司酮）。1993年，开展经腹宫颈剔除法全子宫切除术。1998年，开展微波治疗巴氏腺囊肿及功能性子宫出血、无水乙醇注射治疗阴道壁囊肿、子宫内膜异位症手术（引进了“李—张氏”术式）。引进进口可吸收缝合线用于腹部及阴道手术。

1999年10月，津南区妇幼保健院妇产科病房正式开诊。2003年，抗击“非典”期间，津南区妇幼保健院承担起全区孕产妇安全分娩工作。2005年，在全区开展妊娠糖尿病筛查工作。该院开展的妇产科阴道镜、KS光热治疗、微波治疗能快速高效地解决妇科患者炎症性疾病，无痛门诊手术也是妇产科一大特色服务。

2010年，妇幼保健院关闭妇产科病房。有产科的卫生院也相继关闭产科病房。

四　骨科

1979年，可做骨折牵引、闭合复位、切开复位、内固定手术。开展腰椎病灶结合清除、植骨手术。1985年，咸水沽医院成立骨科病房。1986年，开展人工股骨头置换术和膝关节镜手术，可做植皮术、肌腱移植术、骨肿瘤切除术、截肢术、四肢关节骨瘤手术。1988年，骨科开展先天性髋关节脱位、切开复位、骨盆截骨手术。其中，人工关节置换手术及关节镜检手术在天津郊县医院中居领先地位。至90年代，可做人工关节置换、脊髓型颈椎病前路减压、间盘摘除植骨、腰椎管狭窄神经通道松解、各种骨科肿瘤切除、骨与关节畸形矫正、血管及神经吻合、经皮腰椎间盘摘除术（PLD）等。

2000年后，骨科技术力量不断发展壮大，先后开展经皮穿刺椎间盘摘除、胸腰椎管狭窄椎板减压、颈椎后路“单开门”“双开门”减压、骶管冲击疗法治疗腰椎间盘突出和腰椎椎管狭窄、椎体骨折的椎弓根钉棒内固定等手术。2008年始，陆续开展针对老年患者骨质疏松性压缩骨折的球囊扩张椎体后凸成形、生物型全髋关节、全膝关节置换等手术。

咸水沽镇卫生院自1993年，先后引进两名骨科专家应诊，并采取按摩、理疗等方式治愈大量患者。小站医院和部分镇卫生院已设有骨科，其中骨伤推拿科擅长理疗、按摩、手法复位、牵引及各种颈肩腰腿痛的治疗等。

五　儿科

80年代，对肝豆状核变性、肾性佝偻病及血液病的治疗有较大发展。90年代，咸水沽医院儿科治疗疾患的范围更加广泛，能够治疗各种儿童常见病、多发病。1995年8月，与“卫生部妇幼卫生司中国出生缺陷检测中心”合作开展“中国出生监测工作”，开展新生儿取足血，进行新生儿出生缺陷疾病筛查。2000年，开展“婴儿抚触”，取得良好效果。实行母乳喂养计划。2001年，开展每日新生儿查房。2003年，开展指导母乳性黄疸儿退黄工作。2005年，开展小儿微量元素检测工作并指导低锌、高铅等治疗。2006年，重新开设儿科病房收治患儿。2010年，开展C反应蛋白和肺炎支原体检测，提高婴幼儿呼吸道疾病的诊断水平。

妇幼保健院设有儿童保健科，开展儿童先心病筛查、儿童白内障筛查、儿童髋关节筛查等。2000年，儿童保健门诊开展新项目——儿童骨龄测定。2001年，儿童保健科开设“春蕾育儿中心”。2005年，儿保科开展婴儿游泳服务项目，妇产科病房开展新生儿游泳、新生儿听力筛查等。

至2010年，全区有西医西药人员608人。其中，执业医师370人，助理执业医师42人，西药师（士）56人，检验技师（士）35人，影像师（士）15人，其他卫生技术人员90人，编制床位793张。至2010年，已形成专业门类齐全、科室设置完善的综合性医疗体系。

第三节　中西医结合

1986年，咸水沽医院开设中西医结合门诊，主要医师为原咸水沽医院内科主治医师刘振永。建立中西医结合病房，设置10张病床，配备医务人员。1990年，由于人员调整，撤掉中西医结合病房及所属人员，只保留中西医结合门诊。1992年6月，刘振永调入天津市中医药研究院附属医院。至2010年，津南区未再建立中西医结合科。

第四节 护 理

区卫生局医政科监管全区护理工作。医院由一名业务副院长主管护理部工作；医院护理部对护士实行分科管理。1979年，恢复卫生技术人员职称晋升后，国家规定增加护理职称系列。1984年起，境内医院实行责任制护理，设立“责任护士”，对病人从住院到出院全程有计划、有针对性护理。开展既有基础护理又有专科专病护理，既有躯体护理又有心理护理的新型护理制度。医院在护理技术上重点加强技术护理和专科护理技术操作常规检查，对护理人员进行基础护理的培训和考核。1994年，执行《中华人民共和国护士管理办法》和《天津市护士管理办法实施细则》，护理管理工作更加法制化、规范化。2000年后，护理技术不断提升，能掌握椎管给药、胸腔穿刺、心内注射、体外反搏、心电监护、胎儿监护、复苏抢救、急症抢救等技术操作。

1998年后，根据相关规定，津南区卫生系统停止招收中专护理专业毕业生。随着在职护理人员年龄增大，退休人员增加，随之出现护理人员短缺。2003年后，卫生局采取招收本科应届护理专业毕业生，社会招考本市应届大专护理专业毕业生及招考在现岗从事护理工作的临时工中专人员充实护理队伍。2007年，“5·12”国际护士节，津南区卫生系统对30年以上护龄人员进行表彰。2008年，全区护理人员进行大比武，与天津市医学高等专业学校联合进行护理技能比赛，取得良好成绩。2010年，区卫生系统注册护士297人。

第五节 基础建设与医疗设备

一 基础建设

1986年，区投资400万元兴建咸水沽医院。1990年后，随着国家经济的发展和人民对医疗卫生需求的提高，津南区加大对卫生系统建设的投入，不断添置医疗设备，加快医院基本建设步伐。1992—2001年，总投资1743.7万元，改、扩、重建10个卫生单位，建筑面积13805平方米，区卫生医疗基础设施得到改善。2001—2004年，咸水沽医院扩建门诊楼、急救中心，中医医院置换改造工程竣工并投入使用；投资新建的疾病预防控制中心竣工，新建妇幼保健院综合楼。2003—2010年，小站医院、小站镇卫生院、双港镇卫生院、辛庄镇卫生院、双桥河镇卫生院、葛沽镇卫生院、八里台镇卫生院、北闸口镇卫生院陆续重建竣工，改变过去医院简陋面貌。

2000—2010年津南区卫生系统基本建设统计表

表29-2

单位	建设项目	建设时间	建设面积（平方米）	占地面积（平方米）	建设投资（万元）
咸水沽医院	门诊楼、老年康复病房	2000—2004	13000.00	–	2950
应急中心	卫生局及防病站	2003.6—2003.11	8292.00	26640	1443
小站医院	新建	2006—2007	8000.00	14674	1600
妇幼保健院	综合楼	2003—2004	2853.30	–	415
中医医院	购置改造	2001	2400.00	3700	320

续表

单位	建设项目	建设时间	建设面积（平方米）	占地面积（平方米）	建设投资（万元）
八里台镇卫生院	新建	2004.8—2006.8	2574.00	4350	462
双港镇卫生院	新建	2004.7—2005.10	2344.00	3000	436
葛沽镇卫生院	新建	2006—2007	4050.00	4662	800
双桥河镇卫生院	新建	2006—2007	2300.00	6600	550
北闸口镇卫生院	新建	2008.6—2009.9	3525.00	3453	1200
小站镇卫生院	新建	2008—2010	4500.00	4000	900

二　医疗设备

改革开放后，区卫生医疗单位不断增置设备设施。1990年，咸水沽医院检验科主要仪器设备有：电光比色计、尿分析仪、微型血红蛋白仪、美国彩色多普勒诊断仪、火焰光度计、各型离心机、酶标仪、生化培养箱、恒温箱、血流变分析仪、全自动生化分析仪等；2002—2003年，购置妇产科腹腔镜、耳鼻喉科电阻抗、电测听、呼吸机、自动洗胃机、模式吸引器、开颅钻、多功能监护仪、简易呼吸器、监护仪、有创呼吸机、无创呼吸机、远端监护仪、床旁X光机、血气分析仪等医疗设备；2004年，投资640万元购置核磁共振系统；2005年，完成透析机的购置、安装，新购置的螺旋CT机正式投入使用。麻醉科配有先进的进口呼吸机、麻醉监护仪、喉镜等。有4间国内先进的层流净化手术间可同时开展手术。1986—2010年，咸水沽医院投入4000余万元购置仪器设备。

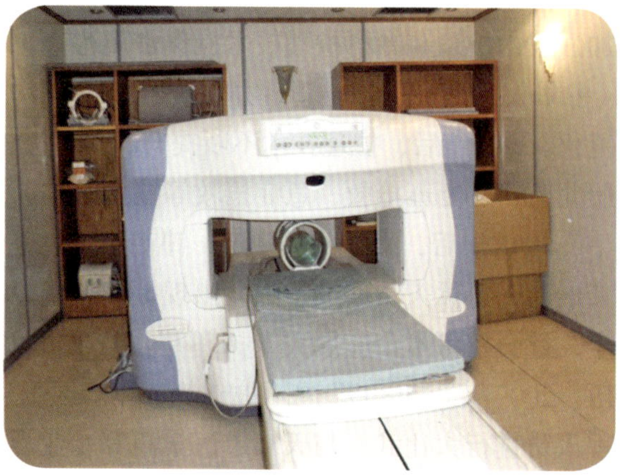

图29-12　2004年，咸水沽医院核磁共振设备

2000年后，中医医院、妇幼保健院及各卫生院，相继购入血球分析仪、血流变检测仪、全自动生化仪等，为临床诊断提供可靠的检验依据。2005年后，全区有7个卫生院的放射科添置了CR机，提高了X光片质量。妇幼保健院新引进血流变分析仪、全自动生化分析仪、美国GE彩超、阴道镜、光疗仪、多普勒胎心仪等。2006年，小站医院建新院后，拥有进口彩色多普勒全身超声诊断仪、B超机、心电分析仪、动态心动监护仪、动态血压监护仪、动脉硬化检测仪及电子胃镜、电子结肠镜等。检验科拥有全自动生化分析仪、血球仪、电解质仪、酶标仪、洗板机等。2008年，津南区执行《天津市医疗机构医用设备配置与使用管理暂行办法》，规范医用设备的配置、管理、使用要求及保养维修的具体规定，各医疗单位加强医用设备管理，充分发挥设备效能。

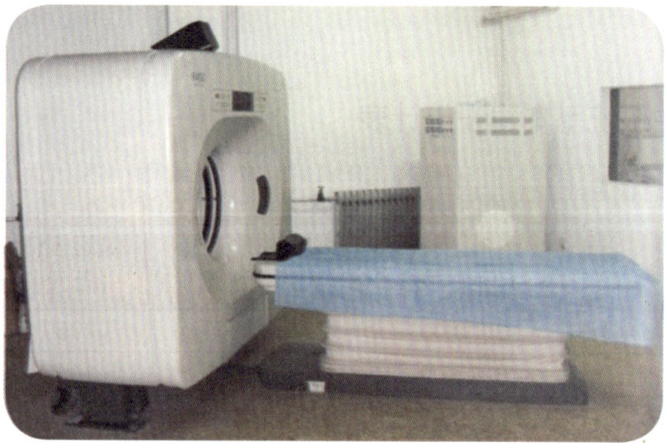

图29-13　2007年，小站医院大型医疗设备CT机

2010年，卫生局直属单位医疗设备（5万元以上）有：X光机5台，全景牙片机1台，脑电图机1台，紫外线分光光度计2台，胃镜3台，B超机5台，麻醉机3台，高频电刀3台，心电监护仪17台，手术显微镜1台，真空灭菌器2台，骨创治疗仪1台，高频电烧1台，半自动血凝仪1台，冲洗片1台，CR机3台，呼吸机6台，全自动生化

分析仪7台，腹腔镜2台，血球计数仪7台，血流变测试仪3台，中耳分析仪1台，彩色超声系统8台，自动中药煎机1台，妇科生殖道治疗仪1台，C 型臂2台，耳声发射器2台，核磁共振系统1台，切片机1台，手术床8张，螺旋 CT 机1台，综合治疗台1个，除颤监护仪1台，发光免疫分析仪1台，肺功能检测仪1台，DR 系统1套，网络胎儿监护1套，数字肠胃机2台，压力抗栓泵1台，全自动血液分析仪2台，口腔综合治疗台2个，床旁血滤机1个，主动脉内球囊反搏泵1台，血管造影机1台，亚低温等离子灭菌器1台，数控超声系统1套，中央站监护系统2套，手术头灯1台，肛肠治疗仪1台，宫腔镜1台，CT 机1台，酶标仪洗板机2台，高压液相色谱1台，气象色谱3台，原子吸收仪1台，原子荧光光度计1支，原子吸收分光光度计1支，离子色谱仪1支，微生物鉴定分析仪1支，生物安全柜1个，全能 X 光机质量检测仪1支，紫外可见分光光度计1支，低温冰箱1台，倒置显微镜1个，PCR 扩增仪1个，PEAL-TIMEPCR 仪1个，台式高速冷冻离心机1台。

2010年，各卫生院医疗器械（1万元以上）有：B 超机14台，X 光机9台，牵引机、骨科牵引床4张，自动煎药包装机7台，血流图检测仪2台，微波治疗仪2台，一滴血系统1套，半自动生化仪6台，全自动三分类血球分析仪1台，尿液分析仪2台，血流变测试仪11台，无影灯3台，钾钠氯分析仪1台，消毒机2台，监护仪9台，多功能制氧仪1台，不孕症诊断治疗仪1台，洗片机3台，电脑减肥仪1台，心电图机12台，高温真空灭菌器5台，放射成像系统2套，电解质分析仪2台，全自动生化分析仪7台，全数字超声诊断系统1套，麻醉机2台，牙科综合治疗机、治疗椅4件，微量元素测试仪6台，全自动血液分析仪3台，彩色多普勒超声诊断仪9台，钼靶机1台，CR 机2台，乳腺 X 线机2台，显微镜1个，高电位治疗仪1台，半身不遂治疗仪1台，肛肠治疗仪1台，尿八项分析仪1台，血球分析仪3台，血球计数仪2台，酶联免疫检测仪1台，电动手术台1个，头部操纵式手术床1张，牙科治疗台3个，彩色影像打印机2台，经颅脑血管诊断监护系统1套，电梯控制柜及配件1个，电卧消毒器1个，经皮黄疸仪1台，原子吸收光谱仪2台，排号机1个，多功能手术床1张，眼科手术显微镜1台，角膜曲率器1个。

第五章　疾病控制

70年代，区内建立“健康户口卡”和预防保健网，80年代后，预防接种进入计划免疫时期。2003—2009年，区内针对传染性非典型性肺炎（SARS）疫情及区内“手足口病”“甲型 H1N1 流感”等新发传染病，及早制定预案，动用全区卫生资源治疗并防止疫情扩散。对职业病，定期进行健康检查，建立档案，予以监测和监督。

第一节　免疫接种

70年代，境内逐步建立健全“健康户口卡”和预防保健网。全面推广使用生物制品。80年代后，逐步推行“儿童预防接种证”，预防接种进入计划免疫时期。对卡介苗、骨髓灰质炎疫苗、百白破混合制剂、麻疹疫苗等四种疫苗按一定的免疫程序进行接种。区卫生防疫站设置计划免疫科，增加冷链装备，从区到镇村，基本实现冷链化。1987年后，未发生脊髓灰质炎病例。1990年，有速冻器5台，冰箱20台，冷藏箱12个，冷藏包165个。咸水沽、小站、葛沽三镇卫生院设置免疫门诊，定期开放，儿童可按时到门诊接种。1991—1995年，预防小儿

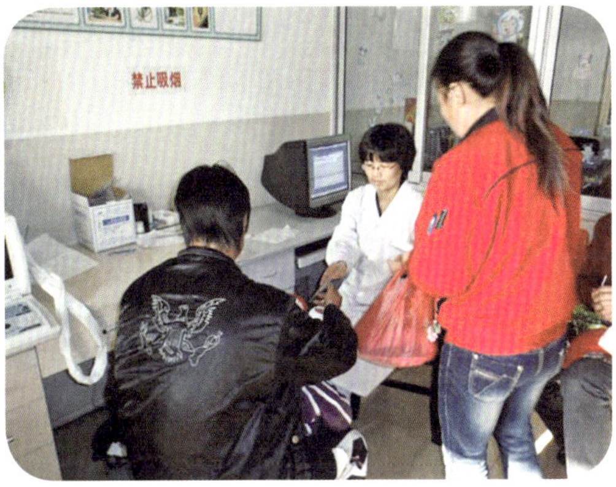

图29-14　医务人员进行幼儿卡介苗接种

麻痹成为计划免疫重点。

1996年，区实施《津南区计划免疫保偿责任制管理办法（试行）》，对全区0~6岁儿童实行计划免疫保偿责任制。是年，随机抽取三个镇进行检查，检查87名儿童，建卡率和建证率均为98.85%、四种疫苗全程接种率96.55%，高于卫生部规定的85%四苗全程接种率指标，乙肝疫苗全程接种率89.66%。

1997年，在咸水沽镇进行集中接种门诊试点。1998年，全区实行由镇卫生院设预防接种门诊，儿童集中到镇卫生院进行预防接种，同时原来的月接种已过渡到旬接种、周接种和日接种门诊，为群众提供了更方便更舒适的接种环境。由津南区防病站为主研制的“预防接种智能卡（IC卡）管理系统”，在全区各卫生院计划免疫的计算机中投入使用，标志着全区的计划免疫已全面进行计算机管理。

2003年，疫苗由11个镇级卫生院门诊接种。2004年，开展小学和学龄前儿童的麻疹疫苗强化免疫，接种3~5年级学生16125人，接种学前儿童8681人，接种率98%以上。2005年6月1日起，实行天津市国家免疫规划程序内疫苗免费。是年，实行“预防接种培训合格证”制度，接种人员持证上岗。共培训发证113人。2009年，全区8个镇卫生院接种门诊负责全区的免疫规划接种工作。减少了疫苗周转环节，接种过程较以前可控，提高了接种质量。

2010年9月，辖区所有8月龄~4周岁的儿童进行麻疹疫苗强化免疫。全区设置9个固定接种点和106个临时接种点；至10月20日，全区应种人数29060人，实种28509人，接种率98.1%。经过持续努力，预防接种使相应传染病发病率不断下降。至2010年，天花已被消灭，白喉再未出现病例，小儿麻痹、流行性乙型脑炎、百日咳、麻疹发病逐年下降。

第二节　传染病防治

一　传染病管理

（一）报告管理法规依据

1980年起，境内执行天津市1980年1月23日颁发的《天津市急性传染病管理条例实施细则》，规定报告并进行管理的传染病计两类25种，流行性感冒、病毒性肝炎、钩端螺旋体病、布鲁氏杆菌病列入报告管理病种。1989年9月1日，执行《中华人民共和国传染病防治法实施办法》。规定管理的传染病计三类共35种。

（二）报告发病情况

1979—1990年，境内发现应报告的传染病有霍乱、白喉、流行性脑脊髓膜炎、百日咳、猩红热、麻疹、伤寒、流行性乙型脑炎等26种。1991—2001年，境内发现痢疾、伤寒及副伤寒、麻疹、百日咳、斑疹伤寒、流行性脑脊髓膜炎、流行性出血热等传染病16种。2002—2010年，境内发现肝炎、梅毒、淋病、肺结核、非典型肺炎、艾滋病、新生儿破伤风、甲型H1N1流感、流行性腮腺炎、急性出血性结膜炎、手足口病等传染病等25种。

二　防治

（一）甲类传染病防治

1979年，检出霍乱病人1例，1980年1例，1984年169例，1985年24例，1988年1例。1994年，发病42例，发病率11.62/10万。1995年60例，1996年9例，1997年3例，1998年19例。发病集中在咸水沽、双桥河、葛沽、小站四个镇。1999年，发病24例。2000年后，津南区未发现霍乱病人。

（二）急性传染病防治

流行性脑脊髓膜炎（简称流脑）　境内流脑发病有稳定的季节性特征。每年都是从上年的12月份开始逐月上升，次年3—5月为最高峰，6月迅速下降。1976年，发病率86.1/10万。1978年后，逐年下降，除1981年出现一次小流行发病率29.4/10万外，其他年份发病率在0.3万~8.6/10万之间。1985年后，发病率未超过1/10万。据1981—1990年疫情资料统计，3—5月平均发病例数占全年平均发病数的76%，病死率平均为4.9%。2001年、2003年、2007年，辖区内发现流脑病例，均采取了有效措施进行防控。

伤寒与副伤寒 1979年前，区内曾有流行。1992年，发病3例。1993—1997年，每年发病1例。1999年，发病1例。2001年，发病2例。2007年，发病1例。预防措施主要是加强卫生和饮水管理、粪便管理，并对病家进行终末消毒。

痢疾 该病有明显的季节高峰，6—9月份发病率最高，占全年发病的78%。人口密度大的乡镇发病率高，咸水沽镇、小站镇均居发病地区的前二位。散居儿童和农民分居职业分布的前二位。1987年后，发病率控制在200/10万，且每年以20万~30/10万的幅度下降。1998年，发生1例阿米巴痢疾。至2010年，发病率不足5/10万。

百日咳 1982年，境内出现一次流行，发病率为184.3/10万。以后发病呈逐年下降趋势，由1991年的7.84/10万，下降到2010年的0.12/10万，发病年龄均为10岁以下儿童。由于计划免疫"四苗"接种的大力开展，儿童接种百日咳联合疫苗达到85%以上，加之儿童整体的身体素质的提高，使其发病控制在比较低的水平。1995年后，列入计划免疫程序。

麻疹 1978年，发病率为579.1/10万。1981—1990年，发病率控制在100/10万以下。该病流行季节3—5月为高峰，占全年发病的80%。由于麻疹疫苗的接种，此病的发病处于散发状态，除1993年出现一次局部点状(发病率为44.11/10万)爆发外，其余年度均为散发状态，发病率维持在2/10万左右。至2010年，发病率下降到2.13/10万。

发生疫情后，防疫部门采取紧急防范和治疗措施，有效地控制了疫情。2008年，在全区8月龄至14岁儿童间开展麻疹强化活动，接种67237人，接种率93.73%。此次强化活动取得了良好的效果，2009年，境内仅有4例麻疹发病，且为非免疫目标人群。2010年，为巩固2008年麻疹强化成果，投入26万余元，在8月龄至4岁儿童间又开展了一次麻疹强化活动。接种27971人，接种率96.25%。

脊髓灰质炎 俗称"婴儿瘫"，又叫"小儿麻痹症"。1979年，婴儿两个月已开始服苗。南郊区遵照世界卫生组织提出的"2000年消灭脊髓灰质炎"目标，提高疫苗保护率，保证疫苗的效价。接种合格率保证在98.57%以上。仅1984年发病1例，1985年发病2例，1986年发病1例。1987年之后无脊灰发病。

流行性乙型脑炎 简称乙脑，俗称"大脑炎"。1979年，已用乙脑灭活疫苗，发病率逐年稳定下降。1982年，后发病率均在1/10万以下。2007年、2008年均发生1例，其余年份无病例发生。

猩红热 为呼吸道传染病。1970年，境内出现第一次流行，发病率为46.8/10万。1979年，出现第二次流行，发病高峰为93.6/10万。1985年，出现第三次流行，发病高峰为89.1/10万。三次流行集中发生在学龄前和学龄儿童。据1981—1990年累计发病年龄分组统计，学龄前儿童发病儿童占40.5%，中小学发病占54.3%，15岁以上发病占5.2%。1995年后，发病人数维持在10例左右，发病年龄在10岁以下儿童为主。2001—2010年，发病率维持在0.5/10万左右。

病毒性肝炎 1981年，境内出现流行，发病率257.3/10万，集中发生在咸水沽镇，发病349例，占全区发病的40%，发病年龄以学龄前儿童为主，占64.8%。1991—2001年，病毒性肝炎在区传染病发病中位于第二。1996年后，开展甲、乙肝疫苗的预防接种取得成效，肝炎的发病有所降低。随着经济的发展，人口流动增加，中青年发病率由1992年的31.46%上升到1996年的73.33%。由于采取相应措施，肝炎发病保持在45/10万的稳定状态下。至2010年，发病率已降到2.27/10万。

狂犬病 至1987年，境内未发现狂犬病例。1988年出现1例，1989年出现1例，1990年出现2例，先后4例皆死亡。1985—1990年，防疫站共出售狂犬疫苗4200人份。被犬咬伤人员有逐年增加趋势。

由于政府及公安机关加强了非法养狗及流浪犬的管理，区狂犬病基本呈现散发状态。2007年发病3例，2008年发病2例。

流行性出血热 1993年境内发现1例，1997年6例，1998年4例，1999年6例，2000年10例。2001年发病19例，发病率5.16/10万，外省流动人口发病5例，占发病总数的26.32%，发病季节集中在春季。年龄为中青年居多，职业以农民为主。2004年发生5例，2005年发生4例，之后无病例发生。

新生儿破伤风 1998年和1999年，外地来区人员中出现3例。2006发生1例，其余年份均无病例发生。

（三）结核病防治

1978年，在南郊区洋闸第二防治院基础上，筹建区结核病防治所。1995年，津南区结核病防治所独立成所。从事全区结核病人的发现、治疗与管理以及适龄儿童的卡介苗监测工作。

2001年7月，区卫生局明确规定各级医疗机构对疑似结核病人要及时转诊至区结核病防治所接受检查，任何人不得私治截留结核病人。结核病防治所提高了报疫奖励力度。结核病防治所加大监督检查力度，对各疫报单位采取平时检查，集中抽查相结合，对漏报迟报单位及时进行纠正。2003年，区结核病防治所建立结核病网络报告监测系统。2007年，区结核病防治所率先在全市安装使用实验室生物安全柜，开始痰结核菌慢性培养和快速培养，促进了津南区的结核控制工作。2007年10月1日始，津南区结核病防治所承接了第五轮全球基金流动人口结核病防治项目。对来津南区务工的流动人口提供免费的结核病控制服务，对确诊肺结核的流动人口病人实行每月96元的营养补助费，每月30元的交通补助费，初治病人提供6个月、复治病人提供8个月。2009年，津南区结核病防治所在天津市率先开设免费隔离观察床，用于传染性肺结核病人强化期的隔离治疗。

图29-15 2007年，小站镇卫生院医务人员为外来务工人员查体

2005—2010年，总诊治患者7543人，确诊肺结核病人602例，规律治疗率95%，治愈率85%以上，均位居全市前列。

第三节 新发传染病防治

2001年后，每年境内都有法定传染病的发生。2010年，报告法定传染病21种。并有艾滋病病例的发生。除上述急性传染病之外，又新增几种传染病。

一 传染性非典型性肺炎（SARS）

简称“非典”。2003年4月21日16时35分，驻区武警指挥学院报告赵某某“非典”症状可疑，25日15时30分，报告为“非典”疑似病例，30日18时，咸水沽医院报告转为“非典”临床诊断病例，津南区发生首例“非典”病例。5月2日，防病中心通知，小站镇传字营村储某某为“非典”临床诊断病例，4日12时，咸水沽医院报告辛庄镇柴辛庄村王某某转为“非典”临床病例，确定其妻同为临床诊断病例，12日，武警医学院附属医院报告小站镇传字营村“非典”患者储某某之父为“非典”临床诊断病例。届时，确认全区“非典”病例5例，经治疗均痊愈出院。

为控制此病在区内蔓延，区紧急成立防治工作领导小组，卫生系统全员参与，开展“非典”的防治工作讲座，成立发热门诊，密切接触人员的观察、隔离、流调，大范围消毒、控制传染源等措施，此项工作在世界卫生组织检查验收中得到肯定。

二 H5N1禽流感

全名为鸟禽类流行性感冒。2004年2月8日，津南区辛庄镇柴家圈村发生天津市首例H5N1禽流感。津南区立即成立防治禽流感领导小组，制订预防预案，采取有效防治措施，至2月17日，即对密切接触者解除医学观察。

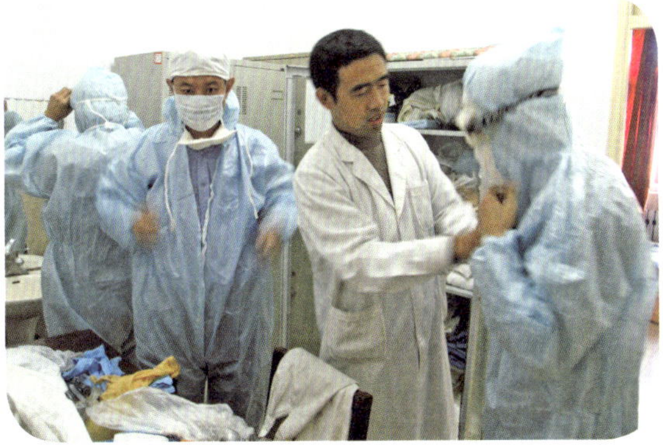

图29-16 2004年，津南区“禽流感”防控演习

三 甲型H1N1流感

2009年，境内新发甲型H1N1流感病例71例，各乡镇均有发病。至年底，已扩散到普通人群。11月，区疾控中心在全区范围开展甲型H1N1流感疫苗接种。全区接种29522人。2010年，发生2例，为散发病例。

四 手足口病

2008年5月，津南区制定防治手足口病预案，启动日报告制度。全区各镇、村采取防控措施，对重点地区进行消毒。2009年，发病数基本与2008年持平。2010年5月后，全区出现高流行状态，涉及8个镇。区卫生局采取相关措施，防止重症和死亡病例出现，累计报告手足口病例2459例，报告聚集性病例36起。

第四节 实验室检测

1979年，南郊区卫生防疫站，细菌化验室、理化检验室已正常工作。1998年，微生物实验室开始自行研制、生产大肠菌群检测纸片，用于日常食品餐饮具大肠菌群检测，并在全区餐具检测中应用。1999年，实验室第一次规范的计量体系认证，食品、水质、职业卫生等统一规范操作。2002年，理化室新进一台美国Waters高效液相色谱仪，提高实验室防腐剂的检测能力。2004年，区卫生防病站通过天津市技术监督局计量认证，取得天津市区县防病机构艾滋病实验室质量控制及检测技术合格证。是年，检出本区第一例HIV病毒携带者。

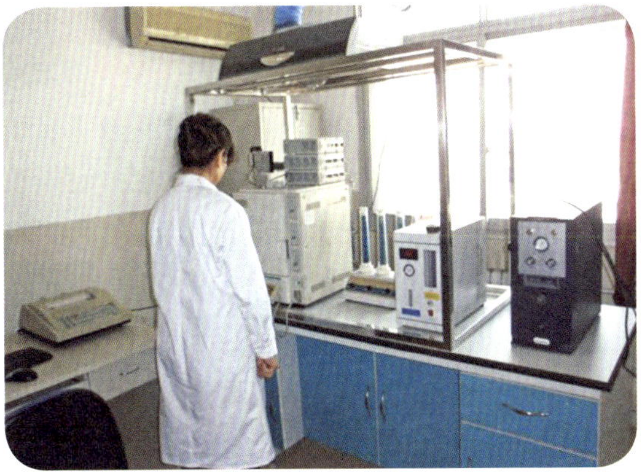

图29-17 2009年，津南区疾控中心实验室用于监测的液相色谱仪

2005年，配合畜牧水产局在何庄子批发市场鲜（冻）畜肉中检出苯甲酸钠，成为全市首家在生肉制品中检出防腐剂的单位。在农村饮水除氟工作中，检测全区151个井点分别测水源水、出厂水、末梢水，为津南区居民饮水健康提出科学依据。2006年，通过实验室国家认可委员会现场评审，成为全市第二家通过国家实验室认可的区县防病站实验室。2009年，通过国家实验室监督评审认证。流感监测网络实验室正式启动，完成国家流感中心10份质控考核样本。微生物实验室通过天津市CDC组织的致病菌考核，全部优秀。完成流感样病例监测107份，其中

50份阳性包括新甲147份和季节性甲33份，标志着流感监测工作走在全市前列。至2010年7月，疾控中心共检出戊肝IgM阳性11份，检测流感样病例267份，阳性29份，其中甲型2份，乙型27份。

第六章　妇幼保健

80年代，区、乡（镇）、村三级妇幼保健网逐步建立，坚持做好妇女健康普查和新生儿及儿童疾病筛查。2008年，津南区被定为天津市妇女病普查试点单位。2009年，国家启动育龄妇女妇科病普查，津南区承担两个国家级项目：农村妇女乳腺癌、宫颈癌检查。津南区重视加强儿童健康系统化管理，坚持每年对0~7岁儿童的查体检查。至2010年，5岁以下儿童死亡率下降至3.28‰。儿童系统管理率94.44%。2010年，区妇幼保健院获"全国三八红旗集体"称号。

第一节　妇女保健

妇女保健主要包括开展妇女病普查、妇女健康体检、产前两病筛查（唐氏综合征和神经管畸形）、对准备怀孕妇女发放叶酸、开办孕妇学校、孕期管理等。

一　妇女病普查

1979年3月，区建妇女保健室90个，进行妇女健康普查。1990年，使用乳腺透光冷照仪对2235名妇女进行检查，对发现病例给予治疗。1995年，对常见妇科病子宫肌瘤、附件炎等，进行检查并及时给予治疗。

图29-18　2008年，津南区控制出生缺陷宣传咨询活动

2008年，津南区被定为妇女病普查试点单位，对2747人次免费普查。2009年，启动育龄妇女妇科病普查。津南区承担两个国家级项目：农村妇女乳腺癌、宫颈癌检查，检查对象为35~59岁农村妇女。检查39585人，查出宫颈癌患者12人；乳腺癌患者5人；其他恶性肿瘤4人。是年，妇女保健工作进行网络化管理。2010年，妇女病普查32207人。

2009年10月26日起，津南区承担国家宫颈癌项目普查工作，至2010年11月30日，完成宫颈癌项目妇女病普查17829人，妇女病知识知晓11304人，妇女病知识知晓率63.4%；TCT刮片检查17792人，阴道镜检查274例，组织病理学检查169例，确诊宫颈癌13人，CIN Ⅲ 7例，均给予治疗。

二　孕产妇保健

（一）新法接生

1979年，全区新法接生率100%。1999年，在全区开始取消家庭接生，实行住院分娩，住院分娩率100%。

（二）孕产妇管理

1979年，孕产妇实行怀孕建卡、产前检查、高危孕妇筛选、产后探访等系统管理。1986年后，产前检查5次以上。1996年，孕产妇系统管理要求产前检查8次以上，产后访视3次以上。2000年，加强高危孕产妇管理。并对开展产科的卫生院及医院进行产科质量验收，组织产科技术人员进行现场考核、发证，全区妇保工作各项指标达到市局要求。

2002年，开展出生缺陷干预工作。区妇幼保健院利用婚检平台，对育龄青年宣传神经管畸形防治知识以及正确服用叶酸的方法，减少出生缺陷儿的发生。2003年，随着婚检工作的取消，增补工作停止。2006年，继续开展。2010年，对5106人进行叶酸检测，其中688人低于正常值，异常率13.47%，异常者中男性505人，占73.4%。是年5月始，各卫生院增加发放叶酸工作。

2003年，开展产前筛查，对孕妇做妊娠贫血的筛查和贫血治疗，完善孕产妇管理。2006年始，区政府出资为农籍孕妇实行免费筛查。

2005年，加强妊娠合并肝炎和乙肝携带者孕产妇管理。2006年，全面开展妊娠糖尿病筛查，对患者予以正确指导。是年，启动孕前专项检查，与民政部门联合，对结婚登记的青年进行乙肝、梅毒及HIV检测，阻断母婴垂直传播。2010年，全年检查5106人，检查率97.41%，提高阳性诊治率，有效地减少了传染病母婴垂直传播。

为保障母婴安全，降低孕产妇、婴儿死亡率，2008年，制定孕产妇抢救预案，并成立津南区危重孕产妇抢救领导小组。

2002—2010年津南区孕产妇系统管理情况统计表

表29-3　　　　单位：人

年份	2002	2003	2004	2005	2006	2007	2008	2009	2010
孕产妇人数	3469.00	2316.00	3200.00	3641.00	3632.00	4146.00	4155.00	4591.00	4171.00
活产人数	3464.00	2320.00	3206.00	3649.00	3647.00	4149.00	4165.00	4599.00	4182.00
子痫人数	0.00	3.00	2.00	2.00	2.00	0.00	0.00	0.00	0.00
产后出血人数	69.00	29.00	38.00	33.00	18.00	41.00	0.00	0.00	50.00
剖腹产率 %	55.23	60.93	60.85	59.26	65.14	69.76	70.84	67.50	61.62
早孕建卡率 %	93.50	95.09	92.83	90.98	77.60	63.87	56.23	59.88	64.51
住院分娩率 %	100.00	100.00	99.80	99.78	99.75	99.93	100.00	100.00	100.00
高危住院分娩率 %	100.00	100.00	100.00	100.00	100.00	100.00	100.00	100.00	100.00
低体重儿人数	51.00	61.00	76.00	101.00	102.00	103.00	130.00	124.00	67.00
孕产妇死亡人数	1.00	0.00	1.00	0.00	0.00	1.00	1.00	1.00	1.00

三　妇幼保健保偿

1988年11月，以八里台、辛庄乡为试点，开展二级保健保偿(由乡医承担)，提供妇幼保健服务。1989年，妇幼保健责任制在全区试推行。1992年，制定《津南区妇幼保健保偿责任制实施办法(试行)》。2000年，重新修订《津南区妇幼保健保偿责任制管理办法(试行)》，并制定《津南区妇幼保健保偿责任制实施细则(试行)》。为此，由二级保偿转为一级保偿(卫生院承担)。这种保偿机制一直延续到2008年。

第二节　儿童保健

一　儿童系统管理

1979年后，逐步加强儿童健康系统化管理，境内每年对0~7岁儿童进行查体。1991年与2001年相比，5岁以下儿童死亡率下降10.38‰。2010年，5岁以下儿童死亡率下降至3.28‰。儿童系统管理率94.44%。

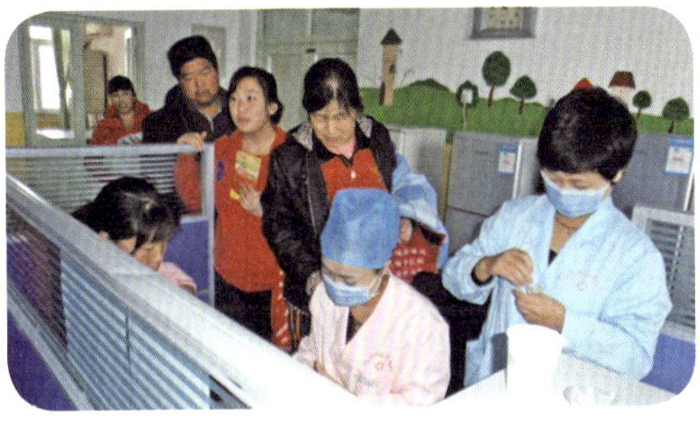

图29-19　2008年，北闸口镇卫生院医务人员在为幼儿查体

二　新生儿筛查

（一）先天性代谢缺陷疾病筛查

1992年4月1日始，开展新生儿筛查，通过实验室检测方法，对每一例活产新生儿取一滴足血，进行先天性代谢缺陷疾病筛查，以达到早期诊断，早期治疗预防残疾儿发生的目的。1995年，筛查率28.66%，阳性2人；2005年，筛查率98.87%，无阳性；至2010年，筛查率99.75%，阳性4人。

（二）新生儿听力筛查

2003年12月，津南区在有产科的医院、卫生院启动新生儿听力筛查工作。2010年，筛查率99.31%。

2004—2010年津南区新生儿听力筛查情况统计表

表29-4

单位：人

年份	2004	2005	2006	2007	2008	2009	2010
筛查率 %	99.30	98.90	98.70	99.02	99.15	99.91	99.31
阳性人数	2	2	4	3	6	5	5

（三）儿童先天性白内障筛查

婴幼儿白内障是成人低视力和致盲的重要原因。早期的筛查、诊断、干预是最主要、最有效的防治措施。2009年，全市启动儿童白内障筛查工作，筛查对象为2008年11月1日后出生的婴儿。津南区筛查儿童5337人，筛查率84.58%，阳性患儿1人。2010年，新生儿白内障筛查5788人，筛查率95.81%，查出疑似患儿1人，先天性白内障患儿1人。

（四）儿童髋关节发育不良筛查

婴幼儿髋关节发育不良是成人时期髋关节疾病的主要诱因。早期的筛查、诊断、干预是最有效的防治措施。2009年4月，全市启动儿童髋关节发育不良筛查工作，津南区筛查儿童4056人，筛查率64.27%，阳性患儿6人。2010年，新生儿髋关节筛查5677人，筛查率94.89%，筛查出髋关节异常儿童28人。

（五）儿童先心病筛查

2007年2月始，天津市妇女儿童保健中心委派医务人员到津南区妇幼保健院为儿童做先天性心脏病筛查工作。2007—2010年，在津南区筛查16584人，阳性538人。

（六）高危儿童筛查

2000年始，津南区启动高危儿童筛查，主要是在新生儿中筛出神经、精神发育异常者，给予及时的矫正、治疗。

第三节　综合管理

一　婚前检查

1988年，境内开始婚前检查，主要是询问病史，重点询问是否近亲，本人和家属成员是否患有遗传病；进行体格检查，重点是：生殖器官检查、影响婚育疾病检查、化验肝功能、澳抗、梅毒等传染病；胸部透视和心电图检查。再有进行婚姻保健和优生优育知识的指导。1990年，婚检成为申请结婚登记者自觉行为。2003年10月，执行自愿婚检政策，每年婚检人数减少。2004—2010年，自愿婚检人数188人。

1992—2001年津南区婚检统计表

表29-5　　　　　　　　　　　　　　　　　　　　　　单位：人

项目＼年份	1992	1993	1994	1995	1996	1997	1998	1999	2000	2001
婚检人数	4747	2246	2470	4967	5598	8583	4018	4143	5893	5177
患病人数	868	357	294	290	196	363	814	1037	1409	557
患病率％	18.30	15.90	11.90	5.80	3.50	4.20	20.30	25.00	23.90	10.80

二　计划生育指导

1990年始，区妇幼对计划生育手术室实行标准化管理，全区13个手术室均通过考核，并取得合格证，达到规范化、标准化的要求，保证了计划生育手术质量。2004年，开始对计划生育技术人员进行培训。各单位计划生育技术服务机构和人员持证上岗，各接收中期引产患者的单位做到查验身份证，对计划内妊娠的中期引产的孕妇查验计划生育部门证明；严厉打击非法行医行为，同时要求各卫生院禁止超范围服务，做到有法可依，执证上岗。

第七章　卫生监督

1981年，区卫生防疫站成立食品卫生科，后更名为津南区疾病预防控制中心。2001年，天津市药品监督管理局津南分局成立，更名为天津市食品药品监督管理局津南分局。2006年11月10日，区卫生监督所成立。区卫生监督部门对食品卫生工作认真实行法制管理，对职业卫生、放射卫生、学校卫生、公共场所卫生和饮水卫生等关系到民计民生的卫生工作，依法监督管理。

第一节　食品卫生

1981年，区卫生防疫站正式成立食品卫生科，管理人员4人。1983年，《中华人民共和国食品卫生法》颁布，食品卫生工作正式纳入法制管理。1984年，区任命9名食品卫生监督员。1985年，各乡镇卫生院设食品卫生检查员2名，负责辖区内食品卫生检查工作。

1991—2001年，对食品从业人员体检60424人次，体检率100%，检出患病492人，检出率0.01%；采集食品样品41541件，检验合格样品34986件，样品合格率84%；对全区食品行业开展经常性卫生监督。对违反《中华人民共和国食品卫生法》者进行行政处罚共计482户，对93户不符合卫生要求的食品生产经营单位没收销毁食品5053.3千克。

2002—2006年5月，为津南区食品生产加工、经营等单位换发卫生许可证11284件次，组织全区食品从业人员进行预防性健康查体，共30090人次。对津南区食品生产经营单位进行监督检查，监督21921户次对食品生产加工经营从业人员进行24期1272人次培训。仅2003年就完成并联审批650户次。全年出动卫生监督员192人次，开展18次专项活动，取缔黑窝点24户，销毁原料和食品3092千克，没收制售工具98件。

图29-20　2008年，卫生监督所检查达沃斯论坛用餐保障情况

2006年6月1日后，发放食品卫生许可证329个。全年出动卫生监督员6932人次，对餐饮业、加工企业和集贸市场、超市、学校食堂、集体职工食堂进行监督检查，5566户次。举办食品生产单位、餐饮业食品卫生培训2期，291户300人参加。2007—2008年，津南区卫生监督所出动卫生监督执法人员7400人次对辖区食品生产、加工、经营企业进行9358户次的监督检查，实行量化分级管理的餐饮业、学校食堂854户次。

2009年6月1日，食品安全监管职能调整，餐饮服务环节的食品安全卫生监督管理由食品药品监督管理部门负责。依据食品安全法，卫生监督所的食品卫生监管范围也有了较大的调整，不再承担食品摊贩、食品生产企业等食品生产加工企业的监管任务，暂时兼管食品药品监督管理局的食品加工经营企业即餐饮企业的监督管理任务。2009年10月1日，食品药品监督管理局将餐饮卫生监督管理职能委托给卫生监督所实施。

2009—2010年，津南区卫生监督所出动卫生监督执法人员5749人次，对辖区食品生产、加工、经营企业进行4394户次的监督检查，实行量化分级管理的餐饮业、学校食堂352户次。

第二节　职业卫生

1979年，对区内铅、苯、汞毒害作业进行普查，全区铅作业工厂6个，苯作业工厂16个，汞作业工厂4个，作业工人613人，查体588人，对车间内铅、苯、汞空气含量进行测定，其中铅含量均超过国家标准，最高超标53倍；苯含量全部超标，最高超标23倍。有5个工厂汞含量超标，最高超标38倍。为作业人员做尿检598人次，调查结果未发现中毒病人，但存在中毒隐患，提出防护改进措施。

1981年，区卫生防疫站组建劳动卫生检验室。进行尘肺普查，开展粉尘分散度和二氧化硅含量的测定，为全体粉尘作业工人进行体格检查和拍X光片。对重点毒害工厂开展劳动卫生防护改造，改善工人劳动环境。1985年，区卫生局与区劳动局、区环保局协作，开展预防性卫生监督。要求新建、扩建、改建工厂企业，做到“三同时”（即防尘毒、防污染设施要与主体工程同时设计，同时施工，同时投产），经审查合格者方可准许施工。是年，共审查“三同时”工程14项。1988年，对全区农药销售和使用情况进行摸底调查。

1990年，开始建立全市统一的“工业企业劳动卫生职业病档案”工作。

1991—2000年，对国营、集体企业进行劳动卫生基础调查，核实、掌握有关企业有毒有害作业场所的基本情况，掌握尘肺病人情况，并对相关企业法人代表和安技人员进行培训。建立“工业企业职业卫生管理档案”，对全区“三资”企业普查，调查其分布情况、有毒有害因素存在情况及从事有毒有害作业人员情况，企业存在的职业卫生问题等情况。1996年，开展《天津市职业病防治条例》宣传，对存在有毒有害作业的企业进行监督管理。

2001—2007年，对1183户次存在职业危害因素的用人单位进行检查、督导，对1354户次存在职业病危害因素的用人单位，进行职业病危害因素检测评价。对18984人次进行职业性健康检查，8837人次上岗前体检。其中，2001年，检出职业禁忌患者25人，出现1名苯酚急性中毒患者，7名化学烧伤患者。2002年，出现2名硫酸二甲酯急性中毒患者，2名热灼伤患者。2003年，对问题较重的9家单位处以警告和行政处罚。完成95家单位职业病危害项目申报工作。2005年，完成1家企业建设项目职业卫生审核、验收。发放《职业病防治手册》

图29-21　2007年，职业病防治宣传活动

2000份。2007年，对14家企业予以行政警告处罚，责令169家企业限期整改。其中，监督津南区荣程集团职业性健康查体约5020人。开展制药、农药生产、餐具生产等企业夏季硫化氢中毒专项整治工作，监督检查38家企业的专项整治工作。

2008年始，以粉尘、有机溶剂、金属冶炼、箱包制造、制鞋行业生产企业等职业危害严重的行业为重点，共监督企业459家次，对97家次企业予以警告，责令95家次企业限期整改。监督2家预评价工作、完成7家建设项目竣工验收，监督企业完成上岗前职业健康查体18483人、在岗期间职业健康查体12242人。

2010年，重点监督检查使用和生产高毒物品行业、粉尘危害严重行业，立案处罚2家企业，罚金4万元。对其中22家企业予以当场警告处罚，责令30家企业限期改正其违法行为。

第三节 放射卫生

1980年，区防疫站对区医用X线诊断机及操作人员进行摸底，全区有X线机38台，从事放射工作人员56人。1981年，对全区所有X线机进行监测，监测率100%。监测结果表明，大部分检测项目检出存在问题，X线机在卫生防护方面不符合要求。是年，对全区放射工作人员进行体检，并开始进行X线机防护改装。1982年，对完成防护改装的X线机进行防护效果测定。1983—1986年，相继有17台X线机完成防护改装。1989年10月，国务院颁布《中华人民共和国放射性同位素与射线装置防护条例》，放射卫生工作纳入法制管理。

1990年，区举办放射工作人员放射防护知识培训班，经考试合格者给予证书。截至年底，全区25台X线机，防护改装合格并取得合格证的有21台，占84%。1992年，区重点宣传落实《放射性同位素与射线装置放射防护条例》《射线工作卫生防护管理办法》《射线工作人员健康管理规定》等有关规定。1994年后，加强对放射科X光机的常规检测，同时对工业探伤机进行监测验收。对工作场所防护差的，根据《放射性同位素与射线装置放射防护条例》，责令停止使用。对未办理“放射工作卫生许可证”的，给予行政处罚。加强放射卫生人员的健康监护和放射防护知识培训。1998年，加大对全区存在有毒有害作业的企业监督力度。

2001—2006年，津南区加强对射线装置单位的监督管理，按时检测各单位射线装置，对医疗单位、工业探伤企业的从事放射人员健康监护、个人防护、个人剂量监测的人员进行监督检查，做好射线装置操作人员的个人剂量监测牌的更换发放。继续射线从业人员的防护知识培训和射线从业人员健康查体工作。2007—2009年，监督检查放射诊疗机构65家，工业探伤企业57家，监督完成从事放射工作人员530人剂量监测，覆盖率100%。2010年，监督检查24家放射诊疗单位，22家工业探伤单位。

图29-22 2009年，对医疗单位放射卫生情况检查

第四节 学校卫生

1979年，区卫生局联合区教育局对全区7~12岁小学生进行药物驱虫，使用药物为驱蛔灵和驱虫净，全区60218人服药，排虫人数39745人。1981年，全区中小学建立学生健康卡片，每学期对学生查体一次。1984年5月，在北闸口中学、辛庄中学、葛沽第一中学、北闸口小学、咸水沽第三小学开

展学生体质监测，查体总计39803人，对蛔虫感染及查出的相关疾病，采取有针对性的治疗和预防措施。1986年，在咸水沽第一中学和咸水沽第一小学进行"卫生课"试点工作。每周一节，由卫生保健教师授课。1988年，全区中小学66所，有卫生保健教师的学校60所，占学校总数的90.9%。开展中小学生头虱患病调查，调查人数34312人，患病率5%；利用广播、板报等各种形式进行卫生宣传，并采取防治措施。是年，全区中小学普遍开设卫生课，并正式列入课表。

1991—1995年，对中小学校医进行《全国学生常见病综合防治方案》培训。对12所学校进行学生健康监测和集体驱虫活动，查体11666人次。同时开展龋齿、沙眼、视力低下防治等工作，蛔虫感染率明显下降。

1996—2001年，区卫生局联合区教育局对校医进行健康教育知识培训。确定咸水沽一中等6所学校为津南区学生常见病固定监测点学校，每年开展学生常见病的监测和治疗。确定咸水沽三中为区健康促进学校试点校并开展相应工作。宣传贯彻《天津市公共场所禁止吸烟条例》，开展创建无烟学校活动。1998年，咸水沽三中成为津南区第一所无烟学校。1999—2001年，津南职专、小站一中等20个学校成为无烟学校。

2002—2005年，落实市局计划，对学校卫生工作监督检查。对区61所中小学校均按照天津市公共卫生监督要点进行监督。2006年5月，对12所小学1200名学生进行流感样病例抽样调查。建立学生常见病防治监测基地，区级监测点为咸水沽第一中学、小站第一中学、双港中学、津南区实验小学、葛沽第二小学和马集联合小学。检查学生7812人，其中男生3839人，女生3973人。营养不良1050人，肥胖1533人，超重896人。视力低下2152人；新发病例159人；沙眼72人。龋齿823人，龋患率10.5%；血红蛋白低于标准407人。

2007—2010年，对津南区内学校的生活饮用水卫生和传染病防治工作进行专项监督检查。每年检查学校64所，累计出动卫生监督员540余人次，监督车辆195余次。此外，区卫生局系统联合区教育局、公安津南分局、区各镇教委，开展对辖区内托幼机构传染病防控、手足口病、消毒等工作进行专项监督检查，检查托幼机构119家，出动160车次，监督员440人次。

第五节　公共场所卫生

1987年，区卫生系统开展经常性的卫生监督和监测。1991年6月，《公共场所卫生管理条例实施细则》正式实施。1992年，对公共场所的9个行业进行监督管理，包括旅店、理发馆、浴池、录像厅、影院、舞厅、游艺厅、商场、日化工厂等，管理户数131户，从业人数257人，换发公共场所许可证77户，从业人员体检396人，进行551次公共场所经常性卫生监督。

1995年，公共场所246户，其中旅店97户，文化娱乐场所33户，公共浴池6户，美容美发店104户，商场6户，体检培训人数441人。公共场所监测项数2442项，合格2384项，合格率97.62%。1997年，公共场所共218户，新发证121户，共体检培训842人。公共场所监测项数937项，合格921项，合格率98.29%。1999年，公共场所共308户，新发证194户，共体检培训988人，检出病人数12人并调离。公共场所监测项数983项，合格849项，合格率86.37%。

2000年，公共场所333户，新发证140户，共体检培训1277人，检出病人14人全部调离。公共场所监测项数2971项，合格2315项，合格率77.92%。2002年，公共场所共304户，新发证170户，共体检培训1144人，检出病人4人并调离。公共场所监测项数2938项，合格2744项，合格率93.39%。

2004年，共复核公共场所249户，发证户数180户。全区公共场所从业人员931人，查体人数931人，体检率100%。检出乙肝阳性者4人，调离4人。公共场所监测项数3624项，合格3115项，合格率86%。对公共场所处罚3户，罚款840元。2007年，公共场所共377户。有职工1533人，从业人员1126人，持健康合格证明1126人。进行公共场所监督1580户次，合格率85.03%。对1户游泳场所处罚200元。

2009年，公共场所263户。共有职工2052人，从业人员1766人，持健康合格证明1706人。全年进行公共场所监督1037户次。公共场所监测样品866件，合格814件，合格率94%。开展公共场所量化分级工作，对辖区内的263户公共场所进行量化评价，对其中236户符合信誉度等级评定的单位进行级别评定，同时发放《公共场所卫生信誉度等级公示》标识，并张贴在公共场所醒目位置。其中，住宿业共31户、游泳场所共3户，量化评级共34户，卫生监督信誉度等级公示率100%；沐浴场所共77户，量化评级70户，卫生监督信誉度等级公示率90.9%；美容美发场所共121户，量化评级105户，卫生监督信誉度等级公示率86.8%；娱乐场所共31户，量化评级27户，卫生监督信誉度等级公示率87.1%。

2010年，公共场所共467户，其中宾馆35户，旅店28户，招待所5户，茶座34户，公共浴室142户，理发店143户，美容店54户，游艺厅（室）15户，舞厅6户，体育场（馆）1户，游泳场（馆）3户，商场（店）1户。共有职工1957人，从业人员1534人，持健康合格证明1318人。公共场所监督851户次，监测样品46件，合格46件，合格率100%。对463户公共场所进行量化分级，其中A级6户，B级22户，C级435户。

第六节　饮水卫生

1980年10月，区卫生局抽调有关单位技术人员进行调查，对全区237眼生活饮水深井进行测试，均在国家饮用水含氟量标准1.0毫克/升以上。80%的深水井含氟量在2.5~4.5毫克/升之间。98%的居民有不同程度的骨质变化，氟骨症、斑釉症、龋齿发病率较高。仅有西泥沽、八里台村各两口井因坐落在贝壳堤上，含氟量在1.0~1.5毫克/升之间。

1981年，成立地方病防治领导小组，以咸水沽镇为试点，提倡用硫酸铝药物分散除氟。1982年9月，在家庭推广使用除氟罐。1983年，推行农村集中除氟改水工程。每年在有条件的高氟村建立除氟站。1988年，南郊区实施引滦入咸（咸水沽）工程，咸水沽居民结束喝“咸氟水”历史。引滦入咸工程及复线工程使咸水沽镇及沿线村庄20余万人受益。1995年，已建除氟站58个，受益人数14万余人。

2001年，区卫生部门坚持开展饮用水水质监测。每月进行自来水、末梢水的卫生监测，每次10个样品，全年监测120份样品，监测合格率96%。2005年，对129个除氟站、362份水质监测，对40家饮水除氟站的水质进行监测（微生物），均合格。

2006年3月至2007年5月，区农村饮水安全工程安装除氟设备41套，解决45个村88258人的饮水安全问题。2007年4月至2008年8月，津南区农村管网入户改造工程共解决咸水沽、双港、八里台3个镇3个村6848人的饮水轻度超标和供水管网老化失修问题。

2010年，农村饮用水10个监测点对40份水质进行监测，枯水期1份菌落总数超标，丰水期2份大肠菌群、2份氟化物超标。农村饮水安全工程32个监测点监测水样128份，枯水期1份菌落总数超标，丰水期1份菌落总数、2份总大肠菌群超标。监测每月生活饮用水120份，其中116份水质合格。有5项次的监测项目超标，其中包括4项次铁和1项次色度超标。

第八章　爱国卫生

1979年，“除四害、讲卫生”是爱国卫生工作的重要组成部分。1987年，南郊区被市政府命名为无鼠害区。1990年后，区政府把爱国卫生工作纳入社会发展规划，按照创建国家卫生城市、实现达标区标准，开展爱国卫生工作。2000年后，除“四害”（即：老鼠、蚊子、苍蝇、蟑螂）、户改厕、创建市级卫生区、卫生村成为爱国卫生工作的主要内容。

第一节　防病除害

1979年，灭除鼠害为区爱国卫生主要内容。至1983年，灭鼠30万只。1988年后，每年4月和10月进行鼠害密度监测，全区鼠密度控制在5%以下。1997年，全年组织早春季节、春夏之交和秋季三次较大规模的灭鼠活动。投放鼠药6吨，控制了鼠传疾病——出血热的蔓延。获1997年四区五县秋季灭鼠工作评选第一名。

1998—2007年，投放灭鼠药96.8吨，灭蟑、灭蝇药物11吨，除害消毒药物33.5吨。2008年1—4月，开展一次全区性的冬春季灭鼠活动，投放鼠药11吨，鼠密度由7.87%下降到2.72%。对各镇及各重点单位130人进行病媒生物防治技术培训，对违反《天津市爱国卫生工作条例》的行为进行限期改正和处罚，建立病媒生物防治工作档案。2009年，投放鼠药约9吨，鼠密度由2.38%下降到1.26%，达到国家标准。2010年，投放鼠药8吨。对200多家食品经营单位开展灭蟑培训，全年用消杀药品近2吨，蚊蝇密度明显低于往年。制定《津南区病媒生物监测计划》，开展病媒生物监测工作。是年10月，监测456个单位，布放点位2813个，外环境469处，鼠密度外环境监测计2650延米。

第二节　改　厕

一　城镇公厕改造

1999年，津南区组织各镇开展新建、改建水冲厕工作。至2000年，在咸水沽镇区新建、改建水冲厕30座。2001年，在全区各镇新建、改建水冲厕20座。

2003年，完成城乡接合部19座旱厕改造。

2004年，对区10座公厕进行无障碍设施改造。改造后的公厕，有符合标准的无障碍坡道，男女公厕内各有一处便于残疾人使用的扶手及残疾人专用坐便器具，公厕门口及厕所内建造的设施便于残疾人使用。2006年，加大对新建公厕的管理。对公厕环境卫生实行定人、定岗、定则，保证全天候保洁，提升环卫作业水平。对咸水沽镇不符合要求的12座公厕进行改造。

2009年，改造公厕2座，新建1座。2010年，新建公厕1座，对红旗路公厕改造。新建众祥里小区公厕1座；双港“新家园”公厕4座。

二　农村厕所改造

1990年，初级卫生保健工作兴起，农村改造旧厕所，建立卫生厕所。咸水沽、葛沽、小站3镇建水冲式公共厕所。其后，农村粪肥管理进入建立卫生厕所阶段。1995年，厕所无害化处理在城镇和农村普遍开展。

2003年，农村旱厕改造为重点工作，津南区户厕改造模式为：完整下水道水冲式、自来水三格化粪池式和污水冲三格化粪池式。2004年，完成农村户厕改造3万座；2005年，完成1.79万座；2006年，完成21170座；2007年，建造大三格共用厕所及农村卫生公厕38座；2008年，新建40多座水冲式农村公厕；2009年，新建农村卫生公厕28座，广大农民用上了干净、舒适的卫生厕所。

第三节　卫生创建活动

2006年始，津南区正式启动创建市级卫生区工作。制定《津南区创建市级卫生区（镇）工作实施方案》，各镇及相关责任单位向区政府递交创卫责任书。

2007年，全区创建市级卫生村13个，即辛庄镇建明村，葛沽镇大滩村、三合村，咸水沽镇赵北村、苑庄子村、池稻地村、秦庄子村、李庄子村、潘庄子村，双桥河镇南房子村、闫家圈村、孙庄子村，北闸口镇义和庄村。

2008年，全区创建市级卫生村15个，分别是咸水沽镇五登房村、四里沽村、周辛庄村、头道沟村、北洋村，辛庄镇中辛庄村、高庄子村、清河村，双桥河镇刘家圈村、韩家圈村、李家圈村、小韩庄村，八里台镇毛家沟村，葛沽镇邓岑子村，小站镇西花园村。双桥河镇被命名为市级卫生镇。

2009年，结合农村环境卫生整治，创建市级卫生村10个。全区农村环境卫生质量得到提升。对以前年度创建的市级卫生村进行复审，加大治理反弹力度。2010年，创建市级卫生村10个。

第九章 区红十字会

1980年1月，恢复区红十字工作后，发展红十字会组织，建立规章制度。2010年底，全区会员1.37万人。在开展宣传、培训、救灾救助和防病救助工作中，取得突出成绩。在救灾捐献和防病救助工作中，募集大量善款和物资，支援灾区和救助困难家庭。

第一节 组织机构

1980年1月，恢复区红十字会，定编3人，与区卫生局合署办公。1984年4月，区红十字会办公室与区献血办合署办公。2005年9月，区红十字会独立建会，规格为正处级，核定事业编制5名。

区红十字会从建立至2010年，召开代表大会6次（1~4次代表大会资料缺失）。听取和审议区红十字会工作报告，选举产生区红十字会会长（由副区长兼任）、副会长、理事。

1999—2004年津南区红十字会会员代表大会一览表

表29-6

名称	时间	代表（人）	会长	理事（人）
第五届会员代表大会	1999.4	54	陈义述	32
第六届会员代表大会	2004.10	64	刘万春	32

第二节 组织建设和宣传培训

一 组织建设

1980年，红十字会恢复后，发展组织，建立规章制度。1998年3月，召开四届六次理事会。2005年，区政府印发《关于进一步加强我区红十字会工作的通知》，全区8个镇和长青办事处、52个委办局建立基层红十字会组织。2008年，区红十字会制定《关于进一步加强全区村（居）红十字组织建设的实施意见》《镇红十字会工作职责》《村（居）红十字会工作职责》《社区服务制度》《社区红十字会服务工作制度》《社区红十字会服务宣传制度》等。2009年5月8日，《中国红十字报》第1082期，第一版头条刊发《津南区红十字基层组织建设工作纪实》专题报道，并配发短评。2010年底，建红十字会组织173个，红十字会员1.37万人，红十字青少年3.67万人，红十字志愿者3300人。

二　宣传培训

2003年，区红十字会建立第三防病培训指导中心，在抗击非典型肺炎期间，开展防病知识的宣传。2004年，开展“健康教育进社区”活动，进行SARS、心脑血管疾病、糖尿病、结核病、艾滋病等疾病的防治知识普及教育。2007年，举行“关注农民健康　共建和谐津南——百万红十字志愿者大型募捐活动”启动仪式，募集善款100余万元。2008年9月28日，市红十字会、天津市第三中心医院、区卫生局、区红十字会共同主办“爱心病房”合作项目签约暨红十字志愿服务队成立仪式，开展义诊活动。2009年，在中国红十字会“十佳百优千星”评选活动中，葛沽镇红十字会获“优秀乡镇红十字组织”称号。区委宣传部、区红十字会在机关西院礼堂联合举办“博爱在津南”文艺演出。2010年，在区红十字会独立建会五周年期间，采取多种形式，宣传津南区红十字工作，《津南时讯》用16个版面，集中报道津南区红十字会发展、社会募捐和救助等方面所取得的成绩。

图29-23　2007年，关注农民健康　共建和谐津南——百万红十字志愿者大型募捐活动启动仪式

第三节　救灾捐献

配合有关部门，在1986年支援中原和华北贫困地区、1991年支援南方受灾地区、1994年支援西部贫困地区活动中，募集了大量衣物和现款。1998年8月，为支援长江、嫩江、松花江地区抗洪救灾，全区接收募捐款2.52万余元和一批药品、衣被。2000年，区红十字会、区民政局、区妇联联合开展援助西部募捐活动，募集善款35.39万元。2001年2月，为内蒙古雪灾地区募捐130.43万元和衣物、药品。2003年8月，为南方11个省灾区，募集善款26.01万元。

图29-24　2008年5月18日，荣程集团董事长张祥青（右）在中央电视台抗震救灾晚会上捐款

2008年2月，为南方部分地区雨雪冰冻灾害募捐379.3万元。为支援四川汶川抗震救灾，区红十字会接收社会各界捐款3847.89万元（荣程集团捐款1000万元）。荣程集团在中央电视台抗震救灾晚会现场捐款3000万元情况下又追加7000万元，现场合计捐款1亿元，成为天津市向地震灾区捐款最多的企业。2010年1月和3月，立林集团为海地共和国及智利国地震各捐助10万元。荣程集团为西南旱灾捐款100万元，全区为灾区募捐133.18万元。立林集团通过区红十字会捐款10万元，支援青海省玉树灾区抗震救灾。全区募集捐款165.55万元。是年8月，立林集团捐款10万元支援甘肃泥石流灾区人民，区红十字会募集44.8万元。

第四节 防病和救助

1980年，在“救死扶伤，扶危济困，尊老助残，助人为乐”的方针指导下，开展群众性卫生救护培训，提高急救水平，组织医务人员街头义诊，进行卫生知识宣传和敬老助残活动。1995年，区红十字会为白血病患者王丽颖募捐35.34万元。1998年10月，举办资助特困生就学活动，发放救助款3.74万元，资助72名特困生。1999年11月，召开“扶贫助学”大会，为54名特困学生发放救助金1.86万元。

图29-25 2006年，区领导向津南区首例捐献造血干细胞的青年梁斌（右二）及其母亲颁发奖章和证书

2006年，举办“博爱送万家”春节慰问活动，救助73户困难家庭。是年1月，咸水沽镇头道沟村24岁青年志愿者梁斌成功捐献造血干细胞，受助者是广西一名34岁女性白血病患者。区红十字会参与“新农合”大病医疗救助项目，救助30名特困参合农民，发放救助金8万元。并帮助322名村民缴纳每人50元参合费1.6万元。2010年，红十字会参与“新农合”大病医疗救助工作，救助172名大病患者，发放救助金68.8万元。累计培训救护人员4130人，开展群众性救护知识普及培训18330人。

第五节 红十字青少年活动

1998年，开展纪念“5·8”世界红十字会日活动及红十字青少年奉献月启动仪式。开展手拉手活动，帮助困难学生、为孤寡老人和军烈属开展各种志愿服务活动。1999年，有13所中小学被评为市级红十字标准校，39所中小学被评为区级红十字标准校。2010年7月，组织青少年参加天津市红十字会应急救护技能大赛，获得第三名。

第十章 卫生行政

80年代，区医疗工作实现制度化、规范化。90年代，区卫生局依法规范社会办医行为，加强医师队伍建设，提高医师的职业道德和业务素质。在药政管理方面，80年代，成立区药情分析小组，建立药情报告制度。90年代以后，制定《南郊区基层卫生医疗保健单位药剂管理办法》等规定，及时对区各医院进行全面检查、整顿，做好全区医药医疗安全工作。在食品安全方面，津南药监分局等部门进一步完善津南区食品安全三级监管网络，健全全区食品药品安全应急处置措施。

第一节 医政管理

一 医疗制度

1979年，区卫生局贯彻《全国医院工作条例草案》《医院工作制度、医院工作人员职责试行草案》，建立健全一系列规章制度，使医疗工作制度化、规范化、医政管理逐步进入正轨。区各医疗单位按照本单位具体情况，制定门诊、急诊、注射室、陪伴、护理、病房管理、病历书写、病案登记和管理、医疗器械保管、消毒隔离、手术室、麻醉室等可行的医疗工作制度。1994年，《医疗机构管理条例》

实施，区卫生局规范医疗机构设置、登记、执业、注销等行为，加强对医疗机构管理，促进医疗卫生事业发展，保障公民健康。

图29-26　2010年，咸水沽医院领导与住院患者座谈

1999年，津南区贯彻执行《中华人民共和国执业医师法》。区卫生局开展执业医师证书换领工作，加强医师队伍建设，提高医师的职业道德和业务素质，保障医师的合法权益，保护人民健康。2006年，各医疗单位结合医院管理，进一步强化医疗质量管理，结合各自情况，相应出台各项管理规定及办法。2009年，卫生部"质量万里行"下发13项临床核心制度，进一步提出细致而规范的要求。各医疗单位结合自己的实际情况不断完善各项管理规定，确保医疗质量。

二　医疗管理

1979年，区卫生系统医疗管理工作统一由卫生局医政科负责。并由资深高职称人员成立质控小组，定期对各医疗单位医疗质量、管理、服务进行检查。1998—2000年，对医疗机构聘用社会医务人员执业情况进行检查，对存在问题进行及时纠正；对全区医疗机构校验并颁发执业许可证；对全区所有医疗机构进行分类管理登记，并在《天津日报》进行公告。全区各医院进行全面检查、整顿，提高医院对感染病管理水平，减少医院感染机率。

2001年3月20日，区卫生局成立津南区病案、检验、放射、护理质量控制专业组，检查、指导医疗机构工作。制定《津南区门诊病例登记簿》，在全区统一使用。2007年，结合"医院管理年"活动，咸水沽医院等单位先后制定有关加强医疗质量管理制度，使医疗质量管理更加规范有序。

三　社会办医管理

区卫生局医政科、法制办、卫生监督所依法对社会办医进行监督检查，坚决取缔无照行医、非法行医、超范围行医行为。1991—2001年，区卫生局与公安、工商和广电等部门进行联合执法活动26次，对全区非法行医窝点、假医、游医，尤其是非法性病诊疗窝点进行全面集中清理，共查处、取缔非法医疗机构139所。没收药品和器械价值人民币16万余元，没收宣传品8.5万余份，罚款2842元，并对典型案例当事人给予行政处理。2005年，区卫生局医政科对辖区内的民营机构执业人员、医师、护士、技师等分期分批进行培训，对药、检从业人员定期进行培训考核，考核合格者给予发证。对民营医疗机构内的不合格的设备进行清理。在个体诊所内配备执业护士，减少治疗过程中的不规范行为，个体诊所逐步纳入规范化管理轨道。整改后仍不合格的个体诊所，全区共取缔17家。2003—2010年，培训乡医2965人次，合格率100%。

图29-27　津南区打击非法行医专项行动动员大会

四　医疗事故鉴定

区医疗事故鉴定委员会负责区医疗事故技术鉴定工作，由区卫生局医政科负责。1980年12月，

执行《天津市预防和处理医疗事故的暂行规定》。1987年6月，执行国务院《医疗事故处理办法》，贯彻医疗事故技术鉴定制度。

2001年，津南区实行“医疗纠纷接待处理情况月报表”“重大医疗纠纷上报表”制度，各单位按规定定期上报医疗情况。2002年8月26日起，区医疗事故技术鉴定工作归属区医学会下设的医疗事故技术鉴定办公室管理，受理接待医疗事故投诉等，并组织专家进行鉴定。2009年1月1日，贯彻《天津市医疗纠纷处置办法》，医疗事故的处理按照《医疗事故处理条例》(国务院令第351号)的规定执行。

1991—2001年，津南区申请医疗事故鉴定30件，按程序完成30件。其中，一级责任事故2件，一级技术事故1件，三级技术事故3件，严重差错9件，一般差错1件，不属医疗事故14件。2002—2010年，申请医疗事故技术鉴定33例。按程序完成鉴定27例，构成医疗事故的16例；不构成医疗事故的11例；因各种原因不能鉴定的6例。

第二节　药政管理

1985年，区卫生局成立药政科，管理医疗药品监理工作。1987年，有区级药品监督员6名，乡级药品质检员34名，村级171名。1989年，成立区药情分析小组，建立药情报告制度。1990年，制定《南郊区基层卫生医疗保健单位药剂管理办法》。1994年，津南区按照《医疗机构管理条例实施细则》规定，从设置审批、登记与校验、名称、执业监督管理、处罚等方面对全区所有医疗机构进行全面整顿。2000年，根据《医院感染管理规范(试行)的通知》，对区各医院进行全面检查、整顿。2001年3月，成立津南区病案、检验、放射、护理质量控制专业组，定期下基层进行医政工作检查、指导工作。2002年4月，依据药品法行政执法职能划归区药品监督管理局。

一　药品药械管理

(一)质量管理

1997年9月，成立津南药检所，对辖区内药品质量实施监督检查，并开展药品快速检验工作。2002年，津南药监分局采取按照生产流程顺向检查和随机抽取样品逆向核查，并与生产记录相结合的方法，按照体系考核标准，对原材料采购、物料管理、生产工艺、产品检验、灭菌控制、环境监测、设备保养等各环节进行全方位检查。强化标准、程序在生产各个环节中的实际应用，严把质量关。并在记录中体现，使生产全过程始终处于受控状态。每年辖区医疗器械生产企业都要向津南药监分局递交《质量信用承诺书》，强化质量安全第一责任人意识，每年对企业进行信用等级评定。2010年，津南区有药品生产企业6家，注册品种25个；医疗器械生产企业20家，注册品种67个，其中国家重点监控品种2个，天津市重点监控品种2个。

(二)市场管理

2002—2009年，津南区对药品零售企业进行GSP(药品经营质量管理规范)认证276家次，现场检查一次性通过率95%。通过认证各单位经营条件在硬件和软件方面都有很大程度的改善，经营场所整洁美观，药品分类清楚，摆放整齐规范，确保了药品经营质量水平地提升。对辖区药品零售企业开展定期、不定期以及随机等不同形式的认证后跟踪检查。建立GSP跟踪检查档案，为日常监管提供可靠的依据。同时，将GSP跟踪检查情况与药品零售企业信用等级分类管理相结合，把执行GSP的总体情况作为换证和年检的重要参考内容。

津南区严格执行《药品、医疗器械经营企业许可证(零售)开办审批工作程序》，落实一站式服务。将所有行政审批结果在药监局门户网站公布，接受群众监督。2002—2009年，办理药品零售企业156家，变更药品经营许可232项；办理医疗器械零售许可证190项，变更医疗器械经营许可159项。

（三）购销监督

2002年始，落实专项整治监管责任制，对进货审查、入库验收、购销票据等多个环节进一步加强监管。建立"五项制度"（供货商及产品的索证验证制度、进货检查验收制度、外埠供货企业业务人员信用等级评定制度、辖区药品零售企业从业人员备案制度、供货渠道备案制度）、明确"四个不准"（不准以任何形式出租或转让柜台、不准未取得医药商品购销员资格的人员销售药品、不准经营无批准证明文件的产品、不准对产品进行违法宣传）、建立"三个数据库"（外埠业务人员信用等级数据库、药店从业人员数据库和药店供货渠道数据库），强化"两项记录"（即进货确认记录和药品购进记录），完善"一个凭证"（即药品销售凭证）。2003年，由津南药监部门牵头联合卫生局开展供应网络建设工作，按照"政府引导、市场主导、多方参与、依法规范"的原则，推进药品供应网络。通过竞争，8家诚信度高、经营规范、价格合理、服务到位的企业成为供货主体。2004年，药品供应网络正式运行。

津南区建立由区政府主管领导和药监部门牵头，相关执法职能部门参加的相对稳定的协调机构。同时建立由镇卫生院为主体、人大代表、政协委员参与的乡镇药品协管员队伍，建立由村委会负责人和乡医、个体医组成的药品信息员队伍。组建一支132余人的区、镇、村三级药品监管网络队伍，把监管的触角深入到乡村各个角落。

二　处方药与非处方药分类管理

2001年2月，国家药品管理法公布，津南区在辖区召开药品零售企业工作会议，明确社会责任。利用新闻媒体和印制宣传材料，宣传凭处方购买处方药的意义，提高安全用药意识。同时组织合理用药和不良反应监测等专业培训，提高辖区医、药人员的意识和水平。区药监分局与卫生局配合，摸清辖区医师人员名单及鉴字印模，发至各药品零售企业作为审核处方之用。开展试点工作，推进医疗机构与药品零售门店的合作。

津南药监分局按照《药品流通监督管理办法》的规定，将药品分类管理工作作为日常监督检查重要内容之一。基本控制零售药店销售处方药的情况。

三　特殊药品管理

1979年，对麻醉药品实行限量供应。1990年，举办特殊药品培训班，严格执行购用药审批制度，管理上实行"五专"即专人管理、专柜加锁、专人专用处方、专册登记、转账核销的管理制度。1995年，全区有毒麻药品、精神药品使用权单位18个，其中咸水沽医院为晚期癌症病人麻醉药品专供点。使用药品主要为杜冷丁、盐酸吗啡验试片、强痛定针（片）等。2002年，津南药监分局建立特殊药品监管责任制，将监管任务和职责分解落实到人。对企业执行有关法律、法规情况及特殊药品及含特殊药品复方制剂生产、销售、库存等情况定期进行全面检查，发现问题及时予以纠正，确保特殊药品合法需求，杜绝流入非法渠道。统一印制特殊药品专册登记等记录表，对区316个药品使用单位基本情况登记造册，建立档案。区药监分局会同禁毒办、卫生局对医疗单位对麻、精药品管理进行检查，对"麻卡"发放和供药单位进行重点检查。对持《购用麻、精药品印鉴卡》的医疗单位进行重点检查，对存在问题的单位，除照章处理外，在全区及时通报批评。联合区卫生局、区公安局，组织辖区药品经

图29-28　2010年，咸水沽医院门诊大厅

营企业和各级医疗机构举办培训会。

至2010年，每年对辖区涉及特殊药品经营和使用单位实行全覆盖专项检查。重点对企业留存资质证明文件的真实性、销售流向追踪的有效性、票据的合法性、进货验收和出库复核记录的及时性，以及是否存在个别品种购销数量变化的异常性等方面展开深入检查。保证特殊药品及含特殊药品复方制剂购进、销售渠道符合规定。

第三节 食品卫生管理

一 食品安全信用体系建设

2006年，津南区在米面生产加工行业和生猪定点屠宰行业，开展食品安全信用体系建设试点，组织评审。评定出天津市津南区优质小站稻开发公司、瑞祥新农食品有限公司、正宏食品公司、八里台粮购公司、天津市绿康食品有限公司等5家食品安全信用A级单位。2007年9月17日，津南区被列入第一批“国家级食品安全示范县”创建区。2008年10月21日，津南区通过验收，成为第一批国家级食品安全示范区。

二 食品安全三级监管监督

2007年6月，境内8个镇和长青办事处开始建立食品安全监管站。业务上接受津南药监分局指导，设立食品安全专职人员。在全区各村（居）委会设立食品安全监控点，聘用食品安全协管员191名。监管站及监控点的建立，完善了津南区食品安全三级监管网络。2007—2008年，津南区卫生监督所共出动监督执法人员7400人次，对辖区食品生产、加工、经营企业进行9358户次监督检查，实行量化分级管理的餐饮业、学校食堂854户次。2009年6月1日，《中华人民共和国食品安全法》正式生效实施，10月1日，区食品药品监督管理局将餐饮卫生监督管理职能委托给卫生监督所实施。2009—2010年，津南区卫生监督所出动卫生监督执法人员5749人次，对辖区食品生产、加工、经营企业进行4394户次的监督检查，实行量化分级管理的餐饮业、学校食堂352户次。

图29-29 2008年，卫生监督员检查奥运会用餐保障情况

三 食品安全风险监测

2008年始，津南药监分局组织津南区质监局、区卫生局、区工商局在食品生产流通消费环节开展食品安全风险监测，监测样品64批次。全面掌握辖区生产流通及餐饮环节的食品安全状况，有效开展食品安全预警，保证公众饮食安全。

四 食品药品安全应急处置

2002年，津南药监分局建立健全《药品医疗器械突发事件应急预案》，针对国家局发布药械紧急停用、召回的通知，启动应急预案，利用短信群发方式，第一时间把有关要求传达到相关单位，随后到重点企业进行现场检查，保证落实到位。2005年12月，津南区建立《天津市津南区食品安全突发事件应急预案》，实现了津南区食品安全事故处置的规范化。2006年9月，辖区内多所小学出现学生接种白喉、破伤风联合疫苗后不良反应的情况，津南区紧急开展关于此次事件调查。检查了咸水沽镇卫生院和区防病站。并抽验该药品的3个批次。

针对突发事件，津南药监分局果断有效的处置和及时准确地上报，受到国家药监局的表扬。

2008年3月，制定《重大食品安全事故应急操作手册》，进一步明确各部门的职责、处置突发事件的原则、程序及应急措施。健全应急组织机构，落实应急人员，成立应急专家组织，构建应对重大食品安全突发事件的监控和应急处置体系，实现应急网络覆盖100%。

津南区志

（1979–2010）

第三十编

体 育

改革开放后，津南区体育事业迅速发展。体育工作以管理体制、训练体制、竞技体制改革为重点，探索符合现代体育发展的新路子，形成了以政府管理体育为主，社会、企业、集体、个人一起办体育的多形式、多渠道、多层次的管理体制；通过广泛开展群众性体育竞赛、中小学体育竞赛活动和参加市、全国体育比赛，形成了规范的竞技体制。全民参与体育健身的意识日益增强，人民体质状况不断改善；国民体质监测逐步规范化和制度化；社会体育组织逐步形成了网络；区群众体育活动保持了全市领先水平，并为国家培养输送了一大批优秀体育人才。随着竞技体育实力增强，津南籍运动员获得了奥运会铜牌和亚运会、全运会金牌，为祖国、家乡争得荣誉，为社会全面进步做出了贡献。

2010年10月26日，荣钢男篮在葛沽体育馆迎战洛杉矶飞鹰男篮

第一章 社会体育

中共十一届三中全会以后，随着社会经济的发展，津南区群众体育工作得到广泛的开展。职工体育、农民体育、老年人体育、妇幼体育、少数民族体育和残疾人体育运动得到有组织、有规模的开展，在国家级、省市级比赛中取得较好成绩。1990年，津南区获得“全国体育先进县”称号。辛庄镇等五个乡镇先后被认定为“全国亿万农民健身活动先进乡镇”；葛沽镇、咸水沽镇、双港镇先后被认定为“全国群体工作先进单位”。

第一节 职工体育

1979年后，南郊区政府调动社会积极性，促进群体活动开展，倡导社会办竞赛，每次比赛由一个企业赞助。此后，津南区由社会各界赞助的职工体育比赛年年有，已形成传统，竞赛规模逐年扩大。竞赛的项目有：篮球、乒乓球、羽毛球、台球、足球、射击、举重、舞蹈、拔河、中国象棋、太极拳、武术、长跑等。其中，社会办大型竞赛活动有：由区建设开发公司独家赞助的“建设开发杯”机关干部长跑运动会，从1988年2月6日的第一届开始，至2010年已举办23届。1992年始，天津宝成机械集团有限公司赞助的“宝成杯”篮球赛，每年举办，共举办10届，2003年以后停办。由津南钢丝厂赞助举办的津南区“区长杯”乒乓球赛，1995年9月26日首办，到2000年止，举办5届。

图30-1 2002年，第十四届“建设开发杯”机关干部长跑运动会

第二节 农民体育

80年代，农村体育迅猛发展，各镇相继组织农民体育活动参加比赛。1984年，区组队参加全国农民“丰收杯”篮球天津地区预赛，获女子篮球比赛第一名。1985年，葛沽镇和八里台镇首批被天津市命名为“天津体育之乡”。1985年和1989年两次代表天津市参加全国农民田径赛。1991年，组队参加天津市第二届农民运动会，获女子篮球比赛第二名。1996—2005年，辛庄镇、咸水沽镇、双港镇、葛沽镇、北闸口镇先后被认定为“全国亿万农民健身活动先进乡镇”。1993年、2001年、2008年，葛沽镇、咸水沽镇、双港镇先后被认定为“全国群体工作先进单位”。

自1987年举办区首届农民运动会，至2010年举办六届。比赛项目有台球、乒乓球、田径、武术、篮球、摔跤、手扑球、足球、中国象棋、扑克升级、射箭、射击、趣味运动等。参加天津市历届农民运动会，共获得金牌13枚、银牌20枚、铜牌18枚。

区农民代表队代表天津市参加1988—2008年六届全国农民运动会，比赛的项目有民兵军事三项、舞狮、自行车负重比赛。其中，2004年，全国第五届农民运动会获民兵军事三项手榴弹掷远第二名，舞狮金牌、银牌和铜牌各1枚。

第三节　老年人体育

80年代，老年人参加体育人数增多。1985年9月，区老干部局与区体委联合举办老年人乒乓球比赛，设4个项目。1987年后，区老干部局活动中心每年组织1次老干部运动会。项目有：田径、游泳、台球、篮球、羽毛球、乒乓球、围棋等。至1995年，老年人参加的体育活动主要有：长跑、门球、篮球、太极拳、舞蹈等。

津南区老年男子篮球队参加天津市老年篮球赛，取得较好成绩。津南区太极拳协会主要成员为老年人，多次参加天津市比赛和区内大型活动表演。2001年，区人事局组织举办津南区退休干部第二届运动会，44个单位388人参赛。2005年，67岁高龄的退休干部李润田为宣传全民健身，独自一人从天津市引河桥倒行至北京天安门，这一举动当时曾在众多媒体报道。至2010年，津南区老年人体育锻炼项目有：篮球、羽毛球、乒乓球、太极拳、武术、花毽、秧歌、舞蹈、象棋、长跑、徒步行走等。

第四节　妇幼体育

一　妇女体育

1982年，举办南郊区第一届“三八妇女健康杯”通讯赛。此后，每年举办。赛后选拔成绩优秀者，按老、中、青组团分别参加天津市“三八妇女健康杯”通讯赛。

1990年，区组队参加天津市“三八妇女健康杯”体育比赛，获4个单项第一名和团体总分第一名。至2010年，举办29届。比赛项目逐渐增加，有：五环趣味、健身三项、拔河、跳绳、踢毽、举重物、仰卧起坐、健美操、8字大跳绳、手扑球、推铁环等。

图30-2　2005年，“三八妇女健康杯”拔河比赛

二　幼儿体育

80年代初，区召开首届幼儿运动会，其后每年举办。1985年后，改为独生子女家庭运动会，由津南区计划生育委员会、区计划生育协会、区妇女联合会、区教育局、区体育局、区农民体协联合举办。比赛项目主要有：合家欢、齐心协力、夫妻顶球、收珍珠、赶猪进圈、钓鱼、巧戏呼啦圈等。至2007年，组织22届。2008年以后停办。

第五节　少数民族体育

80年代，少数民族体育活动得到发展。成立区摔跤协会，并于咸水沽镇、辛庄镇等地开展摔跤运动。1992年，在葛沽镇举办区少数民族珍珠球、摔跤单项赛。2001年，在葛沽镇西关小学举办“西关杯”少数民族传统体育比赛，项目有：顶罐、打花棍、双飞舞、赛威呼等，西关小学获团体总分第一名。2002年4月，津南区少数民族摔跤比赛在区体育馆举行，11个单位41名运动员参赛，高树锦等6人分获各级项目第一名。葛沽镇西关小学被评定为天津市少数民族体育传统项目学校。

津南区组队参加天津市历届少数民族传统体育比赛。1990年，天津市举办首届少数民族传统体育运动会，区组队44人，参加珍珠球、狩猎、赛威呼3项比赛，获团体第四名，小学男子赛威呼队获冠军。1994年，参加天津市第二届少数民族传统体育运动会，获团体第五名。1998年，参加天津市第三届少数民族运动会，获得金牌1枚、银牌1枚、铜牌2枚。2002年，津南区参加天津市第四届少数民族传统体育运动会，获团体第五名，参赛运动员获1枚金牌、3枚银牌。2006年，在天津市第五届少数民族传统体育运动会上，获团体第四名，参赛运动员获3枚金牌、3枚银牌、3枚铜牌。2010年，在天津市第六届少数民族传统体育运动会上，参赛运动员获4枚金牌、5枚银牌、4枚铜牌。

第六节 残疾人体育

80年代，残疾人参加体育活动人数逐年增多。1985年，组队参加天津市残疾人乒乓球赛。1987年，组队参加天津市第二届残疾人运动会，参赛队员14人，获铅球、标枪等9项冠军。1990年，组队参加天津市残疾人田径、游泳、乒乓球锦标赛，获男F11组100米跑、400米跑、1500米跑、游泳等16项冠军。

1991年4月30日，区召开首届伤残人运动会，项目有：田径、举重、乒乓球等，参赛运动队9支，运动员66人。至1995年，残疾人参加的体育活动有：乒乓球、田径、武术等10个项目。

2003年，津南区残疾人工作委员会按照《贯彻天津市创建全国残疾人工作示范城市，津南区创建残疾人工作示范区的安排意见》的要求，成立领导小组，开展残疾人体育活动，推动津南区残疾人事业发展。津南区培智学校体育代表队先后三次代表天津市参加全国第三届、第四届和第五届特殊奥林匹克运动会，共获4金、1银、2铜。2006年，津南区为推动特奥活动在天津市的进一步开展，建立津南区特奥活动示范社区，由津南区体育局牵头，协调相关部门成立特奥工作领导者小组。区残疾人体育代表团于1999年、2002年、2009年、2010年先后4次参加天津市残疾人运动会，取得45枚金牌、28枚银牌、22枚铜牌。

第二章 学校体育

区内各中小学校贯彻党和国家教育方针，坚持德智体美劳全面发展。学校体育工作坚持学生全面发展，健康第一。1990年，津南区被定为全国中小学新体育教学大纲实验区。学校教师结合新大纲，从学生体质实际出发，不断创新体育教学教法，因地制宜积极开展体育课余训练和各种课外活动。1979—2010年，每年组织春秋两季区中小学田径运动会，成绩优秀者组队参加市级学生运动会，取得优异成绩。

第一节 校内外体育

一 体育课教学

80年代，区内中小学试用新教材，全区统一考核“体育基本知识”“初中一年级定额考核”。后使用天津自编教材，区教育局编制中小学体育教学计划。1990年，南郊区被定为全国中小学新体育教学大纲实验区。2003年，区制定《津南区关于深化基础教育体育与健康学科教学改革意见》和《津南区体育学科培养学生创新精神和实践能力实施方案》。老教师结合新大纲不断创新，多名年轻体育教师脱颖而出，在天津市、津南区体育课教学评比中取得很好成绩。双桥河三小教师张云凯在天津市双优课评选中获天津市二等奖。2006年，津南区组织区中小学体育教师基本功比赛。2008年，津南区制定《津南区中小学体育课堂教学的基本要求和构建高效课堂实施方案的落实计划》，进一步修改完善《津南区体育教学评价标准》。八里台中学教师卢立友和老左营小学教师杨钢旗执教的录像课，在全国评比中分别获得全国二等奖和三等奖。在参加天津市双优课评比中，北洋小学教师王树霞获一等奖。

图30-3　体育课堂教学

二　体育训练

课余业余训练是中小学体育工作一个重要组成部分，各中小学利用下午及早晨课余时间进行课余训练。2003年，津南区教育局出台《关于进一步加强津南区中小学课余体育训练工作的若干意见》，要求每所学校根据实际情况确定2—3个项目进行训练，做到任务、时间、场地、经费、教练、学生六落实。教练员做到训练有年度计划、月计划、周计划、日计划（教案）。与此同时，区教育局还进行总结、检查和评估工作。

图30-4　2009年，葛沽一小篮球操

津南区中小学业余训练设置的项目有：田径、乒乓球、足球、篮球、羽毛球、棒垒球、艺术体操、武术、摔跤等。训练时间为利用每天的早晨、下午课后以及寒暑假期的部分时间进行，训练时间可根据年龄安排，但每次训练不得超过1.5小时。

至2010年，体育业余训练管理、各项措施到位，激发了广大师生的积极性。津南业余训练工作质量和运动成绩都得到大幅度提高。

三　体育传统项目学校

80年代，南郊区已注重发展特色体育。体育传统项目学校每两年评选一次，每年评估一次，并向社会公布评选结果。2008—2009年，评选津南区实验小学（田径）为国家级体育传统项目学校。咸水沽一中（篮球）、葛沽实验小学（篮球）、小站实验小学（乒乓球）、白塘口小学（足球）为天津市级体育传统项目学校。双港中学、葛沽一中、葛沽二中、咸水沽二中、咸水沽三中、小站实验中学，双港小学、马集小学、新房小学、葛沽二小、东大站小学、老左营小学、小站五小、小站三小、南洋小学、韩城桥小学、咸水沽四小（以上学校均为田径项目），咸水沽三小（足球），西关小学（少数民族体育），为津南区区级体育传统项目学校。

四　体考、体育特长生认定

1992年，天津市教育局决定在初中毕业升学考试中加试体育，计30分。2002—2008年，天津市教育局决定，体考不纳入升学考试中；2009年，恢复升学加试体育。2009年，津南区初中毕业生升学体育考试于5月12—14日在咸水沽一中举行，分值14分。2010年4月21—23日，初中毕业生体育考试在南洋工业学校体育场举行，分值22分。

体育特长生的认定须经学生本人申请，由学生所在学校上报天津市教委，经天津市统一测试，达到标准的才能成为体育特长生。2006年以后，天津市教委批准咸水沽一中、双港中学、小站一中为天津市级体育后备人才学校。这三所学校有面向全市招收应届初中毕业生中体育特长生的资格。咸水沽三中等9所中小学为面向全区招收应届毕业生中体育特长生资格的学校。津南区招收体育特长生，2006年22人，2007年18人，2008年34人，2009年37人，2010年30人。

第二节　学生运动会

区学校运动会，以学校田径运动会规模和影响最大。1979—2010年，区中小学田径运动会每年都组织两次。比赛分设小学男女、中学男女、高中男女6个组别，成绩优秀者组队参加市级学生运动会。

图30-5　2005年，津南区中小学田径运动会开幕式

1995—2010年津南区参加天津市中小学田径运动会成绩一览表

表30-1

时间	竞赛名称	地点	参赛人数（人）	成绩				
				团体		单项		
				名次	分数	第一名	第二名	第三名
1995.5	天津市中小学田径运动会	民园体育场	-	-	-	9	6	7
1996.5	天津市中小学田径运动会	民园体育场	-	-	-	12	7	4
1997.5	天津市中小学田径运动会	民园体育场	-	-	-	7	8	6
1998.9	天津市第九届运动会中小学田径赛	民园体育场	-	-	-	11	6	4
1999.5	天津市中小学田径运动会	武清体育场	-	-	-	32	13	17
2000.5—7	天津市中小学田径运动会	南开中学体育场	53	12	324.00	8	8	7
2001.5	天津市“宝成杯”中小学田径运动会	咸水沽一中	63	区县组：1	765.00	38	20	12
2002.5	天津市“中国人寿保险杯”中小学田径运动会	蓟县一中	-	区县组：4	618.50	22	-	-
2003.7	天津市中小学田径运动会	天津市43中	54	区县组：5	635.00	25		
2004.5	天津市“天津通信杯”中小学田径运动会	芦台一中	48	区县组：5	567.50	20	20	12

续表

时间	竞赛名称	地点	参赛人数（人）	成绩				
				团体		单项		
				名次	分数	第一名	第二名	第三名
2005.5	天津市中小学田径运动会	天津市43中	84	区县组：4	652.50	28	20	10
2006.7	天津市第十一届运动会中小学田径比赛	河东体育场	43	–	–	12	10	12
2007.5	天津市“晨光杯”中小学田径运动会	天津市43中	41	区县组：3	483.00	18	12	11
2008.5	天津市“可口可乐杯”中小学田径运动会	天津财经大学体育场	39	区县组：6	–	5	7	3
2009.5	天津市中小学田径运动会	天津体院田径场	95	区县组：6	193.00	9	7	6
2010.5	天津市第十二届运动会田径预选赛暨“双街杯”中小学田径运动会	北辰区47中	–	区县组：7	–	5	5	13
2010.8	天津市第十二届运动会田径比赛	河东体育场	–	–	–	10	10	9

第三章　竞技体育

津南籍射击运动员高静参加2000年悉尼奥运会，获女子组气步枪40发第三名，柔道运动员潘玉庆在1998年世界杯女子柔道78公斤级比赛中，达到国际级运动健将。乒乓球教练戴洪志2003年到日本千叶乒乓球俱乐部执教，成为津南区援外执教第一人，高静与队友2002年在釜山亚运会上，打破女子气步枪的世界纪录。自行车运动员李维、郑璐璐，举重运动员郭玺艳参加世界三大赛事获得奖牌。因为本区运动员获奖较多，因此世界级竞赛成绩只记前三名，国家级比赛成绩只记第一名。

第一节　田　径

1979—2010年，津南区为国家培养和输送了大批优秀运动员，津南区籍运动员在国内高水平竞赛中也取得较好成绩。1990年以后，共获金牌1枚、铜牌3枚。

2010年津南籍田径运动员参加国际级竞赛成绩表

表30-2

竞赛名称	时间	地点	代表单位	姓名	组别	项目	成绩	名次
第13届世界青年田径锦标赛	2010.7	加拿大蒙特顿	中国	崔爽	女子组	铅球（4KG）	16.13米	2

1990—1996年津南籍田径运动员参加国家级竞赛成绩一览表

表30-3

竞赛名称	年份	地点	代表单位	姓名	组别	项目	成绩	名次
全国青年田径锦标赛	1990	北京市	天津市	刘蕴丽	女子	4×100米接力	45"00	1
全国青年田径锦标赛	1990	天津市	天津市	刘蕴丽	女子	4×100米接力	45"00	3
第七届全国运动会	1993	北京市	天津市	刘蕴丽	女子	4×400米接力	4'28"37	3
第五届全国大学生运动会	1996	西安市	天津市	王恩芳	女子	铁饼	55.92米	3

1979—2009年津南区田径赛最佳成绩一览表（男子）

表30-4

项目	成绩	创造者	运动会名称	时间	地点
100米	10"82	王磊	津南区中小学田径运动会	2009.10	双港中学

续表

项目	成绩	创造者	运动会名称	时间	地点
200米	22"82	王磊	津南区中小学田径运动会	2009.10	双港中学
400米	50"80	刘少瑞	津南区中小学田径运动会	2007.10	小站一中
800米	1'51"10	马庆勇	五省市田径对抗赛	1990.09	石家庄市
1500米	3'54"00	马庆勇	全国青年田径锦标赛	1988.08	合肥市
3000米	8'16"50	高宝贤	全国青年田径赛	1986.05	天津市
5000米	14'21"00	高宝贤	全国青年田径冠军赛	1988.10	南京市
10000米	30'39"60	高宝贤	85年夏季北京田径邀请赛	1985.08	北京市
110米栏（106.7CM）	14"00	胥宝光	第四届全国运动会预选赛	1979	北京市
400米栏（91.4CM）	58"49	张桂亮	津南区中小学田径运动会	2007.04	双港中学
4×100米接力	44"69	区混合队	“晨光杯”天津市中小学田径运动会	2007.05	天津市
4×400米接力	3'32"40	区混合队	天津市中小学田径运动会	1989.05	天津市
马拉松	2:30'24"00	赵子良	深圳“维尔康”马拉松邀请赛	1985.01	深圳市
跳高	2.06米	孙文东	全国青年田径锦标赛	1988.05	合肥市
跳远	6.65米	王大海	津南区中小学田径运动会	1981.04	咸二中
三级跳远	14.20米	张岩	天津市中小学田径运动会	2005.05	天津市
铅球（7.26KG）	17.49米	张兆举	北京地区田径赛	1991.10	北京市
铁饼（2KG）	59.02米	刘呈江	北京地区田径赛	1987.05	北京市
标枪（800g）	75.80米	邱富海	全国首届青运会预选赛	1985.08	天津市
五项全能	2924分	韩永喜	天津市中小学田径运动会	1988.05	天津市

1984—2009年津南区田径赛最佳成绩一览表（女子）

表30-5

项目	成绩	创造者	运动会名称	时间	地点
100米	11"84	刘蕴丽	全国田径冠军赛	1989.09	杭州市
200米	23"95	刘蕴丽	全国田径冠军赛	1989.09	杭州市
400米	58"10	刘晶	天津市少儿田径分龄赛	1987.04	天津市
800米	2'21"40	郭杰艳	天津市中小学田径运动会	1996.05	天津市
1500米	4'38"00	张会艳	天津市中小学田径运动会	1987.05	天津市
3000米	10'10"00	曹艳玲	天津市第九届运动会	1998.09	天津市
100米栏（84CM）	15"80	韩贵娥	全国业体校田径赛	1987.08	杭州市
400米栏（76.2CM）	1'03"10	梁玉秀	天津市中小学田径运动会	1992.05	天津市
4×100米接力	50"10	区混合队	天津市中小学田径运动会	1987.05	天津市
4×400米接力	4'03"80	区混合队	天津市中小学田径运动会	1985.05	天津市
马拉松	3:07'02"	李纪皎	天津市第三届国际马拉松赛	1984.11	天津市
跳高	1.69米	韩贵娥	全国青年田径冠军赛	1987.09	湘潭市
跳远	5.87米	贾轩	天津市春季田径邀请赛	2002.03	天津市
三级跳远	12.30米	吕金华	天津市中小学田径运动会	1995.05	天津市
铅球（4KG）	17.07米	崔爽	全国第十一届运动会	2009.10	济南市
铁饼（1KG）	55.94米	王恩芳	北京地区田径邀请赛	1990.05	北京市
标枪（600g）	56.12米	韩会娥	全国大学生运动会	1988.08	南京市
五项全能	3538分	韩贵娥	第二届全国青少年运动会预选赛	1989.05	长沙市
七项全能	4785分	韩贵娥	全国青年田径锦标赛	1990.05	鞍山市

第二节 球 类

1997年，津南区建立体校棒球队、垒球队，多名队员输送到天津市体工队，多人参加国家级竞赛，并取得好成绩。输送到国家队的张振旺加入美国纽约市洋基棒球队，参加美国职棒联赛，王靖超加入日本横滨职业棒球俱乐部，参加日本棒球职业联赛。津南籍垒球运动员在国际级竞赛中获得银牌1枚，棒球运动员在国家级竞赛中获得金牌7枚、银牌4枚、铜牌1枚。手球、曲棍球、排球、足球运动员参加国家级比赛中女子排球获金牌2枚、铜牌1枚。

津南籍垒球运动员参加国际级竞赛成绩表

表30-6

竞赛名称	年份	地点	代表单位	姓名	名次
亚洲青年垒球锦标赛	1997	印度	中国	李登辉	2

2005—2008年津南籍棒球运动员参加国家级竞赛成绩一览表

表30-7

竞赛名称	年份	地点	代表单位	姓名	名次
全国棒球联赛	2005	郑州市	天津市	徐昌清、张振旺、王凯、李文明	1
第十届全国运动会	2005	南京市	天津市	王靖超、张振旺	1
全国棒球联赛	2006	天津市	天津市	古汶鑫、徐昌清、王靖超、王凯、张振旺、叶东林、张云峰	1
全国棒球锦标赛	2007	-	天津市	王凯、古汶鑫、杨鑫豪、李梓根	1
全国棒球冠军赛	2007	天津市	天津市	王靖超、张云峰、古汶鑫、徐昌清	1
全国棒球锦标赛	2008	天津市	天津市	张振旺、王凯、王靖超、李梓根、徐昌清、李文明	1
全国棒球联赛	2008	-	天津市	李文明、田大旭、王跃强、杨鑫豪、闻磊、古汶鑫、张振旺、王凯、李梓根、徐昌清、王靖超	1

津南籍排球运动员参加国家级竞赛成绩一览表

表30-8

竞赛名称	年份	地点	代表单位	姓名	名次
全国青年女子排球锦标赛	2009	秦皇岛市	天津市	孙妍	1
全国青少年 U20女子排球锦标赛	2009	达州市	天津市	孙妍	1

第三节　射　击

津南区射击运动员在奥运会、世界杯、世界锦标赛世界顶级三大赛中都曾取得过较好成绩。津南区向上级优秀运动队输送的358名运动员中，最为突出的是高静，她曾代表中国参加2000年悉尼奥运会，并以394+103.2环的成绩获得女子气步枪40发比赛铜牌，是中国体育代表团在该赛事中的第一块奖牌获得者。高静还在国际级竞赛中取得非常优秀成绩，共获金牌6枚、银牌3枚、铜牌6枚，并两次打破世界纪录，一次平世界纪录。

图30-6　射击运动员高静

2000—2004年津南籍射击运动员高静参加国际级竞赛成绩一览表

表30-9

竞赛名称	年份	地点	组别	项目	成绩	名次
第九届亚洲射击锦标赛	2000	马来西亚	女子组	气步枪40发	398+101.3环	1
世界杯射击总决赛	2000	德国	女子组	气步枪40发	396环	2
第27届悉尼奥运会	2000	悉尼市	女子组	气步枪40发	394+103.20环	3
世界杯射击赛	2001	亚特兰大	女子组	气步枪40发	499.10环	2

续表

竞赛名称	年份	地点	组别	项目	成绩	名次
第十四届亚洲运动会	2002	釜山市	女子组	气步枪40发	398环	2
世界杯射击总决赛	2002	德国	女子组	气步枪40发	500.90环	3
世界杯射击系列赛(上海站)	2002	上海市	女子组	气步枪40发	501.60环	1(平世界纪录)
第48届世界射击锦标赛	2002	芬兰	女子组	气步枪40发	396环	5
第48届世界射击锦标赛	2002	芬兰	女子组	气步枪40发三人团体	1190环	1(破世界纪录)
第十四届亚洲运动会	2002	釜山市	女子组	气步枪40发三人团体	1194环	1(破世界纪录)
世界杯射击总决赛	2002	德国	女子组	气步枪40发	500.90环	3
世界杯射击赛	2003	曼谷市	女子组	气步枪40发	398环	3
世界杯射击总决赛	2003	德国	女子组	气步枪40发	397环	3
世界杯射击赛	2004	曼谷市	女子组	气步枪40发	500.90环	3
第十届亚洲锦标赛	2004	马来西亚	女子组	60发卧射团体	1170环	1

津南籍射击运动员参加国家级竞赛成绩一览表

表30-10

竞赛名称	年份	地点	代表单位	姓名	组别	项目	名次
全国射击赛总决赛	1999	上海市	天津市	高静	女子组	步枪3×20	1
全国射击系列赛	2003	北京市	天津市	李桂花	女子青年组	气手枪40发	1

津南籍射击运动员参加国家级竞赛共获金牌2枚、银牌10枚、铜牌2枚。按规定国内赛只记金牌。

第四节 柔道 跆拳道 空手道

1997年，津南区业余体校成立柔道队。2007年，津南区少儿体校又相继建立跆拳道、空手道项目并开始专项训练。经过刻苦训练，运动技术水平提高很快，输送到上级运动队的运动员，在国际、国家级竞赛中取得好成绩。至2010年，津南籍运动员在国际竞赛中获得金牌2枚、银牌4枚、铜牌4枚。在国家级竞赛中获得金牌7枚、银牌7枚、铜牌8枚。

图30-7 柔道运动员潘玉庆

1998—2008年津南籍柔道、跆拳道运动员参加国际级竞赛成绩一览表

表30-11

竞赛名称	年份	地点	姓名	组别	名次
世界杯女子柔道比赛	1998	明斯克	潘玉庆	女子72KG级团体赛	2
世界杯女子柔道锦标赛	1999	白俄罗斯	潘玉庆	女子72KG级团体赛	2
亚洲青年女子柔道锦标赛	2002	大马士革市	李登运	女子70 KG级	3
亚洲青年女子柔道锦标赛	2002	大马士革市	宋伟	女子－78KG级	3
第十四届亚运会跆拳道赛	2002	韩国	任瑞红	女子72KG	3
第十四届亚运会柔道赛	2002	韩国	潘玉庆	女子78KG	3
第二十二届世界大学生运动会	2003	大邱市	潘玉庆	女子78KG级	2
世界柔道A级赛加拿大站	2004	加拿大	潘玉庆	女子78KG	1
世界柔道A级赛美国站	2004	美国	潘玉庆	女子78KG	2
亚洲柔道锦标赛	2008	韩国	潘玉庆	女子78KG	1

2001—2006年津南籍柔道、跆拳道、摔跤运动员参加国家级获金牌一览表

表30-12

竞赛名称	年份	地点	代表单位	姓名	组别	名次
全国跆拳道锦标赛	2002	浙江省	天津市	任瑞红	女子72KG级	1
第九届全国运动会柔道比赛	2001	上海市	天津市	潘玉庆	女子78KG	1
全国女子柔道冠军赛	2003	顺德市	天津市	潘玉庆	女子78KG	1
全国女子柔道锦标赛	2001	-	天津市	潘玉庆	女子78KG	1
全国女子柔道锦标赛	2002	南昌市	天津市	潘玉庆	女子78KG	1
全国跆拳道锦标赛	2002	浙江省	天津市	任瑞红	女子72KG	1
全国大学生女子柔道锦标赛	2006	黑龙江省	天津市	潘玉庆	女子-78KG级	1

第五节　自行车

津南区体校由于经费不足和受场地、器材的限制，没有开展自行车运动训练，而是将运动员转项输送到天津市体工队自行车队训练。运动员李维、郑璐璐在国际和国家级竞赛中均取得较好成绩。国际级竞赛中获得金牌18枚、银牌5枚、铜牌2枚。国家级竞赛中获得金牌28枚、银牌16枚、铜牌6枚，3次打破全国纪录。

2000—2010年津南籍自行车运动员参加国际级竞赛成绩一览表

表30-13

竞赛名称	年份	地点	姓名	组别	项目	成绩	名次
第20届亚洲自行车锦标赛	2000	上海市	韩金禄	男子组	4千米团体追逐赛	4:30.05	3
亚洲青年自行车锦标赛	2005	印度	郑璐璐	女子组	500米追逐赛	12.30	1
亚洲杯场地自行车赛	2006	马来西亚	郑璐璐	女子组	个人追逐赛	37.70	1
亚洲杯场地自行车赛	2006	马来西亚	郑璐璐	女子组	500米计时赛	37.50	1
亚洲杯场地自行车赛	2006	马来西亚	李维	男子组	4千米团体追逐赛	4:20.875	1
亚洲杯场地自行车赛	2006	马来西亚	李维	男子组	个人记分赛	4:52.0	2
亚洲杯场地自行车总决赛	2006	曼谷市	郑璐璐	女子组	500米计时赛	37.70	1
亚洲杯场地自行车总决赛	2006	曼谷市	郑璐璐	女子组	个人争先赛	11.86	1
亚洲杯场地自行车总决赛	2006	曼谷市	李维	男子组	4千米团体追逐赛	4:25.0	1
亚洲杯场地自行车总决赛	2006	曼谷市	李维	男子组	4千米个人追逐赛	4:42.670	2
亚洲场地自行车锦标赛	2007	泰国	李维	男子组	4千米团体追逐赛	4:20.1	1
第27届亚洲自行车锦标赛	2007	泰国	郑璐璐	女子组	凯林赛	-	1
第27届亚洲自行车锦标赛	2007	泰国	李维	男子组	4千米团体追逐赛	4:24.0	1
第27届亚洲自行车锦标赛	2007	泰国	郑璐璐	女子组	凯林赛	-	1
第27届亚洲自行车锦标赛	2007	泰国	郑璐璐	女子组	变速赛	36.50	1
第27届亚洲自行车锦标赛	2007	泰国	郑璐璐	女子组	争先赛	11.80	2
世界自行车锦标赛	2008	英国	郑璐璐	女子组	团体变速赛	32:24	2
亚洲场地自行车锦标赛	2008	日本	郑璐璐	女子组	争先赛	11.75	1
亚洲场地自行车锦标赛	2008	日本	郑璐璐	女子组	凯林赛	-	1
亚洲场地自行车锦标赛	2008	日本	郑璐璐	女子组	变速赛	35.89	1
亚洲场地自行车锦标赛	2008	日本	李维	男子组	4千米团体追逐赛	4:20.0	1
世界杯场地自行车赛(第一站)	2008	英国	郑璐璐	女子组	争先赛	11.327	2
亚洲场地自行车锦标赛	2009	印度尼西亚	李维	男子组	4千米个人追逐赛	4:36.0	1
亚洲场地自行车锦标赛	2009	印度尼西亚	李维	男子组	4千米团体追逐赛	4:23.0	1
第十六届亚洲运动会	2010	广州市	李维	男子组	4千米个人追逐赛	4:32.34	3

说明：自行车凯林赛只计名次不计成绩

2004—2007年津南籍自行车运动员参加国家级竞赛获金牌一览表

表30-14

竞赛名称	年份	地点	代表单位	姓名	组别	项目	成绩	名次
全国场地自行车冠军赛	2004	太原市	天津市	李维 王兆军	男子组	4千米团体追逐赛	4:26.34	1
全国场地自行车冠军赛(第二站)	2006	日照市	天津市	郑璐璐	女子组	个人追逐赛	-	1
全国场地自行车冠军赛(第二站)	2006	日照市	天津市	李维	男子组	4千米团体追逐赛	4:27.00	1
全国场地自行车冠军赛(第二站)	2006	日照市	天津市	李维	男子组	个人记分赛	145:00	1
全国场地自行车冠军赛(第三站)	2006	沈阳市	天津市	李维	男子组	4千米个人追逐赛	4:50	1
全国场地自行车锦标赛	2006	秦皇岛市	天津市	郑璐璐	女子组	凯琳赛	-	1
全国场地自行车锦标赛	2006	秦皇岛市	天津市	李维	男子组	4千米团体追逐赛	4:23.125	1
全国场地自行车冠军赛(第一站)	2007	苏州市	天津市	郑璐璐	女子组	个人争先赛	11:628	1
全国场地自行车冠军赛(第一站)	2007	苏州市	天津市	李维	男子组	4千米团体追逐赛	4:23.1	1
全国场地自行车冠军赛(第一站)	2007	苏州市	天津市	李维	男子组	4千米个人追逐赛	4:50	1
全国场地自行车冠军赛(第二站)	2007	北京市	天津市	郑璐璐	女子组	凯琳赛	-	1
全国场地自行车冠军赛(第二站)	2007	北京市	天津市	郑璐璐	女子组	500米计时赛	36.05	1
全国场地自行车冠军赛(第二站)	2007	北京市	天津市	李维	男子组	4千米团体追逐赛	4:15	1（破全国纪录）

第六节 举 重

举重运动在境内开展较晚，津南区体校于20世纪末才开设举重项目并进行专门训练。向上级举重队输送的运动员中，参加国际级、国家级竞赛均取得较好成绩。2004—2009年，津南籍运动员在国际级比赛中获金牌6枚、银牌3枚、铜牌4枚。在国家级比赛中获得金牌1枚、铜牌2枚的好成绩。

2004—2009年津南籍举重运动员参加国际级竞赛成绩一览表

表30-15

竞赛名称	年份	地点	代表单位	姓名	组别	项目	成绩	名次
亚洲俱乐部举重锦标赛	2004	天津市	天津市	郭玺艳	女子63KG	抓举	95KG	1
						挺举	120KG	1
						总成绩	215KG	1
世界青年举重锦标赛	2005	韩国	中国	郭玺艳	女子63KG	抓举	98KG	2
						挺举	125KG	3
						总成绩	223KG	2
世界大学生举重锦标赛	2008	希腊	中国	郭玺艳	女子63KG	抓举	100KG	1
						挺举	125KG	1
						总成绩	225KG	1
世界杯举重锦标赛	2009	韩国	中国	郭玺艳	女子63KG	抓举	105KG	4
						挺举	135KG	3
						总成绩	240KG	4
东亚运动会举重赛	2009	香港	中国	郭玺艳	女子63KG	抓举	110KG	2
						挺举	110KG	3
						总成绩	220KG	3

2000年津南籍举重运动员参加国家级竞赛获金牌一览表

表30-16

竞赛名称	年份	地点	代表单位	姓名	组别	项目	成绩	名次
全国男子举重锦标赛	2000	徐州市	天津市	李树志	男子105KG	抓举	202.5KG	1

第四章　体育管理

津南区重视体育队伍建设，特别是体育人才培养与管理，经过多年精心培养，现在津南区体育队伍阵容强大，有国际级运动健将5名，国家级运动健将24名，一级运动员24名，二级运动员161名。而且随着体育事业的发展，教练员执教水平得到提升，受国家体育总局和天津市体育局的派遣，津南区先后有3名教练员援外执教。

第一节　体育机构

一　区体育机构

1958年，成立南郊区体育运动委员会。1993年11月，更名为津南区体育运动委员会。2001年11月15日，更名为津南区体育局。内设办公室和业务科。下属单位：津南区体育场和津南区少年儿童体育学校。

二　津南区少年儿童体育学校

津南区少年儿童体育学校坐落在津南区体育场内，是区体育局直属正科级事业单位。其前身是1973年成立的南郊区业余体校，2002年11月，根据津南区《关于区业余体校更名及编制调整的批复》文件，津南区业余体校更名为津南区少年儿童体育学校。2005年，被天津师范大学定为天津师范大学田径训练基地。开设田径、射击、棒球、垒球、举重、柔道、跆拳道、空手道、网球、乒乓球十个运动项目。

三　群众体育团体

（一）津南区体育总会

1991年4月3日成立，总部设在区体育局。

（二）津南区农民体育协会

1987年7月2日成立，总部设在区体育局。是天津市农民体育协会的团体会员，区农民体育协会下设各镇农民体育协会。

（三）津南区太极拳协会

1990年4月5日在区体委成立，下设葛沽分会、小站分会、双港分会、咸水沽分会。

（四）津南区乒乓球协会

1995年5月10日成立，总部设在区体育局。

（五）津南区网球协会

1995年9月19日成立，总部设在区体育局。

（六）津南区信鸽协会

1989年10月10日成立，总部设在十八局技校。

（七）津南区武术协会

1991年12月10日成立，总部设在区体育局。

（八）津南区职工体育协会

1986年3月31日成立，总部设在区体育局。

（九）津南区田径协会

1992年成立，总部设在区体育局。

（十）津南区老年人体育协会

1987年11月7日成立，总部设在区体育局。

（十一）津南区残疾人体育协会

1991年4月30日成立，总部设在区残联。

（十二）津南区摔跤协会

1990年8月5日成立，总部设在区体育局。

（十三）津南区中国象棋协会

1990年3月10日成立，总部设在区体育局。

（十四）津南区围棋协会

1990年5月18日成立，总部设在区体育局。

（十五）津南区射击协会

1996年12月3日成立，总部设在区体育局。

（十六）津南区长跑协会

1989年成立，总部设在区体育局。

（十七）津南区花毽协会

1989年5月24日成立，总部设在区体育局。

四　体育俱乐部

（一）天津市津南区宏康青少年体育俱乐部

成立于2005年12月，俱乐部总部设在津南区少年儿童体育学校。开展田径、柔道、网球、棒球、垒球、射击、举重、跆拳道、摔跤、乒乓球项目。2009年，被国家体育总局评为全国群体工作先进单位。

（二）津南区小站镇青少年体育俱乐部

成立于2001年9月，总部设在小站实验小学，开展的项目有田径、乒乓球。2008年，被国家体育总局评为全国全民健身活动先进单位。

（三）天津市津南区菁华中学青少年体育俱乐部

成立于2005年6月，总部设在咸水沽一中体卫艺处。开展体育健身、娱乐活动、田径、篮球、排球、足球、健身操、羽毛球、乒乓球等项目，并开展体育健身、娱乐舞蹈的指导、体育竞赛及表演、承办各种竞赛、业余训练、体育人才的培训等服务项目。

（四）天津市津南区宏健青少年体育俱乐部

成立于2009年8月，总部设在双港中学。开展田径、篮球、乒乓球项目。

（五）津南区宝成乒乓球俱乐部

成立于1998年8月，俱乐部总部设在津南区体育馆，是天津市第一个由企业赞助成立的少年儿童乒乓球俱乐部。俱乐部场馆设施优良，训练馆600平方米，20张球台。2004年11月，更名为津南区水务乒乓球俱乐部。2010年，该俱乐部有队员42人，分成3个梯队（年龄5~12岁），形成训练一条龙格局。

（六）津南区宏源腾达足球俱乐部

成立于1998年8月，原名天津市津南区腾达足球俱乐部，2003年，更名为天津市津南区宏源腾达足球俱乐部，总部设在津南区辛庄镇白万公路东侧腾达俱乐部基地。俱乐部投资280万元建成足球训练基地，有两块标准足球场地和一块训练场地，基地附属设施齐全，可供240名学生集中训练。

第二节　设施　经费

一　体育设施

（一）津南体育场

是津南区体育局直属场地，1977年始兴建，坐落于咸水沽体育场路北侧，占地6.5公顷，先修建围墙。1984年，修建田径场。1985年，建成标准400米田径场，修建场内足球场，从青岛市购进8400平方米草皮，将整个足球场铺设草皮并投入使用。1985—1987年，体育场北侧和东侧修建可容纳5000名观众看台。2000年以后，修建体育场周围护网，成为全封闭体育场。体育场全天候免费对外开放，津南区第一至四届全民运动会在这里举行，1987—1999年，津南区中小学田径运动会在区体育场举行。

（二）津南游泳馆

区体育局直属场地，坐落在津南区体育场东侧，1997年6月开始动工，总投资455万元，1997年底竣工交付使用。建筑面积2700平方米，馆内泳池长25米，宽16米，泳池面积400平方米，泳池蓄水量600立方米，设六个泳道，无看台，墙体砖混结构，馆顶金属网架结构。游泳馆有偿对外开放，曾举办中小学生游泳比赛和全民运动会游泳比赛等，后因供暖设施老化和冬季供暖经费开支较大，区体育局因经费不足，于2003年2月游泳馆停止使用，改为柔道队训练场地。

（三）津南区射击场

津南区体育局隶属场地，坐落在津南体育场西侧。1985年，投资1.5万元建成600平方米射击场。1991年，扩建，建成小二楼，设有移动靶位10米射击场地。2001年，投资2万元加固增高射击场围墙，射击场有50米靶位12个，25米靶位6个，10米气步枪靶位6个，射击场附属设施有枪弹库，射击设备齐全，可承接较大型比赛。津南区射击场不对外开放，专供津南区射击队训练使用，培养出2000年悉尼奥运会铜牌获得者高静等优秀运动员。

（四）津南区网球场

是津南区体育局直属场地，坐落在津南体育场内。2000年，投资43万元重修，铺设1300平方米的塑胶场地，有两块标准网球场地，网球场周围安装护网和灯光。津南区网球场对外开放有专人负责，同时又是津南区体校网球队训练的专用场地。

图30-8　2010年，津南区“洋河”杯乒乓球赛

（五）津南区旱冰场

是由津南区体委、区劳动局、工会、团区委于1984年联合修建，面积1250平方米，形成一个周长100米的旱冰场，并有附属房间，有500双旱冰鞋。旱冰场对外开放，对津南区人民开展体育活动和健身起到了积极作用。1997年4月，为解决职工住房紧张问题和兴建津南游泳馆的需要，津南区经济计划委员会同意区体委干部职工集资兴建住宅楼，1997年，将旱冰场拆除，建设住宅楼和津南区游泳馆。

（六）津南体育馆

是津南区体育局直属场地，坐落在津南体育场内，1989年动工，1990年交付使用。投资60万元，建筑面积1236平方米，房高9米，使用面积792平方米，内设灯光篮球场一块，地面为木质地板，没有观众座位。1998年，由宝成集团公司赞助，成立宝成乒乓球俱乐部。2004年，更名为津南区水务乒乓球俱乐部，内设20张乒乓球台。

（七）葛沽体育馆

隶属于葛沽镇政府，坐落在葛沽镇西示范镇居民区，2008年底开始兴建，2010年5月交付使用，占地面积1万平方米，使用面积7000平方米，投资5000万元（天津市补贴600万元），内设四面阶梯形大型看台，分红区南北看台，黄区东西看台，可容纳3000名观众。设施及配套的调温、消防、灯光、音响设施在同行业中较为先进，馆内设休息室、卫生间、更衣室、安全出口15个，馆名由国际奥委会副主席、中国奥委会主席何振梁书写。葛沽体育馆是天津市一座重要的体育场馆。2010年5月建成后，承办了“立林杯”国际男篮对抗赛，由立陶宛阿特雷达俱乐部男子篮球队与天津荣钢男子篮球队展开了一场表演赛，10月，举办了天津荣钢男篮与美国洛杉矶飞鹰男篮对抗赛。承办了2010—2011年中国男子篮球职业联赛16场比赛。天津首届国际拳击表演赛暨WBO洲际拳王赛在葛沽体育馆举办，来自中国、美国、菲律宾、泰国等国家的12名拳击选手，共进行了5场国际拳击表演赛和1场洲际拳王争霸赛。前世界拳王迈克·泰森莅临葛沽体育馆参观祝贺。

图30-9　2010年，建成的葛沽体育馆

（八）中小学体育馆

咸水沽一中体育馆　坐落在咸水沽一中院内南侧，由津南区教育局投资，2002年5月开工兴建，2002年12月交付使用。体育馆面积2418平方米，馆内有灯光篮球场一块，有两面看台，900个座位。体育馆建成后，津南区中小学篮球、乒乓球比赛在此进行，还可满足学校师生健身活动需要。

双港中学体育馆　坐落在双港中学院内东侧，由津南区教育局投资，2004年1月兴建，2004年7月交付使用。体育馆面积4342平方米，馆内有灯光篮球场一块，有两面看台，605个座位。体育馆专供学校师生健身活动使用。

小站一中体育馆　坐落在小站一中院内南侧，由津南区教育局投资，2004年1月兴建，2006年8月交付使用。体育馆面积6372平方米，馆内有灯光篮球场一块，有两面看台，780个座位。体育馆专供学校师生健身活动使用。

津南区实验小学体育馆　坐落在津南区实验小学院内西侧，由津南区教育局投资，2003年1月兴建，12月交付使用。体育馆面积1953平方米，馆内有灯光篮球场一块，有两面看台，408个座位。体育馆专供学校师生健身活动使用，津南区三跳比赛在此举行。

葛沽一中体育馆　坐落在葛沽一中院内北侧，由津南区教育局投资，2008年6月兴建，2009年10月交付使用。体育馆面积1440平方米，馆内有灯光篮球场一块，无座位，体育馆专供学校师生健身活动使用。

（九）健身路径

津南区结合中心村建设，把“全民健身路径工程”和“示范工程”器材安装在密集的中心村。体育器材包括室内综合健身器、健骑机等十种；室外健身器材有：综合训练器材、篮球架、云梯、双杠、单杠、跑步机、健骑机、乒乓球桌、太空漫步机、腰背按摩器、臂力训练器、三位扭腰器等。截至2010年，全区安装183套。

二 体育经费

津南区体育事业经费纳入财政预算，随着国民经济的发展和体育事业的需要不断增加经费投入。"六五"期间体育事业经费支出88.7万元，"七五"期间支出117.93万元，比"六五"期间增长了33%。"八五"期间支出211.9万元，比"七五"期间增长了79.7%。"九五"期间支出319.6万元，比"八五"期间增长了50.8%。"十五"期间支出757.95万元，比"九五"期间增长了2.37倍，"十一五"期间支出1923.89万元，比"十五"期间增长了2.54倍。1979—2010年，津南区体育局事业经费支出3454.11万元。

第三节 人才培养

津南区在体育人才培养和人才管理上不断探索完善，定期培训，参加国内外短期或长期进修班，参观国内外大型体育活动，鼓励低学历的教练员进修等，现已形成制度化、信息化，建立人才库。向各级优秀运动队及国家队培养输送人才。从1973年津南区业余体校成立到津南区少年儿童体校，截至2010年，向各级优秀运动队输送了358名运动员。其中，向国家队（集训队）输送22名。

一 区少年儿童体育学校运动员参加国家级竞赛中获奖情况

（一）津南区少年儿童体育学校的田径运动员，在参加国家级竞赛中，获得金牌4枚、银牌1枚、铜牌5枚。

1996—2006年津南区少年儿童体校田径运动员参加国家级竞赛获金牌一览表

表30-17

竞赛名称	年份	地点	代表单位	姓名	组别	项目	成绩	名次
第三届全国中小学运动会	1996	郑州市	天津市	任瑞红	女子组	铁饼	46.88米	1
全国少年田径赛	1996	长春市	天津市	任瑞红	女子组	铁饼	–	1
全国少年田径锦标赛	2002	孝感市	天津市	张洪瑞	女子14岁组	铁饼	–	1
全国少年田径锦标赛	2006	淮安市	天津市	许乐会	女子组	铅球	12.68米	1

（二）举重运动员参加国家级竞赛，获金牌7枚、银牌10枚、铜牌6枚。

2001—2010年津南区少年儿童体校举重运动员参加国家级竞赛获金牌一览表

表30-18

竞赛名称	年份	地点	代表单位	姓名	组别级别	项目	成绩	名次
全国少年举重锦标赛	2001	开封市	天津市	闫浩	女子14岁组+69KG	总成绩	182.5KG	1
				杨阳	女子15岁组	总成绩	197.5KG	1
全国少年举重锦标赛	2002	合肥市	天津市	郭玺艳	女子53KG	抓举	72.5KG	1
全国少年举重比赛	2006	合肥市	天津市	李鸽	女子69KG	总成绩	168KG	1
全国少年举重比赛	2007	福建省	天津市	李鸽	女子69KG	总成绩	195KG	1
全国女子举重比赛	2008	开封市	天津市	李鸽	女子+75KG	总成绩	–	1
全国少年女子举重赛	2010	江西省	天津市	张迎旭	女子63KG	总成绩	–	1

（三）乒乓球运动员参加国家级竞赛，获金牌5枚、银牌2枚、铜牌3枚。

2001—2003年津南区少年儿童体校乒乓球运动员参加国家级竞赛获金牌一览表

表30-19

竞赛名称	年份	地点	代表单位	姓名	组别	项目	名次
全国"红光杯"乒乓球赛	2001	保定市	天津市	–	男子组	团体	1

续表

竞赛名称	年份	地点	代表单位	姓名	组别	项目	名次
第28届“新星杯”全国少儿乒乓球锦标赛	2002	徐州市	天津市	刘亚楠	男子乙组	单打	1
“鲁能杯”全国少儿乒乓球赛	2002	潍坊市	天津市	孙晓萌	男子乙组	单打	1
第八届全国“体育天地杯”乒乓球赛	2003	淄博市	天津市	刘亚楠	男子组	团体	1
第八届全国“体育天地杯”乒乓球赛	2003	淄博市	天津市	刘亚楠	男子组	单打	1

二 区少年儿童体育学校运动员参加天津市体育竞赛成绩

至2010年，在参加天津市级竞赛中，获金牌421枚、银牌272枚、铜牌213枚。举重运动员参加天津市级竞赛，获金牌71枚、银牌37枚、铜牌22枚。射击运动员参加天津市级竞赛，获金牌128枚、银牌101枚、铜牌84枚。柔道运动员参加天津市级竞赛，获金牌108枚、银牌76枚、铜牌57枚。跆拳道运动员参加天津市级竞赛，获金牌35枚、银牌29枚、铜牌39枚。乒乓球运动员参加天津市级竞赛，获金牌26枚、银牌20枚、铜牌23枚。棒、垒球运动员参加天津市级竞赛，获金牌25枚、银牌6枚、铜牌3枚。其他项目运动员参加天津市级竞赛，获金牌36枚、银牌61.5枚、铜牌42枚。

第四节 体育队伍

一 裁判员

至2010年，津南区裁判队伍中有国家级裁判4名，一级裁判员33名，二级裁判员114名。

（一）国家级裁判：4名

吕继忠（男、田径） 董光奎（男、信鸽） 李静（女、柔道） 赵鑫（男、网球）

（二）一级裁判员：33名

贾荣福（男、田径） 李瑞芳（女、田径） 黄恩平（男、田径） 孟庆龙（男、田径） 王永利（男、田径） 云树茂（男、田径） 张秀兰（女、田径） 王新芝（女、田径） 王玉娥（女、田径） 田祥茹（女、田径） 郭春胜（男、田径） 陈亮（男、田径） 王树霞（女、田径） 赵霞（女、田径） 贾轩（女、田径） 刘继顺（男、田径） 邢维玥（男、田径） 王金城（男、田径） 潘学军（女、田径） 贾德寅（男、田径） 黄茂丽（女、乒乓球） 戴洪志（男、乒乓球） 杨家森（男、乒乓球） 薛恩杰（男、乒乓球） 梁田贵（男、篮球） 李哲（男、篮球） 朱亚红（女、篮球） 韩顺伟（男、篮球） 韩伟（男、篮球） 邓兆鹏（男、篮球） 曾敏（男、篮球） 袁宝生（男、篮球） 叶国安（男、棒球）。

（三）二级裁判员：114名

二 等级运动员

至2010年，津南区籍等级运动员有国际级运动健将5名，运动健将24名，一级运动员24名，二级运动员161名。

（一）国际级运动健将：5名

潘玉庆（女、柔道） 高静（女、射击） 李维（男、自行车） 郑璐璐（女、自行车） 郭玺艳（女、举重）

（二）运动健将：24名

李维（男、自行车） 韩金录（男、自行车） 郑璐璐（女、自行车） 李登运（女、柔道） 潘玉庆（女、柔道） 李静（女、柔道） 石艳艳（女、柔道） 张振旺（男、棒球） 王靖超（男、棒球） 张云峰（男、棒球） 叶东海（男、棒球） 古文鑫（男、棒球） 徐昌清（男、棒球） 王凯（男、棒球） 李文明（男、棒球） 王跃强（男、棒球） 李梓良（男、棒球） 张胜（男、棒球） 高静（女、射击） 李登辉（女、垒球） 刘桂欣（女、垒球） 郭玺艳（女、举重） 鲁栋威（女、举重） 赵洪涛（男、自由式摔跤）

（三）一级运动员：24名

闻磊（男、棒球） 田大旭（男、棒球） 裴玉龙（男、棒球） 张帆（男、棒球） 李金峰（男、棒球） 马承德（男、射击） 郑浩（男、射击） 刘冶治（男、射击） 郭金财（男、射击） 昝玉萍（男、射击） 肖建刚（男、射击） 李辉（男、射击） 李安琪（女、射击） 梁志鑫（女、射击） 王镇（男、射击） 张洪盼（女、柔道） 田洪杰（女、柔道） 邱新萌（女、柔道） 王佳慧（女、柔道） 王磊（男、田径） 贾轩（女、田径） 刘亚楠（男、乒乓球） 孙妍（女、排球） 于忠磊（男、自行车）

（四）二级运动员：161名

三　体育系统高级人才

至2009年，津南区现有高级教练员6名（冯相图、贾荣福、邓兆鹏、戴洪志、王云祥、郭玉钢），中学特级体育教师3名（郑开政、张秀兰、焦连营）。中学高级体育教师22名。小学特级体育教师1名（冯元骏），小中高教师4名。

2009年津南区体育高级教练员名录表

表30-20

姓名	性别	出生年月	学历	政治面貌	工作时间	职称	输送人才
冯相图	男	1939.2	大本	中共党员	1958.8	高级教练	18
贾荣福	男	1955.9	大专	中共党员	1976.2	高级教练	18
邓兆鹏	男	1955.8	大专	群众	1970.4	高级教练	36
戴洪志	男	1952.9	大专	民进	1968.12	高级教练	4
王云祥	男	1955.3	大专	中共党员	1976.2	高级教练	47
郭玉钢	男	1966.1	大本	中共党员	1987.7	高级教练	17

第五节　对外交流

随着体育事业的发展，教练员经过多年的实践和深造学习，执教水平得到提升，培养出一大批优秀运动员，在国际、国内比赛中屡创佳绩，影响甚远。受国家体育总局和天津市体育局的派遣，津南区先后有3名教练员援外执教。1994年，区业余体校输送到天津市乒乓球队的孟庆宇，应邀执教德国威芬塔尔乒乓球俱乐部。2003年，津南区少儿体育学校乒乓球教练戴洪志，受日本千叶市、八街市乒乓球俱乐部邀请执教3个月，进行讲学、少年儿童乒乓球训练、辅导中老年人体育健身。区少年儿童体育学校乒乓球教练员薛恩杰，受国家体育总局派遣，于2004年11月执教牙买加国家乒乓球队，为期2年。

2004年5月22日，津南区在咸水沽一中体育场举行首届中韩体育友好运动会。2006年，津南区体育局局长贾荣福作为天津市体育管理者访日代表团的成员应邀到日本参观访问，参加了少年体育综合运动会开幕式，参观了千叶市体育设施和千叶市中小学田径运动会。

2006年7月，津南区棒球运动员张振旺加盟美国纽约洋基球队，成功跻身世界棒球最高水平的职业联盟——美国职棒大联盟（MLD）。这是中国棒球协会注册的棒球运动员首次涉足美国职棒大联盟。2008年12月，天津市棒球队主力队员津南运动员王靖超租借到日本横滨市棒球队，租期一年，开始了职业棒球生涯，2010年再续约一年。

津南区志

（1979–2010）

第三十一编
旅　游

津南区旅游资源丰富。有世界罕见的自然历史遗产巨葛庄、邓岑子贝壳核心区，被国内外专家誉为“陆地上的海洋博物馆”；有黄河故道遗址、清末小站练兵遗址等。改革开放后，区经济文化快速发展，又增添多处旅游新景区。有以奇石而闻名全国的宝成博物苑和中华石园，津南国家农业科技园观光区，全国室内最大的恒温水上娱乐园——天山·米立方，多处国家及天津市休闲农业示范点、乡村旅游特色点等，使津南旅游业蓬勃发展。2010年，津南区有旅游景点20余个，主要旅游景区8个，注册旅行社6家。举办2010天津(宝成杯)国际盆景赏石文化旅游博览会暨观赏石之乡联谊会和中国(滨海)首届世界水族宠物、用品博览会。

2009年，小站练兵园（外景）

第一章 主要景区

津南区主要旅游景区，有小站练兵园、宝成博物苑、中华石园、国家农业科技园、天山·米立方、海河故道公园、星耀五洲，以及国家级贝壳核心区(巨葛庄贝壳堤、邓岑子贝壳堤)等10余处正在开发的景区。这些景区涵盖了军事、古地质、民俗、奇石、农业、工业、现代娱乐、休闲等内容，其文化内涵在全国也是一流的，是人们旅游、获取知识及青少年爱国主义教育的好去处。

第一节 小站练兵园

小站练兵园建于2008年，位于天津市津南区小站镇津歧路旁，距离市区25千米，距离滨海新区33千米，占地26.67公顷，建筑面积6万多平方米，是天津市"近代中国看天津"的重点项目之一，国家AAA级旅游景区。

图31-1 2008年，复建的小站练兵园中的讲武堂

1875年，淮军著名将领周盛传奉命率部(盛军)屯驻小站，开始练兵。后又经胡燏棻、袁世凯、段祺瑞练兵，时至20世纪20年代。小站练兵诞生了中国第一支近代陆军——新建陆军，在编制、装备、训练、教育等多方面开创了中国军队近代化之先河，并使得中国军队的兵器从冷兵器过渡到热兵器时代，为中国军事的进一步发展奠定基础。通过小站练兵，走出了包括袁世凯、冯国璋、徐世昌、曹锟等4位民国大总统，段祺瑞(临时执政)和9位总理及30多位督军等一批在中国20世纪早期政治和军事舞台上有显赫地位的人物。

小站练兵园是中国近代周盛传、胡燏棻、袁世凯等小站练兵的历史复原。依据当时历史资料兴建了清代城墙、讲武堂、军事博物馆、新军督练处、袁世凯行辕、行营买卖街、九大处、北洋食府等，还配套增加地下影厅和真人CS实战体验等项目。小站练兵园以小站练兵史实为基础，以北洋历史和天津近代文化、小站稻文化为脉络，以历史展示和声、光、影、电等高科技情趣体验为互动性的核心功能，集教育、休闲、购物、会议功能于一体的故事主题型历史文化旅游区。全国播映的电视连续剧《小站风云》在此拍摄。

第二节 宝成博物苑

宝成博物苑景区地处津南区海河二道闸南侧，占地面积17.33公顷，斥巨资打造。1997年兴建，2000年建成并开放。是集旅游、园林、宾馆、会议、文化、休闲、娱乐为一体的综合性旅游景区，是国家文化部首家特批的私人博物苑。先后被评为国家AAAA级旅游景区、天津市科普教育基地、爱国主义教育基地、全国科普教育基地，是清华大学、南开大学等11所高等院校的社会实践基地，全国青少年宫协会会员单位，国际休闲景区示范基地，全国十佳会议用餐酒店，国家特级"五钻"酒家，入围滨海八景，独特的人文景观被国内外众多影视公司选定为拍摄基地。

以"弘扬中华赏石文化，珍爱地球资源环境"为宗旨，以独特的石类展览和地质科普为载体，建成奇石园、奇石馆、民俗馆、游购中心、华宝寺、名犬园、江南园、植物园、垂钓园、宾馆、餐饮、娱乐、洗浴等26座风格各异的建筑景观，新建成园林式酒家"山水居"胜似仙境，可为游客提供高档餐饮服务。

宝成博物苑景区由三馆、三园、六庙九桥组成。三馆，一号馆拥有迄今为止收藏灵璧石最多的灵璧宫及镇馆之宝——世界第一树化玉。二号民俗馆以“中国古代性文化”“唐宋石刻”和规模最大的陶瓷

图31-2　2009年，宝成博物苑内景

俑群及古家具为核心，让游客在身临其境中感受中国传统文化的博大精深。三号馆又称“博文苑”，由中国最名贵的4种翡翠玉石及上千种精美根雕工艺石和中国古老茶艺演示所组成。三园的建筑风格既有江南风韵又有皇家园林风范，可谓巧夺天工。坐落在灵璧锦园中的华宝寺六庙九桥与园中其他的景色交相辉映。景区被专家和学者称为“世界奇观”，被广大游客誉为“人间仙境”，以“古石、古树、古建筑、古艺术”四古合一，自然成趣，景色宜人，将中国古老的石文化与园林艺术完美结合。

景区拥有六项世界基尼斯之最。其中，有最长的汉白玉浮雕——“中国石文华图颂”全长101米，记录了上下五千年，揽历史爱石名人赏石典故于一廊；最大木化石林将一亿五千万年以前森林的雄姿重现世人面前；有388棵木化石，世界最长的木化石整体已经玉化，全长21米，以其特殊身价定位于世界级的宝物；篆刻名人签名手记和印章最多的一块灵璧石，有中国500多名人的签名手记，上至帝王将相下至文人雅士；有规模最大人造石林4000多块和收藏灵璧石最多的展厅，面积2234平方米，是无梁仿古式建筑，收藏中国精品灵璧石300多块。2010年10月10—15日，第一届（宝成杯）世界观赏石盆景博览会在宝成召开。

第三节　中华石园

天津中华石园，位于天津市外环线（三环）第17号桥和18号桥之间，距市中心10多千米，双港镇北马集村界内。是集观光、旅游、会务、休闲、度假于一体的综合型旅游度假区，国家AA级旅游景区。始建于1995年，为退休建筑工人张宝树个人投资兴建，总占地面积4.67公顷。2001年，经上海吉尼斯总部批准入选为私人建造最大规模藏石园，被天津市科委、科协定位“科普教育活动基地”，是天津画院创作基地。

图31-3　2005年，中华石园内景

中华石园展馆内共珍藏稀石、古生物化石及矿石千余件万余樽；藏有贝壳、根艺、碑刻、木雕、名画等艺术精品6000余件。现已建成的六馆四景（“奇石馆”“听石轩”“悟石斋”“遐思楼”“藏石阁”“石泉洞”“石

林特写”“莲花飞瀑”“别有洞天”“千层丝挂”)、甬道泉池、人工岛、巨砚等景点占地面积4万平方米，建筑面积1万平方米，熔奇石艺术、根雕艺术、盆景艺术、书画艺术、贝壳艺术、建筑艺术于一炉。与此同时园内配有茶舍、餐厅、娱乐、高档购物等配套休闲度假设施。欧式古城堡建筑风格，全部建筑嵌入来自全国各地奇石，形成此园别具一格的艺术特色。

第四节 津南国家农业科技园

位于津南区八里台镇，占地面积2450公顷，国家AAA级旅游景点，国家农业旅游示范点。有生态植物园、蔬果采摘园、农产自动化产业园和著名的松江乡村俱乐部等景点设施，是集农业高新技术研发、科普教育、休闲观光及农业深加工于一体的综合文化旅游景区。

图31-4 2005年，津南国家农业科技园区的花卉智能温室

坐落在津南国家农业科技园内的松江乡村俱乐部，使用面积73.33公顷。特色资源松江国际马会，是天津唯一一家拥有室内灯光马术练习场、国际马会标准障碍赛场、儿童训练场、马匹调教场、逍遥牧场等马术设施的大型马术俱乐部。另有蒙古草原风情大营、松江生态现代设施农业示范基地、景观垂钓中心、加西豪森会所及别墅群、珍稀动物观赏等资源。

第五节 天山·米立方

位于天津市津南区小站镇中心区域，津歧路与盛塘路交会处。2010年6月，开工建设，与著名历史人文景区“小站练兵园”相互对应，国家AAAA级旅游景区。总投资10亿元，总占地面积8.67公顷，其中建筑面积4.30万平方米。以驰名中外的“小站稻”为设计理念，采用先进的“弦支拱架和单层网壳”复合结构体系进行建设。被列为天津市服务业20个重点项目之一。

图31-5 小站天山·米立方外景

天山·米立方是国内最大的室内恒温水上娱乐基地，全年室温保持30℃，水体24小时循环消毒，纯净度达国际标准，室内戏水面积达1500平方米。设有冲浪、情侣滑道、离心滑道游泳、海上造浪、标准泳池、温泉SPA等多种水上娱乐设施，集餐饮、休闲、娱乐、洗浴于一体，是一个大型综合商业项目，提供360度全方位娱乐休闲方式。小站天山·米立方与小站练兵园呼应形成天津旅游的区域特色，是天津市的一大旅游亮点。2013年7月正式开业。

第六节 海河故道公园

公园西起咸水沽镇月牙河至津南环线，长3.5千米，南北平均宽度约200米，占地面积约75万平方米。其中，水面面积21万平方米，陆地面积54万平方米，绿化面积35.65平方米。建于2008年，2009年竣工。公园建设充分利用海河的知名度，挖掘自然、历史和人文等素材，以沽水生态文化为

图31-6　2010年，海河故道公园

纽带，串联码头商埠文化、运河风情文化和名人文化，从时间和空间上再现津南独特的地域文化特征和深厚的历史沉淀。公园包括滨水游憩区（沽水花洲、雅石趣园、沽水簟花）、船舫美食区（漕运官署菜舫、临水特色餐屋）、综合娱乐区（龙马圣境、欢乐天地、水上娱乐码头、攀爬乐园）、水上商娱区、水鸟湿地区及以红学专家周汝昌命名的汝昌路等部分。公园建成后，每天市民和游客络绎不绝，成为旅游、娱乐、休闲重要场所。

第七节　星耀五洲

位于天津市东南部津南区八里台镇，总投资200亿元，是天津市规划建设的五大湿地生态旅游区之一、八大休闲风景区之一，被列为天津市2009年20项重大服务业项目。占地面积733.33公顷（其中，水域面积466.67公顷），总建筑面积300万平方米。2008年4月开工建设。项目由10位世界级建筑大师及国内外30多家设计研发机构共同设计，将世界版图适当调整后进行微缩，亚欧、北美、南美、大洋洲和非洲在各自属地上，形成各具特色的建筑、景观、美食及文化。

图31-7　2010年，星耀五洲

第八节　旅游资源

津南区待开发旅游资源丰富，主要有：小站周公祠、黄河、海河故道遗址、文化名镇咸水沽镇、千年古镇葛沽镇、津南寺庙、北石林、国家级贝壳核心区（巨葛庄贝壳堤、邓岑子贝壳堤）、巨葛庄战国遗址、津南郊野生态园等。

津南区旅游资源一览表

表31-1

名称	简介
小站周公祠（坐落于小站镇会馆村）	周公祠是清廷为表彰周盛传功绩敕建，于清光绪十一年（1885年）建立。附近还有1871年修建的140余华里的马新大道与马厂减河等著名景点。

续表

名称	简介
天津海河教育园区（坐落于海河中游南岸咸水沽镇）	为国家职业教育改革试验的标志区、职业教育国际交流基地和全国职业院校技能大赛的平台，总占地37平方千米。这是一座集20所职业院校和2所大学（天津大学、南开大学新校址）的现代化大学城。
周汝昌红楼梦学术馆、平凡友好画院（坐落于咸水沽镇）	周汝昌，津南区咸水沽镇人。是中国著名的红学大师、资深学者、古典文学研究家、书法家和诗人。周汝昌红楼梦学术馆是一座古色古香、典雅庄重的仿古建筑，使用面积54.54平方米。2004年秋，周汝昌红楼梦学术馆开馆。馆内有珍贵照片及周汝昌先生手稿数十幅。 李平凡，津南区辛庄镇高庄子村生人，中国著名版画家。1993年5月建成的平凡友好画院占地面积300平方米，建筑面积430平方米，建筑结构为砖混二层建筑。设有150平方米展厅和80平方米前厅及陈列室，陈列李平凡收藏的中日艺术界友好交流史料和海峡两岸、港澳、海外华人华侨艺术交流史料及李平凡生平图片和画作。
千年文化名镇——葛沽	葛沽地区为退海之地，地处海河尾闾。1282年，元朝开通海运后成为航海着陆点的重要码头。由于葛沽为北方沿海战略要地，加之经济繁荣，文化教育发达，名胜古迹甚多：古有九桥十八庙的美名；有天津市非物质文化遗产葛沽宝辇花会出会；有康熙三十三年（1694年）康熙帝亲自敕建羊回庄清真寺，该寺犹在；古建筑主要有郑家瓦房、张家瓦房等数处，药王庙等庙宇香火旺盛。
国家级贝壳核心区（巨葛庄贝壳堤、邓岑子贝壳堤）	两处贝壳堤核心区已有5000年的历史，是世界罕见的古贝壳滩脊海岸，是典型的古海岸线遗迹，是世界三大古贝壳堤之一，天津市海洋局在此处立有核心区碑。两处贝壳堤核心区保存较完好。
北方石林园（坐落于双桥河镇）	位于海河二道闸东南侧，与海河东嘴岛旅游区隔河相望，是海河中下游开发的重要节点。项目占地213.07公顷，总投资70亿元。建成以佛文化和石文化交相辉映为特色，集文化博览、旅游、度假、房地产为一体的多元化旅游区。
津南郊野生态园（坐落于八里台镇）	位于津南区八里台镇，距天津中心城区9千米，距滨海新区33千米。占地面积约22平方千米。生态园区内有城市公园、贝壳堤观赏公园、休闲农园、运动公园、堆山公园、滨水公园、科普公园等。
天津京基乡村高尔夫俱乐部（坐落于八里台镇）	始创于1998年。球场占地面积73.33公顷，为国际标准18洞锦标赛场地，标准杆72杆，球道总长度6961码。球场总体风格为原湖泊式，区域内大小水系布局巧妙，同时高低落差设计使球场充满灵性，并增加挑战难度。球场峰峦起伏，碧水蓝天，天然湖泊点缀其间，风景如画。
海河二道闸（坐落于双桥河镇）	1985年10月，对位于津南区双桥河镇东嘴村的海河进行裁弯取直，建成海河二道闸。该闸是一座大型水利工程，为开敞式水闸，共8孔。工程规模设计按泄洪流量1200立方米秒控制。主要用途为泄洪、闸上蓄水供水、防咸、闸下通航及沟通两岸交通。但是，海河裁弯取直后，东嘴村变成了海河上唯一的一个河中的小岛村，已成为一处旅游景点。从市内金钢桥乘游船下行34.4千米即可到达二道闸。
黄河、海河故道遗址（坐落于双港镇、辛庄镇、咸水沽镇等）	黄河于北宋庆历八年（1048年）至元符二年（1099年）年间3次决口改道北流，夺海河入海，海河流域广大地区成为黄河下游。但这几次改道，都经津南地区入渤海（海河）。流经津南区内的黄河故道遗址在双港镇的西三河村至辛庄镇的白塘口村一带。 海河是天津的母亲河。由于海河河道狭窄多弯，历史记载，1901—1923年，海河先后进行6次裁弯。1985年，对位于津南区双桥河镇东嘴村的海河进行裁弯取直。以上海河先后7次裁弯取直工程，有6次在津南地域内，全长12882米，缩短海河航道27188米。海河的通航能力大大提高。现海河裁弯取直遗址有些还完整保留。

第二章　生态游

生态游是近些年在全国兴起的新型旅游业，其特点是科技含量高，又环保，很受人们的欢迎。津南区非常重视，打造了华天湖旅游度假村、元旭君子兰花卉基地、名洋湖都市现代农业园区等一大批生态园景点以及天津伊利康业冷冻食品有限公司工业旅游示范点，彰显出津南区旅游特色。

第一节　休闲农业游

2010年，区内有休闲农业游特色村（点）8个。年接待人数35.09万人次。年营业收入3.07亿元。资产总额15.71亿元。

2010年津南区休闲农业游情况统计表

表31-2

序号	项目	单位	农庄园区		
			休闲农庄	休闲农业园区	合计
1	经营主体个数	个	2.00	6.00	8.00
2	从业人数	人	60.00	1286.00	1346.00
	其中农民就业人数	人	60.00	612.00	672.00
3	带动农户数	户	60.00	1852.00	1912.00
4	年接待人次	人次	36000.00	314860.00	350860.00
5	年营业收入	万元	450.00	30210.60	30660.60
	其中农副产品销售收入	万元	170.00	2317.20	2487.20
6	年利润总额	万元	140.00	4193.20	4333.20
7	年上缴税金	万元	-	9912.30	9912.30
8	资产总额	万元	3400.00	153700.00	157100.00
9	经营面积	公顷	45.33	181.47	226.80

一　华天湖旅游度假村

坐落在区八里台镇，总占地面积13.33公顷，建筑面积3.8万多平方米。其中，餐饮设施2000余平方米；健身、娱乐场所8000余平方米、亲水休闲度假别墅8000余平方米，绿色采摘区2000余平方米，高档多功能写字楼近2万平方米；并配有水下观赏水族馆。华天湖度假村作为天津市首家以“鱼文化”为主题的度假村，依托现有的特种鱼苗繁育基地，充分利用企业的技术和人才优势，以家庭游客、企事业团队和商务游客为主要目标群体，成为集渔业研发、文化体验、生态观赏、康体休闲于一体的生产与旅游复合型度假村。2008—2010年，年经营收入在1000万元以上。

二　元旭君子兰花卉基地

位于区八里台镇小黄庄村，津港公路与葛万公路交会处向西南1000米处。占地面积20公顷，总建筑面积2.6万平方米，总投资8500万元。建有花卉种植区、果品种植区、种苗繁育区、批发交易区和科技实验区。园区以君子兰花卉为主导，提供高中档花卉产品、园艺种苗产品，绿色果蔬产品，花卉租摆配送服务和休闲观光服务。温室内育有20多个品种8万余株君子兰。

图31-8　2008年，元旭君子兰

园区以绿色生态农业及休闲观光为主线，划分为花卉区、观赏鱼区、果品采摘区、动物宠物观赏养殖区、文化艺术区、热带植物园、无公害蔬菜、禽类观赏养殖、农家特色餐饮和农家住宿。是集观光、度假、娱乐、餐饮、住宿为一体的具有浓郁乡村风情特色的都市型生态旅游集结地。生态园建成后，年均收入4759万元，年产花卉种苗328.6万株，高档盆花31.7万盆，草花32.9万株，接待参观采摘游客10万人次。

三　名洋湖都市现代农业园区

位于区小站镇，总面积425.69公顷，小站镇中心路在此通过，将园区分成南北两个区域。以北地块面积164.47公顷，以南地块面积261.22公顷。园区划分为立体种植区、生态养殖区、水稻种植区、设施蔬菜区、科技示范区、瓜果采摘区、都市农园区、物流贸易区、综合种植区共9个功能区。2010

年，开始恢复小站稻种植，种植面积13.33公顷，总产量近8万千克。

图31-9　2009年，小站镇名洋湖都市现代农业园区

四　锦堂生态农业园

由天津市锦堂农业科技有限公司创建，占地面积53.33公顷，北距天津“星耀五洲”2千米，南距葛万路2千米，西至红泥河东堤下，位居津南、西青、滨海新区（大港）三区接合部，地理位置优越，交通便利。以繁育研发高档名贵花卉和名贵观赏鱼为亮点，发展农、畜、鱼、花等产业为主题的科技型企业。园区三期工程投资3亿元，发展成为具有生物培育、园林景观、休闲度假、生态科技等多项功能特征的科技型现代农业生态产业园。其中，种植业占地6.67公顷，主要种植高档观赏花卉和苗木；绿色养殖业占地13.33公顷，重点发展绿色畜禽养殖和水产养殖；农家院休闲度假区占地20公顷，建成8套具有田园风情的高档休闲农家院以及绿色餐厅和酒店，成为一个沿海都市型循环农业发展的技术创新转化示范园和绿色休闲旅游基地。

图31-10　2010年，锦堂生态农业园养殖的绿龟

五　滨海观赏鱼科技园区

坐落于区八里台镇，占地面积70.8公顷，总建筑面积37万平方米，总投资10.6亿元，2010年建成。园区建有5个功能区：展示交易区，研发服务区，物流配送区，包括标准化养殖、种苗繁殖及进出口隔离打包的设施养殖区，包括科技馆和国际钓联基地的休闲观光区，被列为天津市市级区县重大项目。建有二代叠加温室154栋，总建筑面积14万平方米。温室配有自动控温、水质监测处理、整体进排水等先进设施；智能温室12栋，总建筑面积5.2万平方米，温室均配有自动控温、水质监测处理、整体进排水等先进设施。科技馆总面积近3000平方米，设有天津市泽酩水族文化研究中心，是水族及宠物类科普知识的推广教育基地；展示交易中心总建筑面积4.46万平方米。2010年，首届世界热带鱼科普展在此举行。

六　碧野农庄

位于区北闸口镇义和庄村东南部，月牙河西岸、津歧路旁，距小站练兵园1千米，占地面积1333公顷。农庄内有枣、杏、梨、桃等优质果树1.5万余棵，树下放养鸡、鸭、鹅2500只，有饭店500平方米，住宿客房备有多人大火炕。露天垂钓池0.23公顷，室内垂钓池1200平方米。以吃农家饭、住农家屋、干农家活、享农家乐为主题，品尝农家特色的贴玉米饼子熬小米粥、小鱼熬咸菜、荷包柴鸡蛋、炖柴鸡等饭菜，使用的原材料多为自家种植和养殖。农庄设有羽毛球室、乒乓球室、篮球场等，也为游人休闲、娱乐、健身提供场所。

七　洪海农家院

位于区咸水沽镇北洋村，右临辛庄镇经济开发区，左依海河，始建于1996年，2007年扩建。农家院占地面积6.67公顷，辅助种植、养殖面积26.67公顷。农家院养殖品种有水产40余种、家禽类20

余种、生态有机绿色果树40余种、有机蔬菜30余种，走绿色生态养殖道路，获得绿色证书。是集餐饮、娱乐、会议、垂钓、采摘、住宿、观光于一体的综合型生态农家院。农家院每年鱼、虾、蟹、禽蛋类销售计300多万元。带动农户50余户，还为在校大学生提供勤工俭学的机会。

第二节　工业观光游

天津伊利康业冷冻食品有限公司，于2010年成为首批天津市工业旅游示范点。公司坐落于津南经济开发区东区，距天津市区16千米，距天津港18千米，距京津塘高速公路12千米，距天津机场15千米，地理位置优越、交通便利。

2002年1月，正式投入生产。生产区占地面积6.64万平方米，厂房建筑面积1.8万平方米。公司引进和发展具有国内领先水平的雪糕、冰淇淋生产工艺，技术水平国内领先。拥有15条生产线，一座4000吨大型冷库。参观走廊全长100米，主参观平台300平方米，可同时容纳近150人参观。游客一行走进雪糕生产基地，通过透明的参观玻璃一览无余伊利繁忙的生产工艺加工线，领略到冰淇淋产品生产全过程，看到现代化工业企业的先进性。

公司已经成为京津地区最大的冷冻食品生产企业之一。2007年，实现销售收入3.5亿元，上缴税金总额达2500万元，公司的快速发展多次受到天津市政府、津南区政府的表彰，先后被授予天津市商贸流通百强企业、天津市食品企业50强等称号。

第三章　旅游管理

2001年，区旅游局对各景区的秩序、卫生、票务等进行规范。相继制定了《关于进一步加快旅游业发展的意见》等几个文件，对旅游规划、景区管理、旅行社管理、旅游宣传等都做了规定，使全区旅游景区国家级评定的等级逐步提高，在天津市旅游业中占有一定的位置。

第一节　机　构

2001年12月，成立津南区旅游办，与津南区外经贸委合署办公。2006年8月，区旅游办更名为津南区旅游局。2010年，区机构改革，保留旅游局，归区商务委管理。下设办公室和旅游管理科（行政审批科），行政编制为5名，机关工勤事业编制1名。

第二节　规　划

一　编制规划

2005年，津南区政府颁布《关于进一步加快旅游业发展的意见》，确立加快津南旅游业发展的总体思路，即深入挖掘近、现代文化底蕴，全力打造“近代中国看天津，百年天津看小站”。以小站练兵园为核心的旅游品牌，发展以水、陆两条旅游专线为主的12个板块。是年，区旅游办编制《津南区旅游业“十一五”发展规划》。2009年，编制《津南区旅游业发展总体规划》。2010年，编制《津南区旅游业“十二五”发展规划》。

二 提升硬件水平

津南区做好重点区域旅游开发规划和景点板块建设规划，实现旅游资源的合理开发和优化配置。各旅游景点道路、供水、供电、供气、通信及周边地区绿化等基础设施都进行完善改造，星级酒店和会展等接待服务设施提升，旅游电子政务、旅游电子商务和网络等信息化设施健全。旅游业管理法制化，培养一支政治素质高、业务能力强、职业道德好的旅游执法人才队伍，保证旅游业健康安全快速发展。鼓励支持各种经济成分投资旅游业，按照旅游资源所有权、管理权与项目经营权三权分立的原则，以特许、转让、承包等方式，吸纳外资、民资，依法开发旅游资源、经营旅游景点和建设旅游基础设施。引进大型企业集团，通过投资、兼并、参股、收购等多种方式来区经营，实现旅游投融资多元化。

第三节 旅行社

2010年，津南区有旅行社6家和旅行社门市部19家。

一 天津市欢乐假期旅行社有限公司

1993年8月8日成立，是津南区第一家旅游企业。位于咸水沽镇体育场路。公司以“立业先做人，事求卓越，和谐共生”为发展宗旨。拥有高素质的专业队伍，多次承接大型团队业务。能为不同的客户量身打造特殊产品服务，开发国外旅客市场。

二 天津市月坛旅行社有限公司

2004年8月成立，位于区咸水沽镇津沽路57号。隶属于天津月坛商业集团，注册资金150万元，是天津旅游协会成员单位，全国航空协会成员单位。经营范围包括：全国旅游及天津地接旅游业务，代理机票、火车票、船票业务。月坛旅行社制作出各种旅游线路供全国各地游客旅游，已形成规模化经营，批发、零售旅游线路，合理布局的良好发展态势。经营规模逐年扩大，不断开发个性化、家庭化的“生活式”旅游，“休闲游”“自由行”“自驾车逍遥游”等休闲旅游产品不断丰富，客户服务日趋完善。

三 天津津典国际旅行社

2006年4月成立，位于津南区咸水沽镇大件路。是天津市旅游协会会员单位，是“同程网”旅游连锁诚信录会员单位，是“龙之旅”全国旅游协作网会员单位。2006—2009年，被“龙之旅”全国旅游协作网先后评为“十佳优秀组团社”“指定优秀地接社”。2009年，被津南区消费者协会授予“诚信企业”称号。

四 天津丽杰国际旅行社

2007年成立，隶属于中华石园风景区，主要承办会议、疗养、商务考察、旅游（夕阳红专列游、拓展训练、红色之旅）、代订酒店、团体包车、票务服务等多项旅游业务。负责中华石园风景区门票的销售代理，拥有自己的餐厅，承接狗不理特色团队餐，海鲜风味餐，可容纳350人。拥有45座位大金龙旅游车数十辆，提供包车服务。

五　天津滨海翔宇旅行社有限公司

2009年成立，位于津南区葛沽镇，为专门经营中国公民国内旅游的企业。公司以“规范化”“人性化”“品牌化”为发展目标，致力于与国内各旅游企业形成稳固的合作伙伴关系，建立起完善的国内旅游链条。以“高质量的服务、高素质的员工、高品位的旅游”为宗旨；“让合作者放心，让旅游者舒心、满意”为经营目标。

六　天津市立龙旅行社有限公司

2001年成立，至2010年，是天津唯一集旅游与经销旅游专业用品的综合性旅游公司。开展自驾、拓展、休闲等特殊线路。是天津目前独家经营探险游和特种游的公司。公司秉承“质量来自于服务、信誉来自于产品”理念，不断完善自身和拓宽市场。

第四节　景区管理

按照国家《旅游景区等级的划分与评定》的有关标准和要求，区旅游局对各景区交通、卫生、通讯等进行规范管理，提升各景区规模和层次。2004年，津南国家农业科技园区评定为国家AAA级旅游景区和中国农业旅游示范点。2005年，宝成奇石园被评为国家AAA级旅游景区。2006年，宝成奇石园更名为宝成博物苑被评为国家AAAA级旅游景区。2008年，对区各景区（点）旅游厕所的质量等级评定，宝成博物苑2号旅游厕所被评定为4星级。奥运前夕对各景区复核检查，景区整体环境得到改善。开通市“12301”旅游服务热线，对区旅游景区、酒店及娱乐场所的基本信息、交通及周边信息作全面整理，加快各项旅游服务设施一体化的进程。2010年，对区三家A级景区复核质量等级。开展小站练兵园、松江乡村俱乐部、滨海观赏鱼科技园区、华天湖度假村、元旭君子兰花卉基地等景区质量等级评定的前期工作。

第五节　旅行社管理

一　从业人员管理

2008年，按照《天津市旅游服务人员执业技能培训工程实施方案》要求，津南区正式启动为期四年的旅游执业技能培训工程。是年，举办2期培训班，培训学员130人。2009年，开办4期培训班涉及三个专业学员481名，有460名学员取得旅游执业资格证。2010年，举办2期培训班，培训学员250名，有234名学员取得旅游执业资格证。2005—2010年，举办旅游培训班10期，培训学员1271人。

二　旅行社管理

2009年5月，根据新的《旅行社管理条例》和《旅行社条例实施细则》规定，津南区对辖区内的旅行社进行逐一审查。内容包括营业场所、地点、营业设施、从业人员及原业务经营许可证和门市部登记证等，为辖区内5家旅行社换发业务经营许可证，为7家门市部换发门市部登记证。受理群众对旅行社未履行旅游合同义务的投诉，维护游客合法权益。

2010年，6家旅行社完成国家旅游局旅行社统计系统的网上报送工作。受理仙百合国际旅行社津南营业部和天津黄土地旅行社津南营业部的注销申请，审批成立中信国际、永泰国际、紫金国际和滨海翔宇旅行社津南营业部。对旅行社进行针对性检查。

第六节 旅游推介

2005年始，采取区域联动、行业互动、企业联合的旅游宣传促销模式，形成全方位、多渠道的旅游推介格局。宝成奇石园、国家农业科技园区等景区制定各自旅游宣传计划，与市内外媒体加大合作，参加各地的旅游交易会和联合促销活动。2008年，区旅游局编制《津南区旅游宣传手册》，将中国北石林、小站练兵园、天嘉湖旅游度假区、海河故道、国家农业科技园区、中华石园等已有或在建的旅游景区进行宣传，提高区旅游资源的知名度。召开津南区旅游工作推动会，协助小站练兵园举办首届小站练兵园旅游产品推介会。2010年，宝成集团举办2010天津（宝成杯）国际盆景赏石文化博览会，滨海观赏鱼科技园区举办首届世界水族宠物、用品博览会，小站练兵园举办泉圣阁展示中心新闻发布会等。

第四章 工艺品 土特产

津南区的旅游纪念品涉及小站稻、葛沽萝卜、特供酒、个性T恤、各种摆件、挂件、丝网花等众多种类，体现了文化性、纪念性、独特性、礼品性、艺术性、时尚性、实用性七大特色，彰显出津南区精深的文化底蕴。

第一节 工艺品

一 剪纸折扇

是专为津南区小站镇的旅游景点设计制作的旅游纪念品，扇面上用特殊方法装裱剪纸的形式是首开先河，具有独创性。作品以中国折扇为载体，以传统剪纸方式来表达百年小站的风云历史。画面中以练兵园主题建筑和天山·米立方为主体，辅以练兵园纪念碑中人物剪影形式和云朵，喻示着百年小站从清末到现代的风云变幻。

二 葫芦玩偶

是一套以津南民俗尤其是小站“稻文化”“练兵园文化”为载体的旅游纪念品。葫芦谐音“福禄”，象征吉祥如意，以手捻葫芦为原材料进行玩偶造型设计在国内外均属首创。作品依照手捻葫芦的不同形体进行再加工创作，造型古拙，色彩艳丽，人物形象鲜明讨喜、栩栩如生。

图31-11 2010年，葫芦玩偶

三 灵璧石茶杯

茶杯是采用优质灵璧石中的磬石制作而成的，其质地坚硬有声，“声如青铜色如玉”。茶杯含有二十多种有益人体健康的锶、钛、铬、锰、硒、锌等矿物质和人体必需的钙、铁、磷、钾、钠等微量元素。长期使用磬石茶杯泡茶、喝水，具有调节血液中胆固醇、甘油三酯和密酯蛋白质的浓度，增加体内微量元素含量的作用。

四 “独占鳌头”摆件

“独占鳌头”摆件底座为传说中龙生九子之一“鳌”。上面透明圆形水晶内雕工艺，中间雕刻部分为本镇著名民间艺术珍品——宝辇。“独占鳌头”是比喻在各个领域取得第一名的人，也有祝愿节节高升、勇夺第一之意。

五 “平安葫芦”

“平安葫芦”手工艺品以喜庆的中国红为主要色彩。红色平绒布料为主要材料，辅以亮片小花、珠子，再加上精湛的手工，活灵活现的葫芦就展现在人们眼前。红红的葫芦挂在家里，迎来吉祥如意。

第二节 土特产

一 葛沽萝卜

葛沽镇北临九河下梢的海河，水源充足，气候属暖温带半湿润季风型气候，夏季闷热多雨，秋季凉爽干燥，日照时间长，土壤含多种矿物质及腐殖质，特别适合萝卜的生长。葛沽萝卜的特点是：根细、叶蒂小、皮薄、皮光、里青、水分大、口甜，因此有葛沽萝卜赛鸭梨之说。霜降后收获埋入土坑，一为储存，二为使其辣味、艮性彻底去除，冬季至翌年春初出坑销售，埋藏后的萝卜嫩、脆，撞击后有裂纹，落地即碎，葛沽萝卜还有药用价值，能通气、消食，深受广大消费者欢迎。葛沽镇已有12个村种植葛沽萝卜66.67公顷。2009年，葛沽萝卜送到中南海，受到国家领导的好评。

图31-12 2008年，葛沽萝卜

二 小站稻

小站稻种植历史悠久。1875年，淮军将领周盛传率部屯驻小站，培育成功名震中外的小站稻。1979年，水稻面积扩展到7000公顷，总产稻谷3396万千克。1985年，小站稻被农牧渔业部列为全国名特产品。1992年，被中国绿色食品发展中心授予绿色食品标志使用权。获第二届中国农业博览会金奖。第三届农业博览会名牌产品。1999年，中国国际农业博览会名牌产品等一系列荣誉。1999年，国家工商行政管理局核准，小站稻成为全国第一个粮食作物地域性证明商标。

小站稻利用独特的自然环境，选用质量达到国际一级以上的优质水稻品种，按照国标有机食品生产标准进行生产种植，在种植过程中选择无污染土地，用洁净水灌溉，施用有机肥，生物农药，不用化肥和化学农药，符合无公害标准，经过先进的设备加工精制而成。2010年，小站稻产量2.78万吨，销售额8992万元。

图31-13 小站稻宣传彩页

津南区志
（1979–2010）

第三十二编
社会生活

1979年以后，改革开放政策给津南区带来无限生机。进入21世纪后，随着新农村建设的开展，津南区人民生活富足，居住条件得到极大改善。城乡居民生活条件、生活方式已经发生翻天覆地的变化。富裕起来的津南人改陋俗，树新风，谱写出津南区社会主义精神文明建设的新篇章。80年代以来，八里台镇坚持开展“好儿媳评选活动”，树立社会文明新风尚。中央、地方报刊以及中央电视台七套频道《生活567》栏目都曾予以专门报道。

2010年，“新春大舞台，百姓展风采”表演现场

第一章　农村居民生活

1979年后，农村经济体制改革解放了农村生产力，促进了农村经济发展，随着改革开放的不断深化，广大农民也享受到改革带来的红利。随着收入的普遍提高，农村居民消费水平也随之提高，从1979年的137.86元，提高到2010年的人均生活消费支出8046.6元。农村居民生活的居住、饮食、服饰和出行条件得到了极大改善。

第一节　收　入

随着津南区经济快速发展，农村居民经济收入从80年代初人均纯收入312.83元，提升到1999年的4569.59元。21世纪后，津南区农民人均收入持续增长。2010年末，城乡储蓄存款余额387.2亿元，比上一年增长32.13%，其中居民储蓄198.78亿元，增长15.07%。城镇单位从业人员人均劳动者报酬5194元，增长24.06%。农民人均纯收入为12920.58元，比上年增长1157.5元，增长10.78%，是十年前人均纯收入近三倍。工资性纯收入是农村居民人均收入主要增长点。2010年，工资性纯收入8162.67元，比上年增加826.03元，同比增长11.26%，占人均纯收入的比重为63.18%。农民人均可支配收入12593.82元，增长11.75%。

1979—2010年津南区农民收入支出统计表

表32-1　　　　单位：元

年份	人均纯收入	生活消费支出	年份	人均纯收入	生活消费支出
1979	218.13	137.86	1995	2728.72	1745.58
1980	312.83	240.22	1996	3347.80	1816.68
1981	330.16	289.95	1997	3972.77	2212.74
1982	350.64	272.48	1998	4374.50	2520.95
1983	465.31	408.64	1999	4569.59	3340.78
1984	571.18	495.52	2000	4869.00	3267.00
1985	584.09	502.82	2001	5327.00	3664.00
1986	688.68	563.93	2002	5866.00	3457.00
1987	954.93	710.63	2003	6467.00	3820.33
1988	1216.31	737.66	2004	7179.00	4034.60
1989	1297.25	963.03	2005	7884.00	4709.00
1990	1315.50	986.55	2006	8687.91	5615.28
1991	1545.30	997.46	2007	9563.14	6137.23
1992	1574.74	1029.74	2008	10534.00	6835.77
1993	1851.88	1075.75	2009	11663.08	7585.63
1994	2128.05	1367.56	2010	12920.58	8046.60

第二节　消费支出

80年代以来，农村居民随着收入的普遍提高，消费水平也随之提高。津南区人均生活消费支出从1979年137.86元，提高到1999年3340.78元。农村居民消费多用在住宅翻新、装修、嫁娶、大额医疗费用、电话费、水电费、燃气费、取暖费用。2000年后，境内开始实行土地整合，农村居民逐渐住上楼房，过上城市化生活，人民群众生活消费水平大幅提高。

2010年末，津南区人均生活消费支出达8046.6元，比上年增长6.08%。比十年前提高二倍多。此时，居民消费支出已从温饱生活、筹资建房逐渐变为购置电脑、汽车及耗材、燃油费用，购置名牌、金银玉器首饰费、高档电器、高档家具，用于医疗保险费、美容养颜费，子女培养费及旅游等项的支出显著增多。富裕人家多以轿车、住宅楼作为女儿陪嫁。2010年抽样调查显示：津南区农村居民家庭户均拥有电冰箱1.1台，空调1.1台，家用电脑0.3台，移动电话1.9部，普通电话0.5部，微波炉0.3台。津南区农村居民生活水平稳步上升，人民生活的居住、饮食、服饰和出行条件得到很大改善。

1979—2010年津南区农民家庭抽样调查人均生活消费统计表

表32-2　　　　单位：元

年份	人均生活消费总支出	生活消费支出结构											恩格尔系数 %
		食品	衣着	住房	燃料	用品及其他	非商品支出	家庭设备用品及服务	医疗保健	交通和通讯	文教娱乐用品及服务	其他商品和服务	
1979	137.90	113.50	–	–	–	–	–	–	–	–	–	–	82.32
1980	240.20	142.80	–	–	–	–	–	–	–	–	–	–	59.45
1981	–	–	–	–	–	–	–	–	–	–	–	–	–
1982	272.50	148.10	–	–	–	–	–	–	–	–	–	–	54.35
1983	408.60	191.60	–	–	–	–	–	–	–	–	–	–	46.88
1984	495.50	213.80	–	–	–	–	–	–	–	–	–	–	43.14
1985	502.80	216.60	73.90	81.20	–	107.60	23.50	–	–	–	–	–	43.08
1986	563.90	219.90	59.40	197.30	–	76.80	10.40	–	–	–	–	–	38.99
1987	710.60	327.00	64.40	172.70	–	100.90	45.70	–	–	–	–	–	46.02
1988	737.70	380.70	70.40	162.80	–	77.90	45.80	–	–	–	–	–	51.61
1989	963.00	433.80	114.00	198.50	–	142.60	74.20	–	–	–	–	–	45.05
1990	986.60	455.90	116.20	190.10	–	137.40	87.00	–	–	–	–	–	46.21
1991	997.50	511.10	125.30	124.80	30.40	124.60	81.10	–	–	–	–	–	51.24
1992	1029.70	514.40	112.60	149.50	59.00	80.10	114.20	–	–	–	–	–	49.95
1993	1075.80	531.10	146.40	118.50	–	–	–	81.10	75.10	–	63.90	59.60	49.37
1994	1367.60	633.40	189.60	148.30	–	–	–	79.70	114.50	–	93.50	108.70	46.31
1995	1745.60	797.70	265.80	162.40	–	–	–	129.30	174.30	–	99.50	116.60	45.70
1996	1816.70	958.50	274.50	169.30	–	–	–	122.10	173.00	–	62.70	56.60	52.76
1997	2212.70	1156.00	330.80	270.50	–	–	–	116.10	184.30	–	93.70	61.50	52.24
1998	2521.00	1250.00	383.30	261.40	–	–	–	114.10	275.60	–	144.80	91.70	49.59
1999	3340.80	1460.80	455.70	443.20	–	–	–	169.70	397.80	–	172.00	241.60	43.73
2000	3467.00	1480.00	465.00	524.00	–	–	–	109.00	469.00	–	177.00	243.00	42.69
2001	3664.00	1538.00	425.00	595.00	–	–	–	124.00	532.00	–	181.00	269.00	41.98
2002	3457.00	1481.00	431.00	459.00	–	–	–	135.00	539.00	–	208.00	204.00	42.84
2003	3820.30	1531.80	433.90	613.30	–	–	–	141.80	632.90	–	251.20	215.40	40.10
2004	4034.60	1616.60	468.40	689.70	–	–	–	155.40	627.60	–	248.20	228.70	40.07
2005	4709.00	1708.00	549.00	1098.00	–	–	–	99.00	760.00	–	234.00	261.00	36.27
2006	5615.30	2132.10	576.70	1492.10	–	–	–	108.80	805.80	–	258.40	241.30	37.97
2007	6137.20	2270.30	587.90	1373.70	–	–	–	185.00	886.60	–	407.60	426.10	36.99

续表

年份	人均生活消费总支出	生活消费支出结构											恩格尔系数 %
		食品	衣着	住房	燃料	用品及其他	非商品支出	家庭设备用品及服务	医疗保健	交通和通讯	文教娱乐用品及服务	其他商品和服务	
2008	6835.80	2428.70	632.70	1610.60	–	–	–	240.20	481.10	388.60	403.40	650.40	35.53
2009	7586.00	2701.00	598.30	1905.60	–	–	–	273.90	505.40	406.00	469.30	726.50	35.61
2010	8047.00	3018.00	649.80	1782.30	–	–	–	256.50	514.80	420.60	578.10	826.90	37.50

注：1993—2007年医疗保健数据为与交通和通讯合计数据

第二章 风 俗

历史上，津南区是移民聚集之地，尤以明清时期为甚，除洪武年间的大槐树移民、燕王扫北时期大型移民和小站练兵带来的移民外，历年戍边军屯过程中，退役军人及其家属也是移民的重要来源，史称津南为“五方萃处”之地。在本地的风俗习惯中，既有本地先民风俗的承袭，又有安徽淮南一带及河北、山东等地风俗的渗透。经过几百年融合，特别是改革开放后津南区社会经济快速发展和社会文明的进步，使境域内各地风俗也随之日益融合趋同，逐渐形成了今日的津南地区风俗民情。

第一节 岁时习俗

一 主要传统节日

（一）春节

起源于殷商时期年头岁尾的祭神祭祖活动，自汉武帝太初元年始，以农历正月初一为“岁首”（即“年”），年节的日期由此固定下来，延续至今，称春节。每年农历十二月三十日（小月二十九）半夜子时（十二点）过后，春节就算正式来到，此前称为除夕夜。春节是中华民族最隆重的传统节日。每年一进腊月，家家就为过好春节忙碌。春节为法定假日，放假三天。

（二）上元节

农历正月十五日。汉代始，以正月十五日为上元节，农历正月十五日晚，是一年第一个圆月之夜，这日吃元宵，象征平安吉利团圆之意。白日出会，晚间观灯、看会，此节也称“灯节”“元宵节”。

图 32-1　2009 年，咸水沽镇元宵节观花灯

（三）填仓节

农历正月廿五日。旧俗天明太阳升起前，以灶膛草灰在庭院中、屋中撒出圆圈或古钱形，中间以砖头压一把粮食或钱叫作打囤，意为企盼秋后丰收，粮食满仓。过去填仓节还有吃杂面汤习俗，意盼五谷丰登。现此习俗不存。

（四）春龙节

农历二月二日。俗称“龙抬头”日。旧俗不能挑水，怕引来懒龙不干活。旧谚说“正月剃头死舅舅”，因怕犯忌讳，很多孩子在正月里不理发，所以二月二理发师傅很忙。现在境内仍有旧俗吃煎焖子、烙春饼、炒龙须等习惯。

（五）清明节

公历四月五日左右，此日为后人祭奠祖先之日。人们在此日上坟，烧钱化纸，摆供品，祭奠先人。清明前一天为寒食节，过去这一天不生火做饭，只吃冷食，故称为寒食节。人们在此期间也会踏青郊游。2008 年，清明节定为法定节日，放假一天。与双休日相连，可休三天。便于祭祀先人外出旅游。

（六）端午节

农历五月初五，又称端阳节。俗称“五月单五”“五月节”。因为“端”与“初”同义，“五”与“午”谐音，昔日人们按地支顺序推算，五月为午，所以初五为端午，又因为午时是阳辰，故又称端阳。端午节在夏至前后，适逢毒虫繁衍时疫流行之时，旧俗此时以钟馗像或五毒符咒贴在中门上，于门户上悬艾草，将雄黄酒涂在儿童耳鼻上。节日饮雄黄酒，妇女儿童还要佩戴绣"五毒"（蛇、蝎、蜈蚣、蛙、壁虎）或艾叶形状物的饰物。门符多为红纸剪成的凹腰葫芦，主要是以驱瘟疫、祛百病、保平安为目的。现于此节时，仍有悬艾草、贴红纸葫芦、包粽子吃粽子的习俗。2008年，该节日定为法定节日，放假一天。

（七）天贶节

农历六月六。俗谚"六月六，看谷秀，晾大袄，晒大袖"。旧俗家庭主妇每逢此日晾晒衣被，是为晒衣日。

（八）七夕节

农历七月初七。起源于汉代，因为此日活动的主要参与者是少女，而节日活动的内容又是以乞巧为主，故而人们称这天为"乞巧节"或"少女节""女儿节"。旧俗这一天晚上，姑娘们陈列花果、女红，礼拜仙女，乞求天上织女能赋予聪慧心灵和灵巧双手，让自己女红技法娴熟，企盼将来婚姻圆满。然后姑娘们在葡萄架下乘凉，仰望天上的牛郎织女星，传说还能听到牛郎与织女的悄悄话。乞巧俗旧有"丢花针"，即头天舀一碗水，晾于窗台，七月初七中午，将花针投入，针浮于水面，针影照在碗底，如锥如剪则人巧，如棒槌就是丢针人笨拙。2006年5月20日，七夕节被国务院列入第一批国家非物质文化遗产名录。

（九）中元节

农历七月十五，又称盂兰节，鬼节。旧俗此日寺庙大开，迎香纳客，广作法事，家家上坟烧纸，祭奠先人。俗谚"七月十五号丧"。现在提倡文明祭扫，一般人们乘车到公墓或骨灰墓地祭祀。

（十）中秋节

农历八月十五。"一年月色最明夜，千里人心共赏时。"中秋因恰值三秋之半而得名，又叫团圆节或月夕、月饼节、八月节等。农历八月中旬，是秋粮收获之际，人们为了答谢神祇的护佑而举行一系列仪式和庆祝活动，称为"秋报"，以后形成节俗。现在仍保留亲朋之间以月饼为礼品，互贺节日，吃月饼、赏月的习俗，除了在家吃团圆宴有的还到饭店聚餐过节。2008年，定为法定节日，放假一天。

（十一）重阳节

农历九月初九，又称敬老节、登高节。农历九月，古称阳月，初九日古称阳日，九月初九日，两阳相遇，故称重阳。旧俗吃切糕，大人携儿童登高游玩，取"步步登高"之意。现在生活富裕了，老人们往往在此时出外旅游。各级领导、社会各界也在此日走访关心慰问老人。

（十二）寒衣节

农历十月一日。此时因天气就要冷了，家人惦念先人，有为先人"送寒衣"习俗。届时人们为先人"送寒衣"（即以彩色纸裱糊如衣裳形状）、纸钱，现在各社区也专设焚烧点，方便群众上坟祭奠。

（十三）祭灶

时在农历腊月二十三。旧俗传说灶王在此日晚上，要升天向玉帝汇报每一家一年来的善恶。因此过去每到祭灶日，家里蒸年糕，还要以糖瓜粘其嘴，意为向玉帝汇报时说好不说坏。然后全家焚香叩首，揭下灶王神像焚化，到除夕请全神时，再换灶王新像，如今此俗不存。春节虽在除夕夜，实际上从腊月二十三祭灶神以后已经开始忙年了，因此腊月二十三日俗称"小年"。区内也有些人家在腊月二十四日祭灶，据说其先人系南方移民，保留了故乡习俗所致。

图32-2　过年贴窗花

（十四）除夕

时在农历岁末，即农历腊月三十日（闰年腊月二十九日）。

除夕之夜是农历全年最后的一个晚上，故此除旧布新，消灾祈福，企盼来年平安幸福成为除夕之夜主题。除夕守岁，形成习俗。

二　节俗

汉族一年节日中，春节、元宵节、中秋节被称为三大节，最为重视。

春节，新岁之首日。除夕“一夜连双岁，五更分二年”，春节恰逢更替农历新旧两年，俗称过年。每年一进腊月，喝腊八粥，吃糖瓜，办年货，贴对联、窗花，贴吊钱。到除夕，人们穿戴换新，祭祀祖先，吃除夕夜的饺子，走亲拜年，一片节日景象。过去经济条件差，大人孩子盼过年能改善一下生活，俗话“馋年”。现在人们的生活，可说是“天天像过年”，没有了过去的那种对年的渴望。旧俗在除夕之日，早上要上坟祭祀祖先，请先人回家过年。过去家家供奉全神，吃干鲜果品，全家守岁。除夕夜不能说不吉利的话。一家人高高兴兴包饺子，夜间子时（十二点），煮熟饺子后，要先上供，全家拜祖先，发纸，即把神纸码烧掉，表示送走全神，发纸时放鞭炮。全家依次给长辈拜年，长辈给晚辈压岁钱，然后阖家团圆吃饺子。有的人在除夕夜就开始给长辈拜年。春节黎明，长幼盛衣冠，拜亲友。现在除夕夜的饺子多为素馅，取一年素素净净之意，一般为粉条、粉皮、香干、香菜、馃子及酱豆腐作馅。也有肉馅、三鲜馅的。吃完饺子给长辈拜年，给孩子压岁钱习俗依然保留。过去，春节期间约定俗成的“初一的饺子初二面，初三合子初四的饭”，现在生活富裕，春节期间就变成随自己口味安排每天饮食。实行人口计划生育后，现在独生子女早已到了成婚年龄，所以倒是初二的姑爷节比以前更火。随着人民生活富裕，社会生活节奏加快，人们虽然还延续着过去过年的习俗，但和从前相比，如今过年的新鲜和隆重以及节日欢快气氛淡多了。

图 32-3　2009 年，葛沽镇舞龙闹元宵

元宵节在农历正月十五日，本地习俗正月十四日至十六日是节期，而葛沽地区传统从初四以后，花会就开始迎接元宵节了。到了正月十四日，人们蒸华糕、豆馅馒头，另外还蒸面刺猬、面老鼠拖元宝，并把蒸好的面老鼠、刺猬头朝外摆在窗台上。到了正月十五日，要把面老鼠、刺猬摆成头朝里借喻财源广进。这一天家家挂灯笼，夜晚看花灯、看花会。到正月十六晚上，咸水沽、葛沽、小站等镇区，扭秧歌、跑辇耍花会、放烟花。街镇上火树银花，人们成群结队上街看花会、逛灯，俗称“走百病儿”。在路旁拣拾杂草点篝火，俗称“烤百病儿”。欢乐从家居之内转到了街上，庆祝农历新年的头一个月圆之日。咸水沽、葛沽等地，一些人家有从正月十四即过上元节的习俗，据说是其先人从南方迁来本地后保留的习俗。

八月十五中秋节，此时河蟹正肥，水果丰盛。吃月饼、水果，吃螃蟹正当其时。中秋时节，天高气爽，月朗中天，正是观赏月亮的最佳时令。晚上，皓月当空，家人欢聚，吃月饼、拜月，别有兴致，是在收获季节中透出的“节味儿”。旧有“圆月”俗，晚饭后，合家团聚，摆供桌于庭院，供月饼水果，焚香烧黄纸、白钱，然后，女人磕头祭拜，祈祝合家平安幸福，如月之圆。又有“爬月”俗，中秋夜晚，即以蜡烛半支立于蟹壳上，点燃蜡烛，任蟹在院中爬行，孩子们追逐嬉戏，烛且尽时火炙蟹壳，蟹走慌忙，孩子乐趣愈见高涨。津南区过去为鱼米之乡，现在此俗不存。

三　中华人民共和国成立后增加的主要节日

元旦：公历1月1日；国际劳动妇女节：公历3月8日；植树节：公历3月12日；国际劳动节：公历5月1日；青年节：公历5月4日；国际护士节：公历5月12日；国际儿童节：公历6月1日；中国共产党诞生日：公历7月1日；中国人民解放军建军节：公历8月1日；教师节：公历9月10日；国庆节：公历10月1日

四　新传节日

改革开放后，受西方国家风俗影响，一些青年人热衷于西方节假日。

（一）情人节

公历每年2月14日。情人节是西方男女青年人之间，表达情意和向心爱的人求婚的最佳日。传说原为古罗马人在这天表示对妇女和婚姻之神——约娜尊敬而设的节日；另有说是为纪念神庙修士瓦沦丁，他因帮助一对爱侣成婚而被暴君处死。改革开放后，青年人有的也模仿西方人，在这天向自己爱人或朋友传递爱的信息和礼物。21世纪后，送花、巧克力等礼物在青年中已普遍流行。

（二）愚人节

公历每年4月1日。愚人节是西方也是美国民间传统节日，起源于法国，原为改革派定1月1日为阳历年而遭守旧派所抵制，他们仍按旧历4月1日过年送礼物。主张改革的人就在这天造假像、送假礼品来嘲弄守旧者，后来人们就相互愚弄成为风趣。改革开放后，这天在城市里有人也用造假像、说假话的手段，来逗戏朋友，考验其智慧；但也有人认为不宜提倡这种恶作剧。

（三）母亲节

公历每年5月的第二个星期日为母亲节。此节起源于美国，1906年5月9日，安娜的母亲去世，在次年母亲逝世周年之日，安娜组织追思母亲活动，并向社会游说呼吁设立母亲节，以表达人们对慈母的感激之情。1913年5月10日，美国参众两院和总统通过决议并公告，正式确定这一节日。改革开放后，为各地所接受。21世纪后，津南地区尊老、爱老、敬老社会风尚蔚然成风，为母亲送花、购衣物、请吃饭、陪伴母亲等活动成为母亲节的新礼物。

图32-4　感恩母亲节

（四）父亲节

公历每年6月的第三个星期日为父亲节，据说提出这个建议是美国华盛顿多德夫人，她母亲早亡，是父亲独自一人承担起抚养教育孩子重任，把他们全部培养成人。为感念父亲的养育之恩，以及感谢所有父亲对家庭和社会贡献，1909年，多德夫人向当地教士协会写信，建议设父亲节，并获得通过。第二年6月庆祝了第一个父亲节。随着母亲节来临，人们自然会想到父亲节。

（五）平安夜

时间在圣诞节前夜（即在每年的12月24日晚），意为迎接圣诞节，庆祝耶稣诞生。原为西方人的节日。21世纪后，境内年轻人也开始为朋友买礼品或在餐厅聚会。

（六）圣诞节

每年公历12月25日是世界大多数基督教徒纪念耶稣诞生的日子。公元440年，由罗马教廷定为12月25日。1607年，世界各地教会领袖聚会时进一步予以确定。节日这天，有制作圣诞树和扮圣诞老人活动。改革开放后，人们在商店中可以购到圣诞纪念物。21世纪后，在青年中过平安夜、圣诞节、去教堂做礼拜、送礼物、聚会狂欢等活动人数越来越多。

第二节　生活习俗

一　居住

1979年后，随着人口不断增加，子女成婚等原因，三代同堂家庭逐步减少。多数青年夫妇组成小家庭，另建新房，独立生活。此时已不再建土坯房，取而代之的是砖木结构的房子，房屋跨度大，一般房宽度达6~8米，屋内设有厨房、卧室和客厅。20世纪末，新建的房屋设施更加齐全，除有客厅、厨房、卧室外，室内增设卫生间、洗澡间等设施。人均住房面积比以前有很大提高。同时，各镇已开始建住宅楼，楼房一般为5~6层高，单元建筑面积80~120平方米不等，有集中供暖设施。

图32-5　20世纪末小站镇头道沟村的老住宅

进入21世纪，随着平房改造、土地整合、新农村建设的开展，人民居住条件发生变化，农村人口转变为城镇人口，住进新建的花园式楼房。楼房也由六层楼变为高层住宅楼，并配备电梯、天然气、暖气及相应设施，屋内新式家具，条件更好的甚至摆上红木家具，现代电器一应俱全。社区绿化美化工作，都有物业管理机构负责。小区内建有各种健身器械，早晨和晚上，社区居民锻炼、娱乐，红红火火。

图32-6　2010年，小站镇头道沟还迁楼

生活水平提高，居住条件改善，一些人富裕后，开始各种收藏，如名人字画、明清家具、古代文房四宝、革命文物、甚至是青铜器收藏等。如咸水沽的陈吉梦，在区教研室工作，自幼爱好书法，从90年代开始收藏，藏有诸多古今名家字画、明清硬木家具、屏风和形式独特的西洋钟表。他收藏的汉至清代的名砚30多方，其中的汉代龙纹辟雍砚和明代蝉形砚尤为珍贵，业内行家曾给予高度评价。

二　饮食

（一）饮食结构

1979年后，国家粮食统购统销政策逐步放开。80年代中期始，食油、蔬菜、肉类、河海水产品陆续在市场上敞开供应。人民生活水平随改革开放后经济发展不断提高，此时主食以米、面为主。改革开放前，人们收入少，餐桌上经常吃的是玉米面饽饽加咸菜、虾酱。当时工作作风简朴，干部下乡农家派饭，单位来人集体食堂解决吃饭。改革开放后，市场搞活，饭桌上鱼肉时令蔬菜多种多样。80—90年代，市场经济发展，饭店、早点部、小吃店增多，方便大众就餐。

2000年以后，市场上一年四季新鲜蔬菜不断、生猛海鲜任人挑选，海参、鲍鱼等高档海鲜，人们也司空见惯不稀罕了。人们开始注重营养搭配，饮茶逐渐成为大众习惯。碳酸饮料、果汁、牛奶等开始成为家常饮品，异地水果、异国水果进入寻常百姓家。随着人们生活水平提高，餐饮业大发展，镇乡之间饭店林立。乡镇中出现“流动饭店”，实行上门一条龙服务。

至2010年，随着居民经济收入的提高，到饭店吃饭方便快捷，村镇居民办事、朋友聚会多到饭店就餐。快餐业中西餐的必胜客、麦当劳、肯德基主打餐比萨、汉堡包等受到青少年欢迎，但中餐仍是人们主要饮食。

（二）津南特色家常菜

贴饽饽熬小鱼（小麦穗、小鲫鱼） 因津南地区靠近渤海，水资源丰富，有水就有鱼。而贴饽饽熬小鱼是千百年来津南人民最普遍最爱吃的美食。把小鱼洗净，用葱姜蒜与食油炝锅后，多放些水，把和好的玉米面做成玉米饼子，贴在鱼上面的锅边上，盖锅后烧开15分钟即可。

图32-7　贴饽饽熬小鱼

图32-8　油炸泥鳅

图32-9　土豆辣椒炒河蟹

油炸泥鳅 泥鳅号称水中人参，是津南区特产。先把泥鳅放在盆内，用盐水浸泡，使鱼皮上的黏液浸出，洗净后沾一些淀粉或面粉，放油锅中炸熟，出锅后再撒一些孜然等小料。

土豆辣椒炒河蟹 60年代以前，河蟹在津南区的河沟、稻田中到处都是，是津南区百姓常吃的美味佳肴。先把河蟹洗净后，用刀把河蟹从中间剁开，把切好的螃蟹放在锅中炒一下，再把切好的土豆、青辣椒倒入锅中炒熟即可。

薄饼子虾酱 虾酱有白芦虾、对虾头、小海蟹、麻线等为原料的多种虾酱。吃的虾酱叫炸虾酱，就是把生虾酱用葱姜蒜与食油炝锅烧熟。80年代前，粮店供应人们的白面少玉米面多，人们就把玉米面掺一点白面，烙成薄饼子，把炸好的虾酱用小勺舀一些放在薄饼子中间，再放点大葱卷起来吃，俗话叫薄饼子虾酱卷大葱，有其特有的地方风味。

图32-10　薄饼子虾酱

虾酱饼 原料：虾酱、鸡蛋，配料：葱末、姜末、白糖、料酒。打鸡蛋3个，入两匙虾酱中，放入配料，搅匀。油不要很多，烧热后用小勺将鸡蛋和虾酱搅好的糊糊，摊放在锅的拐角处，这样摊开煎一会儿正好合在一起成半月形，将煎得半熟的饼放在平底锅的一边，继续煎下一个，依次煎好。饼两面呈金黄色出锅摆盘，咸鲜味美。

图32-11　虾酱饼

2005—2010年津南区农村居民人均主要食物消费量统计表

表32-3　　单位：千克

年份	消费蔬菜及其制品	消费油脂类	消费肉食及其制品	消费蛋类及其制品
2005	130	11	19	22
2006	120	12	22	23
2007	134	14	21	22
2008	139	15	24	25
2009	158	17	33	36
2010	163	19	34	35

三　服饰

70年代末，农民家庭生活普遍不富裕。服饰布料多为的确良、棉布，颜色以蓝、黑、绿、白为主色调，衣服以家做手工为主，破了就打个补丁，因为大多数人家如此，没人笑话。鞋子是以布鞋、塑料凉鞋为多数，穿中低档皮鞋的少有。80年代后，服饰穿戴随着生活水平提高而变化，衣料虽多为的确良化纤布料，但服装样式开始追求时尚，出现鸡腿裤、喇叭裤、连衣裙等样式，开始时兴西服。

2000年后，人民生活普遍大幅提高，穿戴更加多样化，如牛仔裤、T恤衫、休闲服，配饰有胸花、背花、肩花、裤边花等服饰已为时尚，华服、旗袍制作更加考究。青年女子穿吊带裙、超短裙、健美裤、高跟鞋，脸部化妆、染指甲，发型也多种多样。高跟鞋、尖头鞋、长筒靴、雪地鞋、旅游户外用品等款式越来越多。男士追求新潮，青睐名牌服饰、手表。金银、玉镯等贵重饰品随着生活水平的提高，成为人们追求时尚的新爱。

四　出行

80年代，人们出行多用自行车、摩托车，也有的人用“东风后三”作为交通工具。后来由“大发”厢车代替“后三”。90代后，夏利汽车代替“大发”汽车。随着人们经济收入提高，一部分富裕起来的人开始有私家车。公交车路线由天津至咸水沽、葛沽、小站、塘沽等几条线路，已增至多路。私人被允许从事公共运输后，津南区内绝大多数村庄都通公交汽车。

2006年末，境内村100%通公路。随着各村镇土地整合开展，人民生活水平进一步提高，百姓购买的私家车越来越多，轿车的档次也越来越高。据车管津南分所（该所负责津南区、大港区、大港油田、河西区机动车和驾驶人源头管理）统计，2006—2010年，车管所新增驾驶人64227人，新增机动车173608辆。因为私家车多，楼区内已出现车满为患情况。城镇间出租车更是随处都有。

第三节　礼仪习俗

一　生育

1979年，政府提倡一对夫妇只生育一个孩子，新的生育观念逐渐改变陈旧的生育俗。2000年以后，计划生育工作由宣传、教育、惩罚，逐渐走向服务型、关爱型，倡导婚育新风。各级计划生育服务站提供技术服务，关爱独生子女户女孩家庭。补贴保险奖励到位。多数家庭中的产妇在医院生产，已经成为一种时尚。人们在贺新生礼仪的交往中，也多免去了那些迷信、烦琐习俗。“洗三”“满月”“百岁”“抓周”等贺仪习俗虽仍保留，但内容只是亲朋向主家致贺随礼，主家设席答谢亲朋好友了。

（一）洗三

过去新生儿出生后第三天，由“姥娘”（接生婆）为其洗澡，称为“洗（喜）三”。给婴儿洗时，姥娘嘴里念念有词，尽说吉祥话的顺口溜，如“先洗头，做王侯，后洗腰，一辈倒比一辈高……”之类喜歌。这天，亲朋邻里都携带贺礼前来道喜，生子之家设宴款待客人。贺礼送红糖、鸡蛋、挂面及小儿衣被。亲友送鸡蛋，产家不能全留下，要“剩篮子底”，表示“剩蛋”。

（二）满月

婴儿满月这天，婴儿外祖母带着蒸好的小馒头及婴儿用的被褥等物品到姑爷家贺喜；主家要摆宴席，款待亲朋。婴儿满月过后，产妇可携婴儿在娘家人陪同下回娘家小住，少则几天，多则十天半月，叫做“挪臊窝”。临行前，要给婴儿的鼻尖儿用墨、烟灰或锅底的黑烟灰抹成黑色；从姥姥家回来时，改用白粉将鼻尖抹成白色。谓之“黑鼻儿去，白鼻儿来”的俗谚，意思是去时黑瘦，回来时变白胖了。

（三）百岁

婴儿到了一百天称“百岁”。是日，亲朋好友会被请来参加宴会。来宾自然也要携带礼物，还要给婴儿红包（礼钱）。特别是婴儿姥姥家，除送衣物外，还有送给新生儿“长命锁”“手镯”“脚镯”等物，祝其长命百岁。姑姑要送给新生儿蓝紫色裤腿的小儿裤，称为“姑兰紫”。取“拦子”的谐音寓意，意思是把孩子拦住，免得被疾病等灾祸夺去性命并能平安成长。还有为其穿百家衣的习俗，有的人家用做百家衣的方法为孩子做成百家被，以此祈福求寿。

（四）抓周

婴儿到一周岁时举行“抓周礼”，将食品、玩具、笔砚、马鞭、算盘等物放于饭桌上，让婴儿信手抓取，以先抓之物，测小儿成年后的功业，试其志向，图吉利。

二　乔迁

居民迁入新居，还有人家仍沿袭过去的“温居”习俗，如咸水沽、葛沽地区多在天亮前将锅按进新居，然后再将家居搬进新居。小站地区则是在迁居前一天，把鱼和苹果放在新房内，取年年有余，四季平安之意，乔迁不讲究天亮前，而是讲究挑时辰将锅按进新居。各地区都是在家什用具搬进新居前燃放鞭炮，一说是庆祝之意，一说是意为崩走邪气。当家具物品收拾停当后，小站地区多在当日，咸水沽、葛沽地区多在搬家的第三天，迁居主人或在家，或在饭店酬谢亲朋好友，众亲朋携带礼物（礼钱或鱼、苹果等）前去庆贺乔迁之喜。

三　祝寿

随着人们生活水平的不断提高，尊老意识增强。本地区大多数人家依“人过六十谓之大寿”之说，要为老人“做寿”庆贺。过去由于经济条件所限，过寿也只是一家人团聚，吃顿捞面而已。改革开放后，人们生活水平提高了，每逢家中老人年届六十，就要在家中为老人祝寿。除在老人生日的前一天全家吃催生饺子外，在生日这一天，多在饭店置办酒席、宴请亲朋吃寿面，分送寿桃、生日蛋糕，共祝老人身体健康，生日快乐。此外，本地区还有人在为六十六岁老人过寿时，按“六十六，要吃闺女一刀肉”的旧俗，女儿要送老人“一刀肉”（用烧饼夹一块熟酱肉，旧俗老人要倒坐门槛吃），祝福老人长寿的习俗。

四　婚嫁

（一）过嫁妆

时间在婚前一天，女方将嫁妆送到男方家。现在女方送嫁妆，还保留着送桶子、灯、挂门帘的旧俗。从陪送嫁妆看，70年代，讲三大件，即自行车、手表、缝纫机。80—90年代，增加洗衣机、电视、电冰箱等。2000年以后，独生子女成婚的增多，女方陪嫁比以前增值，增加摩托、电动车等较贵重物件。随着人们生活富裕，为自己独生女陪送轿车的已不鲜见，富足的人家甚至陪嫁楼房。女方大多在这一天举办酒席招待亲朋好友，以示庆贺。

（二）迎娶

结婚当日，新婚之家大门两旁贴红双喜字，嫁女之家贴单喜字，向人们宣告新婚的喜讯。随着时代的发展，在津南区，许多新婚人家在迎娶新人时，摈弃送彩礼的习俗。但还有一些人家仍保留男方带“四彩礼”去女方迎娶的习俗，在小站地区，“四彩礼”多是粉条（寓意情义不断）、一刀肉（一般是带四根肋条的块肉）、酒、点心，迎亲的人们到女方家后，女方则将带骨肉上的肉留下（寓意骨肉分离，肉称离娘肉，但不能让新人的娘吃），将剔下的肋骨（讲究厨师剔骨时不能让娘家人看到）和男方送来的粉条、酒和苹果的一部分交给男方带回。女方回男方的“四彩礼”多是麸子、艾蒿、两棵连根的葱、盐（寓意福气、恩爱、香火绵延）。在咸水沽、葛沽一带，迎亲时，男方送的四彩礼是一刀肉、粉条、酒、苹果。在辛庄一带是一刀肉、粉条、鱼、鸡四样彩礼（意取吉庆有余和大吉大利），这些地方的女方则只是将一刀带骨肉上的肉留下，将剔下的肋骨和男方送来的粉条、酒和苹果的一部分交给男方带回而已。

图32-12　21世纪初，津南人的迎亲车队

迎接新人进家后，举行结婚典礼仪式，即拜堂。改革开放以前，婚礼上，新人行跪拜礼，开放后多行鞠躬礼，然后摆席庆贺。现在，随着人们生活水平提高，结婚仪式越来越排场，新娘讲究披婚纱、照婚纱照。有的人家花钱请婚庆礼仪公司来安排婚礼，有的青年男女还专门到教堂举行西式婚礼，少数青年实行旅行结婚，有的在单位组织下，实行集体婚礼。

结婚用车多由婚庆礼仪公司出动数十辆名牌轿车接亲，并由专业人员摄录结婚全过程。

过去旧俗迎亲时讲究“姑不接，姨不送”，现在，结婚的独生子女越来越多，在这些人家中，有的娶嫁双方家长、亲友一起找个饭店，共同举办婚礼宴席。时间多在中午办。也有的像市里人那样，在下午办婚礼宴席（按照本地旧俗，过去只有妇女再嫁时，才在下午办婚礼）。在婚礼宴席上，家长带领新人依次向来宾敬酒敬烟，表达新郎新娘感谢之情。按照习俗，晚上还要“闹洞房”。

（三）认亲

过去，在新婚第三天。新娘要与婆家人相互拜认“分大小”。现在，一般都改为在婚礼的当天宴席上，由男方家长带领新人敬酒时，将亲戚朋友一一介绍。在酒席桌上双方亲朋在被引见后，当场就给新郎新娘见面礼钱，叫“改口钱”。

（四）新婚贺礼

70年代大家合伙送一件礼品，逐步上升到80年代每人十元、几十元、至百元贺礼。2000年后，随着经济收入提高和社会攀比，贺礼也上升到200元，至亲在500元以上，且在不断攀升。

五　葬仪

70年代实行火葬，丧事简办。2000年后，镇村土地整合，实施小城镇建设。由村盖祠堂，政府建寝园为乡民提供骨灰存放处。现在的葬仪，仍沿袭过去习俗。如送终、报丧、吊唁、送路、出殡、圆坟、祭祀等。值得指出的是，近年来人们生活条件提高后，出现办丧事奢侈过头情况，如请阴阳先生看风水、阴阳宅，广撒唁函大破孝，大吃大喝大受礼。除拜祭时搭灵棚，两旁摆放鲜花花圈，拜祭过道红毡铺地，还要请道士居士吹打送经，请戏班唱戏或唱流行歌曲，有的还让专业哭灵者顶替丧家家属假哭啼。种种陋习不但钱财浪费，而且严重扰民。

第四节　其他习俗

一　宗族习俗

华夏民族的习俗是同姓氏家族居住在一起。在一个家族中按照辈分排次序。最亲近的是五服，即高祖、曾祖、祖父、父亲及本人的纵向排序五代人。在重大家族活动中，据此区分不同辈分、地位，如在丧事中几辈人即各着几种不同服饰，以示辈分。在一个家族中，有五服不通婚，更严格的要求同姓不婚的规定。解放初，受传统观念影响，居民家族仍推崇四世同堂，十几口人在一起居住的也很常见。“文化大革命”中，宗族观念淡漠，宗谱家谱也多作为“四旧”被烧毁。改革开放后，随着生活水平的逐年提高，独生子女户的增多，生活中脱离父母而组成自己小家庭的居多了。进入21世纪后，3~4口之家占当地总户籍的90%以上。但在宗族大姓多的村中，宗族宗亲观念还有存在，如给下一代起名字时，需用祖宗指定的字组成、以明确辈分。亲族走动表现在宗族间婚丧嫁娶、年节拜年，礼尚往来。遇有病灾、火灾、意外伤害的，宗族间的集资捐助最积极。随着人民经济水平提高，交往广泛以及独生子女组成小家庭增多，村镇中认祖归宗，续写家谱的现象增多。

二　庙会

（一）葛沽庙会

图 32-13　葛沽宝辇花会

津南区葛沽镇是千年古镇。历史上葛沽镇上庙宇众多。据明代葛沽文人记载，早在宋朝，就在邓岑子村修建乌龙堂。为增加庙会热闹气氛，堂观道人组织一道花会，每逢庙会都要出演。宋元以后，特别是明清时期，随着葛沽的经济文化的发展，葛沽庙宇越建越多。清道光年间《津门保甲图说》记载葛沽镇内当时有九桥十八庙。众多庙宇，促进葛沽地区商贸集市发展，使葛沽镇成为海下地区最繁华的地方。过去，葛沽镇各庙会时间按农历算分别是：灶立庙为四月十六日。东白衣庙为二月十九日、八月八日。玉皇庙为正月初九日。关帝庙为六月二十四日。太虚庙为三月初三日。药王庙为四月二十六日。三官庙为八月十八日。长寿寺为四月初八日。文昌庙为九月十八日。地藏庙为七月三十日。慈云阁为九月初九日。西白衣庙为二月十九日。海神庙为二月十九日。财神庙为九月十七日。娘娘庙为正月十六日。马神庙为六月二十六日。东土地庙为二月初二日。西土地庙为二月初二日。

每逢庙会，附近村镇的人们就早早地涌到葛沽拜庙上香，祈佑降幅。然后是赶集购物，游戏杂耍、招牌吆喝，使葛沽镇街巷内摩肩接踵，人满为患，热闹非凡。其中，最热闹的是上元节期间的娘娘庙庙会。春节一过，各道花会既可上街表演称为“踩街”。产生于明朝的宝辇，以其独特地方特色成为中国北方妈祖祭祀文化的瑰宝，增添节日气氛。娘娘庙会期间，葛沽地区所有宝辇花会参加表演。葛沽有八架宝辇，一个灯亭，一个海亭。花会有高跷、龙灯、旱船、竹马、渔樵耕读、渔家乐、十不闲、侉戏、小车会、大头舞、少林武术会等十几道会。葛沽辇会主要有设摆、接驾、送驾三个环节，紧紧围绕迎送娘娘这个中心精心安排，显现“普天同庆”。载歌载舞的十几道花会后面，人们簇拥着十驾亭辇。接驾、送驾时，皓月当空，灯海辉煌，三里长街，狂歌劲舞，烟花鞭炮，通宵达旦。

每逢此节，方圆几十里地的人们赶来看会。解放前，葛沽宝辇花会曾拍成电影，在天津市丹桂影院演出。解放后，除“文化大革命”期间外，葛沽庙会始终延续演出。演出盛况多次被国内外媒体播放报道。2003年，葛沽镇被国家文化部命名“中国民间艺术之乡”，葛沽宝辇花会成为天津市首批非物质文化遗产。2008年2月，葛沽镇承办了首届滨海·津南民俗文化艺术节暨花会展演活动，有宝辇高跷等25道花会参演。

（二）咸水沽药王庙会

中华人民共和国成立前，咸水沽的庙宇有老姆庙（观音庙）、娘娘庙、关帝庙（俗称老爷庙）和玉皇庙。过去，每逢正月十五庙会，龙灯、高跷（有下郭庄、田嘴、北洋、同乐、长乐、同善等高跷会）

旱船、渔家乐、灯亭、表亭、影亭、少林会、佛乐吹奏会、王家场的落子，各花会一直要到正月十六晚后半夜，然后在田家坟广场放盒子灯。但最热闹还数咸水沽参加药王庙会的“大驾”皇会（前志已记述）。由于历史原因，中华人民共和国成立后，各道花会和“大驾”皇会衰落了，“文化大革命”期间更是被作为“四旧”禁演。

80年代中期，咸水沽镇恢复“大驾”皇会，重制龙旗，但只在咸水沽耍会。咸水沽镇民间花会活动逐步活跃，自发成立高跷队、秧歌队等，利用业余时间进行排练，每到傍晚鼓乐齐奏，引人驻足观看。1993—1996年，为民间花会活动最兴旺时期。每逢春节，镇文化站会同区有关部门组织民间花会活动。每年正月十三到正月十六各路花会队伍走街串巷，给人们送去欢乐，增添节日喜庆。1997年5月，咸水沽镇秧歌队代表津南区参加市秧歌大赛获“银狮奖”。节假日踩街演出的尚有当年振华造纸厂的腰鼓队与秧歌队。2000年后，每年春节期间，咸水沽除有高跷、秧歌队等花会表演外，在海河故道公园，还有数里长的灯展更是人们趋之观瞻的好去处。

（三）小站庙会

中华人民共和国成立前，小站老君堂初一、十五开庙门，每年七月十五盂兰会，庙场摆设轮回地府情景，放施食、放河灯。庙前广场成为小商贩贸易、江湖艺人卖艺中心，人群填塞街巷，香火三日不绝。会馆庙会即周公祠庙会。例行每年两次，即稻田农事消闲的三月二十八和七月二十八，会期3日，形成一年两大商贸集市。1950年以后庙会停办。改革开放后，天津市级文物单位周公祠恢复每年庙会。

津南区其他各镇在春节期间，都有花会演出。

三　陋俗

（一）冥婚

是指迷信之人在自己或自己的亲戚家中，有未婚男女去世后，由各自亲属张罗寻找，发现有年龄基本相当的亡故异性，谈妥后，即为男女双方死者履行“结婚”仪式。将男女骨骸取出，各入新棺，奏乐，鸣鞭炮一如生者。然后抬置男家墓地（旧俗未婚先亡者，不能入葬祖坟内），并骨合葬，结为阴间夫妻，谓之“结阴亲”。现偶有出现。

（二）迷信活动

80年代，迷信活动有所抬头。21世纪初，随着人们经济生活水平不断提高，一些人趁机以此为营生，大搞迷信活动，算命、相面、批八字、看香火、看风水等迷信活动不为鲜见。

（三）滥放鞭炮

鞭炮是制造喜庆气氛的，节假日、喜庆活动放鞭炮以示庆祝，本也无可非议。但现在节庆时，放鞭炮过滥、过量，造成噪音、烟尘，严重污染环境，有的伤及无辜，引发火灾等事故，危及人民正常生活。有的门面开市，大放鞭炮，影响交通，有的地方甚至发生春节上坟因燃放鞭炮不慎而炸死人的严重事故。

（四）赌博

社会上一些人有了钱，却走上邪路，以赌为业。赌博方式有“比大点”“牌九”“打麻将”等。他们不但在人们婚丧嫁娶之时赌博，而且平时也聚众赌博。近年来，因为赌博造成家庭不睦，贻误生产，盗窃频出，以至倾家荡产，影响社会治安的情况并不少见。

第三章　方言俗语

津南方言呈现三种地域性差别的体系，一种是双港等靠近天津市区的地区，方言类似天津市区；

一种是海河中下游的方言体系，如咸水沽、葛沽等地区，又被称之为海下话；一种是以小站为中心的方言体系，类似于大港话、沧州话，其形成较晚，受安徽、河南、山东、河北的移民影响而形成。如今随着社会进步，区域内一些活跃在人们日常生活中具有生命力的本地方言俗语仍在流传，而那些反映过去社会风俗方言俗语已逐渐淡出人们日常用语。

第一节　方言俚语

一　时间、节气

擦黑儿——天快黑的时候
明儿个——明天
夜儿个——昨天
后儿个——后天
前儿个——前天
见天儿——每天
成天儿——一天天
年三十儿——除夕
一丝儿——一会儿
起小儿——从小时候
多前儿——什么时候
跟手儿——立即、马上
破五儿——农历正月初五
将才——刚才
一宿——整夜
多昝——什么时候
大尽——农历大月（30天）
小尽——农历小月（29或28天）
老其根儿——先前、最初
等一阵儿——等会儿

二　人际称谓

当家的——指丈夫
烧火的——指妻子
老丈儿——岳父
丈母娘——岳母
白眼儿——专指外孙子
废物鸡——没本事的人
嘎杂子——行为不端的人
狗食——品格低下的人
老爷儿们——成年男子
家达子——指自己的家里人

力巴头儿——做事外行的人
顺毛驴儿——吃顺不吃戗的人
冤大头——受人欺负被人捉弄的人
雏儿——初涉人事，不谙世事之人
二皮脸——不知害羞的人
二虎头——做事鲁莽的人
六丑——净做坏事，不知好歹的人
能耐梗——自以为是，骄傲自大的人
落单儿（“落”读 lào）——丧偶的鳏夫
落道帮子（“落”读 lào）——因为行为不检而败落的人
落忙（“落”读 lào）——人家有红白大事时请来帮忙的人
落桌（“落”读 lào）——为宴会事先准备原料并进行初步加工

三 人体和行为

头覆——头发
拨拉盖儿——膝盖
袄袖子——衣袖
唾米——唾沫
眼眦——眼屎
奋秋——蠕动
膈应——腻歪
就乎——凑合
对乎——糊弄
念语——说话
嘀咕——犹豫
局气——拘谨
嚼戗——分辨
走基——变形了
帮子——后脑勺
咕咕——小声说
憋屈——心里难受
出溜——打退堂鼓
编排——编造诋毁
别介——不要这样
拔裂儿——①分裂②手足皴裂
砸么——原意为品尝，引申为思考
遂堆——瘫痪，引申为气馁、泄气
吱味——让人不满意，不高兴的动作
掺掺——把东西乱放，弄得到处都是
狼糠——使用物品不在意，使之损坏
挤兑——也称“挤掳”，排挤逼迫之意

眼子毛——睫毛
隔扭儿——矛盾
子盖子——指甲
找乐儿——寻开心
打替份——打喷嚏
发癔症——说梦话
烧包儿——沉不住气
撒么——用眼寻找
豁楞——搅拌动作
心思——心里捉摸
遭改——丑化、恶搞
祸祸——破坏，糟蹋
扯子——缺心眼的人
板生——做事认真严整
拔创——替人说话办事
开涮——拿别人开玩笑
瞎掰——没有根据的胡说
腻歪——无聊、讨厌
肉哄——慢慢腾腾，动作慢
脸子——脸色，多指不高兴
者列——没完没了地纠缠某事
歪泥——遇到难于解决的问题
各色——特殊，和别人不一样
卷街——即骂街，也作“卷大街”
连薄儿——指身板瘦弱
二把刀——技艺不熟练
打八叉——干一些零活
不着调——不听话，不可靠
褶子了——遭受失败，处境窘迫
突噜了——把自己的秘密都招出来了
会来事儿——看别人眼神行事，献殷勤
死心眼子——脑筋不灵活
个里个生——有个性，不合群
贱骨肉儿——不自尊、妄自菲薄
蛤喇崩子——个性强，于众不和
好么样儿的——好好的，本来挺好的
揳——用东西砸人或用硬东西钉物
腻乎——原意为黏糊，引申为关系密切
邪性——超乎平常表现，让人感到奇怪
犯浑——不讲理
离离即即——慌慌张张，精神不集中的样子

甜不罗嗦——原意形容味道甜。借指曲意奉承

开——打伤头部，也作“开瓢”；赶人走

豁个儿——豁出去了，玩儿命，什么都不顾了

胡吣——吣原指狗猫之类呕吐，借指人的胡说乱说

见礤——见笑。例：“这个话说得太不雅了，叫人见礤”

夹个儿——加塞儿，为抢先得到，夹进已排好的队列前面

喀嚓——长时间地煮、熬；蹭占别人便宜；批评、挖苦

搁岸上了——事情没解决完，就扔下朋友不管，也作“搁旱岸上了”

冲肺管子——说话噎人

不许抹醭（mā bú）——不让批评，听不得不同意见

搊（chōu）人一把——用力将人扶起，引申为扶助、救助

八呲口喃——口口声声地，不由分说

四　动物

鸪丁——野鸭子

蚂蚱——蝗虫

蚂皮——水蛭

蛰米殃——马蜂

旁嗨——螃蟹（咸水沽的叫法）

旁凯——螃蟹（葛沽的叫法）

五　植物、饮食

白果——鸡蛋

转莲——向日葵

晌干——非常干

嚼过儿——吃喝

老婆耳朵——扁豆角

棒子瓤子——玉米轴儿

精稀——说粥汤非常稀

六　其他

寒嗲——难看

格楞——特殊

横似——可能是

生疼——非常疼

白净——皮肤白皙

黄咧——没希望了

半儿拉——一半

寸劲儿——恰巧

咋儿着——怎么

坎儿——人遇到了难事

消停——安闲、平静
归其——最后、到了
横是——可能、大概
归其了——归根到底。
浮头儿——表面、上面
跟前儿——眼前、附近
苦了巴叽——味道苦涩
膀大力的——讲实在的
包了（liǎo）儿——全买了
就（jiǔ）地——地面
老么些——很多。也作“老么多”
来回载儿——来回都装载货物，不放空车。
好模样儿的——无缘无故地，也称“好模胡样的”。
够呛——难度大，没把握，有风险。“你叫我去跟他要账，够呛！”
就那儿——①本来。如：“这孩子就那儿就不胖，这一闹病更瘦了。”
②顺便。如：“你上街，就那儿给我捎点儿糖来。”

第二节　歇后语

凉锅贴饼子——蔫溜
麻子不叫麻子——坑人
老太太吃柿子——紧嘬
瞎子坐上席——目中无人
哑巴吃饺子——心中有数
小孩拉巴巴——挪挪地儿
耗子啃四书——咬文嚼字
峰山庙上卖的——要货儿
赵老二打房檩——顶这儿了
豆腐掉在灰里面——打不得
阎王爷贴告示——鬼话连篇
放屁扭腰——寸劲儿
土地爷掏耳朵——崴泥了
丈母娘疼姑爷——实心实意
砂锅儿捣蒜——一锤子买卖
正月十五贴门神——晚半月啦
王八排队——大概其（大盖齐）
老太太买柿子——专捡软的捏
阎王爷打糨子——糊鬼（胡鬼）
老太太上鸡窝——奔蛋（笨蛋）
卖烧饼果子的不带干粮——吃货
旗杆顶上绑鸡毛——好大掸（胆）子

第三节 谚 语

一 气象

初伏浇，末伏烧。
二八月乱穿衣。
黑云接的高，有雨在明朝。
东虹云彩，西虹雨。南虹北虹下涝雨。
火烧云(晚霞)，明天晒死人。早霞阴、晚霞晴。
早看东南，晚看西北(如有浓云就预示着可能降雨)。
长五月，短十月，不长不短的二八月。夏至三庚是初伏。
天河调角(星云)，夹裤夹袄。天河打旋，吃瓜吃茄儿。天河一横，滴水成凌。天河劈叉，单裤单褂。
一场秋雨一场凉，一场白露一场霜。

二 生活

理不短，嘴不软。
白天多动，夜里少梦。
让人一寸，得理一尺。
隔行如隔山，隔行不隔理。
不怕人不敬，就怕己不正。
是亲三分向，是灰热过土。
家无主心骨，扫帚颠倒竖。
天无一月雨，人无一世穷。
刀伤易治，口伤难医。
小人记仇，君子感恩。
只可救苦，不可救赌。
学好三年，学坏三天。
人怕恶的，狗咬破的。
好话别解音，解音没好话。
灯不拨不亮，理不辩不明。
丰年要当歉年过，遇到歉年不挨饿。
天不生无用之人，地不长无名之草。
好男不抢分家饭，好女不争嫁妆衣。
一好遮不了百丑，百好遮不了一丑。
千学不如一看，千看不如一练。
百闻不如一见，百见不如一干。
水大漫不过船，手大遮不住天。
不怕百事不利，就怕灰心丧气。
人前若爱争长短，人后必然说是非。
不图便宜不上当，贪图便宜吃大亏。

一年算得三次命，无病也要变有病。
人心不足蛇吞象，贪心不足吃月亮。
人在福中不知福，船在水中不知流。
娘想儿，似长江，儿想娘，扁担长。
夏不睡石，秋不睡板。春不露脐，冬不蒙头。
老猫卧房檐，辈辈往下传。从小看大，三岁至老。
褒贬是买主，喝彩是闲人。
不懂会规，别乱操旗杆。
冬吃萝卜夏吃姜，不用大夫开药方。
会当媳妇两头瞒，不会当的两头传。
萝卜白菜，各有所爱。
夜走千条路，天亮卖豆腐。

津南区志

（1979—2010）

第三十三编
人　物

津南区为退海之地，历史久远，物产丰富。自古有滩涂渔盐之利，得河海舟楫之便。明代万历年间，天津巡抚汪应蛟开始在境内屯田种稻，科学家徐光启在津南改良稻种，进行农业科学实验。清代康乾二帝巡视大沽海口，驻跸葛沽。清末天津小站练兵走出民国政府4位总统、1位民国临时执政、9位民国政府总理、35位督军及60余位上将，津南可谓物华天宝、人杰地灵。

青年周恩来在天津南开中学求学期间，几次到高庄子村调研和体验生活；50年代，津南区模范人物中，多人受到毛泽东主席亲切接见和称赞；中国著名学者、文化巨匠、红学家周汝昌和中国著名版画家李平凡及中国著名电影表演艺术家田方、中国著名作家邢野、天津著名诗人闵人、著名教育家田本娜、现代中国著名书法家宁书伦、河北梆子表演艺术家银达子（王庆林）和韩俊卿、中国著名漫画家于化鲤、天津著名画家于晋鲤等都是津南人。

改革开放后，津南区各行各业更是涌现出众多先进人物，他们为津南区的发展做出重要贡献，其业绩突出感人，堪为后人楷模。同时，津南籍人在外工作者亦多有俊秀，为当地建功立业；亦有创建“马头”牌振华造纸厂的外省籍人士宁钰亭等，为津南区的发展做出突出贡献。

人物编以生年为序，非标注者皆为男性，汉族。

红学泰斗周汝昌

第一章 传记 简介

根据“生不立传”原则和《津南区志(1979—2010)》人物入志标准，本章人物传记收录有突出贡献和较大影响的已故本籍和客籍人物25名，分列前志补遗人物、本志限内人物传记两部分，前志补遗人物传记13人，新志人物传记12人。本籍人物简介51人，客籍人物简介6人。

第一节 人物传记

一 前志人物补遗

汪应蛟(1550—1628)字潜夫，号登原，婺源段莘村人。明朝万历二年(1574年)进士。初授南京兵部主事，后历任南京礼部郎中、兴泉宪副、济南参政、山西按察使、右都御史代天津巡抚与保定巡抚、工部右侍郎、兵部左侍郎，累迁至南京兵部尚书，加太子少保。汪应蛟为人忠诚正直有节操，平生著作甚富，有《海防奏疏》《津门疏》《诗礼学略》《乡约记》等百余卷。《明史》有其传记。

汪应蛟在任右都御史兼任天津巡抚时，见辖区内葛沽、白塘口等处田地草莽丛生，认为此地引海河之水，用南方之法，可辟水田。于是于万历二十八年(1600年)，下令驻防兵丁2300人进驻葛沽、白塘口两地，筑堤围田，开浚河渠，灌水洗碱，开始屯垦。利用海河一日两潮，引水灌溉和排出盐碱。第一期垦田5000亩，其中水田2000亩，亩产粮四五石，旱田3000亩，亩产薯豆一二石。汪应蛟首次屯垦，即获北方种植水稻成功，为当地大规模开发、改造盐碱地提供宝贵的经验。在汪应蛟的积极倡导和大力推动下，屯田范围扩大。汪应蛟分别以“求、仁、诚、足、愚、食、力、古、所、贵”十个字编次命名何家围、吴家嘴、官庄、双港、辛庄、盘沽、贺家围、东泥沽、西泥沽、葛沽等地围田，人称“十字围”。开田数量达到18万亩，年获利饷银6万两，使天津财力大增，改善了军粮供给和百姓的生活条件，并造就了津门水利设施，福及子孙后代，因此受到当地人民尊重，葛沽曾设立祠堂纪念汪应蛟。

徐光启(1562—1633)字子先，号玄扈，教名保禄，明朝南直隶松江府上海县人，万历三十二年(1604年)进士，通晓天文、历算、数学、农学，习火器，为天主教徒。是中国古代著名的科学家、政治家、军事家，官至礼部尚书、文渊阁大学士。太子太保、少保，谥文定。是中西文化交流先驱之一。

徐光启

徐光启力主开发北方水利。万历四十一年(1613年)，徐光启因修历书遭朝臣攻讦，称病寓津，在葛沽购置田产20顷。他将一半近海河的田作围田种稻，引南方优良稻种，聘请南方有经验老农来葛沽作“田师”，采用围田之法防涝，戽海河水备旱，并利用海河潮汐进行灌溉。在葛沽的两年九个月中，徐光启参加田间劳动，总结改造盐渍地经验。其在《粪雍规则》中记载，“天津屯田兵言：碱地不害稻，得水即去，其田壮与新田同。但葛沽屯田兵又言，初年碱地不宜稻莳，下多不发，二年以后渐佳，后来更不须上粪，尤盛不碱者。”经过努力，种植水稻和稻种改良实验初步成功，“每亩收米一石五斗”，在葛沽等地经营“三年大获其利”。1617年冬至1621年末，徐光启又三次在葛沽等地进行水稻种植和稻种改良的科学实验，葛沽稻成为优良品种，被誉为“香杭”。他将在北方的实践和经验，写成《宜垦令》《北耕录》等农书，为农学巨著《农政全书》打下基础。1614年，徐光启在本地试种冬小麦，1615年获丰收。除了种麦、稻、豆类，他还在天津试养春蚕，将甘薯引进天津。其作品《甘薯经》定稿于天津。《明史》有其传记，葛沽等地曾立祠堂纪念徐光启。

苏善恒（1818—1884）字可堂，清嘉庆二十三年（1818年）出生于葛沽，道光二十九年（1849年）乙酉科优贡，咸丰四年（1854年）甲寅科任觉罗官学汉教习、后任安徽知县。辞官归乡后，关心家乡教育大计。清光绪三年（1877年），苏善恒等人奏请直隶总督李鸿章批准建立葛沽“津东书院”。李鸿章亲自为书院题写匾额，成为当时天津府著名的八大书院之一。

王维珍（1827—？）字颖初，一字席卿，号莲西、莲溪，又号大井逸人。清朝道光七年（1827年）出生于葛沽镇，道光二十九年（1849年）拔贡生。咸丰元年（1851年）辛亥恩科举人。咸丰十年（1860年）庚申恩科进士，是第二甲第二十三名。后历任礼部七品小京官、仪制司主事、筹印局员外郎、祠祭司郎中、同治壬戌科会试同考官、内阁侍读学士、癸亥科会试同考官、太常寺少卿转大理寺少卿、丁卯科福建乡试正考官、通政使司副使。

王维珍

同治十一年（1872年），以事忤慈禧太后，被议处、贬级。《重修天津府志》说他“工诗文，善书法，书法学欧阳询，参以米芾、董其昌法，行书任意纵横，淋漓痛快。著有《莲西诗赋集》”。王维珍书法成就极高。《清朝书画家笔录》也称其书法学唐代欧阳询、参以宋代的米芾和明代的董其昌。其小楷尤为出色，遒劲透逸，有“铁勾王”之称。

刘道元（1842—1921）字希宪，清道光二十二年（1842年）出生于葛沽。清末秀才，自幼饱读诗书，精通经史，长于诗词，工于书法，尤擅唐隶。因家道中落，赴津谋生，居于粮店后街吉家胡同。平生多行善事，不畏权势，敢于直言，专为穷人包揽讼词，为之伸张正义。曾在轰动津城的南皮县双烈女冤死后，撰写挽联：“直隶高等审判厅，伤天害理”“南皮张氏双烈女，杀身成仁”。尤以活人出殡方式讽喻社会黑暗而轰动津门。民国时津门《沽水旧闻》作者戴愚庵在《刘道原活人出殡》一文中记述：“本人乘轿，招摇过市。翌年，仍不死，及大发善念，每日所得，尽数赠穷人，故刘每行，从之者如归市。”1921年，刘道元去世。当代著名作家冯骥才，将《刘道元活出殡》一章，写进其著作《俗世奇人》之中。

郑长生（1846—1925）又名筠荣，葛沽人。在辽宁营口经商致富。传说因曾卖过豆腐，被称作“郑小豆腐”。晚年返葛沽后，为家乡广做慈善事业。捐献义地数十顷，供贫苦人家埋葬先人、取土泥房。海河洪涝频繁，多次倡导并带头集资筑埝抗洪，赈济灾民。郑长生散财济贫，资助教育。在捐资兴办私立和衷小学时，以其郑家瓦房东院为校舍，从自家土地划出一部分为学校义地，其收入作为学校经费，不足则由郑家补拨，多次捐款资助葛沽民办二十三小学校。捐款多达万元以上，获当时政府表彰。

清宣统二年（1910年），郑长生开始建郑家瓦房，两年后竣工。占地万余平方米，内分东院、西院、前院、后院和跨院等十一道院落。建筑气势宏伟，极具清末民国初建筑特色。灰瓦青壁，雕梁画栋，游廊相连，院内四季花木繁茂。1923年，曾任民国总统的徐世昌为大院题写匾联：“桑梓七百年盐田更替，海河八千月航帆往来”，横额为“日新岁易”。郑家瓦房为津南区清末民国初第一名宅。

张子江（1870—1958）字晓楼，清同治九年（1870年）出生于葛沽。早年参加孙中山组织的同盟会。1912年左右，任河北省丰润县县长。1917年，任江西湖口路股总局局长。辞官回乡后，热心家乡教育事业，致力办学。任葛沽镇（乡）办学董事会校董之职。时境内没有中学，家乡子弟到外地求学多有艰难，于是他与朱振鹏等葛沽乡绅奔走倡议筹资建立中学。1947年，在天津县葛沽镇官立小学校内，创办津南区第一所初级中学——“私立津东中学”（现葛沽一中前身）。1958年，因病逝世。

韩慕侠（1877—1947）八里台镇大韩庄村韩氏后人，原名韩金镛。自幼练迷踪拳，十余岁拜八卦掌先辈董海川的大弟子张占奎为师，又习武于义和团教练形意大师李存义，功秉上乘。后随师任天津营务处捕快十余年。而立之年，结识南派八卦掌嫡系应文天先师，尽得八卦真谛。他将南北八卦与形意合一，自成一派。被誉为“北方大侠”。在天津建立中国第一个武术组织——“中华武士会”，并创办“韩慕侠武术专馆”，义务授徒。他积极推行武术训练军队，被聘为天津大同女校、南开学校武术教员，结识周恩来、刘清扬等进步学生。1918年，在北京中央公园第二次万国赛武大会上，韩慕侠击败号称世界第一大力士，绰号“震寰球”的俄国人康泰尔，一次捧回大小金牌十一枚，悉数捐献于中华武士会。时任中华民国总统黎元洪亲送“武术专馆”匾额。电影《武林志》主角东方旭的原型就是韩慕侠。1947年，病逝。

韩慕侠

韩印符（生卒年月不详）字丽生，咸水沽人。清末贡生，居官户部郎中，后任度支部郎中。热心教育改革，曾上奏朝廷《陈请资政院颁行官话简字说帖》，倡导推行官话。后弃官回乡，于光绪三十二年（1906年），捐二十五间房屋，创办咸水沽民立二十一小学。1917年，在韩城桥村创办韩氏国民小学和韩氏第一女子小学。1919年，创办韩氏第二女子小学。韩印符办学之初就将自己地产，悉数报至天津县，所有办学费用按进项提成。1920年3月，韩印符将家产编制成册，以备日后捐助为办学之用。遂经省长报请总统予以褒奖。民立二十一小学在韩印符的资助下，后来发展为初、高等小学堂。

宁钰亭（生卒年月不详）安徽青阳人，曾在安徽省巨商孙多鑫家当差，孙派宁赴上海创办中国第一家华商面粉企业—阜丰面粉公司，任厂长，聘宋子文的父亲宋嘉树作翻译。后宋嘉树因事离职，介绍其妻弟倪锡纯继任。1919年，宁钰亭患病迁居北京疗养。倪锡纯在上海从事房地产业，提出与宁合作，在北方投资建厂。宁钰亭病愈后，和挚友李蔼臣、倪锡纯发起投股建纸厂，并取“振兴中华实业”之意，于1923年在天津创建“振华造纸厂”，资金定额为五十万元。公司设在天津市河东粮店前街，工厂设在天津县咸水沽镇。宁钰亭为董事长兼总经理。工厂专门生产各种板纸，商标定为“马头”牌。其中，尤以黄板纸在市场上销路畅旺，供不应求，还出口南洋、英国等地。中华人民共和国成立后，振华造纸厂成为国营企业，是当时津南区最大的工厂企业，曾对津南区工业经济发展做出过重要贡献。“马头”牌商标是旧中国最早的注册商标之一，2012年，获得“津门老字号”称号。

刘自珍（1893—1976）字智庵，1893年出生于葛沽镇。保定陆军军官学校第一期骑兵科肄业。曾任北洋陆军二十镇学兵、排长，参加辛亥革命。后于绥远陆军混成旅历任排、连、营、团长等职。1924年10月，任国民第1军卫队旅参谋处长。1926年，由于右任、冯玉祥介绍加入国民党。1927年4月，任国民革命军第2集团军铁甲车司令。1928年10月，任第2集团军暂编第4师军官教导队队长，参加北伐作战。1929年1月，改任第23师高参兼军官编

刘自珍

遣处主任，保送陆军大学学习；9月，离校任西北军铁甲车司令。1931年10月，陆军大学特别班第1期毕业，任29军第38师111旅少将旅长。1933年，参加长城抗战，率部血战喜峰口，挫败日寇气焰。1937年，抗日战争全面爆发时，以29军38师111旅旅长之职兼任北平城防队指挥。1937年9月，任第29军37师中将师长。1940年3月，任第33集团军参谋长。1942年5月，任第77军副军长。1945年10月，任第3绥靖区办公厅主任。1948年2月，任第3绥靖区干训团中将教育长。淮海战役中，随国民党第三绥靖区中将副司令何基沣以及张克侠起义。1949—1952年，任解放军第34军高参并于教导团工作。1954年，退休回上海，参加民革，任上海市徐汇区政协委员。1957年8月8日，任上海市人民委员会参事。1976年1月9日，在上海病逝。

韩俊卿（1915—1966）女，1915年出生于北闸口镇裕盛村，著名河北梆子表演艺术家。

韩俊卿

韩俊卿生于一个贫苦农家，父亲王有富，母亲张氏。1916年，韩俊卿不满周岁时，因家中生活困难，将她送给朱姓人家。后来朱家把小俊卿卖给河北雄县韩月恒家学艺，养父韩月恒是京剧演员、养母金宝玉是河北梆子演员。小俊卿5岁开始随养母金宝玉学河北梆子，由于她天资聪慧，嗓音也好，12岁时已成为兼演青衣、花旦、刀马旦、彩旦、武生等多种行当的小坤伶，并随戏班到河北、山东等地演出。13岁进入天津唱戏后，结识了著名河北梆子艺人银达子（王庆林），并与之搭班唱戏，随之演艺更加精湛。

韩俊卿后来因病致败嗓，她按照病变后的嗓音摸索新的唱法。新唱腔浑厚饱满，声韵苍凉，与传统的高亢、激越风格出现明显差异。为弥补唱功缺憾，她还在表情动作方面下工夫，使表演细腻传神缠绵悱恻。多年艺术生涯使韩俊卿形成了自己的艺术风格，成为河北梆子艺术流派中的“韩派”。擅演剧目有《蝴蝶杯》《辛安驿》《汾河湾》《采花赶府》《秦香莲》等。

中华人民共和国成立后，韩俊卿加入天津移风剧社演出。1952年春，她参加组成“秦腔实验剧团”。是年10月，参加文化部举办的全国第一届戏曲观摩会演，韩俊卿获表演一等奖，曾受到周恩来总理接见。1953年，随团赴朝慰问演出。1954年，天津市第一届戏曲观摩会演，获表演一等奖。1956年，获全国先进生产者称号。1958年，任天津市河北梆子剧院副院长兼小百花剧团副团长。1959年，加入中国共产党。1960年，获全国三八红旗手称号，她还曾任中国戏剧家协会理事及天津分会副主席。韩俊卿是天津市第一、二届人大代表，河北省第一、二、三届人大代表，全国第二、三、四届政协委员。

韩俊卿一生未婚，没有子女。1966年8月，在“文化大革命”中，韩俊卿受到迫害，含冤去世。1978年“文化大革命”结束后，为韩俊卿平反昭雪，是年10月28日，天津市委为其举行了追悼会。

孟繁起（1917—1973）辛庄镇继泰村人。1949年，任天津县西郊区长泰合作组组长。1950年任长泰互助组组长。1951年3月，长泰村在孟繁起带动下，组织了天津县第一个高级农业合作社，全村农户全部入社，社内实行土地投资，定额分红，增产部分分配制度，并规定劳动纪律。高级农业合作社成立后，孟繁起加入中国共产党，担任村党支部书记。1953年，组织长泰村成立天津市第一个集体农庄。1954年，长泰村全体村民迁入南郊区。1955年改为继泰村。1955—1964年，孟繁起担任继泰村党支部书记。1956年，被评为全国农业劳动模范，并受到毛泽东、周恩来等党和国家领导人的接见。1957—1958年10月，兼任新桥乡党总支副书记。1958—1960年，兼任新桥管理区党总支副书记。1973年9月，因病去世，享年66岁。

二 限内人物

张松龄

张松龄（1903—1985）八里台镇人。1923年，以优异成绩考入南开大学矿科。1926年赴美国，在福特汽车厂学习科学技术和管理经验。1929年学成回国，任东北迫击炮厂技师。1931年，任六河沟炼铁厂工程师。1938年，任桂林机器制造厂副厂长、厂长。1944年12月，被民国政府委任为东北接收小组专门委员。日本投降后，在锦西接收、管理日伪遗留下的工厂，并很快恢复生产。1946年，调至沈阳，任职国民党政府经济部东北区办公室特派员，负责工厂整顿生产，后调任本溪钢铁公司总经理。1948年6月，带领200多名技术人员到华中钢铁公司（现大冶钢厂），任经理并组织生产。1949年3月，断然拒绝白崇禧要华中钢铁公司搬迁设备命令，继续组织生产，直到迎接解放军进厂接管，将库存三万余元交给中南工业部。中华人民共和国成立后，曾先后任华中钢铁公司副经理、大冶钢厂副厂长、黄石市副市长。1956年后，任浙江冶金局高级工程师。曾任全国政协第二、三、五届委员，湖北省第一届人大代表。81岁时（1984年）加入中国共产党。主编出版《直接还原铁的技术经济》等著作。1985年，病逝，享年82岁。

徐宗尧

徐宗尧（1905—1990）咸水沽镇池家稻地村人。1924年，在第二次直奉战争期间，参加东北军陆军步兵27旅，任司令部参谋处文书中士，后由中士升至少校军需官。“九一八”事变后，由军佐转为军官，转战东北、内蒙古、华北各地抗日，后任热河先遣军暂编步兵第5旅少将旅长。1941年，加入军统局，先后任军统局五原办事处少将直属通讯员，冀、热、辽等地情报组长，华北特别站少将站长。1945年10月，任保定市警察局局长。1948年春，任冀、热、辽、察边区特别站少将站长。1948年12月，被任命为保密局北平站少将站长。在爱国民主人士池峰城帮助下，他主动联系地下党组织，参加北平和平起义。按照地下党要求保护档案，保护北平监狱内在押的100多位中共党员和革命志士免于大屠杀。北平和平解放后，徐宗尧立即向北平市公安局交出保密局北平站名册、档案、钥匙和他知道的所有特务名单，并配合公安部门侦破了前北平站站长王蒲臣最后布置的一批潜伏特务组织，同时交出军统局25本密码、8部秘密电台和66支手枪，帮助北平市公安部门顺利完成清理敌特工作，为和平解放北平做出贡献。1949年2月，带头到北平市公安局登记自首，进入北平公安局“清河大队”强制劳改，后转至汉沽茶淀“北京市清河农场”，至1962年回归社会。先后任北京市政协三、四、五、六届委员。“文化大革命”中，徐宗尧一家受到冲击，后平反。1990年10月18日，徐宗尧在京病逝，享年85岁。1993年，根据其遗愿，徐宗尧夫妇遗骨迁葬于咸水沽镇池家稻地村徐家祖坟。

从鸿逵

从鸿逵（1912—1999）字赞华，回族，葛沽西关人。早年就读于南开大学经济学院统计系，后转入税务专门学校上海分校毕业。解放前历任上海、天津、郑州、南京海关等地稽查员。解放后，曾任天津市和平区建华京剧团教务主任。1962年因故退职，在家潜心研究余派、梅派唱腔艺术，并课徒授业。在京、津、沪的京剧界享誉盛名，与京剧界不少名家过从甚密。从鸿逵是京津名闻遐迩的著名琴票，是余派、梅派唱腔艺术造诣很深的研究家、教育家。曾任全国京剧票友研究会名誉会长，天津京剧国际票房理事，天津京剧票友戏迷协会艺术顾问，天津余、孟艺术研究会顾问，天津梅兰芳艺术研究会顾问，天津文史馆馆员。1999年病逝，享年87岁。

马牧鸣

马牧鸣（1913—1999）1913年4月出生于葛沽，曾用名马恩本。1937年，毕业于北京大学英文系。1937—1944年，先后就职于青岛颐中烟草公司、天津私立工商学院。1944年，自天津进入晋察冀解放区，赴延安参加革命。先后任延安军委编译局英文学校教员，延安军委外事组编译组组长。1946年，加入中国共产党。后任中央军委外事组翻译，中共中央外事组编译处、国际宣传处科长，天津市外事处秘书主任。1951—1954年，历任朝鲜开城志愿军停战谈判代表团秘书处副处长。1954年，出任日内瓦会议中国代表团工作人员。1954年6月至1956年1月，任援越顾问团顾问，驻越南大使馆一等秘书。1956年1月至1964年2月，任印度大使馆一等秘书。此期间正值中印关系紧张，马牧鸣在困难环境下，协助周恩来总理为维护中印关系作了大量工作。1964年8月至1965年5月，任外交部第一亚洲司副司长、办公厅副主任、翻译室主任。1973至1976年4月，任驻印度大使馆参赞、代办。1974年6月，不丹国王吉格梅·辛格·旺楚克举行加冕典礼，不丹王国政府邀请与其并无外交关系的中华人民共和国代表参加盛典，时任驻印度大使馆代办的马牧鸣，奉命接受邀请，成为中华人民共和国访问不丹的第一个官员，为发展两国友谊做出贡献。1976—1980年，任驻西班牙大使。1981—1983年，任驻尼泊尔大使。1984年5月离休。1999年11月8日病逝于北京，享年86岁。

傅锡庆

傅锡庆（1917—2004）葛沽镇人。幼丧父母，出身贫寒。1937年初，在天津做店员的傅锡庆出于抗日救国激情，考入国民革命军29军38师教导队学兵第4中队，为机枪手，驻守南苑。1937年“七七事变”后，参加卢沟桥抗战。在北京南苑和战友一起与日寇浴血奋战，在日军攻陷阵地后，他左手拎着轻机枪，右手挥舞大刀砍杀敌寇。后因孤军无援，在奉命撤退时，于京苑公路东侧的青纱帐中又遭到日寇伏击，腿中5枪。为不当俘虏，他在雨中挣扎爬行一夜，于翌日下午5时，被美国红十字会发现并救往卫戍医院，后转协和医院，几经周折才将被打断的右小腿截掉，保住生命。1938年秋，痊愈回葛沽。中华人民共和国成立后，曾任街道财粮先生、镇政府秘书、镇清洁队队长等职。“四清”“文化大革命”运动中受到冲击，被诬陷为历史反革命分子。1987年退休。后在上级有关部门和战友的帮助下，澄清历史，予以平反。确认傅锡庆为二等甲级抗日残疾军人，享受国家优抚待遇。1997年9月20日，应邀参加北京市档案馆举办的纪念“七七事变”60周年29军老战士座谈会，作发言。他撰写的“南苑战斗经历”被北京市档案馆收作为史料收存。1998年后，《人民日报》《团结报》《人民政协报》《党风月报》《今晚报》《津南报》、中央人民广播电台、北京人民广播电台等各媒体，采访报道他的事迹。2004年1月20日，因病逝世，享年87岁。

潘世忠（1918—1996）1918年出生于辛庄镇前辛庄村。13岁拜李文敬为师，18岁吹管带队从事念佛应经，作佛事法会。1984年，挖掘整理了佛乐乐谱，把原来口传心授的乐谱形成文字的工尺谱。为佛乐继承和推广做出重要贡献。其中，最著名的曲牌《倒提金灯》被佛乐界人士誉为“南有二泉映月，北有行道章”。天津大悲禅院佛协会长王剑非题词“忠世一生”。1986年，被中国民间音乐集成编辑委员会评为民间乐师。1987年，参加中国佛教音乐津沽梵音的录制。1992年，被津南区文化局评为民间吹奏乐最佳奖。1993年，应邀带队赴英国伦敦、苏格兰威尔士和荷兰阿姆斯特丹、海牙、莱顿等地巡回演出。1996年1月25日因病去世，享年78岁。2003年，潘世忠被天津大悲禅院载入功德篇。

潘世忠

邢野（1918—2004）1918年出生于葛沽镇刘庄村马家园，原名邢国柱。1938年，在桂林参加郭沫若领导的第三厅抗敌演剧第十一队。1939年春，随华北联大文艺工作团到晋察冀边区。1942—1949年，历任晋察冀军区第三军分区冲锋剧社社长、北岳军区文工团团长、察哈尔军区文工团团长兼察哈尔省文联主席、党组书记，同时也任编剧、导演、演员。1949年7月，参加中华全国文学艺术工作者第一次代表大会，加入中国作家协会。1950年，调北京参加中央文学研究所筹备工作。1951—1953年，在中央文学研究所任学部委员兼秘书处主任、行政处主任。1954年，任中国作协文学讲习所副所长。1956—1965年，任作家协会外委会副主任、诗刊编委、驻会作家。1965—1972年，在山西省文联工作。1973年后，任河北省文联副主席、河北省作家协会顾问。

邢野

邢野一生笔耕不辍，著作颇丰，是中国著名作家之一。解放前作品有独幕剧《出发之前》《村长》《粮食》，与他人合作的秧歌剧《反扫荡》《过新年》，歌剧《两个英雄》，新编梆子剧《无人区》，多幕歌剧《不上地主当》《天下第一军》；与劫夫合作歌曲《国民党一团糟》等作品。中华人民共和国成立后，著有多幕话剧《游击队长》《青年侦查员》《儿童团》等，独幕话剧《典型报告》《东庄之夜》《塞上红旗》《黎巴嫩怒火》等，电影文学剧本《狼牙山五壮士》（与孙福田和谷岩合作），《平原游击队》（与羽山合作），儿童文学《王二小的故事》（获全国第二届少年儿童文艺创作二等奖），长诗《大山传》、诗集《鼓声》等。1987年离休，晚年仍勤于写作，有多篇著作发表。2004年8月16日病逝，享年86岁。

苏延昌（1923—1990）1923年出生于双桥河镇东泥沽村。1937年，毕业于泥沽惠威小学，后曾在燕京大学先修班深造。1946年回故乡任教。1948年底，参加人民解放军随大军南下，系四野46军138师宣传队干部，后任分队长。1950年，新建中国人民解放军海军后，随队编入海军航空兵，曾在海航文化部供职。后长期在东海舰队航空兵政治部工作，历任东航路桥基地宣传科科长、航一师群工科科长等职。

苏延昌

1976年离休后，不计报酬，无私奉献，带病为部队建设和社会奉献余热，热心辅导干部战士和社会青年学习科学文化知识，在建设社会主义精神文明活动中做出突出贡献。《解放军报》《人民海军报》《光明日报》和中央人民广播电台多次宣传他的先进事迹。1984年，被海军党委授予海军建设社会主义精神文明标兵。是年3月13日，海军机关举行苏延昌事迹报告会。会前，海军政委李耀文、司令员刘华清等亲切接见苏延昌等人。会后苏延昌随队在北京、旅大、宁波、海南岛等地，历时两个多月巡回报告十余次。是年10月1日，应邀参加国庆观礼。12月，海军话剧团摄制电视系列剧《夕照青辉》，介绍其事迹，并在中央电视台播放。

苏延昌著有诗集《轮痕》，电影文学剧本《战斗的号角》以及美术作品《报春》《吟秋》等涉及雕塑、版画、油画、水彩画、国画等多种作品存世。1990年7月16日，因病逝于宁波，享年67岁。

吴继宗（1925—2002）1925年出生于双港镇双港村。1950年6月，毕业于北洋大学机械工程系。1950年8月至1952年8月，任南开大学工学院机械工程系任教。院系调整后，在天津大学机械工程系任教。1952年9月起，吴继宗参与创办国内第一个精密仪器工程系和第一个精密机械仪器专业，是天津大学精密仪器工程系的主要创始人之一。1954年5月，加入中国共产党。1960年10月，任天津大学精密仪器工程系副主任。1978年，任系主任。曾兼任天津大学现代光学仪器研究所所长、天津大学教师职称评审委员会和学位评审委员会委员、精密仪器工程系学术委员会和系务委员会主任、精密仪器工程系名誉系主任，同时兼任中国仪器仪表学会常务理事、中国光学行业协会常务理事单位代表、天津光学学会副理事长、天津仪器仪表学会副理事长、国家科委发明评选委员会电子仪器仪表评审组成员、国家科委发明评选委员会特邀审查员、美国专业工程师学会名誉会员。2002年2月病逝，享年77岁。

李颖超（1933—1983）1933年出生于辛庄镇柴辛庄村，原名李景福。1951年，在高庄子小学应征入伍，到华北军区石家庄步兵学校上学。军校毕业后，在山西某部队服役，后调往内蒙古军区工作，历任骑兵13团、14团作战参谋，并参加西藏平叛三年，曾多次荣立二、三等功。后调内蒙古军区司令部任作战处副处长、处长，内蒙古军区守备六师参谋长，内蒙古军区呼和浩特预备役师师长兼呼和浩特警备区副司令员。1983年11月8日，在呼和浩特病故，安葬于呼和浩特大青山革命公墓，享年50岁。

吴寿臣（1933—2008）1933年出生于小站，回族。1948年小站解放后，任武装部民兵指导员、基干民兵营营长。1958年，任小站镇办化工厂厂长。1962—1964年，任小站电委会主任。1964年，小站“四清”运动中受到冲击，在四清新村劳动改造。1979年，吴寿臣等15人复职，补发工资。吴寿臣重回小站镇电器厂任厂长。1982年，天津市中级人民法院对吴寿臣复查判决“构不成抗改翻案罪，故依法撤销原判”。落实政策后，吴寿臣被选为津南区十届、十一届、十二届人民代表大会代表，十一、十二届区人大常委会常委。1984年后，任小站镇民族宗教事务管委会主任、名誉主任。2008年因病去世，享年75岁。

陈武成（1934—1996）1934年出生于双港镇李楼村。1987年，加入中国共产党，在李楼村当过会计和种菜技术员。1990年，任村党支部书记，是区第二届、第三届人大代表，区第二届政协委员。1983年和1986年，被评为天津市农业劳动模范。1989年，被评为全国劳动模范。

陈武成

1983年，农村推行联产承包责任制时，陈武成把塑料大棚保护地主动让给乡亲们，自家却承包村里0.78公顷颗粒不收的盐碱地。他带领子女投入8.5万元，科学改土治碱。经过5年努力，把严重盐碱地改造成高质量温室和大棚园田。1988年，累计收入15.4万元，成为双港镇有名的种田致富能手。

陈武成每年把价值数千元的良种、架材、化肥等生产资料无偿支援给村里的困难户和老弱病残户，还自愿出地、出钱配合市农科院进行蔬菜新品种的实验并获得成功。同时他积极发展村办工业经济。1990年，全村工业总产值达到1200万元，人均收入1700元，除全部还清村里32万元的积欠外，增加公共积累46万元。被人们称为治穷致富的“金刚钻儿”。1996年病逝，享年62岁。

第二节 人物简介

根据《津南区志（1979—2010）》入志人物标准，本章人物简介收录有突出贡献和较大影响的本籍和客籍人物共57名。其中，本籍人物简介51人、客籍人物简介6人。

一 区籍人物简介

周汝昌

周汝昌 1918年4月14日，出生于咸水沽镇。本字禹言，号敏庵，后改字玉言，别署解味道人，曾用名念述、茶客等。中国著名红学家、古典文学研究家、诗人、书法家。是继胡适之后中华人民共和国红学研究第一人，考证派集大成者，被誉为当代“红学泰斗”。全国政协第五、六、七、八届委员，燕京研究院董事，文化部中国艺术研究院终身研究员，和平统一促进会理事，中国作家协会会员，作协代表大会会员，中国曹雪芹学会荣誉会长，河北省曹雪芹研究会名誉会长及国内多家文学艺术团体顾问。美国鲁斯基金会学者，入选英国剑桥世界名人录。著有《红楼梦新证》《曹雪芹传》《石头记会真》等70多部学术著作。

少年就读于南开中学。1939年，考入燕京大学。1948年，因发表研究《红楼梦》的论文，结识胡适，得见甲戌本《石头记》，从而引发了对曹氏原著真本《石头记》的全面研究与汇校工程。著作《红楼梦新证》的出版，奠定了周汝昌在学术界的地位。1952年，在成都华西大学任教。翌年，调入四川大学。1954年，奉中共中央宣传部特调，任北京文学出版社编辑，从事古典文学的整理出版工作，“文化大革命”中被下放到湖北咸宁向阳湖干校劳动。1970年，周恩来总理专函点名调周汝昌回京工作。1974年，调任中国艺术研究院研究员。1986年，以鲁斯学人身份应邀赴美国等国家讲学一年，在普林斯顿大学、哥伦比亚大学等大学讲学，介绍中华文化。1989年，与其兄周祜昌合作校汇《红楼梦》，出版了《石头记鉴真》。继而又写成《石头记会真》，评注、编选古典文学著作及诗词杂文等。

90年代，担任电视连续剧《红楼梦》文学顾问。1992年始，应邀为联合国驻华机构工作人员、外国驻华使馆工作人员及其夫人讲解《红楼梦》与中华文化。2004年、2008年，应邀在中央电视台《百家讲坛》栏目，演讲《红楼梦》及其他名著讲座。耄耋之年，患有严重眼疾，仍甘于清贫，勤于著述，有大量著作问世。2007年，适值周汝昌90华诞，刘延东等国家领导人登门致贺。2010年，成为中国艺术研究院首批终身研究员。

李平凡

李平凡 1922年5月17日，出生于辛庄镇高庄子村。原名李文琨，别名里肯。1938年，考入天津进修中学，免费进入天津画馆西画科学习。1943年7月，应聘到日本神户华侨学校教书。1946年，创办协会机关报《版画文化》。1947年2月，主办《中日初期木刻展》，介绍鲁迅木刻作品，在日本神户、大阪、京都巡回展出。1949年3月，与日本友人合作，举办日本中国木刻流动展。编辑出版《半年集》等10余种版画作品集，在日本形成中国版画热，是著名的中日文化交流使者。

李平凡是中国最先从事水印木刻的版画家之一，用自己收藏的版画，出版《日本版画集》10余种，举办日本版画展和观摩会23次。“文化大革命”后，主编《版画世界》，并多次举办版画作品展。其作品《我们要和平》获1959年莱比锡国际版画奖。

1990年，协助津南区成立兰色画会、平凡画院，并携津南区作者的60幅油画和中国画到日本神户市展出，纪念神户——天津结为友好城市10周年。1993年，捐献人民币28万元，由日本和中国友人资助，在津南区建成平凡友好画院，任名誉院长。

1996年2月，任韩国木版画文化研究会顾问。捐赠北京鲁迅博物馆1939—1956年早期版画12幅。1996—1997年，在中国筹办“日本著名版画家野孝志、片野节子版画巡回展”。1998年，任日本神户同文华侨学校客座教师。1999年，捐赠日本栃木县美术馆作品2幅。2004年，将毕生珍藏的日本浮世绘版画原作、欧美版画原作全部与大部分个人美术作品捐赠中国美术馆。2007年10月，在台湾台北市举办“李平凡美术、版画、藏书票作品展”。

田正贵

田正贵　1922年，出生于双桥河镇东泥沽村。1949年，加入中国人民解放军，任45军133师397团2营4连战士。1949年，随军南下作战，跨长江、穿楚湘、解放海南岛、进军广西剿匪。由于在战斗中作战勇敢，先后荣立大功（团级授予）2次，小功（营级授予）3次。参加在南宁举行的英模大会。1950年2月15日，在广西加入中国共产党，半年后转为中共正式党员。1953年随部队入朝参战。先在西海岸驻防，后奉调前线作战。战斗中，在摸清敌人活动规律的情况下，利用坑道，采用灵活战术，在3个月的作战中，用冷枪杀敌164人。于1953年1月和4月，先后荣立三等功和一等功各1次。荣获中国人民志愿军政治部颁发的立功证书和朝鲜民主主义共和国授予的荣誉证书、奖章，由战士逐级升任副连长。1958年，转业到天津市河西区房产公司工作。1982年离休。

宁书伦

宁书伦　1923年，生于双港村。字言如，室名慕頫斋。天津市著名书法家。中国书法协会会员、天津书法协会名誉理事、天津市文史馆馆员、天津市南开区政协委员，曾任中国书画报编审。8岁习书，师从段宜民，幼年时以楷书为基本功，曾临柳、欧、赵体；青年时涉猎行、草书和汉隶、魏碑；中年时临习书法兼创作；晚年投入社会，进行书法研究、书法教育和为社会各界人士服务。从事书法教育，学员包括日本、韩国、瑞士等国在津的留学生。曾随全国政协原主席李瑞环出访日本进行书法交流。作品功力深厚，结构严谨，妍美流畅。书写碑文30余块。著有赵体字和行书字教材，《赵体字书写指南》《碑帖级联汇编》等书，刊行于国内外。

何洪成

何洪成　1930年，出生于双港镇。历任河北省农业厅技术推广员、河北省沧州地区农林局技术助理员、天津市蔬菜研究所技术员、津南区农林局农艺师、津南区双港镇农科站站长、副镇长等职，高级农艺师，享受政府特殊津贴的专家，全国园艺学会会员，南北方蔬菜种子技术协作组副理事长。天津市优秀科技工作者，天津市科技兴农先进个人。1988年、1990年，被评为天津市劳动模范，津南区第四届政协委员。

工作期间先后选育了津南实芹一号、津南青韭等多个名、特、优蔬菜新品种，并推广到全国30个省、市、自治区，种植面积4万多公顷，增加社会效益4亿多元。获国家发明奖一项、星火科技奖一项、天津市科技进步奖七项，编著《天津芹菜栽培明白书》《大白菜干心病综合防治》《大白菜干心病发生规律调查研究报告》《津南实芹一号新品种》等多篇论文。获得农牧渔业部先进个人、全国星火科技先进工作者等称号。1998年12月退休。

王克强　1932年10月6日(农历)，出生于辛庄镇白塘口村。1950年12月，应大连海军学校(现海军大连舰艇学院前身)征招入伍。1954年毕业后，分配到南海舰队混合舰队扫雷舰三大队，在121号扫雷舰任见习航海长、航海长。1955年底，参与筹建南海舰队猎潜舰73大队工作。历任锦州舰航海长，株洲舰副舰长，泸州舰舰长、政委。

王克强

1955年，在扫雷舰任航海长期间，参加在海南岛榆林外港和琼州海峡清扫二战期间日本侵略者布设的水雷任务。1958年炮击金门时，随舰艇编队到金门岛料罗湾以南海域，执行封锁台湾至金门岛运输线的任务。1963年12月3日，随护航编队驶抵南沙群岛南薰礁附近海域，迎护在印尼雅加达参加亚洲新兴力量运动会的中国体育代表团所乘“光华”号远洋客轮回国任务。1966年任73大队参谋长，1968年任副大队长，1970年任大队长。1975年1月，离开73大队，为榆林基地党委常委，参加基地领导工作。1974年1月，参与指挥著名的西沙海战，荣立二等功。1975年1月，被选为第四届全国人大常务委员会委员。1976年，被任命为海军榆林基地副司令员。1979年2月17日，中越边境自卫反击战中，王克强率编队在北部湾至西沙群岛海域游弋，策应广西、云南陆军部队边境作战。

1983年1月，调到南京海军指挥学院工作，任副军职研究员。1988年9月20日，被中央军委授予专业技术少将军衔。

1993年1月退休。著有《航迹——猎七十三暨导护二队史》一书。

高景晖　1933年，出生于葛沽镇。1947年冬，考入刚建立的葛沽津东中学(中华人民共和国成立后改称葛沽中学)，为该校第一届初中毕业生。1950年12月，在校响应国家抗美援朝号召，参加中国人民解放军，分配到中国人民解放军华北军区汽车学校(校址山西省大同市)。1951年，留校做行政管理工作，历任助教、助理员等职。1953年，荣立三等功一次。1956年，学校更名为中国人民解放军第二汽车拖拉机管理学校，隶属总后勤部，任训练部教材科助理员。1959年11月，奉总后调令，转业到国家粮食部工作。历任计划调运司和粮油工业局科员、副处长、处长等职，兼任中国粮油工业统计学会理事长。中国食品工业学会常务理事。1980年3月加入中国共产党，1986年评为高级经济师。1989年4月，参与组建“中国商业对外经济合作公司”，任副总经理。1991—1993年，应邀率领专家组赴尼日尔、几内亚、肯尼亚、南斯拉夫等国，为解决遗留问题进行考察。其间曾兼任中国工程机械协会副理事长、中国粮油机械协会理事长。1994年4月退休。

高景晖

吴曰棣 1933年，出生于天津县葛沽镇。1948年，就读于葛沽中学。1951年，为响应国家号召从学校参军，在东北军区第十一军医学校（中国人民解放军第一军医大学前身）学习防细菌战学。1955年因病退役。1956年在葛沽卫生事务所工作。1958年，合编为葛沽卫生院任医师，精于内科和儿科。1964年6月4日，在去葛沽镇小股庄孙姓农民家出诊时，发现病人疑似霍乱病患者。发现病情后，吴曰棣坚持原则，按照规定于当晚向天津市防疫站报告了疫情。天津市马上派专家组到南郊，经查验发现，在小站、咸水沽等地医院也曾有疑似病人。卫生部、河北省（天津当时归属河北省）立即动员，采取积极应对措施控制疫情，消灭霍乱。由于吴曰棣及时上报南郊区首例疫情，避免了更大的损失，卫生部防疫司司长、河北省卫生厅领导、天津市市长胡昭衡先后接见并表扬了吴曰棣。河北省卫生厅还在全省卫生系统下发向吴曰棣学习的通知。80年代末，南郊区爆发了流脑传染疾病，吴曰棣在发现葛沽地区第一例流脑病患者后，立即将疫情上报，受到上级表扬。1984年，调入大港石化公司职工医院工作，担任大港区政协委员。1993年退休。

吴曰棣

张宝树 1934年，出生于天津市河西区上河圈村。1949年，在天津灰堆造纸厂工作。1956年，转入华北直属工程公司（北京）工作。1958年，参加了首都十大建筑会战。1965年，回到双港公社何庄子大队。改革开放后，到双港镇劳务公司所属建筑公司工作。1988年企业改制后，自己经营双港建筑公司。业余酷爱藏石。1995年，迁到双港镇北马集村。

1997年，个人投资数千万元，自己设计、兴建"中华石园"。中华石园位于外环南路北侧北马集村，总占地面积4.67公顷，因园内收藏的巨型灵璧石酷似中华版图而得名。中华石园整体采用欧式建筑，景致别致一格。中华石园展馆内共珍藏稀石、古生物化石及矿石千余件万余樽，藏有贝壳、根艺、碑刻、木雕、名画等艺术精品6000余件，是天津市个人藏石数量最多、观赏性最强、园艺风格最独特的石园。

张宝树

2001年6月，中华石园被国家旅游总局批准为国家AA级景点。是年7月，经上海吉尼斯总部批准，入选个人建造规模最大藏石园"世界吉尼斯之最"。被天津市科委命名为"天津市科普教育基地"。

温克勤 1936年9月，出生于葛沽镇。1957—1962年，在中国人民大学哲学系学习。毕业后先后在北京师范学院（现为首都师大）政教系、中共天津市委宣传部《学习通讯》杂志社、南开大学哲学系、天津社科院哲学所、伦理学所工作，任哲学所、伦理学所所长，《道德与文明》常务副主编、主编。社会兼职主要有天津市社联常委、中国伦理学会理事、天津市伦理学会会长等。著有《中国伦理思想史》（合著），《伦理百科辞典》（合著），《伦理学简编》（主编），《管理伦理学》（主编）等，发表论文百余篇。所著《中华五千年美德》丛书、《社会主义市场经济与集体主义道德》论文，获中宣部1993年度精神文明建设"五个一工程"入选项目奖。1991年获天津市"八五"立功奖。1992年10月，享受国务院特殊津贴。1996年11月退休。

温克勤

田正慷 1937年6月，出生于双桥河镇东泥沽村。1959年，毕业于北京外国语学院法语系，入外交部工作。1961年11月—1963年7月，留学于瑞士日内瓦大学。学成后回外交部工作。1970—1975年，任西哈努克亲王办公室秘书、翻译，随同亲王赴阿尔及利亚参加亚非国家首脑会议及在广州举行的印度支那“三国四方”会议等重大国际会议。曾30次陪同亲王应朝鲜领导人金日成邀请，赴朝鲜访问及休养。在接待西哈努克亲王办公室工作长达十几年。1976—1980年，驻毛里塔尼亚大使馆三等秘书。1980年11月至1985年，任外交部亚洲司二等秘书。1985年11月至1989年，先后任驻比利时大使馆一秘、外交部亚洲司一秘。1989年12月至1993年5月，任驻摩洛哥大使馆参赞。1994—1997年，任世界知识出版社副社长。1997年10月退休。

田正慷

李学良 1938年，出生于咸水沽镇四里沽村。1956年，毕业于葛沽中学，以优异成绩保送南开中学。1959年，于南开中学毕业，在学期间加入中国共产党。1964年，毕业于中国科学技术大学近代化学系。1964—1980年，在核工业部华北605所北京分部，从事铀同位素扩散工艺技术研究。1980—1991年，中国原子能科学研究院核化学与放射化学研究室业务大组长，多项科研成果获国防科技进步奖及核工业部科技成果奖，在国内外专业刊物发表多篇学术论文。1991—2010年，中国原子能科学研究院科技信息部编辑出版室主任，兼《原子能科学技术》编辑部主任。该期刊获核工业部科技成果奖及“优秀国防科技期刊”称号。发表多篇科技学术论文。被聘为核工业部出版系列专业职务评审组成员及一些专业专著和译著审评或终审专家。

李学良

王治宝 1938年1月，出生于双桥河镇王庄村。1956年9月，毕业于天津市葛沽中学初中，保送南开中学。1959年9月，南开大学数学系计算数学专业毕业；1959—1996年，历任南开大学数学系，计算机与系统科学系讲师、南开大学计算机与系统科学系副教授、教授，南开大学信息技术科学学院教授、博士生导师。主持科研项目16项，其中被鉴定为国际先进水平的3项，国际水平的2项，国内先进水平的4项。任中国控制系统计算机辅助设计（CADCSC）软件系统的总体设计，首次解决了国际上人机交互界面、数据结构及其实现方法的问题，被国家自然科学基金委员会鉴定为国际先进水平。著有《CADCSC软件系统——控制系统计算机辅助设计》等。在多家刊物及国际学术会议上发表重要论文70余篇。

王治宝

曾获天津市“七五”立功奖章；电子工业部科技进步二等奖；国家教委科技进步二等奖；国家科技进步三等奖等。享受国务院政府特殊津贴。被收入英国剑桥国际传纪中心《大洋洲与环太平洋国家名人录》、美国《世界名人录》、新加坡《亚洲与太平洋名人录》、中国《东方之子》《中国当代科技专家大典（天津卷）》、中国香港《中华科技精英大典》等十几个传记辞典。被英国剑桥国际传记中心推选为1991—1992年“年度国际名人”、1993年“世界名知识分子”。2003年9月退休。

朱振升 1939年4月，出生于津南区南洋码头村。1963年，毕业于唐山铁道学院。1963—1982

朱振升

年，任铁道部第三勘测设计院实习生、技术员、工程师。其间，1968—1972年，赴坦桑尼亚、赞比亚参加坦赞铁路勘测设计。1982—1984年，任铁道部第三勘测设计院计统处处长。1984—1985年，任铁道部第三勘测设计院院长助理、工程师。1985—1992年，任铁道部第三勘测设计院副院长、党委常委、高级工程师。1992年3月—1994年5月，任铁道部建设司副司长、高级工程师。1994—2001年，任铁道部工程设计鉴定中心副主任、主任、高级工程师、调研员。2001年3月—2008年3月，任国家青藏铁路建设领导小组办公室常务副主任。至2010年，任中国铁道工程建设协会副理事长兼秘书长。

刘国华

刘国华　1939年6月25日，出生于咸水沽镇。刘国华热爱文艺，学生时代积极参演文艺活动，自编自导话剧、歌剧。后分配到天津化学原料工业学校，在校任教期间曾是天津市职工艺术团演员。1962年回家务农。1975年，在南郊区建筑公司工作。其间曾任区文化馆评剧团团长兼导演，指导演出多场传统戏、现代戏。2000年退休，主编小说集《古镇风云》。2004年，主编民俗历史专著《古镇稗史》。2010年，为中国民间文艺家协会会员、天津市民间文艺家协会会员、天津作家协会会员、天津市曲艺家协会会员、津南区《海河柳》杂志执行主编、《海下风情》主编、津南区非物质文化遗产专家组组长。他积极挖掘保护非物质文化遗产，挖掘整理的咸水沽镇北洋村“海下文武高跷”，被评选为天津市非物质文化遗产项目。他自幼喜爱收藏，曾三次被评为“天津市藏书名人”“天津市文明市民”称号。2009年，在天津市第四届老年艺术节诗歌朗诵大赛活动中荣获第三名，荣获天津市“十佳文化老人”称号。2010年，被评为“天津市群众文化之星”。

郑万通

郑万通　1941年5月，出生于津南区双桥河镇人。1960年8月，加入中国共产党。1983—1988年，任天津市委秘书长兼市直属机关党委书记。1988—1993年，中华全国总工会副主席、书记处书记、党组成员。1993—1997年，中央统战部副部长，八届全国政协副秘书长。1997—1998年，中央统战部副部长，全国工商联党组书记、副主席（1997年10月明确为正部长级），八届全国政协副秘书长（兼）。1998—2003年，全国政协党组成员，九届全国政协秘书长、机关党组书记。2003—2007年，全国政协党组成员，十届全国政协秘书长、机关党组书记。2007—2008年，全国政协党组成员，十届全国政协秘书长、机关党组成员。2008年，任十一届全国政协副主席、党组成员。中共十五大当选中央纪委委员；第十六届中央委员；第八届全国政协常务委员；九届、十届全国政协秘书长；十一届全国政协副主席。

靳淑贤

靳淑贤　女，1941年6月，出生于葛沽。1958年，毕业于葛沽中学，大学学历。1962年，响应国家号召，支边新疆地区，在莎车县粮食局工作。历任粮食局主管会计，办公室主任，副局长，党委书记兼局长。在兼任粮油贸易总公司董事长期间，她大胆开展粮食企业经营体制改革，使企业扭亏为盈。1986年被新疆维吾尔自治区授予优秀会计工作者，1987年，被新疆维吾尔自治区授予

"民族团结工作先进个人"称号。1988年，被商业部授予"全国商业企业优秀经理"称号，入选国务院发展研究中心编纂的《当代企业家名人辞典》。1992年，任聘为高级经济师。1997年退休。

王贵勤

王贵勤 1942年7月，出生于双桥河镇东泥沽村。1961年，参加中国人民解放军，历任班长、排长、连长、军作训参谋、营长、团长、副师长。1983年5月，任陆军39集团军副军长。1986年5月，任黑龙江省军区副司令员。1990年6月，任陆军23集团军副军长。1993年2月，任黑龙江省军区司令员。1997年7月，任辽宁省军区司令员。1990年7月，授予少将军衔。中国共产党第十二届代表大会代表、第九届全国人民代表大会代表。2002年10月退休。

刘凡

刘凡 1942年，出生于沈阳，后移居葛沽镇。1959年，毕业于葛沽中学，同年考入天津音乐学院附中作曲系。1961年，应征入伍。1966年，转业到中国科学院化学研究所。1985年，借调中国化学学会科技咨询公司任副经理。1987年，组建中国科技技术咨询中心化工科技专家组，任组长。进行绿色有机肥料的科学研究，有"腐殖酸型复合喷淋肥"等三项发明专利，并成功申报国家专利局。"腐殖酸型复合喷淋肥"发明专利入选香港新华通讯出版社主编的《世界优秀专利技术精选》（中国卷）等辞典，经鉴定该产品达到国际先进水平。1997年被列入《国家级科技成果重点推广计划》。1994年，组建北京市金绿洲生物工程公司，任董事长兼总经理。2001年，组建北京金绿洲肥业有限公司，任董事长。中央电视台及北京多家媒体多次对刘凡和金绿洲肥业有限公司的科研生产情况进行报道。

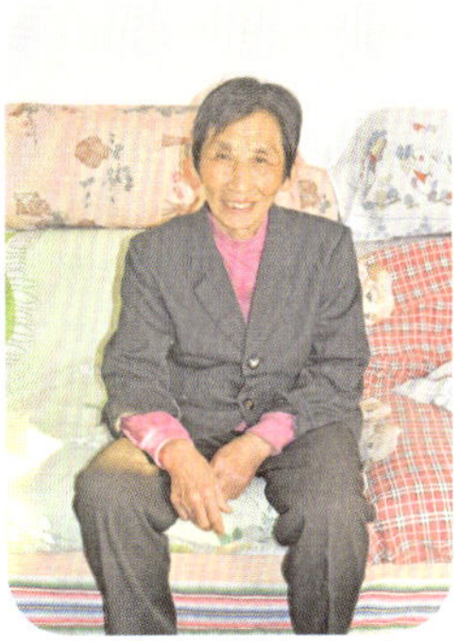

刘金秀

刘金秀 女，1942年，出生于辛庄镇邢庄子村。1963年，与本村农民邢维卜结婚。面对耳聋的公公，双目失明、生活不能自理的婆婆，婚后20多年无怨无悔侍奉公婆。每天她不仅要照顾儿女、公婆，还要照顾有病且聋哑的丈夫，成了家中唯一的劳动力，用瘦弱的身材扛起了家庭沉重的负担。平素自己省吃俭用，从未给自己添过新衣，连孩子们的衣服也大多是邻居们给的。但刘金秀总要给公婆做些细口的、好吃的。50年代末至60年代初3年自然灾害时期，生活极度困难，刘金秀外出讨饭，要回饭给公婆吃。对儿媳的孝心，婆婆赞不绝口，逢人就说"俺儿媳胜过亲儿女"。公公去世后，刘金秀为了照顾双目失明的婆婆，干脆搬到婆婆的房间与老人一起睡。一家人生活虽不富裕，但过得和美。1982年，刘金秀被天津市妇联评为"市级好媳妇"。1986年，被全国妇联评为"全国好媳妇"，成为津南区第一位获得此殊荣的人。

张继波

张继波 1943年4月，出生于双港镇南马集村。1963年参加工作，大专学历，历任津南区双港镇农科站站长，天津市宏程芹菜研究所所长。农业技术推广研究员，享受国务院政府特殊津贴的专家。全国园艺学会会员，天津市园艺学会理事。津南区第五届政协委员。

工作期间，先后选育津南实芹一号、津南冬芹、津南夏芹、95-8四季西芹、97-18速生西芹、D98-58黄嫩西芹、C2002-16耐热西芹、白杆实芹8个芹菜新品种，成为全国芹菜种植的主要品种，并将新品种推广到国外。他主持国家、市、区农业增产增效推广项目20多项，获国家发明三等奖1项，星火科技四等奖1项，天津市科技进步一等奖1项、二等奖2项、三等奖5项。编辑出版《天津芹菜栽培》《芹菜高产栽培技术》等国家星火科技培训丛书，与中央电视台合作录制“保护地芹菜高产栽培技术”电视光盘向全国播放，发表科技论文20多篇。《科技日报》称“双港农科站是乡镇农科第一站”。2000年10月，被人事部、农业部记一等功奖励。先后被评为“全国科普先进工作者”“全国农村优秀人才”“天津市先进科技工作者”。2004年，被评为“天津市劳动模范”。2005年退休。

雷秀英

雷秀英 女，1944年3月，出生于咸水沽镇。1952—1964年，就读于咸水沽小学、咸水沽中学，1969年，毕业于北京大学俄罗斯语言文学系，1969年，留校任教。1989—1990年，作为访问学者在苏联莫斯科国立大学语文系进修一年。1990年后，被北京大学聘为硕士研究生导师，历任教研室主任、系副主任，北大校务委员会会员等职。教学期间，除教学外，还参与俄语教材、词典、语法专著的编写，并在国家一级刊物发表俄语话语语言学有关理论的多篇论文。1994—1997年，被外交部借调，先后派驻俄罗斯哈巴罗夫斯克总领事馆、吉尔吉斯斯坦共和国和土库曼斯坦大使馆任领事、一秘等外交官职务。2007年退休。

张维信

张维信 1944年8月，出生于辛庄镇上郭庄村。1962年，应征入伍，在东北军区16军46师炮兵团迫击炮营，历任战士、文书、副政治教导员、营部党支部书记等职。1978年，在炮兵指挥学院政治系毕业后留校。1982年，调军委炮兵政治部任宣传部副部长。1992年6月，转业中共天津市纪律检查委员会宣传教育室，任副主任。1995年底，调入天津市地方铁路管理局，任局党委常委、局纪委书记。2001年，改组市铁路集团后，任集团监事会主席。其间评为高级政工师。2005年4月退休后，参与创刊《中华老年文学》杂志，任总编辑。发起创建海内外老年文学杂志自由撰稿人联席会。

马恩汉

马恩汉 1945年，出生于津南区葛沽三合村。1959—1964年，葛沽中学初、高中毕业。1964—1969年，国家选派留学挪威，专修挪威语言文学。1970年调入外交部工作。1971—1975年，驻挪威使馆工作。1975—1979年，外交部西欧司工作。1980—1983年，驻挪威使馆任随员、三秘。1983—1985年，回外交部西欧司工作，副处长。1985—1990年，驻挪威使馆任二秘、一秘、研究室主任。1991—1992年，任外交部办公厅信息组长、处长。1992—1995年，驻挪威使馆任政务参赞。1995—1996年，中央党校学习。1996—1998年，任外交部办公厅副主任。1998—2002年，任驻挪威大使。2003—2006年，任驻葡萄牙大使。退休后任中国前外交官联谊会副会长、2010世博园国别文化研究顾问等社会公益工作，著作有《峡湾三国 挪威》等。

毛福民

毛福民 1946年1月，出生于津南区八里台村。1969年，毕业于北京大学数学力学系。1972—1975年，河北省廊坊锻压机床厂干部。1975—1978年，廊坊地委宣传部干部。1978—1983年，河北省科学院学习办公室副主任。1983—1986年，河北省委办公厅秘书。1986—1987年，任河北省委科教部科技卫生处处长、研究室主任。1987—1990年，先后任河北省邯郸市宣传部、组织部副书记。1990—1993年，任河北省委副秘书长。1993—1994年12月，任河北省委宣传部常务副部长。1994年12月—1998年5月，中央办公厅法规室主任。1998年5月—2006年7月，中央档案馆副馆长、馆长，国家档案局副局长、局长，全国政协第十一届全国政协委员。2006年7月—2010年，任全国政协文史和学习委员会副主任，中央直属机关党建研究会副会长。

田宝玉

田宝玉 1946年8月，出生于咸水沽。1964年，毕业于咸水沽中学。1969年，毕业于哈尔滨军事工学院电子工程系。1969—1978年，在部队工作任技术员。1978—1981年，北京邮电学院信息科学专业研究生。1984—1993年，在部队工作，副研究员，从事国防信息科学技术研究，多次立功受奖。1991年，作为总参三部有功人员，受到江泽民等领导接见。1992年，在总参三部一局被授予中国人民解放军专业技术大校军衔。1993年转业。1999年1月—1999年10月，北京邮电大学信息工程系副教授、教授。2000年5月—2006年8月，北京邮电大学信息工程学院副院长。2000—2010年，任聘北京邮电大学信息与通信工程学院教授。2001—2005年，被聘为教育部高等学校电子信息与电气学科教学指导委员会电子信息科学与工程类专业教学指导分委员会委员。

刘学涌

刘学涌 1946年10月，出生于津南区葛沽镇。1964年，毕业于葛沽中学（葛沽一中前身）。1964年秋，考入秦皇岛外国语学校。1968—1990年，在中国人民保险公司天津分公司工作，历任科员、科长、副总经理(副局级)。1982—1983年，在英国保险学院进修。1991年，调中国人民保险公司人身险部任总经理。1992年初，调任香港中国保险集团，任集团副总经理兼中国保险公司澳门分公司总经理，澳门中资协会副会长。1998年12月，调回北京任命为中国人民保险总公司副总经理。1999年，调任华泰保险公司任总经理(副董事长)，兼中国保险协会副会长。

张锡海

张锡海 1947年7月，出生于葛沽镇西关村，回族。1976年5月，参加工作。先后在津南区蔬菜研究所、津南区农林局种子公司、津南区农业技术推广服务中心工作。曾任津南区种子站站长、津南区种子公司经理、津南区农林局工会主席。1997年，任高级农艺师，2006年任农业技术推广研究员。国务院政府特殊津贴专家。

任种子公司经理期间，他设计制造的种子烘干机为国内首创，设计的种子自动计量装罐机、种子包衣机达到国内领先水平。先后选育出津育一号、津育二号等系列新品种，被天津市政府命名为“天津市农业名牌产品”。种子加工体系，处于全国同行业领先水平。在他的带领下，津南区种子公司获部级奖3项，市级奖10项。

个人先后获农业部科技进步三等奖一项，市级科技进步三等奖七项，多次获市、区多种奖项。多次获市级优秀共产党员称号，2000年，获“天津市精神文明标兵”，并被人事部批准为享受国务院特殊津贴、有突出贡献的中青年专家。2002年,被评为“天津市劳动模范”。曾任区政协委员。

张金良

张金良 1950年,出生于双港镇桃源沽村。1968年入伍。1970年,加入中国共产党。1977年,毕业于南京航空航天大学。1992年,到俄罗斯柯拉斯诺达尔空军学院深造,为国内引进苏27战斗机做出重要贡献。1993年,被授予空军技术大校军衔。2002年,被认定为空军高层次科技人才。2006年,被空军评为空军航空理论专家(享受军队特殊津贴)。历任空军第七航校航空理论教员、南京军区空军司令部军训处教授(享受正军职待遇)。主编出版《飞机空气动力学》《飞机飞行动力学》《空军航空兵部队飞行指挥员教材》等30多部专著和教材,广泛应用于教学及研究领域,获军队科技进步奖7项。

刘俊杰

刘俊杰 1950年,出生于津南区小站镇。著名相声演员,师承相声表演艺术家苏文茂,国家一级演员,有“笑话篓子”之称。获天津市“德艺双馨”艺术家荣誉称号。1958—1966年,在小站镇上小学、初中。1966—1969年,被中国人民解放军北京空军政治部文工团征召做演员。1970—1977年,复员回到南郊电机厂。后遇在南郊下放的苏文茂,遂拜师学艺。1977—1980年,在南郊文工团工作。1980—1995年,在天津曲艺团任相声演员。1995年,调北方曲艺学校工作。是年,为中央电视台春节联欢晚会创作并与赵炎合说相声《找毛病》。1996年,为中央电视台元旦联欢晚会创作并与唐杰忠合说相声《谁有毛病》。1999年,调中国北方曲艺学校。其代表作有《话说天津卫》《圆梦》《串调》《找毛病》《传统与现代》《食品探亲记》等。2001年,为中央电视台春节联欢晚会创作并与唐杰忠合说相声《戏迷》。2005年,出版《刘俊杰相声文集》。

白春来

白春来 1951年2月,出生于葛沽镇新房村。1966年,葛沽中学初中毕业后回乡务农,1979年,在双闸中学代课,后以优秀成绩成为天津市第一个被政府破格免试录用为国家干部的农民。1982年后,在全国报刊发表小说、诗歌、散文、随笔、报告文学逾150万字。1985年1月,《天津日报》发表他自学成才的消息,并配发评论员文章《希望出现更多的白春来》。1993年,任津南报社副刊编辑。1995年,调入《滨海时报》社,任总编室主任、记者。2000年,参加编纂《天津经济技术开发区志》,任常务副总编。人物通讯《孔雀的焰火》获全国教育题材优秀作品二等奖,报告文学《父亲弟弟和我》获天津市好新闻二等奖,《幸福的雕像》获天津市女性题材好作品二等奖,散文《珍珠梅》《美丽的蝴蝶,真丑》分获天津市“群文杯”一、二等奖。曾获“天津农村广播系统先进工作者”称号,三次当选“天津日报优秀作者”。

王德兴

王德兴 1951年6月,出生于津南区葛沽镇。1969年初,到葛沽镇农村插队。1972年,进入天津市烹饪学校学习。1974年毕业后,分配到天津市狗不理饭店总店工作。1980—1991年,历任三级、二级、一级厨师。1991—

1992年，任特级厨师。1994年，任中级烹调技师。1995年，任高级烹调技师。1997年，天津市餐饮业体制改革，任天津市全聚德饭店副经理。后回狗不理饭店总店。1999年，获天津市“八五立功”奖章。2000年，在首届“中国天津烹饪节”中获“烹饪大师”称号、在淮安举办的“全国豆腐节”烹饪大赛中获金奖。是年，获天津市劳动模范称号。2004年，代表天津菜系参加在香港举办的“中国八大菜系”做技术表演。2005年，狗不理总店为来自法国留尼汪大区的十几名法国学生举办中国菜烹饪班，王德兴为培训师。法国留尼汪大区特邀王德兴到留尼汪大区做厨艺表演，当地媒体作了详尽报道。2006年，应邀到澳门“中国八大菜系”展演做技术表演。是年，任全国烹饪协会评委。他以鲫鱼、海参的菜肴和银鱼豆腐等作品参加中央电视台、青岛电视台、中国烹饪协会举办的“满汉全席全国电视烹饪擂台赛”及“首届全国电视烹饪大赛”，获大奖。其作品载入《满汉全席全国电视烹饪擂台赛》及《首届全国电视烹饪大赛》的专著中。

孙宗明

孙宗明 1951年11月，出生于天津市河西区，1958年，随家人迁回原籍津南区辛庄镇中辛庄村。1959—1968年，就读于辛庄小学和辛庄中学。1969年2月，加入中国人民解放军海军南海舰队潜艇部队，11月加入中国共产党。1979年3月，参加对越自卫反击战保卫西沙海上行动。历任海军潜艇舵信兵，舵信军士长（时为军官职务）副艇长、艇长，总参谋部军训部组织计划局正团职参谋、副师职参谋，综合计划局副局长，《军事》杂志社副社长、社长。2001年10月，任海军大连舰艇学院副院长（副军职）。2004年6月，被授予海军少将军衔。曾任北京市西城区第十一届人民代表大会代表、辽宁省第十届人民代表大会代表。2009年12月退休。

郭福常 1955年5月，出生于双港镇郭黄庄村。1978年，华北农业大学蔬菜专业毕业。1988年，日本香川大学蔬菜专业研究生毕业获硕士学位。1991年，日本爱媛大学蔬菜专业研究生毕业获博士学位。1993年，创办天津园艺工程研究所并任所长，进行园艺产业的跨学科研究和研究所新型管理模式的探索。承担6项市级重点攻关和基金项目，研究成果达到国内领先水平。1996年，获天津市科技进步三等奖，研制出5项蔬菜饮料产品。著有《蔬菜根系发育生理与机能》《园艺学词典》等，在日本及国内《园艺学报》《华北农业学报》等学术刊物上发表论文21篇。培养硕士研究生3名。

1995年，被评为天津市十大杰出青年。1997年，被国家人事部评为优秀留学回国人员，被列为国家“百千万人才工程”第一、二层次人选。至2010年，任天津市农科院园艺工程研究所所长、研究员。中国植物生理学会理事，天津市园艺学会理事，天津市专家协会副秘书长，天津市归国留学人员联谊会副会长，天津市政府蔬菜顾问团顾问，西北农大硕士研究生导师，蔬菜栽培专家。

何连强

何连强 1957年1月，出生于咸水沽镇。1976年2月入伍。1977年1月后，历任海军潜艇电工兵、电工操纵员、电工操纵长，海军潜艇基地干事、秘书、副处长。1983年，参加所在部队潜水艇35昼夜出海训练，荣立三等功。1985年11月至1986年2月，参加中国核潜艇最大自给力90昼夜长航试验任务，荣立二等功。1989年，参加中国核潜艇首次远航训练任务。曾多次获部队先进个人等奖励。1992年9月至1994年12月，任海军潜艇基地某艇副政委、政委。1995年8月，授予海军上校军衔。2008年10月，从部队退休。

柴宝成 1958年8月，出生于双桥河镇东泥沽村。大专文化，高级经济

柴宝成

师，民营企业家，现任天津宝成集团董事长。第九届、第十届、第十一届全国政协委员。被推举为全国工商联常委、全国光彩事业促进会理事、中国个体私营劳动者协会副会长、中国观赏石协会副会长、天津市商会副会长、津南区政协副主席、天津市工商联第十四届执行委员、津南区工商联主席等职。

柴宝成1978年入伍，1981年转业。1984年，自筹资金4万元创建了津南区民用节能设备厂。在党的改革开放政策鼓舞下，将一个私营企业做大做强,2007年，宝成集团固定资产达21亿元。1999年10月，被评为全国优秀民营企业家和中国青年环保企业家，被邀赴京参加国庆观礼，受到党和国家领导人亲切接见。2010年，被评为全国劳动模范。先后获得“优秀中国特色社会主义事业建设者”“中国优秀民营企业家”“中国青年优秀环保企业家”“全国优秀青年星火企业家”“全国杰出青年星火带头人”“全国百名优秀退伍军人企业家”“天津市劳动模范”“天津市十大杰出青年”“第二届中国优秀青年科技创业奖”等多项称号。

他先后救助贫困户200余家，向社会捐款捐物2000余万元，安排2200多人在企业就业，曾三次被中国光彩事业促进会授予“光彩之星”荣誉称号。

王培忠

王培忠　1959年8月，出生于葛沽镇，加拿大籍华人。青少年时期就读于葛沽小学及中学。1978年，考入天津医科大学。1989年，赴加拿大深造，其间获多伦多大学流行病学博士学位。2002—2007年，在天津肿瘤医院任教授及高级研究员。作为重要成员之一，同天津医科大学院士郝希山，教授陈可欣等合作的一项肿瘤流行病学研究项目，分别获天津市及国家科技进步一、二等奖。2007年，被聘为天津市海外特聘教授。2010年，天津医科大学兼职教授，博士生导师，温州医学院兼职教授，中国国家自然科学基金海外评委。纽芬兰纪念大学终身正教授及著名流行病学家，博士、硕士生导师。加拿大Beatrice Hunter Cancer Research Institute高级研究员，加拿大纪念大学学术董事，及多个国际杂志编委。王培忠还担任政协天津海外特邀委员，天津市人民政府海外联谊会常务理事，天津市政府海协会理事，天津市侨联荣誉理事等职。

王培忠热心于社会公益事业，是加拿大华人组织“新华人联合会”创会理事及第二任会长。2005年9月，组织成立“加拿大天津同乡会”，王培忠当选为首任会长，组织天津和加拿大之间友好活动。2008年汶川大地震后，开展为抗震救灾募捐等大型活动。2009年，与50多个华人社团一起，在加拿大组织“庆祝中华人民共和国60年华诞”大型纪念活动。

杨树泉

杨树泉　1960年1月，出生于咸水沽镇。1983年，毕业于解放军艺术学院戏剧系，同年分配到空政话剧团。空军政治部电视艺术中心演员队队长、国家一级演员、中国戏剧家协会会员、中国电影表演艺术协会会员、中国电视表演艺术家协会会员。话剧表演艺术作品代表作《凯旋在子夜》《十五的月亮》等，电影表演艺术代表作品《太行山上》《职工代表》，电影电视代表作品《冬天的记忆》《劲舞苍穹》等，电视剧表演艺术代表作品《篱笆女人和狗》《壮志凌云》等。获第十三届中国戏剧梅花奖、第四届中国话剧研究会金狮奖、第十二届解放军电视剧金星奖优秀男演员、第五届全国德艺双馨电视艺术工作者等多项奖项，荣立二等功1次，三等功6次。

刘玉村

刘玉村 1960年6月10日，出生于双桥河镇王庄村。中共党员，1983年，毕业于北京医科大学医学系，获学士学位，1988年，获临床医学博士学位。1988—1990年，任北京医科大学第一医院普通外科主治医师。1990—1992年，公派赴丹麦国家医院进修。1999年，任北京大学第一医院普通外科主任医师、教授，博士生导师。1999年—2002年，任北京大学第一医院副院长。2002—2006年，任北京大学医学部副主任。2006年6月至今，任北京大学第一医院院长，兼任国家卫生标准委员会医院感染控制标准专业委员会主任委员、教育部高等学校教学指导委员会临床医学类专业教学指导委员会委员、中华普通外科杂志副主编、中华临床医师杂志副主编、中国医师协会理事、北京医学会副会长等职务。2008年，享受政府特殊津贴，有多部医学专著出版。

第十二届全国政协委员、第十四届北京市人大代表、第十五届北京市西城区人大代表。

主要获奖情况：1995年，被卫生部评为“教书育人、管理育人、服务育人”先进个人，2001年，获北京市师德先进个人，2004年度，北京大学教学成果奖一等奖，2005年，被评为中国十大教育英才，2004年和2008年，两次获得北京市教育教学成果（高等教育）二等奖，2009年，获第五届北京市高等学校教学名师奖，2010年，获中国医院“先声杯”优秀院长。

贾志梅

贾志梅 女，1961年2月，出生于津南区葛沽镇。1977年2月，参军入伍。1981年，在中国民用航空兰州管理局第八飞行大队乘务队工作。1982年7月25日，在执行由西安飞至上海航班任务过程中，贾志梅和机组成员一起，成功处置了全国首次重大劫机事件，保证了旅客和飞机的安全。8月14日，在紫光阁受到副总理万里等中央领导接见。国务院授予其“中国民航英雄机组”光荣称号，贾志梅个人荣立大功一次。全国妇联书记处授予贾志梅等人“全国三八妇女红旗手”称号。共青团中央授予贾志梅“全国新长征突击手”称号。1982年12月，参加共青团第十一届全国代表大会，并当选共青团十一届中央委员会委员。1983年10月，加入中国共产党。1983年9月至1984年7月，在天津民航学院进修后，历任中国民航西安管理局第八飞行大队乘务队分队长、第八飞行大队团委副书记、西北航空公司西安飞行大队团委副书记等职务。2006年，停止空中乘务工作，从事地面管理工作。2008年，调入东航山东分公司。2010年，在青岛东航食品有限公司工作。

李艳勇

李艳勇 1961年6月，出生于双桥河镇孙庄子村。1979年7月入伍。师职飞行干部，大校军衔。先后5次被评为优秀飞行干部和优秀共产党员；荣立二等功2次，三等功2次；2003年6月，获空军“中国人民解放军院校育才奖”；是年12月，被空军授予“空军飞行人员银质奖章”；2010年11月，被空军授予“空军飞行人员金质奖章”；空军一级飞行员，优秀飞行指挥员。

李纪扣

李纪扣 1963年2月，出生于辛庄镇高庄子村。1980年，咸水沽一中毕业考入天津大学。1984年，分配到天津轻工业学院。1989年，以微机控制注射器管芯自动分选机等多项科研项目获天津市首届青年科技奖，天津市首届青年专家人才奖，天津市科技进步奖。主持葛洲坝电站继电保护检测系统的研究与设计。1993年，天津大学计算机组织与系统结构专业研究生毕业。1995年，参加第二届全国青年科技人才大会，受到党和国家领导人江泽民等接见。2002—2003年，为澳大利亚昆士兰大学访问学者。1995—2010年，历任天津科技大学网络中心主任、计算机学院院长，继续教育学院院长。在国家级刊物发表专业论文30余篇，主持完成国家级科研项目2项，市级科研项目3项和多项科研项目。

史克禄

史克禄 1963年7月，出生于双桥河镇南房子村，别名史克录。1987年，参加工作，从事中国导弹与航天工程的研制和科研管理工作，历任设计员、工程师、高级工程师、研究员、计划处处长、计划部副部长、宇航部副部长、武器部部长等职称、职务。获国防科技成果二等奖1项、三等奖5项。2005年，获中国航天科技集团公司突出贡献专家称号。2006年，获中国航天科技集团公司省部级劳动模范称号。2007年，享受国务院政府特殊津贴。2008年，获中国航天基金奖励。为中国导弹、卫星、载人航天工程等重大科研事业做出贡献。中国航天科技集团公司武器部部长（正局级）、研究员。

宗建良

宗建良 1964年12月，出生于双桥河镇孙庄子村。1982年入伍。参加对越自卫反击战时，在济南军区54599部队5连任副班长。在老山地区战斗中，和战友胜利完成在八里河东山坚守防御140天的作战任务。先后参加“5·31”“7·19”等大小近百次战斗，在战火中加入中国共产党。1986年3月，部队党委为他记一等功。1986年5月，被成都军区授予“战斗英雄”荣誉称号。解放军总政治部授予“二级战斗英模”称号。

韩富强

韩富强 1970年，出生于津南区咸水沽镇。1989年3月入伍，分配在天津市公安消防二支队十四中队。历任战士、副班长、班长及九中队代理副队长。1990年10月，加入中国共产党。是年，在总队举行的业务比赛中，被总队团委授予“业务标兵”称号。1991年4月，韩富强任新组建的消防九队专勤班班长，连续3年获得五项“业务全能标兵”。1992年10月，河东区东海商厦地下设备因电焊工违章操作，造成壁木隔板燃烧。韩富强冒生命危险，在浓烟中3次进入地下室，将通风口堵住。他的身上留下大小50多处伤疤，右膝盖骨骨膜磨穿，半月板破裂，医生劝其改行，但他继续带兵训练，参加执勤和灭火战斗。先后10余次受到嘉奖，荣立三等功2次，荣立二等功1次。被评为天津市公安局优秀共产党员、新长征突击手、学雷锋标兵、优秀青年民警标兵，被共青团天津市委命名为青年示范员、授予“新长征突击手”称号。1995年2月，被公安部、人事部授予“全国公安系统英雄模范”称号。

高静

高静 女，1976年，出生于咸水沽镇。1990年，选入津南区业余体校射击队。1991年，考入天津市第二体育运动学校。1994年，选入天津市射击队。1996年，获射击运动健将称号。1998年，获国际级运动健将称号。入选国家射击队，获全国射击小口径运动步枪3×20冠军。2000年2月，获亚洲射击锦标赛女子气步枪冠军。是年9月，在悉尼奥运会上为中国夺得第一块奖牌（奥运会铜牌），受到国家领导人江泽民、朱镕基等接见。2001年，获世界杯射击锦标赛银牌。2002年，获世界锦标赛系列赛上海站比赛女子气步枪冠军，成为天津市第一位获2004年雅典奥运会入场券的运动员。在48届世界射击锦标赛上与队友获10米气步枪团体冠军，打破世界纪录。在韩国釜山第十四届亚运会上团体破世界纪录，获第一名，个人获40发气步枪第二名、60发卧射第二名。霍英东体育基金会授予高静金质奖章一枚。中共天津市委、天津市人民政府授予市级劳动模范荣誉称号；天津市总工会、团市委、市妇联授予"九五"立功先进个人、新长征突击手、市级"三八红旗手"荣誉称号。2008年，进入国家射击队教练组，从事清华大学射击队教练工作。

杜喆 1978年，出生于津南区咸水沽镇。北京京剧院国家一级演员，中国戏剧家协会会员，北京戏剧家协会会员。主攻文武老生，师承王世续、李光、耿其昌、祝元坤等。常演剧目《野猪林》《汉宫惊魂》《响马传》《宝莲灯》《四郎探母》《沙家浜》《智取威虎山》及原创剧目西部京剧《丝路花雨》《海上升明月》等。获第五届中国京剧节金奖、第九届中国苏州戏剧节金奖、第十届中国戏剧节金奖、2008年CCTV全国优秀青年京剧演员电视大奖赛老生组优秀表演奖。2010年，中央戏曲频道主持人白燕生专题采访了杜喆夫妇。

杜喆

潘玉庆 女，1978年8月，生于津南区咸水沽镇。1992年，进入津南区业余体校，在贾荣福教练的指导下，从事田径投掷训练。1995年，考入天津市柔道队，从事柔道训练，1998年，入选国家柔道队。

潘玉庆

1998年，全国女子柔道精英赛，获女子78公斤级第二名。全国女子柔道冠军赛，获女子78公斤级第三名。全国女子柔道锦标赛，获女子78公斤级第二名。2003年，全国女子柔道冠军赛，获女子78公斤级第一名。

1998年，世界女子柔道锦标赛，获女子78公斤级第三名，成为津南区体育史上第一位参加世界三大赛获得奖牌，并达到国际级运动健将标准的运动员。1999年，世界杯女子柔道锦标赛，获女子团体第二名。2002年，世界柔道锦标赛（荷兰站），获女子78公斤级第三名；全国女子柔道锦标赛暨亚运会选拔赛，获女子78公斤级第一名。在第14届亚洲运动会柔道赛，获女子78公斤级第三名。2003年第22届世界大学生运动会柔道赛，获女子78公斤级第二名。2004年，世界柔道A级赛（加拿大站），获女子78公斤第一名。2010年退役，任天津女子柔道队教练。

李维 1982年，生于津南区咸水沽镇。1994年，进入津南区业余体校，在教练邓兆鹏指导下从事中长跑训练。1998年，入选天津市自行车队。2002年，全国场地自行车冠军赛（第二站），获男子4千米追逐赛第二名。2003年，全国场地自行车锦标赛，获男子4千米团体追逐赛第二名。2004年，全国场地自行车冠军赛，获男子4千米团体追逐赛第一名。2005年，全国第十届全国运动会自行车赛，获男子4千米团体追逐赛第三名。2006年，全国场地自行车锦标赛，获男子4千米团体追逐赛第一名。亚洲杯自行车赛获男子4千米团体追逐赛第一名，个人赛第二名。2007年，全国场地自行车锦标赛，获男子4千米团体追逐赛第一名，并打破全国纪录，4千米个人追逐赛第三名，亚洲自行车锦标赛获男子4千米团体追逐赛第一名。2008年，亚洲自行车锦标赛，获男子4千米团体追逐赛第一名。全国场地自行车冠军赛获

李维

男子4千米团体追逐赛第一名。2009年，全国场地自行车冠军赛，获男子4千米团体追逐赛第一名，4千米个人追逐赛第一名，并打破全国纪录。第十一届全国运动会场地自行车赛获男子4千米个人追逐赛第一名，团体追逐赛第二名。亚洲场地自行车锦标赛获男子4千米团体追逐赛和个人追逐赛两项第一名。

郑璐璐

郑璐璐 女，1987年1月，出生于津南区咸水沽镇。小学时进入津南区业余体校，在教练邓兆鹏指导下从事中长跑训练。2002年，考入天津市第二体育运动学校，从事自行车运动训练，是年，入选天津市自行车队。2007年2月，入选国家自行车队。2005年，亚洲杯场地自行车赛，获女子个人争先赛第一名，500米计时赛第一名。2006年，亚洲杯场地自行车总决赛，获女子500米计时赛、个人争先赛两项第一名。2007年“捷安特杯”全国场地自行车锦标赛，获凯琳赛第一名，并打破全国纪录。2007年，亚洲自行车锦标赛，获女子凯琳赛和变速赛两项第一名。2008年，世界杯自行车锦标赛，获女子团体竞速赛第二名，亚洲场地自行车锦标赛获女子个人争先赛、凯琳赛、竞速赛三项第一名。世界杯场地自行车赛(第一站)，获女子个人争先赛第二名。

郭玺艳

郭玺艳 女，1987年，出生于津南区葛沽镇。2000年，进入津南区业余体校，在教练王静指导下从事举重训练。2002年，考入天津市第一运动学校。后转入天津市举重队，入选国家举重队。2004年，亚洲俱乐部举重锦标赛，获女子63公斤级抓举、挺举和总成绩三项第一名。2005年，世界青年举重锦标赛，获女子63公斤级抓举第二名、挺举第三名和总成绩第二名。2006年，全国女子举重冠军赛，获63公斤级挺举和总成绩第三名。2008年，世界大学生举重锦标赛，获女子63公斤级抓举、挺举和总成绩三项第一名。2009年，世界杯举重锦标赛，获女子63公斤级挺举第三名，是年，东亚运动会举重赛，获女子63公斤级抓举第二名、挺举第三名和总成绩第三名。

二　客籍人物简介

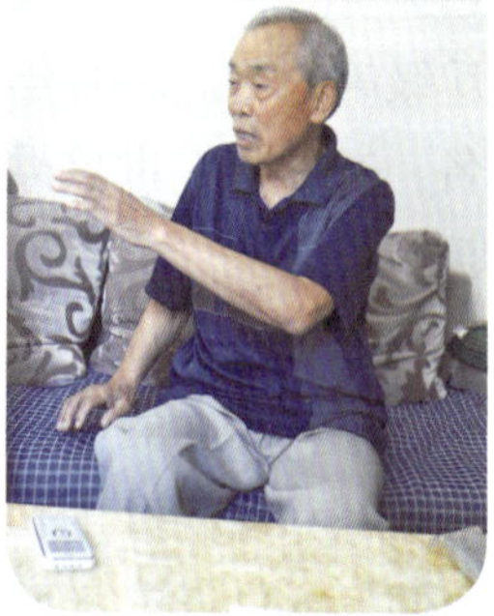

李超群

李超群 汉族，1937年1月出生，原籍河南省南乐县西崇疃村，1982年，定居津南区，现住咸水沽镇沽上江南社区。

1956年3月，参军入伍。1958年，地空导弹部队成立，是年12月，李超群分配到该部二营，任技术保障连修理所导弹修理工，后任该营发射连装填导弹火药柱的五号手。1959年10月7日，李超群和战友合作击落美蒋Rb-57D高空侦察机1架。1960年，任装配技师。1962年9月9日，李超群所在部队在南昌向塘击落美蒋U-2侦察机1架，在这次战斗中，李超群立功受奖，晋衔技术中尉。是年，李超群加入中国共产党。1963年11月1日，在江西上饶，该部又击落美蒋U-2侦察机一架，李超群在战斗中立功受奖，晋级为副连级，到北京开庆功会。1964年7月7日，李超群所在营在漳州击落第3架美蒋U-2侦察机，李超群立功受奖，晋衔为上尉。是年7月23日，李超群和其他立功人员在北京受到毛泽东、周恩来、朱德等中央领导接见。1968年3月22日，李超群所在二营在广西宁明地区击落1架美制高空无人机。1970年，李超群从二营调到四营，任副营长。1979年，任团部后勤处副处长。

1982年病退后定居津南区。他热心青少年思想教育工作，多次应邀到中小学校作报告，讲理想，讲革命传统，被评为津南区关心下一代工作先进个人。他回原部队探访，在部队荣誉室为新兵战士讲亲身战斗经历，讲优良革命传统，受到部队官兵尊重和赞扬。2010年，李超群郑重向津南区干休所提出，百年后将自己遗体捐献供科学研究。

冯相图

冯相图 1939年2月，出生于唐山市古冶区。津南区政协第一、二、三、四届委员，曾任津南区体委副主任，天津市田径协会副主席。

1963年，天津体育学院田径系毕业后，分配到葛沽中学任教体育。1970年，天津市中小学运动会已停赛五年多，南郊区在全市首次举办中小学田径运动会，冯相图为总裁判长。以后连任历届区中小学田径运动会总裁判。1977年，任南郊区业余体校田径班总教练，为津南区培养大批体育人才，学员中多人成为国家级运动员。1983年，冯相图获国家教育部、中国教育工会授予的"五讲四美"为人师表活动优秀教师称号，享受省部级劳模待遇。1988年被国家体委授予"全国优秀裁判员"称号。1990年，任区体委副主任，主管业务。是年，津南区获得"全国体育先进县"称号。1993年，国家体委授予冯相图"全国群众体育先进工作者"称号。多次荣获市级模范教师、优秀教育工作者、区优秀党员等称号。他执教的津南区业余体校田径班先后被评为全国体育工作先进集体、市先进集体，两次被市委、市政府授予劳动模范集体光荣称号。1999年退休。

徐春芬

徐春芬 女，1943年，出生于东北牡丹江绥阳镇，华籍日本人，日本名久保田阳子。1945年，日本投降后，她与家人离散成为日本遗孤，被中国人收养。1965年9月，徐春芬到内蒙古五原县插队落户，1966年，加入共青团，后因身染重病返津。1968年底，徐春芬结婚来到南郊东闸村。1970年，担任本村民办教师，后转为国办教师。徐春芬感恩中华人民共和国，热爱教育事业。中日邦交后，1981年11月，回日本探亲，谢绝亲人让她留在日本的请求，提前回到中国，带病投身到教育工作中。1986年12月，调入津南区咸水沽第四小学工作。1983—1989年，多次被评为市级模范教师、优秀园丁。1984年起，连续四届当选天津市津南区政协委员。1986年，获全国教育系统劳动模范称号并获人民教师奖章，是年，被评为天津市劳动模范。1989年，被评为全国优秀教师。1994年6月，被评为小学高级教师。1999年5月退休。

程远尤

程远尤 汉族，1946年1月出生，江苏省如皋市人。1956年6月—1958年10月，青海省农林厅高店子原种繁育站工作。1958年10月—1962年10月，青海农牧学院农学系植保专业学生。1962年10月—1963年5月，天津军粮城稻作所植保研究室干部。1963年5月—1972年4月，天津大港农林局干部。1972年4月—1975年3月，天津南郊气象站干部。1975年3月—2000年1月，天津市津南区农林局干部。1980年，获农艺师任职资格，1987年，获高级农艺师任职资格，1993年，获农业推广研究员任职资格。享受政府特殊津贴专家。

主持津南区土壤普查工作，撰写的土壤普查试点总结，获区二等奖、执笔撰写南郊区土壤普查报告，获天津市科技成果二等奖。《复混肥料生产线改造及系列产品开发》获国家星火奖三等奖。《NK-P 植物营养素（钛微肥）》获国家科学技术进步奖评审委员会颁发的科技进步三等奖。《NK-P 植物营养素》获国家教育委员会颁发的科技进步二等奖。

张福芸

张福芸 女，1956年8月出生，天津市武清区人，大学本科学历。1982年，参加工作，津南区畜牧水产局干部，农业技术推广研究员，2002年，享受国务院政府特殊津贴。

组织实施的名优虾类品种引进及培育淡化养殖技术研究、天津市淡水养殖开发新区综合配套技术推广、南美白对虾淡水养殖技术推广，获市、区级科技成果奖。2004年，被评为天津市劳动模范。2005年，被农业部授予全国农业技术推广先进个人并获天津市优秀科技工作者、天津市"三八红旗手"称号。2006年，获得全国五一劳动奖章、天津市优秀共产党员称号，2007年，被评为天津市劳动模范，2008年，获全国"三八红旗手"、天津市勤政廉政优秀干部称号。

津南区第八届、第九届党代会代表、天津市第十四届、第十五届人大代表。

张祥青

张祥青 汉族，1969年出生，河北省唐山市丰南县人。现任天津荣程祥泰投资控股集团有限公司董事长。天津市人大代表、全国工商联冶金业商会副会长、天津市钢铁工业协会副会长。

1976年，在唐山大地震中失去双亲，长大后曾在钢铁厂做炉前工，后搞个体经营。1994年，成立丰南顺达冶金原料厂，任厂长。其间到北京首都经贸大学学习，获工商管理硕士学位。1998年，成立唐山钢材有限公司，任总经理。1999年，成立唐山市合利钢铁厂，任厂长。2001年，成立天津荣程钢铁厂，2003年，更名为天津荣程联合钢铁集团有限公司（简称荣程集团），任董事长。2007年，成立天津荣程祥泰投资控股集团有限公司，任董事长。

2008年，荣程集团在中国企业500强中列179位。天津市百强私营企业排名榜列第一位。张祥青先后获得"天津市劳动模范""中国优秀民营企业家""天津市优秀企业家""十一五期间天津市最具影响力劳动模范"等称号。企业被中华全国工商联合会、人力资源和社会保障部、中华全国总工会共同授予其"全国就业与社会保障先进民营企业"称号。

张祥青热心社会公益慈善事业。2008年，四川汶川大地震发生后，于5月13日，捐款一千万元人民币。5月18日，在中宣部等部委举办的"爱的奉献——2008年抗震救灾大型募捐"全国电视演播现场，捐款一亿元。截至2010年底，荣程集团在社会慈善事业累计捐款2.29亿元。张祥青获得"全国抗震救灾模范""中国第二届慈善人物""中华慈善事业突出贡献奖"等称号。

第二章 名 录

根据《津南区志（1979—2010）》入录标准，收录烈士4名；收录获市级及以上等级劳动模范称号者149人；收录获国家省部级荣誉称号者61名；收录津南区正高级技术职称者22人；收录符合入录标准的在区境外工作健在的津南籍人51人。

第一节 烈士名录

根据2010年津南区民政部门提供的烈士名单，以烈士牺牲时间为序，录入前志未载入烈士2名（张汉臣、温德林）。1995—2010年，烈士2名（王武利、刘富明），计4名。

表33-1

序号	姓名	户籍地址	出生时间	参加革命时间	牺牲时间	牺牲地点	牺牲时职务
1	张汉臣	八里台镇新春居委会	–	1942	1942	河北省丰润县	战士
2	温德林	八里台镇大孙庄村	1921	–	1946	八里台乡大孙庄	村支部书记
3	王武利	双桥河镇西泥沽村	1966	1984	2002	甘肃酒泉鼎新机场	飞行员
4	刘富明	咸水沽镇头道沟村	1966	1984	2008	飞行训练地	飞行员

第二节 获全国劳动模范称号者名录

1979—2010年津南区获全国劳动模范称号者6人，以获奖时间为序。

表33-2

序号	姓名	荣誉称号	性别	出生年月	民族	单位名称
1	龚世权	1994年全国劳模	男	1934年2月	汉族	港田集团公司
2	杜宝山	1995年全国劳模	男	1938年7月	汉族	三立环保有限公司
3	王孝杰	1999年全国劳模	男	1932年5月	回族	天津大站集团
4	李厚龙	2004年全国劳模	男	1946年6月	汉族	南华房产管理所
5	柴宝成	2010年全国劳模	男	1958年8月	汉族	宝成集团
6	曹体君	2010年全国劳模	男	1953年7月	汉族	天津市津南区小站镇迎新村

第三节 获天津市特等劳动模范称号者名录

1979—2010年津南区获天津市特等劳动模范称号者5人，以获奖时间为序。

表33-3

序号	姓名	荣誉称号	性别	出生年月	民族	单位名称
1	杜宝山	1988年特等劳模、1990年特等劳模、1992年特等劳模、1994年特等劳模	男	1938年7月	汉族	三立环保有限公司
2	王孝杰	1994年天津市特等劳模	男	1932年5月	回族	天津大站集团
3	龚世权	1994年天津市特等劳模	男	1934年2月	汉族	港田集团公司
4	李彦生	2000年天津市特等劳模	男	1955年3月	汉族	月坛集团公司
5	费德财	2002年天津市特等劳模	男	1952年1月	汉族	港鑫工业集团有限公司

第四节 获天津市劳动模范称号者名录

1979—2010年津南区属单位获天津市劳动模范称号者138人，以获奖时间为序。

表33-4

序号	姓名	评天津市劳模时间	性别	出生年月	民族	单位名称
1	郭树亭	1979年、1980年	男	1935年11月	汉族	津南区教育局
2	赵学兰	1979年	女	1955年7月	汉族	富凯公司
3	于月明	1982年	男	1937年9月	汉族	津南区卫生局
4	王连铎	1982年	男	1940年10月	汉族	津南区广电局
5	穆瑞赏	1982年	男	1942年5月	回族	天津联合包装有限公司
6	张惠萍	1982年	女	1943年1月	汉族	津南区教育局
7	孙树信	1982年	男	1944年4月	汉族	津南区房管局
8	周俊华	1982年	女	1953年8月	汉族	天津联合包装有限公司
9	何清年	1982年	男	1959年1月	汉族	供销社
10	杜宝山	1986年	男	1938年7月	汉族	三立环保有限公司
11	徐春芬	1986年	女	1944年5月	汉族	津南区教育局

续表

序号	姓名	评天津市劳模时间	性别	出生年月	民族	单位名称
12	吕德成	1986年、1988年、1992年	男	1946年12月	汉族	解除劳动合同（供销社）
13	何洪成	1988年、1990年	男	1934年4月	汉族	双港镇农科站
14	祖月明	1988年	男	1942年1月	汉族	天津联合包装有限公司
15	付广金	1988年	女	1943年12月	汉族	津南区教育局
16	韩丽华	1988年	女	1944年12月	汉族	腾马电表
17	王铨生	1990年	男	1938年2月	汉族	津南区教育局
18	李厚龙	1990年、1994年、1998年	男	1946年6月	汉族	南华房产管理所
19	石存茂	1990年、1992年、1994年	男	1961年11月	汉族	咸水沽镇粮站第四粮店
20	王孝杰	1992年、1996年	男	1932年5月	回族	天津大站集团
21	何尉轩	1992年、1994年	男	1936年5月	汉族	津南区卫生局
22	孙凤安	1992年、1994年、1996年	男	1940年6月	汉族	曙光金属网公司
23	范俊萍	1992年	女	1951年9月	汉族	津南区教育局
24	王玉生	1992年	男	1951年10月	汉族	腾马电表厂
25	朱连淳	1992年、1994年、1996年	男	1956年6月	汉族	津南区民政局
26	宋世慧	1992年	女	1962年3月	汉族	津南区教育局德育科
27	韩永生	1992年	男	1962年7月	汉族	兴华印铁制缸总厂
28	冯元俊	1994年	男	1938年11月	汉族	津南区教育局
29	王凤岐	1994年	男	1939年3月	回族	腾马电表
30	俞芃善	1994年	女	1943年11月	汉族	长青办事处
31	马海泉	1994年	男	1950年9月	汉族	津沽染化厂
32	马庆骥	1994年	男	1954年6月	汉族	津南区津京实业公司
33	刘文水	1994年、1998年	男	1956年9月	汉族	天津农具厂
34	刘　军	1994年	男	1961年7月	汉族	双港镇人民政府
35	刘万亮	1996年	男	1939年9月	汉族	津南区教育局
36	朱学谦	1996年	男	1940年2月	汉族	双港镇何庄子村
37	邢纪武	1996年	男	1942年8月	汉族	津南区建设开发公司
38	黄永生	1996年	男	1944年4月	汉族	津南区工商局
39	邵印泉	1996年、1998年	男	1948年2月	汉族	塘沽阀门一分厂
40	李崇信	1996年	男	1949年5月	汉族	津南钢管厂
41	宋怀利	1996年、1998年	男	1950年12月	汉族	小站工业园区
42	张凤起	1996年	男	1954年9月	汉族	凤起锅炉环保设备有限公司
43	柴宝成	1996年、1998年	男	1958年8月	汉族	宝成集团
44	刘永富	1998年	男	1936年3月	汉族	咸水沽镇四里沽村
45	费德财	1998年、2000年	男	1952年1月	汉族	港鑫工业集团有限公司
46	张文利	1998年、2000年	男	1953年5月	汉族	东方暖通设备股份有限公司
47	袁贵德	1998年	男	1954年7月	汉族	小站镇粮油站
48	张富玲	1998年	女	1954年10月	汉族	津南区咸水沽医院
49	陈吉强	1998年	男	1959年8月	汉族	天津市公安局津南分局
50	何洪云	1998年	女	1964年6月	汉族	八里台镇大韩庄村
51	潘学军	1998年	女	1968年10月	汉族	葛沽第一小学
52	何清泉	2000年	男	1948年4月	汉族	天津联合包装有限公司
53	张锡林	2000年	男	1949年10月	汉族	天津双盛化工厂
54	王玉和	2000年	男	1951年7月	汉族	大滩锅炉集团有限公司
55	林桂发	2000年、2006年	男	1951年11月	汉族	天津市道路设施制造厂
56	李树元	2000年	男	1953年4月	汉族	富凯建设集团
57	赵树海	2000年	男	1953年9月	汉族	天津渤海阀门集团
58	元智玲	2000年	女	1954年7月	汉族	津南区规划土地局
59	吴　晶	2000年	女	1956年6月	汉族	津南区妇幼保健院
60	恽少起	2000年	男	1956年8月	汉族	咸水沽镇五登房村
61	王富来	2000年	男	1960年3月	汉族	大站集团

续表

序号	姓名	评天津市劳模时间	性别	出生年月	民族	单位名称
62	李宝海	2000年	男	1960年6月	汉族	双港镇水利站
63	闫长玲	2000年	女	1965年11月	汉族	天津市咸水沽一中
64	李树祥	2002年	男	1942年6月	汉族	天津大站集团
65	张锡海	2002年	男	1947年6月	回族	津南区种子公司
66	张连起	2002年	男	1947年10月	汉族	长青办事处主任
67	李维金	2002年	男	1948年11月	汉族	富凯建设集团
68	周耀光	2002年	男	1950年10月	汉族	鑫利达印染有限公司
69	王树林	2002年、2006年	男	1951年10月	汉族	立林机械集团有限公司
70	马恩成	2002年	男	1954年4月	汉族	甘泉集团有限公司
71	唐国栋	2002年	男	1955年2月	汉族	咸水沽镇同济实业公司
72	刘长兰	2002年	女	1955年9月	汉族	津南区市容委
73	郭俊义	2002年	男	1957年11月	汉族	津南区咸水沽医院
74	韩国增	2002年	男	1957年12月	汉族	八里台镇双闸村
75	张继波	2004年	男	1943年4月	汉族	双港镇农科站
76	徐福生	2004年	男	1945年6月	汉族	双港镇李楼村
77	龚义成	2004年	男	1945年10月	汉族	小站镇大站村
78	回庆平	2004年	男	1949年11月	回族	市容环境管委会
79	张文升	2004年	男	1954年1月	回族	大战水泥厂
80	宁存利	2004年	男	1954年7月	汉族	双桥建筑安装公司
81	刘延奎	2004年	男	1955年6月	汉族	双港镇卫生院
82	张福芸	2004年、2006年、	女	1956年8月	汉族	津南区畜牧水产局
83	窦克清	2004年	男	1958年1月	汉族	津南建设工程质量监督站
84	王志群	2004年	男	1958年6月	汉族	天津伊利康业冷冻食品公司
85	田树纯	2004年、2006年	男	1958年6月	汉族	葛沽长城服装集团
86	纪宝宏	2004年	男	1960年12月	汉族	天津市咸水沽一中
87	张永山	2004年	男	1962年11月	汉族	天津市环宇橡塑制造公司
88	张祥青	2004年、2006年、	男	1969年2月	汉族	天津荣程联合钢铁集团有限公司
89	王兆杰	2004年	男	1969年11月	汉族	宝德福酒家
90	范玉林	2006年	男	1949年6月	汉族	天津市咸水沽第二中学
91	董宝林	2006年	男	1949年11月	汉族	双港镇芦庄子村委会
92	郑兆喜	2006年	男	1954年3月	汉族	津南区南华房产开发管理所
93	李文鹏	2006年	男	1955年3月	汉族	天津市南洋建筑安装装饰公司
94	王文祥	2006年	男	1957年4月	回族	天津大站阀门三厂
95	董俊生	2006年	男	1957年7月	汉族	天津宝成机械集团有限公司
96	邱富国	2006年	男	1957年7月	汉族	天津市振兴纸制品厂
97	范玉海	2006年	男	1960年1月	汉族	天津市津南区人民法院
98	左树清	2006年	男	1965年4月	汉族	天津市沽上木业有限公司
99	王春红	2006年	女	1966年4月	汉族	天津市咸水沽一中
100	张荣华	2006年、2008年	女	1969年11月	汉族	天津荣程联合钢铁集团有限公司
101	李 鹏	2006年	男	1972年10月	汉族	天津隆庆金兴制革有限公司
102	孙晓光	2006年	男	1974年10月	汉族	津南区国土局规划设计所
103	刘维庆	2008年	男	1951年10月	汉族	天津市津南区市容环境卫生管理委员会
104	戴德仲	2008年	男	1952年2月	汉族	天津市金龙实业有限公司
105	徐道琮	2008年	男	1952年9月	汉族	天津市津南区河道管理所
106	刘建始	2008年	男	1953年5月	汉族	天津市双港中学
107	曹体君	2008年	男	1953年7月	汉族	天津市津南区小站镇迎新村
108	杨国清	2008年	女	1955年11月	汉族	天津市津南区咸水沽医院
109	李振东	2008年	男	1957年2月	汉族	天津市继泰锻造厂
110	韩永明	2008年	男	1957年3月	汉族	天津市津南区园林管理所
111	张立群	2008年	男	1958年9月	汉族	天津市津南区咸水沽建筑管理站

续表

序号	姓名	评天津市劳模时间	性别	出生年月	民族	单位名称
112	梁广东	2008年	男	1962年4月	汉族	天津富凯建设集团有限公司七分公司
113	赵　刚	2008年	男	1962年10月	汉族	天津市咸水沽第一中学
114	游仪良	2008年	男	1963年1月	汉族	天津市津南区双港镇北马集村
115	田文海	2008年	男	1963年5月	汉族	天津市津南化肥实验有限公司总经理
116	董家玉	2008年	男	1963年9月	汉族	天津市津南区咸水沽镇政府
117	张　帆	2008年	女	1970年2月	汉族	天津市津南区卫生防病站
118	孙德珍	2008年	男	1970年6月	汉族	天津市津南区实验小学
119	王炳仁	2010年	男	1953年8月	汉族	双港镇拆迁办
120	张延臣	2010年	男	1955年6月	汉族	小站镇营盘村
121	张玉兰	2010年	女	1956年11月	汉族	津南区房管局
122	卢纯苓	2010年	女	1956年11月	汉族	咸水沽第三小学
123	范连弟	2010年	男	1958年5月	汉族	小站镇东大站村委会
124	张贤水	2010年	男	1959年8月	汉族	天津津晨汽车缸盖有限公司
125	佟新荣	2010年	男	1960年2月	汉族	津南区工业经委
126	郑玉清	2010年	男	1962年6月	汉族	小站镇迎新村
127	周则虎	2010年	男	1962年12月	汉族	津南区计划生育委员会
128	杨家安	2010年	男	1963年3月	回族	水务局
129	刘玉清	2010年	男	1964年3月	汉族	天津玉通物资回收公司
130	蔡宝泉	2010年	男	1965年1月	汉族	南洋建筑工程公司
131	吴风春	2010年	男	1965年3月	汉族	小站镇建管站
132	刘怀文	2010年	男	1969年1月	汉族	市容委 -- 区环卫所
133	刘　斌	2010年	女	1970年1月	汉族	咸水沽医院
134	代文来	2010年	男	1971年10月	回族	八里台镇司法所
135	项　勇	2010年	男	1972年12月	汉族	津南区检察院
136	张绍桂	2010年	女	1973年9月	汉族	咸水沽一中
137	宫敬义	2010年	男	1974年6月	汉族	北闸口镇卫生院
138	王永鑫	2010年	男	1977年11月	汉族	立林机械集团

第五节　获省部级及以上荣誉称号者名录

本节收集到1979—2010年津南区获省部级及以上荣誉称号者61人，以获奖时间为序。

表33-5

序号	姓名	性别	工作单位	称号	授予单位	授予时间
1	冯相图	男	津南体委	“五讲四美”为人师表活动优秀教师	教育部和中国教育工会	1983年
				全国群众体育先进工作者		
				国家体育工作贡献奖章（2007认定享受天津市劳模待遇）	国家体育总局	2009年
2	贾荣福	男	体育局	全国体育先进工作者	国家体委	1983年
				全国田径先进工作者	国家体育总局	1986年
				全国体育先进工作者		1987年
3	刘　权	男	津南区教育局	全国优秀少先队辅导员	共青团中央　少工委	1984年
4	张惠萍	女	津南区教育局	全国优秀班主任	教育部	1984年
5	李振娥	女	津南区计生委	全国计划生育先进个人	国家计生委	1986年
6	吕恒泰	男	津南区计生委	全国计划生育先进个人	国家计生委	1986年
7	陈公荣	男	津南区教育局	全国优秀教师	教育部	1989年
8	傅广金	女	津南区教育局	全国优秀教师	教育部	1989年
9	王德平	女	津南区教育局	全国优秀教师	教育部	1989年
10	王惠杰	男	津南区教育局	全国优秀教师	教育部	1989年
11	郭汉芹	女	辛庄镇邢庄子	全国学雷锋先进个人	共青团中央	1991年

续表

序号	姓名	性别	工作单位	称号	授予单位	授予时间
12	李宁姿	女	津南区教育局	全国优秀教师	教育部	1991年
13	徐世珩	男	津南区教育局	全国优秀教师	教育部	1991年
14	刘惠敏	女	辛庄镇上王庄	全国三八红旗手	全国妇联	1992年
15	胡进才	男	八里台派出所 所长	全国优秀人民警察	公安部	1993年
16	林青旺	男	北闸口派出所 副教导员	全国优秀人民警察	公安部	1994年
17	陈吉强	男	刑侦支队	全国优秀人民警察	公安部	1995年 1997年
18	刘景明	男	辛庄镇白塘口村委会	全国优秀村委会主任	民政部	1995年
19	宋国祥	男	双闸派出所	全国优秀人民警察	公安部	1996年
			北闸口派出所	天津市参加和协办北京奥运会、残奥会先进个人	天津市委	2008年
20	王云祥	男	津南体育局	全国业余训练先进工作者 全国青少年体育先进工作者 全国射击项目业余训练先进个人	国家体委 国家体育总局和国家教育部	1996年 2000年
21	吕 涛	男	双港派出所	全国优秀人民警察	公安部	1998年
22	李淑芳	女	津南体育局	全国县(市、区)体育先进个人	国家体育总局	1998年
23	杨丽珍	女	津南区教育局	全国优秀教师	教育部	1998年
24	李仁胜	男	小站派出所	全国优秀人民警察	公安部	1999年
25	张治东	男	津南区体育局	全国国民体质监测工作先进个人	国家体育总局	2001年
26	刘恩勇	男	刑侦支队	全国优秀人民警察	公安部	2002年
27	刘兆建	男	看守所	公安部深挖犯罪能手	公安部	2002年
28	王景田	男	津南区教育局	全国教育督导先进个人	教育部	2002年
29	吴颖世	男	津南区教育局	全国基础教育先进个人	教育部	2002年
30	于 萍 吕淑君	女	津南区太极协会	全国优秀社会体育指导员	国家体育总局	2003年
31	张玉洪	男	津南区卫生局	全国卫生系统抗击非典先进个人	卫生部人事部中医药管理局	2003年7月
32	周则虎	男	津南区计生委	全国人口和计划生育法制建设先进个人	国家计生委	2003年
33	姜 涛	男	津南区教育局	全国优秀教师	教育部	2004年9月
34	马 辉	男	双桥河派出所	全国优秀人民警察	公安部	2004年
				天津市劳动模范	天津市政府	2007年
35	孙业权	男	咸水沽镇新业里社区	全国优秀社区工作者	中共中央组织部民政部	2004年
36	郭 宏	男	津南区法院	全国法院司法警察工作先进个人	最高人民法院	2005年10月
37	贺佩凤	女	津南区法院	全国法院审判监督工作先进个人	最高人民法院	2005年11月
38	于庆智	男	津南区保密局	2005—2006年全国先进保密工作者	国家保密局中共中央保密委员会办公室	2006年
39	张文升	男	小站镇	十五期间全国发展散装水泥先进工作者	商务部	2006年10月
40	张金华	男	津南区商委	全国供销合作社系统先进工作者(2008认定享受省部级劳模待遇)	人事部 全国供销总社	2007年12月
41	马宝馨	男	港鑫集团公司	全国石油和化学工业劳动模范(享受省部级劳动模范待遇)	中国石油和化工工业联合会	2008年
42	尚 春	男	公安津南分局	全国公安机关调研工作先进个人	公安部政治部	2008年
43	孙爱如	女	看守所	全国"三八红旗手" 天津市劳动模范	全国妇联 天津市政府	2008年
44	王 磊	男	双闸派出所	天津市参加和协办北京奥运会残奥会先进个人 追记个人一等功	天津市委 市公安局	2008年
45	张英江 呼世伟	男	津南区太极协会	全国优秀社会体育指导员	国家体育总局	2008年
46	张顺旺	男	看守所	全国公安监管部门深挖犯罪专项行动先进个人	公安部政治部	2008年
47	张同义	男	津南区卫生系统	全国优秀乡村医生	卫生部	2008年12月

续表

序号	姓名	性别	工作单位	称号	授予单位	授予时间
48	郭玉钢	男	津南体育局	全国群众体育工作先进个人	国家体育总局	2009年
49	黄以丽	女	津南区教育局	全国优秀教师	教育部	2009年
50	吕德林	男	经侦支队	全国公安机关打击假币“09行动”先进个人	公安部	2009年
51	赵凤菊	女	津南体育局	全国群众体育工作先进个人	国家体育总局	2009年
52	代文来	男	八里台镇政府	全国模范人民调解员	司法部	2010年5月
53	高瑞文	男	政治处	全国优秀志愿者	共青团中央	2010年
54	李滨祥	男	葛沽镇政府	全国优秀人民调解员	司法部	2010年
55	刘吉元	男	津南区司法局	2006—2010年全国法制宣传教育先进个人	司法部	2010年
56	倪道明	男	八里台镇政府	优秀村级森防员	林业部	2010年12月
57	潘志平	男	津南人防办	全国人民防空先进个人	国家人民防空办公室	2010年10月
58	宋　艳	女	津南区统计局	2006—2010年全国统计法制宣传教育先进个人	国家统计局	2010年
59	杨　胜	男	政治处	全国公安机关优秀教育工作者	公安部	2010年

第六节　正高级职称名录

本节收录1979—2010年津南区属单位正高级专业技术职称27人。按出生年月排序。

表33-6

序号	姓名	性别	出生时间	职称	单位
1	孙慎初	男	1915	主任医师	咸水沽医院
2	陈达可	女	1917	主任医师	咸水沽医院
3	何洪成	男	1930	高级农艺师	双港镇农科院
4	王凤麟	男	1930	主任医师	咸水沽医院
5	田　秀	女	1931	主任医师	咸水沽医院
6	李维国	男	1938	主任医师	咸水沽医院
7	华泽复	男	1939	主任医师	津南区中医医院
8	李学信	男	1939	主任医师	咸水沽医院
9	张金树	男	1939	主任医师	咸水沽医院
10	王志杰	男	1942	主任医师	咸水沽医院
11	苏玉仑	男	1943	主任医师	津南区中医医院
12	张继波	男	1943	农业技术推广研究员	天津市宏程钦芹菜研究所
13	王志成	男	1944	主任医师	咸水沽医院
14	程远尤	男	1946	农业技术推广研究员	津南区农林局
15	张锡海	男	1947	农业技术推广研究员	津南区农林局
16	徐庆有	男	1949	主任医师	咸水沽医院
17	张凤兰	女	1951	主任医师	咸水沽医院
18	崔文生	男	1952	主任医师	津南区中医医院
19	张华岐	男	1955	主任医师	咸水沽医院
20	张福芸	女	1956	农业技术推广研究员	津南区畜牧水产局
21	吴　晶	女	1956	主任医师	津南区妇幼保健院
22	王乐栋	男	1959	主任医师	咸水沽医院
23	王希光	男	1963	主任医师	津南区中医医院
24	田　鹏	男	1963	主任医师	北闸口镇卫生院
25	王友才	男	1963	主任医师	咸水沽医院
26	刘长年	男	1963	主任医师	咸水沽医院
27	刘维君	男	1965	主任医师	双桥河镇卫生院

第七节 津南籍在域外任职人员名录

本节收录根据现有资料统计的在区境外工作、职称在正高级及以上、职官在副地师级及以上健在的津南籍人55名，按出生年月排序。

表33-7

序号	姓名	性别	籍贯	职务 职称	出生时间
1	王治禄	男	双桥河镇王庄人	天津市教育局副局长	1933
2	孙喜田	男	葛沽镇十间房村	中国轻工业机械总公司总经理（正局级）	1935
3	李之源	男	辛庄镇高庄子	第四军医大学教授、大校	1936
4	杨成锡	男	辛庄镇高庄子	市委宣传部副局级巡视员	1937
5	何 艮	男	由静海县移居津南区义合庄	天津轻工业学院社会科学部主任、宣传部部长，教授	1938
6	王芝瑞	男	咸水沽人	天津市工商联副主委	1939
7	夏长文	男	葛沽镇东埂村	海南省工商银行行长、党委书记	1939
8	潘贵良	男	葛沽镇辛庄子	河北日报社总编辑（正局级）	–
9	闵兆树	男	葛沽人	天津市公安局副局长	1942
10	贺宝生	男	生于辛庄镇高庄子村	市财政税务局副局级巡视员	1942
11	元喆志	男	辛庄镇高庄子人	海军运输团海军大校	1942
12	戴洪刚	男	咸水沽人	商业部计划司司长	1943
13	胡文良	男	津南区葛沽人	天津市广电局党委书记	1943
14	崔昌显	男	津南区咸水沽人	新疆维吾尔自治区组织部老干部局长	1944
15	肖凤祥	男	葛沽镇盘沽人	天津市人大内务委员会副主任	1944
16	龚淑华	女	葛沽杨惠庄人	总参三部大校	1945
17	孟凡富	男	双桥河镇人西官房	武警水电指挥部政治部副主任、大校	1945
18	王世宏	男	双桥河镇东泥沽村	天津市绿化办公室主任	1945
19	邢全祥	男	辛庄镇邢庄子人	天津市畜牧局副局长	1946
20	华宝光	男	咸水沽五登房人	中国农业大学系主任，博士生导师	1947
21	刘宝元	男	咸水沽人	《人民日报》社离退休干部局局长	1947
22	杨玉池	男	老左营村人	天津市工商银行副行长	1947
23	雷忠贵	男	双港镇人	空军少将	1949
24	呼世刚	男	葛沽人	河北电视台导演	1950
25	韩永悦	男	咸水沽人	天津美术学院新媒体艺术学院书记	1952
26	刘华斌	男	咸水沽	天津市人大常委会副秘书长	1952
27	陈元龙	男	咸水沽镇四里沽人	天津师范大学艺术系主任、教授	1952
28	孙宗亮	男	辛庄人	天津二商集团有限公司党委书记	1954
29	张朋武	男	北闸口镇三道沟村	天津市检察院副检察长	1954
30	常洪友	男	八里台人	天津市农委副书记、副主任	1954
31	郑国元	男	北闸口	部队高级工程师、大校军衔	1955
32	赵 杰	男	咸水沽	黑龙江省省长助理	1955
33	高贤文	女	双桥河镇柴庄子	中国投资担保有限公司总经济师	1955
34	常振勇	男	葛沽镇盘沽村	中石化副总工程师	1956
35	王秉才	男	咸水沽镇东张庄村	解放军艺术学院院长少将	1956
36	常洪岭	男	八里台镇人	南开大学外语学院教授、系副主任	1957
37	李树义	男	葛沽人	天津市公路工程局长	1957
38	史振岭	男	小站镇北湖村	天津美术家协会副秘书长	1957
39	杨劲松	男	咸水沽人	天津市综治办副主任	1958
40	李春生	男	葛沽人	北京航空航天大学教授、博士生导师	1959
41	于茂东	男	双桥河镇西周庄	天津市人力资源和社会保障局副局长	1959
42	付玉林	男	北闸口西右营村人	国家税务总局老干部处长	1961
43	卢 伟	男	葛沽	海河教育园区副主任	1962.10
44	宋建平	女	辛庄镇高庄人	空军总医院大校	1962
45	韩远达	男	咸水沽人	天津市委组织部副部长	1963

续表

序号	姓名	性别	籍贯	职务　职称	出生时间
46	康玉海	男	北闸口镇建新村人	天津市军事法庭庭长	1963
47	刘建军	女	北闸口镇建新村人	天津财经大学教授	1963
48	张吉福	男	津南区八里台村人	北京市顺义区区长	1964
49	李　康	男	生于辛庄镇上王庄村	天津职业技术师范大学副校长	1965
50	王耀钢	男	咸水沽人	天津市医科大学副校长	1965
51	张长林	男	南洋村人	总后军事运输研究所大校	1965
52	张允起	男	北闸口	北京大学政府管理学院副院长	1966
53	郑玉昕	男	高庄房村	天津市建委副主任	1967
54	李树起	男	葛沽镇小高庄人	天津市宁河县县长	1968
55	田　昕	男	咸水沽人	国务院法制局行政复议司副司长	1974

津南区志
（1979–2010）

附 录

2009年，咸水沽镇夜景

一 碑文

光绪皇帝为周盛传作的御制碑文

朕惟躬擐甲胄，武臣以御侮为能，气作山河，国典以教忠为重。缅怀伟烈，特表新阡，尔原任湖北提督周盛传，角艺超群，颜行就伍，练团而御青犊，募勇而击黄麐，功在三吴，身经百战。旌旗变色，鸭城之劲敌先摧，鼓角生威，雉河之重围立解。上下江欃枪并扫，东西捻氛祲全消。转旆而汉上肃清，传檄而关中底定。遂乃翠翎耀武，黄褂增荣。勋勇锡以嘉名，岩疆建夫专阃。复以俾提旧旅，上卫神京，旋移节淤湘南，仍留屯于蓟北。春风楼橹，百重峙此金汤，秋水沟渠，万众饱夫玉粒。

近以鲸波之不靖，命宣虎士以严防，持满披坚，士有犯难之色，投石超距，人怀必死之心。虽军未交绥，而气吞强敌。谓长城之可恃，庶甸服之永安。何期挥戈已殚其劳，陟屺复伤其志。抚杯棬而增恸，千里星奔。抛弓矢而云徂，三军雨泣。

悯虎臣之凋谢，贲龙綍以褒嘉。揆厥生平，谥之“武壮”。

呜呼！闻鼙鼓而思将帅，素旄式凭，抚钟鼎而念勋猷，丹忱共鉴。勒诸贞石，昭示来兹。

光绪十一年

明故锦衣卫所胡讳伦字明五胡公碑碑文

余之先本江苏苏州府右护卫军籍也，始祖在大流河阵亡，恩恤世袭百户公。曾祖调补北直任右卫中所，公任锦衣卫所，嘉靖六年卒，葬葛沽。相传至今十五世矣。镌石谨志聊近孝思矣。

中华民国五年二月全族敬立

此碑现存于葛沽。

小站周公祠祭田志碑

盖闻云台绘像，望所以褒忠烈而垂后昆者也。然始而立意虽善，待日久岁湮，而台址圮颓无遗，又何论其祭祀乎？

今吾先代刚敏公、武壮公，有功于社稷民生，奉旨建立专祠，特恐日久岁湮，与云台、凌烟同灭于无形，无以对先代在天之灵，特以此双租地六百七十余亩，用作永远祭田，日后即我嫡子嫡孙，无论至何地步，不准卖此祭田，如有售卖之事，凡吾周姓及各种地户，皆可以告发，请求官府查究。

恐日久有所变动，用特刊石，以存久远云尔。

祠主周家驹、周家鼎。

种地户高万玺、李焕文、朱学孟、刘汉臣、高长安、石庆云、徐升元、蔡荣春、于金榜、李春贵、杨石山等。

中华民国八年正月谷旦立

双桥碑碑文（双桥河镇）

碑额　万古流芳（篆书）

闻之荡平之治於道路交通之利尤赖桥梁如咸水沽至葛沽海大道间向有一座桥梁名称双桥为前清同治时代周武壮公开辟小站稻田而建者也由天津至大沽口车马行人为必经之路须至光绪时直隶津海道路两次重修有案但经年已久又复失修桥势倾圮行人裹足迭经联村呈请修葺终因款抽未获实行民国二十二年陆军二百十师师长陈公贯群驻节津沽鉴输运之困难酬交通之便利曾经函致河北公路局转详河北省政府暨河北省建设厅会同决勘估修理核需工费一千伍佰元适时值国难国库空虚应复商由小站校田局补工

费伍佰元其余不敷之款由河北省建设厅如是筹拨并蒙河北省路局何委员长林监督工作方告成仰蒙

列宪惠心筹划交通军民有便奚勒石以记之俾后之宽者无不交相赏曰诚美德也当从此永垂不朽矣

天津县第六、七区公民代表

张子琴　赵连玺　韩昊卿　徐楚珍　周景颐　夏松年　李　玉　任庆林

冯立言　刘福珍　李　英　韩玉山　徐长和　陈富庆　李　口　孟宪曾等公建

陈富庆　甘口口　孟宪曾　周景颐撰文　钱金声书丹

中华民国二十二年八月

天津孟公神道碑碑文（双桥河镇）

民国勋三位惠威将军吉林督军天津孟公神道碑

桂阳夏寿田议书并篆首

维民国纪元之二十有二年岁在葵秋西八月朔日已丑越日辛卯时

加午惠威将军勋三位天津孟公视履孝详怡然顺化享年七十有五是时公自吉林督军归休林下盖十有三年於兹矣越岁乙亥良月之吉承重嗣孙将治祖奠奉安新 感怀明发恩所以扬先德光无穷乃征文于旧历史氏伐石岩乙村表灵隧於今为烈礼亦宜之公天资雄勇精技击辟易百人犹未冠也县有巨盗杀人越货出没不恒莫譙诃主者辟公治之公善察盗隐不旬日手刃其渠覆其窟穴民间争颂其侠顾非公所乐也因病归辞遂不便屈项城袁公之练兵小站也实为陆军改制之始公闻自备急装求效袁公一见辩其材器处之异等清世额兵久告疲恭湘淮募兵专平发捻功皆依戚家法稍变通之新建陆军始改欧洲部勒操典取之德意志公受新法如其夙习自然中程袁公异之持节山东奏以自随庚子拳祸萌芽畿甸内结禁近外陵有司狐鸣篝火蔓布山东袁公独自以乱民绳之重兴微公捕杀无赦虿蜂有毒大小数十战凡历六阅月乃定记大功三十六次刘家寨之役以百骑首或六百级刃为之顿山东故多盗袁公治盗严盗见告取下公主办公亦以袁公任之专乐为之用德商济惠海阳高茌春武禹齐诸郡县山泽宿垢芟夷蕴祟一时略尽论岁辛丑奉命移京畿是时行在西安和议未成九国客军游弋近郊约无得过兵其间公乃推选锋取间道前进奸民肃欠聚三家店遮道剄略公博盗首李安堂杨八秋斩之余盗应桴犇遁畿辅安堵客军亦无异言壬寅移统保阳军一月之间尽平畿南祁博蠡深武饶安数百里间伏莽之夙为民害者自是行军所致号称无盗俄罗斯日本之战吾国中立公以八营镇宁锦长城屹然人得安居积前后功叙官至提督授南阳镇总兵未几拜吉林督办剿匪之命盖异数也关外清发祥地兵柄专之三将军晚有东顾之忧改制服嗣内行省吉林人人习骑射流为盗贼剽悍异远过齐民夙倘难治迁将及公为得人矣辛亥革命风起云涌吉林文武忧危不知所出平章大计决孟公一言敢乱者死俄顷而定后明诏禅政三省晏然内乱不生外侮亦无从而至古之君之临大事定大变何以加兹民国肇立迁吉林护军使再迁吉林督军公之在吉林也百度不改一如故承平时不苟立威其军畏之不苟沽仁其民安之是难能也俄日强邻眈眈虎视长岭之后毁及日本国旗日军责言公军弦在手谈笑复好苏俄乱徒蛰伏哈尔滨阴谋内扰公廉知之日此大厉害不以口舌争驰铁骑一蹴破之号其军备输之境外中东路权之失之俄人者依法收之不烦而复虽俄人亦服公之处分能持大体也司农仰屋计及覆咬清丈令下吉人疑当加赋万众奔号默者乘之势将暴动公当机立断允停丈晓譬归耕政府从流亦无吝反汗诸苟税病民蠲除其已甚者贫农无以耕荒岁无储皆谋所以振助之三十七县共建穹碑志不忘公有以也夫公起家韦布日入新军五年之间致通显阶极品及是开府雄藩在位七年远怀老氏知止之戒乞解兵符政府嘉之就加崇号惠威将军进爵三位以宠其行功成名立进退以礼呜呼尚已孟氏圣裔明季清初卜迁县之泥沽村世载清德至公光大公讳恩远字树村八岁时以本生父讳同义公之命承嗣叔父讳同礼公叔母刘太夫人苦节无出公孝养如所生公元室张夫人继室刘夫人男子庆延出早世子口刘亦苦节无出公择诸从孙以繁钰为之嗣女子二张出长适用县高俊峰次适陆军中将蒙城陆承武炳威将军公之元子也公慕宋贤范仲淹之为人归休后置义庄立乡校诸从兄弟辈各使有以养八门子弟分田佐其耕读皆符平生所志愿焉行谊可风不克备举举其大者文之以诏来兹且为铭惠曰

邹有亚圣　□勇乃贵　遥遥华裔　武掩其文　陆军改制　壬用朝气
英英将军　及时而砻　青骑骥展　燕蓟雍阳　龙头故都　命佩干将
方轨而行　扶摇直上　国念边材　人归福将　改玉改步　人百其情
王言定变　匕鬯无惊　七载高身　老当道发　雪俄盈心　□丹在抱
山河无恙　及此归休　三队遮马　一笑扶鸠　七十二沽　将军锦里
新邸朱轮　归勋青史　落星已矣　大树依然　歌廉薤露　家对祁连
埋此清泉　终为虎气　贞石长存　英名不坠

中华民国纪元二十有四年　良月吉日刊石

新农寺重兴碑记（小站镇）

新农寺是新农镇周公祠的组成部分。周公祠始建于一八九零年左右，原址地方俗称泉神庙，传说是唐代古庙。清廷在周盛波死后不久，即敕建周公祠，乃以几近圮废的泉神庙旧殿改建而成。一九一九年，小站商务会重修周公祠，改两重六大殿为一层三大殿，保留了原建筑正门戏楼。

新农寺的三个祀奉神位为：先农后稷、夏禹、关帝。祀奉先农是因为拓荒种稻，祀奉大禹是因为开河引水，祀奉关帝是因为屯军练兵，三祀初为神主牌位，镶以硬木神龛，文革被毁。一九八八年，市文物处、区文化局复修周公祠。一九九四年，在殿内立了泥塑像。一九九五年，农历乙亥三月，为新农建镇一百廿周年，地方人民群众，为纪念小站稻的开创，小站镇的开发，纷纷捐资，完善祠寺设施，修龛造楹，竖匾立鼎，填坑塘、平场地、请戏、办会，启动传统庙会，新农寺再度兴盛起来。

里人高玉祥等，有感于乡亲捐奉之热烈，谨献此碑，略志新农寺史况，以晓后昆，以追远祖，以弘名镇，以尤物华，耿耿此心，述碑谨志。

敬献人高玉祥。吕学成书，高富忠刻。

一九九五年四月

小站周公祠碑新农会馆记（小站镇）

安徽会馆，镇西一祠宇也。名为周公之祠，地处减河之畔。紫岳黄灵，清波流经槛外，朱蔓碧瓦，毓秀钟于津南。迨至春日，杰馆浓花，春帆细雨，父老抚柳浪以游春，映桃波而泛月，极目骋怀，蔚为景观。中祀神农、禹王、关圣，悠悠乾坤共存，昭昭日月争光。父老瞻依，意祈麦秋，调燮雨旸，报享丰年。周氏昆季，请敕垦拓，功同开辟。恩留桑梓，理应血食，得附祀也。

二公生于肥西，遗爱津南。刚敏早称隽上，武壮少负勇名，轻掷千金，以结死士，不屑章句，蔑如儒生。时逢戎马军兴之际，风云际会之时，投效合肥，临战必先，勤王北上，屯边卫南。麒麟接趾，合浦之双珠并曜，虎帐对犄，丰城之二剑齐鸣。细柳营中，俯盾书檄，刁斗铭下，砺剑挑灯。治兵之余，除苛解娆，捍灾恤患，虽雄武如斯，何慈惠乃尔！观其绝贵臣之来书，昭宣大义，抚饥民之流沛，缱绻平生。请旨拓荒，不俟敕下。负粊勘勒，每在士先。契箭一传，革言三就。罚一疲惫之兵，三军用命，奖一刍荛之策，百夫奋身。挖河叠桥，兵尽虎贲之师；除碛整亩，地列堂皇之阵。河荡金波，通水利于四海，风送珠船，富鱼米于二镇。夕惕有宵旰之劳，措置无方略之误，终使近百里潦洳荒瘠，成数万亩良沃稻田。瑶台移种，葳蕤自异人间，仙人馀粮，苕葶都非凡卉。春发灵芽，万簇翠绿，秋华珠玑，田野黄金。味愈青精，天厨之所珍，形美白粲，地萃之所钟。万口称甘，九重命贡。故尔，雄镇与佳稻齐名，杰馆列先贤永祀。

嗟夫！胜景无常，声华易逝，减河流浊，馆台欲倾，金光消沉，空有名馆之号，化生震变，徒生沧桑之嗟，经幢苔绿，哦唏有人，伽叶飘零，葺修无力。

幸逢改革开放之际，和声庆谱之时。达士赕金，临义无苟，吉人输物，当仁不让。官民戮力，四方众应，分八功之水，汇为慈海，合千灯之火，集成祥云，虽兰因之契合，乃香火之缘深也。法鼓沉而复震，梵莲落又重开，金身再塑，将军之神采灿然，馆台重新，乡里之古风可想，乞移三江之甘雨，重滋芳稻，雕百代之慈云，再茂甘棠。恭书牟言，鉴此丹诚。

吕学成、吕学清、吕学风、宋世庚捐碑。

王吉椿撰文，杨华亭撰联，吕学成书，高富忠刊。

碑阴：功在新农，德庇一方。

一九九五年

二　诗文

由天津乘轮赴大沽过新城怀周武壮

奕譞

一区楼阁拟欧洲，寄跡浑疑缩地游。
人杂华洋屯古渡，船如鹰隼掠高秋。
柳营旌旆难兄继，芳甸町畦上将留。
欲起九原英魄告，要知贝锦等蜉蝣。

和醇亲王原韵

长白　裕禄（寿山）

倒倾沧海啸凌州，驿路皇华写胜游。
充国谋储沙碛利，伏波屯老戍门秋。
棠遗士卒新阴遍，树种将军旧泽留。
自是绛侯韬略远，谤书奚畏刺蜉蝣。

乙未初秋过新农镇吊周武壮

合肥　吴鼎云（铮甫）

兜鍪百战庆功成，海上常悬大将旌，
天子素知周勃略，风云廿载护神京。
马归牛放世清凉，佩剑人都佩犊忙。
遗泽永思赵充国，千塍秋雨稻花香。
东望扶桑浪影赊，五千貂锦尽虫沙。
若教车骑元戎在，终古燕然属汉家。

注：北洋劲旅以盛军为最。自公弟兄相继殂谢，军威渐减，去年东征遂致丧师。

葛沽看花歌

河防同知　陈重（小蕃）

海滨风劲飞黄沙，春深古树未著花。雨余天气忽清朗，一十六里开朱霞。烘桃染杏娇欲滴，浅红深绛纷交加。胭脂一抹粉一点，梨云衬玉鲜无瑕。晴烟袅袅拂柳浪，下有略彳勺通三叉。鱼鳞雁齿各生色，兔葵燕麦新抽芽。忽然散光眩光采，碧畦顿被黄花遮。将无皈依祇树寺，或者误入仙人家。此景总输老农有，此时只称芒鞋走。我掏尘鞅困尘容，闭置车中似新妇。栖迟海岸靳头簪，林惭涧愧叹人丑。我家住近梁孝祠，绿陂红渚相参差。双桔斗酒嬉春日，三月烟花修禊时。一朝烽火逼人去，蓬踪萍迹津沽路。津沽本是钓游区，我祖此地曾绾符。廿年余荫爱嘉树，当时政绩方蒲卢。七十二沽势寥落，葛沽花木独照灼。枝头常驻太平春，管领群芳殊不恶。老树无伤殷仲文，作郡何妨谢康乐。生平性与烟霞亲，当前况遇景物新。香影便娟弄春色，鸟声上下含天真。风摇树枝搅客思，茫茫百感来无因。梁园修竹催斧斤，蓬莱清浅愁扬尘。何时移向深山去，相对嵚崎历落人。

《天津小站练兵图集》诗序

周汝昌口述

渤海之滨津邑东，练兵小站振军容。

新编一卷存前史，豆亹先驱各有功。

时在壬辰春分前二日

此诗为周汝昌先生为津南区地方志办公室编撰《天津小站练兵图集》所做。

口占一绝

周汝昌口述

九五光阴九五春，荣光焕彩玉灵魂。

寻真考证红楼梦，只为中华一雪芹。

周汝昌口述

2012年5月30日

此诗成于2012年5月30日，口占一绝后，周汝昌先生欣慰地对家人说，“今天总算没白过”。5月31日凌晨1点59分，先生溘然辞世，享年95岁。

三 文存

毛泽东对南郊区迎新农业生产合作社调查的批改手迹

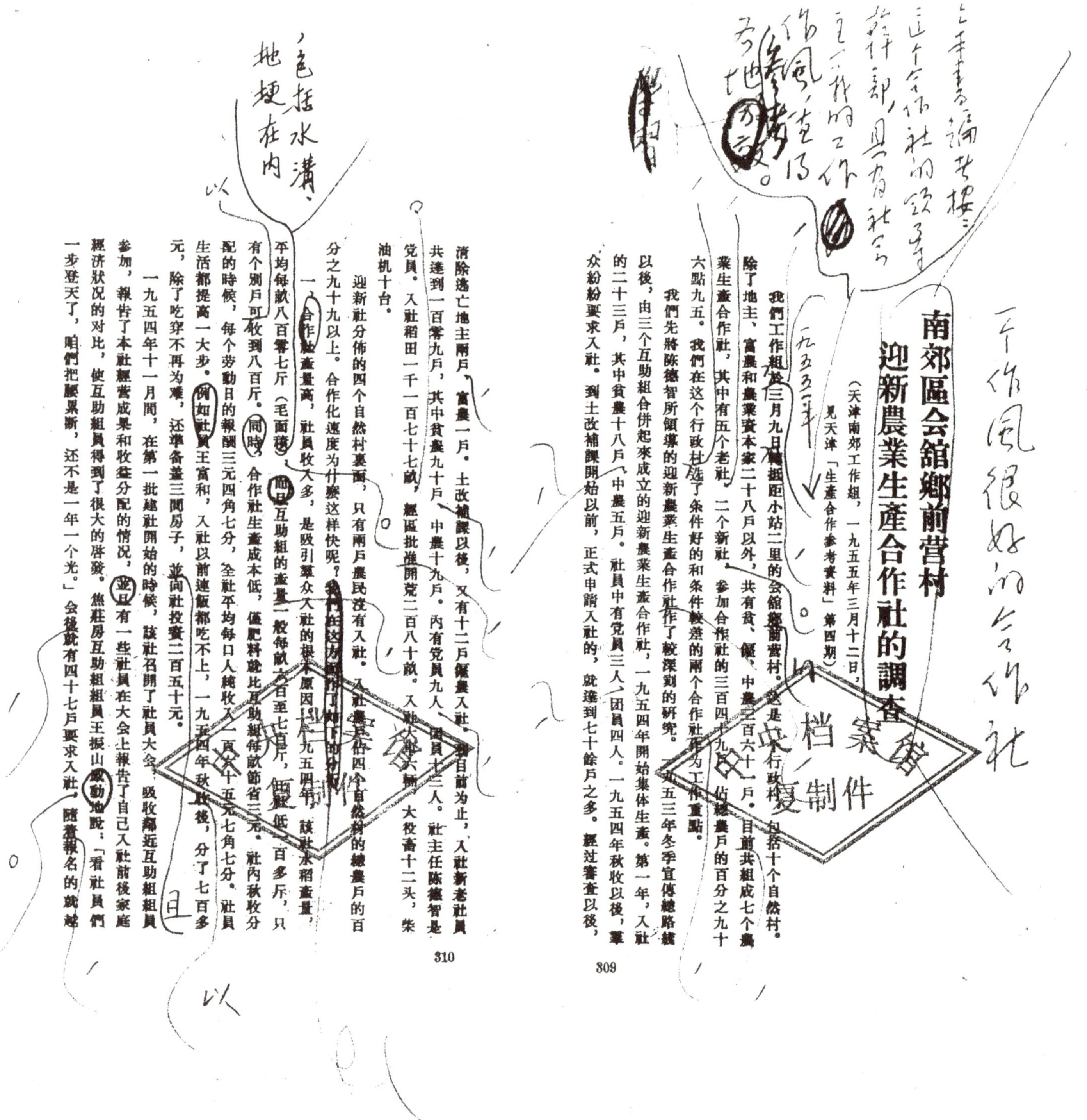

南郊區会館鄉前營村迎新農業生產合作社的調查

（天津南郊工作組，一九五五年三月十二日，見天津「生產合作參考資料」第四期）

我們工作組於三月九日到距小站二里的会館鄉前營村。這是一个行政村，包括十个自然村。除了地主、富農和農業資本家二十八戶以外，共有貧、僱、中農三百六十一戶。目前共組成七个農業生產合作社，其中有五个老社，二个新社。參加合作社的三百四十九戶，佔總農戶的百分之九十六點九五。我們在这个行政村選了條件好的和條件較差的兩个合作社作为工作重點。

我們先將陈德智所領導的迎新農業生產合作社作了較深刻的研究。一九五三年冬季宣傳總路綫以後，由三个互助組合併起來成立的迎新農業生產合作社，一九五四年開始集体生產。第一年，入社的二十三戶，其中貧農十八戶，中農五戶。社員中有党員三人，团員四人。一九五四年秋收以後，羣众紛紛要求入社。到土改補課開始以前，正式申請入社的，就達到七十餘戶之多。經过審查以後，

309

清除逃亡地主兩戶，富農一戶。土改補課以後，又有十二戶僱農入社。到目前为止，入社新老社員共達到一百零九戶，其中貧農九十戶，中農十九戶。內有党員九人，团員十三人。社主任陈德智是党員。入社稻田一千一百七十七畝，經區批准開荒二百八十畝。入社大車六輛，大役畜十二头，柴油机十台。

迎新社分佈的四个自然村裏面，只有兩戶農民沒有入社。入社農戶佔四个自然村的總農戶的百分之九十九以上。合作化速度为什麽这样快呢？我們在这方面作了如下的分析：

一、合作社產量高，社員收入多，是吸引羣众入社的根本原因。一九五四年，該社水稻產量，平均每畝八百零七斤（毛面積），而且互助組的產量一般每畝六百至七百斤，個別低到二百多斤，只有个别戶可收到八百斤。同時，合作社生產成本低，僅肥料就比互助組每畝節省三元。社內秋收分配的時候，每个勞動日的報酬三元四角七分，全社平均每口人純收入一百六十五元七角七分。社員生活都提高一大步。例如社員王富和，入社以前連飯都吃不上，一九五四年秋收後，分了七百多元，除了吃穿不再为難，还準备蓋三間房子，並向社投資二百五十元。

一九五四年十一月間，在第一批建社開始的時候，該社召開了社員大会，吸收靠近互助組組員參加，報告了本社經營成果和收益分配的情况，並且有一些社員在大会上報告了自己入社前後家庭經济狀况的对比，使互助組員得到了很大的啓發。焦莊房互助組組員王振山激動地說：「看社員們一步登天了，咱們把腰累断，还不是一年一个光。」会後就有四十七戶要求入社，隨着報名的就越

310

來越多了。

二、社幹部公道能幹，作風民主，为羣众所公認，也是吸引羣众加入該社的重要因素之一。例如西耳河張栄晶的土地，和新新社毗連，但是他入了陈德智的迎新社。我們問他为什麽一定要入这个社，他激昂地說：「这个社裏有三个好領導人。陈德智，办事公道，有事和大家商量。潘富荣，技術高，能增產。陶树元，性情直爽，講道理。」此外还有很多戶，也是地挨近別的社，而一定要入迎新社。有的戶經过再三動員，才入了那社。

在我們訪問社員的時候，社員們異口同声地說：「我們主任是沒架子的，能幹，会团結人。」老社員潘富貴，不愛勞動，二流子作風，並且在社內調皮搗亂，別人說他也不行，開檢討会也不起作用，可是，陈德智对他進行了耐心的教育，終於使潘富貴轉好了。新社員高長春（復員軍人），入社的時候，母親不同意，陈德智去了一說，就同意了入社。新社員刘之云，刘之铭，都这样称讚陈德智：「他去年家中少吃少穿，生活困苦，但是仍然热心为社服务。」

三、關心羣众切身的困難，因而帶動了互助組，团結了單幹戶，同社外羣众取得了密切的联繫，为合作社的擴建打下了基礎。在一九五四年，合作社的地都有兩戶經济困难，缺乏劳動力，自己不能灌溉。一个叫刘家年，是殘廢人，另一个叫張秉珍，是寡妇。合作社就为这兩戶帶了一年水，灌溉使用的柴油都是由社垫錢買的，秋季收下粮食他們才还，社內並不要一點利息。西耳河又有一戶，是一个寡妇和三个孤兒，种着十二畝稻田，至挠秧（[illegible]）的時候，自己沒有勞動力，又無錢

311

僱請外人，地已經荒了，眼看水稻就受大的損失。这時候，該社社委会作了研究，立即派了九个社員把这戶的十二畝地挠过來，当時不要工錢，秋後再給，也不計息。該社並且帮助互助組推行新技術。例如社委潘富荣，在社內使用噴粉器噴撒六六粉，除治稻螟有效，他就教給焦莊房互助組和焦莊房互助組怎样配合藥粉和使用噴粉器的技術，噴治了一百多畝稻螟。該社还經常借給互助組或者單幹農民各种農具。去年曾借給王盛隆互助組一顆柴油机的鉄軸，借給小站鎮軍屬郭連芸兩架脫穀机。新社員張賀年，用感激的口吻說：「去年我在焦莊房互助組，我組沒有一輛大車，秋收賣稻穀的時候要用大車，我提議到陈德智社來借。組員們用怀疑的眼光問我：『合作社的东西会出借嗎？』又說：『行不行，試試看。』」当組員王振山來到社裏借車的時候，社員蔣春楠正要用車去拉黄醬菜。一听到互助組借車，自動不拉了，將車讓給互助組用。王振山回組，高兴地向大家說：「人家社裏人太好了，虽然不是一个莊房（焦莊房是一个小自然村，合作社在張莊房），明年我也一准去入社。」」去年交公粮的時候，該社更以人力、畜力和車輛，帮助各互助組运交公粮。該社这样热心帮助社外農民，使得很多羣众受了感動，願意入社。

由於農民親眼看到該社產量高，社員收入顯著增加，顯示了農業生產合作社的优越性，引起了周圍農民的羨慕；由於社幹部的耐心为社服务的工作作風，在羣众中樹立了威信；由於關心互助組和單幹戶的切身問題，同羣众取得了密切的联繫；这样，就吸引了四个自然村的貧、僱、中農，自願地湧進社來。加入迎新農業生產合作社的農戶虽然一下子達到了四个自然村的總農戶的百分之九

812

十九以上，虽然該社的經營管理經驗还差，分配等問題尚待改進，但是我們決不可以認为是盲目冒進。今後应該加强对迎新社的領導。現在該鄉支部確定支部書記直接領導这个合作社，我們認为这一措施是完全正確的。

一个作風很好的合作社

（天津南郊工作組，一九五五年三月十二日，見天津「生產合作參考資料」第四期）

本書編者按：这个合作社的領導幹部，具有社会主义的工作作風，值得各地仿效。

我們工作組，於一九五五年三月九日，轉到距离小站二里的会館鄉的前營村。这是一个行政村，包括十个自然村。除了地主、富農和農業資本家二十八戶以外，共有貧、僱、中農三百六十一戶。目前，共組成七个農業生產合作社，其中有五个老社，二个新社。參加合作社的三百四十九戶，佔總農戶的百分之九十六點九五。我們在这个行政村，选了条件好的和条件較差的兩个合作社，作为工作重點。

我們先將陈德智所領導的迎新農業生產合作社，作了較深刻的研究。一九五三年冬季宣傳總路綫以後，由三个互助組合併起來成立的迎新農業生產合作社，一九五四年開始集体生產。第一年，入社的二十三戶，其中貧農十八戶，中農五戶。社員中有党員三人，团員四人。一九五四年秋收以後，

849

羣众紛紛要求入社。到土地改革補課開始以前，正式申請入社的，就達到七十餘戶之多。經过審查以後，清除逃亡地主兩戶，富農一戶。土地改革補課以後，又有十二戶僱農入社。到目前为止，入社新老社員共達到一百零九戶，其中貧農九十戶，中農十九戶。內有党員九人，团員十三人。社主任陈德智是党員。入社稻田一千一百七十七畝。經區批准，開荒二百八十畝。入社大車六輛，大役畜十二头，柴油机十台。

迎新社分佈的四个自然村裏面，只有兩戶農民沒有入社。入社農戶佔四个自然村的總農戶的百分之九十九以上。合作化速度为什麼这样快呢？

一、產量高，社員收入多，是吸引羣众入社的根本原因。一九五四年，該社水稻產量，平均每畝八百零七斤（毛面積，包括水溝、地埂在內）。互助組的產量，一般每畝六百到七百斤，比社低一百多斤，只有个別戶可以收到八百斤。合作社生產成本低，僅肥料就比互助組每畝節省三元。社內秋收分配的時候，每个劳動日的報酬三元四角七分，全社平均每口人純收入一百六十五元七角七分。社員生活都提高一大步。王富和，入社以前連飯都吃不上，一九五四年秋收以後，分了七百多元，除了吃穿不再为难，还準备蓋三間房子，並且向社投資二百五十元。

一九五四年十一月間，在第一批建社開始的時候，該社召開了社員大会，吸收鄰近互助組組員參加，報告了本社經營成果和收益分配的情況，有一些社員在大会上報告了自己入社前後家庭經济狀况的对比，使互助組員得到了很大的啓發。焦莊房互助組組員王振山說：「看社員們一步登天了，咱們把腰累断，还不是一年一个光。」会後，就有四十七戶要求入社。隨着，報名的就越來越多了。

二、社幹部公道能幹，作風民主，为羣众所公認，也是吸引羣众加入該社的重要因素之一。例如，西耳河張荣昌的土地，和新新社毗連，但是他入了陈德智的迎新社，我們問他为什麼一定要入这个社。他說：「这个社裏有三个好人。陈德智，办事公道，有事和大家商量。潘富荣，技術高，能增產。陶樹元，性情直爽，講道理。」此外，还有很多戶，也是土地接近別的社，而一定要入迎新社。有的戶經过再三動員，才入了鄰社。

在我們訪問社員的時候，社員們異口同声地說：「我們的主任是百裏挑一的，能幹，会团結人。」老社員潘富貴，不愛劳動，二流子作風，在社內調皮搗乱，別人誰說也不行，開檢討会也不起作用。可是，陈德智对他進行了教育，終於使潘富貴轉好了。新社員高長春（復員軍人），入社的時候，母親不同意。陈德智去了一說，就同意了入社。新社員刘之云，刘之修，都这样称讚陈德智：「他去年家中少吃少穿，生活困苦，仍然熱心为社服务。」

三、關心羣众切身的困难，因而帶動了互助組，团結了單幹戶，同社外羣众取得了密切的联繫，为合作社的擴建打下了基礎。在一九五四年，合作社的地鄰，有兩戶經济困难，缺乏劳動力，自己不能灌溉。一个叫刘家年，是殘廢人。另一个叫張秉珍，是寡妇。合作社就为这兩戶帶了一年水，灌溉使用的柴油都是由社墊錢買的，秋季收下粮食他們才还，社內不要利息。西耳河又有一戶，是一个寡妇和三个孤兒，种着十二畝稻田，到撓秧（注）的時候，自己沒有劳動力，又無錢僱請外人，地已經荒了，眼看水稻就要受到大的損失。这時候，該社社委会作了研究，立即派了九个社員把这戶的十二畝地撓过來。当時不要工錢，秋後再給，也不計息。該社还帮助互助組推行新技

351

術。例如社委潘富荣，在社內使用噴粉器，噴撒「六六六」粉，除治稻蝗有效。他就教給表莊房互助組和焦莊房互助組，怎样配合藥粉和使用噴粉器的技術，噴治了一百多畝稻蝗。該社还經常借給互助組或者單幹農民各种農具。一九五四年，曾經借給王盛隆互助組一棵柴油机的鉄軸，借給小站鎮軍屬郭連芸兩架脫穀机。新社員張賀年說：「去年我在焦莊房互助組，全組沒有一輛大車。秋收賣稻穀的時候要用大車，我提議到陈德智社來借。組員們問我：『合作社的东西会出借嗎？』又說：『行不行，試試看。』当組員王振山來到社裏借車的時候，社員秦書清正要用車去拉黃鬚菜。一听到互助組借車，自動不拉了，將車讓給互助組用。王振山回組，高兴地向大家說：『人家社裏人太好了，虽然不是一个莊房（焦莊房是一个小自然村，合作社在張莊房），明年我也一准去入社。』」一九五四年交公粮的時候，該社更以人力、畜力和車輛，帮助各互助組运交公粮。該社这样熱心帮助社外農民，使得很多羣众受了感動，願意入社。

由於農民親眼看到該社產量高，社員收入顯著增加，顯示了農業生產合作社的优越性，引起了周圍農民的羡慕；由於社幹部的耐心为社服务的工作作風，在羣众中樹立了威信；由於關心互助組和單幹戶的切身問題，同羣众取得了密切的联繫；这样，就吸引了四个自然村的貧、僱、中農，自願地湧進社來。加入迎新農業生產合作社的農戶，虽然一下子達到了四个自然村的總農戶的百分之九十九以上，虽然該社的經营管理經驗还差，分配等問題还待改進，但是我們决不可以認为是盲目冒進。今後应該加强对迎新社的領導。現在該鄉支部確定支部書記直接領導这个合作社，我們認为这一措施是完全正確的。

352

《津南区志（1995版）》勘误表

页数	行	误	正
10	英文序最末行	1999	1998
31	倒5	小尹庄	小殷庄
33	倒11	小尹庄	小殷庄
120	倒3	全年	全区
147	正15	增加	增至
179	正18	1416	1415
213	倒13	短壮素	矮壮素
213	倒13	己稀利	乙稀利
231	倒10	甲酫托布津	甲基托布津
430	倒6	第四粮食	第四粮店
517	倒12	出租司机	出租车司机
568	倒8	气噪	气嗓
649	正10	文资料	文史资料
657	倒1	黄锻	黄缎
844	正7	老左营	正营
924	正1	该都	该督
937	正11	姜连弟	姜恩弟
937	倒13	蔡振清	蔡振生
966	倒7	井文军	景文军

875页名表中，按授予时间顺序补入下列人员

杜宝山	男	1938.7	环保产业集团	全国劳动模范	国务院	1994

876页名表中，按授予时间顺序补入下列人员

秦凤高	男	1953.1	区河道管理所	天津市劳动模范	天津市革命委员会	1975
石存茂	男	1961.11	区粮食局	天津市劳动模范	中共天津市委天津市人民政府	1990

说明：此表是1999年12月《津南区志》勘误表（单页），本志未加修订增前

天津市津南区国民经济和社会发展第十一个五年规划纲要

天津市津南区人民政府

（2006年1月7日天津市津南区第十四届人民代表大会第四次会议通过）

“十一五”时期是本世纪头二十年我国经济社会发展战略机遇期中承前启后的重要阶段。在全区圆满完成“十五”计划，进入新的快速发展期的历史条件下，贯彻落实科学发展观和全面建设小康社会、构建和谐社会的总体要求，编制并实施好“十一五”规划，对于促进全区的全面协调可持续发展，具有重要意义。

一　发展基础和面临的形势

（一）“十五”时期取得的主要成就

1. 经济实力显著增强。全区经济持续快速健康发展，运行质量不断提高，积蓄了比较充足的发展后劲。2005年预计完成生产总值118.4亿元，年均递增15.9%。财政收入18.5亿元，年均递增36.7%。五年累计固定资产投资104亿元；建设“六个五”项目491个，总投资65亿元；个体私营经济新增注册资金45亿元。

2. 经济结构日趋合理。完成农业结构大面积调整任务，养殖业比重提高，效益明显增长。工业形成了节能环保、电子信息、现代冶金、机械设备、金属制品、精细化工等六个支柱行业，荣程、大站、宝成等24家大中型企业，7个市级名牌产品，“力”字牌阀门成为全国驰名商标。商饮、物流、旅游、房地产、信息中介、家居装饰、社区家政等现代服务业有较快发展。

3. 发展环境不断优化。全区基础设施投入力度加大，发展环境和居住环境明显改善。开发区等工业载体普遍达到“五通一平”以上标准；基本完成咸水沽中心城区的治理改造；各镇区的道路、水、电、气、讯、供热、绿化、环保等设施日趋完善；新建和拓宽了多条主干道路；实现了三路滦河水进津南；建成津南生态观光园、津沽休闲园等一批公园绿地，一批大型供热站和天然气调压站，一批平改和房地产开发项目。行政审批制度改革走在前列，政府服务水平大大提高。

4. 对外开放取得突破。五年累计合同外资7.4亿美元，到位4.2亿美元；2005年实现“双过亿”。五年累计协议内资138.2亿元，到位88.5亿元；2005年分别达到64.0亿元、38.8亿元。五年累计出口创汇17.6亿美元。建成11家大中型三资企业，占全区大中型企业的比重达到45.8%。以电子信息业为主导的外资经济成为全区重要的支柱行业，在全区的经济结构调整中发挥了重要作用。

5. 社会事业蓬勃发展。科教兴区、人才强区战略推动了经济社会的快速协调发展，信息化建设步伐加快，科技进步对发展的引领和支撑作用明显提高。教育布局调整促进了资源的优化配置，教学质量、办学水平稳步提高，教育现代化综合实现率达到80%以上。积极贯彻培养与引进并举的方针，高素质劳动者、专门人才和拔尖创新人才队伍不断壮大。开展群众文化“四基”建设，建成周汝昌红楼梦学术馆、津南图书馆新馆、区新华书店新店，区文化馆迁入新址，启动了津南文化艺术中心建设；开展文化下乡进社区、“知识工程”全民读书活动和农村电影“2131”工程，丰富了人民的精神文化生活。卫生事业不断发展，及时有效地处理处置了非典、禽流感等突发性公共卫生事件，疾病救治能力和急诊抢救成功率显著提高。群众体育活动蓬勃开展，继续保持全国体育先进区荣誉称号，在市十运会上夺得28枚金牌，创造了历史最好成绩。环境保护和生态建设取得新成绩，全面实施“创模”六大工程，建成基本无燃煤区、噪声达标区、环保模范社区、环兴污水处理厂等重点项目，全区环境质量明显改善。

6. 民主法治和精神文明建设不断加强。积极推进“三公开”，依法保护群众的知情权、参与权、选举权、监督权，妥善解决因用地、拆迁、干群关系等引发的群访、集访事件，维护了社会稳定，成为全国村民自治模范区。紧密结合区情，丰富内容，创新载体，加大精神文明建设力度，“三讲一树”、“四下乡”、“六进社区”和文明村镇、文明社区“五个一”创建都取得了很大成效。

7. 就业安置和社会保障体系建设取得实效。基本完成80%农村劳动力转移到二三产就业的任务，共转移4万多人。建立了区、镇劳动力市场和就业再就业资金，加大了“351”培训的力度。启动政府购买公益性岗位安置大龄下岗失业人员工程，兴办公益性公司8家、劳服企业59家，共安置下岗失业人员1.23万人。职工“五险”参保覆盖面增加，“两个确保”工作走在全市前列。以农村和城镇低保为基础，救灾救济、特困救助、专项救助、临时救助相结合的社会救助体系不断完善，敬老和慈善等社会福利事业不断发展。

8. 人民生活水平和生活质量明显提高。工业化、城市化快速发展促进和带动了人民生活水平的提高和生活质量的改善，单位从业人员年人均报酬达到1.65万元，年均递增10.25%。农民人均纯收入达到7884元，年均递增10.12%。在收入水平提高的同时，消费结构发生了较快变化，文化教育、医疗卫生、交通通讯和住房等高层次支出的比重不断上升。

（二）存在的主要问题

一是经济总量小，历史欠账多、建设用地难、资金紧缺、资源和能源不足、科技水平低、高层次人才少等制约发展，比较优势尚未得到充分发挥。二是经济结构不尽合理，缺少大项目和主导产品，增长方式比较粗放。三是社会事业发展和基础设施建设相对滞后，多元投入格局尚不完善。四是群众增收渠道仍较少，就业不够充分、稳定，社会保障体系的支撑力较弱。五是突破性措施的推动力度不够大，创新争先精神仍需进一步强化。六是总体发展环境有待进一步优化，政府部门的服务质量仍需进一步提高。

（三）面临的发展机遇

“十一五”时期，是我区进一步接轨海河开发，融入滨海新区，发挥自身优势，乘势跨越发展的重要历史机遇期。一是滨海新区列入国家总体发展战略，天津城市发展定位和布局将重新调整，我区的区位有利于接受辐射，参与发展。二是全球产业结构升级和产业转移的速度加快，我市实施发展海河经济等五大战略举措，投资环境的优化得到国内外投资商的青睐，有利于我区加快开发开放步伐。三是市中心城区的产业转移和城区扩展，使我区的潜在优势获得快速释放的良机。四是我区实施“三个一”战略、“六个五”工程获得巨大成就，地处海河南岸独特的区位优势，逐步强化的园区经济优势，特色明显的产业优势，底蕴深厚的历史文化传统优势，数量多、素质较高的劳动力资源优势，政策优惠、服务优化的软环境优势，政通人和、团结实干、求富求强的政治优势日益凸显，成为未来发展的坚实基础。

二　总体发展思路

（一）指导思想

以邓小平理论和“三个代表”重要思想为指导，全面贯彻落实科学发展观和构建社会主义和谐社会的重大战略思想，坚持发展是硬道理，坚持抓好发展这个党执政兴国的第一要务，坚持以经济建设为中心，坚持用发展和改革的办法解决前进中的问题；科学制定和完善规划，拓展并留足发展空间，加快推进工业化、城镇化和农业产业化进程；狠抓招商引资、园区经济、海河经济、优势产业和非公有制经济等着力点，调整经济结构，转变增长方式，促进经济又快又好发展；加强生态建设和环境保护，走生产发展、生活富裕、生态良好的文明发展和可持续发展道路；千方百计扩大就业，增加群众收入，完善社会保障，发展公共事业，促进经济社会协调发展；努力建设经济实力雄厚、人民生活富裕、文化繁荣昌盛、民主法治健全、社会文明和谐、生态环境优良的新津南。

（二）主要目标

"十一五"时期的主要目标是：生产总值年均递增15%；财政收入年均递增20%；固定资产投资年均递增20%；农村居民人均纯收入年均递增10%。

（三）功能定位

津南区是市中心城区和滨海新区的扩展区，要建设成为以先进制造业为主导、循环经济特色鲜明的新型产业区和宜居型海河南岸新城区。

（四）城镇及产业布局

构建"三带五镇一新城"的总体布局。

"三带"即海河与津沽公路之间的海河综合开发带；津沽公路与津港公路、唐津高速公路之间的现代工业经济带；津港公路、唐津高速公路以南的生态休闲旅游和都市农业经济带。

"五镇"即双港与辛庄镇合建为市中心城区的宜居型海河南岸新家园；葛沽镇建成以先进制造业和民俗文化旅游业为特色的滨海新区中心镇；小站镇建成以小站练兵为特色的近代历史文化名镇；八里台镇建成以天嘉湖生态休闲旅游为特色的生态镇；北闸口镇建成以电子信息业为主导的新型工业城镇。

"一新城"即咸水沽与双桥河镇合建天津城市发展主轴上中心城区和滨海新区中部的"津南新城"，成为海河中游区域性政治、经济、文化与信息的中心。

工业布局：在现代工业经济带上建设三个工业区。即东部的津南经济开发区东区（含咸水沽、双桥河、葛沽工业载体），重点发展节能环保、现代冶金、机械设备、金属制品等行业。西部的津南经济开发区西区（含双港、辛庄、长青工业载体），重点发展新能源、新材料、电子信息等行业。中部的天津微电子（津南）工业区（含八里台、北闸口、小站工业载体），重点发展电子信息、精细化工、农产品深加工等行业。

服务业布局：规划建设三个功能区。一是海河经济区。建设贯穿双港、咸水沽、葛沽等新型城区的海河南岸服务型经济带、文化带和景观带。二是特色旅游区。以小站近代历史文化名镇和八里台生态镇为重点，发展特色休闲旅游。三是现代物流区。沿海河下游、蓟港铁路和津晋、唐津两条高速出口规划建设物流园区。

农业布局：规划建设四个园区。即在都市农业经济带上继续建设津南国家农业科技园区，4万亩水产养殖区，1万亩畜牧养殖区，6万亩粮食和经济作物种植区，形成与工业化、城镇化互动互融的插花镶嵌式、适度集中型都市农业布局。

（五）发展战略

从区情出发，重点实施新型工业化与城镇化联动发展战略。既要拓展发展空间，做大做强支柱行业，推动新型工业化与城镇化相互促进，共同加快发展；也要解决瓶颈制约，调整产业结构，转变增长方式，实现工业化与城镇化的协调发展。

三　加快推进工业化，建设新型产业经济区

（一）优化工业结构，做大做强支柱行业

建设一批投资亿元以上的规模项目，培育产业链，发展集群经济，加快自主创新，进一步调整产品结构，走科技含量高、经济效益好、资源消耗低、环境污染少、人力资源优势得到充分发挥的新型工业化道路。

1. 做大做强六个支柱行业。一是节能及环保产业。继续建设中国北方环保产业基地津南密集区。引进和培育集技术研发、工程设计、投资建设、产品集成、设备安装、运行维护和售后服务于一体的环保工程总承包公司，作为带动全区发展的龙头。在脱硫除尘和水处理技术创新和设备制造领域保持国内领先水平。建设天津环保塑料工业基地。发展环保设备、环保建材和静脉产业。二是电子信息业。以天津微电子（津南）工业区为龙头，新建一批科技含量高、辐射能力强的规模企业，研发具有自主知识产权

的主导产品，成为天津西南部中国北方规模最大电子信息产业基地的重要组成部分。三是机械设备制造业。依托宝成集团，建设国内一流水平的大吨位锅炉和高档压力容器制造基地。依托立林集团，建设国内一流水平的石油钻具制造基地。依托甘泉集团，建设国内一流水平的水工业系列产品及自动化控制工程技术研发和产品制造基地。依托大站集团，建设中国北方阀门工业基地。依托津重设备公司，发展重型成套设备制造业。积极发展高档模具等先进制造业。四是现代冶金业。实施荣程集团4300mm宽厚板、1780mm热连轧带钢、3200m3高炉、6m焦炉、450m2烧结机等技改项目，开发合金棒材产品，实现钢、材各400万吨的生产能力，成为滨海新区现代冶金工业基地的重要组成部分。五是金属制品业。建设中国北方餐具出口基地。发展金属型材管材、不锈钢、金属丝网等制品业。六是精细化工业。严把环保关，发展高技术含量的生物制药、塑胶制品、纳米涂料、石化下游产品等。

2. 培育四条循环经济产业链。一是完善荣程集团余热综合利用、高炉煤气压差发电、剩余煤气发电、水循环利用等内部循环系统；为市场提供铁水、钢水、板材和型材、钢渣、煤焦油等主副产品；建设葛沽地区污水处理厂，统筹解决城镇污水处理和钢铁生产水源等问题，形成现代冶金业为龙头的循环经济产业链。二是抓住我国已经进入废旧家电和办公设备集中更新淘汰期的机遇，建设静脉产业与电子信息、塑料制品业相结合的循环经济产业链。三是通过育种、种植养殖、农副产品加工、商饮、市场和旅游等业的共同发展，建设农、工、商、旅相结合的循环经济产业链。四是结合产业园区和城镇居住区建设，推广中水回用、固体垃圾分类袋装化，形成产业发展、城市建设与废弃物资源化相结合的循环经济产业链。

3. 壮大大中型企业规模。实施质量兴区和争创名牌战略，“力”字牌阀门等市级名牌要争创国家级名牌。培育荣程中宽带钢、立林牙轮钻头、津重成套设备、沽上刨花板、津鸥复合肥、绿屋环保涂料、彩得涂料等一批新名牌产品，荣程、立林等50家大中型企业。力争实现企业上市零的突破。

4. 搞好企业技术创新。加快信息化带动工业化步伐，利用高新技术和先进适用技术改造传统产业，实施12项重大技改项目，充分利用技改引导资金，鼓励重点企业进行技术改造。引进、开发人才资源，增强企业自主创新能力，建立一批企业技术研发中心。发展产学研联合，增加企业专利技术和自主知识产权的拥有量，不断研发出科技含量高、生命力强、市场广阔的新产品，促进全区产业产品结构的优化升级。

（二）抓好重点项目，积极发展现代服务业

引进内、外资，建设一批吸引力、辐射力强的规模项目，培育一批品牌企业，发展假日经济、会展经济、旅游经济、楼宇经济，构建高增值、强辐射、广就业的现代服务业体系，提升服务业层次。

1. 商贸物流业。完成何庄子市场改扩建和隆海葛沽市场南迁工程，建成全市乃至全国一流的现代化大型交易市场。逐步取缔露天占路市场，完成耀华市场等“农改超”项目。建设体育场路步行街和红旗路特色商业街。积极发展现代物流业，建设一批大型现代商贸设施，推进全区商场、超市、便利店、专卖店、昼夜店等商业业态的发展。加快商贸流通信息化、现代化，发展第三方物流、连锁经营、商业代理、直销配送、仓储式销售、网上购物等现代营销方式。

2. 旅游业。结合具有我区特点的海河文化、民俗文化、近代军事文化、生态文化主题，建设“两线十景”，打响津南特色休闲游品牌。“两线十景”即水路专线乘船游览海河上、中、下游，包括海河南岸滨河风景带、柳林风景区、东嘴岛亲水旅游区、宝成奇石游乐区、葛沽民俗旅游区等五个景点；陆路专线乘车游览中华石园、京津高尔夫俱乐部、国家农业科技园、天嘉湖生态休闲旅游区、小站练兵园等五个景点。通过五到十年努力，建成海河亲水旅游、民俗文化旅游、近代军事文化旅游、生态休闲旅游等四大板块。

3. 宾馆酒店业。随着海河南岸新城区城市功能的不断完善和旅游业的快速发展，建设3—4家四星级以上酒店，提升完善现有酒店餐饮设施的档次，使全区形成品牌响亮、特色突出、舒适便民的餐饮业体系。

4.交通运输业。坚持安全便民原则，发展公共客运业，村、镇客运覆盖率达到95%以上；提高货运运力，新发展货运车辆2000部8000吨位以上；全区运输业增加值保持15%以上的年均递增率。

5.新兴服务业。加快房地产业发展，建设新家园、格林小城、河畔星城、领世郡、蓝色乐章、水岸花庭、博雅花园等一批开发项目。加快科技咨询、信息网络、金融保险、中介服务、社区家政、文化体育等新兴服务业的发展，不断改善环境，提升层次，引导消费。

（三）发挥龙头企业作用，努力建设都市农业

发展以设施化、标准化、信息化、产业化为特征的现代都市农业。

1.发挥津南国家农业科技园区的辐射带动作用。一是发挥产学研结合的辐射作用。利用专家大院及其分院，建立一批示范基地，促进高新技术成果与龙头企业及广大农户的对接。重点建设中国杂交水稻研究中心天津分中心、优富健生物工程等项目。二是发挥产业化带动作用。建设好日思牌小站稻、松江生态、蔬果神话、知味斋食品、台湾育昇等龙头企业。三是发挥信息化带动作用。建设以欣农网站为核心的农业信息化商务平台。

2.发展现代高效都市农业。一是建设一批新的农业设施。新建一批林果、蔬菜生产基地和高效畜牧、水产养殖小区。加强农田水利基本建设，实施月牙河、马厂减河、双桥河清淤工程；新建月牙河南闸泵站、洪泥河南闸泵站，扩建葛沽西关泵站，维修改造十米河等6座泵站；更新维修19座节制闸；完善田间水利配套、农村安全饮水和节水工程，积极推进农机现代化。二是积极发展三个支柱行业。发展水稻、蔬菜、花卉、生猪、肉鸡、名特水产品等种苗业，无公害林果、蔬菜种植业，生猪、肉鸡、虾蟹、名贵鱼类等特色养殖业。三是壮大产业化龙头企业。发挥绿康食品、黑子食品、翥龙水产品等龙头企业的辐射带动作用，发展农村合作经济组织，促进全区农业产业化水平有更大提高。四是积极实施农业标准化。实施无公害食品行动计划，积极应对国际绿色贸易保护，使更多的农产品打入国际市场，推动全区无公害食品、绿色食品、有机食品的生产。力争每年创建两个无公害食品小区，5年内打造1至2家具有自主知识产权的产业化龙头企业。综合执法、监管源头，建立健全农业综合执法队伍，强化动物疫病防治工作。五是大力推进农业信息化。以“村村通”工程为基础，建设高素质农业信息员队伍，采取区镇村三级信息网络、科技110电话、电视、电台等多种媒体联动，发挥津南农经一点通、欣农网、农林、农机、畜牧水产网站和智能语音信息服务热线的作用，搞好科技推广和网上营销，提高农业信息化应用水平。

四　加快推进城市化，建设海河南岸新城区

（一）统筹规划建设区镇两级行政经济文化中心

贯彻经济社会发展规划、城市总体规划、土地利用总体规划和环境保护规划的要求，以人口集中、产业集聚、土地集约、经济社会协调发展为目标，集约整合土地，拓展可持续发展空间。完善各镇“详规”，搞好功能分区，适度超前地搞好基础设施大配套，提升设施水平，改善人居环境。突出建筑设计风格，确定立面和外檐基调，双港、辛庄、咸水沽、北闸口、双桥河地区形成现代特色，葛沽、小站地区形成明清建筑、徽派建筑特色，八里台镇形成田园风光特色。

加快区镇两级行政经济文化中心建设，双港、辛庄镇结合新家园、河畔星城、柳林风景区等的建设，咸水沽、双桥河镇结合镇区平改、北部新城、东嘴岛、津南经济开发区等的建设，小站镇结合小站练兵园等的建设，葛沽、八里台、北闸口镇结合镇区平改，实施撤村建居、撤村进镇，妥善解决“城中村”、“镇中村”、“园中村”的问题，加快推进城镇化进程。

（二）完善基础设施建设

1.路网。按照进一步密切与市中心城区和滨海新区的联系，增强与海河北岸的沟通，强化主干路

与乡村公路衔接的总体思路，发展大交通，构建半小时交通圈，从区政府所在地东至天津港、南至大港石化基地、西至市中心、北至滨海国际机场均可乘汽车半小时内到达。建设津滨大道、津沽二线、外环辅道、津港高速以及一批区级道路，力争启动地铁1号线滨海新区延长线工程。加强乡村公路养、管、建，5年内将乡村公路翻修一遍，好路率提高到95%。

2. 绿化。各镇建成区绿化覆盖率2007年达到40%，2010年达到45%，基本消灭裸露地面，主要街道适量设置绿化美化景点，建成一批花园式单位。建设北部新城滨河经济风景林、新城区绿地，完成生态观光园二期工程、益华里前绿地广场以及葛沽、小站、八里台等镇绿地广场建设。

3. 给排水。配套建设镇区自来水管网，实现各镇区和部分村庄24小时供滦河水的目标。遵循雨污分流原则，新建、改造泵站和排水管线，建成各镇布局合理、设施完善、功能有效的排水系统。

4. 集中供热。加快各镇集中供热网建设，积极利用地热资源，新建和扩建一批供热站。进一步实施"蓝天工程"，加大机关、企事业单位小锅炉撤并的力度。2010年各镇区集中供热普及率达到80%以上。

5. 天然气。全区新增天然气用户35000户，气化率达到50%以上。

6. 电力。进一步完善电力布局，解决电力设施配套问题。建设500KV源头电站；扩建上刘庄、南八里台等110KV变电站；新建盛塘路、白塘口等220KV变电站，正营、微山路、二八路、李家圈、李楼、梨双路、营盘圈等110KV变电站，双马、金地、鑫港湾、天嘉湖、柳林、幸福河、头道沟、月牙河、双闸等35KV变电站以及荣程等一批用户站；与道路、河流、绿带等的建设相结合，统一规划路由，预留电站用地，确保全区形成完善的送变电系统。

（三）搞好城市管理

以社区福利、社区为老、社区就业、社区物业管理、社区医疗卫生、社区便民商业、社区文体娱乐和社区家政等为重点，完善区、镇、居三级社区管理服务体系，建立区、镇社区服务中心和居委会社区服务站，实现社区管理制度化、规范化和社区服务社会化、产业化。建立区、镇两级社区建设专项引导资金，支持和促进和谐社区建设。

深化改革，完善管、建分离的城市管理体制，推进给排水、污水处理、园林、环卫等的市场化管理。整顿交通秩序，加大市容市貌和环境卫生综合治理力度，建立健全长效机制，加强执法管理和清扫保洁队伍建设，实现由突击整治向日常规范管理转变，由注重环境整治向环境整治和提高居民素质并重转变，由粗放型管理向集约化、法治化、制度化管理转变。

加大区、镇财政和项目单位投入力度，加快市容环境基础设施建设。合理规划公厕布局，全区二类以上公厕比例不小于10%，重点区域公厕不低于二类标准，基本消灭旱厕；街巷垃圾容器封闭、清洁，垃圾、粪便收集密闭化，日清运率达到100%；全区环卫设施完好率达到90%以上。集贸市场管理规范，环卫制度健全，辖区内无违章占路市场和无证占道经营。

（四）大力发展建筑业

整顿建筑市场，加强行政执法，保证建设质量。抓住工业化和城市化快速发展机遇，以我区现有的2家一级、18家二级建筑企业为骨干，提高装备和技术水平，提升企业资质，以优质工程创名牌企业，增强竞争力；集聚和造就一大批高素质人才，逐步实现由低人力成本优势向高质量技术优势的转变；实施立足本区和"走出去"发展并重战略，不断拓展市场，使全区建筑业沿着实力强、资质高、质量好、成本低、服务优的方向发展壮大为强势产业。

五　构建社会主义和谐社会

（一）积极维护社会稳定

健全党委领导、政府负责、社会协同、公众参与的社会管理格局。围绕土地、拆迁、基层政权建设等热点问题，妥善处理不同利益群体的关系，认真解决群众最关心、最直接、最现实的利益问题。

正确处理新形势下的人民内部矛盾，畅通诉求渠道，建立顺畅的社会流动机制、合理的利益协调机制、安全的社会保障机制和有效的矛盾疏导机制，妥善地解决矛盾、化解冲突，维护社会稳定。

（二）实施科教兴区、人才强区

1. 加快科技进步和技术创新。加强政府引导，鼓励企业自主创新，建立适应市场经济发展、企业为主体、产学研相结合的技术创新体系和运行机制，提高原始创新、集成创新和引进消化吸收再创新的能力，提高科技成果转化率，提升科技进步对工农业增长的贡献率，增加高新技术产业产值占工业总产值的比重，全区技术创新能力和综合技术水平进入全市先进行列，科学普及率达到90%，保持全国科普先进区称号。

2. 坚持教育优先发展。紧跟时代要求，发展高水平教育，建设学习型社会。积极推进改革创新，狠抓师资队伍建设，不断提高教师的学历、职业道德和业务素质水平。全面实施素质教育，形成以德育为核心，创新精神和实践能力为重点的新型人才培育模式。继续调整教育布局，整合资源，完善以国办为基础的多元化办学机制，建成和改造一批高质量、高水平的学校和幼儿园。学前三年受教育率超过90%。抓好“双高普九”和高中阶段教育，义务教育入学率保持100%，巩固率99%；高中阶段入学率达到98%。完善职业教育和成人教育体系，发展民办教育、大学层次教育，在全社会形成全民教育、终身教育的良好氛围。

3. 加快推进人才强区战略。加强人才的培养、引进和使用。重点建设党政人才、企业经营管理人才和专业技术人才三支队伍。推进人事制度改革，建立“有为上，无为下”的用人机制，提高公务员队伍综合素质。培养与引进并重，提高企业经营管理人才的水平。培养技能型人才，造就一支高级蓝领大军。扩建人才服务中心，拓展服务功能，发挥人才市场作用，搞好人才中介服务，用灵活政策和优惠待遇吸引区外、海外高层次人才，力争5年内在我区建立1–2家企业博士后工作站。深化职称改革，完善专业技术人才聘用制度。进一步完善人才工作机制和吸引人才、评价人才、留住人才的办法，加大人才培养、引进、使用力度，高酬重奖有突出贡献的优秀人才，营造拴心留人的良好环境，充分挖掘人才的潜能，做到人尽其才。

（三）发展各项社会事业

1. 文化、广播电视。以先进文化为指导，处理好现代文化与传统文化、雅文化与俗文化、文化事业与文化产业的关系，实现文化的和谐发展，提高全民的文化素质。建成津南文化艺术中心；区图书馆争创国家地（市）级一级公共图书馆，区文化馆达到国家地（市）级一级文化馆标准；建设津南博物馆和10000平方米文化广场；努力实现文化设施镇级1000平方米以上、村（居）级200平方米以上的目标。积极实施农村电影“2131”工程。开展高品位、多形式、广参与、具有津南特色的群众文化活动，创新活动方式，发展社区文化、校园文化、机关文化、企业文化、家庭文化，争创全国先进文化区。做好文物保护和非物质文化遗产挖掘抢救工作。发展文化产业，加强文化市场监督管理。坚持正确的政治方向和舆论导向，弘扬主旋律，发展广播电视事业，有线电视入村率达到100%，入户率达到90%；加快广电宽带网建设，改造区镇村光缆传输系统，到2007年，完成广播电视从模拟向数字化的转变，全方位开发网络功能。

2. 卫生。大搞爱国卫生运动，提高农村的环境卫生水平。贯彻预防为主方针，优化资源配置，建设三级医疗卫生服务网络以及疾病防控体系、医疗救治体系、公共卫生信息体系、卫生监督执法体系和应急卫生救治体系，形成“小病靠社区、大病进医院、疑难重病进综合或专科医院”的多层次、多样化、高水平的社会公共卫生体系，努力降低药品价格和医疗收费，减轻群众负担，使人民享有同小康水平相适应的医疗服务。加强疾病预防控制和应急处理能力，完善区公共卫生突发事件应急中心。新建扩建小站医院和各镇卫生院。巩固和完善新型农村合作医疗制度，提高保障水平。进一步完善自愿无偿献血制度，早日实现无偿献血由计划向自愿的完全转变。

3. 体育。巩固政府与社会共办体育的格局，加快群众体育社会化、竞技体育专业化，建设适合区情的全民健身体系和多元化体育服务体系。提高群体普及率，经常参加体育活动人口的比例达到40%以上，群体工作继续保持全市先进水平。不断改善群众体育健身的环境和设施，实施区体育场改造工程，力争启动区体育中心建设；各镇建设有一定规模、功能齐全的体育健身设施；各村建设不小于篮球场面积的活动场所；在住宅小区配备健身路径和器材。实施金牌战略，大力培养体育后备人才，每年为市运动队输送8至10名运动员。

4. 信息化。依托网通、广电、移动、联通、铁通等网络运营商，完善区镇村三级网络体系，建设政府为主导，企业、家庭和社会互相促进的信息化应用体系，推进电子政务、电子商务应用。以“两网一站四库十二金”为重点，完善电子政务信息化系统，进一步提高政务公开、为民服务水平，促进政府职能转变。以CAD/CAM、CIMS、ERP和企业电子商务等的普及应用为重点，推动企业管理和营销的信息化、现代化。以网络教育、网络文化、网上购物为重点，推进家庭和社会的信息化应用。以物业管理和社区服务为重点，推进社区信息化应用。

5. 人口与计划生育。遵循严控自然增长、加快人口集聚的原则，搞好人口与计划生育，保持低生育水平，不断提高出生人口素质。年均人口出生率和自然增长率分别控制在8‰和0.9‰左右。放宽户籍政策，鼓励农村人口向城镇集中和农转非，城市化率达到65%。积极吸纳中心城区人口和其他外来人口，扩大新城区和中心镇规模。

6. 档案。按照统一规划，统一管理，依法治档的要求，加强档案收集、整理、管理、服务，有效地保护和利用档案；加快传统档案数字化、网络化建设，实现档案管理、服务规范化、标准化、信息化、现代化；新建符合国家要求的区档案馆，加大档案开放服务力度，为全社会提供优质服务。

7. 其他社会事业。一是搞好妇女、儿童和老年人事业。全面实施《津南区妇女发展规划》和《津南区儿童发展规划》，坚持男女平等基本国策，保障妇女获得平等的就业机会、政治权利、教育机会、卫生保健服务、法律保护和社会保障，优化妇女发展的社会环境。坚持儿童优先原则，提高儿童身心健康水平。依法完善未成年人和老年人权益保障机制，加大法律保护力度。二是发展残疾人事业。全社会都要关心残疾人事业，维护残疾人合法权益，创造残疾人平等参与社会的环境。建立覆盖全区的残疾人康复网络，使康复服务深入到社区和家庭；适龄残疾儿童教育入学率、巩固率达到健全儿童的同等水平；积极开展就业服务，大力推进残疾人就业；按照“应保尽保”原则，分类施保，做好残疾人“低保”救济工作，使符合条件的残疾人都能参加各项社会保险；提高残疾人素质，增强参与社会生活的能力。三是以优抚安置为重点，推动拥军优属社会化，提高双拥工作水平。做好民族、宗教、侨务和对台等工作。

（四）建设资源节约型、环境友好型社会

巩固创模成果，严格行政执法，实行建设项目环保一票否决制和环保“三同时”。加大对重点区域、重点行业综合治理的力度，实施污染物排放总量控制、排污许可和环境影响评价制度，实现污染源稳定达标排放、主要污染物排放量大幅削减、水环境质量基本改善、生态环境明显改观的目标。开发利用太阳能、地热能、生物能等绿色清洁能源，推广清洁生产和循环经济，实现节约发展、清洁发展、安全发展、可持续发展。

1. 加大环境污染防治力度。一是防治水污染。治理或关停重污染企业，严格控制污染行业的发展；提高全区的污水处理率，在部分行业推行零排放制度；努力控制面源污染，加大各类水库、洪泥河和月牙河等重点河道污染防治的力度。二是防治大气污染。继续加大煤烟污染防治力度，推广脱硫脱氮除尘技术，扩大基本无燃煤区；严格控制二氧化硫等致酸物质、有毒有害工业气体和汽车尾气排放；防止道路扬尘、施工扬尘和生产扬尘污染。三是防治固体废弃物污染。实行垃圾减量化、资源化，充分发挥双港垃圾电厂、危险品处理中心和大韩庄垃圾厂的作用，提高垃圾无害化处理率和综合利用率，加强危险废物的安全处置。四是防治噪声污染。继续创建噪声达标区，淘汰落后的工艺、设备，降低工业生产和建筑施工的噪声污染；严格控制规定区域、规定时间内社会生活噪声对群众生活的影响；强化对排放偶发性强烈噪声的管理。五是防治光污染。从源头抓起，加强城建规划设计的审核管理和公共场所照明管理，减少或消除夜间强照明形成的人工白昼、建筑物在阳光照射下形成的白亮污染和公共娱乐场所的彩光污染。

2. 搞好生态环境建设。一是建设八里台生态镇。围绕生态休闲旅游区开发，调整结构，发展生态友好型产业，尽量减轻人为活动对生态系统的影响，恢复和保持区域的生态功能。二是发展生态农业。推广保护性耕作等生态农业技术模式，建设旱作节水农业和生态农业示范农田，保护湿地，完善农业生态系统。三是创建文明生态村。以促进人居环境改善、生活方式改变、村民综合素质和生活质量提高为重点，创建一批示范型文明生态村和标准型文明生态村，全区文明生态村比重达到45%以上。四是建设生态社区。继续开展环保模范社区、绿色学校等创建活动，建设一批亲水型、宜居型、生态型商住区，推动生态社会建设。

3. 推广清洁生产和循环经济。一是推广清洁生产。工业生产尽量采用无毒无害或低毒低害的原料和资源利用率高、污染物产生量少的工艺设备，实行“三废”和余热等的综合循环利用；农业生产应科学使用化肥、农药、农膜和饲料添加剂，实行生物防治和农业废弃物综合利用；服务业、建筑业应当采用节能节水的设备和技术，减少或不使用浪费资源、污染环境的建材或消耗品。二是大力发展循环经济。积极培育循环经济产业链；新建双林、葛沽、八里台、小站等污水处理厂，扩建环兴污水处理厂；加强商住区中水回用；积极开展污水厂出水的深度处理，使水质达到工业循环利用、生活杂用、绿化景观或农灌标准，开发再生水源。

4. 构建节约型生产和消费模式。坚持开源节流并举、节约优先的方针，以节约使用资源和提高利用效率为核心，以节能、节水、节材、节地和资源综合利用为重点，构建节约型生产模式、消费模式和城市建设模式，增强全民的资源意识和节约意识，形成节约光荣、浪费可耻的良好社会风尚。建立以绿色GDP为核心的干部政绩考核体系，促进经济社会全面协调可持续发展。

（五）推进民主法治

加强基层民主法治建设，创建和谐社区。在村委会100%依法直选的基础上，城市社区居委会依法直选率2007年达到20%，2010年达到50%。提高村、居委会的执政水平，推进民主选举、民主决策、民主管理和民主监督，做好政务公开、村务公开、厂务公开，打造构建和谐社会的基础工程。努力建设公平、正义的法治环境，营造公平竞争、有序竞争的发展环境，坚决查处有法不依、执法违法等现象，切实维护群众和投资者的合法权益。加强全民普法教育，进一步完善法治宣传和依法治理体系，形成自觉守法的良好社会氛围。

（六）搞好公共安全

贯彻安全第一、预防为主的方针，建立突发公共事件应急机制，完善区应急指挥中心，严格制定预案，全面提高预防和应对各类突发公共事件、抵御风险、抗灾防灾的能力，维护公共安全，创建“平安津南”。加强气象和地震监测预报，积极预防和应对旱涝雹灾、病虫害和地震灾害。深入开展生产安全、消防安全、交通安全、特种设备安全、食品药品安全、农村饮水安全、信息安全、学校等公共场所安全专项整治，创造安全发展的良好环境，坚决遏制重特大事故发生。完善传染病、食物中毒事件等疫情上报制度，妥善处理处置公共卫生事件。搞好社会治安综合治理，建立健全警防网、民防网和技防网，严防群体性事件、重大刑事案件的发生，打防结合，创造更加良好的社会治安环境。加强民兵、预备役建设，搞好国防动员、国民经济动员和人民防空等工作。

（七）建设精神文明

加强全社会思想道德建设，倡导爱国守法、明礼诚信、团结友爱、勤俭自强、敬业奉献的基本道德规范，形成乐于助人、勤奋上进、遵章守纪的良好社会风气。积极破除封建迷信，倡导移风易俗、婚事新办和丧事简办，建设区殡仪服务载体和婚姻服务中心，搞好便民服务。继续保持和发扬以家庭美德系列活动为重点的津南特色品牌，深化“三讲一树”、“共铸诚信”、“四下乡”、“六进社区”、“我爱美好家园”等活动。开展文明村镇、文明社区“五个一”创建，文明家庭、文明行业、文明单位等十大系列评选和学习型社会、学习型家庭建设活动。

（八）千方百计提高人民生活水平

1. 积极扩大就业。坚持劳动者自主择业，市场调节就业，政府促进就业的方针，统筹城乡劳动力就业。按照“一产留住一批，二三产转移一批，对外输出一批，社会保障退养一批”的思路，进一步调整城乡就业结构，大力开发社区就业岗位，教育和引导城乡劳动力妥善就业。进一步完善区、镇两级职业介绍服务体系，引导和规范就业中介机构。加大农村富余劳动力转产就业力度，继续推进80%以上的农村劳动力到二三产就业。全面落实就业再就业优惠政策，继续实施政府购买公益性岗位安置大龄下岗失业人员工程，更好地帮助困难群体就业，城镇登记失业率控制在4%以下。进一步完善就业培训服务体系建设，推进就业准入制度，搞好“351”培训，加大职业技能培训和农村劳动力转产就业岗前培训力度。积极组织好劳动力跨地区流动和出国劳务。加大劳动保障监察力度，努力改善就业环境。

2. 完善社会保障体系。健全以社会保险、社会救助、社会福利和慈善事业为核心的社会保障体系。积极扩大职工养老、基本医疗、失业、工伤、生育等社会保险的覆盖面，落实被征地农民社会保障，建成区劳动保障服务中心和社会保险服务中心。健全以最低生活保障、特困户救济、自然灾害救助、紧急救助、医疗救助等为重点，覆盖全区的新型社会救助体系，有效地发挥功能。动员全社会力量自愿捐赠资产和劳动，搞好扶贫济困、安老助孤、帮残助医、支教助学等慈善事业。积极推进社会福利社会化进程，建设以老年人和残疾人为重点、多种所有制福利机构为骨干、居家供养为基础的社会福利服务体系。建立自然增长机制，逐步提高城乡最低生活保障标准，构筑稳定社会的安全网。

3. 提高群众收入。加快推进工业化和城镇化，增加创业机会和就业岗位，促进劳动者普遍就业、稳定就业。千方百计拓宽群众增收渠道，提高群众收入水平，到2010年，单位从业人员年均报酬达到2.4万元，农村居民人均纯收入达到1.27万元。通过普遍就业和提高劳动者素质，增加工资性收入。增加通过种植养殖和个私经营获得的经营性收入，通过土地出让或平改拆迁形成的不动产出租获取的财产性收入，通过村集体资产全民股份制方式获取分红的资本性收入和通过社会保险、社会保障获得的保障性收入。

六　创新思维，真抓实干，保证规划顺利实施

（一）加快全区大开发进程

整合开发区和镇工业载体，建设以津南经济开发区和天津微电子（津南）工业区为龙头的现代工业基地。集约整合土地，实施海河南岸、小站、八里台等地区的成片开发，建设一批重点项目。通过这些事关全局的大力度、大范围的开发，推动全区工业化和城镇化联动发展。

（二）形成全方位、多层次、宽领域对外开放格局

积极接轨市中心城区和滨海新区的发展，加快实施开放带动战略，优化发展环境，加快招商引资向选商引资的转变。发挥比较优势，实施错位招商、产业链招商策略，整合资源，盘活存量，重点引进国内外大企业和上市公司，形成全面覆盖三次产业的大开放格局。积极扩大对外贸易。三资企业和自营进出口企业应不断提高出口产品的技术含量和附加值，规避国际贸易风险。鼓励优势企业发挥品牌优势，实施“走出去”战略，到境外投资办厂或建立原料基地，扩大出口市场。

（三）进一步深化改革

认真解决所有制、体制、机制等方面的深层次矛盾，完善以股份制为主导、混合所有制和非公有

制经济为主体的市场经济微观基础。国合商业、国有粮食等国有经济遵循有所为、有所不为的原则，调整产权结构，优化管理体制和经营机制。深化乡镇集体企业改革，建立归属清晰、权责明确、保护严格、流转顺畅的现代产权制度。改革村集体经济所有权的实现形式，发展集体经济全民股份制。继续深化投融资、财税、社会公共管理、政府行政许可等方面的改革，创造促进发展的良好环境。

（四）大力发展非公有制经济

认真贯彻鼓励支持和引导个体私营等非公有制经济发展的各项政策，消除体制性障碍，充分调动广大群众投资创业、发展经济的积极性。巩固区级领导联系骨干私营企业的制度，支持优势企业加快发展。引导鼓励非公有制经济参与集体企业改制，发展混合所有制经济。引导非公有制企业依法经营、诚实守信，不断深化内部机制改革，克服家族式管理、粗放经营、盲目决策造成机制弱化、优势退化等弊端，建立规范的产权制度和管理体制，实现民主管理，发挥优秀管理人才的作用，促进企业不断增强活力和市场竞争力。

（五）认真解决制约发展的瓶颈问题

1. 解决土地问题。我区工业化、城镇化的快速发展与人多地少、建设用地指标少的矛盾非常突出。我们既要贯彻“十分珍惜、合理利用土地和切实保护耕地”的基本国策，又要立足作为特大城市环城区、中心城区和滨海新区这条城市发展主轴上的扩展区、海河南岸的黄金地段等独特区位区情，在集约整合、成片开发、节约和高效用地、以宅基地换房等原则指导下，抓住中心城区扩展和建设新家园项目的机遇，解决城乡结合部的发展用地问题；抓住海河开发、建设重点项目等的机遇，解决海河沿岸各镇和重点项目所在区域的发展用地问题；抓住滨海新区规划进一步调整完善的机遇，解决海河下游区域的发展用地问题；抓住天津列为国土资源部“城市建设用地增加与农村建设用地减少挂钩试点”的机遇，解决相关镇的发展用地问题。清理现有无效、低效用地项目，盘活存量。加强规划管理，严把企业准入关。出台相关政策，鼓励建设多层厂房、增大容积率，提高土地利用率，调控和引导小企业租用，保护出租人有合理稳定的回报率。

2. 解决资金问题。拓宽融资渠道，推进投资主体多元化。进一步发挥银行主渠道作用，加大帮企业找银行、帮银行找项目的力度，促进银企沟通。积极探索合理利用民间资本的渠道，形成民间资本有序流动、支持发展的良好机制。加强社会诚信建设，提高企业信誉度，培育优势贷款担保主体。发挥鑫达、鑫建、昊宇、土地交易中心等实体的作用，解决区重点项目融资问题。加强与区内外信托机构、担保机构和投资理财机构的联系，采取信托融资、票据融资、委托融资、上市融资、合资合作建设项目等多种方式，多方筹资，支持发展。

3. 解决能源、资源问题。尽量减小供电紧张、石油涨价等对生产和生活的不利影响。鼓励企业与原材料基地建立长期稳定的供应关系。引导企业加强管理，采用先进适用技术和工艺降低能源资源消耗，发展循环经济。

（六）强化依法行政、依法管理

1. 进一步转变政府职能。强化政府服务意识，按照“为民、务实、清廉”的要求，推进职能转变和管理创新，充分发挥市场配置资源的基础性作用，减少行政干预。进一步深化行政审批制度改革，搞好区行政许可服务中心的工作，强化行政执法，不断优化发展环境。加强公务员队伍建设，形成制度建在先、宣传抢在先、预案做在先、干部能率先的良好机制，克服政府职能发挥上的缺位、越位、错位等现象，保证职能部门工作人员在岗位、在状态。

2. 加强规划实施的管理调控。增强规划的科学性、权威性、长远性和可操作性，规范规划的编制程序，提高公众参与度，认真履行法定批准程序。积极落实规划实施的基础条件，加大组织实施的力度。加强规划实施中的调控，搞好中期评估，根据形势变化，遵照法律程序，依法适当调整，促进规划实施，保证经济社会持续协调健康发展。

索 引

图

表

条　目

编修始末

根据天津市政府《关于启动区县地方志第二轮编修工作的通知》精神，为全面记述中共十一届三中全会以来，津南区改革开放和社会主义现代化建设的历史与现状，2009年初，区委、区政府决定启动二轮修志工作。

2009年3月，召开区政府办公室、区人事局、区财政局、区档案局、区机关事务管理局主要负责人联席会议，决定充实区地方志办公室编修人员，落实办公地点，增添专业设备，增加年经费20万元。区政府办公室转发区档案局关于第二轮编修《津南区志（1979—2010）》实施方案的通知。6月，成立津南区第二轮地方志编修委员会，区地志办招收3名文员，从机关事业单位聘请3位退休人员担任责任编辑。7月，组织地方志全体人员进行业务培训，编辑人员到山东省青岛市、威海市学习修志经验。

2009年8月26日，区政府在区机关大礼堂召开津南区地方志第二轮修志工作会议。区委办公室主任主持会议，区长作二轮修志工作动员报告，市地志办主任讲话，区档案局局长部署修志工作安排意见。会议确定二轮修志分为六个阶段：动员准备阶段、收集资料撰写初稿阶段、初审和总纂阶段、补充整理资料阶段、总纂合成和三审定稿阶段、印刷出版阶段。区二轮修志编修委员会成员、全区各修志单位主要负责人、办公室主任和撰稿人100多个单位200余人参加会议。

为了制定一个具有津南特色的《津南区志（1979—2010）》编目，区志办专程到北京拜访请教津南籍文学泰斗、红学专家周汝昌。年事已高的周老先生，非常关心家乡二轮修志工作，提出很多意见和建议。经过广泛征求各方面意见，修改后的《津南区志（1979—2010）》编目，坚持与时俱进，树立精品意识，在继承基础上大胆创新，以突出时代特点、地方特色，再次印发各单位。

图始末－1　2010年1月9日，区志办赴北京征求周汝昌老先生对二轮修志的意见和建议

区志办多方挖掘人才，在全区组建一支老中青、专兼职相结合的编修队伍。2009年10月20日，举办津南区二轮修志编修人员专题培训班，全区120多个单位、150多人参加业务培训。大会业务培训后，区志办又采取分组指导、专题推动等多种方式推动、指导全区修志工作。

2010年，修志工作进入收集资料、撰写初稿阶段。为丰富新一轮修志资料，广泛收集、存储、开发、利用地方文献。1月1日，区志办成立方志资料中心，创办《津南方志》期刊。当年征集图书资料547册。其中，包含全国著名红学专家周汝昌等30位个人作品105部，为捐书人颁发荣誉证书，制作“盛世繁荣绘文坛，群星荟萃写津南”展牌。《津南方志》期刊，以“方志动态、方志知识、史料鉴赏、风雅逸闻、小站练兵”等栏目形式推出，每月两期。反映全区修志动态，交流修志经验，介绍津南风物，展示津南文化渊源，为大家提供了一个互相沟通展示的平台。至年底，期刊出版26期4万余字，图片40余张，分管地方志的副区长3次在期刊上对文物保护和修志工作做出批示。

为了保证各单位按照编目收集资料和编纂，区志办强化培训，精心指导，举办培训会、交流会、推动会30余次，推进二轮修志资料编纂工作。2010年9月，区政府召开修志工作推动会。11月，再次召开修志工作推动会暨年鉴工作启动会。区委常委、区委组织部长通报全区二轮修志工作开展情况，就《津南年鉴》启动工作提出具体要求，区长和市地志办主任出席会议并分别讲话。

图始末－2　2010年4月13日，区志办召开镇级修志工作推动会

分管地方志的区领导非常关心收集资料、撰写初稿工作，两次到区志办听取工作汇报和工作进展情况，要求地方志工作人员增强使命感、责任感，在津南城乡一体化进程中，要围绕中心，拓展职能，服务津南，记录历史痕迹。区志办编修人员通过查档、采访、调查等多渠道搜集、挖掘资料，采集大量照片和图表，增强志书的可读性和可信性，拍摄照片6000余张。

图始末－3　2010年6月2日，区志办召开政法和军事系统修志工作交流会

2011年3月，《津南区志（1979—2010）》资料稿近800万字完成。之后，参考借鉴山东省《崂山区志》《威海市志》《环翠区志》的志书编目设置的经验，特别是北辰区志书编写的经验做法，不断调整编目设置。在市地方志办公室指导帮助下，《津南区志（1979—2010）》编目作了6次较大修改调整。突出体制改革、示范镇建设、园区经济、旅游和社会生活、人物传记简介等内容，使编目最大限度地贴近地情和时代，分类科学合理。是年5月20日，区委办、区政府办、区委组织部、区人力和社保局、区档案局和区地志办召开联席会议，通过《津南区志（1979—2010）》入志人物标准，并向社会公布。区志办给全国有关的20多个省市发出200多封外调函。同时，区志编辑人员还亲赴北京一史馆、中央档案馆、南京二史馆、中国方志珍品馆、哈尔滨、大连、上海等地，以及市方志馆、市图书馆、市档案馆、市社科院，查阅、核实入志人物资料。

图始末－4　2011年5月20日，召开五部门联席会，研究确定入志人物标准

2012年，修志工作进入总纂阶段。分管地方志的副区长再次到区地志办调研，对下一步修志工作

提出要求，对区志办编纂的《天津小站练兵图集》给予肯定和支持，要求确保高质量出版《天津小站练兵图集》。是年9月12日，《天津小站练兵图集》首发式在小站镇文化中心举行。《天津日报》、北方网、《天津地方志要情》《津南时讯》等多家媒体给予及时报道。

在总纂过程中，为突出地域特色，突出时代特征，着重记述"大事、要事、折点、特色"。做好续志与前志内容的衔接，力求做到既体现32年改革开放全貌，又不是简单重复。对前志详细记载的，续志突出重点，记述简要。前志略写但较大变化的编章，则充分运用资料详记特色与发展。对重点和特色事物的记述，不惜浓墨重笔，有的还创新编目，甚至单独成编，如示范镇建设、园区建设和旅游等内容，不但单独成编，而且文字量较大，突出津南特色。特别注重写好总述以及编、章下无题序，努力做到秉笔直书，客观公正，使全书各编章皆有点睛之笔。

2013年5月，在区志第二稿400万字基础上完成志稿总纂初稿，邀请市地志办、北辰区地志办到津南区交流修志工作经验，征求总纂初稿意见和建议。之后，对总纂初稿进行修改补充。

2014年初，将修改后的总纂志稿返还区内修志单位，听取反馈意见，继续做好总纂志稿的修改。经过近半年的修改将总纂第五稿200万字压缩为140余万字的总纂第六稿。

2015年初，将《津南区志（1979—2010）》总纂稿，送北京中国地方志指导小组专家审阅指导。是年5月，邀请中国地方志指导小组专家以及市地志办领导到津南区，就《津南区志（1979—2010）》总纂稿进行逐编指导讲评。之后，根据讲评意见修改、调整、补充。是年12月17—18日，市地志办在津南区海河教育园召开《津南区志（1979—2010）》蓝本复审会，中国地方志指导小组专家、市二轮修志专家组成员及各区县地方志办公室负责人、主笔参加会议。经过专家评审组综合评审后，《津南区志（1979—2010）》蓝本顺利通过复审。同时，就蓝本有关内容提出进一步修改、调整、补充意见和建议。

图始末-5　2015年12月18日，《津南区志（1979—2010）》复审会全体人员合影

2016年1月，区地方志办公室主任陈淑香调出，蒋玉秋接任。区志办全体编修人员以对历史负责、对人民负责的态度，根据评审会专家提出的意见、建议，认真进行修改、补充和完善。重新补写编下序15篇、章下序139篇。完成《津南区志（1979—2010）》编修始末编写。对大事记进行调整精简，删除大事记345条。选用整理彩页照片150余张，补充2位入志人物资料，增加附录内容。对缺失内容进行补充和个别章节内容进行调整，增加勘界内容和行政区划图、界碑照片等。

2017年7月27—28日，在海河教育园召开《津南区志（1979—2010）》终审会。终审会由市地志办主持，区志办汇报《津南区志（1979—2010）》复审稿修改情况，专家组成员对部分照片的取舍、凡例的补充、人民团体等个别章节调整、图和照片的增补以及文字规范存在的问题等提出进一步修改意见。专家组一致认为：《津南区志（1979—2010）》是一个质量较高的终审稿，通过终审。

终审后，按照市地志办专家组提出的修改意见，继续进行调整修改。2017年12月，《津南区志（1979—2010）》完成终审稿修改。

2018年5月，经方志出版社审稿后，由中国地方志指导小组办公室主任、方志出版社社长兼总编辑冀祥德签发同意出版。

2018年11月《津南区志（1979—2010）》印刷出版，公开发行。

图始末－6　2017年7月28日，市地志办莅临津南召开《津南区志（1979—2010）》终审会

在编修《津南区志（1979—2010）》过程中，自始至终得到市地方志办公室历任主任关心、帮助和业务处室的精心指导，得到区内外各级领导、专家学者和社会各界人士的支持与帮助。区统计局在提供数据资料方面、区档案馆在查阅档案资料方面给予大力帮助。在此期间，时任区档案局领导韩永群、王锡萍十分重视二轮修志工作，解决修志工作遇到的困难和难题，推动编修工作顺利进行，为编修工作付出了心血。《津南区志（1979—2010）》图片资料由各供稿单位提供。在此，对上述各级领导、专家学者、各界人士和有关单位表示衷心的感谢！

图始末－7　2018年，《津南区志（1979—2010）》编修人员合影

提供资料人员名单

（按姓氏笔画排列）

丁立中 于　辉 万　宏 马凤田 马　鑫 王小军 王印伟 王秀军 王希明 王君君
王　妍 王金环 王奎波 王洪刚 王艳丽 王维娜 王景田 王燕杰 邓燕明 甘燕峰
艾胜海 田冬雷 田同发 田宝麟 代志俊 白兰海 白忠仁 冯立君 冯承远 冯相图
冯韬伟 边淑萍 邢凤通 吉恒英 吕　杰 吕　强 朱连平 朱俊静 朱晓雪 朱雪冬
刘中民 刘允珠 刘玉玲 刘玉娥 刘玉梅 刘世锦 刘令杰 刘永华 刘庆龙 刘　军
刘志兴 刘志强 刘　环 刘国华 刘明杰 刘明清 刘　岩 刘学智 刘宝芳 刘宗秀
刘　建 刘建军 刘春梅 刘洪刚 刘艳芳 刘艳菊 刘振坤 刘　涛 刘淑艳 刘景周
刘颜明 刘燕明 闫会祥 孙长荣 孙　宇 杜胜强 李仁生 李仁会 李凤春 李文彬
李玉峥 李玉洁 李东凯 李冬梅 李延宝 李庆文 李　欢 李纪武 李　宏 李劲雁
李忠诚 李宗泽 李春英 李晓晨 李超英 李德泉 李　燕 李　薇 杨会来 杨会敏
杨兆芳 杨宝贵 杨桂芳 杨　涛 杨　颖 杨　毅 时永祥 吴春梅 吴　砚 吴嘉庆
何学义 何炳立 何洪梁 何瑞章 谷　旭 辛　悦 沈德友 张乃华 张　云 张庆友
张伟娜 张会岩 张合德 张吟虹 张国强 张宗元 张建利 张桂杰 张鸿儒 张　琪
张德全 陈文才 陈永辉 陈吉茹 陈则数 陈金龙 陈　峥 陈津堃 陈积生 范学栋
范俊鸣 范炳辰 季　宏 郑永茜 房媛媛 孟庆义 孟祥军 赵广成 赵子京 赵吉双
赵呈起 赵林岳 赵宗诚 赵厚礼 郝印来 秦志军 袁　娜 徐纯厚 徐　青 徐建国
高世宽 高同友 高莉颜 高梦顺 高德娟 郭长会 郭庆江 郭　静 曹　静 崔奎柱
崔鑫鑫 鹿文英 梁燕群 隋恒海 彭　涌 董荟芬 韩　杰 韩菲菲 韩　颖 傅春有
温建军 谢玉梅 靳云璋 靳春梅 雷华英 翟趁新 潘玉刚 潘玉松 薛恩军 霍庆博
冀红燕